新时期教师专业成长的实践与探究

——全国幼儿教师获奖论文汇编

（上册）

主　编　苏　津
副主编　柴　芳　李洋洋
胡普树　董丽琼
黄仁谷

中国商业出版社

图书在版编目（CIP）数据

新时期教师专业成长的实践与探究 ：全国幼儿教师获奖论文汇编. 上 / 苏津主编. —— 北京 ：中国商业出版社，2023.12

ISBN 978—7—5208—2855—0

Ⅰ. ①新… Ⅱ. ①苏… Ⅲ. ①学前教育—教学研究—文集 Ⅳ. ①G612—53

中国国家版本馆 CIP 数据核字（2023）第 247312 号

责任编辑：李 飞

（策划编辑：蔡 凯）

中国商业出版社出版发行

（www. zgsycb. com　100053　北京广安门内报国寺 1 号）

总编室：010—63180647　编辑室：010—83114579

发行部：010—83120835/8286

新华书店经销

北京九州迅驰传媒文化有限公司印刷

*

787 毫米×1092 毫米　16 开　65.5 印张　1200 千字

2023 年 12 月第 1 版　2023 年 12 月第 1 次印刷

定价（全三册）：198.00 元

*　*　*　*

（如有印装质量问题可更换）

编委会

前　言

为进一步深入落实《3～6岁儿童学习与发展指南》和《幼儿园工作规程》要求，全面贯彻国家中长期教育改革和发展目标，《学前教育》杂志社、当代学前教育网联合举办了第十届全国幼儿教师优秀论文评选活动。本书从获奖作品中遴选出部分优质的获奖作品结集出版，共分上册、中册、下册三册，每册100篇文章，共计300篇文章。

书中集合了全国幼儿园等教育机构的一线教师、教科研人员、管理者的智慧及成果，展现了新时期幼儿教师及相关教育工作者在实践中积极探索和总结幼儿教育发展现状及问题，对提高当前幼儿教师的专业素养，促进幼儿教师专业发展和职业发展具有借鉴意义。本书出版的价值，在于鼓励幼儿教师积极投身于学前教育改革，促进当代幼儿教师学习教育理论并结合教育实践开展探索与总结，不断提高全国幼儿园保育教育水平，为新时期幼儿教师队伍锻炼与储备人才。

目 录

幼儿园早期阅读活动的实践与思考

（蒋珍妮　湖北省荆州市荆州区第二幼儿园）

摘　要：阅读可以为人们积累更多的知识，使人们的智慧得到开发，也是一个国家传承文明的重要基础。特别是对于幼儿园早期教育来说更是如此，通过合理开展早期阅读活动，可以使幼儿的阅读积极性提高，并形成更好的阅读习惯。

关键词：幼儿园；阅读活动；实践与思考

一、对幼儿早期阅读活动的认识与理解

幼儿园语言教育活动是为一定的目标及教学任务所设定的，通过进行计划性幼儿语言教育，完成既定的幼儿园组织和传递语言教育任务，这是一般达成教学目标手段的表现形式。在幼儿本身与幼儿园环境之间，会产生一定的相互作用，这种作用存在于日常的幼儿语言学习过程中，幼儿可通过交流不断实现语言能力提升。当下的幼儿园教学一般有讲故事、诗歌朗诵、情境讲述等常见的模式。该学龄的幼儿并不用获取文字能力提升，表达个人意见一般只需通过口头语言完成。但鉴于该时期是口头语言向书面语言过渡的关键时期，所以幼儿园教师有必要教会幼儿辨认自己的姓名及日常用字等内容，所以，在当下幼儿园语言教育目标的重要组成环节，新增了“培养幼儿的早期阅读”。

在2001年9月教育部颁布的《幼儿园教育指导纲要（试行）》中就该环节进行了详细的阐述：通过打造轻松愉悦的语言交往环境，让幼儿主动积极与同学、教师或其他人进行有效交流，课内外利用图文或其他多媒体形式，提升幼儿对书籍阅读以及书写的好奇心。在2012年教育部颁布的《3～6岁儿童学习与发展指南》中，则早已将培养学前阅读和学前书写两大技能作为幼儿进行语言学习的教学目标。虽然目前幼儿园都开展了形式多样的阅读教学活动，但仍然存在有待改进之处。为此，需要通过更多的研究来进一步思考和探讨，以更好地促进幼儿早期阅读能力的发展。

二、我国幼儿园阅读教学的现状

（一）过度重视文字内容的阅读

我们通过调查研究可以发现，中国当下多数的幼师开展绘本阅读教学时，更加侧重关注绘本文字内容阅读教学。但实际上，该年龄段的幼儿身心发展尚未成熟，在认字方面有局限性，若强行引导幼儿通过阅读理解绘本中的内容，会增加其阅读及理解难度，并在一定程度上消减幼儿对绘本内容的好奇心。出现上述情况，是因为幼儿园教师未站在幼儿的角度看待问题，尚未研究清楚幼儿思维，所以还未能基于幼儿身心发展特点展开内容教学。

（二）教师带读幼儿跟读教学模式占据大多数

教师太过于侧重绘本文字内容阅读教学，在施教的时候一般通过自己读一句，幼儿读一句的模式完成教学，直到读完所有的绘本内容，而这对于幼儿而言毫无参与感，阅读教学趣味性也几乎等于零，幼儿要多认识字，可以通过其他方式，这种跟读模式只能不断消减幼儿对绘本阅读教学的兴趣。

（三）教师过度解读阅读教学中的“厚积薄发”

在“厚积薄发”成语中，厚积是指大量的、充分的积蓄，意味着准备充分。因此，部分幼儿教师则在实际绘本阅读教学当中，过度重视对阅读的“量”，而忽视了“质”。曾有不少幼儿园将园所绘本阅读教学中一周内幼儿大量进行的学习绘本数量作为对外宣传的内容，以此来强调园所对绘本阅读的重视，以及彰显幼儿阅读学习的“厚度”。

三、幼儿园进行早期阅读的实践

教学实施作为整个教学活动的重点环节，会对教学效果以及教学目标的实现有极大的影响。所以，在展开幼儿园早期阅读教学实施策略的时候，要基于幼儿自身身体及心理发展情况进行内容规划，并基于既定的教学目标以及内容，设置更加具有实施可能性的教学策略。

（一）区域活动中的趣味阅读

在室内区域游戏中，我们经常会留意到幼儿不能静心坐下看完一整本书，虽然整个阅读过程都是一个人完成的，但我们可以从这种频繁更换书籍的情况，感觉到幼儿并不喜欢阅读，同时也不会阅读，造成这种问题的原因可能是他们不认识字，看不懂故事又或者对绘本的内容不感兴趣。为了避免上述情况，需要幼儿园教师同他们一起阅读，带领他们看，通过口述的方式讲给他们听，让其能够更加直观感知书本里的幽默语言。例如《勤劳的小蜜蜂》，这是一本教孩子建立“勤劳”优秀品质的绘本。因此，要让孩子进一步了解故事，不妨通过使其体验故事角色及角色情感的方式，让他们充当不同角色，就会主动联想故事情节发展。在模仿各个角色的形象的游戏中，孩子就容易和自己的日常生活及行径进行更进一步的联想。

（二）集体教学中的趣味阅读

这个学期我们也根据班级上幼儿的身心发展水平，在幼儿园组织了多场集体阅读活动，通过有效带领阅读的方法让孩子更加深入了解日常读物故事，如《圣诞树》之类的，在整个教学过程中，老师会通过不同的形式带领幼儿学习，也会让他们通过小组合作扮演不断提升个人的主动阅读兴趣及阅读能力。学习《圣诞树》的时候，利用多媒体教学让幼儿了解绘本内容，并不断列举出生活中的事件，实现寓教于学，让幼儿通过玩乐获取知识，体验阅读饱含的趣味性，也进一步提高了自己的阅读能力。

（三）一日活动中的趣味阅读

除上述提到的方式之外，教师也可以通过课间或者饭后的空闲时间，组织幼儿进行简单的自主阅读活动。同时积极鼓励幼儿参加幼儿园组织的故事大王、最美阅读幼儿、最美阅读家长等系列活动、读书漂流活动等。通过不同类型活动的组织提高幼儿的阅读能力。可在日常活动如在其午休前进行绘本阅读，通过进行创造性的情境设定，让其更加直观感受故事内容并产生情感共鸣，这是传统教学模式中单一的“说教”所不能达成的。比如，教师进行绘本阅读《幸福猪小妹》教学的时候，可以通过口号设定——在远处有一片荒芜的田野，里面有两个粉色的身影，原来是两只可爱的小猪猪，耳畔传来哼唧的声音，哦！原来是他们在私聊呢！说的是什么？闭上眼用心感受，然后跟老师及同学说说你听到的“悄悄话”。老师听到了，你们想知道不？通过有趣的提问抓取幼儿的关注，拉满他们对该绘本的好奇心，激发他们对两只可爱小猪猪之间对话的想象。

（四）家园共育发挥阅读的有效功能

幼儿园是幼儿完成早期阅读能力发展的园地，不少家长都觉得幼儿园教师才是主导幼儿教育的主要负责人，其实，丰富的家长资源在培养幼儿早期阅读中也有着举足轻重的作用，家庭教育资源的有效运用能够让幼儿早期阅读的内容以及形式实现多样性满足，因此结合幼儿园提出“悦读”课题，以“悦”文化为园所文化，在这种学习氛围中，让孩子实现多面发展，并养成好的学习、生活习惯，以此为日后更好发展奠定基础。我们要积极跟家长进行沟通，让其认识到幼儿早期能够养成好的阅读习惯对其日后各方面的能力如想象能力、认知能力等会有极大的帮助；鼓励父母在忙碌的工作中抽出部分时间与孩子进行亲子阅读活动，培养其早期阅读兴趣；鼓励家长趁着周末带孩子外出感受大自然，通过亲子游、参观博物馆等方式，在游乐中学习，引导幼儿口述自己的所见所闻。不仅如此，我们也会将幼儿园中阅读的绘本以另一种方式继续延伸到生活中，例如，在读到《我和我的妈妈》里的一些涉及亲子阅读的故事情节，请家长到幼儿园跟幼儿一同阅读，让幼儿通过简单的事情表达对家长的爱意，如帮妈妈洗脚、梳头等。

四、幼儿园进行早期阅读思考

绘本阅读教学是幼儿园的重要一环，会对幼儿日后的发展有极大的影响，因而教学任务中教师如何科学开展教学活动成了重点知识。作为幼儿园教师，除了要认知目前中国幼儿园绘本教学存在的问题，如教师带读幼儿跟读、幼儿因为不识字造成阅读兴趣缺失、幼儿对绘本内容的兴趣较低等问题，还要不断学习以强化绘本阅读教学能力及改进教学策略，比如通过鼓励性语言引导幼儿通过角色代入等方式，感受绘本故事及背后的情感，通过多媒体欣赏图片提升艺术想象力等，综合各种方法让幼儿园绘本教学科学性更强。

参考文献

［1］祁晓凤．幼儿早期阅读教育存在的问题及对策［J］．新课程，2021（42）：52.

［2］杨玉璇．幼儿园早期阅读有效性教学策略探究［J］．新课程，2021（27）：208.

［3］梁丽华．基于幼儿早期阅读教育实施的几点思考［J］．第二课堂（D），2021（4）：75—76.

幼儿园生命安全教育的有效策略探析

（李莹　陕西省汉中市南郑区实验幼儿园）

摘　要：《幼儿园教育指导纲要（试行）》明确提出，幼儿园必须把保护幼儿的生命和促进幼儿的健康放在工作的首位。实施安全教育，提高师幼的安全防护意识是幼儿园的重要任务。生命安全教育作为师幼身心健康和教学活动正常进行的保障，在学前教育阶段具有基础性地位。本文从家园合作的角度出发，结合新冠疫情的社会背景，明确了新时期幼儿生命安全教育的重要性，提出了开展幼儿生命安全教育的一般策略，以期为幼儿生命安全教育的新路径探索提供参考。

关键词：幼儿；生命安全；策略

幼儿园是幼儿成长的摇篮，对幼儿进行生命安全教育是幼儿园的重要职责。随着社会的发展，人们越来越重视幼儿教育。在幼儿园教育中，生命安全教育显得尤为重要。幼儿年龄较小，自我保护意识薄弱，容易发生意外伤害事故。因此，对幼儿进行生命安全教育是幼儿园工作的重中之重。本文从以下几个方面探讨了幼儿园开展生命安全教育的有效策略。

一、生命安全教育是学前阶段的重要内容

生命对一个人来说只有一次，人人都应该特别珍惜自己的生命，从学前阶段到中学乃至到大学，学校对“珍惜生命、重视安全”的教诲从未停止。但是，我们幸运地生活在和平时代，很少有危及生命安全的经历，当然也很难对生命有深刻的思考。然而，新冠疫情的肆虐，让许多人突然间意识到生命的威胁就在我们身边，而生命在病毒面前如此脆弱，让人们对生命从书本上的理解瞬间转为切身的感受。种种现象提醒我们，在日常教育中融入生命安全教育，要从小、从细抓起，只有经受过安全事故和灾难亲临的锻炼，才能在日后面临紧急情况时镇定、勇敢地战胜困难。

二、新时期幼儿园开展生命安全教育的紧迫性

之所以对幼儿进行安全教育，是因为幼儿处于身心发育的关键时期，“身单力薄”叠加社会认知不足的客观条件，导致幼儿群体一直以来都是校园安全事故中的主要受害者。远到仇视社会的犯罪行为，近到屡见不鲜的校园欺凌，甚至在体能户外活动教学过程中，都充斥着对幼儿群体的安全隐患。因此，在新时期背景下，对幼儿进行安全教育尤为重要。从目前的情况来看，普遍存在着安全意识薄弱、不懂得保护自己的情况。从最为简单的户外体能活动安全防护意识来看，相关调查研究表明，在学前阶段的幼儿中，将近50%的孩子都存在户外体能活动中缺乏安全意识的情况。

三、开展幼儿生命安全教育的有效策略

（一）开展多元化的生命安全教育主题活动

幼儿从进入幼儿园开始，即进入了生命安全教育的范围。沿着幼儿在园一日流程，可以

开展丰富多彩的生命安全教育。

在幼儿入园时，即开展体温检测和手掌消毒，以及二次晨检，帮助幼儿培养良好的晨检习惯。在进餐、盥洗、离园等一日环节中需要注意的安全问题，我们会和孩子一起找一找、说一说、画一画，将每个环节都绘制详细网络流程图，环环相扣，比如七步洗手法；餐前准备、进餐时不说话、餐桌礼仪；餐后散步、睡前听故事、午睡时不蒙头、平躺或侧身躺、不要趴着睡；户外游戏时要排队等待，玩滑梯时不从下往上爬、不推挤，合作玩游戏等。孩子们在参与、操作、实践中，安全教育的种子渐渐在心中生根发芽。

在一日活动中注重安全教育的渗透。比如，教学活动中，进行对小动物刺猬的认识活动时，结合动物的身体特征，进行安全教育的延伸，可以重点向幼儿讲解：刺猬身上的刺并不可怕，而是它保护自己的强大武器；在进行区角活动时，充分利用走廊、楼梯、桌椅等道具，进行运动材料和生活材料的多元化巧妙结合，同时在活动中重点讲明安全注意事项，提高幼儿安全意识。

根据每月园本安全课程主题，对幼儿进行专题生命安全教育活动，通过“火灾来了怎么办”“我不跟你走”“交通小卫士”“保护我自己”等安全活动和安全演练，增强幼儿生命安全意识，学习幼儿逃生技能等。

（二）家园共育，培养幼儿生命安全意识

家长是孩子的第一任教师，对孩子进行教育和培养，离不开家长的大力支持。特别是3～6岁幼儿处于无意记忆占优势、有意记忆逐渐发展的阶段，因此，要想对幼儿进行安全引导效果最优，离不开幼儿园和家庭双方的共同努力。开展家园共育的核心在于家长和幼儿教师之间的沟通和行动的统一。主要可以从以下三个方面进行。

首先，在课前应该增加双方沟通。在确定进行生命安全教育后，教师可以在网络上、班级微信群中向家长征集真实发生在家长、幼儿身边的一些印象深刻的安全事件，或家长切实关注到的安全隐患。通过这样的形式及这样的主题，不仅能够引起幼儿们的兴趣，同时也提升了家长关注幼儿安全的意识，让家长认识到幼儿学习安全知识的必要性。

其次，在活动中可以着力构建“家长老师”。通过让家长变身“教师”的角色，给幼儿进行安全知识的教育甚至演练。比如，邀请当医生的家长来园给幼儿开展一次爱护眼睛、保护牙齿等健康安全教育，邀请消防官兵开展消防安全演练活动，邀请家长扮演“坏人”进班级，参与防拐骗安全教育等。甚至在开展交通安全活动时，可以请家长在幼儿入、离园时进行交通安全教育，家长以身作则告诉幼儿：“行人靠右行走，走人行道，不能在机动车道上追跑打闹，更不要随意过马路。”在这之后幼儿就会有生活经验的准备，开展教学活动时教师可以结合幼儿家长的示范和讲解再进行补充，通过有趣的游戏活动来丰富安全常识，如基本的交通规则等，提高安全教育效率，起到刻骨铭心的安全教育效果。

最后，在活动后及时有效总结，巩固教育效果。例如，通过建设班级微信群、美篇等形式，将近期幼儿园开展的安全教育及成效进行及时总结或者将幼儿在家时的一些安全教育活动和自我保护行为进行公布展示，并配以教师和家长对幼儿的评价。同时，家长可以通过文章留言等方式向教师提供建议等反馈，从而提高事后总结成效。

（三）健全管理制度，注意事故多发点

幼儿园安全事故的发生具有显著的时间和空间聚集性，比如，多发生于幼儿入、离园、户外活动、吃饭、上床等环节。因此，对待危险高发区域和时间段，应该通过建立安全管理制度的方式，实现常态化管理，帮助幼儿和教师形成安全意识上的“条件反射”。比如，建立晨检记录，幼儿缺勤跟踪记录，严格午检方案，仔细检查幼儿的衣袋，在户外活动中要求必须两人配合组织活动等。

四、结语

突如其来的新冠疫情为幼儿生命安全教育敲响了警钟，无论是针对紧急卫生情况还是幼儿日常生活学习，安全教育和生命教育的“弦”不能松。在新时期，幼儿园可以通过抓住疫情背景下的生命教育重点，与幼儿和家长产生共鸣，达成共识，同时通过多元化的生命安全教育活动和家校共育的教育手段，促进学前教育阶段生命安全教育收到良好的效果。

参考文献

[1] 黄耀红．生命教育的“三个向度”——抗击新冠肺炎疫情带来的教育启示［J］．湖南教育（C版），2020（2）：17—19.

[2] 但孝爱，邵春荣．信息智能融入小学家校互动安全教育研究［J］．安徽教育科研，2020（1）：114—115.

“寻、探、推”三部曲：幼儿园生成性课程的实践与探究

（汤芳芳　浙江省嘉兴市通元镇星辰幼儿园）

摘　要：随着课改的不断深入，教师逐渐认识到生成性课程的价值，它根植于园本特色，基于问题的思考点和发展点进行的一种助推活动。然而，幼儿园在实施过程中往往存在重“标新”轻“主体”、重“结果”轻“过程”、重“预设”轻“动态”的问题。针对这一现象，本文以“捕捉兴趣点，生成课程；挖掘生长点，生发课程；助力成长点，再生课程”来实施“遇见豆芽”这一中班生成性课程。让幼儿在感知、体验、操作中，凸显在活动中的主体地位，丰富幼儿的知识与经验，激发幼儿深度探究的能力。

关键词：幼儿园；生成性课程；中班；豆芽

一、解析——生成性课程“缺陷”（见图1）

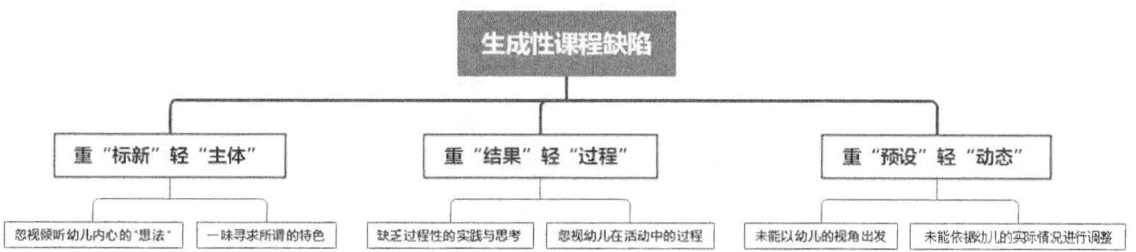

图1　课程解析图

《幼儿园教育指导纲要（试行）》提出，幼儿园教师以幼儿的已有经验和兴趣为依据，关注幼儿的现实需要，适时、适度地调整预设计划。可见，纲要肯定生成性课程的意义，从“为什么学”转化为“如何学”。但是，在探究生成课程的过程中，又会遇到一些怎样的困惑呢？

（一）重“标新”轻“主体”

生成性课程的实质是将潜在而有意义的课程转化为实际的课程，在这一过程中，架构这一课程的原动力是幼儿的兴趣和需求。因此，首要的前提是发现并捕捉幼儿的兴趣。但在实施生成性课程的过程中，教师却忽视了对认真倾听幼儿内心的真实需求，致使课程最终失去幼儿参与的兴趣，只能戛然而止。

（二）重“结果”轻“过程”

幼儿的兴趣与发展需求犹如两条平行线，生成性课程的推进需要教师去捕捉幼儿在探究过程中的生长点。然而，在生成性课程的实施中，过分强调课程开发的结果，弱化甚至忽视课程开发过程的现象，以至于幼儿在活动中缺乏过程性的实践与思考。

（三）重“预设”轻“动态”

事实上，“生成”一词本身就是一个动态的、持续的、发展的探究过程。换言之，将课程落到实处并随之推进，在此过程中，有很多教师往往凭借自己的经验设置课程中的问题，未能以幼儿的视角出发观察问题、发现问题、探究问题等。除此之外，也没有依据幼儿的实

际情况进行调整。

二、探究——生成性课程的“生长点”（见图 2）

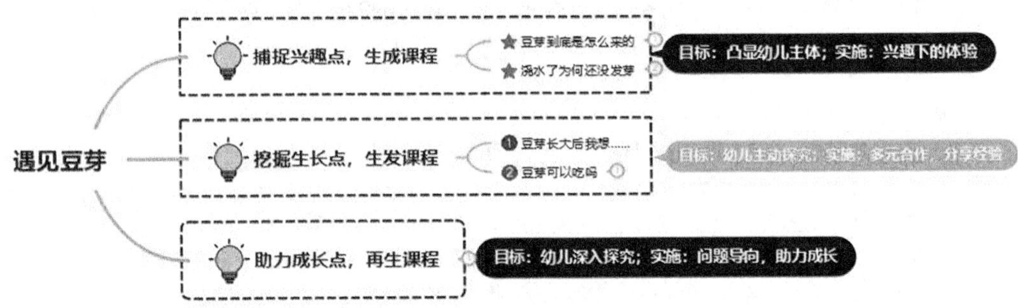

图 2　课程探究图

生成性课程应该以幼儿为“本”，且以满足幼儿的兴趣与实际需求为前提。此外，教师要以问题为导向，支持幼儿在真实情境中自主解决问题的能力。其实，遵循幼儿的兴趣点去生发课程，对于我来说也比较有挑战性，带着一份忐忑的心，便开启与他们的探究之“旅”。下面，就以中班生成课程“遇见豆芽”为例展开。

（一）捕捉兴趣点，生成课程

“遇见豆芽”基于中班主题“吃得香，长得棒”而生发，源于投放于植物角的几颗常见的绿豆。孩子们在植物角新奇地发现了绿豆上面居然有芽芽，之后，他们便打开了话匣子。有的幼儿说：“这些豆芽上面怎么有的有芽芽有的却没有？”还有的幼儿好奇地问：“这些芽芽是怎么出来的，它还会长高吗？”基于此，我们便满足他们的好奇心，“遇见豆芽”这一课程就这样生发了（见图 3）。

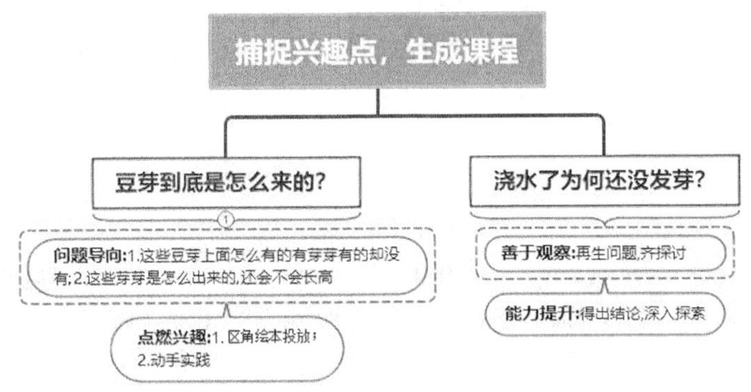

图 3　生成课程图

1. 豆芽到底是怎么来的

幼儿对于豆芽到底是怎么来的充满了好奇和困惑。而《3～6 岁儿童学习与发展指南》（以下简称《指南》）提到：“教师要善于观察、发现幼儿的好奇心，引导其通过观察、比较等方法，帮助幼儿积累经验。”中班幼儿能够根据画面提供的信息，大致讲述故事中的内容。为了让他们自主去探索更多关于豆芽的“秘密”，便在图书区投放《豆芽君，加油！》这一绘本。果然，他们从绘本中找寻到了想要的答案，有的幼儿兴奋不已地说：“原来，豆芽是放在水里种的呀，水可以让豆子发芽呢。”话音刚落，幼儿便自主找寻发豆芽的容器分组进行。他们期待着豆芽每天都能产生新的变化。第一天，第二天……

2. 浇水了为何还没发芽

中班幼儿对于豆子发芽的已知经验较为匮乏，因此，对于发芽深层次的知识较为欠缺。而就在此时幼儿发现：“我们浇水了为什么有些豆子还没有发芽?”这一次他们又陷入了“困境”，便在那里开始讨论起来（见图 4）。

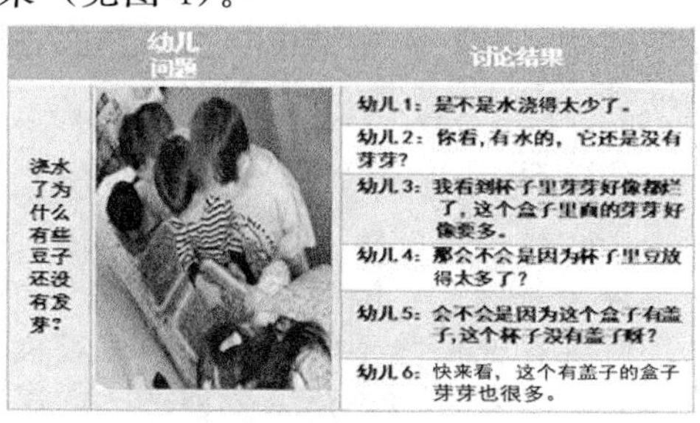

图 4　讨论图

从幼儿之间的对话，我们发现当遇到困难时，他们通过观察、比较、讨论等方式，发现：原来容器的选择也会影响最终豆芽的成败。正如《指南》提到：“让幼儿在直接感知、亲身体验、实际操作中丰富幼儿的经验。”

（二）挖掘生长点，生发课程

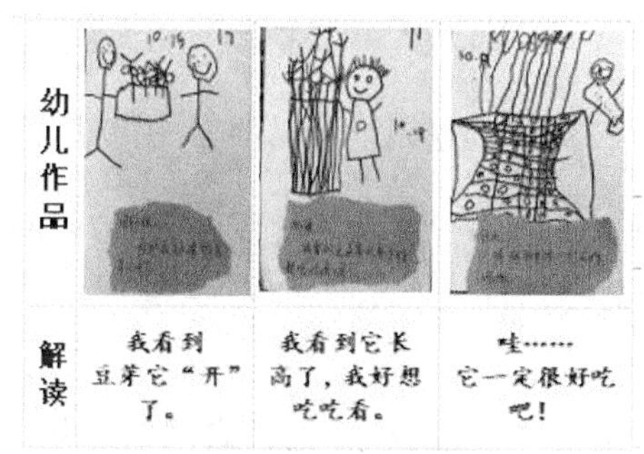

图 5　生发课程图

幼儿通过与教师、同伴、豆芽之间的不断互动，递增他们对豆芽的认知经验。在生成性课程“遇见豆芽”不断深入的过程中，逐渐丰富幼儿关于豆芽的知识，萌发出更多探索豆芽的欲望，“这些芽芽会不会长得更高”“豆芽长高了会怎么样”“长大的芽芽可以吃吗”“其他豆子也会像这样发芽芽吗”……让这一豆芽活动转型至多维视角，从而促进幼儿的深度学习（见图 5）。

1. 豆芽长大后，我想……

到了第五天芽芽长得越发长了，有的孩子还在一边比对着哪盆长得最高。突然，乐乐说了一句：“它长高了会是什么样子的呢?”为“走进”幼儿内心的真实“世界”，决定让孩子们绘画出豆芽长大后，我想……

从孩子们的想法中不难发现：孩子们非常渴望能够品尝一下自己所栽培的成果。此时，我并没有给予他们答案，而是，把更多的机会留给孩子们自主探索与思考。

2. 豆芽可以吃吗

作为教师，抓住幼儿的问题点推进幼儿的深度学习，让幼儿在探究的过程中发现问题、解决问题，从而更好地促进幼儿主动参与课程的动力。

【案例】豆芽可以吃吗?

当听到这个问题后，听到楠山说道：“它可以吃呀，和我妈妈在菜场里买的豆芽一样的，但好像颜色不一样。”

【讨论】颜色不一样它可以吃吗？

可乐："我猜它可以吃的，感觉它吃起来跟我们以前吃的味道不一样。"

一诺："我觉得它不能吃，因为它们长得不一样。"

经验的积累让幼儿对于豆芽有了更深层的考量，豆芽它到底能不能吃，使幼儿萌发出新的兴趣点，但由于生活经验的缺乏，此时，借助家长资源便能够凸显出优势，幼儿能够在家长的带领下一起探讨与解决问题。

（三）助力成长点，再生课程

在生成性课程的实施过程中，发现幼儿有具体的问题情境。此外，他们学习的内驱力也比较强，互动性强，能够有效地培养幼儿之间的相互探讨能力和解决问题的能力。

通过家长的协助，幼儿了解到在光源之下的豆芽是不可以食用的。鉴于中班幼儿以具体形象思维为主，因此，带领幼儿一起观看"豆芽怎么种植"的视频。

"我还想再发一次豆芽……""我也要我也要。"只听到孩子们七嘴八舌重复说着。既然孩子们主动要求，何不再让他们来尝试呢。

基于第一次的经验，孩子们在第二次的尝试中更加有信心了，有的泡豆；有的找遮阴布；还有的清洗器皿…… 此时的他们配合得非常默契，胜似一个个"小大人。"然而，第一天，孩子们好像有点儿耐不住了，渴望偷偷看一眼豆芽。突然，一阵声音传来。

【讨论】

小璟："我妈妈说了不能看，不然这些豆芽就会有细菌入侵不能吃了。"

彤彤："就是，我们都不能偷偷地看。"

美丽："我感觉应该给它们浇水了，这块遮阴布上面好像变白了。"

小璟："我也觉得要浇水，水被豆芽吸收了。"

教师："听上去好像挺有道理，那么拿什么在这块遮阴布上面浇水呢？"

文文："来了来了，我拿来了水杯。"

小璟："你不记得了吗，浇太多水它们也容易坏。"

乐乐："我想到了，可以拿喷壶。"

在探究豆芽怎样才可以吃之后，幼儿决定再次尝试发豆芽。通过将视频与幼儿前期的经验相结合，又引发孩子们新的探索。比如："能不能偷偷地看豆芽""到底浇多少水才可以"……

在孩子们的呵护下，豆芽似乎长得更加起劲，就在这天（第七天）能够看到豆芽发成功。在教师的协助下，孩子们打开遮阴布。哇…… 此时的教室里传来阵阵尖叫声，"我们成功了"……幼儿通过两次豆芽的实践，不断体验和收获着成功的快乐。这便是实践经验带给幼儿的思考与应用。

三、拓展——生成性课程的"延伸点"

经验可以是一个过程的开始，然而，它也可以是一个过程的结束，可以说它是教育经验的不断改造。此时，又诱发幼儿的思考：其余豆子也是这样发芽的吗？孩子们似乎又对植物角中的黑豆、黄豆等感兴趣。而我，也愿意等待与聆听孩子们由实践而来的"心声"。

在生成性课程"遇见豆芽"的实践过程中，幼儿了解到更多关于发豆芽的经验。通过观察、讨论、实践、探索，让幼儿参与到活动的分析与讨论，凸显幼儿在活动中的主体地位，丰富幼儿的知识经验，激发幼儿深度探究的能力。

总之，生成性课程要时刻追随幼儿，教师依据对幼儿的细微观察，以幼儿的兴趣点来捕捉其生长点。此外，教师要做到心中有课程，眼中有孩子，为那些不期而至的教育契机留下足够的空间。

参考文献

[1] 中华人民共和国教育部．幼儿园教育指导纲要（试行）[S]．北京：北京师范大学出版社，2001.

[2] 李季湄，冯晓霞．《3～6 岁儿童学习与发展指南》解读 [M]．北京：人民教育出版社，2012.

[3] 虞永平．幸福、经验、幼儿园课程 [J]．幼儿教育，2010（34）：12—13.

[4] 冯晓霞．生成课程与预设课程 [J]．早期教育，2001（8）：2—4.

[5] 王春燕．对幼儿园课程预设与生成统一的思考 [J]．早期教育，2004（8）：8—9.

基于儿童生长的“成长五力”主题创生策略探析

（姚梦姣　浙江省嘉兴市海盐县三毛幼儿园）

摘　要：在主题创生活动中，我们越来越多地关注儿童“怎么学”，关注孩子自主探索的深度学习过程，但因此也产生了很多困惑：怎样去挖掘孩子感兴趣的问题，推进孩子的深度学习？本文基于儿童生长的主题创生探究出五点策略：儿童本位动态赋能的成长内驱力、适性扬长多维赋能的成长行动力、多方联动双向赋能的成长互助力、思辨解惑对话赋能的成长创生力、回溯盘点立体赋能的成长幸福力，为主题创生活动打开了新视野。

关键词：成长定制；儿童生长；主题创生

一、幼儿园主题创生活动的现状与分析

在主题活动中应该以幼儿的经验、兴趣点和需要出发，以问题为导向，捕捉热点话题，提炼出更深层次的信息，引导孩子进行深度学习，从而推进新的课程，但是目前在主题活动中出现的现状有以下几点。

（一）主题内容以“教师预设”为主角，忽略了幼儿的真正需求

在开展主题活动前，教师往往是“主角”，会按课程蓝本设定好孩子的主题内容，鲜少关注“孩子从主题兴趣的产生—探究学习—经验生成之间需要经历什么”。当孩子有了自己感兴趣的内容，需要去探索时，没有给予他自主探究的机会，放手关注孩子的学习探索过程，忽略了孩子真正的需求。

（二）主题探究以“轻过程式”为主体，导致幼儿缺乏持续学习

在开展主题活动的过程中，教师常会将开展的内容停留在表面，没有聚焦某个内容深入开展，引领幼儿深度学习，导致幼儿的学习比较粗浅、浮于表层，缺乏持续学习的动力。在我们的主题过程中，并没有提供可以让幼儿完整呈现整个游戏过程的学习轨迹、经验的提升等载体，幼儿在这个过程中缺乏深度学习的意识。

（三）主题评价以“缺乏引领”为主导，阻碍幼儿探究能力提升

由于幼儿在主题活动中一些感兴趣的事物事先是没有预设过的，所以该内容是需要教师进行适切性和价值性判断的。在日常中，我们会发现教师由于自身专业理论、指导经验的缺乏，在主题活动后常常会“缺乏引领式”判断，从而阻碍了幼儿自主探究学习，导致幼儿的发现并没有得到有效的回应，深入地去开展。

二、基于儿童生长的主题创生策略

基于儿童生长的主题创生策略即围绕成长内驱力、行动力、互助力、创生力、幸福力五大方面，从儿童本位、适性扬长、多方联动、思辨解惑、回溯盘点中积累发展的经验，让幼儿在探索过程中主动获得技能与经验。

（一）成长内驱力——儿童本位，动态赋能

幼儿内驱力的形成能为幼儿自主规划人生带来重要影响，基于儿童生长的内驱力是需要在尊重幼儿自主权利基础之上呵护、提升幼儿想象力与实践力的内在动力。

1. 从自“发”到自“为”，以问题为驱动的经验提升

幼儿阶段的驱动力，可以通过激发幼儿的自我发现问题并想办法自我解决问题的方式得以激发，使幼儿在问题情境中得到经验的提升与进步。教师在整合幼儿“零散式问题”和“粗线条问题”中捕捉幼儿活动的亮点（见图1）。

图1　以问题为导向的自我探究路径

2. 从自“问”到自“省”，以问题为导向的自我探究

当幼儿能发现问题，并想办法解决问题时，教师可以引导幼儿进行更深层次的思考反省，使幼儿进一步探究问题的根源，并在探究的过程中以自我兴趣为意愿持续验证，最终发现问题的解决办法。探究结束之后的自我反省是对幼儿生发问题—探究问题—解决问题全过程的回顾与总结，使幼儿的探索也呈现递进性。

（二）成长行动力——适性扬长，多维赋能

幼儿的成长是在实践探索中形成的，教师要关注幼儿的自主生活，随着幼儿的兴趣调整相应的活动时间、空间、内容，以满足幼儿体、智、德、美、劳全方面、多维度、多能力的发展需求，有效提升幼儿的成长行动力。

1. 作息弹性，留生发时间与空间（见表1）

表1　我的“弹性时间”计划

我的“弹性时间”计划表			
时间段	我的探索点是什么	我的探索记录	下次我探索的计划
餐后时光			
课间时光			
离园时光			
……			

幼儿对其感兴趣的问题便会自发产生积极的探究，当幼儿对感兴趣的事物进行探究时，教师应做的是为幼儿提供充足的时间、空间，满足幼儿的尽情探索，作息时间与方式也可以随之进行调整。在充分给予幼儿探究的时间后，助推幼儿深度拓展，幼儿可以发展出内在的兴趣、独立和责任感等品质。

2. 目标内稳，串兴趣点为问题链

每一项活动都包含着目标，抓住幼儿感兴趣的事物进行问题式提问，层层铺展、层层递进，使目标贯穿于整个活动中，让幼儿在系统连贯的问题引导下，将知识进行串联，最终达成目标，实现幼儿的全方面发展。

例如，在（秋天）主题中，孩子们对于幼儿园的银杏树很感兴趣，纷纷跑到银杏树下观察，还有的孩子细心地发现有些银杏树上的叶子还没枯死掉，有些银杏树上的叶子离开大树妈妈就凋落了，“银杏树上的银杏叶为什么会掉落呢”……引发了一系列关于“银杏树”的讨论。

（三）成长互助力——多方联动，双向赋能

幼儿是生活在社会大集体中的，幼儿的成长离不开家长、教师、社会成员的协助，多方面的联合行动能使幼儿的各方面能力得到综合发展。多方联动使双向赋能，最终助力幼儿成长。

1. 成立“重要他人”研究联盟，为主题丰盈指方向

幼儿成长过程中的“重要他人”指的是能存在于幼儿周身的各行各业的人，包括家长、教师、保育员、门卫、交警等。幼儿的“重要他人”需要达成共识，形成研究联盟，做好幼儿成长的“陪伴人”，在幼儿需要帮助的时候，及时给予幼儿积极正向引导，为主题创生内容丰盈过程指明方向。

例如，在“小士兵作战”主题中，孩子们对于军人要做哪些训练产生了困惑，于是孩子们分成几个小组，如调查访问组、上网查找组、实地参观组……借助家长的力量，共同完成亲子调查单，帮助幼儿建构一定的能力技巧与知识经验（见图 2）。

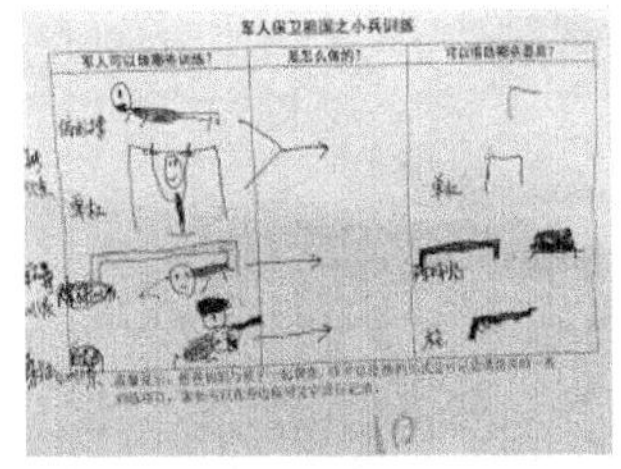
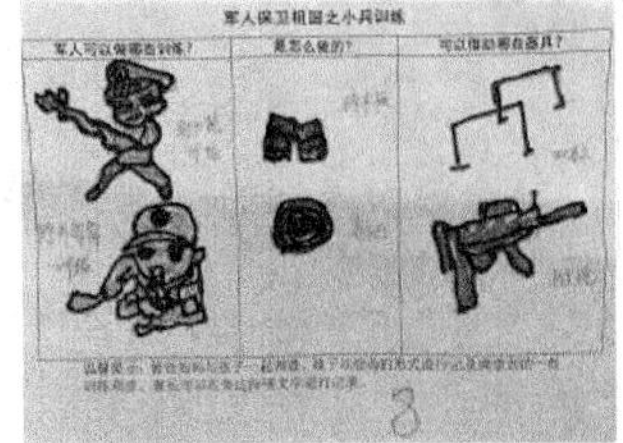
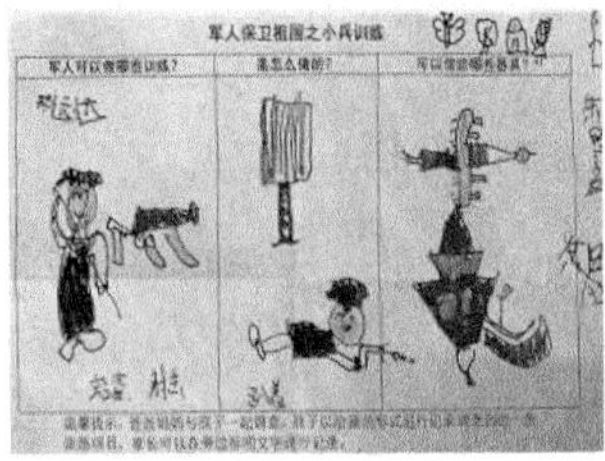

图 2　“小士兵作战”主题中“问题涂鸦墙”

2. 开展“多元首位”互评互学，为主题创生寻契机

多元首位指的是发挥每个成员的教育能动性，围绕幼儿成长过程中的态度、行为、特点进行点评指导，以达到相互学习、相互促进的教育效果。在主题活动中，幼儿时常会生成新的有价值的亮点，作为教师要及时地进行捕捉，在与幼儿的交流分享中放大亮点，通过“互评互学”学习模式既能让参与的幼儿达成共识，又能将好的做法辐射给其他幼儿。

（四）成长创生力——思辨解惑，对话赋能

幼儿在成长过程中的创生力可以通过语言辩述的方式得以展现，幼儿在与教师、同伴对话交流的过程其语言表达能力是在不断发展的，教师的适时对话引导可以让幼儿的能力得到全方面发展。

1. 微格问题式，打开主题创生思路（见图 3）

发现问题	寻找策略	习得经验
问题点1：“水渠探秘”主题中，孩子们发现水渠很脏……	策略1：各自分组，完成了小组探秘计划，寻找工具进行水渠打扫。	经验点1：在活动中自发寻找工具、同伴，自主结成“研究小团队”。
问题点2：“水渠探秘”主题中，孩子们想要打开水渠盖子放水，结果打不开……	策略2：通过儿童会议、实践操作验证等方式解决问题。	经验点2：多次验证、猜想，得出需要坚硬的物品如铁棒，结合杠杆原理打开井盖。

图 3　“水渠探秘”主题中“微格问题式”实施路径

“微”是微小、片段的意思，“格”是探究的意思，“微格问题式”是指每一个微小的探究点。微格问题式就是鼓励幼儿关注每一个主题创生中的细节，打开主题创生的思路，通过观察、模仿、联结、运用以及迁移，发现与记录主题创生中的每一个问题。

2. 数据挖掘式，诊断主题创生模式

在幼儿成长过程中用数据进行说话，用数字化的语言记录活动前、活动中、活动后的数

据情况，并做对比，教师有针对性地收集“证据”，对主题创生中的模式做出准确的诊断。教师借助“成长数据库”记录幼儿主题创生中的数据，针对某一个主题，进行持续性的观察，清晰地看到幼儿从前期到当下再到未来的动态发展过程，进一步了解幼儿的主题创生能力（见图4）。

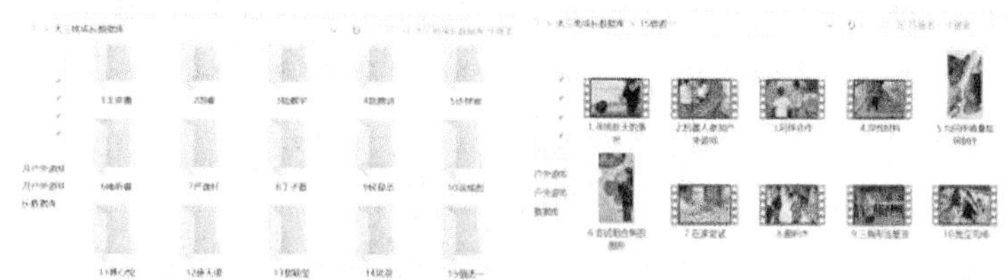

图4　大三班“成长数据库”

（五）成长幸福力——回溯盘点，立体赋能

幼儿成长过程中的点滴记忆都是值得记录和回味的，这将是幼儿成长的幸福印记。因此，主题创生活动需要进行一个阶段的回顾，站在课程化的视角进行梳理，并进行回溯盘点。

1. 融入“评价多元化”，助力儿童生长再升华

从自主拟定与分享制定的“主题计划单”，深度理解与多维呈现的“问题涂鸦墙”，路径重组与呈现轨迹的“对比记录图”，深度迁移与自我反馈的“主题日记本”，幼儿通过简单的图画、符号等表征记录，能从问题中逐渐反馈策略，调整在主题创生中的学习模式，这样的能量驱动的评价方式相互触动、相互激励前进，展现幼儿的“无限可能”（见表2）。

表2　“评价多元化”具体实施路径

评价方式	主题计划单	问题涂鸦墙	对比记录图	主题日记本
实施内容	在主题活动开展前，教师可以追随孩子的兴趣与意愿，提供“主题计划单”小调查，了解孩子对该兴趣点下一些经验的认识。	我们可以通过“问题涂鸦墙”，请孩子记录自己的小想法、关注的小发现、遇到的小问题……完全尊重幼儿兴趣与需求记录，展现孩子的学习轨迹。	将幼儿同一个主题的探究内容以及连续几天的探究内容记录对比放在一起呈现，发现同一个主题中孩子的发展进程，了解幼儿在一个主题中学习的“轨迹”。	在日记本上，可以呈现在主题创生中印象最深的，活动中遇到问题如何解决的，在成功后获得喜悦的……
图片呈现				蜗牛日记

2. 借助“成长新平台”，赋能儿童生长新历程

巧用数字平台，可以有效地让静态评价“动”起来，打破数据壁垒实现数据共享，成为创建智慧园的关键性突破口。我们可以借助“成长时光集”，持续跟进幼儿的主题创生活动，尊重个别差异。同时，借助“成长VCR”，记录下主题创生过程数据，可以清晰地看到幼儿从前期到当下再到未来的动态发展过程，进一步了解幼儿的自主学习能力，为主题创生赋能。

基于儿童生长的主题创生应关注幼儿参与活动的兴趣点，给幼儿提供温馨舒适的环境，保护幼儿乐于探索、敢于探索的学习心态，呵护幼儿的想象力与创造力，让幼儿进行自主、自理、自立的活动探究，用多元化的学习方式使幼儿获得多元化的发展，使幼儿的学习更加自主、主动，以获得最优化发展，真正做到教育高质量发展。

参考文献

［1］李小红．教师课程创生的缘起、涵义与价值［J］．教师教育研究，2005（4）：24－28＋23.

［2］沈建民．走向“自觉”的课程创生——教师课程创生素质的提升与学校课程文化氛围的创设［J］．教育发展研究，2011，31（12）：27－30.

自助式收纳：大班幼儿物品柜整理的新方式探究

（俞萍萍　浙江省杭州市西湖区之江幼儿园）

摘　要：在幼儿园整理收纳环节，教师时常关注较多的是区域、教室环境等，而对于幼儿的物品柜关注较少。幼儿的物品柜，作为幼儿个人物品的存放点，具有一定的私密性和封闭性，因此，在日常生活中，较容易忽视。但是我们不难发现，孩子们常常是将物品随手放入其中，却从未去关注物品是否整齐，更不会主动去分类摆放。本文旨在从幼儿的物品柜着手，通过自助匹配的收纳内容、自助选择的收纳工具、自助调试的收纳空间、自助挑战的收纳方法、自助检验的收纳效果、自助迁移的收纳经验，6个自助式物品柜策略，从而使幼儿建立物品整理的意识，掌握整理的方法，形成整理的习惯。

关键词：自助式收纳；大班幼儿；物品整理能力

一、问题的提出

幼儿园每个孩子都有自己的物品柜，相对空间较小，且只有单一的一格，幼儿在收纳物品时，东西多了便会叠起来，拿取不方便，幼儿无法进行整理收纳。整理收纳是将凌乱的物品或环境按一定的规律进行整齐、有序妥当放置。本文旨在提供可操作的工具培养幼儿整理收纳的意识，养成整理收纳的习惯，在一日生活中观察到大班幼儿在物品柜物品整理时的一些现象，分析这一现象的成因。

（一）缺失持续性的机会，整理行为时断时续

幼儿物品柜一般只有入园、离园时，教师会关注幼儿放东西、拿东西，其间多为幼儿自主拿放，缺少持续性观察。

（二）缺失专属感的载体，整理热情忽冷忽热

在物品整理上，教师大部分只关注教师区域、物品摆放等，较少关注幼儿对物品柜的整理，缺少对幼儿物品柜的关注。

（三）缺失个别化的追踪，整理效果若隐若现

幼儿物品柜，每个幼儿的柜子物品不同，物品整理形态也各不相同，有些物品整理不整理效果不明显，需要对幼儿物品柜进行个别化的追踪。

二、自助式收纳的内涵认识

自助式收纳：是指幼儿通过自主选择材料、自主设计、自主完成物品收纳，也可根据所带物品调整收纳方式。

物品整理能力：幼儿物品整理能力是指幼儿能够合理管理身边的一些日常物品，包括对自己的生活、学习、游戏物品的分类、指定归放、收拾整理等能力。

三、自助式收纳的实践研究

本文将从教师困惑的物品柜整理收纳为切入点深入观察分析，通过自助匹配的收纳内容、自助选择的收纳工具、自助调试的收纳空间、自助挑战的收纳方法、自助检验的收纳效果、自助迁移的收纳经验，6 个自助式物品柜策略，从而使幼儿建立物品整理的意识，掌握整理的方法，形成整理的习惯。

具体设想如图 1 所示：

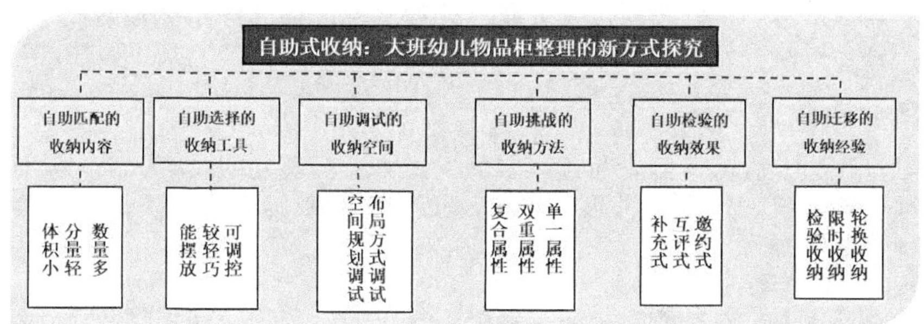

图 1　设想图

（一）自助匹配的收纳内容

幼儿的物品柜平时一般会带一些生活用品、玩偶、玩具等，幼儿的物品柜里可以放什么？通过日常观察和与幼儿的探讨，物品柜里的物品主要有以下几个要素。

要素一：体积小——幼儿的物品柜的尺寸有限，一般在 30～50cm，有正方形，也有长方形。

要素二：分量轻——幼儿的物品柜一般呈柜状排列在一起，一般会放置一些分量较轻的物品。

要素三：数量多——幼儿的兴趣，喜欢一些小巧的玩具，数量多一些，也有助于培养幼儿的整理收纳能力

（二）自助选择的收纳工具

基于大班幼儿年龄特点：自理能力和劳动能力明显提高，动作灵活、控制能力增强，所以在自助选择收纳工具时，从可调控、较轻巧、能摆放三个要素入手。

要素一：可调控——满足幼儿个性化需求，可调整成各种形状。能根据物品柜的大小，调整尺寸大小。

要素二：较轻巧——方便幼儿拿取使用，在操作中幼儿可以随时拿取、随时设计自己的物品柜。

要素三：能摆放——工具必须有收纳功能，物品柜主要用于幼儿收纳个人物品。

（三）自助调试的收纳空间

自助调试的收纳空间，这个收纳空间不是固定的，是动态化的。主要可以从空间规划、布局方式着手。

要素一：空间规划调试——对于大班幼儿来说，接触较少，需要给予幼儿充分的时间摆玩收纳工具，从而感知空间规划调试的内涵。物品柜的空间可由不同材料隔成同一种空间，也可隔成不同空间。

要素二：布局方式调试——幼儿通过提供的收纳工具，可将物品柜的空间充分利用起

来。例如：洞洞板可以沿壁粘贴，摆放一些小物件；树枝可以通过悬挂的方式，挂一些小东西；拼插板可以将收纳空间划分为几个小的空间，增加空间使用率。

（四）自助挑战的收纳方法

大班幼儿对于收纳的方法有一定的经验，要提高幼儿的物品整理能力，掌握分类的方法至关重要。我们按照“由易到难、循序渐进”的原则，提出了单一属性—双重属性—复合属性的步骤，在不同属性的分类中，逐渐提升难度，帮助幼儿掌握物品整理的方法。

要素一：单一属性——对物品的一种属性进行分类。

要素二：双重属性——对物品按某一属性分类之后，再进行二次分类。

要素三：复合属性——对物品在二次分类的基础上，再次按照某一属性进行分类。

（五）自助检验的收纳效果

幼儿在习得收纳方法后，需要通过一定的方式去检验幼儿的收纳效果，从而帮助幼儿养成良好的整理收纳习惯。运用多种形式体验感受，不断激励强化，快乐养成整理收纳的习惯，提升整理收纳能力。

1. 收纳达人邀约式

幼儿邀请整理达人一对一查看柜子，接受评价，聆听建议。如果收纳得到肯定可以获得达人笑脸贴。幼儿想要得到收纳小达人的笑脸贴，就须整理好自己的物品柜，这对幼儿来说是一种动力，也是一种鼓励。

2. 同伴组合互评式

幼儿自由组建互评小组，每组6～7人，通过教师投放的评价表格，在互评小组内进行投票，票数最高的则被评为收纳小达人，奖励笑脸贴。也可以被其他小朋友邀约一对一查看。

幼儿在分组互评时，评价表的设置要用幼儿看得懂的方式，评价的过程需要教师适时地介入，引导幼儿选出真正的收纳小达人，提高评价的执行力。

3. 定期开放补充式

每周五是班级的玩具分享日，选择这一天作为开放日，幼儿带的物品会比较多，可以给予幼儿整理收纳的机会。开放结束后，教师组织幼儿进行座谈，分享一下刚才看到的收纳的好方法。每周五开放，大家互相借鉴，优化自身的柜子。

（六）自助迁移的收纳经验

物品整理能力中经验的迁移至关重要，在操作中，通过轮换收纳的方法，促进幼儿习得更多的方法，也更容易掌握方法；借助限时收纳，提升幼儿物品整理的速度。

1. 轮换收纳——促方法多元

可以选择一个同伴交叉整理对方的物品柜，是否能够整理得更有序。同时，还可以交流收纳经验。通过游戏的方式养成良好的整理收纳的习惯，提升幼儿专注力、秩序感以及协调动作的技巧，进而提升游戏品质，对幼儿的终身发展受益。

2. 限时收纳——促速度提升

在计时比赛中，不能盲目追求快，教师要对幼儿物品柜的收纳空间、收纳工具、收纳方法进行一个综合的评价，不在于一次比赛的胜负，在于收纳整理的长期习惯。可以在班里选择物品柜放置内容相当的幼儿为一组，将物品全部取出，在规定时间内，比一比谁先整理好，速度越快，且物品有序摆放者为胜。

3. 检验收纳——促习惯养成

大班幼儿任务意识逐渐发展，是非观念逐渐形成，做事逐渐具有责任心。在学会了整理方法后要定期检验收纳效果，规范整理，保持物品柜的有序。我们设置每周五玩具分享日同时进行检验收纳日，在玩具分享结束后，幼儿整理收纳后进行检查，设置小小检验员，让孩子们轮流当检验员，对同伴整理收纳的材料进行检查规范，通过绘画记录的方式提醒下次整理收纳的注意之处。

四、后续思考

自从实施自助式物品柜研究后，通过图片前后对比我们发现物品柜变得整洁、干净、有序、高大上了，物品摆放井然有序，易取、易放、易管理，孩子的自我管理能力也大大提升。基于幼儿，结合自助的方法，我们通过6个自助式对幼儿整理收纳环节进行了探究，也获得了一定的成效。但我们在收纳整理的环节也存在一定的困惑，有待今后继续探究和改进。

（一）巧妙渗透——重整理

通过研究让我们教师看到了幼儿整理收纳的自助式收纳策略运用，促进幼儿形成整理收纳的意识、养成整理收纳的习惯，提升整理收纳的能力，同时切实有效地解决了教师在幼儿整理收纳环节遇到的困惑。

（二）扩展深化——助整理

整理收纳伴随在孩子的日常生活中，看完书要将书籍整理收纳至书架；玩了玩具需要整理收纳；自己的生活物品也需要整理收纳，物品柜的整理收纳只是他生活中的一小部分，通过这一小部分为着力点，运用相应的策略帮助幼儿形成整理收纳的意识、养成整理收纳的习惯，提升整理收纳的能力。

（三）多项激励——促整理

养成良好的习惯是在不断巩固中建立的，单一的说教和反复的提醒不利于幼儿整理习惯的促成，因此建立多形式的激励机制就显得尤为重要。孩子们在“邀约式”“互评式”“补充式”“轮换收纳”“限时收纳”“检验收纳”等游戏化的情节中，相互友好的竞争中不断巩固了物品整理能力，逐渐养成习惯。

参考文献

[1] 李季湄，冯晓霞.《3~6岁儿童学习与发展指南》解读［M］. 北京：人民教育出版社，2021.

[2] 纪亚梅. 浅谈幼儿良好行为习惯养成的有效策略［J］. 教育教学论坛，2014（2）：278—280.

踏上艺术的“悦”读之旅——绘本在中班幼儿美术欣赏教学中的策略研究

（张小玲　萧山区瓜沥镇坎山幼儿园）

摘　要：色彩是幼儿美术作品中的关键要素之一，色彩的运用是一切美术活动的基础。绘本以独特的故事架构形式、精美的图画深受孩子们的喜爱，绘本中的图画部分，色彩鲜艳、明亮，让孩子在阅读时既享受故事的优美，又能感受绘本中的构图美、色彩美，积累对美的感性经验，从而愿意用色彩去表现美、创作美。

关键词：绘本；中班幼儿；色彩运用

一、引言

（一）概念界定

（1）绘本：是一种以图文的方式共同来讲述一个完整故事的书籍，图画与文字是相互配合的关系而非附属的关系，或者以图文为主来营造故事氛围以更好地表现故事情节，并且通过画面之间的连贯性和文字之间的逻辑性来展现故事内容。

（2）色彩：丰富多样的颜色可以分成两个大类，即无彩色系和有彩色系，有彩色系的颜色具有三个基本特性：色相、纯度（也称彩度、饱和度）、明度，在色彩学上也称为色彩的三大要素或色彩的三属性。

（二）研究目标

在《3～6岁儿童学习与发展指南》艺术领域中，指出“感受与创造并重”的艺术观下，依托绘本生发的美术教学色彩运用中，引领幼儿从美感的视觉领悟绘本，用色彩和想象引领他们“笔耕”于一个个神奇梦幻般的创作空间，享受艺术创作带来的与众不同的快乐。

本课题试图依托绘本为突破口，通过欣赏绘本画面、玩色彩游戏、运用多种作画工具进行色彩表达和创作、利用自然物拓展色彩运用空间、互相分享用色经验等策略，丰富幼儿对色彩的感性经验，感知色彩的冷暖、深浅、渐变等，在轻松玩色的过程中，表达对世界的理解和感受，促其想象力和创造力发展，并从丰富的色彩中获得视觉上的愉悦及自信，感受色彩带来的独特美感，提高幼儿的审美情趣和色彩运用能力。

二、研究缘起

（一）幼儿色彩搭配的意识不强

中大班的幼儿喜欢鲜艳的色彩，但不注重颜色的协调，一幅画面中没有统一的主色调。要逐步引导幼儿运用三原色的对比色，红绿、黄紫、蓝橙，这样在绘画过程中，幼儿用协调、对比的搭配方法涂色，使画面色彩更加丰富、鲜明、美丽。重视幼儿期色彩搭配的培养，可以树立正确的审美观，增强幼儿的审美情趣，并有利于其在生活中融会贯通的应用。

(二) 幼儿选择颜色的随意性大

3～6岁幼儿最喜欢的颜色主要是红色调的颜色，色彩对于幼儿来说有着非常奇妙并具有极大的吸引力，幼儿的色彩画是不受物体本身固有颜色的限制，他们还不懂得冷暖色调，画中常常充满着色彩的强烈对比和夸张表现，根据自己的喜好和情绪随意使用鲜艳的、强烈的色彩抒发情感，将画面画得五彩缤纷。

(三) 常选择单一的颜色来填充

有的幼儿在绘画时从头到尾都只使用一两种颜色。首先这些幼儿的性格比较固执，会偏爱某一种颜色，在他们眼里这个颜色就是最好看的，即使引导他们去换一个漂亮的颜色，他们也会按照自己的想法来完成绘画，可能幼儿的思维被生活中固定的颜色框架局限着；其次就是他们对色彩感受力较差，绘画经验较少。

三、研究措施

(一) 绘本欣赏，丰富色彩的感性经验

1. 感知色彩的丰富

翻阅绘本，如同翻开了一个五彩缤纷的世界，让幼儿分辨事物之间的色彩差别，并注意到它们在不同环境下的变化，这是幼儿感知世界的基础，也是他们用色彩进行表现的前提。我们通过欣赏绘本，以提问的方式，帮助幼儿逐渐理解物体的颜色是多种多样、有深浅、有变化的，通过观察，幼儿感知了色彩的丰富性。

2. 注重色彩的搭配

马克思说：“色彩的感受是一般美感中最大众化的形式。”根据幼儿的心理发展特点，遵循绘画学习的原则，我们首先教幼儿认识三原色，明白红、黄、蓝是三种基本的颜色。通过反复运用之后，逐渐培养了幼儿能独立搭配自己喜欢的颜色，并能汇合色彩的冷暖，深浅明暗程度进行合理搭配色彩，最后引导幼儿如何正确布局画面，并要求作品层次清楚，如主次、远近之分。幼儿对红色和黄色情有独钟，这两种颜色鲜艳明亮，富有视觉冲击力，容易引起幼儿的注意，吸引他们的视线。

3. 了解色彩的对比

色彩主要指色彩的冷暖对比，不仅可以塑造人物形象，在特定的环境下还可以暗示人物的命运。色彩知识的领悟必须从视觉训练和调色实验中去获得，也必须靠感觉获得。同一颜色也有冷暖色调之区别，黄色有暖黄、冷黄，橙黄偏暖、柠檬黄偏冷，红色有暖红、冷红，朱红偏暖、紫红偏冷。唯有表达出亮暗的冷暖变化对比，才算是有深一层的认识。

(二) 绘本游戏，体验色彩变化的趣味

1. 颜色对对碰

欣赏绘本故事《颜色的秘密》，颜色小精灵都藏着小秘密，1＋1＝2，1＋2＝3…… 那么，红色＋黄色＝？黄色＋蓝色＝？蓝色＋红色＝？同时通过主题“红黄蓝”，探索科学活动“颜色对对碰”，我们在班级科学区投放有颜料的瓶盖、空瓶子、水壶、记录纸等材料，引导孩子探究两种颜色的混合所发生的变化。

2. 颜色叠叠乐

幼儿若有很好的直观映象记忆，一定对色彩明亮、鲜艳的东西会产生强烈的情绪反应。绘本《小蓝和小黄》中，用一蓝一黄两个色块讲述了关于爱与融合的故事，小蓝和小黄紧紧地拥抱在一起，两人都会变绿。根据绘本故事，我们在美工区提供各种不同颜色、不同材质

的纸，让孩子们拿着不同材质的纸，看看叠在一起能不能有略微的颜色变化？孩子们惊喜地发现，蓝色和黄色的皱纹纸叠在一起后，变成了绿色。

3. 颜色涂涂乐

游戏是幼儿最喜欢的活动形式。在玩色活动中，我们采用游戏的形式把幼儿运用色彩的目标和内容融入游戏中。中班幼儿的想象力比较丰富，喜欢把多种颜色混合在一起，对此，我们组织了中班幼儿开展染纸活动。这种趣味玩色活动激发了幼儿对色彩的强烈兴趣，从中还让幼儿了解了三原色及间色、复色产生的过程，从而使幼儿更好地感知色彩丰富多样的变化以及颜色变化的乐趣。

（三）依托绘本，尝试色彩的创作

1. 丰富作画工具，激发创作兴趣

“兴趣是孩子最好的老师。”幼儿喜欢新奇的事物，多种多样的绘画工具，能激发幼儿的兴趣，特别是在欣赏绘本时可有意识地引导幼儿观察绘本中不同的作画方式和工具，为幼儿的创作和想象力发挥提供更适合的媒介。

2. 增强色彩感知，体验创作乐趣

（1）大胆选择颜色，积累用色经验。幼儿是情感色彩的专家，对色彩有独特的见解与感知。在绘画过程中，我们鼓励幼儿大胆选择自己喜欢的颜色来涂抹表达自己内心的情感以及对事物的认知，运用丰富的色彩创造出自己的世界。在幼儿创作的过程中，我们关注的不只是幼儿技能的表现，更多的是了解幼儿的所思所想，给予相应的帮助与指导。通过多种绘画或是玩色活动丰富了他们的情感体验，激发了他们表达出自己内心最真实的感受，积累了用色经验。

（2）观赏绘本色彩，创作个性画面。作为一种美术形式，绘本提供给幼儿的从来不是单一的画面，而是一组连续的情境画面，而这个画面是跳跃、延展的。活动的画面，很多地方存在着留白，这就给幼儿预留了丰富的想象空间，我们借助情境这一贯穿始终的内线，将技能指导融入其中，鼓励幼儿依据情境的连贯性进行自我情境创作，让幼儿在预留的空间中依据情境创造出带有自我个性特征的形象，借以培养幼儿的自我美术能力。

3. 丰富色彩语言，拓展色彩运用空间

孩子在创作的过程中独具想象力，他们喜欢幻想，喜欢把不可知的东西变成现实。我们则给予了孩子多一些选择和自由，积极引导了幼儿在不同载体上进行大胆作画，有的在瓶上、有的在瓦上、有的在石头上等，尊重了孩子绘画的自由精神，拓展了色彩的运用，唤醒了他们潜在的色彩想象和运用空间。

（四）互评作品，分享用色的经验

在自己努力下动手完成的色彩创作，都渴望着他人对其作品的肯定和表扬，因为这是他们经过观察、想象、构思的成果。对作品进行合理的评价，不仅在于检验色彩教学的成果，更重要的意义在于提高幼儿色彩学习的积极性，增强他们的自信心，因此，对幼儿作品要通过不同方式进行评价。

四、研究成效

幼儿园的美术活动需要丰富多元的“美”的素材来补充和更新，把幼儿带入美的艺术世界。绘本为幼儿打开了一个“美”的殿堂，满足他们的审美心理需求。在美术活动中，幼儿的作品只是活动的痕迹，而过程才是真正的教育实施，在过程中实现教育目的，是根本追求。

读绘本，玩色彩！融绘本资源于色彩运用中，让幼儿的创作变得丰富多彩，更让幼儿带给我们难以预料的精彩创作，帮助孩子们提升色彩感知与表现能力，并走向发现美、感受美、表达美的艺术道路。

参考文献

[1] 李季湄，冯晓霞．《3～6 岁儿童学习与发展指南》解读［M］．北京：人民教育出版社，2021.

[2] 孟娟. 培养幼儿色彩运用能力的几点尝试［J］上海托幼，2014，3A.

[3] 沈倩. 幼儿玩色活动的组织与实施［J］上海托幼. 2014，11A.

以人为本理念下的幼儿园园长管理方法探究

（郑心怡　广东省深圳市罗湖区教工幼教集团红棉幼儿园）

摘　要： 幼儿教育作为启蒙教育阶段，是孩子未来成长的关键与基础，幼儿园园长不仅要肩负着幼儿园日常教学活动，还要发挥幼儿园教学场所的重要作用，坚持以人为本理念，实现幼儿园人性化的管理，进而从全方面保障幼儿的健康成长与教师的稳定发展，同时还要完善管理制度，加强文化建设，明确自身角色定位。本文主要对幼儿园以人为本理念的内涵进行分析，阐述幼儿园以人为本管理潜在弊端，进而提出以人为本理念下的幼儿园园长管理措施，希望给相关人员提供参考建议。

关键词： 以人为本；幼儿园；管理

幼儿教育的重点与方向就是全面培养孩子，让孩子身心得到健康发展，在以人为本理念下，对孩子品德修养进行教育。在幼儿园管理中，教师要加强民主管理，注重文化建设，争取为孩子营造更加适合的成长环境，在了解幼儿教师内心需求与实际特点的基础上，保证幼儿园管理更加科学化、人性化及高效化，能够发挥出自身管理优势，以保障幼儿健康全面成长。

一、幼儿园以人为本理念的内涵

现代化人力资源管理中充分体现出以人为本的重要性，通过对人的分析与了解，挖掘其身上存在的优点与素质，然后展开针对性的提升。幼儿园园长在日常管理工作中，通过以人为本管理办法的有效开展，会帮助幼儿园完成当前任务，促进幼儿园发展更加长远与稳定。

从理论角度来说，幼儿园实施以人为本管理理念，主要就是管理幼儿教师，对幼儿教师进行人性化角度的分析，帮助教师解决生活与教学中存在的问题，并采取对应的解决措施与方法进行引导与指正，充分发挥"以人为本"的优势与作用，在此基础上要推进与督导教师进行主动学习，从而不断提升自身能力与素质。园长在对教师展开以人为本的管理模式时，要充分体现出管理中教师的主体地位，要给予教师足够的信任，在教研活动开展阶段，允许教师参与管理决策，让每名教师得到足够的尊重与善待，并制定必要的奖惩制度，从而激发教师的教学热情与工作积极性，让其在自己的岗位上发光发热，从本质上实现管理的终极目标。

二、幼儿园以人为本管理潜在弊端

人作为管理活动中的重点因素，是能动性的体现与资源，对人的管理将是最重要的资源。同样，幼儿园管理中也要以人为本，展开对组织中个人的管理活动。然而，在当前很多幼儿园管理中，将规范、制度等管理放在首要位置，忽视教师主体意识的保护与召唤，导致幼儿园管理存在机械化，未能体现出管理的真正精神与灵魂。

幼儿园管理中园长具有决定决策权，教师参与力度不强。幼儿园有效管理的关键，就是教职员工的参与热情与积极性，然而基于层级管理模式背景下，教职员工成为管理的客体存在，被动接受园中的管理制度，一味按照园长提出的规章制度以及教学计划展开教学活动，整个管理过程中缺少参与，无法发挥出主人翁精神，导致教师对幼儿园管理一知半解，甚至还会丧失成就感与归属感，严重影响教育质量与效率。

幼儿园管理中人事安排与布置缺乏科学性。学会怎样用人才是管理的核心。要发现每个人身上的长处，进而发挥出各自的作用，让其担任对应的工作任务。然而，很多幼儿园园长却未认识到这一点，用人模式落后单一，领导仍然是管理操作的核心人物，忽视基层教师合理需求的规划，人员配置存在一定的随机性，未能充分发挥教师的内在潜能与优势，扼杀教师工作开展的主动性与创造性，严重影响幼儿园办学质量。

教师评价缺少科学性与多元化。幼儿园管理中，展开教育评价具有非常重要的作用，评价结果如何直接关系到教师的积极性与效率，在一定程度上也影响着幼儿园的团结与稳定，因此，评价过程要做好科学与人性的融合。但是纵观当前幼儿园实际管理情况，制定的奖惩制度主要衡量标准，就是教师的教学成绩，忽视对教师日常表现的评价，同时单一奖惩制度无法满足教师的内心需求，难以实现激励评价的功能。教师面对无效且繁重的评价指令，不愿意应付与参与，进而导致工作质量严重下降，出现职业倦怠的心理情绪。评价结果往往注重结果忽视过程，将不利于教师职业成长，无法建立良性竞争关系。

幼儿园管理中教师专业成长重视不够。经过相关研究成果显示，幼儿教师工作价值与专业成长具有密切的关系，如果专业发展得不到重视，自身素质会逐渐降低，工作价值也就无法凸显出来。因此，幼儿园园长要针对教师的专业特长，提供专业发展的机会，让其在公平公正机会面前，实现教师专业成长。然而，受到教师人员流动大以及管理投入等因素影响，幼儿教师获得继续教育和学习培训的机会较少，不利于教师专业成长以及工作价值的体现。

三、以人为本理念下的幼儿园园长管理措施

（一）打造人性化工作环境，让教师获得舒适感

幼儿园在对幼儿教师进行管理中，制定的管理目标简单而明确，就是通过管理办法的创新，帮助教师实现对幼儿自主意识以及创新能力的培养与开发，想要实现这一教学目标，仅凭借教师的自身力量还远远不够，需要园长在展开以人为本管理角度上，为教师营造更加良好的工作空间与环境。首先，幼儿园要做好教学设备的完善与补充，为教师配置充足的办公设备、教学设施以及干净的办公环境，确保教师在教学研究以及办公过程中，能够充分利用与调取各种资源，并且在这样的氛围中，教师身心会得到放松与愉悦。其次，幼儿园尊重幼儿教师的工作，不要过于干涉幼儿教师对于本版教学活动的组织，为教师留出最大限度的自由空间，只要教师不偏离整体教学目标与纲要，可以自主选择教学手段与方式，从而展开个性化教学互动，充分发挥自身的才华与价值，让教师在教学中感受到成就感与舒适感。

（二）采取恰当的激励制度，提高教师工作热情

幼儿园管理应该制度为先人员在后，还是人员在先制度在后，将是一个亟须解决的现实问题。一般情况下，幼儿园园长会狠抓规章制度，让教师严格按照要求展开教学活动，然而这种管理模式具有一定的局限性，不利于教职员工工作积极性的提升。在日常工作中我们发现，能力相当的人会做出不同的成绩，甚至能力差的人工作做得比能力强的人还要好，主要原因就是，领导者在管理过程中，体现出以人为本的原则，尊重人价值的体现。

幼儿教师每天需要面对3～6岁的儿童，这个阶段的孩子具有一定的特殊性，并且教师日常工作繁忙，身上的责任较重，通过有效的激励手段，能够帮助教师走出倦怠思想，督促教师以积极的心态以及饱满的热情投入到教学中。因此，幼儿园要制定更加科学合理的激励机制，从而帮助幼儿教师有效开展教学活动。首先，幼儿园参考教师平时工作记录、通过汇报、家长反馈、幼儿意见等方式，制定阶段性测评标准，通过对应考核制度的完成，评选出优秀幼儿教师，让其认识到付出与回报成正比，并对自身工作产生新的认知与理解。其次，通过多园联系合作方式，实现管理经验的分享，进而为教师展开更专业的培训学习活动，评

选为园内优秀教师的才可以获得本次学习机会，进而提升教师的工作热情。

（三）发挥幼儿园民主特权，实现管理知人善任

让人获得一定的参与体验，将是自我实现的表现与需求。因此，在幼儿园管理决策过程中，要注重教职员工的呼声，凸显教师参与管理的身份。例如，幼儿园建立“合理化建议登记簿”，让教师在上面提出自己的建议与想法，教师提出的建议越多，证明她越关心幼儿园工作。当教师提出的建议被采纳之后，教师会获得成就感，并接受来自幼儿园的表彰与赞扬。通过这种方式，让教师体验到自身存在的价值，增强教师责任感与信念感，营造出更加团结友善的进取氛围。另外，为教师创造施展才华与特长的机会，由于幼儿教师之间存在较强的个体差异性，园长要做到心中有数，捕捉每名教师身上的闪光点，为教师提供更适合施展才干的机会。例如，选择实践工作经验丰富、年轻有干劲的教师，担任保教教师，这样既符合年轻教师特点，同时也保障教学水平的快速提升。

四、结论

综上所述，“以人为本”管理理念是时代发展的重要手段，在幼儿园管理中能够促进现代化管理目标的实现。因此，幼儿园园长要坚持以人为本原则，从教师角度出发思考问题，制定更加全面的激励机制，为教师提供展示自己才能的机会，通过人性化管理促进教师全面发展。

参考文献

［1］杨姬兰．“以人为本”管理模式下幼儿园园长的管理方法浅谈［J］．文渊（中学版），2020（5）：306—307.

［2］冯芳芳．以人为本理念下的幼儿园园长管理方法探究［J］．新教育时代电子杂志（教师版），2021（10）：7.

［3］吕宝凤．以人为本科学管理——做一名合格的幼儿园园长［J］．新教育时代电子杂志（学生版），2018（3）：10.

［4］唐小舒，骆爱玲．以人为本理念下的幼儿园园长管理方法探究［J］．文渊（高中版），2020（2）：2211—2212.

［5］周凌雁．“以人为本”管理模式下幼儿园园长的管理方法浅谈［J］．中华少年，2019（4）：197.

［6］杨玲斌．探索“以人为本”管理模式下幼儿园的管理方法［J］．华夏教师，2020（10）：10—11.

学习共同体视域下的园本教研管理改革与创新的实践

（刘文欢　成都市第六幼儿园）

摘　要：园本教研是促进幼儿园教师专业素养提升、专业能力发展的一种重要的手段和外部条件，教育教研素养是现代幼儿教师必备的素养之一。园本教研中教师是主体，但在教研过程中易出现教研主任、教研组长“一言堂”的情形。学习共同体视域下的园本教研，通过合作、交流、共享促进教师共同发展，注重教师异质，凸显教师多元发展，促进园本教研及保教质量提升。

关键词：学习共同体；园本教研；管理改革与创新

园本教研是以幼儿园为本位的日常教学研究，是以教师为研究主体，以幼儿园存在的教育问题为研究对象，以改善和提高幼儿园管理和教育质量，促进教师发展为目的的教育研究探索活动。在教研过程中发现教师更多的是以听众的身份参加，易出现教研主任、教研组长“一言堂”的情形。教师参加教研的主动性不强，教研中不能形成有效对话。分析原因主要包括：教研形式体验性不强，未体现教师主体地位；教研氛围过于严肃，教师谈“研”色变；教师未形成教研团队认同感、归属感；教师专业素养不够，发现问题并反思的能力较弱；教研中教师缺乏有效合作等。

吴励认为，教师学习共同体是教师聚集在一起拥有共享的实践知识与经验，朝向共同发展目标，通过互相的沟通和交流进行持续反思，以达到个体和集体共同发展的组织。学习共同体视域下的园本教研是教师结合自身发展需求、兴趣以及幼儿园教育目标参与教研组，朝向共同发展目标的教研活动。从教研现状与问题分析看，教研活动中的管理对教师学习共同体的建立起着基础性的作用，只有聚焦到园本教研活动的实践，从教研制度、教研过程管理上进行改革，才能从本质上改变教研活动的现状。

一、动态调整教研时间，提升管理自主性

幼儿园的保教工作琐碎繁杂，教师一日活动中大部分时间都用在班级活动开展、保教配合及班级其他事务处理中。教师的压力较大，参与教研的准备也不充分，导致教研活动的效果较差。因此，从教研时间安排上进行调整（见图 1），一方面对教研主题进行筛选，精炼教研内容，缩减集中教研时间。同时，教研时间安排并不是一成不变，可以根据教研过程的实际开展情况，如教研团队的问题生成、反思等进行动态化调整，以优化教研效果。

	星期一	星期二	星期三	星期四	星期五
上午					
中午		（单）1:30—2:20 年级组长会	每周中午 1:10—2:25 大教研	每周中午 1:10—2:25 游戏例会	班务会 1:30—2:20
下午	（单）语言 3:30—4:30 美术 3:30—4:30	每周 2:30—4:30 班级主题审议	（单）科学 3:30—4: 30	（单）音乐 2:30—3:30 建构 3: 30—4:30	（单）生活 2:30—3: 30 健康 3:30—4:30

	星期一	星期二	星期三	星期四	星期五
上午					
中午		（双）1:10—2:20 年级组工作会	（单）1:10—2:20 项目组教研 （双）1:10—2:20 劳动教育教研	（单）1:10—2:20 游戏例会	
下午		2:30—4:30 （每周） 主题审议			

图 1　教研时间动态调整

二、创设适宜教研空间，营造轻松氛围感

不同的教研主题和内容有着适宜的教研形式，同时也应该创设不同的教研环境来支持教研活动的开展。如开展教师专业成长读书沙龙，将教研场地设置在温馨的“览虫图书吧”，通过独特的签到台设计让教师对自身与同伴有更进一步的认识。通过散落、温馨的座位布置，让教师身心愉悦、轻松地参加到活动中，而这些教研活动前的场地布置、材料准备的想法都来源于负责读书沙龙的团队成员。又如，以场地切换的方式来引起教师参与教研的兴趣，结合教研内容的板块，小组研讨时由小组自行选择场地，在规定的时间点再回到集中的场地。

总之，具体的教研活动应该创设与之相适应的教研场地，场地的选择由不同的负责团队来思考。虽是日常容易被忽视的细节，却体现了团队成员对教研活动主题的认识，也是从不同角度让团队成员主动进入学习共同体中。

三、聚焦真实需求，顾全局重个体

教研活动有效性的重要决定因素是聚焦到教师教育教学的真实问题上，而问题的真实性需要考虑的因素包括幼儿园的发展方向、教师的长期规划与即时需求、教师的专业发展水平与阶段等。通过问卷、访谈的方式，了解教师对园本教研的期待，与前期教研活动中所反馈的教师发展的具体问题相结合来分析教师真正的发展需求（见图 2）。从教师的入职年限，有针对性地了解教师在教育教学中的具体问题。

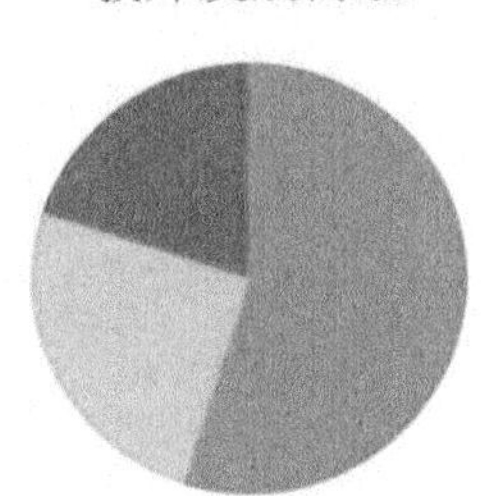

图 2　教师发展需求调查

四、改革角色分工，转换教研主体

众所周知，教研活动的主体是教师，但往往在教研过程中并没有真正体现出这一点。这与教师本身有关，与教研管理者有关，也与教研中的角色分工有着很大的关系。如以一场舞台剧的表演来描述教研活动，在以往的教研活动中，教研管理者或组织者往往是导演，台前的主角，教师却是配角。而真正以教师为主体的教研活动中，教师应该是导演，是主角，而教研管理者是幕后思考者、支持者（见图 3 和图 4）。

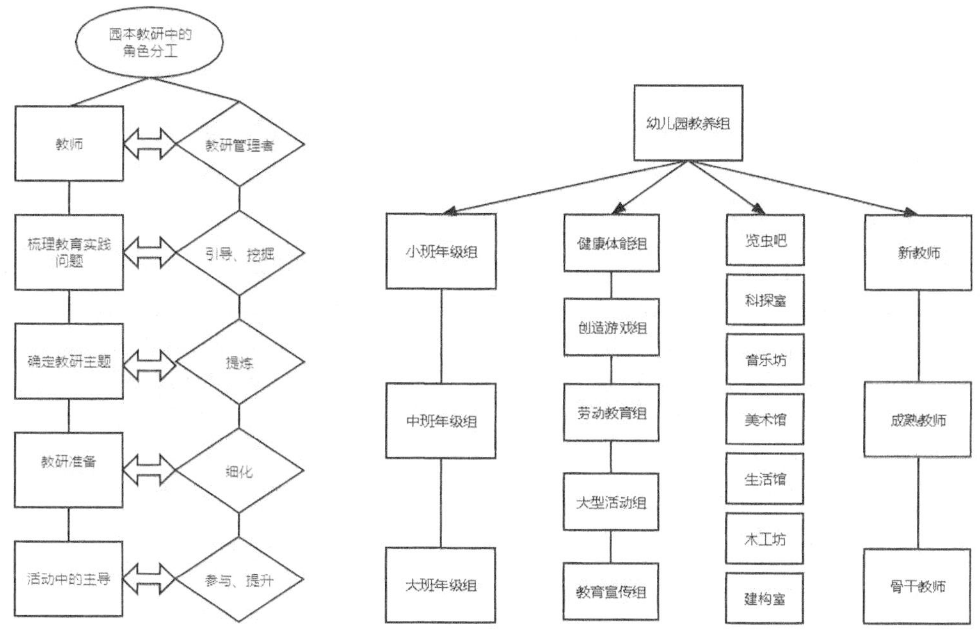

图 3　园本教研中的角色分工转变　　**图 4　教师学习共同体架构**

园本教研中的角色分工以教师和教研管理者两种角色为线索展开，教师这一条是主线，而教研管理者的参与贯穿整个教研活动的起始。虽然不占据主体地位，但教研管理者全程深度参与其中，其实对于其专业能力提出了更高的要求。同时，教师也能从中切身感受到教研管理者的支持，而不是布置任务，从而参与教研的主动性、积极性更强烈。

通过教师梯队、教研项目组等的自主申报形成较长时期的教师学习共同体。通过教研活动前的问题收集、活动筹备形成短期的教师学习共同体。如在依据年级、教师发展阶段形成长期学习共同体的基础上，还采取项目教研等形式，采取教师自愿申报与综合发展原则，结合幼儿园教育中的实际问题形成 7 个项目组，5 个团队开展教研活动。业务管理者、教研组长牵头以小组引领的形式促进教师成长与提升，将教师的真实发展需求与幼儿园的办园理念、发展方向相结合（见图 5）。

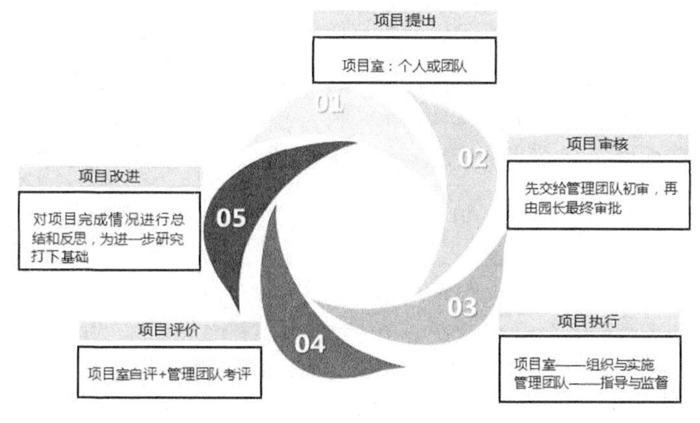

图 5　项目教研机制

五、教师深度参与，教研形式创新

不同的教研活动有不同的侧重点，对于教师发展也有不同的核心价值，教师加入到教研活动的各个环节，与同伴交流、讨论、深度参与是教师获得发展，教研取得成效的重要影响因素。

（一）席卷式专题类教研

以每个幼儿园每学期都会开展的早操教研活动为例，教研形式基本上是对观摩早操现场、聚焦早操创编中的问题进行研讨。那如何在这样一个常规的教研活动中构建教师学习共同体呢？早操活动教研是幼儿园全体教师参与的大组教研，其中包括新教师、成熟教师、骨干教师。早操活动教研对于成熟教师和骨干教师从某种程度上来说，早操教研是一件老生常谈的事，思维处于一种固化的模式。而对于新教师却是一件仍然有难度的事，处于理论与实践相分离的状态（见图 6）。

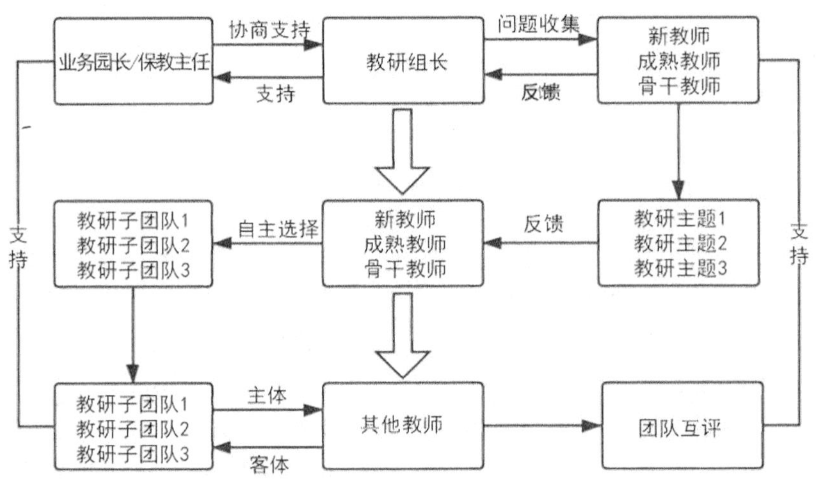

图 6　早操教研中教师学习共同体的构建

首先，教研管理者对教研活动结合园务管理进行整体思考，与教研组长进行研讨，调整、优化教研框架，收集不同层次教师对于早操创编及组织存在的问题及需求，最终确定研讨主题。其次，由教研组长领衔并发布不同的研讨主题，教师根据兴趣及需求自主报名加入到对应的研讨主题组中，组内保证包含骨干教师、成熟教师、合格教师。最后，主题组内部商议教研当天的角色分工，并按照分工各司其职。教研活动当天，每个主题组都是教研的主体，自然而然每位教师都进入教研过程中，都在积极的准备、思考、对话、反思，这就构成了教师学习共同体。

（二）体验式学习类教研

如针对新教师的聚焦绘本阅读教学的园本教研活动。通过问卷发放形式了解教师关于绘本教学的培训需求；通过绘本阅读分享，让新教师接触到更多高质量的绘本和多视角阅读；通过教研引领，让教师学习绘本分析的步骤：首先，只为自己阅读，提升自身图画书分享。其次，从幼儿的角度来阅读，读图、读出声音来。最后，从教学角度反复阅读该本图画书，以便确定教学目标、活动形式和指导策略。通过构建教师学习共同体，每位教师有了更自由的表达环境，使绘本解读的体验性更强，提高了新教师对绘本的解读能力以及活动组织能力（见图 7）。

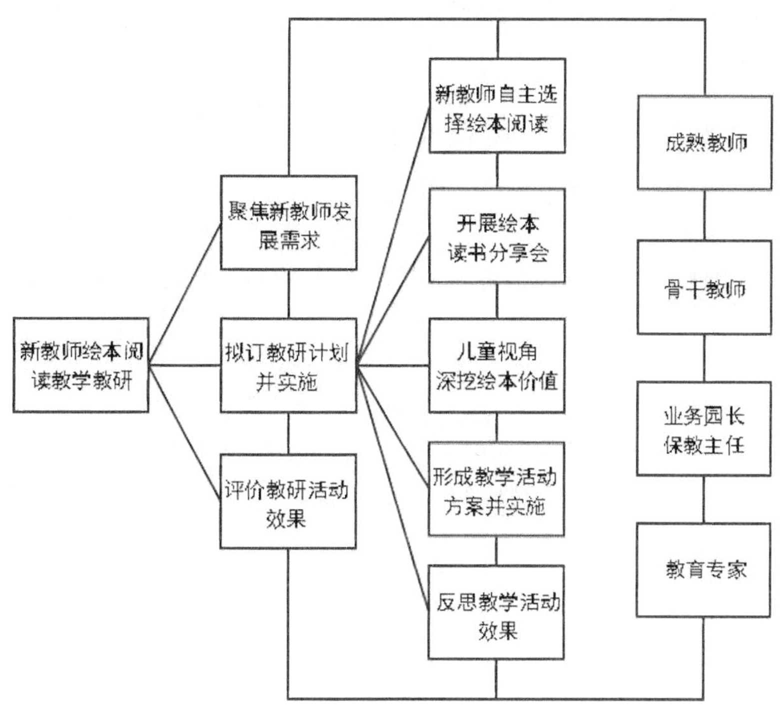

图7 新教师绘本阅读教研

(三) 共构式教学类教研

共构式的教学类教研活动是从活动来源、活动目标、活动内容、教学方法等，体现教师学习共同体的合作，教师是完全参与在教学活动中的。

如在聚焦到如何利用户外自然环境开展大班竞技类规则游戏的过程中，游戏共同体的教师从户外环境资源的挖掘、大班幼儿的年龄特点的分析、规则游戏的价值把握、户外自然环境与规则游戏的作用链接等方面，共同思考活动设计、活动目标定位、活动重难点分析、活动准备、活动过程等，最终形成依托大班规则（竞技性）游戏“森林奇趣赛”活动方案，并且在一次次的试讲中再次调整，最后形成相对适宜的活动方案。活动依托生态的户外自然环境，以帮小兔子给它的好朋友送萝卜为背景开展“森林奇趣赛”。活动中创设帮助小兔子的情境，利用草地、小山坡、大树、花圃等自然环境，让幼儿在小山坡上奔跑，在滑滑梯下爬过，在小房子上翻越，在树屋里穿梭。幼儿共同讨论，自主思考与探索，确定比赛的规则；在与自然环境亲切互动中锻炼钻、跑、爬等身体动作的发展；在分工、合作的过程中，幼儿与同伴、与教师、与环境充分互动，体现出良好的人文生态关系。

六、评价主体多元化，提升教师积极性

评价是园本教研制度的重要部分，是教师行动的“指挥棒”。有效的评价机制能够促进园本教研持续深入地开展，单一的评价主体不利于提升教师参与园本教研的积极性。前期园本教研中的评价主体更多是教研管理者，是一种自上而下的评价方式，缺乏同伴间的互评、教师个体的自评。同时，评价的方式直接影响教师在教研活动中的关注点，过于重视结果的评价方式会削弱教师参与教研过程的积极性。因此，在园本教研过程中，应更加注重对教研过

程的评价。让评价主体从单一化向多元化转变，如教师自评、组内评、组外互评等多样的评价性质。

同时，在每次教研活动过程中或教研活动后的反思，应当包括对教研活动中所形成的交流文化进行总结、提炼。让教师感受到学习共同体的价值，平等交流对话所带来的积极效果，让学习共同体文化持续激发共同体的作用。

参考文献

［1］刘占兰．园本教研的基本特征［J］．学前教育，2005（5）：10—11.
［2］吴励．论教师学习共同体的构建［D］. 上海师范大学硕士学位论文，2007.

浅谈“二十四节气”在幼儿园的运用与实践

（于晓敏　内蒙古呼和浩特市赛罕区第三幼儿园银河北街分园）

摘　要：二十四节气较准确地反映了四季变化的特征，是我们中华民族的瑰宝，它凝聚了数千年来劳动人民的智慧结晶。在大力提倡传承中国传统文化的今天，我们有必要向幼儿介绍被誉为中国“第五大发明”的二十四节气，以激发幼儿民族自豪感 。

在幼儿园教育中，运用二十四节气，可以丰富幼儿园的教育资源，也可以使幼儿更好地了解我国优秀的传统文化 。本文简单分析二十四节气在幼儿园应用的背景，提出二十四节气在幼儿园应用的实践路径及策略。

关键词：二十四节气；幼儿园教育教学；运用；二维码

一、二十四节气在幼儿园运用的背景

（1）将二十四节气应用到幼儿园教学当中，是《3～6 岁幼儿学习与发展指南》（以下简称《指南》）精神所提倡的。其目标是为让幼儿园孩子更好地了解我国优秀传统文化，将优秀传统文化发扬和传承下去。《指南 》中也明确要求幼儿要知道国家一些重大成就，爱祖国，为自己是中国人感到自豪。建议向幼儿介绍反映中国人聪明才智的发明和创造，激发幼儿的民族自豪感。幼儿园教育教学都是以指南中的内容为核心，对课程进行创编和构建的，因此，将二十四节气内容与幼儿教育教学相结合，可以使幼儿更好地了解传统节气文化和大自然的生长规律，从而更好地将《指南》中的精神落实到幼儿园的教育教学工作中。

（2）传统文化中蕴含着丰富的教育资源，将传统文化与幼儿园课程进行整合，既是对民族文化的保存、继承和发扬，也是对幼儿园课程资源的丰富。在理论和实践方面，民间文化对于幼儿认知、情绪、个性和社会性的全面和谐发展都具有较强的效度和信度。在进行幼儿园课程的建设中，要注重对传统文化内容挖掘利用，整合多元文化，包括现代文化与传统文化、外来文化与本土文化等，使幼儿获得全面的文化体验。

一个有特色、有个性的课程教育对幼儿未来发展有着积极作用和影响，我园将传统二十四节气运用到幼儿园教育教学中，并利用自然生态资源的教育内容为幼儿构建特色的课程教育。幼儿在学习过程中与大自然互动、不断探索、感受大自然的规律，从而有效地激发幼儿学习兴趣，引导幼儿掌握春、夏、秋、冬四季的变化，加深了幼儿对气候以及自然万物发展规律的了解。

通过运用二十四节气，教师也可以根据节气主题目标，为幼儿设计形式多样的节气主题活动。使幼儿在轻松愉快的氛围里感受、了解二十四节气的由来、气候特点、民间习俗、饮食文化、民间传统艺术等，拉近幼儿与传统文化之间的距离。此外，二十四节气是对一年四季变化的反映。其中，包含很多生活化的教育内容，比如幼儿通过对播种、踏春、秋收等二十四节气知识加深了对季节变化周期性的感知，也了解了二十四节气对人的生活具有关键性影响。

二、二十四节气在幼儿园运用的实践路径及策略

（一）趣味活动引入“节气”教育

一年之计在于春，一日之计在于晨。伴随着清晨的阳光，可爱的孩子们陆续来到了幼儿园。听，这次是哪个班小朋友稚嫩而优美的声音？原来是梨子班的小小播音员在为大家讲解

有关春分节气的相关内容、习俗以及气候特点呢。我们从幼儿的一日生活开始，利用幼儿晨间入园时间开展“节气”小小播音员，并且根据不同节气，轮换不同的小朋友，让每位幼儿都可以参与其中。在增强幼儿自信心的同时，也让幼儿了解到了不同的节气特点及其内容。

看，教师们在干什么？原来她们在为下周的“二十四节气”教研。首先，我们教师对二十四节气进行了详细的解读，了解了什么是二十四节气，二十四节气是中国华夏祖先创造出来的宝贵科学遗产。如何让这一优秀传统文化得以继承和发扬，立足于幼儿身心发展的特点呢？

在我们的幼儿园里，以“小小传承人”为代表的中国传统文化课程、教育方式和培养目标正悄然走红。教师们尝试将节气文化融入幼儿园园本课程，教师以中华传统二十四节气为课程目标，遵循《指南》身心发展的特点，通过语言、科学、健康、艺术、社会、幼儿教育的五大领域，筛选、整理出符合各年级组幼儿年龄特点，能被幼儿所接受的民主传统文化知识点，对幼儿进行教育。让幼儿感受人与自然的和谐之美，品读节气传统文化所蕴含的中国智慧。

在对幼儿教育教学过程中，我们把“二十四节气”分成了两大类：一类是认知篇，另一类是实操篇。

1. 认知篇

在集体教育教学认知篇的过程中，教师可以借助新媒体对各年龄段幼儿，通过 PPT、音频、讲故事、讲绘本、视频、影片等诸多形式，向幼儿讲授、介绍二十四节气的时间、节气的含义、节气的由来、气候的变化、时节的交替、节气的风俗，以及节气传统的古诗、诗歌、手工制作、饮食文化等。通过借助新媒体不仅符合幼儿的学习特点，同时还提高了幼儿的注意力，使幼儿除了解二十四节气的知识和民间习俗外，对传统二十四节气也有了更加浓厚的兴趣。

2. 实操篇

在区域活动实操篇的过程中，教师因考虑到各班幼儿的动手能力发展差异和个体差异，所以在实操篇教研活动中，教师先以年级组为单位找出符合各年级组幼儿年龄特点的活动，然后各班在根据班级幼儿情况制订方案，挑选出适合于本班幼儿的活动。开展二十四节气——实操篇，可以让幼儿通过直接参与动手制作、体验户外观察、操作活动等方式，进一步加深对二十四节气知识的理解。

（二）环境创设体现“节气”美感

《幼儿园教育指导纲要（试行）》明确提出，环境是重要的教育资源，应通过环境的创设和利用，有效地促进幼儿的发展。陈鹤琴先生曾提出：“幼儿园环境是儿童所接触的，能给他以刺激的一切物质。”瑞吉欧理论认为，环境是一个可以支持社会探索与学习的容器，环境作为一种隐形课程，在开发幼儿智力、促进幼儿个性和谐发展等方面发挥独特的作用。因为环境能激发幼儿的思考并能引起幼儿的行为与活动，从而改变幼儿的认知与理解，而幼儿也正是在这种与环境的相互作用中获得了各方面的能力和发展。也就是说，幼儿园的环境创设已成为幼儿教育的重要工作。

因此，我们幼儿园重视传统二十四节气，并开展一系列的节气环境创设。教师准备了丰富多样的材料，谷类豆子、自然物（树枝、树叶等）、废旧材料、无纺布、彩纸、棉花、超轻黏土、瓦楞纸、竹盘、丙烯颜料等，根据节气的特性，设计画面并选择制作的材料。教师通过一双巧手在走廊的墙壁上创造了一幅幅精美的中华传统文化二十四节气作品，来为幼儿丰富二十四节气环境楼道。在这个过程中，孩子们跟着二十四节气的步伐，感受、体验，并享受节气活动带来的乐趣；了解二十四节气中的不同的季节、不同的气候、不同的农事规律以及不同的饮食习惯，带领孩子与天、与地、与人、与更广袤的时空发生持续、循环的联结，在一日日、一季季的季节更替、阴晴圆缺的轮回中，构建起孩子生命的节奏和韵律，帮助孩子们汲取传统文化中的生活启示。

上墙后的整体效果是二十四节气诗。“春雨惊春清谷天，夏满芒夏暑相连。秋暑露秋寒霜降，冬雪雪冬小大寒。”我们的目的是让幼儿在欣赏作品、观察不同节气的同时，也可以让孩子们学会二十四节气诗及顺序。与此同时，我们把“节气”小小播音员的每个音频都生成了二维码，并且粘贴到了对应的节气作品下方。这样不论是谁想了解什么节气，只要你有一部手机打开扫一扫，你想知道的、感兴趣的节气内容便由“节气”小小播音员为你全方位详细地解答。这就是我们幼儿园有趣的园本课程“扫码知节气”。

三、结语

围绕传统二十四节气为主题，教师带领孩子们探索大自然的奥秘，通过观察季节轮回、气候变化的自然规律，通过体会寒来暑往中动、植物与自然规律的完美融合，获得丰富的感官体会和认知；用成人的力量，努力丰富孩子们的童年体验，无声地沁入孩子思维的草地。通过“节气”园本课程的学习，幼儿习得的不仅是一种经验知识，更重要的是绵延了对中国传统文化的一种了解和认识。

参考文献

［1］左雯霞．中国传统文化与幼儿园课程整合研究［J］．科教文汇（上旬刊），2007（22）：91.

［2］王荣荣．二十四节气融入幼儿园课程的行动研究［D］．西南大学，2011.

［3］吴勇真，郭莉莉．浅谈“二十四节气”在幼儿园大班的应用［J］．科教文汇（上旬刊），2017（19）：125－127.

［4］张秀英．我国传统文化在幼儿园课程中的具象化实践——以二十四节气为例［J］．江苏幼儿教育，2018（1）：13－18.

让孩子们有更大的舞台——儿童戏剧运用于幼儿园教育的思考

（程娟　新疆阿拉尔市塔里木大学幼儿园）

摘　要：本文立足于幼儿教育实践，首先对儿童戏剧运用于幼儿园所产生的突出价值进行了理论分析，接着又以《彩虹色的花》为例，详细阐述与探讨了儿童戏剧运用于幼儿园教育的可行策略。旨在引导更多的幼儿教育工作者重视儿童戏剧资源的挖掘与利用，且能采取恰当的方式方法高效组织儿童戏剧，引领幼儿徜徉在有趣、富有教育意义的儿童戏剧之中接触外界世界，身心健康、和谐成长。

关键词：儿童戏剧；幼儿园；《彩虹色的花》

在社会实践中我们可以发现，幼儿们总是对角色扮演的游戏情有独钟。这是因为幼儿们在角色扮演中不断地还原着所接触到的世界，由此建立感知、认知与体验，循序渐进地形成对外界环境中所包含的人、事等的认知与理解。也正因如此，将优质的儿童戏剧融合到幼儿园教育实践中便变得极具可行性，有着其存在的突出意义与价值。作为一名幼儿教育工作者，我在自身的幼儿教育实践中便高度重视儿童戏剧资源的挖掘与合理利用，在这一过程中，不仅我自身收获了有关儿童戏剧教育的丰硕经验，而且还切实使幼儿们在一场场精心呈现的戏剧表演中成长与锻炼了自己。以下，我仅结合自身的幼儿教育实践经验，针对儿童戏剧运用于幼儿园教育实践这一主题发表个人认识与看法。

一、儿童戏剧运用于幼儿园教育的价值

儿童戏剧在幼儿园教育中的巧妙运用有着突出的意义与价值，具体来讲，其主要体现在以下两个方面。

（一）有助于锻炼幼儿的综合素养

儿童戏剧是一项符合幼儿阶段孩子发展与成长需求的艺术活动，其是循序渐进展开的，而不是一蹴而就的。像幼儿首先需要理解具体戏剧所涉及故事的主要内容，这能很好地锻炼幼儿认知与理解事物的能力，彩排的过程更是需要互相协作、互相沟通，这能很好地锻炼幼儿们的团结合作能力，而将所了解的内容用表演的形式呈现出来又能锻炼幼儿们的表达能力，增强其当众表现自我、绽放自己的自信心，等等。可以说，儿童戏剧之于幼儿们来讲不仅仅是一次表演活动，置身其中、融入其中，幼儿们综合的、多面的素养将得到锻炼及发展。

（二）有助于丰富幼儿的知识积累

儿童戏剧并不是我们所想的仅仅只是让幼儿进行角色扮演，其有着更为丰富的内涵。在不同的儿童戏剧中，幼儿们将接触不同的故事，其中涉及的人物、情节等都将逐渐丰富幼儿们的认知，使他们所能积累到的信息与内容逐渐增多。像在《三个和尚》的儿童戏剧中，幼儿们将认识到团结协作的重要性；在《匹诺曹》的儿童戏剧中，幼儿们将深刻意识到不能撒谎，要诚实；在《愚公移山》的儿童戏剧中，幼儿们将明白遇到事情不退缩，勇敢应对的道理……可以说，不同的儿童戏剧之于幼儿都是一次完全不同的学习过程，使他们能逐渐形成

正确的价值观，养成良好的行为习惯与品质，积累与收获更多为人处世的知识。这对于幼儿们的成长来讲显然益处极多。

二、儿童戏剧运用于幼儿园教育的策略

鉴于儿童戏剧之于幼儿成长所具有的重要意义，作为幼儿教育工作者便应当立足实际，灵活而巧妙地运用多种策略，将其价值发挥到最大，引领幼儿们更好地成长。以下，我仅以《彩虹色的花》为例，对可行有效的策略进行详细阐述。

（一）确定儿童戏剧主题

儿童戏剧对于幼儿的成长有着积极的促进意义，但这建立在教师精心挑选、认真确定儿童戏剧主题的基础之上。须知，儿童戏剧之丰富，内容之磅礴，只有适合幼儿的，便于他们理解与呈现的，才能真正引发幼儿们的情感共鸣，并促使他们融入其中汲取更丰富的人文滋养。

《彩虹色的花》是一本经典的儿童绘本，其图文并茂，描述了一则温馨且感人的故事：原野上有一朵彩虹色的花，它从泥土里钻了出来，想跟每一个人分享自己的快乐。它见到了蚂蚁，将自己的一片花瓣送给了蚂蚁，帮助它渡过水洼去奶奶家；它见到了蜥蜴，将自己的一片花瓣送给了蜥蜴，让蜥蜴有了新衣服去高高兴兴地参加宴会……彩虹色的花见到了很多小动物，这些小动物有不同的困难，而彩虹色的花便将自己的花瓣一一地给了这些小动物，帮助它们解决困难。随着季节的变化，彩虹色的花慢慢地枯萎了，被茫茫大雪掩盖住了，但是它帮助过的那些小动物却都想起了彩虹色的花对自己的帮助。转眼间，春天来了，大家惊奇地发现，彩虹色的花又重新生长出来了……《彩虹色的花》主题鲜明，道理也非常清晰，告诉我们要帮助他人。这其实非常适合幼儿阶段的孩子，有助于培养其奉献自己、帮助他人的美好品质。因此，在反复思考之后，我将《彩虹色的花》这一绘本确定为我们的儿童戏剧内容，并对其进行了重新整合，让其语言更便于幼儿去理解、去表述，情节也更紧凑一些，适合幼儿们呈现。

（二）组织幼儿精心排练

《彩虹色的花》原本是一本绘本，在将其创编成儿童戏剧之后，我们接下来需要做的便是带领幼儿们进行认真的排练。须知，整个儿童戏剧包括若干个情景，所涉及的细节也非常多，语言与动作更是非常丰富，这些都需要幼儿们在理解的基础上加以把握。可以说，排练的过程对于儿童戏剧整体效果的呈现有着至关重要的作用。

在《彩虹色的花》这一主题的儿童戏剧中，我就带领幼儿们进行了认真而细致的排练，引导着幼儿们从点滴、从细节处把握其所要传递的情感。像蜥蜴在跟彩虹色的花说话时，其语言是："我是蜥蜴，今天我要去参加宴会，可是没有合适的衣服。怎么办呢?"我引导扮演蜥蜴的幼儿认真回想生活，如果自己想要去参加一个很重要的宴会，却没有合适的衣服时，自己的心情会如何呢？在我的这一番引导下，这名幼儿很容易就能感知到蜥蜴说这些话时苦恼的情绪。带着这种情绪，其再表演出来就变得更加生动。像彩虹色的花听到路过的老鼠呼哧呼哧地喘着气，那么，扮演小老鼠的幼儿在经过扮演彩虹色的花的幼儿跟前时，自然也应当有类似的行为，对此，我告诉幼儿，其加入呼哧呼哧喘粗气的动作与行为之后，果然效果好了许多……就这样，在我与幼儿们一次次的揣摩中，一次次的完善与排练中，我们的幼儿们对《彩虹色的花》这一创编而成的儿童戏剧有了更深刻的理解，也逐渐熟悉起来，为其接下来真正的呈现与表演奠定了良好的基础，做好了充分的准备。

（三）鼓励幼儿大方呈现

我们的儿童戏剧最终是要呈现出来的。因此，作为幼儿教师一定要鼓励幼儿们大胆表

演，大方呈现，将自己充分地展示在舞台上。在《彩虹色的花》这一儿童戏剧创编与精心彩排之后，我特意与幼儿们约定，选择一个合适的时机，邀请他们的爸爸妈妈们前来幼儿园观看。与此同时，我还用温暖而又有力量的语言鼓励孩子们，告诉他们“老师相信你们，大家一定可以的”，引导他们不要慌张，按照平时排练中那样正常发挥就可以。就这样，给予了幼儿们充分的自我展示平台，使他们敢于将自己理解到的、练习好的内容加以呈现，且在这一过程中进一步深化与升华幼儿对《彩虹色的花》这一儿童戏剧主旨的理解。

三、结束语

儿童戏剧是一项备受幼儿们喜欢与青睐的艺术活动形式，将其巧妙融合到幼儿教育实践之中，能促使幼儿置身儿童戏剧中去感知、去体验，进而获得更好的进步与成长。日后，我将立足幼儿园教育实践，进一步探索儿童戏剧融入幼儿园教育活动中的方式方法，以切实促进两者的深度融合，以优质儿童戏剧助推幼儿身心健康发展！

参考文献

［1］代群玲．幼儿园儿童戏剧教育开展初探［J］．儿童大世界（教学研究），2019（4）：2.

［2］王浅．幼儿园教师提升儿童戏剧教学能力的探察［J］．河南教育（幼教），2019（5）：57—59.

［3］张金梅．生长戏剧：学前儿童戏剧经验的有机建构［J］．学前教育研究，2019（10）：71—84.

［4］朱虹．儿童创意戏剧与幼儿园课程有效融合的思与行［J］．亚太教育，2021（16）：3.

兵团幼儿园爱国教育活动途径探索

（赵俊争　新疆阿拉尔市塔里木大学幼儿园）

摘　要：新疆位于中国西北边陲，是中国神圣领土的一部分。兵团人扎根边疆、艰苦奋斗，承担着国家赋予的屯垦戍边职责。爱国教育和兵团精神、胡杨精神教育融入育人全过程，对于贯彻“为党育人　为国育才”有积极意义。以多年幼儿教育经验为基础，结合作者所在幼儿园的特点，通过五大领域、优秀传统文化、环境创设及家园共育开展多元化活动，使幼儿理解了新疆的命运始终与伟大祖国紧密相连。本文即以幼儿爱国教育和兵团精神、胡杨精神教育为方向，探索新时期开展爱国教育的多元方式。

关键词：幼儿；爱国教育；兵团精神、胡杨精神

幼儿教育是早期教育的后半阶段，起着承上启下的作用，是一个人教育与发展的重要而特殊的时期，幼儿园肩负着“为党育人　为国育才”的奠基重任。爱国教育是幼儿教育不可或缺的部分，是中华民族振兴和社会进步以及新疆和兵团繁荣发展的基石。

一、幼儿园爱国教育活动的必要性

从1994年中共中央印发《爱国主义教育实施纲要》开始，至2019年11月12日中共中央、国务院印发《新时代爱国主义教育实施纲要》，都提出爱国教育要贯穿于学校教育全过程、要坚持从娃娃抓起、做到润物无声。人生百年，立于幼学。结合幼儿的身心发展特点和教育规律，通过适宜的教育内容、有效的实施方式开展幼儿园爱国教育，既是新时代我国学前教育立德树人的战略任务，更是铸牢中华民族共同体意识，实现中华民族伟大复兴中国梦的奠基工程。

二、幼儿园爱国教育活动现状分析

在新时代的背景下，幼儿园教育也相对展开了爱国精神的养成，但在现阶段，教学内容仍然存在着不少问题。据本园调查表明，最大的不足是教育方法不够生活化、系统性、活动化，让本来抽象的“祖国”概念更加抽象。幼儿时期是需要树立正确人生观阶段，利用幼儿身心发展特点，提升学习兴趣，培养幼儿的爱国精神。

三、兵团幼儿园开展爱国教育活动的途径

爱国教育的开展方式不是单一的，教师可通过多元化的活动方案，系统地使幼儿在欢愉的游戏和活动中感受红色教育，达到促进爱国教育的目的。幼儿教师应当根据实际情况及幼儿身心发展特点，充分利用多种资源，使幼儿不断提升自身的核心素养，达到爱国教育的目的。

（一）依托五大领域的活动，开展爱国教育

1. 社会领域中，通过实践活动，开展爱国教育

（1）通过每周一的升旗仪式，提升爱国教育的有效性。教师可将爱国教育与实际活动相结合来开展。例如，在升国旗仪式前，利用社会活动引导幼儿认识中华人民共和国国旗是五

星红旗，了解国旗的含义，知道中华人民共和国国旗是中华人民共和国的象征和标志，每个公民和组织，都应当尊重和爱护国旗。初步知道升国旗时，我们应该面向国旗立正站好、保持安静，行注目礼唱国歌，眼睛看着国旗冉冉升起。引导幼儿知道国歌是《义勇军进行曲》，知道演唱国歌时着装应整洁得体、庄严庄重、吐字清晰、铿锵有力，知道在重大场合要唱国歌。教师还可引导幼儿通过观察生活中出现的国旗标志，结合《国旗红红的哩》的教学，培养幼儿热爱祖国的情感。

（2）参观校史馆，传承胡杨精神、发扬兵团精神，进行爱国教育。爱国教育的实践活动可通过引导幼儿参观红色基地来开展。例如，组织幼儿参观校史馆和故居，可以领略先辈们艰苦奋斗扎根边疆的情怀，培养幼儿的兵团精神、胡杨精神，进而培养幼儿的爱国情怀。教师可指导幼儿将所学的红色文化及校史馆、故居的所见所闻与家长分享交流，此方式可将学习的知识和信息进行整合，有效提升幼儿理解力、记忆力及语言表达力。例如，在幼儿园教育课程“我爱祖国一万年”一课的教学中，把兵团精神和胡杨精神融入其中，将爱国教育渗透其中。参观校史馆和故居的实践活动，是丰富幼儿课外实践活动并提升幼儿爱兵团、爱新疆、爱祖国的意识的有效方式。

2. 语言领域中，利用绘本故事，开展讲述红色故事，演绎红色经典活动进行爱国教育

红色故事是对党的历史的生动诠释；是传承红色基因的鲜活素材；是幼儿了解历史的有效途径；是坚定信念的有力证据；是激发爱国情怀的精神载体。例如，教师可利用绘本故事，给幼儿讲红色故事，结合多媒体设备为幼儿播放相关视频资料，引发幼儿自己讲述红色故事、演绎红色经典的欲望和兴趣。教师还可让幼儿将红色故事以角色扮演的形式进行展示，由幼儿自由自主选择角色，教师进行指导。此形式不仅可以有效提升幼儿综合素养，还可使幼儿在感同身受、身临其境的氛围中培养爱国情怀。

3. 科学领域中，利用科学动手做，进行爱国教育

国家的发展离不开科技创新，而幼儿是未来的希望，是科技发展的潜在大军。幼儿的思维特点是以具体形象思维为主，应注重引导幼儿通过直接感知、亲身体验和实际操作进行科学学习。例如，开展科学动手做活动，使幼儿从小就养成自己动手解决科学问题的习惯，培养不怕困难、不怕失败、坚忍不拔的品质，培养为科技发展、为国家发展作贡献的意识，增强幼儿的爱国情怀。

4. 艺术领域中，在国家重大红色纪念日，开展红歌演唱、舞台剧进行爱国教育

红色歌曲是中华民族宝贵的精神财富，催人奋进、激励斗志。通过在国家重大红色纪念日演唱红色歌曲，可以让幼儿了解历史，培养幼儿的爱国意识和弘扬民族精神。例如，在建党100周年之际，六一活动以“唱响红色歌曲　演绎先辈故事”为主题，幼儿亲自参与红色歌曲的演唱和舞台剧来进一步激发爱国情怀。

5. 健康领域中，利用多种活动强体健魄，开展爱国教育

健康教育承担着“为幼儿的一生发展打好基础”的重任，身体、心理、社会适应方面都要有良好的状态，才能为其他领域的学习与发展奠定基础。例如，在幼儿园开展花样跳绳及篮球、体能大循环等活动增强幼儿体质。建立心理沙盘室，关注幼儿心理健康。开展以安全为主题的活动，使幼儿知道只有安全健康才能为国作贡献。

（二）利用中华优秀传统文化，坚定文化自信，渗透爱国教育

中华优秀传统文化是建设中国特色社会主义的沃土，也是人类思想文明的宝库。优秀传统文化要融入幼儿的血液中，形成良好习惯和优秀品质，为今后的爱国教育奠定基础。例如，通过古诗、成语、识字“三合一”来学习古诗词，传承中华优秀传统文化。体操以国学律动为主；六一活动以国学汉舞为主题。在清明、端午、中秋传统节日里，组织主题活动，使幼儿了解这些节日的由来，做手工在户外展板展出，以加深幼儿对中国传统节日的认识。引导幼儿了解二十四节气的时空变化，有助于继承发扬中华传统文化。例如，在幼儿园开展

二十四节气的主题活动，在冬至邀请家长和幼儿共同到园包饺子，促进了各民族幼儿和家长的感情交流，也是民族文化认同与促进社会和谐的精神纽带。

（三）利用情境创设，渗透红色文化，进行爱国教育

教师可通过情境创设，将红色资源渗透其中，使幼儿深度了解胡杨精神，传承兵团精神，培养爱国情怀。例如，幼儿园室内情境创设，将具有新疆特色的素材在情境创设中进行展示，小班以胡杨种子为主题、中班以春夏的绿色胡杨为主题、大班以秋天的金色胡杨为主题进行情境创设。

（四）利用家园共育，组织亲子活动，进行爱国教育

父母是幼儿的启蒙老师，利用家园共育，在幼儿园和家庭之间、教师和家长之间形成合力，增强对幼儿的爱国教育力度。例如，组织幼儿参与“颂百年风华　传红色基因”2021全国家庭亲子阅读活动，开展“我讲故事给党听”主题活动，由家长和幼儿共同参与。积极组织幼儿参与“看电影学党史，心里有话对党说”少年儿童主题观影活动，引导鼓励家庭和幼儿在1905电影网观看反映中国共产党在不同时期重要事件的100部优秀影片，拍摄5分钟以内的短视频。

四、结语

综上所述，在现代教育的指导下，充分利用课程资源和新疆当地资源，通过多种途径和方法对幼儿进行引导与指导，将爱国教育作为幼儿教育中的主要教育方向和内容，是兵团幼儿教师的重要责任。爱国教育是学校德育教育的核心，是一场传统革命的教育，它关乎国家的发展，也影响着幼儿思维品质的构建。

参考文献

[1] 杨生丽. 依托传统节日开展幼儿爱国主义教育的实践探索 [J]. 基础教育论坛，2021（30）：20—21.

[2] 贾贝贝. 3～6岁幼儿爱国主义教育路径探析 [J]. 教育实践与研究（C），2022（1）：21—23.

[3] 彭莉萍. 幼儿园利用红色资源对儿童进行教育的思考 [J]. 科教文汇（中旬刊），2017（26）：114—116.

构建更加科学的幼儿园奖励教育机制——基于家园共育视角

（王森　北京市朝阳区为明实验幼儿园）

摘　要：随着人们对子女教育的重视程度越来越高，幼儿园教育得到了长足的发展，很多幼儿园的教育体制也是越来越完善。处于幼儿园阶段的幼儿年纪都还很小，在幼儿园教育中必须采用一些和幼儿年纪相适应的教育方法和教育机制才能够得到家长的认可从而很好地提升教育效果，促进幼儿的身心健康。其中，奖励教育机制是一项幼儿园幼儿非常容易接受的教育机制，通过对幼儿正确行为的奖励能够帮助幼儿建立正确的行为规范。本文介绍了在家园共育的视角下构建更加科学的幼儿园奖励教育机制的有效策略。

关键词：科学；幼儿园；奖励教育；家园共育

一、引言

幼儿园教育是很多家长都十分关心的一个问题，良好的幼儿园教育能够促进幼儿的健康成长，帮助幼儿快速地提升自己的学习和生活的能力，同时帮助幼儿树立正确的人生观和价值观。但是，幼儿教育也绝不是幼儿园单方面的责任，在幼儿教育中需要家庭和幼儿园共同努力，才能提升对幼儿的教育效果，促进幼儿的健康成长。尤其是奖励教育的机制更是需要幼儿园和家庭同时进行实施和践行才能够使幼儿得到完整的奖励教育机制，从而更好地促进幼儿的身心健康和全面发展。

二、构建更加科学的幼儿园奖励教育机制的重要意义

奖励是幼儿园教育中非常重要的教育手段，对幼儿园幼儿能够产生非常重要的教育意义。幼儿的年纪较小，心智尚未开化对世界的认知能力比较差，尤其是分辨是非的能力更是几乎没有，很多时候幼儿不能对自己的行为做出正确的评价，奖励教育的目的就是对幼儿的行为做出正确的评价，通过奖励行为让幼儿明白自己的行为哪些是对的哪些是错的，从而鼓励幼儿发扬自己的优点克服自己的缺点。

首先，奖励教育机制能够帮助幼儿正确地认识和评价自己的行为，在幼儿园或是家庭中，如果幼儿因为自己的行为获得了幼儿园教师或者是家长的奖励，他就能够明白自己的这种行为是正确的，从而使幼儿为了获得更多的奖励而将自己的正确行为发扬光大。长此以往，就会帮助幼儿正确评价自己的行为，逐渐养成正确的世界观和价值观。

其次，奖励的教育机制能够培养幼儿的自信心，从而使幼儿在成长的过程中变得更加自信也更加活泼和开朗。一个孩子经常受到奖励就会产生一种自信的心理，通过得到教师和家长的肯定和奖励就会使幼儿认为自己的行为是正确的，从而使幼儿在做事情的时候就会更加相信自己，从而使幼儿在同别人的交往中能够变得更加自信。

最后，科学的奖励教育能够使幼儿和家长以及教师的关系更加融洽。事实证明，幼儿更愿意获得奖励而不是批评，这就导致幼儿更加愿意和奖励自己的人进行交流，这样也就使他们之间的关系更加和谐和融洽，所以在对幼儿的教育中教师和家长应该科学地使用奖励教育机制。

三、构建更加科学的幼儿园奖励教育机制的有效策略

(一) 幼儿园教师应该树立正确的幼儿观

幼儿观就是幼儿园教师对幼儿的看法，很多幼儿园教师认为幼儿的年纪很小，没有形成自己的思想意识，从而在一定程度上对幼儿进行物化，不能体会幼儿的感受产生不尊重幼儿的行为。总之，就是不能够平等地对待幼儿，在对幼儿的教育中完全从成人的眼光出发按照自己的想法对幼儿进行教育。这是一种非常错误的幼儿观，也就不能对幼儿进行很好的教育，其实即便是年纪再小的孩子也有自己的想法，也有自己的体会和感受。对于教师的行为也会进行相应的反馈，所以幼儿园教师在日常的幼儿教育中应该树立正确的幼儿观，能够放低自己的姿态以一种平等的身份和幼儿进行互动和交流。

幼儿园教师的幼儿观应该是充满人文关怀的，幼儿园教师应该以足够的耐心去了解幼儿的内心需求，并且给予必要的满足和尊重，使幼儿的生理和心理都能够获得充分的满足，从而能够促进幼儿的身心健康，使幼儿能够精神愉悦地健康成长。只有树立了正确的幼儿观才能够真正理解幼儿的需求，从而使幼儿园教师能够对幼儿做出正确的奖励行为，使幼儿更加容易接受教师的奖励方式。相反，如果教师的幼儿观出现偏差就会导致幼儿园教师按照自己的想法对幼儿进行奖励，这样的奖励往往无法得到幼儿的接受，甚至使幼儿产生排斥和抗拒的行为。所以说，建立科学的奖励教育机制首先要树立正确的幼儿观。

(二) 要正确地使用奖励教育，避免盲目滥用

在幼儿园教育中适当的奖励，能够使幼儿获得良好的体验从而帮助幼儿明确自己的正确行为，从而能够使幼儿对自己的正确行为进行发扬，逐渐帮助幼儿养成正确的行为规范，但是教师应该注意奖励教育也是不能够盲目滥用的，而是应该有节制地进行使用，否则就会起到适得其反的作用。首先过分地滥用奖励教育可能会降低幼儿对奖励行为的敏感度，过多的奖励会使幼儿认为奖励是一件非常容易得到的东西，从而使幼儿对教师的奖励行为不再那么热衷，这样也就失去了奖励教育的意义和作用。

比如，幼儿总是获得夸奖就会使他感觉夸奖也就是那么回事，从而使奖励教育失去激励幼儿做出正确行为的作用。其实滥用奖励教育也可能造成幼儿盲目追求奖励的不良后果。很多幼儿在由于某种行为而获得奖励以后，就会为了获得更多的奖励而不停地重复这样的行为。在这种情况下，幼儿并不知道自己究竟是为什么获得奖励，从而使奖励变成了幼儿做出某种行为的反射条件。又如，在幼儿园中幼儿主动喝水的行为获得了教师的奖励，就会刺激幼儿一直不停地喝水。这样的行为不但没有任何好处反而还会增加幼儿的身体负担。所以，在奖励幼儿的时候应该采用正确的奖励方式，告诉幼儿是因为在该喝水的时候主动喝水才会受到奖励。

(三) 奖励教育有一定的实效性，教师应该把握好奖励的时机

幼儿园在对幼儿进行奖励教育的时候，一定要注意奖励的实效性，把握好奖励的时机，在幼儿做出正确行为以后应该及时地给予奖励，使幼儿能够认识到是因为自己的正确行为而获得的奖励，而不能错过奖励的时机使幼儿不知道自己为什么会获得奖励。在幼儿园教育中，很多教师就是因为不能很好地把握奖励的时机，从而使奖励教育不能达到很好的效果。

首先，有的幼儿园教师喜欢在上课结束以后对表现优秀的幼儿进行统一的奖励，颁发一朵小红花或者奖励一面小红旗，但是这时候幼儿已经忘记了自己在上课的时候都做出过哪些行为，从而使幼儿不能理解自己为什么会获得这个奖励。所以，教师在幼儿做出正确行为以后应该及时对幼儿的行为进行表扬和奖励，即便是课后统一奖励也要对奖励的原因加以说

明，告诉幼儿为什么要对其进行奖励，从而使幼儿能够明确自己的哪些行为是正确的、是优秀的。

其次，很多幼儿园教师在发现幼儿的优秀表现以后会对幼儿进行口头表扬，并作出奖励的承诺，但是很多时候教师又会忘记自己的口头承诺。比如，幼儿捡到一本绘本交到教师手里，教师对其表扬以后承诺放学的时候奖励一朵小红花，但是放学的时候有可能会忘记奖励，这就会使幼儿认为教师在说谎从而产生负面效果，所以奖励一定要及时。

（四）奖励教育需要幼儿园和家庭共同完成

在幼儿园教育中，家园共育已经成为一种非常普遍的教育方法，并且也取得了很好的教育效果，奖励教育机制的实施也应该采用家园共育的教育方法，提升奖励教育的教育效果。幼儿园教师应该加强和幼儿家长的沟通，使家长充分了解幼儿在幼儿园的行为也使幼儿园教师能够充分了解幼儿在家中的表现。首先，家园共育下的奖励教育机制能够使幼儿接受理念相同的教育，从而使幼儿更加习惯这种教育方式从而很好地提升教育效果。如果幼儿在幼儿园中接受奖励教育经常会受到教师的表扬或奖励，而在家庭当中家长对幼儿的要求比较严格，经常对幼儿进行批评教育，这就会使幼儿在心理上形成强烈的反差。长此以往，会使幼儿更加愿意待在幼儿园而不愿意回家，这样会严重影响幼儿的身心健康。其次，家长和教师加强沟通，家庭和幼儿园共同进行奖励教育能够更好地提升教育效果。比如，幼儿在幼儿园中由于表现优秀受到了教师的奖励，然后教师把幼儿的优秀表现告诉了幼儿家长，让家长对幼儿的优秀表现进行重复奖励，就能够加强奖励对幼儿的刺激从而很好地提升奖励教育的效果。

四、结束语

综上所述，科学的奖励教育机制能够帮助幼儿明辨是非，提升幼儿的自信心，使幼儿的性格变得更加活泼开朗，从而有效地促进幼儿的身心健康，使幼儿能够健康成长。所以在幼儿园，教师应该树立正确的幼儿观，加强对幼儿的了解以合适的方式对幼儿进行奖励，同时要注意奖励教育的实效性，对于幼儿的优秀表现要给予及时的反馈和奖励，最后还要加强与幼儿家长的沟通，和幼儿家长共同实施奖励教育机制，从而更好地提升教育效果。

参考文献

［1］潘祺蓉，陶志琼．构建更加合理的幼儿奖励机制——以幼儿园“小红花”奖励制度为例［J］．陕西学前师范学院学报，2016，32（10）：141－145.

［2］薛喜辉．让每个孩子都享受成功——浅谈奖励机制在教育中作用［J］．吉林教育，2008（33）：85.

［3］方兰然．幼儿德育中奖励发挥教育作用的机制分析［J］．社科纵横，2005（6）：222－223.

园本教研助推幼儿园教师专业成长的实践研究

（许冰洁　江苏省苏州市工业园区锦溪幼儿园）

摘　要：基于当前我国幼儿园教育发展形势，开展园本教研活动，既可以提升幼儿园教育教学水平，又可以促进幼儿教师的职业发展。园本教研是针对幼儿教师在实践中的特定教学特征而进行的一系列教研活动，以解决教学过程中存在的问题。园本教研是建立在幼儿园基础之上的，它推动了学校的健康发展，也是推动教育与教学科研的一种重要方式。因此，如何有效地展开园本教研活动，提高幼儿教师的专业素养，为幼儿创造一个健康、和谐的学习环境，是当前幼儿园需要研究的问题。

关键词：园本教研；幼儿教师；专业成长；实践研究

幼儿园承担着学龄前的教育任务，这个时期的孩子们年纪较小，接受程度较低，幼儿园教师需要为他们将来的学业和个性发展创造有利的环境。在幼儿园教学中进行园本教研，可以使教师在教学实践中更具专业化，并充分展示自己的专业素质，传播先进的教育教学思想，提高素质，促进我国学前教育事业的健康发展。

一、幼儿园园本教研的发展现状

当前，由于幼儿园教师普遍年轻化，他们对幼儿心理的把握以及自身教学经验和教学科研能力还存在一定的欠缺，教学实践中往往会出现一些问题，因此需要进行大规模的园本教研活动。近年来，幼儿园在实践中不断摸索出多种教学方法，并逐步形成具有自身特点的园本教研模式。另外，一些幼儿园还组建了由高级幼儿教师组成的师资队伍，负责教学科研工作，确保教学科研工作从上到下顺利进行。近年来，我国园本教育研究发展迅速，取得了一些成果，但目前我国幼儿园园本教学研究仍处于发展不充分、区域发展不均衡的局面。目前，园本教研的发展仍有其局限性，这在推动教师专业化发展方面仍有一定的局限性。

二、园本教研促进幼儿教师专业成长能力研究

（一）建立教研团体，营造良好的教学氛围

在园本教研活动中，除参与教师的学习与讨论外，还应对教师在教学中遇到的问题进行分析与解决。因此，在实践中，可以采取“以老带新”的方式，即由有丰富经验的骨干教师带领青年教师，同时青年教师的思维和新的教学观念，也会给幼教工作带来新的思考与发展。这样一来，不管是在教育上，还是在教学上，都可以互相帮助。如在教学实践中，青年教师会考虑到新的教学内容，从而有效地激发学生的学习兴趣，例如在情境教学中，可以和孩子们一起玩，很快就能适应，但如果孩子存在负面情绪和其他问题，经验丰富的教师就会第一时间察觉，然后适时地介入。总的来说，青年教师的经验相对较少，与经验丰富的教师组成一个小的园本教学团队，年长的教师可以被青年教师的活力所激励，而青年教师也可以从他们丰富的教学经验中吸取教训，从而达到取长补短、促进教师共同提高的目的，这对提高幼儿园教师的专业素质具有十分重要的意义。

（二）以能力提升为导向，规划长短期教研培训目标

明确的生涯规划，可以指导教师以坚忍不拔的毅力，不断地学习科学的教学方法，并在实践中积累丰富的教学经验，提高自己的专业素质。在实施园本教研时，要协助不同专业、不同教龄的幼儿教师进行个体生涯规划，帮助他们针对自己的具体状况，制定短期、中期、长期的职业目标。在教学过程中，首先要引导幼儿教师对自身专业发展产生的问题进行分析，然后由教研小组对问题进行总结，并共同研究如何解决问题。例如，一些幼儿教师提出："我偏科较多，阅读教学能力较强，绘画、音乐、舞蹈等方面成绩较差，整体素质还需要进一步提升。"教研组成员就此问题进行探讨，确立了学生的短期发展目标——掌握写作、绘画、音乐、舞蹈等基础课程；中级发展目标——提高写作、绘画、音乐、舞蹈教学水平；长远的发展目标——取得教师职称。然后，确定短期、中期和长期发展目标的具体战略，例如积极参加各种培训，了解各种专业知识，与其他学科的幼儿教师进行交流，积累教学经验。

（三）创新教研培训活动形式，有效提升教师专业素养

创新教研培训不能够只局限于校内，而应该向外不断地探索，通过创建市、县、校三级网络教研系统，使全市教职工都能够统一参加教研培训。每次的劳动教研培训都有专门的主题，如"打造高效课堂""提升学生素质""关注学生心理健康"等，从教育教学、课程构建、问题处理等方面开展多种教研培训活动，全面提升教师的专业素养。因为每次教研培训的内容不同，所以教研方式有所差别。例如，对劳动学科带头人的培养应该是集中脱产式培训，对新聘劳动教师的培养应该是跟岗实践培训，对劳动课程较多的教师培训应采用网络远程培训。差异化教研培训活动并不是对教师有区别的对待，重点是根据劳动教师的教学时间进行培训。此外，每次研训活动结束后，学校要对教师的教研培训结果进行考查，可以书面报告、电子课件、教学设计、相互听课等方式开展教研培训大练兵，使教师所学知识和理念能投入到实践教学中，以他们扎实的基本功和娴熟的技能不断提升教育教学质量。

（四）优化园本教研环境，为教师搭建专业成长的平台

要构建一套行之有效的园本化教学研究机制，积极引导教师的专业发展，以本校的教育和教学情况为基础，构建教师专业化成长平台。为防止园本教研工作的盲目性，可以对园本教学进行组织、分析，并针对教学工作中出现的问题进行探讨，同时提出园本教学研究的目标与任务。通过多种形式的教研活动，让教师在思想、信仰上有了共同的寄托，从而形成一种以优化园本教研环境为主体的社会舆论。师资队伍的发展离不开平台和健全的体制支撑。园本教研是以幼儿为核心，以教师群体教学的实践为依据，以科研人员和骨干教师为主导，以解决大量的教师实际问题为核心的教研活动。通过构建健全的园本教研体系，营造良好的教学科研环境，构建有利于教师职业发展的良好平台，来促进幼儿园教师的专业化成长。

（五）做好园本教研反思，总结出相应的优劣势

在具体的实践过程中，园本教学科研工作最好能够以自主选择的方式进行。然而，园本教学和科研工作不能仅仅停留在表面上，要真正落实到实际的教学中，深入教师的生活。教师在开展教学科研活动时，不仅要主动参与，而且要进行有效的反思。首先，幼儿园要定期组织教师对教学科研工作进行反思，并编写教学总结。反省就是对过往的经验进行一次有效的反思，从中提炼出有益的知识，为以后的教学提供依据。在教研活动中，教师积极地表达自己的观点，而其他教师则应当记录下来，并思考自己的观点。然后，将自己的想法整理好，在思考的过程中做一个总结。比如，在"美术""音乐""书法"等教学研究项目结束后，教研组会在一周后或一个月的时间里，组织教师对上一次的教学活动进行一次反思，看看教师有没有将自己所学的知识付诸实践，确保后续教学科研活动的顺利进行。其次，教师

要学会从教学和科研活动中分析自己的优势和不足。在教学中，教师要充分认识到自己的优点和不足，从而有针对性地提高自己的专业能力，使自身优势可以通过教学传递到幼儿的身上，进而提升自己的教学能力。

三、结语

教师的专业成长与其自身的发展和教学质量有着直接的联系，园本教研活动是提高教师专业技能水平，提升教师教学质量，增强教师综合素质的有效途径。因此，应从教师观念更新、制定园本教研目标、优化园本教研环境、构建专业化教研平台等方面入手，有效促进教师在教学和科研活动中的专业成长。

参考文献

[1] 杨俊英．幼儿园开展教研活动的目的及实践研究［J］．文学少年，2021，000（27）：1.

[2] 陈玓瓅．基于教研共同体下的幼儿园教研活动策略探究［J］．当代家庭教育，2021（11）：2.

[3] 张丹，李伟霞．园本教研助推幼儿园教师专业成长的实践研究［J］．教育科学发展，2021，3（8）：31—32.

[4] 曹翠，刘雪婷．幼儿园新手教师同课异构的实践与反思［J］．幼儿教育科学，2021，2（4）：26—28.

浅析家园合作的意义、价值及策略

（李倩雯　四川省成都市武侯区四川大学第一幼儿园）

摘　要：幼儿的发展需要幼儿园与家长携手合作。班级幼儿教师要充分重视家长工作，把家长工作放在保教工作同等重要的位置，要密切地与家庭联系沟通，多种形式开展家长工作，引导家长树立育儿信心，承担起育儿的主体责任，参与幼儿的成长过程，建立良好的亲子关系与和谐的家庭氛围，发挥教育合力的作用。本文主要通过论述家园合作的沟通方式和存在的问题，对家园合作进行了研究，幼儿园和家庭充分利用各自的时间和适当的沟通方式，让幼儿获得更好的发展，健康快乐成长。

关键词：家园合作；沟通方式；成长

幼儿园作为保教幼儿的社会机构，《幼儿园工作规程》明确提出“幼儿园应主动与幼儿家庭配合，帮助家长创设良好的家庭教育环境，向家长宣传科学保育、教育幼儿的知识，共同担负教育幼儿的任务”。幼儿进入幼儿园开始集体生活，并不意味着家庭教育作用的削弱，只是幼儿白天照顾者和生活场所的转移。幼儿的发展需要幼儿园与家长携手合作。新颁布的《幼儿园教育指导纲要（试行）》在组织与实施中提出：“家庭是幼儿园重要的合作伙伴，应本着尊重、平等、合作的原则，争取家长的理解、支持和主动参与，并积极支持、帮助家长提高教育能力。”

一、家园合作的含义与重要意义

家园合作是一种双向互动活动，是家庭教育与幼儿园教育的相互配合；家园合作要考虑幼儿园和家庭双方的需求，但家园合作围绕的核心是儿童，他们是幼儿园和家庭服务的共同对象，促进儿童的全面发展是家园合作追求的最终目标；家园合作需要合作双方有积极主动的态度，它包括家长对孩子的爱心与责任感、对幼儿园乃至整个教育的信任与支持，也包括教师对家长的热情接纳和对家长参与的信心。

（一）家园合作是儿童发展的需要

幼儿园、家庭、社区是儿童发展中影响最大、最直接的微观环境，作为幼儿最早接触的社会文化环境，它对幼儿发展所起的作用，是其他任何因素所不可比拟的。因此，儿童教育必须在特定的环境中从所经历的活动、承担的角色及建立的人际关系出发，协调相关的社会群体的力量，共同促进儿童的发展。

（二）家园合作有利于家长资源的充分利用

家庭是孩子成长发展的第一个环境，家长与孩子之间特有的血缘关系、亲情关系与经济关系，使这种教育具有感染性、长期性和针对性，教育内容复杂丰富并且方式方法灵活多样。同时，幼儿的家长来自各行各业，可谓人才济济，是幼儿园得天独厚的教育资源。让家长用各自的专长参与幼儿园的教育，可以使他们深层次地了解幼儿园、了解幼儿教育。

（三）家园合作促进幼儿健康和谐发展

教师、家长作为孩子的教育者，是对幼儿实施促进发展教育的主体，新纲要提出：“幼儿园应主动与家长配合，帮助家长创设良好的家庭环境，向家长宣传科学保育教育幼儿的知识，共同担负幼儿教育的任务。”幼儿园要发挥主导作用，要充分重视并主动做好家园衔接合作工作，使幼儿园与家长在教育思想、原则、方法等方面取得统一认识，形成教育的合力，家园双方配合一致，促进幼儿的健康和谐发展。

二、家园合作存在的问题

（一）家长工作太忙缺少与教师的沟通

现在的很多家庭都是双职工家庭，父母都需要出去工作，或是有些家长一整天都忙于工作，很晚了才回家。这就导致了父母陪在幼儿的身边时间少。现在一般都是老年人在带孩子，有些事老年人回家很少和幼儿父母沟通，父母也不知道具体情况。

（二）家长的观念不能有效地进行家园合作

有些家长认为，把孩子送到幼儿园，教育就是幼儿园的事，学校应该全权负责，有的教师则说，教育孩子不仅是幼儿园的事，更是家长的事。家长作为孩子的第一老师，孩子在家里受到的教育和影响比幼儿园的多，因此孩子的成长，家长也有很大的责任。不能把孩子身上出现的不好的行为责任一概都推给幼儿园，推给老师。

（三）缺乏信任、理解和互动

由于家园双方对合作意义的认识不够，加上双方教育观念的分歧，相互之间就缺乏理解、信任和互动。而恰恰理解、信任和互动，正是搞好家园合作至关重要的前提条件。家长与教师需要更好的沟通，以及参加学校的一些活动，让家长能看到幼儿在园内一天的生活。

三、家园合作的方式与策略

（一）入园、离园交流

幼儿入园时和离园时是最直接、有效的家园合作方式。入园、离园随机但不随意，除了日常交流等，教师还可以对幼儿近期的行为表现和家长进行交换，有针对性地解答家长的困惑。

如每天接送孩子时，家长和教师见面的时间，家长可以问问幼儿在园的表现或者家长在家里遇到的一些他不知道如何教育、如何应对关于幼儿的问题，都可以向教师求助。教师可以和家长说说幼儿在园的表现，希望家长在家和教师一起改改幼儿的习惯，一起改变幼儿，实施家园共育。

（二）网络化的虚拟沟通

针对部分工作繁忙的家长，幼儿园可以采用网络化的虚拟沟通平台与家长进行日常性的沟通，如家校通、家园联系簿、宣传页、家园布告栏、宣传网站、园长信箱、家长手册、班级动态等，同时还可以采用私人的方式进行沟通，如电话、短信、微信、QQ 等。网络化的虚拟沟通平台逐渐成为家园沟通的最方便、快捷的手段之一。

如为了让家长对幼儿园的教职工有所了解并感到放心，可以将所教班级的所有教职工人员的照片都张贴出来。在每张照片下面，写上简短的评述。这样，家长就再也不会觉得自己是在和几个陌生人在一起了。

（三）家长委员会

由家长代表成立的组织，作为与学校沟通的桥梁，关注学生的教育。家长委员会是增进学校与学生、家长之间沟通的桥梁。家长委员会的宗旨是：保持学校沟通与合作，让家长充分参与学校管理，有效体现家长对学校教育教学工作中的家长委员会工作的知情权、评议权、参与权和监督权；完善学校、家庭、社会“三位一体”的教育体系，营造良好的教育环境。

如家长委员会主要是参与幼儿园重要活动决策、协调家园教育的一致性，向幼儿园反馈家长的意见和建议、进行环境布置，协助幼儿园开展活动等。家长委员会中，以“问题式互动”“问卷式调查”“PPT 短片介绍”等方式和家长展开互动，使家长了解幼儿新学期的教育教学工作。

（四）家长会

家长会是面向学生、学生家长，以及教师的交流、互动、介绍性的会议或活动，一般由学校或教师发起，包括全园家长会和班级家长会。家长会是一种很受家长和教师欢迎的家园合作形式，它具有家园交流内容广、参与人员多、交流时间长等优势。

如针对刚入园的幼儿，会侧重幼儿情绪稳定、习惯养成等主题，针对大班可能会侧重幼小衔接主题等。其目的是准确、及时地向家长通报幼儿或幼儿园的教学情况、变化、日程等。

（五）亲子活动

亲子活动有利于孩子身心的健康成长。亲子活动有利于激发孩子的内在潜能。

如幼儿即将入园前，可以邀请家长和幼儿一起来幼儿园。熟悉新教师和新环境，消除陌生感。在每年一次的运动会上，小班低年龄阶段的幼儿开展亲子活动，亲近家长与幼儿之间的关系，中大班的幼儿邀请家长来观看幼儿的运动会比赛，每个孩子都有这样一种心理，希望有人看着他，希望自己是亲人视线的焦点。

（六）家长开放日

幼儿园家长开放日活动指的是幼儿园在每学期特定的一天向家长开放教育＋教学活动。

如开放日活动，每学期至少一次，让家长了解幼儿的幼儿园生活，开放日主要形式有：

（1）幼儿园环境的参观。家长能更好地了解幼儿的另一个生活环境。

（2）观看幼儿演出或参加活动。幼儿表演或展示幼儿作品，家长参观或欣赏。这种形式多为增加教师、幼儿、家长的三方互动，是一段时间内的幼儿学习成果的展示。

（3）观摩集体教学活动。满足家长了解幼儿在园情况的需要，吸取家长的意见和建议，就一些教育问题在家长和幼儿园之间进行沟通，达成一致。

（4）观摩幼儿生活常规和各区角活动或创造性游戏。通过观摩帮助家长更好地了解幼儿园生活、游戏。

三、总结

家园合作是幼儿教育发展的必然趋势，家园共育是幼儿健康成长的基础，是幼儿园工作的重要环节。只有幼儿园和家庭、教师和家长积极主动地组织和参与家园合作的工作，教师能更加了解幼儿帮助幼儿，家长也能知道幼儿的情况，家园一起合作才能让幼儿得到更好的发展。为了达到家园同步的配合教育，家园双方要围绕着孩子的发展经常联系，相互沟通，让家长了解具体教育目标及幼儿各方面的发展，与幼儿园取得共识，从而使家园同步教育更有效地促进孩子的发展。只有有目的、有意识地建立与形成幼儿园与家庭之间的合作关系，才能使两个环境之间的联系，成为促进幼儿身心发展的有利条件。

参考文献

[1] 张燕，刘莉，编著．简明幼儿园管理［M］．北京：北京师范大学出版社，2023：137—138.

[2] 中华人民共和国教育部. 幼儿园工作规程［S］．北京：首都师范大学出版社，1996.

[3] 中华人民共和国教育部. 幼儿园教育指导纲要（试行）［S］．北京：北京师范大学出版社，2001

[4] 王中华．学前教育的“存在”与“虚无”［M］．北京：中国财富出版社，2016：67—90.

[5] 万慧颖．学前儿童家庭教育［M］．南京：东南大学出版社，2016：196—210.

3～6岁儿童不良生活习惯的研究

（唐利金　四川省成都市武侯区第三幼儿园）

摘　要： 3～6岁是儿童发展的关键期，是自我约束、掌握各种规矩的关键期，所以良好生活习惯的教育就显得尤其重要，对儿童今后的成长和发展有着十分重大的意义。本文主要采用观察法、调查法、文献研究法、经验总结法等方法，旨在研究3～6岁的儿童生活习惯存在的问题，分析其问题出现的原因以及提出一些帮助儿童形成良好生活习惯的方法。

关键词： 3～6岁儿童；生活习惯；形成原因；培养策略

良好的生活习惯包含了生活很多方面的内容，对于3～6岁的儿童来说主要集中养成在饮食、睡眠和卫生方面的良好习惯。有很多研究表明，好的生活习惯可能对其今后的人生有很大的帮助，而不好的生活习惯可能会导致其在生活和学习中处处受挫。而在现实生活中，儿童往往存在很多不良的生活习惯。儿童时期就是其良好习惯培养的关键期，这个时期的教育对儿童的成长发展起着决定性作用。本文通过对3～6岁儿童生活习惯的调查，了解儿童不良生活习惯现状，并通过分析不良生活习惯的成因，进而探究对3～6岁儿童的良好习惯培养的指导对策。

一、3～6岁儿童的主要不良生活习惯调查

该调查是通过成都市武侯区第三幼儿园3～6岁幼儿家长问卷的方式实现的，调查共发出400份问卷，收回391份，以下是根据问卷结果总结出的内容。调查发现，大部分幼儿在幼儿园和家庭教育影响下，初步养成良好生活习惯，在饮食、睡眠、卫生等方面表现出较好的行为品质。但有少数幼儿表现不理想，有的甚至较糟糕，严重影响幼儿健康发展，令人担忧。主要不良生活习惯表现在以下三个方面。

（1）不良饮食习惯。调查显示，36％的幼儿存在一定挑食、偏食的现象，比如不爱吃蔬菜、只喜欢吃肉类等；27％的幼儿吃饭时老是分心，会做其他的事情如玩玩具等，有些会和同伴聊天打闹玩耍，甚至离开餐桌；18％的幼儿吃饭老是剩饭等。

（2）不良睡眠习惯。调查显示，14％的幼儿不能够自己入睡；13％的幼儿睡前没有大小便的习惯，其中少数幼儿还会尿床；33％的幼儿没有正确的睡姿；有3％的幼儿睡眠时间不足或过多。

（3）不良卫生习惯。调查显示，30％的幼儿没有饭前便后洗手的习惯；23％的幼儿没有整理自己玩具、图书的习惯。

二、不良生活习惯产生的原因

调查显示，幼儿不良生活习惯的形成，与家长及教师的教育理念、教育策略、严格要求程度、成人日常示范、幼儿同伴影响等方面有关，主要表现在：

（一）家庭因素

一些家长认为教育孩子是幼儿园的事情，对孩子不正确的生活习惯没有及时纠正；还有一些家长出于溺爱，认为没必要这么早就开始学这些东西了；另外一些家长还认为，幼儿园应该教孩子“知识”，而不是训练生活能力。可以总结出家庭因素主要有家长不够重视、要

求不严、示范不规范、家园配合度低等方面。

（二）环境因素

孩子的模仿能力极强，但分辨能力还尚未发展。在面对所有成年人时，他都会潜意识地把他们当作自己的模仿对象，因而有可能学习他们的不良习惯，特别是陪伴他时间最长的教师和家长。

（三）幼儿园因素

孩子可能在幼儿园课堂上表现出一些不良的生活习惯，但是因为教师面对的孩子众多，很容易疏忽孩子的某一个不良习惯，从而导致孩子在这方面日益根深蒂固，不易改正；或是教师实施干预后，幼儿的不良习惯仍旧未改。可以总结出幼儿不良习惯的教育因素主要是教师观察能力不足、矫正力度不足、教育策略不当等。

三、对 3～6 岁幼儿良好生活习惯的培养策略

调查显示，对孩子的生活习惯影响最大的还是家长和教师，家长及教师都是孩子眼中的教材，他们会去模仿和效仿。规范家长的教育理念、良好的生活习惯、增强对孩子不良习惯的纠正力度，对幼儿良好生活习惯的养成有重要的帮助。

（一）重视幼儿生活习惯的培养

“习惯形成性格，性格决定命运。”美国教育家约·凯恩斯的名言有力地说明习惯养成对孩子的重要性。家长和教师必须对幼儿的各种生活习惯予以高度重视，及时发现幼儿的不良生活习惯并及时纠正，把幼儿的生活习惯的培养当作幼儿人格塑造的重要组成部分。家长和教师充分的重视，才是培养幼儿良好生活习惯的开始。

幼儿生活方面的习惯养成在家庭中尤为重要。幼儿良好行为习惯的培养一直未受到家长足够的重视，是家庭教育中普遍存在的问题。殊不知，早期家庭教育首要的、关键的任务就是培养幼儿良好的习惯，这项工作应是家长最优先考虑的问题。

（二）营造良好习惯养成的环境

“孟母三迁”的启示告诉我们，良好的人文环境对人类的成长和生活而言是十分重要的。养成良好习惯也必须有良好的环境作为保障，营造一种良好的习惯养成环境就显得尤其重要。作为教师或家长，一定要注意言传身教的作用，而且教师或家长和幼儿之间是一种双向沟通的关系，要懂得尊重幼儿，多些耐心，更多去了解幼儿。作为教师或家长，要把握好幼儿发展的黄金期，孩子们才会按照其本身的特点和潜能健康成长。

（三）注重良好生活习惯培养策略

良好的生活习惯培养，需要长期全方位地、持之以恒地运用各种适合幼儿的方法和策略，帮助幼儿实现良好的生活习惯养成。

1. 采用正强化的措施培养幼儿良好习惯

比如，小家 3 岁了，在家里面吃饭的时候总是喜欢玩玩具，一边吃一边玩，饭菜都凉了，他都还没吃完。家长可以给小家说好，如果下次吃饭时自己能够不玩玩具，就给小家最喜欢的饼干吃，并且在小家好好吃饭之后兑现这个承诺。这就是对小家专心吃饭这个行为的正强化，而小家最喜欢吃的饼干就是其中的强化物。

2. 采用行为契约的方式培养幼儿良好习惯

比如，小军 4 岁了，但是有许多好的生活习惯还没有养成，家长采用行为契约的方法帮助小军养成良好的生活习惯，于是和小军约定：

● 起来能够自己穿好衣服，一次发一颗星。

● 能专心吃饭，吃蔬菜，不剩饭，一次发三颗星。
● 饭前便后洗手，一次发一颗星。
● 睡前记得大小便，一次发一颗星。
● 一系列其他的良好生活习惯。
注：(1) 10 颗星兑换一颗棒棒糖。
(2) 20 颗星兑换 1 个小时看动画时间。
(3) 一系列的兑换权利或物品。

一系列的约定成立之后，便开始按照契约施行，达到了一定量的代币时，幼儿就可以兑换任意约定好的权利或物品。这些对幼儿良好习惯的养成也是起正强化的作用。

3. 采用行为塑造培养幼儿良好生活习惯

比如，芳芳 3 岁了，但是还没学会穿衣，家长想让她养成自己穿衣的好习惯，首先可以将穿衣的步骤一步一步列出来，也可印成图纸贴在床头上：第一步，先把衣服摊开，分清衣服的前后面；第二步，找到领口，将头穿出领口；第三步，将衣服正面调整到前面；第四步，将手伸进袖子里面，穿出来；第五步，对着镜子整理好衣服。这样可以帮助幼儿更深层次了解穿衣的整个过程，留下深刻印象。这种方法主要运用于幼儿良好习惯形成前的学习期。

4. 采用榜样法培养幼儿良好生活习惯

比如，芸芸没有饭前便后洗手的习惯，这个时候家长注意要饭前便后洗手，并且洗手前可以对幼儿进行语言提示，加强孩子的习惯意识。久而久之，孩子也在潜移默化中养成了饭前便后洗手的习惯。

幼儿平日上学期间和教师待在一起的时间最长，教师的影响也很深远，因而教师和家长一样，也应该注意自己的行为，发挥正确的示范作用。

5. 采用社交故事的方式培养幼儿良好的生活习惯

比如，林林 5 岁了，但是睡觉必须有大人陪伴，这个时候大人就可以讲一则社交故事给林林听：从前有一个王子，他很胆小，睡觉的时候总是要父母陪着，这么多年了，他依旧如此，但是有一天晚上，他的父母因为要去参加另一个国家的晚宴，没有办法陪在小王子的身边，小王子很害怕，不知道怎么办，看着床头的小熊，这是小王子过生日的时候父母送给他的，并且告诉他，这是一只神奇的小熊，你只要把它放在你的身边，它就会在你睡觉的时候暗暗保护你，小王子把小熊放在自己的枕边，睡着了。第二天早上小王子醒了，发现头一天夜里睡得很香甜，父母回来了，抱着小王子，夸赞小王子是一个勇敢的孩子。从此以后，小王子都是自己一个人睡觉了。让孩子能够从贴切自己生活，且符合自己的理解能力故事出发，适合这个年龄阶段的幼儿特征，更容易使孩子进入情景，引入生活。

让幼儿从小养成好的生活习惯可以使幼儿终身受益，不管是将来在生活中、学习中，还是在工作中。从以上调查研究也可以看出，幼儿的良好习惯的培养其实最离不开家长和教师的教育，需要家庭和幼儿园的共同努力，实现真正的家园合一、家园共育，并且能够采用真正适合这个年龄阶段孩子特征的方式进行教育，这样才能更容易地、更全面地促进幼儿的发展。

参考文献

[1] 中华人民共和国教育部．3～6 岁幼儿学习与发展指南［S］．北京：首都师范大学出版社，2021.

[2] 余朋红．少成若天性、习惯成自然：浅谈小班幼儿良好生活行为习惯的培养［J］．课程学习（上），2013（4）：83.

[3] 徐芳．浅谈小班幼儿良好行为习惯的养成教育［J］．南北桥，2016（12）：96－97.

[4] 莫源秋．幼儿园家长工作技能与艺术［M］．北京：中国轻工业出版社，2015.

浅谈幼小衔接阶段的安全教育开展

（叶颖　湖北省武汉市直属机关永红幼儿园）

摘　要：从幼儿园到小学，是幼儿成长的一次飞跃，幼小衔接阶段的教育至关重要，尤其是安全教育的开展，更能影响幼儿的今后生活。《幼儿园入学准备教育指导要点》中提出要增强幼儿的安全意识，让幼儿知安全、懂安全、用安全。安全教育的开展需要教师不断地进行实践，在活动开展中达到学以致用的效果。

关键词：幼小衔接；安全教育；身心健康；游戏化教学

一、引言

幼小衔接是学前教育与小学教育相衔接的重要转折点，这个阶段的幼儿身心发展明显变快，其思维认知能力也随之发展和提升。安全教育是幼小衔接中的一项重要内容，教师对幼儿进行安全教育，可以帮助幼儿了解生活中的危险，能有效地加深幼儿对安全的认识和理解，还能帮助幼儿学习安全防护和保护自身安全的技巧。幼儿只有拥有较强的自我保护意识和能力，才能远离或者规避危险和伤害，这对幼儿今后的身心健康发展有着非常重要的意义。安全教育不能只依靠教师，家庭也是很重要的一股力量，将安全教育融入日常生活中，共同为幼儿的安全保驾护航。

二、幼儿园安全教育的意义

（一）保障幼儿身心健康

安全教育是幼儿教育永恒的话题，保障幼儿身心健康是幼儿教师的重要责任，幼儿园多为 3～6 岁的幼儿，年龄小，思维意识较为稚嫩，很容易受到影响。安全教育的开展能够有效地解决这一问题，通过安全教育的开展，教师可以进一步了解幼儿的情况，及时发现问题，及时寻找恰当的方法策略来保障幼儿的身心健康教育。

（二）加深幼儿对安全教育的认知

幼儿对安全教育的认知较为浅显，绝大多数幼儿不知道该如何保护自身的安全。短期来看，不会造成太大的影响；但从长远来看，安全意识的缺乏会导致幼儿不知道如何规避危险，极有可能造成更大的身心伤害。尤其在幼小衔接这个阶段，小学和幼儿园的教育方式存在着很大的不同，因此教师要注重幼小衔接阶段的安全教育，在安全教育活动中加深幼儿的认知，帮助幼儿学习和掌握规避危险的技巧和方法。

（三）提高幼儿园的教学质量

随着经济的迅速发展，传统性的教学方式已经不适合如今的幼儿教育，以教师为中心的课程设置不利于提高幼儿园的教学质量。安全教育的开展以幼儿为中心，可以丰富幼儿教学内容，还能够在一定程度上提升幼儿园的教学质量。

（四）帮助幼儿更好地适应小学生活

幼儿园生活和小学生活存在很大的差异，小学生和幼儿接受的安全教育知识也有很大的不同，如果幼儿接受了不恰当的安全教育，只凭着已有的知识经验很难适应小学生活，因此，幼小衔接阶段的安全教育尤为重要，它能有效地解决这一难题，帮助幼儿更好地适应小学生活，树立正确的安全意识，更有效地保护自己。

三、幼小衔接阶段必要的安全教育

（一）路上安全常识

注意交通安全是安全教育中最重要的一项，教师要在教学活动中为幼儿讲解交通安全常识，例如上下学的路上要注意安全，公路上要走人行道，过马路要注意看两边来往的车辆，认清红绿灯，走路的时候杜绝打闹等。幼儿的思维能力较弱，缺乏必要的安全意识，也缺乏保护自己的能力，因此安全常识和技巧必不可少。遇到不认识的人要远离，往人多的地方走，不要随便告诉陌生人自己的家庭住址等。

（二）校园安全

幼儿园和小学校园不同，小学校园场地很大，除了教室，还有其他的地方可以玩耍，操场、空地都是幼儿玩耍的场所。这个阶段的孩子好奇心又强，缺乏安全意识就极有可能造成危险，比如体育课摔倒，比如和同学玩闹摔伤等，因此在幼小衔接阶段，教师要引导幼儿学会保护自己，要保护好身体的重要位置，不奔跑、不打闹，注意校园安全。

（三）居家安全

除了校园安全，居家安全也是重要的教育内容，阳台安全、厨房安全、门窗安全和饮食安全等，儿童意外死亡概率有将近一半的数据都发生在家中，教师和家长都要反复告诉幼儿哪些东西不能动、哪些东西要远离，例如煤气灶、打火机、水果刀等，明确告知幼儿要远离阳台、窗户等。

四、幼小衔接阶段幼儿园的安全教育策略

幼小衔接阶段开展的安全教育，虽然可以提高幼儿的安全意识，但是也存在一些问题，因此，教师要深入地了解幼儿，采用合适的策略方法有针对性地开展安全教育。

（一）信息化教学，理解安全教育内容

幼儿的年龄小，理解能力较弱，在实际的安全教育开展过程中，教师很难在短时间内培养幼儿的安全意识，这也给幼小衔接阶段幼儿园的安全教育开展带来了影响和阻碍。所以，在安全教育的开展中，教师需要使用信息化教学方式，通过信息化的教学设施提高安全教育的灵活性和拓展性，帮助幼儿理解什么是安全教育。信息化教学是一种与时俱进的教学方式，它以信息技术为基础来构建信息化的教学课堂，教师可以通过互联网平台和电子白板来实现信息的互通，这样生动形象的教学方式能帮助学生更好地理解安全教育的内容。

幼小衔接阶段的安全教育课程，教师可以在网络平台上选择适合本班幼儿的安全教育的相关资源，然后通过信息化手段，将安全教育内容和动画相结合，动画幼儿都感兴趣，幼儿通过动画这一媒介能更好地获取安全知识，增强安全意识。除了动画教学，教师还可以用信息化设备记录幼儿的日常行为，对于一些经常发生的危险事物和危险行为及时进行教育和提

醒，优化幼儿园的安全教育课程。

（二）游戏化教学，激发安全教育兴趣

安全教育通常来说都较为枯燥，幼儿性格活泼爱玩，对于这些理论性的知识敬而远之，如果幼儿园开展的安全教育偏向于理论性，就会严重影响幼儿在活动中的积极性。《幼儿园教育指导纲要》提出，幼儿最爱的活动就是游戏活动，游戏活动是现代化教育的常用手段，游戏化教学的重点就是将安全教育的内容和游戏相结合，幼儿在游戏活动中潜移默化地掌握相关的安全教育知识。因此，在安全教育中，教师可以加入游戏化教学，通过一个个小游戏来吸引幼儿的关注，进而激发幼儿对于安全教育的好奇心和兴趣。现在网络平台上有很多的安全小游戏，教师可以下载下来作为参考。例如消防小游戏，在游戏的过程中有着很多的消防安全知识，一边玩游戏一边学习消防知识，这样的游戏化教学能极大程度上调动幼儿的学习积极性，还能在游戏通关的过程中掌握安全技巧。当然，除了消防安全、家庭用电安全，其他也可以通过游戏的方式来寓教于乐。游戏化教学结束后，教师还要注意，在有条件的基础上进行实际的消防演练，这样才能帮助学生将游戏中学到的知识应用到实际生活中，光是纸上谈兵起不到太大的作用，实践才是最好的方式。

（三）情景化引导，提高幼儿安全意识

幼小衔接是幼儿园和小学相联系的转折点，通过幼小衔接实现两者的结合，帮助幼儿更好地适应小学生活。幼儿园和小学有着很大的差别，对于初入小学的幼儿来说，他们的安全意识相对薄弱。为了解决这一问题，教师可以在幼小衔接的阶段创设小学生活的情境，运用情境化教学将学生导入其中，开展相应的安全教育。情境化教学通过构建场景的方式，加强幼儿的代入感。教师可以在情境中布置出小学生活中可能遇到的危险情况，例如，两个小朋友课间玩耍的时候摔伤了，这时候应该怎么办？再如，上下楼梯发生了伤害等，有针对性地对幼儿进行安全教育，才能提高幼儿的安全意识。

五、结语

幼小衔接阶段幼儿园的安全教育开展很有必要，安全意识的培养也必须重视起来，幼儿教师要在日常生活中关注和了解幼儿的实际情况，然后，根据幼儿的实际情况来开展安全教育，继而进行针对性教育，促进幼儿的身心健康发展。

参考文献

[1] 黄秋静．游戏在幼儿园安全教育活动中的应用［A］//中国国际科技促进会国际院士联合体工作委员会．创新教育实践国际学术会议论文集（一）［C］．中国国际科技促进会国际院士联合体工作委员会：中国国际科技促进会国际院士联合体工作委员会，2022：329—332.

[2] 张菊．幼小衔接视野下幼儿园安全教育开展探究［J］．家教世界，2022（6）：45—46.

[3] 王欣荣．不容忽视的安全教育衔接［J］．山东教育，2007（Z3）：96—98.

评价指南引领 助推教师新成长

（吴玲英 上海市奉贤区西渡幼儿园）

摘　要：上海市以“学前教育质量评价体系重构与评价实施的研究”为抓手，对幼儿园办园质量评价体系进行了历时8年的探索，形成了《上海市幼儿园办园行为评价指南（试行稿）》（以下简称《评价指南》）。《评价指南》的出台，对幼儿园教师的教育教学能力提出更高、更专业的要求，教师要关注幼儿在日常生活和真实活动情境中的典型行为表现，获得幼儿各方面发展的信息，更加准确、全面地分析和判断，形成关注并持续促进幼儿发展的意识和行动，初步建立科学的质量观。我园带领教师通过文本学习、实践研讨、师幼互动三方面入手，层层深入，将理论学习与实践探索相结合，让“观察、识别、支持”成为我园教师专业发展的核心素养，不断助力教师专业新成长，促进每位孩子的全面和谐发展。

关键词：《评价指南》；引领；教师新成长

我们发现“观察、识别、支持”已成为当前教师专业发展的核心素养、教师的新成长标志和必须具备的专业能力。

西渡幼儿园是奉贤区一所农村二级园，但办园规模比较大，共有20个班级（6个小班、7个中班、7个大班），40位一线教师。其中，35岁以下教师32人，占整个教师队伍的80%，而学前教育专业毕业的教师仅9人，占比为22.5%。区级骨干共7人，5年内职初教师共7人，占比为17.5%。幼儿园中级教师19人，占比为47.5%。从数据上看，我园教师队伍虽逐渐趋于成熟，但还呈现年轻化；教师发展参差不齐、专业能力相对比较薄弱。在通过与一线教师、各年龄段组长的交谈对话中初步了解到，当前教师对幼儿观察识别有很多的困惑，主要体现在以下几点。

●在自然、开放的游戏状态下，应该如何进行有目的的观察和指导？

●哪些才是有效的、有价值的观察？

●如何对观察记录进行正确的分析解读？

●具体怎样操作才能使教师做到观察适时、指导到位？

●缺少系统性、专业性的引领提升自身的观察能力。

……

鉴于此，我们围绕《评价指南》的研读，并在实践中运用《评价指南》的引领开展专题研究“角色游戏中幼儿行为的观察识别与支持”，通过基于观察的识别，研读和分析幼儿的游戏行为，支持幼儿的游戏开展，推进幼儿的全面发展，提升教师的专业能力。

一、文本学习奠基础

（1）自主学习：我们鼓励教师运用业余时间对《评价指南》进行内容通读，全面了解，树立新理念，尊重幼儿的个体发展差异。允许幼儿按照自身的发展速度和方式到达《评价指标》所呈现的发展阶梯，不用“一把尺子”衡量所有幼儿。

（2）问题对话：教师在自主学习《上海市幼儿园办园质量评价指南（试行稿）操作指引30问》的基础上，组织教师开展“你问我答”。以进一步提高教师对《评价指南》的理解，把握《评价指南》的定位与价值取向。

（3）专题导学：业务层面开展集体导读的方式，重点通过对“管理与课程评价指南”中的“保教实施”与“3～6岁儿童发展行为观察指引”中的6大领域、14个子领域进行分专题导读，从而帮助教师通过把握关键词，理解过程性评价。

如“保教实施”中的水平描述为“水平1”“水平3”“水平5”，而在“3～6岁儿童发展行为观察指引”中的“表现行为描述”为“表现行为1”“表现行为3”“表现行为5”。为什么不用“水平”呢？是希望教师能理解幼儿发展评价的价值取向，不是给幼儿贴标签、划等级，而是为了观察、了解、识别、判断幼儿的“表现行为”，并支持幼儿更好地发展。

如何判断幼儿从“表现行为1”到“表现行为3”再到“表现行为5”？首先要看关键词：如“文明习惯”中，能在各种场合主动使用礼貌用语，其中“各种场合”“主动”就是关键词。另外，看前后“表现”：如“科学探究”中，认识特征—感知变化—发现关系等。

(4) 专家指导：对《评价指南》进行深度学习。依托解放路幼儿园教育集团，开展线上线下与黄琼、徐则民、华爱华等幼教专家对《评价指南》的讲座解读及游戏讲座学习，和姐妹园结对聆听闵行区教研员倪冰老师的游戏专题讲座等，明确教师要信任和尊重儿童，要学会观察和解读儿童行为，用机智智慧地支持儿童发展，让教师在课程实施中，真正做到珍视生活和游戏的独特价值。

通过以上四种学习方法，由浅入深地让教师逐步熟悉、理解、掌握《评价指南》，为后续教育教学实践奠定扎实的理论基础。

二、实践研讨提专业

(一) 优化完善记录工具

在认真研读“3～6岁儿童发展行为观察指引”的基础上，我们尝试为教师设计相关记录工具，让教师有目的地观察与支持。在区教研室教研员的帮助和指导下，我们结合《评价指南》与《上海市课程指南》共同梳理“各年龄幼儿角色游戏的阶段发展要求”“幼儿角色游戏中交往行为观察要点”“幼儿角色游戏中装扮行为观察要点”等观察工具。

我们结合幼儿园教师实际情况，调整和优化幼儿游戏观察记录表，通过设计8个问题帮助教师梳理观察内容，将观察要点转化为教师能够操作、可执行的显性内容，通过对游戏观察记录表的解读，了解记录的方法，帮助教师找到观察的方向，让教师知道观察什么、如何识别、怎样支持。

(二) 有效运用观察方法

在实践研讨中，我们走进小、中、大不同年龄段的不同班级，通过进行全面扫描观察，在游戏的开始和结束时间对幼儿依次轮流观察，从而了解全班幼儿游戏中开展了哪些主题、每个幼儿扮演了什么角色、使用了哪些材料等。

运用定点观察形式，在幼儿游戏过程中，教师选择某个区域进行一段时间系统、细致的观察，了解某个区域游戏的全过程，以便把握幼儿游戏的兴趣、水平、特点和个体差异等。

当然，教师也可采用追踪观察法，即定人观察法，了解个别幼儿的游戏状态。事先确定一到两个幼儿作为观察对象，幼儿走到哪里，教师跟踪到哪里，并进行系统、细致的观察。

最后，全体教师围坐在一起进行交流，教师凭观察案例、观察数据等，交流孩子在游戏过程中的小故事，运用观察工具（什么指标对照幼儿的什么行为，幼儿的什么行为用什么指标来评价）科学地解读幼儿的行为，分析和评价每一位幼儿的个体发展水平，确定后续推进的方法。

在一次次观摩研讨实践中，教师进一步认识到只有通过《评价指南》的相关理论框架进行分析而不是凭自己的感觉进行主观判断，才能有依据地、科学地对幼儿的发展水平进行准确、全面、深入的剖析和评价。

(三) 合作分享游戏故事

通过以上工具的优化—观察方法的运用—现场观摩研讨后，大家一起坐下来，对前阶段实践研讨总结成功经验、梳理薄弱地方，在接下来的实践中扬优势避“短板”。重新利用学习、交流、分享等不同形式在原有的水平上获得新的提升。

在开展游戏的过程中我们发现，教师之间有着较大的差异，他们每天遇到的现象不同，感受也就不同。因此，我们鼓励每位教师坚持撰写幼儿“游戏故事”，通过游戏故事的记录，让教师基于“儿童的体验”去理解儿童、立足“儿童的视角”去分析儿童，站在“儿童的立场”去提供适宜的支持策略。

因此，讲游戏故事成了教师茶余饭后的兴趣活动，有时可能仅是班级两位教师之间一对一的分享，有时是小组式的合作分享，也有幼儿园层面组织的全员性交流分享。教师们通过“客观记录”和“科学分析”幼儿游戏行为，在分享中合作解决游戏过程中的问题，在不断研读和分析中走近幼儿、读懂幼儿，促进幼儿发展，体现教育智慧。

三、师幼互动新成长

通过两年的实践研讨逐步促进我园良好的师幼互动，我们的孩子在不断成长，我们的教师也得到了自身专业的新成长。

●善于观察：从不知道观察什么→有目的地对幼儿的行为、语言、情绪等细节表现进行观察。

●善于识别：从不知道怎么识别→对照指标科学解读、分析、评价幼儿的游戏行为。

●善于支持：从随心所欲的支持→针对不同问题提出进一步促进和拓展幼儿发展的设想和方案。

当然，教师观察意识的培养和识别能力的提升不是一蹴而就的，是一个循序渐进的过程，还需要幼儿园根据每一位教师实际发展和当前所需有针对性地开展个性化的培训和学习，让每一位教师虽然站在不同的起点，但都能得到适合自己的成长体验。

总之，我们借助《评价指南》的指引，让教师更加尊重和了解不同幼儿的发展特点和行为表现，以最大限度地满足和支持幼儿通过直接感知、实际操作和亲身体验获取各种经验，让幼儿按照自身成长规律实现自主发展。

正如施文龙局长在《成长教育的新时代意义》一文中指出：“新成长教育，为每一个学生的新时代新成长创设最适合教育！”孩子是一本读不完的书，是需要我们每一位，甚至每一代学前教育工作者要用心、用爱、用专业去探索、去理解、去解读、去发现、去支持……而且会在新的理念、新的思想中催生新的挑战。我们也将秉承初心，在《上海市幼儿园办园质量评价指南（试行稿）》的指引下，在新成长教育理念的引领下，不断助力教师专业新成长，促进每一位孩子的全面和谐发展。

参考文献

上海市教育委员会教学研究室. 上海市幼儿园办园行为评价指南（试行稿）［S］. 上海：上海教育出版社有限公司，2020.

浅析幼儿园实施劳动教育的意义与实践

（袁红梅　江苏省南通市通州区育才幼儿园）

摘　要：陶行知开创了儿童教育的先河，也为儿童的健康成长和发展奠定了基础，“教学做合一”的思想也影响了一代又一代的儿童，劳动课程作为幼儿教育的重要组成部分，教师可以在幼儿劳动课程中加强对“教学做合一”的渗透，让陶行知先生的思想继续指引幼儿劳动教学工作发展。因此，本文以幼儿劳动课程为着力点，探究了“教学做合一”思想在幼儿劳动课程中的运用，并提出了一些切实可行的方案，希望可以提高幼儿劳动课程教学水平。

关键词：“教学做合一”；幼儿；劳动课程

一、引言

随着素质教育的发展，我国更加关注劳动课程的开展情况，其中，幼儿园阶段是对儿童进行劳动教育的关键时期，在新时代背景下，教师应该加强对陶行知教育理论的学习，将“教学做合一”思想在幼儿劳动课程中得到运用和体现，让幼儿转变对劳动的看法，今后也能够自觉在生活中加强劳动实践，训练劳动能力。

二、“教学做合一”思想在幼儿自理劳动教育中的运用

自理劳动是幼儿劳动教育课程的重要内容，自理劳动主要是指幼儿在生活中自理能力的劳动教育，主要表现在幼儿能够自主吃、喝、拉、撒、睡，能够自主解决生活衣、食、住、行方面的问题。“教学做合一”思想在幼儿自理劳动教育中应用具有优越性，教师可以结合其思想内容创新自理劳动教育活动。

以穿衣自理能力训练为例，教师在训练幼儿穿衣能力时应该贯彻“教学做合一”的思想。幼儿园的幼儿生活经验不丰富，动手能力不强，在这个阶段对幼儿进行穿衣训练，教师要给幼儿进行及时引导教学，侧重教，并给幼儿编写与穿衣有关的口诀，让幼儿从穿衣口诀和歌谣中掌握穿衣动作要领，掌握穿衣的能力。下面是教师为幼儿编的穿衣歌谣：“一件衣服四个洞，宝宝钻进大洞洞，脑袋钻出中洞洞，小手伸出小洞洞。”通过歌谣的引导，幼儿自主穿衣的意识得到提升，在生活中也会自觉地进行穿衣训练。教师还要侧重幼儿示范学习。穿衣对幼儿来说难度较大，教师应该对幼儿一遍遍地重复穿衣的动作，帮助幼儿建立对穿衣动作的基本认知，为后续幼儿进行穿衣训练奠定基础。但是需要注意的是，在对幼儿进行穿衣训练时教师要时刻关注幼儿的兴趣和情绪，一旦幼儿产生抵触心理或者厌烦心理，教师要利用教育机智为幼儿调适学习方式，使幼儿始终对穿衣动作训练充满热情。

三、“教学做合一”思想在幼儿手工劳动中的运用

在幼儿时期，幼儿动作的精细化程度有待提升，手工劳动也被称为美工劳动，包括剪纸活动、泥工活动等，加强幼儿手工劳动教育，能够锻炼幼儿的动手能力，也可以发展幼儿的思维能力。为了进一步提高幼儿的手工劳动能力，教师可以将“教学做合一”思想进行应用。

在劳动节来临之际，教师结合五一劳动节主题开展了“致敬最美劳动者”幼儿园创意手工活动，在手工劳动中教师让幼儿动手制作“快乐的扫把”，并应用“教学做合一”思想。在活动之前，教师首先给幼儿呈现在此次手工劳动中需要准备的材料，如剪刀、彩条、卡纸、彩笔、胶水等，培养幼儿认真仔细的态度。其次，教师给幼儿讲解制作扫把的步骤：①在纸上画出扫把的简笔画。②用剪刀剪下扫把，并剪出扫把毛。③剪两条彩纸条每隔一条扫把毛编织在一起，剪掉多余彩纸条。④贴在纸上，并粘贴扫把把手部分。⑤撒上一些纸屑。通过教师的讲解，幼儿对制作扫把的过程有了详细的了解。再次，教师引导幼儿学习制作扫把的过程。在学习中教师要细心地为幼儿指导每一个步骤，比如如何画扫把的简笔画，如何用剪刀剪下扫把，如何剪掉多余彩纸条等，让幼儿可以迅速地掌握制作技巧。同时，教师也可以为幼儿录制制作扫把的微课视频，幼儿可以在家长的辅助下反复循环播放视频内容，加强对手工制作的学习。最后，幼儿要进行反复的训练。手工劳动仅仅依靠简单的知识掌握并不能满足幼儿学习需要，还要进行反复的动手训练和做，因此，教师要有为幼儿制订训练计划，让幼儿掌握做的方法与能力。比如，教师可以每天为幼儿安排一节手工制作课，在课上给幼儿提出手工劳动制作的内容和要求，让幼儿在内容的引导下反复训练，提升手工劳动能力。

四、“教学做合一”思想在幼儿家庭劳动中的运用

幼儿的家庭劳动是指幼儿在自理劳动之外力所能及地服务于家庭成员的劳动。作为家庭中的一名成员，幼儿需要站在家庭的角度，不断提高家庭劳动能力，为家庭的建设和发展作贡献。为了对幼儿进行家庭劳动能力训练，教师可以加强对“教学做合一”思想的应用。

比如，以训练幼儿整理房间家庭劳动能力为例，教师可以结合幼儿的特点，加强对幼儿家长教育资源的应用。家长是伴随幼儿成长的关键人员，也是参与幼儿教育的重要力量，幼儿教师可以加强对幼儿家长教育资源的应用，并在幼儿家庭劳动教育中渗透“教学做合一”思想。首先，教师要加强对幼儿家长的沟通，了解幼儿在家庭中做家务的情况，在此基础上为幼儿家长传授训练幼儿家庭劳动能力的技巧和方法，让幼儿家长可以更好地引导幼儿进行家庭劳动能力训练。其次，家长要给幼儿进行亲身示范，并做好榜样示范。比如，家长可以每天做好房间整理工作，并让幼儿一起参与整理房间的活动，幼儿在和家长一起参与家庭劳动中不仅能体会到家庭劳动对装扮家庭的重要性，也能够锻炼幼儿的家庭劳动能力，达到家庭劳动训练的目的。

五、“教学做合一”思想在幼儿种养劳动教育中的运用

“教学做合一”强调了教、学、做之间的关系，教学做不仅能够提高幼儿劳动教育的水平，也能够让幼儿以不同的方式开展劳动训练。种养劳动作为幼儿园劳动课程的重要内容，教师可以尝试加强对“教学做合一”思想的应用。

比如，以种植郁金香植物为例，教师首先可以给幼儿呈现种植郁金香需要注意的问题，比如幼儿需要准备60％～70％的草炭土壤配置30％的中等粗细的沙子调整结构到疏松透气，花盆、小木箱、草编的小框等都可以作为种植的容器，容器深度最佳为20厘米，种植的温度为9℃以下，种球下方要预留不少于10厘米的土壤，种球上方的土壤覆盖8～10厘米。其次，教师给幼儿示范种植郁金香的方法和步骤，帮助幼儿建立对种植郁金香的认知。幼儿阶段的孩子本身具有较强的学习能力和模仿能力，能够自觉主动地模仿教师种植郁金香的方法和行为动作，在不断的训练中幼儿的种养能力得到提升。教师将“教学做合一”思想在幼儿种养劳动教育中的运用对教师也提出了更高的要求，教师一方面要具备先进的教学理念，同时还要有良好的组织能力，这就需要幼儿教师要树立终身学习理念，加强对种养劳动教育

以及陶行知教育理论和教学理念的学习，充分将陶行知教育理论在幼儿劳动教育中得到体现，促进幼儿劳动能力的发展。

六、结语

综上所述，“教学做合一”思想是对传统教学理念的创新和颠覆，其中劳动课程作为幼儿教育的重要组成部分，教师应该立足幼儿劳动课程内容，创新教学理念，加强对“教学做合一”思想的运用，让幼儿劳动课程呈现出新的特点，也为幼儿提供更多学习、锻炼的机会，促进幼儿劳动教育工作的全面发展。

参考文献

[1] 朱亚鑫.“教学做合一”理论指导下小班幼儿生活自理教育的实践研究［D］.大理大学，2021.

[2] 潘晨华.“教学做合一”，为幼儿饲养小乌龟助力［J］.家庭百事通，2021（12）：60.

[3] 刘美兰.“教学做合一”思想在幼儿劳动课程中的运用［J］.新智慧，2021（2）：71—72.

[4] 尚燕红.“教学做合一”思想在幼儿园教育活动中的运用研究［D］.华中师范大学，2019.

浅谈中班绘本与区域游戏的结合策略

（陈文　北京市东城区第二幼儿园）

摘　要：绘本阅读在语言领域中占据着重要地位，绘本阅读可以让中班幼儿有丰富的感官体验，满足幼儿对外界的好奇心，为了更好地发挥绘本阅读优势和价值，利用中班幼儿已有的认知经验、活动经验深入解读绘本内容。从幼儿园中班语言区域活动的实践出发，将绘本内容进一步展开与区域游戏的结合并延伸到区域游戏中，从而达到培养中班幼儿语言表达与运用能力的目的。

关键词：中班绘本；区域游戏

一、创设支持性的阅读环境

为创设足够宽敞和开放的区域，以释放幼儿的天性，让幼儿尽情地享受游戏的过程，促使幼儿得到经验的提升。我们特别重视语言区域活动的开展，在专门开辟了语言区域活动的基础上，进行了支持性的阅读环境创设，以激发幼儿的阅读兴趣，营造轻松、愉悦的阅读氛围。

这学期我们以“神奇书屋”作为语言区主题，将该区安排在了教室最显眼的地方，并进行了有趣的中式环境创设。走进语言区域，我们会看到中式的房檐以及孩子们自己手工制作的彩色晕染灯笼，背后是一个大大的背景墙，墙面也以扎染做背景，上面装饰着这学期的主要推荐绘本《神奇糖果店》《神奇种子店》中的主要人物以及《中国茶》绘本中的元素，地上是一张毛绒的大地毯。在温馨的阅读环境下，孩子们走进语言区自然就会从书架上取一本自己喜欢的图画书进行阅读，或者聚在一起在地毯上讨论绘本故事、做语言游戏……

在墙上我们开展了“阅读打卡”活动，孩子们自己设计小花盆，阅读后为自己的花盆种植一朵小花，以这样的游戏方式点燃他们在语言区阅读、游戏的热情。为了支持幼儿积极参与语言区域活动，我们还要努力营造良好的心理环境。在语言区域活动中，有些孩子会根据绘本故事的内容创编角色表演游戏，并进行现场表演，中班的孩子喜欢扮演故事中的角色，并乐于学角色的语言与动作，因此，教师应该支持孩子们的游戏行为。例如，可以为孩子们进行角色表演提供一些简单的道具，为他们制作相应的道具、背景等。给予幼儿鼓励并进行引导，为幼儿创设积极的心理氛围，是孩子们喜欢进行语言表达与阅读的重要保障。

二、开展丰富多样的自主阅读活动

幼儿早期阅读不是进行阅读基础知识与技能的传递，而是要以阅读活动为载体促进幼儿全面发展，培养他们多方面的能力。在语言区角，我们应该设计一系列丰富多彩的自主阅读活动，以培养幼儿的阅读兴趣，提高他们的阅读素养。

（一）多种形式进行自主阅读讲述

根据中班幼儿“愿意反复阅读自己喜欢的图书，并能把看过的故事讲给别人听”“能专注倾听他人讲述，并能大体讲出所听故事的主要内容”这一目标，我们进行了每日分享一个绘本故事的活动，每天利用过渡环节时间，请一位幼儿向大家分享一则绘本故事，教师将孩子们每日绘本分享的故事录下来，放在 iPad 中，教师也会进行推荐绘本的录制，进入区域的小朋友可以根据自己的兴趣选择听小朋友或教师讲故事。同时，我们还会鼓励幼儿在

iPad中自己进行故事的录制，给后面进区的小朋友进行讲述。通过这样电子阅读激发孩子们讲述的兴趣，培养他们对绘本的喜爱之情，提高幼儿的倾听习惯。

根据中班幼儿“能运用已有的阅读经验，尝试编编画画故事中的主要情节”这一目标要求，我们开展了“创编、续编绘本故事”的活动，让孩子们在绘画与故事创编中提高自己多方面的能力。例如，《神奇种子店》的故事中，孩子们将自己想要的种子和种出来的树画下来，根据绘本中的句式进行续编。每本续编的绘本都有一本单独的册子，幼儿在续编时可以参考别人的想法，也可以将自己的想法表现出来，最后形成新的改编故事讲述出来。

为了培养幼儿的语言表达兴趣，我们还在语言区里组织开展“我是天气预报员”“成语故事分享”等讲述活动，从而培养孩子们讲述的习惯，不断提高他们的讲述水平。

（二）挖掘绘本资源，丰富游戏内容

教师在进行绘本阅读前，先需要分析绘本内容特点，充分挖掘其中有价值的素材，创设丰富的游戏形式和内容，通过多种材料和工具促使师生之间进一步交流、互动、合作。

比如，在《神奇种子店》绘本中，孩子们对不同种子种出来的大树有着很高的兴趣，在阅读后孩子们还画出了自己想要的种子，有的孩子想要一颗彩虹种子，能够种一道美丽的彩虹，有的孩子想要一颗粉色的糖果种子，可以种出结着爱心果实的大树……孩子们的想法非常丰富，我请他们将自己的想法画出来，开展了仿编绘本故事的活动。

除了仿编，为了引导幼儿自主探索、思考，根据幼儿已有的认知经验、性格特点等融入了一些游戏素材，组织开展各种趣味性游戏阅读活动。比如，开展了“量词贴纸”游戏，以绘本《城市里最美的巨人》中巨人借东西的场景作为背景，将绘本中的东西以及孩子们自己为该场景画的画剪下来作为贴纸，在绘本的情境下表现量词。幼儿在粘贴贴纸的过程中使用不同的量词进行表述，最终形成一幅完整的场景画。在游戏中，幼儿能够初步从绘本中将习得的量词、修饰性词汇进行表达，锻炼幼儿用准确恰当的词汇讲述直观的事物特征。

在“投骰子讲故事”的游戏中，教师为幼儿准备了四个骰子，骰子分别对应组句中的要素：时间、地点、人物、做什么事。将骰子中的卡片与绘本联系，将绘本中主要故事情节印成卡片。幼儿根据自己投的画面进行故事仿编、创编。在这个过程中能够促进幼儿感知零星的语言词汇材料组合成简单的句子，锻炼幼儿运用基本正确的语句形式进行表达，同时在讲述故事时，教师还会提醒幼儿使用常见的连接词表明事件发生的顺序，增强故事创编的逻辑性和连贯性。

三、幼儿绘本与中班区域游戏的结合

孩子的阅读能力通常都是基于语言方面培养起来的，幼儿绘本阅读的优势就是它能够融合到其他活动中，同时还能在活动中交叉进行，因此，为孩子开展多种多样的区域游戏对孩子的阅读能力和兴趣的培养有重要作用。

（一）幼儿绘本和场景建构游戏区域的结合

幼儿教师在培养幼儿的过程中，可以根据实际需求提供丰富的、不同类型的构建积木，如大积木、百变积木、纸杯等材料，同时把学习过的相关绘本的图片张贴在建构区中。幼儿在学习过程中可以按照绘本的故事情节和内容，并结合自己的兴趣构建故事情景。比如，阅读了绘本《带你看北京中轴线》后，利用周末时间，孩子们打卡了一些部分中轴线建筑。回到班里，利用绘本中的搭建模型，结合孩子们的亲身体验，开展了搭建中轴建筑的游戏活动。

（二）幼儿绘本与音乐美术艺术区域的结合

将幼儿绘本和音乐相结合，让孩子进行绘本角色的艺术展示，可以调动孩子的积极性，鼓励孩子按照自己阅读和听过的绘本，自己绘画角色需要的道具、头饰等，同时还可以鼓励幼儿自主选择小伙伴一起扮演角色，给其他小朋友进行表演。

例如，绘本《先有》的故事中描述了很多关于物种起源的小问题，孩子们对先有鸡还是先有蛋也展开了讨论。之后，在音乐活动中，用简单的旋律将先有鸡还是先有蛋的小问题唱出来，孩子们自己创编不同的鸡、蛋动作，进行律动活动，将音乐与绘本结合起来进行表演。

在表演区里开展表演绘本《母鸡萝丝去散步》，该绘本内容比较简单，文字较少，可是画面中母鸡与狐狸的行动路径充满喜感，在初次阅读时，幼儿便非常感兴趣，在之后游戏中对于画面的语言描述也越来越丰富，形成了表演的极好素材。在区域中，教师提供了绘本中画面出现的主要建筑，画出了整个路线，制作了狐狸和母鸡的手持角色牌，两名幼儿在分别扮演母鸡和狐狸时，用不同动词形容出行动路径，还可以自己创编加上丰富有趣的描述。

整个表演不需要复杂的道具、语言，用手持角色牌就能形成互动，幼儿自主诠释着自己对绘本的理解，在快乐的表演中，轻松地掌握了绘本内容。

或是在区域中提供绘本故事中的角色玩偶、请幼儿自制角色材料，让小朋友自选角色，表演绘本故事内容。如绘本《饺子和汤圆》，幼儿拿着自己用轻黏土制作的汤圆饺子手偶，一边讲述绘本内容，一边表演，表演完再相互交换角色。在表演中不光了解两个传统食物的相同点、不同点，还对传统文化加深了认识。在讲述过程中的表述也充满逻辑性，从两种食物的外表到内里描述不同点，最后描述两种食物的相同点。之后，还可以自己进行创编，对其他两种相似食物进行表演，如馒头和包子、面条和粉丝等。

四、结语

幼儿园的区域活动是个动态的生长过程，相信以绘本为载体，并将绘本阅读和区域游戏融合起来会让幼儿的培养过程变得丰富多彩。绘本和中班不同的区域游戏结合，为幼儿提供更加科学、健康、有效的培养环境和方式。在幼儿教育教学中，把握两者融合的价值，积极开发区域游戏资源，丰富绘本阅读形式、内容，让幼儿在奇思妙想中阅读，以此提高幼儿的阅读能力、动手能力、创作能力。

参考文献

[1] 苏成诚．幼儿园绘本与中班区域游戏的结合［J］．考试周刊，2017（96）：178.

[2] 幼儿园课程指导丛书［M］．南京：南京师范大学出版社，1996.

[3] 纪秀君．课程游戏化：只为更贴近儿童心灵［N］．中国教育报，2015—06—28.

在游戏中实现规则意识的内化

（时梓心　江苏省盐城市人民政府机关幼儿园）

摘　要：幼儿的自我管理能力，是指幼儿自己在一日活动中进行自我安排和规划，树立一定的规则意识，并进行行为内化，从而进行正确的自我评价，管理自己的生活、学习、游戏等各环节的能力，以使各项活动都能自主、有序地开展。经过两年的幼儿园教育，我班幼儿已经形成了一些良好的行为习惯，规则意识有所提高，也有了一定的独立性。因此，通过合理有效的方法让他们实现规则意识的内化，对孩子们以后的学习和生活有着重大的意义。

关键词：自我管理；规则意识；一日活动；内化

苏霍姆林斯基有一个著名的论断："真正的教育是自我教育，是实现自我管理的前提和基础，自我管理则是高水平的自我教育的成就和标志。"由此可见，自我管理在一个人的发展过程中有着至关重要的作用。在幼儿园的一日活动中，作为新时代教师的我们，该如何培养幼儿逐步学会自我管理呢？

一、注重环境细节，培养自我管理意识

环境是不会说话的老师，通过环境的创设，让孩子在潜移默化中了解规则，从而形成一定的自律意识。主要可以从以下三个方面入手。

（一）利用标志"明"规则

标志可以用图文结合的形式加以展示。图文结合是幼儿喜闻乐见，也比较容易接受的一种形式，如美工区，幼儿人手一套的绘画工具以小组为单位摆放，摆放时与贴在区域柜里的标志一一对应，不仅有利于幼儿取放，而且减少了幼儿的无效等待时间。阅读区，教师自制的图片标志，提醒孩了们保持安静，看完后要整理好放回原处。标志的创设能让孩子自主、主动地理解并逐渐掌握"我"应该怎么做，从而达到自我管理的目的。

（二）利用布局"定"习惯

小至班级，大至幼儿园其实都像一个"家"，要想"家庭环境"井井有条、整洁有序，光靠个体的力量是无法完成的，每一个成员都必须遵守一定的规则，知晓每一件物品的摆放位置，从而养成一种生活习惯。从一定意义上来讲，物品摆放得整洁有序，也可以减少活动中幼儿的无效等待时间，提高教学的有效性。

（三）利用音乐"理"时间

在幼儿的一日活动中，我们经常会看到这种现象：大部分孩子起床后，准备开始吃点心了，个别孩子还在慢腾腾地穿着衣裤；大部分孩子吃完点心，个别孩子还在喝水。仔细分析这些孩子，也不一定是动作慢，很大一部分原因是孩子缺少时间观念，不知道怎么妥善安排自己的生活，掌握不好活动的节奏。那么，怎样隐性地提示孩子掌握活动时间呢？音乐的介入不失为一种好方法。如，进点心环节，我们可以根据时间选择合适的音乐；进餐环节，我们可以根据时间选择合适的音乐，前面音乐优化的选择以舒缓、优美为主，既可以营造进餐气氛，又能增进幼儿食欲。后面的音乐可以选择乐曲节奏明快、动感的，音乐节奏的加快会

给孩子动作要加快速度的心理暗示。也可以让已完成点心环节的孩子随着明快的音乐进入自主游戏活动，让等待也充满乐趣。孩子们在熟悉音乐后，会知道哪首乐曲响了，我应该做什么事了，从而逐步掌握活动节奏。这种方法同样可以用在午睡环节。

二、以“小组”为单位，优化自我管理效能

《3～6岁儿童学习与发展指南》提出，要引导幼儿生活自理或参与家务劳动，发展其手的动作。教师大可放手，让幼儿参与班级管理，幼儿不仅乐在其中，而且学在其中。新冠疫情期间，我班每组不超过4名幼儿，小组成员都很乐意当“小值日生”，但当中包含着很多管理、分工的细节，如碗勺的分配、隔离挡板的取放、擦桌子的人选等，都需要幼儿自己去商量、分配。那么，如何引导幼儿更好地分配和实施呢？

作为小组成员，首先要有参与决策的权利。以小组为单位，制定组内协议，让孩子们通过讨论，明确要做什么，该怎么做。这样孩子带着主人翁的思想参与活动会更加积极，行动目标更加明确。如晨间积木的收放，孩子们对拿积木非常感兴趣，对收拾却都推三阻四，于是我鼓励孩子们自己来解决问题。孩子们商讨后决定：由先到的小朋友拿积木，拿来后大家都可以玩，遇到矛盾和纠纷由小组长负责解决，积木收好后，由拿积木的小朋友统一送回到积木柜上，于是这件经常容易引起吵闹的麻烦事迎刃而解。在日常活动中，我也鼓励幼儿，小组的事情商讨解决，有疑惑的投票解决，解决不了的再来找老师帮忙。一段时间下来，告状的孩子少了，幼儿也能遵守公约，分工合作完成班级里的事务。为增加小组管理的趣味性，幼儿可以自己为自己的队伍起上有趣的名字，如奥特曼队、公主队等，以增进组内成员的集体荣誉感和归属感。

三、坚持激励评价，激发自我管理的兴趣

幼儿在实施自我管理过程中，正面的激励与评价相当重要，老师要摆脱“一言堂”的做法，采取师评、幼评两种方法，尽量做到公平公正，适当照顾到弱势个体。

每周一次的“乖乖虎”“乖乖熊”评选，对孩子来讲十分具有诱惑力，戴上小动物奖励标志对孩子来讲是无比荣耀的。采取民主投票制的方法不失为一种方法，既可以体现公平性，又不会让那些强势的孩子成为“羊群中的狼”。结合幼儿在一日活动各环节的表现，让每位幼儿都参与评价，做到人人都有话语权，人人都有决定权，人人都有参与权。同时，也能让幼儿相互监督、相互尊重，促进幼儿之间的交流与合作。

在实际培养幼儿自我管理能力的过程中，教师自己还应该以身作则，做好幼儿的榜样。

本班幼儿正处于中班年龄段，这学期我们进行了一系列提高幼儿的自我管理能力的尝试，结合4～5岁幼儿的年龄特征，我们班在日常生活的各个环节中，引导幼儿自主地参与生活管理，通过每个幼儿之间的相互监督、提醒和帮助，来培养幼儿的自我管理能力，以达到实现规则意识内化的目的。活动的进行主要从以下两个方面开展。

（一）在一日活动中开展

晨间活动：升入中班后，我们在班级入门处的柜子上设置了班级区角牌和天气播报，每天早上幼儿插完晨检牌后就会去选游戏牌，但是每次都需要在教师的提醒下才会去选游戏牌，后来我们在柜子上贴上了两个手指的标志，提醒幼儿要注意看这里，大的图标提醒幼儿选区角，小的图标指示值日生更换每日的天气。经过一段时间后，幼儿的主动性有了明显的提高，个别幼儿还会提醒没有选的小朋友。

生活活动：小班时，我们从教师的言语指导和图标提醒两个方面开展了一系列的活动，提高幼儿在喝水、如厕、午睡等生活环节的自我管理水平。中班后，幼儿能自觉排队接水，

不玩茶杯、不玩水。一组小朋友喝完水之后，另一组会主动排队去拿茶杯接水，但是同时也出现了一些问题：他们不知道正确的接水量，有的只接一点，有的接了满满一大杯而出现洒水的情况。后来经过讨论，我们在茶杯柜旁边画上了三个不同水量的杯子，过多、过少水的茶杯，一半水量杯子的旁边还贴上了笑脸。一个星期后，孩子的洒水现象几乎没有再发生过，值日生还会提醒接水过多的孩子，起到相互监督、相互提醒的作用。

过渡环节：幼儿喝水、午点、午饭后，有着过多的等待时间，我们为幼儿提供了图书、折纸、魔方、魔尺、翻花、照顾植物、手指游戏等多种活动，幼儿可以根据自己的兴趣爱好选择自己所喜欢的活动，实践证明，幼儿对主动选择的活动非常感兴趣。

（二）在区域活动中提高

建构区：我们在积木的每个柜子上都贴上了所摆积木的图片，有的按照形状、类别进行分类，有的进行了一些简单图形的组合，不仅能够帮助幼儿进行正确的摆放，同时巩固了幼儿对形状和图形的认知。为了提高幼儿开展区角活动的积极性，使幼儿能够有意识地围绕计划去做事，我们在建构区实施了计划卡，小小设计师每天入园都要来画草图，写上自己的学号、画上今天要完成的任务，结束后还要将完成的作品画下来，游戏时也被赋予了一定的角色意识，并能主动地对其他幼儿进行任务分工。

图书区：我们在每本书上面贴上了颜色和形状的标记，在书柜的下面贴上了正确的图书摆放，但只提供了一部分，如蓝色三角形、黄色长方形、蓝色正方形……引导幼儿按规律进行摆放，同时设置管理员的角色，监督并检查其他人。

数学区：竞游是我班玩得比较好的游戏，是指两人或多人在遵守一定规则的前提下开展的有竞争性、能帮助幼儿养成良好学习品质的游戏。前期开展的时候我们发现了一些问题：如幼儿不会正确地摆放、竞游和其他幼儿在一张桌子上同时进行会出现相互干扰的情况。后面我们在所有竞游的框子上、第四组第五组的桌子上都贴上了两个人的图标，并要求孩子每次放材料时要把图标放在最外面，这样孩子就能准确地辨别出这是竞游，教研活动中，为了统一班级的竞游的标志，采用了红蓝拳头的标志，更好地诠释竞游的含义。

幼儿规则意识的内化，会让他们知道在今后该怎样做，怎样做才是有利于自己与他人，从而最快地适应新环境、新变化，会让孩子们终身受益。

参考文献

［1］让·皮亚杰. 儿童的道德判断［M］. 傅统先，陆有铨，译. 济南：山东教育出版社，1984.

［2］但菲，杨丽珠，冯璐. 在游戏中培养幼儿自我控制能力的实验研究［J］. 学前教育研究，2005（11）：15—17.

［3］廖莹. 一日生活中幼儿常规的管理［J］. 早期教育，2003（1）：8。

［4］李玉伟，马文涛. 如何培养孩子的自我管理能力［J］. 中小学心理健康教育，2010（16）：41.

“新生幼儿园”的微课程创生初探

（玉艳叫　云南省西双版纳州景洪市——西双版纳旅游度假区幼儿园）

摘　要：2001 年教育部印发《幼儿园教育指导纲要（试行）》，在政策的激励下，我国幼儿园开发园本课程的积极性空前高涨。层出不穷的优秀园所、优质课程、众多典型的幼儿园园本特色课程的创生从宏观到微观、全方位都被研究、探索得“无缝插针”。在这样的发展背景下，对于“新生幼儿园”来说，就存在众多的教育乱象，越来越多的园所走入了特色的“大坑”，没有真正认识到幼儿园课程从创生到形成，是需要有一定时间的沉淀和积累的。微课程的创生，是新生园所“标新立异”的突破点，每一个有趣的故事诞生，都是一个成长、探索的开始；同样，微课程的创生过程，也是教师专业素养提升的阶梯过程。

关键词：幼儿园；微课程；创生

课程的创生应明确，无论是园本课程还是极具地域性的“特色”课程，都必须遵循以幼儿为本，能激发幼儿最近发展区的发展，有助于幼儿升华旧经验、创生新经验，将新、旧经验累积结合，提升幼儿具备各种素养和品质，促进幼儿德、智、体、美、劳全面发展；同时，要基于园所理念、园所设施条件、师资状况，以及长时间的、可持续性的经验的积累。

一、新生幼儿园的特点

何为“新生幼儿园”?“新”便道出其含义，简单来说，即园所成立时间短，园所教师多为年轻教师，资深骨干教师为数不多，园所课程、科学探究等没有长时间的磨炼和基础的奠定，还未构成系统性的、结构清晰的课程思路的幼儿园。

二、新生幼儿园的迷茫与解惑

（一）课程创设的认识误区

大部分新生幼儿园，还处于一切都为初探的阶段，即使一些有条件的园所，拥有强有力的带领团队，或是专家团队的协助，也会存在方法、思路的不适应；在诸多的不适应条件下，出现对园本课程创生的许多误解，在开发园本课程的过程中，只能“摸着石头过河”，一味地寻求“特色”“独道”，产生了“随大溜”的现象：重特色轻儿童、重结果轻过程、重模仿轻创新。对于教师来说，如果没有真正理解“课程创生”的含义与价值，教育方式就会变成附和与敷衍，课程案例的创生也会成为烦躁的“任务”，从而形成敷衍应对的心态，使课程既不促进幼儿发展，也不助力教师成长。对于这些问题的存在，新生幼儿园到底还有什么可以引以为“特色”，创生出属于自己的园所独特的课程呢？

（二）正确理念的引导

2001 年教育部印发《幼儿园教育指导纲要（试行）》（以下简称《纲要》），明确提出：“教师应充当幼儿学习活动的支持者、合作者和引导者；要以幼儿的已有经验和兴趣为依据，关注幼儿的现实需要，适时调整预设计划，提供适当引导。”《纲要》中明确说明“城乡各类幼儿园都应从实际出发，因地制宜地实施素质教育”，“教师应根据《纲要》，从本地、本园的条件出发，结合本班幼儿的实际情况，制订切实可行的工作计划并灵活地执行。”

在张晗教授的《幼儿园园本课程建设的实践路径》文章中，讲述园本课程创设更清晰的思路。文中引用了虞永平教授的名句，详细诠释了课程创设的科学路径：不要匆忙、不要盲从、不要立异、不要空浮。这四句话诠释了课程创生的内在含义，课程创生不是一味地寻求独一无二，自发自创……而是应该结合多方实际，立足于幼儿、教师及园所理念、现有资源等，掌握适宜、有效、有趣的幼儿园课程，根据幼儿生活方式、生活环境、发展需要，做生活中的、可持续的、可构建的课程。基于对理念的理解，当今时代，对幼儿课程的高质量要求，以及园所本身现在的情况，“微课程”渐渐浮现在我们的脑海中。

（三）课程创生的认识

基于幼儿为本、自主性、创造性、幼儿的兴趣……这些成为当下幼儿教育课程创设的热词，园本课程、生成课程、STEM 课程等，随之成为幼儿园课程创设极具特色、创新、科学、权威和普遍性的课程探究方式。从许多专家教授的文章、讲座中，能够了解到关于“课程创生”的形成、结构、实施路径、开展办法等。以王海英教授的《基于教育观察的课程创生》、李召存的《基于儿童发展的幼小衔接三重视角》在他们的教学分享中，能够深入诠释“课程创生”的意义、方法、价值等。课程的创生从理念依据、实施过程、目标形成、评价机制、得到结论，这些理论有很多相融之处，例如，基于儿童为本，一切注重幼儿为主，教师为辅，关注幼儿的自发、自主性，都说明课程是基于幼儿为本，通过孩子们引发的兴趣，有教师观察、发现这样的兴趣，判断其是否科学、可否持续、是否有展开的意思……一系列的观察、判定，再给予幼儿多方支持，在这个过程中，是幼儿的已有经验升华，点燃新经验的过程，幼儿的多方面的认知、技能、情感得以成长，同时，整个探索、形成的过程也是教师专业素养成长的过程。

基于“新生幼儿园”特征，课程的创生内容、难度等，应该从小到大，循序渐进，以实际为先，而非空大化。“微课程”是最好的课程创设路径，对于课程形成、教师指导、幼儿的活动开展都是一种前期初探的课程创生方法。微课程的随机性，让幼儿的一切突发兴趣，成为课程的主导因素；微课程的短时性，让教师的观察、判定，有着可控范围的预期效果；同时，这样的短期就可形成课程的特点，是孩子包括教师，在发现感知、判定、实施、评估、总结、生成整个课程形成过程，是看得到结果、看得到成绩的过程，是一种促进幼儿综合经验的累积、激励教师专业素养的提升过程。

三、科学“引导”避免“主导”

对于年轻教师来说，理论欠缺、经验不足，即使将实际案例，相关知识加以教授，但在做课程的时候，会出现“教师主导型课程创生”。一开始课程源头的确是由孩子自发自起，但是过后教师会根据幼儿的兴趣，开始创设一系列课程，比如，绘画、记录卡片、其他领域延伸等，我们都会以为这个就是课程创生的系列环节，其实不然！这只能是“刻板化”的进展。针对这样的“误区”，许多专家提出给幼儿“留白”的空间，即体现幼儿为主的“弹性空间更大化”的自主学习方式。课程的创生过程，重在累积幼儿旧经验，拓展幼儿新经验，这个过程中整个课程从创生某一主题（这一主题可以是教师提出或者幼儿兴趣引发）、过程性开展实施（幼儿一系列的发现问题、讨论问题、解决问题）、得出最后结论，整个过程都是由幼儿主导、持续性作用开展而成，并非教师主导。基于这一内涵理解，我们应该明确课程与幼儿园教育之间的关联性质，我们的“微课程”就是其中的“第一步”。

四、课程创生助力成长

（一）有效的观察记录

“微课程”创生的过程，不仅有助于幼儿发展，同时也是对教师的专业技能、情感技能的考验和提升……教师真正了解幼儿，就一定要会观察、要读懂幼儿。“充分地读懂幼儿”不是充分、全面地观察某一个或是某一类幼儿，而是不落下一个幼儿，做到对每一位幼儿的“阅纳”，嫣超云教授的《充分观察、读懂儿童有效支持——新时代幼儿园教师的基本功》，在他的讲座中细致地阐述了怎样读懂幼儿，即不能用成人的认知和视角去看幼儿的言行，不用成人的“与自己的认识相违背的视角”去评价幼儿的好与不好。儿童的发展是自然的，不为成人意识控制的，儿童视角有别于成人视角，儿童认知与成人认知是有别的。

（二）有促的教法与指导

对于幼儿观察、课程设计，都要注重以幼儿为中心，让幼儿呈现真实想法、让幼儿直接体验和感受、让幼儿产生思维冲突。作为教师，恰当表达教师价值观。教师要注意对幼儿指导的“度”，过多的指导可能就延伸成为教师的高控；做到适时、适度，在以儿童为本之时，也注重教师的价值。注重集体教学环境，因为在集体中，幼儿在相互接触下，才会产生“社会性行为”，同时，它也可以是教师发觉各种教育契机的机会。对于课程目标的设计，应该不是定性，而是存有“无预见性、宽松性、随即性、多样性……”。因为，不同儿童对同一活动，会产生不同角度的注意。

（三）有向的评估嵌入

幼儿园在课程创设过程中，要注重评估，将评估机制嵌入教育环节各个过程，将幼儿、教师、各个环节都纳为评估对象，只有评估才能了解幼儿的发展，只有评估才能了解你所创生的课程是否符合幼儿的发展需要，只有通过评估，才能认识课程是否具备幼儿发展的可持续性作用。

幼儿园微课程创生的根源基于幼儿兴趣，作为教师，我们要善于发现、挖掘、支持幼儿的兴趣，将兴趣变成开启幼儿成长、发展的指引灯。创设幼儿园课程即是如此，一切基于幼儿，以幼儿为本；好的课程不仅有助于提升幼儿的全面发展，同时，也是提升教师综合性专业素养，成就教师发展的一个历练过程；课程同样也是一个园所的“灵魂和精髓”的呈现。

参考文献

［1］教育部关于印发《幼儿园教育指导纲要（试行）》的通知［Z］．教育部办公厅，2001.

［2］向海英．学前教育课程创生研究［M］．济南：山东人民出版社，2013：9.

［3］张晗．幼儿园园本课程建设路径［J］．幼师口袋，2022－12－16.

［4］高慧怡．基于儿童本位的园本课程创生研究——以上海市J幼儿园田园特色课程为例［M］．上海：上海师范大学出版社，2020：6.

浅谈疫情下线上教育的家园共育

（魏晓宣　湖北省武汉市武昌区教育局新桥幼儿园）

摘　要：从 2019 年到 2022 年，武汉就开始受到疫情的影响！随着疫情的加重，各个幼儿园开始由线下转为线上，停课不停学！从集中式的集体教学变成开放式的家园共育……借助现代教育技术为家园共育提供交流平台，明确教学工作应该遵循的专业化原则、可视化原则以及联动化原则，进一步将教学工作落实到家庭当中，克服疫情期间所产生的不利条件，积极听取幼儿家长的反馈及意见，促进家园共育计划的顺利开展。

关键词：线上教学；家园共育；疫情下的家园互动

一、疫情背景下对幼儿教育的影响

一场突如其来的疫情打破了往日的平静，几乎全国大中小学都面临着“停课不停学”的状态。而 3～6 岁的幼儿们因空间时间的限制，注意时间较短、注意集中能力较差和自制力有些欠缺，从而导致其学习能力、社交能力、生活自理能力都会受到影响。这时家园共育就起到至关重要的作用。

二、家园共育的概念

家园共育即家长与幼儿园共同完成孩子的教育，在孩子的教育过程中并不是家庭抑或是幼儿园单方面地进行教育工作。家园共育在家长和孩子中至关重要！

《幼儿园教育指导纲要（试行）》提出，家庭是幼儿园重要的合作伙伴。应本着尊重、平等、合作的原则，争取家长的理解、支持和主动参与，并积极支持、帮助家长提高教育能力。而幼儿园家长工作的出发点就在于充分利用家长资源，实现家园互动合作共育。

三、线上教学的优、缺点

优点：（1）有灵活的选择功能。教学可以不受时间、空间的限制，家长可以合理安排孩子的学习时间，对于事情比较多的家庭来说有一定的帮助。

（2）有方便的回放功能。幼儿园大部分课程是录制的视频，幼儿有不懂的地方可以多次回放，直到听懂，对于认知能力较差的幼儿起到一定的改善作用！

（3）有深刻的情感功能。线上教学大多数是幼儿与自己的家人待在一起，家人可以更加方便掌握幼儿的学习状态，在一起学习的过程中更能增进彼此的情感。

缺点：（1）难以普遍化。网络授课是一种新的教学模式，对教师，特别是年纪较大的教师来说，很多时候并不能熟练运用网络操作，教学效果没有线下教育好。

（2）缺少互动感。很多幼儿的学习主动性其实不强，大多需要课堂教学的纪律和良好的互动才能更好地维系，幼儿只是跟着教师发布的视频一起做，没有发挥幼儿的主观能动性，上课效率也不高。

（3）增加家庭负担。家长们也是不易，上班已经很累，还要抽时间去陪着幼儿一起进行线上教学，无疑增加了其负担，经常心有余而力不足。

四、转变家长的角色，做好家园共育

（一）了解家长困惑，积极给予回应

非常时期，居家的每日陪伴对于家长来说，一定会有些困惑的问题，通过班级微信群向家长征求近期的困惑问题，了解家长的需求，教师要学会倾听家长的心声，将心比心站在家长的视角进行换位思考，切实可行地帮助家长解决问题。

如有大部分家长反映幼儿在家中不睡午觉，家中老人觉得不睡就是不困，没必要强求孩子必须睡午觉。面对这些问题我们先认真倾听家长的想法，并推荐一些关于幼儿午睡好处的文章，帮助家长科学地引导幼儿有规律的一日生活，引导家长为孩子营造午睡的环境，为此也开展了睡前故事的活动，与家长携手共同培养孩子的良好午睡习惯；通过一段时间的尝试，家长反映孩子开始慢慢适应午睡了。家中的老人在了解午睡给孩子带来的好处后，也会配合爸爸妈妈做好环境的支持，陪同进行午睡。

（二）抓住家长情绪，引导家长处理好自身角色

漫长的居家生活，面临每天各种大大小小的事情，家长有时会忙得焦头烂额，作为幼儿教师大家都知道家长的状态决定孩子的状态，如何对家长进行专业的引导，帮助家长适应自身角色的多元化是迫在眉睫的事情。

孩子的一日生活和环境是密不可分的，“环境”作为幼儿认识、了解事物的一部分，有着重要的价值和作用；教师可以通过网络的途径向班级家长传递环境的重要性，让家长对此有所认识。鼓励家长尝试为孩子创设宽松、愉悦的心理环境和干净、整洁的生活环境，并鼓励孩子参与到家庭环境的维护工作中，充分发挥孩子的能力。

例如，同孩子一起来制定家庭值日表，大家共同讨论出劳动的内容，自由选择劳动，这样既增加了家庭之间的默契感也让孩子感受到自己是家庭的主人，同时也能在这样平等、互助之中形成良好的家风。

五、疫情之下家园合作中利用信息化手段的有效策略

（一）搭建园内公众号，利用亲子视频增强家园互动的情感

疫情防控下，家长与幼儿相处的时间渐长，我们利用幼儿园公众号推送亲子小游戏、居家科学小实验、亲子故事广播等，让家长把和孩子一起游戏的照片、视频发到班级家长群，大家相互学习、相互激励，坚持放下手机，共度陪伴孩子的亲子时光。

而且还可以建立园级、年级组、班级信息化家园共育管理体系，设计了以园级为主、各年龄班和各班级为辅的多层次家园共育活动内容体系。小中大班家长分年级录制亲子游戏视频发给教师在班级共享。由教师评选最优的五个视频与各个年级组班级进行再一次评选，从中在园内选出最优的三个视频。通过公众号，以每周 1 次的频率推送一期“优秀线上教学”专栏视频！这一系列的举措推动了家园互动的频率，让家长与幼儿园教育达成方向一致、进度一致，让家长和孩子共同感受着美好的亲子时光！

（二）建立幼儿班级群，利用网络新媒体构建家园互动的桥梁

疫情期间，孩子无法正常地走入校园，为了能够确保教学工作的开展，教师可以通过建立班级群，为家园共育提供交流平台。教师借助班级群将教学活动任务传达给幼儿家长，要求幼儿家长能够积极地参与其中，对幼儿的日常学习和生活行为进行管理。与此同时，幼儿

家长之间也可以借助交流平台展开互动，总结育儿经验，并将家园共育工作中出现的问题及时地反馈给学校，共同为幼儿的健康成长作出努力。此外，教师还应重视应用网络社交媒体定期与幼儿进行沟通，从而缩短与幼儿之间的心理距离，以便在疫情结束之后快速完成教学衔接，避免出现隔阂断层的情况。

我们班级还实行了奖励制度，设置了三个奖“打卡小冠军”“坚持小明星”“进步小能手”，按照一个月家长和幼儿参与活动的情况，进行颁发，不仅能调动幼儿学习的积极性，还能获得初步的荣誉感。

（三）开展家长资源库，利用“专家爸妈”打造家园互动的基石

拓宽家长参与幼儿活动的新模式，开展“家长资源库”征集活动，将园内有特长、愿意参与幼儿园活动的家长统一归纳管理，建立“家长资源库”，供园内各项活动共享。如今，家长资源库的“专家爸妈”成了线上讲述专业知识、视频连线“亲子”互动课堂、户外特色活动的有力助手，开阔了孩子们的眼界，增进了家园关系，为疫情防控期间幼儿活动增添了无限的欢乐。

其中有医生家长讲解了新型冠状病毒的由来以及怎么去防治，警察家长讲述了坚持站岗，冲锋在前，准备物资的艰险历程，教师家长演示了自己如何准备线上教学，面临困难是如何解决的。

（四）创设疫情主题教育，利用实际教学提高家园互动的有效性

新型冠状病毒的出现打破了孩子们正常学习和生活秩序，给孩子心理和生理上都带来不同程度的影响。在此背景下，幼儿园家园共育工作的开展需要有效地把控疫情这一话题，并给幼儿作出正面的引导，让幼儿能够自主去探究疫情这一主题，将幼儿教育工作与疫情防控工作进行结合。在此过程中，教师引导家长和幼儿积极参与到疫情主题教育的工作中，鼓励幼儿做自己力所能及的事。例如，鼓励幼儿展示正确佩戴口罩以及消毒的方法，这样既可以提升幼儿的参与热情，同时也能够做好防疫知识的分享，进一步提升家园工作活动的价值。

在疫情条件下我们并不是要摒弃传统教育，也不是要盲从网上教学，而应该考虑如何融为一体，同步推进。一方面对传统教育的形式加以优化，教师应该综合课程特色，合理地制订课程计划，可以创造性地将网络教育嵌入日常教学中，让学生逐渐适应，并掌握网上学习技能，让科技走进课堂。另一方面在网络教育的资源上加以运用，教师应提高科技运用能力，用好网络上优质的教育资源，转化为自身的教学实力，将从线上学到的教学技巧转入线下课堂，提升自身教学水平和教学质量。当然，还有更多的创新方式可以继续深化，通过发挥传统教育的优势，深入挖掘线上教育的长处，有机结合、一体推进，让我们的新时代教育更助于孩子学习，助力孩子成长。

参考文献

［1］朱永新．家校合作共育创造美好生活［N］．中国教育报，2018－05－10.

［2］孔起英，张俊，华希颖．疫情背景下家园共育的有效支持［J］．早期教育（教育教学），2020（4）：10－12.

［3］李生兰．幼儿园与家庭、社区合作共育的研究［M］．上海：华东师范大学出版社，2013：21－23.

［4］杨巧玲．浅谈在疫情下幼儿园家园联动工作开展之策略［J］．教育学，2021（4）.

“全收获”理念下小班种植课程——以“太阳花”为例

（吴欣兰　福建省平潭综合实验区平潭金井幼儿园）

摘　要：“全收获”理念中的“全”，是指多层次、多方面、多主体，种植不只是让幼儿收获食物。在“全收获”理念指导下，教师重新认识了种植活动，突破对植物收获教育的单纯认知，更加重视幼儿经验的获得。课程“太阳花”发现幼儿当下兴趣，提供可操作、易实施、齐参与的材料，满足幼儿的探究需要，力求幼儿收获最大化。

关键词：全收获；种植；太阳花；幼儿

幼儿天性喜欢大自然，小班幼儿对周围事物感兴趣，乐于观察各种植物，并喜欢表达自己的发现。在上学期种植豌豆课程结束后，教师与幼儿商讨接下来要种什么植物。有了种植豌豆失败的经验，幼儿回家与父母一起查找资料，了解春天可种植的植物。教师收集幼儿想要种植的植物后，进行数据分析，发现幼儿都想要种植花卉，最后通过举手投票，在众多花卉中，太阳花拔得头筹。本文从课程“太阳花”如何满足幼儿探究需要，发展幼儿多方面品质论述。

一、培养幼儿观察能力

小班的幼儿观察力比较粗浅，对问题的思考肤浅，他们的观察是建立在自身生活经验基础上。在种植活动中幼儿观察自觉性低，通过具体的太阳花，明确地观察物品，使幼儿观察的指向性高，更容易学会从里到外、从上到下的观察方法。

幼儿每天观察自己种植的太阳花，有一天，余子骏小朋友激动地跑过来说：“老师，太阳花开花啦，开得好漂亮。”随后，幼儿纷纷围在种植地，展开了讨论。若颖：“老师，这个太阳花好小，是红色的。”武跃：“老师，花朵里有黄黄的、小小的虫子，好像蜈蚣。”魏华森叫住武跃：“你看你看，我捡到了一个小可爱。”幼儿的注意力全部都到了隔壁的番茄身上。教师见此并没有阻止幼儿的观察，而是从教室中拿出了放大镜，幼儿的注意力马上集中到教师身上，纷纷表示想要使用放大镜，教师马上提出要求，放大镜要先给观察太阳花的小朋友使用。

在本次观察活动中可以看出小班幼儿集中观察时间短，容易转移观察对象。教师了解幼儿的年龄特点，并不强制幼儿继续观察，而是提供工具放大镜，激发幼儿再次观察太阳花的兴趣，引导幼儿有目的地观察。

二、获得丰富的知识经验

（一）了解太阳花结构

“老师，我可以用放大镜看看太阳花里面的虫子吗？”武跃在户外观察太阳花时向教师提出了需求。经过教师同意后，武跃轻轻地摘了一朵盛开的太阳花回到班级。武跃开始是用放大镜观察，但是发现放大镜并不能清晰地看到花朵内部。他琢磨使用显微镜，显微镜教师只介绍过一次使用方法，他试了好几次都无法看到太阳花。他摆弄显微镜吸引了其他孩子的注意力，纷纷进来想要摆弄显微镜。显微镜只有一个，武跃非常生气，一直说：“我先来的，我先来的。”

教师见此情况，加入观察队伍，询问武跃是否会使用显微镜。教师引导武跃调整显微镜的倍数，调整镜子的高度，武跃通过自己的动手操作能够看到太阳花时，十分兴奋，邀请其他孩子来一起观察太阳花。

幼儿围在一起观察，有的说太阳花下面有许多毛，有的说太阳花里面有黄色的、长长的好像小蝌蚪，有的说太阳花底下的叶子和茎上面长的叶子不一样。“为什么太阳花是这样子的？其他花朵也是这样的吗？”教师提出了自己的疑问，幼儿摇摇头。“那我们可以问问谁呀？”“可以问爸爸妈妈。”“可以问门卫叔叔。”“可以用手机呀。”教师采纳了幼儿上网查找资料的解决方案，在幼儿充分观察太阳花的结构后，与孩子一起观看动画认识花朵的基本结构，幼儿了解到花朵里黄色的部分是花蕊，花朵下面的绿叶是花萼。

介绍太阳花的结构教师并没有生硬地开展一次集中活动，而是抓住契机，在满足幼儿探究需求的时候，通过融入幼儿，与幼儿一同观察，提出问题，激发幼儿想要了解花朵结构的学习动机。

（二）了解太阳花向阳开花特点

连续的阴雨天气也阻挡不了孩子照顾太阳花的热情，反而因为暴雨担心种植在外的太阳花是否健康成长。瑾慈是今天的值日生，她和教师商量想要去外面看看太阳花，教师同意了。来到种植区，瑾慈发现太阳花花朵不见了，她很着急，教师提醒她仔细找找，她发现了被花萼包住的太阳花。这个新奇的发现，她回到班级马上分享给了自己的好伙伴林佳宣、林翊阳。去外面看太阳花的队伍壮大了，但是雨突然下大了，教师便邀请陈瑾慈在班级中向大家分享自己的发现。余子俊回应陈瑾慈，告诉她是因为下雨了，他说家中太阳花也是这样，晴天太阳花就开花，下雨天太阳花就躲起来了。

这个话题引起了大部分幼儿的兴趣，纷纷讨论起来，说自己家里的太阳花已经很久都没有开花，原先要开花了，但是第二天不见了，然后花苞还变黑。幼儿发现了太阳花的开花规律，为了幼儿有更加全面科学的认识，教师与幼儿商量回家与父母一起查找资料，看看为什么在雨天太阳花不开花。

第二天，幼儿带着满满的干货来到幼儿园，一到幼儿园话匣子就打开了，纷纷想要和教师分享自己的发现。为此，教师开展了一次集中谈话，每个幼儿都来分享自己的知识。在幼儿分享后，教师组织幼儿不同时段、不同天气去观察太阳花，并用简单的符号记录下来，来验证自己查找的资料是否正确。

幼儿在观察太阳花的过程中，认识了太阳花的结构：花瓣、花蕊、花萼，并学会使用显微镜。在持续的观察中发现太阳花雨天不开花的特点，通过与家长一起查找资料，观察验证，了解了太阳花向阳开花。雨天、晚上、被树荫遮住太阳花合拢，晒到太阳后马上开花。显然，这些知识经验都是幼儿主动获得，并不是教师强加给幼儿的。

三、掌握科学研究方法、培养科学素养

在整个观察的活动中，幼儿掌握了科学观察太阳花的方法，学会使用工具观察，查找资料，观察记录验证。通过一系列的观察活动，幼儿的科学素养不断提高，具备科学观察的基本技能。

通过种植活动，幼儿掌握科学研究的心智技能和方法技能，包括对太阳花向阳开花现象的好奇、提问、探究、调查、讨论、验证。通过观察太阳花，幼儿学会使用适宜的工具进行观察，认识到可以借助工具更细致观察。通过种植活动，幼儿发现太阳花的外形特征、生长周期、生长需求及植物与环境之间的生态关系等，在接触自然、探索自然的基础上，幼儿萌

发热爱大自然的情感，养成尊重生命、保护环境的态度。

四、激发创作的欲望

班上所有的幼儿都去“博物馆”用显微镜观察了太阳花，也在观察后观看了介绍花朵结构的动画。充分感知太阳花后，幼儿开始热衷画太阳花，不论是午餐过后用画板，还是区域时间到美工区绘画，总能看到他们在画相同的太阳花，黄色的花心，粉色的5片花瓣。顺应幼儿的兴趣，教师提供了超轻黏土与制作太阳花的流程图投放在区域，还提供了彩纸及彩纸粘贴太阳花流程图，激发幼儿通过不同形式展现太阳花。

教师在每天的离园活动时间介绍这些区域游戏，第二天幼儿兴致勃勃地选择美工区进行创作。薛渝凡告诉教师，自己的超轻黏土太阳花要送给妈妈戴在身上，可是不知道怎么办，希望教师能够帮帮他。教师在美工区增加了发夹、项链等材料，引导幼儿可以把自己制作的黏土太阳花粘在发夹、项链上面。幼儿制作太阳花手工的热情推向高潮，美工区每天都是热门区域。

五、教师的支持行为

(1) 尊重支持幼儿的想法。幼儿是种植的主人，他们最能做主。当幼儿提出想要用工具观察、想要将黏土太阳花变成饰品时，教师及时满足幼儿的需求，推动幼儿的自主观察与创作。

(2) 及时梳理经验。在幼儿全面细致观察太阳花结构后，教师播放花朵结构的动画，梳理幼儿对于花朵的认识，架构科学的知识框架。在幼儿查找资料了解太阳花向阳特点后，通过使用简单符号记录观察，验证资料的真实性，通过亲身感知，直接体验，梳理抽象的知识经验，消化吸收。

(3) 适时引导，推动种植。当大部分幼儿对使用显微镜观察太阳花，与太阳花什么时候开花这些话题感兴趣的时候，教师马上适时引导，提出小任务，推动幼儿的观察认识。

六、结语

关注生命是幼儿的天性，种植活动满足了幼儿的内在需求。小班种植活动“太阳花”以指南为依据，“全收获”理论为中心，依据小班幼儿年龄特点，打破教师传统包办的种植的做法，将种植还给幼儿，从始至终将幼儿获得直接经验为课程核心，将种植活动中幼儿“收获”最大化。

参考文献

[1] 朱宛英.“全收获”理念下幼儿园开展种植活动的教育价值［J］. 课程教育研究，2020（13）：1.

[2] 金霞.“全收获”理念下幼儿园种植活动初探——以大班种植探索活动“有趣的洞洞”为例［J］. 好家长，2020（78）：87.

[3] 马桂芳. 基于“全收获”理念幼儿园种植活动策略实施研究［J］. 智力，2021（5）：185—186.

[4] 胡佳瑜. 在“全收获”理念下开展幼儿园种植活动［J］. 小学科学（教师版），2020（11）：175.

[5] 张鹏程.“全收获”理念下小班种植课程——以“与番茄的初次相遇”为例［J］. 儿童与健康，2022（3）20—21.

浅谈幼儿园提升校园卫生环境的策略与成效

（谢美玲　广东省东莞市凤岗镇中心幼儿园）

摘　要：幼儿园环境卫生管理是幼儿园后勤管理工作的重要部分，从管理层到每位教职工，都应该高度重视校园环境卫生工作。加强教职工和幼儿的卫生行为习惯，抓好校园生活学习环境、设施设备、各种用品的卫生管理，以及日常检查监督的落实、卫生区域的分工和职责的细化、工作内容的量化、后勤人员的执行能力提高等有效措施，切实为幼儿的健康成长创造一个卫生、整洁、良好的环境条件。

关键词：环境卫生；有效措施；后勤管理

一、幼儿园卫生工作存在的问题与分析

良好的校园环境不仅可以促进孩子们快乐地学习，而且还可以让孩子们的身心都得到健康的成长。从目前的幼儿园卫生管理现状来看，普遍存在以下情况，从而影响幼儿园教育教学水平的平稳提升。首先，是保洁人员年龄普遍偏大，工作年限短导致队伍不稳定，专业能力不足，且服务意识和水平有待提升等。其次，是监管流程不明确，管理人员责任意识不强，疏于监管，卫生区域分工不明确，个别保洁人员对卫生清理不彻底，马虎应付等现象，导致校园卫生出现死角盲区等情况。对于这些存在的普遍现象，后勤管理人员应该积极改善和创新管理方法，不断优化提升后勤服务水平，才能有效为幼儿园教育教学提供可靠的保障。

二、量化卫生工作流程与职责，加强业务培训规范记录

（一）量化卫生工作流程

在幼儿园后勤管理工作中，为避免校园卫生盲区和因随意性而出现的漏洞，一是通过对后勤各岗位工作流程的细化，对不同岗位的工作内容进行量化，从而提高后勤各岗位人员的执行力和规范性。二是通过对后勤岗位的工作流程进行不断的修订，使之更趋于合理化。工作流程要明确各岗位一日工作内容，真正起到指导和落实工作的重要作用，因此不仅要内容明确，更须具有实操性，让执行人员能够一目了然地按照流程进行工作。

（二）明确卫生工作职责

后勤管理工作的主要职责是为幼儿园师生提供保障性服务，是幼儿园各项工作顺利开展的基础。明确保洁岗位工作人员的职责，真正做到责任到人；明确后勤管理人员的职责，做到督查有效，使后勤人员的工作主动性、积极性得到更好的调动。我园依据《岗位职责指导书》，结合了幼儿园实际情况，细化了保洁组人员的工作职责，明确的职责、量化的工作流程，两者相结合，让工作更具体，责任更加明确，是后勤管理工作的重要意义。

（三）加强业务培训、规范记录

制订修订培训方案，定期对保洁组人员进行业务培训，通过培训使他们更加深入地了解自己岗位的工作流程及工作职责，从而有利于完成本职工作。定期开展团队的集中培训，不

但了解相关岗位的工作流程，对于团队之间的协作和工作效率的提高都有很大的好处，同时针对后勤人员流动的情况也是很有利的，换岗换位后的工作磨合时间短了，工作也能更快上手。在此过程中，也要规范保洁组的各项工作记录，做好工作留痕，妥善存档。如在公共洗手间、各公共区域等，公示了区域的职责、保洁负责人、保洁监督人等，并把每日的卫生消毒完成情况，以表格打钩的方式记录公示。通过简洁明了的记录方式，保洁组人员根据工作流程定时完成各区域的卫生消毒工作，且便于操作，卫生监督人员通过现场及表格记录，更直观地了解保洁组工作完成情况与质量，对后勤各部门管理起到良好的效应。

三、落实保洁组工作分工，确保无校园卫生盲区

（一）细化保洁组工作分工

在修订保洁组人员工作分工过程中，我园先修订与完善了保洁组工作流程与职责。结合工作流程、工作量及所需的时间来进行卫生包干区的分工。从本园实际情况出发，须经过多次的试行，才能更合理、更有实效性。在试行的过程中，后勤管理者要经常到一线去了解保洁人员的执行力度，听取他们的建议，同时保留合理的内容，对于执行不顺畅的环节及时进行调整，使分工更加合理。

（二）划分由团队共同完成卫生工作

在卫生区域分工到人之余，还要加强后勤人员之间的协作。对幼儿园门厅、绿化带、晨练场地、楼梯、走廊、栏杆扶手等区域物品，合理的分工能保证在孩子入园的时候干净卫生并且已经干爽不湿滑。如清洗大型会议室的风扇、清洗戏水池、清理草皮杂草、清理沙池等卫生工作，工作量大且存在一定难度，需要由团队定期集中完成卫生清洁。另外，户外体育器材、各功能室教玩具数量及种类繁多，如果由保洁人员完成，无法起到彻底清洁消毒的效果，所以我园结合实际，把户外体育器材分工给户外专项组定期完成卫生清洁消毒；各功能室教玩具分工给各班保育员定期完成清洁消毒。此项工作的落实，消除了之前存在教玩具灰尘多、无人管理的现象，孩子们更加放心使用，推进我园整体卫生质量具有很大的价值。

（三）开展卫生大检查活动

我园将卫生大检查作为后勤常规管理工作的重要内容，落实制度化的常态检查机制，制订了《校园卫生大检查方案》，明确卫生大检查的内容，规范检查记录方式。由卫生检查小组成员最少两次对校园各区域进行卫生集中检查，及不定期抽查和听取反馈，发现问题及时改进，如发现下水道口落叶没有及时清理、户外盆栽托盘存有积水、厨房餐具柜顶没有清理等情况，对此类容易忽视的区域进行了立即整改。此举措提高了后勤管理的有效性，且大大提升了校园环境卫生整洁，确保每个区域有人负责，保证每一个场所的卫生与整洁。

四、实施卫生消毒工作，为孩子健康成长保驾护航

目前，很多幼儿园强调内部环境建设、玩具材料投放、教科研等工作重点，忽视了卫生保健工作的重要性。因此，幼儿园要做好卫生保健工作，首先必须加强培训工作，才能保障幼儿的健康成长，杜绝校园传染病的发生。

（一）消毒工作流程规范上墙

消毒工作环节是幼儿园卫生保健工作中不可缺少的一环。我园制订每学期的后勤人员、保育员的卫生保健培训计划，规范幼儿园的卫生消毒流程，做到科学有效灭菌。日常消毒包

括不同物品含氯消毒片的配置方法、班级浸泡玩具的消毒流程、毛巾的消毒流程、空气消毒流程、呕吐物处理流程等，在每个班级的洗手间内，墙面公示了消毒流程图文结合，使操作人员一目了然，做到科学合理配置消毒片及正确的消毒方法。对不同的物品消毒周期也要作出不同的要求，避免出现过度消毒引起的不良影响。

（二）传染病期间的卫生消毒

除了做好日常卫生消毒工作之外，在传染病流行期间，加强对幼儿学习生活的场所、教玩具材料等要定期进行消毒，通过空气对流、紫外线消毒灯等方式，灭杀空气中的细菌；利用消毒水、消毒柜、太阳暴晒等常用方式做好物品卫生消毒管理。对呕吐物严格按照流程处理，处理后对用具进行彻底消毒，杜绝因物品没有清洗干净造成的交叉感染。在卫生消毒过程中，要严格执行定期消毒制度，卫生状况始终保持良好，远离病毒，杜绝校园传染病流行，为幼儿的健康成长保驾护航。

五、建立后勤管理监管与激励机制，提升校园品质

（一）完善后勤管理监管机制

监管机制的建立是实施后勤管理细化的关键，要想使流程真正落实在日常工作中，需要完善监管机制来作为保障。因此，在细化后勤各岗位工作流程的同时，也要健全后勤管理层级监管体系，做到责任到每个人。如建立幼儿园的卫生管理机制，从后勤副园长、后勤主任、保健医生、保洁组长等。保洁组是卫生工作的实施部门，但是保健医生要通过监管卫生消毒流程培训，考核保洁组、保育员操作是否规范，以及通过幼儿的发病率、传染病的发生率来对幼儿园卫生工作进行评估，保证卫生消毒落实有效。保洁组长作为环境卫生的直接主管，不但要实时监管卫生清洁的各个环节，还要善于发现问题，具有及时汇报、反馈，及时解决的能力。后勤园长、后勤主任作为行政管理者，对幼儿园校园卫生消毒情况，要做到全面了解，调度和监督保洁组的工作情况及工作积极性。

（二）监管与激励机制相结合

后勤人员的工作积极性、主动性不能很好地被管理体制调动起来，针对这一现象，我园建立了完善的奖励机制，能够很好地调动后勤工作积极性，从奖励机制上激发后勤人员的工作动力，为全园师生员工提供更优质的后勤服务。在我园的《校园卫生大检查方案》中体现了，通过每月的检查评分，每个月公平公正地评选出卫生标兵班级，以及卫生标兵部门，为获奖的班级和部门颁发流动锦旗。奖励机制试行后，不仅转变了后勤人员的工作态度，也起到了推进工作效率的作用。

总之，从幼儿园管理层到每一位教职员工都要重视校园环境卫生，不折不扣地执行校园环境卫生管理工作，是提升办园质量的重要路径，也是促进幼儿健康成长的重要举措。强化监管与激励相推进，层层落实工作责任，形成全员重视的良好校园氛围。

参考文献

［1］张玲. 幼儿园后勤网络化管理的要素与实施条件［J］. 学前教育研究，2019（5）：89—92 .

［2］韩佳.《幼儿园工作规程》卫生保健方面实施策略的实践研究［D］. 牡丹江师范学院，2021.

［3］曹天保. 提升幼儿园后勤管理工作效益的有效策略［J］. 中国教育技术装备，2020（6）：135—136.

浅谈自闭症儿童幼儿园阶段融合教育的实施

（穆清悦　北京市怀柔区第六幼儿园）

摘　要：近年来自闭症儿童数量不断增加，在社会中引起了广泛的关注。自闭症的发病原因尚不明确，但是通过早期征兆和临床表现我们可以尽早地发现自闭症儿童，及早对其进行干预与教育，让他们尽可能地回归主流社会生活。自闭症儿童的教育是又一热点问题，研究显示，融合教育是改善自闭症儿童社交障碍、互动能力缺失的有效办法。学前融合教育的有效实施受幼儿园办园理念、教师专业能力、家长观念等因素的影响。关注和解决自闭症儿童融合教育问题是十分有必要的，需要社会、教师、家长多方面的支持与配合。

关键词：自闭症儿童；临床表现；学前融合教育

自闭症，又称孤独症（Autism），是一组以脑神经系统失调为主要表现的复杂发育障碍，其特征主要表现为不同程度的社会交往困难、言语和非言语沟通障碍以及重复性和限制性的行为。目前，自闭症的发病原因在医学上尚无明确的定论，很多研究人员怀疑自闭症是由基因控制，再由环境因素触发的。最新数据显示，近年来自闭症儿童发病率逐年增长，然而只有 42％的儿童在 3 岁时得到了评估诊断，仍有 30％的儿童在 8 岁前未被诊断，情况不容乐观。而一经确诊，也将会给家庭以及社会带来沉重的经济和心理负担。

一、自闭症早期征兆及典型临床表现

（一）自闭症的早期征兆

自闭症早期儿童会出现许多预兆，主要有以下几点：6 个月，不会大笑或者没有其他温暖快乐的表情，很少注视人；9 个月，不会与他人分享声音、微笑或其他面部表情；12 个月，不会对自己的名字作出反应，不会牙牙学语，没有互动性姿势；16 个月，不会说单词；24 个月，不会说有意义的双词短语；任何年龄出现言语、牙牙学语和社交能力倒退现象。这些表现都应该引起儿童家长的注意，一旦出现应该及时进行诊断和正确的干预，及早发现和干预有利于自闭症儿童更快地回归正常生活。

（二）自闭症临床表现

自闭症的临床表现主要有三大核心症状：社会交往障碍、交流沟通障碍和刻板重复兴趣行为。伴随症状包括智力发育迟缓和情绪行为异常。

社会交往在人们生活中起着至关重要的作用，而自闭症儿童在社会人际交往方面存在明显的障碍，他们不愿与周围人沟通交流，只沉迷在自己的世界中，独来独往。他们的兴趣爱好单一，对他人有严重的抵触心理。主要表现为：独自玩耍、同伴互动困难、不喜欢拥抱、避免与他人接触、难相处等。

交流沟通障碍表现为言语发育迟缓或不发育，言语理解能力差，言语形式及内容异常等。通俗来说，自闭症儿童日常表现为沉默，寡言少语，言语理解能力较差。在生活中语言理解能力低下，表达存在语序颠倒、刻板重复等。在这些表现中，“不会说话、说话迟”是就诊的首要原因。

自闭症儿童的又一大特征表现：刻板重复行为。具体日常表现为兴趣狭隘，不断重复做自己感兴趣的事；出现动作上的重复，如转圈、摇晃等；重复玩一种玩具，重复保持一种生活方式等。刻板重复兴趣行为作为自闭症临床表现中最难克服的缺陷，严重阻碍了自闭症儿童社会技能的学习以及融合教育的实施。

自闭症儿童还有一些其他临床表现，如兴趣爱好狭窄、感知觉异常、智力与认知缺陷等。

二、自闭症儿童学前融合教育的实施策略

（一）自闭症儿童接受学前融合教育的重要性

自闭症儿童与普通儿童一样，都有平等的接受教育的权利和发展的需要。融合教育就是一种对特殊儿童进行教育的方式理念。对于自闭症儿童来说，“融合教育是改善自闭症儿童社交障碍、互动能力缺失的有效办法，也是让特殊儿童回归主流社会的必然趋势，当前在全世界范围内被广泛应用”。通过融合教育，自闭症儿童可以在幼儿园这个有准备的环境下与教师正常地互动，与普通儿童正常地接触，从而习得日常行为规范、社会交往技能等。进行融合教育的幼儿园能够为自闭症幼儿制订有组织的、系统的个别教育计划，针对自闭症儿童的特征对其进行帮助和支持，可以保证教育的质量。学前阶段对于自闭症儿童来说同样也是发展的关键期，在这一阶段进行融合教育对自闭症儿童的发展有着积极的推动作用。

（二）自闭症儿童学前融合教育的实施策略

自闭症儿童学前融合教育的有效实施受多方面因素的影响，包括幼儿园教育理念、教师教育水平与能力以及家长观念等。因此，我们可以从以下三个方面入手，对幼儿进行有效的融合教育，推动学前融合教育发展，托起自闭症儿童的未来。

首先，自闭症儿童接受学前融合教育的先决条件在于幼儿园的园所理念和配套设施建设。幼儿园领导对融合教育的接受和支持是进行学前融合教育的基础。要改变传统的教育理念，认识到融合教育对于自闭症儿童以及其他特殊需要儿童的重要意义，宣传融合教育的理念，并有计划地进行该领域师资的培养。充分倡导园内的教师对融合教育的接受和支持，并能够将理念付诸教学的实践中，真正做到接受自闭症儿童。园所应配备特殊教育资源教室，以及建立相应管理模式。配备特殊教育资源教室可以针对有特殊需求的儿童进行有效的教育，而建立相应的管理模式有利于对有需求的幼儿进行系统的帮助。从入园到评估到个别化的支持策略制定再到与小学等机构的衔接全面覆盖，可以为自闭症儿童及家庭提供极大的方便。

其次，班级教师的专业能力和支持策略是学前融合教育实施的重要影响因素。在面对自闭症儿童时，班级教师要拿出更多的耐心和包容，以宽容大度的心态面对孩子。每个自闭症儿童都是一个独立的个体，所以他们对干预措施的需求也有所不同，这就需要班级教师发挥自己的专业能力，运用自己的经验，为儿童制订有针对性的个别教育计划。这对班级教师的能力是一个巨大的考验。自闭症儿童所在班级的教师应具备组织回合式教学、结构化教学的能力，这种教育方式强调根据每个自闭症儿童的需求和优势，对其进行综合发展性的评估之后进行干预。主要涉及的也是自闭症儿童核心缺陷的领域，对于自闭症儿童教育更具有针对性，效果更好，更能促进自闭症儿童同伴交往、常规自理能力等方面的培养。

教师的支持策略包括人际支持、环境与材料支持和活动支持。在人际支持中应主张隐性支持，优选语言、眼神类支持，多鼓励同伴互动等。教师要注意帮助自闭症儿童获得成功的经验，对其正确的行为进行积极的鼓励。在活动中，可以着重引导他们认识世界的多样性，同时鼓励其他儿童帮助自闭症儿童。自闭症儿童可以通过与环境积极的相互作用得到发展。在融合教育中要注意这方面的支持，例如自闭症儿童座位的安排，区域中材料投放的调整（视觉性材料），以及辅助材料的运用（视觉提示板）等。

最后，学前融合教育也离不开儿童家长的配合。首要任务是改变普通儿童家长传统观念中的自闭症儿童危险论。要向普通儿童家长宣传自闭症的相关知识，避免家长认为自闭症儿

童会对普通儿童造成伤害和影响，同时希望家长引导幼儿帮助班级中的自闭症儿童。在教师和家长正确的引导下，自闭症儿童的存在往往有助于培养班级内普通儿童乐于助人、善良友好等品质。此外，自闭症儿童家长也需要与班级教师及时沟通，了解儿童近期发展情况，反映其在家庭生活各个方面存在的问题，共同解决。在日常生活中，自闭症儿童家长也要注意儿童自理能力、规则意识的培养，为以后更好的融合教育打基础。

三、总结

尽早发现和诊断自闭症儿童，并给予合适的干预，可以帮助自闭症儿童更快地回归正常社会生活。融合教育对自闭症儿童问题的改善有积极作用，如何更好地对自闭症儿童实施有效的融合教育正是我们应该思考的问题。融合不是某一个人的事情，它与我们每个人都息息相关，它需要全社会以及社会中各种机构与体制相应的调整，社会中现存的与隔绝、歧视相关的价值观、政策等相应的变革来促进其发展。这需要我们不断努力，为自闭症儿童提供更合适的融合教育教学方式，使每一位自闭症儿童都能获得优质的融合教育。

参考文献

[1] 吴颖，黄淑红．儿童自闭症的早期诊断及早期干预［J］．中国现代药物应用，2015，9（11）：254—255.

[2] 余纷纷，李勤，徐丽佳，等．自闭症儿童典型临床表现及综合干预措施研究现状［J］．世界最新医学信息文摘，2018，18（55）：80—81+84.

[3] 赵得琴．探析我国当前自闭症儿童融合教育的现状与对策［J］．教育现代化，2016（34）：225—227.

[4] 熊絮茸，孙玉梅．自闭症儿童融合教育现状调查、困境分析及家庭参与的探索［J］．内蒙古师范大学学报（教育科学版），2014，27（4）：54—58.

幼儿园科研“树式生长”路径探析

（陈芝　浙江省嘉兴市海盐县沈荡镇实验幼儿园）

摘　要：学前教育这10年，教育政策密集出台，指向愈加明确，逼迫教育系统必须自上而下、自下而上走出惯性区、舒适区。教师只有不断调整自己的教育科研模式，才能在这场教育变革中发挥方向引领和助推作用。本文从更迭教师理念入手，通过播种—寻根—抽芽—生叶—开花—结果的“树式”科研生长路径，深化课题研究，落实梯队培养，让科研之树不断向下扎根，向上生长。

关键词：“树式生长”；引领作用；科研能力

学前教育这10年，从“扩资源　强普及”“调结构　增普惠”到“提升学前教育质量”；从普及普惠到幼有所育，教育政策密集出台，指向愈加明确，逼迫教育系统必须自上而下、自下而上走出惯性区、舒适区。无论是教师还是管理层干部，如何认知、思考、研究都成为新时代的新问题。当前正在进行的这场教育变革，是一场深层次的教育变革，直接指向“为谁培养人、怎样培养人、培养什么人”的教育本质。这场教育变革在育人方式、育人目标、课程建设、评价改革等各领域全面铺开，直接面向2035年和2049年的建设目标及人才需求，旗帜鲜明地要求培养德、智、体、美、劳全面发展的社会主义建设者和接班人。

随着2018年教育部《关于实施卓越教师培养计划2.0的意见》的出台，对教师研究能力也提出了新要求：不仅要求有专业的理论知识，在研究领域上有创新与融合的视野，更要成为研究者，懂研究、会研究，做科学研究。因此，教师只有不断调整自己的教育科研模式，教育科研人才能在这场教育变革中发挥方向引领和助推作用。本文从更迭教师理念入手，通过播种—寻根—抽芽—生叶—开花—结果的“树式”科研生长路径，深化课题研究，落实梯队培养，让科研之树不断向下扎根，向上生长。具体生长路径如图1所示：

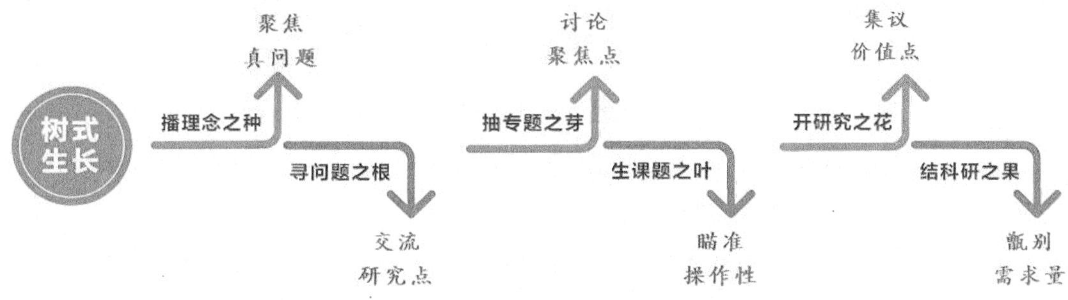

图1　幼儿园科研“树式生长”路径

一、播理念之种

帮助教师厘清科研的真正内涵，全面参与科研行动是教育科研管理中的一大难题。科研到底做什么？笔者所在幼儿园通过帮助教师溯源“真”科研，让教师从浅层参与走向深度卷入；建立“团”写作，让思维从散点突击走向系统支持；创新“群”研究，让行动从圈层围合走向群体共振；打造“微”空间，让能力从个性绽放走向共识共生。依托四个方向的核心项目，让科研行动有“百花齐放”的现场，又有“百家争鸣”的思考。

二、寻问题之根

问题是教师主动的、有目的研究的前提与动力。它能够帮助教师架起理论知识与教育教学实践的桥梁。依托群视角挖掘，靶向瞄准核心问题。一学：搜索与学习大量的幼教杂志与书籍，寻找“儿童发展”热点中的小切口与小问题；二听：与孩子、家长、同事对话，挖掘幼儿游戏、学习、生活中的问题点；三思：从教育现场上遇到的困难、“瓶颈”、矛盾点中去挖掘与捕捉师幼的一日生活与工作的研究契机，研训一体做真课题、真做课题。

三、抽专题之芽

研究前在对各类问题进行价值判断的基础上借助本体性知识的学习与内化，促使教师经历理论内化、质疑思辨、小组互助、专家引领到实践反思，才能抽出专题研究之芽。通过锚定主题—绘制网图—捕捉焦点—进入现场—智慧评估的五步导引法，导引各层级科研项目实施，回溯本源，挖掘真问题，实研究，深探索，让教师自然深度卷入，个性生长。在这一过程中，同步推进幼儿的深度学习（见表 1）。

【科研项目过程呈现】

表 1　涂鸦日记：大班幼儿前书写能力培养的策略研究

五步导引	实施关键要素	教师思辨	科研生长点
第一步：锚定主题	诊断核心问题，汇聚点状知识	为什么要做研究？价值在哪里？——发展前书写能力，为入小学做好准备 研究核心问题是什么？——书写什么、如何书写	回溯本源
第二步：绘制网图	建立研究脉络，链接面状线索	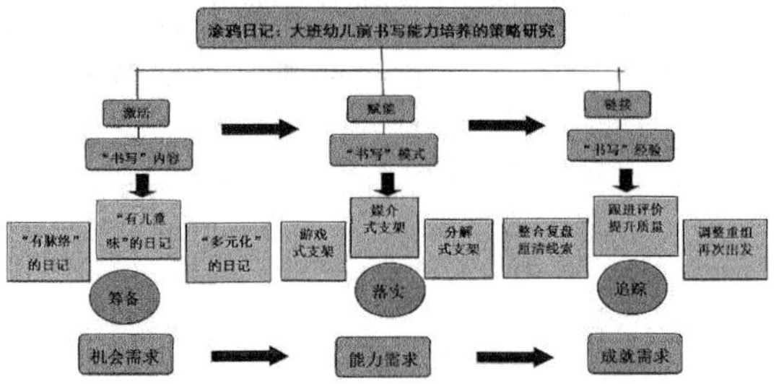	全规划
第三步：捕捉焦点	提升行思能力，编织体状模型	“书写内容”挖掘—“书写模式”建立—“书写”经验内化	真问题
第四步：进入现场	增量师幼经验，导航深度研究	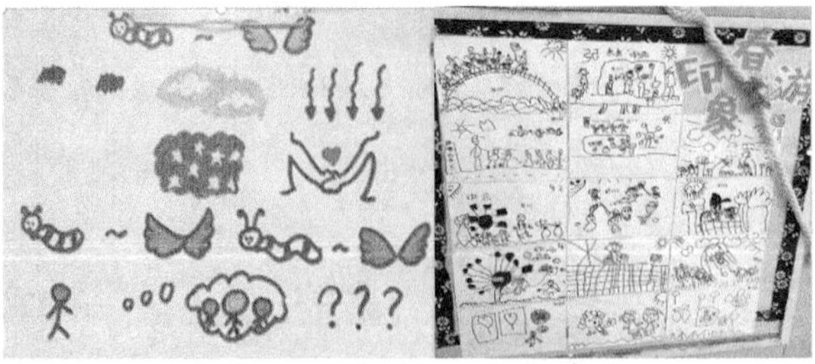	实研究

续表

五步导引	实施关键要素	教师思辨	科研生长点
第五步：智慧评估	着眼师幼成长，复盘研究历程	教师获得了哪些能力的提升？——识别儿童需求，解读儿童生长 儿童增量了哪些经验？——发现学习、自主探究、积极情绪、习得“前书写”能力	深探索

四、生课题之叶

教育科研是园所发展的最大公约数，而特色研究则是高效的科研管理之核心驱动力。将专题探索进一步升华就是课题研究，而让课题研究系统化就是科研，抓住“三个度”，帮助教师凝练专题研究思路，让课题落地生花。

第一步：有深度——专题实践过程研讨。研究离不开教育现场，通过走进现场看儿童——让“解读儿童”成为深度研究的长远性目标导向，为有价值的课题研究点提供可能性。注重实践现场的散点聚焦，通过交流互动谈问题，让研究更聚焦。同时，借助文献检索思异同，不断思辨“我的研究”与“同类研究”，在动态研究的基础上反思“我的研究”之亮点与不足，让研究有深度。

第二步：创新度——园长引领课题核心组论证。有了专题研究的积淀，教师们积累了一定的素材，此时园长引领的“课题核心组论证”就起到了一个推动作用，让专题研究从量变到质变。通过把脉诊断，去伪存真。

第三步：显效度——主导性课题引领架构课题脉络。为保证课题方案的规范与可行性，拓宽课题研究广度，在开展课题实践前，需要梳理与确立幼儿园主导性课题，通过主导性课题引领子课题研究网络体系建立，让幼儿园教科研找到落脚点——领域均衡发展与园本特色实践相融，让课题研究既重视师幼全面发展又彰显办园特色和办园品质的提升。

五、开研究之花

研究意识是教师主动关注、主动探索问题的产物，而课题研究则是问题解决的方式，它不能成为一人所为之事，而需聚集一群有态度、有想法、有能力的人一起来做。因此，通过群主体、群时空、群视角建立问题群与研究点，以核心课题引领带动，形成课题群联盟，缔造教师新理念，打开新视野，实现科研的“可视化”与“跃层化”。

（1）群主体在场——从立项导向到全参与。身心在场的研究才是真研究，全员在场的研究才是深研究。通过改变唯“立项”为目标的研究导向，创新教师全员参与核心课题研究，打造“1+N”子课题、微课题、小专题，形成“群”研究氛围，促使教师立体化思维与主动性行为。

（2）群时空布局——从独立研究到全经历。注重课题研究的全过程与深度性，通过细化研究“时间轴”，具象研究“坐标系”，鼓励教师站稳儿童立场，跳出圈层式的单线研究，从不同的角度及时关注儿童的发展需求，追踪同类研究的进程与效度，不断动态调整、优化研究策略，促使“群”研究效能最大化（见图2）。

【科研项目过程呈现】

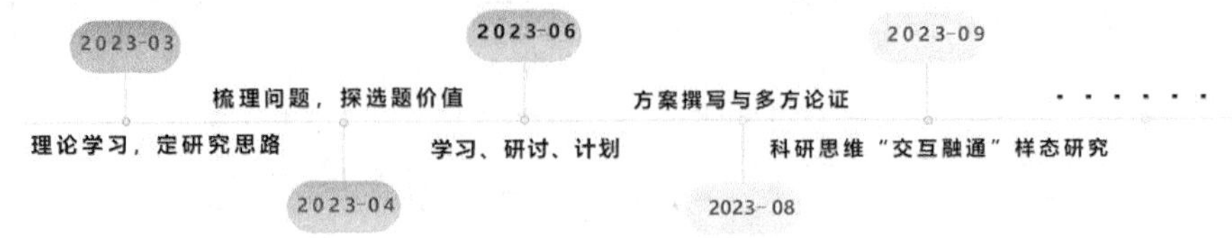

图 2　科研项目过程图

六、结科研之果

科研的目的不仅是研究教育教学，更是为了研究幼儿，研究自己，最终提升专业素养。因此，在助推教师科研成长的路上，我们做好了三个阶段梯队培养，让科研不仅向下扎根，更能向上生长，让每一个阶段的教师都能实现科研自成长。

梯队一：有方式，为科研奠基。青年教师是幼儿园未来发展的强大后劲，幼儿园教科处应该搭建平台去支持其树立科研的心态与眼界（见图 3）所示。

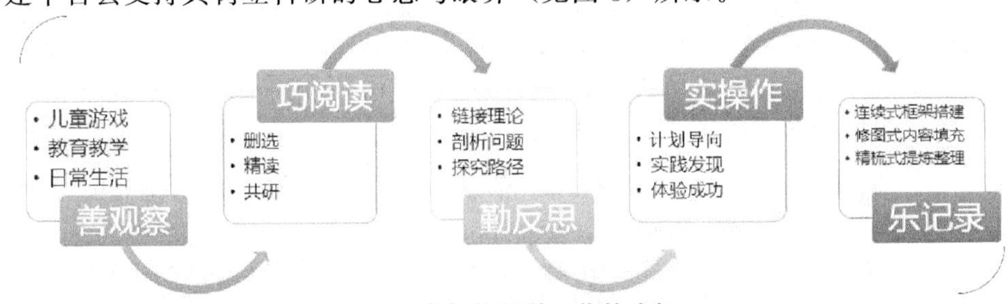

图 3　青年教师科研奠基路径

梯队二：有机会，激活科研原动力。这一梯队中经验型教师占多数，他们有一定的理论基础与教育经验，幼儿园要做的就是放手。借助教科处搭建的“课题成长营”展示平台，定期对各成长营的课题或专题进行问题把脉、帮扶指导、引领督查，有序推进研究。当然，保教处也会在教师们有需要的时候组织集中培训，互动交流或按需培训，个性发展等专业学习，最终不断提升科研能力。

梯队三：巧赋能，实现科研自生长。这是科研梯队的最高处，是研究型教师的成长联盟。鼓励科研骨干抓住机会积极与县内外的名优教师结对，参与线上线下各类学习研修活动，借助团队支持，焕发其创新力，赋能自生长。

科研“树式生长”路径为教师打开了一扇个性研究的大门，帮助我园教师直面正视日益严峻的科研“短板”问题，深度解析研究型教师培养的诉求迫切，复盘行思科研内涵的进一步厘清，让每一位教师迈出科研第一步。同时，教师们在全员、全程、全身心投身科研中感受到了智慧碰撞的乐趣，领略到了科研之路的风景，铸就了科研素养的不断攀升。

参考文献

[1] 李季湄，冯晓霞．《3～6 岁儿童学习与发展指南》解读［M］．北京：人民教育出版社，2013.

[2] 郑金洲．教师如何做研究（第二版）［M］．上海：华东师范大学出版社，2011.

[3] 陈大伟．教育科研与教师成长［M］．上海：华东师范大学出版社，2014.

[4] 牟长洲．立足小微课题研究 助推教师专业发展［J］．新校园（中旬），2018（4）：15—16.

主题中审议的实践与思考

（陆美玉　浙江省嘉兴市海盐县望海实验幼儿园）

摘　要：主题中审议是追随幼儿的发展，突出一个课程实施的动态化，是确保幼儿园主题课程实施质量的重要途径和方法，教师通过主题中审议，对教材价值与本班幼儿的发展需要做出理性思考，继而调整与优化实施方案，使之成为更符合本班幼儿的主题课程。中审议时教师要运用线性规划、一问三审、实况追踪这三大方法对主题动态调整、优化，使主题课程适应幼儿需要。

关键词：主题中审议；主题实施；幼儿经验

中审议是指主题实施过程中，教师带着问题审议课程合理性、适宜性以及可行性，并根据幼儿的情况随时对主题进行动态优化调整，探寻幼儿经验课程的契合点，突出课程的班本化、个性化，使实施过程更基于儿童的经验、更顺应儿童的需要，使实施更有效。

一、What——主题中审议审什么

（一）主题中审议关注课程实施的有效性

课程实施过程的有效性，是达成课程目标的关键。我们首先要审议幼儿在活动中个体经验与行为表现，其次要审议幼儿在主题活动中的学习方式，针对个体进行描述与分析，并随之改变与提高自身的教育策略。着重审议教师在教学活动中的一些指导策略，反思教学的教育方式，促进课程实施的有效性，让课程更好地为幼儿的兴趣和发展需要服务。主题中审议在帮助教师有效解决问题的同时，提升教师的课程实施力，提高课程实施的有效性。

（二）主题中审议关注课程组织实施的功能化

从解决问题的角度看，课程审议是否有效的标准就是它有没有催生一系列有效的解决问题的策略，中审议主要是帮助教师通过对实践的分析，思想的碰撞，催生出一系列的解决问题的策略，经过比较、分析筛选出较为合理和有效的策略。

（三）主题中审议关注教师对课程的把握性

主题中审议时教师对实施的过程的一些案例、反思进行一个交流研讨。在实践的基础上，对课程进行解读再设计，从儿童的视角解决问题，也就是说，我们在主题中审议时要反观主题目标。比对经验，提出建议。生成内容，重构主题脉络。中审议可以发生在主题实施过程中的多个时间点，主要目的是发现问题、解决问题、发现兴趣、生发内容。

二、Why——为什么审

主题中审议是课程实施有效性不可忽视的一环。我们在中审议时必须带着问题去审，基于发展需求在审议过程中必须联系每个班级幼儿的实际生活经验以及对知识的积累和发展情况不断创设、支持，做适宜的调整，适宜发展。

中审议存在的问题：在审议中，我们教师在讨论、商量、回顾、反思的活动中缺乏为什么这么做的思考，讨论仅仅停留在碎片化的建议，没有一个整的系统化的提炼。讨论形式单一，难以解决实际问题，分析浮于表面，缺乏深层次的思考，忽视了可以深挖的点。

主题中审议给教师们梳理主题实施中的问题和困惑，汇总罗列分析。从关注活动到关注幼儿能力，从发现兴趣到生发内容。围绕关键问题审议获得有价值的观点和启发，进而再去对接《3～6岁儿童学习与发展指南》进行课程的深入探究。

三、How——如何审

主题中审议就是教师关注幼儿经验习得的过程，根据现状对“主题推进、课程价值、活动衔接”做及时合理规划、动态优化，对后期课程进行筛选萃取、调整生成，探寻幼儿经验课程的契合点，突出课程的班本化、个性化，避免教师僵硬地“按计划教”。

（一）线性规划，尊重学习规律

为避免制订周计划时的随意性和割裂性，教师依据主题目标将“周重点”逐级分解，遵循幼儿的内在发展规律，连续性通过主题内容逐渐递进，用横线、竖线的方式来安排活动，使一周活动呈现出一定的逻辑性、序列性。

横线规划：“横线规划”的是一周主要的集体活动，在层层推进时要注意小步递进和领域平衡。小步递进表示要根据幼儿的起步点不断向前迈进，但前进的脚步不能过快过大。

【例】　中班主题“我来显身手”第一周活动——横线规划

第一周的周重点是认知了解我们身边各行各业的人。周一“我的一家子”是为了引发幼儿发现自己家人的职业，周二“身边的劳动者”是在了解基础上的扩大范围深入了解身边其他的职业全过程。周三、周四、周五都是寻找一个特别且熟悉的职业做进一步的深入了解，前者寻找的是幼儿身边的职业，后者是去关注更多周围人的职业。通过前面两个活动，小步递进中逐渐积累经验。

	第一周活动安排				
集体教学活动	我的一家子	身边的劳动者	厨房里的国王	邮递员	有个叔叔是交通警察

竖线规划：“竖线规划”是对一日活动的有机延续，此时要注意上下午活动之间的内在联系，切忌只在名称上相关，而没有注意前后活动之间核心目标的联系，造成活动“貌似而神不似”。

【例】　中班“我来显身手”主题中一个半日活动的安排——竖线规划

中班“我来显身手”的中审议时，上午安排的第一个教学活动是语言“我是班级小主人”，主要是让幼儿根据自己能力为班级做一些力所能及的事，那下一个活动安排是什么？分析“我是班级小主人”的核心价值在于乐意发挥自己的长处，能为班级做一些力所能及的事，于是，我们创生“我的游戏我做主”的活动，让幼儿学会分工合作，尝试使用表格分类的方法记录统计自主游戏中的材料从而聚焦活动之间的核心目标。

（二）一问三审，顺应学习特点

一问三审是对一个活动进行三次审议，同时提出一个问题解答两次的过程。

一审：教师围绕主题核心目标，从幼儿经验点、重难点、关键点、质疑点、模糊点五个点入手，进行第一次的活动审议，针对主题实施中提出一个问题。

二审：对接目标，以幼儿为本，梳理主题实施中的问题和困惑，汇总罗列分析提出解决问题的方法。对于个性问题：利用某个时段依托网络同伴间互助解决；对于共性问题：组织年段老师协同园级层面共同开展主题现场中审议，从而优化实施路径，帮助幼儿提升新经验。

三审：根据实践，验证方法的适宜性，再根据检验结果第三次审议教材，最终形成最佳方案。以此解决“活动价值有效落实的问题”。

一问三审的审议方式，关键在于有一个提问—回答—验证的过程。

【例】　　　　　　中班科学活动“厨房里的国王”——一问三审

原教材活动目标是认识各种用具，按一定的程序配合使用厨具，但怎样配合使用对幼儿才是有挑战的，原有教材中并未写明，教师们在一审时就这个“模糊点”提出了问题。

二审时有教师提出按功能的性质来模仿配合使用，这种方法是否超越了幼儿能力？带着这样的疑惑教师又后备了一套方案，按某一种情境开展配合使用，如烧饭需要的厨具、做面包需要的厨具、炒菜需要的厨具等，教师们分头去实践验证。

三审时，大家将幼儿们的表现进行分享，才意识到其实“功能配合”只是我们成人的美好愿望。幼儿们大多表述的是“每一种的厨具单独的使用方法”……

三审后，大家重新调整活动方案，选择了相对来说更适合幼儿生活经验的分类方法，“按照不同做事情节”对厨具的配合使用进行梳理，还可以进一步感知它们之间的关系。

（三）实况追踪，满足生成需要

实况追踪是指在周活动实施时，教师对幼儿出现的问题与生成及时记录、分析、汇总为周反思，并以此作为依据拟订出下一周的周重点和活动目标。

“实”就是将幼儿的现场实况描述出来，由外而内地分析表象背后的经验。“追”就是有跟进举措，由内而外地寻找下一周可以解决的应对策略。

实况追踪可以将周与周之间紧密衔接起来，前一周出现的问题在下一周能追踪解决，从而解决了“周与周如何跟进的问题”。

中审议中课程随着幼儿的经验随时在“动”，通过一直动态调整、随时跟进的中审议，确保主题价值能层层落实到一周、一日活动中，并正确处理好幼儿长远发展和近期发展之间的关系。

四、中审议的方法

（1）删除：对不适合本班幼儿的课程，难以开展以及与幼儿生活经验较远的，不符合幼儿发展规律的内容进行删除操作。

（2）调整：可以做前置和后置的操作，结合主题脉络，将课程内容更有层次地重新进行排列顺序。

（3）整合：若课程不适合集体教学，可以与一日生活结合，安排在日常活动或者区域活动中，以及合并相类似的活动。

（4）扩容：主题课程内容课时不够，在主题开展中幼儿感兴趣的内容，领域不均衡的情况下，教师要补充课程内容，增加主题中缺失的、幼儿需要的内容。

中审议中，我们需要基于幼儿兴趣与需要，把握好幼儿的经验发展线和主题的脉络线，将主题内容进行取舍、延伸、生成，优化主题，使之更贴近幼儿，满足幼儿。支持幼儿的每一步，都需要我们深刻感悟到主题中审议是对儿童深度学习的助力与推动。

参考文献

［1］王少华．幼儿园课程开发中“课程审议”的实践探讨［J］．陕西学前师范学院学报，2017，33（7）：30—33.

［2］王惠芬．幼儿园课程审议的实践策略［J］．江苏教育研究，2017（Z5）：110—114.

［3］徐丹．以“思”促成长——浅议幼儿园教师如何进行课程审议［J］．好家长，2015（10）：22—23.

［4］陈锂．盘点·盘活·盘思：聚焦资源的课程审议—— 以“核心价值”理念引领下中班“我来显身手”主题审议为例［J］．幼儿 100（教师版），2020（4）：46—50.

［5］吴洁，姚沈琴．双线三议：优化幼儿园课程审议之研究［J］．早期教育（教育教学），2020（1）：25—27.

幼儿园"旅程式"组级研修策略探析

（汪春月　浙江省嘉兴市海盐县望海实验幼儿园）

摘　要：幼儿园组级研修是提升小组教师研修能力提升的重要方式，如何在组级研修中发挥教师的主动性，如何开展深入且持续的研修实践，是各个研修小组一直努力的方向。本文通过梳理研修活动的准备、开展、实践三个阶段不同目标，探析在组别研修中的六大策略。

关键词：组级研修；三程六研；提升能动性

幼儿园的研修活动为教师的个人成长以及团队研讨提供了良好交流平台，通过研修活动，教师可以对近阶段的生活、游戏、课程开展情况进行梳理与回顾，发现其中的问题与闪光点。综观幼儿园的研修活动，虽然研修不止，但也有一些问题（如图1）。

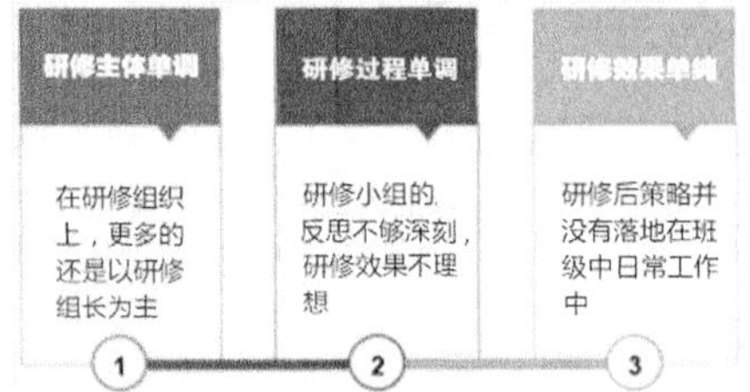

图1　小组研修活动问题

（1）研修主体单薄。首先是研修的主体，虽然研修是每位教师参与的过程，但是在研修组织上，更多的还是以研修组长为主，研修组长承包了前期收集资料、设计方案、主持等工作，而研修组员只需要参与到研修的过程中，这样的参与形式跳脱了研修活动的本质，也没有让组员更好地融合在研修活动中。

（2）研修过程单调。小组研修的目的在于总结梳理近期或上一阶段的问题或者困惑，通过小组研修去解决。小组研修过程中主要出现两个问题，首先在研修活动开展的过程中，容易出现"一人堂"的现象，研修组长的主持贯穿整个研修活动。其次是在研修效果上，研修小组成员的反思不够深刻，经常是研修活动结束，反思也跟着结束，研修效果不理想。

（3）研修效果单纯。每一次的研修都有目标，每位研修成员在研修时会表达许多独到的见解与看法。但是通过观察后续的实践，我们可以发现，很多研修后策略并没有落地在班级的日常工作中，或者进行了失败的尝试后就点到为止，而缺少了真正体现研修效果的机会。

所以我们必须重视小班生活研修的现状，直面小班生活的问题，寻求小班生活活动研修的解决方法。

一、递进式主题研修铺起点

在年段研修的准备阶段中，我们可以从研修活动的形式与主体入手，探究准备阶段的小组研修策略，通过两个维度的策略研讨，旨在全方位地做好研修活动的准备工作。

策略一：主体递进，辩证研修促提升

研修会议是年段研修最常见的一种方式，研修会议中，年段问题能得到充分的讨论与思考；教师是年段研修的主体，如果能够充分发挥教师在年段研修中的积极性，就能使研修起到事半功倍的效果。

（1）一己之力，经验积累。首先是以个人为单位的教师研修，这样的研修中，教师能更好地发挥个人的主观能动性，各抒己见，在年段研修中发表各种的观点与意见，为研修活动打开多向思路。同时，参与研修活动也能为教师积累更丰富的经验。

（2）青蓝互助，双向提升。在年段研修中，老教师更有经验，新教师则更有创新。如何让新教师的“冲劲”带动老教师，如何让老教师的“经验”传递给新教师？通过青蓝互助的方式融合新老教师的观念，帮助两个阶段的教师都能获得不同的提升。

（3）抱团取暖，有效研讨。年段研修说到底是一个小团队的研修，通过凝结团队中个人的想法与意见，获得有益于年段提升的策略。所以在年段研修的过程中重要的一点就是关注每一次的年段研修，保证每一次的年段研修都能使教师获得成长，梳理思路，让每一次的研修都能行之有效。

马斯洛需求层次理论提出，我们有爱和尊重的需求，依据这个理论，我们如何在小班的生活活动研修中发挥教师的作用，从而提升研修会议的有效性呢？主要可以通过教师对研修会议的自主申报进行准备。在确定学期研修计划的基础上，教师对于研修会议的自主申报，根据自己的特长以及兴趣选择研修主题（见表1）。

表1　小班段第二学期年段研修

时间	研修主题	认领教师	认领教师特长
2周	“小可爱”主题审议	教师一	集体活动组织
4周	餐前活动的组织研修	教师二	生活活动组织
6周	餐后活动的组织研修	教师三	生活活动组织
8周	家长会的组织与开展	教师四	家长工作
……	……	……	

策略二：形式递进，扩展研修寻路径

混合式主题化研修转变单一的研修模式，打破时间与空间的限制，多形式开展研修为教师开阔研修途径。具体研修路径（见图2）。

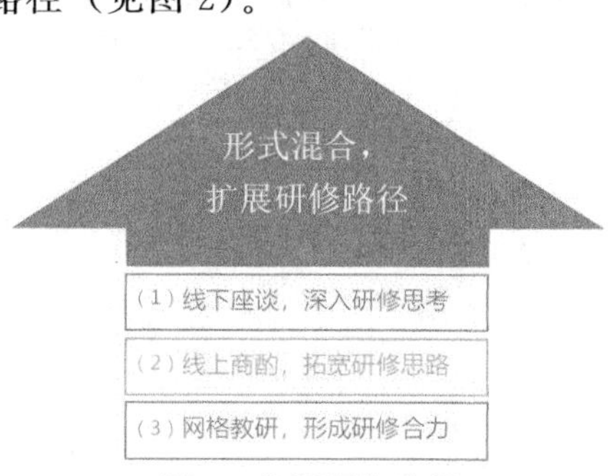

图2　小组研修路径

（1）线下座谈，深入研修思考。线下座谈是项目研修最常见的一种形式，也是最有效的一种方式。年段研修人员面对面坐下来，根据研修主题进行探讨，在探讨的过程中，可以及时记录，每位研修人员的观点以及方法，通过对比分析多个方面聆听研修人员的思考，使年段研修活动价值提升。

（2）线上商酌，拓宽研修思路。随着多媒体技术在校园的广泛运用。年段研修也不断扩宽路径，从线下走向线上。线上研讨相较于线下研修更灵活机动，能让年段研修人员有更多的机会参与到研修活动中。

（3）网格教研，形成研修合力。除了以整个年段一起进行研修的大教研模式，在研修的筹备阶段年段教师还可以通过自由组合开展年段间的小教研，通过关注幼儿的行为，反思幼儿行为背后所蕴含的教育理念，同时通过微网格的专题研修，帮助老师深入理解生活活动的内涵。

二、交替式深度研修准路线

研修活动的第二个阶段就是开展阶段，有了前一阶段的基础，在开展阶段教师年段教师通过轮流主持、查摆观摩等形式促进深度研修。任务驱动式生活活动研修活动开展实现小班生活活动的有效研修，是激发年段教师研修内驱力的一种重要形式，也是激发年段教师充分参与到年段研修的一种重要的方法。具体研修策略（见图3）。

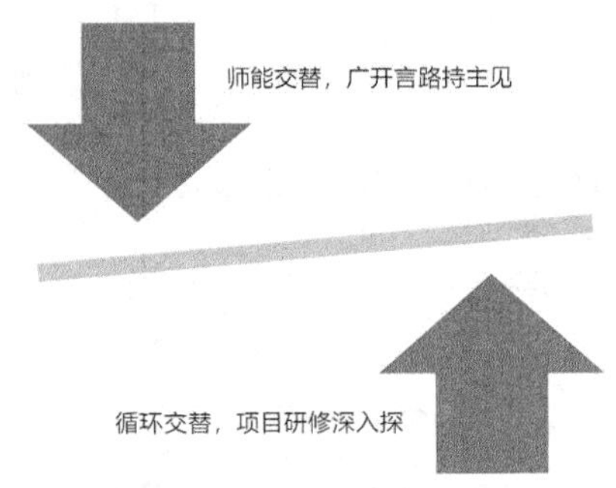

图3 深度研修策略图

策略一：师能交替，广开言路持主见

在研修活动的开展过程中，小班生活活动的研修形式从年段研修组长的“一言堂”转换为年段教师的“群言堂”，通过学期初自主申报，教师确定负责的研修主题，然后对研修主题进行资料的收集，方案的设计以及主持。这样的研修方式打破年段组长负责制的思维定式，使每位老师都能够有机会参与到年段研修的组织与筹划中。

策略二：循环交替，项目研修深入探讨

在研修活动开展阶段，教师依据项目化研究的方式从收集问题开始，进行活动方案的设计，紧接着开展研修活动，最后通过研修活动获得反思。这样螺旋上升的研修方式保证了研修的有效性。根据本班实际情况进行下一步的策略调整或者优化。以生活活动研修为例，呈现项目研修进程，具体脉络（见图4）。

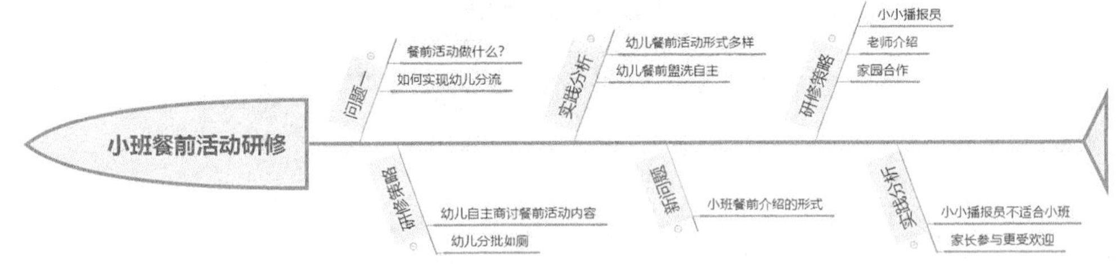

图4 小班生活活动研修脉络

通过论坛的形式分享他们班级在生活活动中的一些策略运用。以分享展示的方式呈现幼儿在生活活动中的高光时刻。

三、连续式实践研修稳落地

研修活动后，如何将研修的内容落实到实践中，可以通过连续的追踪实施，观察班级的研修实施成效，从而了解将研修策略落实在生活活动中。

策略一：聚焦问题，诊断现场把准脉

在开展阶段基于问题导向的现场观摩是任务驱动的一个重要方式。通过研修中班级自发地提出本班问题，然后年段内教师对其班级进行现场观摩，帮助其班级寻找在生活活动中的组织问题，在提出问题的基础上年段教师对产生的问题进行解析，然后提出相应的策略，帮助观摩班级整改。具体研修策略（见图5）。

图5　基于问题的研修策略

（1）基于探寻现场，寻找问题。问题驱动的第一步就是年段教师对班级的现场观摩而被观摩的班级则是属于自己认领。比如，在前期观摩班级中出现了什么生活活动的问题亟须解决或者在生活活动的组织上教师存在何种困惑，这样的情况下该班老师就可以认领问题观摩。

（2）基于拔树寻根，投石问路。现场观摩后，观摩教师会针对观摩班级产生的问题进行充分挖掘与剖析寻找产生问题的原因。观摩教师会针对观摩班级产生的问题进行充分挖掘与剖析寻找产生问题的原因。通过找茬儿式的问题溯源，帮助存在困惑的班级解决生活活动组织中的一些当务之急的问题。

（3）基于迁思回虑，千计百谋。有了前两步的策略实施，各班会对生活活动组织更加有自己的思考，能够根据本班的实际需要进行调整，对观摩中出现的问题有则改之无则加勉。通过找现场—找问题—寻策略的过程，年段教师得到了思考与提升。

策略二：准点追踪，关注过程把方向

研修活动后，研修组会定时对生活活动的开展情况进行追踪，主要可以通过两方面的追踪。具体策略（见图6）。

图6　过程性追踪策略

（1）过程追踪，优化调整。幼儿生活活动的策略从理论走向实践，是一个不断调整优化的过程，所以在实践的过程中教师需要不断地对策略进行调整，确保幼儿生活活动的方向性，所以在研修策略实施阶段，对整个实施过程进行追踪，及时跟进幼儿在策略实施中的行为表现。

（2）个案追踪，效果立见。在研修策略实施的过程中，可以采取个案观察的形式展开，通过观察班级内某个幼儿在策略实施前和策略实施后的对比发现研修策略是否在发生作用。

小组研修是一个长期的过程，也是不断发现问题不断解决的过程，经过不断的实践，激发教师对研修的内驱力才是研修活动得以有效开展的保障。研修活动也给予小组教师边学边思考的能力，从日常工作找问题，从问题中探线索，沿着线索寻对策，从而不断提升解决问题的能力。

参考文献

［1］李明妃. 幼儿园“五步六法”园本研修模式探索［J］. 早期教育（教科研版），2013（4）：31—34.

［2］倪华，成芳. S-T-A-R教研模式的园本实践与思考——以“生活活动”教研为例［J］. 早期教育（教育教学），2020（11）：30—31.

三味进阶：户外游戏场推进策略的践行

（朱叶青　浙江省嘉兴市海盐县三毛幼儿园）

摘　要：户外游戏是我园日常开展的游戏活动之一，可以使幼儿动作更加熟练，给幼儿带来良好的情绪体验。我们深刻地认识到户外游戏推进对于游戏开展的重要性。笔者通过在平日的游戏活动中对幼儿的实践研究，以创设开放话题，捕捉游戏推进点；搭建续追平台，延续推进“热潮”；构建评价支架，构建推进体系“三味进阶”的措施，深入研究户外游戏的推进策略。实践表明，这些策略能充分调动幼儿参与的积极性、主动性，在户外游戏的推进过程中提升着幼儿各种能力与品质，助推幼儿“真”游戏的发展。

关键词：“三味进阶”；幼儿；户外游戏；推进

户外游戏源于幼儿自主自发的游戏，幼儿将自己的生活经验迁移，不断地丰富和创造着游戏的主题、内容、情节，获得经验与情感的体验。而在其中最重要的便是能够拥有一些推进的方式方法，在我们现实的推进环节中往往存在以下问题：一是推进形式固定化，内容缺儿童味。推进话题的内容选择一般源于教师，极少去关注幼儿的兴趣点及幼儿真正的所思所想，缺乏童心、童趣。二是推进后续淡薄化，方式缺野趣味。在幼儿有了想要推进的项目后，往往环境、材料、经验等的缺失，使幼儿难以推进自己的游戏，无法往更高水平进行发展。三是推进成效不明显，体系缺创造味。当幼儿有了推进游戏的行为之后，一般极少进行回顾、总结，梳理过程中的经验，推进游戏的经验、水平极难提升。本文将以户外游戏现阶段存在的问题为抓手，以“三味进阶”策略，在幼儿感兴趣的基础上，助推游戏的发展。

一、儿童味——创设开放话题，捕捉游戏推进点

（一）畅谈“所玩所想”，寻幼儿兴趣内容

在推进话题的讨论中，教师可以在开头花 5 分钟左右时间，以点代面听一听幼儿玩了些什么？哪些材料、游戏受幼儿欢迎？幼儿对于游戏的参与度如何等。教师要善于抓住游戏中幼儿观察与思考的角度，对感兴趣的话题进行聚焦。从“今日游戏我来说”中我们会捕捉到许多幼儿“所玩所想”中感兴趣的事物，然后抓住比较具有关键事件的点，在与幼儿互动中，碰撞出新的思维火花，这也是游戏中的一个“推进点”。

（二）捕捉“视频作品”，挖幼儿游戏“热点”

当幼儿的话题比较散点，一时找不到特别想“推进”的话题时，以视频再现或作品呈现的方式，将幼儿再次带入游戏，在再次深入其境地观看中，幼儿会迸发出新的思考，话题讨论点也就自然而然地产生了。观看的游戏视频可以是全景拍摄，也可以带有一点“目的性”，比如教师在活动过程中遇到有价值的“聚焦问题”或者“亮点内容”时进行记录，看看幼儿的思考又是如何。

（三）创设“情趣日记”，找幼儿兴趣“焦点”

画语表达也是幼儿找出兴趣点的一个重要途径，幼儿能在不干扰的情况下把最真实想到的、感兴趣的点进行绘画表达出来。同时，绘画也能帮助幼儿表达表现，是言语讲述的重要

补充，推进话题中让幼儿自主地进行表达。“情趣日记”绘画中，教师要提供幼儿一个自由、宽松无干扰的环境，鼓励幼儿进行绘画表达，帮助他们找到最想延续、推进的内容。

二、野趣味——搭建续追平台，延续推进“热潮”

在推进话题之后也需要有策略地进行延续，采用一定策略助幼儿延续问题、再探解决方式等，去呈现游戏的延续性，让推进话题延续下去。

（一）搭建“情境体验场”，延续探索兴趣

“情境体验场”的目的是让每个幼儿升华已有的经验或者习得同伴的经验，迁移到自身游戏中，从而让下一次游戏更加精彩。我们在教室搭建了一个“情境体验场”，针对推进话题中的问题、亮点、幼儿兴趣生长点等，与幼儿一同准备了所需的一些辅助材料，比如，小梯子、小垫子、积木等低结构材料。幼儿可以根据需求进行自主操练。通过“情境体验场”这个平台来调动幼儿多感官参与，延续推进话题中的热情。在幼儿的一步步尝试中，他们在思考着不让木板倒下来的方式方法，提升着自己的经验，通过动手操作把推进话题进行了延续，兴趣不减（见图 1）。

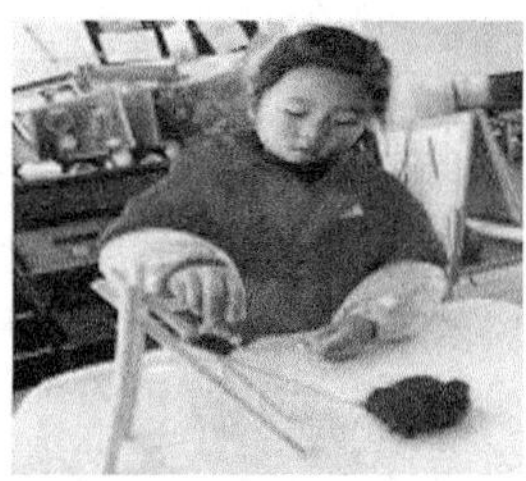

图 1　情境体验——不让木板倒下来

（二）创设“互动交流墙”，延续探索内容

在教室，我们为幼儿创设了一面“互动交流墙”。幼儿自由讨论、交流游戏中最有趣、最刺激、最难解决的事情后，鼓励将自己的一些疑惑、想到的一些方式方法以绘画、照片等形式呈现。幼儿可根据“互动交流墙”中的新鲜趣事，去寻找、扩展游戏的玩点，增加改变游戏材料、环境等。例如，在建构游戏中，幼儿建构了各种各样的城堡。幼儿把第几次游戏时候的内容亮点、问题等按照实际情况连续进行了绘画呈现，并且根据幼儿的需求，游戏中增加了游戏材料（管道、塑料花草等），助推了游戏的发展。游戏墙记录当下游戏情况，对产生问题进行设想，也有助于在下次游戏的时候帮助幼儿进行记忆、运用、延续，发挥推进话题活动的有效性，同时也使幼儿更乐意推进话题（见图 2）。

图 2　连续记录的互动交流墙

（三）构建“家园联系屋”，增加探索经验

当推进话题出现“危机”，情境体验场和互动交流墙的几次思考、实践都解决不了问题，但是幼儿兴趣依旧很足，幼儿现阶段的经验水平解决不了当下的问题时，就需要教师、家长

等及时助推。去通过查阅资料、实地参观、家庭科学小实验等，用幼儿喜欢的方式去丰富幼儿的经验，助力幼儿去解决问题。例如，孩子们于两端接触面的关系很感兴趣的时候。将幼儿的兴趣点推进话题给家长们，与家长们合作一起去找寻身边带毛的东西以及做一些摩擦力小实验，丰富幼儿的经验。在幼儿探究玩推进话题之后，幼儿的经验都提升了，当再次玩游戏时，他们想到的方法更多了，游戏的投入度也更高了，游戏自然而然推进了（见图 3)。

图 3　家园联系屋之推进话题探寻照片

三、创造味——构建评价支架，完善推进体系

当游戏推进后，幼儿有一定成效或者遇到其他问题时，有一套丰富的推进体系很重要，有助于评价游戏，更好地推进游戏，在思考中提升经验，获得能力的发展。

（一）“互评式”多元评价，评析游戏发光点

“互评式”多元评价包括幼儿自评、互评、小组评价与集体评价。在游戏过程后的评价环节，幼儿担任主导者，评价有“点赞”“争星”等多元形式，幼儿进一步评析自己的游戏，去发现游戏过程的闪光点，延续游戏。每位幼儿都有一本自己的专属点赞手册，游戏结束后，幼儿评价自己的游戏，以“点赞”的方式，去肯定延续游戏中的“新突破”。同时，我们还以 PK 形式，与前一次游戏比拼等方式。评析在连续游戏过程中，幼儿协商、合作、挑战、创造等的情况。每个星期，我们都会评价出几名“挑战王”并且颁发勋章（见图 4)。

图 4　“互评式”多元评价现场

（二）“日记式”跟踪评价，评价游戏生长点

“日记式”跟踪评价，主要是指教师对幼儿游戏行为进行记录和反思，通过日记的形式反映幼儿成长的轨迹，厘清幼儿游戏是否呈现连续，是否往更高水平发展，过程中是否遇到难题需要提供帮助等。例如，在桥类演变史中，教师记录了几个孩子从最初的长长跨海大桥—稍微复杂一些的九曲桥—更复杂的高架桥。我们发现连续观察、记录、助推一段时间，幼儿的“作品的完整度”“作品的创新性”等有了一定的提升。以日记形式进行游戏故事撰写，通过事件描述、事件分析，提供具体措施等记录、厘清幼儿的游戏，评判幼儿的游戏行为，为后续游戏的推进预设系统性的策略支持（见图 5)。

图 5　日记观察式——桥类演变史

（三）"回顾式"归因性评价，升华游戏情感点

在连续进行为期一段时间连续性的游戏过程中，会发生大大小小的"故事"，比如，过程中的曲折故事、有趣挑战等。幼儿需要情感的宣泄与共鸣，我们提供一个供幼儿"合理表达"的平台，供幼儿进行"表达"以及"内化"自己的情绪、情感，并且把自己的游戏进行整理、归因。例如，在草坪游戏中，幼儿对于滑索探秘兴趣不减，我们和孩子们一起创设了一个表演的平台——道具滑索、玩偶小人，孩子们进行表演起来，总结了玩滑索的一系列经验，也找到了一些失败的原因。"表演""故事讲述"等孩子们乐于参与，在给"观众"进行表演阐述自己游戏的同时，进行回顾、总结、思考，获得情感的提升，也为再一次游戏"助力"，激励连续性游戏行为的再一次产生（见图 6）。

图 6　表演自评式"滑索挑战"现场

在户外游戏推进策略中，我们鼓励每位幼儿参与其中，并针对每个个体给予不同的反馈，发展幼儿的语言表达、思考、想象、分析等各项能力，让每位幼儿在其原有经验水平上都有所发展。

参考文献

［1］温秀琴，麦颖．支持幼儿推进自主游戏的策略［J］．教育观察，2018，7（16）：56－58＋98.

［2］甘晓彬，代秀珍．区域内推进幼儿区角活动的实施［J］．教育与教学研究，2019，33（10）：41－49.

［3］唐玮．课程游戏化背景下幼儿建构游戏的推进与实施［J］. 华夏教师，2018（33）：85.

［4］苏海云. 支持幼儿角色游戏的策略探究——以大班角色游戏"度假村"的生成和推进为例［J］．学前教育，2019（6）：20－21.

用心搭乐园，创造新梦想——大班幼儿户外建构游戏中的“舞台秀”

（徐薇　浙江省温州市洞头区霓屿幼儿园）

摘　要：建构游戏是幼儿最喜欢和热衷的游戏，幼儿在游戏中可以自主地摆弄、拼搭。通过自己亲手操作、动手、动脑、去发现、去思考，在愉快的气氛中主动积极地寻求并获得知识；大班幼儿建构活动中，幼儿已经能自由分小组并创设主题，其中部分幼儿能朝着预设的建构目标努力，但也有部分幼儿边建构边调整预设的计划。不管孩子选择哪一种，游戏中始终凸显着孩子们“合作”带来的快乐！户外自主建构游戏是幼儿自主自发地使用各种不同的材料进行创作的过程，主题多变，形式多样，是融思维、操作、艺术、创造于一体的综合性游戏活动。

关键词：户外；建构游戏；舞台秀

户外大场地的建构是孩子们梦寐以求的。游戏时幼儿在对建构材料进行搭建（排列、组合、接插、镶嵌、拼搭、垒高等）的过程中，实现自己搭建的需求及愿望，体验自己与同伴共同搭建的快乐感、成功感。它不仅能丰富幼儿的主观体验，发展幼儿的动手能力和建构技能，更能促使幼儿在协商、谦让、交换的游戏氛围中学会分享与合作，尝试开拓与创新，体验成功与挫折，从而实现合作交往能力的提高以及幼儿个性的和谐发展。关键是孩子们在完成搭建后还能在大环境中自主分配角色进行游戏，游戏中的和谐、自主、表演更能体现户外建构的霸气。

一、背景分析

建构游戏是儿童学习的主要形式之一。首先，考虑我园有开阔、适宜的户外场地。户外建构更能拓展幼儿的思维、有充足的建构空间。其次，园所周边有丰富的纸资源材料，如纸箱、纸盒、纸筒、纸板等，通过挖掘我们收集类似低结构材料，让孩子通过搭建来促进孩子的建构技能。另外，结合本班孩子的个性：活泼、开朗、爱表现。班上有好几个孩子平时接触拉丁、走秀的比较多，还时常登上舞台去参加表演、比赛等活动。基于以上因素，大班孩子自主性、想象力正处开发时期，我们以搭建自己的乐园为载体，从幼儿兴趣和已有经验水平出发，鼓励幼儿更自主地游戏，积极引导游戏中的多元化，激发幼儿游戏的兴趣，满足幼儿动手、动脑的欲望，展现孩子大胆、热情、自主、积极等优势的一面，凸显幼儿全方位发展。

二、户外建构舞台秀的实施与策略

《3～6岁儿童学习与发展指南》提出“应鼓励和支持幼儿用积木、纸盒、纸板等各种形状材料进行建构游戏。同时，提供创造机会和条件，支持幼儿自发的艺术表现和创造。”

所谓自发建构进行艺术表现是，孩子可以自己选择建构的主题，进行创造性的游戏表现，因此把确定主题的主动权交给孩子是首要放手的抉择。

（一）教师放手——孩子自己确定搭建主题

“孩子天生是艺术家”，教师切不可妄自推翻自娱性舞蹈对于幼儿的价值，在大班的自娱性舞蹈仍然是幼儿心灵的肢体语言，不能轻易抹杀。而且，我们要非常警惕功利化的欣赏眼光。教师所要做的是把“设计权”交给孩子，给孩子更多的创造空间。

案例1：确定主题：我的舞台

观察记录：幼儿A：今天组长由我来当吧。幼儿B：不行，我也想当。幼儿C：大家都想当，那我们就黑白配吧。孩子们满口答应了，来吧“黑呀嘛黑白配”，一次、两次……幼儿D当上了组长，孩子们以掌声表示同意。组长问题来了：那我们今天搭建什么呢，幼儿A：我最喜欢去游乐场，要不我们就搭建游乐场吧。幼儿B：我最喜欢到舞台上去表演，当我表演结束我就会听到热烈的掌声，要不我们就搭建舞台吧。其余孩子说道：我也喜欢。组长就立马确定了主题，好吧，那我们就搭建舞台。随后就开始讨论如何搭建舞台。

分析解读：自由分组中，孩子们顺其自然地将9个女孩子分成了一组，在讨论主题争论中，其中幼儿B在艺术方面比较突出，经常会去参加一些演出，因此，该幼儿的舞台经验比较足。其余孩子一直都很羡慕她，也很希望自己能上大舞台。所以“舞台”的主题立马呈现了。当组长是每个孩子都想要的，从一开始的争执中到孩子们想办法公平竞选。

(a) 竞聘组长

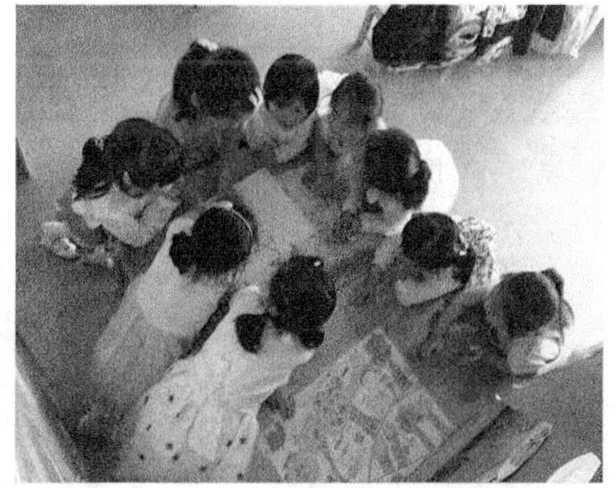
(b) 讨论主题 设计图纸

图1　分组讨论

（二）自由组合——幼儿合作搭建梦想舞台

规划好舞台整体轮廓后，孩子们开始拼搭，突然幼儿B大声说道，我们来分下工，这样会更快。然后就有了孩子们分工的对话。

案例2：搭建舞台——“观众、评委席、等候区”

观察记录：我们四个拼搭舞台，那我们三个拼搭评委席，好，那就我们俩搭观众席吧，很快孩子们分了工，便开始完成自己的任务。幼儿A：舞台要高一点的，我们就用这个纸芯筒，你快帮忙去找找……观众席要比舞台低一点，那我们用这个吧……商量完后，幼儿B临时想到：对了，当下一个节目准备的时候就应该在等候区等待，我们还需要搭建等候区。

分析解读：整个游戏中，孩子们的分工非常明确，有较强的合作意识。能用同样高度的纸芯筒拼搭舞台的轮廓，再放上木板，很快舞台就出来了，随后幼儿C说道：舞台旁边要有栅栏，不然会摔下去，紧接着帮忙一起用纸芯筒围了栅栏。其中，幼儿B对生活中的舞台经验十分充足，在搭建中她临时想到了等候区，两个孩子想了个办法就是用垫子拼搭了等候区，还用纸芯筒替代了凳子。

（a）舞台　（b）观众　（c）评委席　（d）等候区

图2　幼儿合作舞台综合图

（三）拓展经验——助推幼儿游戏内容

幼儿A小声地跟幼儿C说：有一次妈妈带我去学唱歌了，那里面可好了，还有很多很多的话筒，幼儿B听到了，我知道我知道，那是文化馆。

案例3：丰富舞台："围墙、大门、售票处"

观察记录：当孩子们快要拼搭完舞台时，幼儿B跑过去指挥着，纸芯筒还需要这样放，你们看，"T"形台就出来了，我走秀时就会在"T"形台上摆Poss。拼搭围墙的小朋友在我的介入下充分利用了新的材料搭建了围墙。这样的舞台孩子们更自信了。这时幼儿B拿着彩色纸跑来说："老师老师，'文化馆'怎么写，我觉得这样很像上次幼儿A说的音乐教室，我想给它取名为'文化馆'贴在大门上可以吗？""当然可以啊。"

分析解读：在游戏中加一点新材料，结合在孩子平时的经验中，让围墙变得更大气了，孩子们就充分运用了轮胎。有了围墙、大门、音乐教室，舞台更直观了。游戏中几个女孩子兴奋地在台上唱着跳着，对生活经验较丰富的幼儿B立马想到了"文化馆"里音乐教室。

（a）舞台

（b）观众

（c）评委席

（d）等候区　（e）围墙　（f）大门　（g）售票处

图3　舞台游戏模拟图

案例4：畅想舞台："中国好声音"的加入

观察记录：幼儿B：你每次都是评委，今天该轮到我了，幼儿A：不行。两人同坐在一张凳子上你挤我挤的，谁也不肯让。随后，我介入了游戏，你们俩都想当评委，那怎么办呢？在一旁的幼儿D走过来了，那你们就石头、剪刀、布吧，很快幼儿A胜利了当上评委，幼儿B被邀请去当演员了。

分析解读：在前一次"文化馆"建构游戏结束后的点评中，我问了孩子：有这么个电视节目，当评委听到好听的声音他们就会按下响铃，转过身来。孩子们异口同声地说了，那不就是

“中国好声音”吗。立马孩子们有了这想法：打算把“文化馆”转换成“中国好声音”，因此也改变了不少，特别是评委席，换了新的材料，不同的方式，孩子们特别感兴趣。导致有争抢的现象。

(a) 舞台　(b) 观众　(c) 评委席

图4　畅享舞台模拟（一）

(a) 等候区　(b) 大门、售票处　(c) 围墙

图5　畅享舞台模拟（二）

（1）评委席。回忆“中国好声音”的评委席，孩子们决定要把评委席换到舞台正下面，也从一排的评委席换到单坐的，便于转身。

（2）观众。讨论着观众应该在两边的，因此将观众席也进行了调整。

（3）等候区。等候区的大小没变，方便直接上台表演，因此将等候区的方位对准了舞台。

三、效果呈现

从“简单的一个舞台”—“文化馆”—“中国好声音”，能看出游戏中孩子们的自主、合作、讨论协调一致，激发了幼儿的敢于创想，发挥了户外自主游戏活动的实效性。不仅丰富了幼儿游戏的内容和形式，还激发了幼儿的游戏动机，一定程度上提高了幼儿游戏的质量。其次，通过游戏，教师观察及指导能力专业素养得到提高，从而助推幼儿游戏的发展，提高游戏的实效性，让孩子们真正游戏、真正发展。

(a) 简单的一个舞台　(b) 文化馆　(c) 中国好声音

图6　畅享舞台模拟效果

总之，小舞台的游戏设想对于幼儿来说是有很大空间的，在大班幼儿的游戏中，教师要以享受的心态参与游戏的准备，发挥幼儿的主动参与性；在幼儿表演时，教师要真正享受幼儿的

表演，让幼儿大胆表现；在总结评价时，教师才可能捕捉到有价值的信息，供幼儿相互交流学习。教师享受整个过程，幼儿就能在享受游戏快乐的同时得到提高。

参考文献

[1] 李季湄，冯晓霞.《3～6岁儿童学习与发展指南》解读［M］. 北京：人民教育出版社，2013.

[2] 华爱华. 幼儿游戏理论［M］. 上海：上海教育出版社，2000.

[3] 陈秀梅. 适时介入适当指导：谈教师介入幼儿游戏的时机及策略［J］. 无线音乐·教育前沿，2013（4）：126－127.

浅谈教师对幼儿自主游戏的困惑与思考

（石小娟　湖北省武汉市江岸区国防科技大学信息通信学院幼儿园）

摘　要：自主游戏即幼儿在一定环境下根据自己的兴趣和需要，以快乐和满足自己为目的的，自主选择、自主开展、自发交流的游戏活动。教师在自主游戏中是必不可少的角色，教师要以幼儿为主体，支持幼儿游戏，鼓励幼儿独立探究，创新游戏。在这个过程中，教师要闭上嘴、管住手、睁大眼，打破传统固有思维。然而，实际上，教师在开展自主游戏时也还存在一些问题和困惑，从这些问题与困惑中，引发了教师一系列的思考。

关键词：自主游戏；困惑；思考

自主游戏是以幼儿为主体开展的游戏，顾名思义幼儿才是游戏的主人。教师在自主游戏的定位应该是支持者、追随者与合作者，支持幼儿的游戏，追随幼儿的目光，为孩子创造良好的游戏空间。但在现实生活中，教师对如何开展自主游戏也存在一定的困惑。只有解决这些困惑，才能更好地发挥教师的引导作用，使幼儿更好地游戏。

一、教师开展自主游戏的困惑

（一）教师如何让幼儿主导游戏

由于传统思维的影响，教师在开展自主游戏时，舍不得放手，紧紧盯着幼儿，不允许幼儿的游戏偏离自己的预设，总是想插手干涉幼儿的游戏。还有的教师以成人的角度看待幼儿的游戏，游戏过程中出现偏离生活实际时，就立刻加以纠正或进行指导。当幼儿在游戏过程中出现违反游戏规则时，教师会立即叫停幼儿的游戏，将幼儿引导到正确的规则中。还有一部分教师过于担心幼儿在游戏期间的安全问题，害怕幼儿受伤，从头至尾全部都代替包办。在“小小建筑师”游戏中，有的教师告诉幼儿积木只能拿来搭建建筑。当幼儿想拿积木扮演吃饭的食物或其他物品时，教师会立马制止他们说：“这个不能这样玩，不能吃到嘴巴里！”于是，幼儿自主游戏就演变成了教师导演，幼儿主演的一出戏，教师在不自觉间就主导了幼儿的游戏。

（二）教师如何让幼儿游戏不中断

自主游戏的主体是幼儿，幼儿是游戏的主人，而不是教师，所有的游戏主题和游戏过程都应该是以幼儿的兴趣产生的，当幼儿的游戏兴趣减弱，或被其他事情干扰，导致游戏无法进行时，教师才可以进行干预。而在实际情况中，教师经常中断幼儿的自主游戏。有时候是为了指导幼儿的游戏，有时是因为游戏的时间不足。总之，无论什么原因，都存在着教师中断幼儿游戏的情况。教师中断幼儿的游戏，会导致幼儿的自主游戏不能顺利进行。

（三）教师如何对待幼儿的自主游戏

幼儿的自主游戏是以幼儿的兴趣开展的，幼儿是游戏的主人。有的教师存在对自主游戏认识的偏差，认为自主游戏就是幼儿自己玩，反正幼儿是游戏的主人，幼儿爱怎么玩就怎么玩，只要保证幼儿的人身安全就行了，对幼儿的游戏不管不顾。不为幼儿提供适宜的场地和材料，也不关心幼儿的游戏过程和进度，不注意观察幼儿在游戏中的表现和出现的问题。例如，在户外自主游戏中，教师只告诉幼儿拿材料的地方，其他的都不予理会。当幼儿在游戏的过程中遇到困难想请求教师帮助时，教师也只留下一句："自己想办法解决！"草草了事。当幼儿对材料不感兴趣时，把材料到处乱丢，游戏结束时，也不去收拾归纳材料。这是教师对自主游戏认知出现的偏差导致的结果。

（四）教师如何发现幼儿游戏兴趣点

对于教师而言，自主游戏是围绕幼儿兴趣开展的游戏活动，但是如何抓住幼儿的兴趣成了许多教师的困惑。明明这个东西幼儿很感兴趣，但是当开展自主游戏时幼儿却不感兴趣了。教师认为孩子对某件事物不感兴趣时，但当开展自主游戏时幼儿却兴致勃勃。因此，教师在开展自主游戏时对幼儿的兴趣点摸不着头脑。同时，在幼儿进行自主游戏的过程中，幼儿的兴趣点明显有所减弱时，不知道如何去调动幼儿的兴趣，使游戏继续推动下去。

二、教师开展自主游戏的思考

（一）教师在自主游戏中的定位

1. 教师是幼儿自主游戏的支持者

在自主游戏中，教师应该是幼儿的支持者，支持幼儿的游戏。尊重幼儿的自主选择。《3～6岁儿童学习与发展指南》提出，要充分理解和尊重幼儿发展过程中的个别差异，支持和引导他们从原有的水平向更高的水平发展。在户外自主游戏"烧烤店"中，有幼儿跑到我身边小心翼翼地问我："老师，我想摘一点树叶做烤串，可以吗?"我看了看周围的绿植，蹲下来对他说："可以呀！烤串做出来也给我尝尝吧！"孩子听到我同意他摘周围的树叶做烤串时，眼睛都亮了。

2. 教师是幼儿自主游戏的观察者

在自主游戏中，幼儿是游戏的主体，游戏的开展是由幼儿自己展开的，教师不能把自己的意愿强加在幼儿的身上，从而使自主游戏失去了原本的意义。教师在幼儿的自主游戏中要管住自己的嘴巴和双手，把游戏的天地交还给幼儿，使幼儿在游戏中获得最原本的童真。同时教师不能闭上眼睛，撒手不管，要做一个观察者，时刻关注幼儿的状态，使幼儿在安全的环境下进行游戏，关注游戏的进程，使幼儿的游戏往前推进，目光时刻追随着幼儿。

3. 教师是幼儿自主游戏的引导者

当幼儿在自主游戏中遇到困难停滞不前时，教师应参与到活动中，与幼儿一起玩，在玩的过程中进行隐形的指导，解决活动中的矛盾，在活动中做到因材施教。在"游乐园"游戏中，我会扮演游乐园服务中心的咨询员，当幼儿遇到无法解决的困难时，可以向我咨询。在"小超市"游戏中，我会化身售货员，向幼儿售卖和回收他们所玩的材料，在无声无息中引导幼儿推进游戏。

（二）如何正确地开展自主游戏

1. 幼儿角色选择自主化

幼儿自主选择游戏角色有利于提高游戏的兴致，可以让幼儿的兴趣保持较长的时间。在实际自主游戏开始时，让幼儿自主选择一个角色进行游戏，从而使幼儿快速地去选择材料和场地，快速地开始游戏。在自主游戏中，幼儿可以按照自己的意愿扮演角色，猫咪、超人、消防员等都可以。用这种方法既节省了不必要浪费的时间又尊重了幼儿自己的意愿，提高了幼儿的游戏兴趣和游戏的质量。

2. 幼儿游戏过程自主化

幼儿的自主游戏都是由幼儿的兴趣和想法开展的，教师不可以随意中断幼儿的游戏。幼儿的游戏过程需尊重幼儿的想法，自主游戏的游戏情节不是一成不变的，不变的情节会使游戏枯燥无味，创新的游戏情节是幼儿探索的表现，会使幼儿的游戏兴趣更高。

3. 幼儿游戏时间合理化

合理地安排游戏时间，是为幼儿的自主游戏提供了基本的保障。过短的游戏时间会使幼儿完全体会不到自主游戏的乐趣，而过长的时间会使幼儿对自主游戏产生疲惫，对其他活动的开展也会有一定的影响。因此，只有合理安排游戏时间，才不会让时间都浪费在教师简述规则、维持秩序、收拾材料上，才能在一定程度上保障幼儿自主游戏的权利，为自主游戏有效完成提供时间保障。

4. 幼儿游戏解读深入化

教师想要顺利地开展自主游戏，首先，要读懂幼儿，抓住幼儿的兴趣点。因为自主游戏开展的前提是幼儿感兴趣的游戏活动，抓住了幼儿的兴趣点，就为自主游戏的顺利开展提供了重要保障。其次，教师要多看、多听、多想、多记录。教师要观察幼儿感兴趣的事物，多听听幼儿自己的想法，征求幼儿的意见，多想想幼儿感兴趣的点在哪里，要学会以幼儿的角度看待问题。教师要多记录下幼儿感兴趣事物的特征，进行反复研究。与此同时，教师要学会放手，给予幼儿去交流的机会，不要过于高控幼儿的自主游戏，按照幼儿的想法进行游戏，给予幼儿一定的自由。

5. 幼儿游戏反思要即时化

反思活动对教师开展自主游戏来说极为重要，可以使教师反躬自省，不断完善自我，更好地促进游戏的开展。在自主游戏过程中，幼儿的兴趣明显减弱，如何调动幼儿的兴趣，促使自主游戏顺利进行下去是教师在游戏过程中经常遇到的问题。对于这个问题，教师在反思活动中应及时组织幼儿讨论不感兴趣的原因，同时带领幼儿从头梳理游戏的环节，重新捕捉幼儿的兴趣点。在教师反思活动中，要积极听取幼儿的心声，对幼儿的预设不要过高，充分追随幼儿的兴趣。

与以往有计划的教学活动不同，教师在开展自主游戏时肯定存在一定的困惑，“瓶颈”期和迷茫期或难以避免。我们要在这些困惑中不断摸索前行，结合前人的经验，不断地思考，就能够不断提高游戏指导水平，引导幼儿进行高质量的自主游戏，在游戏中主动获得发展。

参考文献

［1］卢玲．谈谈幼儿自主游戏中教师的指导［J］．泸州职业技术学院学报，2012：(2)：77—79＋83.

［2］赵丽君．幼儿自主游戏中存在的问题与对策［J］．幼儿教育，2004（5）：12—13.

接住孩子抛来的“球”——浅谈幼儿探索活动中教师的“回应”策略

（项丽娟　滨海县五汛镇中心幼儿园）

摘　要：在幼儿园开展的各项活动中，孩子们喜于问为什么，作为教师的我们，要善于捕捉孩子们提出的有价值的问题并“回应”幼儿，本文从对孩子的兴趣、困惑的“赏识支持”回应——对幼儿关注事物的“策略提问”回应——对孩子物质材料的“适时帮助”回应，从这三个方面阐述了“回应”幼儿的各种积极有效的方式。

关键词：幼儿；探究；回应

每一位孩子都是小小的探索家，对稀奇古怪的问题，都充满了求知的渴望，幼儿园的各种活动都是幼儿探索求知的平台，在捕捉有价值的问题过程中，教师起着举足轻重的作用。有句出自意大利瑞吉欧方案中的一段话：“接过孩子抛过来的球，并抛还给孩子。”这句话告诉我们，作为一名教师，我们要随时随地地仔细观察孩子——及时捕捉孩子有价值的问题——再把问题“还给”孩子，让孩子们“接过球”通过更进一步探索、思考，从而使活动不断地深入。在幼儿探索的活动过程中，教师“如何回应”，是我们教师当前需要突破的一个大难题。我们在《幼儿园教育指导纲要（试行）》的指引下，在实践中不断摸索、不断思考，针对孩子们的探索活动形成了一定的回应策略。

一、借助“赏识支持”回应，有效引发幼儿探索活动

（一）回应兴趣

我们教师要用孩子们的心灵感知世界，用孩子们的眼光看待世界，要用孩子们的语言表达世界，这样我们就能很好地抓住孩子们的兴趣点，有时孩子们与教师的“无意”交谈，教师要“有意”思考，“有意”倾听，回应孩子，着手生成一个精彩而生动的探索活动。例如，我带孩子们在户外做游戏，幼儿园旁边的树上，有一群小鸟在鸟窝里叫，鸟宝宝等待鸟妈妈来喂食，孩子对小鸟的窝非常感兴趣，这个兴趣点是值得深入和探究的，我们教师及时作出“回应”，在班级组织了“我是小小建筑师”活动，幼儿通过观察鸟巢，欣赏网上的图片和资料，让孩子们了解不同鸟做窝的方法，还在活动区里投放了有关做鸟窝的材料，让幼儿的兴趣得到进一步的拓展和延伸。

（二）回应困惑

幼儿园的活动是丰富多彩的，孩子们会时不时地提出许多出乎意料的疑惑或问题，教师要搜集一些既能丰富孩子的经验又能满足孩子探索欲望的问题，及时回应，引发孩子们深入思考，提高孩子们主动学习的能力。例如，有一天，有两个小朋友在玩小汽车，我听到了这样的对话，丽丽说：“怎么汽车后面没有尾巴？”轩轩问：“汽车有尾巴吗？”丽丽说：“有呢，我爸爸车后面有一个长长的管子，像尾巴一样的。”轩轩说：“是的，我也见过，它会冒出白色的气体，还会污染环境呢？”丽丽：“怎么其他小动物的尾巴没有冒白色的气体呢，走，我们去问老师。”幼儿在观察中发现汽车是有尾巴的，由于幼儿对汽车的结构不太了解，于是，

幼儿借助已有的动物尾巴经验知识进行迁移了，在对比中又困惑这种想法，于是求助于教师。面对孩子们这一独特的想法，我惊叹幼儿的观察，但我不急于立马告诉幼儿答案，而是引导幼儿自己去寻找答案，让他们通过自己的探究，解决问题，找到答案。

二、运用“策略提问”回应，有效促进幼儿的探索活动

（一）关注中的追问——扩思回应

孩子是一本成人读不完、读不透的书。我们教师想要读懂他们，就要在日常生活中时刻关注他们所关注的，提问他们所提问的，感知他们所感知的。教师如果能将一系列提出的问题有效地连接在一起，形成追问，有助于幼儿将生活中所学的各种知识表达出来。孩子们在与同伴交流回答中，可能自己原有的经验被认同，也有可能不被认同。但听到不同的想法，可以增加自己的知识经验和拓展自己的思维空间。所以教师的每次追问，能把问题引向深入，能够长久地保持教师和幼儿之间的互动。例如，组织“纸桥”的承重力活动中，教师可以这样进行层层递进提问。怎么样才能让你的“纸桥”承受更重的力量呢？——可以让“纸桥”变硬些，那怎么才能变硬呢？——可以折叠一下，纸桥就变硬了？还有没有其他的折法？——可以折成扇子桥，这样就可以放更重的东西了……孩子们回答后，我们教师还要追问：“为什么会这样呢？你是怎么想到的？”在回答问题和思考问题的同时，幼儿通过对问题的反思，获得了“受力面、承重”等相关知识。

（二）倾听中的互换——发问回应

好奇是孩子的天性，好奇也是创造的种子。探索是获得经验、形成概念的过程。许多稀奇古怪的问题中包含了促进孩子发展的内容。在此时，我们教师要做一位细心的倾听者，去认真倾听孩子们讨论的热点话题。这样我们就能收集一些孩子们感兴趣的探索话题。当探索的内容正是孩子们感兴趣的和喜欢的时候，他们就会非常积极主动地参与活动，并且接二连三地发出提问。此时，我们教师不但要接住孩子们抛过来的“球”，还要用适当的方式，把球再抛还给孩子。也就是设计问题，鼓励孩子们向自己“发球”，教师不要一一回答孩子们提出的问题，而是用连续的反问，将单一的师生互动变为生生互动。调动孩子们参与活动的积极性，生成更为精彩的课堂氛围。例如，有一天，我带孩子们到草坪上游戏时，突然听到几位小朋友大喊道：“哇塞，有好多蜗牛。”这句话引起了孩子们的兴趣，许多孩子聚在一起讨论有关蜗牛的问题：“蜗牛为什么能够爬得很高，难道蜗牛脚下有胶水吗？”“不是的，如果蜗牛脚下有胶水，它就粘在上面不能动了！”“蜗牛既然能够爬得很高，且掉不下来，可能它的脚下有吸铁石？”“老师，为什么蜗牛不能爬快一点，真急人？”我边记录着孩子们的问题，边回答孩子的问题：“你们提的问题非常好，可是有些问题老师也不太清楚，怎么办呢？怎样才能解决这些问题呢？”大家你一句，我一句的讨论，有的孩子说：“我们可以翻看有关蜗牛的书籍，寻找答案。”也有的孩子说：“老师我们也可以观看《动物世界》了解蜗牛的生活习性。”……就这样，有关蜗牛的调查活动顺利地开展了。

接下来几天，班级的活动区角多了有关蜗牛的书籍、标本、画报以及从网上下载的有关蜗牛的结构图片，孩子们一有空就会去了解各种各样的蜗牛，特别是对蜗牛的爬行感兴趣。最后我们根据这几天的活动探索，组织一节集体谈话活动，让孩子说说自己对蜗牛的了解，以及说出参与活动的感想与体验。这样既能让幼儿体验主动学习的快乐，又能丰富幼儿的直接经验，激发幼儿继续探索的欲望，使活动终而不止。

三、构建“适时帮助”回应，有效提升幼儿的探索活动

（一）材料回应

当幼儿在探索活动过程中出现拐点时，教师要及时提供有效的材料，“回应”幼儿，维持幼儿学习探索的兴趣。“回应”材料时，教师要根据活动的需要，提供与活动目标适量、适时，有层次地投放材料，吸引幼儿去发现、去探索。

（二）参与、提升回应

《3～6岁儿童学习与发展指南》提出：“教师应成为幼儿活动的支持者、合作者、引导者。”在幼儿探索的活动中，教师应介入幼儿的活动中，成为幼儿的伙伴，与幼儿平等对话与交流，通过师幼互动，潜移默化地影响幼儿。同时，在活动中，因为幼儿缺乏经验，对事物的认识有限，探索活动会停留在事物的表面，很难深入，这就需要教师适时地“推”幼儿一把，对幼儿进行点拨，借助当时的材料、情景，直接提出主题，把幼儿的学习探索兴趣推向更高层次。例如，在组织幼儿观察“螃蟹”的活动中，我发现孩子们只观察到了螃蟹的外形、动态等表面特征，而对于螃蟹的内部结构，幼儿不是太了解，于是我解剖了一只死螃蟹，幼儿一边看，一边讨论，“为什么螃蟹没有血?”“那白色的一竖一竖的是螃蟹的鳃，鱼也有鳃”在此活动中，我把孩子们的兴趣点引向了螃蟹无血液、螃蟹的呼吸等螃蟹的内部结构上，将孩子们的活动进行了提升。

“接住孩子抛来的球。”在日常工作中，教师要处处留心、时时刻刻留意，了解幼儿探索的动向，捕捉孩子的支持点，巧妙运用支持策略，准确接住并回应幼儿“抛来的球”，从而激发幼儿探索的欲望，提高探索活动的有效性。

参考文献

[1] 张小宇．让有效应答成就课堂之精彩——浅谈幼儿园集体活动中教师的回应策略[J]．新课程学习（中），2014（8）：179＋181.

[2] 李夕．幼儿园主题活动延伸的实践探索[J]．才智，2018（26）．

[3] 李丹．浅谈如何捕捉幼儿的“哇时刻”促进活动生成[J]．新教育时代电子杂志（学生版），2016（11）．

[4] 骆玉荣．让“问题”伴随幼儿快乐成长[J]．数字化用户，2018，24（20）：170.

[5] 林薇．主题背景下区域活动的探索与实践——浅谈主题活动与区域活动的整合[J]．新课程（上），2017（7）136＋138.

看图讲述活动的师幼互动现状研究

（胡妍妍　北京市西城区实验幼儿园）

摘　要：看图讲述活动是提高幼儿语言运用、语言综合能力的重要途径，教师的活动设计和组织策略更起到引领性的作用。本研究旨在通过文献法、观察法的方法，来研究看图讲述活动的指导现状。本文以语言领域看图讲述活动师幼互动指导意见为依据，从师幼互动的角度来看，师幼互动现状及可用策略。

通过一系列的对比分析，这四个活动的共性问题有：

（1）教师评价无效化；

（2）教师设问形式单一；

（3）教师缺少追问意识。

针对上述结论，提出了四点建议可供思考：

（1）采用多形式的评价，使评价丰富有效；

（2）简洁明确的要求陈述；

（3）多种形式的开放性设问；

（4）抓住教育契机，及时追问。

关键词：看图讲述活动；师幼互动；指导策略

看图讲述活动是提高幼儿语言运用、语言综合能力的重要途径，教师的活动设计和组织策略更起到引领性的作用。本研究旨在通过文献法、观察法的方法，从师幼互动的角度来研究看图讲述活动的指导策略及问题。本研究共包含四个活动视频，为一个中班、三个大班的讲述活动，（见表 1），

表 1　研究对象

活动名称	年龄班	幼儿人数	活动总时长	环节概述
可怜的小狗一家	中班	15	18 分 07 秒	1. 描述图片信息，想象图片缺失的情节。 2. 先集体讨论缺失情节，再个别交流讲述自编的故事，最后邀请两名幼儿上前分享故事。 3. 教师引进新的核心讲述经验。
小白兔种萝卜	大班	20	18 分 20 秒	1. 自选图片，描述信息。 2. 分小组排列图片顺序并讲述，共邀请三名幼儿上前分享，教师分析排列顺序的依据。 3. 教师总结。
玩吊床	大班	23	36 分 59 秒	1. 先出示一张图片，观察信息，再出示四张图片，整体观察并描述。 2. 先个人交流讲述，使用教具呈现图片动作和表情的变化。再邀请两名幼儿上前分享。 3. 教师总结。

续表

活动名称	年龄班	幼儿人数	活动总时长	环节概述
我的春游计划	大班	18	34 分 24 秒	1. 个人交流讲述，互相简单分享春游计划。 2. 分组交流讲述春游计划，详细讲述，并选出组内最好的一名集体分享。 3. 三个小组代表分享春游故事，教师总结并引入新的核心经验：时间、人物、地点是讲述的三大要素。

一、师幼互动中存在的问题

（一）教师评价无效化

《幼儿园教育指导纲要（试行）》中曾提到，教师要做对幼儿的发展有价值的评价。

幼儿："我最喜欢这张图。"（教师：嗯）小兔子从家里拿了一个萝卜的种子，顺便拿了一个铲土的小铲子。

教师："好，真好。请回。"

在"小白兔种萝卜"活动的分小组讲述环节，教师的评价多为"真好""真棒"。但这类评价是无效的，教师应当把哪里好、哪里棒说完整，及时提出幼儿的闪光点和问题。纵观整个活动过程，教师没有提出任何一个幼儿讲述时出现的问题，这有可能说明教师没有发现问题的意识，也有可能是活动内容设计对该班幼儿来讲过于简单。

（二）教师设问形式单一

倪淘（2020）认为，教师（尤其是新教师）在备课时要仔细思考设问的方式和提问提纲，而绝不是现场临时发挥。有设计感、层层递进、封闭式和开放式提问比例得当的设问更能够启发幼儿思考。

教师："在分享故事之前，请小朋友们告诉其他小朋友，你是按什么排的，好吗？看看上来分享的小朋友和你排的顺序一样不一样，讲的故事一样不一样，好吗？"

在"小白兔种萝卜"的活动中，教师使用多样的提问方式引导幼儿观察图片细节、思考图片有可能发生的故事情节。但是，教师的口头禅是："好吗？好不好？"因此，幼儿经常回答："好的。"如果把问题落脚于"你从图片上看到了什么？"类似这样的开放式问题会更有助于幼儿语言能力的发展。同时，教师的设问方式较为单一，多为描述性设问，从组织的指导语来看可以发现教师的提问技巧仍需提升，可以想办法通过指导语引导幼儿多说、多想。

（三）教师缺少追问意识

刘亚祺（2012）认为，教师提问的艺术性对幼儿的观察和讲述都有非常大的影响，及时引导幼儿深入思考是很必要的。

教师："我想请小朋友们来挑一张你最喜欢的图片，用完整的话讲一讲图片上都有什么，好吗？"

幼儿："小兔把种子埋在了它家的田地里。小兔子心里想，如果我种的萝卜又大又甜，特别的香，那该多好啊。"

教师："真好，真棒。其他小朋友想说说吗？"

在"小白兔种萝卜"的活动中，教师几乎没有使用追问这一指导策略，说明对幼儿的回答细节挖掘得不够深入，且缺乏挖掘教育契机的意识。在幼儿讲述完毕后，教师说得最多的语言就是："嗯""真好""真棒"。而没有就幼儿的讲述进一步去引导其展开深入思考，因此整个活动下来，会有活动深度不够、幼儿学习成果不多的感受。

二、师幼互动的策略

（一）采用多形式的评价，使评价丰富有效

"你要是把这个细节讲清楚了，就特别棒，小朋友听得也清楚。用什么东西？（吊床/托架）托架，那叫担架。吊床也是一个主意，用吊床给它托起来。没事，大家给你提了小建议，如果能把这些细节都加进去，故事就合理了，大猩猩就顺利地到达医院了，对吗？还有哪儿讲得好听啊？"

上面两个精彩选段源于"玩吊床"活动。教师能够及时对幼儿的讲述进行幼幼互评、教师评价，通过多样的评价形式，幼儿在评价中学习积极地倾听，发现自己和他人的特点，变得更自信，也对语言活动有更深的兴趣。在整个评价过程中，幼儿发现问题，教师将幼儿语言总结并进一步延伸，使故事扩展得更为完整也更有逻辑。当幼儿只发现了问题时，教师还会抛出自己发现的亮点，引导幼儿展开讨论，通过多样的方式引导幼儿多说、会说、想说，给幼儿尽可能多地提供语言运用的平台。

（二）简洁明确的要求陈述

片段："一定要讲清楚是谁，在哪儿，发生了什么样的事情，他们是用什么样的办法来解决肚子饿这个困难的，最后他们找到吃的有什么感受。也讲到你们的故事里面，好不好？"

上述片段节选自"可怜的小狗一家"活动。教师在每次讨论之前，都会说清楚讨论的主要问题，幼儿需要注意的地方等。这样的引导对于组织活动而言是非常必要的，能够及时提醒幼儿讲述的重点和方向。

（三）多种形式的开放性设问

教师："图片里都有谁？""它们是什么样的表情？""这两幅图片有什么不一样？""中间发生了什么事？"

教师在活动中的第一个环节采用了描述性设问，如"图片里都有谁？""它们是什么样的表情？""它们在做什么？"通过描述性设问进一步丰富图片中的细节。

后采用判断性设问，如"这两幅图片有什么不一样？"根据对图片的观察要求幼儿进一步判断图片的不同之处，引导幼儿的思考：狗狗一家到底经历了什么事情可以吃到食物？

在幼儿集体交流环节主要采用分析性设问，如"为什么他们变高兴了"？教师提出开放性提问，启发幼儿构思图片中不存在的故事情节，提高幼儿独立构思和分析的逻辑能力。

最后在个别交流环节采用推理性设问的方式，如"中间发生了什么事？""从哪儿拿到的食物呀？"这些开放式的、需要构思推理的问题既为幼儿提供了个人想象的空间，也提高了幼儿对图片理解能力和构建故事的基本逻辑。

（四）抓住教育契机，及时追问

教师："你还能想到什么？""从哪儿拿到的吃的？""讲故事要先说都有谁，在哪儿？它怎么了？"

教师应当善于使用追问策略，在耐心倾听幼儿讲述的同时，引导幼儿说清楚故事结构。通过发现问题、寻找途径解决问题、再发现新的问题、再解决问题这样的逻辑，摩擦出教师与幼儿讨论的火花。从而在幼儿已有经验的基础上，不断扩展新经验，提高幼儿的语言综合能力。并且，追问要做高质量的设计，要把握准教育契机，不能放过也不能运用过多的追

问，否则会使幼儿疲劳。一定要找准时机，及时点拨。

总体来看，教师比较重视“要求”、“设问”、“肢体语言暗示”和“重述”的指导策略，但较易忽视“评价”和“追问”策略，也最不容易将这两个策略有效化。活动中一种类型的教师是属于缺少追问的意识，如“小白兔种萝卜”活动中教师仅在幼儿讲述后用“好，真好”来评价，极少追问。另一种类型的教师是有评价、追问的意识，但是有效性不够，不能及时捕捉到幼儿讲述的亮点和问题。教师还可以提前设计好追问内容，明确自己的活动目标，需要引导幼儿的具体方向，为解决重难点服务。通过难度适中、贴合幼儿“最近发展区”的追问，由易到难，层层推进，让更多的幼儿有思考的过程和不断深入思考的思维。

参考文献

[1] 教育部. 幼儿园教育指导纲要（试行）[S]. 北京：北京师范大学出版社，2001.

[2] 倪陶，周霞. 幼儿园看图讲述活动案例分析与指导策略 [J]. 东方娃娃·保育与教育，2020（11）：64—66.

[3] 刘亚祺. 浅谈如何指导幼儿进行看图讲述 [J]. 科学教育，2012.

[4] 李娟娟. 幼儿看图讲述活动中的提问设置与指导策略 [J]. 学前教育研究，2013（2）：64—66.

[5] 陈晓真. 幼儿园语言教学活动中教师的教育支持质量现状研究 [D]. 华东师范大学，2020.

[6] 余珍有. 幼儿园语言领域教育精要——关键经验与活动指导 [M]. 北京：教育科学出版社，2015.

[7] 周兢. 学前幼儿语言学习与发展核心经验 [M]. 南京：南京师范大学出版社，2015.

[8] 周兢. 幼儿语言教育与活动指导 [M]. 北京：高等教育出版社，2015.

浅谈如何利用自然资源扩展幼儿的生活和学习空间

（张晶晶　河北省唐山市南堡经济开发区第一幼儿园）

摘　要： 亲近自然，喜欢探究是幼儿的天性。作为幼师，我们要珍视幼儿的好奇心，支持与鼓励幼儿亲近大自然。尊重幼儿的已有经验，并对其探索行为给予适宜回应，帮助其积累知识经验，养成良好的学习品质。在“亲近自然　回归本真”萌娃探秋系列园本课程的引领下，我们以探究性活动课程为依托，将自然资源与幼儿园教学五大领域相结合，充分扩展幼儿生活和学习空间，培养具有“我有问题、我要研究、我会发现”的全面发展的幼儿。

关键词： 园本课程；探究性活动课程；全面发展

一、问题的来源

从第一片树叶悄然落下，孩子们最先感知到了季节的变化。于是在他们的交流中，我们听到了一串串的问题：“树叶为什么会落下来”“大雁排着队飞走了”“我要穿长衣长裤了”“今天有点凉”……如何调动幼儿所有感官去探知大自然的秘密，教师又该如何利用自然环境扩展幼儿的生活和学习的空间，以多种形式，有目的、有计划地引导幼儿寓教育于生活、游戏之中，就成了当下幼儿教育十分关注的问题。

二、研究过程及结果

（一）园本教研“三研讨”助力幼儿“探秋路”

从园本教研中预设主题，架构核心。我们齐聚“亲近自然　回归本真”为主题的教研活动。大家从本班幼儿的关注点、近期发生的趣事，以及幼儿最近发展区入手，分别以分组和集体的形式展开研讨。经过第一次教研——调整预设主题，第二次教研——架构核心内容，第三次研讨——创新活动形式。绘制思维导图，分层次、分内容的年级组教研活动为园本课程的深入推进奠定了牢固的基础，助力幼儿“探秋之路”走得更远。

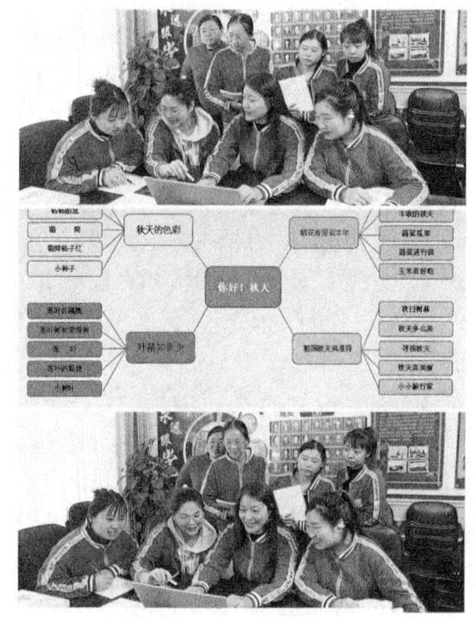

图1　师生研讨

（二）探秋实中的社会体验

“玉”见你真好。为了让幼儿在体验式游戏化活动中亲近自然、体验农趣、感受丰收的喜悦，大班组开启了玉米的奇妙之旅。有目的、有计划地协调和组织幼儿、教师及家长共同参与，呈现一场综合性教育活动。

（1）家园携手做准备。教师通过班级群邀请家长和幼儿一起收集玉米。孩子们在和爸爸妈妈一起收集玉米、探讨玉米脱粒的方法，极大地激发他们对活动的兴趣。

（2）相“玉”而后相知。在幼儿真实感官的基础上，教师就玉米的培育环境、生长过程、加工食用等进行系统介绍，孩子们在认识玉米、了解玉米中拓展视野，提升原有经验，对周边的事物兴趣更加浓厚起来。

（3）社会体验快乐收获。在探索玉米脱粒的过程中，孩子们通过尝试搓、抠、碾，用螺丝刀、木棒、手摇脱粒机等不同的工具将玉米脱粒；孩子们将玉米粒收集在簸箕里，和园门口的大爷为制作爆米花“划价”；孩子们和小伙伴一起分享喷香的爆米花，还要把劳动果实拿回家邀请家人一起品尝。

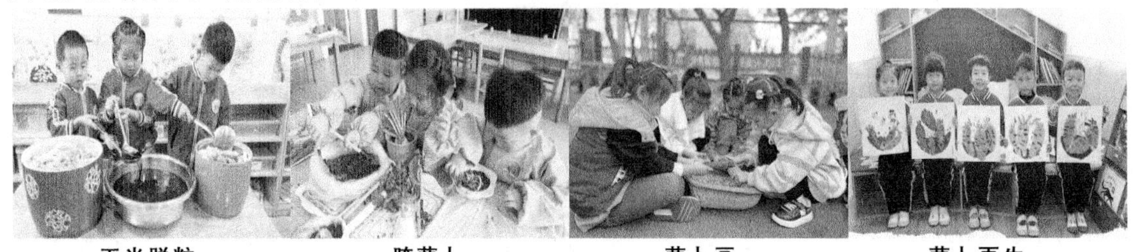

玉米脱粒　　腌萝卜　　萝卜画　　萝卜再生

图2　幼儿劳动

幼儿园的“小菜园”作为幼儿接触大自然、探索大自然的媒介，从农作物的生叶、开花，到果实的成熟、收获，日复一日，陪伴着孩子们渐渐长大。在大班组“玉”见你真好主题活动的引领下，中班组和小班组又相继开展了“与山楂的酸甜记录”“快乐丰收日 趣事一‘萝’筐”“乐享　丰收 好事‘花生’”等综合性教育活动。通过整合多个领域的活动，提供真实、可操作的环境，创设展示、交流的平台，让幼儿增强对周围环境的敏锐度，在锻炼动手操作能力、想象力和创造力的同时，更是亲密了亲子关系，得到了家长的大力支持。

（三）品秋韵中的课程延伸

在大班年级主题活动引领下，以绘本《霜降柿子红》为主题生成的柿子树绘画和晒柿饼活动，从提供单一的学习方式转向提供多样化的学习方式，关注幼儿活动过程，让深度学习发生。

图3　幼儿绘画

（1）水墨绘画。通过绘本课程，孩子们对柿子的形态产生了很大兴趣，由此开展了以写生柿子为主的水墨画柿子活动。经过与柿子的近距离接触，孩子们对颜色和线条有了耐心且细腻的理解，能线条流畅地表达正、侧面不同角度的柿子、处理叶子和柿子之间的遮挡关系，并画上树枝进行点缀，在有限的笔墨中描绘出无限的景色特点。

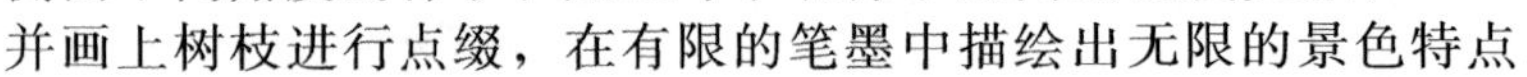

（2）制作柿饼。孩子们在分别品尝生柿子和柿饼后，对柿饼的甜糯爱不释手，对亲手制作柿饼产生了极大的兴趣。在老师的指导下，孩子们一起清洗、削皮、穿绳、晾晒，在日复一日的观察中，感受柿子的变化、大自然的奇妙，收获了捏柿子让柿饼加速软化、柿子皮和柿饼混放加速出霜等生活经验。

中国传统文化晒柿饼自古至今都赋予了美好的意义，霜降是二十四节气中的第十八个节气，也是秋季的最后一个节气。小可爱们抓住了霜降的小尾巴，在习得经验的同时发现知识经验之间的联系，品尝秋天丰收的成果，感受来自大自然神奇的馈赠。

（四）悟秋思中的科学奥秘

秋天，树叶开始变黄飘落。在户外活动时，观察到孩子们对树叶十分感兴趣，我们便追随幼儿的兴趣和需要，坚持幼儿在活动中的主体地位，结合幼儿园蒙氏材料、家园、社区资源的有效利用，探索幼儿园课程的深入发展的有效路径，引导幼儿自己去发现问题、思考问题、讨论问题和解决问题。

（1）关于叶子的结构，我们结合蒙氏科学教具——叶子嵌板，给了幼儿解答。

（2）为了满足孩子们对叶子形状的求知欲，我们利用蒙氏教具——叶形橱，丰富了孩子们对叶子形状的认知。

（3）树叶光影。树叶飘落的动感与幼儿跃动的心灵天然地契合。当他们沉浸在树影下嬉戏时，一个奇妙的想法从他们中间产生——“我们要和五颜六色的树影做游戏”！在热熔胶的辅助下，经过塑形、上色，孩子们大功告成，带着五颜六色的树叶寻找阳光、寻觅童趣。

落叶知秋——叶之美，秋之歌。落叶是深秋给孩子们最好的礼物，树叶宝宝离开了大树的怀抱，却永远留在孩子们心里，成为他们成长时光中一段快乐的回忆。

（五）绘秋景中的艺术创想

秋实累累，香气四溢。每到秋天，孩子们都很喜欢收集叶子、树枝还有栗子、松果。当秋天的美味同艺术碰撞在一起会擦出怎样的火花呢？在教师的指导下，小班孩子们化身秋日小精灵，在艺术长廊中创造大大小小的惊喜。

图 4　幼儿活动成果展示

（1）秋日水晶球。孩子们在爸爸妈妈的陪伴下，从路边的树下、公园里采集各种各样的树叶，他们发挥自己的想象力，利用形状各异的树叶，画出了一幅幅富有童趣、生动形象的创意画，他们把画装进水晶球里，好像在诉说着一个秋天的故事。

（2）与“栗”相见。秋天的季节，空气里总是透着糖炒栗子的甜香味，自然得到了孩子们的青睐。在食用之余，他们运用灵巧的小手在栗子上用纸、黏土进行装饰，辅以毛根、眼睛贴片，一颗颗栗子摇身变成了可爱的小动物。孩子们在捏一捏、剪一剪的过程中锻炼了手眼协调能力和创作能力。

（3）松果之约。松果是长寿树松树的果实，象征着幸运和美好。正值深秋季节，孩子们用大自然的馈赠做小猫头鹰、小黄鸭、小孔雀等，也颇有一番收获。

（4）橘红时刻。橘子寓意吉祥，橘子全身都是宝，果肉可以吃，橘子皮晒干用来泡水，用新鲜的橘子榨成果汁也特别的美味。橘子到孩子们的手里就变成了一只只可爱的小动物。

（5）秋意麦穗。秋天的麦穗黄灿灿，一片丰收祥和景象，是秋天一道美丽的风景。为了用纸盘晕染画留住最美瞬间，孩子们开始了探索之旅，也许遇到问题时，通过大家一起想办法解决，才能把美丽的麦穗留住。

（6）碎片秋景。孩子们的秋天是用“纸”做的，撕纸画就是把不同颜色的纸撕成不同形状大小，再重新组合粘贴组成的画，通过撕、涂、贴等一系列的动作锻炼孩子的手眼协调能力和手部肌肉的灵活性，孩子们将秋天之美用碎片的方式装进画里。

（7）丰收果篮。秋天，是多彩的季节，红橙黄绿……如此绚烂。秋天，是丰收的季节，水果蔬菜，各种作物收获满满，于是，孩子们把秋天的果实装进“篮子”里，开启一场丰收之旅。

孩子的眼睛是纯真的，万物入目皆有情；孩子的想象是诗意的，山水草木皆有趣。孩子的画作总是能呈现出成人世界意想不到的奇迹。孩子们以独特的艺术语言给我们带来了一场充满灵气、充满创意的视觉宴会！

三、探究小结

秉承“自然即教育，生活即教育、体验即教育”的理念，在“亲近自然　回归本真”系列活动中，让孩子们与秋天来一场美丽的邂逅，将自然资源与幼儿园教学的五大领域相结合，给幼儿和家长传递“生活即教育”的理念。通过一系列活动的开展，孩子们感知自然、感受生活、自主动手，在大自然和社会文化生活中萌发对美的感受和体验，用自己的方式去表现和创造美。得到的效果还是令人十分惊喜的。

自然中生发成长，天地里探求真知。利用自然资源扩展幼儿的生活和学习空间，践行了《3～6岁儿童学习与发展指南》中“玩中学，学中玩”以及“一日生活皆课程”的教育理念，是值得幼儿园持续研究的课题。唯愿把这份热爱大自然、热爱生活的情感延续下去，让自然教育在幼儿园的沃土生根发芽，让幼儿走出房间、走出绘本，亲近自然，回归本真，受益无穷！

参考文献

［1］［美］约瑟夫·克奈尔．与孩子共享自然［M］．天津：天津教育出版社，2000.

［2］［意］玛利亚·蒙台梭利．教育中的自发活动［M］．天津：天津人民出版社，2003.

［3］中华人民共和国教育部．3～6岁儿童学习与发展指南［S］．北京：首都师范大学出版社，2012.

大班“循环式”室内体育活动初探

（胡文文　天津市津南区第十二幼儿园）

摘　要：《3～6 岁儿童学习与发展指南》明确提出：幼儿每天的户外活动时间一般不少于 2 小时，其中体育活动时间不少于 1 小时。的确，幼儿园时期是幼儿生长发育最重要的时期，有效的运动能提高幼儿机体的机能水平，促使幼儿的体质得到增强。对此，我们尝试分年龄段开展了室内体育活动，开拓活动场地，充实体育活动内容，保证孩子每天的活动量。但在开展过程中，也遇到了很多问题与困惑。

关键词：大班幼儿；室内体育；开展

“循环式”室内体育活动是室内体育活动的设计，运作和评价的循环。具体表现在循环式设计的活动路线、活动标志与器材投放的循环；循环式运作中的运动体能、花样玩法、材料整理的循环，以及评价的循环。开展室内体育活动时，需要合理利用有限空间，让幼儿充分进行体育活动，探索室内体育活动的新模式、新内容，使之真正适合幼儿运动，确保教师、保育员的定点站位的合理性，从而指导和疏导幼儿。

一、大班“循环式”室内体育活动存在的问题

（一）活动流于形式，幼儿身体机能发展不均衡

室内体育活动幼儿园通常以班级为单位，即“各自为政”，选择一定量的器械在指定区域内让幼儿参加室内体育活动。在此过程中，教师往往让幼儿对某一项运动技能进行单一、重复的练习。因此，幼儿在整个活动中参与度不高，运动兴趣不浓。幼儿的运动量无法达到，室内体育活动的价值无法体现。

（二）活动内容随意，缺乏严谨计划

很多室内体育活动模式上的创新提及的大多数是针对户外体育活动，而对于大班循环式室内体育活动的策略研究较少，多数教师对于室内体育活动的目标、评价及大班幼儿体能发展等方面的认识存在偏差，缺乏体育专业相关知识和教育技能。例如，一周的室内体育活动可能只发展了幼儿投掷的技能，无法使幼儿全身得到发展。

（三）场面拥挤，幼儿运动受限

由于园所环境限制，室内空间相对有限。教师在组织室内体育活动时，空间通常较为拥挤，导致幼儿难以开展锻炼活动。比如，幼儿园班级走廊狭长、不规整。一次班级开展室内体育活动时，18 名幼儿拥挤在狭长的班级走廊中，如此便不利于室内体育活动的开展，幼儿也无法达成锻炼的目标。

二、大班“循环式”室内体育活动开展策略

课题的顺利运行，与课题启动前的精细规划有着直接关系，为此，对本课题的研究做出了一些梳理，整理了以下一些研究内容及实施策略。

（一）场地循环，显运动线路“闭合性”

1. 巧用室内空间，科学划分路线（见图1）

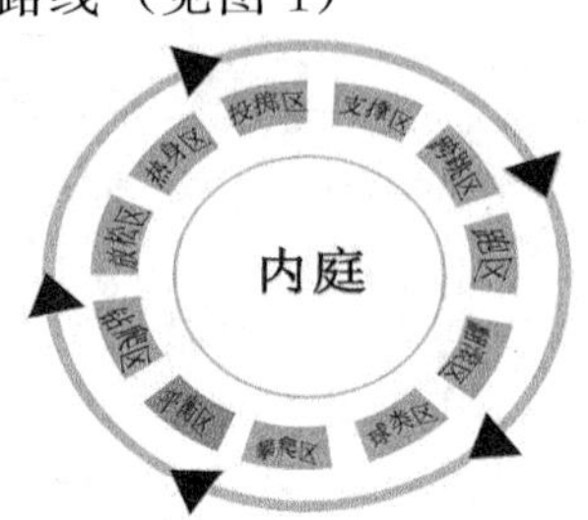

图1　“闭合性”路线

大多幼儿园都存在室内体育活动空间匮乏，活动场地设置不合理等问题，那如何保证每一位幼儿都有机会参与室内体育活动呢？这就必须通过合理地规划场地，设置路线来解决。

首先，根据我园场地实际进行整体规划、全面布局。在设计循环路线时，充分利用教室、楼梯、室内过道（含地面、墙面、天花板）等，考虑到走廊长、直、宽的特点；楼梯攀高的功能等，将这些空间设计成单向循环路线，在路线中设置具有一定挑战性的运动项目，如走、跑、跳圈、攀爬、走平衡木、绕障碍物跑等。

整个循环路线需将园内场地、运动设施设备等有机整合，从而确保循环路线中运动项目的全面与均衡。

2. 巧设图标标记，培养规则意识

在循环式室内体育活动中是一个循环闭合性的线路，在整个活动中我们可以利用到活动室、午睡室、走廊、楼道、楼梯拐弯处等的活动场地。在此过程中，会出现转弯路口、分岔路口等不同情况。那么多的场地我们怎么来安排，让孩子们一眼就可以看出这里是可以运动的？接下来该往哪里走？

我们可以利用一些标志性的图片，贴在运动场地上。如在我们的分岔路口，可以摆放相应的标志物，并在游戏前让幼儿了解这些标志物的意义，让幼儿以图片的形式直观地了解接下来可以怎么走，为幼儿顺利进行循环式室内体育活动打下基础。

（二）体能循环，显运动队伍“流动性”

1. “草根”动作，自主热身（见图2）

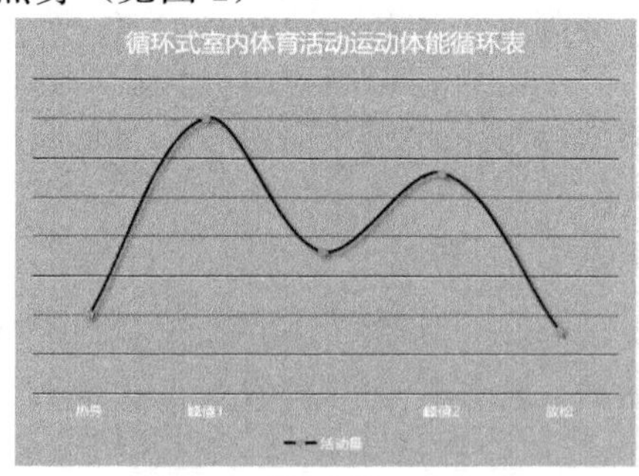

图2　“流动性”电路图

“草根”动作即指走、跑、跳等最基础的动作，幼儿如果突然投入运动量较大的循环式室内体育活动中，容易对幼儿的身体产生不良的影响。而加入适宜的辅助活动和热身运动有助于激发幼儿身体的活动能力，再循序渐进地把整个循环式室内体育活动推向一个高潮，最后逐渐将活动量减少，达到放松的目的，以便于幼儿身体机体适应整个循环式室内体育活动。

例如，可以在活动的起点设置一些头部运动、上肢运动、体转运动以及一些活动关节的动作融入到整个循环式室内体育活动中，这样有助于舒展幼儿的身体，激发幼儿的活动能力和信心。以此自然推进幼儿参与后续的锻炼。在自主热身的过程中，我们可以加入适当的音乐提醒幼儿。给幼儿创设轻松、愉悦的运动场景，以便幼儿的身体机能逐渐过渡到日常最佳状态。

2.“合作”游戏，循环运动

大班幼儿合作能力与交往能力逐渐增强，如果幼儿之间有共同的兴趣或目标，幼儿相互之间也会有很好的合作与分工。考虑到这一因素，我设计了一系列关于爬行、蹲走和钻等方面的合作游戏，力求给幼儿提供足够的身体和精神方面的合作机会。

例如，在大二班走廊设置“蜈蚣竞赛”的蹲走活动，幼儿前后排列蹲下，后面的幼儿抓住前面幼儿的衣服或肩部全蹲前行；在大四班活动室中的“好朋友一起走”活动，幼儿可以左右并排站立，相邻的脚绑在一起，也可前后站立，共同抬起同侧的脚前行。通过这些合作游戏，既能提高幼儿之间的协作能力，还可以充分利用室内空间（见图3）。

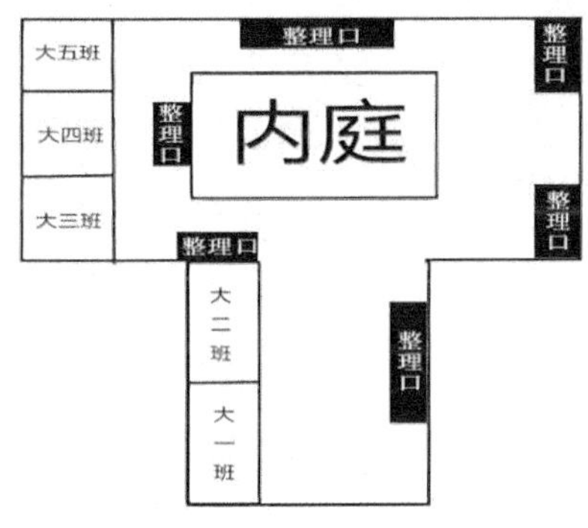

图3　游戏设计图

3.“快乐”整理，巧妙放松

以往活动结束后，幼儿整理器械往往是扎堆在一起，场面显得十分混乱。那么，如何才能做到有序地收拾和整理器械？因此，我在整个循环路线中设置了若干个集中的整理口，幼儿可将器械收集到整理口后，然后继续在循环路线进行游戏，做一些律动、徒手操等舒缓的活动。如此，不仅自主整理了场地上的器械，还帮助幼儿在高强度的运动之后，有一个可以放松身体的环节。

（三）评价循环，显师幼互动“综合性”

1.“游戏日记”

与以往教师单一、权威的评价不同的是，我们鼓励幼儿参与评价，引导他们在玩的过程中发现问题、解决问题，多想一想、说一说。在评价过程中，我们采取“日记”的形式，幼儿可以把游戏中碰到的问题或成果以图画的形式展现出来，而我们的“日记”也将固定位置。当幼儿在自我休息或课间活动时，可以翻阅“游戏日记”从中发现问题，并寻找解决问题的方法，从而实现评价的循环。

2.“评价站长”

“评价站长”可以采取竞聘的方式进行选拔。例如，在上一次活动中玩得较好的幼儿，能教给别的孩子新的玩法和技能的可竞聘“站长”，“站长”采用轮岗性质，可以是幼儿，也可以是教师或保育员。当别的幼儿发现更好的玩法时，角色可以相互交换，这样确保每一位幼儿都可以参与到循环式室内体育活动中。

3.“快乐积分表”

在进行循环式室内体育活动时，当幼儿玩了一段时间之后，会逐渐失去兴趣，如果这时教师引导幼儿把它变成一个竞赛式的游戏的话，孩子们兴致就会倍增。教师可设计一张“快乐积分表”，画上不同的运动项目，孩子们可不断地进行挑战。

例如在投掷区，在规定时间内投进相应的球数，可以到敲章点敲一个章，这样的形式不但突出了幼儿的自主性，也避免了有些游戏我们只玩一次的有限性。教师也能更直观地了解到幼儿的游戏情况。

三、结语

根据幼儿的年龄特点和实际情况投放材料和开展循环式体育活动，有效开展幼儿园大班“循环式”室内体育活动，激发幼儿参与循环式体育活动的兴趣，促使幼儿在循环式体育活动中锻炼身体，增强心理素质，促进自身全面发展。促使教师不断学习最新前沿理论，巩固自身专业技能，提升充分挖掘教育资源的能力，同时要重视幼儿的安全，为幼儿进行循环式室内体育活动创设更好的条件。

参考文献

［1］周涛初，李竹梅，陈艳霞，等．幼儿园循环式晨间锻炼活动的实践研究［J］．教育导刊（下半月），2018（1）：33—36.

［2］杨景华．幼儿园大循环户外体育活动模式初探［J］．小作家选刊（教学交流），2016（11）．

［3］刘慕瑛．创设园本循环式体育活动新模式的实践探索［J］．时代教育，2017（8）：234—235.

陶泥教学活动与幼儿创造力培养分析

（杨晓彤　天津市津南区第十二幼儿园）

摘　要：幼儿园陶泥活动以黏土为原料。在经历了揉、捏、团、拼、搓组合等基本手法后，用手捏出形状，把心中美好的东西立体地表现出来。结合游戏、艺术和教育的活动课程。对孩子的触觉敏感度、手脑协调能力、独立创造意识和主动搜索能力的发展有很强的辅助作用，这也是要加强幼儿陶泥教学的重要原因之一。本文以陶泥教学活动在幼儿教学中的运用展开，分析陶泥教学的优点，并探讨在陶泥教学过程中，幼儿创造力的培养应该如何进行。

关键词：陶泥教学；幼儿；创造力

一、引言

陶泥活动作为一种接地气的艺术活动越来越受到孩子们的喜爱，是幼儿园中班和大班手工活动中的重要组成部分，而且是幼儿语言、创造力、动手、想象等能力的培养和发展的关键。作为一种美术教育，陶泥教学是幼儿美育的重要组成部分，主要目的是培养一种素质的认识方式和对世界的认识。所以，如何在陶泥教学中将幼儿创造力与之结合将是今后研究的一个重点。

二、陶泥创意活动在幼儿课程建设中的运用

对于语言能力尚未完全发育的孩子来说，行动是表达思想最直接的方式。孩子们必须通过动手活动来激发和发展他们的创造力。而陶泥活动具备这个功能。

（一）陶泥创意活动具备良好的材料性能优势

首先，陶泥具有很强的可塑性。陶泥的结构比较柔软，在很小的外力作用下就能变形。在陶泥创作活动中，孩子们可以轻松自如地拿起黏土，搓、捏、揉、拼、挤等，随心所欲地变换形状。即使经过长时间的操作和造型，孩子也不会出现明显的肌肉酸痛或手指疲劳。其次，黏土具有高弹性的材料特性。陶泥比较通透，反复揉捏不会有材料流失，比较好。这些材料的一些优点，一方面与儿童智力的变化有关，满足儿童绘画、装饰陶瓷物件的需要。但也有助于降低幼儿园的教育成本，以及识别相同材料的重复使用。最后，陶泥具有很强的保护作用。目前，有两种类型的黏土产品可用于在园林课程中制作黏土。一种是矿物黏土，主要是高岭土和蒙脱石。有的是软陶泥，主要成分是软 PVC 食品包装和无毒化学品。这两类材料无毒、无害、无刺激性，可以充分保护孩子们在教育和手工课堂上的健康和安全。

（二）陶泥创意活动具备良好的素养培育优势

现阶段，我国幼儿园已经摆脱了单一、应试的传统误区，在避免课程教育“小学化”倾向的同时，更加注重幼儿的体能、思维能力。创造性技能、社交技能等。识字能力的发展。此时，利用幼儿园的创意活动，是符合现阶段幼儿园的培养理念、特色和发展方向的。

首先，捏、揉、搓等陶泥制作的动作过程，能持续有效地刺激孩子的末梢神经，让他们

参与到很多感官的手工活动中，促进孩子手眼协调的发展。其次，创造和发明陶泥的过程也是锻炼孩子的智慧、想象力、创造力和美感的过程，也是开阔孩子艺术审美、实现孩子内在素质全面发展的一种手段。最后，玩耍是孩子的天性。以陶泥为载体的创意活动，丰富多彩、活动类型明确的游戏，幼儿园所创设的课程让孩子充分体验快乐和热情。达到寓教于乐的目的，减少拉近孩子与教师的心理距离，同时提高教育要素的渗透质量。

（三）陶泥创意活动具备良好的课程应用优势

基于陶泥的可塑性、安全性等材料特性，陶泥的创意活动在儿童教育活动、幼儿园五大领域和课程内容中表现出极佳的融合创新，并能与多种教育元素融为一体。例如，在培养孩子良好生活习惯的过程中，引导孩子用黏土创造日常生活场景，传达饭前洗手、出门刷牙等重要的生活习惯，就可以潜移默化地完成。10 个认知数学科学活动让孩子自由揉捏 10 个看起来一样的物体，通过物体与数字的组合，轻松理解 10 以内的数字概念。在培养孩子语言表达能力的同时，我们希望孩子们能够将讲故事的动作和泥塑结合起来，达到对文字的清晰解读，为孩子的语言建构和编故事创造清晰的条件。

三、陶泥教学活动中对幼儿创造力的培养策略

（一）培养幼儿陶艺兴趣，逐步掌握陶艺制作的基本技能与技法

黏土活动材料柔软且非常有弹性。满足孩子的好奇心，培养孩子的创造力和想象力。但很难将孩子的自由思维与题目所需作品的多样性完美结合。因此，通过激发孩子对黏土的兴趣，创造良好的环境，结合适当的训练技能、技巧和想象力，关注孩子的个体差异，采用多种评价方法，可以培养孩子对黏土的活动能力。环境的营造对孩子的创造起着重要的作用。打造幼儿园的室内外，创意一定要紧扣项目主题。用于陶泥工作的其他工具，例如黏土工具、木屑等。这样的地方可以帮助孩子养成极大的好奇心和制作陶泥的习惯。并且可以在陶艺室放一些简单熟悉的图片，定期更换图片，给孩子做个示范。孩子们很好奇，他们喜欢看到新的形状或图片，他们也参与其中，开始悄悄地塑造陶泥。

（二）创设游戏情境，与教学优化整合

《3～6 岁儿童学习与发展指南》优先强调技能和创造力的教学理念。重点放在让孩子在视觉和情感上满足和愉悦，因为他们需要发展美感和艺术技能。陶泥活动对孩子的创造力和感知力非常重要。例如，制作天平需要年幼的孩子在大脑中建立关于天平的信息。为了创造小鸡，孩子们必须观察它的特征和小鸡的主要变化，使小鸡像活的一样。因此，在陶泥活动中，我们可以积极运用观察、聆听、思考、现有活动等教学方法，让孩子做好陶泥准备。陶泥作品也可以在游戏中完成，但将两者结合起来，更能激发孩子玩黏土的兴趣，让他们有更多的创作机会。

（三）结合五大领域，融汇贯通培养创新能力

日本一位名叫堀堀的儿童心理学家说，小到 4 岁的孩子就有独立行动的倾向。这样，把数学、语文、艺术、体育、美术五个组别都纳入了黏土制作活动中，让孩子们在参与的过程中获得更多的信息。例如，陶泥被纳入艺术。在课堂阅读区，我们策划了活动，引导孩子们在了解绘本中的情节后，画出自己理解的情节。因此，在大班孩子们参加完自主游戏后，我们就根据作品和我们的主题安排孩子们进行游戏。将他们的创意陶泥与内容结合起来，让他们用图片来描述他们的创作。通过这样的活动，孩子们的陶泥不仅得到了提高，创造力和绘画能力也得到了提升，孩子们的技能也得到了很大的提高。

结合幼儿园数学课，孩子对三维物体还不了解。在教师的引导下，孩子们看出要使人或动物站起来，就必须在腿上多加泥，逐渐尝试使人或动物的下半身变得更强壮。这在独立游戏中尤为明显，我发现了上轻下重的道理。随着孩子看艺术、懂艺术、总结艺术的发展，在教师的引导下，中后期的孩子逐渐喜欢解释一个人的精神意义。比如，反其道而行之，如果是一个神经质的人，他的头发就会竖起来，看起来很僵硬。年龄较大的儿童的大脑和游戏技能会随着年龄和听觉技能的提高而提高。陶泥描绘和改变物体形状的能力是逐渐进步的，陶泥表达情感的能力也是如此。陶泥活动涉及幼儿在成长过程中看到图片的能力。而此时，随着运动技能、手眼协调能力的发展，其他重要的手部工具和技能也被学习了。因此，表达的欲望非常强烈，他们想用陶泥来表达自己的愿望和感受。资源材料将用于改进细节，而不仅仅是角色设计和细节。为了提高孩子的思维能力，揭示事物的精神意义，教师总是引导孩子仔细观察他们感兴趣的事物。学习深入理解角色、他们的动作和行为，并感受他们由此产生的情绪。

四、总结

幼儿想要发现和描述熟悉的事物和有趣的人和事，从而发展孩子的语言和思维。因此，精心设计的环境和活动，包括五个重要因素，将逐步导致生产成功。让孩子用陶泥来表达，开发孩子的创造力，培养孩子的创造能力。

简言之，促进陶泥教学活动的接受对于幼儿的成长非常重要。教师要包容方方面面，锻炼幼儿陶泥制作能力，鼓励孩子成长。

参考文献

[1] 张新坤．在陶泥活动中塑造孩子们的心灵［J］．科学咨询（教育科研），2020（1）：86.

[2] 沈小静．快乐教育园本课程开发与实施研究［J］．华夏教师，2019（27）：6.

[3] 戚巧．稚笔绘童心——幼儿园大班绘画教学的几点体会［J］．学周刊，2011（6）：174.

[4] 红霞．浅谈幼儿在陶泥活动中创造力的培养策略［J］．中外企业家，2020（5）：221.

浅谈学前儿童调节消极情绪的基本策略

（庄燕芬　广东省深圳市龙岗区坪地街道熙珑山幼儿园）

摘　要：《3～6岁儿童学习与发展指南》提出“健康是指人在身体、心理和社会适应方面的良好状态”，保持安定愉快的情绪是健康的表现之一。当儿童的消极情绪影响其社会交往，促发不友好行为时，会使幼儿的同伴交往的广度和深度受到影响，还会影响幼儿认知发展。教师指导儿童认识情绪，了解出现消极情绪的原因，引导儿童接纳自己的消极情绪，再通过认识消极情绪、识别消极情绪，明确行为情绪表达的界限，学会合理表达自己的情绪这“四部曲”来实现。

关键词：儿童；情绪调节；消极情绪应对基本策略；教师指导

消极情绪调节是儿童在社会交往中一项重要的技能，对幼儿的身心健康发展和社会适应具有重要意义。

一、学前儿童消极情绪调节策略内涵概念

情绪指个体参与到一定情绪情境中及随之体验到的一种状态，当其与个体所处的生活及社会环境相撞时就产生了情绪调节。情绪的分类很复杂，通常指喜、怒、哀、惧，有积极情绪和消极情绪之分。其中，喜悦、兴奋、幸福、热情等属于积极情绪，而愤怒、生气、对抗、狂怒、暴怒、悲伤、孤独、恐惧、害怕等属于消极情绪。本文主要探究幼儿在同伴关系发生冲突、矛盾时幼儿显现的消极情绪。

国内外学者在学前儿童“消极情绪调节研究”的策略中，有各自不同的见解和定义。Grolnick（1996）等研究认为，对于婴幼儿来说，情绪调节策略是指“用来调节情绪体验的行为、方式与方法”。我国研究学者陆芳、陈国鹏（2003）基于实证研究的基础上则认为学前儿童情绪调节策略是指“幼儿个体能察觉自身的情绪变化，并且能够有意识、无意识对情绪进行调节和调整自身行为，目的是使身心的不良体验能得以缓解或改善的方式与机制”。本文认为，教师通过科学接入与引导，使用一定的手段和方法，影响幼儿情绪感知及有关表达的各种尝试与做法，使幼儿自我身心达到一种平衡状态。

二、消极情绪调节策略对幼儿发展的重要影响

学前儿童出现消极情绪是幼儿学习认知和控制情绪的最佳成长机会，也是幼儿社会性发展的重要内容，会直接影响儿童的同伴交往和身心健康发展。

积极接受幼儿的情绪，不指责、不训斥、不强行制止幼儿表达情绪，要尊重幼儿发泄情绪的权利。要知道每一次消极情绪的出现，是幼儿学习认知和控制情绪的最佳成长机会，成人要适当引导幼儿从容面对，努力做情绪的小主人。

（一）消极情绪容易引起不友好的行为，幼儿同伴交往的广度会受到影响

学前儿童因自身认真受限，不懂得如何表达自己的情绪，更不懂如何应对自我的消极情绪，在同伴交往中容易产生冲突，很容易产生消极情绪。3～6岁儿童经常有出现需求得不到满足而容易生气、害怕等情绪，有的幼儿会产生哭闹、伤害他人和伤害自己等攻击性行

为，有的幼儿不哭不闹成为“受气包”，这些都是孩子不会有效处理自己情绪的具体表现。长此以往，这些幼儿在同伴交往中会形成一种固定的交往模式，很容易给人一种刻板印象，如喜欢打人、咬人，喜欢哭闹，总是受人欺负等。而这种情况，在教室中很常见，很大程度上，刻板印象限制了幼儿的同伴交往，阻碍儿童社会性发展。

（二）消极情绪在同伴交往中的被接纳性相对较低，影响同伴交往的深度

据调查统计，在同伴交往中情绪表现积极、良好的儿童更容易被同伴接受，而对于经常出现消极情绪的儿童，同伴会选择回避、拒绝交往。在生活中，我们很容易发现，大部分儿童出现消极情绪时，孩子会表现出怒吼、大哭大闹、躲避隐藏、拒绝参加活动，甚至是喜欢攻击性行为伤害他人，而成人会指责、训斥、高控幼儿不许发泄情绪。所以，同伴对有攻击性行为的儿童避让和疏远，从而影响同伴之间的正常交往。

（三）消极情绪还会直接影响孩子的认知发展

相关研究表明，情绪和认知是密切相关的，消极情绪对儿童认知发展有抑制延缓体现，会影响儿童心理活动的正常开展。如果儿童消极情绪长期找不到稳定、适当的方式疏导宣泄，容易导致身体不适、食欲不振，注意力不集中、记忆力也会下降等。长此以往，在性格方面还会产生退缩、缺乏信心、自我封闭等现象，对幼儿的认知及心理健康发展是极为不利的。

三、学前儿童消极情绪调节策略的指导

幼儿期是消极情绪调节发展的一个关键时期，教师的正面引导和适宜的语言介入对儿童学习积极的正面情绪调节具有重要意义。

（一）教师引导幼儿接纳自己的情绪

发生冲突行为以后，幼儿往往会产生消极情绪，不友好的行为随之产生，如打人、咬人、骂人、哭闹等。孩子之所以产生这些行为是为了保护自己，他用一系列行为调节自己的身体状态，也就是调节自己的情绪，只是幼儿用了不友好的行为。这时教师应该怎么做呢？

首先，教师要接纳幼儿的情绪，认同幼儿的情绪状态，而不是反对或抱怨幼儿的情绪，如果教师自己陷入一种消极情绪状态，导致教师与幼儿情绪进行对立，陷入权利之争，不仅当前的问题得不到解决，还触发更多的问题，最后几败俱伤。教师可以用的沟通句式——“我知道你现在很生气”“我看到你哭了，你一定很难过”“你看起来很生气”。

其次，教师描述幼儿的行为和语言。教师用陈述句描述看到的——时间、地点、人物、幼儿具体的动作、幼儿说的话语，目的是让幼儿从情绪中抽离出来，回忆自己的动作和语言，意识到自己刚才做了什么。尤其注意的是，家长在描述事件时，不可轻易评价幼儿的行为，以免让幼儿感到你在指责，让幼儿启动自己的心理防御机制，与家长进行强烈的对抗，不利于事件的处理。教师可以用的沟通句式——“老师刚才看到你右手握着拳头，你用拳头看起来很用力地敲在了某某的肩膀上，然后某某哭了”。

再次，教师倾听幼儿内心的声音。教师通过接纳幼儿的情绪，客观描述了幼儿的行为，幼儿对教师有了家长般的信任，愿意倾诉自己的刚才经历事件的感受。这时，幼儿的情绪得以平复，可以表达自己了。教师可以用的句式——“我很好奇，你为什么这么做?”“我很想知道，你当时在想什么?”“我想帮助你，你当时是什么感觉呢?”“我应该怎么帮助你呢?”

最后，教师要告诉幼儿发生消极情绪时，可以做什么。幼儿消极情绪产生后，有可能伤害自己、伤害别人、破坏环境的行为，教师要正面引导幼儿可以做什么，不可以做什么。教师可以用的沟通句式——“你看上去很难过，是因为?”“你感到很生气，是因为?”“生气

时，做什么你会觉得好些呢?”“难过时，可以试一试……”

（二）教师帮助幼儿消极情绪调整“四部曲”

如何让孩子调整自己的消极情绪呢？

第一步，指导幼儿学会认识情绪，可以通过绘本来认识。如《生气王子》《爱哭公主》《生气汤》《菲菲生气了》等情绪绘本，让幼儿了解生气、害怕、愤怒等情绪。

第二步，幼儿要识别自己的情绪状态，也可以通过绘本来完成。比如，《我的情绪小怪兽》可以让幼儿知道生气是什么样的感觉，害怕是什么样的感觉。家长可以问孩子，你什么时候会生气？生气的时候，心里感觉是什么样的呢？家长可以说说自己，然后让孩子大胆地表达自己的感受。

第三步，幼儿生气时知道哪些行为可以做，哪些不可以做，建立行为界限。让幼儿知道界限，这是消级情绪调节的关键。消极情绪发生时，幼儿伤害自己，有抓自己、咬自己、嘶吼、离开出走等行为，有的幼儿伤害别人，以及环境。当幼儿知道了界限，情绪发生时，幼儿可以对自己的行为有所控制。幼儿不仅对自己的行为有所控制，还要从心里接受这种不舒服的心理状态，做哪些事情可以让自己舒服一些。例如，我感到很害怕的时候，我可以跟老师抱一抱，我生气的时候，我可以蹲下来，或大口呼吸。

第四步，幼儿要用语言表达自己的感受，学会表达，孩子在一定程度上已经达到自我调整了。当孩子生气的时候，不是先用行为，而是用语言告诉你，“妈妈，这件事情让我很生气!”孩子能识别和接纳自己的情绪，接下来就会积极地处理遇到的困难，从而在同伴交往中积极参与，社会性发展得以提升。

（三）加强家园沟通与协作，努力实现家园共育

家园沟通是幼儿园和家庭合作的重要纽带，对幼儿园和儿童的发展起着关键作用。为了幼儿的身心健康，家园应相互配合，积极协作。教师要根据幼儿的情绪表现情况，积极与家长进行沟通，了解幼儿在家里的情绪情况，与家长建立良好的合作关系，共同促进幼儿发展。

积极、健康的情绪是心理健康的基础，随着幼儿各方面的发展和幼儿园生活影响，幼儿对自我情绪的调节、控制能力也会加强，希望每位幼儿都能收获一个身心健康的童年，做情绪的小主人！

参考文献

［1］孟昭兰．情绪心理学［M］．北京：北京大学出版社，2005：4.

［2］陆芳，陈国鹏．儿童情绪调节的发展研究［J］．心理科学，2003（5）：928—929.

［3］马瑞瑾，陈旭．学前儿童情绪调节策略发展研究综述［J］．幼儿教育，2009（12）：41—45.

［4］李季湄，冯晓霞．《3～6岁儿童学习与发展指南》解读［M］．北京：首都师范大学出版社，2014.

幼儿园“本我”环境创设的实践研究

（何龙妹　广东省广州市黄埔区玉城幼儿园）

摘　要：21世纪，随着对学前教育尤其是幼儿园教育的关注，对幼儿园的投资也日益加大，幼儿园的教育环境已成了一个重要的衡量标准。在幼儿教育工作者和家长的心目中，学校不仅要注重孩子的成长，更要注重孩子成长过程中所处的环境，因此，在幼儿园室内和室外的环境中，都应注重孩子的成长问题。幼儿园环境包括建筑环境、绿化美化环境、教育环境、卫生保健环境，这些都是总体环境评价的一个整体考量。良好的幼儿园能给幼儿带来无形中的启蒙，而幼儿园的“隐性课程”在开发幼儿智力、促进幼儿个性发展等方面受到了越来越多的关注。

关键词：幼儿园；环境创设；促进发展

一、幼儿园环境及其对幼儿的影响

幼儿园室内空间是由幼儿园的环境理念所构成，它是幼儿园的一个重要组成部分，它包括门厅、走廊、楼梯等室内公用区域以及活动室、生活区、寝室、接待室等

人在周围的环境中，其行动必然会被周围的各种环境所约束，在各种空间中，人们的行为举止也各不相同，所以“环境”对人们的行动产生了很大的作用。儿童早期教育工作者陈鹤群清楚地表示：“我们必须要为儿童营造一个好的学习氛围。”换句话说，“孩子应该拥有一个好的学习氛围”。我们要让孩子从自然中汲取知识，从自然中学会探索。

二、幼儿园环境布置存在的主要问题

（一）室内环境颜色单调

资料表明，目前国内的中小城市幼儿园室内环境中颜色相对单一，特别是墙面创设，依然以经典的纯色为主体，虽然是幼儿园，但是却与许多综合性的学校区别甚微，忽略掉了环境服务的主体，当然有很多城市中的幼儿园在原有的环境下已经被改造或是正在进行着改造，其中依然存在着色彩搭配不协调，虽然说饱和度高，明度高的色彩，对幼儿有一定的吸引作用，但并不意味着所有的颜色都适合，虽然部分幼儿园已经作出了一定的改善，把大量的色彩投入到室内环境中，但是没有进行针对性的设计，反倒起到画蛇添足的效果。

（二）创设内容与教育活动脱节

在幼儿的环境创造中，一些幼儿园的一些班，由于追求墙壁的环境数目，在墙壁的设计上出现了大量的主题拼接。将与本课无关的主题东一点西一点地拼起来，这样的主题墙壁的布置不但无法推动孩子们的互动，还会造成时间和资源的消耗。

比如，在“伞花绽放”这个主题的背景设计中，“认识伞”这一部分，就是一个很普通的插画，“伞的作用”部分，一个贴画，一个从空白部分跳到了“伞的联想”。“联想”这个词语，在“玩中学”阶段孩子们的发展特征上更难以领会。因此，在创建教室墙壁的过程中，教师们只是根据自身的体验来创造，而忽略了儿童的发展特征。

（三）幼儿园环境创设各类型比重分布不平衡

“在幼儿园的环境设计中，应该贯彻全面的理念。”袁爱玲提出，在幼儿的环境设计中，应该有适合性、丰富性和均衡性三个方面的原则。幼儿园墙壁环境创造的比例不平衡，与墙壁欣赏和区域墙壁的类型相比，只有一种形式记录墙壁。这在一定程度上也体现出幼儿园教师对墙壁的审美倾向。从这一点可以看出，在创造墙壁的空间时，要注重各种比例的配合。

三、促进幼儿园环境科学创设和利用

（一）增加创设材料和制作手段的多样性

通过调研发现，目前幼儿园使用的主要原料有油漆、纸制品、照片等。其制作工艺限于在墙面上作画，或直接挂于墙面，缺乏对材质的加工和改变。

本文认为，在创建幼儿园的公共空间时，要注重使用不同的材质、不同的生产方法。材料可以选择金属材料、纤维材料、木材、竹制品等。同时，还可以打破常规工艺的局限，对所采集的原料进行深度处理。这样的深度处理，不但要让孩子们细心专注，还要充分发挥自己的想象力和创造性，从选择题目到认知素材，如何充分地利用素材，再到构思作品中每个地方的每个细节和色彩，孩子们都在不断地发挥着自己的想象力。经过处理和改变已存在的物质，新的图像被创造出来。这个加工和转化的进程是想象和创造性的发展，使幼儿的动手和想象等多种技能得到了充分的发展。在儿童的想象力和创意下，原本普通的袋子变成了一种独特的作品。

（二）适时更换幼儿园公共环境

一方面，幼儿园的公共空间经常更换，孩子在对墙壁上的创造物没有了兴趣就进行替换，无法发挥墙面创建物本应有的教育作用；另一方面，幼儿园公共环境的更换次数太少，不能有效地吸引幼儿的注意力，从而也不能发挥学校环境隐性教育的作用。

（三）注重采用不同民族文化题材

首先，我们要正确理解保护国家的文化。幼儿园的公共情境的设计要充分体现儿童的童心和爱好特征，而当代的教育观念则注重物质和儿童的互动，注重从儿童的利益出发创造新的教学，作者觉得这种观点是错误的。张宗麟很久之前就提出：“爱国的精神不仅可以在幼稚园中进行，也可以在幼稚园时期开展，不过首先要让老师们对爱国主义有一个正确的理解。”而要实现这一目标，就要从幼儿园的公共空间中，将孩子带入到民族的传统高地，在古老的《三字经》中，在《孔融让梨》《王二小》中，在祖国的雄伟大地上，在万里长城的装饰下，自然而然地产生了对国家的爱国情怀。

其次，要充分发挥现有的优势，采取多种方式进行手工编织、剪纸、折纸、粘贴等多种艺术创作。比如：民间剪纸故事、用稻谷制作的中国地图、用纸箱制作的小鸟，供幼儿欣赏、发现等，幼儿通过了解民族故事、传说，激发幼儿对中国民族文化浓厚兴趣，进一步进行探索，不断发展民族文化的知识，发展智慧和展现民族文化的万里长城，将谷物贴上中国的地图，制作成的面具，让幼儿欣赏和阅读，体会民族文化的博大精深，让幼儿从小就种下热爱祖国的种子，体会民族文化的艺术美巧，用民族文化悬挂物装饰活动室墙面，悬挂物的创设是调整活动室内氛围，配合幼儿教育的有效途径。

最后，利用日常生活物件来创造具有民族特色的文化产品。皮亚杰说：“儿童的思想还在特定的计算中，他们的思想需要特定的东西来支撑。”因此，对儿童的国家感情的培育，必须从与其自身生命体验相关的特定情境入手。可以说，生活中的东西与儿童的生活息息相关。比如，用玉米皮、玉米芯做成燕子、蜻蜓、蝴蝶，再用碎布、树叶等粘贴出不同的面庞、花纹，让孩子在日常的活动中，通过观察、体验国家的文化，让幼儿的知识量不断增加，知识面不断拓宽，培养孩子的性格，养成观察的好习惯。

(四) 创设适合幼儿年龄特征的幼儿园公共环境

与大班的孩子相比，小班的孩子更依赖于实际的物质。初入幼儿园的孩子，对于孩子来说是一种探索的体验，他们对于幼儿园的一切都是充满了好奇心，因此，幼儿园教师应该按照幼儿的年龄特点和现实条件来创造一个适合他们的公共空间。

根据主题的不同，创设的班级活动室的环创也不同。

例如，娃娃家，为了让孩子们能更好地了解到不同的水果，教师们在教室的墙壁上设计了一个“娃娃家”的墙壁，以满足孩子们“过家家”的需求。

中班的小朋友上大班了，又长大了一岁，当哥哥姐姐啦，那大班的孩子们心里有没有一个理想，这墙壁的设计就是让大班的孩子们更加的努力。我要成为王老师一样的人，教其他的孩子很多东西，我会成为一位伟大的老师，我会学着舞蹈家的样子，成为一个伟大的舞者，我会跳很多美丽的舞步，我希望能成为一个美丽的女人，我可以天天穿着美丽的衣服。我幻想着奥特曼，无所不能。

我要上小学啦，为让大班的孩子更好地融入小学，教师们在学校里带着孩子们去看他们的学校，利用他们在学校里的所见所闻，创造出一个新的幼儿园的公共情境。红领巾、小学课本、练习本、尺子，让即将幼儿园毕业的孩子们对小学有一个基本的认识，也能让他们在升入小学时不会感到紧张和惊慌。

四、结语

幼儿园的环境创建与儿童的日常生活密切相连，是幼儿园必须做的一项工作。然而在实践过程中，或多或少被我们的教师和园长忽视了，又或者是知道环境创设对幼儿的重要性，但由于种种原因，没有办法把幼儿园环境创设延伸下去。本研究就是带着这样的出发点，和我们的教师共同探讨在幼儿园主题活动环境创设时应注意的事项，以期在这样的活动中能取得好的效果，使我们的孩子更快更好地发展，适应新的环境！

参考文献

[1] 王海生，李玉珍，贾思岿．环境教育中的情感渗透［J］．中国教育报，2001—10—30 (003)．

[2] 张晓燕．启蒙教育应培养环境意识［J］．中国环境报，2006—06—02 (004)．

[3] 马丽．浅谈良好幼儿园环境的创建［J］．金昌日报，2006—06—29 (002)．

[4] 杨培香．为幼儿创设环境，让幼儿在玩中学到知识［J］．金昌日报，2007—10—19 (002)．

[5] 马丽涛．在绘画过程中渗透环境教育［J］．延安日报，2009—07—11 (006)．

[6] 林美．如何给幼儿营造愉悦心理环境［J］．中国教育报，2013—05—12 (003)．

自然活动中幼儿自主探究能力的培养——以中班为例

（冀鑫丽、赵悦　河北省廊坊市直属机关第二幼儿园）

摘　要：自主探究能力的发展对于幼儿的终身学习与发展具有奠基性作用，自然活动是培养幼儿自主探究能力的重要资源。幼儿对活动的好奇心、兴趣、丰富的生活经验等是幼儿自主探究能力发展的影响因素，教师应善于发现幼儿的兴趣所在，通过问题或任务进行驱动，给幼儿足够的探索时间和空间，为幼儿提供适当的支持，创设分享成果的机会。使幼儿在自然活动的每个环节中都获得自主探究能力的发展。

关键词：自然活动；自主探究能力

自主探究能力是指学生主动参与、乐于探求的意识，自觉收集、处理信息的能力，获取新知识的能力，分析和解决问题的能力，是影响幼儿发展和社会发展的必备品格和关键能力。在我国提出的中国学生发展核心素养中，以培养“全面发展的人”为核心，而培养自主探究能力对学生的自主而全面的发展起到强有力的推动作用。陈鹤琴曾提到：“大自然、大社会都是活教材。”幼儿园教师应依据教育理论、目的与幼儿兴趣需要，不断开发、利用自然资源，组织自然活动，在活动中培养幼儿的自主探究的能力。以下，笔者以中班自然活动“小菜园探秘寻宝——丝瓜”“小小树叶堆肥记”为例，浅谈自然活动中幼儿自主探究能力的培养。

一、影响幼儿自主探究能力发展的主观因素

（一）好奇心和兴趣是幼儿自主探究能力发展的开始

幼儿的好奇心和兴趣是探究和认识外界环境的内在需要，是探索世界与获得知识的动力。如“小菜园探秘寻宝——丝瓜”自然活动，秋天，园里的小菜园总会充满惊喜。一天，孩子们如往常一样漫步在小菜园中，只见一个孩子使劲儿向上跳，够一个长在架子上的丝瓜。随后，几名幼儿开始争先恐后地去摸丝瓜。而另一边，两名幼儿正在热烈地讨论着。一名幼儿说：“这是冬瓜。”一名幼儿说：“这是丝瓜。”随后许多幼儿都加入了讨论。“我够不到它，我想摸摸它。”“它里面是什么样子的呢？”……为了满足幼儿对丝瓜的好奇心和兴趣，教师便围绕着幼儿提出的各个问题开展了关于丝瓜的自然活动。在幼儿好奇心和兴趣的驱动下，开启了自主探究丝瓜的旅程。

（二）生活经验是幼儿自主探究能力发展的基础

生活经验是幼儿学习与发展的基础，是认识与理解世界的基础，是获得新经验的前提。幼儿的自主探究能力应基于幼儿的原有生活经验。如“小菜园探秘寻宝——丝瓜”自然活动，在开展采摘丝瓜活动中，我们遇到了一个问题——丝瓜长得太高了，怎么办呢？孩子们基于自己已有的生活经验开始献计献策。“使劲儿跳。”“我跳起来摸到它，把它摘下来。”“摘下来会砸到头，不行。”“拿个凳子，我站到凳子上踮起脚，就能把它给摘下来。”“那个地上不平，有泥土是软软的，凳子放上去不稳，会摔下来的。”“我们可以找修水管的爷爷来帮忙。”……幼儿基于已有生活经验，提出了许多解决问题的方法，并思考这种方法是否能够安全地把丝瓜采摘下来，在这一过程中，幼儿基于原有经验，认真思考与积极探讨，促进了幼儿自主探究能力的发展。

(三)坚持是维持幼儿自主探究活动的稳定剂

坚持是重要的学习品质，有利于培养幼儿良好的生活习惯与行为，有利于培养幼儿不怕困难、勇于探究的科学精神。在“小小树叶堆肥记”中，当幼儿不知道堆肥应该选用哪些合适的工具时，教师不要急于提供答案，而是给幼儿尝试自主探究的机会。“小筐上面有缝隙，土壤会漏下去。”“我们可以用小桶来盛土壤和水。”“薯片筒也可以用来装水。”通过引导幼儿进行实地观察和交流讨论，从而确定堆肥的工具。幼儿在观察与探讨的过程中，探究能力得到进一步提升。在这一过程中，幼儿遇到了许多问题，并不断坚持尝试、不断思考，最终选择了合适的工具。

二、自主探究能力发展的支持策略

幼儿是在动手操作的过程中获得经验与能力的发展。蒙台梭利说过：“儿童就是我看到了，我忘记了；我听到了，我记住了；我做过了，我理解了。”因此，根据幼儿对大自然的兴趣，充分利用园内、园外自然资源，以问题或任务为驱动，提供自主探究的时间和空间，是促进幼儿自主探究能力发展的有效策略。

(一)基于兴趣和好奇心，发现可探究兴趣点

卢梭指出：“问题不在于教他各种学问，而在于培养他爱好学问的兴趣，而且在这种兴趣充分增长起来的时候，教他以研究的方法。”好奇、好问是幼儿发展的年龄特点之一，保护、激发幼儿的好奇心和兴趣，是培养幼儿自主探究能力的第一阶段。教师要发展幼儿自主探究能力，就要善于发现其兴趣。对于自然资源，幼儿兴趣十分浓厚，但不是所有的内容都适合幼儿进行自主探究。例如，探究在什么季节适合种植小麦，其满足幼儿动手操作、解决问题的机会较少。既满足幼儿兴趣和好奇心，又能进行动手操作，持续探究的活动更具有发展自主探究能力的价值。又如，在“小小树叶堆肥记”自然活动中，幼儿都喜欢捡掉落的叶子，我们用叶子做很多漂亮作品，用叶子进行游戏，“叶子还可以做什么呢?”教师根据幼儿对于探究叶子的兴趣，为幼儿搭建支架，提供“叶子还可以做肥料”的经验支持，幼儿对于树叶堆肥十分好奇，于是“小小树叶堆肥记”的自然活动便产生了。结合幼儿兴趣和教师支架的搭建，幼儿的自主探究活动得到了更深层次的发展。

(二)通过问题或任务进行驱动

《3～6岁儿童学习与发展指南》提出，要支持和鼓励幼儿在探究的过程中积极动手动脑，寻找答案或解决问题。驱动性问题是推动活动顺利进行的先驱，任务是活动的载体。幼儿真正感兴趣且能够通过探究找到答案的问题对于发展幼儿主动探究能力具有重要意义。通过贴近幼儿生活的真实问题或任务进行驱动，往往更能唤起幼儿的主动性，激发幼儿的探究动机。例如，在中班“小小树叶堆肥记”的活动中，幼儿有关于“给植物施肥”“果皮变肥料”的初步经验，通过“树叶变成肥料需要什么?”的问题，来为幼儿及家长提供亲子共同探索的机会，赋予美好的亲子时光以更多的意义，在亲子探究活动中，幼儿的自主探究意识也能得到更好的发展。

(三)提供自主探索的时间和空间

陶行知曾提道：“解放儿童的空间，使之能接触大自然和大社会；解放儿童的时间，使之学习自己渴望学习的东西。”为培养幼儿的自主探究能力，我们必须为幼儿提供足够的时间和空间。如“小菜园探秘寻宝——丝瓜”自然活动，在采摘时，幼儿尝试多种方式，没有成功摘下丝瓜。这时，教师没有告诉幼儿方法，而是给幼儿思考解决问题的时间。过了一会

儿，一名幼儿站在凳子上，想把它给摘下来，但是椅子摇晃，又没有摘到丝瓜。这时，教师在一旁引导幼儿思考如何让椅子站稳，在幼儿讨论完以后，班级幼儿决定三个人扶椅子，一个人站到椅子上去摘。可是又遇到了新问题，班级幼儿再一次讨论起来。在一次次讨论，一次次尝试后，幼儿终于摘到了第一个丝瓜。在整个过程中，教师给予幼儿足够的空间和时间，促进其自主探究能力的发展。

（四）教师有效的支持与引导

教师是幼儿的支持者、合作者、引导者和资源提供者。教师的支持、合作与引导使幼儿在解决问题的自主探究活动中更加有力量。例如，在“小小树叶堆肥记”活动中，当幼儿第一次尝试在小花园挖出一个堆肥坑时，他们感到有些困难，“这个坑太小了，都放不下一片梧桐叶。”“用了很大的力气，坑还是很小。”这时教师引导幼儿对自己挖的堆肥坑进行观察，发现问题并思考改进方式。“铲子没有尖，挖不动土壤。”幼儿在商讨之后，决定换一把更加锋利的铲子。有了铲子之后，幼儿发现小朋友光用手的力量很难挖出一个合适的堆肥坑，在幼儿感到困难的时候，教师以合作者的身份参与活动，并为幼儿示范手脚合作的挖坑方式，并鼓励幼儿再次尝试，堆肥坑制作成功后，幼儿感到非常有成就。在整个活动过程中，通过教师关键问题的引导，幼儿积极的思考伴随着整个过程，促进新经验的形成。教师对于幼儿的支持与引导使幼儿的探究更加深入地进行下去，对于养成良好的学习品质有着重要意义。

（五）分享、交流探究成果

分享、交流既是幼儿对探究过程和结果、结论的表达，也是与同伴分享、倾听同伴意见，或进行讨论，达成共识的过程。分享探究成果的过程也是幼儿对自己的探究过程进行积极自我评价的过程。例如，在堆肥活动中，幼儿将小组的堆肥过程与集体分享，分别介绍了自己堆肥的步骤、在堆肥过程中遇到的困难、如何克服困难、堆肥中的意外收获。幼儿在分享的过程中，反思自己的探究方法和活动过程中的坚持和主动性，自主探究意识、语言组织能力、社会交往能力、表征能力等均有所发展。

陈鹤琴指出：“儿童的世界是儿童自己去探索、去发现的。大自然、大社会是孩子们最真实的、最丰富的、最具有吸引力的学习环境。”教师应善于开发、利用自然和社会资源，引导幼儿参加各种探究活动，感受深入探究的过程，获得解决实际问题的经验，发展自主探究的能力。这有利于培养幼儿良好的思维和学习习惯，对幼儿未来发展所需的品质奠定良好的基础。

参考文献

中华人民共和国教育部．3～6岁儿童学习与发展指南［S］．北京：首都师范大学出版社，2012.

今天，你喝水了吗——促进幼儿自主饮水习惯养成的思与行

（邱实　北京市怀柔区第六幼儿园）

摘　要：水是人体不可缺少的营养物质，培养幼儿自主饮水的良好习惯能促进他们身体的正常发育和健康成长。一日生活皆课程，教师要充分挖掘幼儿自主饮水墙饰记录表的教育价值，发展幼儿的逻辑思维能力，也可以通过故事教学、自制果茶、创设饮水吧等游戏活动来进一步调动幼儿主动喝水的积极性，发展幼儿的动手能力和社会交往能力，建立起科学喝水的意识，促进幼儿自主饮水习惯的养成。

关键词：家园共育；幼儿游戏生活；健康发展

现象实录一：

某大班，在紧靠幼儿茶水桶旁的墙面上，有一块“今天，你喝水了吗”的环境布置，记录幼儿自主饮水的情况，要求幼儿在喝完水后自主拿一朵花插进自己名字的小纸杯里，喝一杯水插一朵，最后一天下来统计一共喝了多少杯水。一天午睡起床后，轩轩接了半杯水，喝完后插了一朵花。旁边的明明喊起来：“你不能插一朵，你才喝了半杯，要喝整杯水才能插。”轩轩委屈地说：“我只想喝半杯，一杯水我喝不下。”明明说：“那你就不能插。”

现象实录二：

某中班，在靠近幼儿喝水区域的墙面上，也有一块叫“饮水加油站”的环境创设，每个幼儿的照片旁拉一根绳子，上面穿了一节一节的彩色吸管，喝一杯水便可以将一节吸管从左拉到右，最后统计右边有多少节吸管就代表一天喝了多少杯水。一天上午，幼儿从户外活动回来，纷纷排队自主饮水，但是喝完水后，没有幼儿去移动绳子上的小吸管进行记录。笔者随机问一名幼儿：“你为什么不记录呀？”幼儿说：“不用记，老师都不看的！”

以上的案例是在幼儿园随机观察到的有关幼儿喝水这一生活环节中的现象。随着全社会对幼儿教育的重视，教师外出观摩和培训的机会越来越多，他们的教育观念逐步得到转变，也急于希望通过自己的学习与实践将优秀幼儿园好的经验、做法在本园及班级实施开展。

于是，在提倡幼儿自主饮水的同时，也模仿创设了相关的记录墙饰。五花八门、形式多样的记录墙丰富了幼儿园的环境，看似挖掘了幼儿一日生活环节中有关自主饮水所蕴含的教育价值，但是这样的记录墙真正促进幼儿与环境的互动了吗？真正让幼儿认识到科学喝水的重要性了吗？我们从上述的现象中已经得到了答案，这样的墙饰到最后都变得流于形式。

《3～6岁儿童学习与发展指南》（以下简称《指南》）提出，珍视幼儿生活和游戏的独特价值，充分尊重和保护其好奇心和学习兴趣，创设丰富的教育环境，合理安排一日生活，最大限度地支持和满足幼儿通过直接感知、实际操作和亲身体验获取经验的需要。我们在挖掘幼儿生活环节中所蕴含的教育价值时，一定不能偏离所研究的主题，所有的环境创设、活动设计等都应该依据幼儿的年龄特点和认知发展水平而组织开展，最终目标也是促进幼儿的健康成长和全面发展。

水对人的生命起着重要的作用，它是人体内六大营养素之一。幼儿在园是否能主动喝水，每天的喝水量是否适宜，会直接影响幼儿身体的正常发育和健康成长。幼儿年龄小，缺乏主动喝水的意识，在家经常是成人督促其喝水，到了幼儿园，离开了家长的提醒，幼儿的喝水问题也成了家长普遍关心、倍加关注的热点问题之一。如何培养幼儿主动喝水、科学喝

水的习惯也成了幼儿园教育教学目标之一。

一、提供适宜材料，细化记录形式

上述现象实录中，幼儿在观察、操作中发现了半杯水无法记录的问题。怎样客观记录半杯水呢？在材料投放上可以做哪些改变呢？教师要结合幼儿的生活经验和认知水平，引导幼儿自己去解决问题，让他们在感知具体事物的基础上初步尝试用比较、实验的方法不断地积累经验，逐步发展逻辑思维能力，提高幼儿学会运用等量代换的数学思想解决一些简单实际问题的能力。如教师提供红、黄两种颜色的花朵，整杯水用红花表示，半杯水用黄花表示，两朵黄花可以换一朵红花。由此推演，教师还可以再提供第三种颜色的花朵，蓝花表示三分之一杯水，让幼儿进行等量代换，这样的操作方法对幼儿具有一定的挑战性，能激起他们对数学活动的兴趣，促进其数学思维能力的发展。

二、设计统计表格，学会分析比较

教师除了引导幼儿每天在墙饰上记录下自己的饮水量，还应该提供有关自主饮水的一周统计表，让幼儿将每天的饮水量记录下来，如周一8杯、周二9杯等，鼓励大班幼儿根据每日饮水量绘制条形图、线状图等，用图表的形式初步尝试统计、分析一周以来饮水量数据之间的差别，发展幼儿的概括能力和抽象能力。利用图表，幼儿可以进行纵向比较和横向比较，引发他们对自主饮水的兴趣与关注，督促幼儿养成每天保持一定饮水量，也帮助幼儿分析某些数据变化较大背后产生的原因，是否参加了运动强度较大的户外活动等，促进了幼儿的深度学习，也让幼儿从饮水量的变化延伸到对一日生活的关注，了解一些事件的因果关系。

在鼓励幼儿自主饮水时，教师也要起榜样示范作用，和幼儿一起喝水，一起记录饮水量，调动幼儿操作探索的兴趣，也帮助幼儿培养持之以恒的学习态度，久而久之，促进幼儿自主饮水习惯的养成。

三、开展生动教学，科普水的意义

为了让幼儿真正理解水对人生命的意义，教师可以根据不同年龄段幼儿的认知发展水平，开展相关的教学活动，结合生活经验帮助幼儿建立科学概念，与水产生联结，从而丰富幼儿的情感体验。如讲述故事《口渴了，怎么办》《不爱喝水的小河马》《小猪嘟嘟不爱喝水》等，利用卡通拟人的动物形象、生动有趣的故事情节引导幼儿认识到多喝水对身体有益处，不爱喝水、多喝饮料会给身体带来损害，影响身体发育，让幼儿初步感受水的重要性。还可以通过科学实验来进一步探索水对动植物生命的意义，如用水和饮料分别进行种子发芽的实验，让幼儿通过直接感知意识到白开水是最健康的饮料。

为培养幼儿珍惜水源、节约用水的环保意识，可以播放视频进一步拓展幼儿对水的认知，如观看保护水资源的公益广告，通过惊人的水污染数据、触目惊心的画面，让幼儿直观感受。

对幼儿讲述地球水资源的珍贵，增加他们的社会责任感和危机感，激发他们从自身做起，从小就萌发节水、爱水的情感，逐步养成关爱地球、关爱世界的良好品格。

四、开展情境游戏，促进习惯养成

游戏是幼儿的生命，是幼儿最基本的活动形式。幼儿的生活和学习离不开游戏，在游戏中他们成长与收获，习得各种知识与技能，养成良好的习惯与个性。为了进一步引导幼儿了解喝水对人身体的重要性，教师可以通过组织与创设幼儿感兴趣的游戏、熟悉的生活情境等，让幼儿逐渐养成喜欢喝白开水的习惯。在日常生活中，幼儿都有陪父母购买奶茶的经验，受街上琳琅满目奶茶店的启发，幼儿在班级创设了“饮水吧”，卖的都是他们自制的各种健康饮品。教师和幼儿提前准备好各种花茶果茶，有山楂、菊花、枸杞、金银花、荷叶、陈皮、玫瑰花茶等。“饮水吧”每天推出“今日推荐”，向小顾客们介绍1～2种花茶的作用和功效。在教师的帮助下，幼儿用温水将花果茶进行冲泡。在动手操作的过程中，幼儿不断尝试，探索放多少水及多少茶才能泡出好喝的茶水。

“饮水吧”刚成立，就吸引了很多幼儿的积极参与，他们争当老板和顾客，自己制定游戏规则，主动带来各种健康有营养的花果茶丰富游戏材料。在买卖中幼儿学会了自制饮料，知道了各种茶的作用，如金银花清热解毒、山橙促进消化、菊花平肝明目、玫瑰养颜美容等，也学会了如何使用虚拟钱币进行公平交易，不仅发展了幼儿的语言表达能力，也促进了社会交往能力的发展。最重要的是，幼儿在游戏中喜欢上了喝水，调动了他们主动饮水的积极性，让他们能够根据自己的需要，主动地去饮水，逐步养成了主动饮水的良好习惯。

民以食为天，食以水为先。《指南》健康领域指出：“4～5岁儿童要常喝白开水，不贪喝饮料。”幼儿的健康关系到每个家庭的幸福，幼儿园也必须把保护幼儿的生命和促进幼儿的健康放在工作的首位。幼儿一日生活皆课程，教师要运用教育智慧，促进幼儿自主饮水，养成良好的习惯，让幼儿受益终身，这也是教师应尽的责任和义务。

参考文献

[1] 教育部基础教育司.《幼儿园教育指导纲要（试行）》解读[M].南京：江苏凤凰教育出版社，2017.

[2] 中华人民共和国教育部.《3～6岁儿童学习与发展指南》[S].北京：首都师范大学出版社，2012.

优化家园共育，科学做好幼小衔接的实践研究

（徐可　北京市怀柔区第六幼儿园）

摘　要：幼小衔接是幼儿园和家庭的共同任务，需要共同努力、相互配合，才能有效帮助孩子尽快进入新角色，完成从外部环境到心理的全面转变。当前幼小衔接家园共育还存在一些问题，作为教师我们应该做好幼小衔接的设计，通过多种策略和手段优化家园共育，共同探索更贴近儿童的实践路径，使幼儿实现由幼儿园向小学的顺利过渡。

关键词：家园共育；幼小衔接；科学衔接

幼小衔接就是幼儿从幼儿园教育走向小学教育的这个过程。如果幼小衔接做得好，适应过程就会比较顺利，能够使幼儿入学后，在身体、情感、社会性适应和学习适应等方面都有良好的发展，从而顺利地实现由幼儿园向小学的过渡。然而，长期以来，人们对幼小衔接存在着片面的认识，导致家长、学校，甚至有些幼儿园在幼小衔接工作中出现了小学化的错误倾向。所谓小学化主要是指在幼儿园阶段提前将小学阶段的学习任务或教学内容移植到幼儿阶段，并采用成人强制的、违背幼儿学习特点与兴趣的方式进行教学，例如生硬而机械地教孩子学拼音、写汉字、珠心算等，从而造成幼升小的片面衔接、不科学衔接的现象。近日，教育部新出台了《关于大力推进幼儿园与小学科学衔接的指导意见》，这使幼儿园看到了希望，将会在幼儿园和学校双向衔接的前提下，对家园共育促进幼小衔接充满信心。那么，幼小衔接在家园共育中存在哪些问题，幼儿园又该如何引导家长有效做好幼小衔接呢？

一、幼小衔接中家园共育存在的问题

（一）幼儿园缺乏系统的幼小衔接教育整体设计

没有给家长展示出科学幼小衔接的全貌；幼儿园幼小衔接工作缺乏系统性和计划性，家园共育缺乏指导，实际工作中只给任务，不予解释，家长心里没底，信心不足；幼儿园欠缺对科学衔接的正确解读和宣贯，对家长的错误观念缺乏基于专业引导的及时纠正；有的幼儿园甚至简单迎合家长的不合理要求，存在不同程度的小学化倾向。

（二）广大的家长群体在幼小衔接方面存在的问题

（1）有些家长对幼小衔接存在认识上的误区，认为幼小衔接就是知识的提前准备，就是学习拼音、汉字和算数，而幼儿园开展的探究、游戏、社会实践等就是浪费时间，不能认同幼儿园教育的内容和方法，也不愿配合幼儿园的幼小衔接工作。

（2）有些家长不知道怎样正确做好幼小衔接。有些家长尽管知道应该顺应孩子的天性，尊重孩子的学习和发展规律进行幼小衔接教育和引导，但是苦于不知道幼小衔接应该衔接些什么，以及怎样衔接。

（3）有些家长没有承担起家庭应承担的责任，将幼小衔接看作幼儿园一方的责任，没有认识到家园协同对幼儿顺利衔接的意义，不能很好地在家中得到延续和巩固，使教师的努力往往归于徒劳，幼小衔接效果微乎其微。

幼小衔接不是幼儿园单方面的任务，同样也是家庭教育的职责，是幼儿园和家庭的共同任务，需要共同努力、相互配合。《幼儿园教育指导纲要（试行）》也明确提出：“家庭是幼

儿园重要的合作伙伴，应本着尊重、平等、合作的原则，争取家长的理解、支持和主动参与，并积极支持、帮助家长提高教育能力。”

二、多措并举，引导家长树立科学幼小衔接的观念

（一）顶层比对，树立对幼儿园教育的信任

邀请小学教师一起教研，共同研究教育部颁布的关于幼儿园和小学两个不同阶段最重要的课程设置的指导性文件，一个是《幼儿园教育指导纲要（试行）》，它相当于幼儿园的课程标准，另一个是《义务教育课程设置实验方案》，是小学的一个课程设置方案。共同对这两个纲领性的最高文件进行对照，用规范性的文件和专业化的解读让家长看到两个阶段在课程内容上的连贯性和一致性，直观感受幼儿园阶段是在为小学做铺垫。引导家长树立正确的儿童观、发展观。幼儿园教育完全能够帮助孩子做好幼小衔接。

（二）专业盘点，明确科学幼小衔接的内涵

幼儿园要全面梳理、深刻分析，并帮助家长了解科学幼小衔接的内涵，明确理想的幼小衔接贯穿整个幼儿园阶段。全面认识幼小衔接不仅是在课程安排、活动组织、教育要求、作息安排等方面向小学靠拢；不仅是认知上的衔接、行为上的衔接，更是习惯、能力和心理上的衔接；幼儿的自我管理能力、自我服务能力、社会交往能力、倾听习惯和语言表达能力、时间观念和规则意识以及学习能力和学习品质等才是幼小衔接的重要内容。三年全面而扎实的幼小衔接教育会让家长对幼升小更有信心和把握。

（三）引导体验，探明幼儿的学习特点和方式

幼儿园要通过家长学校、家长访谈，用具体案例分析让家长认识到儿童智力发展是具有阶段性和顺序性。学习必须建立在适合的心理发展水平基础上，超前学习小学知识无异于揠苗助长，不恰当的幼小衔接会对幼儿的长远发展产生负面影响。通过组织家长“听音读写学习水果‘橘子’—看图观察认识‘橘子’，——动手操作探索‘橘子’”等一系列亲身体验活动，引导家长认识幼儿的学习与发展的年龄特点，深刻认识到学龄前儿童正处于前运算阶段，其思维特点是直觉行动性和具体形象性，这个阶段的儿童最有效的学习方式就是动手操作和游戏探索，理解幼儿园教育的生活性、游戏性和情景性。

三、组织专题会答疑解惑，缓解幼小衔接焦虑情绪

幼儿园通过开放性“调查问卷”，征集家长在幼小衔接中困惑不解的问题，针对家长的实际困惑组织召开专题家长会，邀请专家做专题讲座，为实际工作提供理论依据；邀请小学校长、教师现身说法，理论联系实际，深入浅出，分析幼小衔接最重要、最核心的问题，明确家庭要承担的责任和义务，讲解最科学、最有效的方法。组织家长座谈会和家长沙龙，帮助家长答疑解惑、互相启发、从不同角度缓解家长对幼小衔接的过度焦虑。

四、总体设计与儿童视角，共同做好科学幼小衔接

（一）开展总体设计，家园协同促进科学衔接

幼儿园遵循儿童学习与发展的规律与特点，全面设计三年幼小衔接规划，制定每个年龄段幼小衔接应该培养的核心能力和目标，每个阶段应该关注的关键要素，设定具体的培养计

划和活动内容。为家长全面展示和解读幼小衔接的设计，并在组织实施中连贯地给家长具体任务和要求，争取家长积极配合承担家庭的责任，协助幼儿园教师做好幼小衔接教育。家长们要给幼儿提供更多的情感支持，与孩子积极沟通，相信孩子的适应能力和成长潜力，与幼儿园共同促进幼升小科学、有效的衔接。

（二）关注儿童视角，家园联手引导主动衔接

当孩子们进入大班，幼小衔接就不能一味地按照成人的设计和要求进行，还需要顾及幼儿的兴趣、需求、疑问和感受，因此，我们应该和家长一起关注孩子作为幼小衔接的主角，他们的话题是什么？需要的是什么？整理幼儿对小学的各种疑问和好奇，并引导、支持幼儿进行问题的答疑解惑与探秘，为小学生活做好自己的准备。比如，教师在和家长的交流沟通中了解到幼儿对小学的种种好奇，于是组织孩子们进行了“小学，我想知道”的主题讨论，并整理了孩子们的疑问：小学是什么样的？小学生上课和我们一样吗？课间十分钟要做什么？书包里有什么？找不到教室怎么办？怎样做个合格的小学生……依据孩子们的疑问，教师和家长共同引导孩子们展开“ 你好！小学”的主题探究活动，家长联系小学组织幼儿进行参观，和小学生进行对话，请哥哥、姐姐解答他们的种种疑问，对小学生活中可能遇到的困难进行讨论，并提出解决的方法，对成为一名合格的小学生寻找差距，设立目标，并且每天在幼儿园、在家努力达到目标……这样的幼小衔接孩子们成为积极参与的主体，在探秘小学的过程中进一步渗透了时间、任务、规则、专注、思辨、质疑、问题解决等诸多对未来小学学习更加重要的品质和能力。让孩子们更深入地了解了小学，避免因陌生而产生的紧张感，引发幼儿对上学的兴趣和愿望，也让家长们对自己做什么有了具体的抓手。

（三）指导“自我摸底”，家园配合促个性化衔接

指导家长通过日常观察、交流谈话等方法，围绕以下内容“是否能自己照顾自己，能根据冷热穿脱衣服、主动喝水、独自按时睡觉等；是否对小学充满期待和向往？对小学生活存在哪些顾虑和担忧？遇到困难会主动请求帮助，是否能自然地和家人以外的人交往?”……全面了解自己孩子在习惯、能力、心理、情感等方面的发展水平和特点，分析孩子在幼小衔接中存在的问题和不足，在与孩子共同生活的过程中，倾听孩子的心声，多陪伴，多鼓励，多讨论，有针对性地进行幼小衔接的有效引导。

要实现科学幼小衔接，需要社会、政府、学校、家庭、幼儿园多方的共同努力，需要各界的积极沟通与合作，需要了解、理解并遵循幼儿身心发展规律和学习特点，探索更贴近儿童的实践路径，需要各界共同营造有利于幼儿适应小学生活的氛围，因势利导、循序渐进，从而真正促进幼小有效而科学的衔接。

参考文献

［1］教育部基础教育司.《幼儿园教育指导纲要（试行）》解读［M］. 南京：江苏凤凰教育出版社，2017.

［2］中华人民共和国教育部. 关于大力推进幼儿园与小学科学衔接的指导意见［Z］. 2022.

以无字绘本《小红鱼》为例小议大班故事创编策略

（王瑾　浙江省义乌市职教集团附属幼儿园）

摘　要：无字绘本的优点在于不受文字的束缚，给予了读者无限的想象。本文以大拇指无字创意绘本《小红鱼》为载体，指导幼儿从独立完成试编到教师前期试听分析情况再到有针对性进行指导解决普遍问题，最后到深挖细节，细细品味创作个性作品。让幼儿的故事创编从无到有，从平淡到精彩。

关键词：大班；无字绘本；故事创编；绘本

无字绘本是利用一连串相互关联的图画来进行故事内容叙述的绘本。从笔者所在班级中了解，家长们很少选购此类书籍。原因是此类书籍全是图画，没有文字且价格高昂，认为没有什么内容可以学习。而无字绘本最大的优点就在于它没有文字，给予了读者更多想象空间。本研究以无字绘本《小红鱼》为例，帮助幼儿逐步获得独立构思和语言表达经验，培养故事创编的能力。

《小红鱼》讲述的是一条小红鱼被一只黑猫倒进洗手盆，顺着下水道在陌生的环境里勇敢历险，最后又回到了小黑猫的身边的故事。这是一段从原点回到原点的奇妙旅程。本研究主要从以下四个步骤开展创编，使故事从无到有，从平淡到精彩。

一、独立完成试编

由于集体教学活动时间有限，教师能听取的幼儿创编内容也很有限。如何来解决这一困难呢？

（一）绘本图片发放

在创编活动初期，教师利用手机将绘本逐页拍图制作成PPT，发送给家长。为了能够体现幼儿的真实水平，要求幼儿在家自由创编，独立完成，家长无须进行指导。

（二）创编录音发回

在以往的活动中，通常是幼儿口述，成人记录。但是当孩子出现一些语句不通顺、停顿、口头语言时，大人容易以自己的表达习惯进行更改，不能真实反映问题。所以，教师要求幼儿在创编时，家长打开录音功能，完成后发回给教师即可。

二、前期完成试听

通过录音的方式可以真实还原孩子的创编过程，反映问题。在活动前，教师对前期幼儿的录音进行试听，了解幼儿的现有水平及发展点，开展针对性指导。

（一）发现初创问题

从幼儿的录音中能反映出很多问题，其中普遍存在的问题主要有以下几种情况。

1. 量词使用随意

教师从录音中发现，幼儿在使用量词时比较随意，例如，突然跳出来一“个”青蛙，又过来了一“只”大鱼；突然到了一“个”大海里；还有的单个物体能运用准确，多个数量就不知道用什么量词。

2. 口头语言频繁

从故事中可以反映出幼儿在创编中口头语言较多。例如，小鱼就按着下水道的水游啊游。此外，在讲述过程中会频繁使用“然后”，个别幼儿使用了 17 处“然后”。

3. 画面理解不够

小红鱼经过了下水管道、污水处理厂、小河、大江等，然而幼儿的故事中并未提及。教师也将文字和录音进行了比对，发现文中分段的地方，都是小朋友语言停留时间较长之处。可见，幼儿对画面上表达的场景并不能准确描述。

（二）发掘个性亮点

幼儿独自完成首次创编，可以避免随大流，同时教师还能从中发现一些亮点。

1. 脑洞大开，想象无限

故事中小红鱼为什么被黑猫倒进洗手盆，这里的留白给了幼儿无限的想象空间。有的觉得小黑猫把小红鱼倒入洗手盆是因为鱼缸太小，小红鱼长大需要更大的生存空间；有的认为是小黑猫想吃小红鱼要先把水倒了，不料小红鱼逃走了。故事的创编充满了幼儿的奇思妙想。

2. 创编对白，增加情景

很多幼儿在创编时除了叙述画面的内容，还会增加对白创编，使故事更具画面感。比如，瑞瑞小朋友在描述小红鱼被大鱼包围的时候这样说道：四条大鱼围住了小红鱼说：“你是从哪儿来的，以前怎么没有见过你？”小红鱼说：“我从鱼缸里来。”说完就赶紧游走了。

三、有的放矢试导

当教师了解了幼儿的首次创编的具体情况后，就可以试着针对存在的问题进行专门指导。

（一）整体通读，寻找主线

图 1 中的两幅图正是《小红鱼》故事的开头和结尾。在孩子们首次创编的时候都能对于开头小黑猫为什么会将小红鱼倒进洗手盆进行讲述。但故事的结尾，几乎所有的幼儿都没有对小红鱼意外地回到小黑猫身边进行说明。所以，教师要求故事的结尾要能与开头进行呼应。

图 1　《小红鱼》故事对比

1. 前后一致

故事开头有幼儿讲述小红鱼为了去看看外面的世界，才让小黑猫将自己倒入洗手盆中，经历了一场奇妙的旅程以后，小红鱼看到了外面的世界，历尽艰险，小红鱼再次见到小黑猫定然有很多话想对小黑猫说。

2. 情节反转

除了前后一致的故事情节，还有反转型的创编思路。一甲小朋友则认为小黑猫和小红鱼都觉得自己是最受主人喜欢的宠物而发生了争吵，小黑猫就将小红鱼给冲走了。但经历了外面的险境，当它们再重逢的时候，小红鱼愿意和小黑猫和平相处。

（二）扎实基础，理解图意

伴随幼儿对故事主线的把握，教师还要指导孩子对画面所表现的场景再次梳理，理解图意。

1. 丰富经验储备

在前期的创编中，教师发现幼儿对于小红鱼经过的地方描述不够恰当，这是因为他们缺乏生活经验。比如下水管道，孩子在表述时只能说出“管子”“水管”。也不知道污水处理厂、矿泉水厂等。教师可将此内容引出，利用网络多媒体对这些场景进行科普。

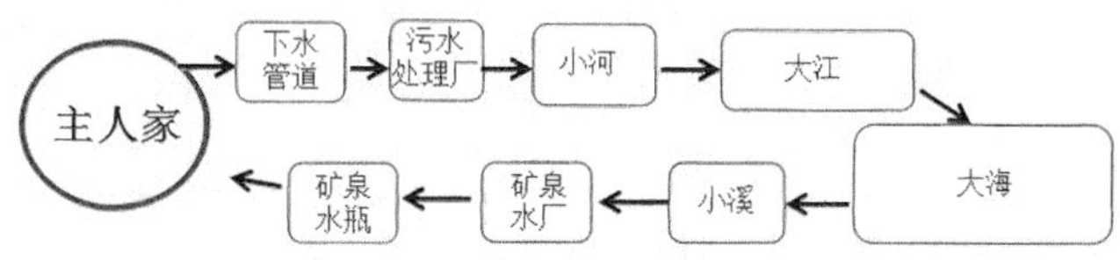

图 2　设计流程

2. 把握用词准确

大班幼儿在量词使用上随意且不准确，教师针对此问题进行重点指出。比如，一“只”青蛙不是一“个”青蛙，一“张”渔网也不是一“个”渔网。当数量不同的物体量词的表述也不同，如一“条”鱼和一“群”鱼，一“个”水瓶和一“车”水瓶。

3. 谨慎使用“然后”

幼儿创编时常会出现“然后”一词，给人感觉语言不够简练。教师发现当幼儿使用“然后”一词往往是其停留思考的过程。因此，教师要求幼儿，先考虑好再说。此外，与“然后”相近的还有“之后”“随后”等，可以替换其他近义词。

（三）分清主次，抓住要点

在活动中，教师发现幼儿在讲述过程中对于画面中的重点往往抓不准。经常对次要的内容进行过多描述。所以，教师在活动中有意引导幼儿抓住主要内容进行重点描述。

四、深挖细节试引

经过了教师的指导幼儿再次开展了创编，并且较第一次明显有了提高。不过要想使故事讲得出彩还需深入挖掘。

（一）精彩画面，着重描述

若要想讲出精彩的故事，则要赋予故事跌宕起伏的情节。教师可找出几幅精彩的图画进行着重讲述。如图 3 是小红鱼本次旅程最为惊险的一幕，当渔夫把小红鱼从海里打捞上来后便把它投喂给了海鸟。眼看小红鱼就要结束生命，到后来的有惊无险。幼儿就可以对这一段进行详细讲述。

图 3　“小红鱼故事”结果

小灿这样描述：一只海鸥用嘴叼住了小红鱼，小红鱼想：完了完了，这下子是真完蛋了，我肯定要被海鸥当成美餐了。亲爱的小黑猫，我真不该跟你吵架。正当小红鱼觉得没有希望的时候，海鸥突然张开了嘴。因为，它看上了另一只海鸥嘴里的那条大鱼，它俩抢了起来。小红鱼逃过了危险。

（二）细细品味，解读内涵

幼儿在逐页翻看的过程中很难发现小红鱼周围的环境暗含着的变化。因此，教师将所有画面有序排放在一起供幼儿观察，幼儿发现小红鱼经过的地方由小变大，再由大到小，并注意到虽然大小不同，但是小红鱼一直被困其中这个细节。教师就可以引导幼儿揣摩细节的背后含义，理解作者所要表达的想法。

（三）经验迁移，提升表达

大班段的幼儿已经积累了一定的绘本阅读量，他们的脑海中也留下很多经典故事，学习一些经典之作的创作方式也是提升创编的有效路径之一。

1. 故事情节的借鉴

在创编的过程中教师发现有孩子描述：小红鱼看见了小青蛙问："你知道我的妈妈在哪里吗?"小青蛙摇摇头说："对不起，你的妈妈会不会和你是一样的颜色，你再去前面看看吧"小红鱼继续往前游。可见，幼儿将《小蝌蚪找妈妈》的情节与《小红鱼》联系到了一起，他们认为小红鱼出游是因为想要去找自己的妈妈。

2. 文字表述的借鉴

教师发现《母鸡萝丝去散步》这个绘本与《小红鱼》的共同之处。教师引导幼儿可以将"绕""穿""钻"动词运用到其中。在后期的创编中幼儿果然用出了这些动词，例如：小红鱼钻出下水管道；绕过一个更大的管子；穿过小河。此外，个别幼儿还能用出新的动词，比方"挤进下水道""困在矿泉水瓶中"等，使故事更加生动。

（四）挖掘深意，说出色彩

如果只讲述画面中的内容，就很难说出有创意的故事。因此，教师引导幼儿深挖画面背后的内容。虽然小黑猫只出现在了开始和结尾，但可以增加小黑猫和小红鱼的联系。有的孩子认为当初小黑猫把小红鱼倒入洗手盆是因为它们吵架了，随着小红鱼离开的时间越来越久，小黑猫从一开始的开心，慢慢变得消沉，从想念到担忧，担心小红鱼的安危等。

好的文学作品并非一蹴而就。对于大班幼儿来说，要想将无字绘本创编出精彩的故事，更需要其反复阅读，细细推敲。无字绘本在幼儿的成长中也有它自身的优势且成人不可对它产生偏见。而需要家庭、学校能够形成合力，充分利用其优点，共同促进幼儿对无字绘本的解读。

参考文献

[1] 周兢．学前儿童语言学习与发展核心经验［M］．南京：南京师范大学出版社，2015.

[2] 李辉辉．大班幼儿对无字绘本细节的观察与解读［J］．教育导刊（下半月），2020(7)：40—43.

[3] 王晓红．循序渐进，指导小学生看图说话［J］．小学生作文辅导（语文园地），2020（11）：82.

浅谈义乌市A幼儿园小班幼儿勇气培养策略

（林丽莎　浙江省义乌市职教集团附属幼儿园）

摘　要：幼儿是祖国的花朵，教师对幼儿开展勇气培养活动具有不可忽视的价值与意义。这不仅有利于促进幼儿良好品格的形成，还有利于提高幼儿的心理素养、受挫能力。通过观察法和访谈法这两种方法，文章论述从家庭、教师、幼儿自身这三个方面进行分析讨论，得出以下结论：一是现阶段小班幼儿大部分存在缺乏勇气的现象，具体表现为不敢尝试新事物和不敢表达想法；二是教师需要不断增强自身专业素养，家长学会适当放手，形成教育合力，共同为幼儿创设良好、安全的环境；三是教师要明确勇气培养的目标及内容，进行因材施教，榜样的影响。

关键词：幼儿园；小班；勇气

一、勇气的定义

勇气是幼儿行动的动力，贯穿幼儿生活的方方面面。在本文中，勇气是指在面对困难、挫折、危险等情况的时候，人们敢于面对、敢于挑战、敢于承担，是克服困难，获取胜利，收获幸福和自信的良好心理品质。

二、培养勇气的意义

（一）促进幼儿社会性的发展

人的发展离不开周围环境的影响。当幼儿面对陌生的环境时，可能会产生不适，会感到恐惧、害怕，从而退缩，这时勇气就显得尤为重要。勇气是幼儿展开活动的必备要素，具备勇气的幼儿往往比较自信，能够较快地适应新的环境、与周围的人建立起亲密的联系。缺乏勇气的幼儿喜欢待在相对来说比较安全的“舒适圈”内，与熟悉的人进行交谈。当面对陌生人时会感到害羞，以沉默应对，从而不利于其表达能力、交往能力的发展。

（二）促进幼儿身心健康发展

走、跑、跳、钻爬、投掷、平衡、攀登和翻滚是幼儿发展的八大基本动作，促进基本动作的发展离不开幼儿的参与，需要不断的锻炼。如果幼儿缺乏勇气而放弃尝试。长此以往，该幼儿在这方面的能力就会落后于其他幼儿，差距越来越大，产生自卑等心理，从而更加不愿意在其他幼儿面前进行展示，参与锻炼。可见，勇气对于幼儿身心健康发展的重要性。

（三）发展幼儿的好奇心，创新、探究能力

对于幼儿而言，世界上存在太多神奇又神秘的实物，他们乐忠于自我探索，从而找到真相或者解决办法。勇敢的幼儿敢于冒险，能够跟随自己最新的发现，不断探索，找到答案，体会成功的喜悦和取得成功的满足感与幸福感，激励他们下一次的探索与创新。

三、幼儿缺乏勇气的原因分析

（一）家庭结构因素的影响

不同的家庭结构决定了孩子从小接触的人，接触的事不同，受到的影响也不同。以A班为例，在25名幼儿当中，有17户家庭是与老人共同居住，在生活中，平时因为父母忙于工作，与祖辈相处时间较长。而祖辈大多有充足的时间和精力，他们愿意与幼儿相处，把更多的爱倾注到孙辈身上，容易溺爱孩子，处处迁就他们。在这种衣来伸手，饭来张口的情况下，所有的困难都会由他人帮忙解决，更不用对其谈勇气的培养。

（二）家人和教师的过度保护

安全是幼儿能否健康成长的首要因素。在平时，不管是家人还是教师都把幼儿的人身安全放在了重中之重的位置，“不可以”“不行”等词成了对幼儿最常说的词汇。大人多次的拒绝，会在极大程度上打击幼儿的积极性，从而消极对待。尤其是对那原本就缺乏勇气的幼儿而言，当他们鼓起勇气提出自己的想法，被大人以保护的名义拒绝了以后，对他们来说打击是巨大的，可能需要很长一段时间来恢复，甚至有的产生了心理阴影，不会再对大人表达自己的愿望。

（三）幼儿个人因素影响

不同的幼儿具有不同的喜好，不同的性格特点，因此表现也不尽相同。有的幼儿天生比较活泼勇敢，喜欢冒险、挑战，参加各种各样的活动。有的幼儿性格比较孤僻、胆小，情绪敏感，喜欢独处，活动、交际范围较小，不轻易主动尝试新鲜事物。同时，幼儿之间的能力发展方面略有不同。在班级中，有个别幼儿双脚跳的能力较为欠缺，个别幼儿表达能力有待提高，这些幼儿对自己这相对落后的方面产生自卑感，怕引起他人的注意，不愿意提起也很少在他人面前展示。

四、培养勇气的方法

（一）创设安全、舒适的环境

安全的环境并不单单包括生活中的安全，还包括心理上的安全。为什么幼儿不愿意表达，不愿意行动呢？很有可能是教师没有给幼儿提供充足的安全感。教师在幼儿面前树立好稳重可靠的形象，这样才能给予幼儿足够的安全感，获得幼儿的信任。教师是幼儿学习的榜样，应该树立良好的形象。首先，教师要做到遇事不能慌，当出现突发事件时，教师要沉着冷静地应对，即使内心感到十分的慌张也不要表露出来。幼儿对教师的情绪感知较强，当教师表现出特别害怕的时候，幼儿也会跟着害怕，本来只是一件小事，反而会放大十倍、百倍的效果，以至于对这件事、物产生阴影。其次，教师要言出必行，说到做到。幼儿是个独立的个体，有时他们能够记住教师所说的每一句话，对教师天然有一种喜爱与信任之情，但当他们对教师的信任出现裂痕时，就更不可能会鼓起勇气去尝试了。

（二）因材施教

不同幼儿具备不同的性格特点，缺乏勇气的对象也不尽相同。根据特征，我把幼儿进行了简单的分类——缺乏勇气向教师表达自己想法的幼儿；想尝试但又缺乏一点勇气推动的幼儿；本身性格非常胆小且易害怕的幼儿。

1. 缺乏勇气向教师表达自己想法的幼儿

针对这类幼儿，可以采用鼓励与交流的方式。首先，根据班级里的具体情况展开全班谈话与个别交流。在班级之后，教师依次开展了“受伤了怎么办?”“我要上厕所”等主题的谈话，与幼儿充分进行讨论，共同商议，达成共识。例如，在“受伤了怎么办?”谈话中，幼儿们明确了如果自己受伤了要马上告诉教师，教师会帮助我们。同时，根据实施的实际情况，进行一对一的帮助，让幼儿意识到这些行为是正常的，不丢人。通过这种方法进行心理暗示，当有问题时，幼儿第一时间就会寻求教师的帮助。其次，鼓励多于批评。在集体活动时，会有意识多请那些表达能力有所欠缺的幼儿进行发言，鼓励他们说出自己的想法，有时候当他们表达出来时，教师总是当着全班小朋友对他进行表扬，在其他时间也会经常性与他们进行聊天，经过一段时间的努力，发现他们会愿意与周围的同伴进行交流，集体活动时会主动发言，即使吐字还不是那么清楚。最后，教师也和家长进行了积极的沟通，让其对幼儿进行疏导与练习，双方共同促进幼儿成长。

2. 想尝试但又缺乏一点勇气推动的幼儿

这类幼儿通常是愿意挑战但是又害怕挑战，所以需要一点外在的动力。可以使用同伴示范法和多次练习法。例如，面对想玩滑滑梯但不敢往下滑的聪聪，可以让聪聪的好朋友在她面前进行展示，分享他们滑滑梯的诀窍与感受，游戏中一开始聪聪还是小心翼翼地用手撑着两边不敢滑下去，逐渐地她会慢慢往下探索，在她滑下来之后，老师立即给她了一个拥抱，聪聪高兴极了，又单独尝试了好几次。会主动和其他小朋友分享自己的经历。

3. 本身性格非常胆小且易害怕的幼儿

对于这类幼儿单单靠鼓励是远远不够的，不能因为他害怕而避免这些行为，逃避并不能解决任何问题。教师要尊重幼儿，多与他进行心理疏导并渗透到生活中。晨晨是一个胆子很小、缺乏勇气的男孩子，他总是会因为看视频，各种演习而吓哭，一开始总是带他远离这些，但是情况并没有好转，反而更加厉害了。针对这种情况，我们改变了策略。在开展活动前会与晨晨进行沟通，提前告知，有时会与他一起探讨解决办法。常言道：近朱者赤，近墨者黑。常常与勇敢的人相处能够给人以勇气，我们把晨晨与班里比较勇敢的小朋友安排坐在一起，在相互影响下，现在晨晨勇气明显增强，愿意参加演习和观看视频了。

（三）绘本故事，树立榜样

学前儿童的思维以具体形象思维为主，对生动形象、色彩鲜艳的图书十分感兴趣。而且幼儿的思维简单，想象丰富，十分热爱听故事。教师可以在阅读区投放关于勇气的绘本组织幼儿阅读，在平时的保教活动中树立英雄榜样，强化幼儿心中的英雄行为，潜移默化幼儿的思想，对英雄人物有一定的认识，激发幼儿对英雄的向往之情，进而对自身行为进行约束，产生影响，增强勇气。

五、结束语

勇气作为品格教育的内容之一，对幼儿具有重要的作用。根据观察法和访谈法这两种方法，得出现阶段小班幼儿大部分存在缺乏勇气的现象，具体表现为不敢尝试新事物和不敢表达自己。文章论述结合小班幼儿的特点，为幼儿营造安全舒适的氛围，针对不同类型的幼儿采取鼓励、谈话、多次体验、榜样影响等措施，有效提高了幼儿勇气。但还存在一些不足，研究样本数量较少，相对来说不具有代表性；研究不够深入，有待挖掘。

参考文献

[1] 顾海霞．幼儿品格教育中的勇气培养［J］．东西南北，2018（23）：164.

[2] 中华人民共和国教育部. 3～6岁儿童学习与发展指南［S］．北京：首都师范大学出版社，2012.

[3] 杨燕玲．以绘本为载体实施中班幼儿品格教育的行动研究［D］．广西师范大学，2020.

[4] 袁源．幼儿挫折承受力培养的个案研究［D］．山东师范大学，2015.

[5] 董玉．大班幼儿“勇敢”品格教育活动的行动研究［D］．贵州师范大学，2019.

浅谈建构游戏自主延伸的策略

（吴郅媛　浙江省义乌市职教集团附属幼儿园）

摘　要：建构游戏称为建筑游戏或结构游戏，幼儿通过意愿构思，利用各种不同的建构玩具或建构材料，进行建筑、构造物体的一种游戏。《幼儿园教育指导纲要（试行）》提出“幼儿园的课程具有一定的融合性和延展性”，我们可以看出活动延伸的重要性，也就是说，延伸活动是教学活动重要的组成部分，是不可缺少的。在幼儿园中，建构游戏不单是一种构造活动，也是一种包含着多种技能的创造性组合活动和全面培养幼儿的综合性活动，有着广泛的教育意义。

关键词：建构游戏；自主；创造性；延伸

著名教育学家陈鹤琴曾说过：“游戏是幼儿的生命，游戏是孩子获取知识的基本活动形式。”所以游戏对幼儿发展有重要的作用。而建构游戏就是培养幼儿创造力的手段之一，心理学家曾把幼儿的创造力描述为“回忆过去的经验，并对这些经验进行选择、重新组合，以加工成新的模式、新的思路或新的产品”的能力。建构游戏不仅注重搭建的技能，而且还需要和其他游戏领域相结合，通过延伸来激发幼儿思维的拓展，让幼儿的游戏活动更具多样性。

一、当前幼儿游戏的现状

（一）剥夺幼儿游戏的自主性

在游戏的活动中，幼儿对自己的保护能力较弱，所以教师最终会将“安全”放在首位。但是在无形中，教师悄悄地剥夺了幼儿自主游戏的行为，从而使幼儿的自主能力得不到发展。幼儿也不能根据自己的喜好开展游戏，打击了幼儿对游戏的兴趣及积极性。

（二）幼儿游戏开展的单一性

教师缺少为建构游戏的开展做好铺垫，包括生活经验的积累、材料的收集、场地的安排、时间的把握等。游戏其实也和上课是一样的，都需要进行“备课”，对游戏的各个环节做好预判，为幼儿创设“最近发展区”，激发幼儿的潜能。

（三）游戏之间的断裂性

教师对游戏延伸意识的薄弱，从而导致游戏之间没有兼容性，呈现出断裂的局面。建构游戏只是简单的建构，和角色游戏、体育游戏、智力游戏等没有任何关联及衔接，所以幼儿其他能力在建构游戏中得不到体现。

二、建构游戏的实践与延伸策略

（一）自主搭建，体验游戏乐趣

案例：没有“马路”的城市。4 月中旬，幼儿来到大建构区，看见琳琅满目的积木，小朋友这边看一看，那边摸一摸。我们的城市里都有什么呢？小朋友开始边看边聊起来。

灿灿：义乌之心里面有许多爱莎公主的裙子！我要搭一个义乌之心。

源源：我妈最爱喝奶茶了，我要搭一个奶茶店。

……

小朋友们开始七嘴八舌地聊起来，最先开始的小朋友是灿灿拿了几块积木，将积木围在一起，并开始对旁边的小朋友说："看！我的'义乌之心'建好了！"其他小朋友也各自建自己喜欢的商店，小朋友将积木简单拼搭，商店建得特别快并且也特别多，小朋友开始"逛"起了商店。子轩去义乌之心玩都是爸爸开着车带他去的，于是子轩也拿了一块正方形的积木当作汽车在"商店"之间开起来。因为商店特别多，子轩一不小心就撞倒了"商店"。灿灿说："你的汽车把我商店都撞倒了。"子轩马上说："对不起！"这时很多小朋友都向老师"告状"，因为子轩撞倒了灿灿的商店。子轩马上向老师反映："我看见义乌之心的门前都有一条马路的，而这里少了马路。"很多小朋友也发现，自己搭的城市缺少了马路。

本次幼儿的活动主题源自幼儿的生活，幼儿通过自己生活经验的积累，一起来搭建自己的城市。幼儿的年龄是中班阶段，通过游戏可以看出幼儿已开始了联合游戏的阶段，通过分组合作搭建出了许多的商店。幼儿初次体验到搭建城市的乐趣，并且幼儿对积木使用也有了更深入的认识。在游戏搭建的过程中，中班的小朋友运用已有的经验使用平铺、围合和垒高的基础技能，但是却在游戏自主搭建的过程中，因为幼儿与他人游戏的延伸发生矛盾后才发现了马路存在的重要性。

（二）发现问题，探究马路多样性

案例：设计"马路"。游戏结束后，教师引导小朋友们自己来设计一条马路。小朋友先观看了一些城市的马路图片，然后老师请小朋友们画出自己看见的马路形状。小朋友们认真地观看着，这时灿灿说："老师，这条马路和义乌之心门前的是一样的。"于是灿灿就拿着画笔在纸上画出了一个"十"字形马路。等到下一张城市马路的图片出现时，子轩也马上举手了："老师，这个我会画。"而子轩在画纸上画出了一个颤抖的"S"形的马路。有的小朋友画出了圆形的马路，还有的小朋友画出了"L"形的马路，还有的小朋友画出了更加复杂的"米"字形马路。小朋友们发现，其实很多马路形状自己都遇到过，而且都可以画出来。各式各样的马路呈现在大家的面前，小朋友发现自己画的马路都不相同，那要如何运用到实际建构游戏中呢？

幼儿通过欣赏各种马路的图片，画出马路的各种形状，掌握铺设马路的方法。幼儿也可以将马路的形状想象成其他的物品，加深对马路的印象，让幼儿能更快地实施起来。每个路段建设的马路都不同，有的是为了减少车辆不必要的等待，有的是为了避开建筑物，有的是为了快速直行等，每条马路都有它自己独特的存在作用。教师引导幼儿要与城市中实际情况相结合，让幼儿也能感受马路的价值，发现马路的多样性。

（三）自主延伸，促进游戏趣味性

案例："马路"的延伸。接下来是要让马路更加丰富，幼儿就开始在大区域、在教室里或者在幼儿园的各个角落搜寻点缀马路的工具。灿灿在骑行区找到了路标和交通信号灯，将路标放在马路的各个路口，指示车辆的行驶，还有的小朋友在马路旁边当了"交通警察"。其他的小朋友拿来各种玩具，例如娃娃、汽车、小树等增设到建构游戏中。小朋友们看到自己搭建的城市居然"活"了，马路上有来往的车辆，幼儿园门口有排队放学的小朋友，马路的两边放了植物角的小植物，小朋友对马路搭建的兴趣又得到了进一步的提升。

新《幼儿园教育指导纲要（试行）》强调"科学教育应密切地联系幼儿的实际生活进行，利用身边的事物与现象作为探索的对象"，通过幼儿智慧的集合，大家将建构游戏向表演游戏或角色游戏延伸，丰富有幼儿游戏的趣味性。正如伟大的思想家卢梭指出的，儿童本身就具有不可转让的价值，是一种不断地渴求创造性表现的存在。因此，教师应该引导和鼓励幼儿的创新，极大地激发幼儿的想象力及创造力，从而创建新的游戏内容。

三、建构游戏延伸的有效策略

幼儿对游戏兴趣的保持度，离不开教师对游戏精心的设计及组织。游戏的延伸来自不同的层面，包括场地、材料、时间等各个方面。但是教师依然要坚守延伸的服务目标原则、充分利用原则、多方配合原则、灵活运用原则等，促进游戏延伸的有效性。

（一）前经验准备，激发幼儿的内驱力

家长与教师往往会忽略了前经验的积累，其实对于幼儿来说，早期的经验越丰富，脑的效率便越高。所以，需要家长与教师让幼儿多接触社会，而不是过度的保护。幼儿经历的事物越有意义，其中蕴含的就越具有连贯性和趣味性，幼儿大脑对建构游戏塑造就更为精妙。同时，也会开拓游戏活动的视野，为游戏的延伸做好铺垫。

（二）挖掘材料，提高材料的利用价值

游戏活动顺利的开展，依赖于幼儿与材料的有效互动。教师从各个游戏区挖掘游戏材料，更加灵活地运用到游戏中，充分优化并发挥材料的利用价值。使幼儿在游戏中，体验到材料增设的快乐，并可以减轻为达目标而产生的紧张、局促的情绪，促进幼儿身心得到和谐发展。

（三）聚焦过程，生成幼儿的行动研究

皮亚杰说“告诉不是教学”（Telling is not teaching），而是让幼儿不断实践中得出的智慧。在游戏过程中，教师需对幼儿游戏的活动进行行动研究，应随时发现和捕捉一些典型的情节，抓住幼儿的想象力及创造力萌发的良好时机。或者是幼儿在无意间产生的精彩情节，教师要描述性记录并对游戏后作出及时的肯定评价，这会在以后的游戏中成为幼儿前进的方向。

（四）发散思维，引发新的游戏需求

游戏是由不同层次的探索和交流、不断地总结经验相互结合、交织在一起的，所以在每一次探索之后，都要组织幼儿进行经验的交流、总结。利用“头脑风暴”的方式，激发幼儿思考的欲望，从而达到发散思维的目标，锻炼幼儿感知的观察力、形象的记忆力以及思维的创造力。

四、结语

《3～6 岁儿童学习与发展指南》在前言中提出：“珍视游戏和生活的独特环境，创设丰富的教育环境，合理安排一日活动，最大限度地支持和满足孩子通过直接感知、实际操作和亲身体验获取经验的需要。”一个材料丰富、功能完善的建构区，能够强烈吸引孩子参与到建构活动中，尽情享受建构游戏，从而得到良好的发展。游戏就是打开孩子心扉的一把钥匙，游戏是点亮孩子潜能的一盏灯。用游戏了解孩子是我们教师最直接最有效的方法，为孩子建造一座游戏城堡是我们作为幼师的必备职责。

参考文献

［1］李章琼．学前儿童游戏指导［M］．南京：江苏大学出版社，2013.
［2］虞永平．学前教育学［M］．苏州：苏州大学出版社，2020.

基于新入园小班幼儿分离焦虑的案例分享以及解决策略

（刘媛媛　天津市华夏未来幼教集团华明幼儿园）

摘　要：新入园小班幼儿出现的分离焦虑情况是家长最关心的问题也是教师带新班必须面对的问题，本文根据新小班幼儿的年龄特点以及不同家庭的家庭教育情况，针对不同的分离焦虑情况进行分析，剖析幼儿产生分离焦虑的原因，提出缓解幼儿分离焦虑的策略。

关键词：新入园小班幼儿；分离焦虑；原因分析；可行性缓解策略

分离焦虑是指幼儿因与亲人分离而引起的焦虑、不安，或不愉快的情绪反应。小班幼儿进入幼儿园后，周围环境的巨大变化以及独自面对陌生小朋友和教师，这导致幼儿产生不适感，由此幼儿会产生分离焦虑，从表现形式上，有的是心理上，有的是身体上的不适。每一名幼儿对于分离焦虑的表现不同，持续的时长也有所不同。有数据显示如幼儿在入园前有与家长有过分离的经验那么这一类幼儿就比较容易适应幼儿园的生活。活泼开朗、爱说爱笑的孩子要比性格内敛、胆子比较小的孩子更容易适应幼儿园的生活。

焦虑持续时间过长容易使孩子抵抗力下降。因此，刚入园的孩子常常很容易感冒、发烧、肚子疼等。分离焦虑是一种消极的情绪体验，尤其是在幼儿离开父母独自来到幼儿园生活的初期发生得最为明显。因此，如何更好更快地帮助幼儿缩短分离焦虑持续的时间，帮助幼儿更快地适应幼儿园生活，是每一位教师和家长必须重视的问题。

一、案例分享

1. 好奇型

初入幼儿园，甜甜对幼儿园的一切都表现出好奇和兴奋。刚开始的前两天入园非常顺利。但过了几天甜甜慢慢地反应过来，开始出现哭闹、不愿意上幼儿园的现象。家长出现“前几天还好好的，怎么这两天又不愿意去了呢？是不是在幼儿园有什么事儿？是不是不喜欢幼儿园？是不是老师不喜欢她”此类的疑虑。

2. 哭闹型

“我要妈妈”“我不要上幼儿园”“我要回家”“什么时候妈妈来接我”。木木小朋友从入园就开始表现出哭闹、抗拒，不管家长如何劝说都没有作用。每一天入园都如此，反复几天家长就开始出现“我的孩子这样我太心疼了，要不先让他缓两天，过两天再说”这样的想法。

3. 勇敢型

多多小朋友在入园前，他的爸爸和妈妈做了很多的铺垫和引导。所以他对自己上幼儿园有简单的了解和认识。在入园后多多表现得比较勇敢，适应很快。但是在早晨入园时还是偶尔会表现出舍不得爸爸妈妈，情绪崩溃的现象。

4. 依恋型

一一小朋友每天入园都需要抱着她最爱的小松鼠玩偶。在幼儿园的日常活动中都要抱着小松鼠。午睡的时候更是要抱着小松鼠才能入睡。如有小朋友想要玩她的玩偶，她会表现出明显的不愿意。家长如果不让她将小松鼠带到幼儿园她就会情绪崩溃不愿入园。

5. 自理能力不足型

乖乖小朋友是班里年龄最小的一个，刚入园时每天午睡还都需要穿纸尿裤。进班后都要教师抱抱，一眼看不见老师就要大哭。上厕所和进餐时全程都需要教师在旁边陪伴和帮助。开学一段时间后，大部分幼儿基本适应了幼儿园生活，可是乖乖小朋友还是会每天闹情绪。在进餐如厕等环节还需要教师给喂饭、提裤子。有时候教师鼓励他自己上厕所，他就会说“我不会，老师帮”，然后站在原地不动。

二、原因分析

1. 环境的变化

新入园幼儿对于新环境的适应比较慢。幼儿从熟悉的家里忽然到幼儿园这个陌生的环境生活，他们会由于环境的巨大变化而产生强烈的不适。他们在这个适应的过程中会感到害怕、担忧。

2. 人际关系的变化

幼儿在自己的家里都是非常熟悉的家人。由于比较熟悉，幼儿与家人的沟通也比较简单和方便。但在幼儿园中教师和小朋友于他们而言比较陌生，此时的幼儿社会性能力较弱，与同伴的交往、与教师建立起密切联系都需要很长的时间。再加上这个年龄段的大部分幼儿语言能力的发展还不是很好，表达上也有所欠缺，这也导致幼儿产生焦虑情绪。

3. 幼儿自理能力比较差，生活习惯与之前在家里有所不同，甚至有些差异较大

在穿衣吃饭等方面，幼儿受到父母或姥姥姥爷、爷爷奶奶的众心捧月般的照顾，几乎不需要自己动手。但是在入园以后，需要自己吃饭、穿衣、如厕等。由于幼儿的自理能力较差所以在过程中会产生不适感和挫败感。因此，幼儿会产生对幼儿园的抵触心理和分离焦虑。

4. 父母的教育与养育方式不当

家长的过分包办代替导致幼儿以自我为中心，幼儿进入幼儿园后，在与小朋友的相处中很容易与同伴产生矛盾冲突，造成心理紧张。比如，在共同玩玩具的过程中，有的小朋友就把玩具筐全放在自己面前，不允许别的小朋友玩。当幼儿觉得在幼儿园受到约束时就容易产生焦虑。

5. 父母的情绪

幼儿父母由于自身原因，在幼儿入园前自身也会产生心理紧张、焦虑的情况。家长的担心导致情绪、语言上的表达会将这种不安的情绪传递给幼儿。再送幼儿入园时家长依依不舍地在门口目送幼儿，尤其是幼儿产生哭闹的情况后表现出依依不舍难舍难分的情况。这导致幼儿长时间地在入园环节哭闹，形成长期的分离焦虑。

6. 教师经验不足，处理方式不当

幼儿分离焦虑的表现具有差异性，因此教师应采取不同的教育方式和方法。有的教师对于幼儿的哭闹缺乏耐心，容易说话大声或者斥责幼儿，所以造成幼儿心理不安和无助，增加幼儿焦虑导致幼儿更加不愿意入园。

三、缓解焦虑的策略

（一）教师的专业能力和素养

1. 班级环境的用心设置

幼儿对于家以外的陌生环境会不自主地产生害怕和无助的感觉。尤其是在刚离开父母的入园初期。为了降低幼儿对环境的陌生感，加快对新环境的适应速度，教师应利用自己的专业能力在环境上下功夫。比如，可以以幼儿喜欢和熟悉的内容为环境主题：如小动物、有特色的绘本或者动画人物等，将幼儿熟悉的事情更多地投入班级多个角落，让幼儿多角度地建立熟悉感，拉近班级和幼儿的距离。同时，教师还可以打造丰富的娃娃家，完善人物角色，

不只有爸爸妈妈，还可以增加爷爷、奶奶、姐姐、弟弟等多种生活中熟悉的角色。同时，娃娃家区域的丰富性也是重点打造的内容。可以将卧室、厨房、厕所等日常生活中活动较多的场景尽可能地还原到娃娃家中。给幼儿更多的“家”的感觉。

2. 更加细致地了解幼儿的情况

入园前的家访其实是教师了解幼儿、了解幼儿家庭教育的一个很重要的环节和手段。在家访过程中教师可以更好地对幼儿提前了解和熟悉，这样当幼儿入园后对教师就不会那么陌生，可以适当地减少焦虑。其次在家访过程中教师可以更加细致地和幼儿家长进行沟通，深入地了解家长的育儿理念，与家长进行沟通和交流。在互动中能够让彼此更加了解对方，也利于教师与家长建立起良好的关系，获得家长的信任。

3. 提高教师解决问题的能力

对小班幼儿的年龄特点以及行为习惯能力的准确了解是一名教师应该具备的专业素养，这就要求教师应有较充足的理论知识的积淀。教师应多读书，多学习一些知识，在应对幼儿产生的问题时有较清楚的认识和了解，这样才能更好地看待幼儿问题以及帮助幼儿解决问题的能力。

（二）家长在幼儿入园前的工作

1. 树立正确教育观

家长在对幼儿的教育问题上应有正确的认知。了解该年龄段幼儿的身心发展特点，同时也对自己孩子的性格等个性化的问题有较清晰的了解，不溺爱孩子，给幼儿更多的机会去做他们自己能做的事情。多多正向鼓励幼儿，培养幼儿尝试自己吃饭、如厕、穿脱鞋子等基本的生活自理能力，增强幼儿的自信心。

2. 调整好自己的情绪

幼儿入园前，很多家长自己会出现焦虑、悲伤、忧虑等情绪。从自己的言谈举止上传递给幼儿一种焦虑的情绪。这会很大程度地影响幼儿的入园是否顺利。同时，也非常不利于缓解幼儿分离焦虑的情况。

3. 帮助幼儿了解幼儿园

家长可以多带幼儿参加几次幼儿园的周末探园活动。家长还可以给幼儿讲讲自己小时候上幼儿园的故事。也可以用绘本、动画片等形式帮助幼儿了解幼儿园，了解上幼儿园要做的事情。降低幼儿对幼儿园以及幼儿园生活的陌生感。同时，还可以和幼儿一起准备上幼儿园的物品，让幼儿在心理上也有一个过渡和适应，对上幼儿园有所期待。等到幼儿正式入园后，他们就能更快速地适应幼儿园的生活，减少分离焦虑。

4. 正确引导和行动

幼儿在进入幼儿园之后，家长应果断地扭头离开，而不是依依不舍地追望。将幼儿送到幼儿园就要信任老师。家长们可以在幼儿放学后多与孩子多沟通，多一些正面问句，如今天你在幼儿园开心吗？有什么好玩的事儿能和爸爸妈妈分享一下吗？你学了新的游戏，那你能和爸爸妈妈一起玩吗？用正向的引导舒缓幼儿焦虑的情绪。让幼儿对于上幼儿园这件事更加的放松。

最后，新小班幼儿入园的分离焦虑问题是每一位带班教师都会面临的问题。对分离焦虑的不同表现的认识、问题产生的原因以及使用有效的缓解策略是每一位教师应具备的最基本的要求。除了教师，良好的家庭教育也会更好地帮助幼儿缓解分离焦虑。只有幼儿园和家长携手共育，进而形成很好的教育合力，才能有效缓解幼儿入园分离焦虑。最终达到促进幼儿全方位发展的目的。

幼小衔接视角下劳动教育的意义及实施策略探讨

（孟昭玉　北京市西城区实验幼儿园）

摘　要：劳动教育在幼儿园和小学都有重要的意义和价值，在幼儿园阶段的劳动教育，有助于幼儿培养幼儿良好的劳动习惯，提高幼儿的自理能力和动手能力，增强自信心，培养初步的责任感，为入小学奠定基础。

关键词：幼小衔接；劳动；自信心；责任感

幼小衔接是学龄前阶段向学龄阶段的重要过渡环节，3～6 岁是为幼儿后继学习和终身发展奠基的重要阶段，也是为幼儿做好入学准备的关键阶段。帮助幼儿科学做好入学准备教育，是幼儿园教育的重要内容。将入学准备教育有机渗透于幼儿园三年保育教育工作的全过程，帮助幼儿做好身心各方面准备，实现从幼儿园到小学的顺利过渡。

在幼儿园方面，2021 年，教育部颁布了《关于大力推进幼儿园与小学科学衔接的指导意见》，同时也印发了《幼儿园入学准备教育指导要点》《小学入学适应教育指导要点》，为幼儿园和小学科学开展幼小衔接工作指明了方向。其中，《幼儿园入学准备教育指导要点》以促进幼儿身心全面准备为目标，围绕幼儿入学所需的关键素质，提出身心准备、生活准备、社会准备和学习准备四个方面的内容。其中，生活准备中着重提到参与劳动这一目标。提出参与劳动有助于培养幼儿良好的劳动习惯，提高幼儿的自理能力和动手能力，增强自信心，培养初步的责任感。

在小学方面，2022 年，教育部正式印发《义务教育课程方案》，将劳动从原来的综合实践活动课程中完全独立出来，并发布《义务教育劳动课程标准》（2022 年版），其指出：劳动教育是发挥劳动的育人功能，对学生进行热爱劳动、热爱劳动人民的教育活动。劳动教育是中国特色社会主义教育制度的重要内容，是全面发展教育体系的重要组成部分，对全面贯彻党的教育方针、落实立德树人根本任务、培养德智体美劳全面发展的社会主义建设者和接班人具有重要的意义。

由此可见，劳动教育在幼儿园和小学都有重要的意义和价值，在幼儿园阶段的劳动教育，有助于培养幼儿良好的劳动习惯，提高幼儿的自理能力和动手能力，增强自信心，培养初步的责任感，为入小学奠定基础。

一、劳动是儿童的游戏、生活与学习

（一）劳动是儿童的游戏

游戏与劳动经常是密不可分的，幼儿的很多游戏往往是对成人生活的反映，幼儿又在自己的劳动中模仿成人，并带着游戏的精神和趣味，让劳动变得生动有趣，因此，在成人看来“辛苦”“枯燥”的劳动任务，对于儿童来说，却可以让他们在过程中获得游戏的乐趣和成就感。

（二）劳动是儿童的生活

劳动是与幼儿生活关联的、力所能及的，对幼儿的发展有一定的意义，在不同程度上能让幼儿获得一些新的经验。什么是幼儿劳动的基本特性？从最本质的意义上说，幼儿的劳动就是同真实的物质世界的相互作用，无论是用抹布擦桌子，用小铲子松土，还是用扫帚扫地，都是在使用材料或工具改变客观世界，达到自己的目的，如桌子和场地变干净了，泥土变松弛了。由此可见，劳动是在真实的生活中发生的，它是一个过程，这个过程是与一定的目的联系在一起的，并且能对包括劳动者在内的人产生一定的影响。

（三）劳动是儿童的学习

思维的发展需要问题的激发，而劳动的过程，正是各种真实问题喷涌产生的最好场景。在解决生活劳动问题的时候，往往需要孩子动脑子、想窍门，如何能把衣服叠得更整齐，怎样才能更快地收拾好杂物……按照皮亚杰的观点，这种幼儿与外部世界相互作用的过程就是学习，也就是获得认知和经验的过程。

总之，对于儿童来说，劳动即生活、劳动即游戏、劳动即学习。成人应该本着相信儿童能够在劳动中获得发展的理念，尽可能地创造条件帮助儿童参与到服务自我、服务他人、服务环境和社会的劳动中，并给予儿童持续的肯定与支持。

二、劳动能够促进幼儿德智体美诸方面的发展

（一）以劳养德

习近平总书记强调："要在学生中弘扬劳动精神，教育引导学生崇尚劳动、尊重劳动，懂得劳动最光荣、劳动最崇高、劳动最伟大、劳动最美丽的道理，长大后能够辛勤劳动、诚实劳动、创造性劳动。"在自己参与劳动及了解他人劳动的过程中，引导幼儿了解自己的亲人以及与自己生活有关的各行各业人们的劳动，培养其对劳动者的热爱和对劳动成果的尊重。

（二）以劳促思

通过基本的劳动，可以使孩子的双手和大脑协调发展。在解决生活劳动问题的时候，往往需要孩子动脑子、想窍门，例如，如何能把衣服叠得更整齐，怎样才能更快地收拾好杂物……孩子在解决问题的过程中学习。

例如，冬天早上来园，小朋友第一件事就是将自己的外套脱掉放入书包柜中。随着天气日渐变冷，小朋友穿的外套越来越厚，带的换洗的衣服也多了起来。

孩子们遇到了问题："我的衣服放不进去，它总是掉下来。我的太乱了，我找不到我的秋衣秋裤了。"为什么会这样呢？我们打开柜子看一看吧。孩子们发现：

"因为东西太多了，放不下；因为衣服没叠；因为没有分好类，东西都堆在一块儿；因为衣服太长太大了。"随后通过几次尝试，孩子们发现了一些办法：例如把衣服叠小，所有东西要放整齐，将小东西最后放等。在这个过程中，孩子动手动脑解决问题，获取了新的经验，促进了思维的发展。

（三）以劳健体

劳动的过程就是锻炼身体的过程，儿童在劳动中强身健体，增强体质，同时，具备一定的劳动能力，能够促进儿童的心理健康。孩子刚进入小班时，经常会因为没有良好的自理能力而导致情绪的崩溃，例如不会用勺子，拉不上拉锁等，都成为孩子入园适应的绊脚石，当孩子上了小学也一样，我们经常会听到家长有这样的抱怨，我的孩子上了小学以后，书包乱成一团，不是忘了带这个，就是忘了带那个，其实这都可以通过从小培养孩子的自理能力，因此我们说幼小衔接绝不仅仅是大班一年的衔接，而是在入学之前所做的所有的事情都属于幼小衔接的范畴，因此小班刚入园的时候用勺子吃饭，到大班尝试整理书包，其实都是孩子自理能力形成的学习内容。

总之，幼儿的劳动对幼儿全面发展具有重要的意义，是幼儿综合的学习，教师要切实关注劳动对幼儿的综合性发展价值。注重劳动活动的特性，注重幼儿相互作用的对象，关注幼儿可能的学习机会，切实在各种劳动中实现其他方面的发展。

三、劳动教育的实施策略

（一）尊重幼儿主体地位

教师可以通过情景化、问题化的激发，让幼儿围绕自己好奇、喜欢、擅长的劳动内容，参与劳动实践。鼓励幼儿面对问题时，自主解决这些问题，让每一位幼儿在劳动中有成就感。

（二）依照身心发展特点

从幼儿身心发展特点出发，注重劳动活动的适宜性。劳动活动应遵循幼儿身心发展规律，不宜过度强调服务的结果，要多关注幼儿行为的过程。对幼儿的要求要适宜，规则应可理解、可践行并具有针对性。要切实让幼儿感受劳动的挑战和乐趣。劳动的内容应来自幼儿的生活，是幼儿熟悉的、感兴趣的。对劳动活动的引导和帮助要结合幼儿的能力及个体差异，不能整齐划一。

（三）打造无边界实践场

拓展幼儿劳动时间、空间，儿童劳动社的劳动地点广泛，涵盖幼儿学习、生活、游戏的所有场所，充分挖掘有价值的劳动环境，并提供相应的材料和工具，儿童劳动的劳动时间随机。

（四）充分挖掘家庭资源

在家庭生活中，儿童可以通过参与符合其发展水平的家庭劳动，锻炼其身体的体力和耐力，促进手眼协调、视觉和动作协调发展及大小肌肉群协调发展。如儿童在晾晒袜子、剥豆子等劳动中，发展手部的精细动作；在扫地、擦桌子、收拾床铺等过程中，促进手臂肌肉动作发育等。

幼儿园班本课程的开发建议分析

（高铭慧　北京市怀柔区第六幼儿园）

摘　要：班本课程是依据儿童的兴趣和经验，在教师的支持和帮助下进行深入研究，从而发现知识，建构认知的过程。班本课程来自哪里，如何生发与实施呢？我和年级组教师在实践的过程中逐渐意识到：班本课程来源于儿童感兴趣的事物；课程内容确定之后，教师要梳理幼儿原有经验，进行初步规划；最后，教师依据幼儿的兴趣及需要，引导幼儿主动探索、亲身体验，从而改造原有经验，获得新认知，因此，本文针对这一问题进行研究。

关键词：幼儿园；班本课程；教师

一、前言

班本课程是一种微型的课程组织形式，是依据儿童的兴趣和经验，围绕某个幼儿感兴趣的主题，在教师的支持和帮助下进行深入研究，在师幼合作研究的过程中发现知识，理解意义，建构认知。班本课程不是教师预先设计的，其“设计”与“实施”之间没有严格的界限，其活动开展的过程是由“教与学互动而来的”，是与儿童共同发展、共同建构的。班本课程的组织形式灵活多样，集体、自由、分组、小组等多种形式并存，因此更适合孩子，能够最大限度地支持孩子自主学习。幼儿园课程是一个动态的过程，是教师和孩子共同行动的过程。班本课程内容来源于本班的实际情况，来源于本班级幼儿的兴趣点，基于教师对班级幼儿的了解，它的进程始终围绕“兴趣、问题、实践”的三元模式展开，反映的是教师、幼儿之间真实的学习、生活探索实践的过程。

二、相关概念综述

（一）班本

在教育研究领域中，“班本”并不是一个新生词，由于其基本含义并不复杂，在现有文献中，很少有对“班本”清晰的界定。李兆文在班本研究中指出，“班本”是指在学校教育教学过程中，以促进幼儿的发展为根本目的，课程改革以班级为研究单位，充分发挥班级中特定的人、事和物的教育功能，努力实现让班级中每位幼儿得到全面发展的目标。毛丽平则将“班本”建立在三个维度上进行研究：一是“为了班级”，二是“在班级中”，三是“基于班级”。在教育领域中，“班本”从字面意义进行阐释，即“以班级为本”进行的教育。从其基本的含义来说，包括以下几个方面：其一，班本是基于一个特定的班级体来定义的，并不代表所有的班级；其二，班本的主体不仅包括特定班级内的教师、幼儿和家长，还包括班级环境、班级文化、班级课程、班级管理等在内的与班级相关的一切活动。

（二）班本课程

“班本课程”是课改深化过程中出现的一个概念，近两年，随着班本课程的实践探索不断推进，班本课程引起不少研究者的关注，进行一系列班本课程的研究和实践。关于班本课程的概念，各研究者从不同的角度对“班本课程”发表了自己的观点。

李兆文和王浩龙认为“班本课程”有广义和狭义之分，广义的班本课程是指国家课程、地方课程和校本课程在班级的实施，狭义的班本课程是指班级独立开发的课程的综合。黄湘宁和奚锁福指出“班本课程”是指以班级为单位 ，以班主任为主自行规划 、设计和实施的课程，不属于国家基础教育课程设置实验方案中的一部分。他认为班级是由教师、幼儿、家长和环境等因子组成的生态系统，每个因子都具有其差异性和特殊性，因此，班本课程以发展本班级的幼儿个性为目标指向，是完全出于班级内部的教师和幼儿的需求。

三、幼儿园班本课程开发中存在的问题

(一) 课程实施面临课时不足的困境

目前，几乎所有的幼儿园校都有一个庞大的课程体系，国家课程自然不会少，地方课程是区域必须要求的。除此之外，不少学校甚至已经开发了上百门的校本课程。日益精细化和高容量的学校课程体系，一方面增加了课程的多样性，另一方面又促进了学校的特色发展。但是，面对拥挤的学校课程体系，班本课程似乎处于一个边缘地带。由此，班本课程的教师主体开始面对这样一个矛盾：发展学校的特色发展固然重要，但是却关注不到每个幼儿的个性成长，照顾班级幼儿的需要却又要挤压学校课程体系的空间，最终可能会造成班本课程与其他课程拼抢课时、争夺地位的现象。

(二) 缺乏系统的课程运行机制

目前，由于班本课程的理论研究和实践探索尚未完备，一些教师进行班本课程开发仅限于班级内独立的探索实践，与学校课程体系以及学校课程管理处于脱节状态，导致班本课程开发处于一种“独立门户”状态。在课程开发实施的一年多时间里，学校对其课程状态并未知晓，对其课程运行机制的监督与管理更是无从谈起。由此，其课程虽然是按部就班地照常进行，但还是缺乏基本的制度支撑。

(三) 课程要素不全，规范性欠缺

由于班本课程是由一线教师开发的课程，而教师在课程开发及实施等方面的知识与经验是有限的，班本课程的开发者往往面临着自身“有心无力”的困境。其次，由于学校课程管理缺乏对班本课程运行机制的监控与指导，班本课程开发存在课程要素不全，系统性和规范性缺失的现状。

(四) 家长民主参与动力不足

班本课程基于班级，立足于“生本”，其课程开发应具有较强的民主性。但是针对不同类型的班本课程，家长与幼儿的参与程度又是有所区别的。学科拓展型班本课程是以学科为载体，教师的主导作用所占比重较大，家长和幼儿参与的要求会相对较小；班级文化型班本课程立足于班级文化建设，则需要教师充分发挥教育民主，让幼儿的主体地位充分体现，家长也要做好支持与辅助工作。

四、幼儿园班本课程开发的建议分析

(一) 调动家长参与班本课程的积极性

为提升幼儿游戏水平、创设特色班本课程，我园全面开启家委会全介入模式，采用教师与家长共同参与、指导幼儿游戏的合作策略，以家园平行、齐心助力的形式，在收集各类游戏活动材料、制订游戏计划的过程中充分发挥家长角色的主体作用，衍生出家长游戏、家长

助教、家教沙龙等既能展现家长积极参与活动又能体现特色班本课程的活动，为幼儿在游戏前、游戏中及游戏后提供充分的支持与帮助。将本班幼儿玩转区域、户外游戏的图片配以专业的知识，汇编成精美专业的美篇、图文并茂的宣传报道稿，通过班级微信群、班级家长会、班级论坛等渠道向家长宣传一班一特色、一班一文化的特色课程理念，以专业文化知识补充家长在游戏教育方面的欠缺，给予他们充分的专业知识与能力武装。针对班级里家长的职业、时间、兴趣爱好等实际情况。

（二）链接指南，制定课程目标

课程目标是课程的核心。在课程方向明确之后，教师制定了课程目标。但是在审议时还是有考研组教师提出疑惑：目标是否贴近幼儿的最近发展区？是否符合他们的年龄特点？是否科学？面对问题，班级教师开始底气不足。接着，教师开始对照《3～6岁儿童学习与发展指南》，重新梳理目标。

（三）追随孩子，满足发展需求

根据课程目标，教师设计了教学活动、区域游戏等环节，但是按照计划实施时，教师发现幼儿经常会“节外生枝”。三位幼儿使劲想了想，没找到答案。有心的教师在游戏评价时抛出了这个问题，让所有的幼儿讨论，并回去在生活中寻找答案，从而生成了班本课程活动《有用的标志》。在这个过程中，教师没有直接告知幼儿答案，也没有立马在网上寻找资料组织幼儿学习，而是鼓励幼儿自己去寻找，自己去发现。幼儿在前，教师在后，并且教师一直在根据幼儿不同的兴趣和需求不断地调整活动。

五、结论

班本课程内容来源于幼儿生活，教师要了解幼儿原有经验，开发周围资源，追随着儿童的脚步组织实施课程。在组织实施课程的过程中，依据幼儿需要及时调整课程实施的途径与方法，最终，通过幼儿的直接体验、亲身操作，改造幼儿原有经验，获得新经验，促进每个孩子富有个性地发展，本文通过研究提出可行性建议，期望日后对相关行业的发展提供帮助。

参考文献

[1] 冯晓霞．幼儿园课程［M］．北京：北京师范大学出版社，2017：220—235.

[2] 唐松梅．从儿童经验出发［J］．动漫界·幼教365，2018（3）：13.

[3] 马赫．建构植根生活经验的幼儿园课程［J］．早期教育（教科研版），2017（Z1）：76—79.

[4] 虞永平．把促进幼儿发展作为课程改革建设的根本目标［J］．幼儿教育，2018（Z1）：4—8.

[5] 王芳．园本课程建设中的有效管理［J］．幼儿教育，2017（Z4）：76—78.

[6] 教育部基础教育司．《幼儿园教育指导纲要（试行）》解读［M］．南京：江苏凤凰教育出版社，2018.

[7] 杨勇志，张磊．创设良好游戏环境促进幼儿健康发展［J］．山东教育（幼教版），2000（30）：60.

[8] 王传文．寓教于乐快乐成长——谈幼儿角色游戏教学法［J］．学生之友（小学版），2017（2）：72.

核心素养视野下幼儿园课程建设的研究

（王倩　深圳市龙岗区坂田街道和成嘉业幼儿园）

摘　要：在教育活动中，课程一直以来都是其核心之一。所以，幼儿园要想提升教育品质，就必须重视课程建设，这是十分关键的一环。同时，随着核心素养理念的深化，在课程建设的过程中，幼儿园还应注重对幼儿核心素养进行培养，这样才可以让幼儿更好地成长，取得更大的进步。基于此，文章分析了在核心素养背景下，幼儿园课程建设的有效路径，以供参考。

关键词：核心素养；幼儿园；课程建设

近几年，幼儿园的课程建设作为课程改革的新任务，也成了提高幼儿园教育品质的重要手段。从本质层面来看，课程方案的适用性、可行性无不依赖于课程建设的方向，并且幼儿园的文化氛围、教师的精神面貌也在一定程度上取决于课程建设的成效。为此，做好核心素养背景下的幼儿园课程建设，已经成为极其关键的一项工作。

一、核心素养背景下幼儿园课程建设的常见困境

（一）课程建设意识薄弱

在核心素养背景下建设幼儿园课程的过程中，较为常见的问题之一就是课程建设的意识相对薄弱。有一小部分教师仍受传统幼儿教育思维的影响，不能以主动的态度进行课程开发。课程建设需要和地域文化紧密结合，幼儿园要通过对园内外资源的开发，逐渐形成独具特色的园本课程。然而，由于部分教师的课程建设意识较为薄弱，在发现课程建设需要哪种资源时只会单一寻找，缺乏整合意识，这在无形中造成了课程资源建设混乱的窘境。

（二）师资力量有所欠缺

基于核心素养背景下的幼儿园课程建设需要依托足够的师资力量才能够完成。但现实情况是，有一些幼儿园在课程建设方面的师资力量稍显不足，能够参与到课程建设的教师数量较少。有的教师对传统的教辅书依赖性较强，缺乏课程建设的积极性，产生消极心理。还有的教师自身不具备课程建设所需的专业技能，团队协作能力较差，受传统思维的影响难以产生合作意识，这在一定程度上限制了园本课程的建设。

（三）相关知识不够统一

现如今，在核心素养视域下，幼儿园在课程建设阶段存在的问题除了以上两点外，相关知识不够统一的问题也十分常见。具体而言，在课程建设阶段，之所以会存在课程知识缺少统一性的问题，主要是由于幼儿教师单方面认为课程建设重点应落在幼儿园独立编写教材上。与此同时，有的幼儿教师在编写教材内容时，以自身的教学经验为主，虽然这些经验可以提升教材内容编排的实用性，但创新性很难体现出来。此外，还有一部分幼儿教师认为应适时加入新颖的知识，但没有将幼儿的发展需求作为主要参考依据。这很难保证课程建设的成效达到预期标准。

二、核心素养背景下幼儿园课程建设的有效路径

（一）发掘生活资源，融入人文情感

在课程建设中，教师应联系实际生活，加强人文素质教育，提升幼儿的核心素养。因此，在幼儿园课程建设期间，教师要立足幼儿的视野，注重意识教育。唯有这样，教师才能挖掘学生的学习兴趣，促使学生自觉融入课程环境中，使课程建设的实效性得到显著提升，逐步帮助学生提升核心素养。例如，教师可以引领幼儿走进生活，让幼儿观察生活中的花鸟鱼虫，丰富幼儿的体验，营造出有探究性的趣味空间。在具体的操作中，课程内容可以是让幼儿在草地上观察小草的生长，分辨出叶子的形状、颜色等。此外，在课程建设期间，教师还要打破“围墙式”的模式，在课程内容的设置上，需要恰当地融入社会文化热点信息，找寻到幼儿熟悉、感兴趣的内容，然后开展活动。例如，教师可以推出“环保小能手”社会活动，引领幼儿以“环保”为主题，走向社区，走进广场，捡起垃圾，保护环境，提升核心素养。同时，教师还可以引入特色课程，为课程开发注入活力。例如，通过创意泥工、足球、围棋等课程，教师可以让幼儿探究、体验、相互交流经验，用心去感受、分享活动的乐趣，体悟生命的真谛，促进他们核心素养的提升。

（二）立足幼儿发展，创建现代课程

幼儿园课程改革和建设的起点和目的，实际上就是促进幼儿的发展。因此，课程建设务必要注意到幼儿的成长，持续创造条件并更新观念，向着现代化的方向建设，以便更高效地培养幼儿的核心素养。目前的幼儿园课程主要以学科为基础，因此在现代化的课程建设期间，教师应从两方面着手：一方面是做好课程的整合，通过主题活动、区域活动和信息化教学手段，将界限打破，实现教学内容和方法的整合；另一方面是将当地航空、农业科技、人文历史等融入课程中，在现代化课程的基础上进行整合，仔细选择课程内容，并进行必要的分类和结合，以跨越文化边界，在课程组织和教学方法上进行创新。借助上述手段，教师能够有效地促进幼儿课程的现代化建设，使课程更符合幼儿的发展规律，继而培养他们的核心素养。

（三）增加实践科目，培养动手能力

在教育体系逐渐完善的大形势下，幼儿园也密切关注到动手能力带给幼儿的重要影响。幼儿处在思想发展的关键时期。在课程建设期间，随着实践科目的增加，幼儿的动手能力也得到了培养，这也完全契合幼儿生长发育的规律。幼儿在动手时能够活跃大脑组织，达到手、眼、脑之间的协调共用，同时培养核心素养。例如，教师可以将绘画实践作为课程建设的内容，引导幼儿画出心中想象的事物。如在描绘“我的家乡飞机城”时，幼儿便会创作出五彩缤纷的画作——不同型号的飞机、宽敞的停机坪、长长的跑道、绿色的草地、参天的大树、五彩的云朵等。可见，幼儿在创意想象中，开动脑筋，能在提升绘画能力的同时，拓展自己的思维。教师可以将幼儿的优秀画作进行展示，让幼儿相互交流分享，促进幼儿综合素养的整体发展。可以说，实践课程是幼儿园课程建设的重要组成部分，对增强幼儿的学习能力有关键的促进作用，既可以提高幼儿的动手能力，提升他们对事物的创造能力，又能够增强他们在日常生活中的自信，让他们度过一段有意义的幼儿园生活。

（四）依托游戏背景，促进幼儿发展

对于幼儿教育而言，游戏化教学法已经成为当前幼儿教育领域中普遍应用的一种方法。分析其原因，主要是游戏化教学法的运用契合幼儿活泼好动的性格，能够促使幼儿自觉投入

课程环境。这对拓展幼儿学习思维，激发幼儿学习兴趣等都有显著的促进作用。与此同时，幼儿在参与游戏时，也可以提高自身的创造能力，因此，游戏化教学法深受幼儿教师的欢迎。幼儿园游戏活动的开展，旨在依附于自然资源的基础上，为幼儿提供更为良好的学习环境和游戏体验，通过充分利用自然资源带来的优势，使幼儿能够充分体验探索大自然的乐趣。这样一来，幼儿就可以在快乐的氛围中学习知识。例如，在向幼儿教授如何辨认植物种类时，教师可以带领幼儿走入种植区，让幼儿辨认各种各样的绿色植物，明晰植物相应的生存条件、成长规律等，以加深幼儿对植物的认知。在此之后，教师还可以在教室中给幼儿创设一个自然角，让幼儿通过投票的方式，选择自己想要栽培的植物。在此期间，教师应利用自然资源所具备的生动、开放等特征，集中幼儿的注意力，激发幼儿的学习兴趣。教师还应利用自然资源的诸多优势来激发幼儿的学习兴趣，将课程内容与游戏化教育形式相结合，使自然课程的开展过程更加有趣。此外，在教授自然课程知识时，幼儿教师还应选用开展户外游戏活动的方式，构建高效的课程体系。这样才能为幼儿教育水平的进一步提升打好基础。需要注意的是，游戏材料的选用应围绕教育内容设置，教师要尽可能选用一些来源于自然环境中的、安全性较高的材料，并且还应依据实际教学需求，合理选用户外教学场地，使幼儿可以获得更多接近自然的机会，学习更多有关自然环境的知识。

三、结语

总而言之，在素质教育全面实行的背景下，核心素养也成为务必注重的一项内容。同时，现如今幼儿教育也受到重视，其中的课程建设更是关系到幼儿教育的成效。为此，幼儿园在课程的建设上需要充分考虑幼儿成长的特点。换言之，幼儿园需要以幼儿身体与心理的实际情况为起点，做好课程的针对性建设，激发幼儿的兴趣与求知欲，达到让幼儿在愉快的环境中成长的目的。如此一来，他们的核心素养自然也会得到有效培养。

参考文献

[1] 郐海燕．指向“发现生活”的幼儿园班本课程建设的架构与实践［J］．东方娃娃·保育与教育，2020（2）：36—38.

[2] 张璐．始于生活　超越边界：幼儿园班本课程建设的思考与实践［J］．新智慧，2020（16）：10.

[3] 金燕莉．五环修炼：提升幼儿园新教师课程建设能力的路径设计与实践［J］．幼儿100（教师版），2020（10）：58—62.

小班美工区培养幼儿学习品质的策略研究

（鲁子葳　北京市怀柔区第六幼儿园）

摘　要：随着时代发展，双职工家庭日益增多，这就导致幼儿多数由爷爷、奶奶看管。中国历来有隔代亲的现象，爷爷、奶奶的过分关心和宠爱会让孩子失去适应社会环境的自我本能，让孩子逐渐缺乏正确的人生理念，从而导致其意志品质脆弱异变，多数孩子表现出胆小、缺乏耐心、做事不持久等不良意志品质。这一现象既不符合国家对幼儿“核心素养体系”的培育要求，与《幼儿园教育指导纲要（试行）》提出的幼儿园的任务是“坚持保育与教育相结合，对幼儿实施德、智、体、美诸方面的教育，促进其身心和谐发展”目标也互相冲突。可见，如何强化幼儿意志品质培养，成为幼儿教育工作亟须解决的问题。同时，良好的意志包括坚强、自信、独立、合作等内容，是人格中的重要组成因素，对人的一生有着重大影响。坚强的意志、良好的品德是人们达到目的、获取胜利的重要条件，也是中国梦实现的必备基础。为此，在教学实践中，我根据幼儿的特点，以美工区情景活动“我的一家”为突破口，抓住一切机会重点培养幼儿不怕困难、坚持到底的良好意志品质，培养其独立合作耐心等良好评选，为其一生的成功奠定良好的基础。

关键词：探究欲；合作；观察力

一、理论基础

现代研究证明，对一个人成就的影响因素中，非智力因素约占75%，智力因素约占25%，而意志品质就是非智力因素中最主要的方面；凡有成就的人，都有着极强的意志力。许多教育家都极为重视意志力培养。李佑发在《意志品质的质性分析，模型建构与测评》中提出：在建构的意志品质模型中，意志品质共有两级维度，包括4个一级维度和9个二级子维度。4个一级维度是自觉性、独立性、果断性和坚韧性。9个二级子维度包含自我实现欲、目标清晰度、自制力、信念确认度、顽强性、智源集中度、决策及时性、倦怠耐久度和困难承受度。本次研究意志品质培养的具体内容是目标清晰度、坚韧性、合作自觉性和信念确认度。

二、实施路径

（一）“父母一日观察”，培养探究欲望

现有的生活环境，让幼儿探索精神较少，不利于其以后成长。为此，在我们美工活动“我的一家”的最开始环节，我们设置了“父母一日观察”项目。主要是让幼儿观察自己家人的特征并尝试着描述出来。由于是自己熟悉的家人，小朋友们对这一活动参与性很高。同时，我也会适当引领大家确认观察方向，比如母亲是胖胖的还是瘦瘦的，长头发还是短头发等，并通过让孩子简单叙述自家父母的特征，来激发幼儿们的探究欲，让他们主动去摸索，去了解周围的世界。

在培育幼儿探究欲望的同时，也能够进一步通过观察让其了解到父母的辛苦，增强亲子感情。所以，这一活动受到了幼儿和家长的好评，不少家长纷纷拍了亲子照。

（二）“向你介绍我的家人”，提升坚韧性

其实，对于这些孩子来说，最难的是培养他们的耐心，即提升坚韧性。由于孩子们大多数是独生子女，是真正的小公主和小王子，所以在家里多数是被宠着和服务的存在。培养他们的耐心，可着实让我费了一番功夫。

为了破解这一点，在“我的一家”项目第二部分，我们采取了“向你介绍我的家人”。即在进行学生两两自由分组后，让幼儿向另一组员介绍自己的家庭。由于我们采取的是自由组合的形式，所以小朋友们都积极参与。刚开始进行得不是很顺利，主要是各位孩子不知道他们的任务是什么，以为只要简单说我有爸爸、妈妈就好了。后来通过不断的沟通，小朋友渐渐知道他们要向周围的小朋友说清楚爸爸、妈妈的样子，还要让其他小朋友了解自己的父母。明白自己的任务后，小朋友们表现就越来越好了。有一个小朋友，竟然念着 Rap 介绍自己的父母呢。还有小朋友会在别的小朋友介绍过程中鼓掌、提问，以此来烘托气氛，不得不说这个环节进行得相当不错，也很受小朋友们的欢迎。其他小朋友在聆听的同时，也不时会问一些问题，有问工作的，有问个子的，还有一个小朋友竟然犀利地问道：“你家是你爸爸做主还是你妈妈做主?”着实让我开了眼界。

“向你介绍我的家人”这一环节，利用孩子熟悉的事物来增加其参与欲望，并在此过程中让其学会特征性的描述，增进了其思维活跃度和表达流畅度。同时，在交流过程中，让其学会了安静听讲，增强其做事的耐心。

（三）“你来画我的家人”，提升合作意识

我们组织小朋友，纷纷根据对方的介绍，去绘制对方的家人。在这一过程中，许多小朋友，一边绘制，一边悄悄地问自己的组员：“对了，你的妈妈是什么头发来着?”“爸爸爱穿什么颜色的衣服呢?”“你爸爸的身材和小猪佩奇的爸爸像吗?”同时一边画，还一边让自己的队友审核自己画得过不过关，还有小朋友为其他小朋友打气，场面可温馨啦。

通过让小朋友互相绘制对方的家人，进一步增强其从语言到图像的转换，同时绘画过程又是信息的汇总过程。而且，在绘画过程中，进一步强化小朋友之间的互动，增强了其合作的意识。而必须帮其他小朋友完成家庭绘画，又培养了其责任心。

（四）你来说我来评，培养其自信心

在小朋友绘制完毕后，我引领他们将我们的绘制结果一起贴在了墙面上。同时，根据幼儿拍摄的父母照片，结合队友绘画的情况，让其在全班面前轮流介绍自己的父母，同时让其他小朋友评判对方画得好不好。

在这一过程中，许多小朋友起初不爱上台表演，行动有些羞涩，然而在队友的鼓励下，他们渐渐放开了自己，能够在众人面前自主地发表自己的观点。个人整体形象、表达能力和自信心都有了大幅度提升。

三、总结

在美工区中培养幼儿意志品质的过程，需要教师具有敏锐的洞察力，洞察幼儿普遍存在的意志弱点，同时通过诱导式的过程，强化幼儿的探索能力，让幼儿自主活动、自发合作、快乐游戏，在潜移默化中养成良好的意志力。

基于真实驱动性问题的中班 STEM 项目活动初探
——以《自制甜点架》活动为例

（李雨轩　江苏省盐城市人民政府机关幼儿园）

摘　要： STEM 项目活动是指以特定的主题，利用真实驱动性问题将科学、技术、工程、数学四个学科内容有机整合到活动中。本文以中班 STEM 项目活动“自制甜点架”为例，以真实的驱动性问题，从“四重视角”分析项目活动主题选择、驱动性问题设计、项目活动开展以及教师支持性策略，阐述如何有效地运用驱动性问题为 STEM 项目活动提供支持，让幼儿在 STEM 项目活动中获得深度学习。

关键词： 驱动性问题；STEM；项目活动

一、基于儿童视角，选择适宜的项目主题

在《生日列车》主题，孩子们在美工区制作了许多各式各样的蛋糕，并将原来的“竹林早点”换成了“蛋糕店”，没几天蛋糕店的甜品就多得放不下了。在一次大扫除日，大家提出了他们的困惑：“蛋糕店的东西太多了，太难收拾了。”一旁的妮妮也附和着：“蛋糕还随便放在桌子上，顾客也不愿意过来买！这时，嘻嘻立刻站起来：“我参加过姑姑的婚礼，外面有个甜点架能摆很多甜点，还很好看呢!”其实，在角色游戏中教师往往聚焦幼儿的角色意识和角色行为，往往会忽略幼儿的问题与发现，当以儿童视角审视幼儿游戏时，会发现更多学习的机会与可能。伴随着孩子们的兴趣、想法与疑问，STEM 项目活动“自制甜点架”孕育而生。

二、基于问题视角，设计具体的驱动性问题

STEM 项目活动中真实驱动性问题能够让幼儿将项目活动的任务和自身进行联系，从而产生了解决问题的兴趣和欲望。本次项目活动中提出了一个以产品为导向的驱动性问题：“如何制作一个甜点架?”问题对应的最终成果指向的“甜点架”实物产品。但是制作甜品架对于幼儿来说是一项挑战，为此，我们围绕制作任务对驱动性问题进行设计与分解。

（1）需要设计什么样的甜点架?

（2）需要用到哪些材料?

（3）搭建多大的甜点架比较合适?

（4）如何搭建稳固的甜点架?

三、基于工程视角，开展有效的项目活动

围绕以上具体的问题，STEM 项目正式开始了，教师与幼儿一起综合运用数学、科学与技术的知识、工程的问题与思维去设计、制作幼儿需要的甜点架。

第一阶段：设计甜点架

甜点架是什么样的呢?首先，通过欣赏各种各样的甜点架图片，并邀请家长与幼儿实地查看，了解和总结甜点架的结构。

瑞瑞：甜点架是由一个个盘子组成的。

泽泽：蛋糕架中间都有个柱子撑着！

小雅：很多层就可以放很多蛋糕啦！

欣赏完图片，大家以小组为单位进行讨论。“我知道，在柱子上面连着很多盘子！”“这样会倒，还需要有支撑。”有的出招，有的记录，设计了“最棒”的蛋糕架造型。

第二阶段：收集制作材料

孩子们带来了自己收集的材料，放在了大盒子里。小好贴心地取名为“材料盒”。孟凯博一来就得意地介绍起自己的材料：“我这是铁盒子，结实着呢。”一旁的琪琪反驳道：“这有什么用，你的太小了，我带着透明的，又大又能看清楚里面。”当我们发现孩子收集材料已经能有意识地去关注材料的特性时，立刻抓住了契机，让幼儿介绍自己的材料。通过分类，材料分为了铁盒、塑料、纸盘、木头。到底哪一种材料更适合做甜点架呢？

第三阶段：搭建甜点架

女生组从“材料盒”里翻出了各种铁罐和盘子，一层罐子一层盘子垒了起来，可刚垒到第三层，瑶瑶便前来阻止了：“这样可不行，东倒西歪的。”说完就开始调整罐子的位置，将罐子挪到了中间位置。不一会儿五层的蛋糕架就搭好啦。

1. 尝试一：总会倒的甜点架

女生组刚想“显摆”一下，结果霓霓一个转身蛋糕架应声倒地。小伙伴们相互抱怨了起来：“都怪你。”霓霓也解释道：“我是不小心的。”教师在一旁提醒：“如果蛋糕架不牢固，顾客来了也容易碰倒。”这番话让孩子们结束争吵，霓霓提议：“我们还需要加固一下！”

我们利用晨间谈话的时间，用视频与幼儿分享了女生组搭建的甜点架，她们也表达了自己的困惑。教师通过适时的提问和引导，让幼儿总结出了自己的问题：柱子从大到小往上搭；柱子要在一条直线上；台面也不是越多越好；柱子与台面需要黏合。

2. 尝试二：为什么加固了还是会倒

女生组的“问题”吸引了男生的注意，他们也来小试牛刀了！睿睿指出：“女生的柱子太粗了，放的蛋糕少。”南南在一旁不作声地拿来了橡皮泥粘在了盘子和柱子的交接处。睿睿见状一路小跑用橡皮泥的盒子端来了用手指点在橡皮泥上。可是只要一松手，架子还是倒下了！原来是因为柱子太高太细了支撑不住盘子。

通过两次尝试，大家都觉得材料和方法出了问题，到底什么样的材料才合适呢？我们进行了集体谈话。孩子们通过讨论、筛选、记录，最终确定了他们“心满意足”的材料：硬一点、有边的盘子；粗一点不是很高的柱子。

3. 尝试三：比一比谁的装得多

第三次大家用自己“挑选”的材料和总结的方法搭出了不会倒的甜点架。轩轩这时提出了新的问题：“我们的甜点架好，有四层呢，装的蛋糕多！”这个问题一下子吸引了教师的注意：那我们就比一比谁搭得稳，还放得多！说完几个小组就分别行动了起来！

到底是不是越高越多呢？在统计完以后，结果出炉啦！轩轩一脸不相信地指着三层蛋糕架的蛋糕一个个地再次数了起来。三层装了36个杯子蛋糕，大家总结道：原来多少不仅和层数有关，还和盘子的大小、柱子的粗细有关。

4. 尝试四：会旋转的甜点架

甜点架投入了使用，一次玩角色游戏的偶然机会，南南将甜点架搬到了制作蛋糕的旋转台上。南南兴奋地跑过来来讲述他的发现：旋转台下有滚轴，我们甜点架还可以转呢，想要哪个就转到哪边！一旁的小朋友羡慕不已，都想来试一试！

女生组也找了材料尝试，小羽说：“磁铁也会旋转呢。”于是在铁罐底放满了磁铁，但是小羽尝试并没有成功，罐子倒向了一边，甜点架也是东倒西歪。虽然失败了，但是还在继续尝试，寻找合适的材料。科学家和工程师就是像这样在失败中不断总结经验，寻找新方法。

第四阶段：产品展示与评价

活动结束后，我们将小组制作的甜点架投入了角色区的使用。此外，教师通过组织幼儿讨论“什么样的甜点架最稳固、最能装、最方便？”制定了甜点架评比要求表，从儿童视角分析产品“质量”（见表1）。活动后，大家给蛋糕店取名为“彩虹蛋糕店”，根据蛋糕的种类设计了菜单，并在精心设计的旋转台上，摆满了展示的蛋糕，“彩虹蛋糕店”一下子又热闹了起来。

表1　甜点架评价表（师幼评价）

评价内容	评价指标（√或×）
在轻微晃动下是否会稳固？	
是否能装下所有蛋糕？	
是否方便老板和顾客拿取？	

四、基于学习视角，提供多维的学习支架

在项目活动中，幼儿围绕制作中出现的问题不断地探究，自主探究的过程也是自主学习的过程。在本项目活动的实施过程中教师根据幼儿探究过程中的具体需求，综合运用了多种类型的学习支架，有效地助推了幼儿发现问题、分析问题和解决问题的过程。

（1）信息型支架。在“设计”时，说一说我见过的甜点架，邀请家长带领幼儿参观甜品店、调查收集甜点架的样式，提供信息型支架，唤起幼儿对甜点架的“前经验”。

（2）场地型支架。在“制作”前，设置班级STEM项目专属区域，将幼儿收集的材料分类摆放，供幼儿自主选择与使用，每次制作后的作品有专门的位置摆放，供幼儿随时制作与完善。

（3）策略型支架。在“制作”过程中，幼儿在多次尝试中发现搭建的甜点架总是会倒。为此，通过比较讨论制作材料的特征、总结搭建的方法等策略，支持总结经验为下一步探做准备。

（4）分享型支架。分享展示是项目活动不可或缺的一部分，不仅是幼儿表达与交流的平台，更是对幼儿自主学习的总结。在项目活动的各个环节，教师都为幼儿创造了相互分享、学习与评价的机会，在交流与互动中，对不同个人的经验进行了整合，将“你”的经验、“我”的经验转换成“我们”的经验。

不同类型的学习支架，为幼儿的自主探究提供了更多学习的可能，不断丰富幼儿自主学习的体验与经验，促进其对新知识、新经验、新技能的内化、迁移与应用。

真实的驱动性问题是STEM项目活动的核心，在STEM项目活动的选择、实施与反思中，我们始终坚持儿童立场，紧密围绕项目活动中核心驱动问题，以工程的思路，学习的方式，让每位幼儿自由探索，主动学习，自主发展！

参考文献

李蓓．让幼儿心智自由地学习——幼儿园项目化学习的实践与思考［J］．幼儿教育，2018（34）：11—14.

附：此文章为江苏省教育学会“十四五”规划课题（立项号：23105）《以STEM项目活动提升幼儿工程思维的行为研究》的阶段性研究成果。

课改背景下基于特色资源开展园本化主题活动的实践与思考——以“大玩家：我是宽塘建筑师”为例

（徐薇　浙江省嘉兴市海盐县核电南苑幼儿园）

摘　要：幼儿园课程游戏化改革要求教师从课程实施者转变为课程的建设者，提升教师的课程建设水平。基于园本化主题活动形式灵活多样、内容鲜活有趣、师幼积极互动等特点，我们以关注幼儿发展、着眼幼儿兴趣点为准则，充分利用和挖掘周边资源特色开展园本化主题活动。本文以大玩家引发的园本化主题活动为例，描述了教师支持幼儿自主发现、师幼共同探索，形成连续鲜活课程的活动过程；同时，从周边资源把关、聚焦儿童发展和师幼共同建构三个方面对园本化主题活动进行了反思。

关键词：特色资源；园本化主题活动；课程游戏化

随着幼教改革的不断深化和《幼儿园教育指导纲要（试行）》（以下简称《纲要》）的进一步贯彻落实，课程园本化已受到大家的广泛重视。园本课程的开发应充分挖掘幼儿园内外的教育资源，并加以整合与开发，只有这样才能使园本课程真正适合孩子的特点和需要，充分体现园本课程的个性和特色。

幼儿园西南 100 米处就是著名的民俗印象体验地——宽塘，包含了住宅区、各种店铺等应有尽有，是一个浓缩版的社区，且特色非常明显，幼儿能密切接触，利于幼儿的观察、学习、探索、发现、搭建实践等。依据课改的要求，我们致力于挖掘幼儿园周边环境资源和人文资源，尝试将这些资源应用于园本课程的开发与实施中。本文以大玩家主题引发的宽塘建构为例，介绍我们的园本化主题活动。

一、基于幼儿兴趣，满足发展需要

（一）激趣设问，了解经验

《3～6 岁儿童学习与发展指南》（以下简称《指南》）提出：“成人要善于发现和保护幼儿的好奇心，充分利用自然和实际生活机会，引导幼儿通过观察、比较、操作、实验等方法，学习发现问题、分析问题和解决问题。”虞永平先生对园本课程概念的界定是：“园本课程就是以法律法规及相关政策为指导，以幼儿园现实的环境和条件为背景，以幼儿现实的需要为出发点的课程。”

主题“大玩家”分成了“洞洞洞”“和纸做游戏”“小小建筑师”三个子主题。在主题开展前一周，我们通过激趣设问的方式来了解孩子们的经验。我们围绕着“洞、纸、建筑”这三方面来抛出问题：“①你在哪里见过洞？洞有什么作用？②你知道纸的种类吗？你和纸做过什么游戏？想和纸做哪些游戏？③你见过哪些特别的建筑物或房子？如果让你来设计，你想用什么材料建造怎样的建筑物？”

孩子们给出了这样的反馈（见图 1）：

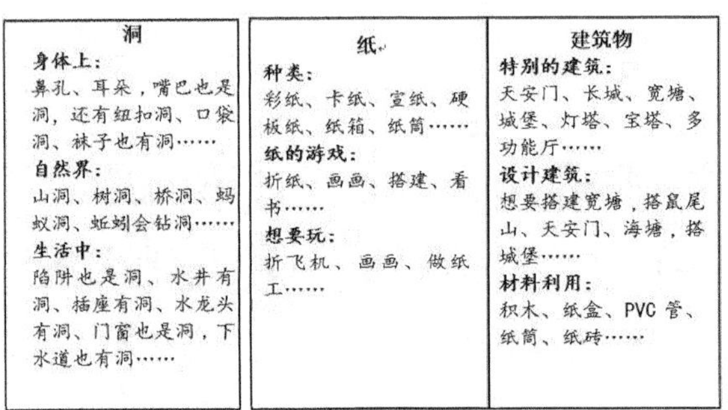

洞	纸	建筑物
身体上： 鼻孔、耳朵，嘴巴也是洞，还有纽扣洞、口袋洞、袜子也有洞…… **自然界：** 山洞、树洞、桥洞、蚂蚁洞、蚯蚓会钻洞…… **生活中：** 陷阱也是洞、水井有洞、插座有洞、水龙头有洞、门窗也是洞，下水道也有洞……	**种类：** 彩纸、卡纸、宣纸、硬板纸、纸箱、纸筒…… **纸的游戏：** 折纸、画画、搭建、看书…… **想要玩：** 折飞机、画画、做纸工……	**特别的建筑：** 天安门、长城、宽塘、城堡、灯塔、宝塔、多功能厅…… **设计建筑：** 想要搭建宽塘，搭鼠尾山、天安门、海塘，搭城堡…… **材料利用：** 积木、纸盒、PVC 管、纸筒、纸砖……

图 1　反馈图

在孩子的反馈中，我们发现对于洞的类型和作用都是比较了解的，涉及面比较广；对于纸，大多是我们经常会用到的种类和玩法；对于建筑物，孩子们会想到一些不同的特色建筑，特别是对于本土的宽塘印象深刻。

（二）课程审议、厘清脉络

课程审议的最终目的一定要落实在确立适宜幼儿的活动内容、活动形式，促进幼儿的适宜性发展上，教师要参照《指南》，结合班级孩子的兴趣和经验等，也要关注领域划分的多种可能，还要关注不同领域间的相互渗透和整合。

如何将洞、纸、建筑这三个独立的主题整合起来？我们在进行主题的开展中又如何来体现三者的层次性呢？研读《大玩家》的主题说明，我们可以发现在这个主题里，孩子们将走近神奇的“洞洞世界”，将和“纸”快乐地做游戏，将变身成为“小小建筑师”，而我们要学习成为孩子的玩伴，和孩子一起去探索发现，一起去想象创造，一起争做环保小卫士。我们结合班级幼儿的已有经验和关注点，得出以下讨论结果：开展认识、了解宽塘的地上建筑特色，寻找地上之洞；探究地下之洞；通过小组合作设计宽塘造型，尝试搭建宽塘。针对以上讨论结果，通过对照“潮尖尖”课程目标，筛选出适合的活动内容和核心经验，教师通过前期的调查和讨论，确定了走进宽塘社会实践、造型、欣赏、讲述等活动形式（见图 2）。

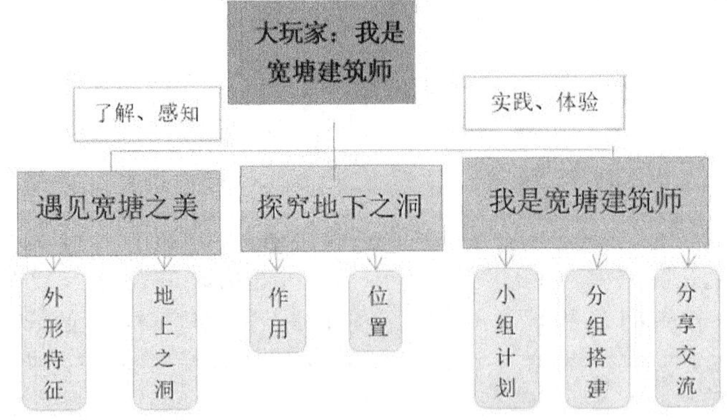

图 2　活动形式分解

二、支持自主发现，师幼共同探索

（一）追随孩子的学习需要，走进宽塘

《指南》提出：幼儿的学习是以直接经验为基础，在游戏和日常生活中进行的，要最大限度地支持和满足幼儿通过直接感知、实际操作和亲身体验获取经验的需要。班级内以小组

为单位开展“遇见宽塘之美”活动，观察了解宽塘的建筑特色。通过实际的参观，我们的孩子对于宽塘的建筑及其特色有了更进一步的了解（见图3）。

图3　幼儿活动实践

（二）支持幼儿想法，宽塘设计

《指南》提出：要珍视游戏和生活的独特价值，创设丰富的教育环境，最大限度地支持和满足幼儿通过直接感知、实际操作和亲身体验获取经验的需要。游戏是幼儿的生命活动，而幼儿更是主动开放的学习者。自由的探索会让幼儿兴趣不断，自主的游戏会让幼儿创意无限。

孩子对宽塘建筑特色的了解，有了相关的经验积累，孩子们开始着手设计我们的宽塘。在制订计划时，想到要建构舞台、水车、钟楼、超市等，甚至孩子们考虑得很仔细，将地下的建筑也进行了设计，窨井盖、水管、水管的阀门等，另外考虑了用什么材料来做等。从孩子的设计图中可以看出孩子们对于宽塘的了解还是很细微的，他们对于一些细节的勾画是很明确的（见图4）。

图4　幼儿勾画

（三）提供游戏空间与材料，满足游戏需要

《纲要》提出，要引导幼儿利用身边的物品和材料开展活动，发现物品和材料的多种特性和功能。我们依据课程游戏化的基本要求，基于幼儿的兴趣点，设计了多种多样的材料探索活动。孩子们也根据各自的需要收集了不同的材料，各类纸张、纸箱、纸杯、纸筒、鞋盒、牙膏盒等，接下来就是如火如荼地正式搭建了。

故事：在搭建的时候，孩子们拿出了准备的材料，你挖洞，我剪纸，他组合，看上去每个小朋友都很忙碌，但到了分享的时刻，多宝就很生气地说：“他们都不帮我，我一个人根本完成不了！他们都在搭自己的。”“可是也没有人帮我啊！我也是自己在玩啊。”同组内的球球也反驳着。“可是我们的计划就是要搭超钟楼啊”“也要搭舞台、水车，还有地下管道！你为什么不帮我呢？”两个孩子你一言我一语地争吵起来。

“合作很重要的！”一旁的茂茂说。在后来的建构中，多宝这一组他们选定了“钟楼”。我们从照片中可以看到孩子借鉴同伴经验，合作行为增多。锡龙负责画钟面，球球和多宝负责安装柱子（两个快递盒），宁宁和铛铛负责制作钟楼上的窗户和门，一切完成后，锡龙和多宝找了个快递盒打开后把它安装到了建筑顶上做屋顶，球球则帮忙用双面胶固定（见图5）。

图 5　幼儿游戏

（四）交流发现，解决问题

孩子在搭建的过程中，问题也在不断出现，比如为什么我们搭建的总是倒下来？双面胶怎么粘不牢？我们的纸杯不够用怎么办呀？针对幼儿的问题，我们通过以下途径：收集更多的主材料和辅助材料；延长了一周的时间给予幼儿解决问题、再次实践探索的机会；围绕孩子在搭建中出现的问题、亮点分享等展开讨论与实践，培养了孩子遇到问题尝试思考并积极探索的学习品质（见图 6）。

图 6　幼儿制作

三、园本化主题活动的思考

（一）园本化主题活动应做好对周边资源的把关

幼儿园周围有丰富的地方资源，为园本课程提供了可能，我们要把握原则，做好地方资源开放的梳理和把关工作。一是因地制宜原则，要充分了解周边环境资源和人文资源，充分挖掘适宜的材料开展活动。二是教育性原则，对课程资源进行审议，保留有教育意义、健康安全的活动内容。教师经过研讨和审议，顺应孩子的兴趣和发展需要，将主题内容进行园本化处理。三是生活性原则，幼儿教育要从生活环境入手，提供幼儿生活中常见的熟悉的材料，激发幼儿的好奇心，活动材料从幼儿生活中来，回到幼儿生活中去开展各类活动。

（二）园本化主题活动聚焦儿童发展

在“我是宽塘建筑师”这个主题活动中，我们从分析幼儿入手，根据大班幼儿的年龄特点，将“大玩家”进行园本化处理，将任务定位在“我是宽塘建筑师”，以建筑师任务去观察探索我们宽塘建筑的特征，以纸为主材料，利用其不同种类和特性去建构宽塘，即以任务驱动、材料前置的模式将三个板块的内容打通，有机结合，给予幼儿去探索、想象创造的机会。其中都是聚焦儿童发展实实在在做的内容，在活动中，孩子们的视野拓宽了，经验丰富了，交往能力发展了，甚至更为重要的是他们学会了如何去解决问题，这对他们漫漫人生路起到的作用是不言而喻的。

（三）园本化主题活动基于师幼共同建构

园本化主题活动是师幼共同参与、共同建构的，教师对资源的审议与预设、幼儿对材料的互动与碰撞，教师关注幼儿的真实状态和需求，有效地选择内容、调整活动方式，始终以支持者的角色追随幼儿的兴趣，助推活动的有效开展。幼儿始终以自由自主、积极快乐的心态与同伴、教师共同解决问题。幼儿是活动的积极探索者，教师是探索过程中重要的支持者和推进者。教师和幼儿是课程开发和实施的主体，也是课程的积极建构者。

参考文献

[1] 代惠艳. 让课程追随孩子——幼儿园课程“园本化”管理的实践与思考 [T]. 文科爱好者（教育教学），2018（10）：185＋188.

[2] 王海英. “微型主题”活动与儿童工作坊的关系及其生成路径 [J]. 学前教育研究，2017（8）：64—66.

运用“三放式”自主管理新模式，培养幼儿创新能力

（陈慧　北京市怀柔区第三幼儿园）

摘　要：自主是创新的前提，没有自主就没有创造性，为了培养创新能力，我园以创新理念为指导，以自主管理理念为依托，创造性地采用新措施，本着相信教师、相信孩子、相信家长的信念，探索“三放”的管理模式，即“对教师放权、对幼儿放手、对环境放开”，形成新的管理格局——自然开放、人人做主，产生新的管理效果，从而更好地提高幼儿的素质，挖掘幼儿的活动潜能，促进幼儿自主发展。

关键词：三放式；自主管理；幼儿；创新能力

素质教育“以培养幼儿的创新精神和创新思维习惯”为宗旨，这说明实施创新教育是素质教育的核心，萌发幼儿的创新意识、树立幼儿的创新精神、培养幼儿的创新能力更是核心之核心。德国教育学家斯普朗格提出：教育的最终目的不是传授已有的东西，而是要把人的创造力量诱导出来，将生命感、价值感唤醒。自主是创新的前提，没有自主就没有创造性，为了培养创新能力，我园以创新理念为指导，以自主管理理念为依托，本着相信教师、相信孩子、相信家长的信念，探索“三放”的管理模式，即“对教师放权、对幼儿放手、对环境放开”，以我园独有的环境资源为管理背景，对幼儿园管理要素（人、事、物）进行扩展更新和优化组合，以形成新的管理格局——自然开放、人人做主，产生新的管理效果，从而更好地提高幼儿的素质，挖掘幼儿的活动潜能，促进幼儿自主发展。

一、对教师“放权”，奠基幼儿的创新之行

在以往的管理模式中，教师作为被管理者，往往是幼儿园让干什么，教师才干什么，新的自主管理模式下，教师转变角色，成为管理的主人，她们自己设计、筹划班级管理的核心与重点，细心地观察、了解，发现幼儿的兴趣与需要，结合幼儿的年龄特点，选择能够促进幼儿发展的生活中、游戏中的教育元素，开展相应的教育教学活动研究。

（一）发现幼儿兴趣，生成主题活动，支持幼儿的新探索

在实践探索活动中，教师观察幼儿的角度敏锐了，观察内容丰富了，随着捕捉的教育契机，选择教育内容的能力不断增加，追随幼儿兴趣与需要的生成性系列活动不断增加，小三班将活动区延伸到小公园，用土、石头替代玩真实的娃娃家游戏；中三班的《小公园的搭建游戏》——从随意搭建到给小动物搭真实的房子，逐步深入；大四班对公园树木的认知，选择材料、设计、制作、安装树牌等活动，教师们的观察能力、预判能力、回应能力与课程设计能力不断增强。

（二）萌生课程意识，延伸幼儿活动，建构幼儿的新游戏

以往我们的活动内容比较零散，连续性不是很强，原因可能是教师对幼儿活动观察与分析不够充分，随着教师教育观念转变，如何追随幼儿的脚步，开展满足幼儿需求的活动逐渐增加，而且活动的轨迹清晰，逐渐能够由点到线、由线到面进行课程预设与生成，形成了符合幼儿年龄特点、兴趣需要的主题探究活动。

（三）聚焦研究问题，总结研究方法，拓展幼儿的新生活

在课程研究过程中，教师们曾经感到过彷徨、困惑、变化、惊喜，不知道有多少的为什么，怎么办摆在面前——“小公园是我园独特的教育资源，但总是去，还有可挖掘的价值吗?”“孩子们提出的问题很多，可是总是接不住，找不到可挖掘的点?”“尊重幼儿与教师作用的矛盾，是一味地尊重吗？该如何介入幼儿游戏?”一系列的问题，该如何如何解决？专家导航、寻求外力，同伴互助，共同研讨，运用实践验证，先放手让孩子自由地玩，教师从旁观察蕴含哪些教育价值，储备好经验后，与幼儿一起进行游戏活动，做到教师的经验与幼儿的探索活动同行，并在此过程中，总结出了支持幼儿游戏活动的过程与方法。

二、对幼儿“放手”，开启幼儿的创新之门

人的创新能力是在长期的学习和生活中逐步形成的，创新教育应从幼儿时期开始，每个幼儿都可能是小小“创造发明家”，教师要敏锐地察觉幼儿平常生活中随时出现的探究兴趣和关注的事物，用幼儿的眼光来看世界，尽量创造条件，积极鼓励。

（一）在日常生活中，养成自我服务意识

教育离不开生活，幼儿的日常生活不光需要培养幼儿的生活技能，更重要的是要培养幼儿生活能力，自我服务的意识就是其中一项不可或缺的能力，当小公园的路坏了，“孩子们萌生了我能自己修路的想法，大人能做的事情我们也能做，这是一件多么值得自豪的事情呀！他们尝试自己收集工具、材料、方法，与园长妈妈沟通请工人叔叔帮忙，与工人叔叔一起修路，为修好的路做提示标记……一件修路的事情，给了孩子们更多的自信，“我能为自己做事啦！我能为我们的幼儿园做事啦!”的喜悦洋溢在脸上，他们从活动参与者逐渐向小主人的身份转变，并逐步向“我是幼儿园小主人”的方向转变，当需要活动材料时，主动去邻班借；种植时，他们主动提出和老师一起选种、买种；进餐时自己盛饭；六一儿童节为自己设计、搭建舞台；小公园里和工人叔叔一起抬管子、种草莓，在孩子们能够接触到的生活的每一个角落，都在体验着为自己服务的满足，创造力得到充分发挥。

（二）在游戏活动中，萌生幼儿的好奇心和想象力

游戏是幼儿最基本的活动，孩子们喜欢玩真实的游戏，并在游戏中再现自己的生活经验，在生活中产生游戏需求，小班的小朋友对什么事物都充满好奇心与求知欲，在一次午点吃梨后，有了自己的想法，甜甜的梨要是能种在小公园里，小朋友们都能吃到，那该多好啊！在教师的支持下，他们开始了种梨树的活动，并把娃娃家搬到公园里种的梨树旁，这样就可以边玩游戏边照顾梨树啦！多开心呀！

（三）在探索活动中，树立不怕困难、敢于尝试的信心

孩子们坐在公园的小亭子里休息、唱歌时，有幼儿提议要是亭子也能唱歌，那该多好啊？制作声音亭的活动开始了——什么样的材料适合制作风铃？孩子们收集了玻璃瓶、水瓶、小石头等许多材料。怎么才能发出声音呢？撞击才能发出声音，小石子、小贝壳放在大瓶子里，系绳子的时候距离很重要，这样才能撞到一起，发出声音。亭子那么高，我们够不着，怎么办？可以借来梯子往上挂。经过孩子们的不懈努力，曼妙的“声音亭”建成了，孩子们坐在里面休息，听着悦耳的声音，很是惬意，就是在这样的一次次想办法解决的过程中，孩子们直面困难，增强了做事的自信心。

三、让环境“放开”，延展幼儿的创新之路

每个孩子先天都具有创新潜能，但是把潜在的创新力转化为现实的创新力，必须有开发潜能、形成创新力的环境和氛围，只有在浓厚的创新氛围和有利于创新思维的环境中，才能实现对幼儿创造力的培养。

(一) 创设自主的环境，是幼儿发展的物质保证

在幼儿园的整体环境与班级环境，本着“自然、开放、自主”的原则，孩子们可以按照自己的需要和愿望自主选择活动时间、伙伴、材料、方式，无论是园所环境还是班级环境，都能真正为幼儿的活动服务，在充满生机、童趣盎然的基础上，注重其实用性与创造性的发挥，便于操作，能够满足幼儿直接感知、动手操作体验的需要，让幼儿成为环境创设的主人，发展幼儿的创造潜能。

(二) 营造宽松的氛围，是幼儿活动的精神支柱

一个宽松和谐的精神环境氛围对孩子创新能力的培养也是至关重要的。孩子虽小，但也是独立的人，他们需要尊重，需要一种平等、愉悦、自由自在的精神环境。在这种宽松的交往氛围中，他们愿意与成人进行交往，敢于发表自己的见解，勇于挑战自己的问题，在这样宽松的氛围中成长起来的孩子将会充满自信、勇于创新。

(三) 提供丰富的材料，是幼儿创造的动力源泉

对孩子来说，大自然的一草一木都是他们的游戏材料。公园的小河沟、圆圆的木桩、形状各异的石头等，俨然成为孩子们创造的天地。石板上随意涂鸦、小桥上无限创意、歪歪扭扭的树牌、稀稀疏疏的木板桥……这一切或许很稚嫩、很凌乱，不那么精美，但却是孩子们真实的生活、游戏世界的再现，体现了孩子们学习与探索的轨迹，记录了孩子们经历与成长的过程，他们拥有了开放、自然的生活、学习环境，可以随心所欲改变、创造周围的世界。

我国的创造教育先驱陶行知先生曾指出：处处是创造之地，天天是创造之时，人人是创造之人。对于孩子来说，创造力正孕育在新颖奇特的幻想中，萌发在令人头痛的恶作剧中。作为业务管理工作者，我会和教师一起继续追随孩子的脚步，倾听孩子的需要，支持孩子的奇思妙想，和他们一起发现并解决生活中的问题，积累更多的知识与经验，拓宽教育资源的来源，提升教育资源的品质，优化教育资源的组合，形成具有我园特色的“三放式”自主管理模式，并充分发挥其优势，提高管理效率，使创新能力的早期培养润物无声、潜移默化地得到预期的结果。

参考文献

[1] 中华人民共和国教育部．3～6岁儿童学习与发展指南［S］．北京：首都师范大学出版社，2012.

[2] 李靖．一起成就大师：新人类早期教育原理［M］．北京：新时代出版社，2013.

[3] 柳茹. 幼儿自主发展课程——北京市北海幼儿园园本课程实践研究［M］．北京：北京师范大学出版社，2014.

活教育理念下班本课程的实践与研究

（史镭　江苏省靖江市新桥镇中心幼儿园）

摘　要：陈鹤琴是中国近代早期教育的创始人，他于20世纪20年代就开始对幼儿园课程进行探索，并于40年代正式提出“活教育”思想。时至今日，他的理念仍在发挥着重要作用。陈鹤琴老师“活教育”的理念，不但激发了幼儿园对幼儿课程特点的认识，更为幼儿园班本课程的建构指明了方向，践行与创新陈鹤琴“活教育”思想，让年轻教师在获得专业成长的同时坚定专业信念，让“活教育”思想在新时代重新焕发活力，本文将从班本课程的主题课程探索方面来阐述是如何探索并实施“活教育”课程的。

关键词：活教育；班本课程；主题课程

一、对班本课程的理解

（一）班本课程源于幼儿生活中的问题和兴趣

“班本”是指以“班”为单元，由教师和幼儿两方面共同设计，具有较强的“班”性。在班级文化的构建中，班本课程是相对较高层次的一项内容。很多教师一说到课程活动，就会想到可以开展哪些领域教学活动，在很多幼儿园，集体备课就是把能想到的与主题活动相关的领域活动整理出来。然而，主题活动不是以“域”为载体的，虽然有“域”的存在，但这并不意味着，为了发展幼儿“五大领域”的经验，教师需要刻意选择特定的“域”。主题活动的发生，其实是源于孩子们在现实生活中遇到的问题、遇到的兴趣，才会发生。

（二）班本课程是幼儿经验开展的过程

班本主题活动以儿童的问题和他们的兴趣为起点，在这些问题的解决和对他们的兴趣得到满足的情况下，都会让儿童得到一些学习经验，所以，主题活动开展的过程也就是儿童经验的扩展和提升的过程。因此，我们要结合幼儿的经验进行课程的开展。

（三）班本课程在时间规划上是灵活的

在幼儿园中，要制订出一套针对班集体的班本主题活动的实施方案。预设时间只是让教师能够在主题活动中有系统地进行有关的活动，但是这并不意味着一个主题活动的起始和结尾都必须遵循预设的时间，也不意味着在所规划的主题活动时间内，所有的活动都必须与这个主题有关。以孩子们的经历为基础，以孩子们的兴趣为起点，以孩子们的经历为起点。如果孩子对此感兴趣，而且经历越来越多，那么即使在规定的时间内，教师也可以继续进行这个主题活动。而如果孩子们的经历达到了饱和，或者是他们的兴趣发生了变化，那么教师就可以将这个主题活动结束，这就是所谓“有话则长，无话则短”。例如，在大班开展的“我是中国孩子”的主题活动中，由于孩子们的兴趣会一直延续下去，所以这个活动的时长会超过一个学期。

二、班本活动内容及来源

我们幼儿园以陈鹤琴先生的“大自然与大社会是一本活课本”的学说作为依据，在“真的生命，活的题材”的指引下，一直坚持“从孩子们的实际生活中去，从孩子们的实际需要与兴趣中去”进行专题的教学。我园将以一个话题为核心的，或者以一个核心内容为核心的，都叫作主题活动，分为“大主题活动”和“小主题活动”。

（一）大主题活动

我园将由老师按照幼儿的学习和发展需求，预先设定了主题目标、主题线索的主题活动称作“大主题活动”，“大主题活动”的内容与幼儿的生活环境、生命成长历程有关。

（1）生存环境：自然与广大的社会。我在这个主题的探索中，围绕着四季的变化而进行。儿童对于大自然的认知与探索，大部分都是以四季为背景的。随着四季变换的节拍，孩子们对四季的感知和探索也在逐渐加深。相同的“四季”话题，可以在小班、中班、大班等不同年级进行，但在探索的侧重点和深度上各不相同。在此基础上，我们可以在不同的条件下，选择不同的季度主题。即使不进行四季主题的运动，也可以把它们融入到日常的生活中。

而对社会环境的探索，主要是对幼儿园、家庭、社区、故乡和祖国的探索。刚刚进入幼儿园的孩子们，在从家里到幼儿园的转变中，将会对“家”有什么样的认识？教师们可以与孩子们一起展开“我爱我家”这一主题活动。在中班年级阶段，教师可以与孩子们一起进行主题为“南京我的故乡”的主题活动。到了中大班，孩子的阅历越来越丰富，他们对自己所处的世界的认知也越来越多，这也是小朋友最爱讨论的问题，于是就有了《我是中国小朋友》这个专题的讨论。然而，这种与社会性情境相关的专题教育，并非在各个年龄段、各个班级中都必须开展。教师们可以依据孩子们的兴趣、问题、需求，来确定孩子们的兴趣。

（2）生命成长探索：从小班到中班，从大班到小学，“生命成长”的内容，是针对儿童各个发育时期的节点，这个问题我们幼儿园一向很关注，各个年龄段、各个班级通常都会开展此项主题活动。比如，新入学的儿童在与家长分开后，就会产生“分离焦虑”。所以，为了使孩子逐步融入幼儿园的环境中，教师要开展“高兴兴兴上幼儿园”的主题活动，使孩子产生一种归属的感觉，以使孩子能够更好地融入到幼儿园的环境中，并在这里愉快地度过。到了中班，儿童会产生自身的改变、同伴的改变、自身与同伴的改变、自身与同伴之间的关系也会产生改变。这个时候，教师就需要开展“我上中班了”的主题活动。进入大班级后，孩子们作为兄长应该承担什么职责，应该具有怎样的服务意识和能力。教师要以“我的班级变大了”为主题进行教学活动。面对即将升入小学的这个问题，孩子们应该做怎样的准备与思考？通过对“我上小学了”这一主题活动的研究，可以更好地帮助孩子们更好地适应小学校的生活。“大型主题活动”同样来自孩子们对现实生活的感知与经验。

（二）小主题活动

“小主题活动”是以日常生活中的资源为基础，围绕节日或幼儿产生的兴趣与问题而进行的有关的探究活动。节日是一种“小型的主题”。例如，中秋将至一位中班的孩子问道：“我们为何要过中秋？为什么中秋佳节要发生在有月亮的晚上？”在这个基础上，教师们可以进行有关中秋节的主题活动。比如，一个孩子在小班的时候，种下了一棵苹果树苗，但是到了大班的时候，他已经忘记了这是一棵梨树，还是一棵苹果树。在这一点上，老师和孩子们一起去寻找答案。当孩子们产生了对探索的最初兴趣之后，教师们就会对他们进行更多的支持，并以苹果树受伤、给苹果树过生日等为主题，展开一系列与探索有关的活动。因为各个班级的资源，或是孩子们关心的问题都不相同，因此，每个班级的“小主题活动”也会有所不同，但它们都是以孩子们的问题和兴趣为基础，一步一步进行的。

（三）大小主题活动可交替进行

本幼儿园于每一学期开始前，按年级分组安排两次“大主题活动”，“大主题活动”的时长有弹性，短期为一个月（较小的班级可缩短），长期为一学期。此外，各班还可以根据幼儿对生活中的资源和问题的关注，开展“小主题活动”，大、小主题活动可以穿插平行，即在一定时期内可以两个主题同时进行。有时，这两个主题并不必然相关，例如，在大班“大主题”“我们的河青祖父”中间，点缀着一个“小主题”——中秋佳节。“小主题”有时也会由“大主题”而来，比如“春天”这个“小主题”，就是由于孩子们对小动物的关心才会出现的。

如何能够把“活教育”的理念，融入到当前的儿童发展与教育中去，为孩子们提供一种更好的生活方式，让孩子们能够更好地适应他们的发展需求，值得思索和探究，主题活动课程的科学设置可以很好地帮助幼儿构建班本课程以及班级文化，尤其通过进行不同的主题课程活动，教师和幼儿对于未来的生命成长过程有了更多的了解和探索。

参考文献

[1] 高雁潇．幼儿园班本课程的实践探究——以班本课程“船来船往”为例［J］．中国教师，2020（12）：74—77.

[2] 秦雯雯．“四问”提升班本课程中的“儿童感”［J］．情感读本，2022（32）：77—79.

[3] 夏维红．班本课程且行且思［J］．科学咨询，2021（5）：159—160.

[4] 零点方案，瑞吉欧儿童．让儿童的学习看得见：个体学习与集体学习中的儿童［M］．朱家维，王峥等译，上海：华东师范大学出版社，2007.

基于“活教育”理念下的幼儿园班本课程的创设

（钱涛　江苏省靖江市新桥镇中心幼儿园）

摘　要： 在当今社会，幼儿教育越来越被重视。往日按部就班单向式的教育模式已逐渐被淘汰，大家开始追求新的教育模式与理念。其中，以实际行动为导向的“活教育”教育理念已然被越多越多的幼教工作者关注。班本课程，将班级作为课程实施的一个小的生态系统，有助于关注到幼儿的实际需求，有的放矢地开展教育活动。同时，能够满足幼儿对于自然、社会、艺术等领域的需求，能够培养幼儿的好奇心和探索精神，促进幼儿的全面发展。因此，本文主要围绕“活教育”理念，针对班本课程的创设进行探讨。首先介绍了“活教育”理念的背景和相关理论，然后对“活教育”理念下的幼儿园班本课程的目标和内容进行了阐述。最后，探讨了“活教育”理念下幼儿园班本课程的实施进行效果评估和改进，以此希望为幼儿园班本课程的创设提供一些参考。

关键词： 活教育；幼儿园；班本课程

一、“活教育”理念的背景和相关理论

陈鹤琴“活教育”理论的内涵主要体现在“三大纲领”（目的论、课程论、方法论）和“两大原则”（教学原则、训育原则）中。“活教育”理念是指一种以生活为中心、以实践为基础、以体验为主导的教育理念，是一种通过实践来探索和发现的过程，而不是简单地传授知识。在这种教育中，幼儿被视为主动学习者，他们需要通过探索和实践来发现知识和解决问题。“活教育”理念的实践性理论认为，学习是通过实践来完成的。幼儿需要通过实际经验来掌握知识和技能。

综合来看，“活教育”理论是一种以儿童与生活为中心、以实践为基础、以体验为主导、以个别性为基础的教育理念。这种教育理念能够满足幼儿的生活需求和实际经验，培养幼儿的自主性、创造性和思维能力。

二、基于“活教育”理念的幼儿园班本课程的目标和内容

在“活教育”理论中，社会、自然中的万事万物都可以当作合适的“活教材”，幼儿园可以充分挖掘当地具有区域特色的课程资源，以保证课程内容的鲜活性和广泛性。基于“活教育”理念，以问题为出发点，创设适宜的班本课程有助于凸显孩子的主体性，也能够让孩子在这种“活”的教育模式下，健康全面地发展。

（一）基于“活教育”理念的幼儿园班本课程的目标

幼儿园班本课程的目标是培养幼儿的自主性、创造性和思维能力，同时也要满足幼儿的生活需求和实际经验。通过参与各种实践活动，幼儿发现和解决问题，发展思维能力和创造力。此外，班本课程还可以促进幼儿的全面发展，包括语言、数学、科学、艺术、运动等多方面的发展。

（二）基于“活教育”理念的幼儿园班本课程的内容

基于“活教育”理念下的幼儿园班本课程的开发主体是班级、教师与幼儿，其内容应该以

生活为中心，以游戏体验为主导。具体来说，其班本课程的内容应该包括以下四个方面。

1. 生活活动

在“活教育”理念的幼儿园班本课程中，生活活动是非常重要的一部分，强调孩子的自主性和实践性，因此生活活动可以让孩子们亲身参与，锻炼实践能力，并且在实践中学习各种知识和技能。在生活活动中教师与幼儿可以开展如日常生活自理技能的训练、环保活动、厨房活动、农艺活动、文化活动等。

2. 区域游戏

在“活教育”理念下，游戏和体验活动是重要的教育手段之一，要让幼儿在游戏活动中“呼吸”，解放他们的天性。在幼儿园班本课程中开展区域游戏是一个非常好的方法，可以促进幼儿的身体、智力、情感和社交发展。在开展区域游戏时，教师与幼儿需要共同做到以下几点：选择适当的游戏、设计游戏区域、游戏规则的说明、鼓励幼儿参与、师幼反思总结等。

3. 户外游戏

“活教育”强调学生的实践和体验，因此户外游戏是幼儿园班本课程中非常重要的一部分。户外游戏不仅可以促进幼儿的身体发展，还可以培养他们的探索精神和团队合作意识。在开展户外游戏时要注意，为幼儿营造安全环境、让幼儿的体验多样化、鼓励幼儿自主探索、注重合作和交流等。

4. 户外探索活动

户外探索活动可以培养幼儿的好奇心和探究精神，拓展他们的知识面和认知能力。在开展户外探索活动时，教师与幼儿需要做到营造安全环境、提供探索工具、鼓励自主探索、引导反思和总结、关注环保和生态等。

三、基于“活教育”理念的幼儿园班本课程的实施和效果评估

班本课程的实施需要教师和家长的积极参与和支持。教师应该根据幼儿的实际需求和兴趣来设计和实施课程，通过亲身体验和实践来帮助幼儿掌握知识和技能。家长应该与教师密切配合，积极参与幼儿的学习和成长。在实施班本课程的过程中，需要关注以下四点。

（一）关注幼儿的个性和需求

“活教育”是一种注重幼儿自主、体验和参与的教育理念，它强调幼儿的主体性和积极性，鼓励幼儿通过自我探索、互动合作等方式进行学习和成长。在幼儿园班本课程中，应该积极关注幼儿的个性和需求，以满足他们的发展需要和兴趣。如为幼儿提供多样化的学习活动、给予幼儿足够的自主权和选择权以及为幼儿提供个性化的支持等。

（二）注重实践和体验

“活教育”理念下的幼儿园班本课程强调幼儿的实践和体验，即通过实际操作、亲身体验、观察和发现等方式进行学习和探究。如设计开放性的学习环境、引导幼儿参与实践活动、提供多样化的学习体验、鼓励反思和总结等。“活教育”理念下的幼儿园班本课程注重幼儿的实践和体验，通过设计多样化的学习活动、提供开放性的学习环境和引导幼儿进行反思和总结等方式，来促进幼儿的全面发展。

（三）倡导探究和发现

班本课程应该鼓励幼儿探究和发现，通过解决问题和寻找答案来促进幼儿的思维能力和创造力。教师可以为幼儿提供探究性的材料和环境，鼓励幼儿进行探索和实验；引导幼儿对问题的思考也是可以发展幼儿的探究、主动思考的能力。提出问题可以激发幼儿的好奇心和探究欲望。教师可以提出引人入胜的问题，如“这是什么?”“这怎么工作的?”“这可以干什

么?”等，引导幼儿思考和探究。同时，要支持幼儿进行试错，幼儿需要得到支持和鼓励。教师可以帮助幼儿分析失败的原因，提出新的解决方案。

（四）持续评估和改进

“活教育”理念下的幼儿园班本课程，在实施课程结束后，实施者或其他相关人员都可以对本课程提出一些针对性的建议。课程的目标实现与否、课程内容的组织是否符合幼儿的兴趣以及活动的主体是谁都是评估课程与改进课程需要关注的点。在此过程中，可以参考以下几种方式来进行课程的评估与改进，以提高课程质量。

（1）采用观察记录法：幼儿阶段的学习具有较强的观察性和经验性，可以采用观察记录法来评估幼儿园班本课程的效果。观察记录法可以帮助教师记录幼儿在班本课程中的表现和进步情况，为后续的改进提供依据。

（2）收集家长反馈：幼儿园阶段，家长是孩子学习的主要陪伴者，他们的反馈对幼儿园班本课程的评估和改进至关重要。可以通过家长会、家长问卷等方式，收集家长对班本课程的反馈和建议，以便教师及时调整课程内容。

（3）借鉴其他幼儿园的经验：可以借鉴其他幼儿园的班本课程设计和实施经验，了解其他幼儿园班本课程的优点和不足，以便自己的班本课程能够更好地服务于幼儿的学习和成长。

（4）制定评估标准：幼儿园班本课程的评估标准可以包括幼儿的语言表达能力、社交能力、创造力、动手能力等多个方面。制定评估标准可以帮助教师更好地评估幼儿的学习情况，及时发现问题并进行改进。

总之，基于“活教育”的理念，对于幼儿园班本课程的持续评估和改进，需要教师和家长共同努力，关注幼儿的学习和成长，及时发现问题并进行调整和改进。

四、结论

基于“活教育”理念下的幼儿园班本课程是一种新的幼儿教育模式，其具有注重幼儿的实践和体验、鼓励幼儿探究和发现、培养幼儿的自主性和创造性、促进幼儿的全面发展等特点。班本课程的实施需要教师和家长的积极参与和支持，需要注重幼儿的个性和需求，持续评估和改进班本课程的效果和质量，有助于促进幼儿的全面发展。

参考文献

[1] 唐燕．陈鹤琴“活教育”理论对我国幼教改革的启示［J］．学前教育研究，2008，166（10）：47—48.

[2] 徐金鑫，时松．陈鹤琴“活教育”思想特点及其现代价值［J］．陕西学前师范学院学报，2016，32（8）：39—42.

[3] 李梦琪，李姗泽．陈鹤琴教育思想研究 40 年：回溯与展望［J］．学前教育研究，2020，308（8）：42—59.

[4] 王文燕．幼儿园班本课程建设与实施的个案研究［D］．山西大学，2022.

[5] 成尚荣．班本课程的存在价值、准确定位与合理开发［J］．中小学管理，2014，288（11）：4—7.

[6] 周竞竞．创自然教育课程，做幼儿“生命的牧者”［J］．人民教育，2021，844（Z1）：90—92.

[7] 林宏，陈琪．新建幼儿园课程生命力的“三段式”激活策略［J］．教育科学论坛，2020，497（11）：76—80.

[8] 吴旖琳．课程游戏化背景下探究式班本课程的建构与实施［J］．科学咨询（教育科研），2019，653（10）：78—79.

幼儿园班本课程的现实困境与策略研究

（曾颖　江苏省靖江市新桥镇中心幼儿园）

摘　要：班本课程是以班级为基点的课程模式，要坚持以幼儿为本的基本原则，形成有循环性的生态系统。在立足实际，科学分析幼儿园班本课程现状时发现存在目标偏离、内容浅显、实施困难、评价凌乱的问题。以问题出发，精准定位，提出了目标预设中尊重幼儿主体地位、灵活选择内容提升教师素养、多元整合家长资源、整体优化评价体系的有效策略，为今后开展幼儿园班本课程指明方向。

关键词：幼儿园；班本课程；现实困境；实施策略

随着社会的不断发展和幼儿园课程改革的同步深入，“以幼儿为主体”的原则是不会随着时代的变化而变化。而班本课程作为一种微观课程形式，有别于园本课程，它主要是以班级的幼儿为基础，契合幼儿的发展特征、学习兴趣以及成长需求，实施高质量的班本课程内容。《幼儿园教育指导纲要（试行）》提出：“对幼儿的一日生活挖掘好的方式方法，加以利用和引导。”《3～6岁儿童学习与发展指南》也要求：“对幼儿所展现出来的兴趣，教师要及时作出指导，敢于尝试新的教育方式。”这些相应的文件都是明确提出要“以幼儿为中心”“课程追随幼儿”，幼儿园开展活动并不是按部就班和照本宣科，最重要的是要设计适合幼儿的班本课程，要有师幼互动、与孩子一起探索和发现的教育理念，要真正落实国家政策的实际要求。因此，要善于发现幼儿园班本课程存在的现实困境，以问题为出发点，找到背后真正的原因，提出高质量班本课程开发的有限策略，为幼儿园课程改革提供一定的参考和借鉴。

一、立足实际，科学分析幼儿园班本课程的现实困境

（一）目标偏离：未凸显幼儿的主体地位

班本课程的基本原则是以班级幼儿为基点，从理论上来看，以幼儿为中心是我们开发幼儿园课程的基本目标，虽有这样的教育共识，但往往在实践中幼儿的主体地位始终处于弱势。甚至幼儿教师根据幼儿园课程大纲照本宣科，没有真正观察到幼儿当前的兴趣与需求，幼儿在活动中的主动权得不到任何保障。法规条例规定了课程要根据幼儿的兴趣爱好，以幼儿为本，但幼儿却一直是客体化状态，大部分幼儿园的目标都是形式化，预设前和实践中无法相互对应，做不到真正的幼儿主体化。

（二）内容浅显：教师能力和精力较有限

在目标预设成功的情况下，班本课程内容的选择与设计也十分重要。对于新手老师来说，他们没有丰富的实践经验，对活动的开展也习惯照本宣科，如果给他们提出要求更新和优化班本课程内容，他们会手足无措，内容设置也需要教师用自己的眼睛去善于观察幼儿当前的发展状态，才能更好地以幼儿为本，但这需要教师有高超的技能和精力，对教师的各项素质和能力有着高要求。就算有要求的幼儿园，教师也只是完成任务，极大阻碍了班本课程的高质量发展。甚至有的幼儿园课程都是固定好必须开展，教师就更没有时间去创生新的班本课程，开展班本课程的机会少，不够系统，断断续续的探究会让孩子失去原有的学习兴趣。

（三）实施困难：家长的整体参与度不高

家长是孩子学习的第一任老师，打造有效的家庭教育是极其重要的。家长在幼儿园班本课程的开展中需要做好辅助作用，达到家园共育的最佳效果，但现在绝大部分家长的教育理念就是把所有责任推到幼儿园和教师身上，没有共同培育孩子的责任意识。在家长的意识中认为自己的文化程度不高，害怕在幼儿园与孩子互动，也对教育有误解，觉得幼儿园教师就是“保姆”，照顾孩子很简单，因这些因素的影响，家长的整体参与度不高，导致幼儿园班本课程的实施只是教师单方面行动，没有家长的配合与辅助，对孩子的成长是不利的。

（四）评价凌乱：无系统化评价管理体系

对一个活动进行质量评价的主体应该是多元化的，但在大多数班本课程实施评价中，主要是教师对活动过程、结果进行评价和反思。很多在课程研讨过程中都进行了丰富的设计，而活动开展后却只做了简单的反思和评价，没有体现师幼互评的原则，甚至有的教师只是为了完成任务，没有任何的科学分析和专业的教研人员进行指导，这就导致班本课程在原本基础上得不到全面的指导和优化，从根源上也能看出幼儿园班本课程的评价体系缺乏严重的系统性。

二、精准定位，有效提出幼儿园班本课程的实施策略

（一）目标预设，尊重幼儿主体地位

班本课程以幼儿为中心，强调儿童兴趣这是课程开发的出发点和落脚点，只有将幼儿的“客体”升为“主体”，才能够有利于激发幼儿的好奇心和探索欲，充分发挥幼儿积极性，提高幼儿在课程中的参与度，进而使班本课程更具特色。幼儿期的孩子在心智上还处于发育阶段，活动的目标就需要建立在幼儿的发展特点上，只有开展符合幼儿身心发展规律的班本课程，才能够有针对性地提升幼儿的全面成长，如在自然教育中，教师可以利用春天的户外活动引导幼儿在大自然中进行观察、感受，只有他们真正融入其中，与环境融为一体，才能激发幼儿的学习兴趣，满足幼儿各项发展需求。

（二）灵活选择，提升教师专业素养

教师作为构建班本课程的开发主体，需要有强烈的开发意识，而班本课程的开发是一项具有挑战性的工作，要求教师必须跳出舒适圈进行创生课程，通过不断学习与反思，提升自我专业素质和实践能力。教师在工作情境中学习常常会受到教师同伴的影响。因此，在班本课程开发中，教师需要学习新知识，常与同事沟通交流，可以通过结对的方式，相互切磋与辅导，分享经验，也可以通过成熟型教师带领新手老师进行一对一指导，集中提升教师创生能力。班本课程的有效发展也离不开幼儿园的支持，在固定课程上要学会给教师放宽时间，使他们更加有精力去投入新课程的开发，进而对教师教育素养和专业成长带来更好的发展。

（三）多元实施，高效整合家长资源

在幼儿的成长过程中，家长和教师的责任和目标都是一致的，所以双方应该加强合作，实现幼儿教育效果的最佳化。针对家长参与度不高的问题，我们可以强化家长主动参与的意识与行动，如组成家长助教团，邀请有特殊身份的父母进入课堂，拓宽幼儿视野，让他们了解父母的工作性质，进行良好的职业体验，也加深孩子对父母的理解；优化亲子活动的引导，增强父母的有效参与，教师可以给孩子们分享故事、亲子小游戏或者科学实验等，孩子和家长进行游戏，增加相处时间，从而提升亲子陪伴的质量。利用家长资源库，做好家园共育工作，更能让班本课程有效进行。

（四）整体优化，完善课程评价体系

班本课程的创生不是一个结果，而是一个过程，同时蕴含着课程理念的更新与变迁在扎实课程转型实践中不断行动。在课程评价中，要主体多元化、内容全面化、手段多样化、管理过程化。在班本课程实施中，不仅是教师要评价，更要注重幼儿家长等的评价，让幼儿充分表达自我想法，进而完善课程方案；而评价的内容不单单是评价活动的过程，在幼儿的日常生活中以及教学理念等方面都需要去进行综合评价，为班本课程提供多方向性的指引；在评价手段中，不仅是口头的评价，更要通过访谈、问卷、档案袋评价法等进行分析和评价；在新课改中也提出重结果，更注重过程，幼儿园没有固定的教材，所以动态生成的班本课程更需要进行过程性评价，促进幼儿全面发展。

三、结语

班本课程是学前教育课程改革的必由之路，对幼儿成长必不可少。教师作为知识经验的构建者，课程研究的开发者，需要一步一步地跟随幼儿的身心发展，以幼儿为中心，以班级为基点，做幼儿的支持者、引导者和共享者。家长需要提升自我参与度，不缺失孩子成长的陪伴，同时，幼儿园要秉持科学的教育理念，把握教育时机，开展具有特色的班本课程，有效培养幼儿的好奇心和探索欲，激发幼儿科学思维与学习意识。

参考文献

[1] 中华人民共和国教育部．幼儿园教育指导纲要（试行）[S]．北京：北京师范大学出版社，2001.

[2] 中华人民共和国教育部．3～6岁儿童学习与发展指南[S]．北京：首都师范大学出版社，2012.

[3] 王雪，杜妍，许芳杰．教师同侪协作学习：价值、过程与路径反思[J]．教育理论与实践，2022，42（1）：42—47.

[4] 刘静．从园本到班本：课程创生的实践路向[J]. 今日教育（幼教金刊），2022，722（11）：6—9.

激发幼儿兴趣，实施班本化课程——“活教育”理念下班本化课程的实践意义与策略

（祝兴梅　江苏省靖江市新桥镇中心幼儿园）

摘　要：就幼儿教学活动的开展而言，需要立足幼儿的成长和发展需求，将活动课程具体在班级体例日中，以此确保活动课程所具有的实践价值，能够最大限度发挥出来。推进班本化课程，需要教师促进自身原有教育理念的革新，以及传统教学模式的优化，在此基础上引入“活教育”理念，从幼儿主体出发，让幼儿在与自然、社会的接触中习得经验、增长技能，让课程的开发更具内涵和价值。基于上述所言，本文主要立足“活教育”理念，论述了幼儿园班本化课程的开发和实践，以供参考。

关键词：“活教育”；幼儿园；班本化；课程开发

一、引言

就“活教育”理念而言，是陈鹤琴教育思想中的核心内容，其有效地挣脱了传统、僵化教育的桎梏，提出在教学活动的实践中，立足幼儿实际情况，采取更为灵活多样的方式展开教学，要发挥社会和大自然“活教材”的作用，实现对于课程的科学设计。班本化课程其最为突出和显著的特征就是“以班为本，以幼为本”，是立足班级实际情况来对课程进行整合、设计，在能够有效激发和调动幼儿参与课程活动积极性和主动性的同时，也有利于幼儿园主题课程的开发。基于此，幼儿园教师在实施和开展班本化课程的时候，可以尝试以“活教育”理念指导班本化课程的开展，从而真正满足幼儿学习与发展的需求，为幼儿的成长和发展夯实更为稳固，也更为扎实的根基。

二、“活教育”理念指导下的班本化课程实践意义

首先，有利于班本化课程内容的充盈和丰富。“活教育”当中强调社会和大自然，是教育孩子的“活教材”。以此来实施和开展班本化课程的建设，能够使幼儿以更为多元化，也更为丰富化的方式接触自然和社会，以此促进其学习兴趣的激发和探究热情的调动，让幼儿在课程实践当中树立正确的自然环境观念。

其次，有利于生本教育理念的践行和落实。就“活教育”理念当中提出，教育活动的开展要将儿童作为中心，最大限度上确保教育活动的实施，满足幼儿身心发展的需求和规律。以此为指导推进班本化课程的构建，有利于幼儿在教学活动中主体地位的彰显和体现，真正做到教学是为儿童本身服务。

最后，有利于课程教学模式的革新和优化。以“活教育”理念引领班本化课程的构建，能够使课堂教学模式突破传统教学中“灌输式、讲述式”的教学，而是以自主探究等方式开展，在显著提升课程趣味性的同时，能够使幼儿主体参与其中的积极性得到调动；促进课堂整体教学质量的提升，让班本化课程所具有的作用和价值最大限度发挥出来。

三、“活教育”理念下实施班本化课程的实践策略

（一）立足幼儿实际，科学确定课程目标

以“活教育”理念为指导的班本化课程建设，教师需要立足幼儿身心的实际发展情况，科学明确课程目标。

例如，以“种植课程”为例。针对大班的幼儿，教师在推进班本化课程建设的时候，需要立足幼儿最近发展区，尝试引入具有挑战性的内容，从而引导幼儿对于植物的生长展开更为深入的思考。如“除了书上的做法，还能够通过什么方式让植物成活呢?”不但能够促进幼儿在这个过程中观察能力、实践能力的提升，并且对于其思维的深化发展也有着显著的正向价值。与此同时，教师在推进班本化课程建设的过程中，需要重点关注幼儿在其中的实践操作、情感体验等，以此促进幼儿参与探索、参与种植的积极性和主动性。除了上述所言，教师在明确班本化课程目标时，需要充分发挥自然资源的作用和价值，可以将具有较长生长周期的植物提供给幼儿作为课程的种植材料，在此基础上以“陪伴成长”为主题开展种植活动课程，让幼儿记录植物生长的每个环节，引领幼儿在对植物的持续观察当中，深入感知植物成长背后的人文内涵，促进自身知识视野的拓展和丰富，让班本化课程的价值意蕴得到凸显。

（二）因地制宜，合理安排课程内容

在推进班本化课程建设的过程中，教师需要在“活教育”理念的引领下，带领幼儿深入到自然环境中，让自然资源成为教育幼儿的优质素材。

例如，以班本化“自然课程”教学为例，教师需要明晰自然环境的条件是不断发生变化的，需要立足“因地制宜”原则，以及“活教育”理念，对课程内容作出灵活安排，这样才能够最大限度确保课程教学的实效性。比如，在秋天的时候，教师可以对班本化自然课程的内容进行安排，以“观察落叶”为主题，带领幼儿深入到自然环境当中，仔细观察、亲身体验。在这个过程中，幼儿会发现落叶的形状、颜色都是不尽相同的，在这样的情况下幼儿的好奇心就会被激发，从原本现象的观察到疑问“为什么落叶会在秋天的时候落下来?”“落叶的颜色为什么不一样呢?”面对幼儿的疑问，教师就可以适时引入与自然课程相关的知识，实现课程知识的巧妙渗透。

（三）践行生本理念，彰显幼儿主体

关于“活教育”理念中的相关要求，对教师而言，在推进建设班本化课程的过程中，需要能够立足发展的差异性，在突出和彰显幼儿教学主体地位的基础上，采取差异化教学。在更好激发和调动幼儿参与其中积极性和主动性的同时，促进课程教学成效性的显著提升。

例如，在针对“自然课程”教学推进班本化建设的时候，教师可以立足幼儿的兴趣和爱好，将其展开细化：①“蚕的一生”观察课程。参与这个课程学习的幼儿，需要对蚕从出生到破茧的全过程进行记录；②花卉观察课程。参与该课程的幼儿，教师可以带领其深入到大自然当中，认识和辨别不同的花卉，参与花卉标本制作等。幼儿可以结合自身的兴趣以及爱好，选择性参与课程。通过这样的方式，不仅有力践行了“活教育”理念，并且幼儿的主体地位得到了充分的尊重和重视；无论是促进幼儿参与学习的积极性，还是整体课程质量的提升，都有着显著的正向价值。

（四）立足自然资源，注重教学实践

在“活教育”理念当中，多次强调“大自然、大社会就是活教材”。基于此，教师在推进班本化课程建设的时候，需要充分发挥自然资源所具有的教育价值，将自然资源有机融合

到班本化课程的开发以及实践中，这样幼儿才能够在参与和体验过程当中开阔视野、发散思维。基于此，教师在对课程进行开发的时候，需要立足各种自然资源，将其作为班本化教学当中的材料和素材。

例如，以“花香满园”教学为例，如果教师只是口头地描述花朵和叶子的形状，而不让幼儿参与实际操作中，幼儿是无法深刻感知“花”之美的，更无法理解“花香”是怎么飘满园的？基于此，教师可以在班本化课程建设的时候，将自然资源材料融入其中，像丁香花、茉莉花等引导幼儿进行插花，让幼儿根据自己的想象展开创造。通过这样的方式，不仅能够使幼儿的动手能力得到锻炼，也有利于促进幼儿审美素养的发展，在模糊生活和教育边界的同时，促进生活教育的有机融合，真正让“活教育”思想得到彰显。

四、结束语

总而言之，在班本化课程建设当中有机融入“活教育”理念，不但能够使课程内容更为丰富和充盈，而且也有利于课程授课模式的“穿心”改变。基于此，对于幼儿教师而言，需要从多个不同的维度，推进“活教育”理念和班本化课程的融合，在更好激发和调动幼儿参与其主动性和积极性的同时，让幼儿教育更具深度和广度。

参考文献

[1] 陈丽清．大班幼儿班本化课程的创设与实施——以“乌龟来了”活动为例［J］．山西教育（幼教），2022（4）：30－31.

[2] 陈娟．幼儿园班本化课程的实施策略研究——以中班主题“春天里的樱桃树”班本化的探索与实践为例［J］．好家长，2019（48）：1.

[3] 沈莉．解析幼儿成长故事中的生长线索——成长故事《我们毕业了》引发幼儿班本化课程的建构［J］．教育界，2022（7）：119－121.

“活教育”视角下幼儿园管理的变革与创新

（陈彩霞　江苏省靖江市新桥镇中心幼儿园）

摘　要：随着社会的不断发展，人们对幼儿教育的要求也越来越高。“活教育”视角下的幼儿园管理的变革与创新，已经成为幼儿教育领域的热门话题。本文首先介绍“活教育”的概念和基本原则，然后分析幼儿园管理中存在的问题和挑战，最后提出应对这些问题和挑战变革与创新的建议。

关键词：“活教育”；幼儿园管理；变革；创新

一、引言

近年来，随着社会的不断发展和人们对幼儿教育的要求不断提高，幼儿园管理的变革和创新已经成为教育领域的热门话题。在这个背景下，“活教育”视角下的幼儿园管理的变革和创新，成为教育学者和幼教从业者广泛关注和探讨的问题。通过“活教育”视角下的幼儿园管理的变革和创新，能够更好地满足幼儿的个性化需求和发展需要，让幼儿能够在快乐、安全、健康的环境中成长和学习。同时，也能够提高幼儿园的教育质量和竞争力，为幼儿的未来发展打下坚实的基础。

二、“活教育”概念和基本原则

（一）“活教育”概念

陈鹤琴提出的“活教育”理论，是我国学者提出的第一套系统的教育理论和方法体系。“活教育”是一种以幼儿为中心，以幼儿的主体性和兴趣为导向，强调使儿童处于合适的生态位上，且充分发挥幼儿的积极性和创造力，采用多元化的教学方法和活动形式，培养幼儿的自主学习和实践能力，促进幼儿的全面发展的教育理念和方法。它强调教师要尊重幼儿的个性和兴趣，以幼儿为主体，让幼儿成为自己学习和发展的主人，通过多种形式和方式，激发幼儿的学习兴趣和探究欲望，发挥幼儿的自我学习和探索能力，达到教育的目的。

（二）“活教育”基本原则

1. 以幼儿为中心

“活教育”是一种以儿童为中心的教育理念，它强调儿童在学习中应该处于主体地位，而不是被动地接受知识。它强调尊重幼儿的个性和发展水平。每个幼儿都是独一无二的个体，应该尊重他们的个性和发展水平。幼儿的学习应该根据他们的兴趣和能力进行，而不是按照一个标准化的课程来教授。同时，“活教育”关注幼儿的学习过程，强调幼儿的主动学习，重视幼儿的体验学习，鼓励幼儿与同伴的合作等。

2. 以游戏为主导

“活教育”是指一种强调学生主动参与、实践、体验、探究和合作学习的教育方式。在这种教育方式下，游戏作为一种有效的教学手段被广泛运用。游戏的本质是学习，因为游戏是通过对不同的情境、角色和挑战的模拟来促进人们学习、探索和成长的。游戏能够吸引学生的注意力和积极性，帮助他们更加主动地参与学习，并在游戏中获得成功的体验。因此，

“活教育”强调以游戏为主导，通过游戏来引导学生学习各种知识和技能，提高他们的综合素质和实际能力。“活教育”强调教育环境对儿童成长的重要作用。因此，教师要为孩子们提供游戏化的环境。

3. 多元化的教学方法和活动形式

“活教育”注重学生的个性化和多元化发展，因此强调采用多种教学方法和活动形式，以满足学生的不同需求和特点。具体来说，多元化的教学方法和活动形式包括以下几个方面：项目学习；课堂讨论；视频教学；游戏化教学；体验式教学以及反思性教学等。

4. 教师的角色转变

在传统的幼儿园管理模式中，教师通常扮演着掌控者的角色，教师是唯一的权威，幼儿要遵从教师的指导和要求。而在“活教育”视角下，教师不再是传统的知识传授者，而是幼儿学习的引导者和合作者，要尊重幼儿的个性和发展需求，为幼儿提供有益的建议和引导，激发幼儿的学习兴趣和探究欲望，引导幼儿主动学习和发展。同时，教师应该与幼儿共同探讨问题，交流思想，让幼儿成为学习的主人。

三、幼儿园管理中存在的问题和挑战

（一）教育理念陈旧，教学方法单一

传统的教育理念和教学方法往往是以教师为中心，以课堂讲授为主导，缺乏针对幼儿的个性化教学和全面发展的培养，难以满足幼儿的学习需求和发展需要。

（二）教育目标不清晰，评价方式单一

传统的教育目标往往是过分关注学习成绩和知识面的广度，忽略幼儿的兴趣和特长的发展，同时评价方式单一，过分注重考试成绩，缺乏对幼儿个性化发展的全面评价。

（三）学前教育资源不足，师资力量不足

学前教育资源不足，师资力量不足是影响幼儿园教育质量和竞争力的重要因素。许多幼儿园缺乏先进的教学设施和教学资源，同时，优秀的师资力量也十分稀缺。

（四）家长和社会的期望值不一

幼儿园教育是社会教育的重要组成部分，家长和社会对幼儿园的期望值各不相同，有些家长希望幼儿园教育可以培养孩子的多方面能力，而有些家长则希望幼儿园教育可以培养孩子的学习成绩，这对于幼儿园的管理和教育实践带来了一定的挑战。

（五）教育管理体制不健全

幼儿园教育管理体制不健全，是影响幼儿园教育质量和发展的重要因素。许多幼儿园管理存在一些问题，如领导管理不够科学、管理手段单一等问题，这都会影响幼儿园的发展和教育质量。

四、“活教育”视角下幼儿园管理的变革与创新

幼儿园的管理者可以引入“活教育”理念，通过多样化的教学方法和活动形式，提高教师多方面的素养，同时激发幼儿的学习兴趣和积极性，提高幼儿的学习效果和能力。

（一）教学目标的调整和评价方式的改变

“活教育”中的教学目标强调学生全面、多元、个性化的发展，与传统教育的以知识传授为主的教学目标有所不同。因此，“活教育”下，幼儿园的教学目标要做到与时俱进，使其更加符合学生的发展需求和个性化发展方向。在“活教育”中，教师需要更多地关注学生的实际需求，根据学生的兴趣、能力、需求等因素制定个性化的教学目标。教学目标不仅仅是知识的传授，还需要注重学生的实践能力、创新思维、社会责任感等方面的培养。同时，“活教育”中的评价方式也需要做出改变。传统的评价方式主要是以考试成绩为主，这种方式可能无法准确反映学生的实际水平和能力。在“活教育”中，评价方式应该更加注重学生的实际表现和实践能力，强调“以人为本”的理念，重视孩子的成长，例如幼儿的课堂参与度、团队合作能力等。

（二）加强教育资源的建设和师资力量的提升

“活教育”是一种以学生为中心、注重个性化和全面发展的教育理念。教育资源的建设是“活教育”实施的基础。这包括课程资源、教学设备、教育技术、教育环境等多个方面。师资力量的提升是“活教育”理念下管理实施的关键。教师是实现“活教育”的关键，需要具备先进的教育理念和多元化的教学方法。因此，需要提供专业的培训和学习机会，帮助教师更新教育理念和教学方法，提高教学质量和效果。

（三）引导家长和社会的正确认知

“活教育”是一种以学生为中心、注重个性化和全面发展的教育理念，需要得到家长和社会的支持和配合。因此，在实施“活教育”过程中，需要引导家长和社会的正确认知，让他们了解并支持这种教育理念。首先，需要引导家长正确理解“活教育”的概念和目标。同时，需要让家长认识到学生在学校外的实践活动和社会参与对其成长的重要性。其次，需要引导社会对“活教育”的认知。社会对教育的认知不仅影响家长对教育的态度，也影响着教育政策和教育资源的分配。最后，需要建立有效的反馈机制，让家长和社会了解学生在“活教育”中的表现和成果，从而增强他们的信心和支持。

（四）完善教育管理体制和管理手段

“活教育”是一种以学生为中心、注重个性化和全面发展的教育理念，需要完善教育管理体制和管理手段。在“活教育”下，需要建立灵活、高效的教育管理体制，以适应教育的变革和发展。可以通过优化管理结构、创新管理模式、提高管理水平等方式，实现教育管理的现代化和智能化。此外，还需要加强教育管理与学校发展的协同，实现管理与教育目标的一致性。

五、结语

通过对“活教育”视角下幼儿园管理的变革与创新的探讨，我们可以发现，在当前全面建设社会主义现代化国家的背景下，幼儿园管理需要紧跟时代的步伐，根据幼儿发展的特点和需求，引入“活教育”理念，调整教学目标和评价方式，加强教育资源建设和师资力量提升，引导家长和社会的正确认知，完善教育管理体制和管理手段等，才能更好地促进幼儿的全面发展和成长。

参考文献

[1] 王建刚，刘少坤．陈鹤琴“活教育”思想在近代教育中的意义 [J]．兰台世界，2013，413（27）：117—118.

[2] 李斌，陈中．陈鹤琴学前教育思想的生态学解读与启示［J］．湖南第一师范学院学报，2018，18（2）：56—60.

[3] 徐建钰．“活教育”思想在幼儿审美教育中的渗透［J］．当代家庭教育，2022，174（31）：121—124.

[4] 张爱英．新形势下幼儿园管理策略研究——评《幼儿园管理》［J］．学前教育研究，2023，337（1）：95.

[5] 张晓艳．新时期提升幼儿园管理水平的路径思考［J］．亚太教育，2022（9）：46—48.

[6] 王雯．浅谈“以人为本”思想在幼儿园管理工作中的运用［J］．学前教育研究，2004（9）：48—49.

[7] 甘露．公立幼儿园管理中的问题与对策［D］．湖南师范大学，2006.

“活教育”理论下的幼儿园课程实践研究

（瞿纹茜　江苏省靖江市新桥镇中心幼儿园）

摘　要：“活教育”理论强调人的自身需求和个体差异，认为教育应以人为本，以自由、体验、探究为主导。在幼儿教育领域，活教育理论提出了以幼儿为中心的理论，在幼儿园内创造多种情境，让幼儿以多种方式体验学习。这种教育方式可以帮助幼儿更好地认识自我，发挥潜能，拥有更高的学习动力和成就感，在幼儿期就能够打下稳固的学习基础，为其未来的成长和发展打下坚实基础。

关键词：活教育；幼儿园课程；实践

一、什么是幼儿园的“活教育”

“活教育”是一种与生活密切相关的教育方式，它致力于促进幼儿的健康学习和全面发展。“活教育”理论强调，学习不应该只是传递知识和技能，而应该是一种包含生活的全面体验。同时，“活教育”理论呼吁教育者应该根据幼儿的自然发展规律和生活实际，整合各种资源，以多种形式进行教育，让幼儿通过亲身体验和活动实践进行自主学习。

二、“活教育”理论下的幼儿园课程理念

“活教育”理论下的幼儿园课程理念是以幼儿的自然发展规律为基础，结合生活和学习实际，在幼儿园内创造多种情境，让幼儿以多种方式体验学习。幼儿园教师不再只是知识和技能的传递者，而是培养幼儿主动学习和适应生活的能力的引导者，让幼儿可以在自然和现实的环境中自由探索，通过体验和操作来获得知识和技能，促进幼儿的全面自由发展。

三、“活教育”理论下的幼儿园课程目标

“活教育”理论下的幼儿园课程目标是促进幼儿的综合素养发展。这些素养包括情感、社会、行为、语言、认知等方面。通过幼儿园的多种活动安排，帮助幼儿提高自我管理、学习和生活能力，为幼儿的未来发展打下良好的基础。

四、“活教育”理论下的课程的具体目标

在“活教育”理论下，幼儿园的课程可以设定以下具体目标：

（1）激发幼儿的好奇心和探索欲望。通过创造多样的情境和材料，让幼儿参与到探究中来，从而提高他们的好奇心和探索欲望。

（2）培养幼儿的自主性和独立思考能力。通过提供适当的指导，鼓励幼儿独立思考和自主决策能力的提升。

（3）提高幼儿的语言沟通能力。在多种活动中培养幼儿表达、交流和倾听的能力。

（4）加强社交能力的学习。通过多元情境中的游戏、小组活动与幼儿交流互动，鼓励主动和友善的社交行为。

（5）发展幼儿的艺术和审美素养。通过音乐、美术等多项活动来促进幼儿艺术方

面的发展。

五、“活教育”理论下的课程特点

（一）生活性

在“活教育”理论下，幼儿园的活动设置和教学内容要和生活紧密联系在一起，促进幼儿学习和生活的紧密结合。教师应该利用生活实际，创造多样的情境和材料，让幼儿参与到探究中，让幼儿学会通过生活锻炼自己，从而达到学习的目的。例如，教师可以充分、灵活利用生活中的饮食、家务、游戏等方面来让幼儿学习物品的名称、排序、分类等基础知识，注重幼儿的自然发展，培养其自主性和独立的思考能力。

（二）体验性

活教育理论强调，学习需要以生活和体验为基础。幼儿在亲身体验中才能接触到更为深入的知识和技能，形成持久的印象，深入地理解和认识世界。活教育注重让幼儿在自主探究中获得体验，感受学习过程中的喜悦和成就感。

（三）整合性

幼儿园的多项活动涵盖了语言、数学、艺术、社会、运动等方面，通过整合这些不同的活动，提高幼儿的综合素养。整合性的教育方法，有助于幼儿之间的协同努力，促进幼儿思维的协调。

（四）互动性

幼儿教育应该以幼儿为中心，重视幼儿的感受和需求。在活教育中，幼儿之间的互动能够增强他们的主动性和自主性。改变一些传统教育方式，建立合作交流的学习氛围，推动幼儿社交能力的进一步提升。

六、“活教育”理论下的幼儿课程设置与组织形式

活教育理论下的幼儿课程设置与组织形式是以幼儿为中心，注重幼儿的自主性和互动性，以体验为主导的、多元化和整合性的。具体来说，可以拓展以下几个方面。

（一）以体验为主导，采用探究式教育

幼儿在生活中获得的体验和实际经验是学习的基础，活教育理论创造了多种体验教育方式。教师可以让幼儿主动参与身体和感官体验的活动，如触、尝、闻等，通过真实的情境和体验，开展自主性探究，启发幼儿的好奇心和探究欲，培养幼儿的批判性思维和创造性思维。

（二）教学内容具有多样性和丰富性

活教育鼓励幼儿探索多方面知识，教学内容应该具有多样性和丰富性。教师可以设计多样的活动和任务，比如手工制作、调查研究、参观、实验等，让幼儿在多元的体验中获取丰富的知识，促进幼儿在各方面的综合发展。

（三）采用互动式教学，以互动为主题

活教育强调幼儿之间的互动和合作是学习的重要手段。采用互动式教学形式，应该以幼儿的主体性为基础，建立互动的学习环境。教师可以组织幼儿进行游戏、小组活动、角色扮

演等，让幼儿和他人互动和合作完成任务及学习目标，从而达到更好的学习效果。

（四）多元化和整合性的组织安排

幼儿教育需要多元化和整合性的组织安排。教师应该综合运用多种教育手段和资源来设置和实施教学活动，如有时可以自由玩要等。

七、“活教育”理论下的幼儿园课程实践评价体系

评价体系主要包括两类：第一类是针对幼儿发展的评价，包括身体、语言、认知、社会情绪四个方面。第二类是对活动的评价，包括幼儿参与程度、效率等指标。

八、“活教育”理论下的幼儿园课程实践意义

“活教育”理论下的幼儿园班本课程实践对幼儿的成长和发展具有极大的意义。

（一）培养幼儿的自主性和创造力

“活教育”强调，幼儿应该在生活情境和体验中自己探索和学习，在教师提供的适当指导下，锻炼自主决策和创造力。这种方式可以激发小朋友的好奇心和想象力，探究未知的世界，学会主动思考、解决问题和创新。

（二）加强幼儿的社交能力和情感沟通能力

在多元情境中，幼儿可以与其他小朋友进行互动体验，不仅可以提高幼儿的倾听、交流和表达能力，同时还能够建立相互合作和成长的信任和情感基础。这对幼儿的人际和社交能力的进一步提高至关重要。

（三）促进幼儿的综合素养的提升

综合素养包括了幼儿的情感、社会、行为、数学、语言、身体等多方面，“活教育”理论下的幼儿园班本课程实践通过多元教育活动的方式，综合培养幼儿的各方面素养，让幼儿在发展各方面中获得全面的提升。

（四）增强幼儿的自信心与个性魅力

在“活教育”下，课堂活动鼓励幼儿以自己的方式表达、表现、学习，幼儿的独立性和个性能够得到更好的尊重和发挥。这种方式可以激发幼儿的自信心和探索欲望，帮助幼儿更好地认识自己，发掘自己的优势与特点，在学习和生活中更加自信、独立。

幼儿教育是非常重要的一项事业，关系到国家未来的发展，也关乎家庭的幸福和幼儿的成长。“活教育”理论为幼儿教育提供了新的思路和路径。在课程设置和组织方面，我们应该充分借鉴这种理论，创造出适合幼儿群体的幼儿教育体系。同时，幼儿园教师应该不断探索和创新，为幼儿的成长和发展作出更加积极的贡献。

参考文献

［1］陈鹤琴．陈鹤琴教育文集（上卷）·［M］．北京：北京出版社，1983.
［2］陈鹤琴．陈鹤琴教育文集（下卷）·［M］．北京：北京出版社，1983.
［3］陈鹤琴．陈鹤琴全集卷3［M］．南京：江苏教育出版社，1991.

幼儿园游戏活动中运用“活教育”理念的策略研究

（张励勇　江苏省靖江市新桥镇中心幼儿园）

摘　要：陈鹤琴先生创造了适合我国国情的、符合儿童身心发展规律的教育道路，创造了“活教育”理论。其内容包括目的论、课程论、方法论。在我国幼儿教育不断发展，幼教改革不断深入的背景下，陈鹤琴的“活教育”思想对我国发展幼儿教育在教育观、儿童观、课程观方面具有重要的现实指导意义。尤其是现在幼儿教育课程游戏化趋势明显，如何让幼儿的游戏活动与陈鹤琴的教育理念相融合，是我们需要研究的内容，通过研究找到策略，从而让幼儿在游戏活动中得到成长。

关键词：“活教育”；教育理念；幼儿园游戏

一、陈鹤琴“活教育”教育思想

“活教育”理论是陈鹤琴教育思想的核心。这一理论既吸取了美国实用主义教育家杜威实用主义教育理论中关于“尊重儿童，重视实践”的正确主张，提倡儿童在教育活动中靠自己的智慧、独立思考发现问题，从做中学习知识、积累经验；又融汇我国现代著名教育家陶行知先生关于“生活即教育、教学做合一”的观点，认为“大自然、大社会都是活教材”，倡导“在做中教，做中学，做中求进步”，创造了适合我国国情的“活教育”理论。它运用于幼儿园的自主游戏活动中，也有着不容小觑的作用。但是，如果简单地把“活教育”理解为对幼儿在自主游戏中进行灵活的指导是远远不够的。所谓“活”，就是指教师在师幼互动中要具备活的教育思想、活的教育手段、寻找活的教材，培养“活幼儿”。而自主游戏是培养“活幼儿”的一个重要途径，同时有效的师幼互动又能培养一个“活老师”，一个集激励、追随和挑战于一体的变通老师。

游戏活动是幼儿教育的载体，自从《3～6 岁儿童学习与发展指南》颁布之后，幼儿课程日趋游戏化，游戏与我们的生活密切相连，要将陈鹤琴的教育理念融入幼儿教育中，必须将陈鹤琴的理念思想融入幼儿的游戏活动中，在游戏活动提升幼儿的能力，培育出社会需要的人才。

二、游戏活动在幼儿教育中的重要性

（一）促进幼儿身体发育，培养幼儿良好的意志品质

幼儿时期，他们的身体发育非常关键，幼儿的各部分机体都处于飞速发育的重要阶段。对于幼儿的身体发育来说，游戏活动是非常有必要的，通过一定的活动量来提高幼儿体能发展，从而促进幼儿身体素质全面发展。这些游戏活动通过对不同身体部位的锻炼，促进幼儿肌肉和骨骼健康发育，不断发育并保护幼儿的神经、内脏，提高幼儿的运动水平。同时，通过游戏活动，可以调动幼儿的积极性，营造愉悦放松的学习氛围，从而避免幼儿因各种压力导致的焦虑问题引发身体疾病，如消化系统、呼吸系统、心理健康等多方面问题，保护幼儿身心健康。

意志是一个有意识地组织行动、克服困难和实现特定目标的心理过程。教孩子们独立，教他们克服困难，在克服困难中发挥主导作用，自己解决问题。幼儿没有什么耐力和毅力，

所以幼儿教师可以充分发挥游戏的教育效果。在日常生活中，教师们总是在学习帮助孩子们克服困难，照顾好自己。当一个问题很难解决时，你需要说服孩子自己得出结论。通过我们的活动，我们必须培养孩子独立思考的能力，克服困难，让所有孩子相信这是可能的，做不可能的事情，让孩子体验更大的幸福和成功。在和谐快乐的游戏中，孩子能感受到自己的价值。

（二）促进幼儿认知发展

幼儿的思维、想象、记忆、直觉和感觉是通过认知过程不断发展的，为幼儿的全面发展打下坚实的基础。游戏本质上是一种亲身探索活动的过程，游戏为参与者提供了更多亲身体验活动的机会，让他们能够亲身感受周围的环境。例如，幼儿可以根据游戏规则与同伴互动，与游戏中的各种活动材料进行互动。游戏还可以为幼儿提供获得更多学习知识的机会，并对他们的身心发展产生积极影响。

（三）游戏有利于幼儿健康人格的培养

游戏作为幼儿园的主要活动，在儿童活动中发挥着重要作用，是儿童全面发展的重要手段。同时，它也对儿童习惯的形成起到了很好的促进作用。儿童从小就养成了良好的习惯，为以后的研究、工作和生活打下了良好的基础。儿童游戏不断变化，各种不同类型的游戏可以给孩子们带来各方面的发展，给他们带来快乐。这有助于孩子们培养乐观、善良、和谐的性格。游戏也是培养孩子健康性格的好方法。在角色扮演游戏、表演游戏和结构游戏等创意游戏中，孩子们需要使用语言来分享想法，讨论如何玩游戏。这对提高儿童的组织能力、分配能力和社交能力非常有效。同时，它也为不同性格的孩子提供了相同机会，他们年龄相仿，对事物有着相同的理解。孩子们喜欢模仿同龄人的言语和行为。儿童还可以通过游戏与不同性别和性格类型的儿童互动，并通过其他儿童的行为和语言风格加深对他们的了解。此外，孩子们在一起玩耍时必须合作。有时他们不得不排队，按顺序使用工具和玩具。以这种方式分享玩具，团结一致，适应集体生活，互相学习并相互帮助。在日常的体育游戏、音乐游戏、益智游戏和其他游戏活动中，可以通过一定难度的游戏规则来培养孩子的自律和勇气。在所有游戏中，通过体验，提高孩子的沟通能力，分享公平和诚实的态度，不断地提高孩子的性格和社交能力，逐步形成良好的性格。

三、“活教育”在游戏活动中运用的策略

（一）游戏活动以幼儿为主体，服务幼儿发展

幼儿是游戏的主体，游戏活动要以幼儿为主体，我们在教学时要注意活动的人，也就是幼儿。设置游戏活动时，应该站在幼儿的角度进行思考，围绕幼儿的需求进行设计，幼儿在幼儿园游戏活动中是占主体地位的，我们的幼儿园游戏活动必须以幼儿为主体，重点观察幼儿，让幼儿在游戏活动中感受生活，在生活里游戏。因此，幼儿园的游戏活动，必须要立足于生活之上进行开展，“活教育”，我们的游戏活动内容要与幼儿息息相关，让幼儿有所启发，发展幼儿的能力。

比如，我们的科学探索活动，以种植西红柿为例，在生活中选取活教学的内容，西红柿是幼儿生活中常见的食物，是生活中的活的素材。他们看见红红的西红柿会好奇是怎么来的，就产生了我们这次西红柿的主题探索活动。所以，我们的游戏活动是以幼儿的需求为出发点，围绕他们的年龄设置游戏内容，让幼儿在游戏活动中获得成长。

（二）以幼儿兴趣为基点，调动幼儿积极性

幼儿园的孩子，由于他们的年龄特点，涉世未深，他们对很多事物都保持好奇，作为幼

儿教师要善于抓住幼儿的好奇心。我们设置游戏活动时要以幼儿的兴趣为切入点，抓住生活中的教育契机。比如下雨天，幼儿因为没有带伞，在外面等雨停了才能回家，这个时候突然对雨伞感兴趣，我们就可以围绕幼儿的这个兴趣点，设置雨伞的主题探究活动课程。让幼儿在活动中探究雨伞的作用，设计自己心目中的雨伞，制作自己满意的雨伞等一系列以雨伞为主题的相关活动，幼儿不仅自己愿意主动投入活动，还能够不断提高他们的科学探索能力，继续保持兴趣，继续探索生活中的事物。兴趣，可以给幼儿教育注入无限活力，让幼儿保持生机，永远元气满满。

（三）在生活中寻找教育契机，为幼儿注入活力

幼儿园是开展教育活动的载体，而生活是幼儿的生活场景，所以，身为幼儿教师，我们需要在一日生活中选择幼儿的教育契机，让幼儿感受生活的美好，从而认真生活，在生活中发现、探索、成长。在设计游戏活动时不能以教师的想象为主，要将游戏活动服务于幼儿的现实生活需要。以幼儿园的美术游戏活动为例，我们在选材上尽量结合幼儿的日常生活，在活动中，让幼儿尽量把自己的日常元素纳入进去，这样可以达到美术教育与生活教育的完美融合。这样我们既融入了陈鹤琴的教育思想，又让幼儿更加热爱生活，在生活中找到了乐趣。比如结合春天的季节特点，组织幼儿到郊外踏青活动，既能够培养幼儿的亲子关系，又能够让幼儿在活动中，感受春天的魅力，发现春天的美好，主动亲近自然，在自然中寻找兴趣，从而感受大自然的无限生机，在自然界里收获成长，当教师苦于没有教育契机的时候，就要善于发现生活的教育契机，以生活为切入点，幼儿教育才会充满无限活力，永远阳光向上。

四、结论

陈鹤琴“活教育”的教育理念，对于幼儿游戏活动具有指导意义，让幼儿教师和幼儿都能够关注自然，脚踏实地，发现大自然、社会中丰富的教育资源和素材，丰富我们的游戏内容，让幼儿游戏活动永葆生机和活力，关注幼儿的实际需求，在生活实际中提炼出更多幼儿感兴趣，能够帮助幼儿成长的内容，从而去设置幼儿喜欢的游戏活动，让幼儿爱玩，还能进行德育渗透，帮助幼儿成长。通过对陈鹤琴教育理念的研究和解读，让我们更加明白了，教育不能脱离幼儿，始终以幼儿为主体，促进幼儿的健康发展，让他们在阳光下成长。

参考文献

［1］李文文. 陈鹤琴“活教育”思想对当今幼儿教育的启示［N］. 天津市教科院学报，2010（3）：46—48.

［2］苏丽娟. 陈鹤琴“活教育”理论在幼儿教学活动中的研究［T］. 启迪与智慧（中），2020（12）：21.

［3］薛益群. 探究幼儿园自主游戏中的“活教育”［J］. 教育艺术，2022（6）：60—61.

谈早期阅读中幼儿主体性的发挥

（魏仙　安徽省芜湖市鸠江区鸠江北路幼儿园）

摘　要：本文在阐述“早期阅读”和“幼儿主体性”的概念内涵与外延的同时，强调了早期阅读的重要性，说明了幼儿主体性的具体表现和培养问题，阐述了早期阅读和幼儿主体性之间的关系，进而探讨了只有发挥幼儿的主体性才能让幼儿从早期阅读中获益，同时探究了早期阅读中发挥幼儿主体性的方法。

关键词：早期阅读；幼儿主体性；幼儿语言发展

一、问题的提出

知识经济的社会、数码信息的时代，对人的语言能力的要求高过以往任何一个时代，提高一个人的阅读能力是至关重要的。尽管整个人一生中的阅读能力都处于不断发展中，但在生命早期，尤其是从出生到 6 岁这段时期，是语言发展的敏感期，是一个人阅读能力发展的重要时期。正如美国阅读问题专家史蒂文斯说的：“人类教育史上所犯的最严重的错误就是认为一切阅读能力的培养都要到六岁以后进行。”

在我国，随着幼教理论和实践研究的不断深入和拓展，我国幼儿教育实践层面上也出现了一种“早期阅读热”的现象。《幼儿园教育指导纲要（试行）》（以下简称《纲要》）中也将幼儿早期阅读方面的要求纳入语言领域教育的目标体系。由于目前我们对幼儿早期阅读的研究还不够完善，加上诸多商业运作的原因，社会上出现了识字课本和识字读物满天飞的现象。导致大部分人对于“早期阅读”产生了错误的认知，对幼儿的发展也产生很多不良的影响。

这归根结底还是与早期阅读和幼儿主体性这两个概念的把握有关。关于早期阅读和幼儿的主体性这两个概念内涵的界定问题，笔者在此，提出一点自己的看法。

二、早期阅读的内涵及其重要作用

（一）早期阅读的内涵

早期阅读教育是幼儿园语言教育的重要组成部分，深受幼儿园的广泛关注。那到底什么是早期阅读呢？早期阅读是否等同于早期识字呢？

“由于正规的阅读是以文字为基础的，因此，人们只要说起早期阅读就自然而然地把它与早期识字联系在一起。”针对这一问题，有人认为早期阅读就是早期识字，它只是把小学读书的任务提前到了幼儿园。也有人认为，早期阅读主要是提高幼儿看图说话的能力，应该避免出现识字现象；还有人认为早期识字势在必行，因为幼儿已经具备了识字的生理、心理机制。

对于这些看法，笔者的观点是早期阅读应当包括一切与书面语言学习有关的内容，识字是学习书面语言的一种方式，但并不是唯一。大量地、系统地识字不是幼儿早期阅读的任务。但是，有些老师在组织幼儿早期阅读活动中故意回避文字，这也是一种不正确的做法。

所以，笔者认为早期阅读有它自己独特的内涵，但绝不能等同于早期识字。早期阅读是指幼儿凭借着变化的色彩、图像、文字或成人形象化的读讲来理解读物的活动过程。这一过程的完成方式可分为直接阅读和间接阅读两种，由幼儿独立完成的阅读称为直接阅读；借助于成人的形象描述由幼儿和成人共同完成的阅读称为间接阅读。

（二）早期阅读的重要性

新《纲要》第一次明确提出要“培养幼儿对生活中常见的简单标记和文字符号的兴趣，利用图书、绘画和其他多种方式引发幼儿对书籍、阅读和书写的兴趣，培养前阅读和前书写技能”。可见，早期阅读在学前儿童语言教育方面至关重要。

早期阅读为什么重要？笔者认为有以下几点原因。

1. 早期阅读可以促进幼儿大脑神经组织的发展

早期阅读中图文并茂的图书材料给幼儿以积极的刺激，使幼儿的大脑神经组织得到良好的发展，提高了幼儿的认知水平。

2. 早期阅读可以促进幼儿语言和思维的敏捷性

幼儿阅读的过程是许多智力因素参与的过程。它通过辨认、记忆、联想、分析、比较、概括等活动有效地刺激思维，促进幼儿语言和思维的敏捷性。

3. 早期阅读有利于幼儿社会性的发展

首先，阅读可以拓展幼儿的经验。幼儿的兴趣、性格、理想、世界观、人生观、价值观的发展与形成都受阅读的影响。大量的阅读则可以丰富幼儿的认知经验，增添幼儿的生活感受，拓展幼儿的各种经历。

其次，阅读的过程也是一个交往的过程，通过阅读可以让幼儿在无形中与书中的主人公进行交流。在集体阅读中，幼儿可以与同伴一起分享集体阅读的快乐，在亲子共读、师幼共读过程中可以增加幼儿和父母、教师之间的交往，密切亲子、师幼关系。阅读也有利于幼儿良好个性的发展。实践证明，会早期阅读的幼儿，一般都有较强的自尊心、自信心、进取心和责任感，使幼儿的个性得到良好的发展，并获得良好的社会性发展。

三、幼儿主体性及其具体实现

幼儿期是人的主体性初步形成的时期，然而在教育实践中教师往往把幼儿看成是教育活动指向的对象。在活动过程中教师易忽视对幼儿进行自身能力的培养，使幼儿的学习活动处于被动、消极的状态。早期阅读教育活动也是如此。虽然教师也意识到其中的问题，在理论上也承认教育要以幼儿为主体，但在实践活动中并没有修正。“教育改革，观念先行”，为了修正这种现象，笔者认为首先应该深刻理解和把握幼儿主体性的内涵，了解幼儿主体性的具体实现。

（一）幼儿主体性

幼儿的主体性是指幼儿在教育活动中的主体地位，幼儿教育是以幼儿为教育对象的教育科学和社会实践活动。它的目的是根据社会的要求和幼儿自身的特点促进幼儿身心健康和谐的发展。也就是说，在幼儿教育中，有的不仅是教育的对象，更重要的是教育的主体。

（二）幼儿主体性的具体实现

1. 幼儿主体性的实现表现为教师对幼儿的特点、需要以及发展状况等各方面的充分把握

在教育活动中要发挥幼儿的主体性，教师必须对幼儿的特点、需要、发展状况等方面进行全方位的了解。使其在教育活动中得到具体的落实，只有这样才为幼儿主体性的发挥提供前提条件。

2. 幼儿主体性的实现表现为师幼关系的协调程度

在教育教学活动中，教师的主导作用和幼儿的主体地位是密不可分的，在幼儿教育中，既要发挥教师的主导作用，又不可忽视幼儿的主体地位，二者相辅相成、相互促进，

缺一不可。

3. 幼儿主体性的实现表现在幼儿与环境之间的关系上

幼儿是环境的主人。幼儿园环境的设置应首先考虑到是否有利于幼儿的发展，一切不利于幼儿发展的环境都应当剔除。

4. 幼儿主体性的实现表现在幼儿有主动参与活动的权利和机会

幼儿不仅有参与各种集体活动的权利，也应当有相对自由的活动，只有在幼儿的活动中，幼儿才能充分体验到自信和成就感。

5. 幼儿主体性的实现表现在幼儿的愿望与要求能得到合理尊重

幼儿作为独立发展的个体，他们与成人一样有自己的愿望和要求。在合理的前提下，每个幼儿的愿望与要求都应该能够得到不同程度的满足与实现。

四、关于在早期阅读中发挥幼儿的主体性的思考

（一）早期阅读应作为幼儿园的一种整合课程

早期阅读是幼儿园课程不可分割的一部分，与幼儿园各种课程紧密相连，相互渗透。按照传统的观念，早期阅读的培养往往被划定在语言课程目标范围，但是，从系统论的观点看，幼儿教育系统整体功能的实现，有赖于各子系统的开放渗透。幼儿园其他领域的教育活动中同样蕴含着丰富的早期阅读教育契机，教师应善于发掘不同的教学内容中蕴含的早期阅读教育因素，充分挖掘可以衍生的点，帮助、引导幼儿拓展阅读领域，在各个领域中培养幼儿的主体性。

（二）加强利用现代化多媒体中早期阅读的内容

随着信息时代的突飞猛进，多媒体阅读文化走进了幼儿的日常生活，幼儿可以从符号、文字、图像、声音、动画等信息媒介中获取自己感兴趣的信息，早期阅读的范围在逐渐扩宽，早期阅读的意义也更加深远。因此，在培养幼儿早期阅读能力的过程中，我们要加强多媒体阅读内容的利用，更为具体、形象的阅读材料可以激发幼儿早期阅读的兴趣，发挥幼儿的主体性。

（三）正确处理幼儿主体性培养与教师主导作用的发挥

早期阅读的兴趣、能力培养等都需要幼儿通过自身的学习、主动的参与得以提高，但这绝不是说教师在幼儿的阅读活动中不能施加任何影响。相反，在幼儿阅读活动中教师的适时介入是十分必要的，教师只有以适当有效的方式引导幼儿进行有意义的阅读学习，幼儿才能把教育影响内化为自身认知结构的有机组成部分，才能获得新的阅读经验，提升自身阅读的兴趣。

（四）家园共育，环境渗透

幼儿阅读能力的发展以及主体性的发挥是幼儿园、家庭以及社会环境多方面教育合力的结果。家庭是影响幼儿阅读能力发展的重要因素，也是幼儿早期阅读教育的重要途径之一，实践证明，家园一致会使教育效力大增；反之，则会相互削弱教育功效。因此，在早期阅读教育中发挥幼儿的主体性离不开家园共育的作用。

参考文献

[1] 林剑萍. 幼儿早期阅读教育的探索 [J]. 幼儿教育. 1999 (1): 13－14.

[2] 李玉萍. 激发幼儿早期阅读兴趣突出幼儿主体地位 [J]. 现代幼教; 2002 (6).

[3] 周宁. 和幼儿家长谈早期阅读的重要性 [J]. 幼教之友, 2000 (1).

［4］人民教育出版社中学语文室编. 幼儿语言教学法［M]. 北京：人民教育出版社，1987.

［5］李季湄主编．幼儿教育学基础［M］. 北京：北京师范大学出版社，1999.

［6］卢梭著. 爱弥尔（上册）［M］. 李平沤，译，北京：商务印书馆，1994.

如何实施“242”师德培养路径 让廉洁师风在校园“安家”

（黄春　广西壮族自治区北海市海城区第三幼儿园）

摘　要：为加强师德师风建设，打造清风育人廉洁从教的幼儿园教育管理队伍，北海市海城区第三幼儿园把立德树人贯穿于教育管理工作的全过程，做到党建引领、党员先行，以“2＋4＋2”师德培养路径（“2”即清风校园、清风网络2个清廉阵地，“4”即清风党史、清风榜样、清风理论、清风法规4个清廉教育，“2”即践行育人担当、践行志愿精神2个清廉实践），引领教师坚定为党育人、为国育才的初心使命，强化为民服务理念和责任担当意识，铸就道德情操高尚、精神视野开阔、教育情怀热切、教学能力突出的新时代师魂，使教师成为党和人民教育事业的忠实实践者，成为幼儿健康成长的指导者和引路人。

关键词：“242”；师德培养；清廉师风

“师者，所以传道受业解惑也。”良好的师德师风是一名为师者的本分。海城区第三幼儿园以“把清廉教育融入师德师风建设，拓展教育渠道，创新教育模式，造就一支清廉幼教队伍”为理念，围绕铸就新时代高尚师魂这一清廉教育工作目标，深入贯彻落实习近平总书记视察广西“4·27”重要讲话精神和对广西工作系列重要指示要求，从做优2个“清廉阵地”、做活4个“清廉教育”、做实2个“清廉实践”三个方面让师德师风建设融入日常、抓在经常（见图1）。

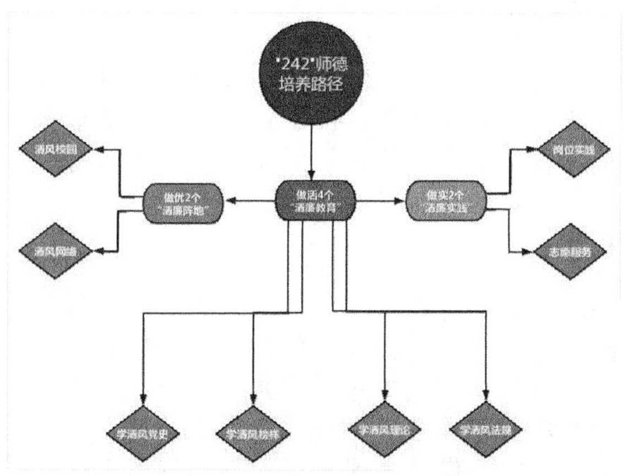

图1　师德、师风建设解析

一、做优2个“清廉阵地”，发挥战斗堡垒作用

幼儿园在党建的引领下，以立德树人为根本任务，推行2个“清廉阵地”的模式，有效推动了“党风优良、校风清明、教风清正、学风清新”的清廉学校建设，全面打造清廉阵地，让校园清风常拂。

（一）清风校园润心田

坚持把廉洁文化建设作为师德师风建设的一项重要内容，将廉洁文化建设与幼儿园业务工作相结合，以制度建设做保障，以环境氛围影响人，以活动实践带动人，以“政治坚定、求真务实、开拓创新、勤政廉政、团结协调”为原则加强党政领导班子建设。我园以主题党日“廉洁文化进校园　清风常拂伴我行”的活动契机，发挥幼儿教师绘画手工技能的特长，在簸箕上绘制廉洁图、书写廉洁警句格言，并将成品创设成清廉主题墙，展出教师廉洁作品；订阅廉洁主题的报刊、资料等供教师借阅，充分发挥廉洁文化阵地的作用，引导教职工树立正确的廉洁理念、增强法治观念、增进爱岗敬业意识，遏制腐败现象的滋生，让清廉之风吹遍校园。

（二）清风网络扬勤廉

充分发挥网络新媒体引导舆论、凝聚共识的作用，党员教师带头录制具有教育意义的视频，促进校园“微”交流，倡导社会主义核心价值观；推送《清廉北海·榜样力量》勤廉榜样展播、师德榜样事迹、“清廉学校”相关活动、师德师风专题学习教育等，形成强大的社会宣传效应，营造浓厚的舆论氛围。

二、做活4个“清廉教育”，丰富清风党建内涵

在“清廉教育”活动中加入4个党建元素，以“党建＋党史”“党建＋榜样”“党建＋理论”“党建＋法规”，利用丰富优质的红色教育资源、榜样力量、理论法规的学习，既营造出浓厚的学习、活动氛围，又有效激发了教师学习的内生动力，充分发挥党支部战斗堡垒作用和党员先锋模范作用，达到了较好的效果。

（一）学清风党史立信念

历史是最好的教科书。党支部把党史学习教育与师德提升深入结合，坚持挖掘红色文化资源，广泛开展革命传统教育，分享《红色传奇》中“广西清廉人物”故事，狠抓教师队伍建设，教育引导教师学史明理、学史增信、学史崇德、学史力行，从而坚定理想信念、强化责任担当，进一步提升教师以德修身、以德治教、以德育人的自觉性和主动性。

（二）学清风榜样忆初心

习近平总书记强调，好老师要做到学为人师、行为世范。学习优秀典型先进事迹、选树身边师德榜样，传扬师德典型不求名利、甘于奉献、立德修身、潜心治学的高尚精神，以此涵养教师初心。近年来，我园党支部组织开展“四微”学用教育添彩之微分享活动，让党员教师分享身边的榜样“全国教书育人楷模”范徽丽、莫振高，“时代楷模”黄大年、张桂梅等优秀党员教师的先进事迹，激励教师更加坚定地为党育苗的初心使命，积极传承优秀教师“一生只为一事来”的坚守与奉献精神。

（三）学清风理论提素养

在党建的引领下，我园不仅强化党员教师党风廉政理论的学习，还组织教师学习党的科学理论、先进思想，明确“培养什么人”“怎样培养人”“为谁培养人”的问题，围绕“如何做一名‘四有’好老师”开展学习讨论，引导教师坚守教育岗位，自觉提升教书育人能力素质，为实现中华民族伟大复兴的中国梦而培育英才。

(四) 学清风法规筑防线

法制教育在思想政治工作实践中占据着重要位置。作为教师，学法、守法、用法、护法是师德教育的要求和内容。以党课、党日活动、思政课、座谈会等形式组织教师集中学习《习近平总书记关于师德师风的重要论述摘编》《“四史”学习教育资料汇编》《教师法》《新时代幼儿园教师职业行为十项准则》等政策文件，并集中开展对党忠诚教育和理想信念教育，提高教师思想政治素质和职业道德水平。党员、教师利用学习强国平台随时掌握了解党的新政策，随时看到各地服务群众的先进工作方法，呈现出比学赶超的劲头，掀起了一股自学热潮。

向教师推荐电视纪录片《为了和平》、电视专题片《红船》、电视剧《大决战》等精品学习素材，激发教师学习兴趣和积极性。提高自身法律意识和依法管理幼儿的信念，做到在教育教学中严格遵守师德师规，以身作则，洁身自好，廉洁从教，为孩子们树立起清廉榜样形象。

三、做实2个“清廉实践”，提升先锋模范作用

百年大计，教育为本。教师是立教之本、兴教之源，承担着让每个孩子健康成长、办好人民满意教育的重任。作为新时代教育管理工作的实践者，教师本身要不断锤炼自己的道德修养，以身作则，率先垂范。

(一) 立足岗位践行育人担当

以党建带团建促园建，党员教师发挥先锋模范作用，带领团员青年教师教职工不断强化宗旨意识，履职尽责，勇于担当，围绕教育教学新常态，不断提升自己服务的能力和水平，始终保持干事创业、开拓进取的精气神，更好地守护童心、服务家长。

(二) 热心服务践行志愿精神

教师的思想价值观念和道德规范情况直接影响着学校的育人质量。党支部把志愿服务作为推动教师清廉思政教育的着力点，鼓励和支持教师积极参与志愿服务活动，并做好组织保障工作，让教师在服务他人、服务社会的过程中塑造起清廉教师形象。我支部组织党团员青年教师参加“倡导文明祭扫　传承优良家风”我们的节日·清明主题活动、创城入户宣传活动、“微心愿 ”认领活动、“童语同音·送教迎六一”活动等，进一步筑牢教师为民服务意识。

教师是孩子行为的基准，教师的一言一行都在潜移默化地影响着孩子。因此，师德往往影响和决定着学校精神和学风质量。我园把狠抓师德师风建设作为清廉学校建设的一个重要内容，在未来的建设工作中要积极探索更创新的教育形式、更丰富的教育内容，更突出的教育实效。

参考文献

[1] 张义文. 把立德树人作为教育的根本任务 [N]. 兵团日报.

[2] “学习强国”学习平台. 习近平论人民教师。

[3] 教育部教师工作司汇编. “四史”学习教育资料汇编 [G]. 2021.

[4] 人民网. 当好学生成长的引路人——习近平总书记给全国高校黄大年式教师团队代表的回信引发强烈反响.

[5] 于漪. 教育研究 | 谱就师德师风建设的时代诗篇 [EB/OL]. 中国教育新闻网—中国教育报.

关于幼儿园教师队伍建设的思考

（秦娟婷　广西壮族自治区北海市海城区第三幼儿园）

摘　要：幼儿园教师作为学前教育的关键要素，其专业化队伍的建设是提升学前教育质量的核心。当前幼儿园教师队伍建设存在的问题主要包括专业素养有待提高、专业能力有待加强、专业自我有待提升、非学前教育专业教师成长亟待引领、专业重心有待重新定位等。为优化教师队伍建设，须明确教师专业成长具体目标，培育点亮型教师，搭建教师多元成长平台。

关键词：幼儿园教师队伍建设；专业标准；教师管理

截至 2023 年 3 月，笔者所调查的幼儿园现有教职工 26 人，其中，专任教师 14 人（不含园长），全部为女教师。在 26 名教职工中，21 人为事业编制内、教师控编、后勤控制数人员，5 人为临聘人员（厨房、保安人员）。在 14 名专任教师中，全部为大专及其以上学历。这支队伍为幼儿园幼教事业的发展奠定了坚实的基础，但与人民群众期盼的师德高尚、业务精湛、结构合理的幼教队伍还有一定的差距。

一、当前幼儿园教师队伍现状

（一）教师资源配置不够均衡

从国家层面看，随着学前教育的逐步发展，幼儿教师队伍逐渐壮大，数量和质量得到稳步提升。但在经济发展不均衡和政策等因素的影响下，幼儿教师队伍配置不均衡，流动性大，尤其是教师流动失衡和优秀教师的严重流失已成为影响学前教育优质均衡发展的重大阻碍。从笔者所在幼儿园层面来说，主要表现在：区域、城乡、园所间幼儿教师数量分布失衡、教师质量分布失衡、教师流动失衡等。

（二）幼儿园教师的结构不合理

从国家层面看，整个幼教行业，男性专任教师数量较少。从笔者所调查的幼儿园来看，26 名教职工中，只有 3 名保安为男性，而专任教师中，没有男性专任教师。可见，男性教职工与男性专任教师所占的比例都太少。幼儿园留不住男教师的原因主要有：待遇低、封建传统的大男子主义思想的影响……而男教师对培养幼儿的勇气、胆量起着很重要的作用。

（三）教师社会认可度较低

教师的地位包括教师的政治地位、经济地位、社会地位等方面。其中，工资待遇、职称、编制是显示教师地位的主要因素，尤其是工资待遇，它是教师队伍建设和教育事业发展的基本前提。而且我国的《义务教育法》未将学前教育纳入义务教育，而是笼统地归到中小学教育中，未给予学前教育和小学、初中教育一样的地位，以致学前教育教师社会认可度不高，专业发展途径不畅通。

（四）幼儿园教师的劳动强度高，工作压力大

案头工作多，教师要备课、上课、上公开课、搞教育科研、制作教具玩具，有的还兼任保育工作、卫生保健工作等。工作量大，工作内容千头万绪。

二、学前教育教师队伍建设发展态势

2020 年 2 月，教育部发布《县域学前教育普及普惠督导评估办法》，要求确保教师工资足额发放、同工同酬，建立健全幼儿园教师资格准入制度和定期注册制度等。2020 年 9 月，教育部发布《中华人民共和国学前教育法草案（征求意见稿）》，对学前教育教师权责、教师资质、职务评聘、福利待遇、师资培养作出相关规定，在教师职务评聘中点明了学前教育的特殊性，并强调我国学前教育教师应当与中小学教师享有同等待遇，极大地肯定了学前教育教师队伍的专业性要求。可见，党和国家对教师队伍建设的高度重视。

三、幼儿教师队伍建设存在问题的主要成因

（1）价值观的潜在影响导致幼儿教师队伍配置不均衡，流动性大。有的毕业生为了留在城市，宁愿待业、失业甚至转行做其他工作，也不愿意去偏远的幼儿园任教，造成了城市幼儿教师相对饱和，偏远地区幼儿教师严重匮乏的局面。

（2）缺乏相应的激励机制和规范管理机制，还没有真正形成人员能进能出、职务能上能下、待遇能高能低的用人机制，教师的潜能没有得到最大化的发挥，许多优秀人才难以脱颖而出。

（3）教师的各项待遇没有落实到位，直接影响了教师队伍的稳定和整体素质的提高，制约了幼儿园的建设与发展。

四、幼儿园教师队伍建设策略

（一）把好教师入门关，优化教师队伍结构

在教师的配置上，应强调合理的队伍结构。一是专业结构要合理，不能仅限于单一的幼师专业，可让多专业人员参加幼儿教育；二是年龄结构要合理，使老中青教师形成梯队；三是讲求教师学历比例的合理，不是学历越高越好，而是要合理搭配；四是性别结构要合理，幼儿园女性教师扎堆，不利于幼儿健全个性的形成，因此应配备一定比例的男性教师，可以聘用专职的男教师。

（二）强化思想教育

要坚持把政治思想建设放在首位，不断完善学习制度，创新学习方式和载体，努力提高理论素养和思想政治素质。加强师德师风建设和职业道德教育，并纳入教师考核机制，作为教师聘用、晋级和奖励的重要内容，不断增强教师教书育人的责任感和使命感。开展以“热爱军队、热爱孩子、热爱教育”为重点的专题教育，定期评选职业道德标兵等，激励广大教师敬业乐业。

（三）强化资格准入

首先，严把入口关。师资的补充应以师范类院校本科以上毕业生为主，多渠道引进优秀人才。做到专业结构合理，年龄结构合理，教师学历比例合理搭配。其次，要严格考评制度。每年组织对新聘任教师进行基本功考核和资格认定，每学期组织一次综合考评，实行优胜劣汰。最后，完善教师聘任实施细则，严格上岗、聘任等环节的资格准入监管。

（四）加强骨干教师的培养工作

充分发挥骨干教师的示范带动作用，促进新教师逐渐成长为骨干教师。以园为本，开展形式多样、内容多元化的园本培训，帮助幼儿教师专业成长。特别是初任教两年左右，处于职业生涯发展的关键时期的新教师，可利用本园的优秀教师资源，为其提供导师引领。如以“师徒带教”“岗位练兵”等形式，帮助新教师更快地适应新的岗位，促进其专业化成长。另外，也可以邀请高校的专家学者进行现场讲座和指导。为教师提供学习和展示自我的机会，组织教师进行职后的继续教育，通过学习来更新自己的教育理念，使之符合新时代对骨干教师的要求。组织骨干教师开展全园性、片区性的观摩课、公开课，为本园负责片区的民办园送教。

幼儿教师是幼儿园建设发展的主人，幼儿教师队伍建设对幼儿园的不断发展起着尤为关键的作用。因此，我们要积极探索教师队伍建设的新路子，创新培养机制，优化培养模式，努力打造一支能适应教育教学改革和发展需要的师资队伍，为幼儿的可持续发展、和谐发展奠定坚实的基础。

参考文献

[1] 教育部师范教育司. 教师专业化的理论与实践［M］. 北京：人民教育出版社，2003：1.
[2] 刘焱．提高师幼比是大势所趋［N］．中国教育报，2014－07－20（1）．
[3] 苏令．学前教育发展难题怎么破解［N］．中国教育报，2010－03－19.

中班幼儿自主阅读区域打造

（吴卢芬　广西壮族自治区北海市海城区第三幼儿园）

摘　要：为了更好地发挥阅读区教育价值，丰富幼儿的阅读经验，提高幼儿的阅读能力，培养幼儿自主阅读的好习惯，针对环境创设、材料投放等提出有效策略。

关键词：自主阅读；阅读区

《3～6 岁儿童学习与发展指南》（以下简称《指南》）提出，幼儿语言是交流和思维的工具。幼儿的语言能力是在交流和运用的过程中发展起来的。应为幼儿创设自由、宽松的语言交往环境，鼓励和支持幼儿与成人、同伴交流，让幼儿想说、敢说、喜欢说并能得到积极回应。

一、问题聚焦

阅读区是幼儿园为幼儿阅读专门设置的一个场所，教师会在阅读区投放各类书籍、布娃娃等，幼儿在阅读区中可自由选择书籍进行阅读，可随着时间的流逝，阅读区从最受欢迎的区域变成一个摆设性区域。为了更好地通过阅读区环境改造、材料投放等问题发挥阅读区的教育价值，让幼儿对阅读活动保持兴趣，我对本班阅读区进行了观察。

（一）阅读区案例

在阅读区域，小纬和小睿手拉手笑着去阅读区，进区后小睿拿起绘本和小纬坐在了垫子上一页一页地翻阅起来，可是书本翻阅的速度很快，小睿翻完封底后就对小纬说看完了，就将书本放回了原位。小睿放好绘本后拿起了玩偶与小纬一起抛接玩偶的游戏。

（二）原因分析

（1）阅读区投放的材料太少、过于简单，有的难度太高，没有根据幼儿年龄特点来投放书籍。不符合年龄的书籍没能激起中班幼儿的阅读兴趣，导致幼儿在区域内粗略翻阅绘本便和同伴玩起了抛接玩偶的游戏。

（2）区域空间太小，没有合理布局。区域空间小，进区后幼儿不小的碰撞导致冲突的发生。动态阅读与静态阅读位置没有合理安排，静态区的幼儿容易被动态区的幼儿干扰。

（3）环境布置过于杂乱，幼儿的注意力容易被吸引，没能全身心投入到阅读活动中。

（4）教师忽略了对幼儿阅读活动的指导。

二、阅读区域的打造方向

对于中班自主阅读存在的问题，我们有目的地根据这些问题逐项整改，为幼儿的语言表达和书写前期作好准备。

（一）阅读区域前期的准备

（1）时间自主。幼儿时期的特点就是活泼好动，注意力持续的时间短。因此，通过阅读兴趣的培养，无形中可以延长幼儿的注意力时间，同时，幼儿在阅读的同时会进行一定程度上的思考，产生疑问，无形中发展形成认知意识和能力。所以，阅读对促进幼儿认知的发展有着重要的作用，但对于时间的把控教师要跟随幼儿的兴趣而调节长短。

（2）环境自主。环境在阅读过程中能够对幼儿的心理起到暗示的作用，因此要充分利用环境创设，提升阅读教学效果。阅读区域环境要充分考虑幼儿的年龄特点，提供地垫、地毯、玩偶等物品，让幼儿的阅读环境更加舒适、温馨。

（3）空间自主。阅读区不只是一个纯粹阅读的区域，阅读可分为静态阅读和动态阅读，合理分配阅读区的位置，让区内可联动但不造成干扰，让幼儿更好地在区域内自主学习。

（4）材料自主。《指南》中语言领域提出倾听与表达、阅读与书写准备两大语言目标，概括起来是四个关键字：听、说、读、写。阅读材料是促进幼儿整体发展不可或缺的媒介，它们有序地摆放在阅读区的角落，等待孩子们根据自己的需要取放、使用。阅读区必不可少的就是书籍，教师要根据中班幼儿年龄特点为幼儿提供丰富多样的书籍，如立体书籍、翻页书籍、折页书籍等。但这些材料不可一成不变，教师还需要根据本班幼儿的兴趣、季节特征、传统节日、教学主题等来更换阅读书籍。根据语言能力分为听、说、读、写能力的特点，为幼儿提供相应的材料，如听的材料：录音机、能录音的手机、耳机等；说的材料：话筒、各种玩偶、自制故事盒等；读的材料：绘本、图书、幼儿自制的绘本等；写的材料：沙盘、纸、笔等。

（5）同伴自主。区域活动是一个集体的活动，在发挥幼儿自主性的同时，培养了幼儿的交往能力和创造力。在自主活动中，幼儿有更多的表达机会和表达欲望，会有自己的想法和思维模式，会在一个自然而然的环境下，形成一个小的集体，有自己的伙伴，会相互交流、交往。阅读幼儿自主选择同伴，在教师或好朋友陪伴下，幼儿会表现出积极的阅读状态，教师还要鼓励幼儿之间的互相讲述、互相交流，进一步激发幼儿自主阅读的兴趣。

（二）阅读区域活动的实施

（1）进区计划。区域活动能让幼儿体验到自主和快乐，他们可以自由选择区域，选择玩什么，和谁玩，用什么材料，怎么使用这些材料等，因此在进区前可先让幼儿作好阅读计划，今天要看什么书？和谁一起看？看完书之后要不要做记录，记录完以后和谁一起进行表演等。

（2）让幼儿做区域的主人，提高幼儿的参与度，在阅读区域中培养幼儿的技能和认知。作为阅读区的小主人可在阅读区中创设图书管理员的角色，让幼儿在阅读区中成为秩序的维护员，图书的守护员。为幼儿搭建一个参与社会实践的平台，锻炼幼儿的社会实践和交往能力，培养幼儿尊重劳动、热爱劳动的传统美德和做事认真负责的态度，让幼儿在实践中养成爱书、护书的好习惯。

（3）和幼儿一起制定阅读区域规则。为有效促进幼儿自主能力的成长，也为幼儿在游戏过程中能更加自觉地遵守，因此，区域游戏规则应该由教师和幼儿一起讨论、确定、记录等形式完成规则的制定。如阅读时要安静、爱护书本、物归原位等，区域规则也要在活动中不断修改和完善，随着幼儿游戏经验的不断丰富，规则意识也会越来越强。

（4）好书推荐。利用阅读区进行好书推荐，好书推荐可以把绘本封面摆放在好书推荐的位置，也可以让幼儿作为小主播在区域开始前为幼儿讲述自己的好书推荐绘本及推荐原因，在好书推荐的活动中提高自己的语言能力。

（5）班本课程与区域活动的联动。开展幼儿相应的主题阅读活动。如“壮美三月三”主题活动，在阅读区投放相应的主题绘本让幼儿自主阅读，在阅读的过程中了解节日“三月三”的相关习俗。

（6）区域班级联动。区域活动是打破班级界限，从班级里走到班级外与其他班级幼儿进行自主区域活动，在班级区域联动的过程中，面对更多的同伴、材料、人际交往，对幼儿来说既是一种挑战，也是促进幼儿人际关系交往的一种策略。

（7）阅读策略，巧用提问的方式，吸引幼儿的兴趣。在新书本刚投放时，教师要进区进行指导幼儿完成阅读，让幼儿在教师的指导下带着问题有目的地进行阅读，以及在阅读中获取自己想要的相关信息。也可利用一日活动中的过渡环节和幼儿一起阅读绘本，阅读一半的绘本内容，剩下的内容需要幼儿自己去区域内阅读。

（8）阅读记录。如何确定幼儿在区域活动中是否深入学习，从幼儿的表征作品中可以看到幼儿学习的过程及结果。幼儿表征记录是幼儿教育中非常重要的一个环节，它们可以帮助教师更好地观察、记录和评估孩子的学习进度。因为幼儿可以有言语表征、符号表征、绘画表征等，教师要提供相应的材料给幼儿记录。

（9）阅读后的衍生活动。幼儿阅读后的讲述活动，教师可以放在每天固定的时间段来进行。如餐后活动、离园活动等。让幼儿有充足的时间可以讲述自己所阅读的绘本内容，还可让就幼儿的讲述行为让其他幼儿进行评价，讲得是否正确，有没有遗漏故事情节或任务等。还可以就故事里的内容让幼儿自由谈论，“你喜欢故事里的哪个角色”“你喜欢绘本中的哪一页”“为什么喜欢这个角色或者这一页”“这个角色还可以有什么其他的故事，从而支持幼儿进一步想象、创作。教师还可以引导幼儿自主创作绘本里的角色人物，绘画剪出或者用彩泥制作等，支持幼儿自主开展表演活动。

（10）区域的联动。将不同区域有效结合起来，不仅有利于幼儿开展多元化的游戏活动，还能增强幼儿进入区域的兴趣。比如：对于开放性结局的故事，可以引导幼儿开展丰富的故事分享创编展示活动，并进入美术区制作自己的故事绘本，引导幼儿将自己的想法都画下来变成自己的故事，但要有意识地让幼儿给自己的绘本制作封面、绘本页写上序号、装订成册再投放到阅读区给其他幼儿欣赏和阅读。阅读区的活动自然地延伸到了美工区，实现了阅读区与美工区的有效互动。在两个区域间进行活动，幼儿的手工和绘画都会有很大的进步，想象力和创造力也越来越丰富，游戏活动的水平也能不断提升。除了美工区还可以和表演区进行联动，在幼儿熟悉绘本情节后，根据幼儿的能力将绘本进行演绎。

（11）教师阅读区的指导策略。教师要针对幼儿在自主活动中遇到的问题给予支持和帮助。

三、结论

对于中班自主阅读区的打造，我们要站在幼儿的立场，把幼儿的感受放在第一位，真正地做到以幼儿为本。在阅读区里我们要实现时间自主、空间自主、材料自主、游戏自主、玩伴自主，教师要成为幼儿的支持者、引导者和记录者，给予幼儿更好的环境，让幼儿全身心的投入到阅读活动中去。

参考文献

［1］中华人民共和国教育部．3～6岁儿童学习与发展指南［M］．北京：首都师范大学出版社，2012.

［2］潘云霞．影响幼儿主动阅读的阅读区环境因素研究［J］．早期教育 2021（35）：11—13.

［3］张丽霞，张铃萍．幼儿园支持性自主阅读环境创设［J］．早期教育 2021（35）：14—16.

幼儿不良饮食习惯的成因及对策

（蒋冬梅　广西壮族自治区北海市海城区第三幼儿园）

摘　要：幼儿期是人身心发展的重要时期，良好的饮食习惯是幼儿发展的重要保障。目前，我国幼儿饮食习惯存在一些问题，如体质下降、肥胖症等，对幼儿的身心发展都产生了不良的影响，加上家庭和社会对这一现象的关注度不够，使问题更加严峻。本文针对幼儿饮食不独立，挑食偏食，进餐注意力不集中等不良饮食习惯的表现及危害，剖析了幼儿不良饮食习惯的成因，并提出了促进幼儿健康饮食的具体建议，希望通过这几种解决对策，能够使幼儿不良饮食习惯有所改变。

关键词：幼儿；不良饮食习惯；挑食偏食

饮食是儿童每天必备的活动，它对幼儿的身体和心理的健康，都有重要的影响力，更是促进幼儿身心和谐发展的重要保障。幼儿时期是幼儿身心迅速发展的重要时期，正确的饮食可以给孩子提供充分的营养物质，促进幼儿智力发展和身体的强壮。然而，由于快餐的迅速发展，饮食环境的变化，大街小巷充斥着肯德基、麦当劳等非健康食品，导致患有肥胖、营养不良等症状的幼儿逐年升高。《3～6 岁儿童学习与发展指南》提出“帮助幼儿养成良好的饮食习惯”，在该理念的指导下，家庭和幼儿园应积极关注幼儿的饮食状况，合理安排餐点，帮助幼儿了解食物营养价值，引导幼儿健康饮食，改善饮食习惯。

一、幼儿不良饮食习惯概述

不良饮食习惯，是指人们在日常生活中养成对自身身体健康不利的饮食习惯。它是不科学、不规律、不合理的膳食习惯，易引发多种病症。幼儿的不良饮食习惯会引发多种问题，有必要改变幼儿不良饮食习惯，以促进幼儿身心更好地成长与发展。

二、不良饮食习惯的表现形式及危害

（一）不良饮食习惯的表现形式

幼儿进食中缺乏独立性：由于家长的溺爱或教养方式不正确，部分幼儿到达一定阶段后，无法独立进餐；幼儿出现严重偏食、挑食现象：幼儿偏食、挑食的行为有不同程度，这会对其身体造成不同的伤害。

幼儿进餐速度过快或过慢：有些孩子吃饭时速度过快，饭菜尚未嚼烂就吞咽下去，结果胃就会花很大力气消化食物，可能会导致消化不良或一些肠胃疾病。有些孩子吃饭速度过慢，错过了消化的最佳时机，不利于营养物质的吸收。

幼儿摄入过多零食，幼儿进餐不专注等。

（二）幼儿不良饮食习惯的危害

影响幼儿的消化系统，影响幼儿专注力，不能养成良好的生活规律，影响幼儿的心理健康。此外，还可能导致幼儿营养不良，《儿童营养学》指出：“胎儿或一岁以内的婴儿如果有严重的营养不良，大脑细胞数会明显减少，并导致大脑发育不全；过了两岁以后营养不良会影响到脑细胞增肥，即脑的质量。”

三、幼儿不良饮食现状的调查结果与分析

（1）幼儿的偏食现象。如表1所示，幼儿不良饮食习惯中的偏食现象，存在偏食情况的孩子占38.10%，不存在偏食情况的幼儿占61.9%，虽然不偏食的比率高于偏食的，但偏食的孩子占38.10%，可见幼儿偏食情况还是很严峻的，值得关注。

表1　幼儿是否存在偏食现象

偏食	人数	比例%
是	80	38. 10
否	130	61. 90

（2）幼儿的荤素进食，如表2所示，有23. 81%的幼儿倾向于荤食，52. 38%的幼儿倾向于素食，23. 81%的幼儿荤素各半。倾向荤食与倾向荤素各半的幼儿相持平。

表2　幼儿对于荤素食的倾向

荤素进食	小计	比例（%）
荤食	50	23.81
素食	110	52.38
荤素各半	50	23.81

（3）幼儿吃零食的频率。如表3所示，有38.1%的幼儿经常吃零食，61.9%的幼儿不经常吃零食，尽管不常吃零食的幼儿比例大于常吃零食的幼儿，常吃零食的幼儿数量也不容忽视，这违反了幼儿健康饮食的标准，家长要以身作则，减少幼儿吃零食的频率。

表3　幼儿是否常吃零食

常吃零食	人数	比例（%）
是	80	38.10
否	130	61.90

（4）幼儿进餐时间调查。家庭早餐使用情况，如表4所示，有69.05%的家庭每天早上食用早餐，30.95%的家庭是每天早上不食用早餐，从调查表中可以看出，有相当数量的家庭不能做到每天食用早餐，这对幼儿会产生不良影响，使幼儿无法意识到早餐的重要性，养成不吃早餐的坏习惯。

表4　家庭是否每天吃早餐

食用早餐	人数	比例（%）
是	145	69.05
否	65	30.95

（5）幼儿进餐习惯的调查。

①进食独立情况。如表5所示，有85.71%的幼儿可以独立进食，14.29%的幼儿不能独立进食。由表5可知，大部分幼儿具有进食主动性，但小部分幼儿需要家长引导，培养饮

食主动性。

表 5　幼儿是否能独立进食

进食情况	人数	比例（%）
是	180	85.71
否	30	14.29

②幼儿吃水果的频率。如表 6 所示，有 7.14%的幼儿很少吃水果，56.67%的幼儿吃水果频率一般，36.19%的幼儿经常吃水果。由表 6 可知，大部分的幼儿没有经常吃水果，对于这种情况，父母需要增加购买水果的频率，从而增加幼儿吃水果的频率，使幼儿可以充分地从水果中获取维生素等营养物质。

表 6　幼儿吃水果的频率

频率	小计	比例（%）
很少	15	7.14
一般	119	56.67
经常	76	36.19

③孩子的饭量。如表 7 所示，幼儿的饭量，有 8.1%是不定量的，有 91.9%是比较稳定的。由此看出，绝大部分幼儿的饮食量是比较稳定，只有极少数幼儿不稳定，需要去稳定饭量，减少饮食量不规律的现象。

表 7　孩子的饭量是否定量

定量	人数	比例%
是	193	91.9
否	17	8.1

四、幼儿不良饮食习惯问题的原因分析

（一）家庭方面原因

1. 家庭教养方式出现问题

现在的家庭中，孩子数量大大减少，家长会将更多的注意力集中在幼儿身上，甚至会出现两代人一起照顾一个孩子的现象，对于孩子的活动全程包办。

2. 家长之间教育理念不一样

家庭成员对于孩子的进餐要求不一样，如爷爷、奶奶会更加偏爱孩子，认为孩子有一点挑食、偏食是很正常的。甚至在父母想要教育幼儿时，会生气地制止，认为父母太大惊小怪了。

3. 家长自身就有不良饮食习惯

家长的影响对于孩子来说是深远持久的，幼儿在进行模仿时，模仿对象往往就是父母。父母如果偏食、挑食，也会影响孩子的选择；父母如果很爱吃零食，也会带动幼儿吃。在教育孩子时，很难做到以身作则。

（二）幼儿园方面原因

1. 对于饮食教育的缺乏

在幼儿园，幼儿往往通过集中教学和区角活动获得知识，如果教师对于幼儿饮食缺乏认识或者忽视饮食方面的知识，也会使幼儿无从了解相关的教育。只有掌握了足够的健康饮食的理论，才能够向孩子介绍各种饮食习惯的优点或缺点。

2. 教师的语言不当

《幼儿园工作规程》规定："小班每班人数为 20～25 名，中班每班人数为 25～30 名，大班每班人数为 30～35 名。"师生数量相差较大，教师可能无法及时照顾到所有的幼儿，使有些吃饭较慢的幼儿无法按时吃完。

五、幼儿不良饮食习惯的解决策略

解决的策略主要是提高教师的饮食相关知识

（1）教师是在园中与幼儿密切接触的人员，对幼儿的学习起着重要的规范、引导、示范作用。教师要保持着积极的学习态度，不断提升自己的知识与经验。对于幼儿，要有爱心、耐心、责任心，要言辞得当，语气自然。《发展心理学》提出："在许多场合下，教师的评价或表扬、批评更能发生改变幼儿行为的作用。"在幼儿进餐时，要给幼儿营造轻松、愉悦的就餐氛围，给于简洁科学的指导，减少不必要的话语，使幼儿专注于用餐，防止对幼儿产生不良影响。

（2）制定园本课程，开展多种多样的饮食教育活动。根据园本课程，教师可以在不同节日或不同季节开展不同的饮食教育活动。幼儿也更喜欢通过直观、有趣的活动来探索知识，这种活动可以是隐性的，也可以是显性的。如教师可以对幼儿园的环境进行精心布置，增加有关饮食的元素，让幼儿进行观察，从而起到潜移默化的效果。此外，教师也可以在"区角活动"中下功夫，让幼儿直接参与到活动中，进行真实的生活模拟，如果蔬买卖，不仅轻松有趣易学，还可以深化幼儿对于饮食知识的印象。

六、结论

不良的饮食习惯会对幼儿产生严重的负面影响，如消化不良、分散注意力等，甚至产生重大疾病。对于不良饮食习惯的改变，首先，要发挥家庭的作用，父母要能够以身作则，成为幼儿的榜样，掌握正确的方法引导儿童。其次，幼儿园作为孩子的第二个家，也要营造良好愉悦的饮食氛围，教师作为孩子的同伴与引导者，要对幼儿负责，要细心、耐心，有责任心。总的来说，在各个方面都要进行改进、提升，使家庭、幼儿园、二者形成合力，发挥整体作用，促使幼儿养成良好饮食习惯，从而获得身心健康发展。

参考文献

［1］韦建华．不良饮食习惯对学龄前期儿童体格发育及心理发展的危害研究［J］．现代诊断与治疗，2021，32（13）：2128—2129．

［2］刘晓．改变幼儿不良饮食习惯的对策［J］．现代交际，2020（19）：164．

［3］龚丹怡．从陶行知"生活即教育"看初入园幼儿不良饮食习惯的成因及教育对策［J］．科学大众（科学教育），2017（4）：95．

［4］刁鹏飞．浅谈幼儿不良饮食习惯的形成与矫正［J］．佳木斯职业学院学报，2016（1）：478—479．

［5］马明月．幼儿不良饮食习惯的成因及应对策略［J］．科教导刊（下旬），2015（3）：133—134．

［6］费嘉庆，李帆，卞华，等．不良饮食习惯与肝脏脂肪含量相关性研究［J］．中国预防医学杂志，2021，22（4）：279—283．

幼儿园音乐游戏的发展价值及教学策略

（杨莹　北京市怀柔区第六幼儿园）

摘　要： 为了更好地帮助幼儿发展，我们在幼儿园里开展了各种音乐游戏活动。这些游戏既能丰富课程的内容，又能让幼儿更好地理解音乐，并且能够培养他们的音乐素养。我们希望通过这些游戏，为幼儿提供一个良好的学习环境，让他们能够更好地发展自己的音乐技能。

关键词： 幼儿园音乐游戏；开展策略

根据调查结果，2～6 岁和 12～15 岁是儿童音乐潜力发展的关键时期，但由于 12～15 岁的发展较晚，往往会被忽视。因此，在进行音乐启蒙教育时，教师应该采用最有效的方法，例如，通过音乐游戏来帮助孩子们提高音乐水平。音乐游戏是一种充满乐趣的活动，它以伴奏为基础，让幼儿可以随着音乐的节奏、旋律、节拍自由地探索、表达自己的想法，而且这种活动也有着严格的规则，可以让幼儿们更好地掌握感知能力、动作技巧，以及培养乐观积极的心态和想象力。音乐游戏既能满足儿童的娱乐需求，又能调节他们的情绪，这正好符合当下儿童的心理特点，因此，儿童在玩乐时不会产生抵触情绪，从而使教育更加有趣、有效。

一、深入分析如何通过改进游戏组织来提升其有效性

（一）正确认识音乐游戏

传统的教育观念认为，音乐游戏只是一种消遣，而且浪费了孩子们的宝贵时间。因此，我们应该重新审视我们对音乐游戏的看法，以便更好地帮助孩子们发展他们的身心健康，同时也有助于他们在五大领域的全面发展。对于成年人来说，音乐游戏可能会让他们感到无聊，但对于幼儿来说，它却是幼儿音乐启蒙的关键时期。

（二）对音乐教师进行定期培训，提供学习培训机会

为了确保课堂上的效果，我们须不断改进我们的教师。我们需要不断地为教师进行专业的培训，以便他们能够更好地掌握和运用所有的技能。这样，我们才能够建立一支具有丰富经验和能力的优秀教师团队。

（三）多与幼儿互动，把握幼儿心理特点

为了提升教学水平，我们须采取更加灵活的方法，让每个孩子都能得到适合他们的培养。这就意味着我们应该摒弃传统的教学方法，让每个孩子都能得到充分帮助，因材施教。为了更好地进行音乐游戏的活动，教师必须精通孩子的内在情绪，并且能够深入地分析孩子的兴趣爱好，以便为他们量身打造一套适宜的、具体的、完善的课程设计。

二、适宜的音乐材料

音乐游戏的类型繁多，正确地选择并运用它们对于孩子们来说是非常重要的。我们需要考虑孩子们的年龄、兴趣爱好以及所处的环境，并且确保它们符合我们的教学目标。当选择适合孩子的音乐作品时，应该注重它的实用价值和可玩性。由于孩子的年龄还很小，所以应该更贴近孩子的日常，并且让孩子感到快乐。同时，应该让孩子感受到这些作品的实用价值，让它们感到存在感。《哇哈哈》是一首充满温馨气息的歌，它源自家庭的欢声笑语，因此被用作音乐游戏的主题，使孩子们更加热情洋溢。《走路》则是一首充满童真的童谣，它

描绘出可爱的小动物，并且具备丰富的知识，使孩子们更加热衷地投入其中，最终可以更加轻松地实现活动的预期效果。对于年龄较大的孩子来说，他们的成长速度很快，并且具有很好的学习能力。因此，我们应该使用简单易懂、具有良好的节奏感的音乐作品。同时，我们还应该增加游戏的难易程度，让孩子们更好地接受。在“买菜”这个大班音乐游戏中，我们希望通过让孩子们熟悉歌曲的内容，让他们能够理解游戏的情节，并通过分工表演来更好地完成目标。我们希望这个游戏能够让孩子们更好地理解游戏的情节，并让他们能够更加熟悉游戏的角色。因此，当选择音乐游戏时，人们通常会倾向于选择那些旋律更容易被记住的歌曲。

三、音乐游戏的分类

通过将音乐游戏分类并进行整理，我们可以更好地组织幼儿进行游戏活动，并着重于关键部分。根据多年来音乐教学的实际情况，现将音乐游戏归纳为以下五大类来开展活动。

（1）唱类游戏：以唱歌为主要形式，通过对歌曲的演唱、表现和声音来进行的趣味性活动的游戏。如“头发、肩膀、膝盖、脚”和“小手拍拍”等。这类游戏除了可以通过动作进行表现外，还可以用默唱的方法进行游戏。例如，在心里默唱规定好的某个字，在唱到那个字时，用拍手的方法空出它的节奏。这种游戏方法可以增强歌曲的趣味性，更能够提高幼儿的节奏感和自控能力，适合小、中、大班不同年龄段的幼儿。

（2）动作类游戏：通过“大家来打鼓”“我能和你做”等动作类游戏，我们可以帮助幼儿培养节奏感和手脚协调性。这些游戏的关键在于让动作与节奏完美结合，从而培养孩子的节奏感和协调性。随着游戏熟练度的提升，孩子们可以更快地完成任务，这也给他们带来了一定的挑战，尤其适用于中、大班的孩子。

（3）表演类游戏：表演类游戏是一种非常有趣的活动，它通过扮演各种角色来展示自己的技能和想象力。例如“狐狸和石头”“小猪跑跑”“三只猴子”这种游戏，它能够让孩子们根据歌词来创造自己的角色，并且能够自由地表现出来。它适用于各个年龄段的孩子，无论是小班还是中班。

（4）追逐类游戏：“逛公园”“老狼老狼几点了”“丢手绢”等追逐类游戏，旨在通过激烈的角斗，让孩子们更好地体验到胜负的感觉。它们的规则性、竞争性更强，更容易让孩子们掌握，因此，教师们应该更多地关注并重视它们，并且结合实际，给孩子们制定合理的玩法，让他们能够更好地参与到“逛公园”“老狼老狼几点了”“丢手绢”的活动当中。

（5）邀请类游戏：邀请类游戏是一种以舞蹈动作为基础的活动，旨在培养幼儿之间的交流与合作能力。“找朋友”“我们邀请一个人”“猜拳游戏舞”等游戏类似于集体舞，它们通过多种多样的方式，让孩子们在团队协作中，一起分享游戏的乐趣，从而增强彼此的友谊。为了适应幼儿的年龄特点，教师应该能够灵活地调整游戏的规则和方式，鼓励他们勇于尝试新事物，并在游戏中培养他们的主动性和创造力。

四、结语

总而言之，在当前音乐教学中，音乐游戏是一种重要的教学手段，这种教学手段能够与幼儿年龄特点相适应，可提升幼儿对音乐课程的学习兴趣，并且还能够避免传统教学模式存在的弊端，促进幼儿音乐思维、审美能力、艺术水平等方面全面提升。因此，在当前幼儿音乐教学中，应该对音乐游戏加以重视，并综合运用各种新型教学方法，使音乐游戏的作用得到全面发挥，最终实现幼儿核心素养得到提升。

参考文献

［1］颜云娥．幼儿教师如何有效组织音乐游戏［J］．才智，2011（15）：318.

［2］冯凤英．论教师在幼儿音乐游戏中的指导［J］．长三角，2010（16）：129—130.

［3］刘迎芳，董娟．幼儿游戏化音乐教育的改革实施策略［J］．中国科教创新导刊，2013（15）：241.

幼小衔接背景下双向联合教研的实践研究

（杨丽梅　云南省昆明市盘龙区东华幼儿园）

摘　要： 教研是提高教育质量、攻克教育“瓶颈”的重要引擎，幼小双向科学衔接路径的探索离不开教研力量的支撑。幼小衔接背景下的联合教研对挖掘现状、突破“瓶颈”、内涵发展具有十分重要的作用。在实践过程中，笔者发现，双学段的联合教研与同学段、同学科的常规教研有着很大的区别，本文试从主题化的角度探索幼小衔接背景下的双向联合教研路径。

关键词： 幼小衔接；双向联合教研；实践

一、幼小衔接背景下联合教研中存在的问题

在教育部专门出台了《关于大力推进幼儿园与小学科学衔接的指导意见》以及《幼儿园入学准备教育指导要点》之后，各省市相继发布有关政策，幼小衔接联合教研如火如荼地开展起来。但是，很多实践者没有深入思考过联合教研的价值在哪里、为什么要开展联合教研、如何开展联合教研等问题。在行动先于思考的现状下，幼小衔接背景下的联合教研难免会遇到挑战。

（一）沟通不同频

幼儿园参与者：这节识字课教师讲授的生字太多了，节奏太快了，孩子根本接受不了。在课堂中很多孩子参与度不高，教师没有用孩子易于接受的方式设计活动。小学参与者：这节课的问题在于没有对课标理解透，没有把握这节课的重难点，每个字的学习方式和时间都是平均的。教师在备课过程中要吃透课标，在教学过程中应该针对重点生字让学生着重学习和练习。这是某区在一次联合教研中幼儿园参与者和小学参与者对同一节课所作的不同评价。可以看出，幼儿园参与者关注点在于儿童表现，小学参与者更关注对课标的落实。原因在于幼儿园参与者不了解小学课标，小学参与者不了解儿童入学基础。在常规教研中，参与教研的人员拥有同一领域的知识体系和话语体系。但是，对于幼小衔接背景下的联合教研，幼儿园和小学从教学内容到一日活动（课堂）的组织方式、评价方式都存在差异，参与者的不同专业背景导致教研过程中沟通不同频。

（二）教研不深入

幼儿园参与者：在课堂上，教师很有亲和力，对孩子们的回应很到位。课上用了很多游戏来进行教学，咱们小学的幼小衔接做得很好。小学参与者：谢谢，我们会更加努力，我们也要跟幼儿园多学习。这是在一次联合教研中幼儿园参与者和小学参与者在听了同一节课后现场交流的记录。在联合教研实践过程中，由于工作场域不同，参与教研的教师相互不熟悉，很难聚焦某一学段的问题进行深入探讨，在教研中会出现避开问题谈优点、避开“短板”找长处的情况，没有发挥聚焦问题、突破“瓶颈”的作用，教研活动流于形式。

二、幼小衔接背景下主题联合教研的意义阐释

2020 年，教育部启动基础教育国家级优秀教学成果应用推广活动，被确定为国家级示范区，“上海教研实践范式”是昆明市推广应用的教学成果之一。在优秀成果应用推广和幼

小衔接联合教研的实践过程中，笔者发现上海教研实践范式的理论引领和主题教研活动的实践应用对幼小衔接背景下联合教研具有借鉴意义。

（一）凝练主题，引领双学段同频共振

相对于常态教研活动，主题教研活动更注重目标的鲜明准确，更注重活动的系统设计以及过程的深度互动。主题是基于真实情境中的真实问题凝练出的最需要、有可能解决的关键点，必须顺应儿童、教师的成长轨迹去整体规划，前期重点关注教学（一日活动）背后的“小学课程标准”和《3～6岁儿童学习与发展指南》。这可以让幼儿园和小学更加了解双方学段特点，促进双学段思想“同频”、研讨“共振”。

（二）聚焦主题，引发双学段深度研讨

幼小衔接背景下主题教研活动中的主题源于幼儿园和小学教师在幼小衔接教学实践中发现的实际问题，教师带着真实的需求来到教研现场，结合理论学习基础和实际问题进行教研活动。主题联合教研的过程是两个学段共同发力解决幼小衔接中的实际问题的过程。相比于无主题的听评课或研讨，主题可以让联合教研更聚焦、更深入，由主题生成话题，话题分解为问题，通过问题推动双学段教师深度思考与研讨。

（三）重视成果，推动教研高质量持续开展

“教而不研则浅，研而不教则空；研而无果则耗，果而不用则废；用而不评则粗。”教研成果是提升教学质量的重要支架，是教研活动之间的桥梁，是一次教研活动的终点，也是下一次教研活动的起点。主题联合教研活动聚焦于幼小衔接中某一个或某一系列的问题，由双学段教师以主题的形式联合进行教研。其教研成果就是问题的“答案”，能形成可复制、可推广的问题解决方案，推动幼小衔接教研质量的提升与持续发展。

三、幼小衔接背景下主题联合教研的路径

（一）基于问题提炼主题

主题的提炼源于实践中的问题。通过问卷、访谈等方式了解幼儿园和小学在幼小衔接方面的实践现状，基于现状通过现场观察等方式分析原因，提炼出主题或系列主题。主题提炼要关注三个点：一是主题要围绕一个中心——儿童，儿童是连接两个学段的桥梁，通过联合教研让幼儿园教师看到儿童将要走的“路”，让小学教师了解儿童曾经走过的“路”，了解儿童是联合教研的重要价值之一；二是在提炼主题的过程中需要幼儿园和小学双学段共同参与，确保主题策划的科学性；三是衔接的主题要适宜，主题的提炼不宜过于空泛，也不宜过于具体。主题教研活动通常聚焦的是教师在教学中所遇到的典型问题与重大问题，主题空泛不易具体实施，会导致教研失去其发现问题、解决问题的价值，而主题过于具体不利于教师在教研中深入理解某一领域内容，失去主题教研活动的意义，一些比较具体的实践问题可以放在日常教研或是整合到一个大的教研主题之中。另外，主题具有生成性。教师在联合教研的过程中会产生新的问题，活动组织者可以依据问题生成下一次的教研主题。

（二）围绕任务开展活动

任务是主题联合教研实施过程中的有力抓手，主题生成任务，任务产生话题，话题分解为问题串，通过问题引导教师多角度进行思考与研讨。从一个个问题出发可以避免教师避重就轻地交流，以任务为中心、以问题为出发点是深度教研的重要条件，问题解决的过程就是教研成果生成的过程。

（三）突破主题分享成果

教研成果是深度教研活动的有力证据，有形成果的分享有利于教师将思想上感悟转化为可实施的行动路径，凝练和分享成果的过程有助于教师复盘教研过程中的重点，在信息共享中提高教研质量。

总而言之，我们要以主题撬动幼小衔接中的真实问题，以任务驱动幼小衔接背景下的联合教研真实发生，以成果辐射区域幼小衔接均衡发展。我国对幼小衔接双向联动的关注度较高，各方面的联动工作开展，基本上能够采取科学的思路、科学的方法来调整，全局教育体系比较优良。未来，应继续对幼小衔接双向联动的内涵不断丰富，在联动工作的开展过程中，站在不同的角度来思考，当幼儿转变成小学生以后，对他们的言行举止进行科学的观察和诱导，尽量让小学生在适应新环境的过程中，感受到更多的乐趣和体验，让他们面向新的学习阶段，去努力地发挥自己的聪明才智，坚持在教学的综合效率上不断提升，为幼小衔接双向联动的创新奠定坚实的基础。

参考文献

[1] 赵雅玲．市县行动（1）推进幼小衔接 走好“双减”第一步——铜川市幼小衔接工作推进情况调研［J］．陕西教育（综合版），2022（Z1）：25－26＋2.

[2] 杨海霞．绘本阅读在幼小衔接中的运用策略探究［J］．考试周刊，2020（58）：15－16.

[3] 魏少容．“看见儿童”的幼小科学衔接［J］．中国教育学刊，2022（5）：108.

浅析幼儿体育游戏中如何开展探究性学习

（马儒　云南省昆明市盘龙区东华幼儿园）

摘　要： 对于3～6岁特殊时期的幼儿来说，游戏性特征在教育教学过程中为体育游戏活动的开展学习提供了探究的可能。为了更好地培养小学生的探究能力，促进他们在“主动”中发展，在“探究”中创新，本文针对幼儿体能活动开展探究性学习的具体策略进行了分析，具体表现在：创设情境，激发探究热情，提出问题，合作探究，领会探究成果。基于这类研究说法，在日常开展的体育游戏过程中，幼儿体育教师要主动意识到幼儿在体育活动过程中探究性学习的重要性和价值，结合当前教学实际情况，遵循探究的基本原则，在体育游戏活动中适当有效地开展探究性学习活动，帮助幼儿更好地发展自主探究能力，促进幼儿成长。

关键词： 幼儿教育；探究性学习；体育游戏

在幼儿体育游戏的过程中的适宜时段带领引导幼儿开展探究性学习的活动，主要目的在于让幼儿通过进行有趣的体育与健康活动过程中操作相应的游戏材料，在参与游戏的互动探索过程中，自主发现问题并能自主解决问题，从而获得相关知识经验，大大提升幼儿的活动实践能力。在我国基础教育改革工作的不断推进下，幼儿教育受重视程度不断提高，在幼儿教育的整个过程中，促进全体幼儿的主体性发展是一项重要标准和要求。体育游戏活动的实施可以有效地促进幼儿的身心健康发展，还能提升幼儿的动作技能、智力以及情感表达。体育教育作为基础教育的关键一环，这在幼儿教育中占据重要地位。探究性的体育游戏不但可以让幼儿的身体得到发育，还可以促进幼儿的探索能力。为此，教师要以幼儿成长实际需要为主，在体育游戏教学过程中科学开展探究性学习活动。

一、探究性学习在幼儿园体育游戏中开展的现状及其基本原则

体育游戏是幼儿户外活动的重要形式之一，能促进幼儿成长。体育游戏的重要性应当被重视，要从广大幼儿的实际需要出发，保证幼儿的主体地位进行探究学习，在体育游戏活动实践中给予及时准确的鼓励，以便幼儿主动获取广泛知识经验，这就能激发幼儿参与游戏的兴趣，还能让幼儿建立足够的自信心。

当前体育游戏教学实践在培养幼儿探究性学习能力方面存在一些问题，对幼儿探究性学习能力的发展有所影响，例如：一是探索活动过于形式化，教师关注活动探究形式，忽略引导和帮助。探究性学习活动需要幼儿使用多种感官知觉，通过大脑与四肢配合。幼儿时期缺乏生活经验和教师及时的指导。活动中部分教师担心幼儿不守纪律就时常主观性地带领幼儿参与探究的浅要过程，这就使参与过程中的幼儿缺乏自主性，直接影响幼儿学习的兴趣。二是活动过程固化死板，走流程，缺少对幼儿创造性思维的有效培养。教师为便于教学管理，在体育游戏探究活动中更多要求幼儿按自己制定的方法参与游戏活动，单方面强调活动的形式，没提供自主活动条件给幼儿。这种情况会让幼儿对教师产生依赖从众心理，幼儿创造性思维和主动探究意识被严重制约，对幼儿长远发展来说，会产生消极影响。

幼儿的天性体现在体育游戏活动中的探究性学习行为。要保证立足幼儿实际年龄特点，通过晨练、课间操及其他户外活动形式来培养幼儿的探究性意识。在实践教学应用中，教师应遵循几个基本原则：一是教育性原则。体育游戏活动具有较强的趣味性和竞技性，除了发展幼儿身体机能外，更多侧重幼儿身心上的各种情感体验。所以，教师在设计体育游戏探究

活动的过程中，科学设计探究性游戏活动，融合教育基本理念，确保体育游戏的内容符合幼儿发展需要是必要的。二是灵活性原则。幼儿阶段的体育游戏活动更多侧重的是幼儿在探究活动中的参与度，在设计游戏活动的过程中，教师应让走、跑、跳、投同时在基础活动的开设并指导幼儿积极进行活动探究，提高幼儿参与意识。三是安全性原则。安全性原则是幼儿体育游戏活动的基本保障。幼儿自身年龄特殊，实践活动过程中缺乏自我保护意识。为此，在设计体育游戏的教学过程中，教师要充分顾及幼儿的安全，避免体育游戏影响幼儿身心安全。

二、幼儿体育游戏中开展探究性学习的策略

（一）用直观手段培养幼儿探究兴趣

在探究性学习的实践过程中，教师要善于根据幼儿的年龄特点，借助故事情节创设情境，营造生动有趣的教学氛围，设置相应趣味性的体育游戏活动。例如，在“四散跑”的体育游戏中，教师可以说：“老狼老狼几点了，天亮了快点跑。”此时，在丛林中的小松鼠就要快速躲避狼和障碍，跑到安全点躲避。又如，在球类运动游戏中，将幼儿分为多个小组，每组 n 名成员，教师在指导幼儿拍球的同时让幼儿自主探索单手拍球、换手拍球，以及探索幼儿 3vs3 篮球赛。在这种既有合作又有竞赛，还有创造的体育游戏中，激发幼儿参与探究学习的积极性。

此外，在进行调动幼儿学习积极性的各类活动中，可以借助不同的体育玩教具和体育游戏材料辅助进行探索性教学活动。体育游戏材料分为幼儿园原有投放成品材料和自主设计的“废物自制”材料。如在体育游戏中，借助锥桶进行跑跳训练，让幼儿主动探究锥桶的多种用途。分组绕锥桶接力；用锥桶做迷宫进行游戏。总之，教师需借助多样化设计，充分调动幼儿探究学习的积极性，为幼儿创造探究学习活动的必要条件。

（二）借助故事情节，创设探究情境

在活动中巧妙借助适宜幼儿的故事情节创设教学情境，营造丰富、有趣的学习氛围，调动幼儿探究的积极性。如“障碍跑”这个活动内容比较枯燥，练习中幼儿容易厌倦。利用“森林迷宫”的故事情节来包装，吸引幼儿进行角色转换。把体操垫当作草地，木圆盘作为小荷叶……使枯燥、乏味的活动变得生动有趣，激发幼儿参与、努力争先，更有利于顺利完成相应的体育活动教学的任务。

（三）依托幼儿自身创造力设计活动场景

教师在充分调动幼儿参与积极性的基础上，要根据体育游戏的活动特点和形式，设计真实有趣的活动场景。在这个过程中，教师需要引导幼儿参与活动设计和场景的布置，促进其发散思维的提升。例如，为幼儿提供很多的锥桶，引导幼儿把锥桶当作小树，提问：怎么样才能创造出一片小森林？引导幼儿参与实践。最后，幼儿合作并探索出利用小树组合成大树，把其他小树散放，一片小森林就成型了，还可以利用他们探索出来的森林进行障碍跑等体能活动。在这个过程中，幼儿自主参与了活动场景的设计，获得成就感，培养了幼儿创造性思维。

（四）教师提问，幼儿合作并探究

在体育教学过程中，教师提出问题或指出相关疑难，让两人或多人合作探究。相互启发，发挥各自优势，得出结果，例如，在“原地双手投篮”教学时，教师先分解示范标准动作，让幼儿对“原地双手投篮”有了初步了解后，提问：看了老师投篮，请同学们思考探索：投篮的步骤和要领是什么？得出结论，教师总结，幼儿再合作探究，这就拓展了幼儿的思维，使幼儿主动参与学习和练习活动。

（五）教师在活动中的指导作用

在教学过程中，教师要及时对幼儿学习方法进行引导，提高幼儿探究性学习的效率与质量。采用语言启发和引导实践活动两种方式对幼儿进行引导。例如，在“立定跳远”的体育活动中，教师指导幼儿如何把动作进行拆解，有目的引导，形成“1、2、3”的口令动作，帮助幼儿积极参与探究，找到科学的方法，因获得成就感而激发积极性。在体育游戏活动中，教师哪怕给幼儿一个篮球或一个网球，也能让幼儿自主开发出多种游戏玩法和学法。

（六）重视探究结果展示和教师评价

在幼儿参与探究学习过程中，教师评价方式应当以鼓励性语言为主，增强幼儿探究学习的信心，探究性学习的实践过程中，教师评价是督促幼儿不断深入学习和发展的重要驱动。面对幼儿不合理的想象和活动时，教师也应先肯定、赞扬幼儿的创造力，再用科学的方法指出不足，帮助幼儿在探究学习过程中不断地提高自我学习和探究学习能力。此外，教师还要充分肯定幼儿的探究结果，根据幼儿的探究学习情况及时给予其肯定，将幼儿探究学习的结果融合到游戏学习过程中，通过讲解和分析，对幼儿探究学习过程进行科学评价，引导幼儿感受探究学习的乐趣，从而帮助其树立正确的探究学习意识，促进幼儿探究学习能力进一步提升。

三、结语

体育游戏活动的趣味性落实完全依托教师良好的专业素养。趣味性足且形式多样的体育游戏活动的组织方式和教育方法能够作为益智教育的策略，还能够促进幼儿体质提升。这需要幼儿教师从幼儿的年龄特征和实际体质需求出发，科学设计合理的探究学习内容和形式，充分激发幼儿的兴趣。同时，加强营造丰富贴切的游戏场景，运用多样化指导和评价的方式增加代入感，提高幼儿积极探究的动力，积极落实幼儿探究学习能力的培养到日常教学中。

参考文献

［1］曾亚萍．幼儿体育游戏中开展探究性学习的策略［J］．教育革新，2013（7）：74.

［2］赵军．浅谈如何有效开展小学体育探究性学习［J］．山海经（上半月），2016（12）：217.

［3］何通．“探究性学习”在小学高段体育教学中的实践［J］．新课程研究（基础教育），2009（4）：53—54.

幼儿园开展垃圾分类教育的实践研究

（金富丽　云南省昆明市盘龙区东华幼儿园）

摘　要：生活垃圾的增多已造成严峻的环境问题，垃圾分类已成为环境保护的一项重要措施。幼儿园作为儿童环保教育的重要场所，应积极开展垃圾分类教育活动。规范垃圾分类日常管理制度，提高师生分类意识。建立垃圾分类课程体系，将垃圾分类教育融入幼儿园一日生活、游戏中，通过游戏法、实践法、环境熏陶法等方法丰富教育内容和活动形式，提高师生分类能力。“家、园、社”三位一体共构共建，帮助幼儿建立正确的环保意识，培养良好的行为习惯。

关键词：幼儿园；垃圾分类；垃圾分类教育；环保意识

随着社会的发展，生活垃圾急剧增加，对我们的环境和健康造成了巨大威胁，环境保护已成为全球热议话题。习近平总书记指出，实行垃圾分类，关系广大人民群众生活环境，是社会文明水平的一个重要体现。推行垃圾分类，要加强科学管理，形成长效机制、持之以恒抓下去。为深入贯彻习总书记讲话精神，教育部要求各地校园将生活垃圾分类管理和教育工作作为贯彻落实节约资源和保护环境基本国策的实际行动。

垃圾分类是实行垃圾减量化、资源化、无害化的重要途径，是保护生态环境、造福子孙后代的系统工程。推行垃圾分类，教育须先行。《幼儿园教育指导纲要（试行）》提出“在幼儿生活经验的基础上，帮助幼儿了解自然、环境与人类生活的关系。从身边小事入手，培养初步环保意识和行为”。幼儿园作为儿童环保教育的重要场所，应该积极开展垃圾分类教育，帮助幼儿建立正确环保意识和行为习惯。本文结合东华幼儿园的实践研究，探讨开展垃圾分类的意义以及实施策略。

一、幼儿园垃圾分类教育的意义

（一）促进环保意识的建立

幼儿园垃圾分类教育可以帮助幼儿了解不同种类的垃圾和垃圾的来源，学习垃圾分类方法。在生活中积极参与垃圾分类，避免对环境造成污染，培养初步的环保意识。

（二）提高幼儿的环保素养

幼儿园垃圾分类教育可以培养幼儿的环保素养，促进幼儿环保意识和环保行为的形成。同时，垃圾分类教育也可以帮助幼儿了解环境保护的重要性，提高他们的环保意识和环保行为的积极性。

（三）培养幼儿的社会责任感

幼儿园垃圾分类教育可以帮助幼儿认识到自己应承担的社会责任，从而培养社会责任感。当幼儿清楚地知道如何正确分类垃圾时，就会有更高的环保素养和社会责任感。

二、幼儿园开展垃圾分类教育的实施策略

垃圾分类教育要想取得成效，需要营造一种令人感到乐于协作和有责任心的气氛。因此，幼儿园应丰富活动内容和形式，激发幼儿的参与兴趣，以达到垃圾分类的目的。

（一）建立垃圾分类教育机制，实现监督管理常态化

1. 建立垃圾分类教育管理制度

实施垃圾分类教育，要求教育工作者做好长期系统的准备。幼儿园将环保教育贯穿到管理、教育教学整体规划中，制订教育计划和教育方案，把垃圾分类工作与“无废校园”创建工作相结合，加强自查自纠，建立健全垃圾分类工作监管和考评制度，把垃圾分类工作与日常行为规范养成教育有机结合。根据小、中、大班幼儿年龄特点制定“分类小能手”星级制度，每周班级结合幼儿表现，组织小能手评选，鼓励小能手佩戴胸牌进行相互督查。开展“光盘行动”主题活动，由垃圾分类领导小组组成检查团，每日对各班餐点情况进行跟踪检查，从源头上实现垃圾减量。

2. 建立垃圾分类系统培训制度

面向教师和幼儿，持续开展垃圾分类培训，将垃圾分类教育作为教师学习培训的重要内容和新生入园教育教学的重要内容，实现教育培训常态化，保证教育质量和效果。

（二）重视垃圾分类宣传教育，提高垃圾分类意识

幼儿园多渠道宣传垃圾分类知识。利用每周一“国旗下讲话”宣传垃圾回收利用和垃圾分类知识。在幼儿园门口设置“垃圾分类”宣传点，配置标准化垃圾桶以及宣传栏，将孩子们参加垃圾分类活动的精彩瞬间，以及有关垃圾分类的作品张贴出来，营造浓浓的宣传氛围。

鼓励师生、亲子对生活中回收的废旧物品进行创意制作，布置“巧手创绿”的校园环境。一幅幅贝壳画、瓶盖创意、纸箱变变变等作品既带给大家美的享受，更把绿色环保理念传递到每个人心中。在幼儿园大门口摆放分类回收箱，创建“旧物回收站”以方便师生收集生活中可回收的“绿色资源”；创建“变废为宝专区”，为师生创作提供场地和材料，孩子们在创意制作中体验“旧物回收、变废为宝”的快乐与美好。

向家长发放“垃圾分类，你我同行”倡议书，在门厅主要位置设立“绿色宣言”签名墙，号召孩子和家人一起加入垃圾分类活动中；成立以班级“分类小达人”为成员的“创绿志愿者”队伍，小队员在幼儿园内、社区中开展垃圾分类宣传。

（三）研发垃圾分类课程，丰富垃圾分类知识

以《3～6岁儿童学习与发展指南》各年龄段发展目标为基础，研发“垃圾分类”园本课程，将生活垃圾分类投放、回收利用、无害化处理等基础知识纳入教学内容。通过“垃圾的危害”“保护地球妈妈”“垃圾怎样分类”“垃圾怎样处理”“废旧物品变废为宝”“小手拉大手，垃圾分类一起做”等主题教学，培养幼儿垃圾分类意识和良好行为习惯。根据幼儿认知特点，科学设置教育内容和教学形式，如通过绘本、游戏等形式对小班幼儿进行启蒙教育；采用实践教育和师生互动等方式对中、大班幼儿进行深入教育。幼儿园与“无废校园”建设相结合，开展可回收垃圾和厨余垃圾“变废为宝”实践活动，如定期用果皮制作酵素、用废油制作肥皂等。教师们充分发挥集体智慧，为不同年龄段的孩子设计、制作分类游戏材料，引导幼儿和家长一起学分类歌、做分类桶、分享分类经验，在游戏中激发分类兴趣。

（四）丰富垃圾分类教育方法，提高垃圾分类能力

1. 游戏化教育法

采用游戏化教育法，将垃圾分类与游戏相结合，增加学习兴趣。例如，使用游戏卡片、拼图、剪贴、填字游戏、竞赛等儿童喜欢的游戏，认识不同类别的垃圾及分类方法。通过课堂讨论、小组讨论和专项活动加深对垃圾分类理念的认知和理解，通过游戏形式进行巩固和深化。

2. 实践教育法

通过实际操作帮助幼儿掌握垃圾分类技能。例如，在幼儿园内设置垃圾分类桶，引导幼儿将垃圾放入正确的桶中。组织垃圾分类主题活动，如垃圾分类比赛、垃圾分类课堂演示等，让幼儿在实践中体验垃圾分类的重要性。组织师生一起到周边社区、公园等地参加垃圾清理活动，增强幼儿对垃圾分类的理解和认识，提高幼儿的环保意识和责任感。如在“小小垃圾收集员”活动中，通过现场体验和实践让孩子了解现实情况和他们能作出的贡献。全园义卖活动后，孩子们将爱心献给在垃圾分类工作第一线的环卫工人们，从而感受到垃圾分类的意义。

3. 环境熏陶法

教师在制作玩教具、进行环境创设时尽量使用回收的“垃圾”，让幼儿看到自己分类行为的意义和作用。教师以身作则，积极践行垃圾分类原则，为幼儿和家长做知行统一的表率。

（五）“家、园、社”三位一体，共构共建分类环境

幼儿园应协同多方教育资源，整合社会职能部门、社区资源和家长资源，争取外援为幼儿提供优质教育资源。

1. 家园互相合作，共同参与垃圾分类

家庭是幼儿园重要的合作伙伴。家长是幼儿园垃圾分类教育的重要参与者，可为幼儿提供指导，支持幼儿继续学习、练习和使用正确的垃圾分类方法。幼儿园应积极与家长沟通合作，通过家长会、家园联系之窗、公众号、家长园地等沟通渠道，让家长及时了解“垃圾分类”主题活动目标、内容和要求。鼓励家长与幼儿一起参与垃圾分类活动，并在家中也进行垃圾分类教育，形成全社会共同参与的良好风气。

2. 协同社区资源，提供分类教育支持

幼儿园在充分利用好园内资源的基础上，加强与当地环保部门的合作，争取社会支持，开设垃圾分类知识竞答微信公众号、垃圾分类线上答题赢奖品等活动。充分利用社区资源，为幼儿提供实践参观、亲身体验的社会活动。如在参观“固废转运站”和“垃圾处理厂”活动中，孩子们了解到垃圾分类投放、收集、运输及处理的全过程。

通过实践研究，本文认为，垃圾分类不但是一种思想观念的形成，更是行为习惯的培养。从幼儿园开始进行垃圾分类教育往往事半功倍。垃圾分类教育要充分体现和结合当前时代背景与国家政策，以节能减排为核心，体现立德树人和新时代要求。

幼儿园要结合园所特点，完善教育条件，充分挖掘教学资源，加强相关培训，提升教师专业素养，因地制宜开展教学和实践活动，多方携手持之以恒扎实推进垃圾分类教育。通过“小手拉大手”带动每个家庭参与其中，初步实现“教育一个孩子，带动一个家庭，文明整个社会”的目的。

参考文献

[1] 胡志华，徐芳芳．幼儿园垃圾分类教育的现状、问题及对策［J］．教育与职业，2021（12）：78—79.

[2] 陈艺霞．幼儿园垃圾分类教育研究［J］．江西教育学院学报，2020，36（6）：85—88.

[3] 谢淑兰，李春菊．幼儿园垃圾分类教育实施对策研究［J］．科学教育研究，2020（11）：24—25.

[4] 钟云华，林晓君．幼儿园垃圾分类教育实施策略研究［J］．教育科学论坛，2021（5）：134—135.

乡村幼儿园“小学化”倾向的解决策略及途径
——以××乡村幼儿园为例

（徐宁宁　云南省昆明市盘龙区东华幼儿园）

摘　要：××乡村幼儿园是乡村薄弱校园之一，与××小学共用老旧园舍，园区基础设施薄弱，管理不健全，因幼儿园和小学在一起办学，教育资源“一边倒”；为迎合小学教育，幼儿园“小学化”倾向更加严重；师资严重不足，幼儿园教师是小学调配老教师和外聘教师；教师教育理念滞后、专业能力较弱，走不出去带不进来使教育资源显得格外贫乏；乡村幼儿园教师地位低，阻碍教师自我发展的愿望；留守儿童较多，老人带孩子随意性较强，且共同认为提前介入小学内容，可以帮助孩子提高小学学习成绩，在环境的相互影响下，家长观念转变较难。策略及措施：小、幼分开，规范管理；转变教师、家长观念，科学保教；制定幼儿园规章制度，建全一日活动流程；积极促进城乡教育资源相互渗透；利用乡村文化建设，开发本土性教育资源缩小城乡学前教育差距，使幼儿本体性价值得到开发、培养和提升，从根源改善“小学化”倾向，促进幼儿德智体美劳，身心健康获得全面发展。

关键词：乡村幼儿园；“小学化”；策略；途径

2010年国务院发布了《关于当前发展学前教育的若干意见》，明确提出要坚持科学保教，防止和纠正幼儿园教育“小学化”倾向。2018年国务院出台的《关于学前教育深化改革规范发展的若干意见》克服和纠正“小学化”倾向，小学起始年级必须按国家课程标准坚持零起点教学。《国家中长期教育改革和发展规划纲要（2010—2020年）》明确指出要重点发展农村学前教育。整顿农村地区幼儿园教育“小学化”现象有助于改善和提升农村幼儿园保教质量。本文从乡村幼儿园“小学化”实例出发，分析农村幼儿园教育“小学化”现象产生的原因，提出改善乡村幼儿园教育“小学化”现象的策略和途径（见图1）。

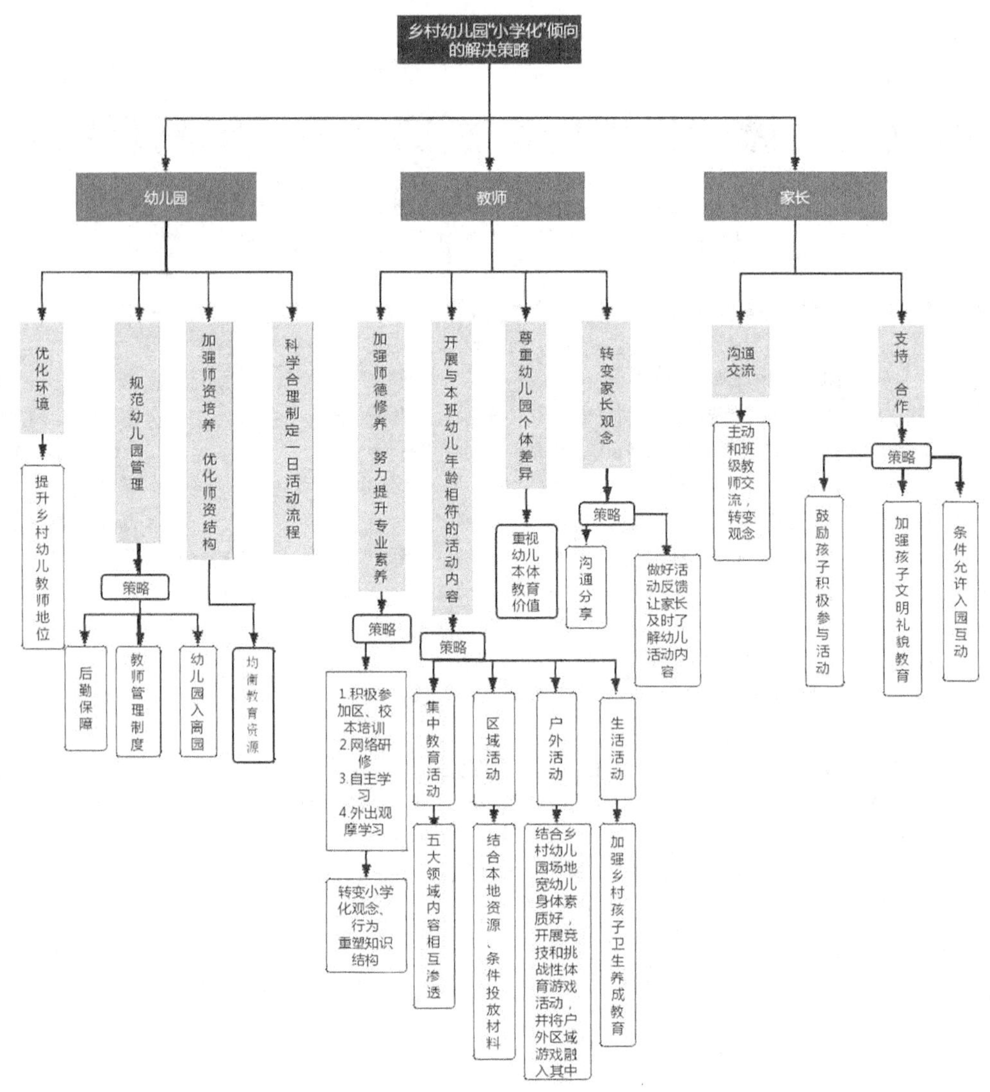

图1　“小学化”倾向解析

××乡村幼儿园是××小学附属幼儿园，实行一体化管理模式，师资、物力、资源由小学统一调配，受环境、管理、师资、家长影响，“小学化”倾向比较突出。针对××幼儿园小学化倾向从学校管理、师资配备、家长观念转变，特提出了一系列策略和解决途径。

一、乡村幼儿园“小学化”的主要表现

本文所指幼儿园教育小学化倾向是指幼儿园将小学的课程资源、管理模式、教学观念、教学方式、方法等渗透到学前教育实践中，使之常规化，违背幼儿身心发展规律的教育现象。在××幼儿园最常见的就是幼儿教师在教育过程中的表现与小学教师相同，幼儿用小学生学习方式参与活动，如大声唱数、读词、背儿歌，写数字、汉字，做数学题，忽视幼儿游戏对孩子发展的意义和价值。其次，教师在教育教学活动中严格束缚和限制幼儿学习以外的

游戏行为，使幼儿活泼好动的天性被压抑，缺乏自主性和创造性……因此，我们迫切需要改变乡村幼儿园的管理模式、教育形式、思想和理念，通过科学管理、科学保教、资源渗透让乡村幼儿园走出“小学化”的困境。

二、乡村幼儿园“小学化”倾向的主要原因

首先，领导对幼儿园保育保教质量提升不够重视，幼儿园管理制度不健全。幼儿园并没有形成独立的幼儿园管理制度及相应工作计划，从后勤保障、教师管理、师训、保育保教活动开展随意性都比较大。

其次，教育资源失衡，教师缺乏科学育儿观念、教育技能和方法策略等，外聘教师成为幼儿园各项工作的主力军，还缺失学习的条件和机会，专业能力和思想理念滞后，为迎合家长的需求，只教孩子读书、写字、做作业。小学调配老教师，活动组织小学模式，加剧了幼儿园活动变成小学课堂；教师对幼儿年龄段实施的教育目标不了解，忽视幼儿主体的兴趣需要，教师过度干预和控制使幼儿不能从活动中体验愉悦。

再次，幼儿父母“小学化”倾向的思想严重。家长比的是孩子学会几个字，会做多难的数学题，周末有没有作业，为能摆脱农村生活，强行拔高幼儿的受教育水平，违背幼儿身心发展规律，强塞学习硬生生剥夺幼儿的天性。无论是教育观念层面，还是教育行为层面的乡村幼儿园教育“小学化”现象，都无助于乡村学前教育保教质量的发展与提升。

最后，由于学前教育不属于九年义务教育范畴，乡村私立幼儿园对公办幼儿园也造成了很大的冲击。私立幼儿园提供接送服务解决了家长的后顾之忧，植入的小学化内容，满足了家长需求，但无疑是违背了儿童身心发展的自然规律，还加重幼儿身上的负担，且乡村私立幼儿园轻孩子良好生活、行为、学习习惯的养成教育，也为幼儿入学留下了弊端。

三、解决“小学化”倾向的策略及途径

（一）改变原有的管理模式，制定科学合理的幼儿园规章制度

管理者提升对幼儿园各项工作的认知，提升科学、有效管理措施和能力，加大执行力度及对教师管理、考核；加强师训工作，为教师提供学习和成长的平台、条件，让新理念不断的渗透到教师的教育行为和理念上，使教师专业成长永远在路上；提升教师的专业素养，只有具备良好的专业素养，受到社会各界的认可和重视，才能从源头纠正“小学化”现象。树立教师正确的教育理念和科学的教育规律，鼓励和支持幼儿教师利用乡土资源开发园本课程，才能有效弥补农村幼儿园教育资源的不足，也有利于创建具有本土特色的幼儿园活动内容和形式。

（二）保障师资力量，提升幼儿园教师地位

学校、社会要尊重幼儿教师的职业特性，注重提升幼儿园及教师的地位，从环境、生活条件都要保障幼儿教师能得到充分的尊重。幼儿教师工作过程中为保障幼儿安全，精神处于高度紧张状态，因此在保障孩子安全的基础上要灵活机智地调整主班、配班、生活教师工作时间，减轻幼儿教师工作压力。帮助乡村幼儿教师对自己的身份、角色、地位、职业产生认同感，增加教师归属感、自豪感和幸福感。教师要提升反思能力，深刻认识“小学化”的危害，科学保教。校领导要加大学前教育的重视程度，营造良好的心理环境，积极主动支持和发展乡村学前教育。

（三）科学合理地开展幼儿一日活动，促进幼儿全面发展

城乡孩子之间发展是存在一定差距的。首先从教师角度来说，教师本身要加强师德修养，成为孩子幼小心灵的守护者，要有有效组织活动的能力，努力用自己的专业素养和责任去缩短城乡孩子之间的差距，要有合理安排幼儿园一日活动的能力，从晨间活动、集中教育活动、区域活动到户外活动内容上都要进行合理安排。如健康领域户外活动中借助器械设计游戏场景，增强户外活动的游戏性，开展动作技能技巧的锻炼，增强幼儿动作的灵活性、灵敏性，还可以融入本土民间游戏，让孩子在熟悉的游戏中获得动作肢体的锻炼。生活常规上要不断养成幼儿良好的进餐、卫生习惯。教师要有积极乐观的心态和良好的语言行为示范，在幼儿情绪管理上要让孩子学会能控制不良情绪，同时给孩子文明礼貌教育做好示范。开展早期阅读活动，引导幼儿学会倾听、理解、表达，并以幼儿的方式进行前书写能力的培养；社会领域要能及时发现孩子问题把握机遇进行契机教育，让孩子们在自己真实的场景中学习、学会关心同伴，在矛盾中学会包容和友好相处，在互助中学会合作；在科学领域，要利用校园环境带孩子去自然中探索动植物的秘密，让孩子自己去发现问题，记录学习过程，让幼儿能在自己的探究中获得满足感；在数学方面，孩子在生活中，具体材料的操作、记录、问题解决中和同伴的相互的带动下不断提升数理逻辑思维能力；在艺术领域，教师也要提升自己的艺术修养，从音乐、美术提升教师和幼儿的艺术感受能力和表现能力。活动内容的选择、过程的设计体现的是教师的能力，无论是什么样的活动都要尊重幼儿的年龄特征，活动才会变得有效。

教师还要善于进行区域设置、组织和实施，支持孩子学各种形式的区域游戏计划、游戏活动和游戏分享，使孩子从零碎的活动中逐步形成主题区域游戏，从中获得与孩子兴趣和个体发展相符的认知、技能。

（四）转变家长育儿观念

农村幼儿园教育“小学化”的产生受到家长观念的影响，因此转变家长观念又是乡村学前教育面临的巨大挑战。首先，父母应认识到教育应使幼儿身心健康、全面和谐发展。明白幼儿园教育是以游戏为基本活动，幼儿是以具体形象思维为主的，他们是在“做中学”“玩中学”开发幼儿智力的，也只有符合幼儿年龄特征的教育才能为幼儿今后的学习奠定良好的基础。其次，社会要加强对学前教育理念、目标及内容等方面的宣传，使家长逐步了解学前教育，并树立正确的意识。

总而言之，乡村“小学化”倾向的原因很多，但只要我们做有思想的教育者，是可以改善乡村幼儿园“小学化”，不断提升乡村学前教育水平，走出自己的特色的。

参考文献

［1］中华人民共和国教育部．国务院关于当前发展学前教育的若干意见［EB/OL］.（2010－11－21）国务院关于当前发展学前教育的若干意见＿百度百科 https：//baike. baidu. com/item/.

［2］中华人民共和国中央人民政府．中共中央国务院关于学前教育深化改革规范发展的若干意见

［3］虞永平．找准幼儿园教育“小学化”的根源［N］．中国教育报，2012－06－03.

［4］李洋，陈希．农村幼儿园教师队伍建设现状与促进策略［J］．学前教育研究，2018（9）：61－63.

幼儿园生态文明教育的实践研究

（孙丽　云南省昆明市盘龙区东华幼儿园）

摘　要：绿色生活是一种环保、无污染、低碳、与自然和谐相处的思想。儿童是国家的未来，“生态教育”不仅是实现可持续发展的必要条件，也是建设生态文明社会的必然要求。但是，由于幼儿的生命阅历和认知能力还处于发展的初级阶段，所以，“生态教育”的教学方式要符合幼儿的这种特点。首先，教师要对“绿色生命”这个概念有深刻的认识，并根据其身体和心理发展的特点，采取一种容易被孩子接受的方法，通过适当的教育和引导，让孩子们感受到大自然的美丽，从而达到教学目的。

关键词：幼儿；“生态教育”；绿色生活

一、绿色生活理念下幼儿“生态教育”的基本内容

绿色生活理念下的“生态教育”最初是由滕守饶先生提出的。滕守饶先生认为，幼儿教师在开展绿色生活理念下的幼儿“生态教育”时，必定要以生态的眼光、保护环境的态度作为基础，并在此基础上做到细致观察、深刻理解、反复思考，以凸显绿色生活理念下的幼儿“生态教育”的目标，并将这一教育目标以实践的方式体现到实际教学活动中。由以上观点可知，绿色生活理念下的幼儿“生态教育”既是一种“绿色”教育理念，又是一种实施“生态环境保护”的教育策略，其更新传统的幼儿教育观念，优化传统的幼儿教学内容，体现在生活的方方面面，具有很好的实践价值。因此，幼儿教师在开展绿色生活理念下的幼儿“生态教育”时，切不可将教学内容固定在某一方向上，也不能将教学环境固定在教室内，而要从幼儿的情感需求出发，引导幼儿真实参与到环境保护中，让幼儿在自然环境的熏陶下，逐步掌握与环境保护有关的知识，树立环境保护意识，养成环境保护习惯。

二、绿色生活理念下开展幼儿“生态教育”的必要性

幼儿阶段开展绿色生活理念下的“生态教育”，相比其他阶段都更加有效，也更加必要。究其原因，主要体现在以下三个方面。

（1）当前正在接受幼儿教育的孩子，正是十几年、二十几年后社会的主人，幼儿教师在此阶段对他们实施绿色生活理念下的“生态教育”，可以让幼儿早早知道人与自然和谐相处的重要性与必要性，进而逐渐树立环境保护意识，并用实际行动去践行生态环境保护理念。

（2）幼儿的生活经验较少，世界观、人生观和价值观尚未形成，他们较容易受到绿色理念下“生态教育”的影响，幼儿教师在此阶段对幼儿进行“生态教育”，可以帮助幼儿树立正确的环境保护理念，并逐渐形成环境保护意识。这样一来，他们未来就更容易成为环境的保护者，以及“生态教育”理念的实践者。

（3）幼儿教师只有在幼儿时期对孩子进行环境保护教育，才能够真正将环境保护理念与意识植根于幼儿的心灵深处，使幼儿在日常生活中自觉进行“绿色生活和学习”，这样一来，环境保护理念才能真正得到落实。

三、绿色生活理念下开展幼儿“生态教育”的实践策略

（一）观察小昆虫的奇趣，让兴趣发生

首先给幼儿观察小昆虫的机会，让兴趣发生。自然教育开展的阻碍之一就是成年人剥夺幼儿观察小昆虫的时间和空间，不论家长或教师在自然环境中偶遇一只小昆虫，第一反应是本能地躲避，嫌它脏、觉得恶心、害怕它咬人，接着便会想方设法将它赶走甚至打死。成年人对昆虫的偏见往往因其无知，而这种根深蒂固的观念实则在抹杀幼儿的探究机会和兴趣。以昆虫为媒介的自然教育首先要让幼儿静静地观察一会儿昆虫，看一看蚕的生长变化、数一数七星瓢虫的星星、捏一捏甲虫坚硬的外壳……小昆虫身上的神奇符合幼儿好奇好问好探索的天性，因此可以萌发幼儿的兴趣，产生“点状”的问题。

【调查、了解幼儿的前期经验】

问题：我知道的昆虫有哪些？

孩子画出了蜻蜓、甲虫、蝴蝶、螳螂、蚱蜢、蜗牛、蜘蛛这些常见的虫子，但是并不能准确地辨别昆虫。

要具备什么特征才能称之为昆虫呢？

通过查阅资料，孩子们知道了昆虫的特征：头、胸、腹、三对足、两对翅膀、一对触角。

分析与反思：从他们的讨论中能看出孩子们对于昆虫有些浅显的认识，在查阅完资料知道了昆虫的特征后，孩子们迫不及待地将捕捉到的虫子特征跟昆虫的基本特征进行对比、探究。

（二）饲养小昆虫的乐趣，让兴趣延续

昆虫较于寻常动物成为最好的媒介，优势之一就是其便于饲养，可以让兴趣产生“线状”的延续。幼儿在饲养小昆虫时，不仅要学习、了解昆虫的生活习性，还要通过自我劳动创造适宜的环境、给昆虫准备食物、清理粪便及残渣等。幼儿作为劳动者，在饲养体验活动中乐此不疲。前期饲养昆虫的幼儿对于较为常见的以及外形美丽、颜色鲜艳的昆虫更感兴趣，因此以饲养蚕、蝴蝶、蚂蚁等昆虫为主。在饲养过程中，幼儿以给其喂食、观察其动态、了解其生活环境为主。后期饲养昆虫的幼儿选择饲养的昆虫种类会更多、更丰富，以独角仙、蚕、蝈蝈等为主。幼儿的饲养兴趣更多是融入自己的想象和理解，发现小昆虫身上的乐趣。在饲养体验中，幼儿的猎奇心理让趣味性加深，并且越发亲近自然，实现自我突破。

（三）发现小昆虫的智趣，让兴趣升华

在成功饲养小昆虫的基础上，幼儿在理论层面上对自然界常识性知识进行基本掌握，在实践层面上自我意识的萌发让幼儿更具有创新能力和解决问题的能力，幼儿在饲养昆虫的同时，关注点更偏向于各种基于观察而来的问题，幼儿会乐此不疲地做实验、作对比、作记录，以更加具有科学性的劳动实现其猜想。幼儿能更加全身心地投入到以昆虫为媒介的自然教育活动中，通过尝试自我劳动解决问题，培养独立的人格和思想，从发现昆虫的奇妙中感受智慧的启迪。幼儿通过一点点的体验感知，用劳动换来发现，用发现维持兴趣，形成“面状”的发展，让自然教育更加“有血有肉”，有成效。

【儿童探索：寻找昆虫（寻虫之旅）】

问题：捕捉昆虫需要什么工具？

孩子们说：需要网兜、镊子、放大镜、观察盒。

孩子们绘制了捕捉昆虫需要的工具统计表，收集了捕虫的工具。

行动一：幼儿园里的昆虫

孩子们拿着放大镜在幼儿园的草丛里寻找昆虫，在花台上发现了西瓜虫，在大树上发现了许多的蚂蚁，在篮球架上发现了飞蛾，用网兜捕到了苍蝇。

行动二：周末亲子捕捉

家长周末带幼儿到户外捕捉昆虫，他们用照片和文字的形式记录下他们寻找昆虫的过程。

通过捕捉昆虫的交流活动，幼儿发现了昆虫的不同生活环境，有的生活在土壤里，有的生活在陆地的表面上，有的生活在空中。

孩子们带来了他们捕捉到的昆虫，有竹节虫、蚱蜢、蝴蝶、西瓜虫、七星瓢虫等。

分析与思考：这些都是昆虫吗？能在教室里养吗？为了支持孩子的想法，我们给孩子提供了饲养昆虫的场所。教师是幼儿的支持者和参与者，有了教师的支持和参与，孩子的探究之旅会更加稳固。

从一个微小的虫子引发的问题，到最后的认识与尊敬，自然教育是一个循循善诱的因，也是教导人的果。在此过程中，幼儿收获的是因材施教的个性化成长。在自然界的教育中，生活就像一只小虫子，每一个孩子都是独立的，有着不同的兴趣、专长、能力、喜好等。在这种自然的教学中，教师可以使孩子的观察、表达、想象、动手操作和解决问题的能力得到提升。自然教育不会做横向的对比，而仅仅是相对于自己的成长和成长而言，它是一种自觉的成长，并促使孩子自主地探索生命。这样，孩子们长大了，离开了学校，离开了父母，就可以更好地融入社会，学会了适应、调整、克服困难、摆脱困境，为自己的人生打下坚实的基础。

综上所述，良好的环保意识，离不开良性的“生态教育”。“生态教育”是一项有助于让生态文明理念内化于幼儿内心、外化于幼儿表现的基础性教育活动。幼儿是祖国的未来，环境教育从娃娃抓起会起到事半功倍的效果。在实际教学中，幼儿教师要以幼儿的身心发展特点为基础，运用多元化教学方式，积极开展“家园共育”，以促使幼儿自觉形成环境保护意识，从而有效达成教育目标。

参考文献

[1] 邢容，朱敏兰．城市幼儿生态文明教育的新途径——基于青海省农牧区和市区幼儿生态文明素养对比的实证研究［J］．陕西学前师范学院学报，2021（11）：1－5.

[2] 邵晓飞．本土生态知识对当代幼儿教育的潜在影响研究［J］．怀化学院学报，2021（3）：26－30.

[3] 崔文淑，金红花．幼儿园“自然体验式”生态环境教育探析［J］．延边教育学院学报，2021（1）：177－179.

大班以幼儿为本的班本课程探索
——以科学区种植活动为例

（丁雪　云南省昆明市盘龙区东华幼儿园）

摘　要：《3～6岁儿童学习与发展指南》科学的提出：“幼儿科学学习的核心是激发探究兴趣，体验探究过程，发展初步的探究能力。成人要善于发现和保护幼儿的好奇心，充分利用自然和实际生活机会，引导幼儿通过观察、比较、操作、实验等科学方法，学习发现问题，分析解决问题，帮助幼儿不断积累经验，形成受益终身的学习态度和能力。”大班幼儿对身边的事物和现象感兴趣，对周围的人和事观察能力也有很大提高，自己身处的环境的变化有着很强的好奇心和探索欲。教师以大班科学区种植活动，积极引导、支持幼儿的学习和探索，从兴趣点出发，基于生活和学习，建构以本班幼儿学习特点和最近发展区，探索以幼儿为本的学习课程，从而提高幼儿的科学素养和学习品质。

关键词：大班；科学区；幼儿为本；班本课程

随着幼儿园课程的改革，强调以幼儿为本，倾听幼儿，不管是幼儿园课程游戏化还是游戏化课程，都强调以幼儿视角为主体的活动，重视幼儿在活动中的儿童表征和能力经验的提升。教师通过科学区种植活动让幼儿思考探究、操作记录，幼儿能通过观察、比较与分析发现自然角植物的特征，细致观察到其前后的变化培养幼儿劳动技能和劳动品质，提升幼儿的科学素养。

一、善于捕捉幼儿兴趣点，生成班本课程起源

在建构班本课程之前我们要思考两个问题：班本课程从哪里来？教师怎样去发现课程？班本课程肯定是要从孩子的生活和学习中来，只有贴近幼儿生活的、关注幼儿兴趣点的学习才有价值。作为教师首先要去真正倾听幼儿，了解幼儿需要什么，捕捉幼儿兴趣点，梳理幼儿重要问题，以幼儿问题为导向确定班本课程的主题。

9月的一天午饭后，我带着孩子们去散步，几株成熟了的向日葵把孩子们吸引了过去，有孩子发问：“老师！为什么之前的向日葵花变成了向日葵种子了？”我及时地捕捉到了孩子们的兴趣点，激发孩子们对种植活动的探索。我们开启了一场“遇见种子，收获美好”的种植之旅。

二、珍视幼儿有价值的提问，以幼儿为本开展班本课程

《3～6岁儿童学习与发展指南》科学领域教育建议提出：“认真对待幼儿的问题，引导他们猜一猜、想一想，有条件时带幼儿一起做一些简易的调查和有趣的小实验。”我们引导幼儿展开了积极的儿童讨论：你知道的种子有哪些？现在是秋季，适合种植的种子是……菜地小，怎么种？分小组讨论：你们组选择什么种子？我们采用了记录的方式进行统计和征集幼儿意见，我们开始了实施课程内容的活动。

（一）探秘种子

收集种子初步了解种子。种子收集调查表中，幼儿对种子名称、种子颜色、种子形状、种子实物等几方面进行调查，从统计数据看种子总数：一共有 24 种，蔬菜种子占 29%，粮食种子占 33%，坚果种子占 17%，水果种子占 21%。幼儿在自主探索种子的过程中，观察、触摸、闻味道、比大小、数种子，充分体验感受不同种子带来的乐趣，幼儿根据不同种子盒记录尝试分类、记录。在记录表的支持下，幼儿提高了记录和分类的能力，让幼儿从活动中不断探索发现问题、分析问题。

（二）种植准备

1. 小组决议

教师继续提升幼儿的记录水平，将活动的难度提高，种植记录表需要小组讨论、合作完成。幼儿分组讨论适合秋天种植的种子后，小组成员自由组合选择种植组：茴香组、蚕豆组、小麦组、萝卜组、豌豆组。

2. 选择种植的工具

作为活动的支持者和引导者，我并未给幼儿提出建议，在工具使用的探索过程中，孩子们进行了记录，从种植活动看，幼儿的动手操作能力、劳动能力、使用工具的能力都有很大提高，在活动中幼儿与教师的互动、与同伴的合作能力都有很大的提高。

（三）幼儿开始种植活动

幼儿自主播种。孩子们开始播种，分工合作：挖土—撒底肥—撒种子（凿洞）—盖土—浇水，幼儿以图画的方式记录种子名称及图片、使用的工具、适合的工具、播种方法等。在区域里为孩子提供的种子播种的步骤图进行排序，在植物角让幼儿进行种子成长观察记录表，记录表体现观察日期、植物的样子、我为植物做的事情、和谁一起等。幼儿此时的兴趣性非常浓，每天都主动到植物园地观察和记录小植物的生长变化，幼儿的自主学习性得到了充分的体现。孩子们在发现问题—分析问题—解决问题这个过程中有了深入的探究，思维和学习能力都有了提升。

三、抓住班本课程的教育契机，以幼儿视角丰富班本课程内容

“儿童的视角”的确意味着我们要“了解”并“理解”儿童。也就是说，不仅要有发展心理学家的眼光，还要有一种对儿童的移情式理解。

（一）豌豆尖不见了

豌豆尖被中班采去做披萨了，我抓住契机设计了“豌豆尖会长大”这个活动，让幼儿了解豌豆的生长过程，知道豌豆尖的营养价值等。教师通过活动疏导幼儿的情绪，用积极的态度去面对植物生长的规律，帮助幼儿树立信心。

（二）小鸟吃麦粒

麦粒被一群蜂拥而上的小鸟吃光了。有一个男孩说：“我们来做稻草人赶走小鸟!”我说：“稻草人怎么做呢?”孩子们开始了讨论，要画一个图稻草人吓走小鸟，播种了新的种子。活动体现了幼儿解决问题的能力和坚持照顾和养护小植物的品质。教育的契机无处不在，关键在于教师是否在追随儿童、倾听儿童、理解儿童，让儿童在有教育价值的活动中得到更多的发展。

四、注重班本课程的价值，利用班本课程多元化提升幼儿学习经验和品质

班本课程来源于幼儿的生活学习，从幼儿为本的兴趣点入手，教师引导幼儿一步步深入探究学习，从而提升学习经验和提高学习品质。班本课程应该是多领域、多层次的，儿童喜欢、感兴趣的。

（一）绘画一种小植物的样子

绘画也是记录的一种方式，通过绘画让幼儿的观察更加仔细，也进一步提升了孩子们对小植物关爱的情感，孩子们边观察小植物边画小植物，有的小朋友还画了从豌豆发芽—长小叶子—长高—长出藤蔓—开花。在这个过程体现了幼儿坚持、积极主动观察、尊重植物生命的良好学习品质。

（二）蚕豆花开

幼儿的新问题产生：为什么蚕豆的花跟豌豆的花不一样？为什么小蜜蜂喜欢采花蜜？还有谁会采花蜜呢？花粉是怎样变成蜂蜜的？针对孩子们提出的一系列问题，我设计了科学活动："蚕豆花开"美工活动，"花开了"手工活动，"花的标本大集合"我们都采用了家园共育的方式让孩子们带着问题去调查、深入学习，找到答案。在整个过程中，教师充分尊重和保护幼儿的好奇心和学习兴趣，帮助幼儿养成敢于探究和尝试、乐于想象和创造的良好学习品质。

（三）植物长高了

我们在幼儿园和家里找出了许多可以测量的工具和物品，如皮尺、塑料尺、钢卷尺、米尺、回形针、棍子、幼儿自制纸尺、手指、塑料扣等，幼儿选择自己喜欢的测量方式给小植物测量，并把每次的测量结果记录在记录表上，寻找身边的一切物品进行大胆尝试，从生活中去解决问题，用科学严谨、求真的态度去学习测量，不断探索求知。

（四）菜地里的昆虫

孩子们发现了瓢虫、西瓜虫、小蚂蚁的窝、蚯蚓、蚱蜢、竹节虫、蜜蜂、蝴蝶，通过科学活动"昆虫的种类""昆虫的身体"和美术活动"颜色变变变"等，孩子们发现有的昆虫是会根据环境改变自己身体颜色，从而保护自己，有的昆虫还会吃植物的叶子。幼儿主动积极探索学习，发现问题，查找关于昆虫的科普类知识。

（五）在春天收获蚕豆宝宝

在教师的引导下，孩子们做了摘豆子的计划表：怎么摘？用什么工具摘？豆子摘了要怎么烹饪呢？你知道的蚕豆烹饪方法有哪些？需要什么配料？幼儿用绘画的方式记录了从豆子采摘—剥豆子—清洗烹饪的过程。还有幼儿与家人一起讨论并图文记录的烹饪调查表。我们进行了豆荚统计，共收获 477 个豆荚，小朋友请厨师帮忙制作了蚕豆盛宴：豆焖饭、茴香豆，将我们的美食分享给全园的幼儿及教职工。幼儿在活动中自主学习了统计、记录、制作美食的方法，动手能力和解决问题的能力也得到提高，从问题出发到生活中寻求帮助解决问题，更体现了幼儿的爱劳动的学习品质。

我国教育家陈鹤琴先生在"活教育"中提到要向大自然及大社会学习。他说，"大自然、大社会，都是活教材""活教育的课程是把大自然、大社会做出发点，让学生直接对它们去学习"在"做中教，做中学，做中求进步"。我们要明白班本课程实施的目的就是以幼儿为

本，倾听幼儿，教师主导，站在幼儿的视角发现幼儿兴趣点，挖掘活教材，机动地、灵活地从多元化的角度拓展孩子的经验，进行深度的探索和学习，从而提升幼儿的生活经验和提高幼儿的学习品质，成为终身学习的能力和态度。

参考文献

[1] [美] 贾尼斯·斯特拉瑟，莉萨·穆夫森·布雷森. 小脑袋，大问题——促进幼儿深度学习的高水平提问 [M]. 孟晨，译. 北京：中国轻工业出版社，2021.

[2] 教育部基础教育司.《幼儿园教育指导纲要（试行）》解读 [S]. 南京：江苏教育出版社，2002 .

[3] [英] 艾莉森·克拉克. 倾听幼儿——马赛克方法 [M]. 刘宇，译. 北京：中国轻工业出版社，2021.

[4] 中华人民共和国教育部 . 3～6 岁儿童学习与发展指南 [S]. 北京：首都师范大学出版社，2012.

浅谈幼儿在角色游戏中的深度学习

（于丹丹　北京市怀柔区第六幼儿园）

摘　要：《幼儿园教育指导纲要（试行）》提出，幼儿园教育应尊重幼儿的身心发展的规律和学习特点，以游戏为基本活动。游戏不仅给幼儿带来了快乐，更重要的是，能促进幼儿综合素质的发展。角色游戏作为幼儿时期的一种有效教学手段，是幼儿非常喜欢的一种游戏，是幼儿以模仿和想象，通过扮演角色，创造性地反映现实生活的一种游戏，为幼儿参与社会生活、提高交往能力、增强对周围世界的认识提供了机会。在游戏过程中，尽情地发挥自主性和创造性，充分发挥角色游戏中深度学习的作用，培养了积极的情感，提升了幼儿的智力水平。幼儿教师在角色游戏中要予以幼儿科学的观察与指导，促进幼儿的全面发展。

关键词：角色游戏；深度学习；自主性；创造性

著名教育家陈鹤琴先生说过：“小孩子生性好动，以游戏为生命。”而角色游戏是幼儿期最典型的、最有特色的游戏。比如，娃娃家游戏、医院游戏、商店游戏等是不同主题的角色游戏，都有一定的主题，所以又称为主题角色游戏。它也是创造性游戏中最有代表性的一种游戏。幼儿对于模拟成人活动、反映他熟悉的周围生活有着浓厚的爱好，这就使幼儿园角色游戏的产生成为一种必然，而作为一个幼儿园教师在角色游戏中抓住幼儿的年龄特点，并予以指导教育这便是最重要的任务。

一、幼儿园角色游戏对幼儿发展的意义

（一）促进幼儿自我意识和认知的发展

角色游戏是幼儿通过想象，创造性地模仿现实生活的活动，它为孩子提供了模仿、再现人与人关系的机会，为他们形成良好的社会交往能力打下基础。而自我意识和认知的发展是人进行社会化活动的前提和基础。在这些创造性的活动过程中，满足了幼儿的好奇心，使自我意识不断发展，提高对社会的认知，促进幼儿的健康成长，更好地适应社会生活。例如，“超市购物的流程是什么？”幼儿对超市购物规则可能并不陌生，家长平时带幼儿去超市购物，幼儿经常能够亲身参与实践。但是对于幼儿来说可能还是过于抽象，不好理解之间的细节操作方法。他们对怎么收钱？物品怎么摆放？如何推荐商品等，有时还会迷惑。通过进行“超市游戏”的角色的扮演，让幼儿在售货员、收银员、顾客等角色的扮演中去体会规则，对于幼儿来说就会容易很多。可以说角色游戏能够让幼儿以形象、实践的学习方式提高对抽象的社会知识的理解，促进幼儿自我意识和社会认知的发展。

（二）提高语言表达能力

角色游戏重现了一个小社会，每个幼儿扮演着不同的社会角色，他们之间要进行语言的交往和互动。在最开始时，幼儿可能还没有丰富的交往语言，与人交谈时不知该说什么，怎么说。幼儿的模仿能力是极强的，很快就学会了模仿教师的生动语言与人交谈。例如，在超市中顾客与销售人员的交往，理发店的服务员和顾客之间的交往，这些都是幼儿平时日常生活中接触到的角色。最初他们可能只能用个别词和短句表达自己的想法，进行零星的交谈，但随着游戏的不断开展，和他们对现实生活人物的模仿，就会逐渐学会用完整的句子进行较

频繁的交往。学会询问价格，购买自己想要的商品等。在这些游戏的角色扮演中，潜移默化地提高了幼儿的语言表达能力、应变及协调能力。

（三）培养幼儿积极的情感，促进同伴之间的交往

在角色游戏中，孩子们通过对现实生活的模仿，再现社会中的人际交往，练习社会交往的技能，不知不觉中就提升了人际交往能力。在游戏中，孩子们的行为要与所扮演的角色行为相吻合，要把自己放在角色的位置上。从角色的角度看待问题，必须学会共同拟定和改变游戏活动的主题。为了使角色游戏成功地继续下去，他们之间就先要协商由谁担任什么角色，使用什么象征性物品及动作；游戏中常常要改变计划，这就需要共同合作，学会从他人角度看问题，更好地解决人与人之间的交往。幼儿和成人一样，在生活中要和各类人打交道。角色游戏是融合了生活知识和社会交际的游戏，如在医院游戏中，幼儿可自主选择扮演科室医生、就诊患者、挂号处医生、疏导员等角色，根据生活中的看病就诊经验，让幼儿在模拟成人活动的过程中体会所扮演角色中蕴含的情感和情绪，在游戏中带来快乐，也使幼儿的感情更加丰富，情绪多种多样。培养他们对身边的人、对社会的积极情感，让他们从小学会爱憎分明、乐于助人的好品质。

二、抓住幼儿在角色游戏中的深度学习

“深度学习”从字面意义上来说就是深入学习，顾名思义，是指在真实的问题情境中才会发生的，并且是以幼儿发现的问题为导向，提升幼儿解决问题的能力和自主学习的意识。从日常中观察幼儿角色游戏的游戏状态、行为表现等能够了解到：一个孩子的好奇心会变成一群孩子的好奇心，一个孩子对一个问题的敏感，会变成一群孩子对这个问题的关注，并且在必要的情况下教师的介入、师幼的分享等，每一步都是深度学习的路径，都是幼儿和教师从感知学习到比较学习再到联想学习又到创造性学习的过程，这个逐渐递进的过程就是深度学习的一个过程。

每周五是全园“快乐星期五”开放日活动，也是孩子们期待的与弟弟、妹妹一起游戏的时间，今天我们医院来了很多弟弟、妹妹进行游戏，当弟弟、妹妹来到班门口时，喜乐主动上前带领弟弟、妹妹进行挂号，可可作为挂号处的医生对弟弟、妹妹说：“你们哪里不舒服，有医保卡吗？得有医保卡才能看病。”其中一名中班的弟弟说：“我们没有，不知道是什么？”可可说：“这个医保卡就是看病用的，有医保卡才能挂号，你们没有我给你们做一张医保卡。”说完，可可拿笔画了起来，并在医保卡上画上爱心标志对弟弟、妹妹说：“我们是爱心医院，上面有个爱心就可以，你拿好医保卡，不要弄丢。”将医保卡依次递给弟弟、妹妹，继续询问弟弟、妹妹需要挂号的科室及病情，喜乐根据弟弟、妹妹挂号的病情，亲自介绍班中的科室及位置，不时地还对弟弟、妹妹说：“别担心，这是假的，不会真给你打针的，不用害怕……”此时，弟弟、妹妹也顺利地进入了游戏！

从上述案例可以看出：小班和中班的弟弟、妹妹游戏时，没有能力解决医保卡问题，大班的幼儿可以用自己的方法为弟弟、妹妹制作医保卡，带领弟弟、妹妹体验医院游戏的快乐。从前期在制作医保卡的过程中，挂号处医生也发现自己帮助取材时，无人为患者挂号，因此，想出了将彩纸与画笔放在挂号处，能够便于取材，还不会影响挂号，这也说明幼儿在游戏中遇到问题，能够自主想办法解决，有一定的解决问题的能力。在接下来的游戏中，可可模仿此方法，将前期解决问题的办法得以试用，可可根据小、中班幼儿的问题，能够帮助解决全园性游戏开放的问题，减少其他班幼儿游戏的顾虑与需求，以大带小游戏也是发挥了作用。喜乐也将自己生病时，爸爸、妈妈带着他看病的经验，安抚他看病时的心情，缓解紧张害怕的情绪方法迁移到游戏中，以陪伴、亲自带领弟弟、妹妹游戏的方式，不时的言语安抚，也帮助弟弟、妹妹缓解紧张的情绪，在“假游戏”中获得“真发展”，更进一步地使弟

弟、妹妹了解本班的角色游戏内容，使小中班的幼儿享受游戏中的乐趣。整个游戏中也能够看到孩子们之间产生了频繁的交流和互动，充分体现了大班幼儿的社会交往能力与解决问题的能力。

整个游戏中能够看出教师是作为旁观者的，并且幼儿遇到困难并没有急于向教师求助，均是在主动的思考，大家一起寻找解决的办法，来满足自己的游戏。教师在本次游戏中虽然没有直接的介入，但是将幼儿在游戏中的点滴行为全部记录了下来，包括孩子之间的言语沟通、交往行为的表现等，此时的教师也处于放手状态，创设轻松、愉悦的游戏氛围，将时间全部还给幼儿，给予幼儿充分的自主、自由、自发游戏的时间及空间，幼儿来当游戏的主人，充分体现在“玩中学”“学中做”。细致的观察也能够帮助教师将幼儿的行为进行分析，思考及预设接下来的游戏目的、提供的材料等推进幼儿游戏，使幼儿在游戏中获得全面发展，这个游戏的过程就是幼儿深度学习的过程！

可见，深度学习对幼儿发展有很大的重要性，对于游戏的开展、教师的定位等都有相应的要求，不管在何时回顾幼儿在角色游戏中深度学习的行为表现，都能使教师对幼儿的观察及分析更加有针对性和目的性，并且逐渐减少教师主观的判断，而是把幼儿逐渐地放在第一位进行思考，充分体现角色游戏对于幼儿发展的价值，也能够让作为教师的自己大胆放手，时刻提醒自己：所有预设的活动一定要结合幼儿的年龄特点，尊重幼儿的想法，遵循幼儿的兴趣需要及发展需要，与幼儿共同创设游戏，幼儿的游戏幼儿自己做主，鼓励幼儿在游戏中大胆表现，认可孩子在游戏中的各种行为表现，提供轻松、自由、自主的游戏氛围，做好观察者、支持者、游戏者等，充分挖掘游戏的价值，使幼儿在游戏中获得更大的发展，让幼儿成为游戏真正的主人！

培养专注力，助力幼小衔接

（刘冬雨　北京市大兴区亦庄镇中心幼儿园）

摘　要：“双减”政策提出：“切实减轻幼儿学习负担，积极构建良好教育生态，促进幼儿健康成长。”教育部结合幼儿的幼小衔接需要，提出了围绕幼儿入学所需要的关键素质，落实身心准备、生活准备、社会准备和学习准备四个方面的内容。其中，专注力是学习准备中一种重要的学习品质，是记忆力、观察力和思维力的准备状态，良好的专注力有助于幼儿认知和社会情感等身心各方面的发展，是幼小衔接的重要方面。本文基于《幼儿园入学准备教育指导要点》的典型建议提出了幼小衔接视域下培养幼儿专注力的有效思考及研究。

关键词：幼小衔接；专注力；幼儿

一、专注力培养存在的问题

（一）对于教师组织的活动，幼儿被动专注

有时候教师会认为，幼儿只要有动手的机会，主动参与了活动，就能够专注地完成。其实，这只是由教师来选择和控制，使幼儿在成人的引导下开展的活动，并不是幼儿自己发自内心选择的活动，幼儿仍处于被动状态，缺乏积极主动地去感知、去发现、去探索的机会，展现的是没有内驱力的专注。

（二）成人多用提示的方式让幼儿专注

游戏是幼儿最主要的活动，也是孩子们最乐于接受的一种活动形式，他们会在游戏中学习，游戏中思考，游戏中专注。我们经常看到，老师或家长为了让孩子专注一件事，会走过去拍拍孩子的肩膀提示他；会悄悄地告诉他“你要专注哦”；还会用眼神互动的方式提示他等，这些方法都是我们认为孩子们能接受的培养方式，但是孩子们最乐于哪种培养专注的方法呢，不言而喻，那一定就是他们最喜欢的游戏。

（三）家庭专注培养方法少

家长培养幼儿专注力的意识薄弱，有的认为写字、算数等知识技能的学习才是最重要的，却没有注重培养幼儿的学习品质尤其是专注力，忽略了幼儿潜在的学习品质培养。所以在培养幼儿专注力方面，家长也需要学习、丰富经验，做到家园合力，培养幼儿专注力。

二、幼小衔接中培养幼儿专注力的策略

（一）开展生活趣味化主题，支持幼儿专注活动

专注力是幼儿获得知识，养成技能的一种重要品格，一旦形成将伴随幼儿的一生，决定着幼儿接收信息、分辨信息和处理信息的能力。它的形成则是一个润物细无声的过程，需要一个长期的养成和坚持，主题活动的开展恰好是这个过程的有力支持。主题过程中幼儿会对自己感兴趣的事物进行深入的探究，能够让幼儿的专注力在潜移默化中得到提升。所以，主题活动与专注力的培养是交融的，是相互补充的，通过主题活动促进幼儿专注力的培养具有

很好的效果。

例如，在中班主题“蔬菜朋友”中，教师选取幼儿日常生活中最常见且幼儿近期感兴趣的蔬菜作为主题内容，幼儿在感知蔬菜、种植蔬菜后，发现自己班级的蔬菜特别不爱长，于是为了满足幼儿好奇心，带幼儿探究为什么生长速度慢。发现生长速度与光照、温度、水分有很大的关系，光照和水分的问题孩子们很好解决，但是温度这个问题是把孩子们难住了，在搜集生活经验后，孩子们决定给蔬菜做一个“保温棚”。

首先孩子们先探究了哪种材质保温效果最好。孩子们各抒己见发表自己的想法，有的说送外卖那种保温袋保温效果好，有的说幼儿园的玩具塑料箱子，有的说透明塑料袋就行，因为很多大棚都是塑料布，还有的说保温箱子保温效果也很好呀。老师看到孩子们有这么多想法的同时提示：“我们的菜喜欢阳光吗？”小朋友听到后，如醍醐灌顶，立刻分析哪种材料是能看到阳光的。最终小朋友确定了幼儿园的玩具塑料箱子和塑料袋。

在用塑料袋制作保温棚的时候，孩子们又遇到了新问题“怎样把棚撑起来呢？”孩子们找来了小木棍、细高的瓶子等他们认为能够用于搭建的材料。材料有了，孩子们结合自己的经验，想要搭一个高度一样的保温棚，这可难住了孩子们，瓶子、木棍高度不一，这可怎么办？拿小棍的孩子们，拿着一个高度适合的小棍，去找和它高度一样的材料，可是没有呢，于是孩子们拿小棍做标尺，测量其他木棍，并用笔在材料上做记号，确定长度，最后再找木工坊的小朋友帮忙锯好。拿瓶子的小朋友尝试用橡皮泥给瓶子加高，可是加多高呢？有的孩子用玩具来测量，有的用手指比一比，还有的用笔比一比确定橡皮泥的高度。在孩子的探索中，最终孩子们用自己的方法完成了高度一样的保温棚。

幼儿在活动中表现出了专注探究和创造热情，他们一次次尝试、探索找寻答案，体验与同伴交流，与教师沟通的乐趣。在亲身感知实际操作中丰富自己认知，解决现阶段的问题、困惑，在此过程中孩子们都有了学习的内驱力，能够在探索过程中专注地进行活动。

（二）挖掘多感官游戏，支持幼儿专注活动

游戏是幼儿的天性，游戏是幼儿的生活，游戏是幼儿的学习方式。结合幼儿的兴趣及特点，在游戏中培养幼儿专注力。

1. 视觉游戏，培养幼儿专注力

幼儿如果能够专注地看，对长大后的阅读速度、阅读理解都是非常有帮助的。为了培养幼儿的专注力，我们带领幼儿一起玩“看”的小游戏。

如游戏“上小学的路线”，为幼儿提供单线、双线、简单、复杂等不同层次的路线图，幼儿可以用手指着走，也可以增加难度幼儿用眼睛看着走去小学的路；游戏“找不同”，幼儿到户外找一找连翘花和迎春花的不同，找一找小菜园里不同土豆开的花有哪些区别（幼儿园菜园里种的土豆，出现了紫色、白色且花蕊不一样的花）；游戏“一起找一找”，幼儿活动后有时会出现有些玩具是混乱在一起的现象，教师可以借此契机拿出其中一个玩具，请小朋友找相同的。逐渐提升难度，让幼儿自己分类找玩具。

2. 听觉游戏，培养幼儿专注力

在幼儿园中小朋友无论是沟通还是游戏都离不开倾听，在小学也需要孩子们能够听清教师讲的内容和教师的要求，所以“听”也是需要小朋友们非常专注的。为此，我们也和孩子们一起玩了一些有关听的专注游戏，如游戏“小孩小孩真爱玩”，教师发出指令，幼儿根据指令完成任务。游戏“倾听自然的声音”，带幼儿到户外倾听风声、雨声、鸟叫声，听后请小朋友说说自己听到了什么。

3. 记忆游戏，培养幼儿专注力

儿童是记忆力发展的关键时期，在玩记忆游戏的时候，是需要幼儿高度专注的。为了通过记忆游戏提高幼儿的专注力，我们会带孩子们玩一些记忆的专注小游戏。如疫情下幼儿每天需要回到自己固定的座位上，所以学期初需要孩子们记住自己的位置，我们便设计了游戏

“我们的座位”，教师出示一桌小朋友坐好的照片5秒钟，请小朋友说说一桌有谁，谁和谁挨着？谁的旁边是谁等问题。这些游戏的开展，我们既让孩子体验到游戏的快乐，又可以专注地投入其中，在游戏中培养孩子好的专注力。

（三）家园共育，支持幼儿专注活动

教育不是幼儿园的“三寸天空”，对孩子来说，家庭是他们的第一生长地。家长对幼儿专注力的培养方式有重要的作用，如果家长观念守旧专注力习惯培养不得章法，不但影响儿童身体发育，还会给儿童心理方面带来不良影响，严重的甚至会导致孩子不愿意做事、无法集中精力等。针对这些现象，我园改变原有家园模式，运用“协商性家园校共育”的模式，探索出可用的家园双向衔接新模式，目标一致地共同努力培养幼儿，减缓幼小衔接坡度。

1. 与家长共同协商确定培养内容，明确家园校的主体作用

培养幼儿专注能力的确定，是源于家长的焦虑，幼儿急需得到的发展，小学生最需要的能力，并将此作为重点，我们共同确定培养方向。在此过程中，家长感受到了自己的意愿被重视，同时理解了对于幼儿来说上小学需要的能力是什么，并能积极主动地建言献策，真正地感受到了自己在幼小衔接培养中的主体作用。

2. 将培养专注能力的好方法与家长分享，合作共赢促幼儿成长

结合家庭中影响幼儿专注力的因素做现状思考，与家庭做教育对接，发现了“打扰过多”“家长无培养幼儿专注力意识”“幼儿不接受成人化的培养”等导致孩子专注能力差的原因。针对这些原因我们为家长做了教育指导，鼓励家长抓住黄金时期培养幼儿的专注力，同时将适合在家中培养的方法分享给家长，让家长有理念有方法地培养幼儿专注能力。

培养幼儿的专注能力是一个复杂且漫长的任务，作为教师会继续为幼儿创设充足、自由、探索性强，符合幼儿需要的学习环境，并根据幼儿的兴趣、身心发展规律挖掘正确的专注力培养方法，以儿童兴趣为核心，通过活动提高幼儿专注力，为幼小顺利衔接做好准备。

参考文献

［1］中华人民共和国教育部．3～6岁儿童学习与发展指南［S］．北京：首都师范大学出版社，2012.

［2］中华人民共和国教育部．教育部关于大力推进幼儿园与小学科学衔接的指导意见［EB/OL］．教育部网站，2021.

［3］陈华仔，肖维．中国家长“教育焦虑症”现象解读［J］．国家教育行政学院学报，2014（2）：18—23.

户外跳跃游戏中安全的策略研究

（孙梦雪　北京市大兴区亦庄镇中心幼儿园）

摘　要：学前阶段是跳跃能力持续增长的阶段，增长趋势没有性别差异，不同年龄段增长的速度有所不同，快速增长的是3～4岁阶段。而3岁幼儿能够掌握双脚起跳的时机，起跳动作采用下肢用力，即用腿的蹬伸来起跳，蹬伸力量弱、速度慢、不充分、不会摆臂助跳。日常生活中本班幼儿喜欢蹦蹦跳跳代替行走，但是他们的四肢协调发展不是很完善，没有正确掌握跳的几种方法，落地容易失去平衡，幼儿比较容易摔倒，跳跃游戏中幼儿对于跳跃方法的掌握和材料的适宜性在游戏中发挥着重要作用。

关键词：跳跃游戏；安全；引导；材料

一、绪论

幼儿早期跳跃的特点是：蹬地力量小、跳得低，弹跳能力差、容易失去平衡而摔倒，而跳的游戏有很多，有些是模仿、有些是需要材料的辅助，以游戏的形式发展幼儿跳跃动作和能力，使幼儿在跳跃游戏中，体验参加体育活动的乐趣，不仅使幼儿身体得到锻炼和发展，而且也能满足幼儿心理需求，在跳跃游戏前学习正确的动作能够提高幼儿自我保护的意识，并且在材料的投放中更深入思考适宜性。

二、提高幼儿跳跃游戏的安全意识

（一）跳跃游戏的基本动作及安全防范

学前阶段是跳跃能力持续增长的阶段，增长趋势没有性别差异。不同年龄阶段增长的速度有所不同：快速增长的是3～4岁阶段，即小班。然而小班幼儿对跳的动作并不了解也没有专门去学习，在跳跃游戏中没有掌握正确的动作而随意地跳，从而容易导致受伤。在这种情况下教师根据小班幼儿的年龄特点游戏化的模仿来引导幼儿掌握小动物跳的基本动作。结合图片、游戏掌握蹲跳、弹跳的方法。例如，学习小青蛙跳，幼儿在模仿的过程中会学习小青蛙手摸地然后手脚同时向前跳起，在这个过程中我们会带幼儿共同讨论应该如何游戏不受伤，从动作到保护身体，从而制作保护小手的小手掌等护具。帮助幼儿提高游戏前的准备意识。

（二）跳跃游戏场地、材料的选择适应性

（1）跳跃和落地的场地要求柔软、平整、宽阔，考虑到幼儿期在跳跃时身体控制能力较弱，骨盆尚未发育完善，脚趾比较柔软、较弱、易受伤，因此，跳跃区域的场地弹性非常重要。

（2）跳跃游戏的材料应该考虑幼儿的年龄特点，不同的年龄在材料大小、防滑性、材料的难度上多方面考虑。跳跃器材需要考虑学前儿童的运动特点，例如原地纵跳触物的物体应

该距离中班幼儿高举手指尖 15～20 厘米，距离大班幼儿手指尖 20～25 厘米，跳触物过高过低都会影响学前儿童纵跳能力的发展。

(三) 跳跃游戏高度的适宜性

学前儿童髋骨尚未完成骨化，是由软膜将三块骨骼连在一起，在受到外力的冲击下易发生变形，影响骨盆的发育，尤其对于女童成长后的生育分娩产生不利影响。可见，这样的挑战不仅不具有积极意义，甚至对幼儿的身心发展是不利的。一般来说，小、中、大班儿童向下纵跳的跳台离地高度分别是 15～25 厘米、25～30 厘米、30～35 厘米，可以通过器械的组合降低向下纵跳的运动密度，还可以将纵跳器械和钻爬器械进行组合，这样的话儿童在完成纵跳、钻爬等一组动作后实际减少了他们跳跃、落地的次数，防止单一纵跳动作密度过大可能对儿童局部身体造成的损害。

三、跳跃游戏的安全在家园体验中的重要性

(一) 亲子共同体验游戏

(1) 家庭是幼儿成长的第一所学校，父母是幼儿的首任教师，学前家庭教育对儿童的影响十分重大，幼儿园只有和家庭密切配合，充分调动家长在幼儿成长发展中的积极性，才能保证教育作用的全面发挥，实现教育的最优化。

(2) 幼儿的安全不仅是幼儿园首要考虑的问题也是家长们所担心的问题，他们会想幼儿在园内一天的活动是否安全，会不会摔倒等这样的问题。亲子共同体验这个活动让家长真正地感受孩子在游戏中是如何正确地游戏的，我们首先让家长体验幼儿自己制作的护手，感受幼儿园对于体育活动的重视及教师在跳跃活动前的安全引导，能够在亲身体验中了解自己在生活中的哪些方面引导幼儿安全方法，增强幼儿对于安全引导的重视。

(二) 家园分享安全教育经验

(1) 家园分享经验也是教师了解家长对于安全教育的概念，在家长们的认知里更多的安全就是不能做这个，不能做那个，不摔倒就是安全。我们要做的就是让家长了解安全的意义和我们是怎么培养幼儿有安全的意识的，改变家长对于安全的理解，并且能够在家中有意识地培养幼儿一些安全知识，从而达到家园配合一体化。例如，我们开展有关跳的主题活动，在活动中模仿小动物，真实地让家长也参与进来感受正确的跳法，怎么利用自己制作的护具进行保护的。感受在幼儿园安全教育的渗透是无处不在的。

(2) 安全无处不在，我们应该让家长能够有新理念，所以不仅是体验，我还利用图片宣传和问题实践的收集促进家园之间对于安全教育的沟通，让身边人感染身边人。

参考文献

柳倩，周念丽，张晔. 学前儿童健康学习与发展核心经验［M］. 南京：南京师范大学出版社 ，2016.

“马赛克”研究方法的优势与思考

（张鑫钰　北京市大兴区亦庄镇中心幼儿园）

摘　要：后期不同研究方向的学者也在不断取其精华，去其糟粕，在理论应用于实践的过程中不断挑战、不断突破，在研究中发现、探索很多意想不到的“惊喜”和“思考”，英国学者艾莉森·克拉克和彼得·莫斯则是提出“马赛克”研究方法，他们将其定义为一种儿童研究方法。主要通过“观察、访谈”等传统研究方法与儿童会议、儿童摄影、幼儿园之旅、儿童绘画、魔毯等参与式工具结合使用，利用混合多元的方法充分激发儿童自身观点的表达，像是“马赛克”一块块拼成的图案，因此将其称为“马赛克”方法。这种方法不同于寻常简单意义上的观察和访谈，而是让儿童在此基础上通过一些方式能够将内心的想法“外化于行”，让我们更好地“看见”儿童，“听见”儿童，“理解”儿童，增加儿童在生活学习中的“参与性”，适当提示教师和家长不要过于和儿童“抢戏”。

关键词：“马赛克”方法；研究；儿童

一、“马赛克”方法的研究区别

“马赛克”方法将质性研究方法（如观察、访谈等）与参与式方法相结合，可以说是参与式研究取向中具有一定代表性的方法之一，其核心理念与参与式研究相同，即研究者与传统意义上的“被研究者”共同开展研究，而非仅仅有研究者对他们展开研究。重点在于被研究者的“真实参与”，并非传统意义上的听指令执行，或是被安排完成某种任务。

二、“马赛克”方法的优势

（一）将“真实参与”还给儿童

2022 年 2 月，教育部印发《幼儿园保育教育质量评估指南》，对于学前教育领域有着非常重要的意义，评估指标中关键指标的 B3 科学理念第 7 点提出“充分尊重保护幼儿的好奇心和探索兴趣，相信每一个幼儿都是积极主动、有能力的学习者，最大限度地支持和满足幼儿通过直接感知、实践操作和亲身体验获取经验的需要……”B8 师幼互动第 26、29、30 点又提到“支持幼儿自主选择游戏材料、同伴和玩法……能识别幼儿以新的方式主动学习……尊重并回应幼儿的想法与问题……”以及其他指标中都体现着“坚持以儿童为本，尊重儿童发展规律”的中心思想。文件指标的细化给予每一位学前教育人扎实的抓手、反思的依据和发展的目标，这和“马赛克”方法的意义与指标的核心内容之间有着异曲同工之妙。“马赛克”方法的应用分为三阶段：一是共同建构儿童和成人的观点；二是讨论材料；三是儿童、教师及家长共同回顾，或邀请外部合作伙伴进行审阅，并决定下一步行动。在每个阶段都十分重视倾听、记录和解释。由此可见，他们之间可以相辅相成、相互约束，共同前行。

例如，安徽扬中市的王老师通过使用“马赛克”方法在区域游戏材料优化中进行实践研究，在儿童自主拍摄环节能够充分体现儿童主体的参与性，分享时大班幼儿会自己提出疑问：“有这么多种垃圾，我也想知道怎么分类。”在某一位幼儿的提议下，同伴们开始一起设计分类的标记和图示，材料的优化变成了幼儿自己的需求，全过程能充分地体现幼儿的参与性。

（二）为教师注入“新鲜养分”

研究发现自我效能感低的教师会发生较高程度的职业倦怠，资源匮乏也会导致工作投入减少，职业倦怠会随之增加。幼儿园要为教师提供更多的社会支持，开展实质性的教研活动，创造更多的培训机会，有力推动幼儿教师的专业发展。所以可以尝试通过为教师们提供较为新颖的“马赛克方法”，合理运用“儿童会议、儿童摄影、幼儿园之旅、儿童绘画、魔毯”等方式，激发教师对一日生活、教育教学活动新的思考，构建新的教育视角，从一定意义上可以激发教师探索新事物的兴趣。但是过程中发现有趣的事情或是获得正强化也十分不容易，对幼儿园的教研水平存在一定挑战，教研组要能够带领教师在学习与实践过程中与儿童一起成长，共同挖掘和探索“马赛克”方法的研究魅力，逐渐适应一种新的研究方法。

（三）融入“信息化时代”，培养多种能力

随着时代的发展，互联网、信息技术和设备与社会生活紧密相连，儿童使用电子设备的能力也在与时俱进，“马赛克”方法中会有录像的记录等方式和方法都会涉及电子产品的使用，在合理用眼时长的范围内，儿童可以更自然、更自主地融入信息化时代，不断适应社会的发展。教师也可以把握教育契机，引导幼儿正确、恰当使用电子产品，而当儿童在使用电子产品的实践过程中遇到各种各样的困难时，他们可以通过和教师、同伴互动沟通、相互帮助、协同合作等方式寻求问题解决的路径和方法，同时对儿童社会、语言、科学等领域的发展都会产生间接性的促进与培养，教师在其中的支持也显得格外重要。

三、“马赛克”方法的思考

（一）模仿不是盲目跟从

“模仿”是在使用一种新方法时最简单的方式之一。“模仿”绝不是简单的盲目跟从，在没有理解和思考之前的“模仿”是没有意义的盲从。李敏谊教授的文章中也提到过教师容易出现“为方法而方法”，而不是“为问题而方法”的倾向。以及容易过快地判断和总结儿童的问题和兴趣点，带着自己的预期介入到儿童的游戏活动。所以在模仿之前要充分了解“马赛克方法”，需要理解多渠道聆听儿童心声的核心意义，它不仅仅意味着听见，而且这关系到对听到内容的意义构建和行动回应。

（二）避免急于求成的心态

首先，所有研究方法都具有研究周期，专业的学者会懂得静待花开的意义，但对于普通的一线实践教师而言，确实存在“过于心急”“急于求成”的研究心态。项目研究需要很多构成元素，初期计划的设定，材料的准备，方案实施等都需要反复磨合、调整，不是一蹴而就的目标达成，需要不断复盘，扎实开展研究。其次，教师也会受到专业水平的限制，缺少前瞻性的教育理念和视角都会对于整体项目推进和方法的实践起到阻碍，这就更需要教师自身潜心修炼，不断突破自我，逐步化解急于求成的心态，不断将“马赛克”方法内化于心，在实践中将其“外化于行”运用到各个方面，而不仅聚焦于“教育教学”。

“马赛克”方法的研究需要扎实思考、理解透彻，在实践中总结、反思，能够结合行动研究“螺旋上升”的研究模式，不断复盘、不断尝试，它虽然看似简单，上手容易，但研究时间较长、成本较高，具有一定难度，需要在思考和讨论中不断进步和创新。

参考文献

[1] 郭本禹．美国儿童研究运动述评［J］．教育研究与实验，1996（1）：51—57.

［2］李敏谊，郭惟成，李峰．马赛克方法拼出儿童完整想法［N］．中国教育报（学前周刊·保教），2021。8—15（2）．

［3］李敏谊，秦思语，褚怡菲．反思马赛克方法在学前教育实践中的应用与创新［J］．学前教育，2022（19）：7—11.

［4］李敏谊，秦思语，李峰．支持儿童参与，提升幼儿园教育质量——马赛克方法中国化的理论与实践探索［J］．学前教育，2022（1）：16—20.

［5］王海英．马赛克方法：基于儿童本位展开区域游戏材料优化的实践探究［J］．娃娃乐园·安徽幼教，2022，（8）：14—18.

［6］李泽英，胡锦秀，吴荔红．幼儿教师社会支持与职业倦怠的关系研究——基于心理弹性的中介作用检验［J］．教育评论，2022（7）：99—104.

成长有路，衔接有方——浅谈幼小衔接视角下发展幼儿语言能力的策略

（魏研睿　天津市河西区第八幼儿园）

摘　要：幼儿发展涵盖了五大领域，其中语言领域涉及听、说、读、写四大方面的能力，对幼儿的可持续发展和终身学习有重大意义，对幼儿能否实现从幼儿园到小学的顺利过渡有重要影响。本文通过我班日常活动中一些实用的策略和一些实践案例，探索在幼小衔接视角下，将适宜的游戏与相应的语言活动相结合，从而促进幼儿文学语言学习与运用，使幼儿在游戏的快乐中，自主地获取语言的核心经验，提升语言能力，顺利过渡到小学。

关键词：幼小衔接；语言能力；游戏策略

一、聚焦幼小，深入思考

幼小衔接指的是幼儿教育与小学教育的衔接。是幼儿在人生中第一次迈向下一个教育阶段的衔接环节，作为幼儿园，要通过游戏化、活动化、生活化的教育活动，突出探究性和体验性，使孩子有早期美好的学习体验，从而喜欢小学，并在学习方式上实现渐进的过渡。通过各种策略引导幼儿爱说、敢说、会说，提高语言表达的能力，培养前书写的兴趣。同时，配合“双减”政策，让孩子在入学前期提升对于语言学习的探究欲望与兴趣，使其顺利适应小学生活。

二、运用策略，衔接有方

策略一：讲述游戏帮助幼儿提升表达能力

良好的语言表达能力，是助力幼小衔接的关键。我将讲述游戏与发展幼儿表达能力进行对接，同时根据幼儿年龄特点进行内容的调整，使其更加符合幼儿需求与发展水平，让幼儿在活动中体验游戏的快乐与成功的惊喜，在探索与实践中实现从原有水平向纵深发展。

例如，在一次活动中，我引导幼儿根据对小学生活的了解与畅想，通过绘画的形式表现出来，我将幼儿绘画好的作品粘贴在一个个“骰子”上，“骰子”每一面的内容都不同，如一面是小学的地点，一面是与人物或事件有关等，我引导幼儿将不同的“骰子”同时掷出，根据不同的地点、人物、事件的画面进行故事创编，既满足了幼儿玩的欲望，又达到了说的目标。

此外，教师还可以通过一些有趣的游戏方法，如“用词讲话”“词语开花”等语言游戏；也可以通过故事表演等形式，鼓励幼儿运用各种类型的词汇，结合句子进行运用，从而得到表达能力的提升。

策略二：听说游戏助力幼儿倾听能力的发展

倾听是幼儿感知和理解言语的行为表现，良好的倾听习惯是提高幼儿倾听质量的重要保证。到了大班，更应强调理解性倾听能力的培养。即幼儿不但能听明白内容，还能很好地理解，甚至给出自己的建议。

在培养幼儿倾听能力时一定要有倾听目标，弄清游戏是培养幼儿辨析倾听能力还是有意识倾听能力。例如，在一次活动中，我设计了“小小传声筒”游戏作为导入，要求幼儿认真

倾听前一个小朋友说的内容，再传递给下一个小朋友，幼儿沉浸在快乐游戏的过程中，能够练习别人在说话时，能保持安静，有礼貌地倾听，培养了幼儿有意识的倾听能力。此游戏也可以根据幼儿的语言水平，设置简单到复杂的内容，满足不同幼儿的发展需求和认知差异，提升幼儿参与活动的主观能动性。

在另一次活动中，我设计的是“听话猜物”的听说游戏，幼儿与同伴间轮流出题，一名幼儿描述物品的特征，其余幼儿认真倾听后猜出物品的名称。此游戏使幼儿在倾听时有一个辨析的过程，培养了幼儿辨析倾听的能力。

策略三：文字创造游戏帮助幼儿获得前书写的成功体验

前书写活动是指幼儿在学会正式书写前，运用图形、符号等形式传达信息，及构建签署些经验的游戏和学习活动，是做好幼小衔接的一项重要内容。为培养幼儿对汉字符号的兴趣，我组织了一节“有趣的名字”教学活动，首先邀请幼儿尝试自主写一写、画一画，在纸上表达出自己的名字，接着，请幼儿根据自己名字的特征大胆想象并进行添画，并创编有趣的故事。活动中，我充分利用汉字“每个字都是一首优美的诗，一幅美丽的画”，让幼儿结合自己的名字，真切感受汉字的神奇与美妙，激发幼儿学习、探究汉字的欲望。

三、结合主题，全面提升

（一）选择主题

我将本园特色——戏剧表演与口语表达能力、前书写能力、倾听能力、阅读并理解的能力等多方面能力相结合，最终确定了本学期班级主题为“小小播报员”，孩子们对于扮演“播报员”这一相对陌生的角色，有着浓厚的兴趣，一个话筒，承载着幼儿表达的欲望，一张纸、一支笔，支撑起了幼儿前书写的兴趣，在你问我答中，也发展着幼儿的倾听能力与表达交流的能力。

（二）营造环境

作为教师，将自主权还给孩子们的同时，也可以为孩子们提供宽松、接纳的环境与材料，使前书写与主题和各区域游戏之间产生联系。例如，在美工区投入纸张和画笔，幼儿可以用书写材料自由设计播报内容的海报、入场券；在建构区旁也提供纸和笔，幼儿可以自行设计如何搭建播报员展台，并用符号等方式画在纸上；在阅读区提供空白画本和笔，引导幼儿对播报内容进行创编。

（三）探讨分工

确定主题后，孩子们自发组织起了新一轮的探讨，通过观看真实的新闻发布会，并经过一段时间的激烈探讨，孩子们最终确定了播报员、听众、记录人三个角色，孩子们一起根据热点话题，提前讨论准备好播报的内容，由播报员进行播报，同时，共同商讨出角色特点：作为播报员要大胆表达，声音洪亮；作为听众要认真倾听，并根据播报员播报的内容可以随意提问，或发表自己的感受；记录人负责倾听并在纸上记录下播报的内容。

（四）实践提升

孩子们自发讨论并确定的热点话题为“小学生的一天”，首先观看了小学的纪录片，开始自发进行分工，在播报员讨论内容时出现了争议，难以进行下去，此时我利用策略一中提到的语言骰子进行引导，最终使孩子们达成一致，将每个人的想法绘制成骰子并投掷，选出当日要播报的内容。通过策略二中孩子们有了之前听说游戏的前期铺垫，因此，听众们能够做到认真倾听播报内容，并根据内容进行提问。由于之前策略三中，孩子们在前书写游戏中掌握了一定的经验，因此记录人在记录播报内容时相对比较顺利，达到预期效果。

在整个过程中，播报员、听众、记录人等角色扮演，很好地帮助了孩子们进行口语表达，在梳理播报内容，将语句变得连贯的过程中，幼儿不知不觉间熟悉了日常用语；作为小听众在锻炼了认真倾听的能力的同时，在心中初步描绘出关于小学的印象，并大胆地进行提问；记录人认真倾听发言人讲话的内容，并用符号标记或图画等画出大致的内容，培养了幼儿对于前书写的浓厚兴趣，以及对书写内容的深度思考。同时，记录本放在播报展柜中，供幼儿随时与伙伴们交流、思考与探讨。

（五）教师经验与提升

通过不断反思“小小播报员”的游戏的形式与材料，观察幼儿的游戏行为与经验提升，我逐渐总结出以下两点。

1. 教师了解活动进程，适时调整指导策略，助推幼小衔接

在幼儿进行“小小播报员”的系列活动时，教师首先需要了解本班幼儿语言的发展水平，可以预设幼儿对环境、材料的需求，以及幼儿讨论热点话题时可能出现的困难或疑问，同时，在日常教育活动中激发幼儿讨论小学生活的欲望。在讨论分工以及实践的过程中，教师可以作为观察者的角色，了解幼儿与同伴间沟通交流的方式，及时发现其中的亮点进行点评，对于幼儿难以解决的问题及时介入指导，助推幼儿通过实践实现自己的构思，从而全面提升幼儿的语言发展水平。

2. 将自主权还给幼儿，并及时调整环境及材料

幼儿语言能力的发展离不开适宜的游戏过程，幼儿在游戏中自主探索，并拥有自主决定的权力，如播报员在讨论热点话题时，作为教师，将决定权交给幼儿，此时的教师变成观察者，并根据观察结果调整主题活动的位置、材料，使其更适合幼儿语言能力的发展、兴趣和需要。

在不断的实践与改进中，我更加明确如何将适宜的游戏与相应的语言活动相结合，使幼儿能轻松愉快地获取语言学习与运用的核心经验，感受语言游戏活动的快乐，并大胆表达，提升语言能力。

四、双向奔赴，收获成长

通过不断的语言环境的渗透，在寓教于乐的游戏氛围下，不知不觉中，我发现幼儿由一开始的寡言少语，不愿表达，到如今有话可说、有话愿说、有话敢说、有话会说，成了积极参与语言的加工与创造者；由一开始的随时打断他人发言，到现在能够安静倾听，并且可以听懂并执行别人对自己提出的指令、要求；由一开始的随意涂画，到如今可以尝试书写类似汉字的符号、初步控制书写工具、有强烈学习书面语言的兴趣和意愿等。语言游戏中的多种策略在其中发挥了不可替代的作用，收到了显而易见的效果，这为幼儿进入小学的后继学习做好准备，同时也为其终身发展奠定了良好的基础。

参考文献

[1] 蔡爽．整合资源，促幼小衔接有效性的实践研究 [J]. 新课程（下），2014（2）：104—106.

[2] 达晓翠．儿童语言发展在幼小衔接中的重要性 [J]. 新课程（中），2018（2）：22.

[3] 陈红．如何在区域游戏中进行有效指导 [J]. 好家长，2011（22）：53—54.

[4] 胡月丽．日常生活——开启幼儿语言大门的金钥匙 [J]. 考试周刊，2007（10）：93—94.

运用绘本教学提升智力障碍幼儿语言表达能力的研究

（张雅蒙　北京市通州区幼儿园）

摘　要： 随着绘本时代的到来，绘本受到了许多幼儿和教师们的青睐，对智力障碍孩子也具有巨大吸引力。本文选择对运用绘本教学提升治理障碍幼儿语言表达能力展开研究，以特殊教育学校的学前教育的一名幼儿为例进行研究，研究表明，在接受绘本教学后，智力障碍幼儿语言表达能力中的总词汇量、句子长度和句子类型明显增加。

关键词： 绘本教学；智力障碍；幼儿；语言表达能力

一、引言

大部分智力障碍幼儿受其智力因素的影响，语言发展水平明显低于同龄正常幼儿，其智力障碍越严重，语言发展水平就越低。智力障碍幼儿所表达的词汇量比同类普通幼儿少，句子结构简单，句子成分缺乏，语序混乱，年龄较小的智力障碍幼儿使用的句子常伴有“电报句”的特征，语言连贯性差，言语组织无序，表达不通顺。

目前，我国大陆地区特殊教育绘本教学研究较少，台湾地区特殊教育领域使用绘本教学较普遍，相当部分特殊教育学校教师已经在教学中应用了绘本。绘本不仅内容丰富，而且还是语言的宝库，为智力障碍幼儿的口头语言和书面语言的表达提供了丰富的语言案例。绘本教学以生动形象、色彩鲜明的图画为主，并配有简洁的文字，符合智力障碍幼儿直观形象的思维特点和语言学习特点，更能激发幼儿的学习兴趣，便于他们理解故事内容。笔者认为，选择适合的绘本，通过适当的方法实施合适的教学活动，有利于智力障碍幼儿语言表达能力的发展。

二、研究设计

（一）研究目的

本研究是在某特教学校培智学前班进行的，通过观察了解学生甲的语言表达能力，制订有针对性的绘本教学方案，并开展绘本教学活动，旨在探究绘本教学对智力障碍幼儿词汇量的增加、句式类型和句子长度的有效性，并提出相关的建议。

（二）研究对象

被试者为一名男生，年龄 6 岁，智力障碍程度为轻度。情绪波动较大，偶尔会大哭发脾气。课上注意力不集中，喜欢乱走动。语言表达能力较差，发音不清晰，所说内容多为词语，名词较多，句子表达不完整，停顿次数较多。基本不识字，认识数字 1～5 个。

（三）研究方法

个案研究法。指笔者在一段时间内对研究对象（一个或一个团体）进行干预研究，研究者及时记录绘本教学实践中的反思和感悟，为进一步研究提供有针对性的材料。

（四）研究的过程与实施

确定研究对象之后，结合幼儿自身特点和与本班班主任的探讨，研究共选择了 10 本绘本故事，每个绘本故事进行 2 个课时的教学。对于学过的词汇可以视情况弹性地在多个绘本故事中重复出现，以加强被试的印象。绘本教学的基本实施过程，笔者以绘本“爱吃水果的牛”为例进行说明。

“爱吃水果的牛”教学活动过程如下：

1. 导入

小朋友，你们见过奶牛吗？你们知道奶牛吃什么吗？（爱吃草）

教师出示奶牛图片。今天我们班来了一头大奶牛，但它跟我们平常见到的奶牛可不一样哦，它是一只爱吃水果的奶牛。大家猜一猜，它喜欢吃什么水果呢？（苹果、香蕉、葡萄、梨）

播放故事音频，引导幼儿大胆地说出自己的看法。

2. 播放第一段故事音频

它都喜欢吃哪些水果？引导幼儿用完整句子表达：它喜欢吃香蕉、西瓜、木瓜、苹果等。用一句话总结：它喜欢吃各种各样的水果。

你喜欢吃水果吗？喜欢吃哪些水果？为什么呢？

3. 播放第二段故事音频

这天晚上发生了什么事？主人和邻居怎么了？

为什么所有人都生病了，奶牛没有生病呢？（原来水果里富含丰富的营养，牛吃了好多好多的水果才不会生病）

4. 播放第三段故事音频

爱吃水果的奶牛对主人说了什么？

主人的病是怎样好起来的？吃了什么？（吃了各种各样的水果）

你们知道水果牛奶是从哪里来的吗？（牛身上挤出来的。它是一头神奇的奶牛，吃了香蕉就可以挤出美味的香蕉牛奶）

你喜欢这头爱吃水果的奶牛吗？为什么？

5. 播放完整的故事视频，欣赏故事

绘本教学结束后，使用与前测同样的《自编词汇量表》和《自编故事量表》对被试的语言表达能力进行后测，根据结果判断学生甲语言表达能力前后测是否有成效。同时，对学生甲的词汇量、句子使用方面作进一步的分析。

三、研究结果

经过一个月的绘本教学，效果还是比较明显的，被试的语言表达能力有了提升。本研究主要从词汇量和句子两方面评价绘本教学对智力障碍幼儿语言表达能力的成效。

（一）语言表达之词汇量分析（见表 1）

表 1　绘本教学前后语言表达之词汇量总数

	前测	后测
名词	25	63
形容词/动词	4	40
其他各类词	9	35
总词汇数（个）	38	138

使用《自编词汇量表》对被试进行测验，绘本教学前，被试总词汇量为 38 个，描述事

件时语言简单，只使用简单的名词，几乎不使用形容词，偶尔会出现一两次详细清楚、具有表现力的词汇。经过绘本教学介入后，测验结果为138个词，总词汇量呈上升趋势，表达性词汇类型增加，逐步扩展到形容词和其他各类词，主要是描述物体的外在特征和颜色的形容词。比如，我有鬈鬈的头发、圆圆的肚子，我喜欢吃甜甜的西瓜。

（二）语言表达之句子分析（见表2）

表2 绘本教学前后语言表达之句子分析

	前测	后测
句子完整度（%）	15%	67%
句子类型	多为简单句	单句减少，复句增多

绘本教学结束后，使用《自编故事量表》对被试者进行测试，被试者自开始绘本教学之后，语言表达句子完整度呈上升趋势，从开始的15%上升到67%。

绘本教学前，语言连贯性差，句子结构简单，几乎不使用形容词，表达过程中多次停顿，断断续续地使用词语表达，如（我）去超市，西瓜。

绘本教学后，句子长度逐渐增加，不完整的句子趋于完整，逐渐会使用简单句，教学后期简单复合增加，语言更清楚、详细，有表现力。比如，（我）去超市买西瓜，我去超市买一个大西瓜，我去超市买一个甜甜的大西瓜。放学后，我和爸爸一起去超市买了一个甜甜的大西瓜。虽然句子之间只差一两个词语，但句子的表现力却相差很多，表达更趋于完整。

综上可见，绘本教学对智力障碍幼儿的词汇量和句子两方面是有成效的。

四、研究结论与建议

（一）结论

本研究以一名智力障碍幼儿为研究对象，采用个案研究法进行绘本教学，研究时间为1个月，共对被试者进行了10个绘本故事的教学，每个绘本故事两个课时，以电子绘本和纸质绘本为主进行反复阅读，帮助被试者了解绘本的故事内容，认识词汇，学习句子使用和表达，以了解绘本教学对智力障碍幼儿语言表达之词汇量和句子使用两方面的成效。根据本研究发现，归纳出以下几点结论：

（1）被试者在接受绘本教学之后，语言表达能力中的总词汇量明显增加。

（2）被试者在接受绘本教学之后，语言表达能力中的句子长度明显增加。

（3）被试者在接受绘本教学之后，语言表达能力中使用的句子类型增加，单句减少，复句增加。

（二）建议

1. 选择和设计具有趣味性与发展性的内容

智力障碍幼儿的绘本选择应结合幼儿身心发展的特点，选择贴近幼儿年龄、智力发展程度，并与幼儿生活紧密相关的，由于大多数智力障碍幼儿几乎没有生活经验，所以文本少、情节简洁、人物简单、易懂的故事，更容易吸引幼儿的注意力和阅读兴趣，理解故事内容，特别是，他们对有趣的故事和个性鲜明的人物更感兴趣。此外，智力障碍幼儿的思维以具体形象思维为主，提供适当辅助的情景图片更能加深学生对目标词汇的理解。

2. 创设良好学习情境，开展互动活动

教师可将故事内容编排成小情景剧，根据幼儿各自的发展水平，扮演不同的角色，让幼儿在表演中边演边学，提高语言表达能力。在教学过程中，笔者扮演成了汽车的司机小猴子，班里的几个学生头戴角色卡片，分别扮演成熊猫、小猪、小兔、狐狸、小刺猬，体验等汽车的过程，在这个过程中，幼儿兴趣高涨，能紧跟老师的指挥，教学效果明显。

3. 发挥家长在绘本教学中的辅助作用

想要提高幼儿的语言表达能力，只有教师一方面的努力是不够的，还需要家长和教师共同努力，协作起来。在个案教学中，教师可事先与家长进行沟通，了解幼儿的基本情况。教师根据幼儿课上的学习情况实时与家长进行联系，针对课上幼儿出现的小问题，家长及时补救，以进一步巩固所学。此外，建议家长给予幼儿更多的陪伴，多与幼儿交流，开展亲子阅读等活动，进一步巩固、提升孩子的语言表达能力。

参考文献

［1］杨玲清．基于绘本的幼儿园语言教学实践策略［J］．亚太教育，2021（24）：161—163.

［2］申喻．全语言教育视域下幼儿园绘本教学的个案研究［D］．华中师范大学，2021.

［3］牛振青．利用绘本教学提升培智学校低年级段学生语文能力［D］．苏州大学，2017.

浅谈幼小衔接工作中幼儿专注力培养的重要性

（陈晓媛　南宁高新技术产业开发区直属幼儿园）

摘　要： 随着时代的发展，幼儿教育逐渐进入人们的视线，幼儿园是开展幼儿教育的场所之一，在幼儿园里教师围绕五大领域设计教育活动，以游戏为主全面发展幼儿各项能力；在幼儿园三年的时光，幼儿在各式各样的游戏里获取知识经验，养成良好的行为习惯，为上小学做准备。幼小衔接贯穿在幼儿园三年的教育里，其中幼儿专注力的培养是幼小衔接中的重点之一，专注力能够使孩子迅速进入状态，提高做事效率，更容易获得满意的结果，更能体验到成功的快乐，让探究更为主动。因此，在幼小衔接的道路上，关注幼儿专注力培养刻不容缓。

关键词： 幼儿教育；幼小衔接；幼儿专注力

随着时代的发展，家长开始重视幼儿教育，越来越多的幼儿进入幼儿园接受幼儿园教育。幼儿园教育根据《幼儿园教育指导纲要（试行）》《3～6 岁儿童学习与发展指南》内容要求，围绕五大领域组织开展教育活动，全面发展培养幼儿各项能力。在幼儿园教育中多以游戏为主、集体教学活动为辅开展活动，而小学教育则是以集体教学活动为主，很多幼儿进入小学非常不适应，幼小衔接工作得到了教育部的重视。在课堂活动中，幼儿需要专注课堂学习知识，因此在幼小衔接工作中，幼儿专注力的培养非常重要。

一、专注力与幼小衔接工作

（一）什么是专注力

专注力，也就是人们通常所说的注意力，生活中人们所表现的“全神贯注”“聚精会神”就是专注力的表现形态。简单说，它指的是孩子的心理活动对外界一定事物的指向和集中。专注力是智力的重要部分，也是观察力、记忆力等其他智力因素的必要条件和先导。

（二）影响幼儿专注力的因素

在幼儿园一日活动中，我们总会遇到这样的情况，幼儿在区域中走来走去，摸摸这个摸摸那个；在集体游戏中，幼儿游离在游戏外，或不遵守游戏规则，跑来跑去不听教师的指令；不论在做什么，一提到爸爸、妈妈情绪就会变得很激动，时不时往外看去。出现这些情况，都极有可能是幼儿专注力弱的表现，而影响幼儿专注力的因素是多方面的，主要表现在三个方面。

1. 选择过多

案例：在区域活动环节，我介绍了科学区中新增的三个科学小实验，区域活动一开始哲哲便选择进入科学区进行静电的小实验。在实验中，哲哲先拿起塑料梳子在头发上摩擦起来，塑料梳子经过摩擦后将纸片吸起，接着拿起雪糕棒摩擦，在发现雪糕棒不能吸起纸片后，便将摩擦产生静电的小实验材料收了起来，转而去拿硬币存水的实验材料，操作中总是有水洒到桌面，哲哲又将其收起来换到消失的小鱼的小实验。一上午的区域活动中，哲哲将三个小实验都玩了个遍，可小结的时候又说不出自己在小实验中发现了什么，讲述的声音也越来越小。

幼儿园的活动以游戏为主、集体活动为辅。不论是在区域活动还是户外活动，可供幼儿选择的操作材料有很多，因此容易产生当幼儿对这份材料不会操作或失去兴趣，就会转向其他游戏，而不是专注于想办法解决遇到的问题或探索新的游戏玩法。从案例中我们可以看到，哲哲对新材料都很感兴趣，在操作过程中遇到了问题或没有兴趣了，便转向探索其他小实验；因为选择过多，当哲哲遇到问题的时候并没有第一时间去解决问题，而是换到下一份材料进行探索游戏。长此以往，哲哲在其他活动中也会出现相同的情况，专注力容易被分散，且事情做不好也不利于哲哲自信心的培养。

2. 大肌肉活动不足

案例：兴博是个精力充沛的男孩子，他的奶奶非常关注兴博的身体情况，当天气一转凉就给兴博穿上厚厚的衣服，不让兴博跑动太多，一放学就马上回家；兴博的爸爸妈妈周末也需要上班，很少带兴博出去玩，奶奶也总是让兴博在家画画，很少出门。因此，在幼儿园的一日活动中，不论是在室内还是户外，兴博都较难专注一件事，区域时间总是在各区域间来回跑动，户外活动也是停不下来，没玩一会儿游戏就开始在操场上开始跑动，排队也会在队伍中间动来动去，总是静不下来。

幼儿正处于活泼好动的年龄，喜欢跑动是幼儿的天性，每天坚持进行适当的运动不仅能够提高孩子的体能，还有益于情绪的调整，尤其在促进大脑活跃上也有明显的作用。经常进行大肌肉的锻炼，如攀爬、跑跳、翻滚等，会让大脑反应更加迅速，思维能力更进步。但由于兴博的奶奶的限制，平日里没有给到兴博充足的运动时间，幼儿的大肌肉活动是不足的，过多的精力发泄不出去，专注力集中的时间也会愈来愈少，专注力也愈来愈弱。

3. 缺乏安全感

案例：熙熙是班上较活泼的男孩子，积极参与各项游戏活动，上了大班之后，情绪开始变得很容易波动，经常对着同伴和教师发火；且教室变更之后，熙熙经常从窗口往下望去，在教室里随意地走动或在活动中突然离开位置，无法专心做一件事情。这一情况持续了两周愈演愈烈，其中我与熙熙多次进行沟通并时常提醒都没能得到很大的改变，通过与熙熙的爸爸妈妈联系，才知道这两周熙熙的爸爸妈妈非常忙，妈妈经常出差，爸爸经常加班，熙熙都是由爷爷奶奶照顾，熙熙在家里也经常和爷爷奶奶发脾气，不能专心地做一件事。

从案例中熙熙的行为表现来看，这是缺乏安全感的表现，因缺乏安全感以至于熙熙做出了较偏激的行为，想以此引起爸爸妈妈的关注。可见，缺乏安全感可能会导致孩子焦虑烦躁，下意识地不断变换行为引起关注，造成注意力难以集中。当幼儿需求无法被满足时，便不能够踏实、专注地进行自己的活动，常常会利用各种形式吸引关注，导致做事情不能够很好地坚持下来，注意力也十分不集中。

（三）幼小衔接工作中培养幼儿专注力的重要意义

幼小衔接是幼儿园学段到小学学段的一个衔接，衔接的内容多而杂，其中包括良好习惯、环境适应、同伴交往、学习能力、生活能力及良好习惯的养成等。

良好的专注力是一切大脑思维活动的基础和先行条件。专注力能够使孩子迅速投入状态，提高做事效率，更容易获得满意的结果，也更能体验到成功的快乐，让探究更为主动，锻炼解决问题的能力。可见，良好的专注力对于孩子们学习的重要性，甚至可以成为影响孩子一生的重要因素。因此，在幼小衔接工作中培养幼儿专注力具有重要意义。

二、幼儿专注力培养的重要性

（一）良好的专注力有助于激发幼儿的好奇心

当新生儿呱呱坠地，身边的一切事物都是新奇的，他们会用自己的眼睛、小手专注地去探索身边的事物，随着幼儿长大，就会四处走动进行探索。当幼儿专注于某一事物，好奇心便被激发了出来，然后在好奇心的驱使下，幼儿会更专注地去探索操作，获取知识经验。

当孩子注意力集中时，就可以深入地思考问题。比如孩子在搭积木时，开始可能只会往上码高，逐渐地，他会试着往左右搭，或组成新的图形。针对熙熙的情况，熙熙在幼儿园最喜欢的活动是搭建活动，我建议给熙熙买一些乐高积木去拼搭，当熙熙专注于乐高积木，在拼搭中产生更多的兴趣，熙熙的专注力也越来越集中。

（二）良好的专注力有助于提高幼儿的自信心

专注力集中的孩子，因为能够专心于自己所做的事情，所以更容易获得满意的结果，更能体验到成功的快乐，如果再得到教师、同伴、父母的夸奖，孩子就会更加自信。

针对哲哲的情况，我邀请了一位小帮手，和哲哲一起合作进行实验操作，在操作遇到问题的时候，小帮手会和哲哲一起讨论解决问题，当问题得到解决，成功完成实验，哲哲感受到了成功的快乐，在小结的时候也能自信大胆地讲述自己进行的实验和结果。

（三）良好的专注力有助于锻炼幼儿的毅力

当孩子热衷于某一件玩具并长时间摆弄时，不知不觉中也锻炼了他的恒心和毅力。专注力游戏还可以帮助孩子克服散漫的习惯，能够沉着冷静地处理问题，形成稳定的心理素质。

针对兴博的情况，我找寻了能在家里进行有趣的亲子活动和运动游戏，即使在家也可以进行亲子互动和运动锻炼，特别是一些关于专注力的游戏；坚持了一段时间，我发现兴博在做事上专注了很多，在区域活动时间也能专注于自己区域的探索操作，串区的情况也减少了很多。

（四）良好的专注力有助于提高幼儿学习能力

当孩子能够把注意力集中于某件事情的时候，他们就会主动去探求未知的东西，寻求解决问题的办法。如在班级里，汉孺虽然反应经常慢半拍，但是每一次探索或操作活动都非常专注，因此在集体活动中汉孺比其他幼儿更容易掌握组合与分解的知识技巧，数学思维能力和语言表达能力也比较强。

三、结语

在幼儿专注力培养的过程中，我们应给予幼儿一定的耐心，当孩子在操作的时候，我们要学会适当等待，只要孩子能用他最适合的方法，在不妨碍别人的情形下完成操作，我们都应予以支持。当幼儿拥有良好的专注力，那么在幼小衔接之后的其他工作中，不论是在哪一方面的培养与教育也能顺利的开展。

参考文献

[1] 李立群．培养专注力 助力幼小衔接［J］．教师，2020（28）：123—124.

[2] 王礼玲，刘小群．培养良好专注力，助力幼小衔接［J］．幼儿教育，2019（Z5）：23—26.

幼儿心理健康教育的渗透途径及策略——以幼儿园家校教学活动为例

（周嘉怡　广西壮族自治区南宁市南宁高新技术产业开发区直属幼儿园）

摘　要：千里之行，始于足下。幼儿阶段是孩子健全人格形成的构建期，能不能养成良好的生活和学习习惯，能不能树立必要的自尊心和自信心，能不能学会必备的独立生活能力，能不能掌握进退有度的社会交往能力等，关键在于能不能对幼儿进行有效的心理健康教育。

关键词：幼儿园；心理健康；教育活动；教学策略

随着新课改的发展与推进，当前我国的教育教学体系也发生了巨大的变化。特别是在幼教阶段，教师对幼儿的培养不仅是在学习方面以及对社会的认知方面。更重要的是，教师在新课改先进教育理念的引导下，开始对幼儿进行心理上的培养与教育，旨在通过高效的教学方法让幼儿的心理得到一个正确的引导与教育，从而促使幼儿减少心理问题，走好人生的第一步。这对于幼儿将来的身心发展有着重要的帮助，而且还能让幼儿在不断学习的过程中养成一个良好的行为习惯。

一、家园活动背景下幼儿心理辅导与干预问题分析

（一）难以拔除传统教育的桎梏，忽略了家庭教育功能

在很多幼儿教师的认知中，幼儿的思维能力尚未发育健全，且幼儿对于社会矛盾、生活压力以及学习负担等不存在有较为深入的认识，所以有教师武断地认为，幼儿本就不存在心理矛盾和心理问题，且每一个幼儿都是“乐天派”。殊不知，这一错误的认知正是导致现阶段幼儿心理矛盾不断积累，以及心理问题不断加剧的一个重要因素。对此，教师需要重点思考的问题是，如何借助家园合作方法的应用，对幼儿的心理矛盾与心理问题进行有效分析与解读，然后应用科学合理的方法对其作有效的干预和处理，从而帮助幼儿摆脱心理矛盾和心理问题的困扰与负担。另外，教师还需要注意的一个问题是，如何基于家庭功能的有效发挥，实现对家园合作功能的进一步提升，从而让自己能够摆脱传统的教学桎梏和束缚，实现对个人教学能力的提升，以及对幼儿心理干预和辅导效能的发展。

（二）家园合作综合质量较疲软，限制了双方有效沟通

结合当前家园合作教学工作开展的现实状况来分析，教师在对幼儿进行心理辅导和干预的同时，如果没有家长的辅助和支持，那么心理干预的效果便无法得到有效提升，且幼儿在参与心理辅导活动的时候，也无法将个人内心中的矛盾点有效地表达出来。从当前家园合作的现状来看，在家园合作的背景下对幼儿进行心理矛盾的辅导和干预，主要存在问题有以下几点：一是教师难以摆脱传统教育模式的捆绑和舒服，导致个人没有精力与学生家长建立有效沟通，从而无法实现对家园合作育人机制的合理应用；二是由于教师在开展家园合作育人工作的时候其能量较弱，且活动设计较为疲软，导致当前部分家长对家园合作的认知深度存在有严重不足；三是在家园合作的背景下，教师和家长对幼儿进行的心理辅导和干预较为肤

浅，以至于让家园合作心理辅导和干预方法变成了一个“形象工程”，这不仅影响了幼儿的身心健康发展，还限制了幼儿在后续成长过程中的效力。

（三）幼儿心理辅导随意性过高，影响了幼儿身心发展

部分教师和家长在借助家园合作教学模式对幼儿进行心理矛盾辅导和干预的过程中，由于存在有不正确的思想认知，所以在开展育人工作和心理辅导的过程中经常表现得心不在焉。从对幼儿的调查中可以了解到，部分家长在家中对幼儿进行心理矛盾辅导和干预的时候，经常是一边玩手机，一边看电视，一边做家务，一边对子女进行心理矛盾的直接询问。这样的方法与应用，不仅无法有效了解到子女的心理矛盾是什么，反而会让幼儿感受到一种强烈的敷衍和搪塞，这对于幼儿的身心发展非常不利。从教师的角度来分析，有幼儿表示，教师在对自己进行心理矛盾辅导和干预的时候，经常会选择群体性的干预方法进行。这样，经常导致自己的心理矛盾无处诉说，甚至会被教师直接忽略。这一现象的发生会给幼儿的身心发展造成严重的挫败感，且会加剧幼儿的焦虑心理和矛盾情绪。

二、家园活动背景下幼儿心理辅导与干预策略探究

（一）转变幼儿心理辅导思维，重点突出家庭教育功能

在家园合作的幼儿心理辅导和干预活动开展中，教师要通过借力的方法与幼儿家长创设有效的沟通关系和交流模式，这样不仅能够有效解决幼儿的心理矛盾和心理问题，还可以让幼儿在未来的成长和发展中了解到如何对个人的心理矛盾进行有效管理和控制，以及如何转移自己的心理矛盾、诉说自己的心理困惑。在开展家园合作育人工作的时候，教师和家长需要结合幼儿的心理发育特征以及心理现实诉求对其进行心理矛盾的分析与探索。这样，才能有效地构建符合幼儿认知需求的心理辅导方法与策略。例如，在面对幼儿出现焦虑情绪之后，教师需要从现实角度出发，先对幼儿进行有效的安抚，等到幼儿的情绪趋于稳定之后，教师可以通过询问周围人的方法了解幼儿为什么会出现焦虑的情绪和状态。当得到相关答案之后，教师便可以在家校合作的基础上为幼儿设计相应的心理辅导和干预理念。又如，某一幼儿因为自己上学迟到，导致其一天都处于一种紧张的状态下，小伙伴找他玩耍他表现得心不在焉，教师与他交流他表现得畏畏缩缩。当教师了解到这一问题之后，需要及时地与家长建立沟通，并将这一情况告知家长，同时要对幼儿的情绪进行安抚，使其明白，犯了错误不可怕，可怕的是知错不改。这样，能够有效地缓解幼儿的焦虑情绪，而且可以让幼儿在后续的学习中懂得一定不能迟到，一定要按时到校。

（二）构建信息技术应用平台，建立家园合作的新机制

在当前信息技术飞速发展的时代背景下，教师务必要结合信息技术的应用实现对家园合作体系的有效构建。从现实角度来看，幼儿每天都会和教师在一起相处，因此，最主要的联络方向就是幼儿的家长。从现阶段的智能手机、平板电脑以及各类交流软件的应用角度来分析，教师可以将之作为一种与家长沟通的渠道来应用。例如，针对上述学生的迟到问题，教师可以及时地借助家校交流平台与学生家长建立联系，然后说明情况，并查明原因，为什么幼儿会迟到，以及幼儿迟到与家长有没有直接关系。经过了解之后教师明白，幼儿迟到的主要原因是赖床。此时，教师便可以与家长进行心理干预和辅导方案的设计，通过家校同步开展的方法，实现对幼儿心理负担的消减，以及让幼儿明白为什么作为一名学生是不能迟到的。随后，教师便可以带着家长提供的信息对幼儿进行心理辅导和干预，在对幼儿进行赖床这一毛病进行纠正的时候，要对幼儿做有效的心理安抚，让幼儿明白，知错就改就是好孩子。

（三）创设有效家庭教育路径，开展针对性教学与辅导

随着当前我国新课程改革体系的不断发展和建设，现阶段学前教育教学体系也迎来了全新的改革空间和创新环境。基于此，研究将从现实角度出发，通过对幼儿心理问题的有效分析和探索，实现对幼儿心理矛盾的合理干预，进而在满足幼儿学习需求与生活诉求的同时，帮助幼儿构建一个良好的学习思维和生活认知。这对于改变幼儿后续的身心发展模式具有重要的引导意义和现实作用，同时对提升幼儿的个人综合素养也有着一定的辅助作用和支撑效果。例如，在家园合作的过程中，教师需要先从自身出发对家园合作机制进行有效构建，然后应用信息技术实现个人与学生家长之间的有效联动。基于此，幼儿能够在一个全面监督的环境中和一个全面引导的空间中得以快速成长和发展。这样，教师能够在校园内对幼儿的动向做及时了解，而家长可以在家庭环境中对幼儿的现实状况作有效分析，随后，双方进行线上沟通与交流，实现双方意见的汇总，这样便可以构建出一个有效辅导幼儿心理、干预幼儿心理问题的方法和策略。

综上所述，幼儿健康人格的形成，对幼儿今后的学习、生活、工作和事业发展都具有深远的影响。因此，幼儿心理教师、家长以及幼儿教育工作者，都要把学习幼儿心理健康教育知识和技能作为提升自己专业素养的重要途径，争取最大限度地让幼儿接受最专业的心理健康教育。

参考文献

［1］裴蕊．幼儿园自然教育对幼儿心理发展的影响［J］．科教文汇，2022（11）：125—128.

［2］梅雪．幼儿不良情绪成因及改善策略研究［J］．甘肃教育研究，2022（4）：66—68.

［3］黎长春．浅析3～6岁幼儿的家庭心理健康教育［J］．心理月刊，2022，17（7）：201—203.

［4］朱旭东，李秀云．幼儿全面发展的基本维度［J］．人民教育，2021（23）：56—57.

浅谈幼儿加减法教学游戏化策略

（陈曾妮　广西壮族自治区南宁市南宁高新技术产业开发区直属幼儿园）

摘　要： 游戏是儿童的一项重要活动，也是幼儿教育不可或缺的一部分。游戏在幼儿时代有重要作用。幼儿园的数学教育活动必须具有游戏性，因此，作为幼儿园教师，必须强调生活现实与数学知识的紧密结合，强调运用多种组织方法，与幼儿共同完成教学活动，并保持游戏的娱乐性，让教学活动渗透数学问题。因此，幼儿教育的重要性不言而喻，而作为能够启迪幼儿思维的数学学科，更需要老师的注意，而开展数学教学的有效途径之一就是游戏化教学。

关键词： 游戏化；10 以内加减法；教学策略

一、开展数学游戏，使孩子们参与其中

6 岁以下的儿童基本上都是无意的注意，他们的注意力一般很难集中，只有在情绪兴奋的状态下，并带着兴趣参加各种活动。因此，教师应注重加强对幼儿的引导和启发，注意幼儿的积极性和兴趣，引导幼儿参与数学教学活动。此外，教师要充分了解孩子的游戏性特点，将有游戏纳入数学教学中，在增加幼儿对知识的理解的同时，提高孩子的实践能力。教学游戏是多种多样的，教师需要选择适当的教学游戏，同时还要考虑到儿童的成长特点，并结合教学要求，教授数学问题。

例如，学习 10 以内加减法时，教师可以把数学问题融入到数学游戏中，“甜甜水果店”活动前先在各种水果上标上价格：有 3 元、4 元、5 元、6 元、8 元、10 元等的标签。游戏活动开始，指派两名幼儿当收银员，其他幼儿分别扮演光临的顾客，每一个顾客手中拥有 10 元钱限额，要求他们自由选购自己喜欢吃的水果；同时，在购买时，规定每一位幼儿凭 10 元钱能购买 2～3 样水果，许多孩子一边购买，一边扳着小手指算价格，他们在潜移默化中学到了 10 以内的减法，教学效果显著。

通过开展游戏教学活动，这不仅增加了数学教学对儿童的吸引力，而且提高了数学教学的质量和有效性，从而达到了娱乐性和学习数学知识的目的。

二、开展形式多样的活动，激发幼儿的学习兴趣

科学有效的教学方法，能够提高幼儿学习的兴趣。例如，学习 10 以内的加法，导入环节可以通过“你来蹲、我来站”“分豆豆”“凑数”等游戏，复习 10 的分解组成，在幼儿理解两个部分数和总数之间的关系，为其学习加法做好充分的知识准备。接下来，通过“送外卖”“毛毛虫”“开地铁”的游戏，让幼儿边思考边操作。幼儿在学习 10 以内的加减法中可反复引导幼儿介绍自己的技巧，引导幼儿总结加法运算的方法，促进同伴之间的学习。比如，“3＋7”可以先找出算式中的大数 7 再加上小数 3 等于 10、从算式中第一个数 3 接着向上数 7 个数等于 10，只有在幼儿熟练掌握运算方法的基础上才能够又快又好地进行运算，提高独立思考的能力。

看似一节简单的集体教学活动，其中蕴含着教师的智慧。在集体教学活动中，为幼儿提供锻炼技能技巧的机会，创造使每个幼儿都有机会参与的活动是远远不够的，我们不但要真正体现幼儿的主体性，更重要的应该引导幼儿学习归类、总结，掌握正确的学习方法，促进

智能发展的同时，使他们体验学习的快乐，获得心智的发展。

三、仔细观察幼儿的活动情况，及时把握教育契机

教师应仔细观察幼儿的活动。当幼儿的语言表达不准确时，可通过提问引导幼儿深入思考，整理自己的语言，更清晰地表达数学概念。例如，在教学“10以内的加减法”时，教师可以利用“老鹰捉小鸡”的游戏创设有趣的游戏化教学环境，引导幼儿用自己的方式表达。当幼儿讲述原来有4只小鸡，老鹰抓走2只，还剩2只时，教师可以引导孩子：“除了这样说还可以怎么说?”在教师的引导下，孩子会进一步讲述，天空中有4只鸟，树上有2只鸟，一共有6只鸟。还有，当幼儿列算式时，教师可以引导幼儿讲述，每个数字代表什么，引发幼儿理解部分数与总数之间的关系。为幼儿自主操作练习做好知识准备。

四、在运动中学习数学并发展儿童的多学科技能

（一）结合户外游戏学习数学

幼儿园的许多孩子，在学习了相邻数之后，可以让每个孩子到户外。可以玩“寻找朋友”的游戏，让孩子们排成一排，然后将数字卡（1～10）放在每个孩子的胸口上。教师以点名的方式叫数字，孩子大声说：“我是×。”然后，他和旁边的邻居说：“太好了，你是我的好朋友。”通过游戏方式，让幼儿更好地巩固学习到的知识。

（二）结合体育游戏学习数学

体育游戏是幼儿喜欢的活动之一。幼儿不仅可以通过奔跑和跳跃来改善身体状况，还可以让学生更好地学习数学。将数学知识融入体育活动是一种十分有效的教学方法。例如，查看序列号1～6，绘制一个六层楼的房子，板上每层都有两个房间。48张小蛇卡，12种动物卡，包括小猫、鸭子、猪、小恐龙、小麻雀、小乌龟、小袋鼠、小狗和小绵羊。让小孩子们派小动物（小蛇除外）住在新房子里。每种小动物只能住在一个房间里。让幼儿说话和玩耍。每个小动物都住房子里，谁和谁是邻居。此外，通过训练孩子在不同动作之间的灵活性和协调性，还可以加深孩子对概念和空间方向的理解。

五、加强培训，促进教师水平的提高

为了实现幼儿园教育教学的游戏教学目标，幼儿园应改变传统教学模式，充分发挥幼儿的主体地位，了解幼儿的学习差异，让更多的幼儿得到教师的关注，加强幼儿的全面发展。另外，我国在学前教育中缺乏可将传统教学转化为游戏化的导师，在实际教学中无法准确把握教学中游戏的程度，导致课堂经常陷入冷场之中，不利于幼儿智力发展和身心健康。教师作为学校的主要力量，其专业素质将直接决定教学任务的完成质量和幼儿能力是否得到充分发展。为此，应设立专门培训机构，加强教师游戏教学设计培训，增加教师游戏化的教学水平，为学校培养优秀教师，从而提高教师的整体水平，为祖国光明的明天奠定坚实可行的理论基础。

通过反复实践和不断完善，教师能够根据孩子的年龄特点和学习数学的规律开展教学活动，让幼儿自己去探索、去实践。教师作为引领者，采取游戏化的形式组织教学活动，让幼儿在“学中玩”“玩中学”，在游戏中学到有用的数学知识。区域活动作为集体教学活动的有效补充，根据幼儿特点和实际，不断投放适合幼儿操作的材料。教师科学运用恰当的教育策略，通过个别指导，及时了解幼儿学习加减法中存在的发现问题，根据不同的问题，进行归纳总结，形成有利于幼儿学习的有价值的资料。

参考文献

［1］周端云．幼儿园日常教学活动60年述评［J］．当代教育理论与实践，2014（7）：11—14．

［2］董莎莎，潘月娟，林检妹．5～6岁儿童数学入学准备的内容分析［J］．幼儿教育，2014（11）：9—13＋21．

［3］刘慧莹．“4＋2＝？”该怎样算——10以内的加减法教学策略初探［J］．云南教育（小学教师），2014（Z2）：19—20．

［4］沈继红．区域活动，促进幼儿多元自主发展［J］．教育科研论坛，2010（8）：71—72．

隔代家庭教育对农村留守儿童心理问题的影响研究

（麦惠萍　广东省清远市阳山县第二幼儿园）

摘　要：本研究旨在探讨隔代家庭教育对农村留守儿童心理问题的影响，并为缓解留守儿童心理问题提供启示。采用问卷调查法对农村留守儿童和隔代抚养者进行调查，研究结果表明，农村留守儿童心理问题的主要表现为焦虑、孤独和沮丧；隔代家庭教育可以有效缓解留守儿童心理问题，主要体现在情感支持、生活照顾、学习帮助等方面。因此，应加强对隔代家庭教育的宣传和引导，提高隔代抚养者的教育水平和心理健康，积极开展留守儿童心理健康教育，营造关爱留守儿童的社会氛围。

关键词：隔代家庭教育；留守儿童；心理问题；农村；影响

一、研究背景与意义

随着城乡经济和社会发展的不断加快，农村劳动力向城市流动已成为一种常态，导致了农村留守儿童问题的日益突出。据统计，我国农村留守儿童数量已超过 6000 万人，其中不乏出现焦虑、孤独和抑郁等心理问题的情况。留守儿童心理问题对其身心健康、学业成绩、社会适应能力等方面都会产生负面影响，严重影响其未来的发展。

隔代家庭教育是指祖辈、外祖父母等长辈在父母缺位的情况下对孩子进行教育和照顾的现象。在农村地区，隔代家庭教育已经成为留守儿童主要的家庭生活方式。相对于留守儿童与家长长期分离的状况，隔代家庭教育可以缓解留守儿童的心理问题，具有更好的情感支持、生活照顾和学习帮助等方面的特点。

因此，本研究旨在探讨隔代家庭教育对农村留守儿童心理问题的影响，为进一步缓解留守儿童心理问题，提高其身心健康水平，提供实际可行的政策建议和实践操作。

二、相关理论与前瞻性研究综述

留守儿童指的是因父母在外打工等，长期独自在农村家中生活的儿童。研究表明，留守儿童易产生心理问题，主要表现为焦虑、孤独、沮丧等，严重者甚至可能出现抑郁症和自闭症等疾病。留守儿童心理问题的主要原因包括亲情缺失、学业压力、社交障碍等。

隔代家庭教育是指由祖父母或其他亲属代替父母抚养孩子的一种家庭模式。隔代家庭教育有其独特的教育特点，如情感关怀、传统价值观教育等。隔代家庭教育有助于增强孩子的自我认同感和归属感，提高孩子的学业成绩和心理健康水平。

国内外学者对隔代家庭教育和留守儿童心理问题的相关研究已经逐渐深入。国内研究主要集中在隔代家庭教育的特点、家庭关系的影响等方面；而国外研究更多地关注留守儿童的心理问题和干预措施。例如，张婷婷等（2015）研究表明，隔代家庭教育对留守儿童的社交能力和自我认同感有显著的促进作用；而韩艳等（2017）则发现，留守儿童的亲子关系对其心理问题具有显著的预测作用。

三、研究设计及方法

研究采用问卷调查法对农村留守儿童和隔代抚养者进行调查，共收集有效问卷 236 份。

调查问卷由三部分组成：第一部分是个人基本信息，包括性别、年龄、年级、家庭人口等；第二部分是留守儿童心理问题的评估，包括焦虑、孤独、沮丧等问题；第三部分是隔代家庭教育的评估，包括情感支持、生活照顾、学习帮助等问题。问卷采用5分制量表，分别为“从未”“偶尔”“有时”“经常”“总是”，并设立反向评价项。对调查数据进行统计分析，采用描述性统计、t检验、方差分析、回归分析等方法进行数据分析。

四、研究结果分析

研究结果显示，农村留守儿童心理问题的主要表现为焦虑、孤独和沮丧，占比分别为45.3%、33.9%和20.8%。这与现有研究的结果基本一致。留守儿童的心理问题与多种因素有关，如家庭因素、社会环境因素、人际关系因素等。具体来说，留守儿童的亲情缺失、学业负担过重、自我肯定感不足等因素都是导致其心理问题的重要原因。

隔代家庭教育具有情感支持强、学习指导力度大、生活照顾周到等特点。在家庭教育中，隔代抚养者对于留守儿童的情感关怀和生活照顾尤为重要，可以提供更为温暖的家庭氛围和更多的关爱。同时，隔代抚养者的学习指导也能够帮助留守儿童更好地掌握知识和技能。

隔代家庭教育可以有效缓解留守儿童的心理问题，主要体现在以下几个方面。

（1）情感支持：隔代抚养者能够提供更多的情感关怀和支持，增加留守儿童的安全感和信任感，降低其焦虑和孤独感。

（2）生活照顾：隔代抚养者对留守儿童的生活照顾更周到，如做饭、洗衣、照顾卫生等，让留守儿童感受到家庭的温暖和关爱。

（3）学习帮助：隔代抚养者在留守儿童的学习上提供更多的帮助和指导，能够帮助留守儿童更好地掌握知识和技能，提高其学习成绩和自信心。

因此，应积极开展留守儿童心理健康教育，加强对隔代家庭教育的宣传和引导，提高隔代抚养者的教育水平和心理健康。同时，应加强社会力量的参与，提高社会关注度，为留守儿童提供更多的关爱和帮助，营造关爱留守儿童的社会氛围。此外，政府应该通过出台相关政策和措施，支持和鼓励隔代家庭教育，提供更多的帮助和支持。总之，隔代家庭教育对于缓解留守儿童心理问题具有积极的影响，应该得到更多的关注和重视。

五、研究结论与启示

本研究旨在探讨隔代家庭教育对农村留守儿童心理问题的影响，通过问卷调查的方法对236名农村留守儿童和隔代抚养者进行了调查。研究结果表明，农村留守儿童普遍存在心理问题，主要表现为焦虑、孤独和沮丧。隔代家庭教育对留守儿童心理问题有显著的缓解作用，尤其是在情感支持、生活照顾、学习帮助等方面。因此，隔代家庭教育是一种有效缓解留守儿童心理问题的方法。

通过本研究，我们得出了一些有关隔代家庭教育对留守儿童心理问题的启示：

首先，应加强隔代家庭教育的宣传和引导。目前，隔代家庭教育在农村普遍存在，但很多家庭并不清楚如何进行科学的教育。因此，应加强对隔代家庭教育的宣传和引导，提高隔代抚养者的教育水平和心理健康。

其次，应加强留守儿童心理健康教育。留守儿童由于缺乏父母的关爱和教育，普遍存在心理问题。因此，应积极开展留守儿童心理健康教育，帮助留守儿童树立正确的人生观、价值观，提高其心理素质。

最后，应营造关爱留守儿童的社会氛围。留守儿童是一个特殊的群体，需要全社会的关注和关爱。因此，应营造关爱留守儿童的社会氛围，让他们感受到社会的温暖和关爱。

参考文献

[1] 侯桂连．农村留守儿童家庭教育责任体系之建立——以《家庭教育促进法》为基础［J］．法制博览，2022（35）：77－79.

[2] 姚和万．班主任对农村留守儿童家庭教育的方法指导［A］//教育理论与实践科研学术研究论坛论文集（一）［J］.2022.

[3] 董银娟．农村留守儿童家庭教育问题及对策研究［C］//“行知纵横”教育与教学研究论坛（第七期）论文集（一）［G］.2022.

[4] 张洪庆．浅析农村留守儿童思想政治教育［J］．初中生世界，2022（36）：64－65.

[5] 汪义贵．家庭资本如何影响农村留守儿童家庭教育——基于布迪厄《实践与反思：反思社会学导引》的审视［J］．江苏教育，2022（71）：37－41.

生活“小”资源，探索“大”世界

（丁彦文　江苏省盐城市人民政府机关幼儿园）

摘　要：生活资源是学前教育开展过程中最重要的辅助材料之一，然而对于目前学前教育开展而言，大部分教师对于生活资源的应用有所忽视，继而造成了日常教育与幼儿日常生活缺乏了充分的联系。对此，为保障小班教育的有效优化，本文通过结合生活中常见的小资源，并开展相关活动提高幼儿的生活认知，切实强化学前教育开展过程中的生活化延伸。

关键词：生活资源；小班教育；日常活动

《3～6岁儿童学习与发展指南》（以下简称《指南》）提出：幼儿的学习是以直接经验为基础，在游戏和日常生活中进行的。对此，在日常活动中教师可尝试通过结合陶行知提出的自然教育与生活教育理论，切实以应用生活资源为核心，有效拓展小班教育开展的有效性与科学性。

一、明晰现状，提炼重点

生活资源的渗透能够有利于日常活动开展的多元性，然而在缺乏针对性的渗透过程中，其容易造成日常活动内容杂乱。为此，教师需要明确生活资源渗透的渠道以及重点目标，实现生活资源渗透的有序性。

（一）丰富材料多元性

生活资源是日常活动开展过程中最常见的材料，同时其结合幼儿的想象力与创造力，能够更全面地实现学生对生活资源的认知以及活动的兴趣。例如，在建构区中可以利用废旧的薯片盒、饼干盒这些低结构的材料引导幼儿开展搭建活动；还可以收集一些松果、树枝、丝瓜瓤、清洁球、玉米皮等自然物，充实班级美工区及科学区。

（二）提高活动趣味性

针对日常活动的开展而言，由于材料投放固定单一，并且活动场地相对局促，因此小班幼儿日常活动的开展具有一定的局限性。而通过户外活动结合生活资源的应用，其能够在一定程度上提高活动的趣味性。例如，在主题活动“踏踏响”中，我们带领幼儿来到了幼儿园周边的盐龙公园，看一看公园秋景的同时，孩子们还在白色体恤上进行了图画，画上了秋天的色彩，并开展了一场秋日时装秀（见图1）。

图1　秋日时装秀

（三）落实资源高效性

生活资源囊括种类较多，对此教师需要就资源类型进行划分，并且结合对应的活动有效应用，避免出现生活资源材料、文化等应用浮于表面的问题出现。对此，教师需要就现有的资源进行针对性的调整，保障生活资源应用的高效性，继而有效通过生活资源渗透一日活动，提高幼儿对生活的认知与经验。

例如，在班本活动“香香的水果”中，幼儿收集了多种类型的水果，起初我将这些材料简单呈现在活动室内。这些材料如何成为幼儿的游戏材料，引发了我的思考。首先，我们创设了“水果店”区域环境，将水果店划分为售卖区、加工区、休闲区、儿童游乐区，将孩子们带来的水果分类摆放在“货架”上。孩子们每天来园以后都能自主选择区域游戏，在加工、售卖、等待水果成品的过程中，发展个人动手操作能力、社会交往能力等。在生活能力方面，我们根据幼儿当下穿脱衣物时的困难问题，结合主题创设了“水果扣扣乐”的操作材料，孩子们在给西瓜“抠”瓜子、给橙子“抠”果肉的过程中，提高生活技能。在集体活动方面，面临水果较多，容易腐坏的现象，我们根据幼儿的兴趣点，增设“水果品尝会”“喝果汁”“水果沙拉”等活动，让幼儿在剥橘子、喝果汁、品尝水果沙拉等活动中直接感受到水果的味道以及加工的过程和加工后的味道（见图2）。

图2　水果品尝会

通过“香香的水果”这样活动的开展，既让幼儿对生活中各种各样的水果有了更深的认识和了解，同时丰富了班级区域游戏材料，让生活资源真正地融入到幼儿的教育活动中！

二、趣味渗透，模拟情景

就3～4岁幼儿的年龄特征而言，其对于幻想与现实实际的界限并不明确，因此教师可以结合生活资源，借助趣味情景模拟的方式，实现情景模拟成效转化生活经验的方法，提高幼儿的生活认知能力（见图3）。

（一）模拟生活情景

图3　生活情景模拟（一）

对于幼儿而言，单纯的生活教育活动无法有效提高其教育水平，因此教师可尝试结合生活资源的应用，帮助幼儿有效地通过实践提高自身综合水平，并且在实践中巩固生活经验。例如，在开展“我是小厨师”活动的过程中，我将班级幼儿分成了三组，分别就户外、生活资源进行收集，继而创作出不同的“美食”。然而，在缺乏充分材料的情况下，孩子们显得有点无从下手。因此，教师在这个过程中可尝试合理的引导，通过树枝作为筷子，用绿叶当作青菜，用小石头堆成灶炉，给大家制作了一道“炒青菜”。在教师的引导下，孩子们渐渐通过情景模拟的方式投入了游戏，并且就生活周边资源进行了探索。通过情景模拟的方式，其能够将生活化的情景渗透到日常活动中，继而结合常见的生活资源形成有效的活动模式，提高日常活动开展的多元化（见图4）。

图4　生活情景模拟（二）

（二）鼓励放飞幻想

针对小班幼儿的成长需求而言，其具备一定的想象力与创造力，并且通过实现想象力的方法提高自身的直接经验。因此，在巧妙运用生活资源的基础上，教师可尝试通过实现想法的方法，促使生活资源有效渗透到日常游戏中，并且借助幼儿的想象力提高活动成效。例如，在“我是小厨师”活动中，孩子们不断收集身边的生活资源，并且将其幻想成各类食材与工具：有的孩子将沙粒当作黄豆，也有的孩子将鹅卵石当作鸡蛋，并且模仿着父母煮鸡蛋。通过生活资源的渗透，一方面能够丰富日常活动的多元化开展，提高幼儿在活动中的积极性；另一方面则能够促使生活资源有效渗透日常活动中，实现日常活动与生活元素的连接。

三、感知人文，认知生活

生活资源不仅包括自然资源及物资材料，还囊括了传统人文资源。针对小班幼儿的成长需求而言，通过生活人文资源的渗透有效提高其生活认知，同样是学前教育开展过程中最重要的一环。

（一）创设规则故事会

《指南》提出：“利用实际生活情境和图书故事，向幼儿介绍一些必要的社会行为规则，以及为什么要遵守这些规则。”因此，教师可尝试借助3～4岁幼儿爱听故事的年龄特点，利用日常活动时间渗透生活人文资源，制定“德育故事会”专题活动。以我班为例，我通过结合生活人文资源主题的方式，定期开展故事会的方式，促使幼儿在“收集—内化—分享”的过程中逐步形成自身认知。我班定期开展“传统文化故事会”流程主要如表1所示。

表1 “传统文化故事会”流程

阶段名称	阶段内容	阶段目标
准备阶段	1. 将班级分成5个小组，轮流在活动中分享故事。 2. 提前一周制定下周故事会的主题	积极引导幼儿通过家长、绘本等渠道主动收集相关传统文化等人文资源故事，并从中对文明行为习惯产生认知
实施阶段	由当值小组成员分别在活动中分享传统文化故事	引导幼儿有效表达故事内容与故事主旨
拉票阶段	各小组成员分别为自己的故事拉票	通过拉票环节促进幼儿深化其中的人文资源元素
评选阶段	由听众投票选出故事会的“故事大王”，同伴讲述投票的原因	1. 提高幼儿在探索生活资源过程中的积极性。 2. 进一步巩固生活资源认知的重要性与加深幼儿对故事内容的认知

通过故事启迪的方式，进一步促进幼儿积极投入到传统文化风俗、人类文明等人文资源方面故事的搜集中来，在幼儿的积极分享、评价过程中，进一步确保在生活资源渗透下有效

拓展幼儿的眼界与认知。

（二）展示节日资源

在生活资源渗透的基础上，需要进一步实现人文资源有效渗透日常游戏活动的教育目标，继而促进幼儿从活动中对生活中人文资源作出了解与应用。例如，在策划“重阳节”活动中，可以邀请爷爷奶奶、外公外婆走进我们的课堂，由爷爷奶奶来讲述重阳节的故事！同时引导孩子现场为爷爷奶奶做一件事，以此激发幼儿关爱老人的情感！通过重阳节活动的开展，其能够有效地促使幼儿更全面地了解生活中的传统文化资源，从而明晰不同传统活动与节日的重要意义，拓展幼儿对生活人文资源感知的渠道。

（三）家长助教展风采

家庭是幼儿园重要的合作伙伴，我们要充分利用家长资源。比如，在班级开展“家长助教展风采”的活动，定期邀请不同职业的家长进入我们的课堂，爸爸妈妈穿着自己的工作服，结合自己平时工作的照片讲述工作中需要做的事情。通过这样的活动可以让幼儿更直接地去了解爸爸妈妈的工作，还能知道社会中不同的职业（见图 5）。

图 5　家长助教活动

为保障日常生活资源能够有效地渗透到幼儿的日常活动中，本文特通过将生活资源分成自然资源及人文资源两部分，并且通过不同的渗透渠道就日常活动进行调整。一方面，通过自然资源的渗透能够丰富日常活动的多元性与趣味性，拓展幼儿日常活动空间，提高幼儿对日常活动开展的兴趣；另一方面，通过人文资源的渗透，其能促使幼儿更全面地了解生活，提高自身生活经验，并且进一步强化了日常活动开展的高效性。由此可见，通过自然资源的多渠道渗透，其能够有效拓展幼儿活动空间以及生活认知，进一步通过小资源应用帮助幼儿了解大世界，高效实现学前教育开展的核心目标。

参考文献

[1] 中华人民共和国教育部．幼儿园保育教育质量评估指南［Z］．2022.

[2] 赵亮．小班幼儿区域活动中如何渗透常规教育［J］．启迪与智慧（中），2021（9）：12.

浅析幼儿项目活动开展策略

（张蓓　陕西省西安市西安高新区第十五幼儿园）

摘　要：幼儿项目活动是以儿童的生活经验和兴趣为基础，以真实的问题驱动为导向，以持续性探究为中心，以整合性学习为特点，以可展示的成果为宗旨的一种活动实施方式。本文分析了幼儿项目活动开展策略，希望具有一定参考价值。

关键词：幼儿教育；项目活动；开展策略

在项目活动中，幼儿的学习包含多领域且内容相互交织、有机整合，如在“面食”项目活动中的和面部分，幼儿探讨了面粉与水的比例、面粉颜色与水果汁颜色的关系，积累前期经验；练习了揉面技巧，锻炼了上肢力量与手部动作技能，磨砺了坚持的品质；在与同伴的共同探讨中发展了语言、合作、人际交往、问题解决等多方面的能力。随着教育改革的不断深化，项目式教学越发重要，幼儿项目活动开展策略的研究有着鲜明的现实意义。

一、内涵特征

项目活动指围绕某个幼儿感兴趣的小话题或遇到的小问题进行一系列相关探究，进而习得经验、提升能力的活动。它基于幼儿立场，以“玩中学”为理念，将“玩”和“学”有机结合，着重解决幼儿生活中的现实问题，将活动系统化、深入化、生活化，提升幼儿探究的兴趣、经验与能力，实现教育的寓教于乐。

（一）项目活动具有生活性

幼儿一日生活皆教育，发现幼儿的兴趣与需要，就捕捉到了教育的契机。项目活动将幼儿的学习探究置于真实的生活情境中，从而激发幼儿的内在需要，产生主动参与活动的强烈愿望，在真实生活与真实情境中展开探究，解决真实问题，从而获得有活力的知识、有成就感的体验。

（二）项目活动具有生本性

陈鹤琴先生曾说：“儿童的世界是他自己去探索去发现的，他自己所求来的知识才是真知识，他自己所发现的世界才是他的真世界。”项目活动从幼儿始，由幼儿终。活动过程中，幼儿围绕项目主题，充分运用多种感官动手动脑去发现问题并解决问题，始终保持浓厚的认识兴趣和探究欲望，自由观察、自己照顾、自主记录、自发讨论，从而获得丰富的探索经验。

（三）项目活动具有生动性

项目活动充分挖掘游戏的价值，顺应幼儿爱玩、爱探究的天性，让幼儿在一个有联系的、纵深递进的微型主题活动中，根据自己的兴趣和能力，在游戏玩耍和探索发现中获得知识经验的积累和综合的发展。它强调在真实情境中开展真实活动，满足幼儿“动起来”的愿望，燃起幼儿主动思维的积极性，在鲜活的生活情景或问题场景中，边玩边学，边学边玩。

（四）项目活动具有生成性

项目的建构是一个逐步推进、动态生成的过程。首先，项目主题来源于幼儿真问题，保障了幼儿的探究兴趣；其次，项目展开过程追随幼儿所思所遇不断生成，教师和幼儿根据不同的需要和情境，在预设的前提下自主构建活动；最后，项目活动的结果不拘于形式，不过多追求固定程序。它从一个生长点，不断生成系列活动，环环相扣、步步深入；它没有固化的模式，按需展开、按需结束，似水流淌、水到渠成。

二、幼儿项目活动开展策略——以“蚯蚓大探秘”为例

关于项目化学习模型，美国幼儿教育专家丽莲·凯兹和西尔维亚·查德提出了项目活动展开的“三阶段五特征”方式。三个阶段即项目的启动阶段、展开阶段及总结阶段，每个阶段贯穿了讨论、实地考察、表征、调查和展示五个特征。然而，在实际教学情境中，并不是每一个阶段都包含五个特征。因此，“三阶段五特征”虽然为教学过程提供了思考框架，但同时也在一定程度上限制了教师的思维。为此，依据幼儿项目化学习的“黄金标准”（解决有挑战性的问题，进行持续性探究，强调真实性，幼儿要有发言权和选择权，在活动中进行反思和调整，学习成果需要公开展示等），综合已有实践经验和中外学者对项目化学习实施路径的研究，将项目活动的三个阶段调整为开始阶段、综合发展阶段和高潮、评价阶段，逐渐明晰了项目化学习的实施路径（见图 1）。

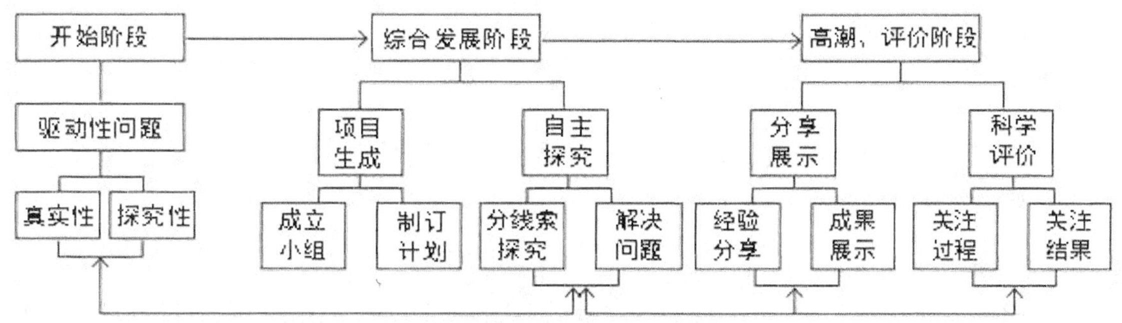

图 1　项目化学习的实施路径

当教师的思维不再拘泥于“五特征”的“范式”后，就探索出了“分线索”探究路径，以满足不同幼儿多样化的兴趣和发展需求，为幼儿思维的深度发展搭建支架，为每一位幼儿潜在的发展赋能。下文以中班“蚯蚓大探秘”为例，介绍项目化学习的三个阶段。

（一）开始阶段：甄别幼儿兴趣，设计驱动性问题

“教学就是无止境的相遇”，正是在与幼儿的日常相遇中，教师的课程意识和教育敏感性被激发出来。“蚯蚓大探秘”项目源于幼儿在户外散步时邂逅了一条蚯蚓，对其产生了浓厚的兴趣。以下是教师记录的幼儿之间的对话。

幼儿 A：蚯蚓从哪里出来的？

幼儿 B：我没看到蚯蚓的脚，它是怎么走路的？

幼儿 C：蚯蚓的嘴巴在哪里？它吃什么？

可见，“蚯蚓”成为幼儿共同感兴趣的话题。教师顺着幼儿的思路，决定从“哇！哪里来的蚯蚓？”这一源自幼儿的真问题来规划学习内容。

（二）综合发展阶段：基于幼儿问题，引导分线索探究

1. 成立探究小组

由于幼儿关于蚯蚓的已有经验和兴趣点各不相同，通过对讨论内容的整理，不难发现，幼儿对蚯蚓的好奇主要集中于“蚯蚓住哪里”“蚯蚓长什么样”“蚯蚓是害虫吗”等几个问题。教师梳理出以下三个研究方向和子任务：蚯蚓的生活习性、蚯蚓的外形特征、蚯蚓与我们的关系。幼儿根据自己的兴趣自主选择研究任务，组建小组，组员可由小组主要成员招募。让幼儿自主选择探究任务和伙伴，营造了轻松、和谐的心理状态与外部环境。通过自主结伴、组员招募，可以帮助幼儿理解往后协作的规则，厘清活动探究的思路，为主动思考和提升思考的深度创造机会。

2. 制订探究计划

教师通过谈话、观察、讨论等方式与幼儿一起识别将要讨论或研究的问题，从而规划探究的方法、想要开展的活动以及探究的相关准备，在完成项目的过程中，幼儿会不断遇到新问题，教师会及时捕捉幼儿学习轨迹，吸收幼儿的想法，和幼儿一起调整活动方案。

3. 开展分线索探究

依据“蚯蚓的生活习性”“蚯蚓的外形特征”“蚯蚓与我们的关系”这三条线索，幼儿就此展开探究过程。他们带着浓厚的兴趣和积极的思维，通过观察、讨论、实验、调查、阅读、采访等各种途径获得信息和资源，主动提出并思考问题。小组在学习过程中都动态生成并丰富拓展了原有问题组织图式。如“蚯蚓的生活习性”小组生成了“蚯蚓怎么死了”，总结了“照顾蚯蚓”的“五部曲”，引发了对生命成长的关注；在问题的指引下幼儿预测、实验、记录、验证，经历了“像家一样想事情、做事情”的实践过程；同时，生成了“照顾班级小蜗牛、小金鱼、小乌龟”的饲养活动，迁移了在照顾蚯蚓过程中积累的饲养经验，满足了个性化的需求。

（三）高潮、评价阶段：聚焦幼儿发展，开展评价

1. 搭建分享展示平台

在“蚯蚓大探秘”这一项目活动中，各探究小组在圆满完成探究活动后，幼儿讨论如何向他人分享自己所获得的新经验。面对成人和同伴，幼儿人人发言，讲述、表演、提问、对话，有质疑，更有回应，从中感受到团队合作的快乐和作为一个主动学习者的自信与成就。跨越时间、空间、领域的综合性学习，让幼儿重新系统地回顾自己与同伴的感受、收获，体会超越自我的成就感。

2. 开展评价

评价是达成深度学习的极其重要的手段，对幼儿的项目化学习活动起着重要的引领、指导、促进作用。在项目探究过程中，教师始终在场跟进幼儿的学习过程，以记录表、成果展示等方式获取他们的学习信息，记录他们的学习经历，并定期召开团队研讨会，解读幼儿的学习作品和观察记录，对幼儿知识经验的获得、学习品质的提升、各种能力的发展等作出表现性评价，进一步思考如何有效支持连接儿童深度学习的当下需求与后续探究，从而逐渐形成“观察—准确解读—有效支持”的专业能力。

总之，项目活动中最核心的是驱动性问题链的设置。在生成问题链时，教师要关注驱动性问题链的逻辑性，使驱动性问题链螺旋而上、层层推进，让幼儿能“有阶可上”，保持思维的连续性，从而促进幼儿的主动探究和深度学习。

参考文献

[1] 方姜慧，王春燕．幼儿园项目活动：特征、误区与建议［J］. 东方娃娃·保育与教育，2022（3）：36—38.

［2］邱露琳. 浅析幼儿体育活动的有效开展策略［J]. 国家通用语言文字教学与研究.

［3］肖菊红. 幼儿科学微项目活动的内涵、特征与实践［J]. 江苏教育研究，2022（Z1）：47—51.

［4］任芳，赵星，屈莎. 不同体育活动项目对于幼儿身体素质的影响//第十二届全国体育科学大会论文摘要汇编大会——专题报告（学校体育分会）（一）. 2022：891—893.

［5］柯珊. 项目活动中幼儿深度学习的实施策略和应用［C］//华南教育信息化研究经验交流会 2021 活文汇编（三）［J］.2021，298—304.

［6］冯慧明. steam 教育下幼儿园项目活动的开展［C］//. 2020 年基础教育发展研究高峰论坛论文集 . 2020：843—844. DOI：10. 26914/c. cnkihy. 2020. 044295.

［7］丁晓燕. 浅谈项目式教学法在幼儿园绘画活动中的运用研究//2019 教育信息化与教育技术创新学术研讨会论文集［G］. 2019：368—370.

［8］陈大琴. 项目化学习引发幼儿深度学习的策略研究——以中班项目化学习“蚯蚓大探秘”为例［J］江苏教育研究，2022（10）：43—48.

幼儿园混龄活动中的教师支持策略

（陈佳丽、王滢　广东省深圳市光明区公明李松蓢幼儿园）

摘　要：混龄活动为幼儿提供了更广阔的互动环境，推动其社会性与个性的进一步发展，也为其未来适应社会发展提供场域。我国积极探索混龄教育模式，当中存在着混龄活动中材料层次性不足，混龄环境互动性不强，教师指导不到位等普遍问题。教师需要基于各年龄幼儿发展特点与需求，科学投放材料；打造适宜环境支架幼儿互动；适时进行指导以发挥教师作用，以推进混龄活动有效开展，最终促进幼儿的全面发展。

关键词：混龄活动；幼儿园；教师支持

一、幼儿园中开展混龄活动的意义

《3～6 岁儿童学习与发展指南》提出："幼儿社会领域的学习与发展过程是其社会性不断完善并奠定健全人格基础的过程。人际交往和社会适应是社会学习的主要内容。"同伴交往分为同龄和异龄。20 世纪初，蒙台梭利建立了幼儿之家，其教学模式不是传统的按年龄编班，而是将不同年龄的幼儿组织在同一个区域进行学习活动。王晓芬认为，混龄教育是将不同年龄和不同发展水平的幼儿组织在一起，为实现一定教育目的对其进行教育的形式。现如今，社会上多独孩家庭，独生子女因缺少兄弟姐妹的陪伴成长，容易出现个性和社会性问题。而混龄教育能够较好地弥补这一缺失。正如瑞士心理学家皮亚杰所观察到的，大孩子会有意识地保护年纪小的孩子，这让他们形成责任感。同时，通过从年幼的孩子那里获得尊重和认可，他们增加了自己的知识和能力，并发展良好的品质和价值观。在与大孩子互动时，孩子们能从哥哥姐姐们经验中学习。在与同龄孩子互动时，孩子们能够与同龄人进行公平的比较和协作，从而形成良好的竞争局面。教育幼儿园传统中是以同龄人为单位进行组织的，但在"二孩"和"三孩"政策不断开放的社会环境中，《幼儿园工作规章制度》提出：幼儿园可依据年龄设置班级，也可以进行混合编排班级，这为幼儿园混龄教育的实施提供了有力保障。我国的一些幼儿园已经成功地进行了混龄教育的实践，这也说明在幼儿园实施混龄教育具有一定的现实意义。

二、混龄活动开展中存在的普遍问题

混龄教育与传统的课堂教学不同，它包括不同年龄层的幼儿，有同龄的幼儿，也有不同龄的幼儿。不同年龄段幼儿的认知和情感发展不同，导致年龄混合式教学与传统的集中式教学存在差异，这与传统的课程结构体系相矛盾，对传统的幼儿教育模式和内容构成挑战。当前的混龄活动存在着以下普遍问题。

（一）材料层次性不足

材料是相对单一的。每个游戏都应该有游戏材料或情境的补充，最重要的是，在混龄活动中，材料应该更具有层次性，以满足不同年龄幼儿游戏的实际需要。尽管不同幼儿园中均配备了适当的户外活动场地，并配备设备和设施以支持游戏活动，然而这些场地一般都比较单调，有些幼儿园的活动范围也很小，导致幼儿可以选择的户外活动类型较为匮乏，不同年龄段的幼儿经常发生争抢的情况，较小年龄的幼儿通常处于劣势。长此以往，将会大大消减幼儿的积极性，甚至对户外活动并不感兴趣，更愿意做一些基本的室内活动，如剪纸和涂色。

（二）环境互动性不强

环境的设计是相对单调的。大多数教师会将情境教学融入到课程中，以激发学生学习动机和热情，鼓励学生独立探索。幼儿园也不例外，由于幼儿的心理发展因年龄而异，因此，创造符合幼儿不同心理特点的情境很重要。然而，在大多数幼儿园的混龄活动中，人们发现许多教师重复使用学习情境，即使这些情境不符合幼儿的实际需要，幼儿也会感到厌烦，导致无效的混龄活动开展，产生相反的效果。

（三）教师的指导不到位

不同层次的幼儿，不同性格的幼儿，不同发展需求的幼儿，异龄活动中更可能出现矛盾，如何鼓励不同年龄的幼儿进行互动并且是有效的互动，混龄活动对教师提出了更高的要求。现如今，许多幼儿园的混龄活动只是组织不同年龄的孩子在同一个场地进行活动，往往性格外向的孩子在同伴交往中有着天然优势，在互动中更加主动，同时许多幼儿更愿意和自己熟悉的同伴游戏，许多教师只是用简单的语言告诉幼儿要与弟弟、妹妹或者哥哥、姐姐游戏，在发生冲突时，也只是让年纪大的幼儿让着年纪小的幼儿，教师不到位的指导对混龄活动的深度开展作用微乎其微。

三、幼儿园混龄活动教师支持策略

（一）基于幼儿需求，科学投放材料

不同年龄的幼儿游戏时，存在着年龄、经验和能力以及学习内容的差异。在提供材料时，教师应考虑到不同幼儿的能力和需要，提供不同层次的材料来支持他们的游戏和学习，刺激他们的发展。首先，教师应提供足够的同类型的游戏材料和足够的低结构材料，鼓励幼儿发挥想象力和创造力进行随机组合，引导他们尝试一物多用。有了适量的材料，就可以避免许多不必要的冲突，也可以更好地促进不同年龄幼儿之间互动与合作。其次，在设计材料时应考虑到不同年龄段幼儿的发展目标，教师应根据幼儿的游戏情况确定其难度。例如，在操作区教师可以提供不同质地、颜色、形状和孔径的吸管和珠子等，以及不同厚度和强度的绳子。教师还可以将不同年龄组使用的材料和幼儿共用的材料分开。例如，低层装有供年幼幼儿使用的材料，中层装有供共同使用的材料，高层装有供年长幼儿使用的材料。根据幼儿的能力和需要，用不同标签来区分材料的难度。

（二）支架幼儿互动，打造适宜环境

混龄环境中游戏需要一个开放的、独立的环境，以便幼儿有地方玩。首先，教师需要充分利用园内的每一寸土地，利用楼梯、走廊、阳台和其他区域来扩大混龄环境，扩大每个场地和角落的作用，让幼儿充分利用小空间，满足幼儿独立选择的需要。其次，教师应打破界限，帮助幼儿创造自己的区域分隔物。教师可以在活动室中创造小型的多维空间，科学地设计一个全年龄区的游戏活动空间。一种方法是与孩子们讨论活动空间的设计，共同设计活动空间。将教室从传统环境中分离出来，根据空间的不同性质进行优化整合，设计成混龄合作活动区和混龄独立发展活动区。混龄合作活动区由幼儿可以合作的游戏区组成，包括表演区、角色扮演区和建造区等。

（三）发挥教师作用，适时进行指导

鉴于幼儿的互动能力和游戏水平不同，教师首先应积极支持哥哥、姐姐发挥作用，有意

识地引导年幼幼儿模仿和学习年长幼儿的游戏行为。此外，积极鼓励年幼的弟妹表达他们的愿望和需求，并引导年长的兄姐观察和参与处于弱势的幼儿的游戏过程。其次，在同伴之间发生冲突时，教师通过使用不同的方法，如解释、请求帮助、友好劝说，帮助幼儿通过“共同协商”达成共识。当出现困难时，积极鼓励幼儿通过示范、讨论、提醒、等待、妥协等实现共赢。再次，分享和交流是混龄活动中重要的环节，教师的反馈和与同伴的讨论有助于幼儿内化他们在活动中获得的知识和经验。教师可以利用多媒体，孩子们围坐观看幻灯片上呈现的一些混龄活动相关场景，并与同伴或教师分享他们对这些场景的看法。教师利用幼儿之间的持续对话，激发他们参与评价性讨论的兴趣和主动性，探讨他们对自己游戏经验的解释和反思，推动元认知的发展，更好地促进后续混龄活动的开展。

总之，在混龄活动中，教师要把握异龄幼儿的身心发展特点，抓住幼儿经验构建逻辑，提供适宜的材料、环境与指导，支架幼儿的互动与学习，让幼儿在混龄活动中以自己的方式、节奏发展，在体验与同伴游戏的快乐的同时，充分展现自己的个性。

参考文献

［1］杨曼茹．幼儿园混龄教育与学前教育改革探究［J］．科幻画报，2022（9）：17—18.

［2］崔佳佳，郭琦，陈璐．幼儿园混龄结队式同伴互动的策略研究［J］．儿童与健康，2022（9）：20—22.

［3］陈芳．基于儿童视角的幼儿园混龄区域游戏组织与指导［J］．教师，2022（20）：96—98.

［4］魏琴琴．混龄教育中教师介入幼儿同伴冲突的行动研究［D］．江苏大学，2022.

［5］赵婷．混龄班幼儿同伴交往能力的提升策略研究［A］//中国陶行知研究会．第六届生活教育学术论坛论文集［G］．2023：392—394.

音乐在小班一日生活过渡环节的应用研究

（江俐蓉　广东省深圳市光明区公明李松蓢幼儿园）

摘　要： 柏拉图曾经说过“音乐是一种比任何其他教育更有力的工具”，幼儿生来就特别喜欢音乐。教师可以根据小班幼儿年龄发展的特点合理安排，选择恰当的音乐元素融入一日生活的每个过渡环节中，减少小班幼儿入园的焦虑，为幼儿营造良好的环境氛国。

关键词： 过渡环节；音乐；小班幼儿

一、音乐在小班一日生活过渡环节的必要性

（一）小班年龄发展的特点

小班幼儿年龄是 3～4 岁，这个年龄段的幼儿是从婴儿期进入幼儿期，他们的身上既带有了婴儿的特征，也带有了幼儿时期的特征。小班幼儿在刚入园时，情绪是非常不稳定的，行为被情绪支配，内心是抗拒的。由于他们远离了熟悉的环境，遇到许多不熟悉的教师和小伙伴，他们一下子就变得不适应。自我控制能力相对比较差，自觉性和规则意识也比较弱，但是这个时候也是他们发展的飞速期，特别爱模仿。

（二）过渡环节的含义

过渡环节是幼儿在幼儿园一日生活中一种活动转到另一种活动的过程，这种活动的转变就形成了一个中间的环节，是一个“中转站”，是活动过渡的衔接，也是调整休息的一个环节。过渡环节就包含了六个环节“入园、户外活动、课间过渡、餐前餐后。午睡前后以及离园”，每一个环节都赋予不一样的教育意义，这些都属于一日生活的一部分，在幼儿园的一日生活中过渡环节是连接幼儿生活、学习、游戏的一个非常重要的环节，不仅能起到中转、衔接、调整休息的作用，它能使幼儿在一个活动结束后得到充分的休息，以便为下一个活动做好准备。

二、音乐在小班一日生活过渡环节的意义

（一）稳定情绪

小班幼儿刚入园时，对于他们来说，音乐能够起到的教育作用甚微，他们的情绪是非常不稳定的，当教师在进行一个活动向另外一个活动转接的时候，有的幼儿可能就会因为不习惯这种教学活动，而导致他们的情绪不稳定。播放一些他们熟悉的音乐律动或者童谣，他们的注意力得到转移，渐渐地停下手里的动作，随着音乐节奏动起来，改变了他们不安的情绪。音乐的感知规律与小班幼儿的生理心理特点又是符合的，所以音乐可以缓解小班幼儿上学时的紧张情绪。

（二）常规教育

过渡环节的设计直接影响幼儿常规习惯的养成。幼儿园的常规教育就是根据幼儿发展的特点，使幼儿的生活变得丰富而有规律的一个学习过程。对于初入园的小班幼儿来说，抓好

常规对小班幼儿今后的学习生活非常重要，甚至对他们的一生都会产生非常重要的影响。在小班幼儿一日活动过渡环节中加入音乐，将大大降低他们吵闹的可能性，因为他们能够在适当的音乐中做出相对应的行为。通过播放不同类型的音乐，让孩子们知道在什么时间做什么事，接下来该做什么。在活动与活动之间的衔接，用音乐而不是用严厉的语言来规范他们的不同活动。教师可以节省更多的精力去关注幼儿，既能很轻松地组织活动，又能保证教学活动的质量。培养幼儿自我控制意识，提高自我管理能力，养成良好的秩序习惯。

（三）减少隐性浪费

小班幼儿的注意力特别容易不集中，合理地设置过渡环节的音乐，不仅可以加快他们行动的节奏，还可以加快他们在活动之间转换的速度，减少他们等待时间有助于他们集中注意力，更好地投入每个环节，便于教师管理，减少不必要的隐性浪费。

（四）提升教师的职业幸福感

教师的职业幸福感从何而来？教师职业幸福感一部分需要外部条件来满足，另一部分可以通过自我实现来满足。小班的幼儿刚入园属于懵懵懂懂的一个状态，当我们将音乐融入到他们的一日生活中，通过让音乐代替指令就会使过渡环节更加自然，教师将即兴表演、舞蹈、身体动作、律动融入到音乐中，并应用于过渡环节，优化了一日生活环节组织实施，工作的氛围变得轻松和积极，不仅是教师拥有了更多正面的情绪体验，幼儿在音乐氛围的烘托下也起到了一定的隐性教育作用，那么在接下来的三年里，教师的日常工作开展效率也能够大幅度提高，从而使教师能够更加轻松自在观察幼儿和记录。不仅满足了教师的成就需要，提升了教师的职业幸福感，也大大地解放了幼儿的束缚，让幼儿真正自己学会去成长，成为过渡环节的主人，一举两得。

（五）生活美感

让音乐指令替代教师的语言指令，将他们的常规和音乐教育的审美艺术联系起来，渗透到每个环节，在幼儿园的三年里也不知不觉地提高了他们的音乐修养。根据每个环节的不同选择适宜的音乐来营造良好的环境氛围，使他们更好地融入幼儿园中的各项活动去，音乐与过渡环节的碰撞，不仅能够给人带来美的享受，也为他们的一日生活增添了不一样的美感。

三、如何在小班一日生活中的过渡环节使用音乐

（一）晨间入园

在入园的时候，特别是在小班的幼儿可能会出现精神状态不佳或者有分离焦虑，所以如何让幼儿入园后快速进入状态是一个重点工作。教师可以选择轻松、活泼欢快、比较欢快的音乐吸引他们的兴趣和注意力，减少孩子对家人的依赖，同时也能缓解他们一大早起床来园的不适与不安感；教师们也可以在日常的音乐活动中，了解他们喜欢的音乐，还可以查阅相关音乐网站获取一些比较适合的音乐，同时做好记录，在晨接入园的时候依次播放他们喜爱的音乐，他们听到后心情会舒畅和对幼儿园更加期待。分离焦虑症也逐渐缓解，也能够蹦蹦跳跳地加入音乐中来。

（二）户外活动

一般来说，幼儿每天至少应在户外活动 2 小时。户外活动主要包括上午户外活动、餐后散步和下午户外活动等。这些活动是幼儿园一日生活重要的过渡环节，教师可以利用这段时

间，让幼儿在这些零散的碎片时间，根据活动的目的，选择一些节奏变化鲜明的歌曲，可以按照歌曲快慢来决定行走速度。曲风比较柔和就轻轻地、慢慢地走，曲风比较活泼欢快就加快步伐。也可以让他们选择自己喜欢的歌曲，例如，《谁是我的好朋友?》这首歌，可以两两分成队，进行轮唱，让优美歌声传遍幼儿园每一个角落。

（三）课间过渡

如果上一场集体活动时比较安静，则可选些动感欢快的音乐，跳一跳、扭一扭；如果上一场集体活动比较热闹，则可以选择一些比较柔和的音乐。同时，给孩子们这段自由时间，让他们自己组织歌曲，选派代表带领所有孩子一起唱歌、跳舞，用动作表达内心的感受，为下一个活动的开展打下良好基础。

（四）进餐环节

在进餐环节中，例如小班的孩子年纪较小，在进餐环节中是极其容易受到其他小朋友的影响以及窗外的其他食物和声音的影响，可以用优美的音乐能够有效放松幼儿心情，进餐时获得很舒适的体验，吸引幼儿的注意力，提升食欲，同时保证了进餐的规矩，常规教育的实施就更加顺利了。

（五）午睡

午睡也是一日活动中的重要环节，睡眠的质量不仅影响了幼儿的生长发育，还会影响接下来的学习活动。但结合现实情况来看，小班幼儿在睡觉前一般会出现不愿睡觉，睡觉困难、找妈妈等现象，会影响集体幼儿入睡。在此环节中，教师可以将音量调低循环播放一些安静的轻音乐，营造安静温馨的氛围，将使用缓慢、温暖的音乐来创造一种平静和催眠的效果，让他们感到舒适，并创造一个有利的睡眠环境。

（六）离园

离园，作为一日生活中的最后一个环节，幼儿的心情是复杂的，会有舍不得幼儿园，不想离开、想多玩一会儿的，也有迫切想回家的。教师应当选用一些优美、舒畅、和谐欢乐的音乐，也可以选择播放一些节奏性比较强的，或者是幼儿平时学习的一些律动，教师通过这样的音乐节奏游戏，加强和幼儿的紧密联系，让幼儿感受到了幼儿园的温暖、幸福、美好，对明天的入园会更加期待，歌曲的选择，如：钢琴独奏《牧童短笛》、小提琴独奏《新春快乐》、律动性强的中文版本的《樱桃小丸子》，以及一些管弦乐。同时，还没有家长来接的幼儿，教师也会悉心照料，与幼儿一起玩一些小游戏，缓解孩子的等待焦虑，若出现幼儿哭闹的情况，则可以播放轻音乐引导幼儿调节情绪，提高离园环节的活动质量。

在过渡环节使用音乐虽说不是小班一日活动中的主菜，但它给予的隐性教育价值却是不可预估的。不仅仅是小班的幼儿，对于各个年龄阶段的幼儿，我们都可以将音乐融入他们的一日生活中。让我们用新思想、新眼光，不断地探寻研究和思考改进，并且不断地优化，让幼儿生活中的每个环节都绽放光彩。

参考文献

[1] 张凯波．幼儿园一日生活过渡环节的探究 [J]. 学前儿童课程研究，2011 (03).
[2] 陶琳．优化幼儿一日生活过渡环节有效策略，[J]. 家长，2021 (10)：169—170
[3] 施 晶．小班幼儿一日活动中过渡环节的组织与实施 [J]. 好家长，2020 (45)：72—73.

[4] 韩佳雯. 浅谈音乐在小班常规教育中的作用与实践 [J]. 科学大众（科学教育），2018（5）：84.

[5] 朱艳. 幼儿园小班音乐教育生活化开展现状及优化策略研究——以 Y 幼儿园为例 [D]. 扬州大学，2022.

浅谈幼儿园户外活动中存在的问题及策略

（韩雅丽　广东省深圳市光明区公明李松蓢幼儿园）

摘　要：在《3～6 岁幼儿园教育指导纲要》（以下简称《纲要》）中提出幼儿应该通过开展多种多样的户外活动来培养幼儿参加体育活动的兴趣，增强体质，提高环境适应力。幼儿可以自主地选择活动区域和内容，通过器械材料、环境、同伴、师幼互动，进而让幼儿在游戏的过程中培养技能和能力，获得更好的发展。为此，本文以户外活动为着力点，从户外活动规划、器械材料、自主性活动和存在的问题进行应对的策略。

关键词：户外活动 ；自主性；师幼互动；存在问题及策略

一、户外活动场地及活动材料投放不足

幼儿良好的身体是其他领域的发展基础，户外场地规划、器械材料投放，是高质量户外体育活动的基础保障。目前，幼儿园户外场地规划普遍存在的问题主要有户外使用面积严重不足，追求观赏性而存在园林景观设计，过度重视场地安全保护，场地功能单一、缺乏挑战性和创造性等；而户外区域材料投放则有材料检修不及时、消毒不及时、缺乏吸引性和创新性、安全性强但玩法单一等问题。教师认为："如何让幼儿园的户外成为属于幼儿的花园、公园、乐园?"以上都值得我们深思。关于户外场地的具体价值，认为"户外游戏场地是环境、是课程、是教育"，优质的户外场地是游戏学习的环境，可以支持儿童自主习得性发展。户外器材投放可以遵循就近原则（方便取放）、安全原则、结构适宜原则和层次性等原则。

在户外活动中，教师要管住自己的嘴巴和手脚，充分给予幼儿自主决定活动材料的玩法，让幼儿有机会、有权利尝试自己的玩法，由以往的被动模仿变为主动探究学习体验，并获取经验。如幼儿搬运轮胎时，一般来说幼儿多为滚动搬运，但由于允许幼儿有各种方法搬运，就出现了个别幼儿用管子穿过轮胎并找来好朋友一起搬运的方法，在后来出现了借鉴创新为一根管子穿过两个轮胎搬运的方法。在这样的过程中，幼儿既是组织者、领导者，又是活动的参与者，幼儿的身体素养和经验就是在这种自主体验中不知不觉得到提高的。

二、如何开展户外自主游戏活动

（1）自主选择游戏项目。在户外自主游戏活动的过程中，教师要注重幼儿自主性地融入，放手让孩子选择自己喜好的游戏项目。在幼儿阶段，他们对于自由的向往是无穷的，也只有在充分自主的前提下，才能充分调动幼儿的运动效能，全面激发幼儿参与晨间活动的兴趣。

（2）自主选择合作对象。户外自主性游戏活动需要团队合作，幼儿间相互配合、共同协作，才能赢得游戏活动的胜利。旁边观察的教师通过引领和适当的指导，让幼儿在游戏前各自选择自己喜欢的合作伙伴，通过相互间的分工合作来共同完成游戏。

（3）科学规划活动场地，开发多元化的游戏环境。多元化的游戏环境才能支持幼儿的自主游戏，发挥自主游戏的独特价值，因此根据游戏内容合理地分析地理环境、开发多元游戏场地尤为重要。开放平坦的空间有助于发展幼儿的大动作；幼儿园的角落、封闭的空间对幼儿来说意味着安全、自由和个性化，适宜开展个性化的探究活动及创造性的表现活动。

三、如何有效利用师幼互动

教师应该时常反思，不断学习新的教育观念，意识到户外体育游戏中师幼互动的重要性。虽然户外体育游戏是以幼儿自由活动为主，但是教师也要发挥主导作用，对幼儿进行相关的指导，与幼儿开展有效的交流沟通，帮助幼儿提高游戏水平。教师要调整定位，学会"放手"，发挥幼儿的主观能动性，必要时对幼儿进行指导。幼儿可以自由选择独立游戏或是团队游戏。教师并不介入，只让幼儿发挥自己的想象力与创造力，完全将游戏的选择权交还给幼儿。

例如在户外活动时，我们教师需要怎样的一种身份与幼儿进行互动呢？

（1）首先，教师在幼儿户外活动时，是一个强有力的安全守护者；不管在户外任何场所，都能让孩子安心地玩。

（2）尊重幼儿，建立宽松、平等的活动氛围。

（3）教师要主动转变自己的角色，让自己从幼儿教学的权威者变为引导者。并巧妙地结合当下的情形，引导幼儿进行师幼互动，由此促进幼儿的成长。

（4）一起分享理解，一起参与，相互构建。

四、户外活动存在的问题及应对策略

户外游戏是幼儿在户外环境中根据自己的兴趣和需要，以快乐和满足为目的，自由选择、自由探索、自由表现的游戏活动。户外游戏有助于提高幼儿的运动能力，促进幼儿社会交往、口语表达、认知等能力发展，形成积极主动、认真专注、不怕困难、敢于探究、乐于想象和创造、合作、分享等良好的学习品质。作为一种非正规性体育活动，在很大程度上弥补了体育课、做操的不足。

（一）目前户外活动存在的问题

1. 活动时间得不到保证

教师组织户外活动时不像组织集体活动那样，往往较为随意，当活动场地或器械与别的班发生冲突等问题时，教师就随意放弃了户外活动，因此，至少 1 小时的户外体育活动时间不能得到保证。

2. 活动形式较单一

户外游戏是幼儿园户外活动的重要组成部分。游戏的内容和组织形式应该是多元的。笔者发现一些教师指导的户外自主游戏以户外体育锻炼为主，活动材料的提供主要为大型攀爬墙、滑梯等固定的体育器械以及皮球、跳绳等可移动运动器材，户外游戏的内容及材料较为单一。

3. 消极等待时间长，幼儿运动量不够

由于材料等因素的限制，在活动中往往出现很多幼儿排着长队等待的现象。致使幼儿在活动中达不到一定的运动量，使体育活动没有达到锻炼的目的。

（二）户外活动原因分析

1. 认识不足，意识淡薄

以教师所观察的幼教点为例，该幼教点的选址为村委会闲置房间，一是场地虽大，但是空间布局简单，无区域划分，未达到户外游戏场地的标准水平。幼儿户外游戏以简单的追逐游戏或自主活动为主，教师无法根据现有场地和内容带领幼儿开展更多的游戏与活动；户外游戏的场地以及设施设备作为户外游戏活动开展的客观条件，很大程度上决定了幼儿的游戏体验，因此合理的户外游戏场地以及区域划分是幼教点开展户外游戏活动的需要。幼教点户外游戏的玩具种类虽多，如有绳子、木马、手绢等户外游戏材料，但大型户外游戏设施几乎没有。二是小型材料虽多，但在平时的户外游戏中利用率并不高。

2. 体育器械数量不足，种类单一

幼儿园没有保证必需的体育锻炼的器械，或是种类少，或是数量不够，或是没有及时更新，久而久之，孩子就会对这些材料失去兴趣，从而影响户外体育活动的效果。

（三）户外活动应对策略

1. 加强培训，提高对体育活动重要性的认识

教师对户外活动的重要性是否有足够的认识，是保障户外体育活动有效开展的前提。我们首先应开展一系列的培训活动，如学习健康活动目标，学习有关户外体育活动对孩子体能发展的意义，让教师在思想上有充分的认识；其次，开展户外体育活动的研讨，先发放《户外体育活动现状调查表》，让每位教师根据班级实际开展调查，发现存在的问题，再开展集中的研讨，针对这些问题提出整改的策略。最后，加强对户外活动的检查和指导，如是否按时开展活动，是否根据计划开展活动，活动内容是否适合该年龄段幼儿，活动是否具有游戏性，活动中教师是否关注幼儿等。使教师把户外体育活动当成集体活动一样重视起来。

2. 合理安排场地，保证体育活动有序开展

户外体育活动的场地安排是非常重要的，没有足够幼儿活动的场地，那么户外体育活动也就无从谈起。首先，我们对全园可供幼儿开展体育活动的场地进行大致的规划，确定在每一块场地上可同时供几个班级开展活动，适合开展哪一类的活动；其次，根据场地的大小及活动开展的适宜性制定户外活动场地安排表，场地采用班级定点制，有一些活动内容相对固定。

（四）提高教师开展户外活动的能力，增强户外活动的实效性

1. 根据年龄段目标，合理制订计划，保证活动内容的适宜性

户外计划是活动开展的前提和保证。以往我们在学期初只根据《纲要》精神及幼儿年龄特点制定幼儿健康领域目标和集体活动的内容目标，至于户外的锻炼活动安排完全放手在于各班教师自由安排。

2. 增强活动的游戏性，提高幼儿参与活动的积极性

户外活动的内容决定了孩子们体育活动的兴趣。我们在制定活动内容时，把活动的锻炼价值和内容的趣味性相结合，激发幼儿主动参与的积极性。例如，安排钻爬的内容时，为了提高幼儿的钻爬兴趣，为幼儿提供多种形式的钻爬材料。

3. 尊重幼儿的选择，注意调节控制幼儿的活动量

户外活动应该是由幼儿自主选择的，年龄较小的幼儿还不太会调节自己的活动量，有时已满头大汗了还在游戏，这个时候教师应在尊重幼儿的基础上调整幼儿的活动量。

综上所述，在户外体育活动中，只要我们充分利用场地，准备丰富的活动材料，提高教师开展户外活动的能力，就能激发和调动幼儿积极参与户外活动的兴趣，提高户外活动的实效性，最终达到使幼儿身心得到全面健康发展的目的。

参考文献

［1］翁璐．浅析如何开展幼儿园户外自主游戏活动［J］．天天爱科学（教育前沿）2020（12）：34.

［2］李添娣．浅谈幼儿园如何有效开展户外自主游戏活动［J］．考试周刊，2020（33）：167—168.

中班幼儿良好喝水习惯的养成教育

（刘冰　广东省广州市天河区旭日雅苑幼儿园）

摘　要：《幼儿园教育指导纲要（试行）》明确提出，幼儿园必须把保护幼儿生命和促进幼儿的身体健康放在首位。幼儿从小养成良好的生活和卫生习惯是维护和促进健康的积极方式和重要途径。在《广东省幼儿园一日活动指引（试行）》中明确提出“3～6岁幼儿一日喝水量为400～600mL”，在《3～6岁儿童学习与发展指南》（以下简称《指南》）中明确指出4～5岁幼儿“常喝白开水，不贪喝饮料”。然而有不少幼儿没有自觉喝水的习惯，有的幼儿不喜欢喝白开水，故意少喝或不喝的现象经常出现。为此，我们在中班组开展“幼儿良好喝水习惯的养成策略”的研究，探讨在一日生活环节中培养幼儿良好喝水习惯的可行的、有效的实施策略，逐步帮助幼儿养成自觉喝水的良好习惯，促进其身体健康发育。

关键词：良好喝水习惯；促进；健康

《幼儿园教育指导纲要（试行）》明确指出，幼儿园必须把保护幼儿生命和促进幼儿的身体健康放在首位。幼儿从小养成良好的生活和卫生习惯是维护和促进健康的积极方式和重要途径。水是生命的源泉，是人体组织体液的主要成分，是人体中含量最高的成分之一，也是人体最重要的代谢物质之一，水除了能帮助人体排出代谢物，水中还含有某些矿物质是人体所必需，如：钙、铁、磷、氟是儿童成长过程中不可或缺的矿物质，“水”就是获得这些矿物质最直接、最容易，也是最便宜的来源。喝水也是帮助幼儿代谢身体细菌的一个良好途径。然而，现在的超市、广告中到处都充盈着各种美味香甜的饮料，直接刺激着幼儿的视觉和味觉，以至于幼儿爱喝饮料多于喝水，这对幼儿的身体健康和发育是非常不利的。在《广东省幼儿园一日活动指引（试行）》中明确指出“3～6岁幼儿一日喝水量为400～600mL”，在《3～6岁儿童学习与发展指南》中明确指出4～5岁幼儿“常喝白开水，不贪喝饮料”。在教育建议中又指出，幼儿要多喝白开水，少喝饮料。

幼儿园良好的喝水习惯是保证孩子健康喝水的必要条件，幼儿年龄越小，体内所需水分比例就越高，及时的补水对幼儿身体发育非常重要。我园一直遵循“一日生活皆课程”的教育理念，重视幼儿生活习惯的培养，如何培养班上幼儿自觉喝白开水，并保证足够的饮食量值得我们一线教师去深入地实践研究。为此，我在中班组开展“幼儿良好喝水习惯的养成策略”课题研究，探讨培养幼儿良好喝水习惯的可行的、有效的实施策略，逐步帮助幼儿自觉养成良好的喝水习惯，促进其身体健康发育。

一、通过游戏和生态课程知道水对身体的重要性

所谓“一日活动皆课程”“幼儿园一日活动以游戏为基本活动”，我们在引导幼儿喝水的时候，要让孩子们自己知道水对身体非常重要，但是说教往往不能达到很好的效果，将通过游戏和故事来告诉孩子们水对我们身体很重要，例如，故事《小水滴旅行记》《小猪嘟嘟与喝水节》、照顾植物（感受水对植物的作用）、课程“水是我们的好朋友”“降温好方法”“喝水好处多”“生水和饮用水”等。

二、通过区域教学让幼儿知道要少喝饮料

现代生活条件好，孩子接收信息的途径多了，知道不少饮料的名称，偶尔也会闹着想喝饮料，不少父母也是抱着都让他试试的心态，孩子试过了饮料是甜甜的，更加不乐意喝白开水了。将通过故事《少喝饮料》引入，让幼儿知道饮料中的成分对身体的作用，而且饮料中的糖分偏高，喝多了对身体又有什么害处，并在区域中设置相应的教玩具引导和强化幼儿的健康理念。例如，在科学区尝试用可乐浸泡骨头，观察骨头的变化；在科学区放置美年达，验证网络上用厨房吸油纸去吸附美年达色素的说法。从而引导幼儿去思考类似可乐、美年达这类的饮料能不能经常喝？通过以上活动帮助幼儿正确认识饮料。生活区放置茶具，幼儿通过扮演角色，冲茶给客人喝，从而了解水的用处，茶水可以解渴。例如，娃娃生病了，扮演妈妈给娃娃喂药时，也需要喝水。知道生病了要喝更多的水。

三、通过讨论、了解身体的水分都去哪里了？知道要及时补充水分

知识的摄取途径有很多，中班的小朋友有自己的思维和语言表达能力，抛出问题让孩子们进行思考、讨论、收集资料、验证，让孩子自己去了解身体的水分都去哪里了，如果不及时补充水分又会有什么后果。通过自我学习的过程，孩子知道为什么每个过渡环节都要喝水，学会自觉喝水，及时补充水分。同时在植物角取出两盆生机盎然的植物，固定一盆每日按日常照顾，另外一盆不浇水，过一段时间观察两盆植物的变化，并思考、验证水分的重要性。

四、通过观察和记录，了解自己每天的喝水量。

之前班上的小朋友在喝水的时候经常会问我：“刘老师，喝多少水啊？”从我接手中班开始就问，问了一个学期还有小朋友不清楚，当时为了解决这个情况还编了两句儿歌帮助小朋友记忆：餐前餐后喝小杯，其他时候喝大杯（这里的餐前餐后是随意喝的，如果很口渴建议只喝小杯水）。但是，如何学会辨别自己对水分的需求呢？以及每天喝水的量够了吗？我们让小朋友学会观察自己尿液的颜色，通过尿液的颜色去辨别自己对水分的需求。同时，自己去记录自己每天喝了几杯水，综合观察的结果和本身的身体情况（例如，感冒、流鼻涕、喉咙红痛、刚生完病回园等）来辨别今天需不需要加量。

关注个别孩子的喝水情况：知道自己的喝水量到底需要多少，例如，通过判断小游戏“谁喝对了”，提供漱口量的水和正常喝水量的水，进行讨论并作出正确的判断。

五、设置聊天区，让早喝完水的小朋友可以去聊聊天

经常会有小朋友在过渡环节拖拖拉拉，或者一边喝水一边聊天，这都不是良好的喝水习惯，可是中班小朋友有他的年龄特点，随着交往能力的提升，小朋友越来越爱聊，所谓堵不如疏，更何况这就是孩子能力提升的标志之一，倒不如给个空间让他们轻松聊，制定好聊天的规则：喝完水做完事情再来聊天。

俗话说：“言教不如身教。”我们每天都和孩子们一起喝水，比比谁是大水牛，让早喝完水的小朋友都来聊天区聊天，班上的教师也会在喝完水后轮流过去和小朋友们一块儿聊，等过渡音乐响起来再一起回到位置上。这样除了师幼关系更融洽外，更激发了孩子与教师“一较高下”的兴致，孩子喝水更加积极了。

六、加强家园合作

（1）通过调查问卷了解班上小朋友在家喝水的情况，并通过一段时间的观察，将幼儿在幼儿园喝水情况反馈给家长。对于喝水情况异常的孩子进行分析、引导以及加强家园沟通。

（2）多种形式的宣传，提高家长对喝水的正确认识。通过家园联系、亲子工作、活动反馈等方式向家长宣传幼儿每日正确的喝水量；家长都知道饮水的重要性，也知道饮料对孩子身体不好，通过群内讨论、以身作则、分享好方法等，帮助幼儿远离饮料。例如：①利用孩子喜欢的杯子。孩子对有动物图案的东西天生偏爱，家长可尝试准备两三个带有不同动物图案的杯子，轮换着给孩子喝水，或者用不同形状的器皿装水给孩子喝，这会让他们觉得新鲜有趣，喜欢上喝水。②把白开水神化成“能量”。每个孩子心目中都有自己的小偶像，用他的小偶像来创编情景，例如孩子喜欢葫芦娃：白开水是葫芦娃喝的能量，葫芦娃喝下越多的能量，就越可以能量升级使魔法更强等。③漂亮的水果水。不喜欢喝白开水的小朋友很多时候是因为觉得白开水无色无味，对天生爱明媚色彩的小朋友来说，确实会觉得没意思，家长在家引导幼儿的时候，可以尝试在白开水中加入一两片水果，苹果、火龙果、柠檬、雪梨之类的，好看之余还能感受水果给白开水带来不一样的香气，让枯燥的白开水变得好看又好玩，从而吸引小朋友爱上喝水。

（3）了解幼儿喝水的最佳时机，促使家长关注幼儿良好喝水习惯的养成。知道夏天，出汗多，身体水分流失容易，提醒幼儿每天带水壶回园，以便户外体育游戏时，及时补充水分。

俗话说：“教无定法，贵在得法。”虽然我们在研究中得到了一定有效的经验，但是这还远远不够，在今后我们会根据幼儿自身特点，以科学保教、幼儿自我管理为目标，坚持、积极地培养幼儿良好喝水习惯。

参考文献

［1］教育部基础教育司．《幼儿园教育指导纲要（试行）》解读［M］．南京：江苏凤凰教育出版社，2002：289.

［2］李季湄，冯晓霞．《3～6岁儿童学习与发展指南》解读［M］．北京：人民教育出版社，2013：329.

［3］广东省教育厅．广东省教育厅关于印发《广东省幼儿园一日活动指引（试行）》的通知2. 粤教基［2015］20号.

［4］罗胜均．水健康与婴、幼儿饮水的关系［EB/OL］. https：//club. 1688. com/article/27542753. htm，2012－02－02.

［5］郑灵英．快乐饮水——论中班幼儿饮水习惯的养成策略［EB/OL］. http：//www. payx. cn/Article7/2013/11/27/803. html，2013－11－27.

［6］刘月阳．关于幼儿饮水习惯培养的几点建议［J］．现代阅读（教育版），2012（13）.

［7］孙莉．浅谈幼儿饮水的有效管理［J］．心事，2014（03）：52.

［8］薛清华．谈幼儿自觉喝水习惯的培养［J］．儿童与健康，2015（5）：46－48.

［9］王莉，童莉娅．浅谈如何培养幼儿主动喝水的习惯［J］．中国教育科学，2015（4）.

［10］张靖．浅谈幼儿自觉喝水习惯的培养［J］．读写算（教研版），2015（16）.

公租房片区中幼儿园推进高质量家园共育的策略探究

（王芳芳　重庆市大渡口区大渡口幼儿园）

摘　要：家园共育一直以来都是幼儿园教育过程中不可或缺的一部分，幼儿园与家庭紧密联系，默契配合，才能够保障幼儿的健康成长。公租房片区由于其区域位置的边缘化特征，居住群体的复杂性和特殊性，关于幼儿园的家园共育方面也存在一些特殊的问题。本文主要针对公租房片区家园共育质量参差不齐的问题以及推进高质量家园共育的策略进行研究和思考。

关键词：家园共育；高质量策略；公租房

一、为什么要重视家园共育

幼儿园教育是基础教育的重要组成部分，在幼儿园教育的过程中，家庭作为孩子的最原始的教育场所，将一直伴随幼儿教育，家庭教育作为幼儿教育过程中一份特殊的力量，不容忽视。

《幼儿园教育指导纲要（试行）》明确提出："家庭是幼儿园重要的合作伙伴，应本着尊重、平等、合作的原则，争取家长的理解、支持和主动参与并积极支持、帮助家长提高教育能力。"孩子生来就如同一张白纸，在成长的过程中，家庭环境和学校环境都会潜移默化地影响着孩子。因此，家庭与幼儿园的高质量配合与沟通，对于孩子的成长有着十分重要的影响。

二、公租房片区家园共育存在的问题

公租房，即公共租赁住房。由国家提供政策支持，通过新建或者其他方式筹集的房源，主要向中低收入人群体出租的保障性住房。公租房租赁覆盖面较广，不仅包括本地中低收入家庭，还惠及新就业人员及外来务工人员。

公租房片区的幼儿园，绝大部分生源都来自公租房小区，少数生源来自公租房周边，这直接决定公租房片区的幼儿园所面临的家长群体情况较为复杂。在幼儿园与家长进行家园共育时，其家园沟通的质量参差不齐，存在着一些较为特殊的问题。

（一）家长对于幼儿教育的认知水平参差不齐

公租房片区家庭包括本地中低收入家庭，新就业人员家庭及外来务工家庭。由于工作环境、文化水平、成长环境各不相同，各个家庭中家长对于孩子的教育理念与教育行为也有着很大的差别。

部分家长能够重视幼儿园的教育价值，认同幼儿园对于孩子成长中的启蒙教育意义；部分家长对于幼儿教育缺乏正确的认知，认为幼儿园就是托管所，只单一地关注孩子的生活与习惯。对于孩子的能力与经验发展的启蒙教育，不知道如何沟通，进而导致不主动沟通，家园共育较为困难。

（二）父母工作繁忙，"老人与小孩"组合十分常见

从年龄结构看，30～45 岁的中青年（44%），占比最大，60 岁以上老年人比例占 9.9%，人口老龄化现象突出。从家庭结构来看，两口占 26.4%，三口占 42.9%，单身占

18.7%。也就意味着三代同居家庭占比占12%。

从数据上看，由于公租房片区主要居住群体为中低收入务工人员，因此，很多家庭中孩子的主要陪伴与教育者就是老年人，爸爸、妈妈则主要忙于在外奔波，没有过多的时间与精力来陪伴和照顾孩子，容易忽略孩子的成长感受和需求。

老年人由于各种现实的原因，比如网络的使用障碍，导致无法及时有效地配合幼儿园相关活动；由于老年人身体的原因，不方便参加幼儿园举办的各种亲子活动等，导致教师与幼儿家庭之间出现家校沟通与交流的断层。

（三）家庭流动性较大，家长与教师之间信任建立缓慢

家园共育工作应该是建立在彼此信任的基础上的。

公租房片区由于居住群体较为特殊，常常会有孩子由于家庭搬迁中途入学或退学的情况发生。对于中途入学或者中途退学的幼儿家庭而言，不管是幼儿还是家长，面对新加入的幼儿园集体，都需要一个适应缓冲的过程。家长对于教师信任的建立是需要时间来考验和佐证的。因此，对于家长与教师之间的相互信任与支持的亲密合作关系的建立，会受到一定程度的影响。

（四）网络早教信息与主流教育的冲突

主流教育就是按照国家方针，遵循儿童的身心发展规律，用科学的方法促进学龄前儿童的身心健康发展的教育。主流教育既是一种教育理念，也是一种教育行为。

在主流教育的引领下，我们更注重培养孩子的能力素养，关注孩子的全面发展。但是，随着社会的进步，科技的发展，家长对于幼儿教育的教育理念和教育要求也在不断地发生着变化。

在公租房片区，笔者通过幼儿园观察发现，对于公租房片区很多中低收入家庭十分迫切地“望子成龙”，部分家长为了能够让自己的孩子赢在所谓“起跑线”上，会在网上查阅很多早教信息，对孩子进行一些非专业的幼儿教育行为，将孩子的成长与表现“分数化”，进而忽视了孩子的能力素养的培养以及个性化的发展，与学校教育发生一些理念上和教育行为上的冲突。

三、关于推进公租房片区幼儿园高质量家园共育的策略思考

（一）充分了解家长类型，做到交流有针对性

古人云：“知己知彼，方能百战百胜。”

以重庆民心家园、康居西城、两江民居公租房小区为例，居民高中及以下学历达81.4%，且45%调查对象从事如小百货、熟食等个体经营和餐饮服务、保安等社会服务行业，可见文化水平和职业技能都偏低。

不同的工作经历和生活环境对家长的个性特征及价值观念的形成会产生一定影响，进而影响家长的教育观念和教育方法。因此，通过了解家长的职业，可以帮助教师快速了解家长的宏观教育观；通过“育儿调查问卷”等形式，收集分析家长群体关于幼儿教育的认知、困惑与期待，有针对性地进行家园沟通。

（二）多途径沟通，发挥沟通的积极作用

教师与家长的沟通渠道可以是多种多样的，教师可以根据沟通需求选择适宜的沟通渠道。

公租房片区针对“老人与小孩”现象，教师可以通过网络或家长会与年轻家长进行沟通，帮助家长掌握隔代教育的正确方法，引导年轻家长处理好隔代教育所产生的问题与偏

差，帮助老人理解家园合作的重要性。同时，教师可以通过在入离园时与老人进行简单沟通，让其了解孩子在园状态与需要关注的信息，通过细致与真诚的沟通，为孩子营造和谐友爱的成长环境。

此外，幼儿园还可以采取家访、家长开放日、书面沟通、网络沟通、家长志愿者等方式进行家园沟通，最大限度发挥沟通的积极作用。

（三）积极进行家园共育宣传，增强家长家园共育意识

为了高质量地实现家园共育的目标，我们首先要让家长明白家园共育的重要意义，了解家园共育的内容与开展途径。

首先，幼儿园可以通过开展专门的家园讲座，成立家长学校等，宣传家园共育的教育理念，让家长明白家园共育对于孩子成长的重要作用，让家长从思想上开始重视家校合作。

其次，幼儿园可以在家园联系栏张贴班级的活动目标与内容，让家长能够及时关注班级动态，积极协助教师做好相应的配合工作。也可通过微信公众平台、班级主题活动墙等形式，宣传幼儿园的各类活动动态、科学育儿方法等，让家长充分意识到幼儿教育的重要性和家园共育的必要性。

对于部分以偏概全、对幼儿教育存在消极态度的家长，也可以通过鼓励发挥对幼儿教育具有良好认知的家长树立榜样作用，带动家长群体正确认识幼儿教育，与教师建立互相信任、互相理解、互相支持的合作关系，推动家长群体与幼儿园达成家园共育共识。

（四）利用社区资源，宣传主流教育理念

公租房与商品房“混建”使公租房住户与整个城市和社会有机融合，避免出现“贫民窟”和人为造成社会割裂。公租房所在地段一般都有轨道交通支撑，周边城市配套设施较为完善。

由此可见，公租房片区的社区资源并不贫乏，在各类社区资源中，我们可以充分将其利用起来。其中，自然资源包括文化环境、社区设备、土地资源、动植物资源等；人文资源包括利用图书馆开展免费的育儿讲座、开设社区幼儿教育宣传周、利用社区家庭服务中心进行育儿咨询等。

通过对社区资源的挖掘与利用，能够为幼儿园拓宽更广阔的教育平台，通过社区中各种途径传播幼儿主流教育思想理念，潜移默化地提高社区居民的主流教育意识，进而推动各家庭与幼儿园教育理念保持方向的一致性，建立和谐统一的社区环境氛围，为幼儿创造良好的成长环境。

四、结论

总而言之，高质量的家园共育能够有效地平衡家长与教师之间的交流，加快信息共享，为孩子打造一个温馨和谐的成长环境。如何提高公租房片区幼儿园中家园共育质量，不仅仅是依靠学校、家庭或者社区单方面就可以解决的，而需要多方的相互合作、相互信任与支持。我们要紧紧跟随国家教育政策方针，以《幼儿园教育指导纲要》和《幼儿园工作规程》为理论指导；引导公租房片区家长形成主流教育理念，提高家园共育意识，营造良好的家园共育氛围，共同为孩子打造健康快乐的成长环境。在推进家园共育高质量的同时提升公租房片区家园双方的幼儿教育质量，真正做到在家园的共同陪伴下，幼儿能够快乐游戏，健康成长！

幼儿园小班科学区环境对幼儿发展的支持与策略

（董千瑞　北京市怀柔区第六幼儿园）

摘　要：科学活动是幼儿学习生活中必不可少的一部分，幼儿园科学区的环境创设是幼儿进行科学教育的一个重要场所。在创设的环境中幼儿可以自由地去体验探究过程，良好的环境创设可以激发幼儿的探究兴趣，让幼儿真正地体验到科学探索所带来的乐趣，最终掌握一定的科学探索能力和形成一定的探究品质。

关键词：科学区；环境创设；支持

一、研究背景

“科学”作为幼儿园教育活动的五大领域之一，其中包括科学探究和数学认知。幼儿科学学习的主要目标是亲近自然，喜欢探究，具有初步的探究能力。该领域的教学就要求教师不再是单方向的知识传授，而是引领幼儿学会主动发现与学习，鼓励幼儿自主探索。

在现有研究的基础上，对幼儿园科学教育活动环境创设的基本理论进行归纳总结。通过访谈法、观察法、实物收集法、个案研究法，调查研究北京市S幼儿园科学区环境创设现状，客观地分析幼儿园科学区环境创设现状并对科学区环境创设所存在的问题进行总结并教育建议。

二、S幼儿园班级科学区环境创设现状、问题与原因分析

3～6岁的幼儿以具体形象思维为主，幼儿认识事物的过程通过直接感知、直接操作为主。幼儿通过对身边的环境与事物进行互动，来获得知识经验。《幼儿园教育指导纲要（试行）》提出：“环境对于幼儿来说是主要的教育资源，教师应该通过环境的创设和利用，有效地促进幼儿的发展”，“幼儿园就应该为幼儿提供具有健康的、丰富的生活和活动环境，从而满足幼儿多方面发展的需求，使幼儿在快乐的童年生活中获得有益于身心发展的知识与经验”。为了使幼儿可以进行有效的科学体验，作为一名幼儿教师就要为幼儿提供有准备的环境，研究者将对S幼儿园科学区环境的空间布局、材料投放、墙面布置三方面进行了分析、寻找存在问题。

三、S幼儿园班级科学区环境创设现状分析

（一）观察分析

1. S幼儿园科学区空间布局情况

为了深入研究S幼儿园科学区的空间布局情况，现从科学区物品、开放形式、相邻活动区和班级位置这几方面出发，对S幼儿园科学区的空间布局情况进行统计。S幼儿园科学区的物品标准配置为两个4层柜子、玩教具以及主题板（主题墙），开放形式为半开放、全开放，这样的选择教师可以根据科学区的活动内容灵活调整空间；相邻活动区的选择也较为安静，可以给幼儿提供一个较为专注的探索空间；研究者观察的班级的科学区都安排在了窗户旁边，明亮的空间方便幼儿进行记录。总体来说，在空间的选择上是可以为幼儿提供一个良好的探索空间的。

2. S幼儿园科学区材料投放情况

为了深入研究S幼儿园科学区的材料投放情况，现从材料的类型、是否有材料、列举、数量、是否自制、是否成品、是否半成品几个指标出发，对S幼儿园每个年龄班随机抽取到的两个班级的科学区的材料投放情况进行统计。

首先，研究者将科学区的材料分为自制、半成品和成品三大类。为了深入分析S幼儿园科学区在材料的种类和数量上存在的问题，现将科学区的材料按照是否自制、是否半成品、是否成品三大类进行统计。

根据分析，随机抽取到的两个小班在自制、半成品、成品的材料投放情况大致相同，在材料形式的选择上不均等，均以自制玩具为主，半成品玩具较少或没有，这样的材料投放缺少丰富性，不利于幼儿展开探索。随机抽取到的两个中班只有半成品和成品玩教具，无自制玩教具。两个班级的半成品玩教具都达到了90%以上，虽然半成品的玩教具的种类较多，可以让幼儿对多种科学小原理进行探索，但是探索形式较为单一，缺少丰富性。不利于发挥科学区环境的隐性教育价值，大大地减弱了材料能发挥的巨大作用。随机抽取到的两个大班只有半成品和成品玩教具，无自制玩教具。成品玩教具与半成品玩教具占比差距不大。大班的成品玩教具大部分都是大型的科学探索类玩教具，这些大型玩教具所涉及的科学知识与探究难度都有所提升。但大班的科学区缺少自制类玩教具，大班幼儿的动手能力相对于小、中班来说处于较高水平，教师可以根据科学活动内容带领幼儿一起制作玩教具。

3. S幼儿园科学区墙饰情况

为了深入研究S幼儿园科学区的墙饰情况，从主题墙（主题板）的类型、墙面形式、内容列举、内容形式和参与制作人员这几方面出发，对S幼儿园科学区的墙饰情况进行统计。通过对以上6个班级墙面的观察可以发现科学区的墙面形式绝大部分选择的是科学活动操作流程“科学活动操作流程”，充分地体现了《3～6岁儿童学习与发展指南》（以下简称《指南》）中提出的幼儿科学学习的核心要求。从内容数量上来看，内容数量随年龄的增长而增多。

在墙饰内容方面，不仅有科学探究类的还有关于自然现象的，教师选择的内容比较贴近生活，可以使幼儿在探究过程中获得的经验运用到解决实际生活问题中。在内容的制作方面，大班的墙饰制作加入了幼儿，由幼儿画出流程图，教师在旁进行辅助共同完成墙饰的制作。

（二）访谈分析

研究者对S幼儿园随机抽取到的班级进行了正式访谈，访谈内容包括：您认为科学区应配备什么玩具？科学区玩具的来源是什么？您会自制玩具吗？是出于什么原因自制呢？主题展示板（主题墙）内容多久会更换一次；主题展示板（主题墙）的内容是根据什么进行制作的，是在幼儿全部操作完成之后，还是先制作展示板提出问题再进行探究；墙面的布置和班级的主题有什么关系；科学区的空间选择是随意的还是有意识的，有意识的根据是什么；在环境创设中有什么困惑；对幼儿园科学环境有什么建议。访谈结束后对访谈内容进行了整理，结果如下：S幼儿园的教师对科学区应配备什么玩具是较为清楚的，认为在玩具的配备上应该是多层次的，既有高结构的也应该有低结构的。在面对不同年龄段的科学区的材料配备上，也可以根据幼儿的年龄特点去选择适合的材料。在配备玩具方面，S幼儿园教师的选择是科学的，选择的材料是在生活中常见的，但是又可以让幼儿在对它进行新的探索时获得新的经验，从而达到《指南》中的目标。

四、研究结论与教育建议

（一）研究结论

通过对观察和访谈的结果进行数据分析，S幼儿园在科学区环境创设中有优秀之处，同时也存在一些问题。通过对空间的选择、材料的选择以及主题墙的布置三个大方面对科学区的环境创设进行分析，对《指南》和《幼儿园活动区玩具配备实用手册》中的相关内容予以参考，同时对前人的研究进行借鉴。下面对目前的研究进行总结。

根据观察和访谈结果，得出以下结论：第一，科学区的空间选择光线明亮、具有良好的探索环境；第二，在材料选择上可以根据幼儿年龄特点、需求和兴趣点出发，内容丰富多样；第三，主题墙的展示方面以幼儿为主体，通过幼儿在活动中发现的问题进行创设，并由幼儿主动参与到记录中。

总结出主要问题有：第一，环境创设材料来源单一；第二，教师的创设意识与实际创设情况不统一；第三，墙面的创设以美观为主，小、中班缺少幼儿的参与，没有体现出幼儿的主体性。

（二）教育建议

1．加强教师专业能力

幼儿园的科学教育包括物质科学、生命科学等，需要教师拥有较为广泛的知识面，所以幼儿教师应具备一定的知识经验和动手操作能力，否则无法更好地支持幼儿进行科学探究。教师应有一双会观察的眼睛，观察幼儿的兴趣和行为，走进幼儿的心里，给予幼儿需要的东西，为幼儿提供一个科学的学习、探索环境。

2．提高幼儿的主体地位

时刻把尊重幼儿的主体性放在第一位，《指南》提出："幼儿的学习是以直接经验为基础，在游戏和日常生活中进行的。要珍视游戏和生活的独特价值，创设丰富的教育环境，合理安排一日生活，最大限度地支持和满足幼儿通过直接感知、实际操作和亲身体验获取经验的需要。"幼儿是学习的主体，需要根据幼儿的年龄特点配备相应的玩教具，在墙饰的布置方面应让幼儿主动参加提高参与率，进而达到科学学习的核心激发探究兴趣，体验探究过程，发展初步的探究水平。

3．管理者提升自身认识以及科学素养

管理者应加强理论学习，认识到科学区的重要性和科学区环境创设的隐性功能。用多种方式拓展教师思路来提升科学区环境创设的能力。管理者科学素养的提高也会影响整个幼儿园科学区环境的创设。在日常工作中应增加检查班级环境的频率，及时了解班级教师在布置环境时的困惑，及时解决布置环境时材料不足的情况。

4．丰富科学区材料的种类和来源，重视利用家长资源

通过研究者对S幼儿园科学区环境创设的观察和对访谈记录的分析得知，家长对科学区环境创设的参与度是很低的，例如，科学区材料的来源可以是幼儿园提供、教师自制和家长提供，但在对玩教具进行分析时发现，由家长提供的玩教具少之又少，很多班级没有家长提供科学区的玩教具，这说明教师对家长的普及和家长之间的联系需要加强。通过家园合作，让家长对科学区有一定的了解，增强家长的重视。通过家长开放日，在家长享受有爱的亲子时光的同时为班级科学区的环境创设增添一份力，同时减轻教师的压力，最终达到幼儿在科学区快乐探索的目标。

参考文献

中华人民共和国教育部．幼儿园教育指导纲要（试行）[S]．北京：北京师范大学出版社，2001.

探索借助绘本促进5～6岁幼儿责任心发展的家园共育新模式

（陈璐　北京市第二幼儿园）

责任心是一种重要的社会性品质。它是衡量一个人品德优劣的基本尺度，同时责任心这一品质对幼儿社会性行为发展及未来学习成绩有非常重要的影响。基于《3～6岁儿童学习与发展指南》（以下简称《指南》）中大班幼儿责任心发展目标及我班幼儿责任心发展现状，本研究借助绘本，在班级中开展责任心系列主题活动的同时，探索出促进大班幼儿责任心发展的家园共育新模式。

关键词：大班幼儿责任心；绘本；家园共育

有研究指出，5～6岁部分幼儿在心理发展上已经逐步展露出责任心的脉络，应及时加以引导和支持。此外，笔者发现教师在培养幼儿责任心的过程中，家长普遍存在不信任、不配合等现象，因而借助绘本探索促进5～6岁幼儿责任心发展的家园共育新模式势在必行。

一、概念界定

责任心是幼儿个体心理的一种重要品质，是幼儿对自己、他人、集体、任务、承诺和过失方面所应承担的责任。依据《指南》及相关理论，定义（见图1）。

责任心维度	定义
自我责任心	知道自己要对自己负责（如生活、游戏、学习、行为等方面），自己的事情能够自己做，并产生自信心和成就感。
他人责任心	知道自己对他人是有责任的（如在物品、困难和事情等方面），能关心、帮助别人，并感到自豪和开心。
集体责任心	能意识到自己是集体中的成员，能认真、主动地为集体服务，并为集体所获得的荣誉感到开心，有成就感。
任务责任心	知道任务的重要性，能记住并认真负责地完成他人交代的任务，并有成就感和满足感。
承诺责任心	知道承诺的含义，答应别人的事情能够坚持做到，并为自己感到自豪。
过失责任心	知道做错事要承认，能够主动弥补自己的过失，会有愧疚感。

图1　5～6岁幼儿责任心发展目标

绘本教育即以绘本为媒介，挖掘其中的价值，并根据幼儿身心发展特点，进行的有目的、有计划的教育活动。

家园共育新模式是指幼儿在幼儿园获得的经验应在家中得以延续、巩固和发展，且教育观念具有一致性，因此应当鼓励家长参与到责任心培养的整个过程中来。

二、5～6岁幼儿责任心发展现状与分析

本研究采用29位家长、4位教师共同参与的问卷测评法，分别在一学年前后进行初测、末测，以期获得幼儿责任心发展现状及变化。一方面，采用姜勇、庞丽娟编制的《5～6岁

幼儿责任心发展调查问卷（幼儿版）》作为班级教师的测量工具；另一方面，结合了庞丽娟、李洪曾（2002）、陈帼眉（1994）责任心问卷的部分内容，编制了《幼儿责任心发展问卷（家庭版）》，作为本研究的家长测评内容。最终将两个问卷作为不同环境下幼儿发展水平的测评工具，分别采用SPSS技术进行数据处理与分析。具体结果（见图2）。

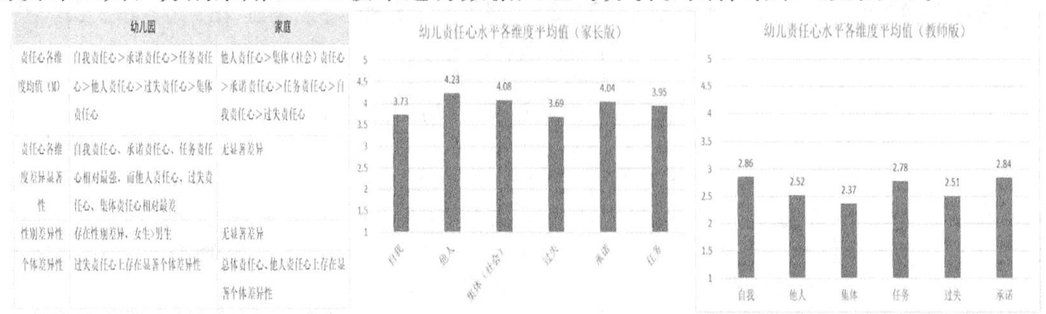

	幼儿园	家庭
责任心各维度均值（M）	自我责任心>承诺责任心>任务责任心>他人责任心>过失责任心>集体责任心	他人责任心>集体（社会）责任心>承诺责任心>任务责任心>自我责任心>过失责任心
责任心各维度差异显著性	自我责任心、承诺责任心、任务责任心相对最强，而他人责任心、过失责任心、集体责任心相对最差	无显著差异
性别差异性	存在性别差异，女生>男生	无显著差异
个体差异性	过失责任心上存在显著个体差异性	总体责任心、他人责任心上存在显著个体差异性

图2　5～6岁幼儿责任心水平各维度平均值

幼儿园中幼儿责任心水平的排序，与庞丽娟、姜勇在《幼儿责任心发展的研究》中研究结果较一致。可知，在幼儿期，幼儿的自我责任心、承诺责任心和任务责任心是幼儿在幼儿园中的主要表现方式；但在家庭及社会场合下，幼儿的责任心六方面的表现则呈现多样化特点，其中幼儿在他人责任感、集体（社会）责任感和承诺责任感方面表现更突出。

综上所述，在幼儿园集体生活和家庭生活中所体现的幼儿责任心主要表现方式不同，且差异极大。具体来看，和在家中的表现比，幼儿在幼儿园中所表现出的责任心维度之间、男女性别方面具有显著差异性。此外，在幼儿园中还存在过失责任感方面的个体差异性。因而，教师根据幼儿在园、在家不同的责任心表现特点，借助绘本探索促进5～6岁幼儿责任心发展的家园共育新模式势在必行。

三、探索家园共育新模式

在幼儿园中，教师围绕责任心六方面内容，利用责任绘本，有序开展阅读及延伸活动、生活活动、区域游戏、节日节气、环境创设等内容，借助家长力量与资源，鼓励家长参与到幼儿责任心培养中来，共同促进幼儿责任心发展。

（一）邀请家长参与到测评中来

测评问卷的内容源自庞丽娟等人编制的《幼儿责任心问卷》，内容包含幼儿对自己、他人、任务等责任行为的多项指标，分别于学年初期、末期发放，旨在配合教师了解在不同环境下幼儿责任心发展的特点及前后变化。通过家长的问卷参与，一方面让家长了解责任心的具体内容及自己孩子的责任水平弱项与优势，为日后更好地提升幼儿责任心教育水平做铺垫；另一方面让家长了解到班级中责任心教育活动的开展与实施，能更好地支持配合教师工作。

（二）参与责任心绘本的推荐与分享中

家长以小组“家委会”的形式纷纷参与了责任心绘本推荐活动，如《和甘伯伯去游河》《遮月亮的人》《不是我的错》等绘本，既开拓了教师的思路，又增强了家长对责任心绘本的认识与交流，为在家庭中增置责任心绘本和积极参与责任心的培养提供了可能。其中《不是我的错》引起了很多家长的共鸣，谈及了很多有关孩子的现状行为，由于绘本图画的简单线条，配以内容的庄重与深度，为了更好地帮助幼儿理解绘本内容，渗透责任认知及行为，最终经研究小组的老师和家长共同商议，将这本书作为班级读物、亲子共读物及绘本教学活动的内容，动员家长参与到责任心绘本的阅读中来（见图3）。

（三）家长进课堂，感受“责任心”

带领家长和幼儿一起体验幼儿园的半日生活一起游戏、生活，感受班级中教师引导下幼儿责任心的渗透，还可以一起组织幼儿开展一些责任体验活动，如“快乐劳动日”“一起包粽子”等，帮助幼儿认识、体验责任心的同时，帮助家长认识到责任心的价值及教育方法，从而更好地支持幼儿责任心的发展。

图3　幼儿理解绘本

（四）以亲子小任务的方式支持班级责任心主题的开展

为了更好地实现家园共育，为家长布置了家庭小任务。既帮助家长了解幼儿园开展的责任教育活动的进展与内容，同时也指导家长在家中配合幼儿园共同促进幼儿责任心发展。如自我责任心方面要求幼儿每周在家中完成一次“房间大扫除”任务，家长凭借教师提供的任务完成卡进行打钩、反馈，养成自己的事情自己做的好习惯；在任务责任心中，教师布置了辩论赛活动筹备任务，需要在家中由亲子共同完成，因而家长的任务责任心潜移默化地影响着幼儿对任务的重视程度。

（五）为家长提供亲子绘本阅读视频与指导建议

在问卷调查时发现家长对责任教育的相关知识有强烈的需求，且不够重视绘本阅读的价值，因此有必要通过线上推送的方式，将“亲子共读”内容定期推送给家长，并辅以亲子绘本推荐、阅读指导及培养责任小技巧等内容，如自我责任篇中亲子阅读书目推荐为《重要的事情要先做》，指导家长引导幼儿先自主阅读，再和家长一起讨论式阅读，在故事的重点内容上鼓励幼儿多观察、思考，迁移生活经验，在读完故事后请幼儿回答几个关于责任的小问题，可采用复读方式回答问题，在“指导建议”中教师会充分考虑到家长对绘本的有效利用及在家中开展活动的可行性，如“一起制订计划”“科学小游戏”等，家长可以选择适宜的方法进行责任教育（见图4）。

图4　视频沟通

（六）定期推送“宝贝有担当，责任记心间”公众号

在问卷调查时发现家长对责任教育的相关知识有强烈的需求，且很需要得到幼儿园的指导，那么，了解“什么是责任心”“幼儿园是如何做的”“孩子的成长与收获”尤为重要，班级定期推送“责任心知识小讲堂”“班级责任心主题活动精彩回顾”内容，广受家长关注，既激发了家长强烈的参与热情，又为其家庭中责任心培养提供了经验借鉴。

（七）开展家长经验分享交流会

围绕“责任心”，定期开展家长之间的经验分享活动，鼓励家长分享自己成功的或看到的优秀案例、方法，也可以推荐比较好的责任绘本，供其他家长学习。如自我责任心方面，由教师发起的“管理时间有办法”活动，有家长谈到自己每天会和孩子聊一聊今天想做的事，并鼓励孩子把要做的事画下来，陪着孩子一起完成；还有的家长提到了一个关于“杯子、石头、沙子和水”的小故事，即如何有效分配时间的道理，帮助幼儿认识珍惜时间的重要性；还有家长提到可以树立榜样作用，在孩子做事时家长可以在旁做自己的事情，最后教师进行梳理总结，家长们纷纷表示受益匪浅。

（八）定期与家长进行个别谈话

幼儿出现的不负责任的行为与家庭教育息息相关，离不开家庭的责任，因而教师会定期针对责任心表现较弱的幼儿家长进行几次有针对性的交谈，以便了解问题原因，以期协助家长解决幼儿目前遇到的问题。如班中小蔡出现了挠伤别人的行为，却大喊“不是我弄的”，又哭闹起来，因而我们与蔡熙哲的家长进行了几次深度谈话，在充分了解和剖析了其家庭情况、责任心教育问题后，教师给出了一些培养建议，也给了家长反思自己的空间。

通过为期一年的家园共育策略的实施，在研究结果及教师、家长反馈中，我们发现无论是在家庭中还是在幼儿园中，幼儿责任心发展水平有了明显的提升。此外，我们还发现家长有了较强烈的参与愿望，教师的家园共育工作开展得也更顺利了。接下来，我们希望将责任心活动继续开展下去，形成更完善的家园共育新模式，更好地发展幼儿责任心水平。

参考文献

姜勇，庞丽娟．幼儿责任心维度构成的探索性与验证性因子分析［J］．心理科学，2000（4）：417－420＋389－510.

某幼儿园美术活动室设立的案例研究

（孙佳妮　上海市杨浦区五角场幼稚园）

摘　要： 幼儿园美术活动室的设立是幼儿园美术教育的一部分。美术活动室的材料安排以及教师在美术特色课程上的设置安排还有待完善。存在教师对美术活动教室使用价值的定位不明确，材料投放的盲目性较大的问题。本研究采用了观察法、案例分析法来对某幼儿园美术活动室设置的案例进行研究。

关键词： 幼儿园；美术活动室；案例研究

一、研究目的

幼儿园美术活动室的设立是幼儿园美术教育中重要的一部分。设置合理的美术活动室区域为幼儿提供了充足有效的美术资源，为开展多种多样特色美术活动提供了很好的场地及平台。站在幼儿的角度，为他们创设一个真正属于他们创造、发现美的空间。让幼儿在自主学习的过程中与同伴相互交流，不断地去尝试新的材料、不断地去探索、让幼儿可以最大限度地得到发展。

我园是一所以美术教育为特色的幼儿园，20 世纪 90 年代末就开始进行美劳特色活动。我园着力于“玩美世界”美术特色课程的开发和建构，确立以美术活动室为载体，让幼儿在美术活动室中发现美、感受美、体验美，本研究的目的在于研究幼儿园中班美术活动室使用情况。通过参与幼儿美术活动室的课程，观察幼儿园美术活动室的教室布置，区角安排，材料的摆放和设置，观察幼儿在活动室中的行为表现，做好观察记录，指出在开展活动时的问题，寻找规律和解决办法，提高美术活动室有效开展的意义。

二、研究现状

我园特色美术活动教室在环境设置上过于陈旧，主题不够新颖，更新不够及时。我园 45 岁以上教师 9 名，占 17%，专任教师中有 30%的处于教龄不足 5 年的职初期，专任教师中有 15%为非本专业的教师，部分教师自身在美术技法上、绘画能力上掌握度不高，教师在执行时容易出现课程能力和执行力差异较大，对美术活动教室使用价值的定位不明确。

三、研究内容

美术活动室环境设立的情况以及教师课程的设置安排，教师为幼儿所提供的活动材料种类以及预期想要完成的教学目标。对幼儿在美术活动教室中的活动表现进行观察记录，总结我园在使用美术活动室，开展特色课程“玩美世界”中的经验，对出现的问题进行剖析研究，为之后的课程有效地进行提供依据，寻找有效的教学途径，来提高美术活动室设立的意义。

四、研究方法

在本次调查研究中主要采用了文献法、观察法，以及案例分析法。

文献法：查找有关“幼儿园美术活动室”的相关文献，进行整理并得出结论。

观察法：在幼儿活动的过程中，观察幼儿园美术活动室的教室布置，区角安排，材料的摆放和设置。观察幼儿在活动室中的行为表现，并有效记录。

案例分析法：在玩美活动的过程中，收集典型的幼儿案例，并做好观察记录，寻找规律和解决办法，提高美术活动室有效开展的意义。

此次调查对象为我园某部分中班幼儿。采用观察记录的方法，根据不同幼儿的身心发展特点，事先分别制定了相应的观察记录表，拟定了不同的重点观察维度，在观察时，用文字记录幼儿典型表现，据此分析幼儿的能力水平，并通过数据化的手段加以呈现，以反映我园幼儿参与玩美活动室活动的情况。

五、案例分析

案例 1——漂亮石头画

本次观察对象是两名 5 岁的女生，小方和然然（见图 1）。

实录

场景一：然然和小方在用毛笔画石头。然然把石头拿在手上，不停地换着颜色画，她使用了绿色、白色、红色、蓝色和橘色。过了一分钟后她大叫："哎呀真糟糕，颜色怎么都混在一起了？有淡绿色啦！"

场景二：小方说："我想要画一幢小房子。"她先用记号笔在石头上画出了窗户和门，接着她蘸上红色颜料，绕过窗户和门把石头涂满。小方把笔放回红色竹筒后，拿起毛笔蘸上蓝色颜料准备画窗户。她不小心把蓝色颜料涂到了红色颜料的地方，颜色变成了紫色。小方说："哎呀，红色还没有干，蓝色和红色变成紫色了！"

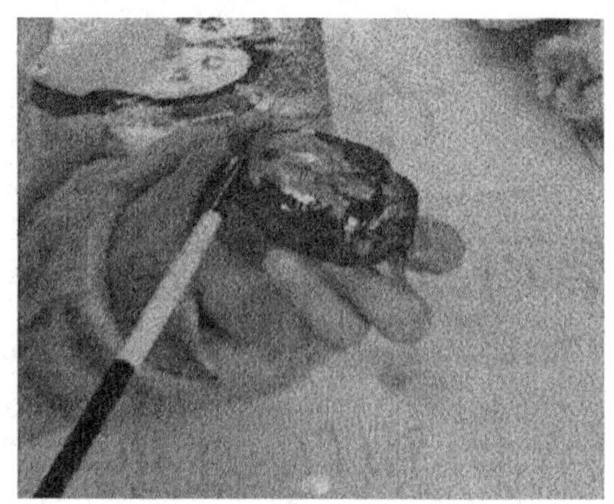

图 1　石头画

分析：老师提供的颜料还是比较湿润的，孩子拿起毛笔之后颜料会顺着毛笔滴下来，另外幼儿在有目的地绘画时，很容易把两种颜色混起来，石头凹凸不平对幼儿来说比较难作画，然然喜欢蘸着不同颜色的颜料混色画，当两种颜色混在一起变成了第三种颜色时，然然感到很惊奇并感受到了颜色的变化。

建议：

A. 调整颜料湿度

两种不同浓度的颜料艺术表现力和效果可能会不同，容易带来作品丰富的视觉感。

B. 材料的设置更合理

如果材料的收集不是很容易，有必要为孩子提供更多易得的材料，可选择生活性材料，如不用的玩具、物品等，这样既能够解决材料的易得，又可以更加环保；还可以引导孩子有意识收集材料，从而解决材料不足问题。

案例 2——毛毛虫

本次观察对象是 5 岁女生多多（见图 2）。

实录

活动开始，多多先将白泥放在手心来回搓，接着把白泥放在桌上用两只手一起用力搓。然后再用小刀将搓长的白泥切了一小段后将它放在手心团圆，用同样的方法做了几个，直到白泥做完为止。多多切后的小块泥巴，开始用扭扭棒穿"小圆圆"，只见她用扭扭棒对准"小圆圆"一转，就穿进去了，接着她一连穿了三个，扭扭棒到头了，于是开始换一头穿。等她穿好后发现前面团好的"小圆圆"都干了，于是她又将它们团在一起，放在桌上用右手来回将其搓长，又开始重复前面的动作，可是她再用扭扭棒穿的时候怎么也穿不进去，接着她换了一个继续团圆，终于穿好了。

最后，多多一只手拿着穿好的毛毛虫，一只手拿着刷子蘸上红色颜料来来回回刷毛毛虫，有时转圈，有时把刷子伸到毛毛虫连接的地方刷，不一会儿毛毛虫就变成红色了。

图2　幼儿实践观察

分析：从多多玩泥的一系列动作来看，她已经会用搓长、团圆、切分等玩泥的基本动作了，因此在做的时候比较熟练，可见她的精细动作发展比较好。用扭扭棒穿“小圆圆”对于多多来说开始的时候不难，一连穿了三个，后面由于白泥干得很快，几次尝试后都失败了，但是多多没有放弃，而是重新将白泥搓长、团圆，继续用扭扭棒穿。通过自身的努力终于成功了。

建议：教师可以同种材料提供多类别，例如可以提供白泥、彩泥等。根据材料的不同特性，让幼儿自行选择感受。

六、研究分析

我园在美术特色课程“玩美世界”的活动安排上，已经积累了多年的实践经验，在师资以及周围环境中，对美术活动教室课程的开展都有很大的帮助。但也存在一些问题，课程安排的梯度、难易差异不够周详，教师队伍新鲜血液不断输入，该园教师中有15%为非专业教师，出现课程理解能力和执行能力有较大差异的情况，对教室的使用和对课程的熟悉度上不够。

教室在环境设置上过于陈旧，主题不够新颖，幼儿在课程中，对课程内容兴趣程度不高。在活动室材料工具的设置上，差异性不够大，种类较为单一。幼儿自身的动手能力较为薄弱，不够大胆，社会性情感还需要进一步的培养，注意力容易分散，专注性不够。幼儿进入活动室后，对于新区域的内容和材料都不熟悉，也不愿意去尝试。

七、研究建议

设置合理科学的美术活动室空间。幼儿园美术活动室的设置是幼儿园美术教育的一部分。设置合理的美术活动室区域为幼儿提供了充足有效的美术资源，为开展多种多样特色美术活动提供了很好的场地及平台。

(一) 丰富材料的投放

在美术活动室中开展活动，材料是幼儿感知、操作的主要工具，我们要充分发挥玩美世界专用活动室功能，提供多样材料，开展富有创意的艺术活动。为孩子提供更多易得的材料，可选择生活性材料，如不用的玩具、物品等，去掉一些幼儿不太感兴趣的材料，更新以及补充材料要及时，来满足幼儿的需求。

(二) 师资管理

派送教师参加美术类培训，提高教师艺术教育的素养和能力，与其他幼儿园的教师进行交流学习，进一步拓展幼儿园的玩美世界特色活动。

（三）家园互动

与家长建立良好的家园信任关系，主动挖掘家庭、社区艺术教育资源，可以组织形式多样的美术活动，邀请家长参与。

八、研究反思

《3～6 岁儿童学习与发展指南》提出，5～6 岁的幼儿应当“积极参与艺术活动，有自己比较喜欢的活动形式”。“能用多种工具、材料或不同的表现手法表达自己的感受和想象”。幼儿园美术活动室的合理设置是为了更好地开展有效的特色美术活动，在美术活动室的环境布置阶段，活动室材料丰富，我们要发挥活动室环境的隐性教育价值，通过环境给予幼儿指导和帮助。

幼儿的发展水平参差不齐，教师应该合理地根据每一位幼儿的身心特点，按照幼儿不同的发展水平进行设置课程内容、课程难度。教师自身的职业素养也要不断提高和更新。

在材料的设置上，要从孩子的兴趣点出发，对于活动兴趣度低的幼儿，教师应当先观察，并适时给予帮助指导。课程的内容要符合各个年龄阶段不同幼儿的身心发展水平，在活动中，可以促进幼儿在不同水平上全面的发展。

参考文献

［1］曹姣. 幼儿园美工区活动存在的问题与对策研究——以长沙市 Y 幼儿园为例［D］. 湖南师范大学，2016.

［2］王伟莉. 幼儿园专用活动室活动的问题与解决策略［J］. 小学科学（教师版），2015（6）：134.

［3］邢夏婕. 幼儿园美术活动中的教师角色研究［D］. 河北师范大学，2010.

［4］蔡娟. 幼儿园艺术活动中的“玩美教育”［J］. 教育，2017（21）：54.

幼儿园开展海派民间体育活动的实践研究

（张怡　上海市奉贤区西渡幼儿园）

摘　要：健康地活着，你就是最富有的。在幼儿园《3～6岁儿童学习与发展指南》中，“健康领域”作为全书开篇，从中不难看出，保障幼儿生命安全和幼儿身心健康是幼儿教师的首要工作。3～6岁的孩子在园健康教育不仅仅是安全与卫生保健方面的内容，在提高幼儿安全意识、身体健康素质的同时，还需要注重幼儿体能教育。近年来，上海地区海派民间体育活动得到迅速发展，幼儿这一群体，也加入了民间体育活动的范畴。为此，结合我园重拾海派文化，创设民间体育游戏的理念，在班级中我以幼儿展开户外民间体育活动为例，在探索实践中促使幼儿不断获得成长。

关键词：海派；民间体育活动；探索实践

一、开展海派民间体育活动“赛龙舟”的收获

端午将至，通过节日引申出活动，和幼儿一同了解关于端午习俗，讨论起做香囊、吃粽子、赛龙舟比赛。在与幼儿简单的对话中，散发出对端午节浓浓的热情。借着幼儿对“赛龙舟”的浓厚兴趣，从幼儿的年龄段兴趣点出发结合幼儿园民间体育活动，带领幼儿感知活动“赛龙舟”。

“赛龙舟”活动开展过程中，带领幼儿用以物代物的方式开展活动，准备利用带滑轮的轮胎进行“划船”活动。活动中将幼儿分为四组，探索使用轮胎玩体育活动过程中，轩轩和珂珂两个好朋友发生了矛盾。上前了解后得知，原来珂珂在赛龙舟途中因为身高原因，坐在轮胎上使用脚赛龙舟时，双脚无法接触地面导致前进困难。发现问题后，我在一旁观察，发现好几个小朋友都有类似情况发生。为了引导孩子们发现问题我便问：“你们的龙舟为什么有的开得快有的开得慢呢?”眼尖的孩子一下子就发现了是因为珂珂的脚挨不到地面，所以才划得慢。“那脚挨不到地就没有办法使力让龙舟划起来，怎么办呢?”幼儿纷纷想出了各种各样的办法并进行了尝试。最后幼儿发现一人坐在龙舟上一人拉，速度是最快的（见图1）。

图1　体育活动过程记录

在活动中，幼儿在发生矛盾、化解矛盾的过程中会有出不同意见，而教师担负的责任便是引导孩子，为孩子提出意见，协调同伴间彼此的行动，在活动中达到合作的目的。同时，也帮助引导幼儿能够耐心接受他人意见，促进同伴间的密切合作。

幼儿有了前期活动经验积累，对赛龙舟越来越了解，经过材料和玩法的不断调整，增加了难度，由两人合作变成多人合作。多人合作中幼儿的行进速度明显变慢，队伍带头的小朋友发现龙舟开起来会很吃力，活动中个别孩子慢慢出现放弃心理。在组内幼儿的互相鼓励下，尽管龙舟开得比较慢，但幼儿还是一同完成了比赛。根据出现的问题，我开始提问，怎样才能让龙舟开得快一点。大家都表示跑起来可能会快一点，于是进行了尝试，但问题又出

现了，活动再一次暂停，经过一番交流，幼儿发现是前后两个人走的方向不一致导致的，于是讨论方法解决，虽然活动中出现各种问题，但是没有一个小朋友退出活动，幼儿在活动中依旧坚定地向前划去。

在活动中遇到困难，幼儿展现了不怕困难的意志；同伴之间发生矛盾时，慢慢开始接纳别人的想法；体育活动过程中幼儿秉承着一种迎难而上、坚持不懈的品质。我认为，这与孩子在活动情景中的自主探索、自我感受体验是分不开的（见图 2）。

图 2　体育活动过程记录

3～6 岁的幼儿处于生长发育的黄金时期，这时期，幼儿可以借助各种运动加强锻炼，民间体育活动需要奔跑、跳跃、钻等多种动作，通过进行民间体育活动，可以有效地锻炼幼儿上下肢力量，促进骨骼肌肉的发育，培养幼儿柔韧、协调、灵敏等素质能力。如在“赛龙舟”活动中，幼儿一个拉一个坐，潜移默化地提升幼儿的合作意识，由一开始的龙舟不协调，行进方向速度慢等问题到最后慢慢持物和同伴有秩序地向前走或跑，锻炼了身体，提高了免疫能力，增强幼儿身体素质水平，同时幼儿也感受到了合作活动的乐趣。在活动中，幼儿需要模仿赛龙舟的动作与方式，同时还要感受与他人的相处，从而获得对社会的感知，幼儿通过理解不同的活动规则，也能够锻炼自身的人际合作关系。

二、幼儿园海派民间体育活动开展中存在的问题分析

（一）采集方面的问题

民间体育活动的收集过程也考验收集人员创建收集计划和操作收集设备的能力。虽然大多数民间体育活动都在乡镇地区举行或保存，但是在这些地区通常没有足够的影响力来保护民间体育活动。对于幼儿园教师来说，体育活动的收集不集中会在一定程度上影响民间体育活动资源的收集效率。民间体育活动的收集是有限的，幼儿园班级使用的民间体育活动类型相对较少。

（二）幼儿教师对体育活动的开展方式单一

在近阶段的调查观察中发现，当前幼儿园教师对于民间体育活动的开展多为集体活动，少有创造性的活动。总体而言，对体育活动的开展方式比较单一，导致体育活动的教学效果比较低下。另外，从上文的论述中可见，幼儿教师在体育活动的开展上也比较单一死板，没有针对不同年级对体育活动进行创意化的设计，没有发挥出民间体育活动真正的功能。

（三）民间体育活动的适用环境缺乏

对于幼儿来说，体育活动环境是他们成长的氛围，良好的环境是良好的平台。有的幼儿园由于面积有限，用于体育活动的空间不是很乐观。体育活动材料的单一化和不科学的组织方式是存在的又一不足之处，区域活动的材料相对简陋和“成人化”，使幼儿的兴趣并不是很高。

三、加强海派民间体育活动在幼儿教育中的开展对策

（一）精心筛选，梳理适合各年龄段幼儿的民间体育活动

民间体育活动渗透着不同的运动价值和德育价值。对此，我们基于幼儿各年龄段的特点，通过实践分析，梳理出了比较适宜各年龄段幼儿玩耍的民间体育活动。

例如，小班幼儿喜欢生动形象的动物角色，好模仿，但动作发展还比较单一，小肌肉发育相对较迟，于是我们选择了较为简单的“老鹰捉小鸡”“捉迷藏”“追逃”“丢手绢”“蚕宝宝”“打游击”“外婆桥”“骑竹马”等本土民间体育活动。

中班幼儿的规则意识处于萌发期，在活动中他们开始学会交往，我们则选择了一些具有合作意识的民间体育活动，“新娘坐轿”“抽七打八”“金锁银锁”“跳房子”等。中班民间体育活动的运动价值在于让更多的幼儿想出更多的民间玩法。

大班幼儿的规则意识逐步形成，而大班后期的幼儿特别喜欢有规则的活动，如体育活动。我们则选择了一些有较强规则意识的民间体育活动——“炒黄豆”“写土字”等。在民间体育活动“炒黄豆”中，刚开始还挺受大班孩子的喜欢。但是，久而久之，他们也失去了以往强烈的兴趣。如果教师在实践中从刚开始两人玩变成3～10人玩，就会让他们产生对“炒黄豆”这一民间体育活动的浓厚兴趣。

（二）创新形式，激发幼儿对民间体育活动的兴趣

民间体育活动的内容和形式多种多样，并非所有的民间体育活动都适合幼儿身心发展。所以幼儿教师在组织户外活动前应选择民间体育活动，根据儿童的年龄特点和发展需要，与儿童的身心发展相对应，针对不同年龄段的儿童，根据他们的身心发展状况，选择民间体育活动的类型。

（三）合理规划，创设民间体育活动环境

1. 创设宽松的民间户外活动环境

在大型操场上，画上生动形象、五颜六色的圆圈、螺旋蜗牛、几何曲线，在操场上设计各种形态“跳格子”的图案，利用园所草地成片、绿树成荫的特点，幼儿玩起“躲猫猫”“追逃”的活动，最大限度为幼儿创设民间体育活动特色场地。

2. 自制丰富的民间体育器械

发动家长与孩子共同收集本土材料自制实用、安全、牢固的本土活动材料，如陀螺、铁环、毽子、竹圈、竹篮、竹马、梅花桩、皮筋、长龙等为幼儿自主自由体育活动提供了物质保障。

3. 合理规划室内环境

班级室内环境是幼儿教育的一种“隐形课程”，对幼儿发展起着不可替代的作用。因此，我园各班根据本班实际情况，将民间体育活动内容有机地融入不同的活动区域，幼儿每天可根据自己的兴趣、能力水平自由选择。在班级的走廊、大厅、拐角空间也随时可见“民间体育活动”展览区，里面有序投放着各种活动材料。幼儿利用一日活动过渡环节，餐前餐后自由活动环节，自主结伴、自由活动，让民间体育活动真正走进幼儿生活。

上海弄堂游戏承载着一代又一代人的回忆，结合到班级开展海派特色的民间体育活动，不仅使幼儿强健身心，作为教师，对传统文化也多了一份归属感。在本次民间体育活动开展中，重新设计，融入幼儿的想法、顺应了幼儿感受、追随了幼儿的兴趣特点、弘扬了幼儿的个性，引导幼儿在体育活动中健康成长、强健体魄。在今后的一日生活活动中，将继续把民间体育活动更深入地融合进幼儿园教学中，相信教师和幼儿将会收获更多。

参考文献

［1］教育部基础教育司组织编写．《幼儿园教育指导纲要（试行）》解读［M］．南京：江苏教育出版社，2002.

［2］曾爱红．浅谈“开展民间游戏促进幼儿发展”［J］. 速读（中旬），2017（10）：232.

［3］宣建丽．让民间体育游戏走进幼儿园户外活动［J］．中国校外教育，2012（2）：166＋27.

［4］黄丹．灵活运用民间体育游戏积极拓展幼儿户外活动［J］．中学课程辅导（教学研究），2015（9）：137－138.

［5］付军．挖掘民间体育游戏资源丰富幼儿户外活动［J］．福建教育研究，2017（8）：34－35.

幼儿体育课程游戏化教学的实施策略与指导

（林阳汉　广东省中山市菊城幼儿园）

摘　要：幼儿期对儿童的教育具有重要影响，是人生成长教育的重要阶段。在当前的幼儿教育中，教师应对幼儿开展综合性的素质教育，使幼儿得到身体素质、知识学习的全面提升。幼儿的体育课程游戏化教学提供了一个科学化的教育途径，用体育游戏作为辅助对教学内容加以传递，达到了孩子身心健康教育的目的。教师是否有效地实施教学策略和指导，是幼儿体育教学中课程游戏化是否使幼儿在活动中成长、发展和身心健康产生积极影响的关键要素。

关键词：幼儿体育；课程游戏化；教学策略；教学指导

在幼教领域中，体育课程的实施对幼儿的发展产生正面的影响，借助体育活动可使幼儿的大脑得到刺激，建立完善的大脑机制，同时可使幼儿的身体体质加强。除了提高运动能力，增强体能外，其目标最关键的是在基础阶段树立终身体育运动意识，促进幼儿全面健康成长。合理设计教学，兼顾幼儿自身特点，通过有趣的游戏，使幼儿更好地投入其中，在游戏中得到锻炼和发展身体素质，从而起到体育教学的作用，对幼儿园的体育课程教学具有极大的帮助。

一、发展幼儿体育教学的主要作用

（一）促进幼儿的身心健康发展

幼儿在3～6岁时，正处于生长发育的关键期，各项机能发育尚不完善，对外界环境污染、疾病等的抵抗力较弱，因此在幼儿的关键期，应对幼儿的身心健康发育给予更多的关注，如儿童的生理、心理健康发育等方面的问题。为保护幼儿的身心健康发展，幼儿园教师可以通过体育教学，一方面提高幼儿的身体素质，增强抵抗力，增强意志品质，提高幼儿生理、心理各方面的良好发展。另一方面能较好地学习体育知识和运动技能，为将来学习体育活动奠定良好基础。

（二）促进幼儿的综合素质发展

为了适应社会发展的步伐，在新的时代提出了新的要求，更加重视幼儿的教育，幼儿要进行德、智、体、美、劳的全面发展，体育成为其中的主要内容，体育教育在教育中相当重要，这不仅可以从生理上提高幼儿的身体素质，从心灵上培养幼儿的情感态度，促进幼儿的社会化发展，有效地实现幼儿的综合素质的培养和提高，从而使幼儿的身体素质得到全面的发展。

二、课程游戏化幼儿体育教学的特点

（一）幼儿体育教学特点：趣味性强

幼儿体育作为终身体育启蒙的阶段，要让幼儿喜爱体育课必须有足够的趣味性才能吸引孩子，对幼儿的体育观产生重要的影响。体育游戏的内容寓教于乐，寓教于乐能满足幼儿对知识有求知欲的心理需要。“兴趣是最好的老师。”体育游戏因为具有很强的趣味性，能够激发起幼儿学习和锻炼的兴趣，提高幼儿锻炼有很好效果。将体育教学的内容渗透到体育游戏中，形成了一堂别开生面的趣味体育课。真正在玩中学到运动技能，从而达到寓教于乐的目的，使幼儿的体能发展得到了不断提高，身体素质得到了不断增强。

（二）幼儿体育教学具有规则性特点

幼儿体育教学具有规则性，在幼儿体育教学中进行游戏前需要规则限定以确保体育教学活动有序进行，同时让幼儿养成良好的上课常规。例如：排队常规，“一声长哨”加上手势动作数字一、二、三……代表集合排成几路纵队的意识；“一声短促有力哨声”代表游戏活动的开始。以上这些规则的形成能使课堂有序进行，所以教师在体育活动中要积极培养幼儿养成良好上课常规，并且综合素质全面健康的发展。

（三）幼儿体育教学的情景特点

在课程游戏化背景下幼儿体育活动具有情景性，以游戏的形式进行课程设计丰富多彩的情景，例如，小班体育活动“蚂蚁运粮”的情景剧，主要是让幼儿扮演蚂蚁去运粮食，情景剧中幼儿很认真地投入到活动中，学习爬行动作。还可以利用幼儿园的环境资源，设计一些让幼儿更加喜爱体育活动的情景剧。又如，大班体育活动“我是小小特种兵”，主要是锻炼幼儿躲闪能力、匍匐爬行、蹲地跑的能力为教学目标，这次体育教学活动主要利用幼儿园草地、滑滑梯、大型器械、树木、水枪等一些教学资源进行活动。真正使幼儿“在玩中学”“在玩中练”，以适合幼儿年龄特点的教学方式，全面、健康地发展综合素质。

三、游戏化背景下幼儿体育课程教学面临困境

（一）存在片面的课程游戏化认识

有的教师片面地认为体育课程游戏化，没有或没有明确的教学目标，使体育教学活动没有发挥应有的价值，就是让幼儿自主地开展体育活动。教师没有领会体育课程与游戏化相结合的实质，在设计课程时存在过度游戏化的现象，只注重课堂的趣味性，忽视了体育技能的掌握，因此，幼儿在学习体育知识和体育技能的过程中，不能达到体育课应有的效果，影响幼儿身心健康的发展。

（二）教学中幼儿运动量不足

幼儿期是智力发展的关键期，也是体力发展的重要时期，所以幼儿期的智力发展是非常关键的。如果运动负荷过大，容易使孩子产生疲劳感，严重时会导致孩子骨骼变形，孩子身体的各个骨骼都有很大的弹性，心肺功能发育还不完善。由于现在教师片面理解体育教学游戏化，注重游戏趣味性，体育教学活动中运动量不够，在设计课程时不能满足幼儿的身心发展，对幼儿的健康成长毫无益处。

（三）缺乏完善的体育教学设备

在当前有一些幼儿园存在体育器材不够完善、不够丰富，幼儿园体育教学能够顺利开展，体育器材是辅助的重要材料。完善的体育器材是能提高孩子在体育教学活动中参与活动的积极性的主要因素，可以激发孩子的想象力和创造力。满足个别幼儿的需求，使幼儿的生理、心理素质得到持续强化，为今后全面成长打下良好基础。

四、幼儿体育课程游戏化教学的实施策略和指导

（一）幼儿体育课程游戏化教学的策略

1. 可以合理引导幼儿的兴趣和积极性

在幼儿的发展过程中，尽管受到个人和家庭环境等方面各种因素的影响，使许多幼儿也显示出各种程度的不同，但大部分的幼儿会对体育游戏产生很大的浓厚兴趣，并且在体育游戏中会充分调动幼儿的积极性，对幼儿产生较大深度的影响。在幼儿园体育课中，以体育游戏的形式进行教学，将体育教学与体育游戏深度结合，促进幼儿思想发展的同时，充分调动幼儿的主动性，培养幼儿的创新意识。

2. 创设游戏情境，进行寓教于乐的体育课活动

在设计幼儿体育教学课程时，要把体育教学目标和体育游戏相结合，形成一种全新的体育游戏，这样更加有利于提高体育教学的效果。在体育课的教学过程中，教师可以增加和创设一些游戏情境。例如，有一天老鼠出来找粮食，被小花猫发现，猫追着老鼠，分成两组分别扮演猫和老鼠的“猫鼠”情景剧。通过游戏情境的渲染让幼儿更好地融入体育教学当中，在不知不觉中完成体育教学内容的学习，能够很好地提高体育教学效果。

3. 采用集体荣誉激励法

在体育教学当中，很多幼儿很关注教师对自己的奖励和评价。因此，利用集体荣誉制，在体育课教学过程中开展体育竞赛，能更好地提高体育课的教学效果。在幼儿园中，幼儿的社会主义思想观念已进行初步确立，而运用集体荣誉激励法不但可以提高幼儿的体育教学质量，还可以训练幼儿的毅力和思维能力。

（二）幼儿体育课程游戏化教学的指导方法

在体育课活动中，教师是直接影响幼儿上课效果的指导者。所以，教师准确地指导幼儿进行体育活动是非常重要的，是让幼儿顺利地完成体育活动，同时掌握体育技能和发展身体素质重要因素。幼儿在3～6岁时，心理特点是希望得到其他人的关注和认可，所以作为教师可以通过激励、表扬、认可的方式进行评价。这样可以调动幼儿在体育课堂中的积极性和克服困难的自信心。教师的指导方法，在不同的年龄阶段是不同的。例如，小班幼儿在体育活动中理解语言的能力较差，模仿动作的能力较强，那么教师就应该根据这些特点在教学中加以引导。幼儿到了中大班之后，语言理解能力比小班要好了，这时教师可以利用语言方式去指导幼儿。幼儿在4～6岁时也是很渴望得到老师肯定和表扬的。调动幼儿参与活动的积极性，激发幼儿对体育游戏的兴趣。其次就是动作示范讲解，因为幼儿对游戏的喜爱和好奇心强，这时肯定很想知道游戏是怎么玩的，教师这时进行讲解和示范，幼儿就会很认真地学习。以此指导方法，效果会很明显。所以说，教师要掌握教学的指导方法，才能在教学中事半功倍。

五、结语

综上所述，体育课对孩子未来全面健康成长具有非常关键的影响意义，它是培养孩子终身体育意识和良好习惯的基础。因此，教师必须运用感性的方式，游戏化体育教学，在调动幼儿兴趣和主动性的同时，结合具体课程中的课程和任务，以及幼儿的身体生长特点和变化规律，提高幼儿体育教学的效果，为幼儿的身体协调发展提供坚实的基础。

参考文献

[1] 黄珊珊．趣味游戏在幼儿体育教学中的应用 [J]. 新体育，2022（14）：79—81.

[2] 张健忠，朱良．幼儿体育游戏教学中存在的问题与建议 [J]. 教育导刊. 幼儿教育，2005（4）：19—20.

[3] 潘妍妍．幼儿体育课程游戏化背景下体育教学的开展研究 [J]. 田径，2021（9）：59—61.

[4] 周义强．幼儿体育游戏中教师指导策略运用效果之研究 [D]. 浙江师范大学，2018.

巧妙引导 幼有善育——区域活动中低结构材料的运用原则

（洪晓敏 广东省深圳市龙岗区平湖街道锦冠华庭幼儿园）

摘 要： 众所周知，幼儿园区域中的材料投放对幼儿游戏质量及成效有着直接的影响，同时也是幼儿各类活动的基础所在。幼儿正处于爱玩的年龄，对外界的新鲜客观事物具有较强的好奇心，这就需要幼儿教师应根据幼儿的内心实际需求及个性发展规律为基准，在区域活动材料的投放选择上要以低结构材料为主，在确保幼儿安全的基础上，充分利用区域材料让幼儿进行各类活动，并在活动中表达自己，以此使幼儿教育真正做到幼有善育，恰如其分。

关键词： 幼儿园；区域活动；低结构材料；幼儿；策略

一、前言

区域活动一直以来都是幼儿园重要的育人板块之一，是幼儿身心健康发展的主要活动渠道。为充分发挥区域活动在幼儿教育中的优势及价值，需要幼儿教育工作者为幼儿创设一个既科学又安全的区域活动环境。而低结构材料投放于区域活动中，不会受到客观环境条件的影响，且玩法多种多样，幼儿在活动过程中可尽情发挥自身的想象力，对这些低结构材料进行自由拼装，培养幼儿创新能力及动手实践能力。

二、低结构材料在区域活动中的应用优势

（一）满足幼儿多样化需求

低结构材料在幼儿园区域活动中的投放，与其他材料相比更容易引起幼儿共鸣，符合其内心实际需求及个性发展规律。低结构材料应用较为灵活，由于幼儿都属独立个体，在思维及理解能力上存在差异性，在应用低结构材料进行游戏活动时，所展现的内容也不尽相同，凸显每一位幼儿的想象力及创造能力，避免传统教学千篇一律的教育形式，让看似平常简单的材料，在幼儿手中变得不再平凡。

（二）调动幼儿探究意识

在幼儿园区域活动中，幼儿教师应立足于“以生本理念”为主导的育人思想，以低结构材料为着力点，调动起幼儿的学习兴趣及探究欲望，点燃其参与游戏活动的热情及积极性，并尝试在区域活动中，借助低结构材料寻求解决问题的办法，将幼儿自行探究意识激发出来，使其思维能力得到相应的训练，在解决问题的过程中，逐渐形成良好的创新思维与妥善解决问题的能力。

（三）挖掘幼儿创造潜能

低结构材料的特点就是简单、易得及应用方式多样化，对幼儿自行探究与创新能力的发

展提供充足的自由空间。在利用低结构材料进行活动时，大部分幼儿会提出各种不同的想法与创意，这对深入挖掘幼儿创造潜能及树立自信心都有着极大帮助。例如，同样的低结构材料，有的幼儿将材料变成机器人，有的则变成一幅幅美丽的美术作品等。无论在幼儿手中呈现出怎样的作品，无一例外都是其智慧的结晶，更是开启未来潜能的“钥匙”。

三、区域活动中低结构材料的运用原则策略分析

（一）丰富材料，激发幼儿学习兴趣

兴趣是引发学习动机最大的内在驱动力。培养幼儿兴趣对点燃学习积极性与促进幼儿健康成长有着极大帮助。幼儿教师将低结构材料投放到活动区域时，要选择能够激发幼儿兴趣的物品为主，在投放的种类上更要多样化，丰富其区域活动内容。在投放过程中，幼儿教师要善于根据活动区域的育人功能性，投放不同的材料，明确幼儿的学习方向。例如，在美术区域活动中，为让幼儿能够借助简单的材料设计与拼接自己喜欢的美术作品，培养其思考能力以及创新能力。幼儿教师可在美术活动区域投放一些简单且有规则的图片，利用图片完成相应的拼图任务。其次，在幼儿原有拼图的基础上，在陆续投放不规则的图片适当加大拼图难度，增进活动的趣味性，使幼儿的思维能力层层递进。最后，再次加大不规则图片的数量，让幼儿尝试进行拼接，该阶段部分幼儿在拼接过程中会遇到一定的阻力，这时幼儿教师可根据自身的观察，将幼儿划分为多个小组，通过小组成员的思维碰撞完成拼图任务，不仅能增强幼儿的实践体验，还能使其动手能力得到相应提升，以此真正让幼儿在活动中收获快乐，享受成功喜悦。

（二）实践操作，锻炼幼儿动手能力

培养幼儿动手能力是区域活动开展的重要育人目的之一。只有提升幼儿动手操作能力，才能有效增进其思维能力以及创新能力的发展。因此，幼儿教师在低结构材料投放选择上，应以可塑性较强的材料为主，有助于幼儿充分发挥自身想象进行拼接及创作，提高其创作水平。值得注意的是，教师要选择易于幼儿动手操作的低结构材料，根据幼儿年龄的差异，所投放材料操作的难易程度也不尽相同，真正做到因材施教，让幼儿在活动中各取所需。例如，小班幼儿在幼儿园中年龄最小，思维单一，幼儿教师就可投放一些简单的低结构材料，如沙子、水、积木等。中班幼儿随着年龄增长，思维也发生变化，过于简单的材料很难调动起幼儿兴趣，教师可为其投放一些花瓣、树枝及树叶等低结构材料，让其认真观察它们的特点，锻炼幼儿观察能力，并利用这些材料制作自己喜欢的书签，或是粘贴出一幅美丽的美术作品，培养幼儿创新能力。大班幼儿的各种思维能力正处于初步形成阶段，这时教师便可投放一些科学实验性的低结构材料，引发其探究欲望，如电池、小灯泡等，使其在动手操作过程中，对如何让灯泡亮起来的条件有个大致了解，将其对科学实验的兴趣激发出来。

（三）贴近生活，增强幼儿活动体验

生活是教育与知识的伊始之地，幼儿园日常学习只是幼儿教育的一部分，育人的最终目的还是要回归现实生活。因此，幼儿教师在区域活动投放低结构材料时，要更多与幼儿实际生活相衔接，投放一些幼儿所熟知的生活材料，易于其接受及动手操作，同时还能让幼儿置身于生活情景中，对生活状态进行感受，在感受中获得良好的情感体验。例如，幼儿教师可以投放娃娃、衣服及鞋等低结构材料，让幼儿通过自身的审美，为娃娃进行着装搭配。又如，还可以“超市”为活动主题，投放一些包装盒、牙膏、香皂及梳子等生活常见的低结构材料，并按照类别进行摆放，再将幼儿进行分组，一组是收银员与导购，另一组则是消费者。然后，教师在把价格标签贴在物品上，准备一些虚拟的纸币，为幼儿创设一个完整的生活化情

境。在此过程中，不仅增进幼儿沟通交流能力，更使其在区域活动中的游戏体验得以增强。

四、结语

总而言之，在幼儿园区域活动中投放低结构材料，凸显幼儿教育“幼有善育，恰如其分”育人思想。幼儿教师在投放低结构材料时，应以幼儿的内心实际需求及个性发展规律为主导，将其学习兴趣激发出来，调动起幼儿参与活动的积极性及热情，利用低结构材料锻炼其动手操作能力与创新能力，使幼儿的想象力得以充分发挥，进而让其发展得更为全面。

参考文献

[1] 裴龙琴．低结构材料在幼儿园区域活动中的运用初探［J］．好家长，2020（45）：38－39.

[2] 谈雷．浅谈低结构材料在幼儿园区域活动中的投放策略［J］．山西青年，2020（9）：71.

[3] 张迎．探究幼儿园区域活动中低结构材料的综合管理方法［J］．家长，2019（36）：70＋72.

巧玩儿户外球类游戏，培养中班幼儿合作意识

（赵楠　北京市怀柔区桥梓镇中心幼儿园）

摘　要：在幼儿进行户外球类游戏的过程中，如何培养幼儿的合作意识，一直是幼儿教师值得深思的一个问题，以往在户外活动过程中，教师注重幼儿创造力、想象力的培养，这毋庸置疑是有必要的，然而在此过程中幼儿合作意识的培养也是很重要的，也是幼儿应该学习的一部分。本文以中班幼儿户外球类游戏为背景，分析了幼儿在进行户外活动中培养合作意识的优势，根据中班幼儿的特点，提出了幼儿在户外活动中合作意识培养策略。

关键词：合作意识；户外活动；球类游戏；创造力；想象力

户外活动一直都是学前教育一日活动中的重要内容，对孩子身心发展作用重大，户外活动的有效开展也是如今各大幼儿园比较关注的话题。首先，户外场地本身就是幼儿所热爱的，能够被幼儿所接受的，在户外，有蓝天、白云为伴，幼儿的积极性能够更容易被调动起来，在这样的环境下以及幼儿的心理状态下培养幼儿的合作意识再合适不过；其次，户外活动多种多样，幼儿能够根据自己的喜好来选择他们喜欢的户外活动，这首先就体现出一种主动性，本身就是幼儿合作意识培养的一种体现；最后，户外活动能够满足不同幼儿的发展需求，幼儿之间必然存在性格、能力发展的差异，在户外活动中，能够根据幼儿的个性化差异进行不同种类的户外活动，这对培养幼儿合作意识的良好作用也是毋庸置疑的。

球类游戏是幼儿玩得最多的活动，也是幼儿最喜欢玩的活动，例如小足球、小篮球、乒乓球、羽毛球等，教学球类游戏、户外球类游戏、室内球类游戏、球操等多种形式开展，户外球类游戏对促进幼儿的身心健康有益，球类游戏能够很好地吸引幼儿浓厚的兴趣，在球类比赛中幼儿要想取得好的成绩往往离不开同伴之间的相互合作，所以户外球类游戏能够培养幼儿的合作意识。

一、结合中班幼儿的特点选择适合的球类游戏

中班幼儿喜欢户外活动，享受和同伴们共同玩耍，中班幼儿的运动量增大，对很多球类游戏都很感兴趣，也能够熟练各种球类游戏的玩法。因此在中班幼儿的户外球类游戏选择上要有所侧重。

（一）丰富游戏形式，变换运动方式

中班幼儿相对于小班幼儿在心智上会稍微成熟，运动能力加强，针对中班儿幼儿，在选择户外球类游戏时，运动形式过于单一，运动量过小，都不能够更好地激发幼儿的兴趣，要增设新的玩法，运动形式稍复杂，运动量稍大的球类游戏，比如手拍篮球，可以增加幼儿单手排球，左手换右手等，还可以设置听信号换动作，或者排球接力赛等。

（二）增加游戏参与者，制造合作机会

可选择的游戏种类增多，幼儿的活动积极性增强，在游戏的过程当中，也逐渐认识到合作的重要性，由于中班幼儿缺乏合作方面的训练，所以合作能力不够，要创设情境，制造合作机会，有研究表明，幼儿在进行球类游戏的过程中能够很好地培养合作意识，尽量选择可提供合作机会的球类运动，比如对拍小篮球或者是传小篮球运动。多增设合作性游戏的开

展，在游戏运球过程中，加强同伴间的合作。

二、巧用球类组合开展幼儿户外体育活动

合作意识的培养对于现在的孩子来说很重要，在户外活动中培养幼儿合作精神对孩子也是比较重要的，所谓众人拾柴火焰高，只有学会合作，才能够取得更大的成功。在幼儿户外活动过程中，要重视合作意识的培养。

（一）运球游戏培养亲子合作意识

合作是一件快乐的事情，孩子们通过在户外活动过程中的相互合作，能够促进彼此之间的友谊，在幼儿园共同学习的道路上，相互学习，共同成长。懂得与他人合作，同时也是成功的关键，一个人的力量毕竟有限，在户外活动不断合作中，也是教会了孩子们做事情成功的一个小道理。

在我上学期间，每年的运动会上我最喜欢的项目就是 4×100 米接力赛跑，如今把它结合球类应用到户外活动过程中，将乒乓球与餐具进行组合，开展户外主题活动“亲子运球”，给孩子们设定情境，前线需要兵粮，需要亲子合作将粮草用球类运送到前线，看哪一组运得最快，让父亲、母亲还有孩子相隔 20 米呈直线排列，幼儿用勺子运乒乓球，父亲用球拍运乒乓球，母亲用筷子运乒乓球，从幼儿开始，向着父亲的方向运送乒乓球，当粮草运到后，父亲再向母亲处搬运粮草，最终所有的小组都成功地把粮草运到了前线，孩子们玩得不亦乐乎。

在这样一个球类接力比赛过程中，通过亲子间的合作，成功地完成了任务，他们的喜悦之情洋溢在脸上，在粮草搬运合作的道路上，相信孩子们也看到了合作的重要性。在这一过程中，孩子的积极性一直很高，他们的协调配合共同完成了体育游戏比赛，孩子也感受到了与他人合作的快乐，向成功的道路又迈进了一小步。

（二）心连心游戏提高同伴间合作意识

球类有各式各样的玩法，为了促进孩子们的合作意识，在活动时可以将孩子分成几组，每组两个人，让他们进行合作，并最终完成任务，这样孩子的合作意识自然而然地得到了提高。

例如，将球类与幼儿运动组合进行户外活动，每两个幼儿发一个网球，将孩子们两两分成一组，两个孩子背靠背将球用背夹住，共同向前方运动，运动中幼儿们经常摔倒，孩子们在刚开始进行时，总是因为配合协作不顺利把球掉在了地上从而任务失败，经过几次的磨合，以及每组幼儿之间的互相交流经验，他们最终都成功地到达终点，在这个过程中，孩子的平衡能力也得到了锻炼。

通过让孩子们合作，在失败的磨炼以及相互交流心得之后，每一个小组都能够完成任务，在这样一个球类心连心游戏的过程中，他们的合作意识得到明显的提高。

（三）巧妙搬运篮球培养合作精神

单独的一个球类有很多玩法，为了让孩子们培养合作精神，提高他们进行户外活动的主动合作意识，在活动过程中，需要给孩子自主合作的机会，让他们在尝试过程中找到最好的玩法，这样既能够提高孩子的合作意识，也能让他们不断进步。

例如，组织孩子们进行搬运篮球比赛，孩子们分成几个小组，场地内堆放很多篮球，从 A 点让他们将球类搬运到 B 点，规定时间内搬运个数最多的小组的孩子是胜利者，有糖果吃，这样的比赛孩子们一开始就跃跃欲试，迫不及待地等着比赛开始。搬运篮球比赛开始了，孩子们都发挥了自己的聪明才智，用各自的方法搬运篮球，小豪刚开始跟其他孩子一样，也是抱着一个小篮球跑向终点，速度缓慢，累得满头大汗但是运到终点的篮球个数有限，他突然灵机一动，似乎是想到了足球在地上滚动的方法，他将篮球放在地上向前滚起

来，手里还可以抱着篮球，不一会儿便将几个篮球搬运到终点，其中有的小伙伴也效仿他，也很快地将篮球搬运到了终点。

通过比赛的形式激发孩子们进行户外活动的兴趣，给他们最终任务让他们自己想办法解决，在这样一个过程中，孩子通过他们的智慧，自主合作，找到了搬运篮球最好的办法，完成了活动，这一个过程也培养了孩子的合作精神及合作意识。

三、结语

球类游戏在培养中班幼儿合作意识的过程中发挥了极大的作用，球类游戏克服了户外活动材料器材单一，通过球类游戏的开展，孩子的合作精神都得到了培养，在幼儿的户外活动过程中，还应该多探索活动的组合材料，为活动的开展提供广阔的空间。户外活动能够满足不同幼儿的发展需求，中班幼儿和其他幼儿相比必然存在性格、能力发展的差异，所以在户外活动中，能够根据中班幼儿的个性化差异选择适合的户外活动，这对培养幼儿合作意识的良好作用也是毋庸置疑的。因此，应该积极开展户外球类游戏，对培养中班幼儿的合作意识有益。

参考文献

[1] 涂玲，田兴江. 城市幼儿园户外区域体育活动开展的问题与对策［J］. 亚太教育，2015（26）：278—279.

[2] 郑丽梅. 户外体育健康身心——幼儿园户外体育游戏开展中的思考［J］. 文理导航·教育研究与实践，2015（7）：243.

[3] 沈鸣敏. 户外活动，想说爱你不容易——有效安全开展幼儿户外体育活动的策略研究［J］. 读写算（教师版），2014：226.

[4] 陈彬，郑爱萍. 挖掘区域活动在幼儿发展中的价值——基于一次区域体育活动的微探［J］. 四川教育，2015（9）：48.

[5] 卫群芝. “户外”的精彩——幼儿园开展户外区域活动的实践［J］. 新课程（小学）2014（8）：148—149.

基于本土资源开展中班 STEM 项目活动

（李晖　江苏省 盐城市人民政府机关幼儿园）

摘　要：“大自然、大社会都是活教材”，这是陈鹤琴先生倡导的核心课程观。因此，城市的发展直接影响我们的生活，盐城作为全国第一个试行（超级虚拟轨道列车 SRT）城市，教师要及时关注这一新事物，融入我园 STEM 教育开展相关系列活动，捕捉幼儿兴趣，支持幼儿探索。

关键词：本土资源；STEM 项目活动

一、以兴趣为起点，充分挖掘本土资源

在“我的家乡”主题活动中，孩子们第一次接触到了 SRT，他们一下子被其所吸引，“我在路上看过的、它好长啊、它像一条毛毛虫”，交流中透露出他们对 SRT 产生了浓厚的兴趣。根据《3～6 岁儿童学习与发展指南》科学领域提出“幼儿科学学习的核心是激发探究兴趣、体验探究过程、发展初步的探究能力”，以幼儿兴趣为课程切入点，以问题为导向，从小组、集体、亲子等不同的活动形式支持幼儿，在发现、分析和解决问题的过程中探究 SRT 的奥秘！

SRT 究竟是什么样的呢？追随幼儿的兴趣，我们开始了“SRT 体验之旅”。在家长的支持和带领下孩子们走出校园，走进生活，乘坐 SRT 亲身感知、直接体验整个过程，近距离了解 SRT 的外形和内部特征，增加了幼儿对家乡的“新玩意儿”浓厚的兴趣。来园后孩子们迫切与同伴进行分享。

A.“SRT 有两个车头，别的车只有一个”；

B.“它有四节车厢，还有三个连接弹簧”；

C.“SRT 的轮胎是看不见的”；

D.“SRT 的颜色很酷，由黑、红、白三种颜色组成”。

二、以问题为导向，持续推动项目开展

基于本土化资源的 STEM 项目活动是聚焦于幼儿对本土资源探索中遇到的问题，在教师引导下，依据小步递进的原则，幼儿能够主动、准确地把待解决的核心问题分化为一系列子任务，并将这些真实的问题与具体的任务作为贯穿整个 STEM 活动过程的主线。在“SRT 之旅”启动之后，俊彦和爸爸一起制作了“纸盒 SRT”。瑶瑶说：“哇，还真有点像呢，不过你这个只有一节车厢，SRT 有四节车厢呢！”“再加三节车厢不就行了吗？”究竟怎么加？怎么做呢？对此，我们以“用什么来做、怎么做？”等问题为导向，开展 STEM 项目活动。

用什么来做 SRT？

根据孩子们的已有经验和对 SRT 的观察，集体活动时我们对制作 SRT 的材料进行了讨论：“车厢用纸盒就可以了！”“那车轮呢？”“车轮是圆的，我们用圆的东西来做，可以用纽扣、毛球、还有瓶盖。”　“它的连接处可以用弹簧，吸管软软的地方，还可以用纸折呢。”……

在激烈的讨论中，孩子们能够关注和观察 SRT 的外部特征，思考和对比生活中哪些材料更适合。材料有了，如何制作“SRT 模型”这一难题也随之而来……

怎样做 SRT？

问题一：盒子大小不同怎么办

孩子们面对收集了各式各样、大小不一的纸盒犯了难！轩轩说："我看到的 SRT 车厢是一样长的，我们应该找一样的纸盒来做！"那从哪里找一样的纸盒呢。这时他们突然看到早点区里，有着长长的奥利奥盒子。"就是它了！"孩子们说道。

孩子们又提出疑问："SRT 的颜色是黑、红、白，这些盒子花花绿绿的怎么办呢"？孩子们说道："我们可以用水彩笔涂啊。""我们还有蜡笔呢！""美工区还有水粉颜料啊"……这些材料真的可以吗？孩子们分组选择材料，开始为纸盒"变装"！

问题二：怎样给 STR 改造颜色

孩子们分为了三组为 STR 改造颜色，"怎么回事？水彩笔、油画棒涂在上面滑滑的，根本遮不住盒子的颜色"！

陶际月说："颜料可以，但所有颜色全混到了一起了，变得一团黑！颜料好像也不行，这可怎么办！"

这时他们注意到美工区的超轻黏土。

陶际月说道："上次李老师带我们用超轻黏土制作乌龟的城堡你们还记得吗？""当然记得！黏土可以黏在滑滑的 KT 板上，或许可以，我们试试吧！"

说完，孩子们很快行动了起来。他们将黑、白、红的黏土，分别粘在了各个部位，黑色作为最外部的线条，将超轻黏土向里填充。果然，超轻黏土很好地解决了这个问题。"瞧！SRT！"孩子们指着它激动地说道！

问题三：如何安装轮胎

"我们快来给它装上轮子吧。"

孩子们找来了纽扣、毛球、瓶盖。它们都能做轮胎吗？

陶际月说："毛球软软的，不行！"

李承阳说："我们可以用小棒子把纽扣穿起来，你看，轮胎完成了。"当把它放在盒子上一对比，李承阳发现太长了，不适合牙膏盒。

我趁机问道："太长怎么办呢？"

针对问题他们提出了新的解决办法，"可以不要小棒子了，直接把纽扣或瓶盖粘上去不就行了！"

"可是 SRT 的轮胎是隐藏式的，你这个一看就看出来了。"

"那我把它放到里面就可以了！"

听完后，他们觉得计划可行！因此，决定用纽扣、瓶盖两种材料制作轮胎！

问题四：车倒了

可就在孩子们粘瓶盖时，问题又出现了。小朋友们用剪刀把底部剪开，将瓶盖黏上双面胶塞了进去，"老师你看，这样就藏起来了。"一旁的倪希羽说道："你这个车怎么感觉要倒了。"凌沐周蹲下身，"你看，这个轮胎太往里了，不一样高啊！"

孩子们在制作过程中很快就发现了问题，因为轮胎没有对称，高低不一，导致车子往一边倒。只见孩子拿了重粘、粘了又看、再重粘……"老师，你可以帮我们一下吗？"看到孩子向我寻求帮助，我并没有立刻动手帮助他们。

"那怎么样让轮胎一样高呢？"我问道。

只见他们将两个瓶盖紧紧地靠在了一起，"老师，这样就一样了！""但我们的轮胎不是靠在一起的，在有一定距离的时候我们可以用什么来帮助它呢？"

付泓远说道："可以用尺子啊！"他小心翼翼地将瓶盖分别放在了尺子的两端。

"那如何在粘贴的过程中依旧保持呢？"

"我们可以把它直接放在 SRT 上量不就行了，再用笔做个记号！"

怎么量才准确呢？

付泓远看了看手中的尺子，“我知道，是从这个 0 开始量的。”说完他便操作了起来，旁边的李承阳边看边提醒，“看好了！从 0 开始，别量错了。”有了方法，孩子们很快就将轮胎安装好，因双面胶的黏性不够，这一次孩子们请我用胶枪帮助他们。

就在孩子们即将感受到成功的喜悦时，问题又出现了。

问题五：如何将一节节车厢连接

孩子们选择了吸管和彩纸来制作车厢之间的连接处。

他们首次尝试用折扇子的方式将纸叠了起来，可是纸尺寸太大。

“怎么样能够剪出正好大小的连接口呢?”

只见李承阳小朋友拿着纸和车厢看了看，他将纸和 SRT 靠在了一起，量了车厢的宽度，再用剪刀将纸剪下，折好后用固体胶将两端固定就完成啦！“那吸管呢?”孩子们将吸管可拉伸部分剪了下来，用剪刀在盒子上钻了一个洞，根据给 SRT 制作衣服的经验，孩子们取来一些黏土，将一节节车厢连接了起来。

问题六：车厢脱节了……

正当大家准备拍手欢呼时，SRT 竟然脱节了！什么原因呢？几个孩子开始蹲下身反复研究……

李承阳说：“超轻黏土和吸管明明还粘在上面啊，哪里出问题了?”

“我知道了，里面没有粘起来，我们把里面也粘起来它就不会掉了。”原来，孩子们在粘贴的过程中，只粘住了外面，见状他们立即进行了“维修”。

终于，在同伴合作的力量下，我们的 SRT 完工啦！孩子们欢呼着……激动地让我为 SRT 模型拍照片。虽然它并不完美，但这是孩子们通过自己的双手和智慧创造出来的！

三、以探究为核心，有效引发深度学习

盐城 SRT 的运行不仅为交通提供了便利，也成为盐城的一道“风景线”。随着私家车越来越多，乘坐公共交通的机会也是越来越少，因“我的家乡”主题活动的开展，孩子们对 SRT 格外感兴趣，《幼儿园教育指导纲要（试行）》中指出教育活动的内容选择要贴近幼儿的生活，选择幼儿感兴趣的事物和问题，并有助于拓展幼儿的经验和视野。在 STEM 项目活动和挖掘本土资源的尝试中，幼儿通过做和了解、接近我们的城市，并及时捕捉幼儿制作 SRT 的兴趣点，在如何制作 SRT 模型时，提供大量的低结构材料（纸盒、吸管、瓶盖……），让幼儿的探索更有“方向”。在《3～6 岁儿童学习与发展指南》教育建议中提出“支持鼓励幼儿在探究的过程中积极动手动脑寻找答案或解决问题”，探究中充分尊重幼儿，以开放式的提问引导幼儿。因此，幼儿在活动中的主体性和自主性得以展现。从想法的萌生，到最后作品呈现，他们自主选材、自主操作、合作探究，如在面对轮胎到底放在哪儿、怎么放，孩子们利用尺子作为工具，观察、讨论、操作、再讨论、再操作……并且在活动中始终保持着积极的态度和认真的专注力！

附：此文章为盐城市教育科学“十四五”规划课题（立项号：2023－L－192）《指向幼儿工程思维启蒙的 STEM 项目活动的开发与实践》的阶段性研究成果。

STEM理念下幼儿空间表征能力的实践探究——以大班建构游戏“城堡”为例

（王芝颖　江苏省盐城市人民政府机关幼儿园）

摘　要： STEM教育以培养创新型人才为目标，它注重引导幼儿运用跨学科的整合思维，以工程为核心的设计和制造活动解决生活中真实有意义的问题。STEM教育理念指向的空间表征能力，更注重实践、动手、过程。大班年龄段的幼儿抽象思维开始萌芽，正处于空间表征能力发展的关键期，在STEM理念下，开展建构游戏能够有效提升幼儿的空间表征能力。文章基于理论与实践，以建构游戏“城堡”为例，对提高幼儿空间表征能力的问题进行探索。

关键词： 建构游戏；空间表征能力；幼儿培养

幼儿园组织开展的建构活动中涉及的内容丰富、流程多样，类型也极其多元，这就能够成为幼儿空间表征能力培养的良好空间和机会。幼儿的建构体验是一个由感知—想象—（形成）概念—（呈现）搭建不断循环的过程。在这个过程中，幼儿通过对建构想法与结果的观察和探究获取相关的信息，是为信息的输入。在此基础上，对输入的信息进行加工处理再通过各种方式呈现出来，是为信息的输出。让幼儿在和他人交流的过程中有更多的选择方法，助力幼儿的空间表征能力提高，促进幼儿成长。

案例： A小朋友直接拿来两根粗圆柱体和一块长方体木块，边组合边说“我搭城堡”。他先将两根粗圆柱体分开一段距离竖着放在地上，将长方体木块横着架在两根粗圆柱体上，然后他将横着放的长方体拿下来，将两根粗圆柱体靠近了一点，再将长方体木块横着放上去。随后他又在两根粗圆柱体两侧（左边粗圆柱体的左边，右边粗圆柱体的右边）分别竖着放了一根一模一样的细一点的圆柱体，在横着的木板中间也竖着放了一根细圆柱体。接着A随手从箱子里拿来四块大长方体木块和四块小长方体木块，分别放在细圆柱体两边，一边的大长方体木块上面加了两块厚的小长方体木块，一边的大长方体木块上面加了一块厚的和一块薄的小长方体木块，放好后A左边看看、右边看看，又从箱子里拿来一块厚的小长方体将薄的小长方体换掉，然后继续拼搭，他看着自己建好的城堡露出了满意的笑容。

空间表征能力是指人们通过观察在大脑中形成物体的位置、关系和结构，并做出相应的判断和推理的能力。《〈3～6岁儿童学习与发展指南〉解读》提出，空间表征能力是幼儿认识和了解周围世界的一项重要技能，也是学习几何的重要基础，是科学领域培养的核心素养之一。就A小朋友的行为表现来看：其在建构城堡的过程中通过调整圆柱之间距离，保证长方体积木顺利搭上去，此处体现了幼儿有较强的空间感知能力。A在两根粗圆柱体外侧摆放一模一样的细圆柱体，形成左右对称的搭建造型，在建构过程中都是选择偶数个相同积木，进行左右对称着搭建的，这个过程体现了A有较强的感知对称能力。在垒高过程中，大块积木在下、小块积木在上，通过观察发现圆柱体两边积木高度不一样，及时进行调整，能看出 A 对大小、重心、守恒的感知水平较高。从城堡的建构造型可以看出 A 善于观察生活中建筑物的基本特征，并能运用已有经验和材料对物体进行再现和创作，搭建中运用到了垒高、架空、对称、塔式等方法，可见其具备了较强的搭建技能和空间表征能力。

想要培养幼儿空间表征能力，那便既要重视跨学科的整合，也要实践、过程，充分体现数学与其他学科之间的联系，体现数学与实际生活之间的联系，在学习的同时，培养幼儿运用数学思维解决实际生活问题的意识和能力，这与近年来国家教育改革中提倡发展的 STEM 教育的理念是不谋而合的。

一、丰富项目情境，架构表征需求

“情境性”是指在具体的情境中融入多学科的知识经验，通过动手实践找到解决问题的方法。依据认知游戏的观点：“幼儿借助积木素材与替代物的用途功能，建构出积木表征物，该创作成品反映出幼儿的独创与不断精进的构想。积木所组成的戏剧游戏场景，则提供幼儿一个发挥想象并联结生活经验的创造表征媒介。”教师在观察幼儿一日生活的过程中应当注重了解幼儿现阶段最感兴趣的话题与对象，然后将这些对象和话题融入到游戏主题中。

在搭建城堡的活动中，城堡的雏形已经建构完成，但是对城堡的细节部分表征还比较粗浅。我们通过投放绘本《最大最大的城堡》，带领孩子们持续讨论有关“城堡”的话题，孩子们又创生出更多城堡中的角色，发现单层的城堡并不足够，于是三层、四层甚至七层、八层的搭建计划形成了，也对城堡内部细节进一步划分，让空间表征的需求大大提升。教师通过提供新信息的方式，帮助幼儿通过观察与讨论画面所呈现的表征形式，增加对城堡细节构造的学习经验，从而引发幼儿在自己的世界中再现并反映，让积木建筑物的表征结构更为精致与贴近现实。

二、引入项目表征，明晰空间概念

随着建构游戏的深入，“楼梯”成了搭建“城堡”中极为重要的一环，第一次建构楼梯时，幼儿将四块单倍积木横向叠放，拉伸出层层阶梯。此时，幼儿的创作是以积木为媒介，只是将记忆中的“楼梯”用积木成品的特征来表征。为了让幼儿对楼梯成品的特征更加完整了解，我们带领幼儿观察幼儿园的楼梯和楼梯照片，从外观和特性上引导幼儿观察、比较、想象和分析，充分调动幼儿多种感官参与活动。交流时，幼儿描述出楼梯的特征“像锯子”，“像锯子”也就表明幼儿已经开始使用符号来表征楼梯的特征。我们又在网络平台上寻找大量有关楼梯的照片、设计图等信息，鼓励幼儿将自己的设想用图画的方式表征出来。在接下来的搭建中，孩子们用四倍块积木作为阶梯的平台，以单倍块积木块和双倍块积木块作为楼梯的梯段，建构出新的楼梯，更有甚者，部分幼儿设计出旋转楼梯，并在建构区内尝试搭建。就表征游戏的观点而言：“幼儿以积木为表达媒介，将内在的概念或想法转化为外显的表征物，在转化图像表征的历程中幼儿必须结构化地处理有关平衡、适合度、比例和排列顺序等积木组合问题。”在结构游戏中，教师通过引入 STEM 工程教育，引导幼儿设计建筑模型、建构方案，将有助于幼儿观察建构作品之间的空间关系，辨别基本的空间方位。同时，通过绘制设计图、建构步骤、设计方案等支架，幼儿得以产生将图像表征转换为立体建筑物表征的活动，进而提高幼儿对空间关系的认知水平，也使幼儿开始对于外界的知识由笼统的认知转变为特殊与细节化的认知。

三、推进项目延伸，提升综合素养

建构游戏作为相对独立的区域游戏，与教学活动和游戏是不可分割的。在 STEM 理念的指导下，教师引导开展游戏活动时，可以多形式开发幼儿知识迁移和学科融合的能力。

（一）生成探索性课程

在开发园本课程时，不妨将建构游戏融入到五大领域中，例如城堡的搭建可与数学教育活动领域的高矮大小长短等结合；在学习了解小学生活时，可以搭建小学来表达自己对小学的了解。展开健康领域教学活动时，在搭建好的“体育场”教师可以带领幼儿学习健康操；进行艺术领域教学时，将歌曲融入建构区，如教学歌曲《我爱北京天安门》时，带领幼儿学习搭建北京天安门等。教师充分利用主题场景与各科教学活动相融合，相辅相成，形成丰富多彩的园本课程。

（二）游戏间互动融通

游戏间存在一定的情境互通，例如建构游戏“爱心医院”，为幼儿展开角色游戏提供了友善的游戏氛围，幼儿搭建爱心医院后设置急诊室、问诊室、住院部、手术室等游戏情境，当发展角色游戏的情节时，建构游戏的主题内容即为幼儿的注意点，两者转换时，两种不同类型的游戏之间相互影响、相辅相成。

（三）鼓励家园合作

在开展建构游戏的过程中，制作时不妨鼓励家长与幼儿一同发动想象力，这不仅有利于幼儿积极开展建构游戏，更有益于培养幼儿的思维能力和动手操作的能力。假设我们投放材料如薯片空罐、饼干盒子，请家长利用这两种材料展开亲子活动，家长和幼儿将这两种材料当成建构自己的家园的工具，制作出风格各异、丰富多彩的房屋小家。不仅在建构游戏中充分且有效地利用了我们平时认为是废品的材料，充分地提高了幼儿的思维发展能力，还有利于增进家长与孩子间的沟通交流与感情。

四、结语

幼儿建构区游戏的开展对于幼儿的思维、动作以及创新能力的发展具有深刻的意义。在 STEM 理念下，孩子们与积木的“对话”，有了不同的构思之声。我们作为孩子们的引导者、支持者与合作者，更应学会蹲下身子、关注儿童；不断思考、看懂儿童；持续调整、支持儿童……做一个有智慧的教师，与孩子在建构世界里共享童真、共绘精彩！

如何在体育游戏中培养小班幼儿的勇敢品质

（高名华　北京市丰台区芳群园第二幼儿园）

摘　要： 围绕如何在体育游戏中开展对幼儿勇敢品质的培养，我们结合体育游戏活动开展了一系列的尝试和指导。得到结论如下：要循序渐进地开展体育游戏活动，选择适合的游戏内容；循序渐进，逐渐提高活动难度和尊重幼儿个体差异，在活动中给予不同层次的指导。设置有趣的游戏情境，激发幼儿参与的兴趣。巧妙利用场地和材料，有效地进行游戏。

关键词： 体育游戏；勇敢；运动品质

《幼儿园教育指导纲要（试行）》提出：“在体育活动中，要培养幼儿坚强、勇敢、不怕困难的意志品质和主观、乐观、合作的态度。”幼儿的运动品质首先是孩子的兴趣与勇于尝试。随着我园阳光体育活动的不断研究探索深入，我园的体育游戏逐渐将动作重点的探究，深入到幼儿运动品质的培养上，本次“十四五”课题研究也把重点放在幼儿在体育游戏中勇敢品质的培养上。围绕如何在体育游戏中开展对幼儿勇敢品质的培养，我们结合体育游戏活动开展了一系列的尝试和指导。在一系列活动开展后，得到结论如下。

一、循序渐进进行活动开展

（一）选择适合的游戏内容

攀爬区、平衡类游戏、走轮胎、跳过一定宽度的距离和从一定高度向下跳，对小班幼儿来说是勇敢品质提高的最佳途径。在我班的户外体育运动中以推轮胎、走荡桥和平衡为主要内容，攀爬区主要以爬绳网为主要内容，在幼儿掌握基本动作的基础上开展走轮胎和跳过一段距离的活动。

（二）循序渐进，逐渐提高活动难度

幼儿在初次尝试中往往因为有难度，有些孩子因为没有成功或者遇到困难而退缩。因此，在体育游戏活动中我们尝试根据幼儿的年龄与个体差异设计比较灵活的游戏，引导幼儿通过在教师引导和保护下运动、尝试，来激发幼儿勇敢地运动，培养幼儿在运动中的勇敢。

比如，在平衡木活动中，即对幼儿的平衡能力进行了练习，也对从高处跳进行了挑战，对幼儿的勇敢品质培养具有非常重要的作用。活动一开始不能直接上 20 厘米高的平衡木，先从地面走直线开始，培养幼儿的平衡感，然后在宽 20 厘米的木板上行走，家园配合，利用来园合理远的路上，带着幼儿走马路牙子，渐渐提高走平衡的高度，慢慢让幼儿适应。等幼儿都能勇敢地进行固定的平衡木活动之后，再开展“荡桥”的活动。

其他活动也是如此，在幼儿具有双脚跳的基础上开展跳过一定宽度的游戏和从一定高度

向下跳的游戏。在开展走轮胎活动时，先用最大的轮胎进行活动，然后再用小一些的轮胎。这样幼儿先从简单的活动中获得成功的体验，才能在不断提高难度的活动中逐渐增长自信心，培养勇敢的品质。

（三）尊重幼儿个体差异，在活动中给予不同层次的指导

在活动中对幼儿的辅助方法和指导，不能进行“一刀切”的方法，必须根据幼儿的实际表现给予不同层次的帮助。

以平衡木活动为例，对能独立进行的幼儿，给予手臂虚扶，预防掉落和语言的鼓励及肯定；对不太自信的幼儿给予心理暗示结合轻提领子的方法进行帮助；对于不敢上平衡木的幼儿进行全程辅助加语言鼓励的方法；让幼儿进行多次尝试，慢慢培养幼儿勇敢的游戏品质。

二、设置有趣的游戏情境，激发幼儿参与的兴趣

为了满足幼儿运动的需要，我们也结合孩子的年龄特点、个体差异以及活动兴趣，增加了一些游戏情境的设计。幼儿在有趣味性的情境游戏中也更乐意尝试各种攀爬、平衡游戏和新的游戏挑战。

例如，体育游戏活动“蜘蛛侠”“小羊过桥”“躲避鳄鱼”“小兔子拔萝卜”等内容，在设计活动内容的同时也增加了运动的趣味性和情境性。将运动动作的学习和练习融入到趣味情境游戏中，通过情境游戏内容和动物头饰、材料的配合使用，不但满足了幼儿需要，同时也能通过活动大大提高幼儿参与的兴趣和大胆尝试的意愿。通过活动兴趣的激发，他们在运动中也逐渐变得勇敢和勇于尝试新的更高的挑战。

三、巧妙利用场地和材料，有效地进行游戏

在户外体育游戏活动中，材料和场地的配合也很重要，也有利于对幼儿勇敢品质的培养和锻炼。活动环境的创设与活动器械的投放、辅助材料的使用是体育游戏活动中最为基础的一节，也是至关重要的一节。我们根据体育游戏活动内容，结合现有的运动场地、材料进行适合的内容选择、开展和环境创设，有选择、针对性地进行辅助材料的使用。

（一）巧妙利用场地，开展不同类型游戏

幼儿园现有场地有草地和塑胶场地，还有大型玩具场地，整体活动形状也比较狭长。因此在设计活动时，首先考虑结合场地和不同的大型器械位置，全面分析现有材料和场地，再进行不同游戏活动场景的设计。

草地，柔软厚实，适合开展平衡类的游戏，也适合进行高 20 厘米的蹦床类游戏，这样幼儿在平衡木上和蹦床上游戏时有效地提高了安全感，增长幼儿的自信心，能在活动中更加大胆地进行游戏活动和尝试。

中间的场地比较大而且是塑胶地，平坦、地面有弹性，没有障碍，比较适宜开展推轮胎类和有关跳的游戏，可以结合大小、宽窄、薄厚不同的软垫，进行跳过一定宽度的游戏活动和从一定高度向下跳的活动，在活动中幼儿能顺利地完成动作和挑战，逐渐培养幼儿勇于挑

战和勇敢的品质。

大型玩具的多种造型结合的独特特点，我们也可以结合它的构造，结合平行、上下攀爬、悬空走、从高处滑下等动作，设计“送小动物回家”“夺红旗”“寻找宝藏”等游戏，对于不同难度的挑战，需要一定的勇气和勇于挑战的精神，幼儿可以根据自己的接受能力选择不同难度的挑战，这样既满足了幼儿的不同需求，在完成游戏后体验了成功感，也激发了幼儿参与兴趣和挑战更高难度的欲望，逐步培养幼儿的勇敢品质。

绳网，是粗大的绳子结绳而成，下面悬空 20～25 厘米，中间渔网状，绳网宽 1.2 米，长 1.5 米，幼儿在上面爬时，不好找到着力点，必须用双手抓住绳结，用双脚蹬着绳结向前爬，下面的草地上投放扭扭鳄鱼或鳄鱼玩具，结合情境性，创造紧张的游戏气氛，鼓励幼儿勇敢地去挑战，在游戏中体验挑战成功的快乐。

荡桥，每块木板两端用铁链连接，上方固定在木质的扶手上，下面悬空 20～25 厘米，会随着幼儿的动作而荡来荡去增加难度，因此，我们将荡桥和绳网结合在一起设计了“躲避鳄鱼”的运动游戏。

（二）辅助材料的使用促进游戏的开展

体育游戏活动的目的是幼儿能自主地运动，并且通过运动得到更好的发展，幼儿在体育游戏活动中，材料的投放是取决于幼儿能否得到充分运动的关键因素，所以我们在材料投放的适宜性研究过程中，在运动材料和辅助材料的选择和使用上力求做到：安全性放在第一位，然后是要多层次性、多选择性、材料种类多样性，即在活动中对运动材料的运用丰富多采，既符合幼儿当前水平发展，又要给幼儿一定难度，幼儿在游戏中能根据自己的运动能力选择不同难度的游戏，从而获得一定的发展，以达到既让幼儿从活动实践探索中获得成功，能体验成功的快乐，又具有一定的挑战性，使幼儿得到更大的进步，增强幼儿的自信心，从而达到培养幼儿勇于挑战和尝试的品质。

我们在体育游戏活动中为了让游戏开展得更顺利，根据运动内容和要求设置路线标记，幼儿在自由选择过程中，能根据路线标记了解游戏的玩法，做到一目了然。

我们在体育游戏活动中还要多多运用运动器械类，适合的运动器械可以引发幼儿进行活动的愿望，并产生积极参与的活动行为，运动器械激发幼儿活动的方法越多，幼儿在活动中表现出来的主动性和积极性越高，得到的锻炼也就越全面。

最后为了确保运动环境的适宜性、有效性，我们还创设相应的辅助材料作为环境创设，如自制材料树林、山、城堡、怪兽的家等情境融合于运动体育游戏活动中，结合一些运动器械，组建成具有挑战性和趣味性、情境性的游戏内容，既增加运动趣味性，又萌发幼儿挑战性，激发幼儿大胆运动的能力和兴趣。

不同年龄阶段的幼儿和同年龄阶段幼儿有不同的认知水平，所具有的经验和发展水平都是有差异的，因此我们在活动汇总提供的材料要尊重个体差异，能满足不同层次、能力及水平幼儿的需求，符合每个年龄阶段幼儿的心理特点。

对于勇敢品质的培养，我们只是初步进行尝试，还在刚刚起步的阶段，以后还需要不断地随着课题和研究的开展，进行不断探索和改进，随着我们活动的不断研究、开展和完善，相信通过我们开展的体育游戏，小班幼儿的自信心能得到很大的提高，勇敢的品质也能得到有效的培养，从而得到更全面的成长和发展。

参考文献

中华人民共和国教育部．3～6岁儿童学习与发展指南［S］．北京：首都师范大学出版社，2012.

泥趣十足

（张春香　北京市丰台区芳群第二幼儿园）

摘　要：幼儿园的美术活动从种类上来说大致可以分为绘画、手工和美术欣赏，幼儿泥工活动只是幼儿美术教学中的一个分支，小小的一块泥是班级幼儿特别喜欢并乐此不疲的材料，所具有的魔力已足以让幼儿为之着迷。《3～6岁儿童学习与发展指南》中强调的是“以幼儿发展为本”，玩泥即以泥土材料为主要表现的艺术作品，玩泥活动抓住了幼儿好奇的心理，根据幼儿心理发展规律，玩泥活动不但能促进大脑思维，在此过程中，激发幼儿的观察力、提升幼儿的创造能力、想象力、手眼协调和精细动作的发展，幼儿在玩泥中体验快乐。

关键词：泥工；兴趣；创新；快乐

《3～6岁儿童学习与发展指南》提出，幼儿艺术领域的学习关键在于充分创造条件和机会，在大自然和社会文化生活中萌发幼儿对美的感受和体验，丰富其想象力和创造力，引导幼儿学会用心灵去感受和发现美，用自己的方式去表现和创造美。

幼儿园泥工活动是幼儿美术教学中的一个分支。超轻黏土因其具有颜色鲜艳、柔软的质地、可塑性强，所以深受幼儿的喜爱，一块小小的泥他们会很高兴地反复捏弄着玩，变化无穷，泥在他们手中不断地变化出各种造型，长时间对泥乐此不疲，所具有的魔力已足以让幼儿为之着迷。通过团、搓、捏、压组合就能塑造出不同的形状物体，一块小小的泥能丰富幼儿的生活，增添幼儿的生活情趣，锻炼他们手、眼、脑的协调能力、在活动中小肌肉的力量和手、眼协调性得到了锻炼。激发幼儿学习兴趣，在幼儿玩超轻黏土的活动中，教师注重观察每名幼儿在活动中的表现，采取因材施教的方法，让每个幼儿都能感受到玩泥活动的快乐，体验成功的喜悦，使幼儿在自主自愿的玩泥游戏中，拓展思维，促进多种能力的发展。

一、创设良好环境，让幼儿快乐玩泥

《幼儿园工作规程》明确指出，要创设与教育相适应的良好环境，为幼儿提供活动和表现能力的机会与条件，促进每个幼儿在原有的水平上得到不同的发展。

在班级环境布置中让幼儿感受，熏陶泥塑艺术，让幼儿在耳濡目染中体验成功的快乐。我们在班级的特色墙上设置了彩泥艺术，又在班级中创设了泥工区。主题环境布置中也融入了浓浓的泥塑特色。幼儿在宽松愉快的环境中，不知不觉地喜欢上了泥塑，让幼儿慢慢地学会用泥塑表达生活。

先给幼儿欣赏哥哥、姐姐的泥工作品及视频，让幼儿了解怎样让一块泥变成一件件美丽的作品，让班级摆放收集了一些泥塑作品，引导幼儿欣赏、引发幼儿对泥工活动的兴趣。

二、看看、摸摸、玩玩，激发幼儿对泥工的兴趣

“兴趣是最好的老师”，兴趣也是幼儿积极参与泥工活动的前提。在开展泥工活动前让幼儿对泥产生兴趣。我请幼儿看老师“会变魔术的小宝贝”——一团小小的超轻黏土在我的手中变成了一个“棒棒糖”“红红的草莓”“一只毛毛虫”“一个大萝卜”，“真好玩!”孩子们这样赞叹，兴趣由此产生了。我适时引导：“这件宝贝叫作超轻黏土，摸摸看，什么感觉?”孩子们由此了解了超轻黏土的特性。“超轻黏土宝宝想跟你做朋友，你愿意吗?”看着孩子们兴奋的眼神，我知道，走进玩泥活动的第一步成功了。让孩子尽情地玩泥，不要对其加以任何限制和示范。柔软的质地团一团、压一压、搓一搓，不断变化，更能引起幼儿的玩泥兴趣，尤其是对于刚入园的幼儿来说，玩泥，是一种很好的寄托情绪的方式，在通过老师的简单的加工后，更能激发幼儿的兴趣。

（一）学习《指南》精神，教师应投放丰富的材料和道具，让幼儿有充分的自由表现的机会

材料提供的多样化引发幼儿玩超轻黏土的最初的兴趣。材料是构思、设计得以物化的基础，开学初为幼儿提供了大量的形象可爱的小动物的小模具，教他们如何使用模具，孩子把超轻黏土按在小动物的模具里压平，再扣出来。几次活动之后，孩子们基本能掌握用泥量的多少，一个可爱的小动物立刻出现在他们面前，看着张张小脸兴趣盎然的样子，我赶紧赞叹：“你们真能干！很棒哦!”第一次的成功，大大提高了孩子对泥工的兴趣，幼儿体验到了最初玩泥所带来的快乐，使用模具做出了更丰富的泥塑作品。提高能力的同时，自信心也增强了，对泥塑的热情更高了。

（二）游戏儿歌边做边说，在玩中完成泥工基本技能练习

《3～6岁儿童学习与发展指南》（以下简称《指南》）告诉我们，幼儿正处在动作发展期，他们的手指精细动作相对较弱，但超轻黏土活动恰恰是对孩子的精细动作有要求的。在孩子团圆时，很多孩子掌握不了要领，老师把团圆的方法用儿歌加以引导：超轻黏土真好看，放在手心双手转，两只小手真能干，变成一个大大（小小）的圆。在朗朗上口的儿歌中，孩子们边说边做，逐渐掌握了团圆的基本技巧。慢慢地，孩子们也能团出光滑的圆球了。在练习团圆的活动中，仅仅是单纯的“团”，已大大提不起孩子们的兴致。那么，在团成圆球的基础上，教师把吸管请进来，圆球会变成孩子们百吃不厌的棒棒糖、糖葫芦、毛毛虫、小花。这样一来，在兴趣的驱使下，孩子们玩泥的兴趣就更大了。

（三）多渠道、多形式，激发幼儿参与泥塑活动的兴趣

依据小班幼儿的年龄特点和本班幼儿塑造水平，教师应更多地为其提供充分的活动材料和玩耍的机会，抓住幼儿感兴趣的事，激发幼儿参与泥塑活动的兴趣。

（四）创设游戏化的情境，能让幼儿体验无穷的乐趣

在每一次组织超轻黏土教学活动中，都能创设游戏化的情境，让幼儿在游戏中操作，来激发孩子参与活动的兴趣。例如，大家一起做甜甜圈，给巧虎过生日；做小小点心师，或者播放优美的音乐，融入与作品内容相关的故事。还可以学说能够帮助记忆塑造方法的儿歌等，使幼儿在轻松愉快的氛围中学习泥工技能。在这种念念儿歌的寓教于乐的活动中，不断

提高和巩固了幼儿泥工的技能。在幼儿已有知识、经验和泥塑技能的基础上，引导幼儿进行组合、添加、变异、形成新经验和新造型。如水滴形的系列活动，在幼儿已掌握搓水滴形的技能后，就可以将水滴形进行简单的变异；变身为不同动态的、立体的动物形象；还可以添加多种辅助材料。这样幼儿巩固和内化了已有经验，组合又形成了新的经验。在泥工活动过程中，总是伴随着幼儿的种种情绪体验，积极的情绪是形成儿童强烈创造需要的基础。因此，在指导幼儿活动时，我总是多给予肯定和鼓励。使孩子们以饱满的热情和精力投入到创作中。

（五）提供一些辅助材料，支持满足幼儿的需要

学习《指南》精神，教师应投放丰富的材料和道具，让幼儿有充分的自由表现的机会。在泥工区教师提供了所有幼儿需要的基本辅助工具，如剪刀、竹扦等。单纯使用彩泥进行制作显得单薄，各种辅助材料可以帮助幼儿表现作品形象，使其更加丰富。

（六）在泥塑活动中，积极地运用各种辅助材料，支持幼儿的创作表现

例如，在“小蜗牛”活动中，我给孩子们出示了许多辅助材料，引导孩子们看一看、说一说你觉得奶酪盒、塑料盖、小贝壳、核桃壳可以做小蜗牛身体的什么部分，出示了毛根、小木棍、棉棒等棒状物，豆子、黑枸杞、各种颜色大小的豆子等。孩子们很快地投入到泥工活动中，不一会儿呈现出一只只可爱小蜗牛。作品的色彩效果很是丰富。在制作“奇怪的花”时，在幼儿制作的过程中幼儿巧妙地利用辅助材料开心果壳、亮片、棉签、毛根、谷物等进行花心和花瓣的巧妙使用，不但能激发孩子的创造力，在操作过程中便会不断积累经验，产生探究的兴趣。

三、重视个体差异，正面评价幼儿作品

随着新《指南》的实施，活动的评价方法也应当改革，重在鼓励幼儿积极创造。在评价幼儿作品时，不用“像不像”“对不对”来评价幼儿的艺术表现与创作，而要强调评价的发展功能和内在的激励体制，要让幼儿人人积极参与艺术活动，个个在自己原有的基础上获得不同程度的发展。

为让幼儿有一个自我提高的平台，班内开设泥工区，这个区域除相关环境的衬托外，教师还提供多种辅助材料供孩子自由选择。在这里，孩子们可以凭自己的意愿把自己的想法用作品展示出来，讲给伙伴听，提高了幼儿交往能力和语言表达能力。

总之，班级在开展泥塑活动以来，我们欣喜地发现，幼儿的双手变灵巧了，思维更活跃了。幼儿将心中美好的事物通过泥塑的制作，以各种形式表现出来，让思维产生兴趣，对于生活中的美，幼儿的关注逐步从无意到有意，对美的探究更主动。如果说，童年是一幅画，幼儿的泥塑特色就是画中色彩墨线勾勒的最美风景。

参考文献

［1］教育部基础教育司.《幼儿园教育指导纲要（试行）》解读［M］. 南京：江苏凤凰教育出版社，2022.

［2］中华人民共和国教育部. 3～6 岁儿童学习与发展指南［S］. 北京：首都师范大学出版社，2012.

浅谈如何培养小班幼儿的注意力

（王麟　北京市丰台区芳群第二幼儿园）

摘　要： 3～4岁幼儿的注意力是贯穿着教育过程的教学，并受到幼儿心理发展水平与特征的深刻影响。它是在幼儿的行动中产生的。俄国教育家乌申斯基说过："注意是心灵的天窗。"针对小班幼儿注意力的特征，教师要采取多种方式培养幼儿的注意力，在指导的基础上引导幼儿注意力的发展。

关键词： 小班幼儿；注意力；培养方法

一、注意力的含义及作用

（一）注意力的含义

注意是人脑信息加工的第一步，人脑就是通过注意将外界的刺激转变为内部表征的过程。因此，注意力是个体对外界对象的指向与集中，也就是一种伴随各种认知过程的心理状态，比如注意看、注意听、注意想、注意闻等，不管做什么，都存在"注意"的状态，而且要想完成一件事情，就必须"注意"才行。

（二）注意力对幼儿发展的重要作用

注意是一种意象活动，如果我们没有注意各种客观事物，我们的观察、思考等认识活动也就不能正常进行了。是注意打开了幼儿学习知识进行思考的大门，使我们有选择地看、听、想、记，做好我们该做的和要做的事情；它就像人的第三只眼睛，监视着我们的一举一动，使我们的精力能始终保持在这个要学习的东西身上。对于幼儿来说，由于知识和经验的缺乏，学习是建构外来信息。注意使幼儿从环境中提取更多的信息，也使幼儿能够发觉环境的变化，从而能够调整自己的动作，并应付外来刺激，把精力集中于新的情况，以便建构知识，经验。

二、小班幼儿注意力的特点

小班幼儿主要是无意注意占主导优势，有意注意只初步形成。他们逐渐能够根据要求主动地调节自己的心理活动，集中指向应该注意的事物，但有意注意的稳定性很低，心理活动不能有意地持久集中于某个对象，容易受外界影响。在较好的条件下，一般也只集中注意3～5分钟。在这一阶段幼儿，其无意注意有两个主要特点：一是刺激物的物理特性仍然是引起无意注意的主要因素，强烈的声音、鲜明的颜色、生动的形象、突然出现的刺激物或事物发生的显著的变化，都容易引起幼儿的无意注意。二是与幼儿兴趣和需要有密切关系的刺激物，逐渐成为引起幼儿无意注意的原因。

三、影响小班幼儿注意力的因素

在幼儿教育过程中，幼儿注意力不集中经常表现如下：一是幼儿注意缺乏目的性和指令性，幼儿在这个年龄段做事的随意性较大。如果做事没有讲清要求，幼儿做事的随意性就更大。所以，在幼儿做事情前先讲清要求，这对幼儿的注意力能起到良好的促进作用。行为表现一：集体教育课上教师正在讲故事，小朋友们看着精彩的图片认真地听故事。浩浩拽着衣服上的带子在两只手指上绕来绕去，一会趴下摆弄自己的鞋子，上面好像有个小熊，抠个不停。配班教师悄悄地提醒他……可没想到当提问的时候，他却准确地回答了一个小问题。

原因分析：人的注意分为“有意注意和无意注意”两种，儿童的注意以“无意注意”为主，两岁时注意集中的时间长度为5分钟，随着年龄的增长注意力开始发展，有意注意的时间也在不断增加，逐渐发展到5岁时的10分钟左右。所以我们经常发现，成人说话时，孩子看似没听，但过一会儿，他就会重复成人说的话，这就是无意注意的结果。浩浩出现的问题主要就在听觉注意方面，他的眼睛在游离地玩耍着，耳朵却在倾听着故事。他注意发展过程中有意注意的发展稍比同龄孩子晚。

四、培养小班幼儿注意力的方法

（一）家长可以采用的方法

1. 以幼儿为中心

必须抓住“无意注意”的特点，要善于利用对象的变化来吸引幼儿学习，这时候的教育要以“幼儿为中心”，他对什么感兴趣，他在“注意”什么，他问什么，他想知道什么，就告诉幼儿什么，爸爸、妈妈是幼儿了解世界的“桥梁”，而不是“指挥官”“决定者”。

2. 给幼儿“注意”的时间

由于现在家长大部分都只有“一个孩子”，所以这唯一的孩子就成了爸爸妈妈、爷爷奶奶等众多成人的“焦点”，成了众人“注意”的对象，幼儿的一举一动都备受瞩目，幼儿“注意”什么，大人就会注意什么，而且会赶快提供什么。有意注意的品质要在实践中培养，当幼儿在发现问题、探索问题的时候，就是在发展有意注意，所以留给孩子“观察”与“思考”的空间，就等于在培养孩子的有意注意，毕竟有意注意是一个独立而主动的过程。

3. 创设良好的“注意”环境

在培养幼儿良好的注意习惯中，还要留意幼儿的游戏、生活环境的创设。如果你想让幼儿能较长时间地“注意”一个事物，那么在这个事物的旁边不要出现过多的其他事物。也就是说，让环境“单纯”一些，否则幼儿难免会“见异思迁”或者“喜新厌旧”。

4. 善用美妙的“好话”

儿童心理学家都说：“幼儿天生就是社会活动家。”他们对周围的社会环境有着高度的敏感性，他们有着敏锐的触角，能够非常准确地把握他人的评价、他人的“心理状态”，所以你千万别把小孩子当作“聋子”，随心所欲、毫无顾忌地说：我家宝宝就是注意力不集中、三心二意等，或者很不耐烦地斥责孩子：你注意力集中点，看——这是什么！其实这个时候小孩子老早“听懂”了，以后他会“潜在”地逃避做某样事情，谁让你说我不好呢？所以，越小的孩子，如果你期望他怎样，那么就不断地说他能怎样：宝宝，真棒，能想出这么多办法玩小汽车啊！宝宝，书里有很多的小动物，我们一起把它们找出来吧?！积极的体验是宝宝前进的动力！总之，教育的范围其实非常广，而且在无意注意中可以学到的内容往往比有意注意中更广泛、更丰富，甚至更持久。所以，千万不要强迫幼儿长时间的“听话”，教育并不局限在有意注意中，学东西的多少与时间的长短也没有必然的关系，教育的形式并不是简单地“你教—我学”，更不是“板凳”上的“灌输”，早期的教育必须符合幼儿早期的特点，才可能是优质的、恰当的！

（二）教师可以采用的方法

（1）充分利用孩子的好奇心。许多实例证明，强烈、好奇、富于运动变化的物体最能吸引孩子的注意。让孩子集中注意力去观察、摆弄。

（2）注重培养幼儿的兴趣。不管是谁，在做自己感兴趣的事情时，总会很投入、很专心，幼儿也是如此。幼儿的注意与兴趣有密切关系，直接兴趣是幼儿无意注意的源泉，幼儿的注意受兴趣所左右。他们对于感兴趣的活动和游戏，注意力不但容易集中，而且维持时间比较长。因此，我们应该把培养幼儿广泛的兴趣与培养注意力结合起来。

（3）在游戏中训练幼儿的专注力。实验结果表明，幼儿在游戏活动中，其注意力集中程度和稳定性较强。因此，我们可以让幼儿多开展游戏活动，在游戏中培养幼儿的注意力。

（4）丰富幼儿的知识和经验。幼儿的知识和经验不仅有助于兴趣的形成与发展，而且能促进注意的广度、稳定性、注意的分配等良好注意品质的发展。在日常生活中，我们应有意识地训练幼儿熟悉掌握一些动作和技能，这对幼儿适应环境，培养注意的分配能力十分有益。

（5）让幼儿明确活动目的，自觉集中注意力。幼儿对活动的目的意义理解得越深刻，完成任务的愿望就越强烈，在活动过程中，注意力就越集中，注意力维持的时间也就越长。在日常生活中，还可以训练幼儿带着目的去自觉地集中和转移注意力。

（6）运用注意规律，组织幼儿活动。幼儿注意力的培养必须遵循幼儿注意发展规律，合理组织活动，并配以各种有效的措施，才能取得好的效果。

五、结束语

幼儿注意力的形成虽然与先天的遗传有一定关系，但后天的环境与教育的影响更为重要。家长应当根据幼儿的身心发展规律与特点，为他创造良好的教育环境，从幼儿出生起就有意识地培养幼儿的注意力，帮助幼儿养成良好的注意品质与能力。对于幼儿的注意力要予以关注和回应，这是儿童健康成长的需要。如何培养幼儿的注意力，还需要我们在教学实践中不断探索、总结，形成理论、经验，再去指导实践，在实践中不断修改完善，使其日臻成熟。用我们的眼睛去发现它，提炼它的精华之处，与幼儿形成沟通的艺术，使幼儿更加茁壮成长。

参考文献

[1] 乌申斯基. 人是教育的对象［M］. 顾名远，译. 北京：九州出版社，2000.
[2] 付北辰. 什么是注意力［M］. 杭州：浙江教育出版社，2001.
[3] 利维·维果斯基. 儿童心理学［M］. 北京：人民教育出版社，1988.
[4] 张中义. 注意力的概念与含义［M］. 北京：人民教育出版社，1998.
[5] 苏霍姆林斯基. 给教师的100条建议［M］. 北京：人民教育出版社，1972.
[6] 徐浙宁. 注意力的因素［M］. 上海：上海市科学育儿基地，2003.
[7] 黄希庭 . 心理学［M］. 上海：上海教育出版社，2001.
[8] 丁祖荫 . 幼儿心理学［M］. 北京：人民教育出版社，2004.

新时期教师专业成长的实践与探究

——全国幼儿教师获奖论文汇编

（中册）

主　编　苏　津
副主编　柴　芳　李洋洋
胡普树　董丽琼
黄仁谷

中国商业出版社

图书在版编目（CIP）数据

新时期教师专业成长的实践与探究：全国幼儿教师获奖论文汇编. 中 / 苏津主编. —— 北京：中国商业出版社，2023.12

ISBN 978—7—5208—2855—0

Ⅰ. ①新… Ⅱ. ①苏… Ⅲ. ①学前教育—教学研究—文集 Ⅳ. ①G612—53

中国国家版本馆 CIP 数据核字（2023）第 247311 号

责任编辑：李 飞

（策划编辑：蔡 凯）

中国商业出版社出版发行

（www. zgsycb. com 100053 北京广安门内报国寺 1 号）

总编室：010—63180647 编辑室：010—83114579

发行部：010—83120835/8286

新华书店经销

北京九州迅驰传媒文化有限公司印刷

*

787 毫米×1092 毫米 16 开 65.5 印张 1200 千字

2023 年 12 月第 1 版 2023 年 12 月第 1 次印刷

定价（全三册）：198.00 元

* * * *

（如有印装质量问题可更换）

编委会

前　言

本书是由全国各地从事学前教育的工作者在进行学前儿童教育实践工作中的探究和反思。并在参与第十届全国幼儿教师优秀论文评选活动中获得优异的成绩，从而由活动主办方精选出部分优质的获奖作品集结成册。

本书充分体现一线幼儿园教师对学前儿童教育研究的新成果，在注重内容呈现基础上提供了丰富的案例，理论与实践紧密结合，对培养未来幼儿园教师的实践意识和实践能力，以及提升幼儿园教师的理论思辨能力和反思实践能力都奠定了一定基础，有利于促进幼儿园教师专业化发展。

目 录

生态体验式记录提升幼儿游戏自我评价能力的研究

（倪杉杉　浙江省杭州市萧山区瓜沥镇第二幼儿园）

摘　要：生态体验式记录是指幼儿在游戏过程中对看到的、想到的、做到的全过程进行记录，该记录是一种对体验过程的记录，是孩子原生态的记录，不加以成人的任何修饰。它通过形式多样的记录方法，让幼儿在生态体验中来记录并找到属于自己的“一百种语言”，从而促进幼儿在游戏后的评价中做评价环节的“主人”，弥补了目前游戏后的评价环节还存在着“过程高控”“形式无趣”“注重结果”等问题。让幼儿在评价环节中从“想说”“会说”到“敢说”“有机会说”，丰富了自我评价的内容和形式，使幼儿充分感受自我评价的魅力，激发自我评价兴趣，体验自我评价所带来的乐趣。

关键词：生态体验式记录；自我评价

一、研究背景

自主游戏是我们教师找到的满足幼儿自主需要的最佳途径，幼儿也在其中获得了最大的乐趣。殊不知，仅仅有材料的提供和环境的支持远不能达到推动幼儿发展的目标，幼儿在自主游戏中的发展尤其离不开有效的评价。大班幼儿自我意识逐渐增强，自我评价能力已经初步具备。在以往的自主游戏活动后，他都会用语言来发表对他人表现和针对各类作品的观点和看法，但这种评价还存在很多的问题。

1. 评价被动：这是最明显的，以前每到评价活动时，都只听见教师说某某小朋友哪方面表现好可以贴红花，某某小朋友又怎么样。幼儿都是听和看，没有评价的权利和机会，整个评价环节基本上是以老师为主体，幼儿的主体性得不到重视。

2. 评价不全：幼儿年龄还小，无法记住游戏的全过程，因此一旦游戏结束让幼儿来评价，幼儿会受短时记忆影响，只评价结束前一时刻的内容，无法对全过程进行评价。

3. 评价笼统：评价时，总是以“好玩”，“不好玩”等词语进行概括，而不能进行具体性评价。幼儿的评价范围狭窄，对自身、他人的评定不公正，容易引起幼儿自满或自卑。

基于以上问题，我园改变目前对幼儿的传统评价方式，注重以幼儿为主的自我评价，注重调动幼儿的类生态开展自我评价，充分发挥幼儿的自评作用，突出幼儿在整个评价过程中的主体地位。实践中，我们找到了一种能促发幼儿自我评价的手段即生态体验式记录。生态体验式记录是指幼儿在游戏过程中对看到的、想到的、做到的全过程进行记录。这种记录更能促发幼儿想自我评价，会自我评价，敢自我评价，有机会自我评价，凸显教育的开放性、互动性和内生性，使幼儿真正成为评价的主人。

二、实践操作

（一）生态体验式记录的内容

生态体验式记录的形式可以是多元的，符号、绘画等表征方式都可以。可以记录的内容也是丰富的，操作结果、操作过程以及观察内容等都可以进行记录。在记录时，教师应尊重并鼓励幼儿，激发幼儿记录的兴趣，积累幼儿的游戏经验，从而提升幼儿通过生态体验式记录后进行自我评价。

1. 记录操作结果

幼儿在游戏中，与材料互动后，对游戏的结果作出相应的记录。通过生态体验式记录，幼儿根据记录单中的操作结果进行自我评价，而教师则可以通过幼儿的生态体验式记录来看出游戏设置的合理性及幼儿的参与度与喜爱程度。如“我是装笔高手”游戏中，幼儿通过亲自装笔后，记录自己在游戏中成功装笔的支数，在游戏后便能依据记录单对自己在本次游戏中的情况进行自我评价。

2. 记录操作过程

幼儿在生态体验活动中，通过实验、观察、探索，把自己的所做、所见，用不同的形式真实地记下来。通过生态体验记录来表现自己的游戏过程，可使幼儿对游戏过程印象更加深刻，在游戏的评价中能更仔细、具体地进行回顾。如在社会游戏“好吃的饭店”中，幼儿运用生态体验式记录在点菜的过程中每次分别用了多少金额。这样一来，游戏过程一目了然。

3. 记录观察内容

幼儿在游戏中的观察内容可以通过生态体验式记录来进行很好的表现。其思维发展处于具体形象阶段，因此他会用自己所能看懂的图文及形式来进行记录。幼儿在记录时，就是生态体验过程中的一种表达。而教师在观察过程中，可根据实际情况给予指导。如在班上养蚯蚓的过程中，幼儿喜欢用放大镜观察蚯蚓的生活环境，以及蚯蚓对不同液体的反应等，通过生态体验式记录，幼儿对蚯蚓的认识从书面到真实，是一种自身经验的积累。

（二）生态体验式记录的方法

1. 量表式记录

量表式记录是指通过表格的形式来记录幼儿在游戏中的各个环节。幼儿通过生态体验来记录在不同游戏中的活动情况。如在迷宫大闯关游戏中，每挑战成功一关后，在相应的难度栏里画上一面小旗，而全面挑战成功后，则会贴满旗，代表闯关成功。又如在“清洗瓜果蔬菜”活动区中，幼儿根据记录单，用不同的形式表示自己在游戏中的过程。有的用箭头朝上或者朝下来表示沉浮，也有的用文字“上”和“下”来表示自己的操作结果。

2. 任务式记录

任务式记录既可以记录游戏的结果，也可以记录游戏的过程以及游戏中所观察到的内容。在游戏过程中，幼儿自主设计任务单，根据游戏的进度在已完成的任务栏中作上记号。如在“春光旅行社”这个区角游戏时，孩子们事先自主设计任务单，并根据区域规则每次游戏都要经过五个地点。幼儿在画下要去之地后便可根据任务单上的地点和任务一一去旅游。在游戏结束后，幼儿又可以以此为凭证向同伴和老师介绍自己去了哪些地方，做了些什么事，由于记录在，幼儿不会忘记过程中自己的感受。

3. 叙事式记录

叙事式记录更多的是幼儿在游戏过程的生态体验记录。学前幼儿虽然没有用文字书写来记录的能力，但可以通过图画或其他不同的形式把他们的所见所闻以及感想记录下来。幼儿的这种记录虽暂未成形，但它却是幼儿“另一种语言”的表达。

4. 竞赛式记录

竞赛式记录是在游戏中通过竞赛式体验，并将游戏结果记录下来，以鼓励幼儿和同伴相互激励、帮助，在竞赛中获得共同发展。如“小动物 PK ”“谁是汉字达人”等活动，幼儿的记录表上就呈现出了竞赛的形式。

（三）生态体验式记录的策略

游戏的自我评价能帮助幼儿对自己有一个客观的评价，帮助幼儿建立真正的自信，以及养成幼儿良好的行为习惯。同时有助于幼儿进一步理解记录内容，促进幼儿之间的相互学习，也有助于教师了解幼儿的游戏情况等。

1. 自我需求策略——让幼儿想自我评价

在游戏的评价环节中，要改变教师为评价主体的意识，让幼儿成为评价的主人。我们在实践中发现，生态体验式记录能较好激发幼儿想表达、想评价的欲望。我们根据幼儿的自我评价，对记录方式合理、明晰、生动的幼儿给予适当奖励，让幼儿体验到了成功的快感，同时增强了自信心，甚至潜意识里也形成了良性的激励竞争，增强了上进心。

2. 自我体验策略——让幼儿会自我评价

所有的记录都是幼儿在体验中获得，在操作之后的结果，是幼儿自己能理解和原生态所流露的。在评价环节幼儿可以根据记录来讲述自己在游戏中的所做、所想以及所碰到的困难，根据记录来自我评价游戏。记录单为幼儿积累了游戏经验，也让幼儿在评价环节做到了“有话可讲”。

3. 自我展示策略——让幼儿敢自我评价

生态体验式记录单记录了幼儿自身游戏过程以及自己的理解和感受，是对游戏过程的再现，帮助幼儿对游戏的记忆。在评价环节，它让幼儿敢于表达游戏内容，敢于根据记录单发表对自己的游戏评价，并变得更加大胆和自信。

4. 自主交流策略——让幼儿有机会自我评价

幼儿是评价环节的主体。但在游戏的评价环节，评价时间有限。在研究中，我们发现生态体验式记录单很好地解决了这个矛盾。记录单显示了游戏的痕迹，在保存好记录单的前提下，我们鼓励幼儿利用不同的空余时间进行自我评价。如在一日生活各环节中，幼儿可以看着生态体验式的记录单随时作出自我评价。

三、研究成效

通过研究与实践，我们发现，生态体验式记录以它特有的呈现方式，不仅帮助幼儿很好地进行游戏后的自我评价，也使幼儿在自我评价中提升了自己的能力。

（一）深化兴趣

生态体验记录促进了幼儿在游戏后的自我评价，驱动了幼儿的内在潜力和动力。在游戏中，记录和评价相辅相成，记录促进了幼儿的评价，评价又进一步深化了幼儿的游戏兴趣。以棋区为例，在多次的记录、评价和游戏中，幼儿自发生成多个游戏，幼儿的游戏兴趣被激发，游戏开展更加深入和有效，先后开展了以下几个延伸活动（见图 1）。

图 1　深化兴趣图解

（二）存储品质

生态体验式记录能让幼儿清楚看到游戏的痕迹，而每次游戏后的评价能激发幼儿挑战游戏的创意。如在每个自主游戏区中都培养了幼儿不同的学习品质：益智区可以记录和评价游戏创意；科学区可以评价专注的探索等。生态体验式记录让幼儿在游戏后的自我评价中获得了成功，存储了良好的学习品质（见图 2）。

图2 存储品质图解

（三）彰显个性

生态体验式记录后的游戏评价，关注了儿童个性化的成长与发展，彰显了幼儿的个性。班上的乐乐小朋友特别钟爱建构区，每次搭建都能利用不同的组合方式和建构材料，作品会让人眼前一亮。在游戏后，他会利用图纸、照片将自己的作品呈现给大家。通过每次游戏后的评价，他获得了成功体验，也吸取了一些建议，在下次的游戏中得到了改进（见图3）。

图3 彰显个性图

四、认识与思考

（一）对游戏评价活动的新认识

1. 生态体验式记录，关注过程体验

生态体验式记录，关注的是幼儿在活动中的过程，即幼儿的自身感受，而不是单纯地记录某一个结果。

2. 游戏评价，关注幼儿自我评价

在游戏的评价环节中，由教师为主体转变为由幼儿作为评价的“主人”。鼓励幼儿进行自我评价，引导幼儿由评价自己的外部行为到内心品质，进一步提高自我评价能力。

（二）今后的研究方向

在现阶段的研究过程中，记录单更多的是活动前设计好记录单，其中教师有预设目标，在设计记录单中幼儿参与成分不高。针对大班幼儿的能力不同，可尝试让幼儿来为活动设计记录单，这样是否会使记录单更加丰富？或者是否可以换其他形式来进行生态体验式记录？这些都值得在下一阶段进行研究。

参考文献

[1] 邱学青．学前儿童游戏［M］．南京：江苏教育出版社，2017.

[2] 陈磊．体验孩子：宋庆龄幼儿园区域活动案例［M］．上海：华东师范大学出版社，2001.

[3] 林斌．略论培养幼儿自我评价能力的方法［J］．文教资料，2008（13）：94—96.

哇时刻：大班幼儿户外沙水游戏中学习故事评价策略研究

（余洁敏　浙江省杭州市萧山区瓜沥镇第二幼儿园）

摘　要：本文试图幼儿沙水游戏中最真实、最富有意义的“哇时刻”入手，以一种新时代教育者的视角代入，在转变已有儿童观、教育观的基础之上，尝试挖掘特殊幼儿与普通幼儿之间一种微妙关系的变化与发展，于细微处见真知，放大并助力普特幼儿的潜能开发，从普特幼儿与教师、与同伴、与集体的一种动态正向评价中呈现出诸多闪亮的学习品质，以更好地推动普特幼儿的自由发展与快乐发展。

关键词：沙水游戏；学习故事；评价

一、研究缘起

（一）沙水游戏之于幼儿教育的“双刃剑”功能

1959 年联合国通过的《儿童权利宣言》和 1989 年颁布的《儿童权利公约》，以规则和法律条文的形式明确提出：游戏是儿童的基本权利。一沙一水一世界，在普特幼儿皆悉知的沙水世界里，充满着无限的游戏空间，更包含着无限的生命张力，幼儿的游戏来源于生活，又高于生活。沙水游戏，既可以是建构游戏的探究性智慧呈现，也可以是角色与表演游戏的和谐性趣味化反映，更可以是微型小社会群体的实时录播与回放……一种富含享乐与教育双向功能的沙水游戏孕育而生了，一把双刃剑正向教育者迎面而来，在对普特幼儿实施个别化教育干预的同时，也对教师是否能把控好沙水这一自主性游戏提出了更高的要求。

（二）学习故事之于多元评价的“共赢性”价值

著名教育学家陶行知先生曾说：“所有的孩子都是伟大的天才，儿童是有天生的创造力的。”而在沙水游戏中，如果教师能够让普特幼儿感受到无比的快乐，那么相反地，普特幼儿也能让教师感受到前所未有的轻松。因此，教师对普特幼儿的评价也需时刻立足普幼儿童真实需求基础之上所形成的一种个性化、多元化的评价，要充分体现出每一位普特幼儿个体在沙水游戏中的自由发展与快乐发展。从而达成幼儿自评、互评、集体评、教师评、家长评等多维评价模式的构筑与运营，最终实现多元评价的“共赢性”价值。

二、研究的具体操作

如何有效利用学习故事这一评价载体，将其巧妙运用到户外沙水区的幼儿游戏之中，不断帮助教师在观察记录的过程中学会利用学习故事来思考评价沙水游戏中幼儿的发展，我们进行了以下四个方面的实践与探究。

（一）以图纸设计为载体，多元分享表达

接连的梅雨天让幼儿户外沙水机会多次泡汤，偶然间听到一个小可爱在发“牢骚”：“今天不是不下雨吗？为什么还不能出去玩呀？我好想玩沙子！”此话一出，瞬间获得了其他幼

儿的点头附和，一场围绕玩沙水的话题就此展开了……听了他们的话，我马上回忆前几天沙水游戏由于天气、传染病等外在因素而搁置了一段时间，幼儿心中堆积的不满我很是理解。于是，我紧接着说："是呀！每次沙水游戏中，你们总是能想出各种好玩的游戏来，你们能跟大家说说你最喜欢玩什么样的沙水游戏吗？"我的话引起了幼儿的注意，他们渐渐停止了说话，转而慢慢陷入了沉思……

这场"望梅止渴"似的说、画游戏短暂满足了幼儿此时躁动、无奈的幼小心灵，他们开始自顾自地忙于手中的纸、笔，有的托腮思考着，有的互相询问着，有的奋笔绘画着……不一会儿，一幅幅充满童真、欢乐的创意沙水游戏设计图便跃然纸上了（见图1）。

垚垚设计图：我想用材料设置难度不同的障碍，玩一个好玩的闯关游戏，还可以获得不同的奖品。

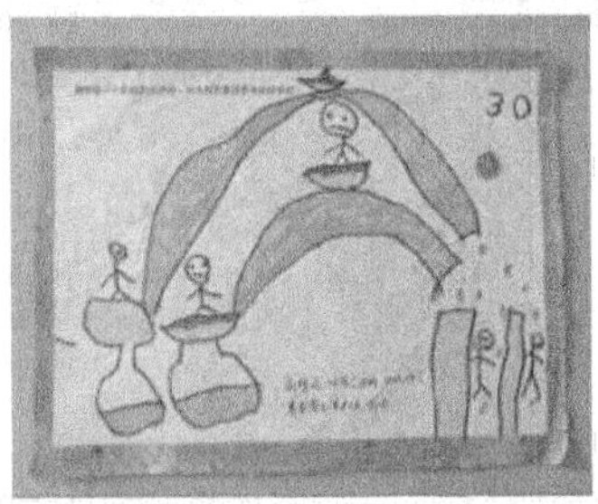

满满设计图：我设计的是滑水管道，看看哪条管道滑下来最快，嘻嘻……

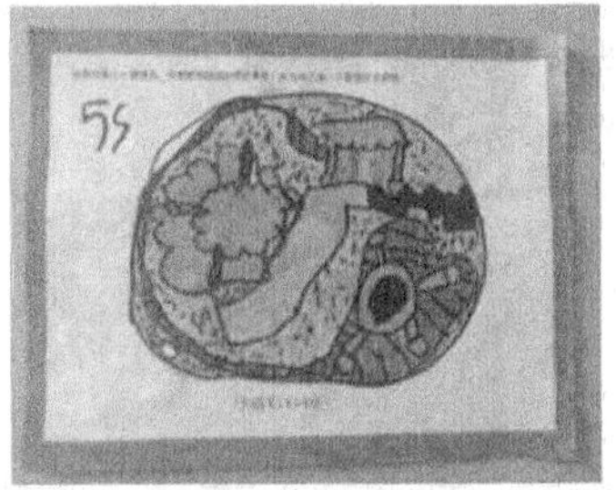

果果设计图：我在水公园玩过，要是我们幼儿园的沙池也可以变成水上乐园就好了！

承承设计图：要是幼儿园的沙池也像七彩小镇那里的攀爬沙区就好了，我每次路过都忍不住想去玩。

瓜瓜设计图：我最喜欢玩海盗寻宝藏的游戏啦！根据一幅地图来寻找宝藏，多有意思呀！

浩浩设计图：我很喜欢玩水，要是沙池里也可以玩打水仗的游戏就好了，哈哈……

图1　幼儿游戏图

（二）以思维导图为工具，可视化学习过程

思维导图是一种记录性、便捷性的表征方式，老师借助思维导图的方式记录幼儿在沙水游戏过程中遇到的各种问题、探索过程及解决办法等，立足幼儿兴趣点、已有经验等进行有意义哇时刻的捕捉与记录，通过识别、回应、调整与反思等助推幼儿沙水游戏的持续开展，并不断激发幼儿探索的兴趣与欲望，将幼儿沙水游戏中的学习过程可视化、具体化、生动化（见图2）。

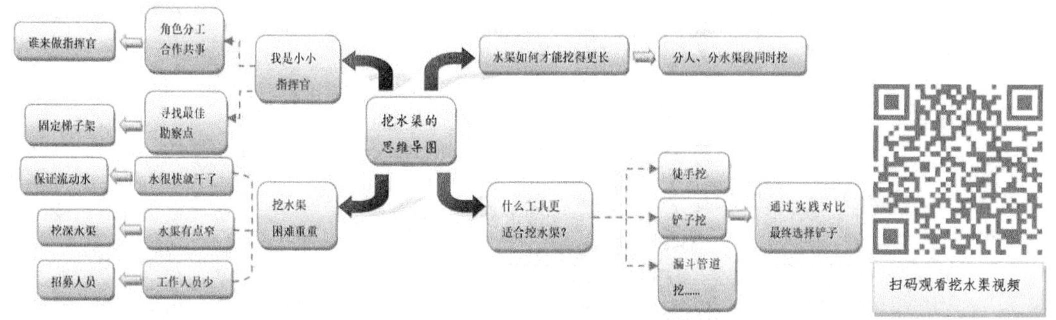

第一阶段	**问题①什么工具适合挖水渠？** **婷婷：**哈哈，小手也可以挖！ **包包：**我有一个大水勺，也可以用来挖沙子的。 **钖钖：**我可以同时用两个大铲子一起来挖，这样更快…… 	**教师识别：** 在游戏活动中，我观察到幼儿对于挖沙的便捷性有了自己的思考，在**摸索、比较、验证**的过程中发现了不同工具挖到沙子的数量、速度等有所不同，最终幼儿统一了意见，选择了用**大铲子来挖沙**。	**教师回应：** 这个过程中我以观察者的身份进行了观察并**无任何介入行为**，因为幼儿有时候的游戏并不需要教师的介入。

第二阶段	**问题②挖水渠的过程任重道远** **包包：**为什么水老是一下子就干了呀？ **亦亦：**只有我一个人挖，好累呀！ 	**教师识别：** 通过**聆听幼儿之间的对话**，我知道了幼儿此时此刻的感受与想法。	**教师回应：** 于是我适时以**游戏者身份**介入，捕捉幼儿的游戏主题：**挖水渠太难了。**于是我逐个击破，先是询问是否还要招人，接着寻找弱势群体，与幼儿一同游戏，攻克难关。并在与幼儿一起合作挖沙的过程中拉近分散小群体之间的距离，将单独游戏的小个体慢慢发展成一个大群体。

第三阶段	**问题③水渠要怎么样才能挖得远？** **果果：**这个是我设置的终点站，可是为什么这么久了，还没有一个人挖到我这里，我都等了很长时间了！ 		**教师识别：** 关注幼儿小群体，发现幼儿富有想法的终点设置，从对话中挖掘幼儿已有**合作意识的萌芽**，乐观其成、静享群乐。	**教师回应：** 当有幼儿表示终点设置过远时，我也立马附和：“是哦，挖沙是一个大工程，没那么快挖好，**太远会不会很辛苦呀！**”承认幼儿发现的问题，引导幼儿关注挖沙的工程量大，需要很多人力、物力，激发幼儿自主解决问题的能力，学会寻找伙伴、适当降低难度等多种方式完成游戏任务。

第四阶段	问题④哪里可以看到所有挖水渠的人呢？ 书包：梯子上最高，我能看到所有挖沙子的小朋友！ 星宇：我想爬到这个梯子上，可是太摇晃了，我害怕掉下来。 		**教师识别：** 游戏中幼儿的分工有所不同，有些幼儿愿意做追随者，但是也有愿意做领头羊的幼儿。因此，**仔细观察、聆听幼儿最真实的想法**是此刻教师最需要做的事儿。	**教师回应：** 依据幼儿对登高的兴趣点当梯子摇晃时我以"**梯子总是摇晃不安全，谁有好办法可以解决这个问题？**"将问题又抛还给幼儿，引导其他幼儿关注并想出解决的好办法来。

图 2　幼儿游戏思维导图

【调整与反思】

在沙水游戏案例中，我借助思维导图清晰地呈现了幼儿围绕挖水渠这个大工程中遭遇的几个问题所开展的一系列游戏行为：选什么工具挖沙、怎样才能挖得远、人员如何分工、如何安全登高等。在此过程中，我主要扮演着两种角色：一是观察聆听幼儿并鼓励幼儿大胆尝试；二是帮助幼儿发现问题，进而一同讨论遇到的各种问题，学会分析问题，尝试提出解决问题的办法，在发现—讨论—实践—验证—反思中找到解决问题的好办法！

（三）以游戏发起为契机，呈现学习品质

普特幼儿在沙水游戏中，是他们充分展示自我、发挥想象创造、自由自主探索的时候，因此教师应尊重普特幼儿的游戏意愿，相信他们的游戏水平与能力，充分把握好时机，适时介入，学会反抛问题、机智对话、巧妙引领等，学会看幼儿游戏是否需要教师介入，如需要，又该以怎样适宜的方式支持与推动普特幼儿的游戏呢？这是教师需要敏锐关注的重要问题（见图3）。

操作步骤	沙水游戏过程图	教师的解读、策略支持
工序一 （搬运材料、合作和泥）		**幼儿的游戏与日常的生活经验是紧密联系的，能够真实反映幼儿的实际生活。**中班的幼儿虽不如大班幼儿有着合作的能力，但是已具备合作的意识与初步能力，当幼儿想搭建房子时，发现材料不够，便有了吆喝、搬运、和泥等初步合作行为的产生，为下一阶段游戏打下了基础。
工序二 （搅拌水泥、逐层上砖）		**解读：**当其他幼儿在砌墙搭建的时候，有着**自闭症倾向的航航**也主动来到房子中央，用小铲子搅动水桶里的"水泥"，忍不住微笑起来。 **支持：以正面鼓励为主**，赞许航航搅拌水泥的行为，**并提问："水泥和得不错，接下来可以造房子了呢！"**航航与其他小伙伴一起行动起来了……
工序三 （添补水泥、围合砌砖）		水泥使用过程中突然不够了，孩子们开始有了**分工合作行为的出现**，通过共同协商来决定谁加水和泥、谁借助升降工具转动水泥、谁建造房子等，孩子们在游戏过程中自主体验迁移生活经验的乐趣，享受游戏所带来的愉悦感与成功感、自豪感，这是幼儿自主游戏中情感升华的重要表现。
游戏中的偶发小插曲：我也想造房子		

图 3　幼儿沙水游戏

（四）以地板时光为平台，回顾沙水快乐

幼儿沙水游戏后的经验梳理与交流反思对其游戏具有重要的支持作用，这甚至超越了教师在过程中的介入作用。这是一个温馨而不失交流的地板围圈时光，让幼儿能够席地而坐，面对面地交流分享，述说着自己在沙水游戏中的精彩时刻、攻坚时刻、创新时刻等，借助自我评价、同伴评价、教师评价等，来帮助幼儿回顾自己在与其他幼儿之间的游戏互动，从而更好地梳理对沙水游戏的经验，发现自己与同伴在游戏中所遇到的问题，开始学会反思总结游戏中好的方法，建构新的沙水经验，促进自我能力的提升（见图4）！

问题交流	经验指向	教师支持策略
①你觉得小伙伴给你的建议如何？哪些对你有用呢？ ②当小伙伴遇到难题时，你又怎样帮助他？ ③下次游戏你还想准备哪些材料？ ……	①（引导幼儿关注同伴经验，学会有选择地接纳同伴意见） ②（引导关注伙伴关系，愿意伸出援手帮助身边的小伙伴） ③（引导幼儿反思沙水游戏的材料、内容等是否可行、好玩，是否需要调整或收集新材料） ……	为幼儿创设一种想说、敢说、喜欢说的语言环境，积极鼓励幼儿大胆讲述自己的想法并提出意见，学着接受与自己意见不同的同伴们。

图4　幼儿沙水游戏评价

三、研究思考

成尚荣在《儿童立场》一书中指出："在教育的现实中，儿童立场受到了猛烈的冲击，最为突出和严重的是，成人们（当然包括教师）以惯有的思维，从自己的立场出发，把自己的需求当作儿童的需求，以自己的兴趣代替儿童的兴趣，最终以牺牲儿童为代价实现自己预定的教育意愿和目标。"一年来，借助学习故事记录幼儿沙水游戏的精彩时刻，共梳理了有关幼儿五大领域学习品质及倾向的走向，无论是理念上还是理论上都有了显著的转变与提升，主要表现在以下几个方面。

（一）沙水游戏过程更显趣味化、多样化

在游戏中，幼儿有最真实自然的表现。在游戏中，幼儿是最富有想象力与创造力的玩家。作为教师，要相信幼儿是天生的游戏者，无须刻意制造游戏氛围与游戏内容和情节，只需给予充分的空间与时间，放开手、管住嘴、睁大眼，你便随处可见幼儿游戏的可爱与千姿百态。

（二）沙水材料投放更趋向于自然化、生活化

陈鹤琴先生还曾指出"应创造条件让幼儿广泛地接触社会和自然"，因而沙水游戏的材料投放应在高结构化固定材料的基础上投放更多的低结构化、自然化材料，如日常生活中比较常见的自然材料（如石头、花、草、树枝、沙子、水、羽毛、农作物、贝壳、果皮果壳等）、生活化的材料（如废旧的锅碗瓢盆勺、瓶瓶罐罐、快递盒等），借助这些幼儿日常十分熟悉又常见的自然化、生活化材料来开启普特幼儿的沙水之旅将更显珍贵与有趣。

（三）普特融合关系更趋向于和谐化、生态化

沙水学习故事不仅让我看到了特殊幼儿的情感需求，也看到了普通幼儿对特殊幼儿的情

感关怀与温暖协助，在一次次的沙水游戏中，普特幼儿有着同样的游戏精神与需求。

无论是特殊幼儿还是普通幼儿在动作发展、社会交往、情感表达、学习品质等方面都有显著提升，他们的交往变得更加频繁，特殊幼儿也愿意迈开步子尝试着进入小组、集体游戏，普通幼儿也愿意敞开怀抱用行动表明自己的内心，一种温暖而有爱的情感氛围正在悄然形成中……

从上述调查表中不难发现普特幼儿对沙水游戏从期初到期末有了大幅度的提升，幼儿对沙水游戏的热爱与日俱增，并且在沙水游戏中普特幼儿之间表现出了更多的交往意愿，也更利于幼儿的动作发展、社会性等多方面的提升，更呈现出诸多难能可贵的学习品质及良好的学习倾向等（见图 5）。

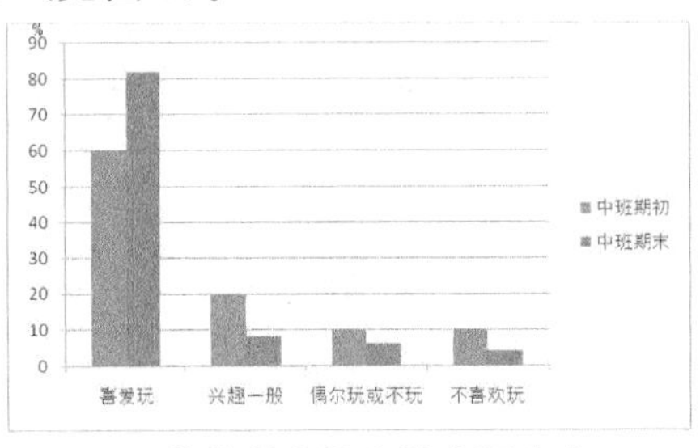

普特幼儿沙水游戏调查表

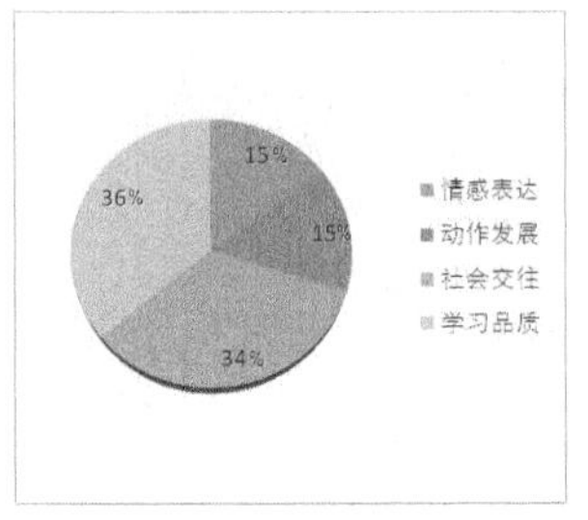

普特幼儿沙水游戏期初期末调查对比图

图 5　沙水游戏调查分析

（四）教师对普特幼儿的游戏观察记录更详尽、解读更细致

细致观察分析并参与幼儿的游戏活动，以肯定的语言鼓励、充足可选的材料投放，不断发挥游戏中一些幼儿的领袖作用，允许并时刻支持幼儿的试误行为，以探究型、实践型、验证型等多种活动不断将幼儿的沙水游戏推向深度学习的大门。

（五）教师对普特幼儿的评价更彰显闪光点与潜能开发

幼儿沙水游戏学习故事让我们在观察、追随并研究幼儿游戏的同时，将主观评价变为客观评价，将笼统评价变为细化评价，将单一评价变为多元评价，让教育的美好从想象一步步迈向真实，看到每一位幼儿的游戏过程，看懂每一位幼儿在每一次游戏过程中正真实展现的学习与价值实现的发展之动态（见表 1）！

表 1　沙水游戏学习与价值对比

学习倾向	行为指标	学习故事	特殊幼儿行为表现
兴趣（归属感）	开展某个游戏主题或游戏内容	我是小泥匠	主动搅拌水泥行为的出现，有建造房子的想法及实际行动（航航）
参与（幸福感）	愿意与同伴一同使用材料，有安全感与信赖感	“梯形”大蛋糕	能主动寻找材料并尝试与同伴交换材料，有了初步的合作意识与行为（航航）
坚持（探索）	能通过同伴协商互助等策略共同解决一些难题	我也想要造房子	通过反复尝试终于成功登上高台参与建造游戏（亦亦）
负责（贡献）	能回应他人，帮助他人，为游戏项目付出一定的贡献	我们挖的大水渠	固定梯架，帮助同伴体验登高指挥的工作（瓜瓜）
表达表现（交流）	以不同的方式方法进行表达表现，如语言、绘画、建构、舞蹈等	沙水项目发布会	过程中自主回忆、记录，并产生观察他人作品的兴趣与行为（航航）

喜爱游戏是每一位普特幼儿的天性，也是他们的权利，更是幼儿时期最显著、最主要的年龄特点，作为教师的我们首先是一名细致观察者，在给予普特幼儿充足时间与空间进行自主探索的同时也要及时发现他们身上独一无二的闪光点。同时我们也要在学习故事观察的基础上把握好普特幼儿的“最近发展区”，用童真的双眼与童趣的心态去寻找沙水游戏中的一百个哈姆雷特，用最自然的观察记录方式呈现一个个不平凡的沙水精彩场景，让每一个孩子都能在最舒适的游戏圈中向阳而生、向上发展！

参考文献

[1] 浙江范幼大学师儿教育集团．幼儿园课程评价无处不在——“五维式”课程评价的发展与实践［M］．杭州：浙江教育出版社，2021.

[2] 须晶晶．小鬼来当家——幼儿园小树林课程［M］．杭州：浙江教育出版社，2021.

[3] 夏巍．我读福禄培尔的《人的教育》［J］．早期教育（教师版），2008（2）：26—27.

基于幼儿园主题背景下学习性区域活动的尝试

（傅晔　浙江省杭州市萧山区瓜沥镇第二幼儿园）

摘　要：为进一步关注幼儿的学习与发展，促进幼儿的有效学习，我们尝试着开展主题背景下学习性区域活动的研究。主题背景下开展的区域活动，是教师根据班级现阶段主题内容的目标和幼儿的发展水平，从幼儿的发展需求和兴趣出发，有目的地创设能关注支持引发幼儿主动探索和交往的活动环境，投放活动材料，让幼儿按照自己的意愿和能力，在操作摆弄中进行小组或个别化学习活动。我们从区域内容的设置、材料的投放到教师的组织进行了深入的研究与尝试。实践证明，幼儿园的学习性区域活动是幼儿的一种有效学习方式，它弥补了集体教学的缺陷。区域环境的丰富性、多元化使幼儿在学习中，主动性得到了发挥，个人的经验、特点得以体现，也具体落实了以幼儿发展为本的教育理念。

关键词：学习性区域活动；全面发展

一、学习性区域活动的缘起

在幼教改革不断深入的今天，我们越来越清晰地认识到游戏对幼儿学习与发展的价值。而班级区域活动作为幼儿游戏的一部分，其多元化的学习内容与学习方式，在幼儿在园学习生活中又发挥着极其重要的价值。在轰轰烈烈的自主游戏改革大潮大背景下，我们发现老师们一边改变着自己的教育理念，并用新理念不断地调整着自己的教育行为，一边又似乎成了偏离航道的飞行员，找不到前进的道路，在活动的设计、组织中显得手足无措，生怕自己一个不小心又产生“高控”的不恰当教育行为，尤其在区域活动的开展中，显得尤为突出。主要体现在以下两个方面。

（一）忽视了幼儿的学习与发展

在跟踪我园班级区域活动过程中，我们发现很多班级在区域创设上追求形式、数量，以为区域多总比区域少好，材料多总比材料少好。区域的设置与材料的投放与幼儿发展的实际情况脱节，不能有效地支持幼儿活动的开展，难以促进幼儿的学习与发展。

（二）区域内容与主题课程割裂

我们也在不断地调整自己的教育内容与教育行为，比如更注重幼儿的小组与个别化学习，促进幼儿富有个性地成长。在这样的认识下，各个班级区域活动的内容丰富了，但是，这些区域活动的内容与材料与目前我们使用的建构式课程的主题课程相脱节，没有按照教学主题的安排来设计区域活动，不能使幼儿在区域活动的过程中达到对教学内容的进一步理解与拓展。

二、学习性区域活动的创设

（一）创设原则

1. 主题个性化原则

每个学习性区域创设蕴含一个突出的主题元素，从显性环境看，其场景、材料能够体现主题中的元素，在主题经验的迁移下，进入该区域时能够明显感受到鲜明的主题感。

2. 环境动态化原则

学习性区域活动的环境是在不断调整与生长的，在随着幼儿游戏水平与活动兴趣点的转移而进行有针对性的调整。游戏材料的增减与替换，游戏环境呈现动态性生长，而不是千篇一律的环境呈现。

3. 活动多元化原则

学习性区域活动作为一个整合学习项目，对幼儿的发展与提升必然是多元共生的，通过区域活动也能让幼儿在已有水平的基础上得到多元发展，满足不同层次幼儿的认知需求和发展需要。

（二）创设流程

学习性区域活动组织是以五个不同时间维度下层级式的操作样式作为主线，以教师导引为定位，充分强调幼儿在学习性区域活动中的主体地位，通过整合幼儿的学习特点、教师的组织需求，实现活动组织过程直观可见，寻求科学有效的操作流程及指导策略。

三、学习性区域活动的实践操作

（一）学习性区域活动内容来源

1. 基于园本特点，科学合理使用课程

《浙江省保教管理指南》指出："提倡创造性地使用教材，开展课程园本化研究。有条件的幼儿园可利用本土资源开发个性化的园本课程。园本课程占总课程量的比例，原则上省一级幼儿园不超过20%，省二级幼儿园不超过10%，其他幼儿园不超过5%。"基于我园的实际，目前我们的课程基本使用情况是以华师大的建构式课程为主，新时代的"生命、实践、智慧"课程及浙江教育的"体验、探究、交往"课程为补充，创意节日课程为辅的课程。课程比例见图1。

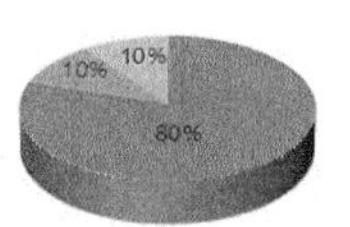

图1　课程比例

学期初，各年段教研组根据年段实际，制订整体的主题计划，主题行进过程中会根据幼儿的学习需求及班级特点进行适当的调整。

2. 基于儿童的学习特点，有效筛选活动内容

针对幼儿的学习特点与学习需求，每一个主题在开始前，都会以备课组为单位，对一个主题进行梳理：哪些内容做集体教学、哪些内容放在区域中进行小组或个别化学习、哪些内容在其他活动或游戏中进行。

例如：中班段《小花布》主题内容筛选如表1所示。

表1　活动主题：小花布　　　　中班段完成时间：两周

类别	内容	涉及领域
集体教学	《各种各样的布》《布从哪里来》	社会
	《布艺雨衣》《柔软的棉布》《团团坐，排排坐》	科学
	《神奇的布》《蓝印花布》《布上的花》	艺术（歌曲）

续表

类别	内容	涉及领域
集体教学	《布老虎爱心毯》	语言
	《有趣的布袋》《游戏好玩的布》	健康
学习性区域活动	《棉签画》《浸染叠花朵》《做尾巴》	艺术
	《花布商店》	社会、科学
	《小花布与水》	科学
其他游戏活动	《纺棉布》	语言
	《雨、雨，走开吧》	艺术
	《我有个娃娃》	艺术

（二）学习性区域活动策略的层级展开

◎第一层级：设置内容选定

主题背景下的区域活动内容既要激发幼儿的活动兴趣，丰富幼儿的个别化经验，还要体现主题进展的情况，推动主题的发展。由此，在结合幼儿的兴趣设置活动区域后，我们会结合主题要求与幼儿需要，设置相应的活动内容。

1. 紧密结合主题的发展

在梳理一个主题下的区域活动内容时，我们建议老师可以先围绕主题梳理 2～3 个主题区域内容，再根据整个主题内容要求设置几个子区域。

2. 充分考虑领域的平衡性

幼儿园教育要促进幼儿在原有水平上的全面、平衡发展，在设置区域活动的内容时，我们也要充分考虑活动内容（即各领域）的平衡性。

◎第二层级：构思活动主线

《幼儿园教育指导纲要》中指出：环境是重要的教育资源，应通过环境的创设和利用，有效地促进幼儿的发展，因此在学习性区域活动构思初期，以环境为主线，通过空间、规则、材料三方面的互动及贯穿为幼儿提供更多的自主活动和表现能力的机会和条件，通过不断地挖掘区域环境的教育作用，让幼儿在区域活动中得到全面的发展（见图 2）。

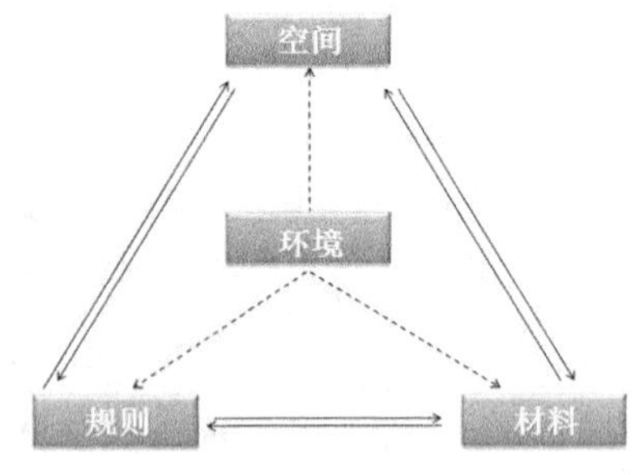

图 2　层级展开图

1. 环境的空间多式

为了营造全方位开发的空间，我们充分利用现有资源，以内外相兼式、区间隔挡式、墙面分层式等多种方式进行立体化的划分，在最大限度上提升空间的驱动力，让“主动探索”成为一种乐趣。

2. 环境的隐性规则

规则在环境中的呈现，促使幼儿与同伴自觉遵守并践行，强化了自由和谐的体验，让自由和规则共融，并引导幼儿的行为逐渐从他律向自律发展，实现自我教育的过程。

3. 环境中的材料投放

在区域活动中，幼儿通过操作、摆弄材料实现自我建构，因此在投放材料时，我们始终将幼儿的学习与发展需求牢记于心，落实于行，通过投放适宜的材料，让幼儿在自我建构中获得充分的发展。

◎第三层级：捕捉活动导向（见图3）

图3 层级导向图

在预设活动的基础上，在集体教学活动中，通过对幼儿活动中感兴趣的核心点、热点问题聚焦，以多维任务驱动的方式让幼儿继续延伸兴趣，将其纳入学习性区域活动范畴，将教学活动内容延伸到区角活动中，使单课程延伸至"多线程"的幼儿操作体验。

◎第四层级：实现活动情境

在学习性区域活动开展实施过程中，对于幼儿个别化学习方式需放手但不放任，因此在开展活动过程中，幼儿以学习记录单的方式进行记录与思考，教师则在活动的实施过程中，加以"潜水艇"式的活动支持，在记录与实践中实现再反馈。

◎第五层级：总结活动评价

对于活动的总结评价，主要从幼儿表现和活动过程这两方面入手，作为评价内容，幼儿表现主要包括幼儿在活动中的兴趣点、困难点、幼儿作品及一系列生成性问题。活动过程可以包括区域创设、幼儿参与程度、与主题关联度等问题，以及过程中生成的二级维度内容等（见图4）。

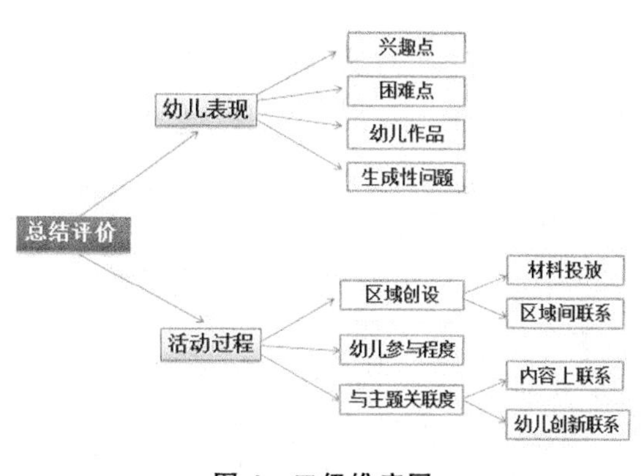

图4 二级维度图

学习性区域活动通常是个别进行的。这种活动形式，在客观上增加了教师与幼儿直接接触的机会，使幼儿能更多地感受到教师的关注，增进双方感情交流，提升师幼互动的有效性。另外，在以往的教学活动中，教师一直是一个我教你学的"教育者"形象，教学的出发点是教材、大纲，而非幼儿。而现在，空间距离的接近，使教师能走近孩子，有可能了解每个孩子的"最近发展区"。这时，教学活动追求的主要目标是支持、帮助幼儿学会学习。教学的出发点不再是教材而是幼儿——幼儿的兴趣与需要、幼儿的原有经验和水平，这是一种新的教师价值观的体现。

参考文献

[1] 秦元东，王春燕. 生态式幼儿园区域活动指导［M］. 北京：北京师范大学出版社，2012.

[2] 秦元东，陈芳. 如何有效实施幼儿园主题性区域活动［M］. 北京：中国轻工业出版社，2013.

[3] 华爱华. 幼儿园室内区域活动整体方案［M］. 武汉：武汉出版社，2012.

幼儿园生态式沙水体验基地的构建与实施研究

（熊燕　浙江省杭州市萧山区瓜沥镇第二幼儿园）

摘　要：《指南》指出："幼儿在与自然对话，与环境互动中能快乐地游戏与成长，将自然的生态场变成幼儿的游戏场，便能赋予户外环境更多元的价值。"借助我园户外沙池的有利资源，因地制宜地进行原生态游戏内容设计与实施，以沙水区的资源状况和环境条件为基本游戏空间，创设以沙和水为主题的自然生态游戏体验基地，提供幼儿所需的支持性环境及活动，将自由、自主、创造、愉悦的游戏贯穿始终，帮助幼儿能用特有的游戏语言在沙水体验基地探索、交往、创造、成长……

关键词：生态式；沙水体验基地

我园地处农村，占地面积较大，户外活动场地除了有大型的户外玩具外，还有两块面积较大的沙池——云朵池和椭圆池，这是宝贝们最喜爱的玩沙小乐园。云朵池呈不规则云朵状，用五彩轮胎包围着显得十分养眼。椭圆池基于原有石沙池的基础，将它改建成了幼儿感兴趣的沙水池。幼儿在与沙水的亲密游戏中，有利于增强身体素质，提高认知、思维和智力，还能培养其自主性、创造性和合作能力。但在日常的沙水游戏中，我们也发现了如下一问题。

情景一："不想玩这个，我想玩那个了……"

自主游戏的时间到了，乐乐说："老师，我想进去玩。"天天说："老师，我也要进去玩。"没一会儿，进进出出一大批。一会儿堆城堡，一会儿做蛋糕，一会儿挖渠道……工具布满整个沙水区。我们都知道，自主不等于自由，整个游戏较显随意，缺乏游戏深度。

情景二：老师，我还想玩。

"老师，下雨了""老师，怎么还没轮到我们玩"……幼儿园经常试图给予幼儿自主游戏的时间，但由于天气和种种活动的原因，没有按具体规定时间去游戏，或在过程中落实游戏的班级过多，时间无法保证。

面对上述现象，我们思考，将沙水池由原先的自由游戏拓展为原生态自主游戏的延伸等多种形式，促进幼儿的自然性、自主性、社会性、艺术性等多方面和谐发展。

一、研究目标

创建健康、美好、和谐的生态式沙水体验基地，因地制宜进行基地的构建与实施，让幼儿在沙与水的游戏中感受非凡的体验，促进其运动技能、平衡协调、创造力、交往力等多方面的发展，体验回归自然、亲近自然的游戏情感。

二、生态式沙水体验基地的构建

生态式沙水基地从三方面进行构建：一是创设环境，二是提供材料，三是建构内容，具体思路如图 1 所示。

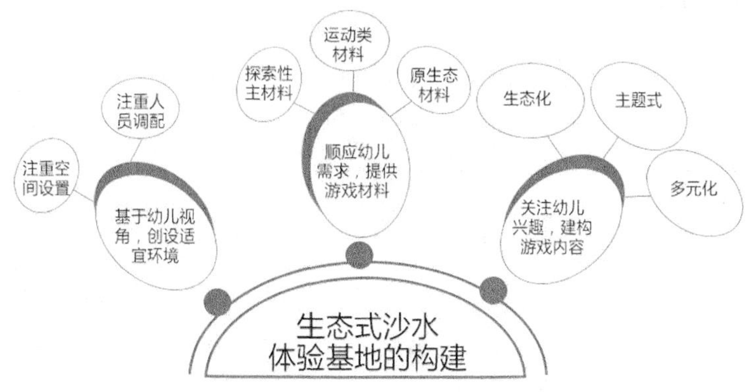

图1　沙水体验基地构建（一）

（一）追随幼儿，创设环境

1. 注重游戏空间设置

幼儿对沙水游戏充满了兴趣，我们对现有的沙水游戏基地空间进行了适当调整与规划。云朵池的左侧设计成了一个感统运动长廊，配有盥洗专用室和玩沙工具室。椭圆池在池四周进行原木包边，既安全又便于幼儿坐在上面换鞋；还为椭圆池装上一个白色帆船造型的顶棚，既美观又可以遮风挡雨。

2. 注重游戏人员调配

幼儿尚未具备独立活动的能力，不合理的人员调配容易危及幼儿的安全。因此我们在云朵池和椭圆池中每次均进入一个班幼儿，人均空间为2.1～2.5 ㎡，这样既能达到游戏效果，又不会浪费场地。

（二）追随需要，提供材料

1. 探索性材料

材料的投放能引发幼儿探究行为，除了常常用到的挖掘类、容器类和过滤类工具以外，还提供一些可以引发幼儿自主探究行为的玩沙工具。

2. 运动类材料

多功能的沙水基地，我们提供了运动类的游戏材料，如沙袋、砖块、木桩、钻圈、木板等多种器具和材料，搭建出可供走、跑、跳、跨、钻等障碍，多种运动材料能大大激发幼儿游戏的热情。

3. 原生态材料

农村幼儿园原生态材料种类多、数量足，各种树枝、竹子、石头、黏土、贝壳、稻草、瓦片等不胜枚举，可以利用乡土自然资源制作具有特色的沙水工具，激发幼儿的探索欲望和持久兴趣，发展幼儿动手实践能力。

（三）追随兴趣，设定内容

1. 游戏内容生态化

（1）沙上运动

别样的沙上运动会带给幼儿挑战的乐趣，体现游戏的花样玩法。在游戏中，幼儿会发现这些在平地上能够轻易驾驭的器具和材料放在沙池里就会变得很不一样。

（2）沙雕创作

沙雕活动能有效促进幼儿创新思维及创造力的发展，一般开展的沙雕创作游戏可以合作或小组的形式开展。而大型创作需要幼儿之间的通力合作；微型沙雕倾向于个人的独创或小组组合创作，作品较为精细。

2. 游戏内容主题化

主题玩沙主要是在主题活动背景下，幼儿利用各种玩沙工具和辅助材料进行有计划的主题建构活动。根据小中大幼儿年龄特点，我们进行沙水活动方案设计，具体如表1所示。

表1 沙水活动方案

班级	游戏内容	游戏玩法
小班	细细的沙	通过看、闻、吹、摸等，随意玩沙，感知沙的基本特征
	挖沙	幼儿基本能用工具随意挖沙，提高使用工具的兴趣和技能
	沙水蛋糕	幼儿将沙子弄湿，用湿沙子做各种造型的蛋糕给妈妈过生日
中班	运沙	大胆自由地探索，运用各种工具进行运沙游戏，一起来感受合作游戏的快乐
	藏宝	使用各种工具，在沙中挖坑、藏宝，提高手部力量和协调能力
	环球旅行	将海洋球放到沙水城堡的水道中，合作探索其中的秘密
大班	抗洪救灾	合作使用沙袋阻隔大水的侵袭，知道沙不溶于水
	沙漠建筑大师	自由创意建筑，探索将沙子弄湿后再做各种有创意的造型
	寻宝	幼儿分成两组进行竞赛，在沙池中进行图卡寻宝比赛

3. 游戏内容多元化

（1）区域游戏延伸

个别班级还创设了玩沙区，幼儿将户外游戏内容延伸到班级区域内，如忆忆找到了第一颗贝壳，没过多久他俩挖到许多小贝壳，还把挖到的宝藏送给娃娃家的小朋友一起做海鲜大餐，大家玩得乐此不疲。

（2）特色课程延伸

我园的特色是节日课程，具有较高的游戏性与趣味性，因此在沙水游戏中，基于幼儿兴趣需要，也可将特色课程中的游戏内容带到沙水游戏中来，同时让幼儿在游戏中感受到园本特色课程的乐趣。

三、生态式沙水体验基地的具体实践

生态式沙水体验基地的具体实践如图2所示。

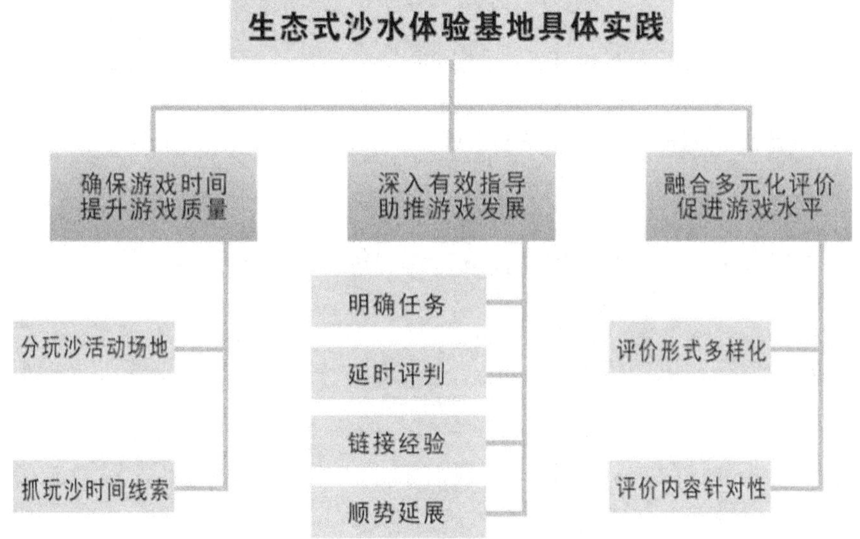

图2 沙水体验基地构建（二）

（一）确保游戏时间，提升游戏质量

1. 分玩沙活动场地

《指南》指出："保证幼儿每天有适当的自主选择和自由活动时间。"从幼儿对玩沙游戏的需求来说，班级每周至少安排两次玩沙游戏时间（见表2）。

表2 班级一日活动场地安排表

班级	小一	小二	小三	小四	小五	中一	中二	中三	中四	大一	大二	大三	大四
晨间户外					椭圆池		云朵池						
自主游戏			云朵池									椭圆池	
晨间户外	椭圆池								云朵池				
自主游戏		云朵池									椭圆池		
晨间户外				云朵池		椭圆池							
自主游戏								椭圆池					云朵池
晨间户外			椭圆池									云朵池	
自主游戏							椭圆池			云朵池			
晨间户外		椭圆池									云朵池		
自主游戏						云朵池							

2. 抓玩沙时间线索

玩沙游戏有不同的时间界定，小班幼儿的玩沙游戏时间定在40分钟左右比较适宜；中班幼儿的玩沙游戏时间定在50分钟左右；大班幼儿的玩沙时间定在60分钟左右，也可根据幼儿游戏的状况做灵活变动（见表3）。

表 3　班级活动调整

周次	年段	游戏时间	游戏时间
周一	小班	40 分钟	晨间活动 8：00—8：40　自主游戏 9：50—10：30
周二、周四	中班	50 分钟	晨间活动 7：50—8：40　自主游戏 9：40—10：30
周三、周五	大班	60 分钟	晨间活动 7：45—8：45　自主游戏 9：35—10：35

（二）深入有效指导，助推生态游戏

1. 明确任务

在活动前，教师可设计好任务卡，以图文的方式呈现，便于幼儿随时查看，幼儿在完成一张任务卡后，可以再去换一张，因此也就能得到更多的锻炼。

2. 延时评判

在游戏过程中，教师学会“潜水艇”式指导，不马上介入，不急于评价，在确认幼儿行为没有危险的时候，有意识地慢一步，走在幼儿的后面。这样更能激发幼儿的好奇心和探索的兴趣。

3. 链接经验

在游戏中，幼儿选择的方式不同，遇到的困难也会不同。因此我们应链接幼儿已有经验，重新调整游戏内容。

4. 顺势延展

当幼儿想要表达或者感受到成功的时候，我们要顺势延展，即可强化效果。当然，我们也可以在材料上进行延展，可以指导幼儿一物多玩的游戏玩法。

（三）融合多元化评价，促进游戏水平

1. 评价形式多样化

游戏评价应多样化，教师关注倾听幼儿的言行，进行判断与分析，在不同层次以及维度上反思内容、时间、效率等问题，帮助幼儿寻找到自己的位置，呈现多元、成长、动态、多样化的评价系统，在此基础上与幼儿实现互动，循环往复。（见表 4）

表 4　多元化评价对比

评价主体	类型	表现形式
教师	活动作品评价（综合）	成长足迹
	游戏评价	“收获在精彩的游戏故事中”
	体能评价	运动量
幼儿	自我认识评价	“我可以”
	游戏评价	“任务图”

2. 评价内容针对性

（1）讲评延伸玩沙内容

通过幼儿的活动及教师的讲评可以有效助推内容的延伸。在游戏中遇到的问题，可以在活动结束后，让幼儿一起坐下来看看教师拍的视频和照片，一起探讨交流好的办法，下次继续去尝试。

（2）评价结果推动新主题

幼儿在玩的过程中会生成一些新的活动内容或者动作技能等，教师及时把握这个点，在评价的环节将幼儿新内容扩大后生成新的活动主题，促进下一次游戏顺利进行。

四、生态式沙水体验基地中我们的收获

（一）沙水体验基地，让幼儿“想”玩“乐”玩

1. 有趣的体验——好玩

幼儿对沙水游戏充满了兴趣，为保证游戏有序进行，我们对沙水游戏基地空间进行了适当调整与规划，根据有关的生活经验等，幼儿表现得十分积极、主动。

2. 丰富的材料——会玩

在沙池游戏中，提供丰富多样的游戏材料，促使幼儿从模仿学习逐步进入自主探索学习，从被动游戏走向主动游戏，让幼儿能利用多种材料开展游戏。

（二）真实的游戏情景，促进幼儿发展

1. 动作发展均衡

身体练习是幼儿体育活动最基本也是最重要的途径和手段，沙水基地中的许多游戏，使幼儿的运动能力得到了有效锻炼，身体机能的各个方面也得到了均衡发展。

2. 学会相互合作

沙水游戏中，幼儿并不是单独地游戏，而是与同伴相互交往、共同活动的一个过程。整个游戏中，幼儿学会互相合作，促进了社会性的发展，同时也提高了幼儿游戏的自律性。

（三）细致地观察与提炼，促进教师发展

1. 适宜参与学会观察

在玩沙游戏中教师能顺应幼儿的思维加以适当的启发与引导，在游戏中，教师发现幼儿对一切充满了好奇，顺着幼儿的兴趣点，及时提供材料，并给予充分的探索空间，让幼儿真正地融入游戏。

2. 提炼形成游戏手册

沙水游戏的内容是我们根据不同场地进行精选的，最终还制定了一套内容丰富、组织形式多样的游戏资源册，有了系统的游戏内容，材料选择和游戏过程就更有目的性和层次性，也更能吸引幼儿参与游戏的欲望，并达到锻炼的目的。

参考文献

［1］教育部基础教育司．《幼儿园教育指导纲要（试行）》解读［M］．南京：江苏教育出版社，2002.

［2］上海市中小学（幼儿园）课程改革委员会．学前教育课程指南解读［M］．上海：上海教育出版社，2019.

成长币：干预幼儿园中间层教师“专业瓶颈期”的实践研究

（於晓萍　浙江省杭州市萧山区瓜沥镇第二幼儿园）

摘　要：幼儿园中的部分教师在专业发展上遇到了“职业倦怠”“瓶颈明显”“创新停滞”等高原期问题。我们认为，通过成长币积累与兑换的激励方式能提升中间层教师的专业发展，帮助他们走出“高原期”，走上专业新高地。在实践研究中，通过“成长卡注册”“成长卡管理与考核”“成长卡积累”“成长卡兑换”等一系列激励机制的实施与运用，形成了一套教师积累过程可视化、兑换过程个性化、专业辐射扩大化的新型激励机制。真正使中间层教师从“职业倦怠”走向“职业自信”、从“瓶颈明显”走向“业务赋能”、从“创新停滞”走向“研修活水”，助推中间层教师开辟专业发展新局面。

关键词：中间层教师；激励机制；成长币管理

一、研究的现实背景及缘起

中间层是每一位教师专业化发展的必经之路，此阶段教师的基本特征是学历高，有一定的工作经验和心得，日常教学工作得心应手。普遍表现出以下矛盾：“高投入”与“低回报”不成正比的矛盾；“职业理想”与“现实冲击”不一致的矛盾、“逐渐消退的职业热情”与“不断迭代的专业知识”产生倦怠的矛盾。调查显示，对于中间层教师来说，老师们内心是渴望动力和改变的，他们需要的是一些载体和方向。教师的学习内驱力需要被激发。作为幼儿园管理者，要预见到表象背后传递出来的强烈的成长需求。抓住瓶颈期，实行有效干预，突破中间层教师专业能力的跨越和提升，营造全新的幼儿园发展格局。我们思考利用积累成长币的方式对成长目标进行分类、细化。让教师的每一步成长不至于遥不可及，一步一个脚印地积累，通过成长币兑换的激励方式来提升中间层教师的专业发展，帮助他们走出“瓶颈期”，走上专业新高地。

二、研究的设计

1. 中间层教师——本研究是指各层面教师在自身专业发展过程中出现了职业倦怠、专业瓶颈、有心无力等现象（障碍），进入了一个艰难时期。跨过它，就能更上一层楼；反之，可能停滞不前。

2. 激励机制——本研究是指对原有考核机制进行优化，结合教师发展实际需求，自下而上，科学合理地制定激励机制。有了情感与内驱的加持，使得原本刻板的机制变得和谐、更富竞争性。

3. 成长币管理——是指把激励机制利用成长币的方式呈现，借用这种新型的管理模式来衡量教师的自我价值，反映和考核教师的综合表现。然后再把各种物资待遇、考核福利与成长币挂钩，从而激励教师主观能动性。本研究特指各层面教师通过工作能力、工作业绩和各项附加成绩积累后通过兑换获得专业成长的激励机制。

三、研究的内容和措施

（一）中间层教师“成长币”积累与兑换新模式的设计

每个阶段、每位教师对自己发展的定位和发展的需求都是存在较大差异的，幼儿园成长币积累的目的就是想要满足不同层次教师的成长需求。特别是针对中间层教师的瓶颈突破，设计了有关“成长币”积累与兑换的新模式，从注册、积累到兑换。希望能通过看得见的激励来挖掘中间层教师的内在潜力（见图1）。

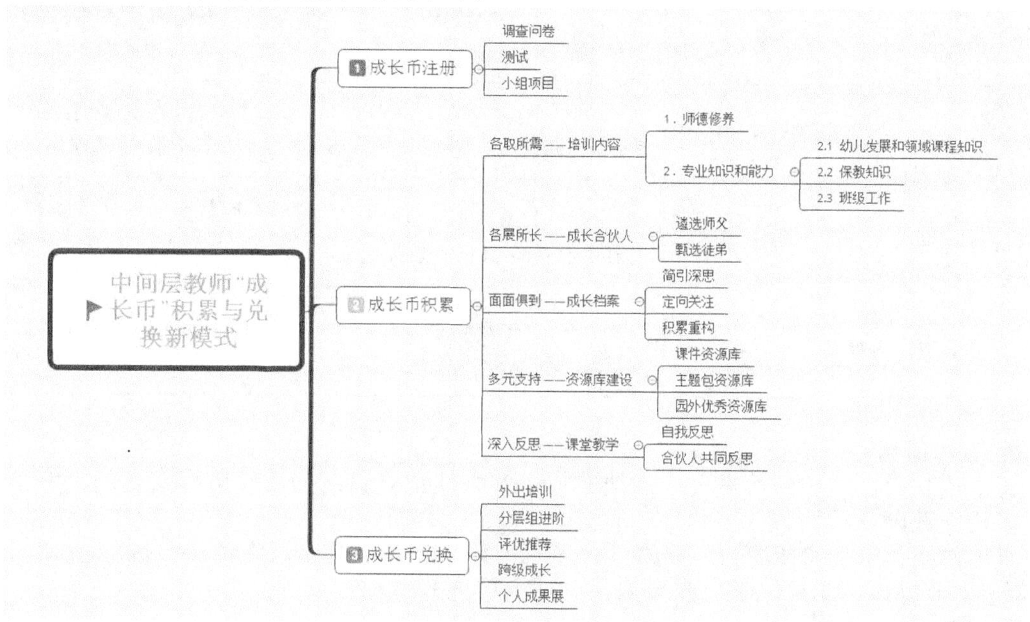

图1　新模式设计

（二）中间层教师“成长币”积累与兑换新模式的实践

成长币管理方式主要为业务成绩考核，就是将中间层教师的各项表现和成绩细化成指标，量化为成长币。成长币既可作为中间层教师专业成长的重要参考和数据依据，也可以全面调动中间层教师的积极性，最终促进教师的专业成长（见表1）。

成长币积累：

1. 各取所需——培训内容

为中间层教师量身定制培训规划，帮助他们从教育型教师到研究型教师的转型提升，这类教师可以根据自己的需求选择相关培训内容。

具体培训项目类别：师德修养、专业知识、实践课程、理论研修等。

2. 各展所长——成长合伙人

中间层教师是幼儿园中的最强生产力。我们打破原先教龄、职位、年龄的界限，推出改良版师徒结对模式“成长合伙人”。

表1 “成长币”兑换模式分析

项目组名称	宗旨	招募人员要求	项目内容
快乐课堂组	提升课堂价值	35周岁以下青年教师，共同探讨教育教学中的困惑	教案设计探讨；教学活动优质课评比；微课设计与展示等
畅所欲研组	汇集教育思维	有较高的业务能力，收集育人理念、碰撞育人观点	教师小课题研究；小组观点研讨展示
游戏评价组	探寻真游戏	无年龄要求，热爱与幼儿共同游戏	案例故事讲述；游戏视频分析
家园共育组	有效的家园合作	青年教师，愿意和同伴分享家园共育心得	家园案例解析；家园合作征文评比
融合教育组	提升全纳理念	无年龄要求，班中有特殊幼儿的教师优先	资源教室干预训练实操；随班就读个性化教案制定；特殊幼儿案例分享
信息技术组	为提升教学质量助力	无年龄要求，热爱教学新技术的教师优先	建立课件资源库；智慧教育实操展示

3. 面面俱到——成长档案

每个成长阶段的教师都需要利用档案记录的方式记录自己的成长历程。我们以电子档案的方式建立教师成长档案。

具体档案类别：班级管理（班级、家长）、主题教学（周计划、备课、区域活动、主题审议）、专业成长（观察记录、教育观察、课题研究）。

4. 多元支持——资源库建设

幼儿园多年来已积累了大量的教学、观察、反思等案例、论文。这些宝贵的学习资料是实操性特别强的资源库，对中间层教师的经验提升起到了很好的支持作用。目前为止，我园资源库主要可归纳为教学课例、课件资源、论文案例、主题审议等多类优秀资源圈。

5. 深入反思——课堂教学

以课堂教学为抓手，开展同课异构、分层实践等方式，促动对自身教学实践的反思，帮助他们在教学实践中得到成长。

成长币兑换：

成长币积累的同时设置与之相对应的成长币兑换机制。这一兑换机制对教师的学习激励具有很大促进意义，其中包括各种级别的学习、交流、展示、比赛机会，这些都是教师个人突破与成长的大事，也是幼儿园发展的根基，以此来提升中间层教师的专业能力。

四、研究成效

（一）成长币激励机制：从“职业倦怠”到“职业自信”

面对不同层面教师显现出来的职业倦怠、专业挫败、自信心下降等现象，幼儿园自下而上征求教师建议，调整考核方案，以能源币激励机制为载体，针对性、精准化地探寻教师的所思所想、契合教师的发展需求，提高教师实践能力，增强教师专业自信。

1. 园所管理机制创新升级

幼儿园开展教师考核与评价制度，是幼儿园管理工作的重要组成部分。在《幼儿园保育教育质量评估指南》中也提到，要树立正确的激励导向，突出日常保育教育实践成效，克服唯课题、唯论文等倾向，注重通过表彰奖励、薪酬待遇、职称评定、岗位晋升、专业支持等多种方式，激励教师爱岗敬业、潜心育人。成长币激励机制的试行，是幼儿园管理机制的一次创新升级，将日常保育教育质量放在最为重要的位置。教师在积累能源币的同时完成了学期考核工作，最重要的是还能进行成长币兑换，兑换成专属于自己的成长项目，这种个性化的成长方式，不再只是单一的考核，更是一种双向互动、双向监督、双向互赢。

2. 教师责任心、使命感增加

在成长币激励机制的驱动下，我园教师责任感与使命感更为加剧。每周的园级行政进班观摩、年段主题审议、教研小组活动，促使教师备课更规范、常态高标准，大家更为注重团队力量，团结协作，共同提高。全体教师对自己的职业自信度更高，在大家的努力下，我园在年底被评为年度考核区级先进单位（见图 2）。

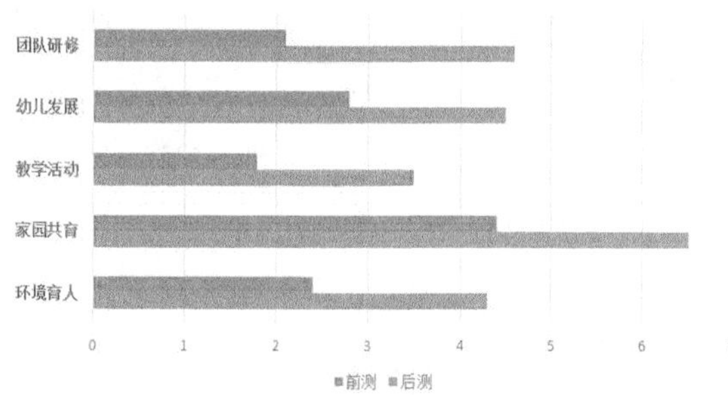

图 2　xx 幼儿园教师课题研究前后专业自信度对比表

3. 教师奉献心、幸福感提升

我园教师对幼儿园的归属感也在不断提升，每次幼儿园的大型活动，全体教师提前上班、延迟下班，力争把环境融入课程、融入活动；每年教师献血，都是积极主动报名参与；甚至教师的招聘考试，在岗非编教师所报单位均为本园，可见在成长币激励机制的作用下，教师有竞争、有协作，更有大爱的奉献心与内心丰盈的幸福感。

（二）成长币激励机制：从“瓶颈明显”到“业务赋能”

1. 业务赋能：体现成熟教师的引领性

成熟型教师在我园教师群体中占比最大，在各项业务和技能评比中也发挥着至关重要的作用。在这一部分教师所表现出高原期反应主要集中在专业遇到瓶颈，无法自我突破，或者说没有找到适合自己的突破口，导致对自己价值认同的不自信以及倦怠感。经过一年成长币的积累，成熟期教师成为我园进步与突破最为明显的群体。尤其体现在团队研修力量方面，体现了成熟教师的引领性。下面就两年中的研修成果进行相关数据统计与对比（见图 3）。

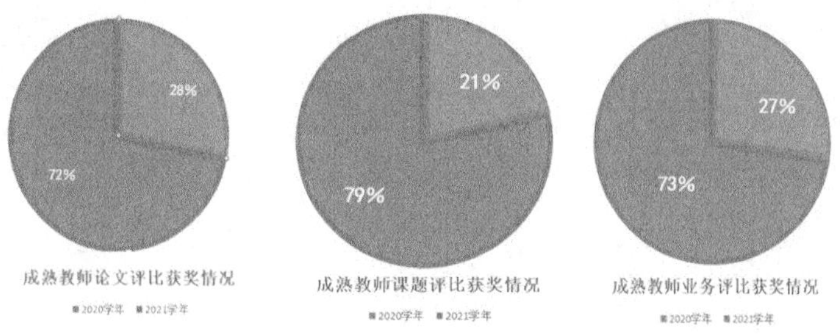

图 3　成熟教师两年中的研修成果

2. 业务赋能：实现骨干教师的辐射性

骨干教师在我园也有较大比例，这为引领其他层面教师的发展起到极大的辐射带动作用，但也会有个别教师出现理念滞后、停滞不前的状态。我们依托区级名师工作室、学科带头人、层级式名师工作室的建立，将专业带动作用发挥到最大化，也使自身就非常优秀的骨干教师在积累成长币的同时，形成“热岛效应”，推动其他教师专业的提高。

参考文献

[1] 倪春玲.“和融文化”理念下引领幼儿园教师专业发展［J］. 幼儿100，2020（9）：15—16.

[2] 金燕莉. 提升幼儿园新教师课程建设能力的路径设计与实践［J］. 幼儿100，2020（10）：18.

[3] 陈微. 课题研究“零基础”教师群的精准施策［J］. 幼儿100，2020（6）：20—21.

[4] 孙为为. 以构建成长型思维为载体提升幼儿教师自我管理能力的策略分享［J］. 幼儿100，2020（4）：19—24.

[5] 周兴国.“师徒结对”模式下的青年教师培养：问题与反思［J］. 当代教师教育，2012（12）：23—26.

支持·引导·完善——儿童计划中教师有效支持的实践研究

（周萍萍　浙江省杭州市萧山区瓜沥镇第二幼儿园）

摘　要：儿童计划是目前在游戏过程中，深受教师和幼儿喜欢的一种以儿童为主体的评价方式，如何让儿童计划更加周全，提高幼儿游戏计划能力，在幼儿制订计划的同时，教师能尊重并回应幼儿的想法，倾听幼儿的想法和感受，本文从问题支架，引导幼儿在思考后制订计划；图文支架，引导幼儿在互学中表达计划；慧心引领，引导幼儿在过程中完善计划三方面进行研究和思考。

关键词：儿童计划；教师支持；自主游戏

游戏是幼儿主要的学习方式，而评价则是幼儿游戏的积极助推剂。《幼儿园保育教育质量评估指南》中指出：重视幼儿通过绘画、讲述等方式对自己经历过的游戏、阅读图画书、观察等活动进行表征表达，幼儿能放心大胆地表达真实情绪和不同观点。儿童计划是目前在游戏过程中，深受教师和幼儿喜欢的一种以儿童为主体的评价方式，幼儿会用计划的方式呈现游戏过程，体现自己在不同阶段的想法，让幼儿在游戏中不断感受到自己是评价主体，从而主动、有效地参与到游戏评价中来。

如何让幼儿计划更加周全，提高幼儿游戏计划能力，在幼儿制订计划的同时，教师能尊重并回应幼儿的想法，倾听幼儿的想法和感受，对此我们进行了研究和思考。

一、问题支架，引导幼儿在思考后制订计划

《评估指南》在A3B4师幼互动中指出：教师要尊重并回应幼儿的想法与问题，通过开放性提问、推测、讨论等方式，支持和拓展每一个幼儿的学习。因此，教师要给予幼儿充分的信任，并通过三步提问法（直奔主题式提问、追根问底式提问和同伴启发式提问）引导幼儿逐渐明确计划的内容、熟悉计划的流程，让自己的计划越来越周全。

（一）直奔主题式提问

对于游戏中幼儿的问题，老师通过直接提问的方式引发幼儿的思考，并制订游戏计划。如在建构滑道的过程中，幼儿发现原有的滑道太短了，开心说：“好玩是好玩，但是我很快就到底下了……要是再长一点就好了……”星星附和道：“对，长一点会更刺激！还有就一个地方滑，他们总是不给我先滑，我得等很久。”此话一出，引起了其他人的共鸣，纷纷议论开来：“滑坡很滑，但是太简单了”“嗯，没有挑战性”……

于是老师运用直奔主题式的提问：“那你们觉得有什么办法可以解决这些问题？”

幼儿思考片刻，有了想法。“我们自己多搭几个赛道，这样可以很多人都来滑！”“可以自己先在纸上设计一下。”“长短、高低我们到时可以自己调整”……于是跟随着幼儿的思路，我引导幼儿在纸上画一画自己的赛道设计（见图1）。

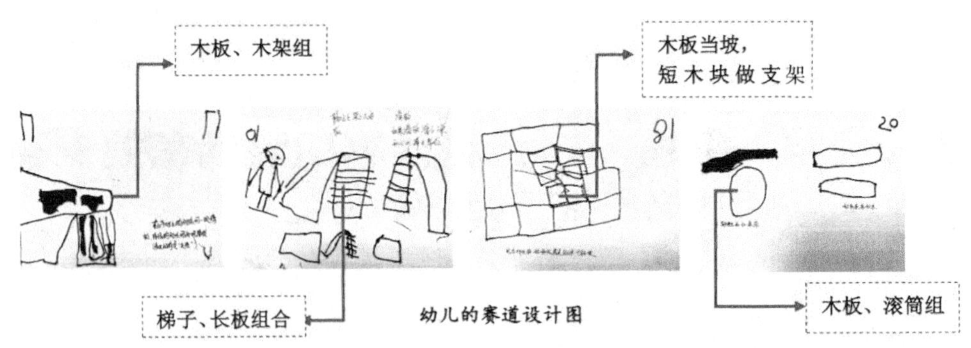

图1 赛道设计

（二）追根问底式提问

提问主要以激发幼儿的反思为目的，在老师连续性的追问中，幼儿对游戏计划或者解决的问题变得越来越清晰。如在“东倒西歪的滑步车案例中”，幼儿对于滑步车难以停放的问题处于“漠视”状态，很多幼儿秉着能放就放，放不好我就随便丢的原则。当小小观察员把问题呈现出来后，幼儿才开始积极地面对这件事情。后续老师提了关键的几个问题：①看看摆放滑步车的地方，你发现了什么？②为什么会这样？③你有什么办法吗？你会怎么做？④这样递进式的提问，帮助幼儿学着厘清思路，思考问题的解决策略。

（三）同伴启发式提问

随着圆桌会议、儿童会议等形式的出现，教师放手幼儿，引导鼓励幼儿通过同伴之间的交流互动，相互思考碰撞，来评价自己的游戏情况。

同伴之间的提问能促使幼儿表达真实的情绪和不同的观点，激发幼儿在游戏中的主动性，一起分享游戏中的经验。

二、图文支架，引导幼儿在互学中表达计划

计划能力是幼儿的一种内在情感和想法的表现形式，适宜的计划能帮助幼儿认知规划能力的不断增长，拓展幼儿的表征能力。大班幼儿虽然有一定的表现能力，但是常常以绘画的方式进行，比较单一。在很多时候这样单一的方式不能准确地表达清楚幼儿内心的想法，从而影响幼儿计划的制订。因此需要教师适宜的引导和讨论，梳理出方便形象的符号图示，从而提高幼儿计划和图文表达能力。

（一）记录符号共讨论

在游戏活动之后，通过讨论的方式，将幼儿之间的经验共享，提升幼儿图文表达的能力（见表1）。

表1 幼儿图文表达

符号	代表的含义	幼儿计划图	图解说明
⟶	1. 表示行进路线； 2. 表示指向	施浩宸	1. 车车总动员游戏的时候，“马路上”遇到车祸，要把小朋友送到医院； 2. 表示游戏中箭头指向下的同伴拨打了120

续表

符号	代表的含义	幼儿计划图	图解说明
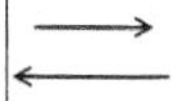	表示顺序		我们先去洗车，然后玩过家家游戏
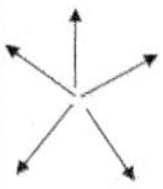	表示多项	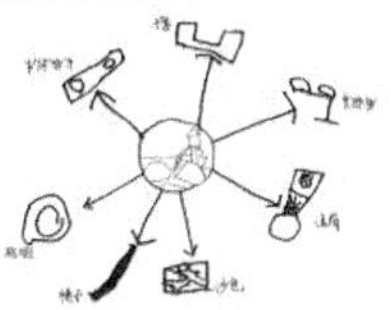	去小山坡游戏的时候，我想带上滑板、沙包……
……			

（二）多元表达促思考

符号的多元表达是指同一种符号代表不同的含义，在不同的内容中，同一种符号会表达不同的意思，在幼儿计划的过程中，运用适当的符号会使计划表达得更加清晰（见表 2）。

表 2　符号设计表

符号	代表的含义	幼儿计划图	图解说明
	表示重点标记	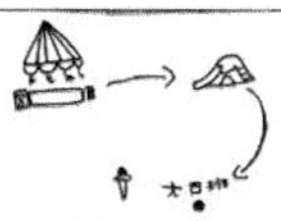	在郊游游戏中，把重点要去的地点用小圈圈的方式确定下来
	表示组合		在合作游戏中，把合作的小伙伴圈起来，表示我们是一个团队

在同伴之间的相互讨论，以及教师的支持下，幼儿看到除自己以外其他活动小组的表达和想法，运用多样化的图示表达，让自己的游戏计划更加清晰和完善。

三、慧心引领，引导幼儿在过程中完善计划

（一）倾听幼儿表达，助推游戏思考

评估指南中 A3B8 师幼互动中指出“教师要认真观察幼儿在各类活动中的行为表现并做必要记录，不急于介入或干扰幼儿的活动”，因此在幼儿自主游戏过程中，我们鼓励教师放手游戏，多观察游戏；在评价阶段，以“计划图”为评价工具的自主游戏评价，更是需要教师多倾听幼儿的表达，了解幼儿在游戏中的想法、设计意图以及幼儿的思考方式。教师不轻易帮助幼儿对游戏情景作出判断，尽量以旁观者的身份不干预不介入幼儿之间的讨论。可能幼儿的计划图还比较简单，但是教师要努力理解幼儿计划图背后丰富的思考。

（二）给予充分肯定，鼓励大胆验证

在学会倾听的同时，教师需要对幼儿在游戏中的问题、发现等表达给予充分的肯定，不评价幼儿计划的好差，引导幼儿用实际的操作来检验自己的思考。

（三）环境动态更新，呈现游戏过程

在幼儿游戏进行的过程中，教师将幼儿游戏过程中的内容在环境墙中进行展示，根据幼儿游戏的进程、问题实践的方式等方面进行及时的更换，用图片、照片或者游戏小故事的方式在环境中进行呈现。

图2　游戏过程呈现

如幼儿在石头园大改造过程中，教师将幼儿在游戏过程中碰到的问题，解决的方法，思考的内容等都一一呈现在环境中，这样的方式，有利于幼儿在日常教育教学过程中，围绕环境呈现，自主地进行评价。

四、我们的思考

我们通过儿童计划这一幼儿自我评价工具，记录下幼儿自己的想法，引导幼儿清晰地表达自己的思考，记录自己对材料、对同伴、对游戏过程的真实想法，支持幼儿游戏中的多元表达，让孩子在游戏中不断感受到自己是评价主体，从而主动、有效地参与到游戏评价中来。儿童计划的形成和使用，有效地填补了幼儿自主评价工具的缺失，方便教师收集每个幼儿的评价信息，从而便捷地处理评价信息。

（一）促进了自主游戏中幼儿多项能力的发展

1. 基于儿童计划的思考规划，提高幼儿游戏计划性。儿童“计划图”帮助幼儿明确了游戏的思路，学会规划自己的游戏，结合计划图，帮助幼儿梳理了游戏材料和游戏的方法，在幼儿自主游戏的过程中促进了幼儿计划性以及规划能力的发展。

2. 基于儿童计划的有序推进，增强幼儿游戏内驱力。儿童计划图记录幼儿在游戏中的关注点、兴趣点、问题点，以及相应的进行过程，这样的方式将幼儿游戏过程可视化，将幼儿游戏中的要点也凸显出来，从而激发了幼儿不断思考、不断游戏的动力，也提升了幼儿游戏的兴趣。

3. 基于儿童计划的记录表达，促进幼儿评价表达力。幼儿图文记录的能力也有了很大的提高，从一开始笼统地呈现自己的想法，到后续能运用多种符号有针对性地表达游戏中的问题与思考；幼儿评价的时间点也更加丰富了，有和老师的一对一倾听过程、有和同伴的小组评价，当然也有在自主游戏后的集中评价，评价的地点也更加多元。

（二）提升了教师幼儿自主游戏支持能力

1. 观察和解读。观察和解读幼儿的游戏行为是幼儿教师的一项基本技能，只有读懂幼儿游戏，我们才能提供适宜的支持与引导，推进幼儿的游戏发展。把“儿童计划”作为一种幼儿自我评价的工具，解放教师对于游戏的加持，而是以一种轻松的氛围走近幼儿，了解幼儿：看到幼儿游戏中的持续探究、看到幼儿游戏中的坚持专注投入的学习品质。

教师在这样的理念下，将游戏评价的权利还给幼儿，让幼儿能够做好游戏的真正主人，将幼儿放在正中央，发现儿童最真实的现场。

2. 倾听和放手。在课题实施过程中，教师站在幼儿的视角追溯游戏的过程，真实地记录游戏现场，不做单向迁移和单方判断，以幼儿真实的行为思考他们的经验，由经验解读幼儿。把“儿童计划”作为解读的支持点。耐心地倾听幼儿的表达，最大限度地“不打扰”幼儿的游戏，以热衷的心态“倾听”幼儿的“表达”逐步实现了教师退位式的、隐性化的指导，给予幼儿更多发展的可能。

我们将一直行走在发现幼儿最真实游戏的路上，坚守一份初心，创造条件让幼儿能够发出更多的声音，让教师也能更好地发现真实的幼儿。

参考文献

[1] [英] 艾莉森·卡拉克．倾听幼儿——马赛克方法 [M]．北京：中国轻工业出版社，2020.

[2] 雷有光，冯美婷．学习品质视域下的学龄前儿童教育游戏设计与开发研究 [J]．中国电化教育，2020 (2)：126—133.

[3] 刘焱. 儿童游戏通论 [M]．北京：北京师范大学出版社，2004.

户外自主游戏中培养中班幼儿同伴交往能力实践研究

（冯国琴　浙江省杭州市萧山区瓜沥镇第二幼儿园）

摘　要：我们幼儿园特有的“足球小天地”“沙水”“小山坡”“操场南”“小黄车”“虫虫乐园”等生态资源场地，是幼儿游戏的场地，让幼儿有更多机会接触大自然。户外自主游戏是幼儿最喜欢的活动之一，在户外自主游戏中同伴的交往活动形式丰富多彩，是促进幼儿交往能力的一个平台，也是幼儿形成一个健全人格的重要场所，对于中班幼儿在户外自主游戏中交往能力培养有一定的实践意义。

关键词：自主游戏；同伴交往；同伴交往能力

一、研究缘起

户外自主游戏中幼儿同伴交往方面存在一些问题，我们发现每周2～3次的户外自主游戏中会出现游戏不能继续进行、幼儿以自我为中心、同伴冲突、同伴拒绝等消极行为，需要去解决，这样活动才能继续，针对这些情况进行深入了解调查分析、观察记录、并制订计划实施相对应的策略，让幼儿形成一个良好的交往意识，促进幼儿社会性的发展，形成一个良好的个性心理。

二、研究设计

《指南》社会领域人际交往目标2“能与同伴友好相处”中指出：“会运用介绍自己、交换玩具等简单技巧加入同伴游戏。对大家都喜欢的东西能轮流、分享。与同伴发生冲突时，能在他人帮助下和平解决等。”中班的大部分的幼儿表现出自己玩，出现同伴冲突，这里就需要一个交流的过程，需要去内化，引导同伴间如何正确地交往，如何感受、适应协调，会尝试着同伴协商处理等，从而朝着友好合作的方向发展，体验集体活动带来的乐趣，也培养了幼儿同伴交往能力。这也是这个研究的意义所在。

自主游戏同伴交往实践研究设计如图1所示。

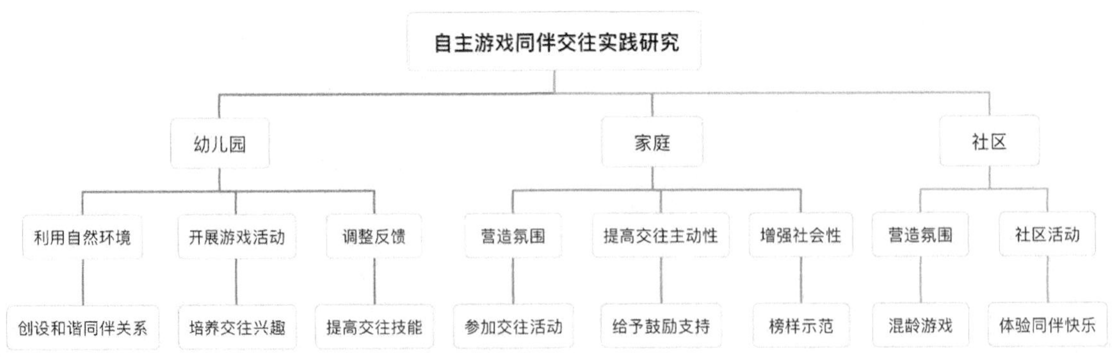

图1　自主游戏同伴交往实践研究

三、研究的具体操作

（一）研究的内容

同伴交往现状调查分析：

中班幼儿社会性的发展，使中班幼儿更好地融入社会，幼儿园的人际交往对幼儿社会化发展非常重要。因此针对中班幼儿户外游戏中同伴交往从以下四个方面进行分析。

1. 同伴交往性别情况

表1　中班游戏中同性和异性之间同伴交往的观察情况

项目	同性交往	异性交往	综合性交往
数量	13	6	12
百分比（%）	41.94	19.35	38.71

表1中可以分析并发现，有41.94%的幼儿在同伴交往中愿意和同性的幼儿交往，即男孩和男孩玩、女孩和女孩玩；有19.35%的幼儿在同伴交往中愿意男孩和女孩一起玩；有38.71%可以综合性地玩，可见幼儿对性别的同伴交往有自己的想法，同性别的幼儿同伴交往比较多。这也是游戏中常见的现象。

2. 同伴交往态度情况

表2　中班幼儿游戏中同伴交往态度观察记录情况

性别	男孩交往		女孩交往	
项目	人数	百分比（%）	人数	百分比（%）
积极同伴交往	9	29.03	14	45.16
消极同伴交往	5	16.13	4	12.90

表2中可以分析出，游戏中同伴交往态度积极交往的女孩所占的百分比比男孩高，可见女孩的交往态度积极性相对高一点，男孩比较粗犷，因此消极的同伴交往会多一些，这也是问题所在。

3. 同伴交往技能方式方法情况

表3　中班幼儿游戏中同伴交往方式观察记录情况

项目	数量	百分比（%）
主动交往	18	58.06
攻击交往	3	9.68
拒绝交往	3	9.68
言语协调	2	6.45
请求帮助	5	16.13

从表3中可以分析出：主动交往的幼儿所占比例为58.06%，攻击交往和拒绝交往均占9.68%，可以看出幼儿缺少交往技能，请求帮助的也有5人，占一定的比例，可见幼儿的交往兴趣有待培养。

4. 同伴交往社会礼仪情况

表 4　中班幼儿游戏中同伴交往社会礼仪情况

项目	数量	百分比（%）
有礼貌	20	64.52
同伴友好	19	61.29
无视师长同伴	11	35.48

从表 4 中可以分析出：中班的幼儿基本礼貌达到 64.52%，同伴交往友好的 61. 29% 人，无视师长同伴的也占 35.48%，可以看出社会性礼仪有待提升，并进行培养，同伴影响等。

在游戏中基于以上问题，进行分析，制定相对应的策略，并进行落实，真正促进幼儿同伴交往、社会性发展。

（二）策略实施

对现状进行了分析后，确认了对幼儿进行同伴交往主要通过幼儿园和家庭、社区来完成。本着以幼儿为本，从幼儿园出发，进一步培养同伴交往。《指南》社会领域中指出："人际交往里的子目录里愿意与人交往、能与同伴友好相处。"体现出良好社会性发展的重要性。而幼儿的社会性主要是在日常生活和游戏中通过观察与模仿潜移默化地发展起来的。因此有必要在幼儿的户外自主游戏中进行观察与研究等。

1. 幼儿园

（1）首先是利用自然环境，创设和谐同伴关系。

①丰富游戏材料、拓展交往空间（见图 2）。

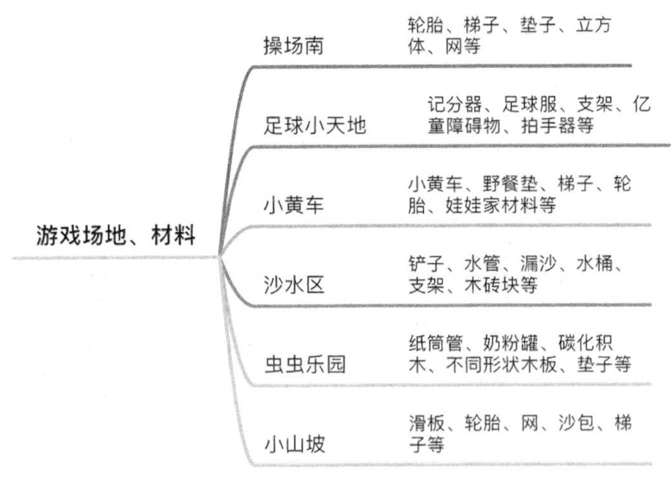

图 2　拓展交往空间

针对户外自主游戏，进行为期 1 个月的固定场地游戏，如 9 月在操场南场地、10 月在足球小天地场地、11 月在小黄车场地、12 月在沙水区、1 月在虫虫乐园场地、3 月在小山坡场地，让幼儿在熟悉材料、熟悉玩伴的基础上进行为期一周 3 次户外自主游戏，材料准备充分，并根据幼儿需求不断更新材料，提供同伴交往的平台，鼓励幼儿同伴间的交往等。

如"沙水区"的游戏"斜拉桥"中两个男孩恺恺和绍晨用的材料有铲子、水管、水桶、支架、木砖块、沙漏等，幼儿充分运用沙水区的支架材料，特别是高个儿的恺恺和绍晨很会找材料、运材料等。

活动中材料多样化，教师的支持性言语，让幼儿有了玩伴，一起交往一起合作，从中拓展了交往空间，使游戏继续进行，并在探索中成长。

②交流方式多样化，体验交往情感。

(2) 其次是定期开展幼儿喜欢的户外自主游戏，培养幼儿同伴交往的兴趣（见图 3)。

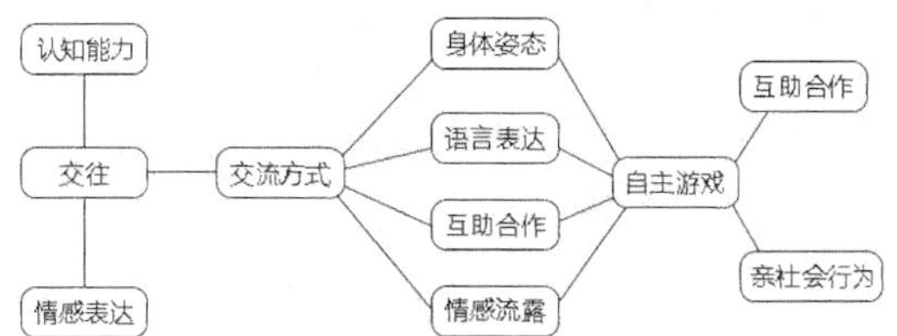

图 3　培养幼儿交往兴趣

以下是幼儿在场地中一起游戏，用身体姿态、语言表达、互助合作、情感流露等，形成一种亲社会行为，学习交往等。

支持策略：语言提示，引导幼儿深入思考、探索、建构等。幼儿针对冲突能在成人帮助下和平解决。从两人一开始的合作运材料、搭积木中可以看出同伴的配合默契，到后来的再次一起合作，这就是真情流露的表达，教师引导鼓励幼儿同伴间的合作、分享等。

(3) 调整反思，培养幼儿同伴交往技能。

一是游戏激发，交往兴趣

分享给予肯定，加入游戏。

二是交往情景，真实体验

轮流、交换、合作、理解等。

三是分享交往，情感升华

①结合图片、视频、语言交流分享交往的行为。

②表征展示交往方法与问题。

③升华交往技能。

2. 家庭中

①营造氛围，引导幼儿参与同伴交往活动。

②激发幼儿交往主动性，给予鼓励支持。

③增强社会性，家庭成员进行榜样示范。

3. 社会中

多方合力，促进幼儿与同伴交往。

四、研究成果与思考

在户外自主游戏中，幼儿园为幼儿营造良好的交往环境，让幼儿自主地结交朋友，可以一起运材料、一起搭建、一起探索问题等，在教师的支持与鼓励下，主动结交朋友，然后决定要玩的游戏主题，不仅提高了交往能力，也提高了解决问题的能力。

现结合表 5 说明实施后同伴交往的成果：

表 5　实施效果综合汇总

项目	主动交往	拒绝交往	请求帮助	言语障碍
人数	24	2	4	1
百分比%	77.42	6.45	12.90	3.23

表 3 和表 5 对比，可以分析出幼儿在游戏中同伴主动交往从原先的 18 人增加到 24 人，可见实施的有效性；拒绝交往、言语障碍也变得少了，分别为 2 人、1 人，其中更多的是环境创设与交往技能的培养；请求帮助项目也从原先的 5 人减少到 4 人，有点进步，中班同伴交往更多的是需要成人的帮助引导他们解决问题，并接受同伴的意见等，从而一起进行分享，形成一个亲社会行为。

反思：每周一次的"交往之星"评比中，大家会选出同伴交往中友好合作的榜样，教师和家长都应该关注幼儿同伴交往，为其提供有利的发展空间，并为幼儿树立正确的教育观，在探索中研究，使幼儿在智力发展的关键期能得到"交往"这把开启心门的金钥匙，真正促进幼儿健全人格的形成，并健康快乐地成长！

参考文献

［1］教育部基础教育司.《幼儿园教育指导纲要（试行）》解读［M］．南京：江苏教育出版社，2002.

［2］幸福新童年编写组.《3～6 岁儿童学习与发展指南》解读［M］．北京：旅游出版社，2012.

［3］王琳琳. 符号与角色：学前融合教育背景下幼儿同伴交往研究［M］．北京：中国社会科学出版社，2022.

绘本阅读活动中幼儿的情绪情感教育现状研究

（陈丹琴　江苏省南京市栖霞区迈皋桥幼儿园丁家庄三分园）

摘　要： 绘本阅读活动为情绪情感教育构筑了一个完美的场域，但想要促幼儿情绪情感素养的发展却并不容易。从实践的观察中就可以发现，无感的“小大人”、失控的“闹天使”，走神的“迷糊仙”现象屡见不鲜，情绪情感教育的成效难以深入幼儿心灵，成为各方关注的焦点问题。

关键词： 幼儿绘本活动；情绪情感教育；自控能力；精神养分

情绪情感教育，是指在幼儿成长过程中充分利用生活和学习过程，对其情绪情感的自我管理素养进行正向引导，使之能够更好地运用情绪情感进行相互的交流和开放的表达，真正成长为情绪情感的主人。在幼儿园的教育教学活动中，应借助多元形式开展情绪情感教育，其中绘本阅读活动就是最常用有效的方式。本文就将对幼儿在绘本阅读活动中情绪情感表现进行深入研究，发现存在的问题，找到应对的策略，切实为幼儿情绪情感教育品质的升级，提供全新的解决方案。

一、绘本阅读活动中情绪情感教育的开展情况

在当前的情绪情感教育活动中，教师非常注重绘本阅读这一优质载体的运用。在实践的教学过程中，幼儿教师会通过小组绘本阅读、师幼共读、角色扮演等多种方式，引导幼儿基于绘本内容进行情绪情感的感知与训练。总体来看，当前幼儿园基于绘本阅读开展情绪情感教育的实践比较丰富，也取得了一定的成效，是有效助力幼儿情绪情感素养发展的重要路径之一。

二、绘本阅读活动中情绪情感教育的问题分析

虽然绘本阅读活动为幼儿的情绪情感教育提供了完美的场域支持，幼儿园也切实利用了这一天造地设的组合，切实助力了幼儿情绪情感能力和素养的发展，但在实践的推进过程中却存在一些普遍的问题。综合实践观察可以发现，相关问题主要表现如下。

（一）无感的“小大人”

在绘本阅读过程中，有不少幼儿因受到家长告诫，长辈劝说或不良示范的影响，往往做出“小大人”的姿态，故意遏制心中的情绪或情感，对所接触的事物表现出“这真幼稚，我不感兴趣”的模样，并将其融入自己的行为和成长之中。

（二）失控的“闹天使”

在绘本阅读过程中，失控也是一个常见的问题。所谓失控的“闹天使”，就是幼儿在阅读过程中，会因阅读内容调动起自己的情绪，并实现情绪或情感的快速放大，最终自己都无法控制，以大笑、大哭、大闹的形式表现出来。之所以会出现失控的“闹天使”，主要是因为幼儿自身的情绪情感管理能力相对有限，自控能力明显不足，在绘本的启发带动下，其情绪情感容易陷入无序的状态之中。

（三）走神的“迷糊仙”

在幼儿绘本阅读活动中，一些幼儿对阅读内容不感兴趣或缺乏基本的热情，因而经常会陷入走神的状态之中，成为阅读活动中的“迷糊仙”。教师所采取的教育、引导、启发、带动手段，很难对该类幼儿产生直接的作用。之所以会出现这一问题，归根结底就是因为幼儿的情绪情感没有得到有效的调动，绘本阅读这一载体的作用没有发挥出来。

三、绘本阅读活动中情绪情感教育的创新对策

绘本阅读活动，作为优质的情绪情感教育载体，仍是切实促进幼儿情绪情感素养发展的关键平台。在实践的教育教学活动中，应针对“小大人”“闹天使”“迷糊仙”的客观问题，采取针对性的应对措施，切实解决情绪情感教育的问题，助力幼儿情绪情感素养的全面发展。在实践的教学中，建议采取以下措施。

（一）沉浸式氛围，使绘本阅读变为心灵旅程

在绘本阅读过程中，教师可以通过微环境、微情境、微景观的创设，来营造更富沉浸感的阅读气氛，进而使幼儿的情绪得到适度的放大，使幼儿的情感得到适度的增强，使幼儿的天性得到充分的释放。最终辅以正确的情绪和情感引导，就能达到有效化解“小大人”问题，助力幼儿情绪情感素养全面发展的目的。

例如：在《拇指姑娘》的绘本阅读过程中，幼儿对可爱、善良而又勇敢的拇指姑娘非常喜爱，相关的绘本阅读效果也比较理想。幼儿会紧跟拇指姑娘的步伐，感受波折起伏的情绪情感动态。在这一教学过程中，教师就制作了拇指姑娘的微景观，用剪纸、泥塑、雕塑、积木等搭建起拇指姑娘的故事景观，并通过多媒体的有效应用，以声、画、像的形式，创设了拇指姑娘的微情境，借助优美风情的背景音乐，激发幼儿的感情，使幼儿在沉浸于拇指姑娘的故事时，能够在音乐情境和景观的综合推动下，全面释放内心的情绪和情感，真正把绘本中拇指姑娘的旅程，转变为自己心灵的旅程，体悟情绪情感变化所带来的充实的人生体验。

从上述案例中可以看出，以幼儿为中心，通过多种手段营造阅读气氛，以沉浸式阅读的方式实现对幼儿情绪情感的有效激发，能够切实应对“小大人”问题，使幼儿沉浸于绘本阅读之中，通过心灵的旅程，来感受情绪情感的变化，最终在别人的故事中感动自己，真正学会合理地释放情绪情感、表达情绪情感。

（二）合作式活动，让绘本阅读变成意志道场

在绘本阅读过程中，有效的行为规范、行为示范和行为带动，能够让幼儿在阅读时模仿教师、同伴的行为进行深层次的阅读，并将阅读过程中的情绪情感，转化为内心深处的动力，切实促进自身情绪情感素养的有效发展。

例如：在一次小班绘本阅读活动中，教师引导幼儿分成了兴趣小组，选择自己喜爱的绘本来进行阅读。在阅读时，大家一起安静地沉浸于音乐、故事、情绪情感的波动之中，彼此非常融洽。但由于是分组进行，一些小组中部分幼儿出现了情绪失控的情况，大笑、大哭、大闹。此时，同组的幼儿就会轻轻地劝说他，引导他，教师也会主动与其交流，告诉他该如何安静下来，教师还会现场示范，如何用深呼吸来调整情绪，如何用面部动作来替代肢体动作，如何将情绪情感力量收纳于心。在教师和幼儿的带动下，大哭大闹的“闹天使”最终沉静下来，沉浸于自身的心灵深处。

在这种合作式活动中，教师和幼儿所组成的合作团队，对每一个人都形成了一种正向的约束，安静阅读、沉浸阅读和高质量阅读的行为带动，使幼儿的意志得到了有效的磨炼。教师亲身示范更是教会了幼儿如何来通过身体的动作，控制自己的情绪和情感。就这样，绘本

阅读活动成了幼儿磨砺自己意志，控制自己情绪，约束自己情感的道场。

（三）深层激发，让绘本阅读变成精神大餐

在绘本阅读活动中，走神的“迷糊仙”会影响情绪情感教育的成效，也会造成不良的行为示范，因此，在绘本阅读活动中，教师必须能够以绘本阅读活动本身为切入点，针对走神幼儿的特点，进行合理的带动，深层次激发起幼儿的阅读热情，让幼儿更好地参与到情绪情感的教育活动中来。

例如：在幼儿园的绘本阅读活动中，幼儿教师应对幼儿个体的兴趣、爱好、偏好进行深度分析，通过与家长沟通，与幼儿沟通，对其行为进行观察等多种方法，真正把握幼儿的兴趣所在。然后，在进行绘本阅读的过程中，就可以针对其兴趣特点为其推荐相应的阅读书目，由于这些书目基本符合其兴趣偏好，往往能给其带来全新的体验，因此，“迷糊仙”也会爱上绘本阅读，也能在阅读中收获更多的快乐。在这种找到兴趣开始阅读，并逐步学会沉浸式绘本阅读的进步过程中，情绪情感教育也就慢慢融入幼儿的成长之中，并能随着幼儿的不断发展，而产生更加巨大的推动作用，让幼儿的情绪情感素养得到有利的成长。

四、总结

在绘本阅读活动中情绪情感教育的有效展开，是切实促进幼儿情绪情感素养发展的关键路径。针对无感的“小大人”、失控的“闹天使”以及走神的“迷糊仙”问题，教师可以尝试通过氛围的营造，来构筑沉浸式绘本阅读环境，让幼儿把绘本阅读变成心灵旅程。与此同时，幼儿教师可以尝试通过合作分组，相互带动的方式，实现行为层面的有效约束，有效示范和有效引领，让幼儿由外而内做好情绪情感的控制，借助绘本阅读来修炼自己的心性。

最后，幼儿教师要针对不爱阅读，无法融入情绪情感教育过程的幼儿，采取主动的激发措施，针对其显著的兴趣、偏好或特点，为其推荐与之相适应的绘本阅读，鼓励其沉浸于绘本阅读之中。在兴趣推动下，主动去阅读更多优质内容，只要其能在逐步阅读，逐步沉淀，逐步发展的成长过程中，保持积极向前的态势，情绪情感的力量，就能逐步注入其心灵深处，持续为其提供精神助力。

参考文献

[1] 苏文文．幼儿园绘本教学中情感教育的缺失及对策［J］．教育界，2021（30）：81—82.

[2] 陈倩文．情感教育在幼儿园分享阅读教学中的实施策略探究［J］．新智慧，2021（19）：39—40.

[3] 张丽萍．幼儿绘本教学中渗透情感教育探微［J］．新课程，2021（27）：114.

[4] 徐旭霞．试析幼儿绘本阅读中的情感教育策略［J］．成才之路，2020（30）：56—57.

[5] 李晓京．幼儿绘本阅读中的情感教育策略分析［J］．中华少年，2020（9）：9—11.

[6] 徐燕华．探讨幼儿绘本阅读中的情感教育［J］．当代家庭教育，2019（36）：45—46.

遇见你，陪着你

（张巧巧　四川省直属机关实验婴儿园）

摘　要：陪伴不只是口头上说说而已，而是能够站在幼儿的角度，真正感受到他的需要，然后陪着他一起去做，让其在点点滴滴的累积中，慢慢成长。陪伴本身就是一件幸福的事，在未来的时间里，我还想走进更多幼儿的心，将这些一簇簇的棉花揉成一团洁白的云朵，自在地遨游在天空中。

关键词：挑食；畏难情绪；情感连接

一、我觉得我为你好

现象 1：

最初进餐时，SY 的坐姿是后背靠着椅子，两腿伸直，双手自然下垂放在身体两侧。于是，每次他端好饭以后，我都会站到他旁边，时刻叮嘱他收回双腿，椅子再靠近桌子一点，后背打直，右手拿筷子，左手扶碗。对于我的提醒，他的反应是边点头边说："知道了。"但就是不行动。因此，我会用手帮助他改善坐姿，然后像提线木偶一样拎起他的右手拿好筷子，再拎起他的左手去扶碗，这样他才会勉强吃一小口。

分析与措施：

看着他不熟练的用筷子方式，老师们猜测他是不是不会用筷子，因此才会出现以上这个现象。于是，我们通过家园沟通的方式，向家长描述了他在幼儿园的进餐情况，家长的态度是他想吃多少就吃多少。但 SY 在幼儿园的实际情况是：只要老师不管，他就完全不进食。又想到现在正是他长身体的时候，本着为了他好的想法，我们征求了家长的意见，是不是可以将他的筷子换成勺子。在幼儿园里，老师又问了 SY 自己的想法，他选择使用勺子。经过多方协调，最终我们将 SY 的用餐工具换成了勺子。

现象 2：

吃饭时总爱发呆，老师提醒他赶快吃饭，总是口头上回答知道了，行动上没有变化，而且送进嘴里的每一口饭都会嚼很久。

现象 3：

老师：SY，今天和你们组的小朋友比比赛，看看谁能够第一个吃完。

SY：那谁来喂我啊？

老师：没有人喂你，这个比赛需要你自己努力。

SY：不喂，那我就不吃呗。

老师：可是，吃饭是你自己的事情。

SY：但是我不想吃。

分析与措施：

据我观察，他对吃饭这件事的态度还停留在：吃饭是老师的事情，他是在帮老师完成任务。于是，这次午餐结束后，我就和他进行了一次一对一的谈话。在这个过程中，他回应我最多的就是："但是我不饿""我不想吃""我不喜欢吃"。因此，我就围绕吃饭是他自己的事情、吃饭对他来说有什么好处跟他进行交流，例如：告诉他，吃饭是每个人每天都要做的事情，这样我们才会长高、变得有力量、变强壮、不生病、顺利排便便……谈话的最后，他的表现是：不再用语言来反对我的说法，表情上呈现出一副似懂非懂的样子。

二、我知道你的困难

一对一的谈话过后，我观察到他舀饭越来越大口了，偶尔也会看到他舀饭到嘴里时会有皱眉、难受的表情，有时还会伴有干呕现象。谈话中他多次说道："我不喜欢吃……"，原来SY 最大的困难是：挑食严重！

分析与措施：

尽管已经知道吃饭是自己的任务，但每次所剩饭菜量偏多，给他带来压力。不喜欢难道就不吃吗？这显然是行不通的。与班上的老师沟通过后，我们决定减少他的饭菜量。一开始我们把量减少为原来的 1/2，发现对他来说，还是很难吃完，每一次端饭时，他都会对老师说："太多了，再少一点吧。"为了让他在吃饭这件事情上获得一点点成功的体验，得到正强化，从而形成良性循环，于是老师们将他的饭菜量在现在的基础上又减少了 1/2。这个方法是目前持续时间最久，且效果最好的方法。

小结：

交替使用各种方法后，初见成效。元旦节后返园，他连续五天都是主动、快速地吃完饭。每一次吃完以后，老师都会对他进行及时表扬（例如：送他喜欢的 sticker、邀请他下午第一个出去户外游戏……）。而且在周三的时候，我们还悄悄地增加了他的饭菜量，SY 在端饭时也没有提出"太多了吧，再少一点"等意见。

猜测与分析：

SY 这一周的变化，让我感触很深，我不知道他下一周是不是还会有这样的表现，也不敢对他挑食的行为就此下定论。

首先，我猜测是因为这一周的菜品都是他喜欢的，所以才会有这样的表现。于是我翻出这一周的菜谱进行核对分析，发现炖鸡面、杂粮排骨煲、鲜肉酱包、黄焖鸡、三鲜水饺等，这些都是他曾经说过的自己不喜欢的食物，但是这一周都吃了。因此，我排除了这个猜想。

然后，我又突然想到了"情感连接"这个词。会不会是我的坚持与陪伴，经过时间的累积，让他感受到了我的付出，于是他想要用自己能表达的方式来回应我的付出。接着，我就对我和他之间的一些互动进行了回顾。

三、我们之间的小美好

"情感连接"这一猜想，并不是凭空而出的。我在回忆与 SY 之间的一些互动时，发现有好几次的互动都让我印象深刻，而且特别感动。

小美好 1：

有一天下午，我和金老师在我们班的绿草坪上分析整理个案，小朋友们吃完饭后正在整理衣物，SY 从教室里出来后，直接朝我跑来对我说："张老师，你可以帮我整理一下裤子吗？"我给他整理时金老师就问他："SY，你今天这么快就吃完了吗？"SY 很骄傲地回答："对啊。"接着金老师又问："今天晚上吃的什么呀？"他说："吃的稀饭。"金老师："那我猜今天肯定还有包子。"SY 笑着说："是的。我很快就把包子吃完了。"还没聊完，他就被叫回班上去了。

分析：

后来，我和班上的老师聊起这件事，曹老师说，SY 吃完饭后，老师先表扬了他，然后请他去外面找段老师整理裤子，结果他出来后就直接跑到我这边来了。猜测他应该是想在第一时间告诉我他今天的表现。

本来我和金老师就正在探讨关于他的情况，加之那天阳光又特别好，看到他奔向我的那一刻，我觉得特别暖心，我当时的感受是：我不在班上，他的心里却还挂念着我。我总是在他最不喜欢的吃饭环节靠他更近，并且在他旁边不停地叮嘱他吃快一点，多吃一点……我以为他会嫌我唠叨，没想到他不仅没有反感我，而且在自己有一点点进步时，就希望让我知道，得到我的肯定。

小美好2：

⑴户外游戏时间，和同伴玩怪兽抓人游戏时，跑到我身后，抱着我的腿说：有怪兽要抓我，快点保护我吧。

我：那我会被吃掉吗？

SY张开手里拿了“武器”的双臂说：没关系，我会保护你的。

⑵户外游戏时间，SY主动找我玩：张老师，我们一起来玩这个球吧。

我：怎么玩呢？

SY走到离我有两米远的位置说：我教你吧。我把球抛过来，然后你就接住。

⑶集体玩“老狼老狼几点了”的游戏结束后，有的小朋友还没有玩尽兴，刘老师请小朋友自己去找小伙伴合作，进行这个游戏。

SY立马朝我走来说：“张老师，我们来玩‘老狼老狼几点了’的游戏吧。”

我：你可以找其他小朋友玩吗？

SY：但是我就想找你玩。

分析与感受：

就这些小小的互动，让我觉得好像我能够给他带来安心，然后他的语言和行为又能够让我感到暖心。我想，在他的心里，我不仅仅是帮助他解决困难的老师，还是他游戏中的好朋友、好搭档。

小美好3：

面面送了一幅画给SY，后来这幅画被他撕成了很多碎纸，他告诉段老师等他用完这些纸片以后，就会交给老师。其实他和段老师的对话我之前并不知情，是后来聊天的时候从段老师口中得知的。

（教室里）

他把这些碎纸片送给了我。

我疑惑地问：这是什么？

SY：就是一些纸呀。

我：为什么要给我呢？

SY：我觉得很漂亮，就想送给你。

我：好吧，谢谢你啊。

（我在盥洗室洗盘子）

SY：张老师，把那些纸再给我用一下吧。

我：你拿去干吗？

SY：里面还有一些力量，乔治需要用一下。用完了我会全部再还给你的。

（送回纸片）

我：老师的手还是湿的，请你帮我揣到包里一下，好吗？

SY：好的。你可以拿它来装扮教室，很漂亮的。

分析与感受：

本来我以为这些就是一堆很普通的碎纸，根本没什么用，也许等到放学以后，我就会把它扔到垃圾桶里面，结果没想到在我和SY之间来来回回了好几次，反而变得更有意义了。于是我就和SY商量把这幅画重新拼好，粘在我的笔记本上留作纪念。拼图时的分工也是由他来安排。

四、收获与总结

在帮助 SY 成长的过程中，我不断地更新方法，找到贴合他的最佳方案。当采取的措施毫无作用的时候，我也会变得着急与无力，感到十分挫败，但我并没有轻易放弃。因为陪伴不只是口头上说说而已，还要能够站在幼儿的角度，真正感受到他的需要，然后陪着他一起去做。在点点滴滴的累积中，慢慢成长。

陪伴本身就是一件幸福的事，在未来的时间里，我还想走进更多幼儿的心，将这些一簇簇的棉花揉成一团团洁白的云朵，自在地翱翔在天空中。

幼儿园融合教育中特殊儿童体育教学的探索与思考

（李杰　云南省昆明市盘龙区东华幼儿园）

摘　要：游戏是保障特殊儿童身体健康发展的重要因素：体育游戏是特殊儿童认识自我、探索体验和认识外部环境的重要方式。游戏过程中获得的经验，有助于提升特殊儿童认知、情感、动作等各方面的能力。特殊儿童可以学习运动的基本技能，提高运动的质量，使身体和运动能力得到发展。户外游戏活动是特殊儿童认识自我，探索、体验和认识外部环境的重要方式，它有益于特殊儿童的心理健康，可以促进特殊儿童身心各方面的学习与发展，对特殊儿童的全面协调发展具有重要的意义。

关键词：特殊需要儿童；户外游戏；儿童体育

一、特殊儿童定义及主要表现特征

特殊儿童在肢体、感官、智力、语言或情绪行为等方面与正常儿童存在明显差异。这些儿童在日常功能性活动、体育运动能力、智力水平等方面明显落后于同龄人所预期的水平。在人际交往方面，由于身体缺陷或生理缺陷，他们不愿与外界交流，不愿参与集体活动，活动中由于动作笨拙，学习速度慢等，害怕同伴取笑，严重时出现自闭症和孤僻症等情绪行为问题。

二、特殊儿童体育教育现状分析

通过对特殊教育学校或机构的课程调查显示，课程内容主要包括吃饭、洗手洗脸、上厕所、穿衣服、穿鞋子等日常生活功能性活动，幼儿特殊教育，在学习知识方面主要有拼音、数数、画画、简单的汉字等，对于体育教学课程内容也较为匮乏，主要是散步和简单的小游戏。大多数体育教师是其他特教老师兼职，教学不规范，体育课程内容设置也不完善，很多教师对于特殊学校体育教学特点缺乏规范的认识，在教学方面，简单照搬普通学校，没有根据特殊儿童身心特点开展体育活动，体育教学在特殊教育中的作用也不明显。

三、体育教学对特殊儿童身心发展的作用

很多国内外研究者研究表明，体育干预教学对于特殊儿童身体康复治疗，如促进大脑功能发育、身体协调能力、平衡能力、灵敏性等方面具有积极作用。这个时期，特殊学校课程的发展特别是体育教学明显落后于普通学校。现在的特殊学校所采用的教材，大多是普通学校教材，仅仅通过降低标准和放慢速度，对于特殊儿童来说难度也是非常大的。

特殊儿童由于先天发育或后天因素等问题，身体机能状态明显低于正常儿童。身体协调能力、平衡能力、灵敏性等均较低，通过体育教学中，一些走、跑、跳等身体练习动作以刺激大脑皮层相关中枢神经系统作用，促进其本体感觉发生功能性变化，以提高身体机能状态。体育游戏不仅可以提高身体协调能力、平衡能力、灵敏性等素质，还可以提高学生参与体育活动的兴趣和积极性。另外，在儿童心理方面也有积极的作用，有些特殊儿童幼儿由于自卑、自闭等心理不愿参与体育活动，不愿与人交往，通过适宜的体育活动，让他们体验运动中的乐趣，从而带来身体上的锻炼和内心的放松。

四、体育游戏干预，促进特殊需要儿童身体素质发展

体育游戏是特殊儿童参与体育活动的主要形式，不仅可以使儿童认识自我、体验生活，也是探索外界环境重要的途径。游戏中不仅可以提高儿童注意力、记忆力、语言能力、思维创新能力等，对提升认知、情感、运动等能力也有非常积极的意义，同时外界信息刺激大脑相关中枢神经系统作用，对提高特殊儿童感觉统合能力、本体感觉能力等方面具有积极的意义。

（一）感觉统合训练

游戏一：抛接球游戏

这一游戏，不仅可以锻炼学生手眼协调能力，还可以锻炼学生反应能力和判断力。要求学生手持一软式排球，抛向另外一边学生，距离大约一米，随着熟练程度提高，逐渐增大间隔距离。另外一边学生需要通过调整身体姿势接住对方来球。

游戏二：平衡板游戏训练

通过手眼、肢体协调来达到倾斜中的身体平衡，对手眼协调不良、身体协调不良的儿童具有很大帮助。让学生站在平衡板上，两脚分开站立，教师辅助做身体左右摇晃，重心在两脚之间移动，反复几次让学生自己独立完成动作，保持身体平衡。等动作熟练之后，可以站在平衡板上进行抛接球练习。

（二）本体感觉训练

游戏一：趴地推球

通过锻炼颈肌的控制力，促进手眼协调，稳定情绪。要求儿童趴在距离墙壁 2 米远的位置，两臂抬起，肘部不要着地，双手用力将球均匀连续推向墙面，动作连贯，10 次为一组，共三组。

游戏二：坐独脚椅

通过这一练习提高自我控制的能力。要求儿童坐在独脚椅上，上身保持正直，椅腿垂直于地面，双肩向身体两侧抬平，两脚交替前踢，使脚面、小腿和大腿成一平面，与地面水平。10 次为一组，共三组。

五、特殊需要儿童体育教学方法探究

（一）分组教学

根据特殊儿童特点，把儿童分为轻度、中度、严重残疾儿童分类分组教学，轻度智力障碍或身体障碍的儿童分为一组，进行一些难度较为复杂的体育活动或游戏，如体操类练习、篮球带球跑等，提高教学标准和要求。对于中度智力障碍或身体障碍的儿童，进行一些难度较低的体育活动或游戏，如传接球游戏、单腿跳练习等。对于严重智障儿童或身体障碍儿童，主要进行一些康复治疗练习，如动眼练习、平衡练习等。

（二）个案教学

大多数学校重视集体教育，忽视个体教育，对于特殊儿童来说，存在不同的生理、心理缺陷以及不同的适应性行为障碍，针对特殊儿童特点进行个案教学显得尤为重要。在教学之前，先通过家长、老师了解儿童身体状况、日常表现、心理情绪等情况，针对儿童表现制定出适合儿童身心发展需要的体育练习内容和计划，对提高儿童各方面能力有着积极有效的作用。

六、开展特殊需要儿童体育游戏应遵循的原则

（一）体育游戏的趣味性

游戏的趣味性有助于促进特殊儿童正常发育和机能协调发展。体育活动不是机械的训练，而是将基本动作技能的锻炼融入趣味性较强的游戏之中。特殊儿童在游戏中完成走、跑、跳、攀爬、平衡等基本动作。体育游戏的趣味性，对于激发特殊儿童的体育活动兴趣、促进特殊儿童以体能为主的各方面发展具有独特的作用。

（二）体育游戏的多样性

体育游戏是特殊儿童体育活动的主要形式，它包括仿照性游戏、有主题情节的游戏、比赛性游戏、躲闪性游戏、球类游戏、民间体育游戏等。它对特殊儿童多方面的发展可以起到良好的促进作用。在玩的过程中，特殊儿童的注意力、记忆力、语言、思维、情感等方面的能力都在潜移默化中得到发展。游戏的多样性及趣味性，能激起特殊儿童参与游戏的积极性。

（三）体育游戏的集体性

集体游戏有助于培养特殊儿童良好的合作与社会交往能力。特殊儿童之间的相互联系和相互交往是特殊儿童个性发展和社会化发展的基础，在体育游戏的过程中，教师有目的地通过多种方法，利用游戏规则和玩法诱导特殊儿童的交往能力和参与行为，让特殊儿童以竞赛的形式进行游戏，这能促进特殊儿童间交流能力的发展。借助体育游戏这个形式大大提高了特殊儿童间交流的机会，有助于培养特殊儿童良好的合作与社会交往能力。

（四）体育游戏的自主性

在特殊儿童教育活动中，特殊儿童教师的“主导”是教师有目的、有计划地引导特殊儿童参与活动并促进特殊儿童发展的教育过程。而自主发展又是特殊儿童积极、主动地参与教育过程，并通过各种积极主动的自主行为进行活动的结果，幼儿的自主游戏有助于激发特殊儿童的创造力与想象力。

七、结论

在特殊儿童教育备受国家和社会关注的今天，特殊儿童教育中体育教学作为重要组成部分之一，对特殊儿童身心健康具有积极的作用，应该引起特殊儿童学校和政府部门的重视，提高体育教师的专业化和教学的规范性。针对特殊儿童特点，引入感觉统合训练游戏和本体感觉训练游戏，并引入分组教学法和个案教学法。促进儿童康复治疗的同时也提高学生参与体育活动的兴趣和乐趣，在体育教学过程中，增加儿童之间沟通交流的机会，对儿童团队协作精神、人际交往能力等都有着积极的意义。

参考文献

［1］王涛，慕雯雯，侯晓晖．我国特殊教育学校体育教学理念分析［J］．山西师大体育学院学报，2011（6）：36.

［2］张艳．儿童感觉统合失调及训练概述［J］．中国保健营养（中旬刊），2012（11）：638—639.

［3］刘美奋，张华，于美刚，赵世飞．我国特殊教育学校体育现状与发展对策研究［J］．

中国特殊教育，2006（9）：87—90.

［4］侯圣苍．试析特殊教育学校体育发展概况［J］．当代体育科技，2016（8）：52—53.

［5］谢国林．浅谈体育教学对学生健康人格的培养作用［J］．科教文化，2011（21）：177.

［6］杨军，何华岗，阎建华．北京残奥会对中国特殊学校体育发展的影响［J］．体育文化导刊，2009（1）：152—194.

多动症儿童个案教育现状观察分析——以昆明市盘龙区D幼儿园R小朋友为例

（姚丽芬　云南省昆明市盘龙区东华幼儿园）

摘　要：我国幼儿园融合教育的实践和探索是让学前特殊需要幼儿在幼儿园共享优质教育资源，推进教育公平的重要举措。本研究采用个案法，以昆明市盘龙区D幼儿园中班出现的多动症儿童R为例，了解多动症儿童在幼儿家庭、班级中的教育现状并进行分析，对多动症儿童家园共育中存在的问题提出教育建议：构建良好的的家园融合教育合力，促其在良好的早期教育干预中阳光成长。

关键词：幼儿园融合教育；多动症儿童；家园融合

一、问题的提出

（一）幼儿园多动症儿童R的个案基本情况

因为爸爸、妈妈工作忙，R小朋友从小是爷爷奶奶带大的。刚进入小班时，表现出了与众不同的调皮：教师在开展活动时，R小朋友经常满教室乱跑，情绪、行为自控能力弱，与班级幼儿相处中常“打”小朋友。户外活动时缺乏集体意识和安全意识，常自己独自一人站到玩具架上起劲往下跳。教师认真地向R的妈妈交流在园的表现和存在的问题。R小朋友对自己的犯错能很快认错，但相似的问题一再重复。经园方提醒，家长带孩子到儿童医院专业检查，鉴定为多动症。

（二）关注多动症儿童家园融合策略的价值——“以人为本、尊重差异、阳光成长”

幼儿园非常重视党的“十四五”规划中关于在普通幼儿园践行融合教育的规划方向，关心多动症儿童R小朋友的发展状况。多动症存在着多元化的特点，包括遗传、环境、心理等多种因素，对于儿童今后的发展造成了严重的障碍。因此，在学前教育阶段采取有效的手段来进行早期教育干预，缓解其症状显得尤为重要。

（三）核心概念界定

1. 幼儿园融合教育：幼儿园融合教育是指针对3～6岁有特殊教育需要的儿童，将他们与普通儿童安置在同一教育环境中，以两者共同活动的融合教育为主，使其享有同样的学习资源，并提供多方面的支持和辅助满足其发展需求，同时促进彼此接纳、合作、成长。

2. 多动症儿童：在发育过程中出现以注意力缺陷为主要特征，并伴有过度活动、情绪冲动、认知障碍和学习困难的一种综合征的儿童。

3. 家园融合：家庭教育和幼儿园教育为促进特殊需要儿童的康复成长，两位一体融合为家园共育主体，同目标同步调达成教育观念、教育措施一致性，对特殊需要儿童进行早期教育干预，形成共育合力使特殊需要儿童获得最大限度的教育和培养。

二、研究设计与实施

（一）研究对象

以昆明市盘龙区 D 幼儿园多动症儿童 R、家庭成员 4 人及所在班级教师作为研究对象。

（二）研究方法

文献法：主要通过查阅相关资料，阅读相关书籍资料，中国知网（CNKI）维普数据库等，收集“学前融合教育”“特殊需要儿童”“多动症儿童教育策略”“融合教育家园共育”等国内相关的期刊以及硕博论文共 195 篇，并对相关文献进行筛选、分析、整理。

观察法：自 2022 年 9 月至 2022 年 11 月期间观察了幼儿在幼儿园一日生活、学习过程中出现的多动症行为，对所搜集的信息进行记录与分析。

访谈法：采用正式观察、访谈和非正式观察、访谈两种形式，了解引起 R 小朋友多动症的原因，结合家庭和班级对多动症 R 小朋友的教育现状进行分析，梳理多动症儿童家园融合策略，帮助家长、教师形成教育合力，对 R 小朋友进行早期教育干预。

个案研究法：对 R 小朋友进行建档，对其家庭基本信息、教育状况进行全面、深入观察、分析，观察记录幼儿在园一日活动中的表现，为持续性的教育研究提供思路。

（三）研究程序

查找文献资料，了解多动症的概念、危害及影响多动症的因素→确定研究对象→分别通过访谈、观察调查了解个案家庭、班级的教育现状→对调查数据进行汇总、分析，得出结论→针对结论提出建议，为课题的进一步研究提供方法和思路。

三、研究的结果与分析

（一）通过查找文献资料，了解到影响多动症儿童发展的因素有器质性因素、遗传因素、环境影响因素

经过讨论，教师们认为家庭和班级两大环境是对 R 进行个案研究和早期教育干预最重要的因素。因此，从五个维度（多动症儿童的认知、情感、态度、教育方法、环境创设）对家庭、班级的教育现状进行了观察、访谈，共收集有效案例 103 件，汇总数据并进行分析。

（二）多动症儿童 R 的教育现状研究

表 1　个案家庭教育现状观察、访谈汇总表

观察访谈内容	妈妈	爸爸	外公	外婆
对多动症的了解	基本了解	不关心	不了解	了解病症名称
对 R 的态度	又爱又恨	放养	不喜欢 R，太淘气，觉得累	非常喜欢

续表

观察访谈内容	妈妈	爸爸	外公	外婆
对R的生活照顾	工作忙，管不了	不管	主要看护人	辅助看护，节约，常将朋友送来的小女生花外套、书包给R穿、用
对R的教育方式	基本能正向引导，较有耐心	放养，不参与	脾气暴躁，没耐心，打骂结合	孩子犯错无论对错均偏袒，为其找理由
家庭教育环境创设	图书、纸笔，愿意亲子陪伴孩子读书、绘画	下班后基本无亲子陪伴，自己玩手机	买玩具，各种玩具放入一个纸箱放置在客厅角落	关注孩子吃食准备

通过表1可以看出，R小朋友的家庭成员对多动症及家庭教育均缺乏认知，对其态度和情感上接纳度不高，整个家庭成员对孩子的教育态度、方法不一致，教育方法简单粗暴，容易影响孩子对个体、行为的自我判断。

表2　个案班级教师对多动症儿童教育现状观察、访谈汇总

观察、访谈内容	教师A	教师B	保育员
对多动症的了解	基本了解	基本了解	不了解
是否愿意R在班级中生活、学习	不太愿意，难以照顾	不太愿意，照顾不过来	不愿意，孩子不听话，到处跑、打小朋友
对R的情感表现	同情，不够关爱	大部分时间比较关爱R	不喜欢
R的班级教育现状	集中活动时怕R打小朋友，总是让他单独坐在一旁；很少在活动中对R进行个别指导；想教好R，但没有很好的方法	基本能看到孩子的亮点并认可；对经常处理R与同伴的纠纷感到疲惫；未运用班级家长会、家长沙龙等形式交流R的情况	在生活活动中对R小朋友的照顾、观察、关心、指导欠缺耐心

通过表2可以看出，班级教师对多动症的了解和干预方法上欠缺知识经验和技能；对R的情感、接纳度均不高，以致在教育方法上显现出专业度不够；对R和班级幼儿同处一室，但座位方式和教师的情感态度让R处于孤立和被漠视的状态，缺乏对多动症儿童的人文关怀和教育智慧，对R小朋友的社会情感和整体发展极为不利。

总体来看，在观察R教育现状的过程中，看到家庭、班级没有对多动症儿童R的情况形成融合共育的意识，未能对R进行有效早期教育干预。

四、结论

幼儿园融合教育背景下对多动症儿童进行良好的早期教育干预，必须重视家园融合共育的力量，建构接纳、关爱的家庭、班级群体，提高对多动症儿童的教育知识、技能和经验，加强家庭、教师对多动症儿童的照护、教育支持和指导，对提高家园融合教育质量、促进多动症儿童的身心发展具有重要的作用。

五、建议

家园融合共育形成合力对特殊需要儿童进行早期教育干预，家庭、幼儿园都需要从心理、教育方法上作好长期相互支持、合作教育、共促孩子成长的准备。特此，针对本课题进一步研究提出以下建议。

（一）进行融合教育理念、知识宣传，达成家园融合共育的目标和方法

幼儿园应主动、积极建言政府层面整合地区、社区间的融合教育资源，形成高校、特校、幼儿园、社区助残联盟，对教师、特殊需要儿童家庭提供专业特教培训、看护指导，社会关爱等，进行平等、尊重、支持、关爱的宣传。

（二）加强教师融合队伍建设，引领家园融合共育工作

幼儿园应创设条件，积极寻找社会资源，进一步提升学前教师对特殊需求儿童教育观、教育技能、家园交流方法的综合素质，缓解学前教师心理压力，为携手家长对多动症儿童进行科学教育管理、家园融合共育做好师资、师德、专业上的提升。

（三）创设良好的家园融合教育环境

幼儿园应该将融合教育理念融入校园文化建设里，配置资源教室和室内外训练、游戏材料，指导家长开展丰富的家园融合共育活动，从物理环境和心理环境上为多动症儿童的发展创建温暖、安全、接纳、尊重、发展的成长空间。

（四）建构幼儿园融合课程建设

基于普通幼儿园多动症儿童个案研究的背景，幼儿园应在专家的指导下，立足幼儿园实际，进行融合教育课程建设，将特殊需要儿童的教育融入幼儿园一日生活，开展家园联合个训，注重在一日活动中推动班级普特幼儿的良好社会交往。

幼儿园融合课程背景下共育多动症儿童，需要家园融合，在探索、整合、完善、调整、改进中形成合力。希望每一个“R”都有一个阳光、美好的未来！

参考文献

［1］鄢靖雯．学前儿童多动行为家庭干预的个案研究［D］．西华师范大学，2018.

［2］孟宪华．特殊教育职业院校学前教育专业儿童文学教学探讨［J］．文教资料，2011（32）：43—44.

［3］王霄．多动症儿童的自尊与社会适应性关系研究［D］．华东师范大学，2009.

［4］王萍，张莉娜，苑海燕，等．学前特殊儿童教育［M］．北京：清华大学出版社.

［5］毛荣建，刘颂，孙颖．特殊幼儿学前融合教育［M］．北京：知识产权出版社，2019.

［6］吴淑美．融合教育理论与实践［M］．北京：华夏出版社，2018.

幼儿园多动症儿童行为干预的个案研究

（蒲舒婷　云南省昆明市盘龙区东华幼儿园）

摘　要：儿童多动症是以行为障碍为特征的一种综合征，属于儿童期的发展性障碍，以活动过多、注意力缺陷、冲动任性、学习困难以及存在行为问题为主要特征。主要原因在于生理遗传、铅中毒和脑损伤等，也包括家庭教育因素的影响。可从家庭和学校两个方面采取教育干预措施，家庭方面包括改变教养方式、建立家庭奖励等；学校方面包括强化消退训练、程序训练和感觉统合训练等。

关键词：儿童多动症；典型案例；表现特征；分析；教育建议

儿童多动症全称为注意缺陷与多动障碍，也称为多动性障碍，是儿童常见的一种以行为障碍为特征的综合征，其症状一般是7岁以前就会表现出来，8～10岁为发病高峰期，研究表明男孩是多于女孩的。由于诊断标准不一，各国对多动症的发病率的统计结果也差异较大。美国报道儿童的发病率为20%，而我国的统计结果是患病率不超过10%，其中男生多于女生，男女生比例约为4∶1至9∶1。多动症可导致儿童学习成绩差、社会适应不良、自我评价低和家庭应激等问题。研究显示：大约70%多动症患儿的症状会持续到青春期，多动症给患者日常生活和社会功能带来的不良后果将远远超出疾病本身，患者其他破坏性行为和情绪的危险性会明显增加。若症状持续到青少年，则极易发展为品行障碍，临床观察发现伴有品行障碍的多动症预后较差，如果不及时采取干预措施，有可能发展为反社会人格障碍或出现违法犯罪行为，对患者本人及社会都可造成较大危害。有20%～25%多动症患者的症状可延续到成人，活动过度的表现可能减轻，但冲动或其他行为问题时有发生。多动症儿童由于活动过度，注意力集中困难和冲动，而使其社会适应能力显著低于正常儿童。因此，及早干预对减轻多动症儿童的症状具有重要意义。

一、多动症儿童的个案情况

今天我们要分析的是一个大班多动症小朋友，睿睿从小班入园时的行为表现就和其他小朋友有所不同，具体表现为注意力不集中、活动过度、冲动控制能力差。睿睿还有很重要的语言问题，他只会说方言，不会说普通话。经过儿童医院的诊疗初步判定睿睿有多动症，小班、中班，两年的时间里，教师经过观察、查阅资料、家长沟通，为他量身定制了不同的策略来改善他的行为习惯，这位小朋友有了明显的成长变化。

二、典型案例

典型案例1：开学两周后，班级常规都基本养成。在午餐环节，随着进餐音乐的响起，小朋友们正有序地搬着小椅子就坐，安安静静地吃饭。睿睿呢，不搬椅子，直冲冲地跑到你跟前，嚷嚷着：我要吃饭，我要吃饭……加餐环节，小朋友们起床后，都自觉地排队穿衣服，然后去拿自己的小水杯等待老师发点心，而他却从寝室出来，光着小脚丫，不穿鞋子，也不找自己的衣服和鞋子，躺在地上动来动去。不管你说什么，他都听不进去，只想表达他要干什么。

典型案例2：到了课间操时间，老师带领着小朋友们从教室里出来，因为担心他乱跑，特意把他排在第一个。其他小朋友有序地来到属于自己的位置上，他却经常趁老师不注意的时候，悄悄溜进教室里，把班级里美工区、科学区的东西全部翻出来，丢得到处都是。

典型案例 3：当老师们正以饱满的热情按计划开展一日活动时，其他小朋友都坐在椅子上聚精会神地听，而睿睿小朋友却悄无声息地把鞋子和袜子脱了，然后趴在地上嗷嗷叫，小朋友们的注意力一下子转移到他的身上。当我温柔地、慢慢地跟他说："睿睿，请你坐到椅子上，我们一起来做游戏。"他说："好。"可是没坚持1分钟，他就又脱掉鞋子，钻到桌子底下玩。

典型案例 4：在组织生活活动时，小朋友们正在有序地排队喝水。这个时候若若突然大哭起来。原来是若若排队的时候不小心挤到了睿睿一下，结果睿睿很生气，转过头就咬了若若一口。

通过以上案例的分析，我们可以明显看出多动症儿童有以下特征。

（一）活动过多

儿童多动症最常见的症状是活动过多，表现为活动明显增多，患儿往往从小活动量就大，有的甚至在胎儿期就特别好动，随着出生后身体机能的发展更显得不安分。其活动杂乱、缺乏组织性和目的性。

（二）注意力缺陷

多动症儿童最突出的表现之一是注意力缺陷，表现为注意力难以集中，持续时间非常短暂，很容易受外界的细微干扰而分心，没有自控力，做事经常有始无终，半途而废。

（三）冲动任性

多动症儿童的自我控制能力较差，情绪不稳定，易激动，好冲动，想干什么就干什么，行动先于思维。

（四）学习困难

多动症儿童大多智力正常或接近正常，但都表现学习困难，学习成绩低下。部分患儿可能有不同种类的认知功能障碍，如语言功能障碍、视听觉运动功能障碍、空间功能障碍、思维功能障碍等。

三、多动症儿童形成的原因分析

（一）生理原因

多动症儿童的生理成因一般有遗传和脑组织损伤这两种。由于睿睿未做神经方面的检查，先天的因素无法确定。

（二）家庭原因

1. 隔代教养，父母工作忙陪伴极少，从小由爷爷带大，爷爷脾气较暴躁，对他性格产生了一些影响。

2. 父母没有发现孩子身上存在的问题，在医院诊断结果出来后，才肯接纳老师的教育建议和引导。

四、教育建议

教育干预（包括家庭干预和学校干预）是多动症的重要治疗方法之一。为患儿的父母提供培训管理，因为父母对患儿的态度会直接影响症状的改变。

（一）学校干预

主要用到的方法就是强化消退训练，在教育实施的过程中，使用强化和消退训练来辅助是极其重要的。对于多动症儿童安静、守纪律的行为要及时给予鼓励强化；对经常发脾气、尖叫等不满行为及时予以制止，应用消退训练。将消退和强化相结合，即对患儿不满意行为不予理睬，满意行为则给予鼓励强化，使消退训练更能取得最佳效果。

具体的做法如下。

1. 在心里接受他

心里接受他首先是改变对他的看法，去掉“多动症”的标签，淡化他好动的性格，让他从心里感觉到老师喜欢他、接受他，而不是排斥他。并用积极的行动改变他；如多提醒、平时耐心地与他交流，多与他交流他喜欢的话题，如喜欢看的动画片、喜欢的朋友等，从而培养他注意力的持久性。

2. 针对好动的性格让他有事可做

孩子的特点就是好动，注意力、控制能力差等，我们不能要求孩子像成人一样做任何事情都是有目的，很理性的，孩子做事情都是跟他的性情走的，他想到什么就做什么，他很少会考虑后果。因此孩子一做错事我们就以批评、指责、训斥教育孩子是极不对的。如果教育者一味用批评、指责、训斥教育孩子，会摧毁孩子难能可贵的自尊心和自我教育能力，从而使孩子丧失荣誉感和上进心。我们要做的就是要观察和分析孩子好动的原因和在什么时间特别好动。为此我对睿睿进行了一段时间的观察，发现睿睿捣乱都是在等待的过程中总觉得不耐烦而去捣乱，扰乱课堂纪律的。因此我们根据睿睿这个好动的原因让他在等待的时间多做事情而不是控制不让他做事情，让他在等待的过程中有事可做，他就不会去捣乱，扰乱课堂纪律。如让他担任小组长，在绘画活动时让他帮忙派发画纸、绘画的工具，发书本，活动后帮忙整理学具等，从而减少他等待的时间，在这个过程中睿睿每次接到任务都很自豪，每次都很尽责，因此每次的任务都完成得很出色。任务结束后及时地表扬睿睿。在这个过程中不但培养了睿睿的任务意识，也减少了睿睿捣乱的时间和机会，在完成任务的过程中又得到大家的肯定，让他感受到成功的喜悦，认识到自己原来也这么能干，而不是老师眼中“调皮”的孩子啦！大大提高了睿睿的自信心。

3. 调整座位

以前我们怕影响同伴把睿睿安排在靠边的座位，现在我把他的座位调到正中间，这样让他更好地跟老师互动、交流，引起他的注意。如果他在课堂上有微小进步都给予及时表扬和肯定，奖励小红花，积累到一定数量还可以换取某种权利。自从进行这三个调整后睿睿有了明显的进步，如他下课时会主动过来跟老师聊自己开心的事情，也会主动问一些问题而不是捣乱啦!

4. 语言表扬和外部奖励

睿睿表现良好的行为的时候，及时地给予他表扬。表扬要具体，具体到他的行为以及带来的良好效果。由于多动症儿童缺乏一定的自控能力，所以需要通过一些外部奖励来约束他的行为。例如当睿睿安静进餐、愿意分享玩具时给予小红花奖励。小红花积攒到一定数量可以兑换礼品。

5. 师幼共读，鼓励睿睿学说普通话

《幼儿园教育指导纲要（试行）》中语言方面的目标是：注意倾听对方讲话，能理解日常用语。培养幼儿注意倾听的习惯，发展语言理解能力。因此，培养睿睿的倾听能力很关键。在生活活动中引导睿睿说普通话，睿睿大胆说出完整的一句普通话时，要及时鼓励他。针对睿睿喜欢看绘本这一特点，进行师幼共读，共读过程中鼓励睿睿用普通话描述绘本内容。绘本也可以选择一些社会性方面的绘本，尤其是关于如何和小朋友友好相处方面的绘本，例如：《好好说话》《手不是用来打人的》《雷克拉毁了它》《我有些待不住》《好动小孩也能静下来》等。

（二）家庭干预

正确的家庭教育方式和有规律的生活习惯能够创设一个舒适温馨的环境，可以使患儿达到放松的状态。

1. 改变教养方式，协调家庭关系

父母的教养方式和协调家庭关系的能力，是治疗儿童多动症的前提。不可以采用打骂歧视等不良教育方式，可以采用对不良行为批评、对正确行为表扬等方法进行干预，患儿症状明显好转。

2. 家庭奖励制度

建立家庭奖励制度和处罚规定，就是对多动症儿童进步的地方要予以表扬及肯定鼓励，可以使良好的行为得到巩固，对不服从管理的时候要给予适当批评或处罚，如扣去已得的奖品或暂停儿童喜欢的某种娱乐。在适当的时机，家长可根据患儿的情况，签订协议：采用代币法引导和约束患儿完成预期行为，这种措施可以帮助父母打破恶性循环。通过协议的执行，可以帮助患儿学会预期自己行为的后果，从而控制冲动的行为。

五、干预的效果

通过对睿睿近期的观察，发现他在建构区搭建积木的时候，在阅读区看书的时候，比较专注。从他的兴趣点出发，来提高睿睿的专注力。平时多鼓励他玩，但是在玩之前要告诉他规则，如果他违反了，就请他先出来，看看别的小朋友怎么玩的。

睿睿小朋友在家园的共同努力下，以及定期的康复治疗中，发生了很大的变化，渐渐能够融入集体，能够比较专心地完成一件自己喜欢的事情，能够听从老师的指令完成一些活动，攻击小朋友的行为有所减少。

参考文献

［1］雷雳．中小学生心理行为问题干预［M］．北京：首都师范大学出版社，2002.

［2］郭艳，施新宇．儿童多动症患儿家庭环境及其父母养育方式的探讨［J］．实用医技杂志，2005，12（24）：3702—3703.

［3］郭田友，郭兰婷．伴品行障碍多动症儿童的临床观察［J］．中国心理卫生杂志，2003，17（7）：451—452.

［4］姜佐宁主编．精神病学简明教程［M］．第三版．北京：科学出版社医学出版中心，2003：246—250.

［5］李平，孙晓勉．注意力缺陷多动障碍（ADHD）适应行为的因素分析［J］．国外医学妇幼保健分册，2001，12（4）：180—182.

［6］赵新喜，于涛，古玮娜．儿童多动症的心理疗法和行为矫正效果探讨［J］．实用儿科临床杂志，2001，16（5）：359.

［7］贾守梅．儿童多动症患者的心理社会干预研究进展［J］．现代护理，2007，13（9）：2444.

幼儿语言发展迟缓的因素及策略探析

（周艳美　云南省昆明市盘龙区东华幼儿园）

摘　要： 幼儿语言能力的培养对幼儿的全面发展具有极为重要的意义，并对幼儿一生产生深远影响。语言是幼儿沟通的工具，3～6岁幼儿正处在语言关键发展阶段。但据调查，相当一部分幼儿出现语言发展缓慢的现象，使他们的发展受到制约。因此，要想促使幼儿语言能力得到培养，家长、教师就必须要在教学过程当中共同努力促进幼儿语言能力的培养。

关键词： 幼儿；语言发展；迟缓

这类幼儿四肢健全、智力正常，只是心理发展较慢、语言能力发展滞后。由于语言发育迟缓导致生活自理能力、学习能力等都落后于同龄儿童。但不属于特殊教育学校接收的范围，又在幼儿园里显得与同龄人格格不入。现本文就针对这类"特殊儿童"给出一点建议。

一、语言发育迟缓幼儿的特征

部分幼儿3～6岁虽然已经到了上幼儿园的年龄，但他们不会交流，只能听懂一些简单的日常用语，因此在教学活动中，这些幼儿基本上不听，他们就会左右张望，站起来来回走动或走出教室，完全沉浸在自我世界中。我们都知道幼儿的语言不是天生就有的，它要通过后天的学习才能习得，而模仿正是学习语言最为简便而又行之有效的途径。幼儿的语言发展与其年龄、发声器官、生活经验、心理年龄等因素密切相关。

二、幼儿语言发展缓慢的成因

（一）学校因素

1. 当幼儿发音不清时，教师着急改正，让幼儿害怕表达

幼儿语言器官和功能尚未发育完全，当一听有些幼儿发音不准，教师就急着改正幼儿发音上的错误，对幼儿进行教育，让幼儿说话自信减退。这就使幼儿在以后的活动中对语言表达有一种惧怕心理，总担心自己说错话、教师批评、同伴奚落。

2. 在幼儿注意力不集中的情况下引导方式不正确

幼儿注意力易转移。在进行活动时，有些幼儿开小差而不能够约束行为，与年龄特点密不可分。但是除上述特征之外，还存在着一些可能性，如幼儿生理不适、情绪低落、没有兴趣参与活动等。教师若忽略这些条件，在幼儿注意力不集中的时候不问缘由、现场批评，幼儿会有抵触心理，不会主动说话和参与某些游戏活动，这对于幼儿的语言锻炼、语言交流有负面影响。

3. 教师忽略了不爱说的幼儿

有些幼儿到了幼儿园就不爱讲话，实际上心里明白要讲什么。这类幼儿多数性格内向、胆小怕事。教师若忽略这类幼儿的生存状态，不主动引导幼儿去思考和解答，就会让幼儿无法获得语言锻炼，进而幼儿语言发展相对缓慢，不利于幼儿性格的培养。

4. 教师未创设丰富的语言环境

教师对幼儿语言发展具有引导作用。在天然的生活环境下，幼儿更能准确无误地表达思

想与情感，比如有些幼儿在教学活动时语言表达能力很差，而日常生活时语言流畅、吐字清晰。在幼儿生活的环境里，如果教师没有重视提供语言交流或者表现的机会，则会丧失培养幼儿语言能力的重要机会。

（二）家庭因素

1. 家庭语言环境不协调，不温馨

家庭是幼儿学语言的起点，父母则是幼儿的启蒙教师。温馨博爱的家庭氛围能使幼儿产生足够的自信心并乐于大胆地表达思想。但有些家庭没有好的环境，家长忙于自己的工作，极少和幼儿沟通交流，或幼儿受祖父母的照顾，而且祖父母因其知识水平所限，缺乏对幼儿进行适当的语言教育，一些家庭严加管教，使幼儿不愿与成人交谈，极大地影响着幼儿的语言成长。

2. 父母语言修养影响幼儿语言发展

在家庭中，父母是子女的楷模。因此，父母应该重视自己的语言问题，有些父母受自己文化水平的限制，普通话不够标准，或讲话不够文明，致使幼儿存在普通话不够标准的现象。

3. 父母缺少与幼儿的沟通与互动

父母陪在幼儿身边，与幼儿一起沟通，一起玩游戏，不仅能满足幼儿情感上的需求，还能为幼儿创设语言表达的空间。部分家长很少安排时间与幼儿谈心，对于幼儿的要求和想法不关心，不愿耐心倾听幼儿说话。这就使幼儿无法感受到温暖的气氛，不愿向父母描述所发生的一切和他们的所思所想，幼儿的言语就会越来越少，语言表达就无法得到锻炼，个性就会变得逆反和淡漠。

4. 父母过分宠爱

现如今家中独生子女很常见，有些父母娇惯孩子，幼儿也不用说话，各种需要都可以满足。在幼儿刚开始说出一句话的时候，家长们就非常了解他们的需要，往往幼儿的一个动作或者一句话，家长们都能立刻帮助他们实现愿望。这样幼儿就缺乏完整说话的动机。长此以往，幼儿语言能力常常处于较低的水平而无法获得提升。

三、提升幼儿语言发展能力的策略

（一）幼儿园层面

1. 创造良好的语言环境

首先，语言是听觉的艺术，幼儿要学着讲，学着听，听得多，模仿多，自然会讲得好。语言环境尤为重要，创设与幼儿独自交流的空间，听得多了幼儿才会懂，久而久之孩子的语言自然会有所进步。

其次，教师语言必须要鲜活，以表演形式和幼儿进行沟通。像演出舞台剧那样进行沟通和使用语言来协助表演，可以更加吸引幼儿，使幼儿与老师进行互动，幼儿通过演出来了解语言表达的意思。这种夸大的方式能使幼儿记住教师的语言，幼儿在这一过程中不断累积词汇。因此教师在教学过程中应尝试以表演和语言相结合的形式来和特殊幼儿进行沟通，让幼儿乐于和教师进行沟通。

最后，把语言能力差不多的幼儿放在同一小组，有利于幼儿之间的沟通。笔者通过长时间的观察发现，语言能力强的幼儿由于语言水平差距较大，普遍不愿和语言能力较差的幼儿玩，而两个语言水平差不多的小朋友，在沟通方面要好很多，会互相模仿，尽管都是一些单纯的单词，但都是带有动作、表情来帮助沟通，慢慢地可以提升语言沟通能力。

2. 游戏带动语言

（1）教师要抓住幼儿特点，有的放矢地开展游戏活动

在进行游戏设置时，教师要针对班级中不同孩子的能力来设定不同的需求，即针对幼儿

的能力水平来设定相关任务，让幼儿可以根据自己的能力选择适合自己的活动进行这种教学方式，可以充分尊重幼儿个性的发展，从而使幼儿更好地提升自己的能力。例如，对语言发展缓慢的幼儿，教师可借助音乐、玩具等来刺激幼儿的表达欲望，再由教师设计小组合作使幼儿间增加沟通，以促进语言能力的发展。

（2）提升教师职业素养和游戏化教学

教师是否胜任决定了教学是否优质，即教师要不断提升职业素养。在进行游戏时，教师要注意幼儿的每一个行为，用事实介入，使幼儿能及时矫正与成长。教师在教学设计的过程中，也应该注意自身的语言规范，为幼儿做榜样，在游戏中鼓励幼儿互助合作，从根本上提高全体幼儿的语言能力。

（3）运用行为训练法

为巩固教学成果，促进幼儿语言能力发展，教师要运用行为训练进行游戏活动。例如，教师在教学中可通过行为训练来不断增强幼儿正确的行为，促使幼儿正向发展，并且教师还可以加强同伴的引导和帮扶作用，让班级幼儿能够互相交流，取长补短，从而提高自身的综合能力。

（二）家庭层面

教师应该与父母交流并告诉他们怎样将课堂语言训练方法在生活中继续下去。

1. 营造自由轻松的家庭语言环境，主动和幼儿交流

幼儿生活在自由轻松的环境里，体会到家的温馨民主，更乐于与他人沟通。父母要加大对幼儿的陪伴时间，如与幼儿谈论一天当中发生的趣事等，使幼儿在轻松愉快的气氛中去描述表达，从而锻炼幼儿语言表达能力。讲故事也是行之有效的方法，一开始可以让父母讲，幼儿听就能丰富词汇，提高句子逻辑性。此后父母可鼓励幼儿独立观察画面，并对画面的内容进行描述，使幼儿逐步得到提高和发展。

2. 提高父母语言水平和修养

言传身教，古训经典。家庭环境下父母的语言水平与语言修养对幼儿语言水平与修养有着直接的影响。幼儿说话习惯在很大程度上是受大人影响的，因此父母需提升自己的语言修养并做好表率，使其吐字清晰，言语流畅，表情丰富，态度和蔼。在与幼儿沟通时，尤其应注意表达清晰得体，并鼓励他们形成良好的语言表达方式与习惯。

3. 构建交往平台，扩大幼儿交往空间

幼儿在语言学习中，与交流实践密不可分，而语言学习以交流为终点。幼儿的社会生活不仅需要学会与父母沟通，还需要与同伴或者陌生人沟通。幼儿在对外接触中会增强语言表达水平及人际交往能力。

教育语言发展缓慢的幼儿是枯燥乏味、繁杂的，无论是家长还是教师，都应该耐心地陪在幼儿身边，而不是听之任之，错过幼儿语言发展的最佳阶段，这对于幼儿的发展极其不利。家长与教师都应注重语言能力的培养，应给予更多的陪伴、鼓励、联系与沟通，并在游戏中学习，随时随地教幼儿学语言，将学习语言寓于生活之中，从而取得最佳学习效果。

参考文献

［1］杨悦雯．语言发育迟缓幼儿融合教育指导策略探索［J］．现代特殊教育，2016（12）：25－26.

［2］童晓娟．以游戏为载体助推小班幼儿游戏语言发展的策略［J］．新智慧，2019.

［3］缪小利．基于教师指导下的区域游戏促进幼儿发展策略［J］．启迪与智慧，2020.

［4］许冬梅．浅谈融合背景下语言发展迟缓幼儿有效学习的指导策略［J］．才智，2018（31）：30－31.

学前多动症儿童教育研究

（杨晓彤　云南省昆明市盘龙区东华幼儿园）

摘　要： 多动症是儿童期常见的一种行为障碍之一，全称为“注意缺陷多动障碍”。本文将采用个案研究的方法，结合园本课程中的生态教育，对本班级中的一名多动症儿童进行行为分析和教育干预，帮助改善该幼儿的多动症行为，帮助增强该幼儿家庭教育孩子的能力。

本篇文章主要阐述多动症的基本行为特征、伴随问题以及主要治疗方法等，由于本班级中该多动症儿童有注意力分散、多动冲动等行为特征，严重影响了班级秩序和班级管理，且该幼儿在学习和社交上产生了较大障碍，给家庭和幼儿园教育带来了压力和困扰。班级教师们通过运用观察幼儿、访谈幼儿及家长、对幼儿行为进行分析等方法，对该幼儿的问题进行分析和诊断，找出诱发其多动症发作的原因，设计专属干预策略。在结合医院药物治疗的同时，一方面通过干预家庭的教育方法、促进家庭成员之间的关系和谐、增强家园合作的作用等途径，提供幼儿发展所需的外部环境；另一方面，结合生态校园理念带领幼儿培育植物、种植蔬菜，照顾小动物等，对儿童进行耐心培养，减轻儿童的多动症症状，增强自我控制力。

关键词： 多动症儿童；干预治疗；家园合作

一、多动症儿童的基本症状及伴随问题

（一）基本症状

多动症的主要特征是注意力分散，情绪易激动、易怒、冲动，常常坐立不安，伴随无目的的攻击性行为等。多动症儿童总会不自觉开始无目的的运动。尤其在需要安静的场合，多动症儿童就会表现出显著的活跃过度，坐不住，甚至在教室里走来走去。

多动症儿童的症状主要如下。

1. 注意缺陷：注意力易分散是多动症儿童最基本的特征。但是并不是说多动症儿童就没有注意力。反而，所有的外界刺激都能迅速吸引他们的注意，他们很容易被其他新刺激干扰而分心，导致不能完成本该需要完成的任务。如集中教育活动时，患儿常心不在焉、东张西望。做作业时，常有始无终、边做边玩、话题转移快。

多动症儿童注意缺陷症状的特点为：

（1）注意的选择性差，表现为主动注意的损害和被动注意相对占优势。

（2）注意的维持困难，表现为注意的强度和稳定性差、主动注意维持时间短暂。

（3）不善于分配和转移注意力，注意的范围狭窄。

2. 活动过多：在需要安静的环境中多动症儿童常常表现得过分不安静，例如在教室奔跑，过分喧哗，坐立不安，在与人交往的过程中，常动手“打扰”他人，缺乏正常的谨慎和克制，不愿受家人、老师的管教和约束。睡觉的时候动来动去，打醒已经睡着的小朋友，不能安静地画画、做手工。上述多动行为大多是无明确的目的性的，且幼儿难以自我控制。

3. 行为冲动：在与他人的交往中多动症儿童常常行为鲁莽，攻击性较强，缺乏最基本的自制力。其他幼儿不愿与其游戏时，他们会强行加入或破坏他人的活动，在活动中按顺序排队等候更是多动症儿童的难题；做事之前不计后果，容易被小事激怒并乱发脾气。

（二）伴随问题

上述三个主要的多动症儿童症状特点导致了儿童在学校的表现不佳、与家庭成员之间的关系较差、与同伴的友好关系难以维持，并且在其他许多社会关系上产生了严重的不良影响。

1. 学习困难：多动症儿童的学习成绩不佳与他们上课时注意力不能集中，存在空间感知觉障碍有较大关系。一般来说，多动症儿童的学习困难是逐渐发生的，本班级多动症儿童不愿参与班级音乐活动，听到音乐便会大叫并捂住耳朵。在其他活动中，如果有老师专门一对一指导，则其可以完成学习任务。如果老师一对多指导，则该幼儿会做其他事情，不能完成学习任务。经过多次实验观察发现，多动症儿童服用药物后能够使注意力集中，听课效果会有所改善，学习成绩有所提高。

2. 对立违抗性障碍和品行障碍：多动症儿童中大约半数在 7 岁以上符合对立违抗性障碍的标准，主要表现为顽固、遇事反应过大、爱动手干扰他人、脾气暴躁，争强好斗等，30％～50％的多动症儿童有品行障碍的问题，由于他们很难遵守规矩，很容易在学校或社会中制造严重的麻烦。

（三）焦虑症

大约 25％的多动症儿童表现出过分的焦虑，这些儿童不愿意离开亲人、更不愿意参加考试或者进行社会接触，面对医生过分紧张，但焦虑的出现反而会克制他们的冲动行为。

已有的多动症儿童的干预方法如下。

1. 药物治疗

目前精神兴奋剂、三环类抗抑郁剂、α2 受体激动剂、神经阻滞剂等都是可用于治疗儿童多动症的药物。

2. 饮食及营养治疗

尽量去除食品添加剂、补充所需的脂肪酸、所需的氨基酸、维生素、补充微量元素等。

3. 社会心理行为治疗

（1）艺术治疗。艺术治疗具有创造性、表现性、游戏性和非语言性，是一种临床心理治疗法，艺术创作也可以发泄愤怒、敌视的感觉等，是一种自发与自控的行为，能够使当事人的潜能得以释放。

（2）游戏治疗。在自由、安全的环境下，教师陪伴儿童利用游戏材料进行游戏或幼儿与其他人在治疗情景中游戏。包括积木游戏、沙盘游戏、水戏、玩黏土、乱画游戏、角色扮演等。主要的开展形式有单独游戏、平行游戏、指导性合作游戏、同伴游戏等。目的是提高幼儿应对环境的能力、帮助幼儿释放不良情绪，掌握一定的自控能力。

（3）家庭治疗。对家庭的治疗有两种方式：①反应性模式，主要是使父母理解和接受儿童的情感。提高父母的交往技能并且改善父母对自己的、对儿童的行为和对他们之间互动的觉察能力。②行为模式，教会父母如何处理儿童的过激行为，从而影响儿童的行为变化。此方法能帮助每个人寻得更有效的沟通方式和态度，降低由于多动症带来的个人和家庭的压力，包括情绪困扰和婚姻关系的紧张。

（4）感觉统合治疗。在多动症儿童中，有高于 84.3％的患儿伴有感觉统合失调，执行功能损害是儿童多动症的核心症状。感统训练不仅能改善多动症儿童注意力、多动和运动协调能力，还能提高其言语能力、记忆能力、推理能力和学习成绩。有研究表明，通过 40～60 次感觉统合训练后，多动症儿童注意力的集中、情绪的稳定程度、学习成绩等均有所提高，说明感统训练是一种治疗儿童多动症的有效方法（见图 1）。在一般情况下，感统训练可与其他治疗方法联合应用。

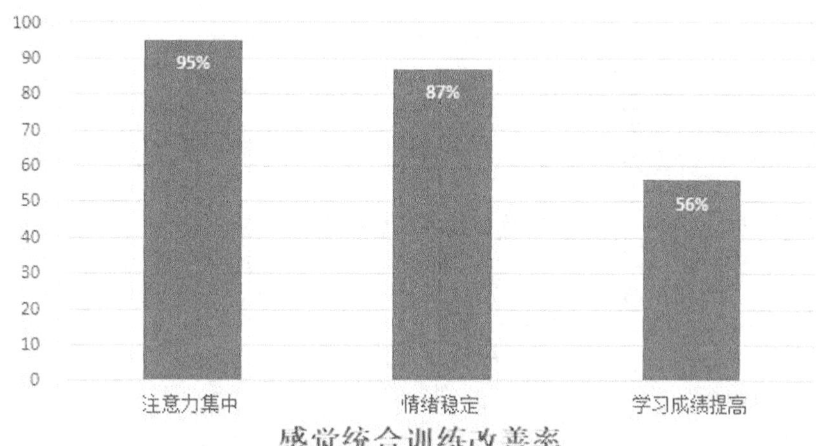

图 1

（5）脑电生物反馈治疗，主要是运用脑电生物反馈仪，选择性地强化或抑制某一频段的脑电波来达到预期目的。一般，脑电生物反馈训练总疗程为 40～80 次一个疗程，每周训练 2～3 次，每次 20～40 分钟，多动症儿童经脑电生物反馈训练，综合反应控制商数和综合注意力商数明显提高。经过数据统计说明，脑电生物反馈训练是种有效的治疗儿童多动症的方法，它能改善多动症儿童的核心症状和智商值，改善情绪和行为问题，提高学习成绩等。

上述几种治疗方法并不是独立使用的，任何对多动症儿童的治疗计划都会考虑几个关键因素：①有效的辅导需要强化和持续进行。②治疗必须给儿童提供一个外部秩序，以弥补其内部秩序和组织技巧的不足。③治疗需要具有指向性，例如指向教室或家里发生的行为。④要使治疗行之有效，一切对幼儿的干预要建立在对儿童的发展水平、儿童及家人的个人能力和需要的关注上。

（四）生态教育治疗

结合幼儿园生态教育课程，如打造生态校园、无废校园等，让多动症幼儿参与其中，给他独立发挥的空间。

1. 在幼儿园小菜地中设置一小块专属于他的园地，为幼儿布置任务，种植蔬菜、除草、驱虫、浇水等。为了避免幼儿参与大集体活动时过于兴奋，教师可每天抽空单独带多动症幼儿完成。培养其专注力，给其安全感和被关爱的感觉。

2. 家园合作，请家长在家也带领幼儿一起照顾植物，增加亲子陪伴时间，培养幼儿爱护他人、关心他人的心理。

3. 请家长带领幼儿每两周完成一个废物利用作品，并让幼儿带到幼儿园来与大家分享。树立该幼儿在其他幼儿心中的正面形象，增强其成就感。

4. 请家长利用周末亲子时光多做有意义的事，如捡垃圾、收废品去卖等。

二、个案的多动症状改善情况

目前该案例幼儿情况家长已知晓并积极配合班级教师对幼儿开展干预治疗。医院、幼儿园、家庭三方配合治疗，幼儿改善还不太明显，在较独立和安静的情况下能够保持一定的专注且愿意听指令。但环境嘈杂或人较多时幼儿便控制不住自己且不能够听指令。

任何的其他治疗都要建立在配合药物治疗的基础上，希望在三方的配合和努力下该案例幼儿能够有所改变和进步。

参考文献

[1] 黄柏青，等. 注意缺陷——多动障碍患儿的个性和家庭环境特点［J］. 中国临床康复，2003，7（24）：3326－33272.

[2] 吴丽慧，等. 小学生注意缺陷多动障碍与家庭因素的相关分析［J］. 中国学校卫生，2004，25（4）：416－417

[3] 劳特，施洛特克，瑙曼. 儿童注意力训练父母手册［M］. 杨文丽，等译. 成都：四川大学出版社，2006.

[4] 艾里克.J. 马施，等. 儿童异常心理学［M］. 孟宪璋，等译. 广州：暨南大学出版社，2004.

[5] 熊忠贵，石淑华，徐海青. 儿童注意缺陷多动障碍干预研究现状［J］. 国外医学妇幼保健分册，2005，16（3）：158－160.

浅谈幼儿园科学领域高效教学——以“趣味影子”课例探索高效智慧课堂教学

（袁紫媚　广东省广州市黄埔区玉城幼儿园）

摘　要：随着新课程改革的不断深入，智慧课堂逐渐应用到幼儿园教学活动中。智慧课堂实现了信息技术与教学的有效融合，具有互动化、智能化等特点，在一定程度上促进了幼儿园教育的全方位发展。本文根据幼儿园科学领域的教学实践，对幼儿园阶段的高效智慧课堂教学展开探索。

关键词：幼儿园；科学领域；教学探索；智慧课堂

科学领域是促进幼儿全面发展的主要组成部分，但开展科学领域教学具有一定困难。一个生活常见的科学现象后面蕴含许多幼儿难以理解的科学原理，如何准确把握科学活动的重点，指导幼儿对身边科学现象进行感知、观察、发现、操作以及提出问题寻找答案，是我们教育工作者不断探索的问题。随着现代信息技术的不断发展，智慧课堂应运而生，其综合了图、文、声、像，化抽象为具体、化静为动、化繁为简，具有互动化、智能化等特点，提高了科学领域教学活动的多样性，全面提高了幼儿园教学质量。

一、幼儿园教育应用信息技术的重要意义

智慧课堂，是一种创新的课堂教学模式，改变了传统的教学与学习方式。教学内容通过图片、文字、声像有机融合，能够将难以观察和实现的内容生动形象地表现出来。幼儿园教育与其他年龄段教育相比较，存在较大的差异性。从幼儿的身心特点看，因为其年龄相对较小，刚脱离家庭进入新的社会团体，社会认知能力、理解力都较弱，同时幼儿无意注意占主导地位，容易受到外界和情绪的影响。若出现幼儿集中式不适应新社会团体则会大大影响教学开展。幼儿园教育指导纲要指出，创设丰富的教育环境，综合利用各种教育资源，结合幼儿身心特点，开展针对性教育。基于信息技术的智慧课堂，充分调动幼儿各项感官，吸引幼儿注意力，让幼儿产生强烈的探索欲望，其互动化、智能化、情境化的特点，弥补了传统教学模式的不足。智慧课堂对新课程改革，促进幼儿园教育的全方位发展，推动高效教学的现代化幼儿园教育具有重要意义。

二、智慧课堂在幼儿园科学领域教学中的应用

（一）设置教学情境，激发幼儿兴趣

“兴趣是最好的老师，是幼儿主动学习、积极探讨的内在动力。”智慧课堂的直观性、互动性、情境性都是非常有利于激发幼儿探索兴趣的。以“趣味影子”为例，利用多媒体技术作为活动导入，视频投影出生活中的皮影戏、手影游戏等，让原本静止的影子通过多媒体技术生动形象地展现出来，带动幼儿进入影子的世界，创设了一个真实有趣的教学情境，激发幼儿多种感官和探索兴趣，让幼儿仿佛置身其中，调动了幼儿积极的情绪，迫不及待地想加入其中。教学内容来源于生活，设置贴近生活的教学情境，让幼儿感受科学现象与生活紧密

相关，注意力自觉地被吸引。利用生动形象的多媒体技术进行教学，更容易创设符合幼儿身心特点的教学情境，激发幼儿探索科学兴趣，提高教学质量。

（二）利用信息技术，高效解决教学重难点

在传统教学模式下的科学领域教学时，面对蕴含深奥科学原理的科学现象，往往会出现简单地对理论知识进行填鸭式灌输、大量的教师示范、枯燥的讲解内容等问题，在吸引幼儿的兴趣方面存在困难，甚至让幼儿产生厌烦情绪从而打击幼儿探索科学的积极性。利用信息技术能有效地弥补传统教学模式的不足，对复杂深奥难以理解或抽象的科学现象进行直观化、具体化，使得科学原理通俗易懂，能有效地促进幼儿对教学内容的理解。在“趣味影子”中，玩手影游戏的前提是对影子的方位具有一定了解，知道光照射的方位对影子形状的影响，而影子的方位正是教学内容的重难点，简单对物体进行前后左右照射的教师示范和枯燥的讲解，难以在幼儿脑海中留下印象，更何况是让幼儿自行操作探索。幼儿由于受自身接触和感知范围的影响，对直观、形象以及具体的事物容易理解，而信息技术教学可以化抽象为具体、化繁为简，运用动态演示，将教学内容生动鲜明地表现出来，使原本与现实生活及经验有较大距离的内容变得通俗易懂，增强幼儿对活动内容的记忆，有效地促进幼儿的理解，利用多种感官去发现规律、探索规律和解决问题。

（三）运用信息技术，提升幼儿课堂体验

科学活动具有很强的拓展延伸性，世间万物都息息相关，借助信息技术手段，在教学过程中通过课件的展示和讲解，弥补传统教学模式中难以实现的想法。如科学活动“趣味影子”，通过课件可以展示影子的产生，让幼儿看到太阳升起降落的过程对我们影子的影响，拓宽幼儿视野，开拓幼儿思维，加深幼儿对影子的理解，有利于引导幼儿主动思考、探究。同时让幼儿能身临其境，直观地感知太阳与影子之间的关系，对影子产生浓厚兴趣，为之后的太阳底下玩踩影子游戏奠定了基础，科学活动与游戏相结合，满足幼儿多方面发展的需要。因此，智慧课堂不仅丰富了教学手段，还让幼儿积极参与课堂互动，拓宽幼儿知识面，提升课堂体验。

（四）应用信息技术，优化教学质量

一是优化教学过程。科学活动的开展具有许多条件限制，信息技术应用不受时间和空间的限制，能使得看不清和看不到的东西变得可视化，调动幼儿多种感官同时作用。如“趣味影子”中，产生影子的条件较为苛刻，对光线、空间、时间都有要求，应用信息技术不仅能让幼儿看清楚影子的产生和形状，还能解决由各种条件限制导致费时的问题，让幼儿有更多的时间去探究问题。

二是优化教学内容。幼儿具有注意力不高的问题，在课堂中幼儿不是都能保持注意力来探究问题的，特别是科学活动与生活联系还是有点距离的，在幼儿教育中，多姿多彩的教学内容才能更好地调动幼儿投入课堂中。信息技术将图片、文字、声像融合，从多层次、多角度地呈现教学内容，创设立体性的教学空间，丰富教学内容。如“趣味影子”，通过电子屏幕介绍生活中利用影子长短计量时间、利用影子表演的皮影戏、利用影子原理发明的电影以及 X 射线或 CT 扫描等影子的作用，而不是单单介绍影子的产生。

三是优化课堂氛围。传统的科学活动容易犯下只关注科学原理的灌输，缺乏趣味性的错误，而运用信息技术课件，创设各种轻松活泼、灵活多变的教学情境，有效烘托渲染课堂氛围，这不是简单几张呆板图片和枯燥言语能够实现的。以“趣味影子”为例，信息技术课件利用声音、动画、文字相结合，展现皮影戏和手影游戏，营造了轻松自然的课堂氛围，受到活跃环境影响，幼儿都能大胆地举手发言、上台表演分享。一方面培养幼儿有意注意，另一方面发挥幼儿学习主体性，推动幼儿探究学习。

三、智慧课堂应用中需注意的问题

（一）课件的内容华而不实

运用信息技术手段相比传统的教学模式有着现代化优势，但容易在课件中使用大量图片、声音、动画等素材，配上一些精美图片、优美音乐、灵活的特效，仿佛一幅完美现代化的作品，认为可以激发幼儿兴趣，殊不知这花哨的内容太过于吸引幼儿的注意力了，注意力都在优美的框架上，并不在课件所呈现的信息上，教师付出大量精力制作课件，却与得到的教学效果不成正比。

（二）课件设计、制作水平不高

很多教师课件的设计、制作水平有限，对智慧课堂的理解较为片面。课件有些是自己制作但不精良、有些是在各种途径下载的课件基础上进行改编、有些是直接下载未经调整直接使用的，都是不利于幼儿个性化发展的。因此，对教师的信息技术技能进行培训是非常必要的。

（三）课件信息量偏大

部分教师为了拓宽幼儿的知识面，盲目地加大课件的信息量，加上多媒体课件转换速度快，滞留时间太短，幼儿眼睛跟不上屏幕，思维速度和接受能力跟不上教学节奏，严重影响幼儿对信息的吸收和运用。

（四）滥用信息技术手段

在科学技术的不断进步和新课程改革下，许多教师为了实现教学的现代化，不管活动是否需要，都必须使用信息技术手段教学，过度使用信息技术教学手段。有的课件从头到尾操作简单，为了使用课件而使用课件，没有结合活动实际，缺乏与幼儿的互动，混淆了谁才是教学过程中的主体，不利于激发幼儿的探索兴趣。科学地使用多媒体课件，才能有效地提高教学效率。

在科学领域教学活动中合理地运用智慧课堂，结合幼儿认知特点，优化教学活动的各个环节，能较好弥补传统教学模式的不足，提高教学质量，更好地促进幼儿认知和情感发展，同时有效促进教师自身的专业化、现代化发展，推动高效教学的现代化幼儿园教育。

参考文献

［1］柴玲．浅谈信息技术和幼儿园教育的融合［J］．学周刊，2020，16（16）：177—178.

［2］赵玉琴．运用多媒体优化幼儿园社会领域教学［J］．甘肃教育，2015（14）：70.

［3］魏细耀．当前幼儿园多媒体教学存在的问题及对策［J］．学前教育研究，2008（8）：19—20.

游戏，生成精彩——学前教育幼儿园区角游戏活动策略实施

（欧阳燕　广东省深圳市龙岗区吉华街道大靓幼儿园）

摘　要：在幼儿园游戏活动中，区角活动是非常常见的一种形式，游戏内容较为丰富，对于幼儿的全面和综合发展有着非常重要的助力。从目前的实际情况来看，区角游戏深受教师的欢迎和重视，如何对区角游戏活动进行完善和优化，成为教师急需思考的问题。因此，在现阶段，幼儿园在日常教育活动开展中就应该对区角游戏活动大力地进行设置，带动幼儿的成长和发展，让游戏成为幼儿教育中的亮点和特色。基于此，本文主要针对区角游戏价值进行分析，并在此基础上对活动策略进行研究，希望对相关工作展开发挥借鉴作用和价值。

关键词：幼儿园；区角游戏；活动策略

在区角游戏中，幼儿不仅是设计者，也是实施者，教师会为幼儿创设开放的环境和氛围，让幼儿拥有更多自主选择游戏的机会，能够借助自身方式对游戏内容进行展现。因此，在新时期的背景下，作为幼儿教师一定要最大化地提升区角游戏的有效性，对游戏效果进行优化，推动幼儿的成长和发展，让幼儿拥有更加广阔的天地。

一、学前教育幼儿园区角游戏活动价值

在幼儿园活动教学当中，区角游戏是非常重要的一个组成部分，能够发挥较大的教育作用和价值。第一，通过区角游戏的开展能够帮助幼儿激活生活经验及能力，在此基础上让幼儿对游戏内容进行设计，提高认知能力和综合素质。第二，区角游戏的开展能够让幼儿在游戏活动中主动参与，凸显主体作用，让幼儿能够自愿自觉地投入到游戏当中，发展幼儿的语言、动手、智力、人际交往、创造和想象力。第三，能够为幼儿提供良好动态环境，让幼儿的情感更加积极，从而丰富幼儿的学习体验及活动感受。

二、学前教育幼儿园区角游戏活动策略

（一）适当干预——生成角色意识

在幼儿园当中，区角活动的良好开展能够带动幼儿的全面成长和进步，但并不意味着在游戏当中完全放任幼儿自己对活动进行开展，教师的适当干预也是尤为必要和关键的。在这其中，作为教师一定要适当性地加强干预，让幼儿能够懂得凸显自身的角色意识和主体地位，带动幼儿获取到更加广阔的成长。

例如，在娃娃家游戏活动开展的过程当中，教师发现扮演妈妈角色的幼儿突然跑到其他区域玩耍。这时，教师就可以适当地进行干预，比如自己可以融入扮演的情境当中，可以扮演小宝宝，可以用稚嫩的话语来进行启发和提醒，比如我的小弟弟和小妹妹们饿了，你快一点回家去看看吧，让幼儿可以在启示下重新回归到情境当中，对自身妈妈角色进行扮演，并可以帮助幼儿累积生活认知和经验，照顾好小宝宝。这样就能够在无形当中让区角游戏得到顺利和有效的开展，带动幼儿的成长和发展。

（二）鼓励创造——体会创造乐趣

在教学活动开展的过程当中，为了让区角游戏更加丰富多彩，教师也应该对创作元素积极地进行融合，让幼儿对创作的乐趣进行体会。和其他的游戏形式相比较，区角游戏更加凸显幼儿的主体性，让幼儿也成为活动当中的设计者和实施者。因此，在现阶段，就应该对幼儿积极地进行带动，鼓励幼儿投入到创造中，在无形中让幼儿的智力和创新意识都能够得到发展。

例如，在建构区域，可以对“我是设计师”这一区角游戏进行开展，在主题下可以结合幼儿特点对于构建材料进行投放，比如格尺、铅笔、图纸、积木。通过材料的投放可以让幼儿提高创作欲望。后续，教师就可以鼓励幼儿自己以自主或合作的方式设计成图纸，借助这些材料简单地进行搭建，让幼儿能够自主投入到合作探究当中，创造出属于自己的作品。在制作完毕之后，教师就可以对比拼活动进行开展，可以让幼儿进行展示和介绍，从而真正地让幼儿展现出自己作品中的亮色，让幼儿的全面综合素养以及各项能力都得到发展。

（三）融合文化——丰富游戏内容

除了以上这几个方面，在游戏活动开展中，文化的融合也是非常重要的。其中，可以适当地将民间游戏文化引入进来，让区角游戏在开展中内容更加丰富，从而真正地对民间游戏这一教育资源进行利用，实现区角游戏和民间游戏的充分融合。

例如，在对自然角相关教育活动开展的过程当中，教师可以将幼儿划分成不同的小组，让小组自选某一种植物或蔬菜进行种植，在植物和蔬菜上悬挂卡片，对基本信息进行标注，比如种类、名字、浇水规律、日期、喜阳或喜阴，让幼儿形成看护小组来划分任务，对植物或蔬菜进行照护，比如驱虫、浇水、松土……可以在家长和教师的经验引导下让幼儿共同的对植物和蔬菜的成长进行呵护。在面对照顾问题时，鼓励幼儿共同解决，比如光照、浇水、收获后共同对劳动成果进行分享。从中让幼儿的责任意识、担当意识都能够得到提高，也能够让幼儿懂得尊重生命、敬畏自然。

三、结论

总之，在学前教育中，对幼儿园区角游戏活动积极地进行开展是非常关键和必要的。在这其中，教师一定要发挥属于自己的作用和价值，凸显幼儿的主体地位，让幼儿拥有更加广阔的成长和发展的空间。在其中，主要可以通过适当干预、鼓励创造、融合文化，真正地做到生成角色意识、体会创造乐趣、丰富游戏内容，让游戏的价值和作用得到最大化的突出。

参考文献

[1] 康红庆．学前教育幼儿园区角游戏活动策略实施［J］．新课程，2022（14）：85.

[2] 张海红．浅谈幼儿教育区角游戏的教学实践研究［J］．新课程，2022（14）：86－87.

[3] 张硕娴．陶行知教育理念指导下幼儿园区角游戏环境创设［J］．读写算，2022（8）：58－60.

论幼儿园教育礼仪教育策略

（柳宏　广东省深圳市龙岗区吉华街道大靓幼儿园）

摘　要：众所周知，中国素来拥有礼仪之邦的美称，可以看出中国人对于礼仪的注重，礼仪在中国更是衡量人的重要标准之一。因此幼儿园开展幼儿教育的礼仪教育对于幼儿未来的发展以至于社会的发展都具有重要的意义。而经过对于我国现阶段幼儿园教育礼仪教育的现状分析发现，现如今幼儿园教育礼仪教育存在着幼儿教职工以及幼儿家长礼仪素养不高、幼儿园对礼仪教育的园本课程体系不够完善和幼儿园缺乏环境创设等问题，而根据这些问题提出了幼儿园应该加强幼儿教职工入职前和入职后的礼仪教育培训、建设和完善幼儿园礼仪教育体系和提升环境创设水平等相关的建议，希望能为幼儿园礼仪教育提供一定的帮助。

关键词：幼儿园教育；礼仪教育；问题；策略

礼仪能够体现出一个国家的文明程度，也是对一个国家生活习惯以及道德风尚的最好体现。孩子是一个国家的未来，而教育则是国家的根本。幼儿园阶段正是幼儿可塑性极强的一个时期，是幼儿除家庭后所接触的第一个新环境，这是幼儿了解新环境，学习新知识的最佳时期，也是幼儿形成良好行为的关键时期。因此，幼儿园教育中礼仪教育就显得格外重要，幼儿园教育礼仪教育也应该成为应试教育中重要的一部分。

一、幼儿园教育礼仪教育现状分析

随着社会的不断发展，人们思想的改变，现如今很多家庭都选择优生优育，很多的家庭都是独生子女，全家的几代人的焦点都在家里唯一的小孩身上，过多的宠爱导致了幼儿成为家里的王子和公主，幼儿对于礼仪的意识非常淡薄，这就导致了很多“熊孩子”的出现。还有，由于我国目前的教育模式主要是注重对于孩子知识技能的培养，从而忽视了礼仪教育的重要性，孩子的幼儿时期正是幼儿去形成和学习礼仪的一个重要时期，如果在这个时期忽视了幼儿的礼仪教育，那么在幼儿今后的行为中就能发现幼儿的行为严重失礼失德。这具体表现这幼儿对长辈缺乏礼貌，不懂得与同辈之间相互谦让，经常以自我为中心，性格霸道，无理取闹，对他人漠不关心，缺乏同理心。

二、幼儿园教育礼仪教育存在问题

（一）部分幼儿教职工及幼儿家长缺乏礼仪素养

幼儿园时期是幼儿模仿欲望非常强烈的一个时期，这时期的幼儿通常会模仿身边人的行为举止，而幼儿教职工以及幼儿家长正是幼儿这个时期的主要模仿对象，因此，幼儿教师以及幼儿家长的行为举止都深深地影响着幼儿自身。根据调查发现，大部分的幼儿教职工认为礼仪教育对于幼儿今后的发展具有重要影响，礼仪教育能够影响到幼儿的一生，然而大部分幼儿教职工对于幼儿的礼仪教育只能知道基本内容，大部分的幼儿教职工对于幼儿礼仪教育的具体内容以及相关的礼仪教育知识认识不够，还只停留在表面。有很多的家长对于幼儿的礼仪教育不是很重视，认为自己的孩子自己管，别人管不着，一味地去溺爱孩子，认为孩子还小，什么都不懂，因此在幼儿面前没有做好榜样。

（二）幼儿园礼仪教育园本课程体系不够完善

现如今，很多的幼儿园都缺乏一套完善的礼仪教育园本体系，通过调查分析发现，大部分的幼儿园都没有系统的礼仪教育课程，大多数幼儿的礼仪教育都是采取随机教育的方式。当幼儿教师发现幼儿有不礼貌的行为举止后，会立刻展开对幼儿的礼仪教育，这样的教育具有随机性和灵活性。但是这样的随机教育也存在着一大弊端，那就是只存在幼儿教职工看到的地方，只针对特定的人和特定的事，这样的教育只对极个别幼儿有教育意义，无法照顾到每一个幼儿。

（三）环境创设水平较低

幼儿园是幼儿除了家里以外生活时间最长的地方，因此幼儿园的环境氛围对于幼儿来说影响是非常大的，良好的环境创设能为幼儿的健康成长起到促进作用，因此幼儿园的环境创设对幼儿的发展来说是非常重要的。

三、改进幼儿园教育礼仪教育的对策

（一）加强幼儿园教职工的礼仪教育培训

幼儿的礼仪教育对于幼儿教职工来说是熟悉的，但是幼儿礼仪教育课程对幼儿教职工来说却是陌生的，因为大部分幼儿教职工对幼儿礼仪教育还停留在常规的日常生活中的礼貌教育，大部分幼儿教职工也仅仅对幼儿日常礼貌用语进行教育，不能完整地将幼儿礼仪教育从常规的礼仪教育中完整地剥离出来。更甚者有的幼儿教职工对于幼儿的礼仪教育仅仅停留在三字经的礼仪歌的学习，如此看来，幼儿的礼仪教育是远远离不开幼儿教职工本身的幼儿礼仪教育知识的，因此，幼儿教职工对幼儿礼仪教育的相关知识的培训就显得格外重要。在幼儿教职工入职之前，应该对幼儿教职工的幼儿礼仪知识进行入职前的一个系统培训，让幼儿教职工对幼儿的礼仪教育知识有一个系统的学习，能够深刻地理解幼儿礼仪教育的深刻理念以及学习幼儿礼仪的科学教育方式。在幼儿教职工入职之后，还应该注重幼儿教职工对幼儿礼仪教育的继续学习，加深幼儿教职工对幼儿礼仪教育知识的深度探索，从而让幼儿教职工能够更好地帮助幼儿学习礼仪规范。

（二）建设和完善幼儿园礼仪教育体系

幼儿的礼仪教育绝不是一天两天就可以养成的，是经过长期的不懈努力才能形成良好的礼仪规范，幼儿的礼仪教育也不是幼儿家长和幼儿教职工两者之间的事，而是多方面努力的结果。完善的幼儿园礼仪教育体系能够帮助幼儿更好地形成良好的礼仪，改掉幼儿自身的坏习惯，因此幼儿园应该建立和完善幼儿园礼仪教育体系。幼儿园应该建立礼仪教育教材体系，为幼儿的礼仪教育提供基础保障，保障幼儿园礼仪教育的常规化，积极组织幼儿礼仪的相关教育研究活动，研究礼仪教育活动，科学制定适合幼儿的礼仪教育方式与礼仪教育活动内容，确保幼儿礼仪教育的正确开展。

（三）提升环境创设水平

幼儿园的环境氛围直接影响到幼儿与幼儿教职工的文明习惯的养成，幼儿的礼仪教育也离不开幼儿园自身的物理环境，因此，在幼儿园教育礼仪教育的首要任务是营造一个良好的优美的校园环境，为幼儿的礼仪教育提供良好的环境支撑。幼儿园可以通过对幼儿园的人文环境进行规划，合理地布置校园的礼仪教育角，教育专栏，张贴礼仪教育标语，通过静态的礼仪教育环境来潜移默化地传递幼儿园的礼仪教育理念和知识。

四、结语

中国有句话是这样说的，“没有规矩，不成方圆”，幼儿阶段正是幼儿形成良好行为规范的一个最好时期，只有将幼儿礼仪教育重视起来，才能更好地帮助幼儿在日常生活中规范自己的行为，形成良好的习惯，长此以往，才能为幼儿今后的发展提供良好的基础，为幼儿养成完美人格以及幼儿今后的学习和生活打下基础。与此同时，幼儿的礼仪教育也是对我国对于礼仪教育的重视程度的一个体现，重视幼儿的礼仪教育在另一个方面也能体现出我国作为一个礼仪之邦的风范，还能促进和谐社会的构建。

参考文献

［1］杜璇．幼儿园礼仪教育的作用及实施策略［J］．江西教育，2022（32）：94－95.

［2］祝丽丽．幼儿园礼仪教育实践策略探析［J］．甘肃教育研究，2021（6）：102－104＋111.

［3］张阳，贾维．以绘本为载体的幼儿园礼仪教育实施策略［J］．教育实践与研究（C），2021（6）：47－48.

［4］许婧．幼儿园礼仪教育实践策略探析［J］．教师博览，2020（27）：81－82.

幼儿园家长学校课程开发的实践研究

（吴东娜　广东省深圳市第六幼儿园）

摘　要：为了更好地提升家园共育质量，依据家长学校课程的理论基础和相关政策，深圳市第六幼儿园通过对本园家长学校课程开展的现状进行调查分析，并综合课程实施原则、目标、内容、形式等方面，构建了具有时代性、科学性、普适性的幼儿园家长学校课程。

关键词：家长学校；课程开发；实践研究

苏联著名教育家苏霍姆林斯基曾经说过："只有学校教育而没有家庭教育，或只有家庭教育而没有学校教育，都不能完成培养人这一极其细致复杂的任务。"3～6 岁是孩子人格形成的关键期，为了使每位家长都能尽到做父母的责任，也为了孩子们能够健康成长，家庭与学校形成合力，从 1993 年建园开始，我园一直注重家园共育，并得到了家长们的认可，也为其他园所的家园合作提供了范例。

一、幼儿园家长学校课程开发的理论基础与政策支持

家长参与理论由爱普斯坦提出。该理论认为，家长参与模式共有六种，分别是：家长履行家庭基本职能，家长参与学校基本职能，家长帮助儿童在家里学习，家长参与学校各种活动，家长参与学校的决策和管理，以及家长与社区密切合作。家长参与模式中的家庭基本职能模式和家长帮助儿童在家里学习两种模式指家长在家庭中对教育的参与，主要包括家长为子女创造良好的环境及学习氛围，并在家协助教师完成教育任务等方面。家长参与学校基本职能、家长参与学校各种活动和家长参与学校决策管理这三种模式指家长对学校教育的参与，主要包括家长与学校沟通儿童在校的基本情况，提供教育资源，参加学校组织的活动和决策性会议等方面。家长与社区密切合作模式指为增强教育效果，家长、学校和社区之间进行密切的合作和交流。

布朗芬布伦纳提出的生态系统论将家庭和幼儿园看成是幼儿成长与发展的微系统，而两者之间的关系则是一种环境系统，对个体的健康成长起着非常重要的作用。一个孩子的健康成长和进步取决于父母对他成长的关心程度、陪伴他的时间长短、文化水平和教育观念、方法等。培养专业化的家长，使家长进行多渠道学习、自觉性学习，将有益于提升家园共育质量。

为了达成这一目标，我国近年来相继出台了一系列推动家长学校建立的政策。2004 年全国妇联与教育部联合颁发《关于全国家长学校工作的指导意见》。2010 年 7 月国务院颁布了《国家中长期教育改革和发展规划纲要（2010—2020 年）》，文件提出要充分发挥家庭教育在儿童少年成长过程中的重要作用。2016 年国家九部委联合颁发了《关于指导推进家庭教育的五年规划（2016—2020 年）》，文件规定在中小学、幼儿园、中等职业学校建立家长学校。幼儿园家长学校每学期至少组织 1 次家庭教育指导和 2 次亲子实践活动。2019 年，全国妇联、教育部等九部门又印发了《全国家庭教育指导大纲（修订）》。2021 年 10 月 23 日第十三届全国人民代表大会常务委员会第三十一次会议通过《中华人民共和国家庭教育促进法》。2022 年，全国妇联、教育部等 11 个部门近日印发《关于指导推进家庭教育的五年规划（2021—2025 年）》。由此可以看出，家长学校工作的开展，属于国家发展家长教育指导的重点工程，得到政府的大力支持。

二、幼儿园家长学校课程开展的现状

（一）家长素质参差不齐

所谓家长素质参差不齐，主要指的是家长队伍过于庞杂，如有的是自主创业，有的是事业单位，还有的外出务工。而就这些家长来说，存在着一个极其普遍的特点——尚处于一种“三无”状态，即“无知”，没有知识准备；“无法”，没有科学的方法；“无奈”，现实无奈。实际上，许多家长对于育儿观念只停留在表面，口头上认为育儿是至关重要的，但是却并未付出相应的实践，愿意将资金“花费”在孩子的学习上，但是却不愿意为个人的学习而“买单”，不少家长育儿观念相对薄弱，也并未掌握科学、有效的育儿方法。

（二）家长学校课程的开展流于形式

就现阶段幼儿园家长学校课程的开展情况来看，或多或少还存在着一些不足之处，主要体现在以下几个方面：其一，家长学校课程通常被单一的家长会所替代；其二，家长学校课程内容相对片面、空泛，尚未形成系统、完善的课程体系；其三，幼儿各方面，如成长环境、生活水平等存在着鲜明的差异，笼统的家长会很难真正迎合家长的实际需求。上述不足都对幼儿园教学实效带来了严重的影响。在此形势下，进一步强化家长学校课程的开展，健全满足幼儿园实际情况的课程体系，促进家长教育质量的有效提升，让幼儿在良好的环境下健康、快乐地成长、发展，是现阶段家园共育中亟待探究的重要课题。

三、幼儿园家长学校课程的实践

（一）家长学校课程基本原则

1. 适宜性原则。适宜性是指课程的构建要考虑时代、地域、幼儿园课程、幼儿年龄、家长需求等多方面的因素，做到课程内容针对性强。

2. 基础性原则。幼儿阶段的发展是个体发展的基础阶段，家园共育的目的就是为孩子的未来发展打好基础。

3. 科学性原则。幼儿教育必须是科学的教育，需要了解被教育对象的生理特点、心理特点、学习特点，才能达到良好的教育效果。

4. 有效性原则。家长学校课程的设置最重要的目标是帮助家长在家庭教育中运用科学有效的教育方法，使幼儿得到科学的指导和健康的发展。

（二）家长学校课程目标

我园家长学校课程目标有以下几点：帮助家长建立科学的儿童观、教育观，了解科学的育儿知识；掌握幼儿教育的科学方法，提升陪伴幼儿的质量；使幼儿园教育和家庭教育共同为孩子的幸福人生奠定良好的基础。

（三）家长学校课程内容

为加强家长学校课程的适宜性，我园家长学校课程考虑了三个维度：课程内容涉及教育观念、知识、技能、方法等；课程形式分为理论学习课程与实际操作课程；课程设置分为必修课程与选修课程。

1. 必修课程

此类课程多采取面授形式，是幼儿在园三年家长必须参加的课程，如《游戏童年》《亲子陪伴的技巧》《养成良好的阅读习惯获益终身》等，可以全园或分年级面授。

2. 选修课程

对于此类课程，家长可以根据自身需要自由选择，由于幼儿园授课空间的限制，部分面授的内容幼儿园会限制班级名额。我园借助幼儿园现有的资源，设立了“心语心愿”大讲堂，由园长或资深教师、优质家长为大家分享育儿观点和育儿好方法，每学期一期，旨在传播先进的教育理念，从而指导家长的行为。选修课程可以采用面授或网络授课的方式进行，我们也会选择一些有质量的网络课程，让家长自由学习。

（四）家长学校授课形式

从幼儿年龄类别上分，面向小、中、大不同年级幼儿家长授课；从授课范围上分，有全园、年级、班级、自由混合、个别等授课；从授课方式上分，有现场授课和网络授课。为了满足家长对授课内容、时间、形式的不同需要，我园的家长学校课程内容丰富，形式多样，很多课程家长可以自由选择。教师每个学期还会以组织家长小组讨论的方式，开展个别化的交流及指导工作，平时进行个别家庭教育的跟踪和指导。

（五）家长学校课程实施保障体系

我园家长学校校长由园长出任，家长委员会主任与负责家长工作的家园共育主任共同承担家长学校的教学安排，每个班级的家委会成员担任班级的班长，和家长委员共同协助家长学校教学内容的落实。

深圳有自己的地缘优势，华南师范大学、深圳大学都设有学前教育专业，我园长期与这些高校的教授保持联络，他们是我园家长学校的专家型教师。当然，打造一支“双师型”导师队伍是我园极其重视的一项工作。我园采取送出去培训、集体备课、实操演练、给任务促发展等方式使家长学校导师的专业化程度不断提升。同时，还有一部分教师已考取“家庭教育指导师”的证书，为家园共育的持续发展保驾护航。

家庭教育对于幼儿来说是不可或缺的，对幼儿的人格发展、习惯养成等具有深远的影响。陈鹤琴先生曾经说过：“家庭教育对父母来说就是自我教育。”通过幼儿园家长学校课程的实践研究，我园家长学校的课程日益丰富完善，丰富多样的家长学校教学活动形式更加适应了家长的需求和时代的发展，为家园合作的未来发展奠定了坚实的基础。

参考文献

[1] 刘一春．幼儿园开展家长教育工作的现状研究［D］．西华师范大学，2016.

[2] 倪艳青，周玉红．基于现代教育技术的家长学校管理策略——以重庆市开州区汉丰第八小学为例［J］．教书育人，2016（29）：20—21.

[3] 黎勇，蔡迎旗．我国幼儿家庭教育支持现状及其完善建议［J］．学前教育研究，2018（4）：61—63.

[4] 赵忠心. 家庭教育学［M］．北京：人民教育出版社，1994：5.

[5] 李志芳主编．幼儿园家长学校活动指导［M］．北京：中国轻工业出版社，2015.

[6] 陈鹤琴．家庭教育［M］．上海：华东师范大学出版社，2013.

[7] 张静雯．“家长学校”有效性研究［D］．苏州大学，2016.

[8] 李清．邢台市 W 幼儿园家长学校开展现状研究［D］．河北大学，2019.

[9] 潘成成．幼儿园家长学校的现状及改进研究［D］．华中师范大学，2020.

角色游戏情境下中班幼儿合作行为的现状及教育策略建议

（吕光耀　北京市朝阳区北辰福第幼儿园）

摘　要：《幼儿园教育指导纲要（试行）》提出，乐意与人交往，学习互助、合作和分享，有同情心是社会领域的目标之一。《3～6岁儿童学习与发展指南》中提出，在幼儿园生活中注意培养幼儿的合作意识。本研究观察记录幼儿在角色游戏情境下的合作行为，运用问卷法对幼儿合作行为问题的原因进行研究，在此基础上提出教育建议。

关键词：中班幼儿；角色游戏；合作行为

一、存在的问题

本研究发放调查问卷150份。回收106份，剔除无效问卷后，《幼儿合作性发展水平教师评定问卷》有效问卷为100份，教师问卷有效率94.3%，该问卷是任雪松对幼儿教师进行访谈和开放式问卷调查的基础上，数据资料采用spss19软件进行数据统计分析，在其后对该问卷进行了信度、效度检验后得出结论，问卷的信度与效度指标均达到了心理测量学的标准。

本文的研究问卷共19个题目，分为四个维度：合作意向、合作策略、合作水平和合作性别。调查问卷将角色游戏情境下，中班幼儿的合作行为标记为事件，有效问卷中共有90名幼儿的100次合作行为。总共30天，每天上午8∶30开始，9∶00结束，共30分钟。针对幼儿的重复合作行为进行重复编码，如：幼儿在合作过程中运用合作策略中的协商和建议，在合作策略的编码过程中，协商和建议会同时编码，最后合计总分并根据人数算出平均分（见表1）。

表1　各维度及总分的相关分布

	合作意识	合作策略	合作水平	合作性别
合作意识	1	0.818**	0.758**	0.095
合作策略	0.818**	1	0.678**	0.033
合作水平	0.758**	0.678**	1	0.289**
合作性别	0.095	0.033	0.289**	1
注：**在表示0.01水平（双侧）上显著相关。				
p=0.05				

通过对中班幼儿在角色游戏情境下的合作行为现状进行调查，我们发现，角色游戏中幼儿合作行为存在的问题如下。

中班幼儿合作意向得分状况如表2所示：

表 2 幼儿合作意向得分

	N	M	SD
被动	100	3.01	1.010
主动	100	2.93	1.103
有效的 N（列表状态）	100		

表 2 表明，中班幼儿的合作意向得分被动合作高于主动，说明中班幼儿合作行为的意向被动大于主动，合作意识较低。

中班幼儿合作策略得分状况如表 3 所示：

表 3 幼儿合作策略得分

	N	M	SD
语言	100	3.09	1.016
动作	100	2.73	1.072
有效的 N（列表状态）	100		

表 3 表明，中班幼儿的合作策略得分语言高于动作，说明中班幼儿合作行为的策略中，运用语言大于动作，合作策略单一，以语言为主。通过观察记录，我们发现女孩使用语言的分数高于男孩，女孩使用建议、探讨、邀请、协商的情况较多，男孩使用强迫、命令指挥的情况较多。

中班幼儿合作水平得分状况如表 4 所示：

表 4 幼儿合作水平得分

	性别	N	M	SD
助人性	男孩	34	19.7647	4.62574
	女孩	66	19.8030	4.60508
协同性	男孩	34	5.5294	1.23669
	女孩	66	10.9091	1.07742
交往性	男孩	34	12.2059	1.75429
	女孩	66	19.8788	1.49373
总分	男孩	34	37.5000	5.64210
	女孩	66	50.5909	5.84144

续表

方差齐性检验

		Levene		针对平均值是否相等的 t 测试						
		F	显著性	T	df	显著性（双尾）	平均差异	标准误差	95% 差异数的信赖区间 下限	95% 差异数的信赖区间 上限
助人性	采用相等变异数	0.020	0.889	−0.039	98	0.969	−0.03832	0.97360	−1.97041	1.89376
	不采用相等变异数			−0.039	66.499	0.969	−0.03832	0.97501	−1.98473	1.90808
协同性	采用相等变异数	3.444	0.066	−22.481	98	0.000	−5.37968	0.23929	−5.85455	−4.90481
	不采用相等变异数			−21.506	59.252	0.000	−5.37968	0.25014	−5.88017	−4.87919
交往性	采用相等变异数	2.223	0.139	−22.914	98	0.000	−7.67291	0.33486	−8.33742	−7.00839
	不采用相等变异数			−21.761	58.136	0.000	−7.67291	0.35259	−8.37866	−6.96715
总分	采用相等变异数	0.004	0.953	−10.738	98	0.000	−13.09091	1.21912	−15.51021	−10.67160
	不采用相等变异数			−10.859	68.849	0.000	−13.09091	1.20552	−15.49595	−10.68587

表 4 表明，中班幼儿合作水平得分女孩高于男孩。在总分、协同性和交往性上存在显著性差异，在助人性上差异略小，但是在助人性、协同性和交往性上男孩的得分均低于女孩，说明中班女孩合作发展水平高于男孩。

中班幼儿合作性别得分状况如表 5 所示：

表 5　幼儿合作性别得分

	N	M	SD
同性朋友	100	3.65	0.757
异性朋友	100	1.86	0.804
有效的 N（列表状态）	100		

表 5 表明，中班幼儿合作性别得分同性高于异性，说明幼儿同性之间产生合作大于异性，幼儿更倾向于同性合作。通过观察记录，我们发现，幼儿更倾向和自己的好朋友进行合

作，好朋友中同性居多，这与幼儿的角色性别认同有关。

二、中班幼儿合作行为的归因分析

（一）微观系统的分析

通过教师访谈，我们发现，家长的教养方式会对幼儿的合作行为产生一定的影响作用。一方面，父母是孩子的第一任教师，家庭为幼儿提供最直接的教育环境。民主性的家长教养方式，有利于为幼儿创设一个适宜的合作环境，培养幼儿的合作意向。独生子女的成长环境优越，缺少同龄同伴的陪伴，占有欲和自我意识较强，缺少合作、互助和分享的意识。

影响幼儿合作行为的另一个重要因素是幼儿的观点采择能力，美国发展心理学家R. 塞尔曼指出，观点采择能力在幼儿的社会认知发展方面占据着重要的位置，幼儿能够对不同的观点进行协调，是其认识社会关系方式重新建构的标志之一。[2] [3]另一方面，幼儿社会性的发展是幼儿园教育活动的重要内容。

（二）中间系统的分析

通过教师访谈，教师建议家园合作对幼儿合作行为产生一定的作用，家庭和幼儿园之间关于合作内容的联系和相互影响，有助于激发幼儿合作的好奇心，从而有效地调动幼儿合作的积极性，提高合作行为的发生概率。

（三）宏观系统的分析

班杜拉提出社会模仿学习理论，认为幼儿成长阶段主要的学习方式是模仿，通过大众传媒等社会媒介传播的信息来进行模仿学习。虽然幼儿没有直接参与，但是能吸收并模仿大众传媒的信息，因此社会环境对幼儿合作行为的发展会产生影响。

三、教育建议

（一）基于所存在问题的建议

1. 创设环境增强合作意向

幼儿园创设适宜的合作环境，在教室的环境创设中增加合作因素，比如创设群体合作的卡通人物形象。在区域活动中，减少单人玩具，增加投放两人或两人以上的合作性的玩具材料，进一步提高幼儿的合作意向。教师在组织教育教学活动过程中，通过讲解合作相关内容的寓言，引导幼儿认识合作行为的积极作用，从而培养幼儿的合作意向。

2. 树立榜样教授合作策略

针对女孩更擅长语言交流进行合作，教师应该通过仔细观察，发现女孩的合作行为，为男孩树立榜样，以简明的语言教授给男孩合作策略，引导男孩学习使用委婉的语言，通过建议、协商的合作语言进行合作。教师组织幼儿榜样合作活动，参观大班幼儿的合作活动，或者观看相关的合作视频，通过直观的教学方式，指导中班幼儿学习大班幼儿的合作策略。

3. 适时指导提高合作水平

在区域活动角色游戏中，教师应该积极为幼儿提供合作的机会，调动幼儿多种感官参与合作的积极性，鼓励多人合作完成活动。教师应该根据中班幼儿具体形象思维的年龄特点，在角色游戏中适时投放具体形象的、直观的合作性材料或玩具。在角色游戏过程中，引导幼儿邀请同伴参与合作，在同伴遇到困难的情况下，主动帮助同伴解决问题。

4. 丰富主题促进异性合作

角色游戏中的材料投放要及时更新，在区域活动材料匮乏或幼儿失去兴趣时，应该利用大的活动场地、天然的活动材料，因地制宜地开展合作活动。教师应该提供丰富的主题，在幼儿合作过程中遇到困难或内容单一时，丰富角色游戏的情节，引导幼儿想象生活情境，通过互助协作促进异性合作，扩展合作的主题和情节，促进合作持续性地发展。

（二）基于影响因素的建议

1. 微观系统

一方面，家庭为幼儿创设合作的有益环境，在一日生活的各环节渗透合作概念，培养幼儿主动的合作意向。另一方面，幼儿园应重视幼儿合作行为的发展，切实把合作发展作为幼儿发展的重中之重，在园本课程的基础上增设合作课程，教师积极开展合作性的教育活动，有计划有目的地组织合作游戏，幼儿园应该为幼儿创设适宜的环境，注重培养和提升幼儿的观点采择能力，教师在社会性教育中有意识地设计各类活动（如角色扮演等），有利于幼儿的观点采择能力的发展，教师注重引导幼儿的社会情感（如分享、轮流、交换等）。[5]

2. 中间系统

家庭和幼儿园之间应该加强家园合作，密切家长和教师之间关于合作内容的联系。通过家长和幼儿园的及时沟通，在生活细节中相互配合教育，共同培养幼儿的合作意向。教师普遍建议家长创设良好的家庭氛围，在与教师积极配合的同时，在家庭中适时适当地为幼儿搭建一个合作的平台。

3. 宏观系统

根据科尔的文化心理学理论，人和文化相互交织，人的心理和行为通过运用它们的情景、场合表现出来。因此，社会应该为幼儿创设一个良好的文化环境。媒体严格把关大众媒体的信息传播。社会应该倡导家长和幼儿一起观看合作类动画片，帮助幼儿树立主动合作的意识，从而激发幼儿正向的模仿行为。

参考文献

[1] 教育部. 幼儿园教育指导纲要（试行）[Z]. 2001.

[2] 中国教育部. 3～6 岁儿童学习与发展指南 [S]. 2012.

[3] 庞丽娟，叶子. 谈儿童利群与合作品质的培养 [J]. 中国教育资讯报，2002，5：30.

[4] 喻小琴. 幼儿同伴合作行为研究 [D]. 陕西师范大学，2007.

[5] Selman R L. The Growth of Interpersonal Understanding: Development and Clinical Analysis [M]. New York: Academic Press, 1980.

[6] Selman R L. and Shultz. Making A Friend in Youth [M]. University of Chicago Press, 1990.

信息技术在5～6岁幼儿教育中的有效运用

（林晨　北京市怀柔区学生活动管理中心）

摘　要：随着信息技术的发展，信息技术已经成为人们生活中的重要组成部分，方便了人们的学习和生活。尤其是在教育过程中，通过信息技术的引入不仅使得教育手段实现多样化，同时也能够实现教育效率的提升。但是任何事物都有两面性，信息技术的过度使用也会带来很多问题。尤其是在5～6岁的幼儿教育过程中，如何更好地将信息技术融合到教育中，这是当前需要重点考虑的问题。基于此，本文采用问卷调查法，重点就信息技术在5～6岁幼儿教育中的具体运用情况展开分析，进而了解当前信息技术在5～6岁幼儿教育中的运用问题，并寻找相应的完善路径。

关键词：信息技术；5～6岁幼儿；幼儿教育

一、研究设计

随着科技的进步，信息技术的使用极大地方便了教育工作的开展，为了能够更好地了解当前5～6岁幼儿教育过程中信息技术的使用情况，因此针对5～6岁幼儿家长展开调查。本篇研究通过查阅文献结合问卷结果拟定选题，最终确定为“信息技术在5～6岁幼儿教育中的有效运用”。

在调查过程中，主要选取了SY幼儿园5～6岁大班幼儿作为调查对象，重点就SY幼儿园大班幼儿家长展开随机问卷发放，共计发放调查问卷76份，最终回收问卷74份，其中有效问卷为69份，有效率为93%。

二、研究结果与分析

（一）幼儿电子产品使用情况

针对当前SY幼儿园5～6岁幼儿所拥有的电子产品进行统计调查，结果如表1所示。

表1　SY幼儿园5～6岁幼儿电子产品拥有情况

选项	人数	比例
台式电脑或笔记本	25	36.23%
平板电脑	37	53.62%
智能手机	59	85.51%
数字化电视	66	95.65%

从表1中数据统计结果可以发现，当前SY幼儿园5～6岁幼儿电子产品的拥有率非常高，其中85.51%的家长表示幼儿目前拥有智能手机，还有95.65%的家长表示幼儿拥有数字化电视。总体来看，在当前信息产品普及的大背景下，各类电子产品已经广泛存在，为SY幼儿园5～6岁幼儿信息技术融合教育提供了可能性。

（二）电子产品使用频率

在电子产品使用过程中，对于电子产品的使用频率是反映幼儿对于电子产品依赖程度的重要依据，针对这一方面进行统计，结果如表 2 所示。

表 2　SY 幼儿园 5～6 岁幼儿电子产品使用频率

选项	人数	比例
每天都会使用	39	56.52%
两天用一次	13	18.84%
每周用一次	9	13.04%
不使用	4	5.80%

从表 2 中数据统计结果可以发现，其中 56.52%的家长表示幼儿每天都会使用电子产品，还有 18.84%的家长表示每两天就会使用一次。由此可以看出，随着信息技术的普及，5～6 岁幼儿对于电子产品的使用率也在不断地上升，这为信息技术融合教育提供了更大的发挥空间。

（三）电子产品使用时长

针对电子产品的使用时长进行调查，能够更好地了解现阶段 5～6 岁幼儿对于信息技术的使用情况，就这一方面调查结果如表 3 所示。

表 3　SY 幼儿园 5～6 岁幼儿电子产品每次使用时长

选项	人数	比例
0.5 小时以内	41	59.42%
0.5～1 小时	13	18.84%
1～2 小时	8	11.59%
2 小时以上	7	10.14%

从表 3 中数据统计结果可以发现，大多数的幼儿每次使用的时长在 0.5 小时以内，这一部分占比为 59.42%，当前幼儿在使用电子产品的过程中，普遍时间较短，这与越来越多的家长担心电子产品损伤幼儿的视力有很大的关系。

（四）电子产品功能使用情况

通过对当前 5～6 岁幼儿使用电子产品功能情况调查，能够了解目前大多数幼儿将信息技术运用于学习方面的情况，针对这一点进行调查，结果如表 4 所示。

表 4　SY 幼儿园 5～6 岁幼儿电子产品功能使用情况

选项	人数	比例
通信功能	11	15.94%
游戏功能	24	34.78%
视频娱乐功能	31	44.93%

续表

选项	人数	比例
益智软件功能	19	27.54%
学习教育功能	29	42.03%
其他	5	7.25%

从表4中数据统计结果可以发现，目前5～6岁幼儿在使用电子产品的过程中，使用最多的功能是视频娱乐功能，占比达到44.93%，另外还有34.78%的家长表示游戏功能也是常用功能之一。

（五）监督管理情况

在信息技术融合5～6岁幼儿教育的过程中，监督情况非常关键，针对这一方面进行调查，结果如表5所示。

表5　SY幼儿园5～6岁幼儿电子产品使用监督情况

选项	人数	比例
每次使用都会从旁监督	12	17.39%
使用时有时候会监督	21	30.43%
从不会监督	36	52.17%

从表5中结果可以看出，当前5～6岁幼儿在电子产品使用过程中，其中52.17%的家长表示不会监督。

三、教育建议

（一）合理安排电子产品使用时间

在信息技术使用过程中，出于对5～6岁幼儿健康考虑，以及对他们合法权益的保护，应当对电子产品的使用制定出严格的安排，防止出现沉迷的情况。

首先，明确电子产品使用的教育标准。对于5～6岁幼儿来说，使用信息技术的最主要的功能应当是教育，娱乐作为一个辅助功能，必须要进行合理的控制。因此在引入信息技术到教育的过程中，应当要对5～6岁幼儿使用电子产品做出明确的要求，即幼儿学知识可以使用、幼儿看教育视频可以使用、幼儿查问题可以用等。基于以上这些基本原则，设置出合理的规则，从而限制电子产品的使用。

其次，明确电子产品使用时长。在信息技术引入的过程中，应当对电子产品使用的具体时长做出严格的限制。为了防止幼儿过度用眼可能带来的视力损伤，每次使用电子产品应当限制在半小时以内，并相对应引导幼儿通过望远、户外活动等方法调节眼焦距。

（二）重视益智类教育软件的使用

德国著名幼儿教育学家福禄贝尔曾说过“玩是幼儿的天性，游戏是儿童幸福的伴侣”。因此对于5～6岁幼儿来说，游戏有着无法抵御的诱惑，因此在这一过程中要充分发挥信息技术的教育功能，应当采用合理的措施，引入更多的益智类教育游戏内容，并且让幼儿更好地掌握电子设备的其他功能。

首先，重视益智类教育软件的安装和使用。在信息技术融合教育的过程中，应当要有目的地帮助5～6岁幼儿做好益智类教育游戏软件的选择，如宝宝巴士、小伴龙等教育类益智游戏。

其次，教育幼儿合理辨识正确信息。在使用信息技术的过程中，家长应当及时针对幼儿进行教育指导，让幼儿能明确知道什么样的信息是有用的，而哪种信息是错误的，做好信息的分辨，这是正向教育功能发挥的关键。

（三）家长积极了解教育信息技术

要让信息技术与5～6岁幼儿教育融合在一起，必须要充分发挥家长的作用，让家长更多地了解信息技术的教育功能，从而根据孩子的需求作出合理选择，这是关键之处。

首先，家长要了解当前各类产品中存在的教育软件。要保证信息技术得到合理的使用；其次，家长正确看待信息技术与教育关系。家长在教育过程中，应当正确看待信息技术与教育之间存在的关系，充分了解电子信息技术的教育功能，家长思想观念的转变对于实现5～6岁幼儿教育与信息技术融合具有积极意义。

（四）增强家长的看护意识

幼儿园在实现家园合作的过程中，应当要针对家长进行大力宣传，鼓励更多的家长在使用信息技术展开教育的过程中，明确家长的监督和引导所具有的重要意义，重视对家长思想的引导，让他们在孩子使用信息技术的过程中，能够从旁辅导，从而提升信息技术使用的有效性，避免出现幼儿沉迷问题。

四、结论

综上所述，随着信息技术的大量使用，将信息技术运用到5～6岁幼儿的教育中去，这是当前幼儿教育发展的趋势。但是就另外一方面而言，在使用信息技术的过程中，家长必须要注意使用的方法，能合理控制幼儿信息技术的使用，保证5～6岁幼儿能够真正使用电子产品的教育功能，这一点非常关键。总体来看当前在信息技术融合幼儿教育过程中，幼儿对于电子产品的依赖度过大，且可能存在沉迷情况，这些都是需要关注的问题。

本人认为，这一情况需要家长、教师的双方合作。首先教师可以通过专业知识帮助家长了解信息技术与教育融合的益处，让家长了解这一前景，指导家长在家如何合理管理幼儿使用信息技术，如：在孩子使用电子产品的过程中能够及时做好监督教育引导工作，让幼儿能够合理使用电子信息产品，并且能够正确使用其教育功能，最终达到提升教育效率的目的。教师在园通过针对性的教育教学活动引导幼儿，并通过家园共育实现教育合力的最大化。

参考文献

[1] 张春菊．谈信息技术在幼儿教育中的有效运用策略［J］．中国新通信，2021，23（24）：220—221.

[2] 张春菊．浅谈信息技术在幼儿教育中的有效运用［J］．中国新通信，2021，23（23）：225—226.

[3] 李嘉．虚拟现实技术在幼儿教育中的运用——评《学前教育信息技术应用》［J］．中国油脂，2021，46（7）：163—164.

[4] 王梓，张熠，左佳．信息技术在幼儿教育活动中的应用［J］．中国现代教育装备，2020（20）：68—72.

[5] 刘莉，刘芳．幼儿教育信息技术化应用的研究述评［J］．科技资讯，2020，18（19）：134—135.

[6] 赖小娜．幼儿教育与信息技术的整合探索［J］．计算机产品与流通，2020（4）：234.
[7] 陈冲．信息技术在幼儿教育中的运用探究［J］．传播力研究，2020，4（09）：178—179.
[8] 刘音捷．信息技术在幼儿教育教学中的应用［J］．科学咨询（教育科研），2019（10）：96—97.
[9] 白洋．信息技术在幼儿教育中的运用探究［J］．教育现代化，2019，6（55）：281—282.
[10] 韩淑芳．现代信息技术对幼儿教育教学的影响［J］．华夏教师，2019（16）：74—75.
[11] 王世玉．信息技术在幼儿教育中的应用［J］．科学大众（科学教育），2019（5）：81.
[12] 徐莎莎．浅谈信息技术在幼儿教育中的有效运用［J］．才智，2019（8）：135.
[13] 畅娟．现代信息技术对幼儿教育教学的影响［J］．文学教育（下），2019（2）：138—139.
[14] 张盛洁．如何将现代教育技术有效地融合到幼儿教育课堂［J］．科学大众（科学教育），2019（1）：106.

STEAM项目活动中的师幼互动策略研究

（詹梦园　广东省珠海市香洲区健民幼儿园）

摘　要： 教师是STEAM项目活动和幼儿发展的支持者、合作者与引导者，良好的师幼互动是高质量开展STEAM项目活动的重要内容。在STEAM项目活动的不同阶段，师幼互动的策略有所不同，在项目启动阶段，师幼互动策略的重点在于创设问题情境，激发幼儿的探究兴趣；在项目探究阶段，师幼互动策略注重帮助幼儿澄清问题，共建幼儿经验；在项目结束阶段，师幼互动策略的重点则是帮助幼儿整合经验，进而更好地解决问题。

关键词： STEAM项目活动；师幼互动；师幼互动策略；教师角色

一、STEAM项目活动

项目活动是对一主题进行深入的探究，探究的焦点在于寻找问题的解答；具有以下三个特点：以问题解决为中心和导向、幼儿自主决定探究的内容、是整合性的活动。

STEAM项目活动以项目的学习方式开展，围绕问题解决而展开。STEAM项目活动作为一种新型学习方式，立足幼儿本位，让幼儿从接受型教育向自主学习型转变，教师的角色定位从主导型向合作型转变，围绕幼儿经验及真实情境组织教育教学活动，充分体现幼儿的主体性，有助于发展幼儿创造创新能力、解决问题能力、沟通交流能力、合作协作能力等。

项目活动具有体验性和真实性的特点，要求我们更加关注幼儿在活动过程中的学习、理解和运用过程。而项目活动的开放性则使幼儿和教师成为一个共同体，师幼之间相互支持、相互帮助，为共同完成一个目标而努力。

二、师幼互动

师幼互动是一种特殊的人际互动，是指在教师和幼儿之间发生的各种形式、各种性质和各种程度的相互作用和影响。师幼互动贯穿于幼儿园一日生活中，幼儿园教育的意义包含在教师与幼儿的互动中。

STEAM项目活动是一种特别注重互动的教学活动，可以说没有互动就不可能产生理想的教学效果。受幼儿身心发展特点影响，这时期的幼儿尚不能独立地完成许多项目探究活动，需要教师作为STEAM项目活动和幼儿发展的支持者、引导者、合作者，师幼互动也就由此产生。

教师和幼儿之间的良好互动、有效互动，可以营造一个和谐、自然、舒适的幼儿自主学习氛围，让幼儿自由、自主地在环境中积极探索，主动探究，这也有助于幼儿创造性思维的产生和发展，进而能够高效地推动STEAM项目活动发展和幼儿成长。

三、STEAM项目活动中的教师角色

（一）支持者

教师的先行研究是推动STEAM项目活动顺利进行的重要支撑，也是促进幼儿成长的重要支撑。教师要动态转化自己的角色，事先对项目活动的内容、幼儿及幼儿的已有经验、

需要达成的目标等进行研究，观察分析幼儿的学习发展需求，促进幼儿学习和掌握跨学科综合解决问题的能力，才能更好地支持幼儿学习。

（二）合作者

在 STEAM 项目活动中，教师的角色定位从主导型向合作型转变。教师需要动态转化自己的角色，不仅要提供充足的材料、丰富的环境来支持幼儿的活动，更要参与到活动中，以“同伴”的身份，以幼儿的视角，与幼儿一起探索，看幼儿所看，思幼儿所思，引导幼儿分析问题，解析任务，和幼儿一起提出问题或任务的解决方案。

（三）引导者

在 STEAM 项目活动的开展过程中，有时会遇到活动无法继续往前推进的情况，这主要是由于幼儿的已有经验较为缺乏、不成体系，也就无法综合运用已有经验来解决当前所遇到的“难题”，这时教师就需要为幼儿提供问题解决的“钥匙”，指引幼儿前进的方向。

STEAM 教育理念指导下的教学方式与传统灌输式教育模式不同，更注重幼儿在学习时的体验感，主张将知识与生活相结合，使幼儿能在特定的情境中理解抽象的知识。因此，在活动中师幼互动的侧重点就在于教师运用开放性的问题和丰富的材料支撑幼儿学习，帮助和引导幼儿更深层次地探索问题背后所蕴含的知识，最终提升问题解决能力。

四、STEAM 项目活动中的师幼互动策略

（一）项目启动阶段：创设问题情境，激发幼儿研究兴趣

在项目启动阶段，师幼互动的重点在于创设问题情境，激发幼儿的探究兴趣。

第一，联系幼儿实际生活，触发生活情境。幼儿的经验大部分都来源于日常生活，并在日常生活中逐步建立和发展起来，对于幼儿来说，学习的最佳方法是建立在基于原有知识经验的环境中学习。例如，大班幼儿即将毕业，“什么是毕业？怎么毕业？”就成了大班幼儿非常感兴趣的话题。

第二，基于幼儿的知识与经验，巧妙设置情境。在幼儿经常接触、便于感知和认识的事物中寻找可以拓展、延伸的方向与内容。例如，影子是幼儿生活中十分常见的事物，但他们却对此很少关注。教师可巧妙设置游戏情节，开展“藏影子”“比影子”“踩影子”等游戏，激发幼儿探究欲望，在游戏中对“影子”展开进一步探究（见图 1 和图 2）。

图 1　幼儿在玩“藏影子”游戏　　图 2　幼儿在玩“踩影子”游戏

第三，捕捉催化事件，生成问题情境。教师将幼儿在日常生活中遇到的突发、意外事件转化为催化事件，引发幼儿思考与探究。例如，植物角的植物都生长茂盛，却只有一盆绿萝坏死了，这是为什么？

（二）项目探究阶段：澄清问题，共建经验

在项目探究阶段，师幼互动的重点在于帮助幼儿澄清问题，共建幼儿经验。以小班项目活动“什么东西可以滚动”为例，对该阶段的师幼互动策略进行解读。

第一，引发幼儿对后续情境的预测。幼儿正在将几个橘子垒高，这时教师通过问题引发幼儿对后续情境的猜测，引导幼儿发现橘子垒不上去的原因（见图3和图4）。

师：你们把手松开会怎样？

幼1：会倒。

师：为什么会倒？

幼2：因为橘子像滑滑梯一样，会滚下来。

图3　幼儿尝试垒橘子　　　　图4　幼儿思考成功垒橘子的原因

第二，帮助幼儿理解概念。教师通过提问“你认为什么东西可以滚动？”先了解幼儿的已有经验，探明幼儿对当前问题的认知和理解。而“什么是圆的东西？”“哪些物品是圆的？”则向幼儿引入“圆”的概念，帮助幼儿厘清“圆”，并将“圆”与幼儿日常生活联结。“还有哪些东西可以滚动？”则帮助幼儿明确探究目的，紧紧围绕问题进行思考。

第三，提出挑战性问题，促进幼儿思维与推理。“两个篮球分别在粗糙地面和光滑地面上滚动，哪一个会滚得更快？”“怎么比较哪个篮球滚得更远？”“用什么工具测量篮球滚多远？”教师通过提出具有挑战性的问题，促发幼儿进行探究思考。引导幼儿探究篮球在沙池、斜木板和攀爬架等场地上滚动的效果，进而验证设想，最后幼儿发现“从斜坡上滚下来的篮球会滚得快一些”（见图5）。

(a)　　　　(b)　　　　(c)

图5　幼儿探究篮球在不同平面上的滚动效果

与此同时，教师进一步抓住契机发展和鼓励幼儿的创造性思维，通过问题“有什么方法能让篮球滚得更快更远？”引发幼儿探究斜坡的高度与篮球滚动速度快慢之间的关系，利用园内现有的设施设备，如滑滑梯、大型玩具、无障碍通道等场地设施进行探究，支持幼儿自主进行动手实验操作（见图6）。

(a) (b) (c)

图 6 幼儿探究不同高度的坡面对篮球滚动速度的影响

（三）项目结束阶段：整合经验，解决问题

在项目结束阶段，师幼互动的重点在于帮助幼儿整合经验，进而更好地解决问题。以大班 STEAM 项目活动“自制植物浇水器”为例，对该阶段的师幼互动策略进行解读。

第一，帮助幼儿回顾前期活动，梳理已有经验。教师帮助幼儿回顾在建构浇水器支架时所遇到的困难，而这个困难又是如何得到解决的？教师抛出问题引发幼儿思考与观察（见图 7）。

师：刚才你们在尝试的过程中发现了什么问题？

幼 1：我的浇水器总是会倒。

幼 2：这个支架不稳，绑上浇水器就歪掉了。

幼 3：我的也是一直倒。

(a) (b) (c)

图 7 幼儿尝试搭建植物浇水器

师：刚刚我们做了哪些事情让这个支架更稳固了？

幼 1：我把泥土用力压紧了。

幼 2：把支架插得更深一些，更里面一点。

幼 3：（瓶子里的）水太重了，不要那么多水。

第二，帮助幼儿分析问题，明确问题所在。在项目活动的开展过程中，幼儿有时无法很好地分析、提炼和总结问题，会导致项目停滞不前，这就需要老师帮助幼儿分析问题存在的原因，“提出”问题解决方案，帮助幼儿将问题聚焦，引导幼儿逐步自己找到问题所在和解决问题的方法。

师：为什么我们做的支架不稳固，会歪、会倒？

师：是没有固定好吗？是哪个部位没有固定好？

师：还是我们放的东西（浇水瓶）太重了？

五、结语

师幼互动是评价学前教育质量的重要过程性指标，一个高质量的项目活动离不开良好的师幼互动。因此要重视项目活动中师幼互动的策略，提升教学有效性，营造良好的教育氛围，推动项目活动高质量发展，促进幼儿高质量发展。

参考文献

[1] 陈露，许佳绿，王春燕．项目活动实施的审思：内涵、问题与对策［J］．早期教育，2022（21）：40—43.

[2] 陈育芬．幼儿园 STEM 项目化学习活动的实践探究［J］．辽宁教育，2022，No.659（2）：84—87.

[3] 孟娜，唐燕，李佳景．依托《STEAM 教育理念下师幼互动评价量表》提升师幼互动有效性的研究——以项目活动为例［C］//北京教育音像报刊总社学前教育杂志社．第四届张雪门教育思想研讨会论文集．［出版者不详］，2022：120—135.

[4] 孟会君，蔡迎旗．项目活动中的师幼互动研究——基于课堂师幼互动评估系统（CLASS）的实证研究［J］．早期教育（教科研版），2016（5）：33—37.

[5] 黄琼．项目式活动中教师情感支持和教学支持策略探究［D］．华东师范大学，2022.

[6] 李建琴．互动教学法在幼儿园教学中的应用［J］．新课程（上），2017（11）：124.

户外建构游戏中教师的角色与定位

（郭艳洁　石家庄市桥西区瑞特幼儿园）

摘　要：建构类游戏是孩子们在众多游戏中体验感最佳的游戏之一，而在户外进行建构类的游戏能够充分发挥幼儿参与游戏的积极性和自主度，大型的材料不仅促进了幼儿与同伴的合作，同时也激发了幼儿的创造力和思维能力。但是作为教师来说，如何转变自己以往的游戏角度，更好地引导幼儿在游戏中的提升是目前教师工作的重中之重，本文将从幼儿户外建构游戏与教师在户外建构中应扮演的角色与定位等角度，深入剖析，给予具体化、针对化、可行的理论与行为的支持，从而帮助广大教师更好地引导幼儿在户外建构游戏活动中充分地发展，获得最佳的体验。

关键词：建构游戏；教师角色；游戏支持；幼儿园

一、户外建构游戏

建构游戏是幼儿按照一定的计划或目的来组织、操作建构物体或材料，使之呈现出一定的形式或结构的活动。建构游戏不仅能丰富幼儿的主观体验，发展幼儿的动手能力和建构技能，更重要的是能使幼儿在协商、谦让、交换的游戏氛围中，学会分享与合作，尝试开拓与创新，体验成功与挫折，从而实现合作交往能力的提高以及幼儿的和谐、全面发展。

而当建构游戏放在户外开展时，幼儿可以获得更多的操作空间，除此之外大型户外建构游戏有着与建构游戏同样的特点，但又具有自身独特的优势。如：①户外建构游戏可以由全部幼儿同时参与。②场地选择在户外，空间大，给予幼儿更多自主发展的机会。③在大型户外建构游戏开展中，幼儿的发展可以很好地融合五大领域的各项目标。④材料丰富，多以非结构材料为主。⑤户外建构游戏不设学习目标，活动方式有无限的可能性，活动结果具有不确定性，幼儿在游戏中不知不觉地走进各种各样的学习之中。

二、教师在户外建构游戏中的角色与定位

而在幼儿进行游戏的过程中，对教师也提出了不同的要求。教师所要扮演的角色在活动过程中是动态的、变化的。在幼儿发展过程中教师要扮演幼儿活动参与者和共同游戏者，首先，要引导幼儿愿意自主地展示自己的行为和能力；其次，教师要做到在平等的角度上与幼儿进行沟通和交流，多方位地观察幼儿的行为发展，教师的定位与角色应是动态的、多变的，从而在过程中提出更优的指导和交流的方法，让每一位幼儿在户外建构的活动中获得最佳体验，自由地感受游戏活动的美好。综上所述，在户外进行建构游戏活动的过程中，教师要对幼儿的身体和心理的特征与内涵有一定的研究，结合《幼儿园指导纲要》和《3～6岁儿童发展指南》，改变教师以往的引导观念，对自己角色定位不断地进行调整，让幼儿真正地成为户外建构游戏的主人。

（一）教师是户外建构游戏的材料提供者

在户外进行的众多游戏中，建构活动作为一种动手建构类的游戏，当然离不开构造与搭建的物料，因此物品材料的提供是游戏开展过程中的物质基础，也是提高幼儿思维、动手、创造等能力的必需单位。因此，在户外建构游戏中教师首先要扮演好的角色就是材料提供

者。但是作为材料提供者，我们提供的建构材料并不是越多越好，而是要体现材料提供的目的性、多样性、可变性和层次性。

例如上学期我班幼儿乐乐在搭建了几次大桥以后，就不太爱参与户外建构游戏了。其实并不是乐乐对建构游戏失去了兴趣，而是幼儿对相同的材料搭建一样的东西不再感兴趣，因此降低了搭建的欲望。如果我们在这时利用我们身边的材料，如：麻绳、小树等，加入搭建中去，创设不同的情境，我想幼儿的兴趣将会更浓厚。

除此之外，在游戏材料的提供和幼儿使用的过程中，我们要将合作、整顿、清扫、清洁、安全、素养六个方面运用其中。让幼儿在不知不觉中，养成有序使用材料的良好习惯。

（二）教师是户外建构游戏的观众和伙伴

在户外建构游戏中，教师一方面能进行指导和观察，另一方面也要参与到游戏中，深入幼儿中间，从而对幼儿的需求和想法有真正了解。比如之前我班幼儿在搭建“我的小房子”的游戏时，作为教师我就可以扮演来访做客的亲戚和朋友，欣赏幼儿的房子造型，和幼儿讨论房子特点，请求幼儿是否可以请我到房子里坐一坐。或者是和幼儿一同搭建，将自己当作幼儿中的一员，教师自身也能感受到快乐。在游戏结束后，教师和幼儿进行交流，这时可以提出一些针对性的建议。在户外建构游戏中，教师要相信幼儿具有创造性的潜能，要多支持幼儿的做法与想法。在幼儿进行户外建构游戏的时候，教师必须对自己的角色有明确定位，不能一直把自己放到看管者角色上，而是要参与到幼儿的游戏中。

我国著名的教育家陶行知先生曾说，老师自己变成一个孩子，才能和孩子一同享受快乐。具有游戏心和童心的老师让幼儿感觉到融洽、自然和亲切，为幼儿的游戏创设一个和谐宽松的良好氛围，幼儿可以充分沉浸其中，享受游戏中的快乐。

（三）教师是幼儿进行户外建构游戏的支持者和观察者

在户外建构游戏中，教师并非教学活动的安排者和制定者，而是与幼儿共同商榷、探讨，了解幼儿的学习计划，并帮助他们扩展学习计划，成为幼儿学习的支持者、观察者。这就要求，在进行户外建构游戏时以幼儿的主动游戏为主。所谓主动游戏，是指由幼儿发起的学习，是幼儿主动地建构具体游戏的过程。因此，作为教师要注意扮演好支持者和观察者，突出强调幼儿的自主游戏，让幼儿自己制订计划，自己选择活动材料，主客体的相互作用，获得对事物的认识，主动构建关键经验。我国现代幼儿教育的奠基人陈鹤琴老师曾说：“他深信儿童具有主动学习的能力和探究发现的潜能，儿童作为其学习的主人而受到尊重，凡是儿童自己能够做的，应当让他自己做；凡是儿童自己能够想的，应当让他自己想；鼓励儿童去发现他自己的世界等。”由此可见，在户外建构游戏中，教师要全面尊重幼儿，支持幼儿，相信幼儿，同时要善于观察，捕捉关键信息，找到合适的机会恰当介入游戏。

三、定位后教师的正确指导策略

（一）游戏主题自由化

《纲要》中强调幼儿以游戏为基本活动，要寓教育于各项活动中，要注重活动的过程，重视幼儿的兴趣需要，因此作为教师我们要做到理解幼儿、积极支持幼儿的自主游戏。兴趣是幼儿学习的内部动机，兴趣也是幼儿进行游戏的主要驱动力，因此在进行户外建构游戏时，我们可以将选择权和制定权交给幼儿，让幼儿想进行什么主题就进行什么主题，想怎么玩就怎么玩。但是要注意游戏主题自由化并不代表教师不用组织不用参与，教师要善于抓住幼儿的“生成活动”，促进幼儿“自发游戏”。如幼儿在自由谈话中说到自己住的房子和社区时，教师可以有意识地引导询问幼儿如果自己当建筑师想要盖一所什么样的房子，房子周边要有些什么，等等。这样的思考其实就是幼儿为自己的生成活动进行铺垫。而教师在和幼儿聊天的过程中已然确定了幼儿游戏的兴趣，可以着手准备幼儿进行游戏的材料和道具等，当到了建构游戏时间时，幼儿便会看到身边的材料自然而然地进行所谓的自发游戏。

（二）游戏形式多样化

幼儿的年龄还比较小，对形式不同的活动比较感兴趣。为此教师在组织户外建构游戏的时候，需要采取不同方式的游戏形式。如：在确定游戏主题后，可以先请幼儿自己分组进行相关主题的搭建活动，让幼儿先自由地玩耍。当幼儿游戏一段时间、具有一定的思考后，教师此时可以再召集幼儿集合开展集体建构游戏。在多样化游戏中也可以让幼儿掌握不少知识。

（三）找准时机，介入游戏

在开展户外自主游戏时，教师应作好实时观察并作好记录，掌握幼儿的一举一动，并坚持以隐性为主对幼儿进行随机指导，确保户外自主游戏的顺利、有序开展。教师在介入时要把握好介入的时机：首先教师可以在被幼儿以伙伴的形式邀请加入游戏时进行介入，其次可以在幼儿主动寻求帮助时进行介入，最后在幼儿发生伤害性冲突甚至是苗头的时候进行介入。

四、总结

在幼儿户外建构游戏中，教师扮演正确的角色与合适的定位是十分重要的，教师要扮演好观众、伙伴等，并对自身角色灵活调整，有效发挥教师对幼儿活动的正向的引导作用。另外，教师在幼儿户外建构游戏中也要把握好正确的指导策略，不过分干预活动，也不要对幼儿自主活动无动于衷，我们需要多角度、多方向培养幼儿在活动中的创造性，从而对户外建构游戏进行有效调控，引导幼儿通过户外建构游戏得到全面发展。

参考文献

［1］田蜜．3～6岁幼儿结构表征的发展——基于积木建构游戏的实验研究［D］．南京师范大学，2016：10—11.

［2］黄人颂．学前教育学［M］．北京：人民教育出版社，2009.

［3］刘焱，儿童游戏通论［M］．北京：北京师范大学出版社，2008.

家园协同提高幼儿的语言表达能力

（郭欣、赵博茹　石家庄市桥西区瑞特幼儿园）

摘　要：幼儿期是语言发展的重要时期，幼儿语言的发展贯穿于各个领域，也对其他领域的学习与发展有着重要的影响，因此幼儿在运用语言进行交流的同时，也在发展着人际交往能力、理解他人和判断、交往情境的能力以及组织自己思想的能力，通过语言获取信息，儿童的学习逐步超越自我的直接感知，慢慢地在交流和运用的过程中发展起来。

关键词：语言学习环境；语言表达能力；家园协同

家庭作为幼儿生长的第一环境，对幼儿终生的影响都是不可估量的，家长作为孩子的第一任老师，对幼儿各方面的成长都起到了示范和引导的作用。幼儿时期接受新生事物的能力和语言发展都特别快，大多孩子都能简单地表达自己的见闻感受。因此，幼儿语言表达能力的培养从孩子牙牙学语时就应该着手，给孩子创造多听、多说、多看、多摸的机会，幼儿园与家庭要密切配合，正确地引导和挖掘孩子的语言表达能力，让孩子的语言表达能力在成长过程中得到充分的锻炼和发展。如何发挥家庭和幼儿园的密切协同，对幼儿进行语言能力的培养呢？

一、家园协作，为孩子创造一个良好的语言学习环境

幼儿语言是在交往和运用中发展的，我们要为幼儿创设宽松自由的语言交往环境，鼓励孩子想说、敢说、喜欢说，并积极地回应。在区角活动中，设置“我的小舞台”，为幼儿提供各种道具，让幼儿大胆地表演，培养幼儿的表演能力和自信心；在语言区投放各种散文，经典文学作品的图书，培养幼儿阅读的兴趣。

二、要鼓励、帮助孩子多说话，并提供给孩子说话的机会

孩子与小伙伴在一起时总有一种表达的欲望，总能简单地说些自己的见闻感受。孩子的“童言无忌”，家长与老师对他们的“胡言乱语”不要横加干预，反之应多给一些有益的鼓励，让孩子觉得和他们之间没有距离，慢慢地让孩子接触面增广，愿意与人交往，提高语言表达能力。

（一）增加孩子生活经验

我们常说父母是孩子最好的老师，儿童语言是通过周围人的言行进行模仿而获得的，家长可以让孩子接触不同的人、不同的环境，比如：带孩子去找其他小朋友玩，扩大自己原有的圈子，不断介绍新事物给他，刺激孩子的语言发展，增加孩子的生活经验，不仅可以给孩子带来很多儿童的欢乐，更重要的是让我们孩子的语言表达能力也更好了。

（二）提供认知环境

认知与语言的发展有着非常大的关系，儿童通过玩具、儿童卡片等可以接触到的东西来获取信息，一方面孩子通过玩具来探索神奇的世界，另一方面随着父母的陪伴儿童的语言词汇也逐渐积累，因此家长在保证孩子安全的前提下，不断地让孩子去探索、去认知，这对孩

子的语言发展有非常大的帮助。

（三）选择适宜图书

家长可以先选择单个的字或词，让孩子进行认知，然后慢慢增加难度，比如一句话的句子，让孩子由易到难，慢慢对事物或者字进行认知，通过长期的学习过程会发现孩子的语言表达会越来越长，语言连贯性会越来越好，因此不管在儿童的哪个学习时期，选择适宜的图书都是非常有必要的。

（四）提供说话机会

在家庭环境中父母要给孩子说话的机会，比如说让孩子说一些简单的句子，妈妈我要抱抱、妈妈我要喝水，或许孩子的发音不清楚不准确，不过也没有关系，我们先让孩子主动表达自己的想法，如果孩子的发音不准确，我们也要进行及时的纠正，同时需要给孩子更多的鼓励，让孩子把自己的想法勇敢地表达出来，因此，想要让我们的孩子语言发展更好，我们一定要鼓励孩子多说，提供说话的机会，而不是孩子的一个眼神一个动作，就能满足了所有的需求，这样的做法只是剥夺了孩子主动表达的权利，不利于孩子语言的发展。

（五）刺激视听感觉

语言的发展离不开视觉和听觉的帮助，父母有时间一定要给孩子讲故事和看简单的卡片等，对于儿童的语言发展有非常大的帮助，提到讲故事并不是说我们用故事机给孩子放故事，而是我们父母一定要用嘴巴去讲故事，这样的故事才会有交流感和互动感，在讲故事的过程当中，也要和孩子有一些互动交流，比如：这个故事是讲谁？都发生了什么事情呢？让孩子简单地去回答我们的问题，刺激孩子的视听感官对于孩子语言的发展有非常大的帮助。

（六）增加亲子互动

从孩子出生起首先接触的就是父母，父母在孩子的成长过程中扮演着重要的角色，当孩子展现出语言表达的能力时，家长要专心地聆听孩子讲话，鼓励孩子发出声音或者表达在亲子互动的过程当中，孩子不仅能够接触到父母的一些语言传递，同时也能够给家长作出一些反馈，在这样的简单交流中，就形成了一个完整的语言表达流程，让孩子在互动的过程中，积累更多的词汇，为后期的语言发展很好的铺垫。

三、激发阅读兴趣，培养阅读欲望，感受传统文学的熏陶

在家庭生活中一个人带孩子，语言环境的确太过单一，不利于孩子的语言发展，除了日常交流，多带孩子出去玩，更要重视陪读绘本。“大米扑通扑通掉进水里洗澡，变成了大米饭，咕嘟嘟变成了豆浆”，低幼孩子特别喜欢这些拟声词和短词短句，因为很容易开口模仿，而后面的拓展就像一场奇妙的旅行充满惊喜，建立丰富的语言环境，开发孩子的语言能力，绘本的确是再好不过的利器。

幼儿的书籍以图文并茂为主，他们对图的理解能力决定了他们的阅读欲望和阅读兴趣，因此家长，要根据孩子的年龄特点、兴趣爱好来选择图书。图书要反映孩子的生活，要有精美的图画，以便更能吸引孩子的注意力，调动他们的阅读欲望，激发他们的阅读兴趣，这样孩子才能把书当作自己的朋友，才能逐渐养成爱读书的习惯。

四、抓好形象教学，培养幼儿情感，多方面提升幼儿语言表达能力

（一）简短易懂

在和孩子说话时，确保我们的句子简短易懂且有重点。比如：在和孩子玩过家家、切水果的游戏时，简单的句子我们的速度慢、口齿清楚；复杂的句子要突出重点，随着孩子的语言理解能力的提升，我们再小幅度地逐渐扩展我们的句子。

（二）少提问，多描述

当我们在跟孩子互动的时候，要多用描述性的语言。比如我们在跟孩子玩小车的游戏：啊！你有一辆大车，我的很小；我有一辆小车。多用描述性的语言，同时要观察孩子正在做的事情，减少提问，因为很多家长在互动的过程中，经常是一个提问机，橙子是什么颜色的？你数一数有几个？实际上对孩子来讲都是一个任务，极大地降低孩子的参与度，减少了孩子模仿语言的这种行为。

（三）给予选项的提问

家长在家里跟孩子做语言互动时，如果希望用提问的方式，请给予孩子选项。比如：你要给谁？可以转化为你要给爸爸还是妈妈？对于孩子来讲，两个选项比开放式的问题回答要容易得多，同时给予选项也是在做语言输入，如果孩子在这个时候仍然不想回答，或者单纯地不能够表达，家长可以把两个选项分别放在左右手，让孩子自由选择想要的东西；如果在这个时候孩子依然没有反应，家长可以自然地回答自己提出的问题。

（四）适当等待

在跟孩子做语言互动的时候，适当地停一停，等待孩子的回应。适当停顿，也是给孩子足够的时间去理解听到的信息。比如：在跟小孩子玩小车的游戏，可以这样说：把小车推给爸爸，做适当等待，如果孩子没有马上做出反应，我们这个时候伸出手或者指向小车，孩子可能根据我们的动作提示把小车推给我们；如果孩子仍然没有作出反应，大人要作出一个示范，把小车推向孩子，等待孩子的反应或者模仿。

（五）不要强制孩子看你

在日常家庭互动当中，不要强制孩子在你和他说话的时候，看着你的眼睛，当孩子的注意力在游戏和玩具上时，多描述他正在关注的物品，你的语言输入仍然是有效的。

（六）让孩子主导游戏

在跟孩子游戏互动时记住，一定要让孩子来主导游戏，游戏和玩具是没有标准答案的，如果设计了一个摆果盘的游戏，来让孩子认识更多的水果，可是孩子就是不配合你，而且把水果摆成一排一排的，家长这时不要着急，跟随孩子的兴趣，这个时候可以做语言输入：哇这么多樱桃摆成一排排，嘟嘟嘟好像一个小火车。

（七）不要强迫孩子说话

在家庭中提升孩子语言能力的时候，记住千万不要强迫孩子说话，任何的眼神和动作都是自我表达的方式，如果孩子不具备语言表达能力，或者单纯不想开口，请家长专注于高质量的语言输入，为孩子的语言理解以及日后的语言表达打下良好的基础。

孩子的发展如一辆车，幼儿园和家庭就是这辆车的两个车轮，两者必须相互协调车才能

前进，孩子的发展是家庭和幼儿园共同的重任。在教育孩子的过程中，老师和家长这两个群体缺一不可，我们必须要相互配合、相互理解，我们做好同盟军，我们是合作者，为孩子的成长保驾护航，让我们为了孩子一起改变自己，成长自我吧！

参考文献

[1] 教育部基础教育司. 幼儿园教育指导纲要（试行）[S]. 北京：北京师范大学出版社，2001.

[2] 李晓燕，蒲慧. 家园合作促进幼儿语言表达能力的行动研究 [J]. 教学博览，2020（31）：26—27.

幼儿德育问题探讨

（刘胜霞　石家庄市桥西区瑞特幼儿园）

摘　要：幼儿期是影响和塑造一个人性格的重要时期，早期的教育和熏陶会在一个人性格中留下深深的印迹。《纲要》中指出："幼儿园品德教育应以情感教育和培养良好行为习惯为主，注重潜移默化的影响，并贯穿于幼儿生活及各项活动中。"为了让幼儿将来成为21世纪德才兼备的优秀人才、栋梁之材，培养幼儿终身受益的品质，我确信教师是最辛勤的耕耘着、播种者之一。本文就对幼儿园开展德育教育活动进行有效分析，并根据德育教育内容制定有效的实施策略，发挥德育教育的作用，更好地推动幼儿未来良好成长。

关键词：幼儿；行为习惯；生活德育；德育环境；德育资源

"万丈高楼平地起"一语道破基础的重要作用。幼儿德育是基础教育的重要组成部分，是学校德育和终身德育的基础。近年来，我国虽然一直强调幼儿德育的重要性，但成效却不尽如人意。

一、我国幼儿德育概况

（一）总体德育模式

首先，我国的教育重点是知识教育，素质教育强调"德、智、体、美、劳"全面发展，以学习成绩作为评价学生的标准，德育的重视程度很低，没有一个衡量标准。其次，我国的教育目前注重"九年义务教育"，学前幼儿教育在我国的教育体系中占的比重很低。

长期以来，我国德育以"三要素教育"为核心，着重进行思想教育、政治教育和道德品质教育。幼儿的德育也采用了三要素教育形式，来培养他们的品德、文明习惯和良好性格。我国幼儿德育以幼儿园教育为主，采用班级授课制，注重书本知识的单向传授和灌输为主，没有双向互动和实践引导。虽然书本知识囊括了诚实、勤劳、尊老爱幼、负责、同情、自律、坚忍、奉献内容，也应该把勇敢、快乐、分享等良好品德包括进去，并且注重培养幼儿的个性和创造性。

（二）我国幼儿课程的设置

在幼儿的德育过程中幼儿园德育起着社会性示范的作用。考察多数幼儿园就会发现，幼儿教育包括识汉字、识数字、学英语、唱歌、跳舞、绘画和室外幼儿间的活动。德育主要体现在室外活动时，老师教导小朋友们要相互帮助、学会分享、合作等。

我认为，幼儿课程的设置主要源于以下两个原因。一方面，由于我国教育体制的限制，人才选拔以学习成绩或特长生为主，道德品质并不作为一项硬性考查指标包含于总成绩中，家长和学校以追求文化教育和特长教育为目标。因此，在选择幼儿学前教育学校时，大多会选择有助于培养幼儿知识和兴趣爱好的幼儿园。另一方面，学校出于参评和招生考虑，因为品德方面长时间内才能体现出来，所以德育并不作为一项重要指标来抓。

二、我国幼儿德育目前存在的问题

（一）重视程度不够

德育不仅指学校德育，还包括家庭德育。幼儿园是学校德育的重要场所。在幼儿眼中，老师所说的话就是权威，老师怎么说，他们就会怎么做。老师的一言一行就是他们学习、模仿的榜样。而在现实中，老师对幼儿的教育存在一些问题。老师对幼儿的教育限于学习，无论是识字还是兴趣爱好的培养。比如，幼儿受宠严重，老师批评教育不够深刻，同时因社会因素的影响，一些幼儿过于早熟受到社会中一些不良因素的影响；小朋友间搞帮派，排斥和欺负一些年龄较小的幼儿，后果是被欺负幼儿易形成自卑和自闭性格，不利于幼儿心理的健康成长，而强势一点的幼儿则不易形成助人为乐和同情心。课后老师和家长没有更多的交流和沟通来正确引导幼儿，那么道德品质的培养只能是事倍功半。更令人担忧的是家长对于幼儿的德育教育未起到重要作用，家长溺爱一方面导致幼儿过分地依赖和自我独立能力下降，受到挫折，心理承受能力有限，易自暴自弃，没有正确面对困难的勇气；另一方面，心理学研究结果早已表明，易导致幼儿较强的自我为中心观念，他们的认识属于缺失性的和不成熟的认识，着眼于自我需要的是否满足，如果不加以长期引导和德育，正视自我观念，会给以后的发展带来不利影响。

（二）德育模式弊端

我国幼儿德育主要靠说教方式。这种说教方式有时不但没起到一定的教育作用，反而还起到相反的作用。一方面，家长和老师在教育幼儿时，幼儿有时只把老师及父母说的话当作耳旁风，仍然对一些坏习惯我行我素，幼儿的德育教育起不到很好的效果；另一方面，说教式的灌输思想就是强制或对幼儿主体性的和理解能力的轻视，不但不能产生好的效果反而限制了幼儿智慧和道德的发展。虽然社会上许多人都在指责这种德育方式的缺陷，教育部门和学校应该放弃此种德育方式，但在新的德育方式开发出来之前，这种德育方式仍然不得不继续使用。

三、幼儿德育改进的对策

（一）课程设置的改进

幼儿教育是人生教育的基础，德育质量的好坏直接关系到幼儿的一生。家乡有句老话：从小看大，三岁看老。意思是，小时候的行为能够看出长大后的为人处世怎么样，孩提时的行为决定了一生的行为处事。虽然这句老话注重先天的重要性，忽视了外界，亦即后天的教育的重要性，但同时也逆向说明了后天人为影响和教育的重要作用。

幼儿园授课内容的安排上，要把道德品质作为一项重要的内容。德育形式除了发一些德育图画外，要让幼儿参与发言和讨论，哪些应该做和哪些不应该做。遇到事情不哭鼻子，自己穿衣服自己洗脸刷牙等，培养幼儿基本的良好的性格和独立性。让他们在日常生活中能够变得勇敢和坚强。

（二）强调幼师的重要性

中国传统的教育思想需要继续传承。幼儿教师在幼儿的心目中具有无可比拟的威信和号召力，教师又是幼儿接触最多的人，幼教老师除了对幼儿进行知识的传授之外，更要以身作则，为幼儿做表率。更重要的是，要具有一颗童心，用幼儿的眼光重新审视问题，或许能起到鼓励和引导作用。

老师进行德育教育不能仅拘泥于传统的德育内容，不能脱离于社会的大环境。一项调查显示，一部分幼儿对“孔融让梨”事件的看法与传统美德存在不同，他们认为：大的应该吃大的，小的应该吃小的。这样既能够满足个人需求又不会浪费，实质上是在追求公平。自由和公平，是人生来应该具有的权利。幼儿的新看法是应该得到提倡和鼓励的。但一些幼师却认为，这种看法脱离了道德内容，并试图对幼儿进行纠正。用进步的眼光看问题，得到的答案是创新性的；用传统禁锢的思想看问题，得到的答案无疑是违背传统，不应提倡的。

老师在进行德育教育的时候，始终应用进步的创新性的眼光看待道德品质问题，对于幼儿的新看法，不正确的应进行引导，但不应全盘否定。

（三）注重家庭德育

幼儿道德品质的健康发展不仅得益于幼教老师的辛勤努力，还要家庭教育来配合。幼教老师除了对幼儿日常生活和身心的健康发展给予引导外，需要与家长定期联系，咨询幼儿的发展状况。

古语有云：棍下出孝子。显然此话已不符合当下中国家庭教育方式，但是，却步入了另一种极端，父母对孩子的溺爱。孩子要什么，父母就会想方设法给什么。家务活不让做，自己的衣服还要父母洗，久而久之，一些基本生存常识或许就不具备了。中国农村，儿子、女儿不承担赡养责任，老年人晚年凄凉情况时有发生，不敢说这与幼儿时期的德育教育无关。

德育教育事关重大，家庭、学校和社会都应给予高度关注和努力，做好幼儿的德育工作，培养出具有良好道德品质的幼儿，为他们的美好人生打下坚实的基础。

参考文献

［1］符正平. 让德育回归生活［J］. 教学与管理（理论版），2004（1）.

［2］熊艳华. 教育是“心”与“心”的对话［M］. 南昌：江西教育出版社，2008.

［3］教育部基础教育司. 幼儿园教育指导纲要（试行）［S］. 南京：江苏凤凰教育出版社 2002.

［4］乔建中. 班级德育理论与操作［M］. 南京：南京师范大学出版社，2009.

家庭因素对幼儿早期阅读的影响及启示

（冯巾倬　石家庄市桥西区瑞特幼儿园）

摘　要： 创建学习型社会，构建阅读型社会，是党和国家一直以来践行的方向。在信息化的时代，纷繁复杂的信息在我们的眼前，充斥在我们的生活中，越来越需要有着强大阅读能力的人才。阅读能力的培养要从幼儿就开始抓起。而家庭作为幼儿一出生就生活学习的地方，也是幼儿接触社会的第一个地方，其中家长参与度、亲子阅读指导方法、家庭阅读氛围、家庭资源的选择这四个因素对幼儿早期阅读能力的发展具有深刻的影响。只有让家庭中各个因素有效发挥价值才可以使幼儿产生对阅读的愉悦心理倾向，促进幼儿自主学习能力和综合素质的发展，让阅读能力贯穿于一生。具体来说：营造良好的家庭阅读氛围；积极开展亲子阅读，掌握正确的阅读指导方法；选择合适的阅读材料。

关键词： 亲子阅读；早期阅读；家庭影响因素

早期阅读是幼儿认知的重要形式，是他们认识探索世界的重要手段。[1] 而家庭因素具有长期性和针对性的特点，在早期阅读能力发展的过程中，起着不可缺少的作用，直接影响和左右着幼儿早期阅读能力的发展。目前由于种种因素的影响，使家庭指导幼儿早期阅读在认识方面以及方式、方法上出现了不同的差异，存在着许多问题，直接影响到幼儿阅读能力的发展。寻找这些因素，帮助家长树立科学的幼儿教育观，完善家长对于幼儿早期阅读的认知，使幼儿的阅读兴趣得到激发，体验阅读乐趣，爱上阅读，显得尤为重要。

一、高参与度和正确指导对幼儿阅读兴趣与能力的提升作用

早期阅读往往需要成人的参与和引导。在幼儿园中绝大多数有良好阅读习惯的幼儿都是因为其父母积极主动地参与到幼儿的阅读教育中，而且超过 90%的家庭也能够付出相应的时间去教育孩子。[2] 结合幼儿本身的年龄特点和发展水平来看，这一时期他们的注意力保持时间不够，对绘本故事的画面、内容并不能完全把握，缺乏阅读的技能技巧，没有形成阅读的兴趣和阅读习惯。成人的参与，特别是父母的参与能够弥补这方面的不足。并且参与和指导并不只是简单的旁观和陪伴，需要父母发挥针对性长期性的作用。经常进行亲子阅读的家庭，幼儿可以在父母的参与和帮助下进行学习，学习的内容更充实，思维的发展也更加迅速，在依恋关系下更能够安心地进行阅读。父母生动的讲读及耐心的指导，都能使幼儿产生阅读兴趣，积极情感得到唤醒，从而促使他们投身于阅读活动中。

阅读兴趣是指从事阅读活动时伴有愉悦情感的心理倾向，它是一种特殊的学习动机。[3]幼儿的阅读能力是否能够提升，阅读习惯是否能够养成，根本还是要依靠幼儿自身的主动性，而阅读兴趣就是幼儿主动进行学习、进行阅读的起始点。家长引导幼儿观察封面、图画，让幼儿感受阅读材料图片的丰富、角色的有趣，用生动形象的声音帮助幼儿理解内容，唤起幼儿积极的情感体验，调动起积极的情绪状态，针对幼儿的兴趣特点开展更多的亲子阅读活动，使幼儿把阅读作为一件令他们愉悦、喜爱的事。

二、良好的家庭阅读氛围能够帮助幼儿形成良好阅读习惯

家庭阅读氛围主要包括家长对幼儿早期阅读的观念和家庭成员本身的阅读行为。[4]首

先家长正确的早期阅读观念作为幼儿早期阅读顺利开展的前提条件，直接制约着幼儿阅读兴趣的产生与发展。宽松且支持的阅读观念和态度，能够帮助幼儿建立起舒适的阅读环境，营造轻松的阅读氛围。秉持着良好早期阅读观念的家庭中，父母会用积极的态度了解幼儿本身的兴趣和需求，为幼儿选择符合其年龄特点的绘本，关注幼儿在阅读过程中的问题，并予以积极的回应引导，将培养幼儿的阅读兴趣放在第一位，而非仅仅关注知识的掌握。

其次，家庭成员的阅读行为能够帮助幼儿形成良好的阅读习惯。父母是孩子的第一任老师，也是孩子学习的榜样，而幼儿经常会通过模仿的方式进行学习，家长自身的阅读习惯对孩子是否能够养成良好的早期阅读的习惯起着至关重要的榜样作用。例如，在一个家庭中，如果有成员拥有固定时间、固定地点的阅读行为，那么这个家庭中的其他成员特别是幼儿，也很容易受到影响，模仿学习进行阅读，逐步增加对阅读的兴趣。

三、家庭阅读资源的适宜性和多样性能够满足幼儿阅读需求

家长对阅读材料的选择直接影响着幼儿阅读兴趣的形成，也影响着幼儿进行早期阅读的学习效果。家庭阅读资源的适宜性和多样性主要表现在幼儿的年龄特点、最近发展区和兴趣、阅读材料的图画内容情节三个方面。[5][6][7]处在不同年龄阶段的幼儿拥有不同的理解能力，思维方式也在不断地变化发展。同一个幼儿随着年龄的增长，对阅读材料的画面、主题内容会产生不同的兴趣需要，而多孩家庭中不同的幼儿的阅读兴趣和需求也存在着个体差异性。作为家长，只有为幼儿选择符合年龄特点、兴趣爱好的绘本，才能更好地激发幼儿阅读兴趣，满足幼儿的阅读需求，让幼儿在现有的基础上，通过合适的绘本选择“跳一跳”成长到即将到达的发展区域。

除了通过对现实世界的探索进行学习和经验积累，绘本也是幼儿认识世界、了解世界、参与世界的一个重要的桥梁，它将抽象与现实相连接，成为幼儿获取经验的工具。一个绘本拥有精致丰富的图画、起伏精彩的故事情节，会大大激起幼儿的阅读兴趣，吸引着幼儿的注意，产生继续阅读的愿望。因此，绘本的选择是否符合幼儿的审美需要和生活经验，对幼儿阅读兴趣激发，阅读效果的达成产生着重要影响。同时，幼儿的成长不是一个方面的单独成长，而是德智体美劳多方面的发展，丰富的绘本种类，能够满足幼儿全面成长的发展需要。

四、对培养幼儿阅读兴趣和能力的启示

（一）营造良好的家庭阅读氛围

第一，家长对早期阅读的观念极大地影响着幼儿阅读环境氛围的创设。由于大多数家长没有系统的教育理念，对早期阅读在幼儿成长中的作用，如何选择绘本，与幼儿共读方法等经验缺乏，幼儿园应当通过家长小课堂、微信群分享等方式，树立家长对早期阅读的正确认识，帮助家长摆正观念。

第二，家长要发挥好榜样作用，营造家庭中的阅读氛围。幼儿有模仿学习本能，培养幼儿的阅读兴趣，需要家长以身作则，成为阅读的爱好者。阅读中的家长不仅可以为幼儿提供模仿的对象，还可以向他们传递“阅读是快乐的事情”的重要理念。如果幼儿自己拥有各式各样的图书，还可以见到成人的图书、杂志、报纸以及与工作有关的文字材料，幼儿就可以根据自己的兴趣随时模仿父母自由地选择，进行阅读。

（二）积极开展亲子阅读，掌握正确阅读指导方法

首先，在家长积极参与和良好的阅读环境双重作用下开展亲子阅读。父母与幼儿之间亲密的情感联结，会让幼儿感受到父母的爱。而亲子阅读的过程中，最先使幼儿感受到的就是

这种与家长共同参与的安全舒适愉悦的氛围。在柔软舒适的坐垫甚至是直接的温暖怀抱中，听着父母生动的声音，感受着绘本故事的乐趣，增加了幼儿对阅读的愉快体验，感受到阅读的乐趣，拉近幼儿与书本之间的距离。

其次，在讲读的过程中，家长应以平等温和的态度鼓励幼儿畅所欲言，在幼儿提问时，耐心地说明解答，引导其进行更深入的思考，鼓励幼儿继续阅读，帮助幼儿形成更稳定的阅读兴趣。习惯的养成需要长久的坚持，幼儿阅读习惯的培养也不例外，亲子阅读要有计划地开展，确定周期频次时间，让阅读产生良好效果。

（三）选择合适的阅读材料

第一，向专业人士咨询。幼儿园可以为家长提供推荐书单，家长也可以主动向幼儿园老师或专业人士进行咨询，选择画面趣味性、色彩搭配合理、故事内容生动等符合幼儿发展特点的阅读材料，让幼儿在阅读中增进情感体验，感受阅读乐趣。

第二，尊重幼儿个体差异性，关注幼儿的喜好兴趣需要。在日常的生活中，加强与幼儿的对话沟通，了解生活当中的兴趣爱好，将幼儿兴趣爱好、成长发展中存在的问题，作为选择的切入点。也可以利用身边的社会资源给幼儿主动选择的机会，带着幼儿去开放性的图书馆[8]，观察幼儿选择图书的兴趣喜好，加以参与甄别，同时家长通过对馆中绘本图书的种类的观察，亦可以了解到当下较为流行的儿童读物，为家长选书提供思路。

参考文献

[1] 管志华，卢进. 浅谈幼儿早期阅读的培养 [J]. 课程教育研究：学法教法研究，2015 (16)：1.

[2] 梁渝佳. 家庭文化资本的投入对幼儿早期阅读兴趣的影响研究 [D]. 四川师范大学，2016.

[3] 李红林. 对广州市幼儿早期阅读父母参与现状的调查与分析 [D]. 华南师范大学，2007.

[4] [7] 马程程. 幼儿早期阅读兴趣的影响因素研究——以长春市某幼儿园 W 班为例 [D]. 东北师范大学，2011.

[5] 王靖懿. 幼儿读物的选择也应关注“深度”[J]. 基础教育研究，2011 (9)：59.

[6] 郭丽. 儿童早期阅读读物的选择与指导策略 [J]. 社科纵横，2011 (3)：300.

[8] 吕绘元. 家庭早期阅读活动影响因素及策略指导研究 [D]. 首都师范大学，2006.

小班幼儿学习品质研究

（何俊儒　石家庄市桥西区瑞特幼儿园）

摘　要：安吉游戏以自然野趣的游戏环境、开放的游戏空间放手让幼儿自主玩，通过投放充足的源于生态、生活、可探索的低结构的游戏材料，给予幼儿充足的游戏时间，最大限度地确保幼儿有地方玩、有材料玩、有时间玩、有机会玩，为幼儿构建游戏创造无限可能性，是一种把游戏权利彻底还给儿童的教育模式。学习品质指幼儿通过不同的学习方式，以自身独特的态度、习惯与喜好进行互动与探索从而获取新知识、掌握新技能。良好的学习品质可以促进幼儿今后的健康发展。

关键词：安吉游戏；探索；发展；学习品质

一、幼儿学习品质概况

（一）研究必要性

学习品质指人的学习力，是影响人们在所有领域学习的基础。幼儿时期处于人生的启蒙期，该阶段大脑发展最为迅速，同时也是心理发育的初始时期。心理发育与思维、先天的气质、后天的性格等诸方面密切相关，而心理发育影响人们学习风格的形成，进一步影响学习品质的发展。近年来，学习品质在国内外逐渐成为热门话题，国外著名学者马里奥·希森博士指出：积极的学习品质具有内在价值，是学习的基础，也是影响其他各个领域发展的重要因素。《3～6岁儿童学习与发展指南》中指出要重视幼儿的学习品质，学习品质是影响幼儿如何学习的基础。现如今，很多家长不希望自己的孩子输在起跑线上，盲目地认为学习品质单指成绩，以致社会上有很多高分低能或厌学的孩子。因此，对幼儿学习品质的研究是十分有必要的。

（二）研究目的

蒙以养正，圣功也。幼儿期是启蒙的关键期，也是提升幼儿良好学习品质的起步期。良好的学习品质与幼儿的未来成就密切相关。本文结合安吉游戏对小班幼儿学习品质进行研究，通过观察分析，探究幼儿学习品质特征，提出促进幼儿学习品质提升的教育建议。

二、小班幼儿在安吉游戏中学习品质的特征

（一）3～4岁幼儿学习品质六维度发展之间存在差异

安吉幼儿园课程分为三个阶段，分别是无游戏阶段、假游戏阶段与真游戏阶段。结合小班幼儿的年龄特征，现阶段幼儿处于假游戏向真游戏的过渡期。各维度差异如下：计划性较高，主动性排名第二，专注性、资源利用排名第三、第四，其次是问题解决，较低的是逻辑性。

计划性是幼儿能够有目的地选择，表明自己想要做出什么，随着年龄的增加，他们能够按照计划为各种事情，出主意作出决定。说出他们想要搭建的安吉材料，能用语言表达计划，丰富计划的细节。研究分析该维度得分较高的原因是幼儿处于语言发展的关键期，该阶段的幼儿语言表达能力不断增强，他们愿意用自己的语言去表达内心的想法。

主动性在好奇心方面是指幼儿对自己不了解的事物觉得新奇而感兴趣，充满新鲜感，他们喜欢探究不了解的事物，愿意对材料反复不断地探索其玩法、用途。或者表现为对旧材料的一物多用与新材料的探究专注。在独立性方面，他们喜欢自己的事情自己做，喜欢帮助父母老师做一些事情，以此获得成就感。在自我导向性方面他们喜欢按照自己的想法去操作。在冒险方面凡是能够做的、知道有一定挑战的，都想去尝试。主动性位居第二的原因是幼儿处于对世界的探索期，他们希望获得对于世界更多的了解。

专注性是幼儿对于一项活动专注持续的时间以及投入的程度问题，专注的时间随着年龄的增加而不断增加，投入程度往往与这项活动对幼儿吸引力的大小有着密切的关系。

资源利用表现在幼儿渴望发现事物探索材料的特性和功能，他们可能会为了心中的某种目的组合使用几种材料。在问题探索方面他们对所遇事物提出问题并尝试说明，使用多种资源回答自己的问题。这一维度得分相对较低，主要是受思维能力的限制。根据皮亚杰的认知发展阶段论，3～4 岁幼儿处于前运算阶段，他们的思维具有不可逆性。另外，表象的储备不足也是资源利用水平较低的原因之一。

问题解决是指幼儿发现问题、识别问题（知道问题所在）、解决问题来实现预期结果的能力。逻辑性是幼儿能够通过一件事情联系到之前做过的事情或基于前期的经验来行动（推断），以及说出现有经验与已有经验相比哪项是一样的或不一样（假设）。这两个维度得分较低的原因，主要是他们的思维具有不合逻辑的推理，不能理顺整体和部分之间的关系，不能够推断出事实，思维集中化，只能从一个角度考虑问题。儿童心理的发展的实质和原因在于主体通过动作完成对客体的适应，适应的本质在于取得机体与环境的平衡。可见问题解决与逻辑性能力的提高，在于教育者应为幼儿提供更多的适宜该阶段幼儿身心年龄发展水平的锻炼机会，这也充分表明了 3～4 岁幼儿学习品质仍有提升空间。

（二）3～4 岁幼儿在安吉游戏中学习品质存在性别差异

3～4 岁幼儿学习品质性别的差异主要体现在语言、气质、性格方面，在 3～4 岁阶段，女孩语言表达能力高于男孩，她们在计划环节能够做出具体详细的计划。在气质与性格方面，女孩表现更多的是安静与稳重，男孩更乐于好奇与探索。受性别差异的影响，女孩往往更喜欢安全的活动环境，可以体现在安吉材料区中女孩更喜欢设置障碍物跳圈，而男孩更喜欢挑战性的走平衡板。在问题解决与逻辑性方面二者没有太大的差距。这一点可能与儿童的年龄与教养者的教养方式有密切关系，一方面是由于儿童的年龄较小，不具备相关的能力；另一方面与教养者事事包办，不能提供相应的锻炼机会有关。

三、促进小班幼儿在安吉游戏中学习品质提升的教育建议

（一）创设“爱”的物质精神环境

尊重与信任儿童，与儿童建立互信关系。研究证明，幼儿在陌生环境中安全感较低，就容易不愿意对环境进行探索，在幼儿园中，教育工作者应给幼儿创设一个相对温馨的物质环境，营造轻松愉快的氛围，让幼儿感到被尊重被信任，在“爱”的环境下，培养其好奇心与冒险精神，增强探索能力。同时提供适合幼儿身心发展特点的玩教具，贴切幼儿的兴趣点，培养幼儿的专注性。

教育者应树立正确的教育理念，尊重幼儿，放手游戏，发现儿童，树立以儿童为本的教育观；看懂游戏，理解儿童，改变教育观；回应游戏追随儿童，改变课程观。尊重幼儿的个别差异性，做到因材施教。注重阶段性，采用量力性原则，避免在活动中做到一刀切一锅煮。保护儿童的好奇心、求知欲。

（二）学会等待，鼓励幼儿，培养幼儿的独立性

幼儿的独立性较差的原因一方面是现如今很多家长对于孩子过于宠爱，喜欢大包大揽。另一方面是教育者出于时间安排的原因，对于孩子自己想要尝试的时期感觉时间太慢，花费的时间太长，于是帮孩子把这些事情做好，会存在赶进度的情况，这些做法严重挫伤了幼儿的自主性，不利于幼儿独立性的形成。教育者应在日常活动中，考虑幼儿的身心发展阶段，学会等待，鼓励幼儿，培养幼儿的独立性。

（三）在活动中锻炼幼儿的思维能力

教育工作者一天的教学工作主要有三类：观察——发现儿童的发现，倾听——记录儿童的记录，对话——集体对话与个别对话。教育工作者可以结合最近发展区理论利用支架教学提升幼儿学习品质，帮助幼儿获得更高层次的全面发展，提高幼儿的思维能力，促进问题解决、资源利用与逻辑性的提高，提高幼儿的学习品质。

（四）家园共育，促进幼儿学习品质提升

在放手游戏初期，家长担忧的问题主要有游戏的价值问题、游戏中的安全问题与游戏材料的价值问题。为了消除家长的种种疑虑，让其转变教育观念，放心让儿童参加游戏并支持游戏，幼儿园采取了以下策略。

第一，教师为家长解读《3～6 岁儿童学习与发展指南》。通过教师解读《指南》中关于游戏意义方面的内容，家长了解到国家对于学前教育改革的理念与要求，在一定程度上改变家长对于“游戏”的固有偏见。第二，组织家长回忆童年游戏。引导家长分享自己的游戏对于能力发展的作用，思考幼儿为了游戏而费尽心力、专注投入的良好品质。第三，组织家长体验游戏。家长切身感受幼儿在游戏中的学习，通过低结构化材料的特点，了解游戏过程中学习品质的培养，体会反思的价值。第四，组织家长观察游戏，发现儿童。关注儿童的喜悦、专注、投入等积极的游戏状态，感悟幼儿学习品质的发展。第五，家长与儿童共同游戏，发现儿童的游戏创意。第六，参与游戏故事，通过幼儿绘画游戏故事，与家长、同伴分享，教师记录的方式，促进家园共育。

安吉游戏相信儿童有无限的潜能，尊重幼儿的个体差异性，符合幼儿的身心特征，注重幼儿在游戏过程中学习品质的培养。教育工作者应树立正确的教育理念，学会等待、鼓励幼儿，做好学校与家庭的桥梁作用，最大限度地支持幼儿的全面发展。

参考文献

［1］［美］安·S. 爱泼斯坦（Ann S. Epstein）. 创造性艺术：关键发展指标与支持性教学策略［M］. 霍力岩，等译. 北京：教育科学出版社，2018.

［2］中华人民共和国教育部. 3～6 岁儿童学习与发展指南［S］. 北京：首都师范大学出版社，2012.

［3］程学琴. 放手游戏 发现儿童［M］. 上海：华东师范大学，2019.

小班幼儿一日活动中手指游戏运用现状的调查研究

（祁彤、于晗　石家庄市桥西区瑞特幼儿园）

摘　要：我国教育部颁布的《幼儿园教育指导纲要（试行）》中指出："幼儿园教育应尊重幼儿的人格和权利，尊重幼儿身心发展的规律和学习特点，以游戏为基本活动，保教并重，关注个别差异，促进每个幼儿富有个性地发展。"游戏不仅符合幼儿的年龄特点，也是幼儿一日生活的基本活动。手指游戏作为提高幼儿双手灵活性、简易有趣的游戏活动，逐渐成为幼儿喜爱的游戏之一，也被越来越多的幼儿教师使用。

关键词：幼儿一日活动；游戏；手指游戏

幼儿园是以游戏促进幼儿的全面发展，以游戏让幼儿进行"学习"的。游戏作为幼儿园的基本活动，它不仅符合幼儿的年龄特点，也符合幼儿的发展需要。另外，《3～6 岁儿童学习与发展指南》强调："要珍视游戏和生活的独特价值，创设丰富的教育环境，合理安排一日生活，最大限度地支持和满足幼儿通过直接感知、实际操作和亲身体验获取经验的需要。"手指游戏符合此年龄阶段儿童的年龄特点和发展特点。正像苏霍姆林斯基所说："儿童的智慧在他的手指尖上。"

在这种大背景下，笔者决定深入探讨研究小班幼儿一日活动中手指游戏的运用，试图对手指游戏在小班幼儿一日活动中运用的问题进行观察总结，归类分析，找出其中的表层原因和深度原因，并试图找到解决办法，帮助教师更好地展开教学，给幼儿的童年生活增添色彩。

本研究对幼儿一日活动的概念界定主要基于吕琼华的概念加以界定"幼儿园一日活动对全日制幼儿园来说，就是指幼儿从早上入园到下午离园中需要经历的各种活动，主要分为集体教学活动，生活活动和游戏活动"。百度百科里手指游戏是指用手指进行表演的游戏，多为配合儿歌、歌曲的节奏或语言进行。综上所述以及结合本研究的需要，笔者将手指游戏定义为在儿歌、音乐、故事等情境伴随下进行的手指游戏（如：手指谣、手偶），单纯用手指进行的一种操作性游戏（如：手指画），以及锻炼幼儿精细动作的手指游戏（如：穿珠游戏）。

一、小班幼儿一日活动中手指游戏运用产生的问题及原因分析

（一）运用的手指游戏形式单调

根据问卷调查以及访谈的数据结果来看，教师在幼儿一日活动的各环节运用的手指游戏经常是以手指谣为主要形式，像手偶、手指画这类手指游戏只是在一些特定的教学中使用，甚至只在游戏活动中才使用穿珠的活动形式。可以看出在手指游戏的运用中除手指谣这种形式之外，其他形式运用较少。

（二）手指游戏内容的选择未考虑小班幼儿的年龄特点

根据访谈结果的分析，大多数教师在为幼儿选择手指游戏，特别是手指谣的儿歌部分内容时未考虑是否符合小班幼儿的年龄特点。教师为幼儿选择的手指游戏内容篇幅稍长，不符合小班幼儿的年龄特点以及认知特点，幼儿的学习效果就会降低，参与手指游戏的积极性也会降低。

（三）运用的手指游戏忽视幼儿主体性

从访谈记录的结果分析，可以看出在小班幼儿一日活动的各个环节中，运用手指游戏时教师未能体现以幼儿为本，指导方式不新颖。教师没有在手指游戏中给予自己一个正确的角色定位，教师不管是在手指游戏的指导方式上、选择主体上，还是运用手指游戏的出发点上，更多的是从教师自身为主体去运用手指游戏，在手指游戏中教师更多的是处于一种主导者以及示范者的角色定位中，未能真正地将幼儿放在主体位置上，未能将自己放于更合适准确的位置上。

（四）教师运用手指游戏的频率较低

教师在小班运用手指游戏的频率最高，但是在一日活动中教师对幼儿运用手指游戏的频率较低。幼儿园对手指游戏的重视程度不足，不重视手指游戏的运用，没有对手指游戏的高度普及，就无法调动教师对运用手指游戏的重视，手指游戏使用频率就会偏低。

二、小班幼儿一日活动中手指游戏运用的解决策略

（一）提高对手指游戏的重视程度

幼儿园首先要重视手指游戏在小班幼儿一日活动中的应用，意识到手指游戏对幼儿身心各方面发展的重要性，意识到手指游戏对培养幼儿的手眼协调能力、注意力以及节奏感等都具有重要影响作用，有利于对幼儿的身体机能、认知能力和社会性方面的综合培养，应在全园都普及应用手指游戏。教师通过手指游戏对幼儿进行教学，不仅可以减轻教师的工作压力，还可以给予教师更多的时间去关注幼儿。幼儿园可以通过演讲、手指游戏相关视频，或者手指游戏相关书籍的学习，带动教师对手指游戏的重视程度，这样教师也可以大大提高在各环节中对手指游戏的使用频率。

（二）进行手指游戏的相关培训

为了使教师更熟练地在幼儿一日活动中运用手指游戏，提高教师对手指游戏的规范运用，幼儿园可以在园内组织运用手指游戏的相关培训课程，或者举办研讨会或者相关主题会议，通过组织培训，可以让教师更系统地了解手指游戏的相关知识，促进教师对手指游戏的选择与运用，了解在运用手指游戏时教师应扮演的角色以及正确的指导方式。

（三）提高手指游戏理论观念

幼儿教师作为幼儿园教育活动的三大要素之一，既是引导者又是组织者，占据着重要地位。教师应不断进行关于手指游戏的理论知识的进修、积极参加幼儿园组织的手指游戏技能培训，终身学习。了解手指游戏的各种类型以及不同形式，在了解手指游戏的基础上选择适合的手指游戏进行运用，打破原有固定的手指游戏类型和方式，灵活运用手指游戏对幼儿进行教育，对手指游戏了解更全面，能知道什么属于手指游戏。教师对手指游戏的了解不应只局限在书本上，更应综合多种手指游戏理论，进行理论知识的扩充，这样才能在实际运用中进行创造。

（四）注重以幼儿为本，以引导者的角色进行指导

在幼儿园的一切活动都应以幼儿为本，为了使幼儿在手指游戏中获得更为有效的发展，符合幼儿的身心，教师应改变应用手指游戏的出发点，让手指游戏从为教师服务转变为为幼儿服务。教师应切实地为幼儿考虑，改变手指游戏是为了消除幼儿的消极等待而运用，充分

考虑手指游戏对幼儿的价值，让手指游戏从幼儿出发，以考虑幼儿的年龄、身心发展特点以及幼儿对手指游戏的喜好为前提进行手指游戏，让教师从游戏主导者的身份变换为幼儿做主导者，学会运用恰当的指导方式，体现幼儿在手指游戏中的主体地位。

（五）根据幼儿的年龄特点选择手指游戏

教师应考虑小班幼儿的年龄特点去选择手指游戏，不可盲目地选择手指游戏，教师应该考虑到所选择的手指游戏应便于幼儿记忆和学习。比如访谈中的《洗手歌》，这个手指谣是为了让幼儿学会洗手的手指游戏，但可以明显看出它的篇幅过长，教师可以考虑将它替换成可以产生同样效果的，篇幅较短，适合小班幼儿的手指谣《洗小手》（洗手了排排队，卷起袖子抹香皂，手心手背手指尖，洗完手后水关掉）；小班幼儿突出的年龄特征还有好模仿，在选择手指游戏时也可以多选择幼儿日常生活中经常观察到、好模仿的手指游戏。

（六）加强对手指游戏的创新

世间万物都是发展变化的，教育也要不断发展，要不断创新，与时俱进。“创新是一个民族进步的灵魂。”教师要秉持着创新的精神，对手指游戏的形式、方法、内容不断进行创新，让手指游戏在创新中得到发展，在创新中体现风格，教师可以根据幼儿的年龄特点以及兴趣爱好对手指游戏进行创编，也可以改编已有的手指游戏，还可以组织幼儿对手指游戏进行改编，以丰富新颖的形式、内容，丰富幼儿的手指游戏，丰富幼儿的在园活动。让幼儿保持新鲜感，在不同的活动中促进成长。

参考文献

[1] 中华人民共和国教育部．幼儿园教育指导纲要（试行）[S]．北京：北京师范大学出版社，2001.

[2] 中华人民共和国教育部．3～6岁儿童学习与发展指南[S]．北京：首都师范大学出版社，2012.

[3] [苏联] B. A. 苏霍姆林斯基．给教师的建议[M]．杜殿坤，译．北京：教育科学出版社，1984：40.

[4] 吕琼华．幼儿一日活动中的过程公平观察——基于教育公平的微观视角[D]．杭州师范大学，2016.

[5] 倪敏．幼儿园课程与教育活动设计[M]．北京：中国劳动社会保障出版社，2000.

[6] 姚艳．农村幼儿园一日活动现状调查研究[D]．河南大学，2012.

3～4 岁幼儿自主阅读行为的研究

（赵紫帆　石家庄市桥西区瑞特幼儿园）

摘　要：阅读是使幼儿主动获取知识、自主探索、发现问题的重要途径，幼儿期是儿童成长发育的关键期，通过早期阅读，不仅能激发幼儿阅读兴趣，而且在阅读过程中可以有效培养幼儿自主学习能力，丰富幼儿知识，从而促进幼儿智力发展以及认知水平的提高。本研究从幼儿自主阅读活动入手，通过观察幼儿自主阅读行为，分析整理幼儿在阅读活动中自主学习能力所存在的问题，并根据这些现象提出一些合理化建议。

关键词：幼儿；阅读；自主阅读

20 世纪 60 年代“终身教育”理念的提出，标志着以教师讲授为主的教育方式得以改变，教师在教育活动中只能起到引导作用。“活到老，学到老”，不仅要求学习者通过“终身学习”来实现“终身教育”，更要求终身学习者积极主动、自觉地参与到学习中。幼儿园教育作为幼儿接受学校教育的开端，幼儿可以从周围环境中获取新知识，幼儿园要培养幼儿主动探索、乐意实践、自己动手能力和自主学习习惯。鼓励幼儿在活动中主动向老师提出问题并与同伴积极进行探讨，使幼儿通过独立思考获取新知识，对幼儿自主学习能力产生积极影响。

一、自主阅读行为养成的意义

在日常生活中，家长和老师只能起到引导作用，并不能作为幼儿生活学习的主体。良好的行为习惯决定孩子的一生，从日常点滴做起，培养幼儿自主学习的好习惯，不仅能增进幼儿的学习兴趣，而且在日后的学习生活中起到事半功倍的效果。儿童学习应该是主动学习，幼儿应该作为自己学习和发展的主人，教师培养幼儿自主学习能力可以使幼儿通过自主思考与判断获得新知识与想法。

二、3～4 岁幼儿自主阅读能力存在的问题

通过对幼儿自主阅读行为观察发现，3～4 岁幼儿在阅读时存在注意力集中时间较短、缺乏阅读兴趣等现象。本研究针对幼儿在自主阅读时的行为，从幼儿自身方面、教师指导以及家长引导三方面总结出 3～4 岁幼儿自主阅读能力存在的问题。

（一）幼儿自身方面

1. 阅读习惯存在问题

小班幼儿（即 3～4 岁幼儿）阅读习惯存在一些问题，幼儿在阅读绘本故事时，他们愿意去翻看色彩鲜艳且文字简单的图书，他们只看有趣的图片，并不在意故事内容。在自主阅读时很快就从头到尾翻完一本书，然后就会频繁换书，不仅自己不能进行有效的自主阅读，还会干扰其他幼儿。

而且小班幼儿因为年龄特点，还不懂得爱护图书，所以图书损坏的情况经常发生。每位幼儿都自己带来 1～2 本图书，小班幼儿还处于以“自我”为中心的阶段，不太懂得与同伴分享，这一现象会导致幼儿在选书时产生一些冲突，在冲突中往往会造成图书损坏现象。有的绘本可能比较大，幼儿拿在手中阅读不太方便，在翻页时一不小心就会把书页、书角折

皱。许多书本都是折皱、掉页甚至缺页的。

2. 容易被外界因素干扰

小班幼儿注意力集中时间一般在 5～10 分钟，而且容易受外界各种因素的影响。在幼儿自主阅读时，很容易受到同伴影响。正在阅读的幼儿经常会受到玩玩具幼儿的干扰转移注意力，从而结束短暂的阅读。同时也观察到当阅读区域人数过多时，由于阅读区玩具靠垫有限，进入的小朋友多了容易产生冲突从而使得环境变得嘈杂，干扰正在阅读的幼儿。

3. 阅读兴趣缺乏

在幼儿自主阅读活动中观察发现，许多幼儿在进行自主阅读时注意力集中时间过短或者不进行阅读，其原因一方面是幼儿对阅读活动本身没有兴趣；另一方面是对幼儿园所投放的图书没有兴趣。而且许多幼儿家长简单地认为给孩子买书应该买具有知识性的、有教育意义的并且最好是对以后写作有用的书。这种行为过分强调了图书的教化作用，对于阅读的理解过于功利化，忽视了幼儿年龄特征、兴趣爱好和接受能力，从而影响了幼儿阅读兴趣的培养。

（二）教师指导方面

教师在幼儿自主阅读活动中存在这样的现象：有的教师不能及时制止有些幼儿在阅读过程中嬉笑打闹的现象；还有的教师在讲故事时只关注周围几个小朋友，不能对班上其他幼儿进行有效指导。幼儿期是培养幼儿自主学习能力的关键期，教师的指导对于提高幼儿阅读兴趣、促进幼儿学习主动性具有积极影响，因此在幼儿进行自主阅读时，教师的正确指导是至关重要的。

（三）家长引导方面

通过对家长进行访谈发现家长在幼儿阅读引导方面是有缺乏的。许多幼儿家长由于工作原因几乎没有给孩子讲故事和亲子阅读时间，幼儿自主阅读时间也很少甚至没有，因此在家中大部分时间用来看电视和玩玩具。家长引导方面存在的问题，不仅导致部分幼儿缺乏阅读兴趣，也会影响幼儿认知水平发展。家长是幼儿阅读最有力的支持者，通过亲子阅读以及家长的正确引导将家庭融入幼儿早期阅读活动中，对培养幼儿良好习惯尤为重要。

三、对提高幼儿自主阅读兴趣提出建议

（一）培养幼儿良好的阅读习惯

在幼儿进行阅读时，培养幼儿一页一页翻看绘本故事的习惯，避免幼儿没有顺序地随意翻看图书的坏习惯产生，为幼儿树立规则意识。并且在幼儿进行自主阅读时，要引导幼儿与同伴分享自己从家里带来的图书，让幼儿学会与同伴进行分享，避免幼儿在选书时产生冲突从而造成图书破损毁坏。

（二）为幼儿营造良好的阅读环境

由于小班幼儿注意力集中时间大多在 5～10 分钟，很容易受到外界环境的影响。有的幼儿在阅读时喜欢与同伴交流与讨论，这种现象在自主阅读活动中是很常见的，而且与同伴共同阅读对于幼儿双方都是有益的。但在这一过程中教师要提醒幼儿可以进行小声交流，不能影响其他幼儿进行自主阅读，要为班上其他小朋友创造安静的阅读环境。教师还应该及时制止产生冲突或在阅读时嬉笑打闹的幼儿，防止打扰到其他幼儿。给幼儿提供安静的阅读环境显得至关重要，不受外界干扰的情况下可以集中注意力，使幼儿可以更好地进行自主阅读。

（三）选择符合3～4岁幼儿年龄特点的图书

由于小班幼儿受认知能力限制，对于文字居多的故事书，小班幼儿阅读难度偏大，这也会使得幼儿对阅读提不起兴趣。所以在选择图书时尽量选择一些色彩鲜艳、贴近生活且文字简单的故事书、图画书。也要尊重幼儿自己的意愿，选择幼儿自己喜欢的图书更容易使得幼儿产生读书的欲望。如果以成人的角度去选取图书，在一定程度上无法满足符合幼儿年龄特征的需求，从而使幼儿丧失阅读兴趣。我们都说“兴趣是最好的老师”，因此在图书选取时也该尊重幼儿的兴趣，多听取幼儿的意见。

四、对教师指导幼儿进行自主阅读活动建议

（一）教师介入阅读活动中进行指导

幼儿园时期孩子容易受到教师的影响，因此在幼儿进行自主阅读活动时教师也应该与幼儿一同进行阅读，为幼儿树立榜样示范作用。也可以通过给幼儿讲故事的方式提高幼儿对阅读的兴趣，在幼儿喜欢听故事的同时也要引导幼儿进行自主阅读。并且在讲故事时要注意不能只顾着给周围几个幼儿讲故事而忽视班上其他幼儿，通过采取多样的指导方式激发幼儿阅读兴趣，为培养幼儿自主学习能力打下坚实基础。

（二）鼓励幼儿自主探索、发现问题

幼儿在阅读过程中通过思考、提问的方式，使得幼儿对于故事内容理解更加深刻。许多幼儿在听故事或者看图画故事书时，总会提出许多为什么，为什么是这样和为什么不是那样等一系列问题，鼓励幼儿对故事内容、故事情节以及主人公行为提出问题表达对该问题的看法，可以有效帮助幼儿深刻理解故事内容。在班级中，每一位幼儿的个性以及认知发展各有不同，因此表现出不同的探究度。在幼儿进行自主阅读活动时，教师应该对幼儿进行鼓励与支持，给予幼儿坚定的信心。不急于告诉幼儿答案，而是通过示范、指导、鼓励幼儿的方式提高幼儿自主学习能力。

（三）重视家庭早期阅读活动

幼儿的成长离不开家庭教育，家庭早期阅读活动对孩子树立良好阅读习惯以及培养自主阅读兴趣也起到推动作用。因此在家庭阅读活动中，家长言行势必会对幼儿产生潜移默化的影响。通过访谈发现，大部分家长很重视培养幼儿早期阅读习惯，这些家长不仅在家中为幼儿专门设立阅读区，而且保证幼儿每天在家中都有自主阅读时间以及亲子阅读时间，通过每天与幼儿共同进行阅读激发幼儿的阅读兴趣，使幼儿从小养成爱读书的好习惯。

参考文献

[1] 沈艳捷．区域活动对幼儿自主学习能力的影响研究［J］．教育教学论坛，2016（5）：235－236.

[2] 王丽杰．幼儿早期阅读活动现状的研究—— 以H班为例［J］．吕梁教育学院学报，2018，35（2）：14－18.

[3] 王海英．幼儿语言教学中自主学习能力的培养分析［J］．科技资讯，2016，14（12）：102－104.

自主游戏释放幼儿天性

（田艺、甘云　石家庄市桥西区瑞特幼儿园）

摘　要：安吉游戏以自然野趣的游戏环境、开放的游戏空间放手让幼儿自主玩，投放充足的源于生态、生活、可探索的低结构的游戏材料，最大限度的游戏赋权，给予幼儿充足的游戏时间，最大限度地保障幼儿有地方玩、有材料玩、有时间玩、有机会玩，为幼儿构建游戏创造的无限可能性。

关键词：安吉游戏；探索；发展

一、走进安吉游戏，开启幼教新模式

安吉游戏是“以游戏为基本活动”的幼儿教育模式，它的核心理念是任何环境都可以成为学习的环境。它致力于让儿童在自发自主的游戏中获得学习。在自由自主的游戏与生活中培养儿童的自我意识、自主行动、自我管理的能力，批判性思维与问题解决、交流与合作、创造与创新等能力。而《指南》也强调“以游戏为基本活动”“珍视游戏和生活的独特价值”，这与安吉游戏的教育理念不谋而合。更将《指南》中提到的让幼儿回归本真、回归自然、回归游戏落到实处。开启了一场全新的游戏革命和开创未来幼教的新模式。

（一）放手游戏，发现最美儿童

我们为幼儿提供可移动、可组合的多层次的游戏材料，保证个体差异性的幼儿有东西玩；创设低结构、开放和多种特征的游戏环境，让儿童有地方玩；保障游戏时间和游戏权利，让幼儿每天都有充足的时间充分自主地游戏。

同时安吉游戏提倡教师：“闭上嘴，管住手、睁大眼，竖起耳”12 字要求。“闭上嘴，管住手”是教师退后、放手，让幼儿自主游戏，“睁大眼，竖起耳”则要求教师用心地观察幼儿和客观记录。

记得在“快乐泥潭”进行游戏时，幼儿将操场上的小草拔下来几棵，“种”在泥潭里，这种事发生在安吉游戏之前，一定会在保护花草方面说教一番，而学习了安吉游戏理念之后，教师认识到，幼儿每一个动作的背后都存在自己的故事：“这是纯天然无污染的有机蔬菜，再给它浇些‘山泉水’保证新鲜健康。”

对比之前的教育方法，教师的思想多半把幼儿天马行空的思维禁锢在成人的世界里，更新了儿童观，使我们认识到儿童是主动的、有能力的学习者，儿童是值得被爱、被尊重、被崇拜和敬畏的！如今的放手游戏，我们才发现了最美的儿童！

安吉游戏中教师把关于游戏的一切选择权交给了幼儿，充分保障了幼儿的基本权利，成为自己游戏的主人，但这并不意味着教师放任不管，安吉游戏中教师的角色是：“儿童在前，教师在后”“最大程度的放手，最小程度的介入”，是在幼儿需要支持和引导时，适时地出现。安吉游戏中的教师越来越退后，儿童越来越能干，我们要实现教育的大道至简，无为而为。

（二）“真游戏”伴随儿童快乐成长

安吉游戏在儿童的一日生活当中强调“真”，即儿童的“自主性”和“主体性”。在人的整体发展中，“主体性”处于人类特性的核心地位，是人的发展基本要求和发展的实质。主体性发展越好，人的发展就越积极，各方面发展效果越好。儿童在安吉游戏中是学习和游戏权利的主体，是“真游戏”的主人。

传统“填鸭式”游戏中，幼儿大多是被动接受教师对游戏的安排，教师选定好了游戏活动的主题、游戏的时间、游戏的材料、游戏的角色、游戏的同伴等，这种游戏是“假游戏”，教师处于“高控”的地位，幼儿对于游戏的选择权利不能得到实现。而教师在安吉游戏中真正做到了幼儿的合作者、观察者、引导者、支持者，开创有利的自然资源，给幼儿创造贴近大自然、野趣丰富的游戏环境，提供适合的、能促进他们发展的材料。在安吉游戏中，儿童可以自由选择游戏主题、自由选择角色、自由选择同伴和玩具、自由交流，他们是游戏的真正主人。

真游戏让儿童与真实的世界相处；真游戏是儿童对真知的追求；真游戏是儿童的真学习，在一遍遍地探索、发现、解决问题和反思的过程中，不断认识自然和社会，认识自己的情绪和思想，他们的发现和认识将他们带向更深层次的学习；真游戏是真自由，每一个儿童都按自己的速度学习，它支持并培养儿童自然学习的意愿，而这种学习冲动是人类与生俱来的。

二、自主游戏引领幼儿全面发展

在安吉游戏实践中，五个关键词不断在儿童身上展现：“爱、冒险、喜悦、投入、反思”。

（一）爱是一切关系的基础

安吉游戏中时刻渗透着爱的教育理念，老师们像爱自己的孩子一般爱着每一位儿童，这种爱更延伸到幼儿之间、教师之间、幼儿园与家庭、幼儿园与社区的关系中。爱，帮助构建安吉游戏的生态。只有在真正支持自由和自我表达的环境中，幼儿才能全身心地在身体、情感、社会和智力上进行冒险，保持好奇，不断发现、提出问题、解决问题。

（二）冒险是挑战的最高境界

安吉游戏不故步自封、墨守成规，它蕴含了丰富的探险主义精神。在游戏中儿童随时随地按照自己的兴趣和意愿，自主探索周围的事物，在需求中产生合作意识，锻炼沟通能力，提升思维水平。没有冒险，就没有解决问题的能力。没有解决问题，就没有学习。幼儿根据自己的能力、时间和地点，选择挑战，在探索能力极限时他们发现并解决困难。教师在现场观察、记录、支持，但不干涉或指导，最大限度保障儿童接触并享受物理的、社会的、智力上的冒险（除非有明确的危险或儿童已经真正用尽一切已掌握的办法后主动寻求帮助）。

例如：儿童在玩安吉游戏大型建构箱子与木梯时，从第一次的战战兢兢到后来的如履平地，从跳跃到翻滚……每一项技能都蕴含了探险精神。在第一次进行高空探险隧道时，墨墨爬到最高处时，紧张得无法挪动身体，哭了出来，教师鼓励无果后，牵着手慢慢地爬了下来。第二次，他已经完全可以小心翼翼地自己通过隧道，教师及时的鼓励更增加了墨墨的自信心。第三次、第四次……当初的紧张和畏惧一扫而光，终于露出了勇敢、自信的笑容。

（三）没有喜悦，游戏就不可能是真游戏

喜悦是幼儿自主参与游戏、自己调整游戏难度，以及在游戏过程中不断反思的结果。当儿童真正投入到自己的游戏中时，他们学习、成长、挑战自己，体验着无限的喜悦。每个儿童都按照自己的节奏不断成长，在探究和发现中不断地体验着“哇！我做到了”的喜悦。经常听到孩子们这样问：“老师，明天是什么天气？可以户外安吉游戏吗？”“老师，今天我想给树屋里的小伙伴送快递，我是名优秀快递员呢！”晚上也经常收到孩子发来的图片信息：“老师，这是我画的设计图，明天我想搭建北京天安门。”他们对游戏期盼的眼神，渴望游戏的面孔，让我们更加对安吉游戏坚定了信念：儿童的玩有价值、有意义，爱玩、会玩、敢玩，安吉游戏让儿童玩得开心、玩得自由、玩得智慧、玩得孩子像孩子！

（四）投入是充满激情的探索

真正的投入产生于幼儿充满激情的探索，安吉游戏赋予儿童最大限度的自由，使他们获得在开放空间运动的能力，充分地活动、探索、体验周围的环境，并投入其中。

例如：在户外安吉游戏时，儿童偶然间发现在潮湿的木桩上有一只类似蜗牛的生物，一个、两个……渐渐地越来越多的孩子来到这里，整整20分钟都在讨论着："这是蜗牛吗？""它背上的房子到哪里去了？""你饿了吗？爸爸妈妈去哪里了？"儿童的认真与专注在自主探索中体现得恰到好处。教师则从儿童的兴趣点出发，开展了生动有趣的"生物研究课程"，通过一起查询相关资料，了解它的名字——蛞蝓，对蛞蝓的生活习性进行了深入的探究，并生成观察记录表。每一位儿童都投入其中，探索大自然带来的奥妙。儿童一日活动中还有很多类似的生成课程，既没有教师的预先活动设计，也不是儿童漫无目的的随意活动，而是通过教育者发现儿童的兴趣点所在，临时发起的互动式活动，是促进儿童自主探索和挖掘自我学习能动性的过程。

（五）反思是将经历转化为知识的过程

游戏的结束，则是儿童将游戏中获得的经验，进行内化吸收的开始，儿童在结束游戏后，会从绘画游戏故事、分享游戏故事两个方面认识和反思自己的经历，理解自己的经验，从而促使儿童进一步地探索，培养了洞察力和深度发现问题的能力，创造儿童持久的学习及不断发展的知识体系。教育者通过观察儿童，参与儿童的反思过程，进一步理解儿童，支持儿童有深度而丰富的学习。

在分享的过程中，儿童面向全体同伴介绍自己的游戏故事，同伴聆听并学习游戏中的成功经验和方法，如果遇到了困难没有得到解决，伙伴们也会帮助他出谋划策，共同探究解决问题的办法，而教师在此过程中，以聆听、鼓励、总结为主。儿童的语言表达能力、思维逻辑能力、倾听能力，都在日积月累中逐渐提升。

安吉游戏符合儿童身心发展的自然规律，有效地促进了儿童全面发展，具有旺盛的生命力，它就像一颗神奇的种子，慢慢植入儿童心中，滋润着儿童的成长，灌溉着儿童的生命，渐渐地生根、发芽，我们只需静待花开。

参考文献

[1] 中华人民共和国教育部．3～6岁儿童学习与发展指南［S］．北京：首都师范大学出版社，2012.

[2] 程学琴．放手游戏发现儿童［M］．上海：华东师范大学，2019.

浅谈素质教育在践行安吉游戏中的体现

（彭彩云　石家庄市桥西区瑞特幼儿园）

摘　要：素质教育是着眼于受教育者及社会长远发展的要求，以面向全体学生、全面提高学生的基本素质为根本宗旨，以注重培养受教育者的态度、能力，促进他们在德智体美劳等方面生动、活泼、主动地发展为基本特征的教育。“安吉游戏”就是以游戏为基本活动，以儿童本身为基本立场的儿童游戏的实践变革。“安吉游戏”的价值是以幼儿的真游戏为核心，由开放的游戏环境、幼儿游戏的赋权、成人的支持三大要素构成，让幼儿在充满尊重和爱的环境中不断挑战自己能力的边界，从而获得多方面的发展。我们可以看出，安吉游戏契合了当今学前教育中素质教育的理念。那么在日常的安吉游戏活动中教师如何才能够最大程度地实现幼儿的素质教育呢？

关键词：素质教育；安吉游戏；教师

“安吉游戏”作为近年来中国学前教育探索的典型代表，是一种“儿童在前，教师在后”的课程模式，其生本思想、大课程观、整合课程观及以游戏为基本活动的理念充分体现了我国学前教育改革的方向。其“从知识储备型教育到培养终身受益的品质教育”的转变也充分符合世界学前教育发展的趋势。

一、安吉游戏对幼儿的教育价值

安吉游戏主张教师最大限度的放手，最小限度的介入，有利于激发幼儿的学习兴趣，从幼儿自身的兴趣爱好出发，处处考虑幼儿各方面的发展和健康成长。因此，安吉游戏对幼儿的发展有着重要的意义。

（一）有利于幼儿健康成长

《3～6岁儿童学习与发展指南》中明确指出：“幼儿的学习是以直接经验为基础，在游戏和日常生活中进行的，因此学前教育要珍视游戏和生活的独特价值。”安吉游戏主张让孩子们在与大自然的亲密接触中成长，所使用的材料都来自日常生活中，幼儿逐渐学习如何使用肌肉、发展视觉与运动协调的能力，还发展控制自己身体的意识，发展自己的观点采择能力。

（二）有利于促进学习

儿童在游戏中的言行举止都充分地表现着孩子内心最真实的状态，最本真的体验，户外环境最大的特点在于种类丰富、数量充足、功能多样，在操作这些材料的过程中，发现世界是什么样子的，自己又是怎样的，同时也习得了新的技能，了解运用这些技能的恰当场合，尝试生活的不同方面，甚至是一些冒险的行为。在安吉游戏中，幼儿看似没有计划地玩耍，实则是在教师充分的信任以及专业的指导下实现幼儿的自主发展，尽管在游戏过程中可能会发生矛盾，但这些冲突和矛盾促进着幼儿的社会性的发展。

（三）有利于教师转变教育观念

安吉游戏主张幼儿在前，教师在后，提倡教师在游戏中闭上嘴，睁大眼，从而在游戏指导中形成“观望”的特色，更多的是幼儿自身在游戏的过程中，自我发现与探索，充分地给予幼儿游戏自主权。安吉游戏承认教师有研究和建设课程的能力，将教师的角色定位于课程的开发者，从而使得教师的儿童观、教育观、课程观念发生转变。

随着社会的快速发展以及终身学习“立交桥”的建立，对于个体的创新能力、动手能力等有了更高的要求，因而学前教育要采用多种模式共同促进幼儿各方面的发展。安吉游戏不仅激发了幼儿参与学习的兴趣，也提高了幼儿动手操作的能力，促进幼儿身心健康发展。对此，幼教工作者要看到安吉游戏的价值，加大对安吉游戏的研究深度与广度，在实践中积极地根据实际情况展开游戏，推进幼儿的可持续发展和高质量发展。

二、教师如何在安吉游戏中实现幼儿的素质教育

（一）品味安吉五大关键词，用爱撑起一片天

安吉游戏中有五大关键词分别是爱、冒险、投入、喜悦和反思。爱是一切关系的基础。做高水平的老师，就应该将爱视为人类发展和学习的真正条件，建立以爱为基础的生态体系。这一体系需要我们老师对儿童充分信任和尊重，充分支持和放手，让儿童在有安全感的环境中尽情游戏，尽情探索。

对于冒险这一关键词，我们要允许孩子去冒险探索，让孩子不断试错，没有冒险，就没有解决问题的能力，没有解决问题的能力，就没有学习，幼儿在一次次冒险中就学会辨别什么是危险，哪些需要谨慎应对。

儿童全身心投入到冒险的游戏中，学会了坚持目标，忍受挫折，控制冲动，欣赏自我。真正的投入产生于幼儿充满激情的探索、发现物理世界和社会的过程中。安吉游戏赋予幼儿最大限度的自由，使得他们获得在开放空间运动的能力，充分地活动、探索、体验周围的世界并投入其中。

没有喜悦，游戏就不可能是真游戏。喜悦是自主参与、自己调整难度以及有意义地反思的结果。安吉游戏的工作者们评估每日课程的一个标准就是儿童在他们的活动中是否达到喜悦的状态。喜悦时，幼儿可以安静或专注，也可以吵闹或表达……喜悦的精神状态不断滋养幼儿的生命。

反思在经历转化为知识的过程中起着关键性作用。幼儿由教师、家长、材料和环境支持，以多种方式反映和表达他们在一日生活中的经验。家长和教师也通过观察儿童、探索自己的游戏记忆参与幼儿的反思。

（二）放下姿态，做儿童的观察研究者

“安吉游戏”要求我们做到“闭上嘴、管住手、睁大眼、竖起耳”。闭上嘴，管住手，告诉我们不要用成人的思维干涉孩子的游戏，睁大眼，竖起耳，告诉我们要去寻找孩子的闪光点和他们感兴趣的地方，记录他在游戏中的小困惑、小故事。我们要牢记“真游戏就是真学习”这一真谛。维果茨基曾经说过：在游戏中，孩子的行为总是超出他的年龄，超出他的日常行为。在游戏中，他就像一个高高在上的人。教师只有放下姿态，认真观察、聆听幼儿，才能够真正了解幼儿的发展水平、个体差异，做到因材施教。

（三）无条件接纳，做幼儿的支持者

1. 教师本身的支持：做幼儿的支持者不仅体现在游戏过程中，更重要的是体现在反思的环节，安吉游戏在打破旧壳的真游戏革命走了三大步。第一步，放手游戏，发现儿童，改变儿童观。第二步，看懂游戏，理解儿童，改变教育观。第三步，回应游戏，追随儿童，改变课程观。并且在有限的集体教学当中生成有游戏的教学，有意义的教学。基于安吉游戏的经验和理念而构建的各种各样的游戏模式，我把它归纳为一种创新式的游戏过程模式。这个

创新式游戏过程是怎么构建起来的呢？这就牵扯到一个很重要的课题：如何把游戏转生成课程？幼儿园不是游乐场，不管什么游戏，只要走进幼儿园都应该给孩子带来新的经验。换句话说，所有游戏走进幼儿园，都面临一个问题，就是被课程化，这是幼儿园游戏和游乐场游戏的本质区别。幼儿园的所有游戏，不仅具有娱乐功能，还要同时具有教育功能。

2. 环境的支持：丰富的自然环境，让安吉的学前教育在面临投入不足的困境时，想到了取法自然——给孩子们提供真实的、低结构的、丰富多彩的自然之物，作为游戏材料。利用遍地的竹子制成梯子、秋千、桌椅，搭建茅屋、瞭望台；利用丰富的木材，切割、打磨成造型简单的大型建构积木、原生态的跷跷板、平衡木；利用丰富的沙土资源、水利资源，建成沙池、水池、泥池。

近年来，随着学前教育的课程改革，许多幼儿园抛弃了传统的教学模式，开始顺应时代的变化发展，走入创新型教学模式，我们知道中国幼儿园现代教育，一直在不遗余力地引进西方特别是欧美的各种教育模式，从福禄贝尔到蒙台梭利，再到瑞吉欧、华德福等，层出不穷。这些引进的理论和模式，推动了中国学前幼儿园教育的现代化进程，但反过来也造成了一个很重要的问题——是否能适应中国的教育土壤。所有的教育问题背后都是文化问题，因为教育的使命是传播文化和创造文化。“安吉游戏”是安吉县幼儿园游戏实践与理念的简称，是一种“中国化”的幼儿园教育模式，于是以安吉游戏为代表的自主游戏模式进入主流行列。安吉游戏从幼儿的爱好出发，遵循幼儿天性，教师在教学中重视游戏教学，给了幼儿更多的发展空间。

中班幼儿交往礼仪培养策略研究

（赵微　石家庄市桥西区瑞特幼儿园）

摘　要：通过对中班幼儿交往礼仪表现情况的调查和案例分析，针对幼儿的表现情况制定具体的培养策略。中班幼儿交往礼仪存在的问题具体为：中班幼儿以自我为中心；不愿意和他人分享物品；针对中班幼儿交往礼仪存在的主要问题提出比较详细的培养策略：帮助幼儿“去自我中心；提高幼儿交往水平，激发幼儿分享物品的欲望”，这些培养策略从幼儿园、家庭等多个方面入手，旨在帮助幼儿形成良好交往习惯，能够在未来立足于社会，更好地适应未来社会的发展，促使幼儿有一个更加美好的未来。

关键词：中班幼儿；交往礼仪培养；现状；策略

中班幼儿生活礼仪由多个领域相辅相成，本文就中班幼儿交往礼仪的培养进行研究，通过梳理相关文献和幼儿园实地调查，发现中班幼儿交往的过程中存在一些问题，例如：幼儿以自我为中心，不愿意和他人分享物品，不乐意与人交流，胆怯等，本文从幼儿园、家庭等多个方面进行分析和整理，提出了中班幼儿交往礼仪培养的策略，帮助幼儿“去自我中心”；激发幼儿分享物品的欲望，提高幼儿交往水平，帮助幼儿养成良好的交往习惯。

一、中班幼儿交往礼仪培养的重要性

首先，对中班幼儿交往礼仪的培养有助于帮助幼儿养成良好的交往习惯，提升幼儿交往礼仪水平，同时有利于幼儿将来更好地适应社会。其次，幼儿时期是学习各种礼仪的关键时期，中班幼儿在整个幼儿时期处于一个承上启下的阶段，是对小班时期学习的交往礼仪进行巩固和升华，同时又是为大班生活和学习提供一定的基础。中班幼儿交往礼仪的培养不仅是对幼儿的思想道德、个人修养、与他人交往能力的重视，更是幼儿个人修养的外在表现。最后，对中班幼儿进行生活礼仪的培养符合《3～6岁儿童学习与发展指南》《幼儿园教育指导纲要》的要求。让幼儿学习生活礼仪是顺应社会时代的发展，也是提高全民族思想道德水平的重要途径。因此对幼儿生活礼仪的培养必须从幼儿园开始。

二、中班幼儿交往礼仪存在的主要问题

表1　中班幼儿交往礼仪表现现状统计表

内容	问题选项	人数	各项比例
愿意与他人分享物品	经常做到	10	17%
	偶尔做到	25	42%
	几乎不会	20	33%
	总是做到	5	8%

续表

内容	问题选项	人数	各项比例
2. 遵守集体活动规则	总是做到	25	42%
	经常做到	20	33%
	偶尔做到	12	20%
	几乎不会	3	5%
3. 与他人发生矛盾时能够主动道歉	总是做到	4	7%
	经常做到	12	20%
	偶尔做到	16	27%
	几乎不会	28	46%
4. 能和他人主动交流	总是做到	26	43%
	经常做到	12	20%
	偶尔做到	12	20%
	几乎不会	10	17%

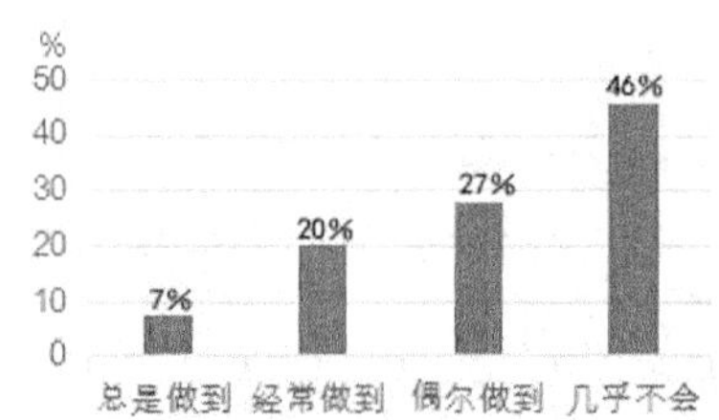

图 1　中班幼儿与他人发生冲突主动道歉情况

（一）以“自我为中心”

通过表 1 和图 1 可以看出，中班幼儿交往礼仪问题主要体现在与他人发生矛盾时不会主动向他人道歉，其中，只有 4 名幼儿和他人发生矛盾时能够主动道歉，只占总数的 7%，所占比重最小，有 28 人几乎不会做到的，占总数的 46%，占比最大。以上数据显示中班幼儿交往礼仪问题最严重的是与他人发生矛盾时不能够主动道歉，因为中班幼儿通常以自我为中心不知道谦让他人。有研究者认为出现这种现状的原因除了幼儿自身的年龄特征以外，现在大部分家长只生一个子女，家长和老人们的溺爱导致的。

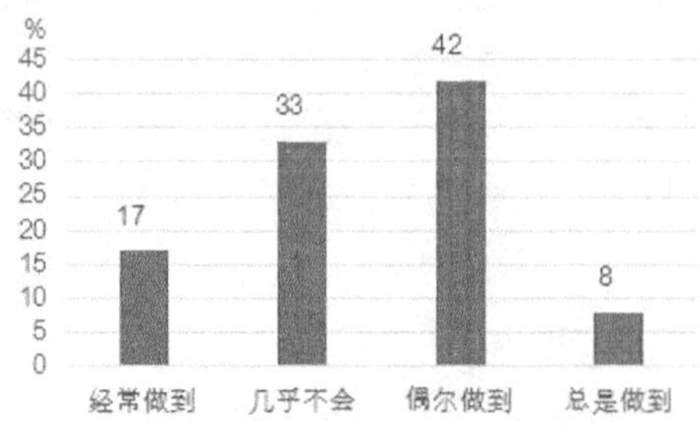

图 2　中班幼儿愿意和同伴分享物品情况

（二）不愿意和他人分享物品

从表1和图2发现，中班幼儿不会或者不愿意与他人分享，喜欢独自占有物品。60名中班幼儿总是做到愿意和他人分享玩具或其他东西的有5名，占比为8%，有20名幼儿几乎不会做到，占比33%，其次总是做到能和他人主动交流的有26名幼儿，占总数的43%，有10人几乎不会做到，占总数的17%。这些数据显示中班幼儿交往还处于低水平阶段，幼儿园幼儿交往的主要参与者是同龄的儿童和本班的教师，中班幼儿在这个年龄阶段交往能力就已显现出了差异。有的幼儿乐意与人交往，有的害怕或者交往范围比较小，对中班幼儿来说，生活中最经常的接触者就是与自己同龄的儿童。此外，年龄都比较小的中班幼儿自我中约束能力比较弱，而且现在大多数孩子是独生子女，往往我行我素，因此在与他人沟通过程出现很多礼仪问题。

三、中班幼儿交往礼仪培养策略

（一）帮助幼儿“去自我中心”

1. 创建和谐的家庭氛围

家庭环境对幼儿身心发展起着潜移默化的作用。吴雪在《昆明市K幼儿园生活礼仪教育的研究》一文中提出：“家庭教育不仅是幼儿园教育和社会教育的基础，家庭还是塑造人类灵魂的第一个环节，父母是孩子的第一任老师，家庭环境对孩子的影响也具有潜移默化的作用。”因此，家庭对幼儿的影响也是不容忽视的。父母在幼儿交往礼仪培养中有着重大作用，现在幼儿园流行一句话“5＋2＝0”，说的就是幼儿周一至周五在幼儿园所学的生活礼仪的相关内容，由于家长溺爱自己的孩子，幼儿在家两天就把在幼儿园所学的相关生活礼仪忘得一干二净。这就是为什么每周一幼儿特别不遵守幼儿园的相关生活礼仪。因此在对中班幼儿生活礼仪培养时家长和幼儿园要保持一致，家长应和幼儿园教师积极沟通，及时地向教师了解幼儿在园的表现情况，同时也不能溺爱孩子，引导孩子与同龄人发生冲突时主动道歉，告诉他们正确的交往方法。同时，家长要相信孩子有能力处理好自己与他人的矛盾。此外，家庭成员要重视自身文化、道德礼仪修养和人格品质的升华。

2. 运用游戏帮助幼儿“去自我中心”

根据幼儿与他人发生矛盾时不主动道歉这一现状，幼儿园可以根据游戏的不同种类和不同特点，根据幼儿的实际情况科学地选择游戏。游戏不仅是中班幼儿的主要活动，也是整个学前儿童的主要活动，而且游戏还是幼儿园帮助幼儿去自我中心化教育的重要方式。虽然幼儿园大部分教学活动需要通过游戏展开，但游戏的选择不仅要参考幼儿年龄和心理特点，还要根据不同孩子的具体情况进行个别指导，因材施教，帮助幼儿走出以自我为中心。

（二）提高幼儿交往水平，激发分享欲望

1. 加强引导，榜样示范

幼儿园要加强对幼儿的引导，可以开展有关中班幼儿交往分享的主题活动，让幼儿亲身体验，让幼儿在活动中感受分享的快乐，在活动中学会交往的礼仪，让幼儿养成乐意与他人交往、分享的习惯，同时教师要让幼儿知道不是任何东西都可以分享，例如：牙刷、水杯、毛巾等这些个人专用物品是不能分享的。利用讲故事如“孔融让梨”让幼儿体会故事的内容。让和谐融洽有礼的交往氛围成为幼儿交往的动力，让幼儿有交往的欲望。家长之间、同事之间要互相尊重，为幼儿做榜样。

2. 营造交往氛围

首先对幼儿交往礼仪培养可以从幼儿园的环境创设入手，可以在幼儿园的走廊里张贴交

往礼仪的相关图片，让幼儿潜移默化地接受环境的影响。《幼儿园教育指导纲要》指出“环境是重要的教育资源，应通过环境的创设和利用，有效地促进幼儿的发展。

其次幼儿园有不同的年龄班，教师要鼓励幼儿走出本班教室，与比自己大的小朋友交往，向他们学习交往的经验和交往的礼仪，培养他们交往时的自信心，敢于交往，善于交往。帮助中班幼儿去“自我中心”。

四、结论

中班幼儿交往礼仪培养能够有效地使幼儿掌握一些交往的基本礼仪，有助于幼儿今后更好地适应社会生活和学习生活，本文从帮助幼儿“去自我中心”，提高幼儿交往水平，激发幼儿分享物品的欲望，从幼儿园、家庭多个方面提出了中班幼儿交往礼仪培养的策略。旨在帮助幼儿形成良好生活礼仪习惯，能够在未来立足于社会，更好地适应未来社会的发展，促使幼儿有一个更加和谐有礼的未来。此研究还存在一定的不足，针对中班幼儿交往礼仪培养还缺乏具体的进一步研究，这是以后要继续深入研究的内容。

参考文献

［1］万若松．幼儿园生活礼仪课程的有效构建和实施［J］．早期教育（教科研版），2011（9）．

［2］吴雪．昆明市K幼儿园生活礼仪教育的研究［D］．云南师范大学，2016.

［3］教育部基础教育司．幼儿园教育指导纲要（试行）［S］. 南京：江苏教育出版社，2002.

［4］胥兴春．学前心理学［M］．重庆：西南大学出版社，2016.

［5］邢宇．幼儿园生活礼仪教育的问题与对策研究［D］．哈尔滨师范大学，2016.

［6］教育部基础教育司. 幼儿园教育指导纲要（试行）［S］. 南京：江苏教育出版社，2002.

［7］兰晟．在幼儿园一日生活中渗透幼儿礼仪养成教育［J］．生活教育，2007（5）．

［8］中华人民共和国教育部．幼儿园工作规程［Z］．北京：北京师范大学出版社，2001.

家庭教育对幼儿礼仪的养成与探究

（乔雯、齐晓芳　石家庄市桥西区瑞特幼儿园）

摘　要：一个孩子礼仪表现得是否得当，是父母在家庭教育中成功与否的集中体现。每个孩子都是一个独特的个体，在他们身上都有属于自己独特的天性。良好的礼仪是社会交往的通行证，良好的礼仪行为可以帮助幼儿展示自信、乐观、向上的精神风貌，是对他人尊重的一种体现。幼儿时期良好的礼仪行为养成将对其一生发展起到至关重要的作用。孩子的礼仪养成不是一蹴而就的事情，不仅需要学校教育的努力，而且需要家长的悉心引导，更需要家庭教育的熏陶。

关键词：家庭教育；幼儿；礼仪养成

我国是一个具有悠久文化的文明古国，中华民族有崇尚礼仪、讲究文明的优良传统。在世界上享有“礼仪之邦”的美誉。礼仪在中国源远流长，深入人心。礼仪，简单来讲就是人与人之间的行为规范。父母是孩子的第一任老师，家庭教育对于幼儿礼仪形成有着至关重要的影响。良好的家庭环境塑造良好的行为规范，同样，不良的家庭环境幼儿也将受到潜移默化的影响。

一、幼儿礼仪养成的意义

（一）良好的礼仪行为会影响其一生

孔子曰：“不学礼，无以立。”在观察幼儿日常方方面面的表现时我们发现，幼儿对于礼仪方面的知识不够了解，只有少部分幼儿懂得一些基础的礼仪知识，大部分幼儿对文明礼仪内容了解得不够具体、行为习惯也存在不文明的现象，有的幼儿甚至不会使用礼貌用语。我们在幼儿园小班范围内做过一个统计：在每天早上晨间接待时和下午离园前，能够主动回应教师“问好”行为的幼儿占35%左右，“征得教师同意后再吃午点”的幼儿占“5%”。“上课时随意打闹，大声喧哗”的幼儿占“20%”；离园时能主动回应和老师说“再见”的幼儿占40%。深思其中的原因，我们不难发现，一方面是幼儿在家庭教育中没有养成良好的礼仪习惯，对于他人积极问候的态度没有回应；另一方面是与家长对于幼儿礼仪教育的不重视和教育方法的不恰当有关。比如在日常生活中引导幼儿说“您好”“请”“再见”等礼貌用语，这些看似微不足道的事情，却会给孩子今后的人生带来很重要的影响。幼儿身心健康得到良好发展，我们要从儿童期对幼儿进行礼仪品格教育，加强文明礼仪教育，是我们每个家庭不可推卸的责任和义务。

（二）家庭正确的教育让幼儿养成良好的礼仪行为

相对来说，幼儿在家庭中的时间远远多于在幼儿园的时间，因此，家庭教育对幼儿的影响程度要远高于学校教育对幼儿的影响程度。有句话是这样说的：父母是孩子最好的老师。幼儿教育并不只是幼儿园的事情，幼儿家庭教育尤为凸显。但是，在现实生活中，大多数的幼儿都是独生子女，家人比较娇惯溺爱，家庭教育就成了大多数家庭都比较忽视的一个问题。为了使幼儿受到良好的家庭教育，作为幼儿的家长也应该做到以下几点。

1. 树立正确的家庭礼仪教育的意识

作为父母，其一言一行幼儿耳濡目染，影响深远。因此家长要注重幼儿礼仪教育，注意自己的言行举止。

2. 学会教育与生活相结合

家长认识到家庭教育的重要性，明确教育目标，自觉对幼儿进行教育，只有这样，才能收到良好持久的教育效果。

3. 树立正确的教育观

有些家长急于求成，给幼儿施加太大的压力，反而使教育陷入一个误区，最后收获了适得其反的效果。因此，在对幼儿进行教育的过程中，家长一定要树立正确的育儿理念，只有这样，才能够使幼儿健康成长！

二、家庭教育在幼儿礼仪养成中的地位和作用

有“礼”走遍天下，无“礼”寸步难行。我们中国以“礼”著称，讲文明、用礼仪，是弘扬民族文化、展示民族精神的重要途径。礼仪素质，小则属个人修养，影响事业和人生成败；大则属社会公德，影响国家形象。说起幼儿礼仪教育，有的家长认为，从小培养礼仪素质，使他们成为品德优秀的人，能为他们将来发展奠定基础。但是也有家长认为，孩子还小，长大了自然就懂礼了。从小培养孩子谦恭礼让、与人为善、尊重别人，对孩子良好品质的形成会产生非常重要的影响。

国内外的不少研究表明：在个体的发展中，某些行为的习得有一个关键期，在这个关键期内，个体处在一种积极的准备和接受状态，如果给予必要的刺激和帮助，这些行为能力就会迅速发展起来，并产生长久的影响。学前期幼儿，可塑性强，易接受外界的各种信息，因而也是了解社会、学习各种行为要求的理想时期，更是礼仪等良好行为习惯养成的最佳时期。

（一）利用传统佳节，培养幼儿良好的用餐礼仪

团圆是节日的主题，无论相隔多远的距离，亲朋好友都会团聚在一起。在传统节日里，会接触到很多的亲朋好友，而幼儿的社会性礼仪发展，正是在人与人之间相互沟通和交流中建立起来的，因此，不妨利用佳节假期，对孩子进行一场“静悄悄”的礼仪教育，让孩子在潜移默化中获得成长。

1. 长辈先落座，夹菜有礼貌

餐桌上有很多好吃的，可能菜品刚刚端上来，就迫不及待地坐上板凳，抢先夹菜，这时候，我们可以寻找一个身边有礼貌的孩子做示范，鼓励幼儿向他学习，邀请长辈先落座，自己再坐下，有想吃的菜品，请父母帮忙夹菜。

2. 好吃的食物，不独享，分享给他人

幼儿社会认知有限，看见比较喜爱的食物，可能会想一个人“占有”，因此在日常生活中，家长应该逐渐渗透分享理念，把家里好吃的食物和邻居或者是好朋友一起分享，让孩子体验分享所带来的快乐。

3. 注意卫生用餐

假期孩子在一起嬉戏玩耍，小手可能会弄得脏兮兮的，稍不留神，细菌进入肚子，就会引起不适，家长适时引导教育，主动带幼儿在饭前便后洗手，提醒幼儿使用餐具饮食，培养幼儿良好的卫生礼仪习惯。

（二）走亲访友，培养幼儿良好的社交礼仪

1. 进门要换鞋

幼儿在进入他人家中做客时需要更换室内拖鞋，家长可以示范给幼儿看，主动将更换完的鞋子摆放整齐，给孩子树立正确的意识。

2. 主动向他人问好

这是常规性礼仪，家长可以事先在家和幼儿一起模拟训练，提前告知幼儿将会见到哪些亲朋，避免现场见面幼儿不配合，引起不必要的尴尬，同时也让幼儿知道，任何时候称呼他人，是我们尊重他人的第一步。

3. 不随意跑动、打闹

由于亲朋集聚，会导致空间较为狭小，但是幼儿之间的相处，会出现跑动、打闹的情景，一方面会导致碰损他人物品，另一方面会造成环境的混乱，家长可以引导幼儿在一旁玩耍，切忌呵斥孩子，给予孩子尊重。

（三）接待客人，培养幼儿良好的个人礼仪

1. 礼仪用语我会说

家中来了客人，家长要引导孩子主动打招呼，使用“您好”“请”“谢谢”“下次再来玩哦”等人际交往常用语。同时，有的在节日期间见面，彼此之间祝福的话语也不能少，可以教给幼儿几句常用语：例如“新年快乐”“万事如意”“大吉大利”等，增添节日气氛。

2. 不随意打断他人对话

大家许久不见，免不了寒暄几句，幼儿可在一旁安静倾听，如果有什么需要，可以提前询问“请问我可以打断一下吗”，这个习惯会让幼儿终身受益。

3. 谦让，友好相处

家中有小伙伴的时候，幼儿会拿出自己的玩具，或者共同观看电视节目，幼儿之间也许会为了不同选择发生争执，家长可以通过阅读绘本故事的方式教育孩子学会谦让，让幼儿知道，别人来我们家做客，我们要以客人为主，在落实行为时，及时夸奖。

三、家庭教育中培养幼儿良好礼仪的方法

（一）礼仪教育从家长做起

在幼儿礼仪教育方面，榜样的力量是无穷的。幼儿生活环境中的成人要有自觉而正确的文明礼貌的行为，要在日常生活中为孩子做出榜样。培养幼儿讲礼貌必须由家长做起，家长的一言一行将会深刻地影响到孩子。幼儿的模仿能力强，大人之间说话、做事时，一定要注意自己的言行举止，幼儿会把家长身上好的或坏的言行举止模仿得不出两样。在一个言谈举止文明、谦逊的家长面前，幼儿会受到潜移默化的影响，从而形成优良的个性品质。

（二）营造良好的家庭氛围

家长是幼儿的第一位教师，家庭教育有其独特性，是幼儿园无法代替的。良好的家庭环境、和谐的家庭气氛对培养孩子的文明素养，形成良好习惯具有积极的作用。家长要创设良好的家庭环境，家里有规律的生活，有秩序的人文环境，以及成员之间文明礼貌、团结友爱的家风都是培养孩子良好礼仪习惯的重要条件。

幼儿良好的礼仪行为是由后天大人有意识地培养成的，而好的礼仪行为一旦形成，对孩子今后的成长，无疑是有很大益处的。为此，父母应该充分认识到良好的礼仪是幼儿教育的重要内容，让孩子从细小处做起，成长为一个懂事、快乐、能吃苦、善与人相处的人。

参考文献

[1] 杨文峰. 创设良好礼仪的礼仪环境，促进幼儿礼仪意识的养成［J］. 教师·中，2011（10）.

[2] 谭云. 浅谈幼儿礼仪行为养成教育的实践与研究［J］. 课程教材教学研究（幼教研究）2010（1）.

[3] 何海英. 与幼儿礼仪教育密切接触［J］. 现代教育科学（小学教师），2011（2）.

如何在反思中推进幼儿项目式游戏活动的开展

（刘晓宁　石家庄市桥西区瑞特幼儿园）

摘　要：项目式游戏活动，是幼儿自主创造和愉悦的体验。幼儿在游戏中具备直接经验，游戏后幼儿每天有机会以多种方式反思自己的经历，帮助幼儿回顾游戏过程、梳理经验、发现问题、反思方法、建构经验、提升能力，从而推动幼儿的学习和发展，为后续的游戏开展提供更有效的动力源。绘画游戏故事、游戏故事记录、游戏后的集体分享、设计下一次游戏都指反思。孩子们在游戏中爱动手，游戏后常反思，一起在实践中验证想法，总结规律，将“经历”转化为“知识”，呈现递进式的学习。

关键词：自主；反思；推动

教育部《幼儿园保育教育质量评估指南》中指出：“重视幼儿通过绘画、讲述等方式对自己经历过的游戏、阅读图画书、观察等活动进行表征表达，教师能一对一聆听并真实记录幼儿的想法和体验。”在游戏活动后，幼儿每天有充分的机会去反思、去表达，而在幼儿的反思中我们不断地发现儿童，找到儿童的兴趣点！我们借鉴安吉游戏经验，通过绘画游戏故事、游戏故事记录、游戏后的集体分享、设计下一次游戏几个环节，使幼儿在反思中推进项目式游戏活动的开展。

一、绘画游戏故事

项目式游戏活动，是幼儿自主创造和愉悦的体验。幼儿在游戏中具备直接经验，回到室内可以用线条、颜色以及自创的图形、符号来记录和表征自己的游戏经历和体验，记录自己在游戏过程中的思考以及遇到的问题，也可以用游戏地图、游戏连环画或游戏绘本等方式来呈现自己的游戏故事。其中，有孩子们游戏探索和不断思考的过程，还有与同伴之间的交往以及解决问题的过程。

“绘画游戏故事”是幼儿独特的游戏反思，绘画作品从不同的层面展示了幼儿的心理、思维、意愿、想象、需要、情感表达等方面的发展提升。从这些作品中，我们慢慢走进孩子的内心世界，发现更多游戏故事和他们的成长轨迹，也更加全面地了解到他们的情感和需要，从而为他们提供更加有效的支持与帮助。

二、记录游戏故事

孩子们的画作或许让我们成人无法理解，但是通过语言的表达，我们会“恍然大悟”；通过一个完整的故事呈现，我们会讶异于孩子的表达和丰富的想象。因此，教师应聆听幼儿绘画的游戏故事，深入了解幼儿的心声和对问题的思考，并用文字记录他们绘画内容的表述。幼儿表述中会再次反思自己在游戏中有哪些有趣的发现和创新。

那么如何在一对一游戏记录中支持儿童呢？

在一对一游戏记录的过程中，教师要对孩子的作品表现出好奇和期待，用心情愉悦的态度耐心倾听孩子的讲述。对待不同的幼儿需要运用不同的方法和关注，善于创造氛围，让幼儿敢于开口，说出自己的想法。比如语言表达能力很强的孩子，老师要做一个安静的倾听者，用欣赏、赞许的方式鼓励他（教师认真的倾听也会影响孩子认真倾听）；而对于语言发展能力较弱的孩子，老师则要用鼓励、支持、启发性的语言，让他敢说、想说、有表达的意愿。支持幼儿的方式有很多，我们会持续地去探索适合每一个孩子的方式，总之，在一对一游戏记录的时候多给孩子一些爱和安全感，让孩子感受到被尊重、被认可。

在每一次反思中，儿童都会在各个层面上不断地重现或回忆自己所经历的游戏。每个儿童都有自己独特的表达方式，聆听儿童的想法，发现儿童的发现，理解儿童的理解。现在让我们站在孩子的视野角度，一起进入他们的游戏故事吧！

案例：

涵涵、满满小朋友分享了他们搭建社区后的绘画游戏表征。

涵涵说：我搭建的社区里有餐厅、电影院、运动场、厨房。我用 2 个矮架和 2 个竖板搭建了餐厅的桌子，一位客人在用餐，餐厅里的食物是用“土十水”和泥做成的。我用 3 个垫子做电影院的椅子，客人躺在椅子上看电影很舒服。运动场里做好防护，这样就能安全做运动了。我们用 2 个高架和 2 个竖板搭建了厨房的灶台，3 块积木垒高做成搅拌机，厨房里还有冰箱和平底锅。

翻翻孩子们的游戏表征，看看他们的游戏故事记录，这些记录，勾画着孩子的想象与操作，真实展现了孩子们的活动，体现了孩子的点滴变化和进步，推动着游戏的开展。

三、游戏后的集体分享

游戏结束后，每个幼儿都有着不同的游戏体验。游戏后的分享与讨论成为一个相互交流、相互启发的社会学习过程，分享的主体是幼儿，教师把握及时性、适宜性原则，鼓励支持幼儿借助表征、还原游戏视频及图片等不同形式，对自己的游戏行为和思维过程进行充分表达，帮助幼儿反思、梳理、概括和提升游戏经验，实现游戏经验的共享与推广。在这个过程中，教师除了鼓励幼儿表达自己在游戏中的感受与体验，还需要引导幼儿在尽可能清晰完整地回顾自己游戏的同时，能够通过不断反思逐步建构自己的经验，把零散的感受、体验和经历转化为知识经验，并形成有益的知识链条。

游戏后的集体分享有哪些作用?

1. **兴趣激发，脑洞大开**

在游戏观察中，教师发现幼儿对游戏材料的创新性玩法，借助游戏分享开展小组讨论进一步丰富游戏情节。我们刚开始开展项目式游戏活动时，幼儿会更多地选择本区域里的材料，在一次积木建构游戏后的分享中，涵涵高兴地说：我今天搭建好餐厅后，用娃娃家里的锅碗瓢盆做了很多美食。丁丁兴奋地说：我们可以从其他区域里选择材料进行游戏。涵涵的分享激发了其他小朋友跨区域选择材料的兴趣，推进游戏新的发展。

2. **解决冲突，举一反三**

游戏给幼儿提供了更多交往的机会，除了同伴之间相互合作、相互协商之外，冲突和矛盾也是在游戏中常见的现象。游戏分享环节，航航伤心地说在游戏中连续三次想加入小伙伴的游戏，均遭到拒绝，想用扇形积木时也被占用，面对种种情况他很是懊恼。这时孩子们给航航献计献策，帮助航航。幼儿与同伴之间的冲突经过分享与讨论转化成为很好的学习机会，既可以让幼儿学会换位思考体谅他人，也能帮助幼儿建立良好的交往方式，推进项目式游戏活动的开展。

3. **方法探索，异想天开**

结合游戏中的实际情况以游戏主题的创新、游戏内容和情节的创新、材料使用的创新、方法技能的创新、作品的创新等作为主题，组织幼儿进行讨论和交流，聚焦幼儿的创造性思维，激发幼儿的想象力与创造力，提升幼儿的实践智慧。

四、设计下一次游戏

反思是指幼儿对自己的思维过程、思维结果进行再认识的检验过程，它不是对游戏活动的简单回顾和重复，而是对项目式游戏活动全过程所发生的分散的、碎片的思维活动及其成果的集中归纳、抽象概括、总结提升。调整是反思的关键，不仅要肯定成功，还要正视错误；不仅要找到问题，还要分析原因；不仅要有调整的意识，还要有调整的行动和效果。因此，开展游戏前幼儿会根据上一次的游戏经验和游戏后的集体分享对下一次游戏进行构思与设计，从个人到小组、从独立到合作，每一张设计图都是幼儿的智慧体现。在游戏中，孩子们根据现场材料对设计图进行调整、验证。

例：

1. 展开讨论

在建构游戏制订计划之前，幼儿展开讨论，发挥奇思妙想：

“我还想搭建我的家，上一次我搭建的家没有门，这一次我要搭建一个有门的房子。”

“我想搭建城堡。”

“我还要搭建高高的电视塔，上一次的电视塔总是倒，集体分享时小朋友们帮我想的办法是：把地基搭大一点，今天我要试一试。”

……

2. 记录方案

有了这些经验基础，激发他们绘画设计图的愿望。

孩子们用线条、颜色以及自创的图形、符号来设计游戏。教师则通过观察、倾听与询问等方式引导幼儿分享游戏设计图。

3. 讲解设计方案

在分享基础上，幼儿进一步提出关于“搭建”的疑问，这些疑问不仅仅停留在“用什么材料搭建?”“在什么场地搭建?”“如何分组?”上，还产生了更多延展性问题，这些问题不断激发幼儿更高的探索热情。

从思维过程上看，项目式游戏活动中的反思是反思、调整二位一体的连续性作用过程，循环往复，螺旋上升，对项目式游戏活动起到推进或调节作用。也就是知识从实践中来，又回到实践中去，反哺于游戏。

这几项正是我们项目式游戏活动的过程，幼儿在每一次的反思中确定下一次项目的开展，呈现递进式的学习。有趣的故事还在继续上演，孩子们在游戏中爱动手，游戏后常反思，一起在实践中验证想法，总结规律，将“经历”转化为“知识”，收获了积极主动、敢于探究与尝试的学习品质。从而培养他们的洞察力和深度发现的能力，创造他们持久地学习以及不断发展的知识体系。家长和教师也通过观察儿童，参与儿童的反思，唤醒自己的游戏记忆，进一步理解儿童，支持儿童有深度而丰富的学习。

参考文献

[1] 幸福新童年编写组．《幼儿园保育教育质量评估指南 A》及评估手册 [M]．北京：开明出版社，2022.

[2] 程学琴. 放手游戏 发现儿童 [M]．上海：华东师范大学出版社，2019.

基于陶行知思想下的幼儿园园本特色课程实践浅谈

（梁卓　石家庄市桥西区瑞特幼儿园）

摘　要：创新是人类社会发展与进步的永恒主题。新课程改革要求我们大力实施人格教育、创造性思维教育、学法教育、个性教育，积极提倡并实践“自主、合作、探究”的新型的创造教育，即陶行知所提出的“活的教育”。陶行知先生指出：“行动是思想的母亲，科学是从游戏中玩出来的。要根据儿童的发展决定教育的内容、形式和方法，注重大自然、大社会，以实际生活为出发点，观察事物、调查情况、从事实验，通过这许多活动的课程——‘做’的课程、实际的知识、真实的经验，获得真知识。”在我国幼儿教育改革进程中，创新教育模式是教育发展的主要方向，而项目式学习因具有真实性、实践性、多元性评估、跨学科和非常符合幼儿教育的特点，越来越受到国内幼儿园的重视。将项目式学习模式应用到幼儿园教育中，能够满足幼儿的探索需求，提升解决问题的能力，为孩子提供优质多样化的学习条件。

关键词：创新教育；课程改革；项目式学习；教学做合一

陶行知生活教育理论的主要精神实质是实践、求知、创新、育人，是要教人学会学习，学会生活，学会做人，学会进行创造性的思维。以自主体验游戏的方式进行学习，符合儿童的特点，也符合未来教育强调的个性化、主体性的需要。

石家庄市桥西区瑞特幼儿园以“真游戏、真教研、真教育”为宗旨，重视游戏价值，推崇游戏精神，将项目式学习方式与安吉游戏理念相融合，不断树立正确、科学的育儿观，满足幼儿在适宜的游戏环境中的兴趣和需要。教师发现和支持幼儿有意义地学习并鼓励幼儿以个人独特的方式与他人、物体及环境产生互动；鼓励幼儿表达自己的观点，提出、分析并解决问题，主动对自己的“工作”负起责任。在巩固知识的同时获得新的经验，实现小步递进和自我发展。

一、探寻项目化学习实施路径，实现项目主题设计从预设到追随幼儿兴趣点的转变

聚焦幼儿在学习活动中学习品质与思维品质的形成，心智自由地展开深度学习活动。“怎样的学习方式适合幼儿？真正成为学习的主人”是我们不断思考的问题。

根据3～6岁儿童的年龄及学习与发展特点，开展项目式教学活动，有利于为幼儿创设充分的探索与学习空间，在项目活动过程中，幼儿可以自主地创作、合作、验证、讨论、整合原有经验、进行完善，在不断发现问题、解决问题的过程中进行深度学习。“兴趣”是幼儿积极主动投入到探究与学习活动中的前提，真实的问题情境能促使幼儿发现规律，寻找答案、积累经验，真正得到发展。因此，教师在项目主题开展的过程中，在了解幼儿需求和兴趣点的同时，需要对幼儿感兴趣的众多问题作出价值判断，选取其中有价值的、可探究的问题作为驱动性问题并贯穿于项目活动始终，教师引导幼儿通过多方收集信息、多次尝试、深度探究解决问题，在此过程中帮助幼儿发现信息、梳理经验，发挥想象力和创造力，把教学过程变成“教学做”合一的过程。

二、聚焦幼儿关注点，从兴趣入手、确立驱动性问题

陶行知的教育方法论中教育是与社会实际相结合的，主张事情怎样做便怎样学，怎样学便怎样做。幼儿所要解决的是来自其日常生活与游戏活动中的现实问题，在这些问题中蕴含着丰富的深度学习要素，好的问题能够为幼儿提供多维度探索空间，问题解决的过程则是幼儿探究性学习的过程。教师要能够看懂幼儿在日常中的关注点，以此确立驱动性问题，在观察和回应中聚焦探究问题，支持幼儿获得新的经验。

比如：在大班"涂鸦栏杆"案例中，教师注意到这是一个大家都感兴趣的真实性问题——教学楼前光秃秃、斑驳的木质栏杆引发了幼儿的讨论："栏杆脱皮啦!""旧旧的、不好看!""我想把它变成彩虹的颜色。"好奇心驱使幼儿对"怎样使栏杆变漂亮"这一话题热度不断。通过师幼对话："小朋友想把栏杆装饰成什么样子呢?""这里有很多小草，我想画几朵小花上去""可以画小汽车""我要给栏杆穿上一条五颜六色的裙子"等，这些回答直接来自幼儿规划学习的内容，除了要探究怎样把想法实现在栏杆上，还要发挥想象力和创造力，联想到接下来的具体实施步骤。正是在这种幼儿与园所环境双向需求的碰撞中，教师的教育敏感度更好地被激发出来，抓住这一"探究线索"进一步鼓励大家提出自己的想法和问题，从而不断助推幼儿的学习。

这种无提前预期的项目活动实施，充分体现出教师在尊重、跟随、支持幼儿的兴趣和思维的过程中，让幼儿参与到项目内容的创生，将兴趣从关注栏杆本身转移到探究如何美化栏杆的过程中来，一步步走向深度学习。

三、基于问题点，多路径深入探究

在此阶段，幼儿自由结成探究小组，一起商定具体的活动计划，师幼通过多途径对一个项目进行深入性的探究，逐一解决遇到的问题。幼儿在展开项目行动的过程中，不断遇到新问题，经历了探索、发现、表征等过程，教师则通过观察、倾听、反思和回应不断给予幼儿学习上的支持。正如陶行知先生所阐述的：唯有劳力上获得"真知"，才能满足幼儿精神上的愉悦，并使之成为继续追求的动力。

比如：在初次尝试涂鸦栏杆时，幼儿利用各种颜料、各种形状的笔、毛刷等材料进行"随意涂鸦"，可以感受色彩的变化，感受不同材质的工具，感受泼洒成画的快乐，感受涂了一遍又一遍的随意，幼儿在轻松的、自由的色彩世界里一点一点地感受阳光下的惬意和舒服。在此过程中幼儿互相欣赏、模仿、交流，同伴之间的用色方式和绘制的图案互相影响着，反复的学习和快乐的涂鸦过程激发着幼儿在很长一段时间有着持续的创作欲望。在孩子绘画出现瓶颈时，教师则利用环境、图片、视频、绘本等方式做到"有效介入"，通过为幼儿提供一些色彩、色块、形状以及优秀的、大师级的作品等方式唤起他们的创作想法和意图，逐层提升幼儿对美的鉴赏能力和创作能力。

在这一过程中，幼儿逐渐有了自己的想法，有了创作的欲望，或是脑子里形成的图案、或是预先呈现在纸上的设计，以此形成了预设和最初的想法。随着将预设呈现在栏杆上，很多根栏杆，全班的小朋友怎么分配呢？怎样让栏杆看起来更好看呢？等问题层出不穷，并没有体现出幼儿所期待的图案轮廓。孩子们反复尝试并改变着预设图案，在很窄的栏杆上一遍一遍地尝试着，按照自己的想法涂了一遍又一遍。老师将当前的问题作为现阶段的研究方向，通过谈话、讨论、思维导图等方法帮助幼儿厘清思路，找到方法，为他们提供主动思考和深度创造的机会。

随着项目活动的开展，幼儿自由结组，选择了共同探究问题的伙伴，大家在学习过程中丰富了问题的若干条线索，拓展了原有问题的组图形式，如：栏杆的分配问题，总结出通过

点数、两根为一组的数、按班级人数分配栏杆等方式理解了数、量及数量的关系；“图案规划小组”通过分析在有局限性的空间构图的可操作性，总结出可以开展“线条主题栅栏”；“构图美化小组”提出要解决色彩在栅栏上的亮度和美感，可以先为栅栏涂上底色，在底色上构图更能突出图案的美感。各小组持续分享着彼此的问题探究过程和成果，很好地促进了深度的探索与学习。有趣的探究过程、新颖的探究方法，有价值的探究发展，在项目开展的过程中，幼儿可以随时与同伴分享和展示。

四、聚焦幼儿发展，通过建立文件档案提升项目式学习的价值

为了判断幼儿的最近发展区，教师需要用专业的知识评估幼儿的发展，并详细调查幼儿对于项目的想法，然后提供经验以建立桥梁，使幼儿达到较高层次的思考水平。在项目实施中，教师仔细收集、分析、整理和展示学习的情况，用记录表、抓拍的活动现场照片、视频、幼儿语言对话的文字记录等方式跟进他们的学习过程，解读幼儿的游戏故事、学习作品，对其经验的获得、能力发展、品质提升等做出表现性评价。“文件档案”是在整个项目学习的过程中进行收集和分析，它使得教师可以了解每个幼儿可以做什么以及接下来他们所需要使用的材料和工具。对幼儿来说，教师所进行的一系列记录和收集工作，表示他们的“工作”是重要的、有价值和被重视的。

陶行知先生说：我们要做一件事，便想如何可以把这件事做好，如何运用书本，如何运用别人的经验，如何运用一切工具，使这件事做得最好。在新课程改革下，我们积极提倡并实践“自主、合作、探究”的新型的创造教育，即陶行知所追求的“活的教育”，从儿童的游戏出发，及时把握儿童学习的生长点，通过师幼互动引导和建构新的游戏，帮助幼儿迁移所学技能，拥有真实解决问题的能力，习得高阶段思维技能。

参考文献

[1] 陶行知．活的教育［M］．成都：四川教育出版社，2008.
[2] 陶行知．创造的教育［M］．成都：四川教育出版社，1988.
[3] 教育部．基础教育课程改革纲要（试行）［S］．2001.
[4] 陶行知．生活教育就是教学做合一［M］．成都：四川教育出版社，1988.
[5] 朱嘉慧．陶行知幼儿教育思想对我国学前教育改革的启示［J］．科教文汇（中旬刊），2020（6）.

《评估指南》背景下幼儿学习品质的培养策略探讨——基于幼小衔接的分析

（吴静雯　江苏省苏州市吴中区城南实验幼儿园）

摘　要： 学习品质作为幼儿终身学习与发展的必备品质，是全面、可持续发展的坚实基础，尤其对处于幼儿园与小学阶段的幼儿有着重要意义。同时，《幼儿园保育教育质量评估指南》强调在衔接期应有针对性地帮助幼儿做好身心、生活、社会和学习等多方面的准备，以促进幼儿顺利度过为目标。为了让幼儿在此阶段能有效获取学习品质，教师应树立终身学习的教育理念，及时更新幼小衔接观念，为幼儿提供适宜的活动环境，同时运用多变的教育契机进行科学衔接，为幼儿的后续学习与终身发展奠定良好基础。

关键词： 学习品质；评估指南；幼小衔接

《幼儿园保育教育质量评估指南》（以下简称《评估指南》）在评估方式中指出，要重点关注保育教育过程质量，严禁用直接测查幼儿能力和发展水平的方式评估保教质量。这说明现在的教育并不注重识字、书写等突出知识技能的结果学习，反而更强调教师在互动过程中对《幼儿园教育指导纲要（试行）》（以下简称《纲要》）与《3～6岁儿童学习与发展指南》（以下简称《学习指南》）的落实。其中，两者又都对幼儿在活动中所体现的情感态度、学习习惯、兴趣爱好等学习品质有着不同程度的重视，可见学习品质不仅是儿童认知发展、社会性、情绪及它们之间交互作用的中心，而且对儿童的终身发展也具有十分重要的意义。特别是正处于幼小衔接中的大班幼儿，积极的学习品质有利于儿童入学前的准备和小学生活的适应，进而平稳地度过幼小衔接阶段，助力幼儿长远发展。

一、学习品质的内涵

学习品质的内涵十分丰富，它蕴含着儿童在学习过程中所表现出来的倾向态度、行为习惯和活动方式，这些基本素质同学习紧密相关，对于儿童早期形成和今后学习和发展都具有重要的影响。幼儿入小学所需的学习品质可以分为三类：动机、能力与意志，包括好奇与兴趣、主动性、目标意识、想象与创造、反思、专注程度等学习品质。学习品质作为学习之本，其好坏也决定着幼儿终身学习和成长的品质。有研究表明，幼儿能否较好地适应小学生活，与学习品质的培养有很大关系，从儿童的发展来看，做好学习品质方面的入学准备在幼小衔接阶段尤为重要。

二、《评估指南》与幼小衔接的契合点

《评估指南》为提升幼儿园的保育教育质量列出了一系列指标，其中提到“关注幼儿发展的连续性，注重幼小科学教育”。因此，在幼小衔接阶段重视其保育教育质量，关注《评估指南》的指导方向，这必将对幼儿全面发展起促进作用，两者相辅相成，共同推动幼儿学习品质踏上新台阶。

（一）互动的基石——《纲要》《学习指南》

《评估指南》针对幼儿教育实践中的相关问题，提出了过程性的关键要点，并且多条指标直接且具体落实于《纲要》与《学习指南》的要求与建议，提供了更为具体的实施策略，如认真按照《纲要》《学习指南》要求，制订科学合理的班级保教计划等。教育部颁布的《教育部关于大力推进幼儿园与小学科学衔接的指导意见》（以下简称《指导意见》）中也强调“幼儿园要贯彻落实《学习指南》和《纲要》，促进幼儿身心全面和谐发展，为入学做好基本素质准备，为终身发展奠定良好基础”。由此可见，在两者的引领下，可以进一步推进教育相关指导文件在幼儿园活动中实行，幼儿能更好地在隐性环境中多方面提升与发展自我。

（二）呼应的根源——“坚持幼儿为本”的原则

幼儿教育不仅是指引幼儿感知世界的主要手段，也是协助幼儿建立自我的重要过程。《评估指南》与《指导意见》都将“坚持幼儿为本”作为基本原则，关注儿童发展的整体性，注重幼儿教育以幼儿为主体。可是，现实往往不尽如人意。现在很多教师身上都背负着较多教育任务，尤其是大班下学期，既有欢乐的儿童节，又有隆重的毕业典礼，两个活动的进行都需要花上不少时间与心血。有的教师会为了“表演”而让幼儿“表演”，从而忽视了幼儿正常的一日活动。《评估指南》的评估方式里注重保教过程质量，这直截了当地抨击了当前“重结果，轻过程”、对幼儿发展十分不利的突出现象。但幼儿园如果确立好正确的指导方向，将《评估指南》里要点多、范围广的指标设为重点关注内容，作好自身评估，相信幼小衔接的许多问题都能得到相应的改善，幼儿适应小学的学习品质也能得到恰当的培养。

（三）协作的路径——培养幼儿学习品质

注重保育教育过程，是培养幼儿学习品质的有效方式之一。在幼小衔接时期，最焦虑的还是家长。很多家长总是会着急孩子的成长，并且抓紧时间让孩子去上“衔接班”，以减轻自己烦躁不安的内心。殊不知，这正破坏了孩子成长的规律，打乱了孩子学习的脚步。处于幼小衔接阶段的大班幼儿学习品质的表现相对平稳，可塑性较强。及时跟随国家的指引，科学做好衔接的准备，都能促使积极的学习品质给幼儿带来受益终身的影响，为幼儿的可持续发展与终身学习奠定坚实的基础。

三、基于《评估指南》的幼小衔接阶段幼儿学习品质培养策略

（一）树立终身学习理念，紧跟教育政策前沿

终身学习不仅是幼儿园教师的专业标准之一，也是《中国教育现代 2035》提出的首要概念。教师担负着教书育人的重负，教师只有不断更新教育观念、吸收专业知识、增强教育能力，才能满足幼儿的发展需要，在幼儿面前做个榜样。从专业性来看，只有不断磨砺自己、紧跟教育事实的教师，才能有效地促进幼儿全面和谐发展。认真关注新出台的政策，严格对照自己实际情况进行修正，将有助于提升自身教育教学水平，不断提高保育教育质量，也能为早日实现学前教育普惠优质贡献出自己的力量。

（二）更新幼小衔接观念，探索学习品质内在

《学习指南》提出“应重视儿童的学习品质”，并着重指出积极的学习品质对儿童一生的学习和成长具有不可缺少的珍贵价值。教师的理念、方法对幼儿的长远发展有着重要影响。因此，应重视幼儿的学习品质，先理解其内涵，再做出行动进行培养。时刻明确幼儿是学习的主人，抓住兴趣点、支持多尝试。其次，对幼儿园来说，关键是要把握好衔接过程中的

“度”，也就是不能呈现出教育过度的现象。注重自己传授的内容，学习品质的培养最忌讳单纯追求知识技能学习，应思考怎样在教学中让幼儿学会做事的方法，例如：与朋友之间的交往方法、道歉方法；遇到困难的讨论方法、解决方法；认识新事物的观察方法、探究方法等。

（三）提供适宜活动环境，保障幼儿学习品质发展

幼儿园的物质环境与精神环境都对幼儿学习品质的发展具有潜移默化的影响。现在幼儿教育普及度极高，大部分幼儿都能接收到丰富的教育资源，教师应充分利用这些资源环境，促使幼儿在原有水平上更上一层楼。例如，在幼小衔接这个特殊时期，教师可以在区角开展“小学课堂”，让幼儿体验老师与小学生的角色，熟知小学上课需要遵守的规定。开展“整理书包”比赛也是促进幼儿良好品质养成的方法之一。孩子们既可以在比赛前调查“书包里的小秘密”，又可以感受整理物品带来的舒适感。大班幼儿有着较强的竞争意识，比赛更能激发其兴趣、潜能。

（四）把握多变教育契机，助力幼儿学习品质发展

教师作为幼儿学习活动的观察者、支持者、合作者，在培养学习品质的过程中起着关键作用。首先，教师应尊重幼儿的想法，与孩子之间保持平等的关系。正如阿德勒所言，人与人之间不存在上下关系。平等的互动关系不仅能引起幼儿对老师的信任，还能促进和幼儿之间的深入沟通。其次，要善于寻找各种偶发的教育契机来帮助幼儿积极探索有意义的问题，并及时提供有效的支持。教师可以通过观察幼儿了解其“最近发展区”，这样启发性问题与活动中的介入也显得有所依据。最后，重视幼儿通过绘画、录音等方式记录自己的观察与发现，教师最好能一对一进行倾听与记录幼儿的想法。瑞吉欧强调“儿童的一百种语言”，如果我们要倾听、了解幼儿，就要有多种表征方式让幼儿可以表达自己。教师积极协助幼儿进行记录，不仅是过程性记录的种种体现，而且通过一张张记录表，可以一起回忆与整理、探讨问题和提出改进建议，有助于教师进行过程性评价，更好地支持幼儿进行持续探究，促进学习品质的培养。

作为幼儿教育的执行者，教师需要认真理解教育的指导方针，帮助幼儿逐步实现学习品质的建立，激发幼儿的入学动机。幼小衔接应该是对幼儿美好心灵的培育。衔接工作也应不断创新，与时俱进，让每一位幼儿都能带着积极的学习品质投入小学生活中，同时也在人生的道路上越走越长、越走越稳。

参考文献

[1] 乔梦真．幼小衔接视角下大班幼儿学习品质的培养［D］．洛阳师范学院，2021：13－17.

[2] 教育部．教育部关于大力推进幼儿园与小学科学衔接的指导意见［J］．中华人民共和国教育部公报，2021（4）：38－54.

[3] 张爱玲．略谈幼小衔接中存在的问题和教育策略［J］．基础教育论坛，2022（1）：90－91.

[4] 罗向东，李佩洁．“幼小衔接”中家长“负能量”转化路径［J］．陕西学前师范学院学报，2017，33（11）：54－58.

幼儿园特殊家长工作问题百态与解析

（柴祢怡　江苏省苏州市吴中区城南实验幼儿园）

摘　要：家庭是人们生活以及培养人的最初场所，它担负着、发挥着其他教育机构无法替代的使命和作用。目前，幼儿园的家长工作日趋得到重视。而并不是所有的家长都能与老师良好地配合与交流，面对个别特殊的家长时，要如何解决交流中存在的困难，提高家长工作质量是教师们必须面对的问题。笔者以自身班级中遇到的一些情况为例进行分析，找到相应解决对策，争取做到家长工作也要做到面向全体，不可放弃个别幼儿家长的工作。

关键词：幼儿园家长工作；特殊家长；家长工作问题

一般来说，大多数家长都能积极支持教师的工作，教师与他们沟通起来比较容易。但也有些家长看起来比较难打交道，让教师感到与他们的交流过程中存在距离和困难，因此与这些家长之间的交流相对来说不是那么频繁透彻。其实家长工作也要做到面向全体，不可放弃个别幼儿家长的工作。

在个别特殊的幼儿家长沟通时，要能够根据家长的不同情况，找到家长工作的突破点，从而赢得家长的认可。以下是笔者遇到过的一些个别特殊家长，以及对其所做的家长工作的案例。

案例一：总不放心老师的佳佳奶奶

佳佳是个可爱的小男孩，家里三代单传。奶奶也跟我们坦承平时在家很宠孩子，希望我们老师多照顾一点佳佳。

刚进小班那会儿，每天早上接待入园总是从佳佳奶奶的千叮咛万嘱咐开始的。“老师，佳佳的床是不是给换一下，别放在空调底下，也别在过道，会有风；上课的时候安排佳佳坐中间，要不然他眼睛会斜视的；要是尿湿了给我打电话，我来给他换。”这样的交谈有时候要七八分钟，甚至影响了教师接待别的孩子。

实施对策：

面对爱子如此心切的家长，怎样开展工作呢？我们分析，佳佳奶奶的态度反映出她的“不放心”，不放心什么呢？就是觉得老师不可能像自己想得这么细，生怕老师忘了什么，因此不断地提醒老师。或许奶奶觉得每个孩子在老师眼里可能是班里的三十几分之一或四十几分之一，并不像孩子在家长的心中是百分之百的重要。要让佳佳奶奶放心，我们就要让她感觉到佳佳在我们的心中是一样的百分之百重要。

首先，为了让佳佳奶奶在生活上对老师的工作放心，我们有空就给佳佳拍些在幼儿园活动时的照片，如吃饭、喝水、睡眠、游戏等，然后将照片发给佳佳的爸爸妈妈让他们给奶奶看看。为了解决早入园时不影响主班老师接待孩子，我们婉转地请佳佳奶奶将她要说的事写在一本本子上，早上交给老师，如果要当面说清，可以先跟保育员交流。为了联系方便，我们还问了佳佳奶奶的电话，每隔几天，我们就主动打电话给佳佳奶奶。

要做好佳佳奶奶的工作，最重要的还是帮助她调整好育子心态。我们请她来园看半日活动，请她参加幼儿园的讲座。我们也经常在放学的时候和佳佳奶奶说说佳佳进步的地方，同时潜移默化地介绍一些正确的育儿观念和方法。

经过我们耐心细致的工作，一学期下来，佳佳进步得非常快，佳佳奶奶在与我们交流时，也能更理智地看问题了。终于有一次，她说：“把孩子交给你们，我百分之百地放心。”

案例二：护短的多多妈妈

我们班上的多多是个刁蛮的小姑娘，爱打人抓人。每当我向家长反映时，得到的回答总是："是不是别人先招惹她的?"或"孩子玩得高兴了才打人，她不是故意的"。对这种明显的护短行为，让我们觉得需要对多多妈妈进行一些有效的家长工作。

实施对策：

首先我们认为可能要用委婉的方式向家长传达培养孩子良好行为习惯的重要性，因此我们找了一些教育杂志上的文章给多多妈妈看，同时在日常生活中，注意纠正孩子的行为。通过一段时间努力，孩子的霸道行为有了明显的改善，孩子的改变促使家长在态度上也有了转变，后来多多妈妈高兴地对我们说："孩子不打人了，我也不提心吊胆了。"原来是家长怕听老师的批评才护短的。看来，我们要注意工作方法，尊重家长，因为人都是要面子的。

案例三：爱挑剔的明明爸爸

明明爸爸高高的个儿，戴着眼镜，看上去文质彬彬的。初次见面时，我想，明明爸爸一定是个明理的家长。但在以后的接触中我们却逐渐发现他对于孩子在幼儿园的各项活动都挺挑剔的。有时候觉得幼儿园的座位床位安排不当，有时候又觉得亲子作业有问题。我们也向他一一解释我们的理由，他表示理解，不过后来还是常常挑剔老师的一些工作。

实施对策：

前段时间我们开展的主题中需要家长完成一项制作汽车的亲子作业。我们的汽车虽然都是废旧材料做的，但是，孩子们在制作过程中还是体验到了快乐。明明爸爸看到我们的汽车自然又是一通挑剔。听着他那些挑剔的话，我随口应付道："您做汽车挺在行呀，不如您来给孩子们示范做一辆吧!""行呀！没问题!"明明爸爸说这话的时候，眼中还有几分兴奋呢！我灵机一动：要把明明爸爸当作育资源开发一下，给挑剔的他一个显示自己、被别人挑剔的机会，说不定会有所改变。于是，我立即与明明爸爸确定了做汽车的时间，还简短地对他进行一下教法培训呢。明明爸爸第一次很认真地听我说话，并不时地配合着点头。

做汽车的日子来到了，明明的爸爸早早来到了教室："老师，您看，我带了很多废旧材料过来。"等到制作汽车的活动开始时，教室里安静极了，所有人的目光都集中到明明爸爸身上。他开始示范讲解，脸也微微地红了，额头上沁满了密密的小汗珠。

在整个制作过程中，明明爸爸讲解得很仔细，小朋友们也听得很认真，最后完成的小汽车也成了孩子们的抢手货。

汽车活动过去后，爱挑剔的明明爸爸虽然脾气没改，但比以前客气了许多。爱挑剔的明明爸爸教会了我怎样以平常心来对待挑剔，怎样以宽厚的胸怀来接受不同的意见，怎样以积极的态度和方法来改变现状而不只是埋怨。

案例四：总躲着老师的小宇爷爷

小宇是单亲家庭的孩子，平时都是由爷爷奶奶照顾，妈妈很少出现，孩子的生活和教育几乎都归老人管。可能由于家庭不完整的因素，或者由于爷爷奶奶文化水平较低，怕老师因此看不起孩子，所以每天接送孩子时，爷爷总是避开老师的视线，轻轻地把孩子推进活动室，然后立即离开。在开家长会时，小宇爷爷也总是悄悄地躲在一个角落，生怕被老师发现。而小宇平时在幼儿园的表现也是比较内向的，或许与爷爷奶奶的潜移默化的教育方式有关。

实施对策：

小宇家庭的情况让我们担忧，这样自卑的家长怎么能培养出自信的孩子呢？于是，我们更加关注这个孩子，每天主动与小宇爷爷交谈，且谈话的内容多是孩子又有了什么进步。渐渐地，爷爷也就放松了心情。学期结束的汇报演出中，爷爷看到小宇表演节目十分认真的样子，还是小小主持人，脸上露出了喜悦的笑容。后来，小宇爷爷见了我们总是主动打招呼，脸上的笑容让我们感到这个家庭的家长工作算是有所成效的。

案例五：总是板着脸的小牧爸爸

小牧小朋友的爸爸是一个法官，或许由于工作的原因，也或许是性格原因，小牧爸爸总是板着面孔，从来不跟老师多说一句话。而孩子也像他爸爸，不爱说话，经常面无表情，感觉很“酷”。针对这种情况，我们老师觉得应主动与孩子家长沟通，但在多次尝试下，无论老师多主动地向小牧爸爸提起孩子的情况和表现，孩子爸爸还是那副样子，对老师的态度非常冷淡，总是急着要离开，对老师的回应多是点点头或是说几句“好的，好的”。

实施对策：

有一次，我们发现小牧走路总是撞到桌椅，由于孩子戴着矫正眼镜，我们觉得或许是眼镜的佩戴有些问题，经过仔细的观察，我们发现问题确实出在孩子的眼镜上——孩子长大了，但眼镜小了。当晚，小牧爸爸接他的时候，我们便把观察到的情况告诉了小牧爸爸，并建议他带孩子到医院再检查一下。这时小牧爸爸愣了一会儿，然后说：“这孩子的眼镜还是小班的时候配的呢。”过了两天小牧爸爸带着孩子到幼儿园，见到我们，还主动说了话：“老师，我们昨天去了医院，医生批评我太马虎了。幸亏是您及时发现了，真是谢谢老师的细心。”以后，这位做法官的家长见了我们总是主动打招呼，少了几分威严。

这些工作实践使我感受到，教师与家长的沟通是双向的，但教师作为专业人员，在与家长沟通中更要主动些。只要本着一切为了孩子的原则，真诚地与家长交流，那么，无论多特殊的家长都会逐渐转变态度与教师合作的。

架起温暖梯，采撷童心月——幼儿园中班班级管理“心”举措

（郭娇奇　江苏省苏州市吴中区城南实验幼儿园）

摘　要： 幼儿园是孩子走进的第一个小社会，班主任既是班级工作的组织者、协调者、管理者，也是学习活动的引导者。幼儿阶段的教育，班主任肩负的责任重大，不仅要对幼儿各方面情况进行掌握，还需要和幼儿进行有效的管理与沟通。在班级管理方面，班主任需要提升自己的沟通艺术和管理艺术，结合本班幼儿实际情况，不断调整管理方案，不断改进管理方法，为整个班级幼儿的发展保驾护航，促进幼儿的全面发展，在幼儿园中开心地生活，快乐地学习。

关键词： 幼儿园；班主任管理；教育

一、察言观色，走进童心

教育是从爱开始的，没有爱的教育是不行的；教育，仅有爱是不够的；教育更需要爱的艺术。积极做好幼儿的思想教育工作，关注幼儿心理健康。爱是做好工作的前提，给每一个幼儿鼓励的眼神、充足的时间，尊重幼儿年龄特点和学习兴趣，理解发展中的个别差异，不放弃、不对比，支持、引导其从原有水平向更高水平发展，对待班级特殊幼儿耐心细心，按自身的速度与方式到达可以够得着的阶梯。孩子缺少的是安全感，是能够被爱的安全感。每天清晨来园时，我会给孩子们一个大大的拥抱；每天午睡前，我会走到孩子们的床边摸摸他们的小脸，然后轻轻地告诉他：“老师最喜欢你了。”真诚相待、用心工作，才有收获。唯有爱孩子，才是走进童心的通行证。在班级管理中要做到和幼儿的有效沟通，让幼儿放下心理负担，和老师成为朋友，温暖幼儿的心。在良性关系下，班主任需要更清楚地了解幼儿的心理、性格、情绪的变化，才能做到在管理中有的放矢，因材施教。当幼儿放下对老师的畏惧，愿意敞开心扉和老师交流时，距离拉近了，也增进了师生之间的感情。真心关爱孩子，真情投入教育。

班主任在与幼儿的沟通中要有耐心、爱心，采取的方法要恰当。及时了解幼儿问题行为的原因，当好孩子的第一任老师，树立良好的榜样。教书育人就是要以老师温暖的教学，培养有温度的孩子。平时不断学习新课程新理念，提升自己的业务水平和教学能力。用先进的教学理念融入每一个教学活动中，宽松自由的学习氛围，让孩子成为活动的主人。每个孩子都是独立的个体，给孩子一张纸，就是给孩子一片想象的空间；给孩子一支笔，就是给孩子一个创作的机会。良好的倾听习惯有助于幼儿提高语言能力、养成良好的学习习惯和意志品质，注重培养幼儿学习倾听，可以通过“画语解读”的方法，更好地了解幼儿的想法。在与幼儿沟通时，要始终保持亲切，心情愉悦的状态，平等相待与之沟通，继而让幼儿愿意亲近，愿意聆听教诲，这样幼儿的潜能才能最大化地挖掘出来，促进幼儿全面发展，用大海般的温暖怀抱呵护每一个孩子。

二、真诚对谈，心心相印

班主任与幼儿进行沟通时，更容易以班级管理者的身份，或者从教师的角度出发。在与

幼儿沟通时，语言较为官方，言语较为老套，千篇一律与幼儿交流。如果班主任缺乏灵活运用语言的艺术，沟通的内容空洞，幼儿常常不理解班主任的良苦用心。通常班主任在与幼儿进行沟通，较为常用的方法是在活动时的问询，或者在活动后的指导，这样幼儿产生的心理压力会很大，不愿意真正与班主任交流内心真实的想法。鼓励孩子进行完整的讲述，对于胆小的幼儿引导他慢慢地说，不要对孩子的失败表示瞧不起，并对孩子说："你已经很棒了!"在幼儿园里，每一个孩子都是好孩子，每一个孩子都需要老师的关心与疼爱。老师心中要有爱，爱就是教育，没有爱便没有教育。一个班级就是一个集体、一个团队。一个好的团队是团结的、和谐的，一个班需要拧成一股绳，要有班级凝聚力，这也是做好班级管理的重要条件。用爱心去浇灌幼嫩的幼苗，用真心去换取幼儿的快乐。

三、互动管理，独具匠心

（一）工匠精神，育心育人

用以人为本的理念，促进班级有效管理。班主任要给予幼儿充足的关心，言语亲切，帮助幼儿获得良好的发展。一日生活中应当积极地与幼儿展开沟通，活动中存在的难点以及重点，要问询幼儿是否懂得，解决幼儿在学习中的困惑，养成一个好习惯，提升学习能力。对那些接受能力慢的幼儿，班主任需要了解其原因，并能给予幼儿一定的意见和鼓励，提升幼儿的自信心。譬如在木工坊游戏中，有孩子问："老师，你觉得我能做一个椅子出来吗?""要不我和你一起试一试?"对于幼儿的主动提问，并没有直接回答，而是试图将自己加入到他的游戏活动中，在建立关系后再产生有效的师幼互动。当我们之间建立关系后，在接下来的制作过程中，幼儿都会主动介绍这一步打算做的是什么。慢下来，关注当下，这种方法有助于透过现象看到事物的本质，班主任要时刻关注幼儿心理状态，贯彻班级管理中以人为本的理念。用真诚善待孩子，就会拥有快乐和幸福。

（二）通力合作，同频共振

尊重平等，每个幼儿都是独立的个体。如果把幼儿比喻为人生的春天，我们犹如季节之神，每天迎着朝霞播种，踏着夕阳收获，带领孩子顺利度过每一天，肩负重任。从师之路平凡，但却让我们深深地体会到平凡中的辉煌。岁月可以剥蚀我们有限的生命，却带不走我们一路留下的欢歌笑语，也带不走对孩子们无尽的祝福。尽管我们只是点点滴滴的雨露，但在阳光下却折射出夺目的光彩，我们的人生平凡而又辉煌。让我们用自己的行和自己的心去教育我们的孩子，用诚恳的态度去引导家长，做好家长工作，积极与家长沟通，深入实际、讲究实效，共促家园共育。

（三）正面管理，榜样引领

班主任要做好幼儿的榜样，以身作则，让幼儿敢于亲近，愿意靠近。用自己的行为来影响幼儿，拉近距离。要知道家长与老师陪伴幼儿的时间是最长的，幼儿爱模仿成人，因此，班主任势必要树立好的形象，亲切和蔼的语言会让幼儿乐意接近，也很容易获得幼儿喜爱，吸引幼儿积极与老师沟通，交流意见。幼儿阶段的孩子，正是构建好的价值观的重要时期，要高度重视榜样的力量。班主任不仅教学，在日常生活中也要注意言行，穿着需要得体，语言需要文明，起到一个良好的榜样作用。走近孩子、理解孩子、倾听孩子、欣赏孩子、鼓励孩子，在实践中帮助幼儿纠正问题，通过奖惩制度结合的形式，才能够切实实现幼儿的高效管理。

（四）妙笔生花，画中有意

每个孩子都会经历一个无造型的阶段，我们把这个阶段叫作涂鸦。班级管理工作中班主任一般是与幼儿面对面沟通，很少书面交流。但是，很多幼儿在面对教师时会产生畏惧心理，或者由于幼儿内向，不乐意表达看法，这样无形中增加了师生沟通的难度。譬如可以在班级里设置意见箱，鼓励幼儿提意见，让幼儿通过画画表达自己的想法或看法，然后投放到意见箱中。当教师看到一幅有花有草的画，了解这个幼儿是开心的；当看到一幅哭泣的小狗，了解到那个幼儿内心是不愉快的。力求用最简单的教学方法，去挖掘孩子真实的感受，达到纯真自然的状态。鼓励幼儿积极参与环境的创设，赏识、接纳幼儿的艺术表现，引导幼儿体验动手与创造的乐趣。在班级主题环境中，有幼儿的手工绘画作品，还有老师提供的材料，也有幼儿收集的图片、照片、物品等，更有幼儿的观察记录和活动记录，使班级的主题环境不断得到充实和调整，也让幼儿能真正体会到班集体的归属感，认识到自己是班级的小主人，从而树立集体荣誉感，真正地爱上幼儿园、爱上班集体、爱上班上每一个小朋友。只有走进幼儿，才能真正了解幼儿的内心世界。用儿童的眼睛看世界，世界永远都是新鲜的！

四、结束语

架起温暖的梯子，给孩子一个自由放飞的童年。教育是事业，事业的意义在于献身；教育是科学，科学的价值在于求真；教育是艺术，艺术的生命在于创新。应重师德、重创新，努力完善自身的综合文化素养，形成自己的教学特色，以适应时代的需求、幼儿的需求，才能成为一名优秀的班主任教师。综上所述，幼儿阶段的班主任要想做好班级管理，把班级管理得井井有条，需要抓住幼儿的心理，同时需要好的沟通艺术，因为好的沟通艺术，能达到好的沟通效果，能让班主任老师走进幼儿的心里，可以拉近和幼儿之间的距离。爱是教育的灵魂，只有融入了爱的教育才是真正的教育。严厉中渗透情，教育中包含情，关怀中充满情，做一名温暖而有爱的幼儿教师。

参考文献

［1］卢娅柠，闵慧祖，黄伊瑾．幼儿园教师有效实施班级管理的路径探析［J］．教育导刊（下半月），2021（8）：78—81.

［2］秦玉菊．班主任如何做好幼儿园班级常规管理工作［J］．科学咨询（教育科研），2021（10）：100—101.

［3］祁红英．幼儿园班级规则教育研究［J］．课程教育研究，2018（45）：53—54.

［4］杨英．如何做好幼儿园班主任工作［J］．甘肃教育，2018（21）：43.

［5］戴宝兄．幼儿园班级常规管理有效策略刍议［J］．中学课程辅导（教师教育），2017（15）.

［6］古力加哈尼·吐尔洪．新时期有效提高幼儿园班主任工作刍议［J］．新课程（小学），2015（8）：167.

生态式美育场：激活幼儿审美的“多面触角”

（周艺茜　江苏省苏州市吴中区城南实验幼儿园）

摘　要：生态美育是幼儿真实、自然的生命活动，是他们把握世界的一种方式。幼儿把这种把握世界的感性经验用涂鸦、具体符号等方式表现出来，不仅可丰富感觉运动，满足情绪回馈，还能推动他们与人交流，促进认知发展、协调手脑控制能力，对于幼儿的学习与发展意义重大。《幼儿园教育指导纲要（试行）》指出：“指导幼儿利用身边的物品或废旧材料制作玩具、手工艺品等来美化自己的生活或开展其他活动。”随着幼儿园教学环境、活动器材的不断完善，挖掘有效自然资源，打造属于幼儿自由活动的生态式美育场势在必行，从而激发幼儿更好地理解美、创造美、传递美。

关键词：生态美育；课程；幼儿审美

一、生态式美育场的核心与构建

《指南》指出：“幼儿的学习就是幼儿通过自己特有的方式与周围环境互动的过程，是幼儿主动地探索周围社会环境、自然环境和物质环境的过程。”所谓生态美育关乎对生命和生活的思考，将课程中的诸多要素整合成一个有机生命体，具有真实、整体、生成、关联等特点。可以说，生态式美育课程是基于幼儿与美育之间的生态联系，尊重幼儿与生活、大自然之间的连接，重视日常美的感受与体验，在幼儿自身交流、对话自然、贴近生活、艺术创想等动态的互动之中，培养完整的审美情趣以及创造美的能力，最终让其得到富有个性且全面的发展。

我园致力于健全发展每个孩子的良好人格，利用独特的地理优势开辟了“七彩田园、花花世界、七里兰香、芽芽菜园、奇幻沙池、旋风骑行、萌宠乐园、洞音山坡、童话树屋、CS 营地”等户外游戏点，通过探索实践，全面播撒爱与美的种子，回归美妙的大自然天地。

（一）场经“我”建造

将原有观赏性的花园改建成具有挑战性和操作性的“艺术创想房”，为幼儿创造游戏情境，让教师把握情境教学，增强有效互动，提升游戏质量。这需要我们有“建山开路，遇水搭桥”的创新与智慧。通过有效利用玉兰花、树枝等自然材料，结合 STEAM 理念开展玩创活动，进一步提高幼儿创造力、想象力和解决问题的能力，充分感受美的事物所带来的愉悦体验。

（二）场由“我”创设

一片树叶、一块石头、一滴雨、一朵花都足以引发无限遐想。孩子们自主设计场地图纸，并尝试用雪花片、木头积木搭建梦想中的乐园雏形。鼓励幼儿以小主人身份参与，从“游戏点命名征集令”到制作游戏点名牌，布置生态式美育场。孩子具有初步自我认知，愿意表达己见，故而我们搜集幼儿和家长的意见。（具体的信息包含了解你喜欢哪些户外美术游戏？最希望和同伴做什么等。）

（三）场为“我”所用

为提高幼儿对自然美的创造力，结合兴趣划分“疯狂石头”“稻草屋”“涂鸦乐”“染布坊”“墙绘区”“写生角落”等区域。春可架画板写生，在绿草地上寻找蚂蚁、西瓜虫；夏可在大树荫下乘凉，听蝉鸣、闻香捕蝶；秋天捡起落叶、石子，制作拼贴画、花环、纸塑泥玩；冬可给大树穿衣，更增一丝暖意！从室内走出去到户外的每一小步都是孩子认识世界、理解自然的一大步，使得师幼关系更为亲密融洽。利用废旧材料进行艺术创作，通过最直接的实际操作，感受变废为宝的魅力。投放“百宝箱”可收集各种塑料瓶、纸袋、衣服、布料等按照类别，分类标记，锻炼辨物意识，身体力行地参与到环保中来。

生态体育场“真、善、美”如图1所示。

二、“悦美”课程的内涵与实施

宗白华先生说：“世界是美的，生活是美的。真和善是人类社会努力的目标。”我们积极探究环保理念下的户外美育实践，在多主体互动、多元化表达、多空间融合中将幼儿审美体验更为生活化、个性化，通过环保酵素催发美育之花。教师重视幼儿的“五感体验”，既包括视觉感、听觉感、味觉感、嗅觉感、触觉感积累起来的经验，倡导多感官参与并五感融合。

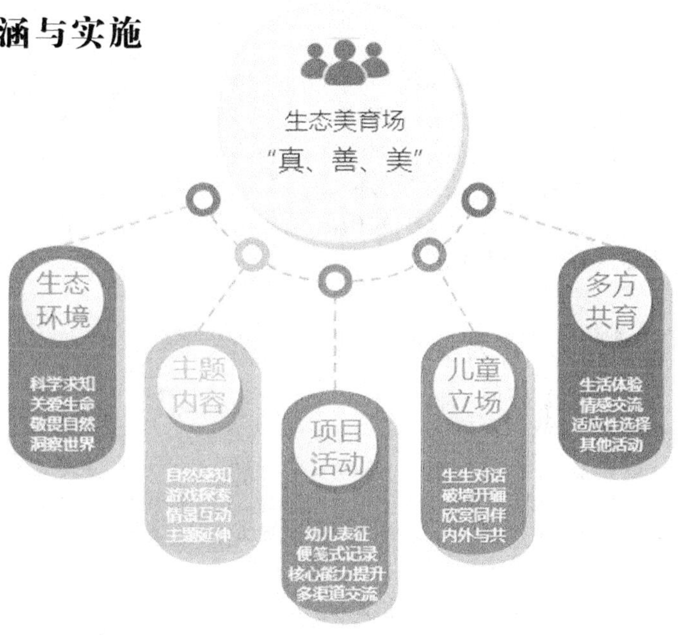

图1 生态体育场图

（一）课程路径

结合幼儿已有审美经验，从“主题孵化—创作—衍生”充分挖掘生活资源，激发幼儿五感参与，找喜闻乐见的小事去生成具有创造性、符合其认知发展水平和兴趣爱好的课程内容。如开展“扎染”这一独特工艺种类时，结合以“安全、舒适、好看、得体”为价值取向，从幼儿生活维度关键经验出发，开启与“布”同行的奇妙之旅。活动前幼儿对扎染产生了浓厚兴趣，愿意主动收集相关信息大胆交流，在项目小组中表达见解和发现。活动中幼儿深入了解点、线、面元素，掌握基础手法且尝试不同的捆扎方法，选择生活中随手可见的皮筋、绳子、木片、石头等尝试制作手帕、丝巾、T恤衫等。这些艺术品悬挂在架子上随风摇曳，给童年插上了彩色翅膀。活动后他们分享自我感受，勇于克服困难，体验合作之乐。

（二）课程体验

“悦美”课程是为了能“让人喜悦、让美留存”。有学者曾指出：“回归并不是简单的倒退或者重复，而是在已有经历的基础上进行选择、加工、提升，获得新的发展，达到新的境地。”孩子们感受到作品具象美时能刺激孩子更为尽兴地创作，在再画、再造、再听、再想、再做的过程中发挥聪明才智。教师鼓励孩子们回归大自然的怀抱，去聆听微风声、触摸小草、寻找种子的奥秘、轻抚树皮的纹路、端详千奇百怪的昆虫。在色彩斑斓的自然体验中获得更强的色彩形态经验，积累创作素材。他们的想象力、直觉力、推断力逐渐丰盈，多维玩耍的过程中改变学习风格和节奏，培育整体感和整合感。

（三）课程特点

“悦美”课程的特点是强调“融合渗透”，旨在“浸润”而非“教授”，通过从点到面的美育活动组织实施，将感性经验和理性探索相互融合，让幼儿自然地发现课程活动取之于自然且用之于自然的道理，唤醒内心深层次需求。艺术作品需要渗透到一日生活的方方面面。传统美育往往会限于某些集体游戏、固定欣赏，无法将一日生活的每个时间段互相统筹、有机融合。而伴随轻快的乐曲入园；跟随喜好和心情自选游戏区域，随心把玩形状各异的材料，时而化身建筑师或小艺术家与美零距离接触；阅读中沉浸在插图的光怪陆离之间，与蒙德里安、宫西达也、亨利·马蒂斯、夏加尔等大师对话，进行独特创想；又或是跃跃欲试地完成同伴任务，这些都能让孩子在不断甄别、制作交流中碰撞出艺术火花。

“悦美”的实施是让幼儿的一日生活在不断重复中出新意，能“越来越美”。开展幼儿艺术作品展览，定期按照类别、年龄、主题进行交流展示，制作标签、切割展台布景、设计门票等过程中提高幼儿的动手能力；美化环境、积淀文化。老师、家长们通过理解和欣赏孩子们的神奇创造，走进孩子的内心世界。与自然谈心的孩子们发现艺术价值、传承艺术精神、创造并无限延续艺术之魂。

三、以生为本，凸显生态美育的“情”与“趣”

在生态美育场，教师以开放、包容、关怀、欣赏的态度去对待每位幼儿，尊重其成长轨迹和表达方式，理解他们（包括特殊儿童）不同年龄差距、个性差异、潜能需求，并以适宜、鼓励、引导等方式去陪伴。家长朋友、社会同人等都是课程的参与者，整合多方力量可更好形成支撑幼儿螺旋上升的生态圈，互生共长，美美与共。还可以将幼儿的点滴童言记录下来，组合成儿童诗，配上艺术作品和图画等。一对一的倾听既夯实了语言文字基础，又巧妙落实“立德树人”，做好文化熏陶。

古语说：“根之茂者其实遂，膏之沃者其光晔。”正如贝克曾说：大自然的意义不会长在树上，而是需要后天建构的。（Beck，1994）自然是无边又伟大的教室，从幼儿自身出发，灵活运用各种自然材料，仔细研究户外自然美育创设的方法，重视教师观察和评价的过程，全然投入，我们的孩子将作为一个完整、鲜活、有趣的生命，更加自主、欢愉、专注、开放地学习成长。

四、优化生态美育评价体系，助蝶翩舞

生态美育课程以《指南》为指导基本，采用个人实证量化评价与解释质化评价相结合的方式，强调幼儿主客体的融合，让评价标准更多元化，评价内容多视角、评价方法多样化。我们设定量化评估的三级指标，划分成感受欣赏、表达创造、兴趣情感、审美鉴赏等几个方面逐一细化。

教师注重过程性评价和课程反思，重视幼儿同伴间的反应与需求、家长朋友对课程的建议反馈等，以此对生态美育课程进行全方位、广角度、多层次的立体式评价。在记录的过程中让每个生命痕迹“被看见”——看见每一个幼儿，玩好每一次活动，记录每一个趣味故事，获得深度学习的满足感。在户外播撒美育之花；我们终会看见孩子如一只只独一无二的蝴蝶，突破重围、化茧而飞，彰显生命绽放的柔韧力量！作为教师，更将无惧无畏、扎根泥土间细心灌溉；与其结伴同行，寻找我们生命中更崇高的东西。

参考文献

［1］中华人民共和国教育部基础教育司．《幼儿园教育指导纲要（试行）》解读［M］．南京：江苏教育出版社，2002.

［2］李季湄，冯晓霞．《3～6岁儿童学习与发展指南》解读［M］．北京：人民教育出版社，2013.

［3］张梦雯．幼儿园美育课程原本生态构建［J］．教育界（教师培训），2019（9）：67—68.

［4］王兰枝．回归生活课程理念下的幼儿园园本课程开发研究［D］．内蒙古师范大学，2008.

［5］周迎春．依托课程实践活动 让美育回归幼儿生活［J］．文学少年，2020.

课程游戏化背景下小班种植活动初探——以自然角创设为例

（叶嘉仪　江苏省苏州市吴中区城南实验幼儿园）

摘　要： 种植活动是孩子们认识大自然、探索与发现的一个窗口。在我们的工作中，怎样运用课程游戏化理论创设自然角环境，让幼儿能够在自然角环境中更好观察、探究、学习，是值得探究、思考的内容。本文基于课程游戏化理论，对小班自然角环境的创设进行探讨，让幼儿能够在自然角中获得更多的有效经验。

关键词： 自然角创设；小班；幼儿种植

一、课程游戏化思想的前瞻性

《3～6 岁儿童学习与发展指南》指出："幼儿的学习是以直接经验为基础，在游戏和日常生活中进行的。"游戏是幼儿课程的内容，更是实施幼儿课程的重要手段。课程游戏化的理论与实践就是在这样的基础上应运而生，是当前我国幼儿园改革的重点，有着非凡的意义。我们都知道幼儿园教育的契机蕴含在一日生活活动之中，生活中存在着许多教育的良机。来园时的问候、散步时的观察、区域游戏时的探究等都是学问。教育来自孩子生活的点滴，作为老师，我们更应该有一双善于观察的眼睛，以孩子们的已有的生活经验为起点，创设出符合我们小班幼儿年龄特点的优质教育环境。

二、课程游戏化思想对自然角创设的启发

孩子拥有天生的好奇心，他们喜欢亲近大自然，而大自然也为孩子提供了非常丰富、有趣的自然资源。遗憾的是幼儿园每天规律的一日生活活动暂时无法满足孩子们亲近、接触大自然的需求。但是我们幼儿园老师可以做一个有想法、有创造力的能工巧匠，和孩子一起寻找生活中大自然的资源并且有意识、有创造地将生活化的自然角环境氛围带给孩子。鼓励孩子们更好地与动植物进行友好互动，把我们班级的自然角打造成一个趣味十足、生意盎然的精巧版大自然，满足孩子们对大自然的喜欢。

（一）个性化照顾激发幼儿关爱动植物

在自然角的创设过程中，小班的幼儿也积极参与。孩子们在观察动植物时，发现他们带来的植物有些叶子黄了，有些盆里的泥土比较干；一些幼儿带来的鱼缸水浑了，有些乌龟一动不动，伸长脖子不知在干吗、小仓鼠总是在不停地跑跑轮……看到这些状况，我们会给孩子们一些具体形象的提示，比如说剪刀、水壶、晒太阳的标识，又或者我们会带领孩子在集体活动或个别指导中了解自然角动物的生活习性。孩子们会根据动植物现在的状况以及得到的提示，在自由活动或者区域活动的时候跟随我们的引导进行一些针对性的照顾动植物的活动。

（二）多重感官互动游戏促进幼儿提升种植饲养活动经验

1. 动植物成长绘画记录活动

在学期初各班进行了自然角的创设活动，我们小班年级组每个班都饲养了生活中比较常

见的小动物，比如说乌龟、金鱼、兔子等。有些教师创意十足，利用了走廊里的柜子，设计了小动物成长的变化记录区。孩子观察后可以及时进行记录，以此来探究小动物的成长之旅。我认为这种方法十分好，并进行了借鉴使用。根据我们班小朋友带来的动物——乌龟和金鱼，我们制作了小金鱼成长日记的操作区。孩子们可以通过观察记录的方式把小金鱼慢慢成长的过程用涂鸦的方式记录下来。绘画的互动板除了可以记录动物的成长过程也可以记录植物生长过程。在这个活动的后期，我们根据以前的经验，把柜面的底板换成了透明的PVC材质，方便擦洗和替换，以此来达到节约、方便的目的。

2. 趣味种子游戏

我们班级的自然角紧挨着走廊的窗户栏杆，根据这一地理特点，我们因地制宜地开设了一块种子鉴赏区，用麻绳和透明小瓶子展示了生活中常见的各种种子。在展示板隔壁我们还制作了一个“趣味种子”的游戏，孩子们可以在观察完展示区里的种子后，在右边的“趣味种子”中进行图片匹配的游戏，在观察图片过后，在种子鉴赏区找到相同的种子，贴在图片下面。这样的游戏互动形式可以增加孩子们科学操作性，也可以促进孩子认识自然、体验快乐。

3. 观察与实验游戏

春暖花开，春天是万物复苏的季节，在自然角也同样如此。在春天特别适合在自然角进行种植小实验，经过和孩子们的共同讨论，在集体活动中孩子们了解到有水培和土培两种方法可以进行豆类发芽，也认识了许多能在生活中经常看见的豆类，比如黄豆、红豆、绿豆等。那到底用什么豆进行种植？是用土培还是水培的方法呢？孩子们通过学习以及和家长们一起查阅资料，最后我们一起得出可以种黄豆和绿豆，分别采用水培和土培两种方法进行发芽实验。但是对于小班幼儿年龄小、抽象行为不发达、不会写字等年龄特点，我们想出了一种插卡片的方式，让孩子们观察各种豆类在发芽的时候的成长状态。豆类发芽的速度是比较快的，孩子们通过观察会把豆宝宝从种子—发芽—成长的过程的图片都找出来，最后在我们的帮助下进行有序的排队。孩子们对于土培和水培两种实验方法都十分感兴趣，每天的自由活动时间，孩子们都会非常主动地去照顾、观察水培和土培的豆苗。豆类的生长到底是土培的豆苗更强壮，还是水培的豆苗呢？通过每天坚持的观察，孩子们得到了自己的答案。在这种有趣的实验中，能够更好地激发幼儿对科学的兴趣。

（三）观察记录本记录能培养幼儿良好的科学素养的形成

在幼儿园组织的自然角创设观摩中，许多老师也指出过观察记录本记录更适合于中、大班幼儿来进行。但是针对现在小班幼儿年龄特征，我认为小班幼儿也可以适当地使用观察记录本来记录，以此来培养幼儿良好的科学素养的形成，激发幼儿对科学的兴趣以及爱好。但是在记录本记录的过程中，我们难免发现在幼儿兴趣盎然地照顾自然角的植物或者动物时，有些幼儿要么不记录，要么就是全部跑到一个地方去，甚至把笔兜里的笔都全部拿没了。幼儿没有养成良好的观察和记录习惯。经过较长一段时间的尝试以及我们对于培养常规的努力，在和孩子们一起商讨后作出了统一的约定。在早上入园后，孩子们可以根据自己的心情、兴趣或者需要去自然角对自己带来的动植物进行观察；也可以在户外活动后回到班级时的过渡时间段在自然角进行观察；或者在区域活动游戏时到自然角进行观察和记录。这样分时间段的操作可以解决幼儿集中性的从众行为。同时我们也考虑到小班幼儿年龄的特点，主要还是通过打钩、涂鸦以及自制的测量纸进行测量。这样也方便孩子们了解动植物的生长情况，还可以促进幼儿们的同伴发展，及时和同伴交流自己所发现的内容。

三、总结

我国著名教育学家陶行知先生针对幼儿教育如此说道：“我们主张生活即教育，要是儿童的生活才是儿童的教育。”众所周知，幼儿能力经验的提升依赖于他所生活的环境。而在幼儿园中，除了常规的一日生活活动，自然角也是幼儿能够获取生活经验的重要场所。我们在创设自然角环境的过程中，首先要尊重孩子的兴趣，创设出符合孩子兴趣、经验的自然角环境，布置一些具有生活化趣味的自然角游戏规则。

作为新时代的幼儿园教师，我们一定要不断学习，加强自己的专业素养，更深层地理解课程游戏化理念。充分运用课程游戏化理念，创设丰富、有趣、生活化的自然角环境，激发幼儿对大自然的兴趣，培养孩子独立自主的优良品质。

参考文献

[1] 李季湄，冯晓霞．《3～6岁幼儿学习与发展指南》解读［M］．北京：人民教育出版社，2013.

[2] 金慧．课程游戏化背景下幼儿园区域游戏环境创设的有效策略［J］．新课程研究，2021（10）.

[3] 中华人民共和国教育部．3～6岁儿童学习与发展指南［S］．北京：首都师范大学出版社，2012.8.

[4] 陶行知．陶行知文集（修订本）［M］．南京：江苏教育出版社，2008.

[5] 姚云芳．课程游戏化背景下幼儿自主性游戏环境创设的思考［J］．科普童话，2018（20）.

[6] 吴丽华．陶行知生活教育思想在自然角环境创设与互动活动中的实践应用［J］．科学大众，2019（10）.

游戏故事：活化儿童的语言表达

（孙敏　江苏省苏州市吴中区城南实验幼儿园）

摘　要：游戏是幼儿的基本活动，幼儿是游戏的创造者和发明者，是游戏故事中的主角。教师应为幼儿创设自由开放的氛围，创造分享交流的机会，鼓励幼儿分享游戏中的趣事、获得的丰富经验，促进新经验的生长。在分享交流环节，幼儿想说且有话可说，将自己的快乐体验富有创造性地表达出来，最终促进其语言表达能力的发展，同时，语言表达的主动性也得到了发展。

关键词：游戏故事；幼儿；语言表达

3～6岁是幼儿语言发展关键期。福禄贝尔认为："儿童生活的两大要素就是语言和游戏。"皮亚杰认为："语言是我们最灵活的心理表征方式。"而游戏是幼儿的基本活动，幼儿是游戏的创造者和发明者。因此，为幼儿创设一个开放、自由的语言环境可从游戏出发，幼儿在游戏中自由表达，在游戏后幼儿以讲述游戏故事的形式，既能提高语言表达能力，又能在对游戏的回顾过程中体验快乐或解决疑惑，更能获得经验提升。因此，游戏故事在培养幼儿语言表达能力方面有其独特的价值。

一、读懂儿童语言，了解普遍规律

《3～6岁儿童学习与发展指南》指出，3～4岁幼儿愿意在熟悉的人面前说话，能大方地与人打招呼，愿意表达自己的需要和想法；4～5岁幼儿愿意与他人交谈，喜欢谈论自己感兴趣地话题，能基本完整讲述自己的所见所闻；5～6岁幼儿愿意与他人讨论问题，敢在众人面前说话，能有序、连贯、清楚地讲述一件事情，语言比较生动。由此可见，幼儿在学前期语言表达能力在不断发展，语言的逻辑性在不断增强，这是普遍规律。

二、精析具体表现，把握个体差异

调查研究表明，一般比较害羞，性格有点内向的幼儿，在自主游戏中经常只会与熟悉的小伙伴玩耍，很少主动和其他小朋友交流。在游戏的分享交流环节，也不会主动与小伙伴进行分享，在老师的鼓励下基本上是老师问一句、答一句，基本处于被动交流状态。

性格比较外向的幼儿，喜欢聊天，遇到问题也会主动发问，善于表达想法。幼儿有着一定的逻辑思维能力，在交流、分享的过程中能清楚地向别人传达自己的感想，在语言表达上能够对重要的事情进行重点阐述，语言能力强的幼儿会使用一些富有表现力的词汇，和身边的小朋友相处得也比较融洽。

然而，大部分幼儿在语言表达方面还是不会主动进行分享或回答问题，但是他们在分享、交流的过程中会对某些细节进行描述，能用一些简单的词汇、句子把某件事情讲述清楚，说话时前后句子之间有一定的联系，表述时也会出现一些有表现力的词汇、形容词，能较完整地表述。

三、巧用游戏故事，彰显独特价值

本研究中，游戏故事是指幼儿的整个游戏过程，是幼儿内心的情感表达，是幼儿在游戏活动中获得的经验表达，更是幼儿向外界输出自己想法的载体。游戏故事是幼儿在游戏中的发生的事情，幼儿是故事中的主角，幼儿分享的是自己的游戏经历和游戏感受，因此幼儿有话可说，有章可循。借助游戏故事，既能让幼儿自然、自信表达，也能让其他幼儿产生共鸣，引发想说敢说的积极性。

四、深耕多元策略，提升语言表达

（一）语言环境：激发说的兴趣

《3～6岁儿童学习与发展指南》指出，应为幼儿创设自由、宽松的语言交往环境，鼓励和支持幼儿与成人、同伴交流，让幼儿想说、敢说、喜欢说并能得到积极回应。还要为幼儿提供更多“参与”“体验”“表达”“互动”的机会，让幼儿在交流中体会到语言表达的“趣”“被认可”“有回应”，使他们愿意表达，逐渐喜欢上和同伴交流，在此过程中逐步提高语言表达能力。

例如昊昊小朋友，他思维活跃、有主见，但不善表达，平时不怎么说话，也不和同伴交流，教师通过日常观察以及家园沟通进一步了解昊昊，鼓励昊昊把“游戏中最想跟大家分享的事”用图画、符号表征出来，一开始昊昊不愿意，教师说：“昊昊，你让老师猜猜你今天的游戏故事……我猜对了吗？昊昊一会儿摇摇头，一会儿点点头，昊昊在倾听，在回应，就是好的开始。教师通过一次次的积极互动，昊昊小朋友从不愿意说，到说一个词再到短句，从被动到主动回应，语言表达能力在逐步提升。我想，教师与幼儿心与心的靠近，放慢脚步，耐心等待，幼儿就会有变化。

（二）游戏赋能：保护说的权利

自主游戏强调幼儿的“自主性”，教师要抓住自主游戏的活动实践，鼓励幼儿结合自己的兴趣来选择游戏的材料、场地、角色和伙伴等，充分尊重他们在游戏中的“主体”地位，同时要认真倾听幼儿的想法，了解幼儿的游戏意愿，保护他们“说”的权利，让幼儿能够轻松、大胆地和人交流，从而达到“激表达之趣、促表达之欲”的目的。

（三）绘本阅读：促进说的思维

引导幼儿阅读绘本故事，能有效地促进幼儿语言表达能力的进一步提高。在绘本阅读中，应将幼儿语言发展与思维发展紧密联系，因为语言和思维是不可分割的，思维的发展也是促进幼儿语言水平提升的重要载体。因此，教师要充分发挥绘本的育人价值，引领幼儿进行阅读、分享，使他们通过自己的大脑思维来建构绘本故事、与人进行分享，在此过程中让幼儿的语言和逻辑思维共同得到发展。

例如，在阅读区，有两名幼儿正在看绘本，边看边交流，在不断交流的过程中，幼儿的思维处于比较活跃的状态，他们通过自己对绘本中故事、人物的思考来进行分享，能够听完小伙伴的想法后自己再进行思考，进而说出不同的意见，而不是一味地同意其他人的说法，这说明幼儿的思维在阅读中得到了锻炼，这可以使幼儿的语言能力得到快速提升。

（四）表征记录：增强说的逻辑

幼儿的语言表达能力有很大的提升空间，而“游戏故事”是将自主游戏作为载体来对幼儿的语言技能进行培养的，需要幼儿在游戏中自主参与、独立探索、积累大量的语言经验，并能够在游戏中学会与同伴交流，能够根据自己的经历和小伙伴进行分享，从而体验到游戏的快乐。因此，教师鼓励幼儿通过图画、符号等方式，把自己的想法“画”出来，在游戏分享环节与同伴聊聊自己的游戏故事，这样既能发展幼儿的想象力，也能增强幼儿的语言逻辑性。虽然大部分幼儿对于连词使用得不够熟练，经常出现“然后……然后”，但是一般前后句子的联系却比较紧密，可见幼儿的语言逻辑性也在叙述中同步得到增强。

（五）倾听分享：支架说的经验

良好的倾听习惯是在不断实践中逐步形成的，当有幼儿在分享自己的游戏经历和体验的过程中，教师需要认真观察每一位幼儿的表现，寻求恰当的时机对幼儿实施教育，要让幼儿知道在别人讲话时必须做到认真倾听，不能只顾自己说，更要听别人说，尤其是想要补充自己的想法时，必须等到别人说完再进行补充。教师要善于利用游戏故事来组织幼儿进行分享、交流，让他们在相互分享的过程中形成认真倾听的好习惯，从而内化成今后的倾听行为。

例如，比较活跃的丁丁对教师主动说：“孙老师，快来看看我的游戏故事，我的故事中有你哦！这张画了你和我一起去理发店洗头，我们都很满意；这一张画了我们在点心店吃点心，点心店还送了我们每人一个小篮子；还有这里……”听着丁丁的介绍，一旁的轩轩小朋友也拿着自己的图画记录想要分享，针对过于活跃的幼儿，教师做出引导，告诉他：“好的，你先听完丁丁的介绍，他的游戏故事很有趣哦，等会儿你也来介绍你的游戏故事，好吗?”对于表现欲比较强的幼儿来说，有时会不听同伴说的内容就随意打断，自己进行表达，而教师的及时引导和提醒可以让他们形成倾听的意识，促使幼儿形成良好的倾听习惯，让幼儿明白倾听和表达是同等重要的。

（六）小组交流：营造说的热情

在小组分享交流环节，教师要尽可能地把处于不同类型的幼儿安排到一起，遵循“组内异质”的基本原则，让每一位幼儿能够在不断交流、分享的过程中相互促进，充分发挥语言表达能力强的幼儿的带动作用和积极影响，这样有利于幼儿的共同进步。因此，教师要组织幼儿在各自的小组内热烈讨论、交流，使他们倾听别人、表达自己，最终促进幼儿倾听与表达能力的同步发展。

综上所述，分享游戏故事为幼儿提供了良好的、自由的语言表达氛围，教师应根据幼儿实际，努力创设适宜的语言环境，让幼儿都能“有话可说”，通过及时的支持和引导有效地促进了幼儿倾听与表达能力的综合发展。

参考文献

［1］季金美．木偶游戏活动中幼儿语言能力发展的实践研究［J］．智力，2021（36）：190—192.

［2］张蕾．区角游戏中利用多媒体发展幼儿语言能力的探索［J］．第二课堂（D），2021（11）：75—76.

［3］张真．课程游戏下如何促进外来儿童的语言能力深度学习［J］．读写算，2021（27）：55—56.

［4］王晓煊．基于游戏故事促进大班幼儿语言表达能力发展的研究［D］．大理大学，2021.

［5］周静．如何在课程游戏化背景下发展幼儿的语言能力［J］．幸福家庭，2021（6）：79—80.

让师幼互动在自主游戏里深度发生

（陈雪　江苏省苏州市吴中区城南实验幼儿园）

摘　要： 师幼互动是一种双向的人际交流。良好的师幼互动，能够推进活动的开展，更好地促进幼儿深度学习。自主游戏作为幼儿学习发展的重要途径之一，其中离不开有效的师幼互动，其呈现出全方位、不断变化的特点，则是对建立有效师幼互动的新的挑战。本文思考自主游戏前中后三阶段特点提出相应互动策略，旨在让师幼互动在自主游戏中有迹可循，深度发生，展现其真正的价值。

关键词： 师幼互动；自主游戏；互动策略

《幼儿园教育指导纲要（试行）》把“师幼互动”界定为幼儿园教育的基本形态，认为“师幼互动”是幼儿园素质教育落到实处的一个重要元素。《幼儿园保育教育质量评估指南》（以下简称《评估指南》）更是首次将“师幼互动”质量作为评价一所幼儿园保育教育质量的重要标准。可见，高质量的师幼互动对于幼儿、教师乃至整个幼儿园的保教质量都至关重要。自主游戏是幼儿在一定的游戏环境中根据自己的兴趣和需要，以快乐和满足为目的，自由选择、自主展开、自发交流，获得经验，体验成功和愉悦的积极主动的活动。

在海森高主动学习模式中，师幼互动的研究表明：自主游戏中师幼互动的质量直接影响着幼儿发展的水平，当成人回应并支持幼儿的兴趣时，幼儿对学习的意愿更强。许多一线教师在师幼互动过程中常常深感无力，尤其是在推行自主游戏理念后，这种无力感愈加放大，师幼互动更易“来去无踪”。而让高质量的师幼互动贯穿游戏全过程，引导自主游戏从“好玩”走向“玩好”是我们教师一直以来的追求。

一、用互动孕育游戏之芽

（一）敏感捕捉，生成主题

有效的互动依赖于教师对孩子的兴趣并保持强烈的敏感性。即在任何时候都能及时地发现孩子在游戏过程中的行为表现，分析、思考、了解孩子现时的需要、情绪、意愿和困难。敏锐地察觉幼儿不同的兴趣和心理需求并以积极的、有效的方式回应幼儿；智慧地捕捉幼儿传递的有意义的信息，重视一日生活中的突发偶然事件，抓住活动中幼儿感兴趣或有意义的问题和情境，精准地识别幼儿以新的方式主动学习，紧随幼儿的脚步，用发散性思维，在不一样的风景里挖掘教育价值。之后和幼儿一起探讨生成游戏主题，帮助幼儿玩他想要的游戏，不去要求他玩我们认为好的游戏，师幼共同孕育新的游戏生命。一次户外骑行游戏中，幼儿一句“你的外卖到了”，吸引了所有小朋友的注意。活动结束后，教师的一个问题“骑行区的车子除了单纯的骑车，还可以怎么玩呢?”引发了一场头脑风暴。于是一颗以“骑行外卖”为主题的自主游戏之芽被孕育了出来。正是因为教师敏感地发现孩子兴趣的转变，捕捉到教育契机，孩子获得了一次自由创造体验的机会，将自己的生活经验带入游戏中，把一个简单的户外运动转变成了一个丰富的、富有创造性的户外自主游戏。

（二）信任支持，铺垫基石

陶行知先生说：“教育孩子的秘密在于相信孩子和理解孩子。”信任支持，师幼共生共长是实现高质量师幼互动的保障。《评估指南》中提到“相信每一个幼儿都是积极主动、有能力的学习者”，这便是对信任价值的强调。信任给予幼儿成长无穷的动力。凡是幼儿自己能够做的、能想的，都让他们自己尝试做、让他们自己想，相信他们能够自己设计游戏，能够自己制定规则、能够相互合作、能够解决困难……让其在游戏中产生自信并感到自主、愉悦。基于信任之下的支持，更是幼儿游戏的助推剂。放手、赋权，允许并支持幼儿按照自己的节奏和方式进行游戏。教师只需要以“支持者”的身份与幼儿一起准备游戏材料，为幼儿提供充足时间、空间，帮助幼儿积累游戏前期经验，做好充分的准备。这不仅为游戏奠定了物质的基础也埋下了精神的种子，为游戏铺垫好基石，使得幼儿以积极的态度投入其中，生成属于自己的游戏，成为游戏的创造者。

二、让互动促进游戏生长

（一）计划观察，了解进展

孩子看见世界，教师看见儿童。在自主游戏活动中，观察能力是师幼互动的根本前提。观察并非漫无目的地去看，而是有计划、有目的地调动多种感官参与。在开始观察游戏前，掌握基本的观察方法，提升观察能力，确定好观察的方式、对象、目的。在细致、多维度的观察中发现幼儿在自主游戏中的兴趣和需要、游戏的水平、社会性方面的表现、想象力与创造力的发展和出现的各种问题等，从而了解游戏的进展，游戏发生到哪一阶段，思考下一步的互动。在此基础上，再根据活动中幼儿的不同表现给予相应的回应，从而了解幼儿的经验水平，帮助他们即时生成既富有趣味和挑战性的游戏新内容，也为制订下一阶段的游戏计划作准备。

（二）有效介入，推动发展

观察在前，谨慎介入。在计划观察的前提下，老师懂得了幼儿在游戏中兴趣和需要的所在，了解到游戏的进展情况及出现的问题后，再根据发现，思考、度量是否该介入，何时该介入、如何去介入。为保证介入的有效性，在想要介入前，就要问一问自己：“我的介入尊重幼儿的游戏意愿了吗？我的介入帮助幼儿获得新的经验，提升了游戏水平了吗？幼儿对我的介入会积极响应吗?”思考之后再做决定。有效的介入，可以在某些关键的发展节点上“推波助澜”，让幼儿从单纯的“模仿”走向趣味的“探索”，从枯燥的“被动”走向积极的“主动”，从浅层的“参与”走向深度的“体验”，可以进一步激发幼儿的游戏天性，推动游戏的发展，让游戏走向高潮。如当幼儿在游戏中遇到困难，游戏进行不下去时；幼儿主动求助时；幼儿游戏行为或材料有安全隐患时等，都需要教师必要的介入。当然把握介入时机与方法的能力，需要我们在实践中不断尝试、反思和提升。

三、让互动深化游戏价值

（一）倾听表征，回顾过程

《评估指南》中在师幼互动方面提出教师要重视幼儿表征，一对一倾听记录。游戏结束后，教师可以先请幼儿对游戏过程进行表征，不急于让幼儿交流和分享，以免打断幼儿对游戏的感知与思考，更直接地对游戏过程进行回顾。幼儿可以用自己喜欢和擅长的方式表征自己在游戏过程中的思考以及遇到的问题，记录自己的游戏经历和体验，比如线条、颜色、自创的图形、符号等。也可以用游戏地图、游戏连环画或游戏绘本等方式来呈现自己的游戏故事。教师则通过观察、倾听与询问等方式用文字记录下幼儿表征的游戏故事。

在此过程中，幼儿不仅可以梳理和回顾自己游戏历程，也给予了教师倾听了解自己的机会，以便教师能够更加准确地了解自己的游戏意愿、兴趣点以及游戏需求的机会。通过这样的倾听与交流，教师不仅能够发现自己在游戏过程中观察的局限性，还更容易注意到幼儿与成人思维的不同，从而避免因自己的主观猜测而在接下来的交流中，无意识地引导幼儿去关注教师的兴趣点而不是他们自己的，帮助教师养成放手游戏、细致观察、停止假设、深入研究幼儿的专业习惯。

（二）对话共享，提升经验

对话共享是师幼、幼幼多方的思维碰撞。在倾听、观察、了解的基础之上，引导幼儿进行集体或小组的交流，分享游戏中出现的精彩环节、好创意、出现的问题等，帮助幼儿反思、梳理、概括，提升游戏经验，实现游戏经验的共享与推广。可以挑选几个语言表达能力强的小朋友，让他们到集体面前讲给小朋友们听。老师适时点评："在你的故事里，我看到了你的好朋友，你们遇到困难的时候，想办法一起解决，真棒。我不光知道你们干了什么，连你想的我也了解到了呢!"或是教师组织幼儿观看照片或者录像，基于师幼互动来进行游戏追问。幼儿在回答教师问题时，会在头脑中将整个游戏过程进行"回放"，从而有效引导其加强思考和总结，提高行为能力。如幼儿教师指出某个幼儿在游戏环节中的行为："能告诉老师你为什么要拿着托盘吗?"幼儿经过回忆和思考，会回答："用托盘可以同时多拿几杯水。"幼儿在师幼互动的问题启发中，对自己行为的意义有了更加具体的理解。这种游戏结束后的对话共享式的师幼互动，不仅提升了幼儿已有经验，也为下一次游戏计划提供了依据。

四、结语

自由选择、自主展开、自发交流是衡量幼儿自主游戏的起码标尺。在自主游戏中，比起游戏是否精彩更要关注的是幼儿的自主与发展。建立有效的师幼互动，且让其润物细无声地深耕于游戏之中，是自主游戏里师幼互动的基本态度和任务，应该贯穿游戏的全过程。虞永平教授说过："幼儿教师所要做的不仅仅是蹲下身来，更多的是要蹲下心去。"看见儿童、尊重儿童、研究儿童、读懂儿童、支持儿童。在教师和幼儿双向积极的奔赴中，师幼互动充满力量，一切的美好也将如约而至……

参考文献

［1］中华人民共和国教育部基础教育司.《幼儿园教育指导纲要（试行）》解读［M］.南京：江苏教育出版社，2002.

［2］刘焱．儿童游戏通论［M］．北京：北京师范大学出版社，2004.

［3］刘晶波．师幼互动行为研究［M］．南京：南京师范大学出版社，1999.

［4］钱莉．如何积极构建有效师幼互动［J］．考试周刊，2016（11）：42—45.

［5］李琳，郭力平，鄢超云，等．幼儿园自由活动中教师观察行为的有效性及其提升对策［J］．学前教育研究，2018（3）：25—34.

共情策略促进幼儿教师与家长沟通的行动策略

（邓思维　四川省成都市武侯区第三幼儿园）

摘　要：共情在某种意义上理解为和他人一起感受、同情，在情感上分担他人的遭遇，就是我们常说的“换位思考”“感同身受”。家园沟通是幼儿教师最为重要的工作之一，为了更好地促进家园沟通，解决教师在家长沟通时遇到的困难，我们将以共情为视角，在教师与家长交谈幼儿问题时能站在在家长的角度将问题传递给家长，教师能恰当理解家长的内心。

关键词：共情；家园沟通；幼儿教师；策略

一、背景研究

共情研究薄弱，缺少具体的共情策略

学者周红在其研究中指出，幼儿教师在家园沟通中的共情水平不高，同时，幼儿教师的共情水平在沟通事件属性、个人背景、幼儿园体制特征等方面有所差异，幼儿教师的共情能力习得过程经历了混沌、分离、理解运用的阶段。认知维度上，从简单概念的习得，到懵懂观念的形成再到经验概念的建立；情感维度上，从自我共情到共情他人再到共情自我和他人并存；策略维度上，从理论行动到低效行动再到策略行动。幼儿教师的共情具有三个特点：实践性、趋近性、儿童优先性。但遗憾的是，具体策略化建议丰富的同时，其理论建构又不够丰满，理论基础不足。

二、幼儿教师共情水平的基本现状

通过观察与走访记录我园小班家园沟通情况，发现在家园共育中存在以下现象：①家长与教师之间缺乏信任感；②教师在家园共育中缺乏换位思考；③家园共育遇事互相推诿，未能解决问题。

在目前的小班家园共育中，教师与家长沟通不能共情，导致家长体验不到理解与尊重，教师认为家长工作难以开展。

例：

放学时家长与教师对话。

家长：今天幼儿有没有咳嗽？今天表现好吗？

教师：今天小朋友在幼儿园很乖哦，中午睡觉有点咳嗽，你们回家注意观察哦。

家长：好的，谢谢老师。那明天早上我给小朋友请半天假，带她去看下。

老师：好的××妈妈，那明天记得把病历单发给我哦。

家园共育中最主要的是相互理解，特别是对于小班刚入园的幼儿及家长来说，秋季是发病期，家长对幼儿身体格外重视，家长平时就忙于工作，很希望被理解，不能相互共情。

开学已经两个月了，每天入园时，×××小朋友都会存在哭闹现象，不愿意上幼儿园。同时，幼儿在门口打滚，犯浑。爷爷还对门卫说：“肯定在幼儿园受欺负了。”

班长老师与×××小朋友的家长交流反馈孩子在园情况后，向家长说明了小班幼儿存在入园焦虑的正常现象及其原因。并希望家长能够尽可能地照顾孩子的情绪，在家从各方面多鼓励幼儿，与孩子多交流一些幼儿园有趣的事情，进而达到减少孩子入园焦虑的目的。然而

家长并不接纳老师的建议，认为是老师没有关注幼儿，在学校受欺负了，没有尽到教师应尽的职责，因此家长对教师的工作表现出不支持与不理解的态度。

家长无法理解教师的情感因素，导致教师因不被理解与尊重而不能在教学过程中投入更多的能量，不能提出更切实可行的教学方法与问题解决方法。而幼儿的成长除了需要接受正统的学校教育，也离不开家庭教育，良好的家园共育可以有效地促进幼儿身心健康地发展。因此，如何运用共情策略提升小班家园共育有效性成了我们亟待研究的一个现实问题。

三、共情对家园沟通的重要性

（一）共情对于幼儿的重要性

师幼关系是幼儿早期的重要人际关系，良好的师幼关系对幼儿的社会能力发展、语言能力发展、同伴交往能力及幼儿的个性培养等多个方面都发挥着重要作用。幼儿在发展中逐渐去“自我中心化”，并开始树立亲社会行为意识，在这一过程中将意识转化为行为，从而促进亲社会性行为的产生。因此共情能力的培养对幼儿的发展有着重要的实际意义。

（二）共情对于教师的重要性

共情在人际关系中具有重要作用，它能带动教师的积极性。相关研究表明，教师的朋友数量越多，教师的社交能力与社交状况越积极，教师的共情能力越高。

它有助于教师感受与幼儿、家长及同事等多角色之间的联系，预测未来的行为，然后回以适当的反应。师幼关系作为幼儿人际关系发展的重要组成部分，共情与其相关性之间的关系不言而喻。教师在家园关系中掌握着主动权，是建设家园和作品关系的重要力量，其共情能力自然而然影响着幼儿以及家长的认知发展及情感态度等方面。

（三）共情对于家长的重要性

幼儿通过观察学习与模仿家长的言行来形成自身的价值观，包括情感态度、行为风格和价值理念。在家庭的日常生活中，家长一般会将注意力集中到孩子的吃穿住行，而在情绪情感方面很少能提供有效的正向回应。“情感传输鸿沟”常常用于形容家长与幼儿之间的互动关系，低水平共情的家长一般只关心孩子的吃穿住行，而忽略孩子的内心感受。而高水平共情的家长会更多地关注到幼儿的情感体验，从而有利于减少这种“情感传输鸿沟”。而教师与家长的这种关系状态又会被带到随后的师幼互动关系中，使这种状态既影响教师自身又作用于幼儿。

四、共情策略提升

（一）共情陪伴，情感交流策略

在家园沟通中，老师初步了解要运用共情与家长沟通，但是不知道该如何运用，没有实际的操作，从情感上来说我们以幼儿为主，幼儿园为一个大家庭，家长也是我们家庭的一员，在与家长沟通时把家长当作自己的家人或是朋友，多倾听家长的想法，更容易在交谈中真情表达。

在沟通时多站在家长角度沟通，理解家长，多为家长考虑，“××家长你现在的心情我能理解，当时小朋友受伤时我也很着急，他摔倒时我们马上进行了处理，带到了医务室进行消毒，这边第一时间通知您，请您放心”，“这段时间××进步很多大哦，我和你一样很开心，能够主动举手回答问题，宝贝，真棒”，“宝贝最近身上有一些小毛病，不过没关系，我们一起商量下怎么能帮到他，让他改正小缺点”，“看着××今天一直咳嗽，心疼死我啦，回家记得带小朋友去看看哦”。教师的举动一下就能够打动家长。

（二）发现优点策略

都说我们人是个体，独特的个体，我们要发现每个人身上的闪光点，平时在与家长交流时往往都是遇到问题的家长才进行交流，一开口便是“今天小朋友在活动中有点调皮”“今天吃饭有挑食”“今天小朋友中午午睡时一直在说话”，家长回答在家里也是这样的，这样的沟通是无效的沟通，笔者发现建立一种积极沟通的方式，教师持接纳的态度，这样家长也能够发现孩子身上的优点。每次在遇到一些爸爸来接孩子时，很少与老师沟通，放学拉着孩子就走啦，但是，最近孩子吃饭是一个大问题，很想和他的家长聊聊，于是某天放学，拉着××爸爸，“××爸爸，最近小朋友的进步好大哦，在幼儿园能帮助小朋友”还是老师的小能手……”他的爸爸笑着停住了脚步，“他在家里还是个破坏王呢，家里都不收玩具的，在幼儿园还帮老师做事情，”随着沟通越来越多，慢慢地他的爸爸也经常主动询问自己幼儿的近期情况。

（三）及时沟通策略

当家长与教师反映或者询问情况，教师恰巧不知道时，就可以采取这样的策略。比如当家长问“我的孩子最近吃饭怎么样啊，今天吃完了吗?”由于今天刚接到班，教师最近可能确实没有关注到孩子的情况，当时脑子一片空白，这时，教师就可以这样问“您为什么问这个问题呢?”“ 您孩子在家里表现怎么样？有什么变化?”这样教师既赢得了时间，又从家长的谈话中了解了其他情况，便于进一步沟通。但是这种策略要少用，因为这样会显得教师不够专业，没有注意到自己的小朋友。但是在遇到家长有问题时应该及时地反馈，及时沟通策略可以帮助老师解决困惑。

共情策略是建立家长、教师、学校和家庭沟通的桥梁，要实现真正运用共情有效沟通，需要家庭和幼儿园双方在知情的前提下，抱着真情的态度，富有“同情心”地相互体谅，也要有“教育孩子大家都不容易”的理解。教师和家长都需要站在对方角度去思考，才能促进家园工作的顺利开展，保障家园共育的有效性。正是家园共育中存在以自我为中心，站在各自立场表达不满情绪。对幼儿成长，家长育儿观念，教师专业素质提升都有着持续且长远的影响，其产生的实际情绪直接导致家园共育永远实现不了真正的有效共育。因此我们可以积极探索一些行之有效的方法，来帮助教师解决他们在与家长交流时所遇到的一些现实问题。

大班积木游戏中教师高水平提问策略研究

（严萍　四川省成都市武侯区第三幼儿园）

摘　要：积木游戏是幼儿园日常生活中常见的一种游戏方式。幼儿积木游戏的开展离不开教师的引导与支持，从影响主体上来看，积木游戏不仅对幼儿的发展产生积极作用，也在一定程度上影响着教师的专业发展。在积木游戏中教师通过各种提问策略引导大班幼儿运用不同形状、大小的单元积木等材料进行自由搭建，并在活动中发现问题及解决问题。本研究主要运用观察法、访谈法和案例分析法，通过对大班10名教师在积木游戏中支持幼儿探索的提问过程的案例分析探索教师高水平提问策略的有效方法。

关键词：积木游戏；高水平提问；大班幼儿

《幼儿教师专业标准》明确了教师作为幼儿游戏的支持者与引导者的角色，并指出教师对游戏的支持和引导具体表现在：为幼儿提供与兴趣和年龄相符的游戏条件；创设相应的空间以及提供相应的游戏材料；鼓励幼儿选择游戏内容、材料和伙伴；引导幼儿在身体、语言、认知等多方面发展。2016年新颁布的《幼儿园工作规程》再次重申了游戏指导的内容和指导要点。

在积木游戏中，教师通常就幼儿的搭建技能、认知及合作交流等方面观察幼儿的游戏行为，同时也能对幼儿的发展水平作出更好的判断与支持。因此，教师的指导成为幼儿发展的重要推力。但教师的指导水平与认知理念都存在个体差异，因此本研究就大班积木游戏中教师的高水平提问提出有效策略，希望能帮助幼儿教师工作者在游戏指导中有所借鉴。

一、大班积木游戏中教师提问时存在的问题与困惑

（一）教师无法确定介入时机是否合适

华爱华（2003）提出了6种指导时机：幼儿不能投入游戏情境时；无法与人沟通互动时；一再重复自己的游戏行为且游戏情节无法拓展时；因缺乏材料游戏无法继续时；缺乏游戏技能时；在游戏中出现负面效应时。同样华爱华（2015）对积木游戏教师指导的意义进行了研究，认为对于积木游戏的专门支持与否，关系到积木游戏的发展速度和完善程度。如果教师不给予幼儿积木游戏适宜性支持，可能会使得幼儿在积木游戏发展中速度缓慢。

通过现场观察与分析，发现在20次的现场观察中，大班教师主动指导比例占80%，在幼儿发现问题后教师倾向于直接介入的方式引导幼儿解决问题。其中无效指导占比达25%，即幼儿遵循自己的方法，对于教师示范或指导选择忽略或不接受。

（二）教师在提问过程中对目标模糊

观察一定是教师指导游戏的重要前提条件，帮助教师明确指导时机，调整指导策略。通过实地观察与访谈发现，教师大多是在游戏场地随意观察后忙碌别的事情或指导其他区域幼儿，在观察指导幼儿积木游戏过程中大多教师主要针对幼儿安全问题及游戏规则问题进行介入，在后续了解中70%教师表明对积木游戏观察项目模糊，心中缺乏具体的观察目标，因此，在指导方法上往往不能用更加科学有效的方式进行引导。

（三）教师在提问方式上过于单调

在语言指导与非语言指导的介入方式上大多有经验的教师都能有准确的判断，在介入方式上即教师对于平行介入、交叉介入以及垂直介入的时机都能有较准确的判断，但交叉介入方式中的语言指导又可以变换多样，究竟哪一种指导才是适合的、有效的、能支持幼儿发展的呢？刘焱和丁海东从表达方式维度将教师游戏指导方式分为言语指导和非言语指导，言语指导包括重述、提问、询问、讨论等方法，非言语指导主要指教师通过表情、动作、示范进行游戏指导。

海外有学者将提问类型归结为以下四类，即认知记忆型提问、集中型提问、分歧型提问和评价型提问，并强调提问应该综合运用多种提问方式。通过对大班教师的访谈，不少教师回答了以下问题："你认为在积木游戏中，自己在提问方式上存在哪些问题？"笔者总结后发现有 60％的教师提出，在积木游戏中通常就幼儿的安全问题、搭建技能提出"是不是""有没有""好不好"等问题或命令，而忽视了幼儿在搭建过程中有利于促进幼儿创造性、合作性发展的开放性问题。

（四）评价环节的缺失

在所观察的大班中，幼儿可以在上午的区域游戏中以及周二和周四下午的创造性游戏活动中选择进行积木游戏，由于在大班一日生活环节的安排下，幼儿进行积木游戏后大多都是餐前活动，餐前活动有接近 20 分钟的时间可供幼儿回顾整理与分析游戏情节，梳理游戏经验，评价游戏过程与结果。通过访谈发现有接近 40％的教师无法保证在餐前活动中引导幼儿进行讨论交流与评价。这部分老师几乎都会提到："由于桌面消毒的原因，幼儿必须要抬椅子远离教室的清洁工作，这就导致我们在积木游戏中记录到的电子资源（照片、视频）无法通过电子设备的放大效果与幼儿分享交流。"积木游戏的评价环节很多时候往往会运用到电子设备进行现场回顾与评价交流，教师们认为这一问题较难解决。

二、大班积木游戏中教师高水平提问策略的有效运用

基于对大班教师在积木游戏中的提问现状的调查与分析，笔者主要从以下四个方面进行策略的引出与尝试，由此希望能对幼儿教师在积木游戏指导工作中起到一定的作用。

（一）适时介入，注重介入情境

教师需要学习并掌握制订观察计划的方法，同时加强对积木游戏相关知识的学习，能针对观察目标选择合适的方法与时机进行介入指导。

案例

在一天的创造性游戏活动中，阳阳选择了建构区进行游戏。突然，A 老师发现阳阳搭建了以前从未出现过的一座建筑，在自己搭建完成后，他开始帮助指导其他小朋友进行搭建。

A 老师："阳阳，你们搭的是什么建筑呢？"

阳阳说："我搭的是高压电线杆，可以通电的。""是我爸爸跟我说的！我还要做一个电箱呢！"

这时建构区的几个小朋友相视一笑，搬来了两个纸箱子放在高压电桩的背后并开始一起搭建另一个高压电线杆。等搭建完成后他们开始无所事事摆弄小汽车。

A 老师："你们的高压电线杆修好了呀，你们觉得这个高压电还差不差什么东西呢？"

幼儿："还没有电，这些要连接起来才行！"

小朋友们发现还需要用电线连接起来并开始寻找能够当作电线的材料，找了一圈后小朋友们选择了将一块小的积木放在两座挨得比较近的电线杆之间连接起来进行"通电"。

这时阳阳还在寻找什么东西，他说："这些绳子太短了。"

原来，阳阳发现建构区有一些红色的短绳，他想要用更长一点的绳子当作电线进行连接，在经过老师和同伴讨论后，他进入美工区剪了一些更长一点的绳子出来，见到长长的绳子，小朋友们迫不及待地将绳子的两头压在了积木的下面，使绳子能够悬挂在两个"电线桩"之间。终于，高压电完成了。

阳阳通过实际生活中所见到的建筑进行游戏，并能够发现总结出电线桩的特点：上面是尖尖的、有横着的东西、中间是直直的、很高、需要很多个、需要连接电线等，并通过回想进行搭建，但是当阳阳搭建完后随之而来的是无所事事，没有目的。这说明阳阳在已有经验他的的基础上无法进行更高水平的突破，而相对于阳阳来说的低水平的游戏也已经无法激发阳阳的兴趣，这时就需要教师及时地介入进行指导，但指导又不能高控，需要在给幼儿指引方向提供思路的同时不能让幼儿按部就班地一定要搭建成某种形态。

（二）优化提问方式，考虑问题开放性及有效性

通常教师在提问中会对幼儿的游戏现状进行预设性提问准备，在积木游戏的搭建中往往具有较大创造性与随机性，而大班幼儿的游戏对计划性与合作性提出了相应的要求，因此教师在幼儿计划分工环节能做到具有一定的前瞻性提问预设。

师："怎么通电呢？"

师："用什么可以来代替高压电线呢？"

师："你的电线桩可能会电到小朋友哦！我们看到的电线桩比人还高对吗？"

师："电箱一般是在哪里的呢？"

师："高压电线杆的附近有什么呢？"

教师通过开放性的问题发散幼儿的思维与想象，强化并加深幼儿对高压电的理解，同时降低幼儿在室内进行追逐游戏的欲望，并用转移注意力的方式来达到培养良好行为习惯的目的。在提问过程中，教师应多以"无正确答案"的思维方式引导幼儿深入思考、深入分析，高水平提问的模式也在潜移默化中帮助教师成长。

（三）合理运用评价环节，注重问题的解决

针对积木游戏后幼儿交流点评时间上的不足的问题，教师们将餐前活动时间固定划分为5分钟至10分钟，同时辅以手机或平板，再加上现场回顾点评等方式，帮助幼儿在场景中突破问题，促进幼儿小组讨论踊跃分享观点以及看法，帮助幼儿多方面发展。同时在调整后的点评中，幼儿情绪情感上也获得了极大的满足感。

三、结语

在大班积木游戏的指导过程中，教师的经验一定是需要不断地累积的，运用提问策略指导方式无疑是促进幼儿思考的最佳方法之一，因此教师高水平提问策略的研究仍是当前阶段促进教师专业发展的必然选择。

【参考文献】

[1] 吴娜娜．大班幼儿建构游戏中的教师指导研究．北华大学，2020．

[2] 华爱华．幼儿游戏理论．上海：上海教育出版社，2015．

[3] 刘焱．儿童游戏通论．北京：北京师范大学出版社，2014．

幼儿园区域活动中教师的指导策略

（王晴　北京市怀柔区第六幼儿园）

摘　要： 区域活动是幼儿园的重要活动之一，通过幼儿自己选择喜欢的区域，提高认知、情感、社会性等的发展。在这一过程中，教师采取适当的策略对幼儿进行指导，使幼儿得到更好的发展。而区域活动的开展仍然存在着一些问题，这既包括以教师为主的内部因素，又包括以幼儿园为主的外部因素。这些因素的存在影响了教师指导区域活动时所采取的策略，因此本研究建议从内部和外部两方面进行提高，既要使教师对区域活动抱以正确的态度，不断学习；又要从幼儿园领导人员出发，保证区域活动的价值。

关键词： 区域活动；幼儿教师；指导策略

一、概念界定

区域活动定义为教师按照幼儿喜好划分出不同的活动区域，投放适量的活动材料，让幼儿按照其兴趣需要并在教师指导下自由自主地选择活动区域，促进其学习及能力的发展。

教师指导策略定义为教师为了完成某一教育目标，通过事先准备的一系列的计划活动与方法策略，结合具体情况采取具体措施，引导幼儿获得全面发展并且最终实现教育目标。

二、区域活动的意义

（一）区域活动能够促进幼儿认知的发展

在区域活动中，幼儿作为活动开展的主体，通过与游戏材料间的相互作用，使得幼儿认知方面的知识与技能有所提高，是幼儿巩固概念的过程。同时，区域活动的开展也依赖儿童的认知发展阶段，并且与认知发展阶段相适应。

（二）区域活动能够促进幼儿情感的发展

在区域活动中，幼儿可以用丰富积极的情感体验，消除消极的情感体验，作为主体的幼儿不会受到批评和指责，并且其各种观点与做法会在与其他幼儿的交流与合作中得到尊重和支持。例如，幼儿在娃娃家中通过扮演角色，不仅满足幼儿对现实中一些角色的愿望，而且幼儿可以通过移情丰富自己的情感。

（三）区域活动能够促进幼儿社会性的发展

在区域活动中，幼儿由于共同的活动目标而自发地组织在一起开展合作行为，同样，幼儿之间的交流合作伴随着多种情况的出现，这些情况的出现，通常会引起幼儿的社会性交往。除此之外，区域活动过程中，幼儿掌握了合作共享、尊重他人等交往技能，拉近了与伙伴之间的关系，在与同伴的交流过程中还发展了语言表达能力。

三、教师指导的意义与方式

（一）教师指导的意义

区域活动中，发挥幼儿的主动性，给幼儿足够的自由选择的机会绝不意味着无纪律、无章法的混乱自由，其中，教师通过现场指导幼儿活动，在保证活动顺利进行的同时，促进游戏的发展，实现幼儿的全面发展。如果教师的介入时机不对或者采取的方式不合理都会对区域活动的进行过程产生影响甚至是阻碍作用。教师正确的指导能够促进幼儿认知、情感、社会性等的发展。因此，教师要有正确的指导策略，引导幼儿积极学习。

（二）指导方式和时机

1. 直接指导法：当幼儿出现违反规则或者攻击性行为时，教师直接介入活动，对幼儿的游戏行为进行干预，直接指导幼儿区域活动的继续进行。

2. 启发式指导法：当教师观察到幼儿遇到某一难题难以解决，或者幼儿主动邀请教师参与，教师以游戏者的身份参与到区域活动当中，在不干扰幼儿活动的前提下，帮助幼儿解决问题，一起游戏。

3. 平行式指导法：教师在幼儿附近玩与幼儿玩法和材料都相同，或者玩法相同材料不同的游戏，旨在让儿童模仿学习教师的玩法，保证区域活动的顺利进行。

4. 即时指导：教师多在幼儿遇到问题情况或者主动发起请求时当即进行指导，没有延迟。

5. 延迟指导：教师在事件发生时不是立即采取行动，而是观察，先观望幼儿区域活动的走向与趋势，然后适时进行指导。

四、区域活动中影响教师指导策略的因素

1. 教师的已有经验：教师个人的受教育经历、工作经验在一定程度上会反映在教师指导区域活动时所采取的策略。

2. 教师对于区域活动的观念认识：教师对于区域活动的认可程度以及介入时机等各方面。

3. 幼儿园内班级人数过多：教师无法兼顾到所有幼儿，满足每位幼儿的需要。

4. 幼儿园对区域活动的管理：幼儿园的管理制度也会影响到教师与幼儿之间的互动。

五、教师指导区域活动的基本情况

（一）指导时间段

在对区域活动进行指导时，教师指导的时间不同，指导的效果也不同。通过观察发现，教师选择指导的时间段多在区域活动开展过程中，偶有教师在结束整理时进行指导，而在区域活动开始之前，几乎不会进行指导。

（二）行为发起者

对区域活动进行指导时，除了教师作为行为发起者，幼儿也会作为行为发起者进行指导。经过观察发现，在进行区域活动指导时，教师作为行为发起者占比较大，而由幼儿发起的指导行为少之又少，大多数情况下教师会对区域活动进行指导，回应幼儿的诉求，只有少数情况当教师无法进行指导时，幼儿彼此之间会进行指导，保证活动能够顺利进行。这反映出在大多数情况下，教师会作为指导区域活动的发起者，对区域活动进行指导，以幼儿为行

为发起者指导区域活动的概率很低。

（三）指导角色

在对区域活动进行指导时，教师所扮演的角色通常包括指导者与游戏者两种。通过观察发现，教师大多作为指导者指导区域活动，而作为游戏者指导区域的情况非常少，可见教师更多是居于领导者的地位进行指导，当问题解决之后，则退出游戏，不再参与。事实证明，在对区域活动进行指导时，教师以游戏者的身份介入游戏，会收到更好的游戏效果，使幼儿感到轻松愉悦，得到更好的发展，积累经验。

（四）指导内容

在指导内容方面，教师指导的内容主要是关于认知、情感和社会性这几个方面。在认知方面主要指导内容为操作技能、实践能力等，在社会性方面主要是让幼儿学习交往技能，增加交往经验。

（五）指导效果

教师对区域活动的指导效果表现为有效、无效与负效三类。在教师的指导过程中，不论指导时机在何时，或者以何种方式、何种角色介入区域活动进行指导，大多都能达到预期的指导效果，只有极个别情况会出现负效或者无效指导。因此，教师对区域活动进行指导是十分必要的，也是必不可少的。

六、教师指导区域活动中的问题

（一）指导时机和方式把握不到位

教师在对区域活动进行指导时，更偏向于幼儿主动询问或者直到矛盾出现才开启指导，而由教师主动发起，通过观察幼儿行为和活动进行开启的指导较少。由此可见，教师往往处于被动观察中，即只在幼儿表达需要时介入，当幼儿的需要得到满足或者困难得到解决后则退到一旁，也有教师完全掌握活动进程，束缚了幼儿的自由。

（二）区域活动缺乏总结评价

在区域活动结束后，教师缺乏对整个区域活动的开展进行总结，这也导致幼儿有些遗留的问题没有得到解决，无法更好地掌握相关知识与技能。教师对区域活动进行总结可以发现其中的教育契机，并且以此为延伸，创设教学活动，缺乏总结评价，也使幼儿没法认识到自己的优势与不足，而影响到幼儿的发展。

（三）教师忽视幼儿个别差异

教师无法照看所有幼儿，就会选择问题较大、有需要的幼儿优先进行指导，这样就会忽视到一些性格内向和对区域活动缺乏兴趣的幼儿。

七、教师指导区域活动的教育建议

（一）教师要有正确的态度

作为指导区域活动的重要人物，教师的态度很大程度上决定了区域活动能否顺利进行。教师要认识到区域活动对幼儿发展的重要性，认识到区域活动对幼儿自主性与创造性等的培养，并且随时观察区域活动的进行情况，及时进行指导。因此，教师要保持正确的态度对待区域活动，同时，教师要掌握指导策略，比如指导时机和指导角色的把握，在适当的时机进行指导，既要保证指导效率，又要不破坏幼儿原有的游戏进程。

（二）教师要不断丰富教学经验

教师指导区域活动也需要拥有丰富的活动教学经验，首先教师能在适当的时候进行指导；其次，教师要以合适的身份介入，在保证不破坏幼儿原本的活动进程的基础上帮助幼儿解决问题，使活动继续进行；最后，在活动结束时，教师要进行活动反思，通过自己的经验，从多方面多角度进行总结，并且能够延伸到教育活动，使幼儿获得更多的游戏体验与学习经验。这些都需要教师拥有丰富的实践经验与知识储备，能够应对各种突发状况，对各种问题都能够得心应手地解决。

（三）合理安排班级人数

幼儿园要合理安排班级的人数规模，使教师能够关注到每位幼儿的需要与困难，更好地保证各区域活动能够顺利进行。同时，也给了教师更多的时间与精力研究区域活动，这样教师才能采取适当的指导策略，使得区域活动对幼儿发展的意义得到开发。

参考文献

［1］丁海东．学前游戏论［M］．济南：山东教育出版社，2001.

［2］段昕彤．幼儿园区域活动中师幼调查研究——以长春市某园中班为例［D］．长春师范大学，2018.

观察评价视角下的解读幼儿行为新探索

（蔡晓燕　广东省汕头市龙湖区朝阳幼儿园）

摘　要： 在观察评价幼儿行为的过程中，教师需要全面挖掘和分析幼儿行为背后的意义。首先，教师要将幼儿的“亮点”纳入观察评价体系中去。其次，教师应养成“静立六分钟”的观察习惯，通过仔细观察、耐心倾听、细心分析幼儿身上的故事，这样的观察评价记录既有着幼儿有价值的学习过程，还承载着教师专业化成长的轨迹。再次，通过《指南》中提出的幼儿学习与发展的目标与评价的指标相结合，聚焦于幼儿的“闪光点”，通过幼儿的“魔法时刻”引发必要的集体或小组活动。最后，在活动中学会尊重、相信幼儿，为幼儿的学习与发展提供适宜有效的支持。

关键词： 观察评价；解读；学习故事；幼儿行为；有效支持

《3～6岁儿童学习与发展指南》指出：幼儿是有能力、有自信的主动学习者，幼儿的学习与发展是一个整体，幼儿在与环境的有效互动中学习和发展。学习故事是一种教育眼光的变革，它不是幼儿学习过程文字的简单累加记录，而是唤醒幼教工作者从急功近利的教育中走向静待花开。学习故事包含着教师和幼儿两个主体，它通过教师的观察记录，在故事里发现幼儿的力量，帮助幼儿建构作为学习者的自我认知的学习评价体系。我园在近几年的园本课题研究中，形成了对学习故事的园本化理解，并在学习故事的实践研究过程中不断拓展教师解读幼儿的路径。

一、由“看缺点”到“找亮点”

我园以潮汕文化游戏课程入手，将自主游戏贯穿于幼儿一日生活之中，充分利用幼儿园特有的环形廊道和拐角，与幼儿结合主题教育活动共同创设有特色、开放、可互动、能自由表现的和谐游戏区域，教师可以随时随地捕捉幼儿学习与发展的契机。刚开始，教师在观察记录时，会不自觉地落入以往的教育经验中，如：在观察记录时，眼里看到的是某个幼儿在活动中表现胆怯、不敢参与活动，经过老师多番鼓励后逐渐乐意加入游戏活动的案例；或是教师采用一扫而过的方式观察幼儿的游戏行为，最终未能理解幼儿游戏行为发生的原因，也难以解读幼儿行为的意义。后来，经过课题组多次研讨和优例共享活动后，教师开始在观察记录幼儿时，从原先的“看缺点”式观察记录，变成寻找幼儿学习能力或学习品质的“找亮点”式观察记录。然后，将幼儿的“亮点”纳入观察评价体系中去，教师利用观察获得的信息制订有效的教学或游戏计划，推动幼儿下一阶段的学习。

“找亮点”式观察方式能够更好地解读幼儿的行为，在幼儿教育过程中，游戏是极为重要的一部分，在游戏活动的开展过程中，教师需要改变传统的教育观念，做到以点带面，关注群体与特殊个体之间的相结合，根据幼儿的发展角度建立游戏评价机制，利用找“亮点”式观察途径努力读懂幼儿行为背后的兴趣、动机、基础经验以及后续发展的可能性，进而确保在开展游戏以及相关教学活动过程中能够从教育教学方法、游戏活动组织方式、主题墙环境创设、区域材料投放、自主游戏计划制订、资源保障等方面进行系统性的重构，更好地从各个角度观察幼儿的行为、动机和想法，从而支持幼儿的学习需要。

二、由“跟我做”到“听你说”

在开展游戏活动的过程中，大多数教师关注的是自身“教”的行为，容易忽略幼儿“学”的过程，重视“预设”的结果，忽略或无视“生成”的情节。说到底，就是教师对于幼儿的观察不够细致，从传统的教育理念出发，未能真正做到以幼儿为本，将教育活动与幼儿的发展需要脱离开来，还存在“跟我做”的传统教育模式。我们鼓励教师结合主题教育活动和自主游戏活动，确定每一个阶段的观察目的，再根据观察目的预设观察对象，形成初步的学习故事班级观察计划。在幼儿开展活动时利用现代化手段，先将幼儿参与活动、动手操作、同伴交流的行为和对话拍摄为照片或视频，后续再进行细致、客观、系统的分析，逐步解读幼儿行为中的深层意义，为后续幼儿的学习提供有效支持的依据。

幼儿的语言是学习故事所重视的，只有通过倾听幼儿的心声，才能与幼儿产生共鸣，解读幼儿学习与发展的最近发展区，在幼儿获得经验的基础上，着重思考他们在游戏中还想做什么？最后可能达到什么样的水平？是否还可以支持可能获得的经验等。在观察评价的过程中，我们建议教师养成“静立六分钟”的习惯，不急于开口询问或给予支持，而是耐心仔细观察幼儿在游戏过程中的行为变化，游戏表现形式怎么样，游戏材料是否合理使用或创新使用，游戏角色关系如何协商确定，游戏中小伙伴之间的语言交流等。幼儿有趣的对话激发出教师“诉说”的欲望，教师在游戏活动中做一个有心的倾听记录者，捕捉幼儿在游戏中的亮点，并将这些“魔法时刻”记录下来，形成观察评价体系。

三、由“直接支持”到“间接支持”

学习故事把教师从“以教师为本”转向“以幼儿为本”，教师在活动中学会了尊重幼儿、相信幼儿，为幼儿的学习与发展提供更适宜有效的支持，形成了对学习故事的园本化理解。教师根据班级游戏的需要和幼儿的需求，观察捕捉幼儿主动学习与发展的信息。基于此，教师的支持策略开始从直接支持转变为间接支持，教师在观察评价的环境下通过试支持，观察幼儿的反应，来判断支持策略是否需要调整。在幼儿参与游戏的过程中，通过回应的支持，再到方法的间接支持，耐住性子通过反问把问题抛回给孩子，孩子们在讨论、思考中尝试主动探索，积极解决问题，最后教师再视情况给予材料上的支持。

为了让幼儿在整个游戏的过程中能够充分展现自主，需要明确幼儿是游戏参与过程中的主体，也是游戏中最重要的力量。教师在巡回指导的时候，随机观察每一个幼儿在整个游戏开展过程中的行为，并且解读幼儿行为背后的意图，通过语言或其他材料的间接支持来调动幼儿继续参与活动的积极性。间接支持的方式也可以是引导幼儿参与游戏内容的安排、商讨游戏规则的制定、讨论游戏材料的准备、一起创设游戏环境等，通过共同参与的方式激发幼儿思考，让幼儿感受平等沟通，推进幼儿在遇到问题时主动寻找解决问题的方法，充分感受自主游戏所带来的快乐。

四、由《指南》引领到园本接轨

学习故事评价的重点是希望通过发现幼儿在学习活动游戏中的闪光点进一步寻找幼儿自身发展的可能性，因此，在评价幼儿的学习与发展时应客观全面地分析幼儿的学习行为，为学习故事促进幼儿进一步发展提供可能性，通过“取长式”的评价体系重视对幼儿核心素养的解读，在解读幼儿的过程中发现幼儿的力量。我园在开展课题研究时，将《指南》中所提出的幼儿学习与发展的目标与评价的指标相结合，在观察记录幼儿学习的过程中，聚焦于幼儿的“闪光点”，通过学习故事评价使幼儿的“魔法时刻”变得可视化。后期，在园本实践研究中逐步探索学习故事在集体以及小组活动中的运用，在设计与课程相联系的评价模式时，实验班老师通过发现幼儿共同的“精彩时刻”引发必要的集体或小组活动，在活动中充分激发幼儿的不同想法，并将这些独特见解落实到自主游戏或各个区域活动中。

陈老师在观察记录大班户外对战游戏“我是小小兵”时这样记录：“你躲进了防护网区，暗中观察对面的敌人，发现对面的敌人借助滑梯和小山洞做了隐蔽。于是，你弓着腰小心翼翼地从防护网里退了出来，来到队友的隐蔽区，你对队友们的战术做了详细的分工：‘你打滑梯上面的人’‘你打山洞里的’……此时的你像极了一个信心满满的指挥官。”活动结束后，陈老师利用现场照片回放开展“我是小小兵”小组谈话活动，激发孩子们大胆说出对游戏的不同看法，大家把“作战游戏”想法画下来分享在“我是小小兵”画展区。下次自主游戏活动开展前，孩子们根据“作战游戏”方案提前准备“作战”所需的材料、布置“对战区”，确保“战役”按计划开展。

《3～6岁儿童学习与发展指南》指出：幼儿在活动过程中表现出的积极态度和良好行为倾向是终身学习与发展所必需的宝贵品质。要充分尊重和保护幼儿的好奇心和学习兴趣，帮助幼儿逐步养成积极主动、认真专注、不怕困难、敢于探索和尝试、乐于想象和创造等良好的学习品质。幼儿的学习与发展需要借用“脚手架”的助力，教师的专业素养影响着学习故事实施的成效。因此，教师在解读幼儿行为时，要走进幼儿的内心世界，读懂幼儿的所思所想，准确判断幼儿目前达到的水平以及可能达到的最近发展区，进一步支持幼儿的认知探究，扩展与提升幼儿的经验，让教育跟随故事变得有温度且更有深度。

参考文献

[1] 周菁等．走进“学习故事”——来自新西兰幼教课程改革的启示［J］．学前教育，2014（3）．

[2] 刘月．基于“学习故事”提升教师观察能力的研究［J］．教学科学，2012（10）．

[3] 张亚妮．“学习故事”蕴藏的教育精彩［J］．中国教育，2015（3）．

[4] 刘占．让儿童观察记录更客观真实［J］．学前教育，2015（10）．

[5] 肖建霞．运用“学习故事”促进教师专业成长［J］．幼儿教育，2014（5）．

基于"学习故事"提高教师观察解读幼儿的能力

(陈丽旋　广东省汕头市龙湖区朝阳幼儿园)

摘　要：学习故事是一套来自新西兰的儿童学习评价体系，体现儿童是"有能力、有自信的学习者和沟通者"，其核心理念与我国《3～6岁儿童学习与发展指南》有很多相同之处，用来帮助教师观察、理解并支持儿童持续学习的评价方式，记录儿童的成长轨迹。本文结合近年来课题研究经验，以"学习故事"的三段式结构即注意、识别、回应为抓手，结合教育实践经历阐述了基于"学习故事"如何提高教师观察解读幼儿的能力。

关键词：学习故事；观察解读能力；幼儿；区域游戏

一、走进学习故事

学习故事是一套来自新西兰的儿童学习评价体系，体现儿童是"有能力、有自信的学习者和沟通者"，其核心理念与我国《3～6岁儿童学习与发展指南》有很多相同之处，用来帮助教师观察、理解并支持儿童持续学习的评价方式，同时记录儿童的成长轨迹。

学习故事通过图文的形式记录儿童学习过程中一系列"闪光"时刻或"魔法"时刻，关注的是儿童能做的、感兴趣的事情，而不是儿童不能做的、欠缺的地方。其倡导"取长式"的教育理念，将教师的视角从聚焦儿童的薄弱环节转变为关注儿童的兴趣点和优势，旨在"发现优点、能做的和兴趣"，即"让儿童在实践中发挥自己的长处、做自己能做的和感兴趣的事情，从而更好地促进儿童学习"。具体包括注意、识别和回应三个部分：教师对儿童的学习进行观察，在此基础上尽力地去分析和理解儿童的学习，利用识别的信息有效计划和支持儿童进一步学习。

二、区域游戏中教师观察解读能力的现状

区域游戏是幼儿现阶段的主要活动方式之一。教师根据幼儿的兴趣和发展需要，创设宽松愉快的活动环境并提供充足的操作材料，幼儿自主选择游戏材料及伙伴，在区域环境内主动探究与学习，是幼儿最喜爱的活动。这种小组活动形式有利于教师更好地观察幼儿的行为，因材施教。然而在实际操作中，教师在观察、解读、指导幼儿游戏时仍存在一些不足之处。

（一）观察缺乏目的性

在游戏活动前，教师因没有明确观察目的和掌握有效的观察方法，无法确定区域游戏应观察什么、怎么观察。游戏中，教师忙碌地穿梭于不同的游戏区，只是看看材料是否丰富，幼儿是否能够正常操作，并没有关注幼儿的实际行为。有些教师对幼儿采取"放养"模式，任由孩子"自由"玩……从教师记录的观察案例可以看出，大部分教师缺乏"儿童视角"，记录的内容缺乏童趣，不够客观、详细，甚至加入教师的个人主观臆想。

（二）解读缺乏准确性

解读幼儿行为是一线教师比较薄弱的方面。体现在一些观察案例中，教师对幼儿的学习行为没有作出具体分析，或是解读得不够清楚，或是解读出现偏差，导致其指导策略与幼儿的真实需要"南辕北辙"，影响幼儿后续学习的进一步深化。

究其原因是教师的专业理论知识不够扎实，没有深入了解各年龄段幼儿的学习特点和发展规律，以致教师不能以全面的、发展的眼光去准确解读幼儿的学习行为。

（三）指导缺乏有效性

游戏中，有些教师担心幼儿不会玩或不是按预设的玩法玩，出现随意打断或终止幼儿游戏的行为；幼儿在游戏中遇到问题，教师指导不及时，导致幼儿对继续游戏失去兴趣，最终结束游戏等。这些问题的出现反映了教师在观察、解读幼儿时不够客观、准确、及时，掌握的观察技巧与策略较少，因而未能有效地指导幼儿进行游戏，促进幼儿的发展。

三、借助“学习故事”提升观察解读能力

发展教师的专业能力，首先要提升观察能力。如何解决教师观察解读能力存在的问题？借助学习故事是一种有效的途径。在课题的实践研究中，教师通过“观察记录—研讨反思—实践总结”等一系列思想碰撞及行动探究，形成对学习故事评价法的螺旋形上升的认识。教师通过撰写学习故事，在真实的情境中完成结构性观察和记录，真实、全面、准确地把握幼儿发展的过程和水平，有针对性地为幼儿提供支持，真正践行“以幼儿为本”的教育观和儿童观，教师越来越能读懂幼儿，也越来越能体会到“闪光”时刻带来的惊喜与感动。

（一）注意——细致观察，记录精彩“哇”时刻

“注意”是对幼儿的学习进行评价的基础，教师首先应该明白“观察什么”和“如何观察”的问题。一直以来，大部分教师习惯站在成人的视角对幼儿的学习进行评价。而“学习故事”的理念恰恰改变了这一模式，它引导教师以幼儿的角度观察游戏过程，追随幼儿的兴趣发现游戏中精彩的时刻，并且关注幼儿在游戏中表现出来的良好学习品质。借助“学习故事”理念，教师转变了观察视角，带着敏锐和欣赏的眼光去观察游戏时“发生了什么”“幼儿做了什么”；了解幼儿主动学习的兴趣、真正的需求以及在游戏中幼儿的实际情感体验，发现有价值的“闪光”时刻并将它真实、客观地记录下来，为下一步识别幼儿游戏行为提供依据。

（二）识别——科学解读，看懂幼儿游戏行为

教师对观察到的幼儿外显行为进行解释、发现幼儿发展水平的过程就是识别。当教师记录下幼儿的语言或是行为表现之后，需要结合相关理论知识和实践经验对幼儿行为的发生作出科学的描述性解释，并明确幼儿的发展水平，教师应当具备扎实的专业理论基础。在教育学、教育心理学、《幼儿园教育指导纲要（试行）》、《3～6岁儿童学习与发展指南》等专业知识的引领下，教师看懂幼儿的游戏行为，科学地识别幼儿的学习，从不同角度对幼儿的行为进行分析和解读。

《幼儿园教师专业标准（试行）》中明确指出，“激励与评价”是幼儿教师必备的专业能力之一。教师在了解幼儿的先前经验和游戏情景的状态下，利用已有的成熟经验和不断完善的专业知识从幼儿的学习经验、能力、社会性等方面对幼儿进行解读，可以看出“学习故事”理念引领着教师实践的同时，也正逐步改变着教师的儿童观和教育观。

（三）回应——有效指导，促进幼儿持续学习

“注意”“识别”的最终目的是支持、促进幼儿进一步的学习和探究。教师在注意、识别的基础上要有明确的回应，即采取教育行动举措对幼儿后续的学习给予支持和推进。教师需要把握幼儿已获得的经验、兴趣，思考幼儿还能做什么，能够达到什么样的水平，还有哪些新的学习与可能，教师可以从哪些方面提供帮助等。

《幼儿园教育指导纲要（试行）》中指出，教师应成为幼儿学习活动的支持者、合作者、引导者；教师要关注幼儿在活动中的表现和反应，敏感地察觉他们的需要，及时以适当的方式应答，形成合作探究式的师生互动。基于此，教师的回应不只是后续的支持策略，还应包括游戏过程中的有效回应。

1. 游戏中的有效回应

对幼儿行为回应的主要目的是通过适宜的支持策略发展和促进幼儿的兴趣和优点，保持个体学习经验和体验的连续性。教师应询问幼儿意见，鼓励幼儿大胆说出自己的想法并根据各幼儿对此反应不同，进一步鼓励、支持幼儿进行下一步游戏。

2. 支持后续学习的回应

通过与幼儿的互动，引发了教师的思考。教师在观察幼儿游戏发生和发展的基础上，从专业的角度解读、分析幼儿的游戏行为，尊重幼儿的想法并根据幼儿发展现状提供支持与帮助，促进了游戏的深入开展及幼儿后续的学习与发展。

通过课题实践研究发现，教师专业水平是影响解读幼儿游戏行为科学性和教育支持适宜性的重要因素。"学习故事"作为一种评价手段、一种教育理念、一种研究方法能够帮助教师不断地构建教育研究者的形象，教师借鉴"学习故事"的核心理念，相信幼儿是有力量的学习者，教师是有力量的幼儿行为观察者和研究者，在注意、识别、回应三个阶段发挥不同的教育机智，真正尊重幼儿、了解幼儿、支持幼儿，促进幼儿实现全面的、自然的、和谐的发展。在"学习故事"引领下教师必将走上更专业、更成熟的发展道路。

参考文献

[1]［新西兰］玛格丽特·卡尔．另一种评价：学习故事［M］．周欣，周念丽，等译．北京：教育科学出版社，2016.

[2] 冯姗．"学习故事"——教师的正能量加油站［J］．科教文汇（中旬刊），2015（12）．

[3] 项蓉蓉．"学习故事"理念下幼儿园区域游戏的有效指导策略探析［J］．家教世界，2020（18）：18—19.

[4] 中华人民共和国教育部基础教育司．《幼儿园教育指导纲要（试行）》解读［M］．南京：江苏凤凰教育出版社，2002.

试论幼儿园音乐教育的价值、问题与对策——基于完整成长的儿童视角

（袁景丽　广东省深圳市第五幼儿园）

摘　要：“这个世界，只有音乐，只要你不离不弃，她将终身相随。”音乐作为一种善于表现和易于激发情感的艺术，对促进幼儿的身心发展具有重要意义。本文基于完整成长视角解读幼儿园音乐教育的价值，总结了现下幼儿园音乐教育存在的问题：重音乐技能技巧训练、轻情感启蒙，并由此提出：开展多感官参与、多形式的音乐教学活动；创造真实环境，组织体验式音乐活动；在音乐游戏中实施合作学习模式；回归音乐欣赏本身，挖掘作品的情感因素的建议。

关键词：完整成长；幼儿音乐教育；蒙台梭利音乐教育

《3～6岁幼儿学习与发展指南》指出，“艺术是人类感受美、表现美和创造美的重要形式，也是表达自己对周围世界的认识和情绪态度的独特方式。”音乐教育作为五大领域中艺术教育的重要组成部分，对幼儿的个性与社会性的发展、智力的启迪以及健康心灵的塑造有重要影响。

一、完整成长视角下音乐教育的价值

在20余年蒙台梭利教育的实践与探索中，孙瑞雪从完整成长的视角解读了幼儿园音乐教育——音乐的本质在于美化我们的生活，是为了让我们感知生活及其本质；音乐对于幼儿而言既是一种艺术，也是一种智力。音乐的滋养与陪伴是幼儿完整成长的重要组成部分。

音乐如何影响幼儿完整成长？孙瑞雪认为，音乐主要是通过影响幼儿的内在和外在环境来促进幼儿的完整成长，这个内在环境包括身体、情绪、感觉、心理、认知和精神这六大方面，外在环境包括爱与自由、规则与平等的成长环境。

（一）音乐激发幼儿对身体的感知与运用

孙瑞雪认为，6岁前幼儿的情绪、感觉、心理、认知、精神都融合在身体的活动中，并通过身体的活动来发展和成长。这个时期的幼儿处于一种浑然一体的世界，音乐则在这个世界里充当着指路人和引导者的角色。在音乐的渲染中，幼儿会不自觉地随着节拍挥舞自己的手和脚，感知自己身体的变化与外在环境。9个月大的晗晗便是如此。虽然还没有完全获得独立行走的能力，但当妈妈放着强节奏感的乐曲时，晗晗便会跟着节奏扭动自己的小脑袋，挥动自己的小手。

（二）音乐是幼儿认识和表达自我情绪情感的重要途径

音乐本身就是情绪，是情绪的集合、升华——情感，它可以把人的情绪汇入它引起的情绪流中，可以通过节奏的快慢、曲调的轻缓来表达情感，它具有一种天生的共情能力，让我们在倾听中便能完成与创作者的灵魂相遇，感受作者创作时的心情。幼儿作为天生的情绪共同体，他们比成人更能准确地捕捉到音乐所要表达的悲欢喜乐，与音乐产生共鸣。一次大班音乐鉴赏活动中老师播放了《夜的钢琴曲五》，这是一首略带悲伤、节奏较缓的钢琴曲。在

聆听的过程中，孩子们均静坐不动，神情悲伤，明明还偷偷地滚下了眼泪，活动结束后很长的一段时间里，明明依旧神情哀伤，沉默不语。后来他告诉老师，音乐很伤心啊！这让他想起了自己死去的小狗，勾起了难过的回忆。

（三）音乐促进幼儿感觉特别是听觉的发展

研究表明，从1岁多开始幼儿会对音乐、色彩和绘画有极高的敏感度，在胎儿时期多听古典音乐的幼儿出生后在音乐的感知和回应上明显要优于普通幼儿。节奏、音色以及快慢不同的音乐组合有助于幼儿声音辨析能力的发展，更有助于锻炼幼儿的听觉。4岁的音音每次都能快速地辨别出声音的方位和特点，这正是有赖于她从小常听古典音乐的习惯。

（四）音乐有利于幼儿心理的健康发展

音乐是幼儿走进自己的内心世界和认识自我最直接和简单的方式。幼儿在聆听音乐的过程中感受音乐的情感；在歌唱音乐的过程中宣泄自己的情感；在创造音乐的过程中表现自己的想法和情绪……音乐的陪伴让我们敞开心扉，和自我相遇、相知、和解。这就是音乐的力量——当难过时听一首悲伤的音乐，我们便会不自觉地融入音乐的情绪中找到共鸣与宽慰，逐渐地释放情绪，与自己和解。以正在经历分离焦虑的小班幼儿睿睿为例，睿睿总爱在入园时哭闹，这种情况已经持续了四周。为了缓解他的入园焦虑，我们尝试在入园时播放他熟悉和喜欢的音乐，通过引导他去听音乐逐渐转移他的注意力。一段时间后，他终于能哼着熟悉的音乐开心地入园了。

（五）音乐促进幼儿认知的发展

孙瑞雪认为，从感觉上升到概念就是智力。而兴趣便是幼儿智力发展的最好内驱力。音乐作为最能引起幼儿注意和兴趣的媒介，在幼儿智力启迪和发展中起到不可或缺的作用。大量的生物学研究表明，音乐能促进幼儿右脑的发展，有利于幼儿感性思维的发展。幼儿通过与音乐的互动习得乐理知识、辨析声音及音色的能力、能根据音乐的旋律进行再创造和自编乐曲，便是音乐激发幼儿创造力、想象力和思维能力发展的生动写照。

（六）高品质的音乐滋养了幼儿的精神生活

幼儿是自己精神的主人，精神是幼儿对真善美的了悟。音乐作为一种善于表达和易于激发情感的艺术，能把人们对真善美的追求融入音符之中，而这种带有感情的音乐或许是语言无法表达的，它能直达幼儿的内在世界，把最真挚的感受传递给听者，产生灵魂和情感共鸣。正因为音乐是所有现象背后的真善美，是幼儿最容易听懂的良知与道德，所以6岁的依依才会在音乐欣赏课上听《梁祝》而泪流满面。

二、幼儿园音乐教育的现存问题与对策

音乐对于幼儿的完整成长如此重要，如何开展适合幼儿的音乐教育便成了教育者关注的焦点，但问题也随之而来。李成（2013）认为，现阶段的幼儿园音乐教育为了追求低时间成本、高效益的教育回报，似乎偏离了正道——只注重幼儿音乐技能技巧训练轻情感启蒙成为常态。家长和老师们越发重视教育成果的输出，让幼儿穿上成人的衣服、拿着成人的乐器在舞台上表演、赢得观众的掌声和荣誉似乎成了音乐教育的最终目的。但我们的孩子真的喜欢这样的音乐教育吗？如果不是，那适合幼儿的音乐教育应是什么？这些问题的确值得我们深思。基于完整成长视角思考当下音乐教育存在的问题，笔者认为可以从以下方面进行思考。

（一）开展多感官参与、多形式的音乐教学活动

教师可根据幼儿音乐教育的趣味性、形象性和综合性的特点，结合地方特色进行音乐故事创编、自编律动、音乐剧、音乐游戏，做到寓教于乐，寓教于戏。如在进行爱国主义主题的音乐活动中，可通过举办歌唱比赛、爱国主题歌曲填词比赛、爱国主义音乐故事剧场演出以及爱国主义音乐欣赏会等形式，提供多感官参与的创作体验形式，满足幼儿自由创作、有目的性探索音乐的欲望和热情，让幼儿在音乐中认识祖国，树立民族自信，萌发爱国主义情怀。

（二）创造真实环境，组织体验式音乐活动

在开展音乐活动时要遵循真实性原则，让幼儿在真实的环境中进行音乐游戏；教师要保证乐器数量充足，让幼儿有自我尝试、自我操作、自我体验以及自我创造的机会。如组织亲子音乐会活动，让幼儿在最真实的演唱会情境中感受音乐、体验音乐。

（三）在音乐游戏中实施合作学习模式

教师可根据幼儿的年龄特点，进行混龄式教学，通过设计合作环节，增加幼儿与同伴互动的机会，让幼儿在游戏中学会合作，促进其社会性的发展。如以奥尔夫音乐体系为基础创编的乐器律动活动“好宝贝”，让大班幼儿带动小班幼儿分组进行自由创作，这不仅能让幼儿感受乐器创编的乐趣，还能促进幼儿社交能力的发展。

（四）回归音乐欣赏本身，挖掘作品的情感因素

教师要注重挖掘音乐作品的情感因素，回归音乐欣赏的本质——与作品产生共情，与作者产生共鸣。好的音乐鉴赏活动在于教师是否能引导幼儿进入作品的意境，能否让幼儿体会作品传递的情感，并与之产生共情。如在音乐欣赏《命运交响曲》活动中，教师有意识地引导幼儿体会了乐曲中传递的情感，通过介绍乐曲创作的背景和作者处境，在欣赏过程中引导幼儿与乐曲产生共鸣互动。

三、结语

基于完整成长的视角，音乐对于幼儿如此重要——音乐可以唤醒幼儿的身体，可以促进幼儿听觉辨析力的发展，可以启迪幼儿智力的发展，可以与幼儿的情绪产生共鸣……音乐如此美好，但剑走偏锋的快餐式音乐教育模式却剥夺了幼儿享受音乐的乐趣，甚至变成了阻碍幼儿发展的绊脚石，因此笔者呼吁：让我们脱下功利性的枷锁，回到幼儿成长的初心，一起营造高质量的音乐环境，让幼儿在轻松愉悦的音乐教育陪伴下成为完整的人！

参考文献

[1] 中华人民共和国教育部．3～6 岁儿童学习与发展指南［S］．北京：首都师范大学出版社，2012，57.

[2] 谭赟赟．蒙台梭利音乐教育中“回音”的价值与应用［J］．2018，34（6）：19.

[3] 孙瑞雪．爱和自由［M］．北京：中国妇女出版社，2018.

[4] 孙瑞雪．完整的成长：幼儿生命的自我创造（第 2 版）［M］．北京：中国妇女出版社，2018.

[5] 李成．幼儿音乐教育应走出功利圈［N］．光明日报，2013（9）：1－2.

浅谈幼儿园新手教师专业发展的影响因素

（胡洁　广东省深圳市第五幼儿园）

摘　要：幼儿园新手教师是幼儿园教师团队发展的重要力量，新手教师如何快速成长是大家需要关注的问题。笔者主要从自身实践以及与同事之间的访谈出发，结合相关文献，总结归纳出新手教师专业发展上的影响因素有：(1) 内部因素：教师对经验进行自动化加工的能力、教师的反思能力、教师自身的内驱力；(2) 外部因素：幼儿园的制度文化和精神文化、"重要他人"的支持以及同伴间的支持、阅读以及"学习共同体"组织等。

关键词：幼儿园新手教师；专业发展；影响因素

一、概念界定

(一) 幼儿园新手教师

关于新手教师，Berliner 将教师分为五个阶段，即新手（刚毕业 1 年）、高级新手（工作 2～3 年）、胜任（工作 3～4 年）、熟手（工作 5 年）、专家，在几个阶段里新手教师的定义可以理解为刚毕业的实习生或者从事教学工作三年内的教师。对于幼儿园新手教师这一概念，不同的研究者有不同的理解。张音音根据工作年限、学历和相关资格证书对幼儿园新手教师进行了定义，她认为幼儿园新手教师是拥有教师资格证，在幼儿园一线岗位工作一年以内的可以进行幼儿园简单教学工作的本科实习生；曹艳梅根据《幼儿园教师专业标准（试行）》中对于幼儿教师的定义，将幼儿园新手教师定义为符合相关文件标准的，在一线教育工作岗位进行了三年以内实践的教师，不包括管理和保教人员。

综上所述，笔者将幼儿园新手教师定义为完成了学前教育相关培训或者学前教育专业毕业，拥有幼儿教师资格证并从事幼教行业 3 年以内的处于适应与成长期的一线幼儿教师。

(二) 专业发展

关于教师专业发展，佩里认为："教师专业发展是指教师在专业发展过程中所掌握的学科知识的不断更新与深化，教学技能的提高，教学过程中问题的反思以及教学意识的强化。"而唐玉光认为教师专业发展是指教师在知识积累、技能提高、态度转变等方面多层次多维度由不成熟到相对成熟转变的过程。宋广文等人则强调教师本位的教师专业发展观，认为教师专业发展主要是指教师内在专业特性的提升，比如教师专业发展是对教师的人格完善、对教师自我价值的体现，与此同时也兼顾外在发展。

综上所述，笔者将教师专业发展定义为教师在教学经验、教学技能、情感态度等方面均获得成长，由新手教师发展到成熟教师的过程。

二、新手教师专业发展的重要性

为了促进幼儿教师的专业发展，建设高素质幼儿教师队伍，我国教育部相继出台颁布了《幼儿园教师专业标准（试行）》《关于加强幼儿园教师队伍建设的意见》《关于幼儿园教育改革与发展的指导意见》等文件。在《幼儿园教师专业标准（试行）》中明确指出教师要促进专业理念、专业知识、专业能力的全面发展，比如"制定自我专业发展规划，增强专业发展自觉性；大胆开展保教实践，不断创新；积极进行自我评价，主动参加教师培训和自主研修，逐步提升专业发展水平”。由此来看，教师专业发展是被普遍关注的。新手幼儿教师处于职业生涯的初级阶段，此阶段是其职业生涯的关键时期，也是成长非常迅速的时期，因此在这个阶段怎样促进新手教师专业发展尤为重要。

三、新手教师专业发展的影响因素

笔者结合自身近两年的实践经验，采访了同期进入工作岗位的新手教师，总结得出了影响幼儿园新手教师专业发展的因素主要分为内部因素和外部因素。

（一）内部因素

1. 将经验进行自动化加工的能力

新手教师的成长是一个连续性的过程，也是教育教学经验不断丰富的过程，如何将经验内化从而促进自我的成长，考验的是教师经验自动化加工的能力。对经验进行自动化加工是指教师能从一日生活关键事件中获取的经验，对经验成分进行选择，去连接新旧经验，从而获得自我经验新的成长。这种自身的自动化加工能力能够让一件关键事件发挥最大的作用。教师对产生的经验不断进行编码、连接、构建，从而由最初的经验缺乏到最终的经验丰富，达到熟练教师的阶段。所以说，教师对一日生活关键事件中产生的经验进行自动化加工的能力在一定程度上能够促进教师自身的专业发展。

2. 教师自身的反思能力

作为经验欠缺的新手教师，一日生活中的每一件关键事件对自己来说都非常重要。善于反思的教师往往会在每次关键事件中吸取更多的实践性智慧，找出自己的不足之处并加以改变，比如在集体活动中，教师发现幼儿根本不听自己讲，以致无法完成教育目标。有的教师会反思是不是自己上课形式不对，应该让他们坐在小板凳上；有的教师则会思考是不是我的课程孩子们不感兴趣，没有找到与孩子的契合点。显然后者反思能力更强一些，关注到了儿童视角。因此，反思力强的人不论是在完美的或者是不足的教育活动中都可以挖掘关键事件更深层次的东西，从而促进自己的专业发展。

3. 教师自身的内驱力

促进自身的专业发展，最高效的就是发挥自己的能动性。主动学习是发挥自我认知内驱力的最佳推手。无论是阅读专业书籍，还是写活动反思，抑或是联系专业技能，自己愿意去做的效率会比在督促你做的情况下效率要高很多。就自身写活动反思来说，对于急着上交的活动进行反思我往往会套用模板，而对于真正感兴趣的活动，我会积极地进行反思和发现活动中深层次的教育价值以及自身的不足。因此，教师的认知内驱力的强烈程度极大程度上决定了他能在本次活动中所学到的内容多少。

（二）外部因素

1. 幼儿园的文化氛围

幼儿园的制度文化以及精神文化对教师来说影响很大。制度文化包括规章制度、工作流程、价值观念，教育理念等方面内容。本园主要是基于深圳本土化开展亲自然探究性课程，办园理念是“亲自然、爱生活、共成长”。笔者认为在一个有爱的、自然的、包容的文化氛围中教师才能够自由大胆地进行创造，因此在某种程度上，幼儿园的文化氛围对教师的专业发展也会产生一定的影响。

2. “重要他人”的支持以及同伴间的抱持

同事就和小朋友一样，在工作中时刻和我们在一起，在与老师们的交谈中，几乎所有人都提到了自己的同事。“老教师们的实践经验分享比一些理论来得实际很多。”“主任在家园沟通上给了我很大的支持”“叶老师的律动合集对我来说帮助太大了，特别是在过渡环节。”一个好的工作氛围，会让大家成为一个学习共同体，一起成长，一起进步。笔者一直记得自己的“重要他人”说过的一句话：“刚开始不知道做什么的时候，就和孩子待在一起，不要欺骗他们就好了。”这句话让我平静且坚定，让我在刚接触幼儿园工作时就有了方向。因此，这些“重要他人”的支持和同事间的抱持也是影响新手教师专业成长的重要因素。

3. 阅读以及“学习共同体”

阅读不仅仅是阅读书籍，还包括优秀案例、公众号、期刊、论文等。作为新手教师，阅读对自身的专业发展来讲都有很大的帮助。当自己遇到困惑时去阅读，看看别人的活动如何开展；看看儿童某一行为背后的原因是什么，自己如何去引导；看看《指南》里的目标有哪些，自己应该如何确定活动目标……除了阅读之外一些实质性的帮助对幼儿园新手教师来说也很重要，比如教研会、学习小组、专业社团等。组织培训活动，建立互助小组，提供一些前沿的教育理念等都可以促进教师的专业发展，因为有时候直观经验对于教师来讲更立竿见影一些。因此，新手教师是否能坚持阅读、能否积极参加各类教研小组、能否开展反思性学习，也是影响新手教师专业发展的因素之一。

四、结语

综上所述，我们不难发现：教师的专业发展等于经验的积累加上积极的自我反思。在新手教师的专业发展道路上，不仅受“教师对经验进行自动化加工的能力、教师的反思能力、教师自身的内驱力”等内部因素的影响，也会受到诸如“幼儿园的制度文化和精神文化”“重要他人”的支持以及同伴间的抱持、以及“学习共同体”等外部因素的影响。新手教师缺乏实践，遇到问题情境是必然。但只要掌握影响自身专业发展的动因，并及时作出调整改变，专业发展的道路也许就会少点荆棘，多点坦途。

参考文献

［1］宋广文，苗洪霞．教师的发展——一种关于专家教师形成的认知心理学分析［J］．外国教育资料，2000.

［2］张音音．幼儿园新手教师与专家型教师语言教育活动的比较研究［D］．陕西师范大学，2013.

［3］曹艳梅．基于《幼儿园教师专业标准（试行）》的新手幼儿教师专业素养调查研究［D］．陕西师范大学，2014.

［4］唐玉光．教师专业发展的研究［J］．外国教育资料，1999（6）：39—43.

［5］宋广文，魏淑华．论教师专业发展［J］．教育研究，2005（7）：71—74.

［6］中华人民共和国教育部．幼儿园教师专业标准（试行）［S］．2012—02—14.

奖励策略在培养幼儿良好行为中存在的问题与对策

（杨胡嘉琪　广东省深圳市第五幼儿园）

摘　要： 奖励策略被教育者们广泛运用于教育教学中，但其达到的效果却和理想目标存在着较大差距，容易存在以下问题：主观色彩浓烈，未制定合理奖励机制；奖励单一，不够关注幼儿内部动机；对奖励的负面影响认识不足等。针对以上问题，笔者结合自身工作经验提出了以下对策：重视精神奖励，掌握奖励内涵；完善奖励机制，明确奖励标准；树立积极心态，端正教育观念；家园携手共育，及时反馈更正。

关键词： 奖励策略；幼儿良好品质；问题与对策

奖励策略是幼儿教育者常用的教育方法，常被用于纠正幼儿陋习，培养幼儿良好的行为习惯，促进幼儿良好品质的形成，但在实际教学中由于运用不当，也存在着诸多问题与不足，导致教育效果不佳。

一、奖励策略在培养幼儿良好行为时存在的问题与分析

案例一： 小班开学之初，乐迪妈妈告诉乐迪，进幼儿园如果不哭闹每天奖励一个小礼物，为了得到礼物，乐迪前四天都安安静静地入园了，但到了第五天，乐迪开始不愿意进幼儿园，在幼儿园门口哭闹不止。乐迪妈妈对老师提出疑问：为何现在奖励蛋糕、冰激凌、玩具等都不管用了呢？

从案例一中可以看到，家长喜欢用奖励来安慰幼儿的情绪，逐渐成为家长与孩子之间的“契约”，尽管家长已经将孩子最喜欢的每一样东西都一一奉上，但效果依旧是治标不治本，孩子还是会产生入园的焦虑情绪。换言之，家长用孩子喜欢的东西将孩子引诱成功，实际上是家长用物质短暂性地操控或约束了孩子的行为，这种奖励其实是一种贿赂，并不能从根本上解决孩子入园的焦虑。

案例二： 教师为班级幼儿准备了一份心愿存折，用来收集自己因表扬或进步而得到的贴纸奖励，但实际上教师固定了每周星期五都会给班上每一个幼儿都发一张贴纸奖励，这就造成了班级里的幼儿得到的贴纸数量基本相同。一开始幼儿积极性很高，会主动约束自己，一个月后幼儿已不在意自己是否得到贴纸，甚至有幼儿表示不想要贴纸或者直接将贴纸送给同伴，也不再关注自己是否有进步或自己什么行为得到了老师什么表扬。

在案例二中，通过奖励贴纸的方式肯定幼儿积极正向的行为无可，在前期也达到了立竿见影的效果。但案例中的教师奖励的数量并未突出奖励的价值。所有幼儿都能得到的奖励不是真正的奖励，对于更喜欢新鲜事物的幼儿来说，这种单一化、同质化的奖励手段注定会一段时间后就会被淘汰，无法起到榜样示范和激励幼儿外部动机的功能。

案例三： 老师排练晨会活动时会占用幼儿一点户外活动时间进行练习，在接连几天的重复练习后，幼儿已经开始不太配合。老师想到了用幼儿喜欢的卡片、手牌作为奖励刺激赠送给认真练习的幼儿，引导幼儿配合练习。但事实是幼儿认真练习的状态只持续了两天，就开始有幼儿和老师谈条件：“我今天认真练习，你给我卡片吗？我如果表现得非常好，你可以让我自己随意挑选吗？”

涂尔干认为，通过物质强制，使幼儿按照成人规定的方式做事，但事实上他内心活动的动力却不受我们的影响 。在案例三中，老师为了引导幼儿积极参与表演、配合表演练习，

想到了用幼儿感兴趣的外部刺激物（卡片、手牌）作为奖励，虽然迅速地达到了想要的效果，但这种"走捷径"的方式并不能维持太久，一旦幼儿的愿望得到满足后，这些同质化的外部刺激对幼儿行为的影响就会被弱化，最终演变成一种"交易"。但这不利于幼儿良好行为习惯的养成，反之还有可能助长幼儿的功利心和不良行为习惯的产生——为得到某种奖励而故意先表现不好，在得到奖励后再恢复良好行为。

总结以上三个案例，不论是教师或是家长，都更倾向于使用奖励策略约束幼儿的行为习惯，而这种奖励都是物质层面的奖励。这种奖励策略能短暂地改变幼儿的不良行为习惯，但无法从根本上改变幼儿的行为，因为这些奖励都是物质的、外部的刺激。一旦频繁使用这种物质奖励的手段，长此以往，还有可能物极必反，导致幼儿不良行为的增加。同时，案例中反映出教育者使用奖励的立场是"我想要幼儿变成什么样"而不是"幼儿如何才能变样"，没有深入地思考如何才能从激发幼儿良好行为的内部动机。奖励不是教育者用来投机取巧的教育策略，教育幼儿本就是一件需要花心思和付出耐心的事情，端正教育立场正是关键。作为教育者，与其用外在的物质或事情控制幼儿的行为，不如从幼儿的内在出发，与幼儿建立平等、尊重的关系，引导幼儿如何进行自我约束与管理，逐步养成好的品质，变得自主独立起来。

二、运用奖励策略培养幼儿良好行为的建议

（一）重视精神奖励，掌握奖励内涵

古话说得好，知己知彼方能百战百胜。教育者要使用奖励，首先要认识和理解什么是奖励，奖励的意义是什么，奖励的目的是什么，奖励的利与弊，懂得如何趋利避害。教师可以通过阅读相关书籍和文献、参加相关的讲座或培训，提高自身与该方面相关的知识储备和能力素养。另外，要重视精神奖励，以精神奖励为主，以物质奖励为辅，如父母可以奖励孩子一次亲子游戏、登山远足等，教师可以奖励孩子各种荣誉称号、儿日班级小队长等。

（二）完善奖励机制，明确奖励标准

教育者在实施奖励教育时努力做到科学与教育并存，抓住奖励时机，掌握分寸，不能奖励得过于频繁或者任何事情都去奖励，否则幼儿无法从奖励中体会到"跳起来摘苹果"的丰收喜悦，从而迅速降低前进的动力甚至产生厌倦的心理。因此，教育者需提前制定奖励的标准，适当结合适度的惩罚作为辅助教育，帮助幼儿知道什么行为和品质是好的，是可以继续保持的，什么行为做出来以后是要受到惩罚的，是不可以再做的，从而更好地正视自己的不良行为并改正。

（三）树立积极心态，端正教育观念

幼儿良好品质的养成是一个缓慢的过程，需要时间的沉淀与积累，并不是每一次高质量的奖励都能达到预期的效果，因此教育者切忌操之过急，应树立积极心态应用奖励策略，敢于试错，在试错中反思与成长，不断地完善和调整自己当下的奖励策略。其次，教育者要了解幼儿内心的情感需求，不要将奖励变成"爱"的条件，否则会让孩子认为"我只有这样做了，老师、爸爸妈妈才会对我更好，我才值得被爱"从而逐渐形成讨好型人格；另外，教育者不要总是要求幼儿将所有的事情都做对做好，而是在幼儿的发展过程中赋予他们更多的主动权和责任，让他们知道自己的事情自己可以负责，也要负责后果。

（四）家园携手共育，及时反馈更正

促进幼儿更好地成长与发展是教师与家长共同的期望与责任，因此家庭教育和学校教育同等重要，两者同步结合才会达到更好的教育效果。幼儿在幼儿园或者家庭中因行为习惯良

好得到奖励时，教师可通过家园共育的方式提醒父母再次强化幼儿好的行为，及时沟通与交流有利于幼儿在相对一致的教育环境中逐渐成长和形成良好的行为习惯。

综上所述，奖励策略不是对幼儿进行一个简单的鼓励或一种行为的约束，奖励需有度。作为教育者，应加强自身的知识储备，摆正教育心态与观念，不断反思与改进才能使奖励策略变得行之有效。幼儿教育不是一件易事，需要家长与老师相互理解、相互配合，更需要教育者对幼儿有一个正确的认识和理解，因此教育者提高自我修养，增强专业能力显得尤为重要。

参考文献

冯洁．浅谈涂尔干道德教育理论及其对当代教育启示［J］．管理观察，2010（2）：7—8.

浅谈幼儿园室内环境创设的问题与策略

（张荣　广东省深圳市第五幼儿园）

摘　要：每个幼儿心里都有一颗美的种子。创设一种温馨、自然的空间环境，有利于幼儿形成积极稳定的情绪和情感。《幼儿园教育指导纲要》中明确提出："环境是重要的教育资源，应通过环境的创设和利用，有效促进幼儿的发展。"因此，幼儿园室内环境作为幼儿学习、生活的主要环境，它的创设对于幼儿的发展具有重要作用。

关键词：幼儿园环境创设；环境创设的问题与策略

一、幼儿园室内环境创设存在的问题

近年来我国幼儿园室内环境创设的变化很大。在《指南》《纲要》等重要文件的指导下，幼儿园室内环境创设变得越来越具有针对性，也更符合幼儿园的教育目标，但在深入调查和分析后发现依然存在一些亟待解决的问题。

（一）忽视了幼儿是环境的主人

虽然教育者开始在各种活动中重视幼儿的主体性地位，但在环境创设的过程中还会存在一些忽视幼儿是环境的主人的现象：如教师是环境创设的主导者，幼儿参与度不够、没有凸显儿童视角。具体表现为：教师在创设环境时会使用幼儿的一些作品或者对幼儿的语言加以润色后添加到环境中，但在环境设计环节幼儿是缺失的，如果后续的环节没有人及时向幼儿介绍这些环境，很可能幼儿都不会发觉自己的话语或者作品出现在环境中。在这个过程中我们可以看出这样的环境创设其实是成人视角中的环境，不是幼儿喜欢和参与的环境。同时，有的教师喜欢在环境创设中使用的一些精致但极易损坏的材料，也使得幼儿对环境望而生畏，不敢使用多种感官去感受环境。这些关于环境使用性和观赏性的问题也值得我们反思。

（二）环境的层次性

随着互联网技术的发展，教师获得信息和参考的途径越来越多，这也导致了许多教师"直接拿来就用、不考虑幼儿年龄特点和实际情况"的诸多问题。这些雷同度极高、与幼儿经验连接极少的环境创设无法真正发挥出环境的价值。同时，环境创设过程中还要考量环境是否能引发幼儿的思考和支持幼儿的探究，具有互动性的环境才能激发幼儿与环境的互动，有利于帮助幼儿回忆和巩固经验。

（三）环境的不可持续性

班级的环境创设往往会根据活动主题、节日节气进行更换。但每当更换主题时班级环境就会发生巨大变动——展示板、主题墙被整版替换，垃圾桶每天都被各种环创材料塞满。这个过程既浪费时间也浪费资源，对于创设者来说这又是一次新的挑战，对于幼儿来说又要去熟悉一个新的环境。

二、幼儿园室内环境创设的策略探究

(一) 倾听幼儿的声音

幼儿是幼儿园室内环境的使用者，是幼儿园环境的主人，他们对于环境有自己的独特感受。角色区是否有自己喜欢的扮演服装，语言区是否有有趣的绘本故事，神奇的益智区又发生了什么新的变化……在每个区域幼儿都渴望得到新的惊喜、新的收获。在主题墙、作品展示区等他们也同样充满期待，是否能在上面看到自己的作品，是否会让他们骄傲地介绍说："这个我认识……"是否可以让他们发出对世界的提问"这是什么?"我们看出，幼儿对于环境具有感知能力，并且有自己的设计想法。

倾听幼儿的想法固然简单，但实施起来却有一定难度。有的幼儿说我想这样，有的幼儿说我想那样；教师预设的教育目标是这些，幼儿实际想探索的是那些。出现这种问题要怎么办呢？首先，教师和孩子的想法出现分歧时教师千万不能独断，不要忘记课程是为幼儿的发展服务的，要时刻记得关注幼儿的需要。如果教育内容确实很重要，教师可以通过先在诱导桌、区域投放一些吸引幼儿的材料，引发幼儿的探索和思考。幼儿在好奇心的驱动下探究角度自然会偏向教师引导的方向。其次，众口难调，幼儿之间出现分歧很正常，说明他们个性鲜明。我们可以采取投票的形式确定具体的设计方向，也可以让幼儿分小组进行环境创设，组外竞争，组内合作。最后，教师一定要对室内环境进行统合，做到环境目的明确，风格统一具有美感。

(二) 关注幼儿需要

每个人都处于发展之中，我们每时每刻的需要都有可能出现变化，幼儿的需要也同样。值得注意的是幼儿处于一个特殊阶段，他可能无法准确表达、清晰表述自己的需要，这就需要我们教育工作者利用自己的专业素养去捕捉这些关键信息，及时关注到幼儿的需要。幼儿园室内环境是支持幼儿探索、满足幼儿需要的环境，因此创设者在设计室内环境时更加需要关注到幼儿的发展需要，用环境去激发幼儿的学习与发展。

我们应该如何做呢？首先，可以通过相关的文件制度、文献等了解幼儿的需要。《3～6岁幼儿学习与发展指南》清楚列举了幼儿发展的各个领域、各年龄段的具体发展指标，并且在每项领域后面都对教育工作者提出了教育建议。如果教师在无法精准捕捉幼儿需要时可以先从《指南》入手了解本年龄段幼儿发展的具体指标，以便在室内环境创设时更有针对性。其次，教师要注意平时的积累锻炼，养成观察幼儿的习惯，提高自己对幼儿行为背后意义的分析能力。教师可以采用逸事记录法分析事件背后的问题与发现，提出具体可操作的教育措施，尝试通过环境去影响幼儿；还可以采用行为检核法找出高频行为和低频行为，在之后的材料投放中抓住幼儿的兴趣点。最后，教师要大胆尝试，经常反思。学习的过程就是试误的过程，教师也是在一步步尝试中成长起来的。每一次失败都值得教师去反思、去总结，然后在下一次去做得更好。幼儿园室内环境创设也是如此，当我们发现环境对于幼儿没有意义时我们要进行及时的反思和改变，让每一个角落、每一张图片都发挥独特的价值。

(三) 思考环境的可持续性创设

可持续发展在搜狗百科上的解释是既满足当代人的需求，又不对后代人满足其需求的能力构成危害的发展；既要达到发展经济的目的，又要保护好人类赖以生存的大气、淡水、海洋、土地和森林等自然资源和环境，使子孙后代能够永续发展和安居乐业。在《幼儿与环境：致力于可持续发展的早期教育》一书中作者朱莉提出培养可持续发展的儿童，我们可以尝试把这个理念融合在室内环境的创设当中，创造一个可持续使用的室内环境。一方面可以减少教师的工作量，让教师有更多的时间去自我发展，另一方面可以让幼儿更加深刻理解可持续发展的意义，循环利用材料和资源。

在具体实施策略上我认为可以从以下三点出发：第一，环境背景不要频繁更换，可以一个学期一次，对环境的内容进行替换即可。第二，充分利用家长资源。教师可以及时与家长分享本班正在进行的活动，调动家长的积极性。如教师可以分享幼儿插花作品给家长，如果正好就有擅长插花的家长更进一步可以让家长到园组织插花活动。第三，同样的区域材料做出层次性。每一次升班都面临着材料的一次大换血，既费钱也费力。可以尝试对同一份区域材料进行升级，提高难度向高层次发展，在原有基础上增加内容令其富有趣味性。当然，小班的区域材料也可以在中班、大班的基础上进行一些改变使其适合本班孩子的发展特点。

总之，幼儿园室内环境创设是一门高深的艺术，绝不是一朝一夕便可参透，需要教育者不断地发现问题，提出策略，优化创设。

参考文献

［1］李慧培．浅谈幼儿园的环境创设［J］．基础教育课程，2019，2（4）．

［2］朱莉·M. 戴维斯．幼儿与环境：致力于可持续发展的早期教育［M］．南京：南京师范大学出版社，2018.

［3］虞永平．幼儿园教育环境创设与利用的问题和思路［J］．早期教育，2021，3.

浅谈幼儿环境教育中如何有效地运用家长资源

（邓柳娇　广东省深圳市第五幼儿园）

摘　要：随着网络技术、资讯平台的多元化发展，先进的教育理念也通过互联网不断地传播与发展，环境教育越来越受到重视与青睐，但幼儿环境教育与传统观念的幼儿教育在活动实施中有着不同的组织形式和评价取向，本文对如何实现家园观念同步，提高家长的认可度，充分运用家长资源，进行了初探。

关键词：环境教育；家长资源；参与度；教育观

环境教育在儿童早期是一个整体的概念，它包含幼儿对自然世界的知识以及情感、情绪和技能。儿童早期的环境教育包括培养好奇心、欣赏自然世界的美与神秘、体验亲近大自然的快乐、尊重其他生物、解决问题的技能等。狭义的幼儿环境教育是指幼儿在进入幼儿园教育教学管理的时间范畴内，幼儿园给幼儿提供和呈现的学习状态、教育观念及环境氛围以及相关的延展教育。广义的环境教育是指让幼儿将来成为有环境素养、有能力适应未来社会不断发展的时代公民。幼儿环境教育的任务是建立幼儿与自然之间的联结，亲近自然、热爱探索、尊重生命、养成爱护环境的本能行为，实现人与自然和谐共处。

随着时代的发展，教育观念不断的更新迭代，环境教育理念越来越受到更多具有前瞻意识的教育人士、社会组织与家长的重视，儿童教育的活动实践范围也不再局限于幼儿园。扩展教育空间，把儿童带出围墙融入更广阔的天地，以自然为师，让自然中的一切事物、现象、真实事件成为儿童学习探索的元素，已渐渐成为重视幼儿环境教育的教育同行的共识。《幼儿园教育指导纲要》中指出，“家庭是幼儿园重要的合作伙伴，幼儿园应与家庭，社区密切合作，综合利用各种教育资源，共同为幼儿的发展创造良好的条件”。家长资源是开展幼儿环境教育的重要资源，是可以持续性开发、贴近幼儿生活的教育资源。如何在幼儿环境教育中有效地运用家长资源，笔者认为可以从以下方面进行考量。

一、让家长成为幼儿园践行教育观的同盟者

践行环境教育就离不开对自然教育的探索，而在实施自然教育的过程中，老师会遇到教育认知和实施形式相互拉扯的困扰，究其原因，是家庭教育观念与不断前行的儿童教育观无法达到同频共振。比如在教师组织自然教育的活动时，家长担心幼儿的外出不安全、与小动物接触不卫生、对活动中幼儿弄脏衣服的态度等都将成为老师全力实施教学活动的障碍。因此，转变家长传统的儿童教育观，实现家园教育同频，是幼儿园进行环境教育的首要重要环节。也将是“解绑老师手脚”、放心推进各种自然探索活动的有力前提。如何才能实现家园共育同频呢？笔者结合自身教育实践提出两点建议。

（一）提高家长对课程的认识，了解课程的实施与价值

幼儿园首先可以利用新生家长入学培训、家长课堂与教育课程分享会等方式提高家长对课程认识，传递最新的环境教育理念；其次，同步利用网络平台的辐射影响，展现课程理念、儿童活动剪影，国外先进的自然教育课例、推介专家网络讲座等来提高家长对课程的认可度；再次，利用家长开放日、日常多元的家园互动让家长亲身参与到课程实施中来；最后，还可利用图书借阅活动，推荐家长阅读相关环境教育的教育理念书籍等，通过多元化的

手段提高家长对环境教育课程的参与度，在参与中感受课程对幼儿终身发展的价值，加强对幼儿园教育理念的认同。

（二）开展丰富的亲子活动，推进课程理念，逐步实现教育同频

家园共育是践行幼儿园教育观，实现课程价值的有效途径。幼儿园可以通过开展丰富多彩的亲子活动，加深家长的参与度，渗入环境课程观念，实现家园教育同频。如可利用春天种植月开展亲子种植活动，邀请家长协助幼儿完成植物的生长观察记录，了解不同植物的叶子、根、茎有什么不同，感受不同植物的生命周期等，与孩子一起体验收获的喜悦与种植知识的提升。又如幼儿园每年“五一”都会与环境保护机构合作开展“为地球母亲种一棵树”或相关护植活动，教师可组织亲子“变废为宝”环保行动或亲子手工小制作比赛等，通过加强家园合作增强家庭的环保观念。又如每年的9月，教师可结合小班幼儿的入园焦虑开展“可爱的小动物”活动、中大班开展亲子饲养照料小动物的活动，有计划有目的的亲子活动可以大大增强家长的参与度和课程的认识度，同时也会提升家长对环境教育的实施能力，在潜移默化中辐射环境教育理念，最终成为学校教育的同盟者，让家长成为课程延展的有力推手。

二、挖掘家长资源，让家长资源成为学校有力的储备力量

无论学校开展何种课程，家长都是学校不可或缺的宝贵资源，幼儿环境课程更甚，环境课程涵盖的理念和探索的自然宽度，决定了课程需要利用身边、周围与及可以运用的一切资源。家长资源是家长对班级或学校提供的，家长自身及其社会关系可以辐射运用的，能协助班级或学校进行有利于孩子教育活动的教育资源。而这些资源可以是物力资源、人力资源、职能资源、信息资源等，不管是学校活动需要调配的专业领域人才或进行相关的教育培训，还是日常班级的教育扩展等，它都将会成为学校非常丰富的储备力量，因此充分整合家长资源十分重要。发掘家长资源，可以从班级到年级再到校级，通关逐级人才筛选，合理组合建立层级家委会，形成班级家长资源库，年级家长资源库，整合年级家长资源信息上升到学校家长总资源库，通过分层、分类、实现家长层级管理资源调配，增强教育课程项目的开发和实施力，形成整体的教育合力。

三、利用家委会的桥梁作用，组建家长助教团

利用家委会的桥梁作用建立从班级到校园的优质家长助教团，有利于助推课程的建设与发展。家委会可以发挥牵头作用，组建各种各样的家长助教团，如传统节假日助教、日常教学助教、户外教学助教等；也可以是专业领域的家长助教，或者是年级、园级的资源共享助教等，形成不同类型的助教力量。尤其是在班级组织户外探索活动的时候，家长的后勤保障力量是非常重要的，从家委会出发，建立有力的后勤保障，不仅可以让家长更了解老师的日常工作和班级活动的具体运行情况，知道课程如何开展与实施，还能增进家长对幼儿园课程建设和教育理念的认可。

四、学校建立专门的户外家长团队或特殊活动团队

顾名思义，这个团队是专门参与户外协助或特殊活动协助的团队，幼儿园可组织教师从班级到年级到校级进行人员筛选，对团队成员进行校级调配，学校可以对相关人员的背景进行安全筛选，定期对他们进行专业知识技能培训，如突发情况应对、专业急救、防护预警等。这个专业团队，里面可以有专业的风险评估人员，有相关技能的医务人员、警察，有丰富经验的户外活动爱好者以及相关领域的专业人士等，这些人可以帮助进行活动的风险评

估，以及场地的勘察预警，活动时突发情况的应变处理等，专门配合参与学校户外活动、大型活动或特殊活动的调配。

总之，教育需要家园合力，幼儿环境教育课程更需要家长的大力参与，家长的环境观、示范性、参与度、辐射力对课程都起着非常重要的作用。因此，充分利用家长资源，让家长成为幼儿园践行教育观的同盟者和支持者，是助推幼儿园课程建设和教育理念落地的关键一招，值得我们去发掘、思考和研究。

参考文献

［1］高红银，王文娟，冯娟．幼儿教育中如何高效利用家长资源［J］．幼儿教育，2016（10）：81.

［2］中华人民共和国教育部．幼儿园教育指导纲要（试行）［S］．北京：北京师范大学出版社，2001.

［3］左瑞勇．反思幼儿园教学中家长资源的开发与利用［J］．幼儿教育，2011（9）：81.

混龄班区域活动师幼互动的现状与对策

（范惠玉　广东省深圳市第五幼儿园）

摘　要：有效的师幼互动会提升幼儿的身心发展水平及教师的专业成长，对幼儿园的教育质量起着推动的作用。本研究立足于笔者实践活动、实地观察与案例分析，发现混龄班区域活动中师幼互动存在以下问题：1. 混龄班区域活动中师幼互动的有效性弱，发起者多为教师；2. 师幼互动较少发生在语言区与科学区；3. 师幼互动中，教师缺乏对幼儿年龄与个体差异性的了解。针对现存问题，笔者提出了以下建议：1. 坚守“以幼儿为本”的理念，发挥幼儿主体作用；2. 关注每个区域幼儿的自主学习动态，给予适时互动；3. 提升教师自身专业化水平，关注混龄环境下每个幼儿的个体需求。

关键词：混龄班；区域活动；师幼互动；现状与对策

一、问题提出

师幼互动是发生在幼儿与幼儿园教师之间的各种形式、不同性质与多种程度的相互作用与影响，是一种有特定环境且尤为特殊的人际互动。师幼互动贯穿于幼儿园的一日生活中，不仅存在于集体教学环节与区域活动中，也体现于过渡环节以及师幼之间的游戏活动中。此外，师幼互动也是评判教师教育教学行为的关键性因素，更是教师顺利开展一日活动的必要手段。师幼间良好的互动与相互支持是区域活动达到其教育效果的重要因素。

为了将区域活动中的师幼互动行为更加有效化、专业化，笔者针对深圳市 L 幼儿园混龄班区域活动中的现象与情况进行分析总结，归纳出常态下幼儿园混龄教学中区域活动所存在的问题，同时给予针对性建议。从而促进教师专业发展，通过提升区域活动中的师幼互动质量，加强教师与幼儿间的正向联动，促进全体幼儿全面与个性化发展。

二、研究方法

（一）研究对象与过程

本文选取深圳市 L 幼儿园的混龄班全体师幼作为研究对象，针对该园混龄班区域活动中的师幼互动情况进行观察、记录与分析。

（二）研究方法

1. 观察法

本文采用实践观察法对混龄班的区域活动中所发生的师幼互动现象与过程情况进行真实记录。针对师幼互动的不同形式，笔者将师幼互动行为分成教师发起的互动与幼儿发起的互动，从两个维度观察区域活动中的师幼互动行为。

2. 案例分析法

在观察的基础上，笔者通过记录区域活动中师幼互动的具体表现，进一步分析其中的师幼互动行为，以此形成本文的观点依据。

三、混龄班区域活动中师幼互动的现状

（一）师幼互动的有效性弱，发起者多为教师

经观察发现，区域活动中师幼互动教师的提问方式多为封闭型问题，这容易禁锢幼儿的想法与回应，从而导致无效的师幼互动。例如，在建构区中，教师会主动询问幼儿："请问你在搭什么呀?"幼儿往往只能单一地回答出自己的作品内容，而教师此时的回应通常为"你搭得真好!""继续搭!"并没有给予幼儿在搭建技能上的具体支持与提升。显然，单一的互动对话与内容会使区域活动中的师幼互动局限于"一问一答"式的对话，未能真正地调动起幼儿的积极性，促进幼儿的思考与创新。

教师主动发起的师幼互动多为以自我为中心，以关注幼儿是否遵守纪律为观察要点，较少能做到观察幼儿的游戏行为。比如，当个别幼儿在区域活动中遇到问题时会与同伴共同探讨解决方法，但是教师可能会告知幼儿："区域活动时请保持安静。"这样的语言直接遏制了幼儿问题探索及与教师相互交流的勇气，将师幼互动的契机扼杀。此外，在幼儿主动发起的师幼互动中，教师也往往不能正面、直接且有效地回应幼儿的需求。

（二）师幼互动较少发生在语言区与科学区

通过实践观察可得知，混龄班区域活动中的有效师幼互动较少发生在语言区与科学区，大部分发生在建构区和美工区。原因在于：在语言区中教师提供的材料较为单一，多为满足幼儿"看"的需求的绘本，缺乏可互动的材料以及让幼儿互动的机会，例如手偶；再者，教师对幼儿的已有经验了解有限，若教师不熟悉幼儿已经看过哪些图书、了解过哪些故事、拥有了哪些生活与阅读经验，便很难展开有效的互动，利用好现有的材料帮助幼儿提升经验。而导致科学区有效互动较少的主要原因有：第一，符合混龄班各个年龄层年龄特点的科学材料与实验较少，且存在科学材料较为单一化的现象。例如，教师在科学区投入磁铁，通常是开展磁吸实验的操作，缺少同一材料的多种玩法，无法引起幼儿的兴趣，导致幼儿较少进入科学区，或是进区后通常在摆弄玩具，而不是真正地根据指引操作；第二，教师的科学知识储备有限，无法给予幼儿反馈与指导，最终导致科学区"无人问津"，更别提师幼互动的生发了。

（三）教师缺乏对幼儿年龄与个体差异性的了解

经观察发现，区域活动中教师存在未能全面关注到幼儿的游戏情况并展开针对性互动的情况，这是由于教师缺乏不同年龄段幼儿学习与发展特点体验需求的专业知识。因此，在区域活动中容易出现教师对区域材料的层次性和幼儿需求之间的关系掌握不够深入的情况。

四、区域活动中师幼互动的建议

（一）坚守"以幼儿为本"，发挥幼儿的主体作用

良好、有效的师幼互动应以"以幼儿为本"作为前提与基础，最大限度地发挥幼儿的主体作用。教师应灵活转变自身角色，以幼儿为中心展开有效互动。当幼儿需要丰富的游戏材料时，教师是游戏材料的提供者；当幼儿在活动中面临瓶颈时，教师是经验的支持者与游戏的协助者；当幼儿主动向教师发出游戏邀请时，教师是共同游戏者与合作者；当幼儿的游戏无须教师介入时，教师是观察者；当幼儿已经熟练掌握材料的使用时，教师是经验的提升者。教师的角色变化以幼儿的需求为基准，幼儿应掌握在区域活动中师幼互动的主动权。

（二）关注每个区域的幼儿自主学习动态，给予适时互动

教师在区域活动中与幼儿互动时应该考虑到班级内的每个区域，而不是集中关注一个或某几个区域。在均衡关注各个区域的幼儿活动情况的同时，教师应根据幼儿的游戏情况进行记录、分析，同时给予适时的互动。在幼儿的游戏能够自主顺利进行，或是出现可以自己解决的瓶颈时，教师应主动减少干预。例如，当幼儿在建构区发生材料的使用争执时，教师不必第一时间去帮幼儿解决矛盾，可在旁观察，鼓励幼儿自行解决问题。

（三）提升教师自身的专业化水平，关注幼儿的个体需求

在混龄班级中，教师的师幼互动应考虑到各个年龄层的年龄特点和个体需求，同时也要以提升专业知识、储备混龄教育经验为目标，学会看见幼儿、读懂幼儿、理解幼儿。

五、结语

综上所述，混龄班区域活动的师幼互动中虽然存在互动质量不高、互动区域失衡的问题，但我们可以通过改变教师的师幼互动观念、提升教师的师幼互动能力来提高混龄班区域活动中的师幼互动质量。

参考文献

[1] 朱海燕. 区域活动中的师幼互动 [J]. 学前教育，2012 (10)：17.

[2] 郭迪，周美. 中班区域活动中师幼互动情况调查与建议——以宝鸡市某幼儿园为例 [J]. 陕西学前师范学院学报，2018 (34)：85－90.

幼儿园新手教师职业适应的成长路径——以自我为例

（袁琳雯　广东省深圳市第五幼儿园）

摘　要： 幼儿园新手教师职业适应程度会直接影响教师的职业认同感、幸福感乃至幼儿园的教师队伍发展。因此，帮助新手教师找到适宜的职业适应成长途径，在一定程度上不仅能提高教师的职业认同感，降低幼儿教师的流失率，还能有效提高幼儿园的教育教学质量。笔者通过分析自我在职业成长中的困境与应对策略，总结出提升幼儿园新手教师职业适应的具体建议。

关键词： 幼儿园新手教师；职业适应

幼儿园新手教师职业适应指的是刚从大学毕业进入幼儿园工作1～5年的幼儿教师在转变学生角色去适应工作环境并解决工作中遇到的一系列问题的能力。良好的职业适应能力能够帮助新手教师提高对工作和自身的认同感。教师的职业适应能力越强，发展速度越快、质量越高，在一定程度上可以降低幼儿教师的流失率，同时也能提高幼儿园的教育教学质量。找到新手幼儿教师的职业适应路径，提高幼儿新手教师的职业适应能力，对教师自身和幼儿园的发展来说都有着不可忽视的重要作用。

一、新手幼儿教师职业适应的困境

根据已有的研究和自身的教育实践经验可得，新手教师在职业适应上最主要的困境是带班困难。具体表现如下。

（一）课堂纪律难以维持，面对突发状况的应对能力欠缺

由于新手教师在幼儿面前还没有树立起足够的权威，带班经验较少，面对幼儿的突发奇想或者是突发状况容易出现“接不住”的情况；而且在日常的活动中也会存在幼儿“不怕”老师的现象，导致幼儿在新教师的课堂上表现得更为“散漫”“放肆”，课堂纪律较散漫、混乱。

（二）新手教师较难对幼儿做出正确、公正的评价

新手教师对幼儿的评价往往会受到幼儿当前表现和教师情绪情感的影响，较容易出现以偏概全的现象。

（三）语言的使用较为生硬及封闭

新手教师在组织幼儿开展活动时的组织用语、指导用语，环节与环节之间的衔接语、过渡语等使用得相对于老教师而言更生硬，封闭性更强，语言引导缺乏深入，更多时候都只是停留在表面。

（四）面对“问题儿童”时束手无策

在幼儿园的每个班级中总会有几个让老师“头痛”的孩子，在这些孩子中有一个比较明显的特点，他们会比较“怕”老教师，而对于新教师他们根本就“不放在眼里”，时常游离在班级之外，或者在新手教师开展活动的时候调皮捣蛋，让新手教师头痛不已。

二、新手教师职业适应的成长路径

面对新手教师的职业适应困境，笔者认为可以从以下两个路径去提高职业适应能力。

（一）新手教师自身的努力

对于新手教师来说，适应职业较好的方式之一是根据自身所处的环境以及自身的特点，制定一个职业发展目标，以自己制定的目标为导向，不断地实践—反思—改进—再实践，实现从“小白”幼儿教师向合格的幼儿教师转变，再从合格的幼儿教师向优秀的幼儿教师的双重转变。

1. 制定职业生涯目标

新手幼儿教师想要实现职业角色的转变，首先要确立自己的职业发展目标。在确立职业发展目标的过程中，可以划分不同的领域目标，列出重要的、可优先发展的领域，进行长期方向性的规划与短期具体可操作的目标的制定。这样既能有长期目标作为方向引领，又有短期目标作为抓手，不会让目标看起来太宽泛而无从下手。在制定发展目标时，要注意目标的时间跨度和目标的灵活性。从时间上看，短期目标的时间跨度一般在两年内，最长不超过两年，长期目标一般在五年以上。新手教师在制定短期目标时可能更需要给予更多的灵活性，不需要过分精确与强求达成的状态；而在制定长期目标时，可结合行业发展的前景去进行全面的、谨慎的考虑和制定。

2. 分析与选择可行的目标

制定好职业生涯的发展目标之后，要更进一步去分析与评估目标的可行性，对于经验较少、对职场的了解也不够充分的新手教师来说，制定的目标很容易理想化，因此需要在制定目标之后理性地去分析和评估自己目标的可行性，最后选出一个最适合的目标予以落实。

3. 实施既定的目标

目标制定得再好也必须得落实到实际的行动上才能够发挥它应有的作用，因此在制定好切实可行的目标之后就要付诸行动。对新手幼儿教师来说，在职业适应中最主要的问题就是带班问题，其他的问题很多都是在带班的过程中衍生出来的，所以最需要落实的第一个目标就是学会如何带班，可以从以下几个方面入手：

第一，了解自己所带班级幼儿的发展特点。不同年龄的幼儿在认知、经验、思维、语言表达和动作发展等各方面有着不同的特点，新手教师在没有足够的经验之前，可以制作一个幼儿观察记录本，给自己预留一些观察记录的时间，在日常与幼儿的相处中、与老教师、家长的交谈中了解本班幼儿的基本特点，对其作出一个客观、公正、正确的记录与分析，作为基于幼儿特点开展针对性教育教学工作的依据。

第二，针对不同的领域，制定自己带班目标。新手教师很难做到像老教师一样，拿到一个主题就能直接开展活动，因此新手教师可以根据班级的周计划分领域进行备课。首先要制定出活动的目标，再根据自己预设的目标去寻找相应的内容、材料和设计不同的活动形式。明确的活动目标能事半功倍，在一定程度上可以减少和减轻新手教师的备课时长和压力。

第三，学习带班常规话术和常规口令，轻松“拿捏”幼儿。在带班的各个环节中新手教师常常会因为幼儿总是不听自己的而感到苦恼，久而久之会容易使新手教师产生习得性无助和挫败感，影响新手教师对职业的认同感。但事实上很多时候出现这样的情况只是因为幼儿的注意力不在教师身上，而喊口令则是一种吸引幼儿注意力的好方法。因为幼儿对一些简短的、顺口的口令比较敏感，比如：老师说“小眼睛”幼儿回答“看老师”，这是一个比较简短有效的口令，在课堂活动的实践中屡试不爽，幼儿在回答的时候也会不自觉地安静跟着做动作。因此在带班的过程中，新手教师可以通过一些符合幼儿兴趣的并且比较顺口的口令来吸引幼儿的注意力，这样可以更好地维持课堂纪律或者是活动纪律，让教师能更加省心省力。此外，学习一些话术和常规口令还可以提高教师语言使用的质量，改善师幼互动的效果。

第四，面对问题儿童，学会寻求帮助。新手教师可通过与老教师、家长交谈，了解出现问题的原因，在语言引导和行动支持上采取有针对性的教育措施，利用榜样的作用引导他们塑造积极正面的行为。

第五，学会不断地反思总结。学会反思和总结是教师专业发展的一项重要能力，也是新手教师适应工作的重要法宝。反思能够让新手教师意识到自己在活动中存在的不足和优点，能让教师正确地评估自己的教育教学能力和水平，不断促进教师的专业成长和发展。新手教师需要不断地反思积累教学经验，才能够更好地适应带班工作。

制定目标很简单，真正难的是落实。对于新手教师来说，由于对工作的不熟悉或受到其他事情的影响等各种情况而将自己的目标搁置的现象并不少见，为此，新手教师可以通过经常性地提醒自己或者将自己的计划写出来放在显眼的位置等方式提醒自己按照目标和计划去实施落实每一件事情，虽然刚开始的时候会觉得比较困难，但是坚持一段时间就会形成习惯，习惯成自然。

（二）幼儿园方面的支持

一个人是否能够快速成长最主要是看个人的主观能动性，但客观条件也会对其有一定的影响，因此幼儿园的支持在一定程度上对新手教师的职业成长起着不可忽视的作用。幼儿园可从以下几个方面给予支持：

第一，定期组织新手教师观摩优秀教师的带班过程。幼儿园可以每月一次或是一个月两次的频次组织新手教师去参观观摩本校或其他学校优秀教师的带班过程，让新手教师在观察中不断地学习和模仿优秀教师的带班经验，提高自己的带班能力，增强新教师的职业适应能力。

第二，组织参加相关的培训。幼儿园可以利用幼儿园的力量组织相关培训，内容包括但不局限于理论知识的学习，也可以是一些案例学习亦或是现场观摩等类型的培训，将理论性知识与实践相融合。

第三，开展多种形式的教研活动。开展不同形式的教研活动可以了解到不同班级、年级以及不同的教师遇到不同类型的问题，同时也能了解到对于不同的问题不同的教师、相同的问题不同的教师的不同看法和处理方式，能够比较好地解决新手教师在职业适应中遇到的各种疑难杂症，提高新手教师的职业适应能力。

三、结语

总而言之，新手教师职业适应能力的提高不是一蹴而就的，它一定是在不断的学习、模仿和实践中突破的。在这个过程中，新手教师要坚定地跟着自己的目标前进，不断地调整、完善自己的职业目标，提高自己在职业适应和专业发展等各方面的能力。

参考文献

[1] 欧美燕．幼儿园新教师职业适应能力研究的现状与展望［J］．兰州教育学院学报，2018，34（4）：172－174.

[2] 郝铭．幼儿教师教学反思能力的培养与提升［J］．文化创新比较研究，2018，2（5）：151－152.

儿童视角下户外自主游戏的组织策略探究——以《三部曲——让户外妙趣横生》为例

（黄献玉　广东省深圳市第五幼儿园）

摘　要：《纲要》指出："开展丰富多彩的户外游戏和体育活动，培养幼儿参加体育活动的兴趣和习惯，有利于增强幼儿体质，提高其对环境的适应能力。"因此，为了进一步优化户外活动，我们聚焦"在自主游戏中快乐学习"这一主题，将幼儿放在"课程的正中央"，通过有效指导和合理推动，通过户外的情境游戏，带给孩子们更多的快乐。我们期望，以循序渐进的方式逐步培养大班幼儿游戏和学习的自主能力，让幼儿教育具备长远的价值和意义。

关键词：自主游戏；户外活动；学习能力

户外自主游戏是教师积极引导幼儿，让幼儿根据自己的喜好、兴趣选择自己心仪的游戏活动，能充分调动幼儿自身的创新思维，通过运用自己的想象力与创造力改变原有的游戏，进而促进幼儿思维的发展，有利于提升幼儿的综合能力。

户外自主游戏不仅能有效激发幼儿们的参与兴趣，还能在玩耍中增添与同伴的亲密度。它的核心是幼儿自主性的体现，因此幼儿在户外自主游戏过程中幼儿是否具有自由选择的权利和机会是关键，也是评价户外自主游戏的关键要点。

一、契合灵感，呈现户外游戏的主体性

主题教学活动和游戏原本应是有机的整体，我们对此也做过颇多尝试，然而，主题教学和自主游戏的整合，还需要进一步凸显幼儿的主体性。正如游戏精神的含义"自由、自主、创造、愉悦"。因此，儿童主体视角下的课程与游戏整合，才是真正游戏精神的体现。

（一）基于课程兴趣，发现自主活动的契机

游戏是儿童的天性，是儿童的功课，亦是儿童学习的基本方式。《幼儿园教育指导纲要（试行）》指出："应尊重幼儿身心发展规律和学习特点，以游戏为基本活动。"户外冒险游戏是基于整个游戏课程的子内容之一，它的本质与儿童所有的游戏一致，并且户外游戏的环境更为开阔、材料更为真实、趣味更为浓厚，在课程实践的过程中能够让儿童"入情、入境、入心"地身临其境。

这学期户外自主新增了三个大箱子，大班幼儿好奇心足，对新鲜的事物十分感兴趣，在和小朋友在一起整理户外的小箱子时，孩子们对这些箱子产生了讨论。

逸晨：箱子上面好大，可以在这里扎染，很好玩。

菲菲：对呀，箱子里还可以放工具，太方便了。

柏伦：染料放在一个小箱子，布放在另一个小箱子，可以分类装在大箱子里。

芊彤：还需要准备一次性橡皮筋还有一些彩色夹子。

讨论后孩子们觉得这就是"扎染用的箱子"，基于孩子浓厚的兴趣，老师决定放手让孩子去实现自己的想法，孩子们把扎染的工具、材料搬了过来，孩子们的自主活动就此开始了……

（二）源于“三部曲”，实施户外自主游戏

单纯形式的户外游戏，孩子们并不能沉浸于其中。因此，情境化、模拟性的户外游戏形式，更加能够吸引幼儿主动地参与。因此，我们在组织户外自主游戏时遵循“三部曲”：计划—实施—回顾。同时，投放能吸引幼儿并贴近幼儿生活的游戏材料，让幼儿在游戏中不断积累生活经验，让幼儿在接触这些游戏材料的同时，不断提升创新能力和认知水平。

二、“权倾”幼儿，开拓户外游戏的能动性

虞永平所著的《学前课程与幸福童年》中指出：“幼儿最需要最该拥有的是幸福，它不只是高兴，还是愉快和充实的，所谓充实就是幼儿有更多机会做具有挑战性的、需要思维和情感参与的事。”因此，在户外游戏的实践研究过程中，我们需要本着“儿童本位”的理念，与儿童共同创设课程、生发课程，进而架构出适宜儿童生长、发展的户外游戏动态和体系架构。

户外游戏具备真正的自主性，能成功地激发他们的游戏欲望，锻炼其合作探究的能力。在户外游戏中，孩子们的创造力犹如他们的“一百种语言”：墙体用湿沙、石片支撑、屋顶可以用树叶和花朵……我们跟进观察、偶尔牵引，却并不干涉，确保游戏的自主性和吸引力。时代在发展，针对幼儿的户外游戏和策略，也在不断革新。无论选择哪种模式，我们都需要坚持“儿童本位”原则，让孩子们在轩敞的户外享受自主游戏的快乐。事实证明：给大班幼儿自主的权利，陪他们亲历游戏的过程，简单的户外活动，不仅能够锻炼孩子们的技巧，还实现了合作互助等综合能力的培养。

三、自立自主，开拓户外游戏的延展性

（一）妙用资源，拓展游戏

陶行知先生指出：“要给儿童更广阔的课堂，让他们拥有尽情学习和展示的机会。因此，在游戏化课程实施与推进的过程中，仅仅是融合资源、丰富素材、提升策略还不够，空间的拓展也势在必行。”

案例：活动开始了，小朋友从箱子里拿出了各种各样的材料，这时候，朱小冉从一个箱子里发现了一些干花，她在布料上面比来比去，小如拿来了三四个夹子说：“我们在夹子上粘上干花吧，这样就变成发卡了。”朱小冉听完，点点头，同意了这个想法，于是他们就开始制作了起来，“我们选择小一点的花吧。”“好的。”他们在箱子里翻来翻去，突然一副不开心的样子，于是我走了过去，原来，他们的胶水打不开了，帮他们打开后，他们又开始了，不一会儿了，“老师，快看我们制作的发卡，好看吧。”将发卡戴在了头上。

分析案例中的幼儿行为，我们发现：幼儿能够将材料进行重组并制作出新的物品，并能与同伴合作完成。这正是幼儿游戏自主性的真实体现。但案例也呈现出我们材料投放还不够丰富，因此在后期我们调整了材料投放的种类和数量，当投放了更多剪刀、粉笔、尺子等操作性工具后，幼儿自主设计的衣服更加多元化和具有特色了。

（二）解决问题，后续待发

在户外游戏的过程中，孩子们遇到了各种各样棘手的问题，然而唯有问题的出现才能引发孩子们的思考，进而想出解决问题的策略，助推游戏的进一步发展。

例如，我们发现幼儿的计划中出现了裁剪布料，衣服的设计由单人计划出现了多人计划，幼儿的计划在一次一次地进步——幼儿的自主游戏玩得越来越好，也能借助自然材料，

制作出各种各样漂亮的衣服。

在整个户外自主游戏中，孩子们根据兴趣经验和实际问题，自主决定、自主认知和亲身体验，拥有了极大限度的主动学习机会。在老师的鼓励下，孩子们循疑而进，在操作中思考和自主改进，在体验学习中探索和发现，充分体现了幼儿的自主游戏和主动学习。

四、结语

户外自主游戏是课程的组成部分，是课程游戏化的重要体现。作为大班教师，我们应在洞察幼儿的成长需求的基础上不断思考和探索，在户外游戏活动中强调游戏的自主性，帮助幼儿在玩耍中获取主动学习的能力。从户外游戏创建到活动实施的过程，再到自主学习的呈现，我们相信：用心去做，优化户外游戏，定能让孩子们成长得更好、发展得更全面。

参考文献

［1］中华人民共和国教育部基础教育司.《幼儿园教育指导纲要（试行）》解读［M］.南京：江苏教育出版社，2002.

［2］陈文英．在户外自主游戏中促进幼儿深度学习的实践研究［J］．中国现代教育，2021.

［3］翁春永．论幼儿园户外自主游戏的有效开展［J］．华夏教师，2019.

浅谈促进家园合作的策略方法

（孙维　北京市 北京一幼海晟实验园城市副中心园）

摘　要：家长资源对幼儿园来说是一项重要而特殊的资源。家园有效合作对幼儿的发展具有十分重要的意义，但目前家长资源的开发尚存在许多问题，本文提出了开发家长资源的策略和开发取得的成效。

关键词：家园合作

一、问题提出

目前，在家园合作问题上仍然存在着认识上的误区。一是认为家长与教师应该“各司其职”，孩子在家归家长管，孩子在幼儿园归老师管。家长缺乏参与幼儿教育的意识，没有认识到自己的责任和义务，因而不愿意参与幼儿园的活动，并认为要求家长参与是幼儿园在推卸责任；幼儿园则认为家长参与幼儿园的教育工作是添乱。二是传统的师道尊严的思想根深蒂固，认为教师是专业教育工作者，而家长水平低，不懂教育，没有能力参与幼儿园的教育。三是家长认为自己工作忙，没有时间参与幼儿园的教育工作。《幼儿园教育指导纲要》中明确指出：“家庭是幼儿园重要的合作伙伴。幼儿教师本着尊重、平等、合作的原则，争取家长对幼儿园工作的理解、支持和主动参与，并积极支持、帮助家长提高教育能力。”

二、家园合作的重要性

1. 家园合作是人的发展的需要。幼儿园、家庭、社区是儿童发展中影响最大、最直接的微观环境，作为幼儿最早接触的社会文化环境，它对幼儿发展所起的作用，是其他任何因素所不可比拟的。因此，儿童教育必须从在特定的环境中所经历的活动、承担的角色及建立的人际关系出发，协调相关的社会群体的力量，共同促进儿童的发展。

2. 家园合作有利于家长资源的充分利用。家庭是孩子成长发展的第一环境，家长与孩子之间特有的血缘关系、亲情关系与经济关系，使这种教育具有感染性、长期性和针对性，教育内容复杂丰富且教学方法灵活多样。同时，幼儿的家长来自各行各业，可谓人才济济，是幼儿园得天独厚的教育资源。让家长用各自的专长参与幼儿园的教育，可以使他们深层次地了解幼儿园、了解幼儿教育。

3. 家园配合一致，促进幼儿健康和谐发展。教师、家长作为孩子的教育者，是对幼儿实施促进发展教育的主体，新《纲要》中指出：“幼儿园应主动与家长配合，帮助家长创设良好的家庭环境，向家长宣传科学保育教育幼儿的知识，共同担负幼儿教育的任务。”幼儿园要发挥主导作用，要充分重视并主动做好家园衔接合作工作，使幼儿园与家长在教育思想、原则、方法等方面取得统一认识，形成教育的合力，家园双方配合一致，促进幼儿的健康和谐发展。

三、如何使家长意识到家庭教育的重要性，树立主人翁意识

1. 教师不能以自己是专业教育工作者自居，不应该单纯地把家长当作教育的配合者，而应该是合作者。应该保持经常的联系，与家长交流孩子的每天情况。孩子的一言一行，教师要随时关注，随时教育，并且积极取得家长的信任和配合。同时，教师对家长提出的合理

要求，也要积极配合。

2. 向家长交流家庭环境对孩子的影响和家庭教育的重要性，使家长树立主人翁意识和责任感。让家长懂得，大人对孩子的影响是潜移默化的，家长的一举一动都是孩子模仿的对象。因此，首先要让家长起到表率作用，使孩子养成良好的行为习惯。家长对孩子的态度要把握好“度”，不能任由孩子，也不能太约束孩子，家长对孩子的教育要坚持不懈。

3. 满足家长的合理需要，取得家长的信任。心理学原理表明，家长合作的态度取决于合作是否满足他们在教育孩子方面的需要，当幼儿园满足了家长的合作需求时，家长合作的愿望和热情也会更积极。因此，教师要了解家长对孩子教育的需要，尽可能地满足他们的需求，取得家长的信任从而激发他们参与幼儿园教育的兴趣和热情。

四、促进家园合作的策略方法

（一）入园前进行家访或问卷调查，更深入地了解幼儿的生活习惯

在新小班正式入园前，会对即将入园的新小班的幼儿进行家访或问卷调查，其内容主要包括了解幼儿的生活习惯、身体情况、平时主要看护人员等。在疫情期间，我们通过线上的“云沟通”，和幼儿、家长进行线上见面会，让幼儿认识自己班级的教师，增进师幼间的感情，加深对幼儿的了解，同时也可以帮助家长更好地了解开学前的准备工作，通过家园的共同配合，更好地帮助幼儿适应幼儿园的生活。

（二）利用微信，加强与家长的沟通和交流

幼儿在园一天，时刻牵动着家长的心，尤其对于新小班的幼儿家长，针对家长们这一共性的心理需求，因此我们会充分利用微信群，定期向家长发送幼儿在园情况，帮助家长更好地了解幼儿在园状态，减少家长的焦虑情绪；针对个别幼儿出现的个性问题，如：个别幼儿情绪问题、个别家长提出的需求等，我们会与家长进行一对一沟通，确保沟通的时效性和有效性。

（三）利用电话，和家长沟通幼儿的情况

当遇到一些突发情况或紧急情况时，我们会第一时间打电话告知家长，如有些幼儿在活动中不小心摔了一跤，我们在帮助幼儿处理之后，会及时给家长打个电话，告诉他事情发生的经过，以及我们的处理办法，并告诉他我们会继续关注幼儿，并且会在离园时再次与家长进行沟通；如：有些幼儿身体不舒服，我们会先请保健医为幼儿进行查看，并给家长打电话，告诉家长幼儿的状况，保健医的处理，以及询问家长是否需要接幼儿回家进行检查。

（四）利用离园的时间与家长进行面谈

班级里幼儿人数较多，我们不能每天与每个家长进行沟通，因此班级教师间会相互分工，每位老师重点负责几名幼儿，每天有重点地关注1～2名幼儿，并利用离园时与这几名家长沟通幼儿近一段时间内的情况，询问幼儿在家的情况，并说明我们的方法及教育建议，与家长共同沟通如何更好地促进幼儿的发展，每周做到与每位家长面谈一次。另外，对于在一天活动中出现一些情况的幼儿，我们也会利用离园的时间与家长进行面谈，帮助家长更好地了解事情发生的原委，并且会提醒家长回家后也多注意观察孩子，从而使家长更好地了解幼儿在园的一日生活以及一段时间内的状态。

（五）发挥家委会的作用

开学初期，我们会召开家长会，公开招聘家委会，请家长们自愿报名。家委会的主要任务是协调家长和幼儿园之间的工作，比如：参与幼儿园大型活动；配合班级、幼儿园开展活动等。

（六）定期召开家长会，方便家长了解幼儿园近期工作安排

每学期初，我们会开展家长会，总结上一学期的工作，介绍新学期的安排，包括班级开展的主题活动、班级活动区角的设置、家长如何配合、促进幼儿哪些方面的发展等，并且会根据季节的变化提醒家长适时为幼儿增减衣服、换洗被褥等。

（七）充分利用网络平台，让家长更全面地了解幼儿一日生活

教师利用网络平台，及时向家长发送幼儿在园活动的照片或视频，让家长及时了解幼儿在园真实情况；同时，我们会每周向家长发送美篇，介绍一周活动亮点。通过网络平台，家长可以和幼儿一起回顾照片及视频中的内容，了解幼儿园生活的同时，增进亲子间的互动关系。

（八）利用开放日的时间，让家长参与到幼儿活动中，了解幼儿在园生活

疫情前，我们会针对主题活动，邀请家长和孩子一起参与主题活动，让家长参与到活动中，亲身体验幼儿的生活和游戏，方便家长了解幼儿园的生活，同时，也让家长了解老师每日工作，增加家长与教师之间的信任和合作，以便家园更好地配合。

疫情下，为了让家长参与并了解幼儿园生活，我们会进行“云开放”的活动，教师利用网络平台，向家长直播幼儿在园活动，并请家长进行“云互动”，和幼儿共同学习和活动。开放活动，也让家长认识到如何更有效地配合幼儿园，促进幼儿的健康成长。

（九）家长园地的渗透与应用

班级创设家长园地，向家长介绍家委会；育儿经验分享；主题活动开展及近期亮点活动等，方便家长们了解幼儿在园活动。

（十）每月书写家园联系册，方便家园沟通

每月月底，我们会为每个幼儿发放家园联系册，将幼儿本月在园表现书写下来，并为家长注明，家长在家时需要注意哪些方面，家园应该如何更好地配合。同时，也会请家长将孩子在家的表现书写下来，并将自己的建议反馈给我们，我们会根据家长们提出来的建议和反馈，着重观察幼儿，并及时与家长进行沟通。

（十一）小小便利贴，发挥大作用

为了让家园沟通更顺畅，我们设立了一个小小便利贴，家长可以把想和老师沟通的问题写在便利贴上，由门口接待的老师转交到自己班老师的手上，这样，老师就可以及时了解到家长的需求和想法，并且会在离园或中午休息时针对便利贴上的内容与家长进行沟通。

（十二）开通家长信箱，促进家园双向沟通

为更好地服务家长，促进家园沟通，可以设立家长信箱，家长可以把想对老师说的话投进信箱里，教师可以有针对性地进行反馈，促进家园双向沟通。

综上所述，和谐的家园共育环境、有效的家园沟通方法，对幼儿的健康成长有着不可替代的作用，让我们家园携手，共同促进幼儿全面和谐的成长。

浅谈户外建构游戏促进中班幼儿社会性品质发展的感悟

（李蓓　上海市浦东新区冰厂田幼儿园）

摘　要： 建构游戏深受幼儿喜爱。而户外建构游戏，既满足了幼儿喜爱游戏的天性，又能保证幼儿每天两小时的户外时间。相较于室内建构游戏，户外建构游戏的空间更为广阔，游戏材料大多体积较大、数量较多，和室内建构游戏也不尽相同，游戏方法也更为丰富并具有难度，不仅需要幼儿的创造性，还需要幼儿之间的相互沟通交流以及分工合作。在户外建构游戏的过程中，会有因材料、空间、同伴等各方面的问题、冲突与矛盾，而恰恰是这些问题、冲突和矛盾，促进了中班幼儿的社会性品质发展。本文主要从以下三个方面来谈一谈户外建构游戏促进中班幼儿社会性品质发展的感悟：一、户外建构游戏的材料需求能有效促进中班幼儿社会性品质的发展；二、户外建构游戏的空间问题能有效促进中班幼儿的社会性品质发展；三、户外建构游戏的同伴交往能有效促进中班幼儿社会性品质的发展。

关键词： 户外建构；中班；社会性品质

建构游戏深受幼儿喜爱。而户外建构游戏，既满足了幼儿喜爱游戏的天性，又能保证幼儿每天两小时的户外时间。相较于室内建构游戏，户外建构游戏的空间更为广阔，游戏材料大多体积较大、数量较多，和室内建构游戏也不尽相同，游戏方法也更为丰富并具有难度，不仅需要幼儿的创造性，还需要幼儿之间的相互沟通交流以及分工合作。在户外建构游戏的过程中，会有因材料、空间、同伴等各方面的问题、需求、冲突与矛盾，而恰恰是这些问题、需求、冲突和矛盾，促进了中班幼儿的社会性品质发展。

一、户外建构游戏的材料需求能有效促进中班幼儿社会性品质的发展

中班上学期，首次尝试户外建构游戏，提供了泡沫砖、纸砖和碳化积木。品种较少，数量较多。其中碳化积木，包含各种形状，可根据幼儿的需要寻找合适的形状来进行建构。因材料的需求而产生的冲突和矛盾，就促使幼儿必须向教师求助，或者与同伴进行协商，通过轮流、谦让等方式获得材料继续户外建构游戏。

案例 1：

开始游戏后没多久，正在积木平台区建构碳化积木的小溪就来求助老师："老师，我需要像滑滑梯那样斜的积木。"其实我不理解他需要的是哪一种，只能先回答他："你可以试试看，去找一找。"小溪很明确地告诉我："可是我找不到。"我尝试引导："那你可以先搭别的部分。"小溪："可是没有它，就做不了翅膀了，就不能飞。"我再次引导："你试试用别的代替一下？"小溪坚定地回答我："不行。"小溪为了飞机的翅膀等了很久，在这期间他去帮忙拯救了另外一辆坦克，然后就是等别人的积木空下来。后来，小溪看到了旁边有他需要的积木，他就主动问金金："你们这块滑滑梯一样的积木可以给我吗？"得到了同伴的同意，他终于等到了自己需要的翅膀，完成了自己的飞机。

案例 1 中的小溪是较为冲动型的幼儿，但是在遇到材料不足的问题时能主动寻求教师的帮助。在教师引导寻找替代物后，他有自己坚定的目标和明确的需求，也能在通过协商，征得其他幼儿的同意后，获取自己所需材料，并且继续建构游戏。由此可见，对于户外建构游

戏中材料明确的需求和目标，可以促使幼儿与教师、同伴等进行协商、求助，并且通过轮流、谦让等方式，来促进幼儿社会性品质的发展。

二、户外建构游戏的空间问题能有效促进中班幼儿的社会性品质发展

户外建构游戏场地更为宽广，空间也更不受限制。中班幼儿，对于垒高还有很强烈的兴趣。泡沫砖和碳化积木体积较大，垒高时就会达到较高的高度，对中班幼儿来说也是一个新的挑战，也就促使幼儿必须通过借助工具，或者是合作的方式，才能继续建构游戏。

案例 2：

在户外建构时，桐桐总是选择泡沫砖，将一块一块的泡沫砖垒高，垒得比自己还要高。当在积木平台中间垒高时，泡沫砖因为太轻，很容易倒下。桐桐选择了靠近墙面的位置，将泡沫砖依着墙面垒高，这样泡沫砖就不会倒下。当垒高到超过自己的身高时，桐桐将一块泡沫砖垫在自己的脚下，将自己垫高，这样就可以够到最上方，可以继续垒高。脚下的泡沫砖从一块、两块，累积到了三块、四块，可是又发生问题了，脚下的泡沫砖不稳，容易在站的时候摇摇晃晃，就没有办法稳定地将手中的泡沫砖叠上去，反复尝试了好多次，将脚下的泡沫砖整理整齐后再次尝试，依然无法稳定地继续垒高。桐桐请冲冲来帮忙，可是冲冲反复尝试，也依然无法继续垒高。老师询问桐桐："你需要帮忙吗?"得到桐桐的肯定后，老师搬来一个小小的脚凳："试试看这个脚凳。"桐桐拿起一块地上的泡沫砖，慢慢地爬上高凳，可是有点不敢站起来，杨杨看到一起帮忙扶着高凳，保证桐桐安全。接着，桐桐又将一块泡沫砖叠在高凳上，想通过叠加的方式将自己垫高，可是尝试之后发现不稳。但是通过之前搬来高凳的启发，桐桐又到运动器械区域，搬来了彩虹桥，通过爬上彩虹桥进行垒高。一起游戏的冲冲和杨杨在地面上给桐桐递泡沫砖，冲冲爬到彩虹桥的一半，杨杨在地面上，大家分工合作，共同进行垒高。在彩虹桥也无法达到更高的高度时，桐桐又搬来了更高的梯凳，爬上梯凳的顶端再进行垒高，并且高兴地告诉我："李老师，你看，比你还高!"

案例 2 中的桐桐喜欢垒高，可以连续好多天持续进行泡沫砖的垒高。在户外建构垒高，超过自己身高，因为空间原因，垒高无法继续时，促使幼儿必须想办法解决问题，幼儿通过垫高自己的方式，使得垒高建构游戏继续。在垫高这个方式不稳的情况下，通过教师适时的介入引导搬来高凳，幼儿会运用经验的延伸和拓展，主动去寻找彩虹桥，主动搬来梯凳等，在通过高凳叠加泡沫砖垫高自己等多种方式来进行垒高。并且站在高凳、彩虹桥等工具上不便于上下搬动泡沫砖时，请杨杨帮助自己去搬运，请冲冲传递给自己，进行了同伴间的沟通与分工合作。因为空间原因导致的建构游戏无法继续，促使幼儿通过寻找工具、同伴间合作的方式，促进了幼儿社会性品质的发展。

三、户外建构游戏的同伴交往能有效促进中班幼儿社会性品质的发展

与其他游戏一样，户外建构游戏，也是自主选择材料、自主选择同伴进行游戏。在室内建构时，更多的幼儿进行平行游戏。但是到户外建构时，因为建构的材料、场地、空间等的原因，建构的任务比较复杂，幼儿会自然形成小组共同来完成。而小组内，每个幼儿对于建构游戏都有自己的想法和思考，在建构的过程中就会有不同的意见，想要最后获得成果，小组成员间就必须进行沟通协商、分工合作。小组与小组间也必须要注意相互不影响，或者是小组与小组会合并成大组。

案例 3：

仲仲想要搭建潜水艇，犀犀想要搭坦克，两个小伙伴在建构的时候都有自己的想法。因此，两个人分了两块地方独自建构。在游戏过程中，毛毛和金金加入仲仲的小组，仲仲负责指挥，金金负责搬运，毛毛机动。小溪和文文加入犀犀的小组，和犀犀共同进行坦克建构。

在潜水艇和坦克越来越接近的过程中，两个小伙伴突然想到："我们可以把坦克和潜水艇连接起来，变成一个军队！"从两个三人小组，直接变成了一个六人大组。

案例 4：

桐桐、冲冲和隽隽将在教室内玩个别化坡道大挑战时用积木垫高建构坡道的经验，运用于户外建构。桐桐和冲冲选择了体积较大的大块碳化积木垒高，并且选择了长条形的积木搭建构成坡道。完成后，选择了小圆柱体从上放置滚动滑下坡道。小玩具成功滑下坡道，但是很容易脱离木板轨道，桐桐和冲冲就在坡道的两边造起了围栏，防止滑动玩具脱离轨道。在建构轨道的过程中，桐桐注意到距离不远处的前方，豆豆正在建构酒店。桐桐和冲冲选择了弧形的积木，将轨道转了个方向，建构了一个转弯的滑动轨道，并且贴心地在两边建构了防护围栏，避免快速滑下的积木会碰坏豆豆的建构作品。

案例 3 中的仲仲和犀犀都有自己的设想和明确的目标，因此选择各自独立进行建构，在其中有其他愿意加入的幼儿，因此自然而然形成三人小组。在遇到两个独立建构作品越来越近的情况下，两个小组通过沟通协商，合并成一个大组，共同建构。也恰好对应了幼儿的合作，是从两人合作，逐渐过渡到了多人合作。在小组并成大组的过程中，幼儿自然形成了多人合作。

案例 4 中的桐桐和冲冲，在发现顺着轨道滑下会影响到旁边豆豆的建构作品时，利用弧形积木，将轨道转弯，让滑下的物品能顺着方向避开豆豆的建构作品。通过建构作品的成果，可见幼儿关心关怀同伴的难能可贵。

户外建构游戏，在满足了幼儿们热爱游戏的天性的同时，也通过其与众不同的材料、空间、同伴交往等方面的问题、矛盾和冲突，来促使幼儿与教师、与同伴交流、沟通、协商，借助工具，分工合作等各种方式，感受挫折、体验成功、关爱他人，在户外建构游戏宽松的氛围和多层次的材料中，孩子们会有更丰富的成长和发展机会，未来可期。

参考文献

[1] 邱琼晖．户外自主建构游戏中幼儿合作能力培养研究［J］．成才之路，2017（17）：36.

[2] 李顾鑫．5～6 岁幼儿在户外建构游戏中合作行为的观察研究［J］．小学科学（教师版），2020（4）：168.

教师对建构区幼儿合作行为的观察与指导研究——以常德市H幼儿园为例

（甘鑫颖　湖南省常德柳叶湖旅游度假区复基幼儿园）

摘　要：合作行为与学前儿童社会性品质和亲社会行为的发展有关，而建构区的幼儿为了同一个建构目标，共同完成作品，能有效促进幼儿合作行为的发生，其中适时加入教师的观察与指导就能更好地促进幼儿合作水平的提升。本研究以常德市H幼儿园为例，访谈了教师对建构区幼儿的合作行为的观察与指导情况，基于此情况分析存在的问题，并从幼儿园、教师个人角度提出了相关建议。

关键词：建构区；合作行为；教师观察与指导

一、选题缘由

我国教育部制定的《幼儿园教育指导纲要（试行）》中的社会领域目标中指出：学前儿童要学会与他人相互帮助、与人合作，喜欢与其他人交往，并乐意与他人分享自己喜爱的东西。由此可知，学前儿童合作行为的培养受到教育界的重视。

幼儿阶段的主要活动是游戏，幼儿的各方面品质都能在游戏中得到发展。如果儿童能够在游戏中为了同一个目标而努力、配合、相互帮助将更能促进其亲社会行为的发展。而在所有的游戏种类中，建构游戏最符合这个特点，它能够有效地促进幼儿合作行为的发生，有助于幼儿亲社会行为的培养。

因此，本研究将从教师对幼儿在建构游戏中的合作行为观察与指导的情况入手，尝试为优化教师对建构区幼儿合作行为的观察与指导提供较为科学的建议。

二、研究设计

（一）研究目的

本研究选取建构区为情境，通过访谈，从教师角度了解幼儿在该区域内建构游戏中产生的合作行为，以及教师的指导情况，进而分析出问题，并为教师指导提供参考性建议。

（二）研究内容

本研究主要通过梳理相关文献，访谈幼儿教师对建构区内幼儿的合作行为的观察与指导情况，找出存在的问题，最后尝试对教师观察与指导建构区幼儿的合作行为提供参考性建议。

（三）研究方法

访谈法。

（1）访谈类型

结构性访谈。

（2）访谈对象

常德市H幼儿园除应届实习生以外的全体带班教师，共14名。

（3）访谈内容

按照提前准备的访谈提纲进行访谈。

三、教师对建构区幼儿合作行为观察与指导的情况

（一）教师对建构区活动及合作行为的认识和观察情况

1. 建构区活动中教师会有意识地观察幼儿，观察内容因年龄而异

访谈结果显示，教师都认为对于建构区幼儿的情况应该有意识、主动地去观察。在访谈内容中问到教师主要观察的内容，教师比较注意观察幼儿的建构能力的发展，包括建构技巧与方法的掌握以及与主题是否相符，幼儿是否感兴趣；同时，教师都提到了会对幼儿同伴交往互动情况进行观察。

受访谈者中的小班教师多认为小班幼儿的建构大多是无意识、无目的的，在建构中以独立游戏和平行游戏居多。另外在小班，建构区是比较受欢迎的区，所以在里面玩的幼儿比较多，这时教师视情况稍加帮助，对幼儿的社交技能和社会性发展有很大帮助。

而对于中班、大班的教师，会更加有针对性地观察幼儿对某一重要建构技能的掌握情况，以及材料使用是否达到了最大化，最后更强调分类整理。

2. 教师认为建构区幼儿的合作行为水平存在差异

访谈结果显示，小班教师认为这一年龄段幼儿在建构区出现的合作行为较少，水平也较低，以平行游戏为主，同时也需要老师的帮助，使幼儿之间的合作更具有持久性；而中班教师认为幼儿大都能够开始慢慢地协商分工。大班教师都明确《指南》中指出大班幼儿合作行为是该年龄阶段幼儿应该具有的能力之一，并且教师会及时对幼儿的合作行为作出引导。

将受访者的相关回答进行整理后，如下：

小班：在引导下有合作意识；平行游戏为主，合作游戏水平不高；自我为中心，社会性不够，交往能力不高，不太顾及同伴。

中班：开始联合游戏，并向合作游戏发展；慢慢开始协商分工，需要老师帮助；有比小班更强烈的交往需求。

大班：合作行为常见，但缺乏主动性；有合作能力。

3. 教师观察建构区幼儿的合作行为的角度有所侧重

将受访者提及的观察角度按照提及频次由多到少排列，见表1（其中的观察角度如后续认为此角度重要则叠加一次频次）：

表1　教师观察建构区幼儿的角度和提及频次

合作行为观察角度	提及频次
合作行为水平	16
幼儿所遇到的合作困难	10
人数	6
合作行为出现的频次	4
幼儿解决合作问题的方式	4
合作意愿	2
合作过程中幼儿所用的方法	1
合作时长	1

根据访谈了解到，教师认为建构区幼儿合作行为的影响因素是多方面的，并不是一个两个因素就能决定的。

将受访谈者所提及的方面整理后，这些因素包括了家庭环境因素、家园合作情况、材料的投放、性别差异、幼儿自身的游戏水平与意愿、幼儿性格和当时的情绪、幼儿社交能力的水平、教师的指导、活动的时长、搭建目标、区域内人员情况等很多因素都能对幼儿在建构活动中产生的同伴合作行为产生影响等。

其中对于家园合作方面做了更为深入的访谈，根据访谈结果，教师都认为家园合作十分重要，并且大部分教师认为家园合作对幼儿同伴交往的影响很大。

（二）教师在对建构区幼儿合作行为的观察与指导中存在的问题

1. 教师普遍将合作行为和建构区活动分开看待，没有重视建构区内的合作行为对幼儿的特殊价值。
2. 部分教师没有对本班幼儿合作行为方面的期待。
3. 教师的日常观察普遍局限且随意。
4. 教师普遍缺乏对指导方法的系统了解，个别教师对“自主”的理解过了头。
5. 教师普遍主导评价环节且对结果的重视多于过程。
6. 教师缺乏相关内容的系统学习和培训，理论知识和实践能力都有所欠缺。

四、优化教师对建构区幼儿合作行为观察与指导的相关建议

（一）幼儿园角度

1. 增加相关培训

掌握知识与技能是提升教师能力的有效方法，完善幼儿园培训机制则是帮助教师掌握更多知识与技能最直接的方法之一。

一方面，适当增加幼儿园教师外出机会去参加教研和培训，学习其他园所的经验和专家的最新成果，能够有效地提高教师的知识储备和能力水平。

另一方面，园本教研的质量需要得到提高，既要明确园本教研活动的内涵，还要把握园本教研活动的精髓。例如，在园本教研选题时尽量避免研讨又大又空的问题，应该把问题聚焦于小而实的问题。

2. 加大监督力度

幼儿园需要对园内教师进行监督，适度的监督能让园内教师得到更好的成长。对于建构区幼儿的合作行为的观察与指导来说，幼儿园可以通过检查教师的观察记录来进行日常监督。而在每次相关主题的培训、学习结束后，幼儿园可以重点跟进某些教师对于学习内容与收获的掌握与运用情况。

另外，对于幼儿合作行为方面的家园共育，幼儿园也能进行监督，对于一些比较特殊的幼儿，比如说攻击性比其他幼儿强或者过于内向而不愿意和同伴合作协商的幼儿，可以重点跟进教师和这些幼儿家长的交流、合作情况。

3. 优化管理制度

幼儿园管理也是一门学问，在幼儿园里不仅需要管理幼儿、保教人员，还需要管理各种用品。对于优化教师建构区幼儿合作行为的观察与指导，也可从建构区的材料入手，给本班教师更多的自由，以针对本班幼儿的发展水平提供建构区的活动材料，以期更好地促进幼儿合作行为的发展。

（二）教师个人角度

1. 加强自我提升意识

教师要做到热爱学习，追求进步，首先需要思想上的觉悟到位。加强幼儿教师的自我提升意识，实际上是学习的内驱力的强化，这样能使教师在建构区幼儿合作行为观察过程中产生更多的思考，如：如何对幼儿的合作行为作出更好、更有效的引导？这次指导和上次相比可以收获到什么？这才是学习的过程，经验的内化过程需要意识层面的推动。

2. 学习相关技能技巧

教师指导水平的高低直接决定建构区活动的质量，教师要确保准确的指导方向，系统掌握知识与技能才能快速指导。教师有了专业素养，与其相辅相成的便是技能技巧。在教育实践中，要达到一个目标，有多种方式可以采取。不只是优秀骨干教师需要具备教育技巧，所有教师都应该在实践中摸索、提升，这样会更好地促进幼儿各方面，不仅仅是合作行为的更好发展。

3. 不断反思得以提升

教师的专业素养包含了很多方面，不是某一个方面了解得很透彻就足够了。对于教师来说，终身学习是很重要的，因为很多教育理念、方式，都是与时俱进的。身为一名教师，不断更新自己的知识储备，才不会被淘汰。

参考文献

[1] 中华人民共和国教育部．幼儿园教育指导纲要（试行）[S]．北京：北京师范大学出版社，2001.

[2] 曹中平．中班幼儿角色游戏中合作能力发展的初步观察研究 [J]．学前教育研究，1994（2）．

[3] 王小英，石丽娜．3～6 岁幼儿合作学习的水平与特点 [J]．学前教育研究，2008（12）：35—38.

[4] 魏甜甜．体育活动中学前儿童合作行为的指导对策研究 [D]．河北师范大学，2018.

[5] 佘星宇．大班建构区活动中教师指导策略现状、问题及对策的研究 [D]．湖北师范大学，2018.

浅谈3～6岁幼儿绘本亲子共读指导策略

（肖科伦　湖南省常德市柳叶湖旅游度假区复基幼儿园）

摘　要：绘本作为幼儿早期阅读中最重要的图书，对幼儿各方面能力的发展有着促进作用，越来越多的家长也注重亲子共读。本文阐述了绘本的定义、构成以及亲子共读的意义，针对亲子共读的误区，探讨了亲子共读指导策略。

关键词：幼儿；绘本；亲子共读

一、绪言

现如今，家长们越来越注重幼儿的早期阅读教育，而绘本是最适合幼儿进行早期阅读的图书，亲子共读则是幼儿早期阅读活动的重要形式。亲子共读既可以增进亲子关系，又能够培养幼儿的阅读兴趣，有利于幼儿身心健康全面发展。

二、相关概念

（一）绘本

1. 绘本的定义

绘本一词来源于日本，又名“图画书”，对应的英文是“picture book”。图画书指的是“文字”与“图画”都在说话，来表现同一个主题。绘本通常色彩鲜明、构图巧妙、内容有趣，符合幼儿的身心特点和认知水平，对幼儿具有很大的吸引力，绘本阅读对于幼儿大脑发育和认知能力发展以及想象力、创造力的培养都有着难以估量的促进作用。

2. 绘本的构成

（1）封面。封面上不仅有书名、作者（译者）、出版社信息，还会介绍书中的角色，提供内文的主要信息。

（2）环衬。环衬分为前环衬和后环衬。有些绘本的环衬是纯色的，可以营造相应的气氛，借以表现故事的整体感觉。有些绘本的环衬是有画面的，前后环衬的画面背景相同，那么就可以和故事的正文相呼应。

（3）扉页。扉页又叫书名页，会写有书名、作者（译者）、出版社。除了文字信息，从这里开始会有图画。扉页包含主人公的信息，同时还具备穿针引线的作用，有时负责揭开正文的序幕。

（4）正文。绘本通常由十到二十几张的内页组成正文，这是比较适合儿童阅读的长度。

（5）封底。有些绘本的封底会重现书中的一幅图画，让读者回味无穷；有些绘本会把故事的结尾延续到封底；有些绘本会和封面连成一幅画。

（二）亲子共读

1. 亲子共读的含义

亲子共读又称亲子阅读，就是以书为媒，以阅读为纽带，让孩子和家长共同分享多种形式的阅读过程。在启蒙阅读阶段，由于幼儿阅读能力有限，家长与孩子一起阅读成为每个家庭必须予以重视并积极参与的教育活动。

2. 亲子共读的意义

阅读是可以带给孩子无限乐趣的一种活动，而亲子阅读可以给家长和孩子都带来愉快的体验，并且具有重大意义。吉姆·崔利斯的《朗读手册》上有这样一段话："你或许拥有无限的财富，一箱箱珠宝与一柜柜的黄金。但你永远不会比我富有，我有一位读书给我听的妈妈。"足以见得亲子共读的价值。

（1）亲子共读可以增进亲子关系。在父母和孩子共同阅读的过程中，他们会进行语言、肢体和眼神的互动，会增加父母陪伴孩子的时间，从而增进亲子关系。

（2）亲子共读有利于幼儿语言的发展。在父母与孩子进行共读时，父母会用丰富的语言来读绘本，幼儿的模仿能力是很强的，在共读的过程中，他们会模仿父母的语言，潜移默化地促进幼儿语言的发展。

（3）亲子共读有利于幼儿阅读兴趣的培养。父母是孩子最亲近、最信任的人，在与自己最熟悉的人进行阅读时，无形中便提升了孩子对阅读的兴趣。

三、亲子共读的误区

（一）目的性强

很多家长在给孩子读书时，让孩子认字，看到别人家的孩子认识很多字了，于是在跟孩子一起读书时，侧重点便放在了认字上，而且还要求孩子跟着自己一起用手点读，有些孩子读不清楚或者不会读时，家长就反复要求孩子读，这样的亲子共读不仅不会让孩子爱上阅读，反而在无形中给了孩子压力，长此以往，孩子反而更不喜欢阅读了。

（二）家长不跟孩子互动，只让孩子自己阅读

在进行亲子共读时，很多家长只是让孩子单独读书，而家长只是坐在孩子的旁边看着，或者玩手机。幼儿的阅读能力有限，同时他们以无意注意为主导，如果孩子在阅读时，家长在旁边玩手机，手机里发出的声音很容易分散幼儿的注意力，这样不利于幼儿专注力的培养，也不利于养成良好的阅读习惯。

（三）在共读时给孩子讲道理

很多时候，家长希望借助绘本帮助孩子养成好的习惯，培养良好品格。但是在亲子共读时，家长的动作容易变形，在读绘本时，读着读着就开始跟孩子讲道理了。比如在跟孩子读《大卫不可以》这本书时，大卫玩泥巴把家里的地板弄脏了，家长就会跟孩子说大卫是不是把家里弄脏了，我们宝贝可不能像大卫这样。如果家长一直这样跟孩子不停地讲道理，孩子不仅听不进去，反而不想继续进行阅读了。

（四）在共读时，只是简单地读绘本上的文字，大概地看图画

在亲子共读时，很多家长不会采取阅读技巧，只是单纯地读绘本上的文字，大概地看绘本中的画面内容。幼儿的注意时间短，如果家长在共读时只是简单地读文字、看画面，孩子的注意力很容易被周围其他事物所分散，这时候，有些家长选择放弃继续共读，有些家长选择强制性地拉着孩子一起看，这两种情况都不利于孩子阅读兴趣的培养。

四、亲子共读指导策略

（一）不要设定目标，让孩子享受阅读的快乐

能否形成对阅读的热爱、激情和享受，在幼儿阶段尤为重要。对于阅读，我们需要正面积极的态度；对故事的内容，保持大惊小怪；对新书的到来，感到欣喜若狂；对孩子认读的速度，认字的数量要持无所谓的态度，不加以考核，并且家里的其他家人的理念也要保持一致。

（二）营造阅读氛围，让书无处不在

1. 在家里设置专门的图书角，不需要一个很大的空间，一个简单的小书架就可以了。另外，家里的一切都可以井井有条，但是要给书开个绿灯，让书在家里随处可见，随手可读。

2. 出门时，随手带上一本书。在任何等待的时间，都可以拿出书来跟孩子读一读，给孩子创造一个随时阅读的机会。

3. 带孩子去书店、图书馆。在带孩子去书店和图书馆时，家长要教孩子们一些读书人的礼仪，比如，不要大声说话；告诉孩子不要霸占书架的一角，以免挡住其他人的道路。教育不应该只在书里，更应该在书外，不应该只爱书，不爱人，在读书时，也要替其他人考虑。

（三）建立阅读的仪式感

1. 亲子共读的仪式感很重要，幼儿的亲子共读，是一种情感需求，孩子很喜欢跟家长依偎在一起，感受家长的声音、呼吸和心跳，从某种角度来讲，亲子共读早就已经超越了书本，更是一场亲子情感的瑜伽，促进心灵沟通。

2. 固定一个亲子共读时间，在这个时间，家长放下自己手中的工作，全身心地陪伴孩子，这一定会是孩子们一天中最期待的美好时光。

（四）家长采用多种亲子绘本阅读技巧

亲子共读时，家长采用多种阅读技巧，可以延长孩子阅读的时间，提升孩子阅读兴趣。具体的阅读技巧如下：

1. 绘本拆解备课法。我们只有真正地把绘本了然于心，才能真正在亲子共读当中得心应手。因此，家长需要做好足够的准备，要足够了解自己的孩子，同时也要足够了解绘本。在亲子共读前，家长需要认真地读绘本上的文字，仔细地看绘本中的画面信息，包括作者、画家、封面、环衬、扉页、封底的信息都需要了解，再根据孩子的喜好，在心中提前准备一些互动，这样才知道在亲子共读时怎么做，家长和孩子也会更加投入。

2. 绘声绘色，以身作则。亲子阅读时，孩子最先感受到的是父母的情绪，同时幼儿的模仿能力很强。因此，在亲子共读时，家长要注重情感投入和表演，孩子就会有样学样，这对孩子今后的性格，表演能力以及表达能力都能产生潜移默化的影响。

3. 互动法。有些绘本本身就是可以互动的，比如洞洞书、翻翻书、立体书等机关书；对于非机关书，家长可以多引导孩子与书中的角色进行语言、肢体的互动，比如和绘本中的角色打招呼，摸摸角色的头等。另外，可以模仿绘本中角色的特点，家长可以拿起绘本左右摇摆、旋转、跳跃、开合。比如卡尔爷爷的《好饿的毛毛虫》里，有两页中就只有蝴蝶这一个元素，家长就可以开合书本，模仿蝴蝶飞舞的动作。

（五）让幼儿自主选择绘本

兴趣是最好的老师，孩子选择自己感兴趣的绘本，在阅读时，往往会更加认真。

（六）有意识地培养孩子的读图能力

在家长读书时，孩子的眼睛是在看图画的，而且能够发现很多大人注意不到的细节，甚至很多的细节并不在故事的主线里，我们可以问孩子发现了什么，和孩子讨论图中的细节，以培养孩子敏锐的观察能力。我们还可以跟孩子一起去扩充故事，鼓励他们从所理解的图中，创作自己的故事。

（七）开展读后拓展活动

绘本在家庭中能带给亲子之间的价值，远远不止共读绘本的那一小段时间。在亲子共读过后，家长们可以根据绘本的主题、内容、角色、制作工艺开展丰富多彩的拓展活动，从而给幼儿更多维度上的启蒙提升。

五、结语

总之，在幼儿早期阅读阶段，绘本这一类书籍可以带给幼儿诸多价值，亲子共读绘本这一形式更能把绘本的价值充分发挥出来。那么，在亲子共读时，家长则需要有科学的理念，使用适合幼儿的阅读技巧。相信在用心的亲子共读下，能够更好地促进幼儿身心全面发展。

参考文献

［1］段佩秀．亲子绘本共读有效策略探究［J］．山西青年，2019（2）．

［2］刘子璇，田兴江．论学前儿童家庭教育中亲子共读的困境与策略［J］．吕梁教育学院学报，2018，35（1）．

幼儿园小班一日生活常规教育的现状研究——以常德市 H 幼儿园为例

（罗浠瑞、廖靓　湖南省常德柳叶湖旅游度假区复基幼儿园）

摘　要：观察幼儿园每个小班在一天生活中实施常规教育的情况，从常规的制定、实施、评价三个方面来进行分析，总结如下：幼儿园常规的制定的权利掌握在教师手中，幼儿很少参与；常规教育实施的方法以提醒为主；常规教育的实施途径以言语引导为主；常规教育的评价较狭窄，不够全面。

为了发挥常规教育应有的价值，研究者做出建议：幼儿园应定期组织教师培训，提高幼儿教师解决问题能力；优化常规管理，提高教师专业化水平；制定合理的幼儿园常规和重视家庭作用，构建新型家园共育体系等。

关键词：常规教育；小班

一、选题缘由

《幼儿园教育指导纲要》指出："建立良好的常规，减少不必要的管理行为，逐步培养幼儿的自律。"幼儿本性天真无邪，像一张白纸，教给他们什么，他们必然会按照所教的去做。通过培养常规，幼儿可以形成良好的生活习惯，拥有良好的情绪，促进他们对基本常识和技能的掌握，学习协调与他人、与集体的关系，形成群体意识，促进社会性发展和良好个性品质的形成。

人们普遍认识到了常规教育在幼儿园教育中的重要作用，但是作为幼儿园教育的重要组成部分，幼儿园常规教育的作用还远没有被充分挖掘出来，人们对幼儿园常规教育的内容和本质的认识上还存在"泛化"的趋向，常规教育作为一件"习以为常"的事情经常被人们忽略，对常规教育作为教育过程的合理性的理论探讨也因身处其中而被忘却。

二、研究设计

（一）研究目的

梳理幼儿园的常规教育观念，丰富有关幼儿园一日生活常规教育方面的研究，为其他研究者在幼儿园的常规教育上提供途径与方法上的借鉴。

（二）研究内容

针对幼儿园小班常规教育出现的问题提出建议，提高研究者对现实常规教育的进一步了解，帮助教师有针对性地解决常规教育过程中出现的问题。

（三）研究方法

观察法：

观察常德市 H 幼儿园的小班实际情况，与所学的理论知识和查阅的现状研究进行对比分析，就所发现的问题再次进行观察。

观察的主要内容：常规教育中出现的典型个例，教师进行常规教育的现状，幼儿园的态度管理。

三、小班日常生活中常规教育中存在的问题

小班幼儿处在可塑性最强的阶段，是形成良好习惯的黄金关键期。在常德市 H 幼儿园小班进行观察分析，常规教育中存在的问题如下。

（一）幼儿园生活常规要求过细，内容太烦琐

幼儿园对班级生活常规教育要求有部分不太合理，对于幼儿的一些具体行为要求过于烦琐。与《指南》相比，要求内容过多，显得班级整齐有条理，但抑制儿童的天性，与理论要求相悖。

（二）教师常规理念不明确，不利于幼儿快乐学习生活

1. 班级常规教育偏重管理价值，忽视了育人价值

班级有一些常规要求是不合理的。在活动中，幼儿的吵闹不仅影响活动开展，还影响老师的心情，因此，教师十分强调安静，安静后的班级活动进展顺利，听着舒心，但压抑了幼儿表达的欲望。在制定常规时，教师考虑的是自己的利益，为了班级秩序疏忽了幼儿本身。教师可以给幼儿一定的自由，在一定的活动里，幼儿可以自由交流，到下个环节，让幼儿安静，有张有弛，让幼儿得以充分表达。

2. 生活常规教育形式比较单一

在对小班幼儿进行常规教育时，运用各种各样的教育方式，例如诗歌游戏等，或者将集体教育、个别教育和小组教育结合在一起，幼儿学习会更加高兴且高效。

3. 负面评价较多

现状中，教师用群体的监督，他人的评价来管理幼儿的常规行为，但使用负面评价较多，正面评价较少。对幼儿进行积极正面的评价应该是频繁且愉快的。罗森塔尔效应指出，只要教师坚定对学生的信心，对这些学生产生强烈的期待，倾注更多的关心，学生会更加自尊自信，获得更好发展。

（三）家园合作不到位，易导致幼儿不良习惯被诱发

幼儿入园之前初步养成一些基本的生活习惯，由于家庭环境和父母的教育理念不同，养成的习惯也有所不同。培养幼儿的良好习惯，会更容易掌握新的常规。

四、小班一日生活常规教育建议

协助幼儿养成良好的生活习惯是重要目标。针对幼儿园观察分析后提出的问题，从幼儿园、教师、家庭三个方面提出建议。

（一）幼儿园

1. 提高对小班生活常规教育的重视程度

幼儿园要提高对小班幼儿一日生活常规教育的重视，要重视幼儿的主体地位，以幼儿为本，尊重每一个幼儿独特的价值与尊严。一日常规，是幼儿在幼儿园一日生活与学习的常态习惯，让小班一日生活常规教育发挥出应有的作用，帮助幼儿适应幼儿园，形成良好的生活与学习习惯。

2. 遵从幼儿天性，合理制定常规

《纲要》指出：要结合本班幼儿的实际情况，制订切实可行的工作计划并灵活执行。幼儿园应研读国家有关学前教育的相关政策文件，根据国家发布有关学前教育的政策文件，制定科学的生活常规要求。

科学的一日生活常规要求的目的不仅是维护班级的良好秩序，幼儿园的正常运行，更重要的是促进幼儿的成长，着眼于幼儿的身心和谐发展。在育人的同时，秩序管理同样不会丢，甚至更好。

3. 组织教师专业培训

幼儿园应多关注教师在常规教育遇到的问题，收集起来，及时组织相关的指导培训。不要等到遇到较多问题，教师为了各项活动的正常进行，重管理轻教育，这就为时已晚。

（二）教师

教师是整个教育活动的组织者和实施者，对幼儿的身心发展影响巨大。由于幼儿身心的稚嫩，教师不仅要承担幼儿的教育任务，还有保育任务，工作任务十分艰巨。

1. 树立正确的常规教育理念，明确常规教育目的

大部分幼儿教师较少考虑到幼儿个体的发展。这种观念是僵化的、过时的。忽视了幼儿的主体地位，没有提供给幼儿内化规则的机会，偏离了最初生活常规教育的目的，认为常规教育的目的是便于教师对班级的管理，这是错误的观点。

教师应不断加强自身的理论基础，树立正确的常规理念，才更加注意到幼儿的小细节，解决在常规教育中出现的小问题，让幼儿过规律的生活，这有益于幼儿的身心健康发展。

2. 采取正面形式引导幼儿

（1）给幼儿一定的权利，正面引导。

（2）以榜样的力量进行引导。周围的环境会对幼儿产生巨大的影响，幼儿具有超强的模仿能力，主要通过模仿来进行学习。首先，教师可以从自身出发，影响一个幼儿，再到多个幼儿。

3. 采用多元的常规教育方法

有许许多多的方法可以用在常规教育里，例如讲故事、游戏，角色扮演、音乐诗歌等。多种多样的方法用在常规教育中，内容更加丰富，幼儿也更加感兴趣，有热情学习。

（1）幼儿都很喜欢听诗歌故事，将常规教育的要求融进诗歌故事里，潜移默化地让幼儿记得要求，简单学会。

（2）有效的环境创设。可以使用粉粉嫩嫩的配色，浅黄色或浅紫色的搭配，十分温柔，让人感到十分纯真，非常适合小班。可以用在娃娃家、午睡室，不仅能让幼儿情绪变得安定，还能营造出在家中卧室的氛围，增强安全感。

4. 使用积极全面的评价

促进幼儿发展是一切教育活动的出发点，对幼儿的评价更应该如此。树立以儿童发展为本的思想，不断明确评价的内容、方法等，让评价能真正地促进幼儿的发展。

对幼儿使用积极的发展评价，首先需要关注幼儿多方面的发展，幼儿的表现是多方面的，评价自然也是多方面的。教师既要关注幼儿的身体运动健康，也要关注幼儿的人际交往，情感体验。既要关注幼儿目前的发展，也要关注幼儿未来的发展潜能。

（三）家园合作，提高幼儿的常规意识

1. 幼儿园可以多多开展相关的活动，例如家长会，将所有家长聚在一起，了解本班幼儿的学习情况，再逐个了解自家幼儿的水平，对幼儿未来的成长有更多了解。还可以利用家长早、晚接送孩子的时间间隙，互通幼儿在园、在家情况，常规做到在家和在幼儿园一样，取得家园教育的一致性，形成教育合力，促进幼儿健康成长。

2. 家长也要主动询问。幼儿老师事情太多忙忘记了，家长要主动询问情况。家园沟通，事半功倍，帮助幼儿纠正不良习惯，培养良好的生活和学习习惯，幼儿今后一定会成为对社会有用的人才。在交流的过程中，可以帮助幼儿家长了解科学育儿知识，是一个潜移默化转变家长育儿观念的好时机。

参考文献

[1] 中国社会科学院语言研究所词典编辑室. 现代汉语词典（第5版）[M]. 北京：商务印书馆，2005.

[2] 翟姝翠. 幼儿园小班生活常规教育的行动研究 [D]. 天水师范学院，2019.

[3] 孙爱琴. 幼儿园常规教育的文化批判 [D]. 西北师范大学，2005.

[4] 姚本凤，樊竹均. 在幼儿一日生活中进行常规教育浅探 [J]. 学前教育研究，1999 (3).

[5] 张其龙. 幼儿园小班常规探析 [J]. 学前教育研究，1991 (4).

[6] 苑晓东. 浅谈幼儿园常规管理的重要性 [J]. 俪人：教师，2014 (17)：179.

[7] 吴云. 对幼儿游戏规则的探讨——兼谈幼儿规则游戏 [J]. 学前教育研究，2003 (1).

[8] 李秀芬. 幼儿园小班日常生活活动常规教育研究 [J]. 当代教研论丛，2015 (4)：128—129.

[9] 熊红. 小班幼儿生活常规的培养 [A]. 江苏省教育学会2006年年会论文集（综合一专辑）[C]. 2006.

当前情况下幼小衔接的问题及对策

（饶雯慧　湖南省常德柳叶湖旅游度假区复基幼儿园）

摘　要：幼小衔接的问题一直都受到家长们的密切关注。通过调查、访问，分析幼儿在进入小学后在生活习惯、学习习惯等各方面的不适应现象，从而增进人们对幼小衔接这方面的认识及遇到的问题，并探讨怎样让幼儿可以更顺利地实现由学前教育向小学过渡的方法。

关键词：幼小衔接；意义；发展；问题；对策

一、引言

幼小衔接一直都是家长非常关注的问题之一。幼儿进入小学后作息时间的改变、学习方式及内容的改变使孩子不能直接过渡适应，再加上“双减”政策实施后家长们对幼儿学习的担忧，让我们不得不更加重视幼小衔接这一方面的问题。那为什么经过这么多年的努力，幼小衔接工作仍然没有更好的解决方案？这需要我们进行更深入的思考探究。《幼儿园教育指导钢要（试行）》中指出：“幼儿园教育是基础教育的重要组成部分，是我国学校教育和终身教育的奠基阶段，”所以说幼儿园里的教育不只是为小学、中学等学校教育的奠基，也是为终身教育的奠基。因此，幼小衔接既要遵循幼儿园和小学儿童各年龄阶段的发展特点及规律，还要考虑幼小衔接的全面性。为儿童能在幼小衔接阶段顺利过渡，并能促进其健康成长适应小学生活，笔者以儿童的身心发展特点和规律为参考，结合自身经验对此问题下的教育现状进行深入的分析，并试着提出以下若干对策。

二、幼小衔接的意义

幼小衔接，简而言之就是孩子从幼儿园步入小学教育之间的过渡教育，也可泛指孩子在进入小学之前，家长、教师、学校等，为帮助幼儿更加顺利地衔接幼儿园与小学的各类习惯，及环境所需作的准备。这是孩子的第一个重要阶段，同时也将直接影响幼儿今后的生活、学习、健康、社会以及终身发展与未来。由此可见幼小衔接的意义重大。

三、幼小衔接的重要性

1. 生活习惯。进入大班后我以鼓励的方式要求孩子们按时入园，帮助他们更好地适应小学的作息，但是有几个孩子的家长就联系到我说：“老师，我们家孩子起不来，怎么办?”或者说孩子起得早了，回家的精神就不太好了。由此可见，生活习惯的改变对幼儿来说是很有影响的。如果未做好幼小衔接，孩子们的作息时间不适应，就会容易出现不舒适、体弱多病等情况。而身体上带来的不适，也会对孩子在学习上的积极性产生一定的影响。

2. 学习习惯。幼儿园的学习基本是以玩为主、以学为辅，学也都是在玩耍及游戏中进行的，但到小学阶段的学习就比较单调，孩子在学习过程中可能会感到无聊，从而分散注意力。而孩子在步入小学后，他们就以学习知识为主要目的了，且还会有具体的学习知识和学习目标。学起来也不会像之前在幼儿园里那么轻松了，并且课时也有比较大的变化。孩子也不能像之前在幼儿园里一样自由了。这些也会让孩子很难适应。

而幼小衔接不仅包括以上两点的衔接，还包括语言习惯、行为习惯、思维习惯等方面的衔接，同时还要加强孩子的学习兴趣并培养其主动学习的能力。如果在此阶段衔接不当，或者衔接不正确，会影响幼儿今后的发展。因此，做好幼小衔接很重要。

四、当下家长担心的问题

刚好上学期我带的是大班幼儿，因此我对我们班的家长进行了一个简单的调查，以下是幼儿步入小学后家长反映担心比较多的问题。

（一）担心遇到不负责任的老师

在幼儿园阶段，根据幼儿的身心发展特点，及自理能力有限的因素，因此幼儿园老师的照顾会比小学老师更加细致，对幼儿的情况也会更加了解。并且网上经常会有一些老师严厉对待学生的视频出现，这更让家长内心不安，因此很多家长都会担心，孩子会遇到一个不负责任的老师。

（二）担心孩子在校自己不会吃饭喝水

孩子的饮食问题一直以来是每个家长都十分担心关注的事情，在幼儿园期间，孩子吃饭是有老师照看着的，孩子吃什么，吃多吃少老师都会及时给予家长反馈，而去到小学后，家长不能从老师那里得知孩子进餐情况，因此出现了担忧的情况。

（三）担心孩子学不会，跟不上进度

幼儿园期间孩子都是在玩中学，玩中做，而步入小学后就只有学了，在学习方式的巨大变化下，家长对此感到担心是很平常的事情。并且有的孩子已经提前在幼儿园阶段学习了小学的知识，自己的孩子什么都没学，还有部分家长听说小学的老师很多知识不会教或者教得很快，因此家长们也怕自己的孩子跟不上其他人的进度。

（四）学习习惯的不适应

无法弄清楚什么是上课，上课的目的是什么。上课时注意力很容易分散，很快失去听课兴趣，出现各种小动作。也怕孩子出现下课铃声响了，孩子跑出教室玩耍不能及时回到教室，或者到了上课才想起来要去厕所等情况。

（五）社交问题

由于社会的进步，物质条件的日益丰富，每个孩子都是父母的宝贝，家长对孩子们几乎是有求必应，导致孩子们会出现自私、不愿分享、不懂与人交往等情况。而在幼儿园期间，教师、保育员伴随，会有意识帮助他们创造与同伴一起游玩的机会。因此，家长会担心孩子在小学没有老师的引导后会交不到朋友。

以上这些就是我在我园进行调查问卷后统计出的家长现在比较担心的几大问题，那如何解决这些问题让幼儿顺利地衔接到小学呢？以下内容是我查阅各类资料并总结我班孩子的情况，提出的一些建议与方法。

五、如何进行幼小衔接

（一）激发孩子对小学的向往之情

教师及家长可充分利用儿童心理的发展特点，充分激发他们上学读书的强烈愿望。

（二）社会性适应教育

1. 培养规则意识与执行规则的能力。

当孩子进入小学后，首先碰到的是如何遵守班级纪律、课堂纪律，例如：上课如何坐，笔盒、书本放在什么地方，发言应怎样举手。如果缺乏规则意识、能力的话，就会变得手忙脚乱，无所适从。

2. 培养任务意识与完成任务的能力。

培养责任意识，按时按量完成布置的任务，形成责任感。教幼儿做事情的时候要专注，不能三心二意，不能边做边玩。现在就可以利用做做玩玩的机会训练幼儿专心做事的习惯。要把一件事情做完了，再做另一件或去玩耍。

3. 做事情不拖拉。培养孩子的时间观念。教师和成人在幼儿学会看时钟的情况下，在充分估计幼儿能力基础上，训练幼儿在规定时间内完成任务。

4. 学会计划安排做事的程序。如：课间活动的工作安排，或组织专门的训练，交代几件事让幼儿学习合理安排做事的程序，将来做作业才会有计划有条理。

5. 培养良好的生活自理能力与孩子的独立性。养成自己的事情自己做的好习惯。

6. 养成良好的作息习惯。

7. 学会自己穿脱衣物及鞋子，可以独自洗漱、如厕。对大班的孩子老师和成人要注意提醒感觉冷热而穿脱衣服，不再是帮助幼儿穿脱衣服。

8. 培养人际交往的能力。学会礼貌用语，如：见面打招呼，告别说再见。懂得尊重他人。

9. 学会倾听。

10. 能与同伴友好相处，学会正确的方式解决问题。

（三）入学前数学教育

作为老师和家长应帮助幼儿很好地、熟练地掌握以下几种数量关系。如：等量关系、守恒关系、等差关系和相对关系。

（四）入学前读写教育

1. 培养幼儿理解、概括、表达语言的能力，培养良好的倾听习惯和说话的积极性。

2. 增加阅读活动，培养幼儿的阅读兴趣和良好的阅读习惯，如：能按页翻书等。

3. 说普通话，且能说完整的句子。

4. 加强幼儿手部精细动作的训练，培养幼儿正确的写画坐姿以及握笔姿势。

（五）身体素质的准备

1. 身体素质和体能发展良好，如：对天气的适应能力，跳、跑、躲闪能力等。心理健康，活泼开朗。

2. 培养良好的进食习惯和卫生习惯等。

六、结语

总而言之，儿童从幼儿园进入小学学习，是他们成长中的一件大事，也是他们的一个重大转折点。为了让幼儿愉快地进入小学，自信独立地面对小学生活，进入小学后能够尽快适应小学生活，这需要家长、幼儿园和小学共同努力，特别是需要家长的大力支持，我们都希望能共同努力把孩子培养好，陪伴孩子们顺利度过幼小衔接这一段特殊的时期。

参考文献

［1］中华人民共和国教育部．幼儿园教育指导纲要（试行）［S］．北京：北京师范大学出版社，2001.

［2］韩康倩．幼儿园综合课程中的数学教育［D］．浙江师范大学，2007.

［3］戴美琴．如何加强幼儿的读写教育［J］．2020：3—8.

科学素养下大班幼儿科学核心经验的培养研究

（王蔚　广东省深圳市宝安区燕罗翡翠阳光幼儿园）

摘　要： 近年来，教学理念随着社会对人才的需求而不断地变化，“核心素养”的提出在一定程度上为新课改指明了方向，成为教师开展教学的指向性要求。科学核心经验是指科学探究的态度、科学探究的能力以及丰富的科学知识，还有对科学工具的使用、掌握简单的科学技术等，而丰富的科学核心经验将为幼儿后续的学习与发展奠定坚实的基础。

关键词： 科学素养；大班幼儿；核心经验

一、科学领域核心经验的意义

《幼儿园教育指导纲要（试行）》中指出：“要尽量创造条件让幼儿实际参加探究活动，使他们感受科学探究的过程和方法，体验发现的乐趣。”可以看出，科学教育最重要的是激发幼儿对科学探究的兴趣，初步形成对周围人和事物的正确态度。在幼儿园课程的各个领域中，科学往往是教师最感困惑的内容之一。一方面，多数幼儿教师自身科学素养不足；另一方面，教师对教学知识缺乏系统的理解，对幼儿获得科学核心经验的有效途径认识不够深入。幼儿的科学学习是在教师的引导下，通过亲身体验对周围的世界进行感知、观察、理解与发现的过程。《3～6岁儿童学习与发展指南》中明确提出了相关的概念和内容，我们结合《美国幼儿园科学教育内容标准》和张俊教授的研究，将科学核心概念概括为生命科学概念、物质科学概念、地球与空间科学概念三个维度，意味着幼儿能够了解生物的种类和基本特征、知道生物的简单行为和需求，了解物体的材料与特性、知道物体的位置运动和声光电磁等物理现象，了解地球的物质特性、天气与气候、地球与太阳月亮之间的关系，科学概念是幼儿开展科学活动时丰富的经验基础。核心经验可以为幼儿参与科学活动、学习科学知识、解决实际问题提供正确的指导，不仅可以使幼儿对科学有更加全面的了解，同时可以使幼儿更加热爱科学，获得多元化的科学知识。总之，获得科学领域的核心经验对幼儿的发展具有十分重要的意义。

二、大班幼儿获得科学核心经验的有效途径

大班幼儿善于思考、好奇心强，生活经验比较丰富，探究欲望更加强烈。为了充分满足幼儿的探究欲望，提高其探究能力，我们在大班开展了丰富多样的科学活动，并逐步摸索出能够有效地促进幼儿获得科学核心经验的途径，教师应通过区域活动、主题活动等多种不同的活动形式，为幼儿提供探究的平台，引导孩子去观察思考、解决真实的问题，从中获得经验的学习。

（一）通过一日生活获取核心经验

幼儿的科学探究应从身边的事物开始，引导幼儿关注周围生活和环境中常见的事物，发现其中的有趣和奇妙，使他们从小就善于观察和发现；还有益于幼儿真正地理解科学、热爱科学，他们会感到“科学并不遥远，科学就在身边”。幼儿在日常生活中的发现和观察是幼儿获取科学经验最直接的方式，也是能够激发幼儿探究欲望最直接的途径，幼儿会好奇为什么冰块会融化、为什么铁会生锈、为什么雨后会有彩虹，因此，教师要善于捕捉一日生活中

的教育契机，将幼儿的科学探究活动与生活实际紧密融合在一起，引导幼儿对感兴趣的科学事物进行观察、记录、讨论、分享，帮助幼儿不断生成新的科学经验。例如，春天到了，镜子为什么会出汗呢？其实不光是镜子，最近正是中山的“回南天”，容易返潮。针对这个现象怎么回应孩子呢？这也是关于水如何变成水蒸气、水蒸气如何变成水的概念。从科学原理简单地说，就是当温暖的水蒸气遇到了冷的物体，就会在物体表面凝结成水，这是水蒸气变成水的过程。那如何让孩子来理解这个现象呢？其实我们没有必要一开始就把正确的理念和概念讲给孩子听。幼儿园科学启蒙，我们更多是让孩子感受我们生活当中有很多地方有这样的现象。比如，慢慢地朝手心吹一口气，气息从口中出来时是温暖的还是冰凉的？朝小镜子、金属盘，或者玻璃窗吹气，这些物体的表面是冰凉的吗？可以请孩子们预测朝着镜子或金属吹气的结果，看看实际发生的结果。讨论家中经常会发生水凝结现象的地方：淋浴后凝结着水滴的镜子；当水壶中的水沸腾时，盖子上的水珠，以及旁边凝结着薄雾的厨房窗户；还有呼一口气，就变得看不清楚的眼镜片……引导幼儿进行观察、记录、比较、猜想、实验、操作，使幼儿了解了水的概念也有很多对应的现象和探索方法，既满足了幼儿的好奇心，又增加了幼儿的科学经验。生活中发现和观察与幼儿的已有经验有着千丝万缕的联系，非常容易引起幼儿的兴趣和共鸣，是高效完成活动目标的前提和保证。

（二）在区域活动中进行科学探究

区域是幼儿自由探索和发现的场所，多样化的区域活动可以满足不同幼儿的兴趣需要。区域活动对于激发幼儿科学探究的兴趣，扩展幼儿的核心经验，发掘幼儿的科学潜能，提升幼儿的科学素养，无疑具有重要作用。区域活动从较小的点切入，从关注幼儿、关注生活、关注环境入手，其内容往往来源于幼儿，活动扎根于生活，价值体现于过程，是一种开放、自然、动态的微型主题科学探究活动。幼儿科学活动发生比较集中的区域有专门的科学区、植物区、自然角以及其他相关区域（如美工区、沙水区等）。例如：在幼儿园沙池中，水和沙子经常结合在一起玩，那沙子可以怎样探索呢？沙子、泥土和石头属于同一类物质。在沙土中蕴含了丰富的科学概念。比如：第一，石头有很多种不同的类型（软硬、干湿、粗细、纹理），我们可以观察和进行各种标准下的分类。第二，磨损能改变石头。磨损是什么意思呢？我们小时候是不是用石头在地上写过字、画过画，这就是一个磨损的过程。为什么要研究石头的磨损呢？因为石头磨损会发生变化，变化了才有可能产生后面的泥土等一系列的衍生。因此第三个概念就是粉碎的石头和腐烂的植物共同组成了泥土。我们可以挖一些泥巴带回教室里，用放大镜观察，看一看泥巴里面有什么。等它变得干燥一些，我们用筛子筛一筛，看一看能分离出什么。其实这种玩泥巴的过程就是做科学研究。最后一点就是古代的动植物会在岩石上留下印记，比如我们常说的恐龙化石，我们由此延伸的美术拓印活动等。唯一不同的是，以前我们会以为那些只是艺术或者瞎玩，没有意识到其中的科学核心经验。现在我们老师需要心中明确相关的概念，然后在适当的时候引导孩子们用一些观察的工具、比较和记录的方法，感受这些规律、概念及变化。这样的活动孩子都很喜欢。幼儿区域活动中，教师要重视材料的投放，这些材料既要能够为幼儿提供大量操作的机会，激发幼儿的主动性、积极性和创造性，又要充分考虑不同幼儿核心经验发展的差异性和层次性，使其不断获得新的科学经验。因此，教师需要从多渠道获取材料，保证材料的丰富性，也需要合理把握材料的呈现方式，分层次投入，为幼儿获得科学经验提供稳定的基础。

（三）通过科学小实验合作交流与分享

科学小实验可以使幼儿直观地看到科学探究和发现的过程，体验合作探究的乐趣。科学小实验的组织可以以班级为单位在教师的带领下通过集体教学活动实现，也可以以小组的形式进行。教师可以引导幼儿对科学现象及其原因进行初步的猜想，再带领幼儿一起观察、记录、思考，和幼儿一起在操作的过程中进一步验证猜想，对相关问题进行进一步的思考，并鼓励幼儿和同伴合作搜集资料、进行合作探究和讨论分享，最终得到探究成果。例如：在《好玩的磁铁》这个实验中，教师请幼儿猜想磁铁能吸住什么，并把其认为可以吸住的物体在记录表里打“√”，然后引导幼儿亲自用磁铁吸一吸不同的物体，验证之前的猜想，在孩子们的自主动手操作探寻中，将两个磁铁相互吸一下，了解磁铁“同极相斥、异极相吸”的特性。幼儿在这个科学小实验中获得的经验可以在区域活动中调动幼儿主动参与学习的积极性，满足了幼儿积极表现自己的机会，通过区域游戏达到我们“支持探索”的出发点和归宿。

（四）做好科学领域的活动设计与指导

科学领域核心经验的获得方式有很多，随着网络应用的推广和现代化电子工具的普及，很多科学经验可以通过个人途径获得，但是在幼儿阶段，大部分的核心经验还是需要在成人的指导下获取，尤其是幼儿园科学领域的教学活动设计与指导。这些活动设计与指导从多维度为幼儿选择合理的科学活动，根据幼儿的兴趣和最近发展区进行有针对性的设计，在这些活动中，教师采取层层递进的教学策略，给幼儿提供宽松的探究环境，用提问、追问的方式不断启发幼儿，给予幼儿思考的机会，在紧凑的节奏中使幼儿保持高度的积极性和参与性，帮助幼儿获得科学领域的核心经验。

三、结论

综上所述，在幼儿获得科学领域核心经验的过程中，教师需要根据幼儿的年龄特征选择合适的科学活动内容和方式，并适时、适度地对幼儿的探究活动给予恰当的指导，以保证经验获取的有效性。同时，不同获得方式间需要密切融合，充分发挥不同获取途径的优势，以帮助幼儿建立科学、完善的科学领域经验体系。

参考文献

［1］李娟．幼儿科学领域的核心经验及其获得方式［J］．教育科学论坛，2020（38）．
［2］姜恕．大班幼儿获得科学核心经验的有效途径［J］．儿童与健康，2020（5）．

幼儿园小班生活常规教育现状研究——以成都市某幼儿园a班为例

（蒋金利　四川省成都市武侯区第三幼儿园）

摘　要： 本文选择成都市某幼儿园a班幼儿教师以及幼儿作为研究对象，通过文献研究法、观察法、访谈法以及案例分析法对幼儿园小班生活常规教育现状进行研究。在幼儿园进行实地观察，仔细研究分析，发现教师在进行幼儿园小班生活常规教育中存在的一些问题，并依据笔者收集的有效资料，分析存在问题的原因，从而提出开展生活常规教育的有效建议。

关键词： 小班幼儿；生活常规教育；建议

一、引言

《幼儿园教育指导纲要》中指出："幼儿园要科学、合理地安排和组织幼儿的一日生活，建立良好的常规。培养幼儿良好的饮食、睡眠、盥洗、排泄等生活习惯和生活自理能力。"要从小培养幼儿养成良好的生活卫生习惯，让幼儿从小做起。并且随着学前教育越来越被人们所重视，生活常规教育也得到了更多的关注。小班时期，是处在培养良好习惯的重要关键时期，是幼儿建立良好的生活常规的黄金时期，幼儿容易接受生活常规指导。注重生活常规教育的养成，让幼儿学会主动遵守生活常规，让一个个幼儿整整齐齐地遵守生活常规，让幼儿园的生活环节变得井然有序，促使幼儿的身体和心理能够更加全面发展，也促进幼儿良好行为习惯的养成。

二、小班幼儿生活常规教育的现状

（一）幼儿园生活常规教育目的、内容和要求

1.幼儿园生活常规教育目的

在《3～6岁儿童学习与发展指南》中明确提出3～4岁即小班幼儿在生活常规教育方面的目标是："在提醒下按时睡觉和起床，并能坚持午睡；在引导下不挑食、偏食，喜欢吃瓜果、蔬菜等新鲜食品；愿意饮用白开水，不贪喝饮料；在提醒下，每天早晚刷牙、饭前便后要洗手。"因此可以看出，小班生活常规教育目的是培养幼儿养成良好的生活习惯和卫生习惯。

2.幼儿园生活常规教育内容

在对成都市某幼儿园a班的观察中，发现生活常规教育内容有如厕、盥洗、喝水、进餐和睡眠。因此笔者对如厕、盥洗、喝水、进餐和睡眠这五个环节都进行了观察研究，发现如厕、盥洗、喝水三个环节是每日出现次数最多且出现问题较多的环节。

3.幼儿园生活常规教育要求

经过两个月在园的认真观察，发现对于如厕、盥洗、喝水等有一定的具体要求，笔者发现除了睡眠，其余内容的要求差不多都是四条以上，并且很细致具体。但是对于这些要求，在实际情况中，不是所有的具体要求都被遵守，教师会为了节约时间和减少问题发生等，并没有完全遵守要求。

(二) 幼儿园生活常规教育方法

通过笔者 2 个月观察，记录了 20 个典型生活常规教育的案例，并对幼儿教师在 20 个案例中运用到的各种方法进行统计，有以下七种方法。

表扬：当幼儿的生活常规表现得非常棒的时候，教师及时对幼儿进行言语上的表扬。

奖励：当幼儿生活常规表现得非常好的时候，就会对幼儿进行物质上的奖励。

示范：示范可以具体形象地了解生活常规，通过实际操作，让幼儿更加清楚明白。

提醒：当幼儿不遵守生活常规时，教师会进行眼神或是口头上的提醒。

批评：当幼儿不遵守生活常规时，违反生活常规时，教师有时就感到非常生气，对幼儿说话的语气会比较严肃，声音也会比较大。

威胁：当幼儿不遵守生活常规时，教师会运用威胁幼儿的方法来教育幼儿。

暂时性剥夺权利：当幼儿违反生活常规时，会被剥夺某项活动的权利。

七种生活常规教育方法的使用次数分布如图 1 所示。

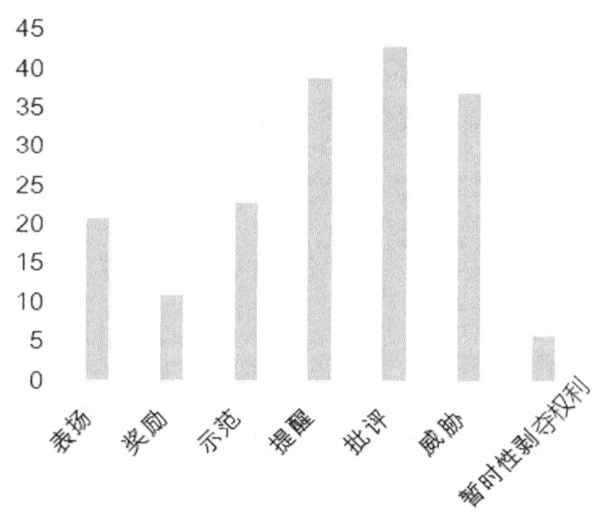

图 1　七种生活常规教育方法的使用次数分布图

由图可知，生活常规教育方法使用次数由多到少为批评、提醒、威胁、示范、表扬、奖励、暂时性剥夺权利。批评、提醒和威胁这三种方法的使用次数远远高于其他四种方法。

(三) 生活常规教育形式

在观察的 20 个典型生活常规教育案例当中，集体教育形式的案例有 9 例，个别教育形式的案例有 8 例，小组教育形式的案例有 3 例。集体教育通常是大部分的幼儿没有掌握某项生活常规的时候，或是个别幼儿的一些行为严重地违反了某项生活常规，并产生严重后果的时候，会运用到的；个别教育是针对某个幼儿没有完全掌握到生活常规的时候，会运用到的；小组教育是几个幼儿没有掌握生活常规时，把几个幼儿组织在一起进行的教育。

(四) 幼儿园生活常规教育的效果

本研究根据《3～6 岁儿童学习与发展指南》中对生活习惯与生活能力的养成目标，让 9 月入园幼儿的生活常规教育的遵守情况和 10 月入园幼儿的生活常规教育的遵守情况进行对比。

表 1　a 班幼儿生活常规教育遵守情况对比

		9 月遵守人数	百分比	10 月遵守人数	百分比
盥洗	在提醒下，饭前便后洗手	10	40.0%	20	80.0%
喝水	愿意饮用白开水，不贪喝饮料	7	28.0%	14	56.0%
进餐	在引导下，不偏食、挑食。喜欢吃瓜果、蔬菜等新鲜食品	5	20.0%	14	56.0%
睡眠	在提醒下，按时睡觉和起床，并能坚持午睡。在帮助下能脱衣服或鞋袜	9	36.0%	20	80.0%

从表 1 能够看出 a 班幼儿生活常规教育遵守情况有些进步，毕竟是才入园两个月，对于幼儿园的生活常规教育的遵守还在适应和慢慢地进行着变化。

三、幼儿园小班生活常规教育存在的问题及原因分析

（一）生活环节紧凑，严格控制时间

生活环节不一定要完全按照表上的时间，与它保持一致性，应当从实际出发，有一定的灵活性。在某个环节，笔者发现个别幼儿要到这个环节的时候，时间已经没有了，教师已经让幼儿继续下一个环节了。

（二）生活常规要求过细且不合理

幼儿教师制定的出来的生活常规要求，对幼儿来说实在是细致又繁多，反而对幼儿生活常规的遵守与执行产生了阻碍。例如：拿放水杯需要按照老师规定的路线行走。幼儿园缺少生活常规教育的教研活动，从访谈中了解到教师认为生活素养方面就是幼儿园开展的教研活动，然而，没有与日常生活教育相关的教学和研究活动，说明了不重视生活常规教育，忽视生活常规教育。

（三）生活常规教育方法单一且缺少积极正面的教育方法

该班教师常用的教育方法有表扬、奖励、示范、批评、威胁、暂时性剥夺权利。但是却以提醒、批评和威胁为主，缺少表扬、奖励和示范。提醒是一种单一的教育方法，与其他方法结合，效果更佳。教师认为批评等反面方法，有助于幼儿遵守规则。

（四）生活常规教育形式单一

小班生活常规教育的形式单一，针对小班的生活常规教育，教师需要灵活使用多样的教育形式，不只是运用单一的教育形式，可以把三种形式相互结合起来使用，会碰撞出不一样的火花，同样会产生不一样的效果。教师对生活常规教育形式的认识缺少，对采用集体教育形式。

四、幼儿园小班生活常规教育建议

（一）幼儿教师应加强对生活常规教育的理解，制定科学合理的常规

1. 幼儿教师应学习国家颁布的纲领文件《指南》和《纲要》

幼儿教师需要主动有意识地去学习《指南》和《纲要》中的关于生活常规教育的内容，丰富自己的理论知识，提高自身的理论修养和能力，以便于更好地实践于班级，促进幼儿的健康发展。有一句话：学习是无止境的，幼儿教师就应该不断地学习，幼儿教师应该不断充实自己，拓展自己的知识视野，广泛地、积极主动地去学习一些关于生活常规教育方面的知识，以便于对生活常规教育的内容、要求、方法、形式等有更加充分的认知。

2. 幼儿教师应科学制定常规，严格执行生活常规

根据班级幼儿实际且现实的接受能力和对生活常规的理解能力的高低水平，为幼儿制定出适合的生活常规要求。此外，需要加强对生活常规教育看法的认识，生活常规教育的具体要求的目的不是方便班级的管理和维持班级的秩序，而是让幼儿在具体的要求下，使得幼儿的生活习惯得到发展和有进步的空间。

（二）幼儿园应积极开展相关教研活动，提高生活常规教研活动质量

一方面，作为幼儿园这个大的环境来说，首先，只有幼儿园重视生活常规教育方面的教研活动，并能落实下来，为幼儿教师提供更多学习有关生活常规教育方面知识的机会。另一方面，幼儿园适当地开展一些教研活动或培训活动，提高教师的专业能力，让教师对于生活常规教育的认识更加深刻。除此之外，从幼儿的角度来说，好的生活常规教育也会不知不觉地对幼儿产生持久的影响。因此，幼儿园开展生活常规教育的教研活动是十分重要的。

五、小结

小班生活常规教育对于幼儿以后的习惯养成有着不可磨灭的作用，在我们日常的幼儿生活常规教育中，重视幼儿常规的养成，促进幼儿良好行为习惯的养成。

参考文献

（一）教育文件类

[1] 教育部．幼儿园工作规程［S］．2016.

[2] 教育部．3～6 岁儿童学习与发展指南［S］．2012.

[3] 教育部．幼儿园教育指导纲要（试行）［S］．北京：北京师范大学出版社，2001.

（二）期刊文献类

[1] 夏子悦．幼儿园一日生活常规教育的实施策略［J］．才智，2020（7）：192.

[2] 王永杰．小班幼儿生活常规习得研究——以秦皇岛市 A 幼儿园为例［J］．南昌师范学院学报，2019，40（4）：137—140.

[3] 隋新云．培养幼儿常规习惯的初探［J］．教科园地，2009（2）.

[4] 曹丹丹．家园合作问题分析［J］．学前教育研究，2003（Z1）：97—98.

[5] 赵玲．幼儿园生活常规活动的价值与开展策略［J］．学前教育研究，2017（3）：64—66.

[6] 李秀芬．幼儿园小班日常生活活动常规教育研究［J］．当代教研论丛，2015（4）：128—129.

论如何组织大班幼儿开展种植活动

（张宇　天津市河东区第四幼儿园）

摘　要： 幼儿园的种植活动，突破了常规的集体活动中观察和探究的局限性，为孩子提供了自由、随机的观察和探索的机会，让孩子在养、看、摸的过程中获得感官上的直接经验，也有利于培养幼儿的探究兴趣。教师适当地放手，把探索的空间留给孩子。关注大班幼儿种植活动的需求和学习特点是促进幼儿种植活动顺利开展的重要保障。在活动中抓住教育契机，为孩子的知识建构添砖加瓦，真正促进幼儿能力的全面发展。

关键词： 大班幼儿；学习特点；发展；需求；种植

我国教育学家陈鹤琴曾说过：爱自然是儿童的天性，借助幼儿与生俱来的对大自然的好奇心，可以培养幼儿热爱劳动、善于观察和发现的良好品质。《纲要》中指出："幼儿的科学教育应密切联系幼儿的实际生活进行，利用身边的事物与现象作为科学探索的对象"。幼儿园的种植活动恰是幼儿接触自然、学习科学的良好途径，幼儿园的种植区是大自然的缩影。幼儿在种植活动中通过自主观察、操作、讨论，从中会发现课堂教学活动中不容易引起注意的一些特征和变化，培养幼儿的观察力，从而激发幼儿对于大自然和科学现象的兴趣，使幼儿获得直接的感官刺激，掌握更加全面、系统的知识。种植的成长也将带动幼儿的自主成长，在不经意间慢慢地长大，慢慢地学会思考，掌握动手能力，增长见识，对其自身发展有着不可替代的重要作用和意义。最重要的一点是，在这个过程中，他们是快乐的，是自主的。

小班、中班阶段我们曾尝试开展"小小种植角"活动，激发幼儿观察植物生长变化的兴趣。在此基础上我们对大班幼儿种植活动进行了有益的提升和改进。相比小班和中班幼儿，大班幼儿的思维和动作发展都比较成熟，更能发掘"种植"活动的兴趣点和活动线索。把握大班幼儿的学习特点和对种植活动的兴趣需要，是促进种植活动顺利开展的重要保障。

一、种植主题要适合大班幼儿兴趣

种植是一项历时较长的活动，播种、施肥、观察、记录，每一项工作都需要耐心和等待。如果幼儿对这一活动不感兴趣，就很难从活动中得到愉快的体验。那么，激发幼儿参与的兴趣并能让这种兴趣得以维持，种植活动计划就成功了一半。随着大班幼儿年龄的增长，他们好学好问，喜欢参与有挑战的事情，孩子们更喜欢亲自筹划，比如自主确定种植资源，制订种植计划。

通过调查，及时了解幼儿已有经验，收集整理幼儿身边常见的、熟悉的植物种类。活动前，可以与幼儿进行商讨，种什么？怎样种？帮助幼儿筛选一些生长速度快，短期内有显著变化，并能在短期内结出果实，展现完整的生命周期的植物，比如豆类、大蒜等。这样既能满足幼儿的好奇心理，也能调动他们的主观能动性，积极参与到种植活动中来，亲身体验种植的价值和意义。当孩子们看到亲手种植的植物每天都有一点点新的变化，他们的参与及学习兴趣都将会成倍地上升，会更加主动、更加积极、更富有爱心以及责任感、成就感。

在活动进行过程中，也要注意活动的生成内容，即幼儿新的兴趣点。比如：在组织幼儿到小菜园观察豆角和白菜时，小朋友都围在一起似乎谈论着什么，很是认真。走近一看，一整棵白菜的叶都是密密麻麻的洞，原来附近住了一群蚂蚁。孩子们对蚂蚁到底吃什么、如何在土里挖洞筑巢很感兴趣，于是我们找来了容器，将蚂蚁都收集到容器中拿回了班里，观察蚂蚁生活习性的活动就这样生成了。幼儿每天来到幼儿园都要第一时间围观蚂蚁，也会经常去小菜园为蚂蚁寻找食物。这样不仅扩展了幼儿对自然生物的了解，也增加了他们探索自然的兴趣。

二、基于幼儿的年龄特点，拓宽幼儿的种植经验

幼儿都有与生俱来的好奇心和探究欲望，大班幼儿的年龄特点决定他们喜欢有挑战性的学习内容，种植活动正好给孩子们提供了一个挑战自我的途径。种植区应是幼儿调动各种感官进行体验、探究的场所。教师要为幼儿与土地、植物之间的对话，提供策略支持。

我们在组织大班幼儿的种植活动中，会尽量使植物的种类多样化，有攀缘类如：豆角、丝瓜、黄瓜。有低矮的：白菜、辣椒。有不开花的绿萝，还有开花的水仙。我们还会有意识地将植物种植方式多样化，有土栽，有水栽，有盆栽，有棚栽。多种栽培方式进行对比，让幼儿观察不同生长环境下植物的不同特点，激发他们的探究欲望。使幼儿直接感知并理解各种植物在生长过程中所需要的土壤、水分、光等条件都不一样，从而丰富幼儿的种植经验。比如地瓜和大蒜，既可以在土壤里生长，又可以将根插入水中种植。丝瓜、南瓜种在土地里，果实会很大，而在室内进行盆栽就不会结果。小白菜在不同温度的土壤里生长速度有很大差别，在大棚里的就会很快发芽。幼儿在对这些不同种类和不同种植方式的植物进行对比观察，对这些奇妙的现象很感兴趣。幼儿参与种植和管理的积极性大大提高，也获得了更多的科学知识。

三、必要的集体教育活动，支持主题的高效开展

苏联教育专家乌索娃曾经指出：对于简单的知识，儿童在与成人的日常交往中，在游戏、劳动和观察中就可以获得，但儿童获得这些知识是零散的。集体教学发挥着帮助幼儿组织、提升简单知识的独特功能，将使幼儿的旧经验在新的理解上得以重构，将促进幼儿知识的迁移和应用，因此必要的集体活动很有必要。

在种植攀缘植物时，幼儿对“攀缘”一词很感兴趣，不禁疑问：“什么是攀缘植物?”，“它们真的像蛇一样爬吗?”经过共同查找资料和学习，我们开展了一次有关攀缘植物的集体教学活动。通过这次活动，幼儿不仅了解了攀缘植物的外形特征、种类和生长习性，还启发了幼儿在日后照顾管理这些植物的有益经验。比如：孩子们在看到黄瓜长出嫩芽和枝条时会想到为它们搭架子、拉绳子的方法，帮助黄瓜的藤蔓向上生长；孩子们也知道在什么时候给这些植物浇水最合适。在种植活动出现危机时开展的教育活动，如：在清明节过后我们带孩子在小菜园播种丝瓜、南瓜和豆角，经过漫长的等待，怎么也不见有嫩芽钻出土壤，孩子们的热情日渐减退。于是我们扒开土壤一探究竟，种子竟然一点都没发芽，我决定给孩子们开展一节有关如何播种和一些播种时的注意事项的教育活动。我请小朋友回家搜集资料，转天分享给大家。果然，幼儿还是很感兴趣的。经过这次集体教学，我们在下种之前将种子浸泡发芽后播种了，通过小朋友的悉心照顾，植物终于长出来了。

四、利用多种策略，促进幼儿多方面能力的发展

种植离不开幼儿细心的观察、记录和积极的探究，种植活动是培养幼儿观察能力、动手操作能力的良好途径。在持久的活动过程中，需要教师与幼儿一起发现问题、解决问题。更需要幼儿之间的责任感和合作意识。因为植物的生长周期较长，需要重复的工作比较多，偶尔也会感到枯燥，这就需要幼儿有照顾植物的责任感和任务意识。大班幼儿合作意识逐渐增强，一同种植，一同管理，一同观察讨论，这也是幼儿社会性发展的良好体现。作为教师，

要及时捕捉教育契机，让种植活动发挥最大的教育价值。

幼儿种植活动的有效开展是引导幼儿了解自然、喜爱自然、探究自然的主要途径。我们的孩子在活动中享受了种植、收获的快乐，我们还举办了采摘活动、分享活动、植物制作活动等，通过这样看看、摘摘、做做、尝尝的各项活动，最终完成种植活动的目标。

小小的种植园是培养幼儿良好的行为能力、个人品质的场所，教师要为幼儿创设适宜的种植条件，并适当放手、放权，把探索空间留给孩子。关注幼儿的年龄特点和兴趣需要，促进种植活动的有效开展，真正促进幼儿能力的全面发展。

参考文献

[1] 邓鲁萍. 乌索娃和苏联学前教学理论的发展 [J]. 全球教育展望，1987：65—70.

[2] 陈鹤琴. 儿童的七种天性 [Z].

[3] 虞永平，张斌. 小小园丁——幼儿园种植活动 [M]. 南京：南京师范大学出版社，2014.

以角色游戏助推幼小衔接实践研究

（彭小玲　北京市怀柔区第四幼儿园）

摘　要：角色游戏和幼小衔接的关系可以简单概括为手段和目的的关系。角色游戏是幼儿园教学中的一种重要学习方式，是幼儿根据自己的兴趣、意愿，大胆地运用自己的想象创造性地进行角色扮演活动。幼小衔接指的是幼儿教育与小学教育的衔接，是幼儿发展中的重大转折期。幼儿从幼儿园过渡到小学，会出现各种各样的问题，如角色转变，学习适应，身心适应，而研究中发现，对于幼儿来说，在角色游戏中能够更好地发展幼儿的认知发展、社会性发展、语言发展，尤其是社会性发展，能更好地培养幼儿的思维方式、合作交往，充分发挥角色游戏的价值，在游戏中逐渐养成进入小学的必备品质，为幼儿成功进入小学作准备。

关键词：关键词角色游戏；幼小衔接；甜品店

一、角色游戏在幼小衔接中的现状与问题分析

（一）重“知识”，轻“游戏”

“双减”背景下，为让儿童减负，国家限制了学前班的开办，但往年的根深蒂固的想法，也让家长错以为幼儿园的幼小衔接是小学化，会涉及小学的知识技能，而个别教师在指导过程中也会因自身业务能力的薄弱，会错分幼小衔接的概念，使用错误的教育方式，在角色游戏的开展中，更是无法意识到角色游戏的重要性，从而重“知识”，轻“游戏”。

（二）角色游戏“小学化”

在角色游戏的开展过程中，不少教师会在其中由于错误的教育理念涉及“小学化”的内容，以角色区“小学课堂”为例，孩子们在其中自由地进行模仿，但当仔细观察后会发现其中涉及小学知识的讲述，拼音的运用，生生把好好的角色游戏变成了小学化的殿堂。

综上所述，为了帮助教师更好地理解角色游戏的重要性，以班级角色区“甜品店”为例，进行实践活动，“甜品店”是幼儿喜欢的一项角色游戏，孩子们能够在角色区中自由地选择角色进行扮演，在幼儿喜欢的同时也能有效地促进幼儿认知发展、社会性发展、语言发展等方面，帮助幼儿更好地适应小学生活。

二、“甜品店”结合幼小衔接实施的实践案例

（一）甜品店开业啦！——保护幼儿好奇心和主动性

角色区是幼儿社会交往，情感体验的缩影。学期初，我们一起和孩子们讨论了角色区玩什么，根据孩子们的喜好，我们开展了角色区“甜品店”，但是甜品店是什么样的呢？有哪些工作人员？工作人员都需要做什么？孩子们刨根问底地问了各种各样的问题，对于幼儿的疑问，我们保护了幼儿的好奇心和主动性，给予了支持与引导，在家长们的帮助下，孩子们积极主动地去甜品店进行参观、购物，通过孩子们体验甜品店的经验，我们在讨论后，确立了甜品店的角色分工：服务员、收银员、厨师、小客人。在收集材料，制作甜品，布置完环

境后，我们的甜品店也正式开业了！而孩子们在体验甜品店的同时，也满足了自身面对新问题产生的好奇心与探究欲。

（二）没有小客人怎么办？——支持幼儿持续探究行为

甜品店开业后，每天生意不断，但是慢慢地，孩子们的热情退散，小客人却越来越少，“甜品店没有小客人怎么办？”面对孩子们的问题，我们支持幼儿持续的探究行为，提供充足的时间、丰富的材料支持幼儿持续、深入进行探究，寻找问题的答案。

第一次调整：丰富幼儿解决问题，分工合作的经验

在观察中孩子们发现，班级甜品店没有外面的漂亮，外面的甜品店蛋糕和甜品都是整整齐齐地摆在货架上，环境非常干净，选甜品时有小夹子和托盘，也会有购物袋和漂亮的宣传牌。观察后孩子们进行了甜品店翻修工作，我们分工合作，一起制作了更美味的甜品，把甜品整整齐齐地摆放在新购置的货架上，并在此基础上进行分类整理摆放，同种价格的甜品摆放在一起，制作了宣传牌，也对甜品店的格局进行了调整，设置了大门，给小桌子铺上了孩子们喜欢的粉色花边桌布，小厨师和工作人员也穿上了“工服”，更加干净卫生。我们的甜品店从简陋到丰富，孩子们的经验由生活迁移到游戏中，在此过程中，我们不断解决着新的问题：如：制作什么甜品、宣传牌如何设计……孩子们团结一致，共同完成任务，遇到困难互帮互助，发生冲突时尝试协商解决，体验了合作的重要性。

第二次调整：培养幼儿的倾听和表达能力

重新开业后的甜品店迎来了更多小客人的欢迎，我们在此基础上，鼓励幼儿独立思考。为幼儿提供充分的时间思考、讨论和表达自己的观点，接纳幼儿不同的想法。也创设了点餐单和价目表。来到甜品店后，客人可以自行选择甜品，如果客人没有自选到满意的甜品，服务员也会递上点餐单和特色甜品价目表供客人选择，在客人清楚地表达需求后，根据顾客的需求服务员需要和厨师沟通，最后完成客人所需的甜品，在此过程中也不断发展了幼儿倾听能力和表达能力。

（三）“小银行”的创建——引导幼儿尝试用数学的方法解决日常生活中的问题，做事有一定的计划性

大班下学期在幼儿的角色游戏中加入了钱币，引导幼儿尝试用数学的方法解决日常生活中的问题，小客人去甜品店前首先会去银行取钱，每个人的初始钱币都是10元，会在日常生活中根据孩子们的表现进行奖励，取钱的时候会涉及数的简单运算，以及存折的使用。用1～10数字标明甜品定价，小客人每一次购买甜品，也会涉及10以内数量的分解和加减法。收银员收完钱后，会有一个记账本进行记录每天都有多少营业额，对于消费比较低的天数，会进行思考，我们也引导幼儿有计划地做事，在一日活动开始前和幼儿一起回顾他们的计划和完成情况，分析原因并调整，制作新的计划，如投放特价商品、柠檬水当日免费、满20元消费送太空不倒翁等，鼓励小客人再次来消费，提高营业额。游戏过程中，孩子们也愿意用数学的方式尝试解决游戏中的问题，体验解决问题的乐趣，感受数学的有趣和有用。

（四）稍等一下，我们马上就好——鼓励幼儿动手动脑解决问题

角色游戏进行中，孩子们越来越乐于思考，遇到困难不放弃，比如遇到问题：客人太多了都想敲门怎么办，孩子们充分进行思考、讨论，对别人的观点有不同意见时敢于大胆提出疑问并陈述自己的观点。最终设计了营业牌还有等位卡，营业牌在人多的时候反过来暂停营业，其他的客人获得等位卡，等位卡能让小客人安静等待或者免费看书或看表演。发展了孩子们动手动脑思考，以及解决问题的能力。也能一定程度上督促服务员、收银员和小客人做事不拖沓，加快速度进行服务，孩子们也收获了自己解决问题带来的满足感。

三、角色游戏“甜品店”在幼小衔接中的实践成效

下面我将结合入学准备要点对角色游戏“甜品店”在幼小衔接中的实践成效进行分析。

（一）培养了幼儿的好奇好问

在甜品店开业前，孩子们萌发了各种各样的问题，对甜品店非常感兴趣，有好奇心和探究欲，在教师和家长的支持下，孩子们体验了甜品店，满足了好奇心和主动性，对甜品店开展动手动脑，持续的探究行为。

（二）培养了幼儿的交往合作

在招揽小客人的过程中，孩子们能与同伴分工合作共同完成任务，制作什么甜品才能更好地吸引小客人；柜子搬不动几个小朋友合作；整理甜品店的卫生……孩子们团结一致，遇到困难互帮互助，发生冲突时尝试协商解决，更好地发展了同伴间合作交往能力。

（三）培养了幼儿的学习兴趣

甜品店从一开始的“装修”与调整都是基于孩子自身的兴趣，是孩子真正感兴趣的活动，也激发了幼儿主动、持久、投入地学习。在活动中，“小银行”的到来也让孩子对数学感兴趣，愿意用数学方式尝试解决游戏中的问题，并结合到生活实际中，培养了幼儿的学习兴趣。

（四）培养了幼儿的学习习惯

在开业过程中，孩子们计算每天的营业额，对消费比较低的天数，会进行思考，遇到问题不放弃，分析原因并调整，并制订新的计划，并运用到实践中。做事不仅有计划性也会独立思考并敢于表达。

（五）培养了幼儿的学习能力

如果客人在活动中没有选到满意的甜品，服务员也会递上点餐单和特色甜品价目表供客人选择，在客人清楚地表达需求后，根据顾客的需求服务员需要和厨师沟通，最后完成客人所需的甜品，发展了倾听能力与表达能力。而“小银行”的出现也让孩子们能在教师的指导下，尝试运用数数、简单的统计等方法解决日常生活中的问题，发展了学习能力。

四、结语

在角色游戏“甜品店”的活动中，教师通过调整角色游戏“甜品店”的游戏设计、情景创设、材料投放、介入指导，让角色游戏助力幼小衔接，从幼儿的好奇好问、交往合作、学习兴趣、学习习惯、学习能力等多个方面对幼儿进行培养，充分发挥角色游戏的价值，助力幼小衔接，帮助幼儿更好地进行入学准备。

参考文献

[1] 李雅娟. 浅谈角色游戏对幼小衔接的价值 [J]. 儿童发展研究，2018 (1)：6—8.

幼儿园5～6岁幼儿对幼儿教师形象认知的研究

（杨成云　云南省昆明市人民政府机关幼儿园）

摘　要： 幼儿教师在幼儿教育中扮演着至关重要的角色，不仅是孩子们的知识导师和指导者，更是孩子们的榜样和引路人。幼儿园5～6岁幼儿对幼儿教师形象的认知是一个渐进的过程，在这个过程中，幼儿的认知和情感逐渐深化，形成了对幼儿教师的比较全面和积极的认知和评价。因此，对幼儿对幼儿教师形象认识的研究具有重要的理论和实践意义。本文旨在通过对幼儿园5～6岁幼儿对幼儿教师形象认识的研究，探究幼儿对幼儿教师形象的认知特点和认知规律，为幼儿教育实践提供理论依据和参考。

关键词： 5～6岁幼儿；幼儿教师；形象认知

5～6岁幼儿普遍能够认识到幼儿教师是自己的老师，负责教授知识和照顾自己。能够区分出幼儿教师的外貌特征，如穿着、发型、面部特征等。能够观察到幼儿教师的行为举止，如讲课、指导游戏等，并对此产生一定的认知。他们对幼儿教师的情感态度普遍较为积极，表现出对幼儿教师的喜爱、信任和尊重等情感。对幼儿教师的评价标准主要包括教学质量、个人魅力和沟通能力等方面。其中，教学质量被认为是幼儿对幼儿教师最重要的评价标准。幼儿园5～6岁幼儿对幼儿教师形象的认知是一个渐进的过程，在这个过程中，幼儿的认知和情感逐渐深化，形成了对幼儿教师的比较全面和积极的认知和评价。

一、幼儿对幼儿教师的形象认知

（一）幼儿对幼儿教师的外貌认知

幼儿在认识幼儿教师时，首先会关注其外貌特征，如衣着、发型、体态等。研究表明，幼儿更喜欢穿着整洁、色彩鲜艳的教师，认为他们更亲切、友好，更容易与之沟通。同时，幼儿还会关注教师的年龄、性别、种族等特征，认为不同的教师会有不同的教学风格和表现形式。

（二）幼儿对幼儿教师的性格认知

幼儿在认识幼儿教师时，还会关注其性格特征。研究表明，幼儿更喜欢开朗、幽默、温和、亲切、耐心、善于表达和倾听的教师，认为他们更容易与之相处，更能引起幼儿的兴趣和关注。

（三）幼儿对幼儿教师的教学认知

幼儿在认识幼儿教师时，还会关注其教学特点和能力。研究表明，幼儿更喜欢具有创新意识、灵活多样、有趣味性的教学方式和方法，认为这样的教师更能激发幼儿的学习兴趣和积极性。同时，幼儿还会关注教师的教学能力和知识水平，认为教师的教学能力和知识水平是评价教师优劣的重要因素。

二、幼儿对幼儿教师形象认知的发展规律

幼儿对幼儿教师形象的认知是一个逐渐发展的过程。研究表明，幼儿对幼儿教师形象的认知发展具有以下规律。

（一）幼儿对幼儿教师的外貌特征认知逐渐明晰

3岁以下的幼儿主要关注教师的身体特征和面部表情，4～5岁的幼儿开始关注教师的穿着和发型等外貌特征，6岁以上的幼儿则更注重教师的气质和风度。

（二）幼儿对幼儿教师的性格特征认知逐渐深入

3～4岁的幼儿开始认识到教师的善良、温和、耐心等性格特征的重要性，5～6岁的幼儿开始认识到教师的开朗、幽默、活泼等性格特征的重要性，并且能够通过教师的言行举止来评价教师的性格特征。

（三）幼儿对幼儿教师的教学特点认知逐渐深入

3～4岁的幼儿开始注意到教师的教学方法和教学内容的差异，5～6岁的幼儿开始认识到教师的教学能力和知识水平的重要性，并且能够通过教师的教学表现来评价教师的教学特点。

三、幼儿对幼儿教师形象认知的影响因素

幼儿对幼儿教师形象的认知受到多种因素的影响，主要包括以下几个方面。

（一）教师本身的形象

自古以来我们的教育注重的是言传身教，因此才有了“其身正，不令而行，其身不正，虽令不从”一说。教师的一言一行，一举一动，无时无刻不在潜移默化地影响着学生，正因为此，教师时刻都在关注着自身的形象，生怕给自己的“弟子”留下不好的印象，影响自己在学生心目中的高大形象。但教师也是一个社会人，也需要适当地放松自己，这就是造成现代教师课堂内外“两面人”的形象。教师本身的形象是影响幼儿对教师形象认知的重要因素之一。教师的衣着、发型、体态、言行举止等方面的形象对幼儿的认知具有重要的影响作用。

（二）教师与幼儿的互动方式

互动也称相互作用，是指人与人之间的心理交互作用或行为的相互影响，是一个人的行为引起另一个人的行为或改变其价值观的任何过程。互动可以是言语型互动或是非言语型互动，可以是正式、有组织的互动，也可以是非正式、无组织的互动。师幼互动是教师与幼儿之间的互动，师幼互动可以因其参与主体的不同而分为三种，即教师与全班幼儿间的互动，教师与小组幼儿间的互动，教师与个体幼儿间的互动。教师与幼儿的互动方式对幼儿对教师形象认知的发展也具有重要的影响作用。教师的亲切、温和、耐心、善于表达和倾听的互动方式有利于幼儿对教师形象认知的发展，而苛刻、冷漠、唠叨、强势等互动方式则会影响幼儿对教师形象认知的正常发展。

（三）学习环境的影响

学习环境的氛围、教育内容、教学方法等因素也会影响幼儿对教师形象认知的发展。良好的学习环境和教育内容会促进幼儿对教师形象认知的积极发展，而贫乏的学习环境和低质量的教育内容则会阻碍幼儿对教师形象认知的正常发展。

四、提高幼儿对幼儿教师形象认知的策略

针对以上的研究结果，我们可以提出一些具体的策略，来帮助提高幼儿对幼儿教师形象的认知。

（一）建立教师亲和力和信任感

教师应该采用亲切、温和、耐心、善于表达和倾听的互动方式，与幼儿建立良好的关系和信任感。在平时的教育活动中，教师应该注重与幼儿的交流和互动，让幼儿感受到教师的关注和爱护。

（二）提供丰富多彩的学习体验

教师应该提供丰富多彩的学习体验，开展丰富多彩的教育活动，以吸引幼儿的注意力，激发幼儿的学习兴趣，促进幼儿对教师形象认知的积极发展。

（三）加强教师形象的管理

教师应该注重自身形象的管理，注重衣着、发型、体态、言行举止等方面的形象管理，以树立良好的教师形象，促进幼儿对教师形象认知的积极发展。

（四）积极开展教师的专业培训

人是决定生产力和生产关系的第一要素，人的因素决定了科技进步的水平和发展进程，幼儿教师是培养高科技复合型人才的源头力量。幼儿教师承担着早期教育的重任，幼儿教师专业发展已日益成为教育研究的重点课题。幼儿教师专业发展是一个逐渐积累的过程，从教师在师范院校接受教育以后，到上岗的职业技能培训，到工作中结合实际接受的各种培训，直到自身业务水平的大幅提高。教师应该积极开展教师的专业培训，提高教师的教学水平和专业素养，以提高幼儿对教师形象的正确认知。

五、结论

5～6岁幼儿对幼儿教师的形象认识程度因个体差异而异。有些幼儿可能对幼儿教师的形象比较清晰，能够描述他们的特点和行为。而有些幼儿可能只能提到一些表面的特征，如穿着、发型等。

幼儿对幼儿教师的形象认识程度可能受到幼儿教师的教育经验和专业水平的影响。对于经验丰富、专业水平高的幼儿教师，他们的形象特点可能更容易被幼儿发现和描述。幼儿对幼儿教师的形象认识可能受到他们与幼儿教师的互动和体验的影响。有些幼儿可能更容易对那些与他们互动愉快、能够引起他们兴趣的幼儿教师形成更深刻的认识。幼儿对幼儿教师的形象认识可能与幼儿的性别、文化背景等因素有关。一些研究表明，男女幼儿可能对幼儿教师的形象有不同的认识，文化背景也可能影响幼儿对幼儿教师的认识。

需要指出的是，以上仅是一些可能的研究结果，具体情况需要根据实际调查的数据和分析来确定。幼儿对幼儿教师形象认知是一个逐渐发展的过程，既受到个体因素的影响，也受到家庭环境、互动方式和学习环境等外部因素的影响。针对幼儿对幼儿教师形象认知的发展，教师应该采用亲和和信任的互动方式，提供丰富多彩的学习体验，注重自身形象的管理，积极开展教师的专业培训等策略，以促进幼儿对幼儿教师形象的积极认知和发展。

总的来说，本研究为幼儿对幼儿教师形象认知的发展提供了一定的启示和参考，对于提高幼儿对教师形象的认知、促进幼儿的健康成长和发展具有一定的实践意义。当然，本研究还存在一些不足之处，如样本的选择和数量、研究方法的局限性等，需要在后续的研究中进一步完善和深化。

参考文献

[1] 方明．家园合作 提高幼儿素质［M］．北京：科学普及出版社，1997.

[2] 李镇西．做最好的老师［M］．桂林：漓江出版社，好家长，2019.

[3] 周宇．幼儿园大班幼儿心目中好教师形象研究［J］．2019（20）：23.

[4] 李敏．农村幼儿园骨干教师心目中的幼儿园教师职业形象［J］．学前教育研究，2013（6）：42—48.

[5] 刘佳杰．幼儿数学能力性别差异的调查研究——以北京市延庆区某幼儿园大班为例［J］．中华女子学院学报：96—104.

[6] 赵杏．大班幼儿结构游戏中学习品质与幼儿性别和结构作品之间的关系研究［J］．早期教育：教科研报，：17—22.

[7] 朱孟媛．大班幼儿心目中的家庭关系——基于家庭动力绘画的研究［D］．河南大学，2020.

[8] 张勇．教师礼仪实训教程［M］．重庆：西南大学出版社.

[9] 周念丽．学前儿童发展心理学［M］．上海：华东师范大学出版社，2014.

[10] 杨振宇．儿童观心理学［M］．北京：人民教育出版社.

“科研场+”应运而生“精准赋能”教师发展

（郁川萍　浙江省嘉兴市海盐县三毛幼儿园）

摘　要：随着教育改革与发展的深入推进，建构有利于促进教师自主发展的幼儿园科研场项目成为当下所需。此时，“场域赋能”的建立尤为重要，能够更好地促使教师从理念与实践层面走上课题研究之路，这对推动教师专业成长起着不可估量的作用。本文主要以“科研场+”项目为牵引，以教师的自主需求为前提，通过“科研卷入场、科研流动场、科研共享场”为课题研究主阵地，深入展开三个“精准规划、支撑贯通、层级辐射”，使教师更好地释放科研带来的新生力量，获得专业自主能力发展。

关键词：“科研场+”；场域赋能；教师发展

随着教育改革与发展的深入推进，建构有利于促进教师自主发展的幼儿园科研场项目，是当下所需。此时，“场域赋能”的建立尤为重要，能够更好地连接科研场之间的能量，不断激活教师的科研热情和主观能动性，真正促使教师从理念与实践层面走上课题研究之路，这对推动教师专业自主成长起着不可估量的作用。在科研管理中，本园以“科研场+”项目为牵引，以教师的自主需求为前提，产生与教师“同频共振”的科研新场域，将教师创新发展的科研平台与实施主阵地相融合。经过一年实践，产生“科研卷入场、科研流动场、科研共享场”这三大主场项目，支持教师立足教育实践和自主研究场域，提升教师的专业素养，更好地促使教师释放新生力量和获得专业自主能力发展（见图1）。

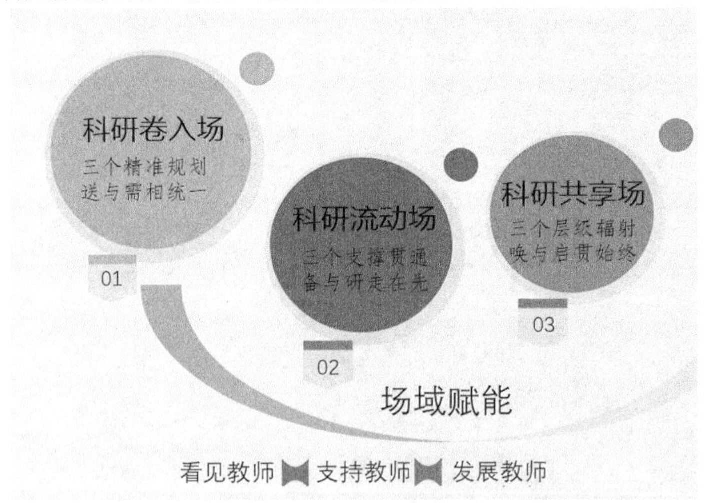

图1　“科研场+”项目促教师发展之实践框架图

一、聚焦“科研卷入场”，进行三个精准规划

对于教师来说，开题研究设计的过程是一个深度自我对话的过程，是一个自我超越的过程，这是教师做出智慧行动的前提和基础。首先以科研卷入场的项目展开，引领教师们整理新想法，明晰新思路，满足教师的研究新需求，做好幼儿园课题申报工作。

(一)规划预培日:点亮式引领,促教师思维发散与多向

准确的选择研究问题是科研工作的起点和出发点。在鼓励教师跨出课题研究第一步时,重点对意向征集表上研究问题进行汇总分析,主要涵盖了特殊教育、课程实施、自主游戏、教师发展这四大方面。在预培时,通过点亮式引领,支持教师分别讨论课题题目的要素,包括具体的研究情境、可操作的核心概念、明确的研究指向,修改与确定选题,使教师的思维多向发散。

(二)规划预热周:催生式引领,促教师思维链接与迁移

课题研究是一个系统探索的过程。经过深思熟虑,规划预热周,引领教科研骨干以及教科研新生代,进行理框架和理结构。预热阶段虽无捷径可走,但是可以催生式引领,提出详细的修改意见,给出明确的调整要点,得出清晰的研究导图,从而确定课题修改的突破口,抓住小口子、迈出小步子、研出小点子,促进教师思维的连接与迁移,细化课题研究的方向。

(三)规划预赏月:花瓣式引领,促教师思维转化与外延

从课题四个特征“一个好的理念,有一个好的机制、好的亮点、好的实证”对课题方案做进一步完善,去欣赏课题方案中的新意,以及吸引教师继续发现需要改动的板块,呈现灵活的课题研究思路框架图,促进教师思维的转化与外延,提升其科研技能。此阶段以花瓣式引领为主,也就是鼓励教师自主上门,按需引导,从而抓准时机,打破平衡,攻克难点。

二、聚焦“科研流动场”,进行三个支撑贯通

课题论证活动,既是互动探讨、合作交流,又是真抓实干、集中发力,重在引领教师们努力去寻找自己研究的“终南捷径”,推动本园科研工作“扬帆起航”,全面做好行稳致远的“研究攻略”,从而发挥教师专研特色。而科研流动场项目的出现,从三个支撑贯通入手,做到备与研走在先,使科研与课程建设同步、教研同步、队伍建设同步。

(一)同频支撑:上下贯通,确定研究主线

科研流动场的活动至关重要,同频支撑的方式开启了教师们欣然喜欢且积极投入的起点。一是通过顶层设想和教师设想之间的上下贯通,不再为了论证而论证。二是通过市、县级课题组长提前自主申报活动时间、地点和论证专题,自主赋权中把关与确定研究主线。以此让教师自主决策、实施时让教师参与论证、见证时让教师想法实现,为下阶段课题的顺利结题提供有力支持(见图2)。

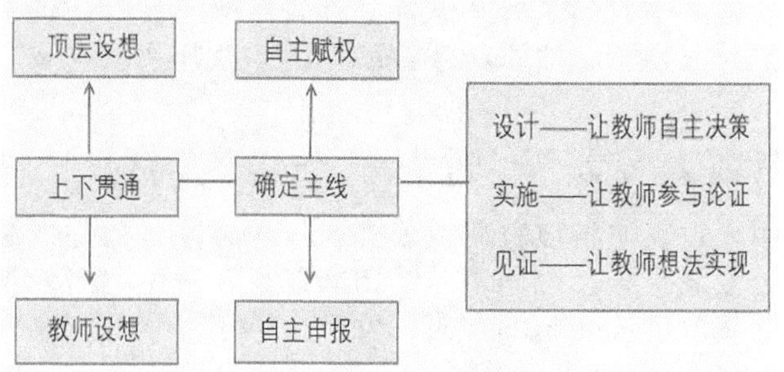

图2 “同频支撑”过程路径示例

（二）连锁支撑：行思贯通，丰实研究羽翼

科研流动场的开展，需要对内容实施分解，使研究教师思路更明确，即问题体系更具体化。组长自主申请开展的专题，实际表明了课题组对所要研究问题本质的理解和思考，从侧面反映出其研究思路是否清晰。项目实施中，以中期论证专场为例，以连锁支撑的方式，引发教师行动与思考贯通，不断丰实研究羽翼。论证组长分别采用不同实证方式展现课题的开展过程，力争以论证促反思，以科研优化课程，不断使研究团队在行、思过程中落实课题研究，寻找过程中新的发力点。

论证专场：趣味游戏节，浓浓数学情

首先基于课题，以“播种乐”为班本活动，以思、行、延的实施路径，支持幼儿在体验中对比思考，提升幼儿综合实践能力。其次从研究意义、研究进度、下阶段设想等汇报，组员一致认为研究有难度，但实践充满新意与亮点，从课程实施策略优化角度展开思想碰撞，使菜园课程更适宜小班幼儿，开展更开放（见图3）。

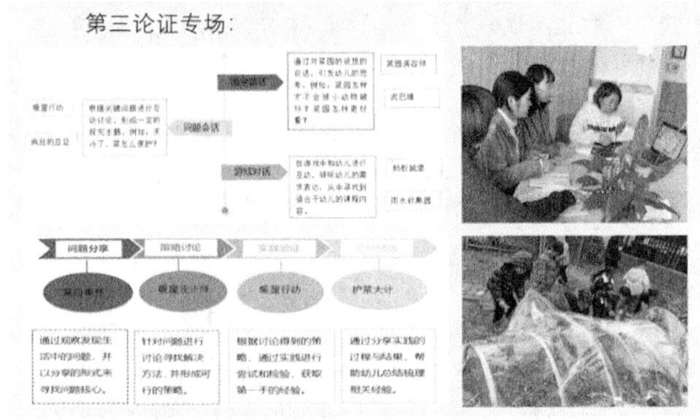

图3　“连锁支撑”专场打磨实例

每一个专场论证活动，都能看出一群教师对问题思考的深度，也能显示一群教师对科研的态度。教师及时相应地做出反思与调整，如：为什么会出现这样的问题，我如何调整研究过程，采取怎样有效的策略和措施，等等，从而强化课题研究的监控能力和应变能力。

（三）变量支撑：内外贯通，助推群体飞跃

一个课题组，组长和组员就是一个成长共同体，组员间的思考彼此相连，是新的能力和智慧乍然呈现的基点。有了市县级课题的起航，组内、组外教师内外贯通，以研究的态度投入高质量论文的撰写中去。通过碰撞式互动、跟进式诊断、个性式调整、共鸣式打磨……让凝题成文不再是一道坎，从中看到了每个老师都有自己的一种写作特质，一种思考方式，以此抓好研究骨干、助推研究枝干、增添新叶，助推群体教师飞跃发展。

三、聚焦“科研共享场”，进行三个层级辐射

为期一年的实践中，重在坚持以科研发展观为指导，紧紧抓住资源共享、众筹共生、协同发展三条主线，进行专业指导、协同培养、团队建设，解决科研发展的现实问题。在成果交流和推广中，积极寻找改进和变革的方向，发展持续学习和适应改革的能力。

（一）优势资源互补，协作辐射

小组协作共同体中，每个老师各有优势，各具特点，可以发挥不同的优势。社团启动仪式上，以开放的姿态，最大限度地利用园所教师优势资源，为更多的教师打开研究便利的通

道，发挥触角辐射的同步作用。学习社团日，青年教师担任组长，率先讨论与预设，做好流程安排，锚定与规划社团主题，系统安排自主活动，集聚科研新点子，激发科研共享意识。

（二）导师团队互助，能量辐射

每个小组中都储备一股强大的导师力量、后备力量，这股力量日益雄厚。在社团日，近一年论文获奖教师均成为第一批学习导师团队，促进每个小组滚动辐射的推广作用。有了学习导师挂牌，有了年轻组长统筹组织，大家众筹共生，获得了更多群体科研经验，并迁移、内化到自己的寻思练笔中去，科研路子更宽，科研力才会由此生长，由此提升科研共享能力。

（三）交流平台互动，联动辐射

社团日作为一个开放的交流平台，为各自的专业成长提供了坚实的保障，营造了互通有无、支持配合的良好氛围。有了整体规划嵌入，对个性化成果与规律性实践和发展之间搭建一定的桥梁关系。社团日各组自主进行，大家都毫无保留地说分享谈感受。小组互动交流反映出了一定的立场、观点和方法，小组抱团让更多教师之间的联动辐射，不断提高教师综合分析能力、逻辑思维能力和创新能力，提升科研共享质量和教育科研水平。

四、思考

（一）科研项目“应运而生”，在于聚力提质

“科研场+”项目实施中，允许师生发出自己的光亮，允许师生自由呼吸、顺应自己的成长节拍。同时给予了教师更大的科研空间，引发了教师聚力去做助推幼儿自主发展、且适合自己的课题研究，不断改进了课题实践本质和改进课题实施质量，激发了教师积累课题研究智慧，促进教师朝着一种专业性的趋势发展。此项目的开展，更好地激活教师的内在潜力优势，充分发挥了教师的主观能动性。

（二）场域赋能“还原生态”，在于合力增值

科研场域的开发，犹如一方池塘，需要还原生态，才会呈现生机盎然、持久多彩。经过场域赋能，教师更好地走近幼儿，助推幼儿，无形中合力推动了课题研究走向新的增值阶段，更好地促进了本园课题的内涵发展，达到相对高质量的目的，提升学校的文化品位。同时，课题实践、教师专业发展和学校发展三者之间构成稳固的三角形，形成良性循环和走向可持续发展。

参考文献

[1] 祝庆东．教师如何做“小课题”[M]．上海：华东师范大学出版社，2016.
[2] 刘华．幼儿园科研现状有感[J]．早期教育，2006（6）.
[3] 王福强．为师生赋能[M]．上海：华东师范大学出版社，2020.

小心你的"红色情绪小怪兽"——关于一位疑似多动症幼儿的融合教育思考

（吴改丽　广东省珠海市香洲区岱山幼儿园）

摘　要：通过一段时期对幼儿在幼儿园内教学互动、社交行为、一日生活常规的观察和反馈，幼儿攻击性行为突出、注意力难集中、情绪波动大且极易被激怒、自我控制能力弱、与同伴交往行为欠佳。教师针对疑似多动症行为进行的融合教育策略主要有：跟踪观察，分析行为动机；个例指导，正向强化刺激；家园共育，双管齐下。同时，从融合教育的个案分析中反思幼儿教育、特殊教育等问题。

关键词：多动症；融合教育；指导策略；家园共育

"哇……老师，小A又咬我了！"一名幼儿哇哇大哭着来向我告状，即使还没说出小A的名字，只要一听到有人哭喊的前奏，我已经八九不离十就猜到了：一定是他又咬人了！来园就读一学期，班上好多幼儿都被他咬过，有的是胳膊，有的是小腿，还有幼儿的胸口都被咬破过，甚至包括班主任我在内的三位老师都难逃厄运，无一幸免！

最初我们以为小A只是入园焦虑，适应性不好才会有这种过激行为，可随着入园时长的增加，大部分幼儿都已适应幼儿园生活，小A不仅咬人行为没得到改善，在活动中的注意力也十分不集中；生活中不论是与成人或是其他幼儿交流都极易被激怒进而情绪完全失控，大喊大叫，破坏玩具，用手头能接触到的任何物体砸打他人，即使家长或教师在场安抚也很难控制情绪；加之一学期结束能看到他与同伴正常交往的次数屈指可数，且持续时间都比较短，多数时候都是自娱自乐，愿意和他做朋友的同伴也寥寥无几。后来偶然通过和做特殊教育的朋友交流，她提醒我小A极有可能是一名多动症患儿！随后我查阅关于多动症典型特征——不能集中注意力、情绪极为冲动、性格霸道蛮横、攻击性行为明显、社交能力比较差等，这不就是说的小A吗？

由于观念认知、文化背景等原因，家长未能带小A去权威机构测评，因而在后续采取的教育分析和指导策略等相关跟进措施时，我们暂且称之为"疑似多动症"幼儿。

一、多动症幼儿常见行为特征

多动症也称为注意力缺陷多动障碍（Attention deficit and hyperactivity disorder, ADHD），指发生于儿童时期，与同龄儿童相比，以明显注意集中困难、注意持续时间短暂、活动过度或冲动为主要特征的一组综合征。多动症是在儿童中较为常见的一种障碍，其患病率一般报道为3%～5%，男女比例为4∶1。还有一些幼儿由于情绪冲动，比较容易出现打人咬人等攻击性行为。

二、疑似多动症幼儿的家庭基本情况

小A 4岁半，家庭成员为爸爸、妈妈和姐姐，由于父母属于高龄育儿，姐姐已大学毕业，姐弟年龄相差18岁。根据家访园访和日常交流了解到：妈妈较溺爱弟弟，教育方式过于柔和无底线规则；爸爸是退伍军人，教育方式简单粗暴，存在体罚幼儿情况；姐姐因年龄和性格原因，与弟弟关系较疏远，常向弟弟发脾气。妈妈是主要接送者，常有打妈妈的行为发生。小 A 在来我园就读前，曾有过其他园就读史，后了解之前就经常与其他园里同伴发生肢体冲突，尝试过不同地方，最后较稳定地留在本园就读。

三、疑似多动症幼儿的主要行为案例

（一）情绪激动，破坏教室玩具

案例 1：入园之初，某周一妈妈送小 A 入园，他不肯入园并大喊要回家，妈妈只能强行将他放下离开，小 A 继续喊叫，并且完全不接受老师任何安抚，快速跑到玩具柜前，将手边能接触到的玩具筐，整个用力丢到地面；在老师稍不留神之时背上书包夺门而跑，幸有保安在门口将其拦住，才避免跑出幼儿园外。

（二）攻击性行为频繁，同伴和教师都被该幼儿咬过

案例 2：一日幼儿排队在卫生间洗手，小 A 进来后插到队伍最前面，保育员指出这种行为不对，要学会耐心等待，小 A 感觉被批评了，拿起洗手池边的洗手液就用力丢向保育员。

案例 3：午睡时，旁边的幼儿脱鞋子，抬起腿不小心碰到小 A，小 A 不由分说，抱起该幼儿的腿就咬了一口；做核酸排队时，后面幼儿挤到小 A，小 A 生气，一口咬破那个幼儿胸口。

（三）教学活动中注意力十分分散，学习能力明显偏弱

案例 4：一日集体教学活动刚开始，小 A 就已经坐不住，在椅子上左右晃动，故意拉扯旁边幼儿，经教师提醒不到 1 分钟再次重复捣乱行为；水果餐时教师提醒每人拿 5 颗蓝莓，但小 A 即使听到老师当面提醒，仍要伸手抓住一大把就往嘴巴里面塞；现阶段中班下学期，握勺姿势仍然停留在小班水平，练习过多次，仍难有明显提升。

四、融合教育策略的探讨与实施

针对小 A 出现的突出问题，综合以上分析，我们为他制定了以下融合教育策略。

（一）园所支持，迅速出击

我园建园之初就本着“让每个孩子在生活中闪闪发光”的教育理念，积极接纳每一位幼儿，平等对待每一位孩子。当我们将小 A 疑似多动症情况向园方反映后，我园立刻从多角度对该幼儿的认知、情绪和行为进行综合评估，待有初步结果后及时与家长沟通反馈，并给出有利于孩子发展的适宜性建议。除了及时与家长沟通，园长还特别跟我们三位老师座谈，倾听我们的心声，了解困难，为我们解除后顾之忧，并鼓励我们积极合作，争取在带好班级整体的同时，也能帮助促进小 A 在班级内的正常融合。

（二）班级管理，你我同行

虽然小 A 入班第一天就已经给三位老师一个“下马威”，但我们依然相信每个孩子都是独特的个体，帮助他们更好地成长本就是大家义不容辞的责任！当然，有了园内领导的理解与支持，我们更加敢于改变和创新，专门为小 A 做了一些班级管理、环境创设的调整：营造温暖有爱的班级氛围，在班级小会议中，让孩子们知道每个人都不一样，不光有不一样的样子，还有不一样的脾气，大家来到幼儿园都是好朋友，希望每一位孩子要去和小 A 做朋友，一起帮助他赶走坏脾气；看到小 A 虽然不擅长表达，但很热心帮人做事，就专门为他设立一个“不发脾气的小巡逻员”头衔，当他能较好地控制情绪时，放学前就会邀请他做

“不发脾气的小巡逻员”帮老师在教室巡逻；环境创设上我们也会突出情绪管理、文明行为的元素，比如娃娃角的“魔镜魔镜，今天我笑了吗?”主题墙上的“文明礼貌伴我行”等都是希望通过无声的环境教育包括小A在内的每一位孩子在情绪管理和文明行为上的学习。在此特别想提出在一本行为矫正的书上学到的创设“冷静区”的方法，对脾气爆发时的小A还挺有作用：在冷静区除了少量书籍和一套座椅，几乎没有任何其他物品，当小A脾气无法控制，我会让他在冷静区待一会，直到他平静举手告诉我不生气了才可以重新回到座位。

（三）绘本阅读，助力成长

发现小A对看绘本较有兴趣，我在课程中增设了“每周一绘本”的环节，精心选取了许多有针对性的且富有趣味性的绘本，带着大家一起阅读，比如《我会好好说》《小手不是用来打人的》《嘴巴不是用来咬人的》《我的情绪小怪兽》等，讲解绘本的过程中，我会利用故事角色，强化幼儿日常生活中的适宜性行为，并且有意套用到小A身上，如“表扬小A昨天对老师说话很温柔哦，我们都喜欢你温柔地说话”“今天小A的小手不打人了，小嘴巴也不咬人了，我们一起给他鼓掌吧”。当绘本阅读结束后我还会请小朋友用不同的方式分享自己的感受，有的可以说出来，有的可以画出来，还有的可以创编模仿故事角色演出来。

（四）家园共育，携手共进

著名教育家苏霍姆林斯基曾说过：“两个教育者——学校和家庭，不仅要一致行动，要向孩子提出同样的要求，而且要志同道合，抱着一致的信念，始终从同一原则出发，无论在教育的目的上过程上，还是手段上，都不要发生分歧。”由此可见，家园共育多么重要！针对小A的情况，我们经常与他家人沟通，向家长反馈他在幼儿园的表现，让家长看到他的进步，理解老师的付出，也就愿意从内心真正配合我们的教育方式。我们也明白，我们的特教专业基础有待提升，因此，在做好园内的学前融合教育工作的同时，我们也会给予小A家长定期去专业的特殊矫正机构治疗的建议。这学期很欣慰地看到家长由原来的抵触不接受，开始逐渐转变为“周末去试一试吧”的态度。

播下教育的种子，等待收获的果实是漫长的，而想看到融合教育的种子结出果实也许更加漫长……小A现在已经到了中班下学期，他的语言表达词汇更丰富了，还交了几个好朋友，但打人咬人的行为还时有发生，不过频率明显减少，虽然这些改变漫长微小，但至少它正在朝着我们努力的方向发生着。想起为了帮助小A同时也是为让其他孩子能理解和控制情绪，曾和他们一起读绘本《我的情绪小怪兽》。孩子们听得特别认真，小A那天似乎也安静了许多，当他控制不住自己的情绪时，小朋友不会再说他又发脾气了，而是说“小A的红色情绪小怪兽要来了”；有时候，他也会温柔地对我说：“老师，我的红色情绪小怪兽要来了!”我知道，不是每一次，不是每一个孩子，甚至连老师自己有时都不能控制好自己的红色情绪小怪兽，但每当这个时候我就会试着给他一个微笑说道：“哦，小A，千万别被红色情绪小怪兽吃掉哦！如果你不能控制自己的红色情绪小怪兽，那就请你过来抱抱老师吧，我来帮你一起赶走红色情绪小怪兽!”

中班幼儿表演游戏中师幼互动的有效策略

（程玉　辽宁省大连市甘井子区教育局橄榄季幼儿园）

摘　要： 师幼互动关系是指在幼儿园教育过程中教师与幼儿双方彼此所处的地位、作用和相互对待的态度等。由于许多教师目前对游戏过程中师幼间的关系没有全面科学的认识，把教育过程中“幼儿是学习的主体，教师起主导作用”这一主体与主导的关系有意或无意地套用到指导游戏的过程中来，结果造成了“游戏教学化”。良好的师幼互动对于促进幼儿的身心健康发展与教师的专业成长有重要的影响，当前幼儿园表演游戏中我们发现幼儿参与游戏的动机是“要我玩”而不是“我要玩”，是由来自外部命令或要求来参加游戏的。因此，我们总是看到孩子无法全身心地投入表演游戏中。本文试图从中班幼儿表演游戏师幼互动的有效策略入手进行研究，带动幼儿的表演兴趣、提高幼儿的表演欲望，促进幼儿身心健康发展。

关键词： 表演游戏；师幼互动；有效策略

表演游戏是深受幼儿喜欢的游戏，它不仅能满足幼儿的愿望扮演某一角色，用对话、动作、表情等富有创造性的表现文学作品，而且能够发展幼儿的社会交往能力，提高幼儿的语言和非语言技巧，丰富幼儿的生活体验。基于表演游戏对幼儿身心发展的重要的作用及中班幼儿的发展特点，我们从表演游戏中的师幼互动有效策略切入，找到适合于中班幼儿的有效师幼互动策略，提高中班幼儿的表演兴趣和欲望，最大限度地发挥表演游戏的价值。通过对中班幼儿及教师在表演游戏中的长期观察和反思，结合我园开展表演游戏的实际情况，我从观察中总结师幼互动的有效策略，并对有效的师幼互动进行了分析，总结出有效的师幼互动能够提高幼儿的表演热情、增强幼儿主动参与游戏的意识、激发幼儿的表演创作欲望。

一、“游戏者”身份介入的师幼互动点燃幼儿的表演热情

表演游戏是集“表演性”和“游戏性”于一体的游戏形式，因此只有“游戏性”的表演游戏不能完全算得上是表演游戏。同理，只有“表演性”的游戏又缺乏了游戏的趣味性。为了更好地拿捏“表演性”和“趣味性”两个方面，我们在表演游戏中采取交叉介入的师幼互动方式，教师参与到游戏中，扮演角色，从姿态、动作、声音等方面模仿教师，提高了幼儿的表演兴趣和表演空间。例如在动作示范上，“丑小鸭”这个表演游戏中，幼儿扮演的小鸭子只是发出了小鸭子叫的声音，而没有在动作上反应。这时，老师扮演另一只小鸭子，边做动作边进入游戏的情节，这样接下来的幼儿也都能跟着老师一起做出小鸭子的动作，让幼儿连续性地参与到表演游戏中来。在“11只小猫做苦工”的表演游戏中，分配角色时，幼儿都选择温顺可爱的小猫，而没有人愿意扮演怪兽乌西亚，为了让游戏顺利开展下去，这时教师自告奋勇扮演这一角色，孩子们看到老师的表演，十分感兴趣，也争先恐后地打造乌西亚这一角色。

表1　中班表演游戏中互动主体的分布情况（有效策略介入前）

	教师开启的互动事件	幼儿开启的互动事件
次数	72	31
百分比	69.9%	30.1%

表 2　中班表演游戏中互动主体的分布情况（有效策略介入后）

	教师开启的互动事件	幼儿开启的互动事件
次数	83	132
百分比	38.6	61.4

从表 1 中可以看出，在对中班幼儿表演游戏有效策略介入前的 103 次观察中，教师作为施动者的互动事件占到总体师幼互动量的 69.9%，而幼儿作为施动者开启的互动事件只占总量的 30.1%。在中班表演游戏中的师幼互动中，教师更多的是主导的角色，处于一个主动发起互动的地位，而幼儿往往是被动的角色，处于被动地接受教师互动邀请的地位。

从表 2 可以看出，在对中班幼儿表演游戏有效策略介入后的 215 次观察中，教师作为施动者的互动事件占到总体师幼互动量的 38.6%，而幼儿作为施动者开启的互动事件占总量的 61.4%。在中班表演游戏中的师幼互动中，教师仍然处于主导的地位，但是幼儿开启的互动事件已经有了显著的增多。教师在动作、语言、表情、材料等方面适时、适当的“有效介入”策略不但提高了幼儿的表演兴趣，而且提升了幼儿的表演热情，使幼儿更愿意参加到表演游戏活动中，更乐于成为活动主体。

二、积极性质的师幼互动使幼儿在表演中解“约束”回“主动”

中班幼儿正处于前运算阶段，此阶段幼儿最大的特点是自我中心，他们对规则的理解并不是从客观事实的角度，而是从自我出发，认为自己做的才是对的，因此常常难以认同教师开启的约束纪律的互动。以包容的心对待幼儿、以积极的情绪和合适的方法与幼儿沟通，减少消极性质的约束行为，给予幼儿更宽松的环境，以幼儿活动伙伴的方式进行间接引导，尽量避免消极性质的硬性约束。例如在表演游戏“鸭妈妈找蛋”中，扮演牛大伯的小男孩十分调皮，一会儿蹿到东一会儿跳到西，老师说：“牛大伯今天精气神真足，可是鸭妈妈的蛋不见了，牛大伯最喜欢乐于助人了，你要帮鸭妈妈去找蛋吗?”听到老师的话，这个男孩又回归到表演情境中，继续进行表演游戏。积极性质的师幼互动有效地减少了幼儿在表演游戏中的负面情绪，消极等待情况逐渐减少。

在最初的表演游戏观察中发现，教师对幼儿回应中有积极、消极、平和三种，但以平和消极的回应为主，对于中班年龄段的幼儿来说，自我意识还不完善，自我认识、自我评价都处于较低水平，受他人影响较大。当幼儿主动和教师开启互动，而教师给予的反馈是消极的或是教师根本不予理睬时，幼儿会理解为教师不喜欢自己或不愿与自己互动，当这样的认识在以后的交往中不断被强化，就会成为幼儿主动与教师开启互动的障碍。在研究过程中，教师通过采用“积极回应”的策略，幼儿都比较兴奋，乐于与教师进行互动，表演的主动性增强，表演的情节更加完整、顺畅。

三、"隐性"师幼互动激发幼儿的表演创造欲望

表演游戏本身就是一种创造性的游戏，教师应站在支持者、参谋者的角度来促进幼儿游戏，给予必要的关心、支持和具体的帮助，而不是以"导演"的身份安排角色。例如，在"小红帽"的表演中，教师在表演前引导幼儿围绕问题讨论："猎人还可以怎样打败大灰狼?""小红帽和外婆被救后又会发生什么事?""小红帽再遇到大灰狼会怎么办?"这样幼儿在讨论中创作的灵感被调动出来了，有的幼儿说："把大灰狼装在渔网里抓起来。""小红帽和外婆饿得肚子咕咕叫，回家吃饭了。""小红帽拿个枪，把它打跑。"每个幼儿都沉浸在想象创作的海洋里，并能对整个故事进行创新、加工、改造使表演内容更加丰富。

表演游戏中教师常常变成了"导演"，指挥孩子这样去说，这样去做，看似细致的观察指导实际上扼杀了孩子的表演创造欲望，让孩子渐渐失去了表演兴趣。在最初的观察中，常常看到有些教师过多的"显性"指导，如在"骄傲的公鸡"表演中，教师在表演前引导幼儿表现骄傲的公鸡时，公鸡的姿态、神情等都作了具体的规定，要扬着头、跺脚等，幼儿在表演游戏开始不久后就失去了兴趣。而在研究过程中教师加入更多的"隐性"师幼互动，在表演前引导幼儿围绕问题讨论，"如小动物们为什么不和公鸡比美?""公鸡还能做什么好事?"不但加深了幼儿对故事情节的印象，还能发挥幼儿的想象，幼儿的表演创作欲望增强。在幼儿的表演中真正看到孩子是"我要玩"，而不是"要我玩"。在有效师幼互动策略的进一步开展中，幼儿在表演游戏中的创作欲望也延伸到一日生活中，看到孩子在不断想象、大胆想象中展现自我，积极、乐观、主动地面对生活，尤其是在看到很多平时不爱说话、表现的孩子在表演游戏中展现的自信和快乐，我们心里也充满了欣喜。

在有效的师幼互动下，孩子们更加乐于参与到表演游戏中，感受其中的快乐，收获自信。表演游戏为孩子们提供了一个充满魅力的个人展现舞台，我相信我们会从这个中班的小舞台走向全园的大舞台，甚至走向更大的舞台，让孩子真正感受到表演游戏的乐趣，更主动地参与其中。

参考文献

[1] 刘晓．幼儿园中班区域活动中的师幼互动研究——以大连市某幼儿园为例［D］．辽宁师范大学，2014.

[2] 刘焱．李霞，朱丽梅．幼儿园表演游戏现状的调查与研究［J］. 学前教育研究，2013（3）.

[3] 刘焱．李霞，朱丽梅．中、大班幼儿表演游戏的一般规律和年龄特点研究［J］. 学前教育研究，2013（4）.

[4] 陆奕．幼儿表演游戏中师幼互动行为研究［J］. 长春教育学院学报，2014（16）.

[5] 张运颜．提高教师反思能力，提升幼儿表演游戏水平的有效策略［J］. 新课程·上旬，2014（10）.

[6] 李琳．中班幼儿故事创编和表演活动的特点及指导策略［J］. 教育导刊，2014（13）.

幼儿园中班区域游戏中自制玩教具有效利用的研究

（孙莹　辽宁省大连市甘井子区教育局易和熙园幼儿园）

摘　要： 幼儿园中班的孩子在经过小班的锻炼和学习后，在动手能力和思考能力方面有了一定的提高。对于他们而言，自制玩具就是一种游戏，在一个空易拉罐中装上一颗小石子，孩子们都能玩很久。然而，在生活水平不断提高的条件下，很多家长都会花很多钱给孩子们买很贵的玩具，但孩子玩几次就会腻，而自制玩具可以让他们玩很久。通过两种方式比较能够发现，将自制玩具有效利用于幼儿园大班区域游戏活动中，更能促进幼儿自身的发展与成长。

关键词： 幼儿园中班；区域游戏；自制玩教具有效利用

一、自制玩具与中班区域游戏

对于幼儿园孩子，可以将其特点归纳为好动、好奇心强、自觉性不高等，但这些孩子对制作类活动的兴趣非常高，这是一种天生的本能。在制作游戏中，孩子们可以感受到游戏带来的乐趣，并享受于其中。同时，自制玩具可以培养幼儿的动手、动脑能力，在区域游戏活动中不断探索与发现，并通过自我思考来完成游戏，这不仅有利于幼儿智力的开发，也有利于幼儿综合能力的培养。

在生活中，我们可以将各类废物制作成各种玩具，只要有心、动脑，就可以将其作为区域游戏中的教学内容，并鼓励和引导孩子制作出不同特色的玩具。

在幼儿园中班区域游戏中，将区域游戏分为不同的主题，并在不同主题下设置不同活动区，在不同活动区中分层次进行自制玩具设计。例如语言区可以设计儿歌诗集，让孩子们阅读；空间智能区可以放置废旧物品，如海绵、泡沫、纸盒等，让孩子发挥自身动手动脑能力；数学区可以设置自画像或泡沫数字，让孩子们进行数字排序。在幼儿园大班区域游戏玩具制作中，教师和家长应积极搜集各类废旧物品，如易拉罐、塑料盒等，然后根据各类物品设计不同类型、不同主题的区域游戏。通过自制玩具在大班区域游戏中的有效利用，不仅可以促进幼儿多元智能的有效开发，还能提高幼儿学习兴趣，使其能够积极主动地参与到游戏活动中，并学会动手、动脑，享受游戏活动带来的乐趣和成就感。

二、自制玩具在中班区域游戏中有效利用的措施

在实际教学活动中，幼师可通过调整课程安排，在以往的课程中穿插几节特色活动课，每节课时间与平时各类课程的时间相一致，并将自制玩具引入这些特色课程活动中；同时可以引导家长搜集各种废旧物品，在合适的时间组织家长与幼儿共同制作玩具和手工制品，并根据幼儿的不同年龄层次，将自制玩具引入区域游戏活动中。幼师可以根据幼儿的个性特点来进行有针对性的指导和引导，以此激发幼儿学习兴趣，使其能够在游戏中学到知识，并学

会运用在其他游戏活动中，以此培养和提升幼儿各方面能力。具体从以下两个方面来分析：

第一，为幼儿创造良好的游戏环境，若幼儿区域游戏的活动空间不足，则需要结合实际情况扩展较大面积的活动空间，如午睡室、操场、走廊等。同时在区域空间内创设小医院，将幼儿橱柜作为小医院区域游戏的场所，将橱柜作为小医院的药柜或挂号窗口。与此同时，还应保证区域游戏活动的开展有足够的空间，还需注意活动区域的动静分开，如将益智区、美工区、生活区等静态区域设置在一起，将幼儿园、运动区等动态区域设置在一起。在创设区域游戏环境时，幼师要发挥主观能动性，结合幼儿教学活动的特点，采取科学有效的手段来优化区域环境，保证区域活动开展后拥有浓烈的氛围。在创设社会类区域游戏模块时，要体现其真实性。如理发店，可模拟真实的理发店，放置水龙头、洗头盆、镜子、吹风机等；小医院创设挂号收费窗口、治疗室等，为幼儿营造真实的活动环境，让幼儿在心理上获得一种认同感。在公共区域可以创设“玩具超市”“个性创作区”“生活学习区”等，这样不仅可以让幼儿参与制作，还能让幼儿感受和分享制作中带来的喜悦和快乐。

第二，根据幼儿的个人兴趣，结合自制玩具在区域活动模块中的应用来划分不同层次的区域游戏，为幼儿提供更多个性化选择，使其能够在自己感兴趣的模块提高动手练习的能力和综合素质水平，使整个区域活动模块形成一个独具特色的区域游戏环境。同时，可以结合幼儿年龄特点，自制适合不同年龄阶段幼儿的玩具，使幼儿在区域游戏中快乐、轻松、愉悦地玩与学；还可以将自制玩具投放到“娃娃区”，在此基础上，还需有相应的角色和情节，以此丰富娃娃区的材料。

三、适合中班区域游戏的玩教具

幼儿的兴趣来自材料，幼儿的发展更依赖于对材料的操作。区域游戏的教育功能主要是通过材料来实现的。材料不同，幼儿操作方法不同，幼儿在活动过程中所获得的知识经验也不同。从中班幼儿的区域活动中观察到，美工区废旧材料的运用率还是比较高的，美工区重在让幼儿动手操作，教师所提供的材料幼儿操作时必然会用到，因此利用率也相对较高。值得一提的是表达表现区和生活区，废旧材料在这两个区域中的运用并不多，除了餐巾纸盒以外，其他废旧材料的利用率都在益智区和建构区之上，就这现象我们来做一下分析。中班幼儿好模仿，成人的言行举止都是幼儿模仿的对象，表达表现区中所提供的大人的皮鞋、旧衣服、袜子和纱巾都是幼儿平时在现实生活中经常就能遇到的，是生活中的常见品，本身就来源于现实生活，幼儿在看到这些平时在家里就能见到的事物后，很容易将所处游戏情境与现实的生活经验结合起来，从而有效地发挥材料的游戏功能。他们会觉得穿着大人的鞋子自己也像个成年人了，很新奇，特别是女孩子爱穿妈妈的高跟鞋，她们会觉得自己很漂亮；看到平时爸爸妈妈洗衣服，晾衣服，他们也会来一下场景再现，以表现出自己现在是爸爸或者妈妈的角色。至于餐巾纸盒利用率价值不大的原因是：餐巾纸盒上贴上小动物的头饰，喂小动物吃豆豆的玩法过于单一，而且这样一个喂豆豆的过程完全可以在娃娃家中给娃娃喂食物吃中进行，娃娃家中精美仿真的餐具与喂小动物吃豆豆的游戏相比更能吸引幼儿的兴趣，所以这个娃娃家是最受幼儿们欢迎的游戏之一了，一次娃娃家的爸爸把家里用来做花瓶的养乐多瓶子都放到了围墙的外面，每个瓶子都放在地上重重地敲了敲，然后准备躬着身子慢慢地走过去，正准备装出点火的样子时，妈妈抱着娃娃出来了，爸爸说："妈妈快进去，我要放烟火了，快把娃娃的耳朵捂住。"说完妈妈往里退了退。接着，爸爸又躬着身子准备点火了，可是他又突然站直了，"放烟火要点火的，我没火，我去找火。"说完，爸爸的身影离开了娃娃家。不一会儿，爸爸嘴里衔着一根酷似香烟的小吸管走来了，这次爸爸拿下了手中的"香烟"，慢慢地、身体弯得低低地走到烟火旁，拿着香烟的那只手小心翼翼地伸到烟火旁停了一会儿，马上捂着耳朵迅速逃离，妈妈在娃娃旁边拍着手说："放烟火喽!"

综上所述，游戏是幼儿的天性，幼儿游戏蕴藏着幼儿发展的需要和幼儿教育的契机。幼儿自主发展的多样性、差异性、自然性等特点，在幼儿游戏中体现得淋漓尽致，这是游戏本质所确定的。因为，幼儿游戏是幼儿内在动机的活动，它不受活动以外的目标控制；幼儿游戏是幼儿自主的活动，它不受活动以外的他人控制；幼儿游戏是注重过程体验的活动，它不受结果评价的制约。幼儿游戏是幼儿个体原有经验基础上的活动，是幼儿个体作用于环境的活动。因而，幼儿游戏更多的是一种自我表现，同时也是一种自发的学习，具有促进幼儿自主发展的功能和作用。废旧材料在区域中的提供和使用在客观条件上给了幼儿一个刺激，幼儿们在游戏中知道了我们平时生活中用过的哪些东西在游戏中也可以用，近而逐步萌发了幼儿的环保意识。在幼儿园区域游戏中引入自制玩具，不仅有利于培养幼儿自身综合能力，还能使幼儿在游戏中学会自我发现、自我探索、相互合作、相互促进，也可以拉近家长与孩子的亲情关系，幼儿与幼师之间的师生关系。在这一过程中，孩子会积极参与自制玩具的区域活动中来，使幼儿的成就感得到提升，也进一步促进幼儿各项智能的全面发展。

参考文献

［1］教育部基础教育司. 幼儿园教育指导纲要（试行）解读［M］. 南京：江苏教育出版社，2002.

［2］陈鹤琴. 陈鹤琴论幼儿教育［M］. 北京：北京出版社，1984.

［3］沈晓燕. 幼儿园活动区自制玩学具及其效用研究［D］. 华东师范大学，2007.

“学习金字塔”视野下大班幼儿科学探究路径的实践研究

（马肖　浙江省杭州市滨江区钱塘春晓幼儿园）

摘　要：幼儿的学习是戴尔经验锥形中最明显的塔基学习——“直接的、有目的的经验”，这既是由科学体系的特质所决定，也是幼儿的年龄特点要求；既能通过幼儿亲身观、听、嗅、尝、触所要学习的材料，又能经过自由的思考与探索，从亲身体验中发现新经验。同样，在更深层次教学活动开展中，金字塔中任一层次的顺利进展都以下一层次扎实的认知为基础，教师应充分重视和利用“学习金字塔”，扎实推进逐步提升幼儿科学探究能力。

关键词：学习金字塔；科学探究路径

一、研究问题的现状分析

（一）现状描述

在开展科学领域教学活动中，幼儿对探究对象的直接经验不足是教师经常遇到的难题。如我们在开展“蚂蚁的身体构造”这一教学活动中，教师一开始就向幼儿展示蚂蚁的图片、播放科普视频、展示蚂蚁的构造模型、标本，试图帮助幼儿掌握关于蚂蚁身体构造的相关知识。但在实际教学中幼儿普遍出现注意力涣散，和同伴拿着记录单折纸，讨论跟教学活动无关的话题。记录单上大部分小朋友没有记录“蚂蚁的身体构造”内容，而是记录了太阳、草丛、蚂蚁的故事。记录单里面的蚂蚁身体构造仍是幼儿传统认知里的非科学结构，对教学活动中蚂蚁的身体构造并未实现正确认知，教师继续引导、总结与提炼，幼儿始终提不起兴趣，教学活动只能草草收尾。

（二）大班幼儿科学探究现状分析

大班幼儿对于探究周围自然世界的学习愿望强烈，基本具备了初步的逻辑推理能力，简单概括的理解能力，大班幼儿比较适合开展科学探究活动。但是幼儿在探究初期出现缺乏探究兴趣、摆弄材料、随意记录等情况，是因为幼儿对探究对象知识储备的不足，无法建立探究对象及其概念之间的联系。教师在科学探究活动中，应充分认识到各个层次的特点，寻找幼儿探究活动中的有效刺激源，帮助幼儿有效收获新经验。

（三）运用“学习金字塔”路径提升幼儿科学探究能力

正如摘要中所述，幼儿的学习是戴尔经验锥形中最明显的塔基学习（学习金字塔）——“直接的、有目的的经验”，这既是由科学体系的特质所决定，也是幼儿的年龄特点要求，即能通过幼儿亲身观、听、嗅、尝、触所要学习的材料，再经过自由的思考与探索，从亲身体验中发现新经验。同样，在更深层次教学活动开展中，金字塔中任一层次的顺利进展都以下一层次扎实的认知为基础，教师应充分重视和利用“学习金字塔”，扎实推进逐步提升幼儿科学探究能力。

二、核心概念的操作定义

（一）“学习金字塔”理论

“学习金字塔”是美国教育家埃德加·戴尔（Edgar Dale，1900—1985）于1946年率先提出的，它说明了人类的学习经验由具体逐渐趋向抽象。在这个锥形中，戴尔列出了几种教学媒介，它们的排列方式与学习者的年龄有一定的关系。金字塔的下端是“直接的、有目的的经验”，这是指幼儿通过与物体、动物和他人进行物理接触，在“做中学”，其他层次的学习以上一层的学习为基础（见图1）。

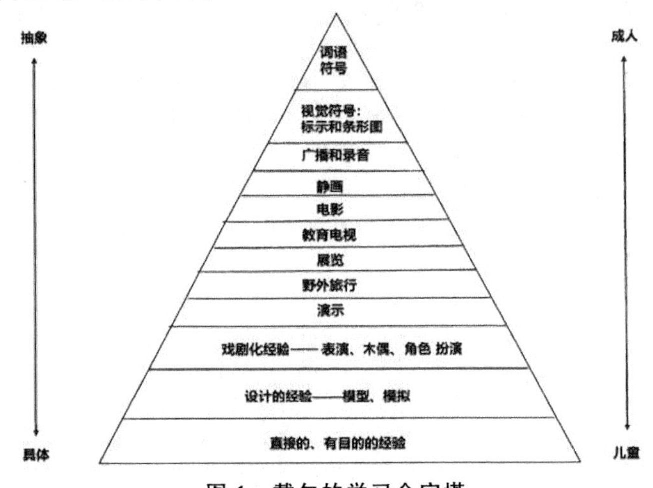

图1　戴尔的学习金字塔

（二）科学探究路径

幼儿的科学探究路径主要是指教师根据幼儿兴趣和科探能力，通过个性化教学手段，逐步提升幼儿的科探能力。本课题以“学习金字塔”理论为依据，将金字塔底部四层作为幼儿科探的四个阶段，开展层次化的教学方法。教师逐步引导幼儿从具体到抽象，从简单到复杂，逐层深入探究科探对象，掌握科探知识，帮助幼儿建立起行之有效的科探路径。

三、研究目的

1. 塔基为本，入门科探。以“学习金字塔”为策略支持，通过在实际教学活动中创设适宜的情境，帮助幼儿亲身观、听、嗅、尝、触所要学习的对象，再经过自由的思考与探索，从亲身体验中习得经验，达成由具体到抽象的第二层次教学目标。

2. 理论引领，逐步提高。以“学习金字塔”理论为指导，扎实推进金字塔第二层次教学，努力将幼儿认知水平提升至第三乃至第四层次。

3. 思维扩展，全面提升。进一步扩展“学习金字塔”理论，在日常生活学习中，教师引导幼儿从周围生活环境事物入手，发现生活中的科学问题，引导幼儿逐步提升对科探对象的认知，搭建适合幼儿的科探路径，让幼儿逐步建立起对周围世界的认知结构，提升幼儿科学探究能力。

四、研究内容与实施策略

研究内容框架如图 2 所示，利用“学习金字塔”理论有效提升大班幼儿科学探究能力的核心经验。一是教师着眼“学习金字塔”塔基，引导幼儿感知，助力直接经验获取，帮助幼儿科探入门；二是有意识地记录与回顾，通过搭建模型与绘画，帮助幼儿内化科探知识；三是通过表演等形式进一步加深对科探对象的认知；四是通过小老师教学演示，由幼儿自己表述科探知识；五是帮助幼儿养成科探思维，提升科探能力。

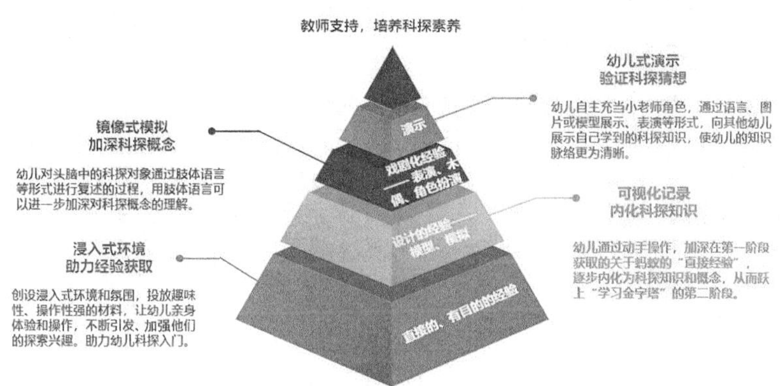

图 2　基于“学习金字塔”初探大班幼儿科学探究能力实施路径图

（一）优化环境，助力经验获取

根据大班幼儿科探能力特点，为幼儿创造日常生活中能接触到的真实、自然的环境，提供物体和材料让幼儿亲身操作、探索、观察和体验，引导幼儿亲历探究过程。幼儿在触摸、操作中积累有益的直接经验和感性认识。同时，教师进一步优化科探区，提供各类探究工具和辅助性材料，例如测量工具、观察工具等。例如在探究“蚂蚁”主题中，教师可以放置以下各类材料：不同种类的蚂蚁（工蚁、兵蚁、蚁后）、饼干、糖果、水、蚂蚁工坊、显微镜、透明小容器、记录用的纸笔等。通过以上直接经验的获取，帮助幼儿踏上主题“学习金字塔”塔基，助力幼儿科探入门。

（二）记录回顾，内化科探知识

记录是幼儿收集信息的有力工具，是幼儿自我调整建构知识的见证。在“塔基”构建完成后，幼儿通过直接经验的获取，构建了科探对象的感性认知。在第二阶段，教师引导幼儿开展画图模拟、搭建模型等方式记录自己的发现，在这一过程中，幼儿逐渐将直接经验真正内化为自己的科探知识。以对“蚂蚁”的探究为例，在幼儿感知蚂蚁的基础上，幼儿通过画蚂蚁的身体结构，用积木搭建蚂蚁，创造蚂蚁模型，形成“蚂蚁”科探概念。幼儿跃上“学习金字塔”的第二阶段意味着他们逐步将感性的科探认知转化为抽象的科探概念。

（三）作品表演，加深科探概念

根据“学习金字塔”第三阶段的策略，在幼儿初步建立抽象科探概念后，教师可以引导幼儿通过语言、表演等形式来表达科探概念。语言交流、表演的过程也是幼儿互相交流的过程，幼儿获得经验的过程更具体、更生动，记忆更为深刻。以对“蚂蚁”的探究为例，幼儿通过模拟蚂蚁走路等表演形式，进一步感受蚂蚁的身体结构、生活方式，进一步触发蚂蚁相关领域的其他知识，幼儿关于蚂蚁的科探概念更为深入。

（四）鼓励演示，验证科探猜想

分享的过程同样也是重新学习的过程。根据“学习金字塔”第四阶段策略，教师引导幼儿进行演示、介绍，将自己的探究成果以小老师经验分享的方式介绍给其他幼儿。通过演示的方法，幼儿既复盘了科探过程，又巩固了科探成果，也促进同伴对于科探对象的理解认知。以对“蚂蚁”的探究为例，教师组织幼儿开展了“蚂蚁的身体结构”的经验分享教学活动，幼儿介绍蚂蚁的头、身体、脚等结构，通过表演展示蚂蚁爬行的形态，展示蚂蚁搬家的过程。介绍的幼儿也接受大家的质疑，通过分享一质疑一再学习的循环往复过程有助于幼儿提升自我的认知，形成良性的知识构建途径。

（五）教师支持，培养科探素养

科探知识的探索是一个循序渐进的过程，在这一过程中，教师应充分重视幼儿知识储备的积累和直接经验的获取，利用“学习金字塔”理论，逐步建立幼儿清晰的科探路径。在逐渐建立起科探对象的直接经验后，教师逐步引导幼儿进行画图、模型、表演、演示分享，为幼儿建立科探对象知识图谱。教学是手段，教育是目的，我们运用“金字塔”理论，逐渐培养期幼儿正确的科探思维和科学方法，为他们打开精彩的科学大门。

五、结语

探究既是幼儿科学学习的目标，也是幼儿科学学习的途径。大自然和生活中真实的事物与现象是幼儿科学探究的生动内容。激发探究兴趣，体验探究过程，发展初步的探究能力是幼儿科学学习的核心。“学习金字塔”视野下幼儿科学探究路径的实践研究能够帮助幼儿学会用探究的方式思考和解决问题，为幼儿期埋下科学素养的种子，并为幼儿后续学习生物体，以及探究事物的生长变化奠定了基础。

传统的探究方式没有将理性的科学知识和大班幼儿好奇、好玩、好动以及无忧无虑的年龄特征相契合，科探路径不足以吸引幼儿的兴趣。针对大班幼儿年龄特点，科学探究的学习路径应是让幼儿在玩中学科学。本文通过“学习金字塔”的探究路径能够有效激发大班幼儿参与活动的热情，让大班幼儿在愉快体验中进行科学探究，为日后更深层次的科探学习积累有益的直接经验和感性认知。

参考文献

[1] 教育部基教司. 幼儿园教育指导纲要（试行）》解读 [M]. 南京：江苏教育出版社，2002.

[2] 周英. 幼儿教育教学活动设计 [M]. 北京：北京师范大学出版社，2005.

指中刀 纸上画——教师如何激发幼儿参与剪纸活动的兴趣

（穆玉杰　北京市东城区永定门幼儿园）

摘　要： 很多幼儿在家里经常拿剪刀随意剪剪玩玩。教师该如何抓住这一机会安全有效地进行剪纸活动呢？我从选择内容，提供工具和材料，以及教学方法等方面进行探索，引导幼儿参与剪纸活动，剪出自己喜欢的作品，激发幼儿参与剪纸活动的兴趣，促进幼儿小肌肉的发展，提高小手的灵活性，促进幼儿手眼协调能力的发展。

关键词： 幼儿；剪纸；兴趣

剪纸就是用剪刀将纸剪成（或刻成）各种各样的图案。剪纸是我国最古老的民间艺术之一。剪纸活动取材方便，可随时随地随手操作。不仅促进手、眼、脑的协调发展，还考验幼儿的想象力及观察力。因此剪纸深受幼儿园老师和小朋友们的欢迎。我国著名儿童教育家陈鹤琴也认为剪纸有两方面的好处，"一是可以养成独自消遣的好习惯；二是可以练习手筋"。都说兴趣是最好的老师，为了让幼儿的剪纸技能得到发展，激发幼儿参与剪纸活动的兴趣，我是这样做的。

一、选择幼儿喜欢的内容

（一）好听的故事

大部分幼儿都喜欢听故事，会被故事中的角色吸引。我利用幼儿喜欢边听故事边看画面这一特点，有目的地选取幼儿喜欢的故事，将故事的插图用剪纸的形式表现出来，如：《小兔乖乖》《红萝卜》《老鼠嫁女》等，让孩子在听故事的同时也欣赏到了美丽的剪纸。

（二）神奇的动画片

我国还用剪纸形式创作动画片：中国第一部剪纸动画《猪八戒吃西瓜》，我利用过渡环节播放给幼儿欣赏，他们看得很兴奋，甚至想赶紧亲自动手试一试。

（三）可爱的动物

大部分幼儿都喜欢小动物，我也常带幼儿剪小动物，如：小鱼、小蝴蝶、小兔子等，请幼儿欣赏，并说一说喜欢小动物的什么地方，引导幼儿发现剪纸的美，激发幼儿剪纸的兴趣。小朋友们也能表达出自己的想法，他们会边看边说"我喜欢小鱼的尾巴，翘翘的""我喜欢蝴蝶的翅膀，有花纹的"。

（四）美丽的墙饰

为了更好地激发幼儿剪纸活动兴趣，我和孩子们商量：在走廊上布置"民间剪纸"作为欣赏，同时把剪纸区墙饰分成了三部分：第一部分，收集幼儿喜爱的剪纸作品，以便欣赏剪纸的美妙之处；第二部分，让幼儿自己画出正确取放和使用剪刀的方法图，给予幼儿正确引导和提示；第三部分，展示幼儿自己的剪纸作品，让他们感受成功的喜悦。

中国剪纸文化几千年，题材内容丰富多彩。教师在选材时既要注意内容的丰富多彩，也要贴近幼儿生活，使幼儿容易接受和理解。让幼儿在不断接触剪纸艺术过程中，潜移默化地促进幼儿参与剪纸活动的兴趣。

二、提供丰富多样的工具

在幼儿欣赏了美丽的剪纸作品之后，一定会想知道这是怎么做出来的。我们要抓住这个时机，向他们介绍：就是这把神奇的剪刀和各种各样的纸变出来的。

（一）和剪刀做朋友

剪纸活动的主要工具是剪刀。3～6岁幼儿小肌肉发展还未完善，手的灵敏度和协调性不够，手指力量也欠缺。因此我会用儿歌来引导："小剪刀，向前伸，两个山洞竖起来，上面山洞爸爸钻，下面山洞妈妈姐姐钻，小剪刀和宝宝乐开花。"将手的五根手指当成爸爸妈妈姐姐这些幼儿生活中接触到的人物，既有趣又容易理解。告诉幼儿用完剪刀后，剪刀也要像我们一样休息：剪刀闭起嘴巴，由小朋友的小手攥住它的大嘴巴将它送回家……这样幼儿边理解边实践，很快学会了正确的使用方法。我还给剪刀编了一个故事，配上卡通插图讲给小朋友们听。在卡通剪刀的引导下，小朋友知道了剪刀是危险的，会划伤别人，剪刀尖不能对着其他人……为了更好地引导孩子学习使用剪刀，我也会利用校园网、微信等方式与家长沟通：告诉家长给小朋友要选择圆头的儿童剪刀，以及如何引导幼儿正确使用剪刀等。家长也逐渐大胆放手让孩子使用剪刀了。

（二）各种不同的纸

剪纸活动主要材料是纸。我们的手工制作活动中经常会接触到各种材质、颜色和大小不一的纸：彩纸、卡纸、泡沫纸、电光纸、金箔纸等。要根据幼儿年龄特点和用途选择适宜幼儿操作的纸，如：小班幼儿操作精准度差，在进行按轮廓剪纸时，要提供大一些的纸；中班幼儿手部力量有限，在进行折叠剪纸时，要提供薄一些的纸；活动区提供各种质感不一的纸，让幼儿体验不同的纸剪出来的作品有何不同之处。

（三）有趣的辅材

我们可以用树叶、树皮、布等片状材料剪成不同的图案，再进行拼摆。另外准备一些彩笔、纸板、胶棒等工具，用画画、粘贴等方式玩剪纸。如大班"美丽的裙摆"活动中，我带小朋友收集了很多颜色不一的的叶子，将大的叶子剪成裙摆的模样粘在纸上，画出女孩的头和身体，每一幅作品都是独一无二的。

总之，在提供工具时首先要注意安全，以免幼儿受伤留下不好的体验。之后根据幼儿发展水平和兴趣循序渐进地丰富材料。

三、采用适宜的教学方法

（一）游戏法

剪纸的技能是需要幼儿通过大量练习习得的，即所谓的熟能生巧。但是枯燥的练习幼儿并不喜欢。这时我会把剪纸游戏化，把剪纸技能动作用游戏的口吻进行讲解，再配上夸张形象的动作进行示范，让幼儿在游戏中自然习得相关经验和技能。如：在中班"剪窗花"活动中，将剪纸的技能用儿歌贯穿："小剪刀去旅行，爬上高高的山，走过弯弯的路（剪弯的线），捡到一张大大的饼。小剪刀一口一个三角形，一口一个圆形，再一口一个月牙（此时剪出相应的不同图形）……小剪刀吃得好饱，该回家休息啦（把剪刀放回剪刀桶）。”这样打开就是一幅好看的窗花。大班剪纸坊的“小老师”可以向“小徒弟”传授剪纸技能，制作剪纸作品寄卖……在各种有趣的剪纸活动中，幼儿会非常愿意剪纸，不知不觉地就能掌握剪纸技能。

（二）剪贴法

幼儿看到自己完整的作品时都很兴奋和自豪。但刚开始学习剪纸及能力稍弱的幼儿，他们小手的灵活度和对剪刀的控制度还不够，因此剪出的作品比较单一，视觉效果不是很好。这时我让幼儿使用剪贴的方法，如：自己剪狮子的毛粘在画好的狮子身上，这样的作品简单却很生动。这种成功的体验能激发幼儿继续学习的兴趣。

（三）激励法

教师要因材施教，为幼儿制订适合的方案。我在设计剪纸活动时会根据幼儿的个体情况，制订不同的剪纸活动方案，如：小手比较灵巧的，就请他自己剪；不知怎么下手的，就请他们多观察，空手模仿，再拿起剪刀剪；个别小手不是很灵巧的，可以握着他的手一起剪……在老师的鼓励帮助下，小朋友慢慢地敢剪了。教师要多观察幼儿，了解幼儿的能力与发展水平，有针对性地进行指导。

（四）评价法

正确评价幼儿剪纸作品，不仅可以提高幼儿参与活动的信心和勇气，还可以激发幼儿的学习兴趣。教师对本班幼儿的年龄特点及实际发展情况要做到心中有数。评价时要多进行纵向评价，发现幼儿的进步；少进行横向比较，打击幼儿自信。不以“像不像”为标准，而是注重活动的过程和收获。评价时教师要正面评价每一名幼儿，哪怕是细微的变化都应加以表扬，对不足的地方教师可以用商量的口吻提出建议，帮助幼儿获得更大进步。对幼儿的创新要给予鼓励和支持。要注意幼儿在活动过程中的收获和体验，不过分强调最终结果和作品。以此来增强幼儿自信心，激发幼儿参与剪纸活动的兴趣。

剪纸活动不仅能促进幼儿全面和谐地发展，同时也让幼儿在活动中受到美的熏陶、培养和发展幼儿的创造力，还让幼儿感受到了中国传统艺术文化的魅力。而身为老师的我也认识到民间剪纸在幼儿教育中的重要价值，在实践中，通过选择幼儿喜欢的内容、提供丰富多样的工具、采用适宜的教学方法大大激发幼儿参与剪纸活动的兴趣，打开了幼儿剪纸的智慧之门。

参考文献

[1] 梁春兰. 民间剪纸技法教程［M］. 北京：中国文联出版社，2009.
[2] 周王. 儿童学剪纸拼贴［M］. 上海：上海世纪出版社，2002.
[3] 林桐. 幼儿剪纸大全［M］. 长春：吉林美术出版社，2016.
[4] 张念芸. 学前儿童美术教育［M］. 北京：北京师范大学出版社，2012.
[5] 丁祖荫. 幼儿心理学［M］. 北京：人民教育出版社，2006.
[6] 蔡宏. 幼儿美工［M］. 上海：上海教育出版社，1998.
[7] 许之敏，［德］邵普. 民间剪纸［M］. 北京：外文出版社，2009.

鼓励性语言在幼儿园一日生活中的实践探索

（田透巍　北京市海淀区 中国人民解放军海军机关幼儿园）

摘　要：鼓励性语言对孩子长期性格的发展具有重大意义，也是幼儿教育中重要的研究课题。教师要从孩子长期性格的形成规律着手，采用科学的鼓励性语言，应用在幼儿园一日生活过程中，对孩子产生潜移默化的影响，帮助孩子形成良好的性格品质与健康的社会情感能力。促进孩子健康成长。

关键词：一日生活；鼓励；儿童性格品质

著名心理学家鲁道夫·德雷克斯曾经说过一句话：孩子需要鼓励，就像植物需要水。那么，鼓励到底是什么呢？是给孩子志气与勇气，让他拥有自信与力量。更进一步地说，鼓励是一种内驱力，给孩子创造空间，让他成为更好的自己。学龄前儿童的心理发展和认知水平都处于较低的发展阶段，自我控制力较差，各种是非观念尚未形成，因此，教师对他们的教育态度直接影响他们行为习惯的养成。

一、我们长期使用的语言与沟通方式，会对孩子的性格产生深刻影响

自信或自卑、自主或依赖、勇敢或胆怯等不同的性格往往都是由于家长和教师的教养方式不同造成的，孩子每天接触的语言与沟通方式会对孩子产生严重的“心理印痕”，影响孩子未来的成长。多萝西·劳·诺尔蒂曾总结过：“挑剔中成长的孩子学会苛责；敌意中成长的孩子学会争斗；讽刺中成长的孩子学会羞怯；羞辱中成长的孩子学会自疚；宽容中成长的孩子学会忍让；鼓励中成长的孩子学会自信；赞扬中成长的孩子学会自赏；公平中成长的孩子学会正直；支持中成长的孩子学会信任；赞同中成长的孩子学会自爱；友爱中成长的孩子学会寻找关爱。”由此可见，教师和家长要使用科学的鼓励语言在日常生活中与孩子进行沟通，帮助他们形成良好性格。

二、鼓励可以强化孩子自信和勇气，让孩子充满内驱力

一个具有积极的自我概念的人，会觉得自己是有价值、有能力、独特的人，是自信积极的。所谓积极的自我概念，是一种积极的心理品质，是促使人向上奋进的内部动力，是一个人取得成功的重要心理因素。教师应经常性地给予孩子鼓励，肯定和强化孩子好的思想、行为，细心观察并积极鼓励孩子的行为表现，让孩子感受到自己是有能力的，有价值的，以及值得被尊重和爱护的，从而形成积极健康的自我概念，养成自信的个性品质。

（一）对孩子使用鼓励语言，有助于孩子形成自律的品质

教师适时使用精神鼓励以及对良好行为的明确要求，会促进儿童责任感的发展，当孩子的良好行为得到认可后，他们会拥有更多的内驱力，选择继续使用这种良好的行为。从而让他们最大限度上拥有价值和归属感，形成行为自律的品质特征。

（二）鼓励具有激发幼儿创新精神的作用

孩子们天生爱探索，对许多事情感兴趣。对于大多数幼儿来说，他们已具有一定的独立

性，教师一般会选择放任他们自己去探索。但由于孩子意志薄弱，还不能正确对待各种困难和挫折。因此，当在操作中遇到问题时，老师及时的鼓励和帮助，能增强孩子克服困难的勇气和信心。形成乐观、勇于挑战自我的品质，加强抗挫能力等品质。

（三）鼓励可增进师生的情感

由于教师在幼儿心目中的特殊地位，幼儿非常希望得到老师的表扬和肯定。使用正确的鼓励方式，对孩子具有安抚情绪的作用，特别是对于新入园的幼儿来说，容易产生分离焦虑。在孩子情绪不稳定的时候，老师使用鼓励性的语言安慰孩子，减少孩子对陌生环境的恐惧，加深对老师们的情感连接，从而建立良好的师生关系。

三、幼儿园使用鼓励性语言的现状

在实际的幼儿园工作中，教师容易受到传统教育思想的影响，缺乏专业性语言的规范，我们将目前教师使用鼓励性语言的现状进行总结发现如下问题：

首先，教师在对孩子的管教方式上，较少使用鼓励性语言，往往用警告、责备、比较、批评、说教、命令、督促、放任、消极等待等方式代替。其次，在孩子做了正确的行为后，教师通常习惯使用表扬的方式，而不是鼓励的方式。教师表扬的初衷是希望孩子保持积极的行为动机，并期望以后继续获得成功。但是，由于成功的期望值较高会降低孩子的自我效能感，从而影响孩子克服困难的毅力和决心，孩子容易不知道什么是自己的本分和职责，容易因为获得赞美太容易，而丧失进步的动力；害怕失败，不敢接受更难的挑战，经不起一丁点儿挫折；容易发展成讨好型人格等，这些都不利于孩子长期性格的发展。

四、如何规范教师语言对孩子进行鼓励

针对以上问题，我们将这些不规范的语言进行归纳，尝试用鼓励语言来解决孩子在一日生活中出现的问题。我们将鼓励分为描述式、感激式、赋权式，来解决孩子在日常生活中的问题。配合表情、肢体语言，对孩子进行鼓励，获得很好的效果。

（一）通过赋权式鼓励方式，减少孩子在生活环节中的磨蹭问题

所谓赋权，就是赋予孩子权利，让孩子自己作出选择或决定。而教师要做的，就是绝对的信任。赋权式鼓励句式：“我相信＋真正信任”孩子能做到的具体事情，例如：在餐点过程中，把经常说的“快点吃”换成赋权式鼓励“老师相信你可以一口饭、一口菜地把午餐都吃完。”

（二）使用描述式帮助孩子发展长期良好的性格品质

对于一日生活中的游戏、入园离园、户外活动、餐点、盥洗等环节适合使用描述式鼓励方式。描述式鼓励方式会激励孩子良好的行为习惯养成。描述性鼓励句式：我看到＋描述事实(具体)。在一日生活过程中，当教师使用描述式鼓励的方法时，会让孩子自己评判哪些事情值得做，哪些不能做，懂得自主选择要做什么。同时，鼓励时应讲述幼儿值得鼓励的地方：“阳阳刚才讲故事的时候很认真，阳阳声音洪亮！发音很准，很清晰。”

（三）使用感谢式鼓励的方式，有助于发展孩子的社会情感能力

感激式鼓励的方式，应注意要具体感激孩子的努力，而不是结果。感谢式鼓励句式：谢谢你＋描述事实（具体）。例如：“你玩完了小车主动回到了队伍中，谢谢你遵守了约定！”“馨儿，谢谢你把饭粒一粒一粒捡起来，这样我们扫地就方便多了！”等方式。

五、鼓励性语言不仅仅是语言交流，还包括眼神、微笑等肢体动作

教师在和孩子日常接触和教学过程中，情感投入要真切，表情要亲切和蔼，鼓励孩子时可以面带微笑，让孩子看到你面部喜悦的表情。语气语调要和善，接触孩子的目光，正视孩子的目光，让孩子明白你在称赞他；靠近孩子，站在孩子身边称赞他，或者和孩子有一定的身体接触性质的鼓励，如：摸摸小脸蛋，擦擦孩子的泪水或者汗水，抱一抱孩子等，另外，帮孩子梳头、整理衣服、擦去鼻涕等，使幼儿真正感受和强烈体验到自己为教师所喜爱。从而才能深深地感染孩子，使其产生积极的教育效果。

六、家园同步，共同正确运用鼓励方法

现实生活中家长们聚在一起，总爱对彼此的孩子进行比较，并会因自己的孩子在某些方面不如别人家的孩子，觉得自己“不会教孩子”而感到愧疚。实践证明，创造条件让家长学会与参与鼓励教育，是促使孩子形成自信、走向成功的催化剂。因此，幼儿园应该经常性地通过举办专家讲座、个别交流、家访、家园互动等形式，帮助家长掌握幼儿教育学、心理学的有关知识，让他们了解到一些现代教育的特点和规律，从而学会了解孩子，尊重孩子，赏识孩子，理解孩子，掌握教育子女的方法和艺术。

在实际工作中，教师应该时刻注意幼儿在日常生活中点滴的闪光思想，及时发现，及时提出，为孩子树立良好的榜样，培养孩子相互鼓励的习惯。教师的语言是幼儿语言的样板，加强教师在一日生活中科学的言行举止，教师用规范的语言，对孩子起到积极的影响，使孩子充满了自信、上进、愉快的情绪情感，为幼儿形成积极的人生态度奠定良好基础。同时，全面提高教师的职业道德素质，增强师德师风建设实效性，深刻认识立德树人的教育使命与职业责任，积极践行“以儿童发展为本”的教育思想的具体化传承和实践创新，当好儿童“引路人”。从幼儿园层面看，拥有一批高职业素养的教师，重视语言规范对孩子的影响作用，也是形成自己独特的园所文化的重要途径。

幼小衔接视角下教师反思能力的提高

（钟艳英　北京市海淀区 中国人民解放军海军机关幼儿园）

摘　要： 教师专业发展的过程是教师专业信念、专业知识、专业能力等各方面不断更新、进步和完善的过程，新的时代对教师提出了从传统的传授知识型的教师向研究型的专业化教师方向发展的要求，这就需要教师在发展的过程中不断地反思自己的教育教学工作、不断提高自己的教科研水平，真正地实现自身专业成长。因此，提高教师的专业化水平、促使教师转变为研究型的教师，提高教师的反思能力和水平就成了必由之路，也具有重要的意义。

关键词： 反思；教育实践；成长

教育反思是建立在个人知识、经验和价值观念的基础之上，这就难以保证每个教师每次反思都是科学的、合理的。只有将自己的反思放到教育教学中去检验、证明，才能实现真正的自我成长。

一、教师教育反思存在的问题

目前教师的反思水平存在以下几个问题：一是教师在对“反思”概念的理解上部分教师存在理解偏差，认为反思就是对幼儿知识、技能掌握情况的分析认识，缺少了“解决问题”“修正行为”“提高”几个重要的方面；二是反思的方法上过于单一，教师常使用交流式的反思，而忽略内省反思、经验反思、观摩反思等其他形式；三是反思的对象指向幼儿偏多，对教师自身的反思较少，在反思过程中重视对教育目标和教育对象的反思，重视对教育形式方法策略的反思，对教育目标适宜性、幼儿的已有经验、年龄特点、学习特点、现有发展水平等方面分析不足，对于教育的策略的制定关注不够等问题；四是教师有一定的行动后反思的能力，缺少行动过程中的反思意识和能力；五是教师的反思能力受到了个体知识经验的影响。

二、教师教育行为反思特点鲜明

反思具有探究性，与单纯的思考和回顾不同，是能够反省、发现教育教学过程中存在的问题，从教学目标、教学过程、教育策略等视角进行分析，厘清观念与行为的核心因素，探究解决这些问题的方法；反思具有过程性，是教师不断提高自我觉察能力、学习能力、理论分析能力、自我调控等能力的过程，是教师教育思维、教育策略动态、开放、持续变化发展的过程；反思具有批判性，是教师以批判的态度对教育教学中的目标、过程、策略、幼儿发展等提出质疑并进行调整和改变的过程。

三、多种方法为教师的反思研究活动奠定基础

反思是教师不断审视、思考、探究、自我调适、解决自身与教育过程中各个方面存在的问题，达到对问题行为、教学方法策略的优化和改善，努力提升教育实践合理性的过程，是教师自身能力提升的一种重要途径。在幼儿园的实际工作中尝试运用“反思”理念提高教师的专业水平和自身的素质，引导教师在研究的过程中省察自身理论与实践之间的关系，提高

反思意识与能力。

幼儿发展的现状及真实需求是帮助教师进行反思，制定教育方法和措施的基础，只有清晰地了解幼儿的现有水平才能有的放矢地进行措施的制定，例如在开展幼小衔接活动时，我们用了以下几种方法了解幼儿的发展现状以及家长、社会的需求：

1. 问卷法。设计并发放家长调查问卷，主要了解幼儿在入学后的行为、习惯、能力等方面的发展情况。例如在开展幼小衔接活动之前，我们针对小学一年级的家长和教师发放了幼儿入学适应情况调查表，向家长了解幼儿入学后有哪些方面准备不足；家长认为家庭、幼儿园、小学这三方面的分工合作中存在的问题有哪些等。

2. 访谈法。制定访谈提纲，通过和家长、教师面对面的交谈，了解幼儿入学后的优势和有待提高的方面，反思自身在幼小衔接的过程中的教育方法、教育策略的适宜性。

3. 观察法。有目的地针对幼儿园大班的小朋友的活动进行观察，通过观察和反思交流了解现阶段幼儿在幼小衔接的准备阶段的发展水平和能力，把握不同能力层次幼儿的发展情况，以便后续制定相应的教育策略。

4. 资料分析法。进行资料分析，通过查看幼儿在活动中的记录等，了解幼儿的能力和发展的现状。

四、多种手段提高教师成长的途径

反思能力的提高需要教师有明确反思依据、内容；反思路径；反思的方法和思路等。

（一）政策学习，明晰反思的依据

反思的过程与评价的过程相互联系，教师应将评价中获得的信息资料作为重要依据，对照《纲要》《指南》的教育理念，反思自身教育行为的适宜性。在幼小衔接活动开展的过程中，我们注重对教师的政策培训，组织教师学习《教育部关于大力推进幼儿园与小学 科学衔接的指导意见》《幼儿园入学准备教育指导要点》及《小学入学适应教育指导要点》等相关的政策文件，使教师深刻领会政策，理解幼小衔接的内涵、价值、内容、方法，使教师的反思依据更加清晰明确。

（二）多种通道，打开反思的路径

教师需要在观察、了解幼儿的学习水平、表现与结果的基础上进行反思，在同一主题活动中，也可以有多种路径进行评价反思。例如在幼小衔接的活动中，运用多种手段帮助教师建立反思途径和通道，促进教师反思能力的提高。

1. 开展教育实践观摩活动。组织教师设计、实施幼小衔接相关的主题案例活动，如“我要上学啦”“课间十分钟”“我的时间我做主”等。教师通过真实的案例进行实验研究和观察，在经验反思与观念的交锋中提高自身的反思水平与能力。

2. 开展经验反思的展评活动。组织教师将自己在研究过程中的反思、成长等经验进行梳理总结分享，引导教师通过自身经验学习、他人经验学习等方法，取长补短，提高自我反思的意识和能力。

3. 开展领域组之间的开放观摩活动。我园有 36 个教学班，按照教师的意愿以五大领域为基础组建了健康、语言、艺术、科学、社会等多个领域组，各领域组主要研究的方向不同，但又是相互依托不可分割的。组织各领域组之间以一日生活中的各个环节为载体，开展研究课、生活环节等观摩研讨活动，在五大领域的共同发展中培养教师的反思思维，进而提升教育教学的效果。

4. 开展个案的追踪研究。教师选取 2～3 名班级内不同能力水平的幼儿进行个案研究，在集体发展的同时探求适宜个体幼儿的教育策略，以使幼儿在原有水平上获得更好的、更富有个性的发展。同时，引导教师在亲历不同能力水平的幼儿行动研究全过程中提高反思能力和教育策略的制定与调整实施能力。

教师在活动过程中不断地进行主动的思考、评价、探究、调控改进。在幼儿园的实际工作过程中，作为管理者要为教师反思能力的发展和提高提供相应的支持和引领，点燃教师研究的热情和探究的欲望，并且在具体的组织指导教师开展活动研究的过程中找准问题，把握时机，不断质疑，以疑促思，以思促行，为教师思维的进步与研究的深化搭建桥梁。

五、多个环节完善策略制定与实施助力教师反思成长

在教育过程中，教师分析事件、形成策略的角度日益广泛。在具体实践的过程中，教师积累了面对复杂教学现场的机智智慧，在独立思考的基础上提出自己创新性的分析与建议，反思环节得到完善、反思能力得到提升的同时，也逐渐成为教师自我成长的内在需求。例如在幼小衔接活动中在幼小衔接情况调查中出现的问题，制定研究策略和实施方法，且边实行、边反思、边调整，使教师亲历发现问题—分析问题—制定与实施策略—反思策略—得出结论的整个过程。

教师对反思的认识影响着教师的反思行为。对反思认识不够、重视不够或是有着错误认识的教师，习惯停留在经验的层面上，以经验论经验，缺乏实现自身的突破意识。而真正做到反思的教师，能够在日复一日的教学生活中不断地提升与进步。在教育过程中，只有正确的归因，才能选择出“治本”的教育方法，才能切实提高教师的反思能力，提高教师的素质，开启有效的教育。

参考文献

[1] 许涛.《幼儿园教师专业标准（试行）》解读［M］. 北京：北京师范大学出版社，2013.

[2] 朱小娟. 幼儿教师反思能力培养研究［M］. 北京：教育科学出版社，2008.

建构区指导现状及策略研究

（樊思莹　北京市北京明天幼稚集团怀柔分园）

摘　要：建构区游戏对于幼儿的身心健康发展、认知需求、社会情感发展等方面都具有重要的意义。2016 年颁发的《幼儿园工作规程》中指出，幼儿园的活动应该以最适合幼儿游戏和发展的活动为基本活动，寓教育于各项活动之中。幼儿在建构区的游戏应该体现自主性、主题性，以及教师的支持性。在实践中发现教师的支持往往缺少思考，没有考虑环境的有效性以及材料的特性和层次性，此外也没有考虑到教师介入的时机以及方法，往往过度追求作品的搭建。教师应通过不断地学习经验方法、将环境创设与幼儿的发展结合来促进幼儿的建构水平不断地提升，从而促进幼儿的全面发展。

关键词：幼儿；建构区；教师支持；教师指导

一、建构区教师指导的现状分析

（一）环境材料缺少支持性

1. 教师缺少对材料的思考

新的材料容易激发幼儿很大的兴趣，愿意去探索、去研究。但经常会因为教师给予了太多的材料，直接投放，导致了幼儿无法有目标地探究材料，只是想知道是什么，了解大概的特征或者功能，就觉得没有意思了，就放下了。此外，教师投放材料没有注重按照层次性去投放材料，这一堆材料的给予，除了能激发兴趣，意义很少。但是如果将材料按照层次性进行投放，就能够让幼儿一直保持探究的兴趣。逐层增加难度，每一层都是新挑战，让幼儿不断地感受材料的乐趣。将教育的目标进行足够的划分，与材料相结合，有的放矢，根据材料的难度和幼儿的发展水平进行分层投放，帮助幼儿建立良好的思维顺序和逻辑能力。

2. 环境支持不到位

幼儿的搭建主题是一直在变化的。今天想搭建房子，明天想搭建车子，教师要一直做有准备的教师。准备好目标，即这个建构的主题要发展什么，哪方面的技能；准备好环境，即所用到的材料，所需要的物质准备，以及墙饰支持。环境创设是幼儿园生活中的重要组成部分，环境能让幼儿受到感染和熏陶，潜移默化地影响幼儿，在幼儿游戏时，给予幼儿一定的教育支持，同时，培养了幼儿独立解决问题的能力。在片段中，由于教师没有在前期做好准备工作，可以看出，幼儿在前期的游戏过程与主题是偏离的，在后面教师给予环境支持以后，幼儿才能够有思路进行搭建。

（二）教师指导缺少适宜性

1. 教师未把握介入时机

教师经常在没有经过细致的观察和分析的情况下，想当然地认为幼儿需要什么、不需要什么。在片段中，教师提出“今天搭建什么”“再搭建点什么”等没有意义的问题或直接提出“加点什么”等建议。首先，这些问题完全能够通过教师的观察得到答案，过多的问题出现会打断幼儿的搭建思路；其次，教师建议的提出的有效性是以幼儿在游戏中的需要为前提的，当教师并没有理解幼儿的搭建意图而提供建议时，会对幼儿造成干扰，从而影响幼儿创造力的发展。在后续的游戏中，教师直接代替搭建，虽然给幼儿提供了新的思路或者方法来让作品更加形象，但幼儿在建构能力方面并没有得到充分的提升。游戏是幼儿的游戏，因此，教师在介入指导时，应以幼儿为主，考虑幼儿需要，从而激发幼儿的想象力和创造力。

2. 教师未抓住教育契机

教育契机在幼儿一日生活中是重要的组成部分，教师的一句话、一个动作呈现的是教育契机中的多种表现形式。教师要抓住教育的机会，抓住幼儿的兴趣，及时给予幼儿经验提升的桥梁，起到支架的作用。在片段中，教师能够发现幼儿建构过程中的关键点，但是对后续的搭建问题没有起到递进作用，而是跟着幼儿的思路跑偏了。比如后面的问题可以是“像一个梯形，那梯形怎么搭建呢?”将幼儿的思维拉回到搭建中，并且一起探讨解决新的问题，让所有的幼儿都加入思考中。教师抓住关键性提问，才能够准确地把握住教育的契机。而教师必须在充分观察幼儿行为的基础上，才能分析幼儿的科学性和合理性，正确把握教育契机。

二、提升教师指导能力的方法策略

(一) 充分利用环境作用，提升幼儿游戏水平

在材料投放方面，首先要符合年龄特点和兴趣需要，根据中班幼儿的年龄特点投放适宜的材料；其次注意材料投放的层次性，根据不同幼儿的需求投放不同层级水平的材料；然后在材料更新方面，综合运用各种方式，保持材料的新鲜，可以与其他班级交换材料，合作互利；最后，寻求多方面的资源支持。充分利用家长以及园所内的资源、自然环境资源，根据幼儿的需要将材料的维度丰富起来。

在环境创设方面，首先要将空间利用最大化。教可以利用楼道、教室内的墙面或移动的小车，创设多种类的“支持性环境”，可以是立体的、平面的。其次，根据幼儿兴趣的变化，及时更换环境的内容。兴趣是最好的老师，当幼儿的搭建的兴趣发生变化时，墙面以及桌面的环境也要有所变化，及时为幼儿提供幼儿感兴趣的建构内容或者建构的方法。最后，环境创设要有幼儿的参与。幼儿参与到环创中，增强了幼儿的主人翁意识，激发了建构的兴趣。比如可以教师与幼儿一起商定建构区内墙面的内容，既满足了幼儿的需要又让幼儿成为班级的小主人；也可以将幼儿拼搭的作品拍照片贴在墙上，肯定了幼儿建构作品的同时也增强了幼儿搭建的自信心。

(二) 精准把握教育时机，助力幼儿游戏提升

首先，在介入之前，要仔细观察，分析幼儿的游戏状态以及游戏的水平，判断介入时机。教师的介入不是盲目的，需要在细致观察幼儿的建构情形后，结合经验，站在儿童的视角，判断幼儿是否有了问题，是否能够独立解决问题，然后再进行介入指导。其次，介入后要及时退出，把游戏归还幼儿。教师介入指导结束后，应及时、不留痕迹地退出，给予幼儿独立游戏的空间，让幼儿完成接下来的搭建任务。如果教师不及时地退出，一直介入，看似是幼儿在自主搭建，但实际上是教师的操控，幼儿也无法放开，这样不符合幼儿为本的教育理念，也不利于幼儿的发展。

(三) 教师学习指导方法，促进幼儿全面发展

《幼儿园教师专业标准（试行）》中提出，教师应有终身学习的理念，要求教师要优化知识结构，提高文化素养。首先，认真备课、备环节。这样可以帮助教师提前了解今天的活动内容，梳理活动规划，做到心中有数。包括规划今日游戏活动的流程；准备所需的材料，包括建构材料和建构图片；掌握活动所需的建构技能。其次，不断学习。通过阅读一些专业的书籍等方式，丰富建构知识储备，拓宽思维路径。教师在学习时，教育的理念获得了更新，理论知识更加丰富，更有利于在幼儿游戏过程中的指导与实践。广泛涉猎，大量阅读。

随着生产力的发展和社会的进步，儿童的成长速度越来越快。幼儿教师是幼儿成长路上

的第一个教育者，是幼儿成长过程中的重要参与者。教师在建构区活动中要充分相信幼儿的能力，发挥幼儿的主体作用，尊重幼儿，鼓励幼儿发表意见和想法，积极动手操作，及时提出改进意见。幼儿是动态的、发展的，不断成长和变化的。教师要树立发展的儿童观，与时俱进、与幼俱进，想幼儿所想，思幼儿所思，做到眼中有儿童、心中向儿童，做孩子梦想的摇篮，和孩子们一起扬帆起航。

参考文献

[1] 马纯玲．游戏对于幼儿教育具有重要意义[J]．教育艺术，2018（2）：1.

[2] 钱梦月．浅谈积木游戏中幼儿建构行为的培养策略[J]．好家长，2017（37）：2.

[3] 吕琼华．大班户外建构游戏中合作能力发展的指导策略探究[J]．教育导刊·下半月，2018（11）：5.

利用新媒体信息化平台优化家园沟通策略的实践研究

（张蕾　北京市门头沟区第五幼儿园）

摘　要：新时代背景下，党和国家高度重视对学前教育领域中利用新媒体信息化平台优化家园沟通策略的工作。“互联网＋教育”是社会发展大趋势，在后疫情时代背景下探索新媒体信息化平台优化家园沟通策略，能更大发挥协同育人作用。幼儿园通过利用腾讯会议和微信视频开展家访工作、组织家长线上开放，云参观幼儿园；召开线上家长会、组织线上家长沙龙活动等活动，探索出利用新媒体信息化平台优化家园沟通的方法。

关键词：新媒体；信息化平台；家园沟通策略

一、浅析研究的背景及起因

首先，为了贯彻落实党和国家对学前教育工作中利用新媒体信息化平台优化家园沟通策略的工作精神。2016 年国家教育部颁布《幼儿园工作规程》（2016 版），明确指出：幼儿园应主动寻求与幼儿家庭进行沟通协作，给幼儿家长提供科学的育儿宣传指导，支持家长创设良好的家庭教育环境，共同负担育儿任务。2023 年 1 月，在国家教育部等 13 部门联合印发《关于健全学校家庭社会协同育人机制的意见》中指出：学校要充分发挥协同育人主导作用，积极创新日常沟通途径，通过家庭联系册、电话、微信、网络等方式，保持学校与家庭的常态化密切联系，帮助家长及时了解学生在校日常表现。

其次，为了在后疫情时代背景下探索新媒体信息化平台优化家园沟通策略，发挥当前协同育人作用。2022 年 12 月，在贯彻落实国务院关于对新型冠状病毒感染实施“乙类乙管”的总体方案后，教育部印发的《学校新型冠状病毒感染防控工作方案》中指出：疫情流行期间，中小学校、幼儿园采取严格的封闭管理。届时家长不能进入幼儿园，传统的面对面沟通方式已经不能满足家园沟通工作的需求，如“家长园地”“实地家访”“家长会”等方式受到了空间上的限制，只能依托电脑、手机、平板等新媒体信息化手段，家园沟通工作需要探索出新的方法和模式。

再次，为了迎合“互联网＋教育”的社会发展大趋势，提高家园沟通效率。新媒体技术有别于传统的信息沟通方式，具有更加快捷、方便、全面、互动性强的优势特征。幼儿园以新媒体为依托，搭建起家庭与幼儿园之间良性沟通的桥梁，帮助家庭更好地获得来自幼儿园方面的鲜活信息，包括图片、文本、音频、视频等，引导家长更好地参与幼儿园管理工作。这既可以极大地打破时空阻碍造成的交流不畅等问题，为幼儿教师和家长提供一个更方便、更有效的信息平台，又可以利用新媒体技术，将家园沟通的内容得到长效保存，从而更好地营造和谐亲子关系，降低幼儿教育的成本，进一步营造新型和谐的家园共育氛围，提升家园共育的水平。

最后，新媒体信息化平台的出现将为传统行业带来数字化、智联化、集成化与可控化的变革。新媒体的未来发展，“互动”和“融合”将会成为新媒体全部策略和操作的关键意义。那么，未来的人际沟通乃至家园沟通将会进入一个新阶段，随之将会产生新的沟通特点与沟通矛盾，家园沟通将会迎来又一个挑战。因此，幼儿园亟须研究探索出一套利用新媒体信息技术手段增进家园沟通效果的方法和策略。

二、在工作实践中进行研究

（一）对准个体幼儿，利用腾讯会议和微信视频开展家访工作

开学前的家访可以帮助老师快速地了解孩子的家庭背景、生活成长环境、性格特征，为在幼儿园开展因材施教的教育活动提供有效依据，是一种与家庭建立信任、友好关系的有效措施。根据年龄特点不同，笔者幼儿园组织中大班老师三人分开与幼儿一对一家访，小班3位老师同时与一组家庭家访。老师们先与家长约定好访谈时间，预定好会议号，然后按时进入线上会议室。教师向家长询问孩子的生活作息习惯，一对一提供个性化指导意见，帮助家长作好充分的入园准备，保障了开学后，对个别幼儿的保育照顾更加有针对性，更加细致。在学期末，班级教师分工合作，分开与幼儿一对一家访，与家长反馈本学期幼儿发展情况，提出合理化建议；形式采用线上线下均可；在日常工作中，根据实际工作需要，不定时采取随机的家访，一并记录在家访表中。

（二）聚焦部分幼儿，组织线上家长沙龙活动

在与家长沟通的过程中，教师时常发现，班里的一部分家长会有同一类型的育儿困惑，比如部分幼儿有做事拖拉、磨蹭的行为习惯；部分幼儿有攻击行为；部分家庭幼儿是隔代养育等。针对这一现象，需要教师聚焦同一类型的教育问题，给家长提出教育建议，提供专业指导服务。因此，笔者幼儿园在每学期，由班长和家委会共同组织1次家长沙龙活动，邀请3～5名家长参加，家长们结合孩子常见现象，纷纷学习交流研讨，教师给出教育建议。

（三）面向全体幼儿，召开线上家长会

幼儿园面向全体家长召开全园线上家长会，内容为幼儿园办园理念、保教工作、安全工作、卫生保健工作、收退费政策等，引导家长尊重幼儿园教育安排和教师创造发挥，配合幼儿园做好幼儿的教育引导。学期初，各班级面向全体家长召开班级家长会，结合年龄段特点、发展现状、教学内容，与家长沟通教学计划、征集家长关于教学的合理化建议，提出家长需要配合的具体要求。

（四）组织家长开放，云参观幼儿园

疫情防控政策实施以来，幼儿园实行封闭式管理，不能在开学前组织家长开放日活动，家长无法直观地看到幼儿园的环境、教室的布局，也不能直接面对面地与教师沟通，众多不确定因素引发了家长更多猜想和担心。笔者幼儿园将传统的开放日活动改为录制视频，线上宣传。老师将视频分享向家长群，邀请家长和幼儿一起云参观幼儿园，简短的视频仿佛揭开了幼儿园神秘的面纱，让家长更直观地看到幼儿园的设施设备和温馨的环境，起到直观效应。

（五）注重日常宣教，保持密切沟通

一是幼儿园利用微信公众账号宣传办园理念、大事记、教育教学、卫生保健、教师风采等新闻动态，展示和树立幼儿园与教师的良好形象；二是班级在每学年初建立家长微信群，群主为班长，每个家庭1名家长进入，教师与家委会共同制定、遵守班级群公约，班长或老师根据工作需要发布信息，班级群随幼儿升班和毕业重组和解散；三是班级教师借助微信小程序——“家园栏”分享教学计划、食谱、幼儿照片，发布亲子活动内容，征集亲子活动成果。四是教师利用线上网络教育平台和官方媒体，组织家长观看和学习安全知识、育儿知识等，指导家长按要求完成学习。

三、研究的成效以及反思

1. 通过系列活动的开展，幼儿园利用新媒体信息技术平台，研究探索出系列实施策略，巩固了幼儿园在家园共育工作中的发展。

这套策略既弥补了疫情时代背景下，又打破了家长不能入园受空间、时间限制引起的沟通障碍，优化了家园沟通互动合作的途径，促进了家园沟通的有效性。

2. 该实践的研究提升了教师沟通表达能力，提高了教师信息化素养，帮助了教师自身的专业发展。

与家长的沟通能力是当代幼儿园教师必备的专业素质之一，在实践研究过程中，教师大胆尝试，利用多媒体媒介，与家长常沟通，提建议，在沟通内容、说话语气、节奏把握等方面都有了进一步提升，提升教师与家长的沟通能力。另外，在探究中，教师尝使用多种手机App，视频制作平台、问卷调查平台等，帮助教师掌握新媒体信息化平台的使用技术和方法，提高教师信息化素养，让信息化技术服务教师工作。

3. 通过课题研究发挥家园协同育人作用，帮助家长加强教育指导能力。

通过课题研究，帮助教师实施个性化教育，解决双方沟通过程中出现的具体问题，教师与家长之间的教育理念的相互渗透，家庭教育指导能力得到加强，指导方法更加科学，这样更大地发挥家园协同育人作用，促进幼儿的身心全面健康发展。

4. 通过研究，教师发现新媒体研究也不是万能的，存在一些弊端。如家长群体中年龄较大的长辈在使用信息化手段时会出现操作不熟悉，方法不会用等问题，教师与年轻家长使用得更多一些。另外，在使用微信文字聊天中，双方不知道沟通的语气，造成了小误会，最后通过面对面沟通成功化解。接下来幼儿园将采取线上线下齐互动的交流方式，继续探索新时代背景下，家园沟通的模式，使教师和家长共同进步，促进幼儿全面发展。

参考文献

[1] 于文超．“战”时朋友圈——“疫”情期间家园云沟通进化史［J］．山东教育，2020（31）：85－86.

[2] 朱子文．新媒体环境下幼儿园亲师沟通的现状研究［D］．东北师范大学，2020.

[3] 佘新兰．疫情常态化背景下教师运用新媒体开展家园沟通的思与行［J］．教育界，2021（34）：81－82.

关于幼儿园五大教学领域视角下幼儿全面发展的策略

（张露　广西钦州市浦北县第一幼儿园）

摘　要： 早期教育是最基本的教育。目前在我国幼儿园保教结合中出现了一些问题，这些问题对幼儿的全面发展不利。幼儿园必须结合教师、家长、环境三个因素来推动其在社会生活中的教育。因此，要提高学前教育的有效性，必须对新时期学前教育发展趋势进行细致剖析，将五大教学领域有机地结合起来，使五大教学领域能够在实际教学中得到运用。在规划新时期的教学工作中，要以幼儿发展为指导，采用多元化的教学方式，以提高幼儿的教学质量。最后，通过五大教学领域的教学思想应用到教育实践，引导幼儿积极主动地参与学习，促进幼儿德智、体、美、劳全面发展。

关键词： 幼儿园；五大领域；教学

学前教育教学方式的改善是一个长期的过程，伴随着时代的发展，五大教学领域的内涵也逐步得到了充实和发展。在此阶段，学前教育从健康、语言、社会、科学、艺术等五个方面对幼儿学习进行了详细指导，从而为幼儿全面发展提供了坚实的理论依据。在当前我国的学前教育进程中，幼儿园教师要把五大领域教学观念作为教学实践的根本依据，用先进的教学手段与现代教学思想相结合，使幼儿教育教学得到充分发展。要提升早期教育工作的成效，就必须利用新的历史条件，对未来的学前教育进行有效的探索，并紧跟幼儿教育的新趋势。为此，我们必须认真地剖析新时期的幼儿教育需求，通过不断改进教学形式，从而达到更好的保育、教育效果。

一、新时代背景下的幼儿教育特点

在传统幼儿教育中是以教师为主，幼儿处于被动地位。在教师进行教学时，需要幼儿及时倾听，并按照教师的引导进行各项教学。然而，在新时期早期幼儿教育中，教师要积极主动地参与到五大教学领域教学中去。另外，随着网络技术的发展，教师要在教学中引入多媒体技术，多媒体教学资源具有丰富的教学资源和灵活的使用方式，可以有效地将抽象行为具象化。为此，必须充分运用多媒体教学的优势，引导幼儿主动地进行教学活动。

二、幼儿园五大教学领域在实践教学中充分应用的意义

（一）对幼儿全面成长的意义

幼儿园时期的幼儿就像是一块白纸，有着极高的可塑性。在实施幼儿教育时，应依据幼儿身体和心理发育特征和认识规律，从而达到提高幼儿健康水平的目标。五大教学领域的引入，使得幼儿教师能够从健康、语言、社会、科学、艺术等五大领域中全方位地开展教学活动，助力幼儿成长。

（二）对提升教师素养的意义

近代早期幼儿教育的诸多学说可以为广大的幼儿教育工作者提供借鉴。张雪门、陈鹤琴、陶行知等为近代早期幼儿教育指明了前进的道路，是近代早期学前教育事业发展的先

驱。五大教学领域在某种意义上推动了教师教育观念与教学方法的革新，从而极大地提升了幼儿的教育素质。为了更好地贯彻这种教学思想，教师需要在张雪门、陈鹤琴、陶行知等教育思想的指导下，通过学习，不断充实自己的认识，提升自己的教学职业素质。因此，要使幼师在与他人的交往和交流中，不断地进行自我教育，不断地改进自己的教育手段，从而使自己的教育水平得到进一步的提升。

三、幼儿园五大教学领域视角下促进幼儿全面发展的策略

要使幼儿更好地发展，就要从五大教学领域入手，注重幼儿在五个方面进行综合发展，从而使幼儿综合素质得到提升。

（一）以健康教育为基础，找准教学出发点

健康是幼儿园五大教学领域中最主要的一个方面，它在幼儿的成长中起到了举足轻重的作用。在幼儿早期，幼儿会迅速成长，这一时期是幼儿进行心理健康教育的重要时期。教师可以指导幼儿，让幼儿掌握常用饮食健康知识，有效地矫正幼儿的挑食、偏食的心理和习惯。对幼儿进行健康教育，可以使幼儿身体得到更好的发育。首先，教师可以利用游戏来引导幼儿健康生活的观念，教师用问题引导幼儿了解自己的身体器官。接下来，教师要讲解各个器官的功能，再由教师带领幼儿开展不同的健身活动，从而让幼儿养成良好的生活习惯，使幼儿的身体得到更好的发育。此外，教师要让幼儿们自己去学习，通过日常的生活技巧和活动来培养他们的好习惯，让他们有一定的生活自理能力。

（二）以艺术教育为关键点，促进教学全面开展

在进行艺术教学活动的同时，还应根据新时期的教学战略，创造多样化的、生动的艺术活动材料。丰富的艺术素材可以拓宽幼儿的视野，培养幼儿“无所不能”的美学认识；在生活中进行艺术领域的实践，可以有效地促进幼儿对“艺术来自生活，生活中充满了艺术”的感知。经过素材的多样化收集和应用，经过生命化的艺术实践，使得幼儿通过艺术实践，达到提升幼儿艺术表现、增强幼儿艺术实践能力和提升幼儿艺术素质的目的。

比如，在引导幼儿参加艺术教学的过程中，应从搜集多种形式的教学素材入手。教师要求每个幼儿都准备一只“百宝箱”，并根据实践内容把废弃的东西整理出来，指导幼儿学会废物再利用。丰富素材搜集方式，可以有效地调动幼儿的艺术学习热情，促进幼儿在艺术创作中的积极性。另外，在教学中运用生活教学的教学方法，组织“纽扣粘贴画”“树叶拼贴画”“水果画”等丰富多彩的教学活动，引导幼儿在活动中树立“生活处处具有美”的意识。

（三）以社会教育为延伸，做好教学落脚点

在教育实践中，部分幼儿在人际关系、责任心、协作等方面都有所不足。在教学过程中，教师对幼儿进行社会性教育可以有效地增强其社会交往技能，同时也可以使幼儿在教学活动中认识到一定的社会规范，从而形成良好的思想品德。教师要把社会教育作为教学活动的延展，使幼儿得到充分的发展。

在进行社会教育时，教师要注意幼儿的主体性，让幼儿主动作自我介绍，以提高幼儿对自身的认识，使幼儿积极与他人互动，培养幼儿的语言和思考技能。另外，教师们还可以组建一个合作探究小组。以多种小组的方式，使幼儿们可以主动地参与课堂学习，使幼儿可以亲身经历与教师、同伴共同学习的快乐，从而使幼儿更好地了解自己和别人。培养幼儿与他人、社会的亲近与合作态度，让幼儿学会基本的社交技巧，以增进幼儿的社会沟通技能。另外，个体的发展不能脱离自身、教师和家长三方面的影响，家长要积极参加幼儿的教学，既可以为教师、为幼儿园提供方便，又可以充分利用家长的力量促进幼儿的健康发展。家长是

最常陪伴幼儿的人，起到关键的作用。在家长的引导下，通过参与各种社交活动，可以促进幼儿良好社交素养的养成。

（四）以科学教学为辅助，把握教学特色

在“全面发展”的思想指引下，教师应该认识到，早期幼儿的发展，不仅仅体现在幼儿个人发展上，更体现在幼儿的整体素质上。在实施课程时，应以科学为依托，从科学教学中发掘幼儿潜能，提高幼儿素质。

在进行科学教育时，应从幼儿的利益出发，对幼儿进行教育。比如，幼儿对水很感兴趣，有些幼儿会把石头、叶子扔到水里，这时教师们就可以把这些石头和叶子当作科学实验的依据，向幼儿介绍“沉与浮”等科学原理。首先，教师要给幼儿们提供一些诸如石子、橡皮泥、泡沫板、铅笔等科学实验用具。接着，教师给幼儿们讲解：“如果将这些物质放到水里，会有怎样的效果?”在教师的指导下，让幼儿们练习和归纳各种科学现象。不仅可以促进他们的智力发展，而且可以使他们的科学观念得到进一步培养。

（五）以语言教育为基点，重视教学过程

将幼儿置于良好的学习氛围里，能够使他们的学习水平得到很大的提升。幼儿的言语发育与其对身体发育有关。因此，教师在语言教学中需要依托健康教育，重视教学过程，让幼儿语言教学质量得到充分提高。语言在促进人脑发育和社会交往中起到了关键的作用。在教学中，教师们可以用图画书来指引幼儿学习。首先，在进行图画的教学时，要让幼儿们认真地观看图画，了解图画中的知识，通过反复的阅读来掌握对话语言。其次，教师让幼儿积极地去赏析图画，引起幼儿对图画的想象，再由幼儿将自己的思想更好地传递出去，从而达到培养幼儿语言表达能力的目的。

四、结语

综上所述，要提高幼儿教学质量，促进幼儿全面发展，必须以新时期的五大领域教育为指导。在教学中，教师应树立科学的教学观念，努力以幼儿的发展为指导，在实践中全面提升幼儿素质。在大环境下，让幼儿实现在五大领域的发展。

参考文献

［1］纪红．绘本与幼儿园大班五大领域教学的有机整合策略研究［J］．教师，2022（25）：69—71.

［2］陈文俊．关于幼儿园五大教学领域视角下幼儿全面发展的策略研究［J］．天天爱科学（教育前沿），2021（11）：19—20.

［3］苏欣怡．信息化教学在幼儿园五大领域中的运用［J］．新智慧，2019（1）：27.

［4］谢小琴．幼儿园五大领域课程阶段式教学模式构建［J］．教育实践与研究（C版），2017（11）：43—47.

［5］邢小雷．互动式绘本阅读在幼儿园五大领域教学中的应用研究［J］．新课程（上）：14.

［6］谢小琴．学前教育专业幼儿园五大领域课程阶段式教学模式构建［J］．新疆教育学院学报：14—18.

［7］孙丽影，丁瑜．模拟教学法在学前教育专业“幼儿园五大领域”教学中的应用［J］．林区教学：124—125.

“菜叶上的洞洞”——中班项目式活动的推进与思考

（王娇、陈丹　四川省成都市青羊区天府幼儿园万家湾分园）

摘　要：项目式活动是将知识与实际生活相结合，解决生活中的实际问题，将被动学习转变为主动学习的过程。自然角构建项目式活动“粘虫板”为幼儿创设了一个真实的学习环境，有效地激发了幼儿的学习主动性。幼儿调动已有经验解决真实的问题，教师挖掘资源并积极支持幼儿的深度探究，激发幼儿潜力，促进幼儿、教师的多元发展。

关键词：项目式活动；兴趣；问题；分享

项目式活动基于幼儿真实生活，在真实情境中学习，注重在做中去学习，让幼儿在亲身体验与操作中获得知识与经验的提升。那如何开展“幼儿园项目式活动”，丰富孩子的多元经验，促进孩子多元能力的发展呢？本文将从自然角探究活动“菜叶上的洞洞”为例，阐述项目式活动的推进过程与教师的一些思考。

一、活动推进——兴趣引领，价值评估，自主探究，快乐分享

（一）兴趣引领，助推项目式活动内容的选择

1. 基于幼儿兴趣选择内容

俗话说：“兴趣是最好的老师”，只有幼儿感兴趣的、喜欢的、有共同经验的，他们才会愿意去寻找答案，促使幼儿萌生探究的兴趣，为项目式活动的开展奠定基础。

2. 基于幼儿实际问题选择内容

“活动来源于生活。”在项目式活动的选择上应从幼儿生活实际出发，根据幼儿感兴趣的问题，选择与真实生活经验相关的内容，贴近幼儿生活实际，更能诱发幼儿的好奇心，促使幼儿较快地进入探究阶段。

3. 教师引导助推活动内容选择

在项目式活动中，教师也可以因某个主题能够提供有益的经验而选择活动内容的开展。同时中班幼儿容易发现问题，也容易忘记问题，需要教师及时地引导幼儿记录下自己的观察发现，教师要善于收集筛选幼儿有价值的真问题，开启项目式活动。

例：项目式活动“菜叶上的洞洞”

幼儿在自然角的观察活动中有很多的发现，如“叶子长大了”“开花了”“叶子变黄了”。幼儿基于自己的观察和当前兴趣幼儿提出驱动性问题：“菜叶上的洞洞”是怎么来的？“为什么叶子上会有洞洞呢？”通过一系列问题的引导，促使幼儿去探究、深入挖掘从而寻找答案开展项目式的学习。

（二）价值评估，助推项目式活动的确立

在众多的问题中怎样才能找到适合的项目活动呢？除了幼儿的兴趣经验外还应符合幼儿年龄发展特点，分析幼儿已有经验和活动基本经验的关系，确立活动的价值和发展目标，考察活动的可操作性，同时能解决幼儿的实际问题。

幼儿的各种问题中有的适合小班孩子探究，有的适合中班孩子探究。“菜叶上的洞洞”是小班孩子们在自然角已有的自然生活经验。但是，小班孩子对于“菜叶上的洞洞”的探究

仅仅停留在“洞洞”是怎么来的。而到了中班，孩子再次发现这个问题时，他们产生了“如何消灭虫虫”的新问题。因此，教师对孩子们提出的问题进行价值评估，该问题能够在已有经验上提升孩子的深度学习，我们通过资料查询、合作交流、动手探究去解决幼儿当前的实际问题。

（三）自主探究，助推项目式活动的深入

1. 创设宽松自由的环境，自由组建项目小组

在项目小组的组建过程中，幼儿可自主结伴组队，可根据自己的兴趣选择小组，也可招募新的成员。在活动过程中教师积极关注幼儿的活动过程，鼓励幼儿的想法，引导幼儿分工合作尝试解决问题。

例：在开展项目活动“菜叶上的洞洞”时收集了很多关于洞洞形成的问题，发现幼儿对于解决“洞洞”问题都有着不同的探究需求，根据幼儿的问题和兴趣形成了不同的项目小组——“虫虫饲养组”“杀虫剂组”“粘虫板组”，幼儿通过兴趣自主选择或招募的方式参与到项目活动的探究中去。

2. 追随幼儿探究兴趣，引导幼儿制订计划

计划能够帮助孩子在探究的过程中厘清思路。在确定了小组成员后，可根据幼儿个人兴趣、想法、需求在教师的引导下制订计划，根据计划分工合作，不断尝试，发现问题、解决问题、完善计划。同时，计划也会随着活动的进展不断调整和完善。

例：在制作“粘虫板”的过程中，幼儿开始分工合作，有的进行资料查询，有的收集材料，有的负责制作。可是，当孩子们开始项目活动时，有的孩子不知道自己该干什么；孩子们在制作“粘虫板”的时候不知道应该如何制作；这些问题对于孩子来说是有一定难度的。因此，教师引导孩子们制订计划，思考应该如何制作“粘虫板”。在老师的引导下，孩子们开始制订计划，促使项目式活动的持续开展。

3. 给予自主探究的机会，挖掘资源支持深入探究

幼儿在探究的过程中会不断遇到新的问题，幼儿会根据实际问题不断讨论，尝试通过各种途径获取资源和方法。在探究的过程中家长、幼儿园、同伴都是孩子们可以挖掘的资源，老师应该给予孩子们自主挖掘、探究的机会，不局限孩子们解决问题的途径和方式，通过多方资源，借助已有经验迁移整合不断探究解决问题。

例：在制作“粘虫板”的过程中由于幼儿生活经验的缺乏我们充分挖掘家长资源、学校资源，请家长带领幼儿实地考察，请农村有经验的老人给幼儿讲解制作“粘虫板”的方法，师幼共同收集资料和材料。通过资料查询孩子们了解到虫子喜欢颜色鲜艳的东西，于是他们马上调整计划选择颜色鲜艳的材料进行制作，有的孩子们在小库房找到了即时贴进行“粘虫板”的制作，并将有黏性的一面贴在外面，还有的孩子去了美工区找到了颜色鲜艳的纸，在纸上贴满胶布用来制作“粘虫板”吸引虫子。在家长资源、学校资源和孩子的资料查询中开展了项目活动“粘虫板”的制作。通过多方合作以及经验的迁移幼儿不断调整“粘虫板”的制作方法，尝试解决虫子咬菜叶的问题。

4. 搭建交流分享的平台，成果分享互促成长

在项目活动中成果分享是不可或缺的一部分，是帮助幼儿梳理经验和总结经验的重要组成部分。在项目活动中幼儿将自己在活动中积累的经验分享表达出来，也会对项目产生新的问题或是经验的碰撞，促使更多的孩子将此经验进行积累和传递不断学习和进步。

例：在“粘虫板”项目活动中，幼儿根据自己制作“粘虫板”的过程将自己的制作经验通过宣讲和结果展示的方式分享表达出来，让更多的幼儿了解到如何制作“粘虫板”，形成经验的传递和积累。

（四）快乐分享，助推项目式活动的自评与互评

评价是经验的总结，对整个项目活动都有着反馈与指导的作用。在项目活动中幼儿会相互合作，成为学习的共同体，也会相互提问改进，促使幼儿更自主地投入项目活动中，也能了解幼儿当前是否解决了实际问题，是否产生了新的经验并获得相关能力的提升。对幼儿核心经验的获得，学习品质的养成都有着不同程度的帮助。

例：在“粘虫板”制作完成后很多幼儿都围了过来，“这个板子能粘住虫子吗?”“黏性够不够”“还可以用什么材料来制作粘虫板呢?”“这个粘虫板是可以粘住虫子的”“很黏”通过幼儿的一系列问题及实验结果促使项目小组有了更多的思考形成学习经验。

二、反思——聆听心声，善于放手，构建发展

（一）转变角色聆听心声，在观察反思中成长

在项目活动开展中，教师捕捉幼儿兴趣对幼儿的兴趣和问题作出判断，选取有价值和可探究的问题进行活动。在有意识的观察与分析中进行多领域的整合，充分挖掘身边可利用的资源，选择符合幼儿需求的项目，为幼儿的主动探索创造条件。

教师在项目式活动的选择、设计、开展、反思等整个过程中学会了“无知”与“放手”。为了更好地促进幼儿学习，教师及时根据幼儿活动情况进行分析、评价、反思，运用专业的理论进行实践活动，在实际的项目活动中不断调整、改进，及时帮助幼儿梳理经验，促进幼儿学习品质及能力的发展。

（二）在主动学习中建构能力发展

项目式活动区别于传统的教学模式，是将幼儿被动学习转变为主动学习的过程，教师遵循儿童的逻辑思维方式深入开展活动。在项目活动中幼儿不仅能提出问题，在教师的引导下还能积极尝试解决问题，在一次一次的实践操作中提升自己解决问题的能力，在活动过程中学会观察，主动思考，在与同伴间相互合作、讨论的环境中积极探究，将已有经验进行整合，使得幼儿各方面能力都有所提高。

幼儿园项目式活动的开展从孩子兴趣出发，能够推动孩子在直接感知、实际操作和亲身体验中进行学习。通过亲身实践，幼儿能够发现问题，教师尊重孩子探究的欲望，给予适宜的支持和引导，促使幼儿持续深入的自主探究。幼儿园项目式活动的开展促进了教师、孩子多元能力的发展。

参考文献

[1] 邢燕虹，刘芳，袁晓渝．基于 STEAM 理念的幼儿园项目式学习实践研究——以某幼儿园种植活动为例 [J]．教育观察，2022，11（30）：53－56.

[2] 金丽萍，戴燕．用项目式学习推进幼儿园课程园本化——以大班项目“一米实验田”为例 [J]．新课程，2021（52）：64－66.

[3] 陈尚宝，邱志华，姚毅锋．幼儿园开展项目式学习的课程模式与实践案例 [J]．基础教育参考，2021（10）：42－46.

幼儿园小班区域活动中幼儿良好行为习惯的培养探析

（郭佳　天津市北辰区引河里幼儿园）

摘　要： 区域活动是幼儿园主要的教育活动之一，可以为幼儿提供自由、开放和多元化的学习环境。在小班区域活动中，幼儿可以通过自我选择、自我实践和自我表达等方式，获得身心上的发展和社会适应能力的提高。由于小班幼儿的认知能力和自我控制能力尚未完全发展成熟，因此通过区域活动培养幼儿良好的行为习惯是十分必要的，这不仅可以促进幼儿的社会化进程，还能为幼儿今后的学习和生活打下良好的基础。本文从幼儿园小班区域活动中影响幼儿良好行为习惯的因素入手，探讨了如何在小班区域活动中培养幼儿良好的行为习惯，旨在为幼儿园教育实践提供一些参考。

关键词： 幼儿园；小班区域活动；幼儿；良好行为习惯；培养

幼儿园是幼儿学习和生活的主要场所之一，区域活动是幼儿园常见的教育活动形式，也是幼儿与环境进行互动的主要途径。在小班区域活动中，幼儿可以自由地选择自己感兴趣的活动，自主地进行探索和实践，体验各种不同的情境和活动，这对幼儿良好行为习惯的养成起到了十分关键的影响作用。在小班区域活动中培养幼儿良好的行为习惯，需要为幼儿创造适合的教育环境，加强对幼儿的正确引导，做好示范与榜样，通过多种形式帮助幼儿养成良好的行为习惯，为幼儿的健康发展打好基础。

一、幼儿园小班区域活动中幼儿良好行为习惯的影响因素

幼儿园小班区域活动是幼儿成长和发展的重要环节，在小班区域活动中，幼儿有机会与其他幼儿互动、交流，探索和发现周围的世界，同时也面临各种挑战和问题，需要自我控制和自我管理。因此，小班区域活动对幼儿良好行为习惯的培养起着至关重要的作用。其中，影响幼儿行为习惯培养的因素包括以下几个方面：

第一，教育环境。在小班区域活动中，教师应当为幼儿创造一个积极、和谐、富有挑战性的学习环境，让幼儿感受到安全感和归属感，同时又能够激发幼儿的好奇心和探究欲望。这样的教育环境可以帮助幼儿建立起积极的学习态度和良好的行为习惯。

第二，教育方法。幼儿园教师应当采用多元化的教育方法，如示范、引导、激励等，让幼儿在实践中学会自我控制和自我管理，并且形成良好的行为习惯。例如，在小班区域活动中，教师可以与幼儿共同制定区域活动规则，通过参与管理的过程培养幼儿的规则意识，引导幼儿主动遵守规则，养成良好的行为习惯。

第三，幼儿园的相互交往。幼儿间的交往对幼儿行为习惯的培养有着深刻的影响。在小班区域活动中，幼儿可以通过各种活动和游戏，与其他幼儿进行互动和交往，学习如何与人相处、合作、分享和表达自己的情感，幼儿需要学习如何遵守规则、尊重他人、合理表达自己的想法和情感等，同时幼儿还会通过处理冲突与表达诉求学习解决问题的方法，这对于幼儿行为习惯的养成也起着重要的作用。

二、幼儿园小班区域活动中幼儿良好行为习惯的培养策略

（一）创设良好的区域活动环境与氛围

在幼儿园小班区域活动中，创设良好的环境可以有效地培养幼儿的良好行为习惯。这是由于区域活动的环境和氛围可以潜移默化地影响幼儿的行为和习惯，为此幼儿园要深入分析区域活动中影响幼儿行为习惯培养的主要因素，从环境和氛围的创建入手为幼儿提供一个安全开放的活动空间。

首先，要建立规范的区域活动场所。在幼儿园小班区域活动中，为幼儿营造一个规范的活动场所是非常重要的。区域活动内的布置与摆设应当符合幼儿的年龄特点和认知规律，保证区域活动场所的安全性，同时还要通过合理的布置丰富幼儿的感官体验。此外，区域活动范围要按照功能进行合理的分区，如玩具区、绘画区、阅读区等，以方便幼儿自主地选择活动内容和场所。

其次，要提供丰富的教具和玩具。丰富多彩的教具和玩具可以吸引幼儿的注意力，激发幼儿的兴趣和探索欲，同时可以培养幼儿的良好的自主性、想象力和创造力。在选择教具和玩具时，要本着幼儿主体的原则，选择质量良好，具有良好安全性和适用性的教具和玩具，以保障幼儿的身心健康。同时，教具和玩具的摆放也应当考虑幼儿使用的便利性，通过张贴标识方便幼儿取用，并制定一定的规则对幼儿使用教具和玩具进行指导和约束。例如，取用教具请轻拿轻放、玩具使用完毕后应当放回原位等。

最后，要为幼儿营造温馨、和谐的区域活动氛围。在小班区域活动中，教育者应当积极为幼儿营造温馨、和谐的氛围，建立起教育者与幼儿之间的互信和互动，将以人为本作为幼儿区域活动的第一原则，加强对幼儿的情感关怀，耐心倾听幼儿的想法和意见，尊重幼儿的个性和需求，与幼儿建立起积极、和谐的关系。同时，教育者要注重培养幼儿之间的友谊和团队精神，让幼儿学会合作和分享，以促进幼儿行为习惯的良好发展。

（二）培养幼儿的规则意识

在幼儿园小班区域活动中，规则意识的树立对幼儿良好行为习惯的培养具有重要的影响。为了帮助幼儿形成规则意识，教师需要结合具体的区域活动内容制定相应的规则，以幼儿易于理解的方式进行规则的解释，也使用图片、模型等辅助方式来帮助幼儿理解规则。同时，教师还可以在区域活动中引入游戏形式，通过丰富多彩的游戏项目帮助幼儿了解规则，在游戏过程中主动遵守规则，增强幼儿的参与感和主动性。

此外，在规则制定和执行的过程中，教师需要充分尊重幼儿的意见和需求，让幼儿参与到规则的制定当中，通过发动和鼓励幼儿主动积极地发表观点，共同制定规则，在这个过程中培养幼儿的责任意识。而在规则的执行过程中，教师要注重引导幼儿形成良好的习惯，主动地遵守和维护班级共同的规则，逐渐养成良好的行为模式。

例如，在幼儿园小班的游戏区域，教师可以与幼儿一同商讨参与游戏中应当遵守的规则，例如如何保持安全、保护游戏道具、尊重与保护他人等，通过共同探讨制定规则后，可以通过图片的方式绘制成规则海报，在游戏区域张贴出来，让幼儿在游戏过程中随时查看，通过这样的方式让幼儿逐渐形成规则意识，并成为规则的制定者与执行者。

（三）进行科学有效的引导和示范

在幼儿园小班区域活动中，科学有效的引导和示范是培养幼儿良好行为习惯的重要手段。这需要教师了解幼儿的身心发展特点和行为规律，选择适合幼儿发展阶段的引导和示范方式，善用激励、提问、反馈、示范等策略，让幼儿更好地理解和掌握正确的行为方式。具

体而言，幼儿教师应当在区域活动前对幼儿进行必要的引导，让幼儿明确区域活动的目的、规则和要求，教师可以利用生动的语言和形象的动作示范，帮助幼儿理解应当如何正确地参与区域活动。例如，在玩具区域教师可以示范玩具正确的收纳方式，让幼儿观察和模仿，逐渐掌握玩具收纳的方法，养成收纳玩具的良好习惯。此外，科学有效的引导和示范还需要教师在区域活动中不断地进行观察和反馈，教师应当及时给予幼儿正确行为的肯定和表扬，并指出幼儿需要改进的地方，给予适当的帮助；同时，教师还应给幼儿提供多种行为选择，鼓励幼儿根据情境和需求自主选择和尝试，通过科学有效的引导和示范，幼儿可以逐渐形成良好的行为习惯，为今后的成长和发展奠定良好基础。

（四）通过幼儿一日活动培养良好的行为习惯

在幼儿园小班区域活动中，幼儿一日生活是非常重要的环节，通过生活中的各种活动，可以促进幼儿行为习惯的培养。例如，在生活中培养幼儿自己穿衣、洗手、餐前餐后的口腔清洁等行为习惯；在就餐中培养幼儿独立进食、规律饮食、少吃零食的良好习惯；在学习活动中，可以培养幼儿认真听讲、按时完成任务、不打扰他人、不破坏环境等良好的行为习惯。

为了有效地进行幼儿一日生活的引导，教师需要制订有针对性的活动计划，充分利用生活中的各种机会培养幼儿良好的行为习惯。在活动中，教师需要及时对幼儿表现出的行为习惯进行评价和引导，并及时进行正面的激励和肯定。同时，教师还应当注意与家长的沟通，让家长了解幼儿在幼儿园一日生活中的表现，通过家园共育共同培养幼儿良好的行为习惯。此外，为了更好地引起幼儿的兴趣，避免过度纪律约束对幼儿身心发育造成的不利影响，教师也需要注重教育的方式方法，可以通过互动式的角色扮演等游戏形式来引导幼儿行为习惯的养成，这种趣味的游戏活动更容易引起幼儿的兴趣，可以在寓教于乐的过程中培养幼儿良好的行为习惯。

参考文献

［1］王丽娜．幼儿园区域活动中小班幼儿良好行为习惯的培养［J］．青少年日记（教育教学研究），2019（6）：136.

［2］顾佳燕．如何在区域游戏中养成幼儿良好学习品质［J］．幸福家庭，2020（12）：46.

PBL 模式下幼儿园劳动教育的实践探索

（于兴荣　湖北省武汉市湖北幼儿师范高等专科学校（葛店校区））

摘　要： 随着我国教育改革的深入，幼儿园劳动教育备受关注，从 PBL 模式入手开展幼儿园劳动教育，不仅可以实现坚持以“幼儿为本”的教育观念，做到关注幼儿真实问题与实际需求，同时也有利于发挥家园协作的重要价值。借助转变劳动教育观念、注重劳动教育过程引入实境、丰富劳动教育场景、构建劳动教育共同体四个方面的策略，切实推动劳动教育融入幼儿园，从而促进幼儿全面发展。

关键词： PBL 模式；幼儿园；劳动教育

自《中共中央国务院关于全面加强新时代大中小学劳动教育的意见》发布以来，劳动教育备受关注，如何发挥其树德、增智、强体、育美的综合育人价值，促进“五育”融合，成为幼儿园开展劳动教育亟须解决的关键问题。本文从 PBL 模式出发，阐释幼儿园劳动教育的内涵，论证 PBL 模式下幼儿园劳动教育的价值，探索 PBL 模式下幼儿园实施劳动教育的有效策略，实现幼儿主体回归的劳动教育模式。

一、幼儿园劳动教育的内涵

（一）劳动教育的含义

劳动教育是指教育者有计划、有安排地指导、帮助受教育者学会改造外部世界的过程。通过开展劳动教育，使受教育者树立自觉劳动的意识，掌握基本的劳动能力，形成良好的劳动品质。

（二）幼儿园劳动教育的含义

幼儿园劳动教育指以促进幼儿形成正确的劳动价值观、养成良好的劳动素养为目的的教育活动。本质上劳动是一种主体亲身体验和动手操作的实践性活动，因此幼儿园劳动教育需重视幼儿参与的主动性、积极性和创造性，使幼儿体验到劳动的成功感和价值感，从而树立劳动意识，掌握劳动能力，形成良好劳动品质。

二、PBL 模式下幼儿园劳动教育的价值

（一）PBL 模式的含义

PBL（Problem　Based Learning），指基于问题的学习，强调以学习者为中心，在问题情境中通过自主探究与合作、主动建构认知来解决真实的问题，被认为是能实现当代教育目标、符合时代需要的一种教学模式。

（二）PBL 模式下开展幼儿园劳动教育的价值

1. 坚持以“幼儿为本”的教育观念

PBL 模式下的幼儿园劳动教育，强调以幼儿为中心，认为幼儿是教育活动的主体，所有教育活动应围绕幼儿展开，提倡教师在劳动教育中要发挥幼儿的主体作用，充分尊重幼儿

的自主性，为幼儿创造劳动的机会和劳动的环境。此模式中教师以幼儿的兴趣为出发点，联系实际生活，鼓励幼儿发现生活中的劳动情境，以境带情，有利于激发幼儿劳动兴趣，从而培养幼儿自主的劳动意识。

2. 关注幼儿真实问题与实际需求

幼儿园开展 PBL 模式劳动教育，立足实际问题，渗透在幼儿一日活动的方方面面。从怎样系鞋带、叠被子、剥香蕉到如何将玩具分类摆放整齐，再到怎样制作菜地自动浇水器，无论是自我管理的劳动教育，还是服务性的劳动教育，甚至是生产性的劳动教育，都取材于幼儿真实生活，来源于幼儿遇到的实际问题。幼儿的日常生活就是劳动教育的内容，幼儿的实际需求就是劳动教育的主要导向。在 PBL 劳动教育中，以幼儿生活场景中真实发生的问题为出发点，鼓励幼儿通过自主探索和小组协作完成深度学习，全面提升幼儿的基本劳动能力，解决幼儿的实际生活问题，为幼儿今后的生活与学习奠定良好基础。

3. 倡导家园协作的教育方式

幼儿园融合 PBL 模式中自主探究与合作的方式，将劳动教育推进家庭，打通劳动教育的场所，通过持续不断的劳动教育，深入幼儿内心，帮助幼儿养成爱劳动、爱生活的劳动品质。教师在实施劳动教育的过程中，一方面可以鼓励幼儿帮助父母做一些摆放碗筷、打扫卫生等力所能及的事情，让幼儿在家中的真实场景中掌握和锻炼劳动能力；另一方面教师也可以通过“家长助教课堂”“流动劳动站”等协作方式，将家庭场景资源、社区场景资源有计划地纳入幼儿园劳动教育，让幼儿有更多体验、尝试、自主探究的机会，从而达到教育目的。

三、PBL 模式下幼儿园劳动教育的实施策略

（一）幼儿为本，转变劳动教育观念

强调以幼儿为中心的 PBL 模式下幼儿园劳动教育，要求教师关注幼儿内在需求与兴趣爱好，以此作为设置劳动教育目标与内容的依据，改变“知识本位”“教师本位”的教育观念。以幼儿园“劳动日”活动为例，教师结合本班幼儿生活及身心发展的实际需要，引发幼儿在真实场景中对“劳动”的思考，分析并提炼出“劳动日”的核心问题，鼓励幼儿思考“劳动日是什么日子”“劳动日包括哪些内容”等问题。小班幼儿面临自我照料的生活问题，教师可鼓励幼儿自己尝试穿脱衣袜，让幼儿自己发现问题，主动探索方式方法，掌握劳动技能；中班幼儿则在开展“劳动日”的过程中，自发生成更高层次的问题，如“不知道哪里打扫过了”“很多人在同一个地方劳动怎么办”等，并讨论出“小组责任制 + 分片管理”的办法，由各组制作“已清洁”标志牌 ；大班幼儿可以扩大劳动范围，尝试思考解决“窗户太高，擦不到怎么办”的问题，鼓励幼儿通过集体协商解决劳动工具使用的问题。由此，教师围绕核心问题引发三个年龄段幼儿对“劳动日”的思考，最终形成不同年龄段的分层目标，创设出更贴近幼儿内在需求的劳动教育场景。

（二）问题导向，注重劳动教育过程

PBL 劳动教育模式关注真实、有趣的问题，一般选择能激发幼儿内在驱动力的劳动主题，帮助幼儿在自主探索中不断反思、评价来调整自己的行动，从而在过程中提升劳动能力。比如，大班幼儿在参观消防站后，提出了自制消防水带的想法，并在制作消防水带的过程中，分组尝试了不同材料的制作方案，历经多次操作失败与调整，最终成功用玩具水管制作了消防水带，还进行了展示。让幼儿在真实活动进程中借助自身思考和实践尝试获得自主学习的能力，感受劳动的智慧，从而获得成就感和价值感。这对教师反思评价的能力要求较高，教师要时刻关注幼儿表现，帮助幼儿通过观察对比、图文记录、拍照、填写观察表、交流分享等多种自评、互评的方式，梳理经验与反思，从而获得成长。同时，教师也要不断对

自身教育行为与理念进行自省、调整，在总结和反思中积累课程实施经验，提升指导劳动教育实践的能力。

（三）引入实境，丰富劳动教育场景

PBL 模式强调在真实情境中开展教育活动，注重生活场景和问题场景。要求教师根据问题创设情境、设置探究问题，在生活情境中解决问题。教师在幼儿园运用 PBL 模式开展劳动教育时，要围绕与幼儿生活、成长等密切相关的问题展开，创设贴近幼儿真实生活场景的劳动教育情境，让劳动自然发生。例如，幼儿参加采摘番茄的劳动活动后，中班幼儿提出“番茄怎样种？怎样给番茄苗浇水？”并自主研发出劳动工具“自动浇水器”；大班幼儿则提出“蔬菜都需要种在泥土里吗”，继而分组进行“土培、水培、沙培”劳动实验。为了使幼儿在劳动教育中获得丰富的直观感受与沉浸式体验，幼儿园还应充分利用种植园、木工坊等特色区域，教师则应不断丰富班级生活区、操作角，激发幼儿自主萌发真实、有价值的问题，让劳动存在发生的可能。

（四）协同合作，构建劳动教育共同体

合作学习是 PBL 模式的核心精神，也是幼儿劳动教育的主要模式。PBL 模式中协同合作有两层含义：第一层指幼儿园、家庭、社区多方协作，形成劳动教育共同体；第二层指幼儿彼此合作、师幼合作、幼儿与“专家”（如家长、志愿者等）合作，多种形式助力教育。

幼儿园劳动教育从以上两个层面进行设计与组织实施，一方面，幼儿园建立家、园、社区劳动教育的共同体，发挥多方协调教育作用，共同推动幼儿发展。例如幼儿园结合“二十四节气”开展劳动教育，活动目标是让幼儿通过播种、种植、收获、制作美食等理解劳动的重要意义。在组织实施中，幼儿园可与社区合作，带领幼儿参观农作物博物馆，了解农作物播种和种植过程，感受生产劳动的神奇，幼儿园与家庭合作，利用家长资源，请家长与幼儿一起种植果蔬，体验劳动的乐趣，然后在课堂中与幼儿讨论农作物种植收获中遇到的问题，并讨论解决这些问题。另一方面，支持幼儿与同伴、家人、教师共同走进田园、菜园、果园，以小组讨论、信息共享等多种形式了解农耕规律，辨识五谷蔬果。在幼儿园、家庭、社区三位一体资源共享与互助状态下，幼儿园劳动教育可以获得丰富多样的劳动素材，拓展幼儿的劳动认知，促进幼儿在劳动场景中思考与学习。

参考文献

［1］龚红艳，幼儿园劳动教育实施现状及路径初探［J］．文科爱好者·教育教学，2022（36）：6.

［2］杨巍．幼儿园劳动教育中的主动学习及支持策略［J］．学前教育，2023（1）：21.

［3］SAVERJR，DUFFY M. *Problem based learning ：An instructional model and its constructivist framework*［J］．Educational Technology，1995（35）：31—38.

［4］崔平平，PBL 模式运用于幼儿园劳动教育的探析［J］．上海托幼，2023（1）：46.

［5］刘良华．劳动教育何以成为“五育”融合的突破口［J］．人民教育，2021（1）：33—36.

［6］霍力岩．幼儿劳动教育：内涵、原则与路径［J］．福建教育，2018（47）：14—19.

［7］姜晓，胥兴春．我国幼儿劳动教育实施现状及路径探析［J］．重庆第二师范学院学报，2020（1）：70—74.

以智慧游戏落实“双减政策”——关于幼儿游戏化教学活动实践探究

（宋薇　北京市西城区实验幼儿园）

摘　要：“双减政策”的实施，将素质教育的进程推向了高潮，学前教学阶段的教师在幼儿园开展的课程与游戏，都是为了满足幼儿合理规划一日活动的需要。很多家长不愿意让孩子输在起跑线上，在学前阶段就主张让孩子提前掌握小学的知识，智慧游戏的落实，让很多家长吃了“定心丸”。本文立足“双减政策”大背景，对幼儿园开展智慧游戏的重要性和必要性进行了深入的分析，并从实际出发，对如何高效地开展游戏化教学活动展开探究。旨在贯彻落实“双减政策”，有效指导幼儿在游戏中实现能力的提升与综合素质的全面发展。

关键词：智慧游戏；“双减政策”；幼儿园；游戏化教学；实施策略

“双减政策”明确指出：各地在做好义务教育阶段学生“双减”工作的同时，还要统筹做好面向3～6岁学龄前儿童和普通高中学生的校外培训治理工作，不得开展面向学龄前儿童的线上培训，严禁以学前班、幼小衔接班、思维训练班等名义面向学龄前儿童开展线下学科类（含外语）培训。在《3～6岁儿童学习与发展指南》中提出“幼儿的学习是以直接经验为基础，在游戏和日常生活中进行的。要珍视游戏和生活的独特价值，创设丰富的教育环境，合理安排一日生活，最大限度地支持和满足幼儿通过直接感知、实际操作和亲身体验获取经验的需要”。由此可见，科学地开展智慧教学，不仅符合“双减政策”对于学前教育的要求与安排，对于幼儿自身的成长与发展也是十分重要的。

一、“双减政策”背景下开展智慧游戏的重要性与必要性分析

（一）智慧游戏是幼儿成长与发展过程中的“必需品”

游戏构建了幼儿的精神世界，智慧游戏可以促进幼儿的身心发展。个体生命处于不同的发展阶段时，其精神世界的构成要素也是不同的，对于儿童而言构成其精神世界的主要因素就是游戏，游戏在儿童的生活中具有特殊的意义，是儿童真实生活的重要组成部分。幼儿的游戏与学习并不是单一的活动，二者之间存在着内在的关联性，不论是幼儿的运动技能学习、社会交往能力学习还是一些生活习惯等都是在游戏活动中培养的，因此在儿童的世界里游戏与学习是密不可分的关系。游戏在一定程度上能够促进儿童学习的发展，主要包括对儿童的创造力、想象力、学习的自主性及探究性的培养提高。

（二）智慧游戏是贯彻落实“双减政策”的“衍生品”

教育部原部长陈宝生表示：“应当明确，幼儿园的基本教学模式是游戏模式，不是教学模式。所以要综合治理小学化倾向。”而陈部长提到的“去小学化”的治理任务与“双减政策”的要求完全相符：严禁教授小学课程内容。对于提前教授汉语拼音、识字、计算、英语等小学课程内容的，要坚决予以禁止。幼儿园的教育内容是全面的、启蒙性的，可以相对划分为健康、语言、社会、科学、艺术五个领域。智慧游戏的开展，可以高效地完成五个领域中对于幼儿的教学目标，让幼儿在游戏的开展中实现自身能力的提升，激发幼儿的自主探究

精神，乘着“双减政策”的东风，发挥游戏的价值与作用，助力幼儿的全面发展。

二、落实“双减政策”开展游戏化教学活动的策略分析

（一）营造舒适的游戏氛围

早在2012年，为遏制超前教育，教育部正式印发了《3～6岁儿童学习与发展指南》，以提高广大幼儿园教师的专业素质和家长的科学育儿能力。作为“双减政策”的前身，《指南》明确地指出了创建游戏氛围的重要性，所谓“智慧游戏”，就是充分应用游戏中可以渗透知识或技能的点，来帮助幼儿在体验游戏快感的同时实现自我的认知与能力提升。而营造舒适的游戏氛围，则是实现智慧游戏价值的基础。

教师在幼儿游戏场景中，必须实时转化身份，参与者、引导者与合作者之间进行自然的转换，为幼儿营造良好的游戏氛围。教师要以一个支持的态度来获得幼儿的信任，尊重幼儿的选择，倾听幼儿的想法，让幼儿在游戏的过程中保持一种安全感与亲切感，从而更加积极主动地去探究学习。在幼儿园活动期间，游戏形式的选择也很重要，教师要注重游戏的价值，在为幼儿带来愉悦体验感的同时，更要注重游戏对于幼儿身心健康的培养。相对其他活动形式来说，游戏是更符合幼儿的喜好与内心发展的需要，可以将外部的游戏体验转化为幼儿成长的需要，提升幼儿的主观能动性，从而实现全面发展。在“好朋友在一起”的游戏中，教师通过播放《找朋友》的儿歌，先激发幼儿参与游戏的兴趣，营造轻松愉悦的氛围，再通过制作一些小卡片、小礼物来送给好朋友们，因此需要教师提前做材料投放。为了发挥游戏氛围的重要性，教师可以将材料“藏”起来，幼儿找材料送给自己同组的小朋友，找的时候教师要营造一种神秘、欢快的游戏氛围感来增强幼儿的体验感。

（二）渗透基础的园本课程

处于学前教育阶段的幼儿，应该如何度过自己的幼儿园时期？面对“双减政策”背后带给家长的新挑战，幼儿园要如何完美化解？很多家长质疑，如果什么都不让孩子学习，就是玩游戏的话，孩子可以顺利完成幼小衔接进入小学状态吗？智慧游戏作为新时代背景下学前教育阶段的“主角”给出了一个令人满意的答案。在游戏开展中渗透基础的园本教育课程，以游戏的形式来拓展幼儿认知，并在游戏的过程中提升幼儿的社会适应能力、生活自理能力、人际交往能力、解决问题的能力、学习的能力以及形成良好的习惯。

现在很多家庭条件优越，特别是对孩子的付出，都达到溺爱的程度，平时自己的玩具不允许别人摸不允许别人碰，没有与别人分享的意识。在与小伙伴玩耍的过程中，输了就会哭鼻子，缺乏竞争意识。幼儿园团体游戏人人参与，消除自我中心从而增强自主意识，通过游戏来培养幼儿的团结意识。

（三）培养幼儿的自主能力

首先，培养幼儿的思维意识。幼儿的创新意识处于萌芽状态，把握住关键时期培养幼儿的创造意识刻不容缓，教师要针对不同阶段的孩子实施不同的指导。如中班的孩子已经具有一定的生活与学习经验，但是依然保留着幼儿时期的活泼好动，创造潜能巨大。对此，教师要抓住幼儿园活动中的敏感点，来激发幼儿的创造性思维。特别是在涉及角色扮演的游戏中，与同伴交际、互动的过程中，可以明显提升幼儿的团结意识与自主探究意识。

其次，培养幼儿的动手能力。幼儿的动手能力是其自主意识发展中最直接的表现，教师要抓住幼儿天生好动的特征，为幼儿创造一个动手的条件与机会。作为游戏的实施主体，幼儿能在过程中产生积极情绪，动手中收获成果的快乐。如集体游戏“好朋友手拉手”中，是为了让幼儿掌握二方连续纹样的折剪方法，来体验艺术剪纸的快乐。教师为幼儿提供动手的

机会与条件，幼儿不仅掌握了如何剪纸，还感受到自主创作的愉悦心情与成功的喜悦，进而产生积极的情绪，推动了学习积极性，达到透过游戏学习的目的，增强了动手能力。

(四) 发挥教师的引导作用

“双减政策”明确规定，学校要开齐、开足、开好国家规定课程，积极推进幼小科学衔接，帮助学生做好入学准备，严格按课程标准零起点教学，做到应教尽教，确保学生达到国家规定的学业质量标准。因此幼儿园教师在幼小衔接的顺利开展中发挥着十分重要的作用，将游戏作为幼儿实现成长与发展的途径，无论是户外游戏，还是区域游戏的过程中，教师作为参与者都发挥着不可替代的作用。对此，教师要将自己融入游戏中去，针对幼儿在游戏中的不同表现来进行不同程度的引导，以此来帮助幼儿获得成就感，从而激发幼儿主动探究，实现游戏教育的最大价值。开展一项游戏时，教师要将培养幼儿自主探究能力作为目标来制定教案，自主探究并不是拿出一个游戏让孩子们去进行自由活动，而应该是在教师科学的引导下有规则有秩序地进行，潜移默化中对幼儿的言行举止产生影响。

三、小结

“双减政策”落地，得到社会与公众的认可，智慧游戏作为幼儿园贯彻落实“双减政策”的必要手段，需要做好相关的准备去设计，有目的有计划地去开展智慧游戏。《指南》将幼儿在游戏中表现出来的独特价值视如珍宝，将幼儿的好奇心与探究兴趣作为幼儿成长的核心动力，教师要将幼儿的一日生活进行合理的安排，为幼儿创造和谐的教育环境，并在活动实践中获取生活与学习经验。幼儿教师要正确地认识到智慧游戏的重要性，也要正确使用教学方法培养孩子在游戏中的主动性，为孩子将来实现全面发展奠定基础。让智慧游戏的开展成功吹响幼儿园落实“双减政策”的号角！

参考文献

［1］刘艳红．《指南》背景下“游戏街”活动促进幼儿自主性发展的实践研究［A］．广东教育学会．广东教育学会 2019—2020 年度学术成果集［C］．广东教育学会，2020：3.

［2］沈苏华．《指南》背景下对“幼儿自主性游戏”的再认识［J］．新课程（上），2015，4（11）：7.

［3］曾少英．满足幼儿促进自主性发展——指南背景下，自主性游戏的新思考［J］．考试周刊，2017，4（53）：175.

［4］张佳．“双减”政策带来的喜忧盼［N］．中国信息报，2021—09—22（003）．

［5］海涛．落实“双减”是送给孩子的最好“开学礼”［N］．伊犁日报（汉），2021—09—13（007）．

浅谈农村幼儿园主题生成活动的生成策略和途径

（吴小娟　江苏省盐城经济技术开发区阳光幼儿园）

摘　要：陶行知先生指出："生活即教育。"在设计幼儿园实施主题活动时，我们应遵循"从生活中来，回到生活中去"的原则，要充分利用自然环境和社区的教育资源，拓展幼儿生活和学习的空间。从"课本才是教材"的狭隘观念中走出来，从幼儿的生活环境中，寻找丰富而适宜的教育内容和材料，在主题产生、活动内容的拓展方面，充分挖掘幼儿的生活资源，让主题活动充实起来。

关键词：主题生成活动；策略；途径

在农村幼儿园的主题活动设计中，教师首先遇到的问题就是选择什么做主题。面对这样的困惑，教师往往会出现以下两种情况：一是盲从，即完全照搬教材或模仿别人做过的主题，没有深入领悟他人开展主题活动的思路和指导思想。二是依从，即看平行班开展什么主题，就做什么样的主题，没有考虑对本班幼儿的适合性等。陶行知先生指出："生活即教育"，在设计幼儿园实施主题活动时，我们应遵循"从生活中来，回到生活中去"的原则，要充分利用自然环境和社区的教育资源，拓展幼儿生活和学习的空间。从"课本才是教材"的狭隘观念中走出来，从幼儿的生活环境中，寻找丰富而适宜的教育内容和材料，在主题产生、活动内容的拓展方面，充分挖掘幼儿的生活资源，让主题活动充实起来。

一、主题生成活动的概念及价值

主题生成活动是根据幼儿园现有的资源环境，依据幼儿自己的兴趣、经验和需要，在与环境和他人的相互作用中自主产生的活动。

主题生成活动作为与预设活动相辅相成的幼儿园主题教育活动的方式，其主体是幼儿，本质是一种探究活动。它是建立在"以人为本""尊重幼儿"的教育观基础上，其主题教育活动的内容、形式、方法都是由师幼一起在互动中共同生成的。活动中更多的是考虑到幼儿"如何学""如何主动地学""愉快地学"，并促进幼儿在学习过程中的情感、态度、能力、知识等多方面发展。从幼儿兴趣出发选择主题，可以较好地满足幼儿的主体发展和探究兴趣。

二、农村幼儿园主题生成活动的现状

在农村幼儿园的日常教育活动中，由于各种原因，我们经常可以看到教师事先预设好的主题教育内容有时会不符合孩子的兴趣，而孩子感兴趣的问题是随时随地在其生活、游戏和学习的过程中产生的，长期以来老师们习惯于主题活动的预设，忽略了幼儿发起的活动的价值。

（一）无法有效处理预设活动与主题活动的关系

由于习惯于课程的预设，教师往往会在生成的情境面前感到矛盾，不能有效处理预设和生成的关系。例如在中班主题"我爱我的家乡"中，老师预设的活动是让幼儿了解我们江苏省的省会南京，但是忽略了有的幼儿根本没有去过南京，一味地以教师为主按照预设的情况来了解南京。其实可以从幼儿自己生活的家乡来切入主题生成园本主题活动，因此老师在开展活动时应注意平衡预设和生成的关系，这两者是相辅相成的。

（二）主题生成活动的探究不深入

有的时候由于时间限制或为了延续幼儿的兴趣，老师捕捉到孩子的兴趣和需要时，会根据当时的情况生成活动，但是没有对幼儿的兴趣和需求进行连续追踪。例如在中班主题活动“我爱我的家乡”中，因为小朋友对家乡的民俗很感兴趣，孩子们将自己知道的特产告诉了老师和同伴，也分享和品尝了各种特产，但是这个活动到这里就停止了。其实孩子们在幼儿园进行初步探索后，可以在家长的协助下自己制作一种喜欢的特产，让教师能对幼儿的兴趣进行持续的追踪，延续生成活动的价值。

（三）主题生成活动的体系零散

为了能够体现幼儿的主动学习，让幼儿成为学习的主人，教师会刻意强调园本主题活动在主题活动中的比例，这样在一定程度上会影响园本主题活动的质量。例如在中班主题“我爱我的家乡”中，有幼儿在假期出去了解和观赏了自己的家乡美景，增加了一次关于我知道的家乡的分享活动，我们在活动中看到了老师对于幼儿兴趣点的捕捉，但是缺少了探究的过程和对幼儿兴趣点的持续关注，生成活动只是一次集体活动，过于零散，没有形成结构化的体系。

三、农村幼儿园主题生成活动的生成策略

《纲要》指出：“善于发现幼儿感兴趣的事物、游戏和偶发事件中所隐含的教育价值，把握时机，积极引导。关注幼儿在活动中的表现和反应，敏感地察觉他们的需要，及时以适当的方式应答，形成合作探究式的师幼互动。”而幼儿活动产生的需求并不是显而易见的，而是隐性的，因此需要教师去“发现一些有意义的活动”，对生成信息的进行重组和统整，并采取相应的“介入”策略，因势利导，支持和引导儿童的学习。

（一）教师做幼儿兴趣的捕捉者

兴趣是最好的老师，幼儿在积极探索的过程中，会生发对万千事物的好奇心，教师需要及时把握幼儿的兴趣点和生成活动的契机，做有策略的“接球者”，接住幼儿抛出的问题，将幼儿的需要和兴趣结合起来，满足幼儿发展的需要以及经验的获得，有策略地为幼儿的需求提供支持。教师需要抓住幼儿的兴趣点，去引导、关注、帮助幼儿的探索与实践，从而找到发展幼儿能力的切入点。

（二）教师做主题生成活动的引导者

主题生成活动是一门新的课程，它具有开放性、探索性和实践性等特点。受农村幼儿园环境条件，学习条件等影响，作为农村幼儿园教师必须要加强学习，重视自身素养的提高。教师只有不断地提高生活实践和教育实践的自觉意识，才能有效地促进专业成长。在活动过程中，幼儿是活动的主体，教师是活动的主导，教师应将活动的主权还给幼儿，让幼儿成为活动的主人。

（三）教师做有效资源的整合者

在主题活动的生成中，农村可以利用的资源有很多，家长的力量也不可估量，家长的参与可以使主题生成活动的内容更加丰富，使幼儿的活动热情更加高涨。另外，家长的参与也会使活动形式更加丰富多样，为幼儿的发展提供丰富的物质基础，教师要通过多种形式，多种途径的交互作用，做有效资源的整合者。

四、农村幼儿园主题活动的生成途径

（一）在教学活动中生成主题活动

在一次中班绘本阅读《我的爸爸》教学中，我听到孩子们一直在说自己的爸爸，感受到孩子们对爸爸的崇拜，由此设计了主题活动“爸爸的故事”。在整个活动中，孩子们画帅气的爸爸，说爸爸的故事，给爸爸设计名片与相框、制作礼物，邀请爸爸同台表演。通过活动，孩子们更加了解爸爸、关爱爸爸，知道爸爸的辛苦，愿意大胆地用自己的方式表达对爸爸的爱。

（二）在日常活动中生成主题活动

在一次晨间活动时，几名孩子聊天说：“我喜欢吃今天的面包”“我喜欢吃糖果”“我喜欢玩汽车玩具”“我喜欢妈妈”。孩子们的“喜欢”就是内心需要的最真实反映，由此我们设计了“我喜欢”的主题活动。在主题活动中，幼儿通过各种途径感受自己的各种喜好，并用涂色、撕、贴、泥塑等多种方式表现自己的喜爱之物。能在活动中大胆尝试、主动交往，分享共同活动带来的欢乐。

（三）结合各种节日生成主题活动

我国历史悠久，民族众多，有着众多的传统节日。将传统节日与幼儿园的主题活动有机结合，不仅可以让孩子们了解、喜爱传统节日，而且可以更好地传承中国传统文化。于是，在春节前夕，我们开展了“红红火火过大年”的主题活动。在活动中，我们带领孩子们一起剪窗花、做灯笼、做中国结、画烟花爆竹。通过这次主题活动，孩子们不仅了解了许多过年的习俗，也促进了他们语言、手工、绘画等方面素质的提高。

（四）在自然界的变化中生成主题活动

冬天渐渐来临，孩子们发现大家穿的衣服越来越多，但并不知道这是季节交替的原因。因此我们开展了“你好——冬娃娃”这一主题活动，使孩子能认识冬天，更深入地了解冬天。“我们不怕冷”让孩子们来到户外感受冬天的温度，并鼓励大家多锻炼，准时来上学。幼儿生来就对自然环境有着浓厚的兴趣，大自然是第一本教科书，它为幼儿学习提供了最充分、最直观、最生动的材料。

总之，在农村幼儿园主题生成活动中，教师面对灵活多变的活动过程，不仅需要有充足的知识储备，还需要在与幼儿互动时采取多种方法和策略。能根据本土特色创造出更多适合幼儿的资源，在活动中要学会等待、学会倾听、学会用适当的方法进行回应。尽量多提供活动机会，尽量让幼儿有更多的选择，从而引起幼儿参与的积极性和主动性。实现幼儿与环境的互动，与教师的互动。对课堂生成性资源进行智慧取舍和有效利用，使幼儿学习更有成效，促使幼儿得到更好的发展。对于幼儿来说，生活就是一部活教材，取之不尽，用之不竭。教师要坚持“幼儿为主体”的理念，以先进的教育理念为媒介，让孩子做自己的主人。

参考文献

［1］教育部．幼儿园教育指导纲要（试行）［M］．北京：北京师范大学出版社，2001.

［2］王春燕．如何处理好幼儿园主题活动中预设与生成的问题［J］．教育导刊·幼儿教育，2004（12）.

［3］何媛．幼儿园主题活动的基本视角：儿童的经验［J］．学前教育研究，2012（7）：37—41.

［4］夏如波．幼儿园生成课程实施策略的研究［D］．华东师范大学，2006.

丰年喜说稻花香——幼儿园大班稻草绳活动的助推与实施

（征文婷　江苏省盐城经济技术开发区步凤镇中心幼儿园）

摘　要：稻草绳是中国非物质文化遗产之一。稻草绳包含了科学、绘画、民俗、工艺等诸多知识和技巧。开设以“稻草绳”为主题的园本课程十分有意义。本文从课程设置的背景、课程的展开、多学科的融合、幼儿的感悟和文化的传承这几方面来进行论述。以期通过活动，发展幼儿的综合素质；让幼儿充分了解中国的民俗文化和民间艺术的精彩纷呈，传承民族文化，增加民族自豪感。

关键词：园本课程；稻草绳；文化传承

“稻花香里说丰年”，稻草文化是中国民间艺术的瑰宝，已有数千年的历史。作为教育工作者，有必要引领学生关注稻草文化、学习传统稻草绳的创作、感受中国民间艺术的魅力。

一、多元的思考，课程的开展

（一）负重致远：基于国家和社会之发展

中国是四大文明古国之一，有着丰富的非物质文化遗产，可随着外来文化的冲击，年青一代逐渐对传统文化失去兴趣，导致有的传统文化面临消失的危险。国家和各地政府都在积极采取措施进行保护。

稻草绳是历代劳动人民的智慧与传承的结晶，极具价值，如何将稻草绳创作合理安排到幼儿园的课程当中？依据国家“大力发扬非物质文化遗产，传承民族文化”的精神，我们应该响应国家号召，将稻草绳引进园所，这将有助于这古老的民俗文化为更多人所知，代代流传。

（二）教学相长：基于园所特色之发展

以树立“培养有民族灵魂，有世界眼光的中国人”为目标，我们园一直在积极探索，希望提炼出具有园所特色的“人文性核心素养”和实现课程个性化的“发展性核心素养”。在这样的背景下，我园开展了“课程游戏化背景下稻草绳花样玩法的教学研究”的课题研究。

（三）见微知著：基于幼儿之发展

虽然稻草绳是中国传统民俗文化的重要组成部分之一，但如今在很多幼儿看来，稻草仅仅是一种农作物。若我们深入思考，会发现稻草绳的花样玩法包含科学、历史、绘画、民俗、工艺等多方面的知识和技巧，需要学习和动用多种知识技能，是一项综合性的科技活动。

因此，在课程游戏化背景下，稻草绳园本课程的开设对此有积极的推动作用。

基于以上三点考虑，我们的稻草绳园本课程的开设，是为了弘扬民族文化，让幼儿感受民俗艺术，体验创作的乐趣，提升幼儿核心素养。

二、多方的设置，课程的进击

（一）事预则立：充分的准备

教师在活动开始之初，要多预设，准备好充足的工具和材料。教学环境的宽松，活动的有序安排，充足的材料和工具促使整个学习氛围变得轻松愉悦。使幼儿更愿意积极参与到小组的制作活动中去；有利于各个小组幼儿围成一团，尽情讨论，互相交流帮助；有充裕的空间来进行实践操作，有利于教师一目了然地观察并及时给予帮助和指导，从而激发幼儿参与的积极性，为活动的开展提供了基础保障。

（二）潜移默化：民俗的熏陶

我们带领幼儿来到康森生态园，看一看稻粒的金黄、闻一闻独有的稻香、摸一摸稻穗的锋芒。

生态园的农业专家耐心地为孩子们讲解稻谷的生长过程和收割方法。孩子们迫不及待地拿起小镰刀，尝试着割稻子，“咔嚓咔嚓，咔嚓咔嚓……”不但收获了稻子，还学会了一项新的本领呢！拾稻过后，孩子拍打稻穗，用小手搓一搓，一粒粒稻谷就掉下来了，剥开稻穗的谷粒，品一品谷粒的清香。

可是稻谷怎么变成大米的呢？我们一起走进了实践基地里的大米加工间。孩子们看着大米的生产过程，一个个露出惊喜、感叹的表情，原来“稻谷里面是白色的，稻谷脱了衣服就变成我们吃的大米了呀！”一粒稻谷，从挑种到下田种植，要经过好几道工序，农民伯伯们真是太了不起了，孩子们认识到劳动教育的意义与价值。

为了让幼儿更加全面地了解稻草，我们还利用梯度推进的方式，从以下几个层面进行了开拓：

一是利用绘本加持，引导幼儿了解关于稻草的神话传说和美好寓意、岁令时节。有效整合，让稻草有立体感和现实感，搭建“稻草”与幼儿的时空链。

二是动画视频和家园实践活动，通过诗配画，幼儿将朴实的稻草还原成了富有色彩的画面，幼儿进一步加深了对稻文化的理解，体会了美好的意境，达到与情感的共振，勾连“活动与生活”的关系链（见图1）。

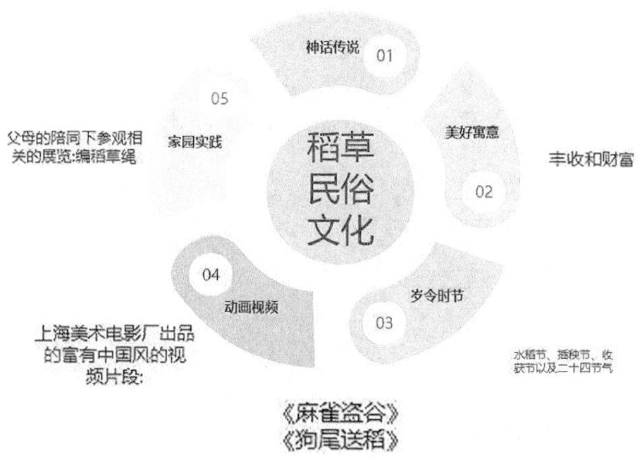

图1 “活动与生活”关系链

（三）行之有效：品评的闪耀

在编稻草绳的创作初期，幼儿很可能因为一小步的失败而放弃整个制作。为此，我运用了五种策略：学，循序渐进，学习技能；探，丰富内容，自主探索；创，扶放结合，创造作品；展，多样呈现，激励分享；赏，感受作品，激发情感。引发幼儿在宽松自由的氛围中，自愿自主地操作。激发他们的动手能力及创新潜能，产生对稻草绳活动的兴趣（见图2）。

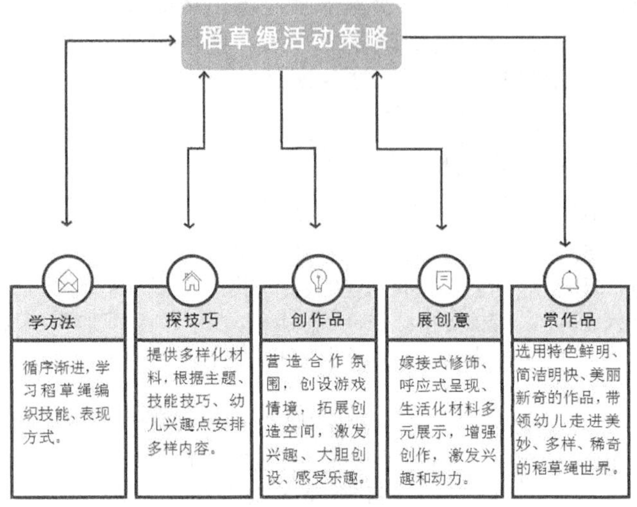

图2　稻草绳活动策略

同时，关注幼儿的个体差异，组织讨论交流会，发挥幼儿的主动性，分享自己的设计和制作思路，从而达到互相学习的目的，激发学生的创造能力。还让幼儿分组自主设计稻草绳作品，培养幼儿的团队意识。

三、多彩的艺术，学科的碰撞

稻草绳是中华民族广大劳动人民集体智慧的结晶。看似简单的稻草绳，却汇集了多种艺术于一身。

（一）能工巧匠，融学科之学识

稻草绳的编织和创作涉及五大领域知识。如，刚接触稻草绳时，孩子们就发现了以下几个问题，如表1所示。

表1　幼儿的问题

幼儿的问题	问题指向	涉及领域	支持策略
编草绳的时候很容易断掉	稻草太脆	科学	视频渗透
编的时候稻草很不服帖并不结实	力度大小	社会（合作） 健康	经验总结
稻草怎么样才能拼接在一起	首尾衔接	科学（数学）	观察发现

草绕子，是稻草最简朴的变形。两股有劲的草绞在一起，变成一根粗糙的“麻花”。打草绕子，力道要恰到好处。劲小了，松垮垮的，一扯就断；劲大了，草绕子僵硬，不易分

开。用力适度，草绕子才整齐、结实。

从稻草屋、稻草垛到稻草毯，幼儿在编织稻草绳的过程中不断成长，每一次尝试后，及时进行记录、总结、咨询……最后在拉、捏、捆绑等编织技能上都有了经验的积累和提升。还自己总结了捆绑法、缠绕法、前后编织法口诀。创造性玩起搭帐篷、过家家、玩拔河游戏！

可见，稻草绳活动为幼儿创造了许多运用知识的机会，这显然与当前致力培养幼儿综合能力、提升幼儿核心素养的目标如出一辙。

（二）妙手创意，显美术之画工

在熟悉了编制方法与技巧以后，幼儿开始进行稻草绳的艺术创想。

美的引入——走入稻草绳馆，激发兴趣，体现由“形”到“情”的感受美。

整理好几捆稻草，用木榔头反复捶打，直到捶打得光洁、柔韧（捶少了草硬，难以弯曲缠绕；捶多了草烂，编制出来的东西也不会结实）。

美的升华——巩固运用，拓展提升，体现由“悟”到“用”的创造美。孩子们从简单的稻草人、神奇扫把到花瓶，从做支架到完成，再到彩绘，需要巧妙的心思和精湛的手艺。

四、多重的感悟，文化的传承

幼儿期是幼儿思维能力、感知能力、情感体验等诸多心理素质培养发展的关键期。我们根据幼儿自身发展的需要和特点，通过各种丰富多彩的创造性稻草绳活动，引导幼儿主动参与，创造性表达对美的感受，体验活动乐趣，建立初步的审美心理结构，开发全脑潜能，促进幼儿人格健全和身心和谐发展，对培养“完整的儿童”有着重要意义。

（一）积极主动思考，促进创造潜能

幼儿通过稻草绳活动，感受着稻及稻草绳与自己生活的关系，从“单一”到“多元”的系列化推进，从单一的前期经验建构到现在多元的“原生（前期经验建构）、仿生、创生”的建构。幼儿在团、搓、捏、打结等活动中学会了思考，在这一个过程中，空间塑造能力、动手操作能力以及创新潜能明显提高。

（二）锻炼意志品质，促进交往合作

稻草绳是一项细致的工作，需要一步步有顺序地进行。对于大班的幼儿来说，活动过程中问题会随时会出现，困难也常常会伴随。有时候，问题可能会是前行的拦路虎，但问题也是我们活动的助推器。孩子们在一次次尝试中养成一丝不苟、不慌不忙、坚持到底的优良品质。稻草绳作品的相互交流达到了资源共享，也增进了艺术交流。有的稻草绳项目还需合作开发完成。稻草绳作品作为礼物赠送，既有美学价值，又具有情感价值，能促进同伴间的情感和艺术交流。

参考文献

[1] 陈晓瑜，黄世清．中班主题探究活动：稻草乐［J］．福建教育，2019（28）：52—54.

[2] 何雅君．稻草在幼儿园中的创新运用［J］．儿童与健康，2009（11）：15—16.

[3] 王丽君．稻草变形记——大班游戏活动［J］．幼儿教育研究，2022（4）：10—12.

[4] 徐晓琳．课程活动中如何引导幼儿深入探究低结构材料——以“区域游戏背景下的集体活动《拼搭稻草人》”为例［J］．科学大众：科学教育，2018（6）：96—96.

乡村幼儿园稻草绳花样玩法教学中的问题及其对策研究

（蔡云霞　江苏省盐城经济技术开发区步凤镇中心幼儿园）

摘　要： 绳类活动材料的投放，能够充分发挥绳子变化多的优势，从而组织多种形式的游戏活动，更好地满足幼儿的学习需求，激发他们参与花样玩绳活动的兴趣。对于乡村幼儿园来说，可以就地取材，利用稻草绳开展花样玩绳活动，更好地提高孩子们的参与积极性，掌握稻草绳花样玩法的技巧。此外，稻草绳活动具有成本低、易掌控等优点，且符合乡村幼儿园教学的实际情况，能够更好地锻炼他们的身体协调性，促进其身体机能的全面发展。基于此，幼儿园应审视目前稻草绳花样玩法活动中存在的问题，整理出多种形式的组织策略，更好地指导幼儿参与到活动当中，不断提高幼儿园的教学水平。本文针对乡村幼儿园稻草绳花样玩法教学中的问题及其对策展开了以下研究。

关键词： 乡村幼儿园：稻草绳花样玩法、问题、对策

绳类活动属于中国传统体育的重要形式，本身具有教育属性，且由于绳类具有灵活性的特点，其在幼儿教育中的运用，可以更好地促进幼儿身体的健康发展。稻草绳在乡村生活中是常见的材料，乡村幼儿园以稻草绳开展花样玩绳活动，能够锻炼学生走、跑、跳、钻等基本动作，不仅能够增强他们机体的协调性，而且也有助于锻炼他们的意志力，促进其全面、健康发展。

一、乡村幼儿园稻草绳花样玩法教学中存在的问题

其一，没能充分考虑幼儿的年龄特征。3～6 岁的儿童处于思想和身体快速发展的重要时期，稻草绳花样玩法教学的开展对于他们的全面发展有着重要意义。但在实际教学中，教师对幼儿的身心发展特点考虑不到位，不利于幼儿参与热情的激发，导致活动组织的效率不佳。其二，没能突出绳类游戏的特点。对于稻草绳来说，其具有灵活性的特点，且绳类游戏也属于我国传统体育项目。在教学的过程中，很少有教师从绳类游戏的特点出发来开展教学，不具有创新教学意识，没能真正发挥绳类游戏的价值。其三，园内不注重材料的投放。通过低成本、低结构问题的材料获得优质的教学效果是很不容易的，这并不仅仅是一种社会经济问题，而且是我们的民族传统。目前，乡村幼儿园在稻草绳花样玩法教学中，关于材料的投放太过于单一，且活动组织形式缺乏创新性，影响教学的实效性。

二、乡村幼儿园稻草绳花样玩法教学的对策

（一）创设游戏教学情境，激发幼儿兴趣

由于幼儿的年龄比较小，一些规则性的活动和步骤对他们来说很枯燥、乏味。因此，教师在组织稻草绳花样玩法教学的过程中，应根据幼儿的年龄特点创设趣味性的游戏情境，引导幼儿在玩乐的氛围中进行锻炼，使其获得身心的协调发展。

例如，教师可以创设“收果子”的游戏情境，为了逃脱“大灰狼”的追捕，幼儿要钻过绳子运完“小河”对面的果子，如果在钻绳子的过程中，身体和手碰到响铃，就会把“大灰狼”吵醒，那么就要原路返回。最后统计每组获得果子的总数，数量多者获胜。此游戏活动

锻炼了幼儿弯腰避开一定高度绳子的能力，使其体会到稻草绳花样玩法的趣味性。与此同时，教师应注意活动的安全性，注意观察幼儿的行为，避免造成伤害。

（二）鼓励幼儿克服困难，培养意志品质

《幼儿园教育指导纲要（试行）》在幼儿健康领域方面的教学要求中指出，学前教育要着重培育孩子顽强、英勇的意志品质。基于此，教师在组织稻草绳花样玩法教学的过程中，不仅要关注技能方面的培养，还应着重培养幼儿的意志品质。很多幼儿在参与稻草绳花样玩法的过程中，表现出缺乏自信、不敢尝试的心理，很容易退缩、放弃。此时，老师要耐心地指导学生，善于利用鼓励性的话语来增强学生的信心。对于能力较弱的孩子，应适时地进行一对一辅导，让他们在轻松的氛围下克服困难，使其感受到成功的自豪感。

如在“钻山洞”的游戏活动中，应注重让幼儿自己探索钻山洞的方法，在此过程中，根据幼儿的能力逐步降低绳子的高度。绳子慢慢变低，我们可以提出问题：“大家想一下，怎样才能在不碰到绳子的情况下钻过绳子呢?”然后为其提供自由探索的空间，通过不断尝试得出方法。在这个游戏中，不仅培养了幼儿侧身钻的技能，而且培养了他们的探究精神和勇于克服困难的良好品质。

（三）融入早锻活动，增强幼儿身体素养

早锻活动是幼儿一日生活的开始，组织高效的早锻活动，能够让幼儿精神饱满、情绪愉悦。教师可以将稻草绳花样玩法融入早锻活动中，变成绳操，再配上欢快的音乐，让他们在欢乐的氛围下进行锻炼，能够极大程度上调动幼儿的参与兴趣。绳操和徒手操具有同等的作用，而绳操更有助于训练幼儿的敏捷性和平衡性的效果，能够充分发挥其教育价值。

此外，稻草绳花样玩法下的早锻运动，有助于启发幼儿的想象思维，利用稻草绳自创游戏，实现一物多玩。每个班级都充分利用稻草绳进行创新创造，整个早锻过程充满了特色，此方式深得孩子的喜欢，对早锻活动有了更多的期待。如有的班级用纸筒和橡皮筋制作拉力器，再加上教师自创的动作和生动的语气词，增添了早锻绳操的动感；有的班级用装饰好的稻草绳做操，绳子可弯可直，更有利于他们掌握操节的动作，在唱唱跳跳的氛围中，达成早锻目标。

（四）与体育教学相结合，强化技能训练

幼儿教师在组织稻草绳花样玩绳游戏中，可以与体育游戏活动相结合。具体来说，将蕴含绳类元素的体育器械投放到区域游戏活动中，如绳类流星闪球，将流星球投给对方，练习投掷的技能；以绳梯来锻炼幼儿跳、钻的技能；推拉轮胎中加入稻草绳元素，培养孩子的合作技能。通过将稻草绳与幼儿体育教学相结合，能够让孩子充分体验到绳的“巧”与“趣”。

在此过程中，教师可以给予幼儿更多的自主选择权，让他们自由选择运动器械，从而营造极具趣味性的花样玩绳氛围，使其在体育锻炼的过程中掌握技巧。此外，教师不应过多地干预，以支持者和合作者的身份适时介入，为他们提供及时的帮助。以区域体育活动为载体开展稻草绳花样玩法教学，能够让孩子们体会到绳类活动的乐趣，提高了教学的开放性，更有利于其综合技能的提升。

（五）落实家园合作模式，形成教育合力

幼儿的全面发展不应单单依靠幼儿园，需要家长的密切配合，综合利用各类资源，共同为孩子的成长提供优越的环境。在组织稻草绳花样玩法教学的过程中，幼儿教师应多与家长进行沟通，了解孩子的发展情况，通过家长会、家访、网络平台等，搭建多样化的家校沟通渠道。具体来说，教师可以借助微信公众号，向家长宣传稻草绳花样玩法对幼儿发展的益处，同时，也希望家长能够参与其中，与孩子们进行互动，从而增进亲子关系。

此外，教师也可以将稻草绳花样玩法的教学过程录制成视频，发到家长群，让家长在课

下时间更好地指导孩子。与此同时，家长也可以积极分享自己的新想法，与教师积极沟通，共同制定更具趣味性和教育性的稻草绳玩法。通过积极落实家园合作模式，不仅有助于提高幼儿稻草绳花样玩法的技能，还提高了家长对幼儿教育的认识，以此形成教学合力，共同推动孩子的健康成长。

总之，乡村幼儿园稻草绳花样玩法教学的开展应突出灵活性、适宜性，运用多种有效的方式来开展，有效提高幼儿的参与性。简单的稻草绳，却有着多种多样的玩法，教师应带领学生发现稻草绳的趣味，让他们了解基本的动作，不仅有助于提高他们的参与自主性，也促进其身体协调性，在多样化的稻草绳活动中开发他们的智力。随着幼儿年龄的增长，稻草绳花样玩法的难度也可以增加，需要教师积极探索有效的组织策略，从而推动乡村幼儿园玩绳运动的高质量发展。

参考文献

［1］陈丽娜．浅谈大班幼儿花样跳绳活动开展的指导策略［J］．真情，2021（5）：1.

［2］陈瑜娟．花样玩绳促进幼儿创新能力的探究［J］．新课程·上旬，2017（10）：184.

［3］朱承婷．中班幼儿花样玩绳运动的研究［J］．考试周刊，2016（68）：2.

一绳多玩——乡村幼儿园游戏创新策略

（刘娜娜　江苏省盐城经济技术开发区步凤镇中心幼儿园）

摘　要：我国教育家陈鹤琴先生曾经提到过，大自然是天然的知识宝库，是展开教育最好的活教材。而乡村幼儿园的幼儿们更是生活在大自然的怀抱当中，大自然也以其生机勃勃的景象为孩子们提供了欢乐之源。随着教育改革的不断深入与发展，现阶段我国对于幼儿的教育也有了更高的要求，迫切需要对现有的教育方式作出创新与改革，促进幼儿的全面发展。稻草绳是我国乡土教育资源的重要组成部分，本研究围绕着稻草绳展开丰富多彩的主题活动，促进民间游戏在幼儿园的有效传承与创新。

关键词：稻草绳；乡村幼儿园；游戏；创新策略

一、引言

根据我国《幼儿园教育指导纲要（试行）》的要求，我国城乡各类幼儿园教育需要充分结合幼儿教育和所处环境的实际情况进行分析，因地制宜，充分利用本土的社会资源，形成具有地方特色的课程体系，从而完成对幼儿乡土意识的培养任务，激发幼儿对乡土的热爱和对祖国的热爱。玩绳是我国一种古老的民间游戏。并且对于乡村幼儿园来说，绳子的取材在生活当中随处可见。从“课程游戏化背景下民间游戏在幼儿园活动中的传承和创新”课题研究的成果来看，幼儿对围绕“稻草绳”开展的丰富多彩的活动尤为感兴趣。一部分幼儿经常使用草绳之类的进行游戏，但单一的游戏方法使得幼儿产生厌倦的心理。本次研究主要围绕“稻草绳”开展研究，结合乡村幼儿园的实际情况，将稻草绳与乡村幼儿游戏进行深入的融合，探索多种玩法，打造本园独特的课程。

二、乡土资源对幼儿教育的意义

本园地处于农村地区，乡土资源可以说是我国长久发展和沉淀下保留的珍贵资源。在传统的幼儿教育当中，很多教师在教学的过程当中依靠书本进行教学，并没有就地取材。这就导致很多幼儿对于所处环境的乡土文化理解认知少之又少。这样的教学方式在一定程度上阻碍了幼儿的教育发展。而在幼儿的教育当中进行乡土文化的教育，能够帮助幼儿从小对土地进行不断的了解，亲近大自然。同时，有效地利用乡土文化资源进行教学，极大程度上能激发幼儿自身的学习兴趣，促进幼儿的全面发展。稻草绳是乡土资源当中的一个重要组成部分，因此本文通过稻草绳与乡村幼儿园游戏创新进行融合，实现对民间游戏的传承与发展。

三、稻草绳融入乡村幼儿园游戏创新的意义

玩绳是一种经过时间的沉淀留下的我国古老的民间游戏活动，具有非常浓厚的趣味性和娱乐性。稻草绳对于乡村幼儿园来说，是最为容易得到的游戏活动用具之一，现阶段我国乡村幼儿园当中的幼儿也是使用稻草绳等物品进行游戏。但是在以往的乡村幼儿园玩绳游戏当中，较为普遍的卷毛线、团球滚之类的单一游戏，容易导致幼儿失去兴趣。随着教育改革的深入与发展，稻草绳融入乡村幼儿园游戏的方式也继续进行创新。现阶段在《幼儿园发展纲

要》当中规定，幼儿园需要充分结合幼儿的实际情况进行符合幼儿成长需求的教育改革，培养幼儿全方面发展。稻草绳基本的游戏首先可以有效地锻炼幼儿的身体素质；其次，通过对稻草绳深入的游戏研究，进行编织等内容的游戏能够有效地推动幼儿主动地进行思考；最后，类似于“踩扭扭绳”活动，则可以有效地帮助幼儿锻炼协调平衡能力，同时在潜移默化之间推动幼儿自主地在游戏过程当中进行思考，促进幼儿逻辑思维能力的发展。因此，制定有效的游戏策略促使稻草绳融入幼儿园日常教学游戏当中，能够充分利用现有的乡土资源。

四、探索稻草绳的多种玩法

（一）结合传统文化进行创作

乡土资源是我国重要的文化资源组成部分，承载着我国社会的发展进程和文化，为了更好地实现民间游戏的创新与传承。首先，教师可通过将稻草绳的玩法与传统文化资源进行深入的结合。在我国传统文化当中，稻草绳的使用也扮演着重要角色，人们往往会使用稻草绳编制成为鞋子、草席、斗笠之类的生活用品。为了更加有效地培养幼儿的动手能力，教师将传统中华民族文化与稻草绳游戏相结合，促使幼儿在进行游戏的同时，保障了其眼、脑、手的协调发展。其次，教师需要对幼儿讲解稻草绳游戏的历史来源和内涵，引领学生走进大自然，了解稻草的生长过程。紧接着教师引导幼儿充分利用身边的资源，推进幼儿进行自我创作，引导幼儿使用草绳做出各种样子的物品。教师可以用稻草绳编制成为稻草绳花环来进行演示，引导幼儿照样学样，鼓励幼儿完成创作，并且示范草鞋、草帽等较难的物品制作，加深幼儿动手能力的培养。最后，教师也可以邀请农村稻草绳手艺制作人来到课堂上向幼儿们展示传统的稻草绳制作技艺。引导幼儿逐步模仿和学习制作人的制作方式和工艺，锻炼幼儿的实践能力和动手能力，实现民间游戏的有效传承。

（二）结合环境场景展开想象

乡村幼儿园本身就具有更为优异的环境条件，因此，教师需要充分挖掘乡村幼儿园自身的环境优势，有效培养幼儿的想象力和创造力。在进行稻草绳游戏的时候，首先，教师给幼儿每人发放一根稻草绳，引导幼儿大胆地尝试和创造稻草绳的多种玩法。其次，教师通过不同类型音乐的播放，引导幼儿使用稻草绳完成不同的游戏任务。例如在播放到适宜跳舞的音乐时候，幼儿使用稻草绳即兴跳起了草绳舞，调动了幼儿的积极性和与教师的互动。而在播放到小动物叫声的时候，教师引导幼儿使用稻草绳表现出叫声所代表的动物。有的将稻草绳当作小尾巴来完成小狗的形态表现；有些将稻草绳缠绕一整圈比拟蛇的形态；还有的幼儿骑在稻草绳上，比拟骑马的样子和姿势。幼儿们都非常积极主动地进行相关形态的模仿，充分地使用稻草绳进行表现，促进了幼儿想象力的开发与培养。除此之外，教师通过创设场景引导幼儿使用稻草绳进行物品的创作同样也可以有效地推动幼儿想象力的培养和实践能力的开发。首先教师进行了游乐园场景的创设，向幼儿提问游乐园里都有什么设施，随后给幼儿一定的时间使用稻草绳进行游乐场设施的展示。时间到了后，有的幼儿将稻草绳的两端进行打结，模仿游乐园中的套圈活动；有的幼儿将稻草绳绑在栏杆上，模拟秋千的样子。通过环境的结合和情境的创设，幼儿们充分发挥了自身的想象力和创造力完成了使用稻草绳的游戏，有效地激发了幼儿的兴趣，并且培养了幼儿的动手能力和想象力，促进幼儿的多方面发展。

（三）交流合作完成游戏任务

语言表达和合作交流能力是现代社会人才培养的重要标准之一，因此在进行稻草绳幼儿游戏创新时候，教师需要充分注重幼儿之间的交流与合作。首先，幼儿们自主分为不同的小组开展跳大绳的活动。选择两名幼儿摇绳剩下的幼儿进行跳大绳的锻炼。在给予幼儿一段时间的练习之后组织不同的小组之间进行比赛，加强幼儿集体意识的培养，同时也锻炼了幼儿的身体素质。幼儿们结合乡村的环境情况使用稻草绳进行稻草人的创作。在开展活动的过程当中，通过教师的引导，幼儿们能够进行交流，表达出自己的愿望和想法，最后完成合理的分工作业，共同进行目标的创作。每个幼儿都积极主动地进行自我部分的努力，充分使用稻草绳进行稻草人的编制。教师对每个内容都进行了积极的点评与鼓励，有效地培养幼儿的信心，促使幼儿更加积极主动地投入幼儿园的学习与生活当中。其次，教师组织踩草编绳的活动，能够促进幼儿的协调能力和平衡能力的发展，推动幼儿的健康成长。两位教师先进行示范，一位教师拿着绳子的一头，另一头放在地上。拿着绳子的教师需要一边扭绳子一边向后退，而另一位教师则需要开始踩绳子，如果教师踩到绳子就算胜利。之后，教师邀请个别幼儿进行游戏的尝试，教师对幼儿踩绳游戏的过程进行观察，并且根据实际情况加以指导，保证幼儿的安全。之后，教师就幼儿年龄依据、身体素质等因素进行分组，开展“踩扭扭绳”的游戏。在游戏的过程当中，幼儿都能够积极主动地进行尝试，并且为了实现胜利不断地进行努力，教师则在整个场地中进行观察与指导，保障幼儿的安全，及时地纠正错误的地方，表扬玩得好的幼儿。在游戏结束之后，教师对游戏进行总结，与幼儿对踩绳、扭绳的细节和要领进行交流探讨，总结游戏的经验，促进幼儿协调能力和平衡能力发展的同时，也引导幼儿在游戏中进行不断的思考。

综上所述，稻草绳作为常见的乡土资源是一部活教材，其作为教育资源的发展前景是非常广阔的。本次研究通过乡土资源进行深入的分析与研究，明确了稻草绳作为乡土资源融入乡村幼儿园游戏创新的作用与意义。同时，通过对稻草绳的玩法进行探索，将其全面地渗透进乡村幼儿园的游戏教学当中，从而促进幼儿全面发展，完成民间游戏的传承与创新。

参考文献

[1] 王建梅，罗远杰．浅谈乡土资源与幼儿教育的关系［J］．中文科技期刊数据库（全文版）教育科学，2017（3）：17.

[2] 何雅君．稻草在幼儿园中的创新运用［J］．教育教学研究，2017（11）：58.

[3] 谭红．野趣、农趣、童趣——乡土资源与幼儿科学活动的融合探讨［J］．好家长，2017（4）：3.

幼儿园自然角基于STEM理念的几点思考

（陈倩蔚　广东省中山市小榄镇明德中心幼儿园）

摘　要：自然角是幼儿探究自然与人类关系，亲近自然社会，激发探究和观察的区域，分析幼儿园自然角的教育意义，剖析本园自然角存在的问题，运用STEM理念对幼儿园自然角进行思考并提出探索盘活幼儿园自然角的策略，以期提高教师和幼儿的科学素养。

关键词：STEM理念；自然角；思考

一、自然角的教育价值

幼儿园自然角是一个饲养动物、种植植物、展示观察品和实验品活动的区角，能让幼儿在幼儿园的室内、走廊或者活动空间中进行探究。它可以让幼儿在接触、认知、观察、探索过程中亲近自然、喜欢探索，激发孩子的观察、发现兴趣，让幼儿在接触自然，懂得珍惜生命、爱护环境的过程中积累直接的有益经验。自然角是季节变化的缩影，是通过教师提供的材料和动植物，让孩子由浅入深、由简到繁，观察和认识四季变化，是认识自然的一个缩影。自然角是课程活动的前置体验和延伸台，它可以让幼儿身临其境，在亲身体验中积累生活经验，萌发探索欲望，帮助幼儿对主题内容进行感知和体验，在真实的环境中得到发展，成为各类主题活动的主体，在不同的环境中都可以让幼儿的观察和操作能力以及耐性得到培养，是生命科学、物质科学和地球与空间科学相结合的区域。

二、幼儿园自然角的现状

（一）局限在外在美的艺术欣赏方面

教师们对自然角的设立只是停留在外在欣赏的层面，将它布置得十分精美，而通常栽种像绿萝、万年青等常绿又容易养活的欣赏性植物。在栽种的花种方面，以当季盛开的花品为主，过了花期后剩下的多是枯花黄草。更多的只是动植物的展示台，如此固化的自然角落，忽略了幼儿的年龄特征，也遮蔽了自然原本的灵动与美感，更体现不出让幼儿体验自然生长的连贯性，也缺乏学习轨迹的递进性。

（二）停留在观察和做记录的层面

在自然角的观察过程中，幼儿更多是比较植物的叶子、花朵形状、颜色，测量植物的高度，没有其他方面的进一步研究。教师也热衷于让孩子来记录某种植物的生长过程，记录天气、浇水、植物高度等相对的信息。但是这种记录浮于表面，幼儿缺乏真正的观察与思考，往往局限于“观其貌、比其异、日有所养”，缺乏对各年龄阶段幼儿对自然探究的提示、指引与要求。

（三）缺乏教育的统整性

自然角的设立零散独立，很少有班级将它归纳到区域学习活动中，脱离幼儿的课程体系。自然角的呈现状态，折射出教师的课程理念与对本班幼儿的培养目标。同时，教师在具体创设过程中，由于缺乏对自然角教育整体的统筹与协调，也显得盲目而不知从何入手。

三、STEM理念

STEM幼儿教育理念主要是指在尊重自然规律的前提下，以科学、技术、工程、数学为教育支柱，引导幼儿认识客观世界，探寻自然规律，创新实践，提高科学素养和相关能力，从而提升幼儿教育水平。基于此，运用STEM教育理念对幼儿园自然角进行探析与思考。

四、基于STEM理念探析盘活自然角的策略

（一）重视发展科学能力，增强教师的STEM素养

高素质的STEM教师对培养幼儿STEM思维、发展幼儿动手操作能力和创新思维至关重要，STEM思维型教师能自如地运用学科统整思维来支撑幼儿的主动探究和学习。而作为幼儿早期STEM教育的核心——科学教育，则是其重要的探究基石。为此，幼儿教师的科学素养就变得异常重要起来。提高教师科学素养，最好的抓手就是各个年龄阶段幼儿的科学关键经验。教师在通过游戏活动、课程活动、区域材料等学习途径来支持相关经验的获得，在形成学科性的融合概念，增强幼儿教师跨学科思维，提升STEM思维的同时，教师自身对科学领域相关经验的理解和掌握也在慢慢提高。

（二）革新观察形式，重设观察记录表

幼儿的观察记录能力更为直接、具体、形象、生动地表现在对自然角的探求和观察过程中。但仅是“看”的话，对于幼儿来说只能是模糊、粗糙的印象，为此引导幼儿学会观察、记录并整理下来很重要。教师在STEM理念指引下，为幼儿提供工具、记录等相关技术，引导他们学会正确的观察方法；让幼儿带着目的性、计划性去观察自然角的各种动植物。

1. 顺序法指观察时要有一定的顺序。运用工具、环境的提示引导幼儿由远及近、由整体到局部、由局部到整体、由上至下、由明显特征到不明显特征。让幼儿学会如何观察，慢慢建立观察意识，为后期探究、观察打好基础。

2. 比较法指将两种或两种以上的动物、植物或自然现象进行比较，找出它们相同点或差异，让幼儿加以分析、比较、判断和思考，从而使幼儿对事物的认识从整体到局部都能做到一丝不苟。幼儿提高了对动植物的认知，有助于发展幼儿的观察力和思维力。同时，让幼儿学会比较事物的明显特征。

3. 追踪观察法是指让幼儿间断性地、有计划地观察某种动物、植物或自然现象的变化和发展，使幼儿明白其生长过程的变化和发展，从而完成认知的整体性。此方法用时颇长，但能提高幼儿的耐性，锻炼幼儿敏锐细致的感知大自然变化能力，同时也是培养幼儿观察习惯、科技的兴趣一种方法。

世间无完美之计，唯有精益求精之举，自然角活动自然也不在话下。教师要有意识地根据孩子的观察记录情况，及时发现问题，以STEM跨学科的理念，采取多样化的手段，提高孩子对事物观察记录的能力。

4. 记录植物构成的方法。纸质平面示意图。用箭头表示一株植物的不同部位，让幼儿简单直观地认识植物。这是最常用的记录方法。实物展示图，认识植物部位，还能拓展到可以吃的植物部位有哪些。在纸质平面示意图的基础上，设计关于植物能吃的部位空格，让幼儿根据提示寻找并放入。引导幼儿深入认识植物，学会察言观色，善于思考。立体植物展示盒子。用空的CD盒子、透明的装置让幼儿更能直接观察植物的成长过程而不受干扰，同时也能随时给它做标记进行记录，让记录变得有趣。

5. 记录植物生长的方法。绘画记录法，对于需要较长周期观察的植物，选取长势明显

变化时进行绘画，标注日期即可。由绘图区、号码记录区和备注等部分组成规范的表格，孩子观察的植物是什么样子的，还有具体的测量数据，都要记录下来。植物名片法，将观察的记录做成名片，在观察结束后装订成册，成为孩子们的观察日志或者汇聚成一本故事绘本。

（三）融入STEM理念实验技术，增强幼儿的动手能力

探究是STEM活动的重要方式，而能充分给孩子探索和想象空间的自然角，则是与科学和生物紧密结合的。自然角，更像是戏剧舞台、绿色的科学实验室，或者生态发展研究室。我们可以把植物们种在一个更大的容器里，变成一个童话世界，这里将是表演区域中最自然、氧气和环境最好的地方。教师也可以把自然角作为实验室，让幼儿进行植物向光性、吸水性、基本需求以及各种栽种形式的实验。让幼儿感知自然、感知天地、感知循环、感知生态，这只是自然角的一小部分功能，引发幼儿观察自然、热爱自然。我们可以运用一个汽水瓶来建造一个生态系统，引导幼儿将大地、地质、海洋等装进瓶子里，帮助孩子了解大自然系统以及各个生物之间如何关联。在老师的带领下，慢慢地让幼儿了解自然的知识，知道如何去探索周围事物的规律，从而使幼儿亲近自然，热爱动植物，以及有对事物观察的兴趣；让孩子了解到，人类也是自然生态系统中的一环，人类的行为对自然的影响巨大，对整个生态系统亦是如此。这也是STEM教育的历程中的结果：工程活动。

（四）运用STEM的统整性，创设自然角工作坊

STEM探索物理环境的建立是幼儿STEM教育的首要基础，而作为STEM探索主要的物理环境，自然角可以在这里引发幼儿的探索行为，对探究和发展园本课程是有益的。STEM思维建立的纽带——自然角工作坊的作用举足轻重。工作坊顾名思义是在幼儿对自然角所存在事物进行的系列活动的角落，教师以“桌子”为基础，设立自然角工作坊。我们在工作坊投放镊子、器皿、放大镜等必要的工具，专门供孩子做更为细致的观测和更加深入的学习。除了进行上述的观察、记录、实验以外，我们还可以在工作坊进行“深度复制”、制作标本、制作印泥标本以及做出相关的学习教玩具。自然角工作坊统整了科学、数学、技术、工程四大领域，体现了STEM的教育价值，让孩子在工作坊探究和操作过程中，学习到联结与迁移经验，获得更系统的知识经验。

《3～6岁儿童学习与发展指南》指出，“不应为追求知识和技能的掌握而对幼儿进行灌输和强化训练，应注重通过直接感知、亲身体验、实际操作进行科学学习”，科学探究鼓励幼儿“亲近自然，喜欢探究”。幼儿“听到了—表述了—操作实践过了”，把观察、探究出来的知识用有趣的方法总结出来，只有这样才能将感官和大脑协调起来，完成幼儿对自然、科学知识的吸入—输出过程。

参考文献

［1］中华人民共和国教育部．3～6岁儿童学习与发展指南［S］．北京：首都师范大学出版社，2012.

［2］黄慧芳．如何培养幼儿的观察力［J］．现代阅读·教育版．2013：（6）：18—19.

［3］刘进．在自然角中培养大班幼儿观察能力的研究［J］．无线音乐·教育前沿，2015（4）：18—21.

［4］林静雅．方寸之地，智慧之美——谈幼儿园自然角存在的问题与改进策略［J］．幼儿教育研究，2019（3）：31—32.

问题导向下幼儿建构游戏化的开展策略

（焦淑燕　广东省中山市小榄镇明德中心幼儿园）

摘　要：建构活动对幼儿精细运动的发展、创造力的提高与交往能力等方面均有重要意义。但教师在组织建构活动的过程中常常出现“建构”与“游戏”割裂的现象。本文将以问题导向作为切入口，从“游戏”中探寻问题的根源。使进建构活动回归游戏本质，促进本级组老师建构指导水平的提升。

关键词：问题导向；建构活动；游戏化

一、问题的提出

问题导向从字面上看，可以理解为：以发现问题、解决问题的方式来解决工作与生活中遇到的各种问题。而习近平总书记也曾经指出：强化问题意识、坚持问题导向，是我党治国理政的鲜明特色。敢于直面问题，剖析问题并解决问题，已经成为现代人应当具备的重要思维模式。

《3～6岁儿童学习与发展指南》中说明部分指出：“幼儿的学习是以直接经验为基础，在游戏和日常生活中进行的。”笔者长期担任幼儿园一线教师，在兼任级组长的过程中，关注到老师在组织建构活动中存在建构技巧与游戏化两方面无法平衡的问题：一方面，个别教师片面追求建构作品的高大上，一味强调幼儿建构技巧的训练而忽略幼儿自发生成游戏的需求，导致幼儿在想象力与创造性方面无法得以舒展，幼儿的建构活动缺乏积极性和动力。另一方面，个别老师又过于放任自流，认为“游戏化”就是幼儿自由自在地游戏，把正常必要性的指导与介入误以为是限制幼儿想象力，导致幼儿建构游戏主题单调，建构水平难以提高。

如何通过问题导向引导老师发现问题根源，提高本级组幼儿建构游戏水平，真正实现以游戏为本的建构游戏是当前亟待解决的问题。

二、问题导向下建构活动游戏化的思考

在问题导向的驱使下，作为级组长的我经常会思考几个问题：我们为什么要开展建构游戏？建构活动等同于建构游戏吗？建构游戏对于幼儿的意义是什么？它的本质应该是什么？带着以上问题，我在“游戏”二字上不断对级组老师提出以下问题与思考。

（一）建构游戏的本质是什么

“幼儿园应以游戏为基本活动。”因此，建构活动的本质，应该回归到“游戏”二字身上。正是基于幼儿对游戏的需要，在游戏中又有交往、创造的需要，才促成幼儿对建构活动如此热衷。离开“游戏”的建构活动，则容易违背幼儿教育的初衷和幼儿发展的需要。

（二）如何检验真假游戏

有的老师说，建构本来就是游戏，游戏看得见摸得着，还需要检验吗？而在自主游戏中，我们可以发现并不是所有的幼儿都能感受到建构游戏带来的快乐。个别幼儿喜欢单独摆弄积木，缺少与同伴的互动，无法形成合作游戏的氛围，感受不到合作游戏的快乐；个别幼

儿缺少生活经验，游戏的主题单一，虽然看似在游戏，实际已经偏离了“建构”这一关键词，游戏的积极性逐渐减少……

要辨别幼儿的建构活动是否做到游戏化，是否在做真游戏，我认为需要从以下三个方面进行思考：幼儿体验到同伴合作的快乐了吗？幼儿体验到作品完成后的成就感了吗？建构的作品能成为游戏的一部分吗？能为后续的角色游戏等所用吗？

（三）游戏化的建构活动需要具备哪些因素

既然“游戏”二字如此重要，要做到游戏化的建构活动，我认为应该具备以下三个方面的因素：

1. 材料在数量、种类上是否满足幼儿建构和游戏的需要？材料的摆放是否方便幼儿取放和保存？

2. 活动的场地是否能满足全体或不同需求幼儿建构游戏的需要？

3. 建构活动的主导者是老师还是幼儿？在幼儿的层面上，是老师要我这样做，还是我想这样做？在教师的层面上，是园长要我做，还是自身内驱力推动下主动地做？

以上三个问题都是推动建构活动游戏化所需要的重要因素，三者互相联系和促进，缺一不可。而三者中，最关键的便是建构游戏主导者这一重要问题。唯有解决了谁在主导游戏这一问题，才能让幼儿真正体验到建构游戏的成功与快乐。

三、问题导向下建构游戏的指导策略

（一）以对话为基础的教研活动

对话式的教研活动已经成为我园的常态教研模式。教研活动除了发现亮点、互相学习以外，更重要是为了更好地解决教育教学中的存在问题，找寻一条更适合教师与幼儿的“教与学”之路。在问题导向的教研活动中，把查找问题作为教研的重点，教师针对本班建构活动存在的问题进行深入剖析，共同解决在建构活动中遇到的困惑。通过互相观摩查找存在问题，提出有针对性的建议。下一次的教研活动中针对突出问题探讨并总结解决方法。不断从“发现问题—剖析问题—解决问题—发现新问题”这样一个螺旋上升式的教研模式中提升建构游戏组织水平。

（二）问题导向下的建构游戏主题来源

在一次教研活动中，教师们提出以下困惑：幼儿很喜欢搭建“桥梁”“房子”“立交桥”“交通工具”，很难产生新的主题。通过对话式的讨论，此现象主要源于老师和幼儿在建构活动中形成的固定思维。教师认为搭建高大的房子更能体现搭建的技巧，幼儿由于缺乏生活经验，在相互模仿中很难生成新的主题。直面问题，教师在多次研讨下，主要从以下几个方面考虑。

1. 从幼儿的话题中寻找合适的主题

五一假期回园后，幼儿们饶有兴致地谈论着游乐场的话题。当教师了解到幼儿对游乐场有较强烈的搭建愿望后，随即鼓励幼儿生成建构游乐场的主题。在日常相处中，教师要蹲下来倾听幼儿的想法，用行动支持幼儿搭建，才能有更多的主题得以挖掘。

(幼儿搭建的游乐场)　　(幼儿搭建的海盗船)

图1　幼儿主题活动（一）

2. 节庆活动中生成的建构主题

幼儿的建构主题应来源于幼儿的生活经验，从生活中生发。元宵庙会后，幼儿自发生成了搭建庙会的主题；端午节的“赛龙舟”；具有本土特色的菊花会，都能在幼儿的建构活动中有所体现。

(牛气冲天主题)　　(菊花会主题)　　(端午赛龙舟)

图2　幼儿主题活动（二）

3. 从项目课程中引发的建构主题

A班以“大蒜乐翻天”为主题开展了种植蒜苗的活动。教师通过问题引发幼儿思考：如何向其他班的老师和小朋友更好地展示我们辛苦种植的大蒜？孩子说：“要不我们搭建一个蒜苗基地吧！”

(“大蒜乐翻天”主题下的建构活动：蒜苗基地)

图　幼儿主题活动（三）

B班幼儿在夏天主题中充分发挥创造，把想象用搭建变成游戏。在主题背景下生成的建构游戏，符合幼儿当前的兴趣需要，使建构更具生命力。

（夏天的水果茶店）　　（开车去兜风）　　（钢琴表演）

图 4　幼儿主题活动（四）

（三）问题导向下幼儿建构技巧的提升

建构活动逐渐游戏化，难道就可忽视幼儿建构技巧的提升吗？针对这个问题，教师们认为：建构技巧和游戏是建构活动中同等重要的因素，两者相辅相成。如何做到既让幼儿愉快游戏，又兼顾建构技巧的提升？通过以下两个案例，问题导向又为我们指引了方向。

案例：教学楼为什么倒塌了？

在“我的幼儿园”主题搭建中，A 组幼儿对照计划图搭建楼房。可当教师刚拍完照片，教学楼就倒塌了。在另一边，B 组幼儿以相似方法搭建的教学楼，也因为某种原因倒了下来。

在总结环节，教师以问题导向引导幼儿对楼房结构进行深入讨论。讨论中，通过对两种不同搭建方法的教学楼进行比较，找出教学楼倒塌的根本原因，通过问题的提出与搭建方法的对比，帮助幼儿建造更稳固的楼房。

（教学楼从平面到立体的转变）

图 5　幼儿主题建构（一）

在问题导向下，教师与幼儿逐渐形成了积极开放的思维模式，通过问题引发幼儿层层推进思考，使幼儿建构水平在问题推进下不断提高。

（四）问题导向下游戏化主题建构的生成与推进

建构游戏为何吸引幼儿的兴趣？最重要的一个原因是基于游戏的需要。活动中，几名幼儿用木车轮玩起了滚动的游戏，幼儿关于“滚动”的探究引起了教师的关注。活动后，教师使用问题导向对幼儿发现的“滚动”进行了讨论。

A 幼儿：我放了一块板在前面，这样更好玩。

B 幼儿：可是我怎么滚都滚不中。圆轮总是到处走。

C 幼儿：我的圆轮滚得太远了，被晨熙拿走了，我都没有了！

教师：怎样才能让圆轮命中目标呢？

D 幼儿：我可以做个围墙围起来。

在幼儿的讨论下，建构主题活动“滚道”诞生了。在滚道游戏的搭建过程中，其中一组幼儿在滚道的尽头增加了积木模仿多米诺骨牌，让游戏更具挑战性。抓住了“多米诺骨牌”这个新的建构创意，下一个主题“好玩的多米诺骨牌”随着“滚道”主题的推进应运而生。

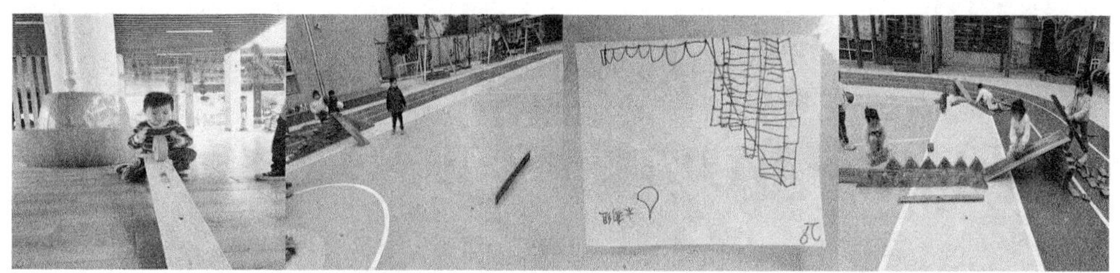

（幼儿游戏中产生的两次“滚动”游戏）　　（幼儿设计与搭建的滚道）

图6　幼儿主题建构（二）

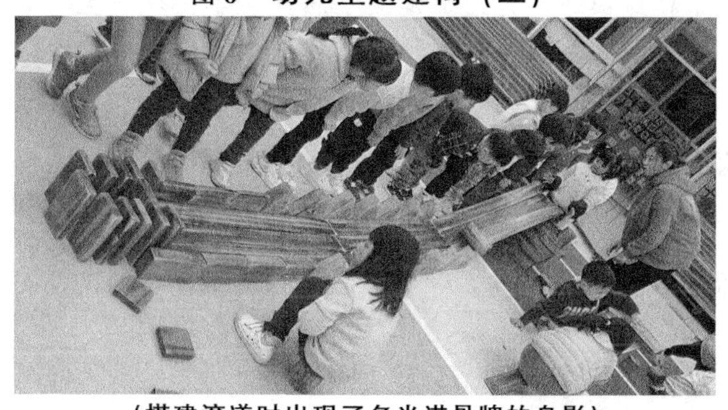

（搭建滚道时出现了多米诺骨牌的身影）

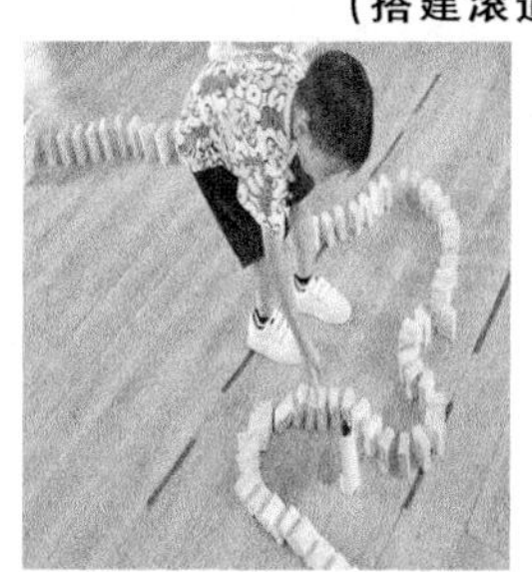

（导向下多米诺骨牌游戏的推进）

图7　幼儿主题建构（三）

新主题的生发又引出新的问题——为什么拐弯的地方难成功？还能用其他形状的积木和不同的材料搭建多米诺骨牌吗？游戏促使问题产生，推动幼儿分析解决。这种成功和满足感，将是幼儿建构游戏永葆魅力的源泉，也是幼儿形成良好学习品质的重要基础。

四、结语

安吉游戏强调信任幼儿、解放幼儿，把游戏的权利还给幼儿。唯有把“游戏”作为建构活动的落脚点，使幼儿成为游戏的主导者，用问题导向的思维不断反思，才能发现问题的根源，引起教师与幼儿新的思考。

参考文献

［1］李季湄，冯晓霞.《3～6岁儿童学习与发展指南》解读［M］. 北京：人民教育出版社，2013.

区域自主游戏中教师的观察与支持策略

（谢基惠　江西省南昌市江西省直第六幼儿园）

摘　要：幼儿游戏是幼儿自主进行活动的一种游戏形式。在幼儿进行自主游戏中，教师的观察和支持对游戏能起到创造性作用。本文重点探讨了区域自主游戏中教师的观察与支持策略，希望可以给一线的幼儿教育工作中提供一定的建议和参考。

关键词：区域游戏；自主游戏；观察；支持策略

在幼儿一日活动中教师需要针对游戏活动进行有效设计，同时教师还需要具备观察、计划和随机应变的能力，教师需要时刻关注幼儿在自主游戏活动中的表现，进一步使游戏活动成为幼儿进行自主游戏探究的有效活动。本文对自主游戏进行深入探索，通过工作实践，对教师在幼儿自主游戏活动中的观察与支持策略进行总结。

一、区域自主游戏的内涵及发展价值

“区域游戏的含义是指教师按照幼儿的实际发展需求，有计划并有目的地准备多样化的游戏材料，给幼儿创建丰富的游戏环境，给幼儿营造轻松、愉悦的游戏氛围，使幼儿能够根据自己的想法和意愿去选择游戏材料，创设游戏类型，选择游戏伙伴，并与他人进行主动交往的一种活动形式。”区域自主游戏属于学习性活动，能够进一步提高幼儿学习的积极性、主动性，提高想象能力，促进思维能力的提升。

二、区域自主游戏中教师的观察

幼儿教师需要在幼儿进行自主游戏活动的环节中，将教育思想巧妙融入，与幼儿产生共情对话，以提升幼儿的各方面能力。

（一）借助环境开展隐性指导

1. 在标志中发挥隐性指导作用

幼儿在自主游戏中可以看到图形标志、实物标志和角色标志等，这些标志融入游戏环节中，能够对游戏规则起到一定的规范和示意作用，同时还可以增添乐趣。借助标志实施隐性指导，可以让幼儿在游戏中展开想象。规划实物标志图形的用途，给幼儿创造更加真实的游戏空间场景。使用图标能够对幼儿摆放游戏材料起到一定的暗示作用，在游戏结束之后，幼儿根据图标的示意图将玩具进行归类。使用角色标志，可以让幼儿变成游戏活动中的主角，通过与其他伙伴分配角色，完成游戏互动。

2. 在游戏场所中突出互补作用

幼儿园可以给幼儿提供开放性和封闭性的游戏场地，两种场地的使用要达到相辅相成的作用，以满足幼儿的学习发展需要。在开放性空间适度留存封闭空间，这种方式能够帮助幼儿对游戏空间进行划分。例如，带领幼儿进行户外的自主游戏活动时，一些小角落和小楼梯间可以为幼儿创设秘密游戏空间。在活动区域要给幼儿留出自主游戏场地，使幼儿能够在自主游戏中提高个人的社交能力。通过教师对幼儿游戏的观察，分辨幼儿游戏行为，有效地杜绝幼儿对游戏区域不感兴趣的情况。

（二）与材料投放有机融合

幼儿园创设自主游戏活动能够促进幼儿的成长，因此教师在幼儿进行自主游戏活动中进行观察时，需要根据游戏主题帮助幼儿选择更加多样化的游戏材料，并对幼儿积极参与游戏给予鼓励。

1. 借助低结构材料促进幼儿多元化游戏力

在幼儿进行自主游戏活动中，教师设置低结构材料能够帮助幼儿创造出更多种类的游戏形式。幼儿在游戏中与其他小伙伴共同设计游戏材料，并且了解了不同的游戏类型中使用不同材料将会产生不同的效果。与此同时，在游戏材料替代的过程中，也对幼儿的创造能力起到一定的激发作用。比如，可以将泡沫板当作滑轮车和小船等，使幼儿能够拥有属于自己的独立游戏空间。

2. 借助多维度材料提高幼儿之间的游戏合作

幼儿在做游戏的过程中，游戏材料是非常重要的资源。幼儿能够在游戏材料中获得良好的游戏体验，教师可以根据不同年龄段的幼儿，设置多维度的游戏材料，帮助幼儿丰富游戏体验，促进想象力和创造力的提升。

活动案例：在幼儿教师创设的“我们一起玩”自主游戏活动中，在游戏最开始，文文选择了一堆积木去搭建长城，不一会儿长城就搭建好了，她还想用积木搭建一个院子，此时积木已经用完了。她想用麻将牌来代替，可是这时麻将牌被强强拿走了，文文便问强强，“我也想用几个麻将牌，可以借我几个吗?”强强没有答应，两个小朋友产生了争执，最后两个人通过商量，强强同意将自己用完之后多余的麻将牌借给文文。文文发现仅有几个麻将牌不够搭建院子，她需要有更多数量的麻将牌，于是就又去找强强。此时强强便说：“我不能给你了，因为我也不够用。”正在这时，文文观察强强的游戏，便问道：“你用麻将牌在搭建什么呢?”强强说：“我在搭建图书馆。”文文说：“那我们可以一起搭建图书馆吗？把你的图书馆建在我的长城里，可以吗?”强强说：“好呀，那我们一起搭建图书馆吧!”

大班幼儿随着年龄的增长，不断积累了生活经验，所选择的游戏方式也越来越丰富，但是随之而来也会产生一定的冲突。能够友好与同伴相处，是大班幼儿需要具备的良好品质。在今天创设的自主游戏活动中，文文由于需要麻将牌而和强强产生争执，文文通过自己的思考，变换了角度，可以与同伴一起做游戏。在游戏活动中，幼儿之间极易产生矛盾和冲突，此时教师可以适当退出，让幼儿自己想出办法解决问题，给幼儿提供更多与其他伙伴合作的机会，创建游戏平台，让幼儿能够在游戏活动中有所成长。

三、区域自主游戏中教师的支持策略

（一）支持者

教师为幼儿创设自主游戏活动，需要在游戏中给幼儿提供丰富的游戏资料，创设多样化的游戏情境，鼓励幼儿在自主游戏中主动学习良好的品质。

1. 提供区域游戏材料，成为支持者

结合“层次性”和“多样性”原则，教师在为幼儿提供自主游戏场地和材料的过程中，需要以幼儿获得良好游戏体验为目标，使幼儿能够在探究游戏材料的过程中，享受到更多的游戏乐趣。游戏材料是使幼儿获得良好游戏体验的根本，因此，需要结合幼儿的游戏兴趣，帮助幼儿选择和设计多元化的材料种类，使幼儿能够在选择不同材料进行自主游戏的过程中，获得良好的游戏体验。

2. 从情感的支持与鼓励上，成为支持者

幼儿在进行自主游戏的过程中，很大程度需要获得来自教师一方的支持和鼓励。比如。

教师观察幼儿在游戏活动中所制作的作品时，要给予幼儿更多的鼓励和赞美，使幼儿在情感上得到更多的满足，获得被关注和被认可的心理期待。

（二）合作者

教师在幼儿进行自主游戏的过程中，往往充当的是支持者，很少能以“合作者”的身份加入幼儿的游戏中，如果教师能够与幼儿共同完成游戏，将会给幼儿提供更多创造的可能性。

1. 参与幼儿游戏，成为合作者

教师如果能够加入幼儿的自主游戏中，将会给幼儿带来更大的支持和动力。如果教师以合作者的身份与幼儿共同做游戏，这种互动和陪伴会给幼儿带来良好的游戏体验，使幼儿能够在区域自主游戏中进行深度的探究和学习。

2. 适时鼓励或质疑，成为合作者

为了能够使幼儿在区域自主游戏中获得一定成长，收获良好的游戏体验，教师可以在恰当的时机去质疑幼儿的游戏行为。当幼儿在游戏中遇到困难，需要得到教师帮助时，教师要及时给予支持和帮助，帮助幼儿建立自信心。幼儿如果有了新的游戏玩法，教师还可以通过质疑的方式，引发幼儿思考。这种合作参与是比较自然和高效的，不但可以突出幼儿游戏的主体性，同时还能有效激发幼儿的游戏兴趣。

（三）引导者

教师在幼儿进行自主游戏的过程中，需要通过耐心、细致的观察，去了解幼儿的心理和成长动态。在幼儿需要得到帮助的时候，抓住最佳的教育时机，对幼儿进行引导，这种方式可以让教师顺理成章地成为幼儿游戏的引导者。

1. 在交流中，成为引导者

为了能够进一步提高幼儿的语言沟通和交流能力，教师可以在幼儿进行自主游戏的过程中，与幼儿展开对话交流。与此同时，还可以在自主游戏结束之后，让幼儿分享自己的游戏体验，回顾自己的游戏经历。这种游戏交流模式能够不断促进幼儿游戏水平的提升，在交流的过程中，还可以进一步提高幼儿的人际交往能力。

2. 从行动上，成为引导者

教师在幼儿进行自主游戏的过程中，通过观察成为幼儿游戏的引导者，通过引导的方式帮助幼儿提高自身的游戏水平。比如，在自主游戏中，教师还可以通过亲身示范的方式，帮助幼儿树立正确的行为规范，进而逐步养成良好的行为习惯。

四、结语

在幼儿进行区域自主游戏活动的过程中，要进一步把握好幼儿在活动中的角色和教师所起到的引导作用。教师作为幼儿游戏的支持者、合作者和引导者，在区域自主游戏中不断提高幼儿的操作技能，促进幼儿的个性化发展。通过丰富多元的游戏材料和游戏场景的创建，帮助幼儿在游戏活动中获得良好的体验。借助游戏活动来潜移默化地融入教育方式，突出自主游戏的教育价值。

参考文献

［1］丁海琼．关于幼儿园区域游戏的思考［J］．萍乡高等专科学校学报，2005（3）：86—87.

［2］侯英华．浅谈教师在区域游戏中的角色定位［J］．教育长廊，2009（7）：108.

［3］林霞．论幼儿区域活动指导策略的三个层次［J］．厦门教育学院学报，2009（3）：81—84.

幼儿劳动教育与二十四节气的实践探索

（聂颖　江西省南昌市江西省直第六幼儿园）

摘　要：全国劳动教育大会明确指出，把劳动教育纳入社会主义建设者和接班人的总体要求，构建德智体美劳全面培养的教育体系。随着人类社会朝着机械化、数字化、智能化发展，人们的生活方式越来越便捷，大部分幼儿缺失田园文化与农耕文明的体验感知，幼儿园教育中弱化、边缘化劳动教育的问题逐渐凸显。通过将幼儿劳动教育与二十四节气的实践相结合，实行五育并举，充分挖掘二十四节气课程的劳动育人基因，促进幼儿实现劳动体验，实现劳动教育课程园本化。

关键词：幼儿；劳动教育；二十四节气

《幼儿园教育指导纲要》提出：要“充分利用社会资源，引导幼儿实际感受祖国文化的丰富与优秀”。节气是指二十四个时节和气候，是中国古代订立的一种用来指导农事的补充历法，是中华民族劳动人民长期经验的积累成果和智慧的结晶。二十四节气分别为：立春、雨水、惊蛰、春分、清明、谷雨、立夏、小满、芒种、夏至、小暑、大暑、立秋、处暑、白露、秋分、寒露、霜降、立冬、小雪、大雪、冬至、小寒、大寒。2016 年 11 月 30 日，中国“二十四节气”被正式列入联合国教科文组织人类非物质文化遗产代表作名录。对于幼儿园的教育工作者来说，二十四节气可作为一种独特的课程资源，让孩子们在畅自然、话自然、绘自然、探自然、品自然的过程中，去感悟、去体验、去成长。在整合教育中，培养博文乐学、充满童真童趣的孩子，激发幼儿创造性精神。

一、二十四节气课程实践的价值与意义

（一）促进幼儿劳动教育趣味化、多元化

目前幼儿劳动教育存在着课程资源单一、教育内容枯燥等问题。二十四节气蕴含天文、气象、物候等多个方面的知识，概括反映了一年四季的基本特征。二十四节气还和幼儿的生活存在密切的关系，更容易被幼儿所感知，从而激发幼儿的学习兴趣。在幼儿劳动教育中融入二十四节气课程实践，不仅让幼儿的劳动教育变得更有意思，还为劳动教育带来了更多的课程资源，并且让劳动教育的方式也逐渐多元化。如节气“惊蛰”可以通过多个活动进行。第一次活动从气候、物候、农事特点三方面进行选材，通过节气故事串联起惊蛰始雷的气候特点，蛰虫苏醒、桃始华、仓庚鸣的物候特点，以及惊蛰春耕忙的农事特点。孩子们走进种植园，松土、挖地。同时借助物候实拍图，帮助幼儿理解、感知惊蛰的节气文化。第二次活动可以组织幼儿开展情景化的体育游戏，在游戏中熟悉、巩固蛰虫苏醒的物候特点。通过两次活动，带领幼儿充分感知惊蛰的节气文化，真正做到劳动活动有价值，孩子有收获。

（二）培养幼儿民族文化认同感与自豪感

在经济文化全球化的当代社会，中国传统文化也遭到了外来文化的冲击。在各种现代传媒的影响下，劳动教育也面临着被淡化的危机，弘扬传统文化成为新时代幼教人的重任。我国作为一个农业大国，其农耕文明更是源远流长，而二十四节气作为我国农耕文明的重要组成部分，更是我国灿烂农耕文化中的精髓。积极挖掘二十四节气中的教育资源，并将二十四节气与

劳动教育紧密联系起来，不仅仅是为了培养幼儿勤劳勇敢、艰苦奋斗的劳动精神，更是为了让幼儿真实感受到古人的智慧，感受古人“天人合一”的美好追求，从而对传统文化产生浓厚的兴趣，激发幼儿的民族文化认同感和文化自豪感，自觉肩负起传承中华文明精粹的重任。

二、幼儿劳动教育与二十四节气的实践策略

正如前文所述，二十四节气本身就可以作为劳动教育的课程资源，它能让幼儿劳动教育变得更加精彩和有趣，让幼儿感受我国农耕文化的精髓，同时有效地提高幼儿的劳动素养。具体可通过以下策略实现。

（一）开发小型种植园和水培房，为幼儿提供实践机会

我国古代是典型的农业社会，可以说是“靠天吃饭”。因此必须掌握太阳运行的规律，才能更好地开展农事，保证农业收获。二十四节气与各种植物、农作物的生长存在密切的关系，对于幼儿园的劳动实践也具有良好的指导作用。教师可以一边和幼儿一起搜集二十四节气中有关农业耕作的谚语，如“清明前后，种瓜点豆”“知了叫，割早稻，知了飞，堆草堆”，一边在幼儿园内开发一个种植园和小型水培房，让幼儿根据二十四节气在种植园种上自己喜欢的植物或农作物。观察温度、湿度、无土栽培的果蔬。在清明节前后，教师可以让幼儿在种植园种植各种夏菜，如黄瓜、豆角、茄子、辣椒、丝瓜或其他幼儿喜欢的蔬菜。然后再指导幼儿在恰当的时机浇水、锄草、施肥、搭架，制作稻草人、粘虫板，待到蔬菜成熟后让幼儿采摘后在生活体验馆制作蔬菜美食，进行品尝分享。这样幼儿既参加了劳动，感受到劳动与收获带来的成就感，又对二十四节气有了更深刻的印象。

（二）组织小型养殖活动，让劳动教育趣味化

在我国农耕文化中，不仅田间耕种需要按照二十四节气进行，一些养殖行动、防虫害措施也需要在二十四节气的指导下进行。如二十四节气中的小满是养蚕时节，农村的养蚕人要在此时收集蚕籽、孵化、饲养；芒种是蝗虫、螳螂等昆虫大量滋生、繁衍的时节，农民需要做好预防虫害的工作，避免虫类啃食、破坏农作物。教师可以在小满时节，在幼儿园教室、走廊或其他合适的地方为幼儿开发一个专门用于养蚕的迷你养殖园，然后给每个幼儿发放一定数量的蚕籽，用一个纸盒作为养蚕的器皿，在纸盒上写上幼儿的名字。每周末孩子们可以分组认养带回家继续观察，照顾小动物。在日常活动中让幼儿感知养蚕的方法和技巧，在养殖的过程中引导幼儿观察蚕宝宝的生长情况，并用幼儿表征的形式记录下来。最后，比一比谁养的蚕宝宝最健康、最强壮。

（三）开展家庭亲子活动，增强劳动教育效果

劳动教育是最贴近生活的一种教育，而家庭是幼儿生活的主要场所之一，教师可充分借助家庭教育力量来达到良好的劳动教育效果。如周六周日或小长假，班级的植物或动物无人照顾，让幼儿在家长的陪伴下进行种植养护，在家里的阳台种下土豆或者其他种子，每个星期一将种子发芽、生长的情况以拍照的形式发送到家长群内。组织家长与幼儿共同讨论分享自己的种植心得，劳动体验。天气晴朗时去乡村或者郊外，拍下某个节气的照片，如在惊蛰拍一拍草丛中的昆虫，在小满拍一拍嫩绿的桑叶，或者趁着清明节，组织家长带领幼儿到郊外参加踏青劳动，在芒种拍下农民收割小麦的景象，在秋分可以拍一拍金黄的稻谷，等等。在家长和集体的陪伴下，营造出浓浓的劳动教育氛围，能够有效地激发幼儿参与劳动与二十四节气学习的积极性。

（四）适当组织研学旅行，加强劳动素养培养

二十四节气与农民的耕作、收获息息相关，而要想真切地去体会二十四节气，并且提高幼儿的劳动素养，还需要让幼儿近距离地接触我国的农耕文化，感受田间劳作的那份辛苦，感受丰收时的喜悦。因此，在幼儿园内我们积极组织幼儿根据自己的需求进入种植园，水培房。让幼儿体会劳动的魅力。在秋分时节，我们组织幼儿走进农科院，帮助果农们采摘果实，让幼儿一边体会劳动的快乐，一边感受秋分时节、硕果累累的美好景象。在谷雨时节，可以带领幼儿到附近的农田，观察农民是如何通过劳动将一块土地开垦得整整齐齐，感受农民伯伯的勤劳质朴，同时也理解劳动精神的伟大。唯有如此，幼儿才能真切地感受到劳动带来的收获与乐趣，从而养成爱劳动的好习惯。

三、总结

总而言之，幼儿劳动教育与二十四节气课程实践的有机结合，对于幼儿的成长大有裨益。一方面，二十四节气课程实践巧妙地丰富了幼儿劳动教育的内容与形式，让幼儿在快乐中劳动，将劳动教育渗透于幼儿一日生活的各个环节；另一方面，二十四节气课程实践能让幼儿更加真切地感受到中国农耕文化的精髓，增强幼儿民族文化自豪感，培养幼儿热爱祖国、热爱祖国文化的美好情怀。在激发幼儿主动参与劳动及感知劳动教育的过程中，帮助幼儿从小树立劳动最光荣的责任感和使命感，为幼儿一生的成长奠基，助力幼儿真正成长为新时代的建设者和接班人。

参考文献

[1] 韩燕雨，迟澄．二十四节气融入幼儿园劳动教育的实践［J］．天津教育，2022（35）：117—119.

[2] 李杜芳，吴建民，孙彬．二十四节气与劳动教育的融合实践［J］．基础教育论坛，2022（30）：6—7.

[3] 郎佳璐，沈明泓．二十四节气融入幼儿园课程的教育价值与实施策略［J］．基础教育研究，2022（9）：91—93.

[4] 朱鸿雁，徐静，康佩娟．大自然，小农夫——劳动教育的融合实践［J］．湖南教育（A版），2021（1）：24—25.

[5] 陈冬贞．浅谈“二十四节气”劳作活动在幼儿园大班的应用［J］．新智慧，2019（24）：37.

浅谈绘本阅读促进幼儿美育发展策略

（李赛　北京市怀柔区第六幼儿园）

摘　要：幼儿教育通常是指3～6岁年龄段儿童所接受的教育，幼儿教育阶段是一个人接受教育的重要奠基阶段，很多重要的人格、素质和能力都是在这个时候初步养成的；教师们对于美育的关注程度会越来越高，并且还会选择较高水准的绘本来开展教学工作，幼儿可根据自我内部需求学习成长。幼儿园时期是幼儿审美心理发展的敏感期，也是幼儿审美能力发展的关键时期。

关键词：美育；幼儿；绘本阅读

一、相关概念

（一）幼儿美育

儿童美育，就是依据儿童身心特点运用美的东西及丰富的审美活动，培养儿童感受美，展示美的趣味与能力，以儿童所关心的种种活动为工具来充实儿童的情感世界，提高儿童审美水平，审美情感，让儿童全面健康地成长的教育活动。2001年，教育部颁布的《幼儿园教育指导纲要（试行）》（以下简称《纲要》）中明确规定："幼儿园教育内容具有综合性和启蒙性，可相对地分为健康、语言、社会、科学和艺术五大范畴。""健康"方面要求孩子健康，集体活动时情绪稳定，心情愉快，同时使孩子以爱美之心，发现美之眼去发掘美，是心理健康的体现之一；"语言"领域需要儿童对语言产生初步美感认知进而激发审美潜质；"社会"与"科学"的范畴需要激发孩子们对爱情的感悟，使孩子们了解祖国，了解家乡，了解父母长辈，了解教师同学，了解周围环境，了解广阔自然等这些人、物之美，引起孩子们对科学之热爱；"艺术"这一领域需要儿童对环境之美、人生之美、艺术之美、社会之美的初步体验，不断丰富其审美经验和趣味，启发儿童自由地表现和能够创造美的能力。

（二）绘本阅读

绘本阅读以其趣味性、通俗性以及形象性等特点受到了幼儿园广大师生以及家长的广泛欢迎。绘本与儿童认知特点相吻合，是辅助儿童进行早期阅读行之有效的媒介。幼儿园实施绘本阅读教学有助于提升儿童早期阅读能力，并活跃儿童思维，启发心智。但是在当前的幼儿园绘本阅读教学中还存在着一定的问题，这就要求幼儿教育工作者在教学过程中必须要对问题产生的原因进行仔细的分析，并积极寻求优化的策略，进一步促进绘本阅读教学效率的提升，为幼儿今后的成长打下良好基础。

二、通过绘本阅读提高美育教育水平的策略

（一）让幼儿感受到绘本色彩之美

对于幼儿园美育教学而言，其中颜色识别课程内容在整个美育教学中是十分基础的，同时它又是较为重要的。在后续的教学当中，教师不仅仅需要培养孩子们对于颜色的鉴别能力，还需要教孩子们在作画的过程当中对于这些颜色进行灵活的应用。对幼儿而言，其思维

更加活跃，而对事物的辨别能力更强，但孩子在画画时会对颜色产生自己的喜好，这时画的东西就显得较为单调。对于绘本来说，为了更好地吸引幼儿对绘本阅读的兴趣，它们会在色彩搭配上有更多的讲究，同时也会通过一些色彩来更好地对故事的主题进行表达。如绘本《蚂蚁与西瓜》。在展现西瓜的过程中，笔者通过里红外绿这两种浓烈色彩来细化反差，使整本绘本主色调得以清晰呈现。在红色与绿色的强烈反差中，孩子们还能够更进一步地了解各种色彩的差异，此时教师可指导孩子们了解各种色彩，让孩子们挑选自己喜爱的色彩涂画。在指导孩子选择色彩方面，教师不应强加给孩子自己主观意识，还应鼓励孩子大胆创新绘画内容，不断增强孩子学习与色彩兴趣。

（二）帮助幼儿体会绘本造型存在的美

对大班幼儿而言，中小班学习后已具备一定绘画基础，此时也具备一定绘画水平，但是这时他们想开始研究更高的绘画技术。而且在这个阶段，其本身具备的学习能力并不能与此时其想象力保持同步，此时幼儿常会出现头脑里有画，却不会画。为了改善孩子不会画这一现象，之前教师都会要求孩子们去模仿一些好画，这尽管让孩子们不会画的情况有了一定的改善，而孩子们多机械地模仿将使孩子们下一步思维的发展受阻，不利于孩子们创新能力的发展。要想解决之前教学中存在的问题，教师在后续教学中要意识到绘本阅读教学的意义，借助绘本中趣味盎然的画面培养幼儿想象力与创新力。同时开展绘本阅读教学时，教师还应该指导孩子们研究绘本当中所存在的绘画表现手法，不断加强孩子们绘画水平的提升。《大脚丫跳芭蕾》里，作者用鲜明的粉红、蓝紫交织成悦目的画面，而且用漫画手法画出贝琳达橡皮般的长手、长腿和一双大脚，幽默地展现芭蕾舞跳跃、伸展的种种姿态，整个画面充盈着舞动的线条和优雅的韵律。尤其是最后的几幅图画，贝琳达终于重返舞台，人物造型越发夸张，贝琳达飞扬的梦想和她优雅的舞蹈定格其中，让人回味无穷。教师不仅能让孩子们透过绘本体会芭蕾的美好，教师还鼓励孩子们模仿绘本里人物的姿态，这也就使得孩子在绘画时会具有较强的表现力，教师还应该注重图画内容的解读，还应该指导孩子们去理解并读懂里面的词语，从而使孩子们能够掌握绘本的中心思想，与此同时，孩子还可以依据自己所了解到的知识来创新绘画内容。

伴随着中国教育事业的发展，中国对于学前教育越来越关注，与此同时，中国对于学前教育体系的构建亦是高度重视，并且希望在以后的教学当中能更好地促进幼儿全面发展和各方面能力持续发展。本文主要是通过探讨美育教学的价值，探讨了在当今的儿童教学中，如何更好地通过绘本阅读促进儿童能力的发展，帮助儿童在后续的教学过程中体会绘本所具有的语言之美、色彩之美、情感之美、造型之美等。

参考文献

李双蓓．幼儿园绘本阅读促进幼儿美育发展策略的研究［J］．新课程（上），2017（11）：20－22.

父母的教养方式与幼儿行为问题关系的研究

（田方圆　湖北省仙桃市第二实验幼儿园）

摘　要： 幼儿生来是一张白纸，家长在生活中为白纸增添各种各样的颜色，因此以就有不同性格特点的幼儿。每位父母都怀着一颗望子成龙、望女成凤的心态去教育孩子，但由于自身错误的教育观念使用错误的教养方式或因为父母本身的教育能力有限使他们对孩子的日常行为、心理健康以及人际交往等方面的发展都产生了潜移默化的影响。本次论文就是介绍各种父母的教养方式类型以及这些类型下教养的幼儿会有怎样的行为发展，并且为家长提供正确合理、符合幼儿年龄特点的教育方法和行为，从而促进幼儿身心健康发展，并能与父母之间融洽相处。

关键词： 教养方式；幼儿行为问题 ；影响因素；家庭共育

一、父母教养方式的内涵

孩子的成长取决于父母的教养方式，所谓的教养方式主要指父母在抚养、教育幼儿的具体事件和情境中形成的，并在具体的抚养和教育中表现出来。

有教育学家说过："父母是孩子人生中第一任教师，父母说过的每句话、做过的每件事，甚至看不见的精神世界都会给孩子潜移默化的影响。"借此论文希望能带给父母一个正确的儿童观去教养幼儿，能让幼儿拥有一个美好的童年。

二、父母教养方式对幼儿行为问题的影响

1. 家庭因素

父母受教育程度、父母认知的多少也会影响幼儿的教养方式，学历的高低也影响着父母考虑问题的角度以及处理事情的方式，受教育程度越高的父母对幼儿产生的负面教养行为就越少。

2. 父母的性格特点

最常说的是严父慈母。首先，母亲比父亲性格上更为温和，父亲就扮演严厉的角色，他不像母亲那样温柔，当看到幼儿做出错误的行为时，往往是直接进行批评教育。父母不同的性格特点也能决定他们会使用什么样的教养方式。

3. 父母的社会地位和经济收入

举个例子，富裕家庭的孩子跟普通人家的孩子，前者的家庭经济条件很好，有足够的经济去教育孩子，他们就不仅仅重视孩子学习方面的成果，还比较重视培养孩子其他方面的气质，要求孩子在其他方面也要有较高的成就，有时间的话还能带孩子去各地旅游，提高孩子阅历见识，培养他们各方面的能力。后者的家庭经济情况一般，对孩子的要求就是要学习成绩好，听话懂事、自尊自爱、少惹麻烦，还有的大部分家长因为要赚钱经常不在孩子身边，对孩子进行的是一种放任型教育，所以孩子只能懵懵懂懂地自己学着成长。

我始终坚信"幼儿生来是一张白纸"，幼儿本身的年龄、性格、性别、气质类型以及家长与幼儿之间的亲子互动等因素以及根据他所在的环境以及父母的特点从而使白纸上增添各种色彩，而这些色彩所形成的特点也会影响到父母的教养方式。

综上所述，影响父母的因素包括家庭因素、环境因素以及幼儿自身的气质类型，这些因

素就会导致家长形成不同的教养类型。例如：专制型的教养方式下的幼儿性格较为懦弱，不善与人交际，容易发生不能预估的冲动行为；溺爱型的教养方式下的幼儿只考虑自己，不会考虑他人，而且还管不住自己，而且基本的人际交往能力薄弱，当与人发生矛盾后，易产生负面情绪，从而发生过激行为；放任型的教养方式使幼儿适应能力有障碍以及自我控制能力往往较差；最后一种教养方式即为民主型的教养方式，是目前最为提倡的一种，这种类型下教养的幼儿大多数的性格是比较独立的，自我约束力较强、有很强的自信心、能自己解决问题、喜欢与人交往、对人友好并且会比较乐观、积极。

三、减少和预防幼儿行为问题的策略

（一）建立良好的教养方式

1. 以身作则，为孩子做榜样

榜样的力量是你无法想象的，特别是在幼儿的眼中，父母的一言一行就像一面镜子摆在幼儿的面前，幼儿模仿镜子里的父母，父母平日里怎么做的幼儿会跟复制一样展现在父母面前。可见“身教胜于言教”，这就要求家长管好自己，哪怕是一件小事，通过自身的言行举止给幼儿树立榜样，让幼儿知道什么是正确的，什么是不可取的。

2. 平等沟通，了解孩子的心理特点

首先，幼儿也是人，也有基本的权利，不能因为自己是父母就对幼儿发号施令，不尊重幼儿的意见，要在人格上与孩子真正平等，不能把自己的意志强加给幼儿，这样会给幼儿增加很多负担，形成很大的压力。其次，不能对幼儿太过宠爱，不能要什么就给什么，这样的行为会给幼儿带来心理和行为上不好的影响。在教育幼儿的同时要给幼儿最基本的尊重和支持，同时也要给孩子适当的限制和奖惩。最后，父母应做幼儿的知心朋友，当幼儿开心时去和他们分享快乐，在幼儿失落时给予必要的支持和安慰。在我看来，教育不是单方面的事，它意味着支持、鼓励和伴随。

3. 学会鼓励，适当的挫折教育

作为家长，不能一直以自身的要求和期望来决定幼儿的好坏。家长要学会多看到幼儿的优点，少去纠结幼儿的缺点。适当的奖励教育可以让幼儿增加自信心并且与父母之间的关系融洽，父母也要适当地对幼儿进行批评教育，让幼儿明白什么是正确的，什么不应该做。父母在平时应与幼儿多交流，随时了解幼儿平时的情况，不要把幼儿发生的小事当作小事，要从中找出关键并与幼儿一起分享其中的意义，既能让幼儿学会知识学会成长，又能增进亲子关系。

4. 感受关爱，营造良好的家庭氛围

家庭环境是幼儿成长必不可少的因素，好的环境能让幼儿学会很多好的品质，在《爸爸去哪儿》中，小姐姐多多的表现实在是让人喜欢，她不仅懂事，还在节目中照顾弟弟妹妹，在后期采访中，所有的孩子们都说喜欢多多姐姐。多多的性格不是自身形成的，这与她的家庭环境是分不开的，舒适愉快的家庭少不了家庭成员的支持，父母在家庭中不仅要控制好自己的情绪，回家后要把不愉快的事抛在门外，创造一个良好的教育环境；因为家庭是幼儿经常待的地方，是最容易受影响的地方，所以父母在家不要经常有闹情绪等其他不好的行为，这样会影响幼儿的心理发展，我们要为幼儿营造良好的温馨和谐的家庭氛围，让幼儿形成良好的气质。

（二）幼儿园帮助幼儿形成良好的行为习惯

《幼儿园工作规程》中指出：“幼儿园教师要遵循幼儿身心发展规律，注重个体差异，因人施教，制订符合幼儿年龄特点的方案，引导幼儿身心健康发展。”培养幼儿良好行为习惯的养成教育，应结合实际教学实践，做到以下几点：

1. 在活动前提出明确的活动要求

由于幼儿太小，没有能力去考虑自身的行为会造成什么影响。所以在每次活动前，老师要用明确且浅显的语言让他们知道哪些行为是其他小朋友喜欢的、哪些行为是会影响到别人的、哪些行为是会伤害到自己的。

2. 以身作则，用行动去潜移默化正面影响幼儿

幼儿最大的特点就是模仿。在家是父母，在园就是老师，幼儿对这些大人说过的话、做过的事几乎是完全相信的。因此教师要时刻注意自己的言行举止，给幼儿树立正向的榜样。

3. 保持教育的一致性

一个良好行为习惯的养成，前者要有一个好的家长做先锋，后者要一个好的老师做后盾。这就要求家庭与老师之间达成共识，双方教育理念统一，培养幼儿形成良好习惯。

4. 在日常生活中反复练习，形成习惯

因为幼儿年龄较小，各方面发育还不成熟，所以在日常生活中经常会忘记正确的行为，老师就需要在日常生活中仔细观察，及时帮助个别幼儿反复练习养成习惯。

（三）家园共育

在培养幼儿良好习惯时，老师就要首先向父母沟通幼儿的基本情况，达成教育共识。其次，老师要指导父母用科学的方式帮助幼儿健康发展。在幼儿园日常生活中发现幼儿出现不良行为时了解原因制订修改方案，跟家长一起配合幼儿改正不好的习惯。

四、结语

综上所述，影响父母教养方式的因素包括父母受教育水平、经济地位、性格特点等；这些因素都会影响父母用什么样的教养方式去教养幼儿，从而导致幼儿的行为发展。

参考文献

[1] 魏勇刚. 学前儿童发展心理学［M］. 北京：教育科学出版社，2012.
[2] 王兰枝，壬现军主编. 幼儿家庭教育［M］. 西安：陕西师范大学出版社，2013.
[3] 叶慎花. 父母教养方式与幼儿行为问题关系的研究［C］. 南京师范大学，2011.
[4] 关颖. 家庭教育方式与儿童社会化［J］. 天津社会科学，1994（4）.
[5] 陈洁玲. 浅谈幼儿园环境教育对幼儿的影响［J］. 环境教育，2012（3）.

浅谈幼儿园课程游戏化建设策略

（罗贤　湖北省仙桃市第二实验幼儿园）

摘　要： 虞永平教授讲道：幼儿园课程是启蒙性、过程性、生活化的。由此，幼儿园的课程建设要回到基本元素、回到基本视角，透过主题活动、游戏活动、生活活动和家庭教育合理化推进。幼儿园课程游戏化的实质是把幼儿的教育目标、内容、要求融于各种游戏中，让幼儿成为学习的主体和发展的主体。课程游戏化即让幼儿园课程更加适合幼儿、更生动、丰富、有趣。

关键词： 幼儿园；课程游戏化；策略

一、引言

《幼儿园教育指导纲要（试行）》指出，游戏是幼儿园孩子的基本活动，幼儿教师要善于发现儿童感兴趣的事物，游戏和突发事件里所隐含的一些教育价值，把握实际情况进行引导。让孩子直接感知，亲身体验，实际操作，从而获得知识和经验。抓住课程游戏化建设的重点内容，分析原因，寻找对策，确立目标，制定措施，加以落实。丰富课程游戏化建设的途径与方式，改变一成不变的传统教学方式，让孩子做游戏的主人，树立正确的游戏观和思维理念。

二、课程游戏化教学的意义重要性

目前很多幼儿教师在教学过程中，往往还是采用传统的陈述式、灌输式教学模式，整体上显得比较固化、单一，对于本身就比较贪玩、好动、注意力难以集中的幼儿来说，这种教育方式所起到的实际效果往往和目标存在不小差距。教师应该清楚，学习和游戏是一种相辅相成的关系，特别是在幼儿教育中，将游戏与课程相结合，是发展孩子们学习的更好方式。而如果将课程进行游戏化转化，让幼儿能够在游戏情境中实现学中玩、玩中学，对于幼儿吸收课程内容的效果将能够起到显著的促进作用。

一是能够充分调动幼儿的参与兴趣。众所周知，贪玩、好动是幼儿的天性，而我们的幼儿园教学又往往是让幼儿在一种被动和相对静止的状态下进行学习，这和幼儿天性之间产生了一定冲突。如何既能实现课程知识的传递，又能够符合幼儿好玩好动的天性？课程游戏化无疑提供了折中的途径，通过将原本平淡无奇的课程进行游戏化转化，将能够满足幼儿玩在其中、乐在其中的需要，从而调动幼儿参与课程的兴趣。

二是能够促进幼儿更加全面发展。幼儿所处的年龄段，正是幼儿心智处在初步发展的阶段，这个时候对幼儿进行怎样的教育、训练，才能让幼儿更好地发展，让课程真正“动”起来，而且动起来的，不仅是课程本身，还有幼儿各方面的能力，同时在幼儿参加游戏化课程过程中因为表现良好，受到老师的表扬，自信心也能够有所提升。相较于传统的课堂，将更加有助于幼儿全面发展。

幼儿园课程游戏化的意义在于，以儿童为中心，让他们喜欢学习，避免占用他们的游戏时间，而让幼儿产生不想学习的厌学情绪和心理，为儿童未来的健康发展打下良好的基础。

三、浅谈幼儿园课程游戏化建设策略

（一）以孩子的兴趣和需求为出发点改变传统教学方式

幼儿的课程要贴近幼儿生活和幼儿发展的实际水平，抓住幼儿的兴趣与需求，随着学前教育理论的不断发展，幼儿园课程的内容也在不断丰富，要把原本以教师讲、幼儿听为主的传统教学模式，变成幼儿能够参与其中、玩在其中又学在其中的游戏化课程。教师应当围绕孩子的兴趣和需求来制定目标，一是要设计符合幼儿喜好的游戏形式，既不能够太机械生硬，又不能内容、规则晦涩难懂，要贴近幼儿行为、语言能力发展规律；二是要带有一定的挑战、竞技或者奖惩色彩在其中，因为从小孩发展规律来看，处于4～7岁的小孩，一般已经对一些有竞技意味的游戏有浓厚的兴趣；三是游戏要能够面向所有小朋友，不能够只是局限于一部分小朋友，要提高实施效果覆盖的全面性。在教育教学的过程中教师要学会转变方式，鼓励激发孩子的学习兴趣，加以引导幼儿，使孩子能更好地学习。

幼儿教师在设计游戏课程时，要着重选择游戏内容和方式，还应考虑幼儿是否感兴趣，游戏与课程之前是否合理得当紧密联系，有没有隐藏的安全隐患，在游戏课程当中，幼儿教师扮演的是辅助类的角色，不要过多地干涉幼儿的游戏，要把控好整个游戏过程，只有生动有趣的游戏才能激发孩子对学习的兴趣。让他们在玩中学，在学中玩，更好地发展。

（二）让课程回归儿童经验

让孩子的学习回到亲身体验、直接感知、具体操作，强调学习活动的综合性；让幼儿的学习从身边开始，把他们接触到的问题或者事件都变成学习的载体；把学习的权益还给儿童，让每个孩子都能主动地参到与学习当中来。让“学习和发展”成为课程的主旋律。

（三）让课程回归儿童天性

深入认识“游戏”在儿童成长发展中的重要价值和作用，从玩成人眼里的游戏走向儿童自由自主的游戏。让自由、快乐、和谐、创造成为课程的基调。大自然就是活教材，我们坚持“玩中学、做中学”。

（四）加强课程游戏化建设，明确游戏教学方向和内容

在课程建设过程中，教师对幼儿的引导是很重要的，通过对幼儿的正确引导，使幼儿掌握学习与生活的技巧，从而提高幼儿在社会中的生存能力。在游戏中教师为辅助，给幼儿独立的空间，使儿童们发挥自己的想象力，提升幼儿的创造能力。这样，能有效地将理论和实践相结合，为幼儿提供和谐学习氛围，使幼儿在良好的氛围中有效学习。根据幼儿喜欢游戏的情况，开展课程游戏化建设，在游戏中提升幼儿的学习能力，从而正确地把握课程游戏化的发展方向。

让儿童成为自主发展的主人，课程建设，是一个长期、复杂的过程，合理规划教师成长，充分调动教师主观能动性，深入研究和有效解决，推进课程的水平和质量。

（五）营造和谐、融洽的游戏环境氛围

幼儿因为年龄特点很容易受外界环境的影响。幼儿园要营造良好的环境氛围，支持和鼓励幼儿主动探索交往、大胆表现。要充分调动幼儿的积极主动性和创造性，激发幼儿的主体性。处理好规则与自由的关系，让幼儿参与规则的制定，让所有幼儿能理解认同规则，达到真正自由的游戏。从幼儿的个体差异特点出发，给予幼儿选择的机会和权益，培养幼儿的任务和责任意识，养成良好的行为习惯。鼓励幼儿创造性地表达自己的观点。让幼儿真正感受

到安全、愉快、被在意和得到鼓励。

在幼儿园各类活动中，教师在区域活动中的关注是相对不够的，区域活动在课程游戏化建设也相当重要，让幼儿自主开展游戏。

（六）提高教师自身游戏化教学能力

幼儿园教师不仅要有课程实施能力，还要有课程建设能力，对于幼儿园教师我们要明确以幼儿为本的教育理念，重视生活和游戏的教育价值，设定好不同年龄的发展目标，根据幼儿的情况，为幼儿创造各方面的发展条件，计划好一学期的教育计划，再细化为具体的每个月、每周和每天的教育计划，教师要多关注幼儿的兴趣和需要，努力引导幼儿在一日生活中获得多样化的经验。幼儿教师们可以利用周例会或教研等会议与幼儿园教师交流学习，提升教师自身游戏化教学能力。如此幼儿园课程游戏化才可能不断完善，教师才会不断成长。

四、结语

幼儿教育游戏化是我们国家教育的一种发展趋势，适合我们孩子学习的现状，我们也要大力积极推进幼儿教育工作，为孩子们的全面发展打好基础。

参考文献

[1] 张玲．推进幼儿园课程游戏化建设的策略分析［J］．考试周刊，2020（93）：165—166.

[2] 虞永平．幼儿园课程游戏化项目的基本要求［J］．早期教育（教育学），2018（4）：4—7.

[3] 虞永平．把促进幼儿发展作为课程改革和建设的根本目标［J］．幼儿教育，2018（1）：4—8.

[4] 张乔野．幼儿园课程实施中教师存在的问题及应对策略［J］．开封教育学院学报，2016，36（3）：227—228.

儿童视角下的课程设计与实施

（魏英杰　北京市西城区实验幼儿园）

摘　要：儿童是幼儿园课程永恒的起点和归宿，只有真正关注到每一个真实的儿童，课程才会散发出持久的生命力。在学习了儿童视角的理念和价值取向、理解儿童视角的内含与要义后，我真正意识到要想让儿童视角在课程中落地，一定要用实际行动去践行。与此同时，我也开始倾听儿童的声音，从初始的好奇，想要了解孩子，到实践中持续关注，发现每个孩子的不同，再到给予孩子空间，发现孩子们的力量。

关键词：儿童视角；课程

一、源于好奇想要了解——以好奇为起点的师幼互动

俗话说“兴趣是孩子最好的老师”，对于孩子而言，兴趣是学习动机的来源；对于教师而言，我认为我们对幼儿的好奇恰恰也是走进童心世界的起点。只有好奇才能产生倾听，进而发生高质量的师幼互动。最初，学习伴随着实践，我更多地听到孩子的想法，我发现孩子的想法和我想的并不相同，于是更激起了我的好奇，想要走进孩子的世界。

（一）孩子们的飞天梦

幼儿对话：

二明：“号外号外，‘神舟十三号’发射成功了。”

琛琛：“这次一共有三个航天员登天呢，还有一位是漂亮的女航天员！”

安安：“他们去做什么了呢？要在天上待很久吗？”

六一：“我知道他们要在核心舱里待半年呢。”

嘀嘀：“他们好厉害呀，我以后也想当航天员。”

思贤：“我也想去天空上看看，那里一定很漂亮。”

人类飞行历史是一堆有趣的实验，也是一段奇妙的旅程。随着“神舟十三号”成功发射，又激起了每个孩子心中的飞天梦！从梦想到现实，孩子们是如何实现的呢？那就让我们从好奇出发从一个个小故事里走进孩子们的童心世界吧！

（二）剧本创作中

乐乐：“我听对子讲过万户飞天的故事，你们知道那个故事吗？”

萌萌：“我没听过那个故事，我去问问对子。”

开心：“我也听过，咱们可以把这个故事演出来，让更多小朋友知道。”

小树：“那太好了，我们也可以飞天了！”

蔓蔓：“那我可以当导演，咱们可以先……”

随着孩子们的想象，这个飞天的愿望也成了孩子们最向往的事情。每天我们都会在区域中津津乐道地探索着、交流着，随着探索的深入，我也在好奇孩子们会用什么方式把这个故事表演出来，与此同时，音乐剧《我们想飞上天》也在慢慢诞生中，我们惊喜地发现了孩子探索学习的过程和富有创造力的表达，一切都发生得那么自然和有趣。以好奇为起点的师幼互动顺应着幼儿的发展，幼儿自然地成为游戏中的探索者，在不断的尝试中持续探究关注，发现问题。相信这次的活动一会给孩子带来不同的感

受，我也在好奇中与孩子们共同学习与成长。

二、持续关注发现不同——以倾听为起点的课程生成

于是，我开始持续关注孩子的想法和做法，我发现，他们每个人都是不同的，都是一个个宝藏男孩和宝藏女孩。我也开始每天记录一点点，我会倾听孩子的想法，观察孩子的表现，记录我和孩子之间有趣的故事，有意识地为幼儿提供多方面的支持，孩子们也在这个过程中收获成长。

活动案例——哇！一根萝卜

幼儿对话一：

熙熙："前几天大班的哥哥姐姐在他们的菜地里拔出了一根大萝卜。"

小美："我也看见了，是一根超级大的白萝卜。"

乐乐："咱们班小菜园里也种了萝卜，我们也去看看！"

心心："好啊好啊，快看看咱们的萝卜长出来了吗。"

幼儿对话二：

小密："太好了，我们的菜园里也有萝卜。"

米米："我都能看到萝卜已经露出来了，看起来很好拔。"

乐乐："那我们快来试试吧！"

小悠："我用了很大力气，怎么还是拔不出来？"

小达："我们多找一些小朋友，一起试一试。"

子欣："我们要拔萝卜啦！大家快来帮忙呀！"

这是一次拔萝卜的活动缘起，我们倾听到了孩子们的声音，发现了孩子们对拔萝卜非常感兴趣，我们支持回应了幼儿的声音，鼓励幼儿尝试拔萝卜，在活动过程中，他们想了很多种办法，用线缠、用手拔、使用工具挖、浇水松土等各种办法来拔萝卜，最后我们终于成功地把拔萝卜拔了出来。

正是因为我们在一日生活中倾听到了孩子们的声音，才能抓住教育契机，开启了一次萝卜历险记，从最初孩子们发现萝卜的存在，进行第一次的尝试，发现萝卜并不好拔，好像几个小朋友一起用力也拔不下来。再进行第二次尝试，首先进行测量，预计要挖多深，利用工具进行挖掘，后来发现问题，再次改进方法挖掘萝卜……一次次的发现，一次次的尝试，我们惊奇地发现孩子探索的过程，是丰富的，遇见困难不放弃勇于尝试，一切都是那么的自然与有趣，孩子们与老师也是乐在其中。

三、给予空间感受力量——以信任为基础的课程实施

（一）一团毛线引发的选择

有一天，班里多了一团毛线，孩子们纷纷问："这是做什么的？"我问孩子们："你们想用毛线做什么？"有的孩子说想做装饰，有的孩子说想编东西，这时佳宁说："我发现我的围脖是毛线做的，毛线能做围脖！"这个话题一出现，班里立刻沸腾了起来，很多小朋友都很感兴趣，纷纷说道："毛线的围脖还挺好看的""我们也能用毛线织围脖吗？""怎么织啊？"因为考虑到安全问题，刚开始我有一些顾虑，我在想，难道除了针和木棒，就没有其他办法了吗？为了满足孩子们的兴趣选择，我们开始寻找各种好办法，最后我们找到了一个好办法，用地垫织围脖。由此可见，在孩子选择之后，教师的支持也是很重要的。孩子们对用地垫织围脖很感兴趣，一拍即合，我决定与孩子们共同完成这个大胆的选择，一切准备就绪，织围脖大业正式拉开了帷幕。

从头开始学，系扣，绕线，到一点一点地织，孩子们遇到了难题，因为这个过程真的很难，织错一点，就要从头再来，在这个过程中孩子们发现了三个方面的难题。

1. 织的方向不统一；

2. 织着织着就丢线了；

3. 找不到开始的地方。

针对这三个问题，我们召开了讨论会，由孩子们想办法来解决这三个难题：

（二）新年订单的选择

这时，有孩子提出要给这个围脖起个名字，孩子们的想法很新奇，五花八门的名字接踵而来，经过投票后，孩子们把它取名为“温暖牌围脖”，孩子们说：“因为戴着这个围脖就会很温暖。”孩子们一有时间就问我：“现在我们织围脖吗？”“什么时候织围脖呀？”有些孩子织完第一条围脖后说：“我还想织围脖”，“那织完的围脖送给谁呢？”我好奇地问道。孩子们回答：“老师们，门口的保安叔叔、厨房老师、幼儿园里的小树等。”细心的孩子们让我很感动，但这对于孩子们来说是一个很大的挑战，织一条围脖需要两卷线，织两条的话就是四卷线，这让我有些顾虑，因此与孩子们进行了讨论，想听听所有孩子们的想法和选择，讨论会中孩子们情绪高涨，坚持要制作新年订单，孩子们还选择了每天织围脖的具体时间，不久后班中的小朋友都接到了新年订单，还为老师们选择了围脖的颜色。在织围脖的过程中孩子们都很感兴趣，虽然遇到了困难，但是没有一个小朋友放弃，兴趣激发着孩子学习的热情，推动着孩子能力的发展，经过一个多月的时间，孩子们顺利完成了所有的订单，因为他们坚持了自己的选择，并为之去努力，才有了今天的收获。

相信在这次的活动中，孩子们一定理解了“温暖牌围脖”的含义，也从中感受到了温暖与快乐，其实让孩子自己作选择的同时我们也要相信孩子，给孩子选择的机会，即使失败，这也是他们成长过程中的一种历练。

四、教师思考与收获

（一）联结儿童的“过去”

孩子们每天在幼儿园熟悉的环境中生活，有可爱的老师，有丰富的游戏，也有聊天的伙伴！大家在一起相处的过程中学习新本领，感受满满的幸福与快乐，收获如流水般的成长。无论我们是面对孩子，还是自身的专业成长，每一天的体验都是珍贵而又独一无二的，我们要善于发现身边的美，身边的偶然与契机，和孩子们一起度过美好的日常，做到日常即教育。

（二）聚焦儿童的“现在”

从儿童视角出发，给予儿童更大发展空间。其实，不光是活动的来源，在班级活动的开展与发展的整个过程中，都在紧紧地围绕儿童的视角。明确儿童看事物和问题的视角，我们的活动反而更加清晰且充满了活力。孩子们的每一个提问与想法，都是我们了解他们发展需求的时刻。

（三）展望儿童的“未来”

儿童是教育的出发点和归宿，课程是连接儿童与社会的桥梁。我们在设计活动时，要树立“儿童发展本位”的课程观，从儿童的生活、发展水平、认知特点、兴趣与需要出发，将目标融入儿童实际活动过程中，预留生成的空间和可能性，使活动的开展适宜、有趣、有效。教师要具有发现课程的意识和能力。当我们立足于儿童生活的视角，去感受、去珍视、去支持他们的成长兴趣和需求，让他们在参与、探索、尝试、感悟等活动中切实感受课程的魅力，自主地参与到课程的开发与建设中来；让“儿童成为儿童”，要让幼儿在参与课程体验活动中，玩中学，学中乐，乐中获，在体验活动中主动学习，发现自我，并成为最好的自己。

我相信，只要我们多观察、细思考，做一个有心的教师，将学习的理论与实践相结合，尊重幼儿学习与发展的基本规律和特点，一定能将儿童视角融入教育日常，努力和孩子们心意相通。

幼小衔接背景下教师跨学段轮岗活动的实践与思考——以广州市 p 区 s 镇中心幼儿园与小学轮岗活动为例

（蔡慧淇　广东省广州市 番禺区石碁镇中心幼儿园）

摘　要： 基于教育时政、幼小衔接现状、教师专业发展的现实背景，在广州市 p 区教育局的推动下，p 区幼儿园与小学初步开始尝试教师跨学段轮岗活动。本文以 s 镇中心幼儿园与小学轮岗活动为例，尝试构建设计幼小衔接教师跨学段轮岗与联合教研制度，并加之教师轮岗实践，希望为幼小跨学段轮岗活动提供一定的借鉴意义。

关键词： 幼小衔接；教师；跨学段轮岗

一、教师跨学段背景

基于近期教育部、省、市、区各级均出台推进幼小科学衔接工作的文件，十分重视衔接各项工作的开展；幼儿园向大班毕业就读一年级的幼儿家长发放回访的调查问卷反馈显示，部分幼儿在一年级入学初期出现不适、厌学、哭闹的情况；衔接主体在衔接意识的提高及其在幼小衔接工作上的专业发展需求，这三个方面的背景需求，s 镇中心幼儿园结合原有幼小衔接工作经验，在制定幼小衔接联合教研制度、幼小衔接教师轮岗制度后，双方开启多轮教师交流观摩、小学和幼儿园教师跨学段轮岗、幼小差异研讨活动。

二、衔接制度设计与原则

为明确教师轮岗目标，保障轮岗工作高效有序地推进，在轮岗活动前，s 中心幼儿园制定了幼小衔接教师轮岗制度。

（一）“三个必须”形成同心聚力的衔接生态

幼儿园确定“行政—教研—班级教师”三方衔接工作内容。行政管理层面必须为开展轮岗活动的各项软硬件提供支持；教研组层面必须成立轮岗活动专项小组，以教研形式确定轮岗的分工、人员、时间、交流目标等，组织幼小衔接教研活动、公开课，并及时进行反思，进行阶段小结；教师必须要制订个人跟岗活动计划，并主动进行总结，在教研活动中积极提出自己的意见。三方目标一致、各司其职，形成和谐默契的衔接生态，共同致力于寻找出就 s 镇中心幼儿园与 s 镇中心小学这一“对子”而言，真实、具体、典型的“对口衔接重难点”，从而做到逐一突破。

（二）“三个原则”选择定位清晰的轮岗主体

幼儿园以多学段、多覆盖、多岗位为原则，确定每一次轮岗的教师主体，并进行详细记录。

1. 多学段原则，即小、中、大班教师都是必须轮岗的主体对象。幼小衔接并不是大班才开始的，而是从小班入学的那一刻开始的，为此，多学段的轮岗主体，能够帮助拉长幼小衔接工作战线。

2. 多覆盖原则，即已进行过轮岗的教师不再纳入下一次轮岗的选择范围。教师只有切身体会到衔接中坡度差距与实际问题，才能主动减缓坡度、解决问题。多覆盖的轮岗主体，能够帮助拉宽幼小衔接工作阵地。

3. 多岗位原则，即各个岗位（包括但不仅限于班主任、助班）均需进行轮岗观摩交流活动。衔接工作并不是单独作战就可以实现的，必须幼儿园多方助力。多岗位轮岗不仅能够多角度地发现“衔接痛点”，在差异中求存，而且也能多方位发现“衔接通点”，在陡坡中求缓，从而帮助拉深幼小衔接工作战壕。

（三）“三个组织”确定内容丰富的交流形式

基于轮岗双方校园文化特色、教学方式、一日作息的不同，交流轮岗主要以组织主题活动、组织班级集体教学活动、组织幼儿一日生活教育教学的形式开展。幼儿园教师到小学组织“儒雅小校长”“红色文化”“劳动教育”等小学特色的主题班会活动，并走进小学课堂体验课堂教育教学活动；小学教师以助班的形式参与组织幼儿一日生活的所有环节，并组织一次集体教育教学活动。

三、衔接保障

1. 制度明确，确保轮岗活动落到实处。s中心幼儿园专门成立幼小衔接工作领导小组和轮岗活动专项小组，确保活动组织领导到位。轮岗制度分别从幼儿园行政管理层面、教研组层面、教师个人层面对各个主体进行工作要求，确保轮岗细节完善。联合教研机制中的联合研修机制、教师交流机制、三方联合教研机制和幼小互评机制，则是针对轮岗前的工作铺垫、轮岗后的教研反思进行工作要求。

2. 纳入计划，保障教师与幼儿的权益。把轮岗活动纳入幼儿园园务工作计划，在不影响教师正常教学进度和幼儿一日生活正常活动的情况下，保持轮岗衔接活动的连续性，保障双方的权益。另外，幼儿园也将定期开展园本教研专题培训和交流纳入教师学习计划，促进教师理论学习，为教师的轮岗实践活动提供科学指导。

3. 提高质量，吸纳多方意见促进和谐进展。幼儿园定期召开大班幼小衔接专题家长会，帮助家长树立科学衔接观念，也对轮岗活动进行说明，取得家长的认同和理解，并拓展家园互动渠道，了解家长需求，吸纳多方意见，保障衔接活动顺利和谐开展。

四、教师轮岗梳理与反思

（一）梳理教师反馈信息，记录幼小差异

1. 小学环境和一日生活与幼儿园大不相同。小学的环境充满书香气息，一日生活以集体学习活动为主，虽然课间让孩子们自主游戏，但课堂衔接节奏较快且紧凑，没有进餐环节。幼儿园环境充满童真童趣，色彩鲜艳丰富，户外器械丰富，一日生活环节还包括进餐、盥洗、睡眠等生活学习。

2. 课程内容与教学方法不同。小学每个学科都有各自的课程标准，对孩子们进行系统的文化知识教育，且小学课堂均为40分钟，课堂中以教师讲授为主，孩子们大多以排列整齐、端正坐好的形式听课。幼儿园则根据《3～6岁儿童学习与发展指南》划分五大领域课程，以游戏为主，鼓励孩子玩中学、学中玩。

3. 班级环境不同。小学班级课桌多为整齐排列，幼儿园较多为环形排列；小学厕所不在班级内，而是位于楼层公共拐角处，幼儿园厕所则是在班级内配套；小学班级内主要摆放辅助学习的物品，幼儿园则较多幼儿感兴趣的教具玩具。

（二）幼儿园优势与不足分析

我园将教师们轮岗后的分享感受，进行总结归纳及反思，并分析幼儿园的优势与不足。发现相比小学，幼儿园存在较多的优势：

其一，幼儿园是一个保教并重而非义务教育的机构，幼儿以游戏为主，在游戏中学习，教师的指导方法也是灵活多样的，我园近几年也采用项目式问题探究学习的方式让孩子作为学习探究的主体，孩子学习更具主动性。

其二，幼儿园生活节奏宽松自由，一日生活中游戏活动时间较多，比起小学阶段快速紧张的节奏、严格要求的作息制度和带有强制性的纪律规范，孩子生活管理不带强制性。

其三，小学孩子与教师接触大部分局限于课堂之内，而且是一对多的集体接触，幼儿园教师与孩子个别接触的机会较多，更容易满足幼儿的安全感和被爱的需求。

五、轮岗工作给予幼小双方的启示

多次的观摩轮岗、多次的教研讨论、多次的思想碰撞都给予衔接双方不同的反思改进方向。

幼儿园要放手让孩子“尝试上小学”。可以挑选一个月的某一天，或者一周的某一天，作为幼小衔接日。这一天的班级环境模仿小学的作息制度、课室摆放，孩子是自我服务自我管理的。此外，幼儿园要带给幼儿一种小学像魔法学院的神秘感，让幼儿迫不及待想上小学，想去学本领。在大班下学期的教育教学中，教师可以为孩子留下悬念，答案要去小学才能找，让幼儿期待小学，迫不及待想去小学一探究竟。例如：在小学课本某一页里藏了某个谜题的答案、一句想对孩子说的话；变一个魔术（磁力），让孩子们在小学科学课中寻找答案等。

小学可以模仿幼儿园的入学梯度和大型活动特色日。幼儿入幼儿园时，尚且有半日、大半日和全日的梯度入学，让小级幼儿缓解入园焦虑。小学也可模仿此制度，第一个月，在课堂时长上，课堂由 20 分钟，逐渐增多至 40 分钟；逐渐减少课间活动时间，且开始时幼儿仍然需要小学教师提醒如厕、喝水、午休，合理分配课间时间。在上学时间上，创设“半日课堂”，让幼儿逐渐适应小学作息制度生活。另外，小学可以在开学初的中秋节或者国庆节时创设大型活动特色日，在这一天高年级学生可以进行摆摊的技能展示，让高年级孩子为弟弟妹妹展示学习成果（语文摊吟诗诵词，数学摊展示科技，英语摊可以唱歌等），让初入学的幼儿近距离感受到学习知识的魅力，产生“我也想变成哥哥姐姐这么厉害的人”，增加“我想上小学”的归属感和“我是小学生”的成就感。

六、结语

通过轮岗活动，各个层面衔接主体都充分认识到教师轮岗交流工作对培养高质量的有效衔接师资、增强衔接工作信度和效度、提高幼小衔接质量，有着不可替代的作用。s 镇中心幼儿园通过领导评价、同事互评、个人体会等多种渠道进行了解，全方位、多角度地掌握幼儿教师轮岗交流后的效果，汲取轮岗交流成功与失败的经验教训，不断完善幼小衔接轮岗交流活动。同时，幼儿园根据评价机制完善轮岗制度，定期进行常态化幼小衔接轮岗教研活动，定期归纳轮岗教师的轮岗情况，掌握轮岗对象的活动状况和思想动态，为下一期轮岗活动制订更为高效的交流活动方案。

参考文献

[1] 温馨．幼小衔接背景下“幼小教研共同体”的构建及运行机制研究［D］．海南师

范大学，2022. DOI：10. 27719/d. cnki. ghnsf. 2022. 000238.

［2］张玮．小学一年级学生入学适应现状及影响因素研究［D］．陕西师范大学，2009.

［3］王声平，杨晓萍．近二十年我国幼小衔接研究述评［J］．重庆文理学院学报（社会科学版），2011，30（1）：148—153.

［4］周玉婷．双向驱动让幼小衔接更和谐［J］．湖北教育（政务宣传），2019，890（3）：51—52.

［5］鄞婉瑜．幼小衔接中幼儿园教师的准备策略［J］．幼儿教育研究，2023，49（1）：8—10.

［6］杨爱君．对幼儿教师轮岗流动制度的思考［J］．咸阳师范学院学报，2019，34（2）：108—111.

基于家·园·社合作的家庭教育指导路径探析

（张秋华　广州市番禺区石碁镇中心幼儿园）

摘　要：家庭教育、学校教育、社会教育三者是相互依存、相互促进的有机统一体。家庭教育直接关乎学校教育成效，影响到家园共育的效果。科学的家庭教育离不开正确的家庭教育指导，需要发挥家庭、幼儿园与社会三方面的合力来实现。本文从发挥家庭教育功能与保障幼儿学习权利两个角度分析家·园·社合作的家庭教育指导的重要性，提出加强家庭教育服务队伍建设、建立家庭教育指导的三边沟通机制、完善家庭教育指导的跟踪反馈机制三个机制，以及家庭教育指导的上门指导、线上指导两个渠道，让科学有效的家庭教育指导服务于家庭教育，与学校、社会通力合作为幼儿提供良好的学习与发展空间。

关键词：关键词家·园·社；家庭教育；家庭教育指导；家园共育

2022年1月1日起正式实施的《中华人民共和国家庭教育促进法》以专门法律的形式，从家庭责任、国家支持、社会协同与法律责任四个方面对家庭教育的促进进行了说明，明确了国家、社会、家庭教育提供指导、支持与服务，并提出家庭教育、学校教育、社会教育紧密结合、协调一致的要求。家庭是孩子的第一所学校，父母是孩子的人生启蒙教师，家庭教育对幼儿的学习成长起着不可替代的重要作用，与学校教育同样不可或缺。为更好地实现家园共育，幼儿园要重视家庭教育指导，履行好自身的职责与功能，在家庭、幼儿园、社会三个主体的共同协调下进行有效的家庭教育指导。

一、家·园·社合作的家庭教育指导不可或缺

家庭教育，是指父母或者其他监护人为促进未成年人全面健康成长，对其实施的道德品质、身体素质、生活技能、文化修养、行为习惯等方面的培育与引导的教育形式，其与学校教育、社会教育组成了三位一体的教育。家·园·社合作的家庭教育指导具有十分重要的意义。

（一）是发挥家庭教育功能的有效途径

家庭教育功能主要集中在对子女的抚养、监护以及发展教育这几个方面，这要求作为家庭教育的主体的父母具备正确的家庭教育思想、理念与方法，对子女进行科学的监护、教导，使之更好地成长。当前，“90”后的新生代父母成为家庭教育的主力军，他们的学历学识、文化素养有了显著的提升，家庭教育的意识和能力也有了明显的进步，但是仍然有一部分家长的家庭教育观念淡薄、方法不当，加之生活压力大等客观因素的影响，家庭教育在学前教育阶段儿童的学习与成长方面所发挥的作用依然有限。通过科学有效的家庭教育指导，让家长明确家庭教育的重要性，明确自身在子女学习与发展上所承担的义务与责任，了解家庭教育不只是给孩子提供良好的物质条件，还要对孩子道德品质、文化修养、行为习惯、身心健康以及生活技能等多个方面进行正确引导与教育；既要注重物质的支持，还要注重精神的关怀，进行有益的亲子陪伴等。家庭教育指导，让幼儿家长树立正确的家庭教育观念、科学的育儿思想，坚定家园共育思想，配合学校开展好对子女的教育，从而发挥好家庭教育的功能。

（二）是保障幼儿学习与发展权利的必要举措

当前社会经济结构发生了重大的变革，在经济与生活水平不断提高的同时，儿童学习与

发展权益呈现出新的形势与问题。不少父母将主要精力放在工作上，对子女的陪伴少，孩子缺乏父母的陪伴和关怀；有的孩子父母都在外地工作，或者经常需要出差，由爷爷奶奶看护，甚至寄养在亲戚家中；有的家长将孩子的学习全部推给老师，自身角色定位不准确；等等。这些主客观因素都直接导致儿童的学习与发展权利受到侵害，需要在幼儿园、社区、妇女儿童权益保障部门的监督下，进行适时必要的家庭教育指导，明确父母在家庭教育中的义务与责任，使之更好地履行监护人责任，保障儿童学习与发展的权利，促进幼儿健全人格的养成。

二、家·园·社合作的家庭教育指导实现路径

家·园·社合作的家庭教育指导应充分发挥政府的公共服务职能，发挥以社区以及妇女儿童联合会为代表的儿童权益保障部门的监督与服务职能，配合幼儿园开展有力的家庭教育指导，构建三位一体的家庭教育指导体系。

（一）建立“三个机制”，有效构建家庭教育指导

1. 建立家庭教育指导的队伍建设机制

家庭教育指导离不开专门、专业的家庭教育指导队伍。在明确家庭教育指导服务队伍的公益性质的基础上，由教育行政部门牵头，以政府购买的方式划拨专项资金，建立以家庭教育服务的志愿者、社区和妇联工作人员、学前教育领域专家学者和幼儿园教师为主体的家庭教育指导队伍，以多种形式开展公益性质的家庭教育指导活动。其中，幼儿园开展常态化的家庭教育指导，通过家长课堂、家长会以及家访等形式进行家庭教育指导；志愿服务者利用儿童活动中心、青少年宫等公共文化服务机构与爱国主义教育基地等进行公益性的家庭教育宣传与指导服务；社区、妇联在特殊情况下（如儿童辍学、家暴等）上门或者约谈儿童监护人。家庭教育指导队伍的建设，为家庭教育指导的开展提供了人员队伍保证。

2. 建立家庭教育指导的三边沟通机制

家·园·社合作的家庭教育指导的服务对象是家长，只有取得家长的理解、支持与配合，这项工作的开展才能得以进行，这需要家庭、幼儿园与社会三者之间的沟通、协调与配合。但是在现实工作中，家庭教育指导也还是面临着一些阻力，主要在于部分家长没有正确认识家庭教育指导的作用，存在一定的抵触心理，经常以没有时间、不方便、在外地、要加班等理由搪塞与拒绝。少数家长甚至发出“我的孩子我自己能管，轮不到你们操心”的声音，打消了家庭教育指导服务者的积极性，也堵上了开展有效的家庭教育指导的门。开展有效的家庭教育指导，应建立良好、畅通的家·园·社沟通机制，为消除家长的疑虑与防备，在非必要的情况下，社区、妇联不直接与家长联系，而是发挥幼儿园的桥梁与纽带作用，串联起三者的沟通联系。幼儿园解释、传达自身以及社区、妇联的家庭教育指导工作安排，争取家长的支持和配合，畅通沟通渠道。

3. 建立家庭教育指导的跟踪反馈机制

家庭教育指导是有明确目的性的，不是做做样子，走走流程，而是要求真务实地开展好家庭教育指导服务工作。家庭教育指导服务工作结束之后的跟踪、监督、反馈十分重要，是维护家庭教育指导工作成果，促进指导工作落实的关键。应通过与家长电话沟通、后期家访、与儿童反馈、幼儿园反馈等多种方式来了解家庭教育指导工作之后家庭教育的收效，必要的情况下进行第二次甚至第三次的家庭教育跟踪指导，直至问题得到解决和落实。

（二）开辟“两条渠道”，综合保证家庭教育指导实施

1. 家庭教育指导的上门指导

面对面的沟通交流是最直接、最有效的家庭教育指导方式。幼儿园可以以家访为契机，在与家长的谈话中沟通交流家庭教育的科学理念与有效方法。尤其是当受访的家庭存在一定

的家庭教育的偏差时，老师以正确的方式委婉地指出问题，耐心听取家长的想法与意见，进行平等的沟通，让家长意识到自身在家庭教育方面存在的问题。部分家庭在家庭教育中存在很严重的问题，如家庭夫妻关系紧张、对孩子有暴力行为、适龄儿童辍学在家等比较严重的、甚至违反《未成年人保护法》和《家庭教育促进法》，社区、妇联要积极履行监督与服务职能，上门了解情况，传达教育行政部门的精神以及相关的法律法规，敦促纠正错误做法，切实保障幼儿生存与发展权益。

2. 家庭教育指导的线上指导

线上指导是最便捷的家庭教育指导方式，可以在教育行政部门的统一组织下开展线上家庭教育指导，邀请幼儿教育、家庭教育等方面的名师、专家、学者进行线上讲座，家长通过智能手机、电脑等多种载体进行线上的家庭教育知识学习，很好地解决了家长因时间、地点以及工作等客观原因不方便参与现场讲座学习的问题。幼儿园也可以开通直播课堂，请权威的老师、专家学者进行线上的家庭教育指导，家长有问题的可以直接提问，讲课者进行及时的解答。线上指导以便捷的交互方式，为家长与讲课者之间进行在线的交流提供了契机。

三、结语

家庭教育对幼儿的学习与成长起着基础性和关键性作用，发挥家庭教育的功能才能更好地开展家园共育。科学有效的家庭教育指导，是发挥家庭教育功能的必要举措，是维护未成年儿童合法权益的有效途径。要在教育行政部门的统筹下，在社区和儿童权益保障部门的主导下，发挥幼儿园在家庭教育指导中的桥梁纽带作用，串联起家庭·幼儿园·社会，进行有效的沟通、协调与教育指导，让家庭教育更科学、更有效、更好地维护幼儿的学习与成长权利。

参考文献

［1］杨文悦，曾彬．家庭教育指导服务专业队伍建设研究——基于《中华人民共和国家庭教育促进法》［J］．成都师范学院学报，2022（2）：7－12.

［2］安晓云．幼儿园加强家庭教育指导的途径［J］．甘肃教育，2021（17）：58－60.

［3］李春怡．新冠疫情期间幼儿园线上家庭教育指导情况的调查研究［D］．辽宁师范大学，2021.

戏剧教育在幼儿园领域中的应用

（黄凯琳　广东省广州市番禺区石碁镇中心幼儿园）

摘　要：戏剧教育作为幼儿园的一种新的教育趋势，是以过程为取向的一种课程，对幼儿社会化发展、认知发展、肢体动作和语言发展有着不可替代的作用。其开展的形式多样，以融合于领域活动、区域活动和主题活动为主。针对戏剧教育对幼儿多方面发展的作用，本文从幼儿园、教师、家园合作三方面提出儿童戏剧教育的行动研究方法，以提升教育者对幼儿戏剧教育的游戏支持。

关键词：戏剧教育；幼儿园教育；戏剧情境

一、戏剧教育在幼儿教育中的功能

认知主义理论学者皮亚杰提出：游戏是学龄前儿童发展的最主要动力来源。心理学家荣格认为幻想是所有可能性之母。儿童戏剧教育作为一种即兴的、非正式的、自发性的戏剧形式，旨在运用“假装”的游戏本能进行经验重建和动作语言的表达。它以教师和幼儿作为共同参与者的角色，在不同的戏剧情境中，通过感知体验、思考讨论、互动想象等不同环节，促进幼儿社会性、认知、语言等方面的发展。

（一）儿童社会发展

戏剧教育通过在不同的戏剧情境下，激发幼儿自然自发地参与，加入团体，尝试表达、分享、讨论，学习信赖自己与同伴，更好成为“我”和“我们”。其社会性发展主要表现在自我概念、情绪处理、社会观点取代和社会技巧方面。

戏剧教育重在激发幼儿作为活动主体的主动性，不断引领幼儿发掘自我，通过创造一个介于个体内心世界和外在生活之间的戏剧情境，使其逐步呈现和自我展示，并得以具体形象化。幼儿的声音与身体得到充分展示并被接受与认同，帮助幼儿形成更加完整的自我概念。同时，幼儿在戏剧游戏过程中，通过角色的代入和不同戏剧情境的转化，唤醒深层情绪，将原本隐藏的状态带到可观察和感知的戏剧情境层面上，并在这过程中逐步控制及舒缓自己的情绪。

处于自我中心的学龄前幼儿，以主观情感判断行为和进行抉择。而戏剧教育通过角色扮演、团体互动等不同的教育形式，增强幼儿的他人情绪体验，扩大自己的情绪理解，带来体验的意识记忆和整合，帮助幼儿更好地从自我中心主义阶段过渡到社会化。在这个团体互动的过程中，幼儿尝试站在不同的角度面对问题，并应用分享、轮流、接纳、沟通等社会技巧，尝试调解同伴冲突，学习社会问题解决。

（二）儿童认知发展

儿童戏剧教育关注戏剧情境与现实生活的联系，提取幼儿的兴趣点和需要点，横跨“过去”“现在”乃至“未来”，引导幼儿在情境体验中解决问题，促进幼儿的认知思考能力、价值判断能力和创造力发展。

戏剧教育将问题以物化的方式在情境中虚拟地重现，进行动态演绎，幼儿身临其境地感受、体验，促发幼儿对教育情境和现实生活经验之间相连接，在反复中检验和调整自己的认知结构和行为模式。在这个过程中，幼儿对于不同经验的回顾、迁移，进行戏剧情境的互通，不断反复体验、思考、尝试解决，建构自我的认同感和价值判断方式。在戏剧情境中，幼儿通过积极的想象和创造性的象征游戏，发现使用并创造新的戏剧元素（道具、台词等），创造不同的心智意象，使其成为一种可用的、体验性的工具，进行深层的转化工作。如此，幼儿的创造力得到充分体现。

（三）儿童肢体动作与语言发展

在戏剧教育中，幼儿通过律动、动作模仿与创编、感官活动感知自己身体的各个部分，学习如何使用和控制自己的身体来进行表现，增强对外界环境刺激的感受和利用。创新戏剧教育与感统游戏的结合，在戏剧游戏中促进幼儿本体感等身体感官发展以及美感知觉的培养。

戏剧教育所提供的幼儿与同伴之间的讨论、分享等多种语言互动形式，帮助幼儿在不同情境中感受、使用语言，提高幼儿的语言能力和语言交流技巧。不断转换的情境提供幼儿不同声音大小、强弱、语调等变化，帮助幼儿提高自身的组织、思考或重组语言的能力。

二、戏剧教育在幼儿园开展的形式

儿童戏剧教育因突出教育情境与幼儿生活经验的联结，遵循“以问题为核心”的设计理念，因所采取的教育方向不同，在不同幼儿园呈现不同的课程形态，所开展的形式也有所差异。

（一）领域活动

最早戏剧教育在幼儿园语言领域活动中生根发芽，成为幼儿园语言活动的一种新的形式。以绘本为载体，将绘本与戏剧教育融为一体，尝试为绘本添加不同的戏剧元素，引发幼儿理解绘本，尝试表现从而认识与思考周围世界。之后，戏剧教育不断渗透于其他领域，刺激幼儿多感官的感知和领悟，从不同角度发现问题，解决问题。如在大班科学建构活动中，教师以游乐园人物为角色代入，鼓励幼儿用身体表现游乐园设施，进行角色互换，进一步帮助幼儿理解设施外形；在中班社会活动中，创设不同服务人员相碰撞的角色戏剧情境，激发幼儿对社会问题的发现和解决。

（二）区域活动

区域活动，是幼儿在教师准备的环境中进行的自由、自主、自选的活动。戏剧教育在幼儿园区域活动中更多表现为幼儿自选的戏剧扮演内容，可能来源于先前幼儿戏剧学习的经验，也可能来源于幼儿想象、商讨的游戏内容，是即兴萌发且零散片段的，属于幼儿的自发性戏剧扮演游戏。不限于表演区的戏剧教育情境，戏剧教育在区域活动中还可以表现为建构区的情境场地搭建、角色互动；美工区的道具制作、语言区的戏剧绘本阅读等。

（三）主题活动

以戏剧教育为基础所开展的主题更突出教师对于戏剧教育的了解和把握，以目标为导向，循序渐进、条理分明。合理把握教师预设与幼儿生成之间的关系，以过程为主，突出两个重点：①戏剧教育情境如何把握幼儿的兴趣点与需要点，呈现及澄清问题情境；②如何使幼儿聚焦于此时此地，把握幼儿的生活经验以及如何进一步延伸。主题式的戏剧教育更加凸显教育情境的连贯性，所有参与者共同创造，讨论、分工、反思、修改，在这不断重复、螺旋上升的过程中，共同探索解决故事人物或者自己所面临的问题情境，了解“我”与“我们”，成为一个自由的创造者、问题的解决者与经验的统合者。

三、深化儿童戏剧教育的行动和方法

儿童戏剧教育在幼儿教育的发展中尚处于探索阶段，各园也因不同的戏剧教育取向呈现出不同的发展特点。如何进一步促进儿童戏剧教育的本土化，使其更好地发挥教育价值，可以从以下三方面出发。

（一）多元戏剧教育教研并行

幼儿园层面上给予教师组织开展戏剧教育的选择权，为教师进行戏剧教育提供一个宽松自由的环境。开展戏剧教育的幼儿园应充分利用互联网、地区内教研关于戏剧教育的资源，引进相关项目或课程，对教师展开培训，帮助教师提高关于戏剧教育的理论基础。同时，幼儿园实行以研促教，可在资源充足的情况下成立开展戏剧教育的子课题，开展行动研究，注重教师对于戏剧教育活动的反思及互相反馈，重视戏剧教育课程的质量考评；创新戏剧游戏工作坊，尝试进行新、老教师之间关于戏剧教育的一对一帮扶，促进教师之间的教学经验沟通。

（二）教师个人行动中省思

教师个人在戏剧教育活动的专业成长主要包括：能力的培养、活动信念的养成、师幼互动的把握以及理论的学习。相比于其他的教学形式，开展戏剧教育，教师所需要具备的能力是跨越时空的、跨越自我和他人的，主要包括以下几个方面：①主动自觉并喜爱投入喜剧的兴趣；②从容进出情境内外，不同教学角色转换的能力；③容纳幼儿新体验的开放性；④反思功能，并能够帮助幼儿带来情境体验的意识记忆和整合能力。

除了教学活动中的行动研究，教师还可以通过学习进修与儿童戏剧教育相关的课程，了解更多戏剧教育的相关理论，厘清“戏剧”与“表演”的概念区分，做到理论与实践相结合。

（三）有力家园互动中合作

有力的家园合作促进戏剧教育的多元化发展，不同家长对于戏剧教育的理解不同，家长反馈参与可以带给教师不一样的思考。一方面，教师可以通过文字、视频等方式向家长宣扬戏剧教育；另一方面，鼓励家长参与幼儿园的戏剧教育活动，家长可以扮演其中的角色、参与戏剧讨论等多种方式感受戏剧教育。家长的参与会让幼儿的活动热情更加高昂。

戏剧教育的魅力如此之大，等待着我们去挖掘。幼儿园从曾经传统的规矩的戏剧表演到如今的形式多样将戏剧教育融入幼儿园一日生活中，发挥更多幼儿的主体性，刺激幼儿在情境中感受和学习的能力。如今，我们慢慢走向戏剧教育的内心，走向其真谛，真正感受、理解、突破……儿童戏剧教育还有多少种可能呢？孩子说：“我们一起去看看吧。”此时此刻，此景，此地，我们，都是孩子。

参考文献

［1］林玫君．儿童戏剧教育的理论与实务［M］．上海：复旦大学出版社，2015：65—155.

［2］张金梅．生长戏剧：学前儿童戏剧经验的有机建构［J］．学前教育研究，2019（10）：71—74.

［3］陈晓萍．主题式儿童戏剧活动课程的建构与实施［J］．幼教天地，2015（8）：90—92.

［4］李茼．幼儿园大班戏剧主题活动中师幼互动的个案研究［D］．四川师范大学，2019.

［5］姚静宜．基于绘本的大班幼儿创造性戏剧活动的行动研究［D］．华中师范大学，2019.

基于儿童视角的幼儿园环境创设策略研究

（陈倚霜　广东省广州市番禺区石碁镇中心幼儿园）

摘　要：在传统的儿童研究中，成人的话语占据主要地位，而儿童作为“被研究的对象”，很少有人关注来自儿童本身的声音。20世纪80年代之后，越来越多的专家学者开始从儿童的角度出发关注儿童相关问题。国内外儿童观的发展和改变使得“儿童视角”“儿童参与”逐渐出现并发展，然而在实际的研究中，儿童仍然没有机会发表自己的想法，他们依旧被忽视。本研究从儿童视角出发，通过对儿童声音的倾听，了解儿童对当前幼儿园环境创设的看法，与此同时，探究儿童理想中的幼儿园环境，且与儿童一起投入改造，为幼儿园环境的创设提供一个新的视角。

关键词：儿童视角；幼儿园；环境创设

环境对于一个人的影响是长远的，那么幼儿园的环境怎样才算是舒适的、有利于幼儿成长的呢？创设幼儿园环境作为一项长期的系统工程，对幼儿身心影响是可视化的。基于此，本文将以儿童视角为基础，分析如何激发幼儿创设环境的兴趣，同时提出尊重幼儿想法的简要案例，希望能够为幼儿创设出舒适安逸利于成长的环境，从而促使幼儿能够身心健康全面发展。

一、儿童视角及幼儿环境的概念

（一）儿童视角

儿童视角其实主要指教师能够把儿童看成是一个有能力的个体，在行动上能够蹲下身来耐心地倾听儿童的想法，尽力满足儿童的需求，理解、支持儿童表达的独特方式。即教师要创设较为宽松和自由的环境，在幼儿园环境创设过程中，给予儿童参与的机会，从儿童的立场出发，认真倾听儿童的想法，支持他们能够以自己的审美和需求参与到环境创设的过程中来。

（二）幼儿环境

幼儿环境的概念有狭义和广义之分。就狭义方面而言幼儿园环境主要指在幼儿教育过程中，影响幼儿身心发展的精神以及物质的总和。从广义方面而言幼儿环境主要指幼儿园教育工作的实施需要在幼儿园环境中才可以完成的基础条件的总和，换句话讲就是除了幼儿园基础设施环境之外，还指幼儿园以外的家庭、社会以及自然等大环境。

二、幼儿园环境创设现状分析

（一）忽略幼儿思维，重在教师设计

在多数幼儿园中班级环境设置都是教师布置手工任务，要求家长陪同幼儿制作，但是却忽略幼儿的想象力和创造力的发挥。教师所布置的任务从根本而言都是为家长所布置，都是家长在完成，而幼儿较少地参与，会使幼儿心理形成依赖性。并且幼儿园环境过于重视装饰性物品，忽略精神层面的内容、忽略幼儿内心需求及审美，从而创设出的幼儿环境更像是家

长和教师所需要的环境，并非幼儿所需要的环境。

（二）幼儿园环境可利用的资源较单一

教师要结合素质教育理念制订教学计划，重视幼儿的全面发展，部分教师通常利用显性教育资源进行教学工作，在教学中具有强烈的目的性，忽视幼儿园环境中存在的隐性教育资源，可利用的教育资源较单一。教师没有根据幼儿的个人喜好进行环境创设，环境资源的单一让隐性教育资源失去了作用，幼儿园环境创设不利于幼儿的发展。从当前幼儿园教育的情况来看，幼儿园对环境创设工作的开展不够重视，教师一味按照教材内容进行知识讲解，幼儿缺少一定的实践体验，教育效果不佳。

（三）剥夺幼儿参与评价、布置环境的机会

幼儿主动参与创设幼儿园环境具有一定的教育意义，不但有利于幼儿身心发展，还能满足幼儿实现自我价值，激发幼儿能力、提高幼儿动手操作能力。但实际创设幼儿园环境多数都是教师全权代替，并不会询问幼儿需求。

三、儿童视角创设幼儿园环境建议

（一）给予幼儿参与的机会，增加创设环境的情感体验

在环境创设中要真正意义上从儿童的观点来看，最关键的是让儿童能够真正地投入游戏当中，让儿童做我们通常所说的“主体”。在此项研究中，儿童想要参加不同的情境安排，希望在幼儿园各个地方看到自己的作品留下的痕迹。研究者作为教师需要走进儿童的内心，聆听他们的想法，鼓励支持他们遵从想法去实施，共同进行材料的制作、作品的张贴和环境的布置，只有这样的教师、儿童之间才可以彼此理解，之后再共同成长。

那么，怎样才能在儿童情境创设中，实现儿童的“真参与”呢？就表面而言，环境里放置的每一样东西，张贴的每一份作品都由儿童来决定。当然这不是由单一的一个儿童决定，而是经过儿童讨论后一致决定。环境中到处都是儿童参与的痕迹。从内在品质看，儿童意识到教师不是权威，自己也是幼儿园的主人，很多事情可以自己决定，和老师平等共处，在环境的布置上面可以发表自己的想法。环境创设中儿童的真参与，能够让儿童更清晰地认识到自己是幼儿园的主人，在参与的过程中积极性大大提高，有创意的想法也会接踵而来。

（二）随着时间的变化，实现动态环境的创设

教师应当充分结合幼儿的喜好变化进行动态环境的创设，教师要按照时间的变化开展相关的教育工作，并结合周围的环境开展与生活相关的教学活动，以此增加幼儿的生活体验，让幼儿积累更多知识，促进幼儿的发展。为了满足幼儿的个人发展需求，教师应站在幼儿的角度进行教学活动设计，充分利用现代化信息技术实现动态环境的创设，并开展教学活动，让幼儿主动融入教学活动中，充分发挥环境教育的作用。促进幼儿园动态环境的创设，提高幼儿教育的质量。

例如，教师可以带领幼儿进行“四季变化之美”的实践性活动，教师可以结合当下的季节让幼儿进行交流讨论，如教师可以询问幼儿：“在大家的印象里春天是什么颜色的?”“你为什么喜欢春天呢?”教师可以根据不同的季节准备相应的材料，如春天的树叶、植物及昆虫等，教师可利用趣味性的提问方式让幼儿进行回答，然后出示代表不同季节的实物或图片，激发幼儿对知识探究的兴趣。教师可以带领幼儿到真实的自然环境中进行感知，感受季节的变化，欣赏不同季节的景物。春天是万物复苏的季节，踏青旅行使人们的生活丰富多彩，教师可以让幼儿采集周围的植物制作成标本，通过这种方式帮助幼儿积累一定的自然知

识。教师还可以让幼儿根据自己采集的标本进行绘画，带领幼儿在不同季节中感受美的韵味，让幼儿之间分享自己的作品，让幼儿讲述一下自己创作的内容。教师结合本节课的主题设计问题让幼儿展开交流互动，提升幼儿学习的积极性，促进幼儿教学工作的开展。教师还可以利用教学活动美化班级的内部环境，让幼儿将自己制作的标本和美术作品进行张贴，以此体现内部环境的动态化，体现环境创设的丰富性及多样化，让幼儿在环境创设中感受季节变化的美好。

（三）充分确立幼儿的主体地位，尊重幼儿在环境创设中的主动性

部分幼儿园教师在具体进行教学活动实施的过程中容易陷入一定的误区，那就是幼儿缺乏对不同学科基础知识的了解，因此无论哪一种学科的教师在进行教学的时候都需要灌输知识。也正是因为部分教师在教学期间持有这种错误的观点，因此他们对于幼儿在特定环境中幼儿自主学习能力的培养有所忽视。就拿美术学科来讲，教师需要对幼儿的欣赏能力和绘画能力进行培养，然而他们会认为幼儿的欣赏能力和绘画技巧不足，因此在教学中会着重向幼儿传授简单的欣赏技巧或基础绘画能力，然后再引导幼儿进行创作。然而就幼儿身心特点来讲，本身想象力就十分丰富，同时教师在对幼儿进行教学的过程中，其主要目的是激发幼儿的学科兴趣，因此并没有必要去规定幼儿对专业知识技能做到熟练掌握。因此，教师必须要结合幼儿实际对自身教学观点进行调整，在实际教学时，以幼儿为主。例如，幼儿园教师可以引导幼儿到户外进行采风活动，让幼儿在对户外环境观察的过程中进行绘画创作。如此一来，在自然环境中幼儿的自我感受得到了充分发挥，进而去感知外在，利用自我感官能力来创作作品，其效果好于教师的单方面灌输。因此教师在创设环境的时候要对幼儿的主体地位做到充分尊重，将幼儿对环境的自我感知能力充分发挥出来。

四、结语

环境虽然不会说话，但却能以一种无形的方式影响着置身其中的人。在幼儿教育领域，教师应当精心进行环境创设，让好的环境成为引导幼儿成长的“好老师”，带给幼儿更多的启迪，滋养他们的心灵。教师一定不能想当然地从自身的经验出发，直接进行环境的创设，而应当认真考虑所教幼儿的实际特点，以及他们成长与发展的需求，基于儿童视角引导幼儿参与到环境创设中来，与他们共同打造优质的教育环境，让环境影响幼儿，引领幼儿的成长。

参考文献

［1］周妍．项目教学法在《幼儿园环境创设》课程的应用研究［J］．流行色，2022（10）：37—39.

［2］孔丽娟．儿童视角下幼儿园环境创设的价值意蕴与实践策略——以成都市金堂县云绣幼儿园为例［J］．教育科学论坛，2022（29）：77—80.

［3］曹琳．文化自信理念下幼儿园环境创设的实践研究——以徽文化为例［J］．家教世界，2022（9）：33—34.

［4］董玲玲．走进儿童，贴近生活——基于儿童立场的幼儿园环境创设实践［J］．山西教育（幼教），2022（1）：68—69.

［5］刘明勇，方吉祥．幼儿园环境创设中纸类材料应用的问题与改进策略［J］．基础教育研究，2022（2）：94—96.

关于幼儿音乐素养提升路径的思考

（陈巧碧　广东省广州市番禺区石碁镇中心幼儿园）

摘　要： 3～6 岁是幼儿的音乐素养全面发展的关键期，在这一阶段，幼儿对于音乐的敏感性处于启蒙发展性阶段，对于音乐的感知和情感相对比较丰富。在教学实践中，教师应当学会合理利用幼儿的心理发展的阶段性特点，辅助以合理的教育教学手段，借助视唱练耳进行教学，让幼儿通过音乐的体态律动和音乐赏析来获得美的享受，帮助提升幼儿的音乐艺术修养。幼儿的学习兴趣需要家园配合一致，家庭是幼儿的重要学习和生活场景，家长帮助幼儿保持音乐学习兴趣至关重要，教师的教学在延伸阶段的价值意义得到最大化。

关键词： 幼儿；音乐素养；提升路径

一、研究意义

对幼儿进行音乐教学是为了培养幼儿的审美能力，幼儿教师可以借助现代教学手段和互动课堂模式，营造非常好的教学氛围，并在教学实践中加以运用。让幼儿感受到音乐的魅力，并与其他教学方式进行有效结合，实现优势互补，提高自身的音乐素养，对幼儿的长远性发展具有重要意义。在幼儿欣赏音乐时，教师要引导幼儿去表达自己所要表达的情感世界，并能做到真正领会音乐的内涵意义，从而全面认识音乐作品。创设情境，引发学生参与意识。兴趣是最好的老师，只有当我们的教学活动与幼儿生活实际相联系时，才能产生浓厚的兴趣和强烈的求知欲。

二、幼儿音乐素养的概念界定

《幼儿园教育指导纲要（试行）》强调，要提高儿童的美学水平，激发他们对歌曲和艺术的浓厚兴趣，打破传统的音乐教育理念，鼓励他们发散性思维，发展他们的创作才能。幼儿教师应该不仅注重培养孩子良好的学习习惯和行为习惯，还要将核心素养教育融入审美教育和品质教育中，帮助孩子从“听觉认知”向“音乐记忆”“声音感悟”“语言发展”等方面发展，以提高他们的综合能力，发展他们的创造性和实践。通过提高孩子的视听能力、音乐兴趣和审美情趣，我们希望通过优美的旋律来潜移默化地提高他们的音乐鉴赏能力和创造性思维。

三、多元支持与结合，促进幼儿音乐素养的提高

（一）语言与音乐结合，融入音乐故事

在日常音乐活动中，教师要结合小朋友喜欢的故事情境，帮助幼儿更好地理解音乐情感。或者借助一些有趣的乐曲和富有趣味性的故事，从而吸引幼儿开展想象。此外，教师还要根据音乐特点和幼儿年龄发展特征，引导他们欣赏音乐、表现音乐等方式来进行音乐创造，以激发他们对音乐产生更浓厚的兴趣。这提升了孩子们的想象力，使音乐更适合幼儿的口味。在进行音乐创编时，教师可以借助绘本为幼儿提供一个良好的音乐情境和素材基础。在绘本阅读过程中，教师要善于抓住幼儿的心理，拨动幼儿的音乐之弦，让我们的幼儿在轻

松愉悦、开心的氛围中感悟美、感受美、体验美。绘本不仅能够吸引幼儿，而且还能幼儿激发他们对音乐的兴趣，从而培养幼儿音乐创造能力。因此，教师要充分利用这一教学资源，引导幼儿进行创造性思维。绘本故事《爱音乐的鸟》，一个关于爱音乐的故事：马可刚开始练习乐器时，他感到很吃力。在那之后，马可停止练习他的乐器，并认为他可能永远不能再这样做了。但春天来了，当马可听见小鸟的声音时，他立刻想起了自己的声音，并开始演奏“热身”中的故事，这种创作氛围激发了孩子们进入神奇的音乐世界。通过想象自己成为音乐会的主角，并主动选择自己喜欢的乐器演奏，“热身”的形式有助于激发孩子们的音乐创作活力。

通过将绘本与音乐相结合，从音乐的角度阅读绘本，不仅能够满足幼儿心理发展的需求，还能帮助他们拓宽视野。无论是音乐知识普及类还是故事性绘本，都具有一定的实用价值。因此，教师应该精心挑选绘本，为音乐创作提供服务，促进幼儿音乐素养的提升。

（二）音乐以绘画辅助，表达音乐元素

歌曲和绘画是幼儿园艺术教育中不可缺少的元素，它们相得益彰。在感知音乐作品的过程中，我们教师会利用图片、绘画等多种形式，让孩子更加直接地感受音乐的韵味，从而提升他们对歌曲的理解能力。这些都是利用音乐和美术相互融合而进行教学的一种方式，能够有效提高课堂教学效率，使幼儿更好地学习音乐知识。在《春天》这首歌曲的教学中，教师可以通过在黑板上画出春天的特征，如花草树木，来让学生初步感受春天的特点和场景，并培养他们对春天的热爱。此外，教师还可以鼓励学生用画笔描绘出自己对春天的认识，以锻炼他们的绘画和感知能力。在这个时候，我们可以播放《春天》这首歌，以激发孩子们对音乐的兴趣。教师可以指导孩子们在纸上描绘出他们对音乐的理解，或者让他们在听完这首歌后，将自己对音乐的感受写在绘本上。在教学过程中，教师可以通过创造一个轻松愉悦的审美情景，让学生在绘画和音乐之间建立良好的沟通与交流平台，从而提高他们的绘画技能、音乐理解能力和创造力。例如，可以让学生在画本上画出《春天》这首歌，并在黑板上画出自己对春天的理解，然后播放歌曲。此外，教师还可以让学生在绘本中画出自己对春天的认识，进一步激发他们的绘画能力，从而提高他们的绘画技能和音乐理解能力。播放歌曲时，可以通过绘画来激发孩子的音乐联想，让他们在纸上描绘出自己对音乐的理解，或者在阅读绘本后，将自己对音乐的感受自动呈现在绘本上。在教学过程中，我们设计了一系列以音乐律动为主线的游戏，比如《春天》中的“杨柳树枝对着我们弯弯腰”，“蝴蝶姑娘飞来了”，“蜜蜂嗡嗡叫”，“小白兔儿一跳跳又一跳”等，以辅助学习者更进一步地了解和学习声乐理论知识。

采取绘本和音乐结合的形式，借助绘画场景的形象性，不仅有助于幼儿绘画能力的发展，增强其表达能力，也促进幼儿对音乐内容的形象感知，帮助幼儿理解音乐。这也是一种综合培养幼儿审美和创造能力，促进幼儿音乐素养提升的极佳的选择。

（三）律动和乐器配合，展现音乐情节

通过奥尔夫教学法的启发，幼儿能够在跳舞中体会乐曲的旋律，并对声乐教学形成浓厚兴趣。通过简易的跳舞动作编排，并将歌曲融入科普性的内容，能够间接训练幼儿的身体协调能力，并普及基本常识，培养幼儿的语言能力。幼儿的体态律动不仅能够提高其音乐素养，还能培养肢体语言等方面的能力，对于幼儿身体协调性的发展有着重要作用，因此在教学环节中教师应注重课堂掌控。教师在教学中可以利用一些简单的器材来代替传统的打击乐器，通过简单的敲击，让幼儿感受到音乐的节奏感。在教学过程中，教师能够通过分发各类敲击音乐来协助孩子增加旋律感。除去应用常见的乐器，教师还应该让孩子试试利用各类物件，如矿泉水瓶、铁锤、水壶或碗筷，将它们幻想成乐器加以敲击，以体验“音乐”的音色差异，并思索怎样敲击出截然不同的旋律。通过这种方式，教师能够协助孩子更好地倾听音

乐，并培养他们的音乐敏感度。

通过这种方式，我们希望能够让幼儿对打击乐器产生浓厚的兴趣，并培养他们的音乐节奏感和肢体语言能力。在幼儿园教学中，音乐是一门综合性学科，它不仅能够帮助学生提高情操，还能够促进他们的智力发展，有助于他们身心健康。随着教育改革进程加快，幼儿期音乐教育也受到广泛重视。在教学过程中，教师应该充分利用幼儿的独特感受和体验，让他们在欣赏美妙的艺术作品时，能够通过身体动作来模仿和创作。乐器的节奏感和身体的节奏感都为幼儿音乐节奏素养的发展提供了有效的帮助。

（四）家园一致育幼儿，营造音乐氛围

《3～6岁儿童学习与发展指南》强调，家庭教育、小学和社区应当通力合作，为孩子们创设一种温馨的环境，培养健康的亲子、师生和伙伴人际关系，以促使孩子的全面健康发展。幼儿音乐教育不仅是幼儿教师的责任，也是幼儿家长的责任。通过与家长交流可以了解孩子们的内心想法和需求，从而帮助他们找到适合自己的教育方法。音乐作为一门艺术课程，它不仅能够带给幼儿美的享受，更能激发其想象力和创造力。为了培养和提高幼儿的音乐素养，我们不能仅仅依靠幼儿园的课堂教学。在日常生活中，教师应该清楚地知道，孩子们无意中哼唱或拍打的节奏是一种非常有创造性的活动。虽然这种无意中的行为有即兴成分，但它是孩子对音乐产生兴趣的先决条件，因此当出现类似情况时，家长老师应鼓励和适当引导孩子听古典或流行音乐以外的短音乐。

四、结语

在培养幼儿音乐素养时，教师要充分利用资源，注意与其他领域的教学相结合，从中发掘音乐创编素材。同时也应结合游戏活动，让学生参与到音乐实践中来。只有这样才能促进幼儿更好地理解和掌握音乐作品，从而形成良好的情感体验。通过本研究，我们希望可以更好地训练孩子的音乐教育才能，并帮助教师提高音乐教学的深度，从而引导他们从“模仿性学习”走向“创造性学习”。

参考文献

[1] 赵瑛．音乐教学充分调动幼儿的情感体验［J］．天津教育，2021（5）：130－132.

[2] 朱敏．幼儿园音乐教育核心素养的培养体系［J］．智力，2021（33）：193－195.

[3] 左冰心．入情入境　在想象中培养幼儿的音乐素养［J］．新智慧，2021（22）：125－126.

[4] 中华人民共和国教育部．3～6岁儿童学习与发展指南［S］．北京：北京师范大学出版社，2012.

浅谈在家庭教育中粤语童谣的应用

（王洪　广东省广州市番禺区石碁镇中心幼儿园）

摘　要：粤语童谣是广东人所创作的一种民间歌谣，是流传于广东、香港、澳门等地区的一种语言艺术。在家庭教育中，粤语童谣作为一种家庭文化被家长接受，也作为孩子学习和传承优秀的传统文化的重要途径。因此，将粤语童谣与家庭教育结合起来，有利于促进家庭关系和谐，为家庭教育提供新的教育理念和模式。

关键词：粤语童谣；家庭教育；语言艺术

一、引言

在家庭教育中，家长如何教育孩子，如何让孩子能健康快乐地成长是每一位家长都关心的问题。由于各种原因，一些家长无法做到全身心地陪伴在孩子身边，只能通过物质和精神上的鼓励来激励孩子的成长。因此要想更好地实现家庭教育功能就需要从教育理念和模式上创新，将传统文化与家庭教育相结合。

粤语童谣是流传于广东、香港、澳门等地区的一种语言艺术，内容以儿童喜闻乐见的故事或童谣为主，形式多样。作为一种家庭文化也是对传统文化教育的延续和传承。

同时，粤语童谣作为家庭文化中的一部分，它不仅承载着人们对于童年美好生活的回忆、美好记忆以及美好情感，也是传承中华优秀传统美德和培育现代社会公民的重要途径之一。

二、研究现状

随着粤语童谣的流行，对粤语童谣内容、创作、影响、传承等方面的研究也越来越多。比如有学者对粤语童谣进行了研究，认为粤语童谣能促进儿童心理健康发展；有学者将传统文化与青少年心理健康发展相结合来分析，认为粤语童谣可以促进青少年心理健康；也有学者对粤语童谣作为家庭教育的工具进行了分析，认为对其进行研究有利于家庭关系的和谐发展。关于粤语童谣与家庭教育之间关系的研究主要集中在广东佛山地区。例如，有学者从家庭教育角度出发对家长在培养孩子过程中运用粤语童谣进行了相关研究，指出家长用粤语儿歌来引导和教育孩子会促进亲子关系的和谐发展；有学者对佛山地区儿童传唱的经典儿童歌进行了分析，并对佛山地区儿童所传唱的经典儿童歌进行了总结和归纳。另外还有一些关于粤语童谣在家庭教育中所发挥作用的研究方面也取得了一定成果。例如，有学者结合当下社会对少儿成长教育以及家庭教养模式提出了建议，指出应该通过寓教于乐、多角度引导和培养孩子，帮助他们形成良好的行为习惯、学习兴趣及生活习惯。

三、概念界定

关于粤语童谣的概念界定，笔者认为：首先，它是一种文化现象。其次，它是一种语言艺术。最后，它以其独特的风格与特点而深受人们的喜爱。因此，粤语童谣就是指流传于广东、香港、澳门等地区的优秀歌曲。在家庭教育中使用粤语童谣，有利于促进孩子对传统文化的学习和传承，有利于培养孩子的创新精神及其创新能力。因此，对于粤语童谣的界定需要结合家庭教育来分析其内涵及其在家庭中发挥的作用。

四、粤语童谣的类型及特点

粤语童谣，内容涉及的范围十分广泛，有历史传说、生活常识、风俗习惯、生活环境等，如：

大头大
我的大头。
头戴竹笠戴瓜帽，
头戴花环穿草鞋。
不是人，不成鬼（广东人称鬼为“鬼仔”），
叫大头仔。

五、粤语童谣对家庭教育的作用

首先，可以通过教唱儿歌来进行品德教育。由于受传统文化影响，粤语童谣在家庭中被家长所接受。而且，家长通过教唱童谣还可以让孩子感受到中华优秀传统文化的魅力。在教唱歌谣时也可以对孩子进行道德教育，因为其中蕴含着中国优秀的道德文化，从而引导孩子成为一个品德高尚的人。其次，可以通过童谣来培养孩子的想象力和创造力。现在的孩子大部分都是独生子女，因此家长希望在他们成长过程中能够给予他们更多的关爱和陪伴。粤语童谣中蕴含着许多传统和历史文化知识，通过给他们听这样的歌谣来培养他们对中华传统文化的兴趣是非常有益的。

六、粤语童谣的启示

作为广东地区具有代表性的传统文化之一，粤语童谣在家庭教育中起到了非常重要的作用。将传统的广东语言文化和传统家庭观念相结合，对构建和谐家庭具有重要参考意义。

一是父母应有意识地加强对孩子的教育引导，并在孩子面前表现出一种良好的生活习惯、良好的精神风貌，为孩子树立榜样。

二是培养和建立良好的亲子关系。在亲子教育中，家长应有意识地培养孩子的独立能力、与人交往的能力、创新意识和团结协作精神等。

三是将传统文化与家庭教育相结合，有利于促进家庭和谐发展，形成良好的教育氛围。

七、结语

家庭教育是孩子成长的关键阶段，也是孩子的第一个启蒙教育时期，对其以后的发展具有决定性作用。它不仅是促进孩子身心发展的重要途径，也是培养孩子学习能力和习惯以及思想道德品质的重要途径。

粤语童谣作为传统文化中较为丰富的一部分，它不仅能够有效地提高孩子对于传统文化的认知，也能使家庭成员之间关系更加融洽和谐。因此，在家庭教育中，家长应以尊重为前提、以理解和宽容为基础、以良好的教育方法为前提、以正确培养良好品德为目的、以健康活泼的精神生活作为最终目标。只有这样，才能使家庭成员关系更加融洽。

随着时代的发展和社会的进步；通过童谣所蕴含的教育意义来提高家庭教育效果已成为一种必然趋势；如何运用现代教育理念和科学手段来开展家庭教育成为广大家长关注的问题之一；也需要在实践中不断总结经验教训以及吸取教训。

参考文献

［1］樊熠．浅谈幼儿的家庭教育［J］．儿童大世界·家庭教育研究，2017（2）：3.
［2］龚小河．浅谈幼儿家庭教育存在的问题及对策［J］．学周刊，2012（2）：17.
［3］谭洁莹．粤语童谣在幼儿文学课程中的应用与传承［J］．山西青年，2020（2）：18.
［4］万珊珊．粤语童谣的教育传承与发展［J］．戏剧之家，2019（17）：4.

在幼儿园小班音乐活动中培养幼儿创造力的教学策略

（袁雯沁　广东省广州市番禺区石碁镇中心幼儿园）

摘　要：幼儿教育应重视激发幼儿的想象力、创造力和思维。在幼儿园小班阶段，对幼儿进行思想教育，培养其正确的社会意识，具有十分重要的意义。幼儿喜爱音乐是一种自然的爱好，因此，作为一名幼儿园老师，应该充分发挥幼儿的自然本性，从小班幼儿的爱好出发，进行有效的音乐活动。通过对幼儿的音乐教学进行指导，使幼儿的想象力、创造力和表现力得到充分的发挥，从而提高他们的艺术素养。

关键词：幼儿；音乐；创造力

一、小班幼儿在开展音乐活动中发展幼儿创造力的重要作用

（一）音乐教育对小班幼儿创造力培养的意义

悦耳的音符可以保持神经细胞的兴奋、血液循环的加快、新陈代谢的加快，从而激发幼儿的音乐学习热情，促进儿童的身心发展。音乐活动对儿童的听力和记忆力有一定的促进作用。幼儿在聆听美妙的乐曲时，在音乐的感应下，与自身的领悟相结合，不由自主地舞动起来，既可以训练孩子的音乐韵律，又可以训练他们的肢体协调，增强他们的音乐感觉，使他们对音乐有自己独特的认识。

（二）从小班幼儿兴趣出发，音乐活动能培养其创造性

要提高音乐教学的效果，必须从儿童的兴趣入手，通过对儿童的音乐活动进行有效的运用，使其产生对音乐的兴趣，从而培养其创造性人格。在课程的游戏化背景下进行儿童的音乐活动，有利于儿童的身心发展。歌唱是由肺部和发声器官共同完成的。儿童通过音乐和游戏来锻炼他们的体质。音乐让孩子们心情愉悦。儿童在学习音乐时，首先要通过听觉器官获得音乐信息，然后通过多次的视觉和听觉来熟悉，进而达到对音乐的感觉和鉴赏，最终达到音乐的表现。

二、教师在音乐活动中培养幼儿的创造力的具体策略

在新课程标准下，幼儿教育应充分发挥启蒙的功能，引导幼儿打破思维局限，增强创造力，使其达到更高的教学目的。对儿童而言，通过组织音乐活动，可以有效地促进儿童的创造性、艺术性、身心的全面发展。作为一名幼儿教师，笔者在“寓教于乐”的思想指导下，对如何通过音乐教学活动来提高儿童的创造性进行了探讨。

（一）营造轻松愉快的音乐活动氛围

在对幼儿开展系统的音乐活动游戏教学时，教师具有关键性的作用。幼儿是音乐游戏的积极参与者也是音乐学习的主体，幼儿通过对未知事物进行直接的感知、动手操作和课后日常的游戏活动进行学习。每个幼儿都是独立的个体，每个幼儿都有自己独特的个性和想法。在进行音乐活动时，应充分尊重儿童的思想，创造相对轻松、自主的活动环境。儿童的思维具有发散性，具有无限的可能性，教师不应拘泥于孩子的思维方式，应尊重其个体差异。当

一些孩子在进行音乐活动时，他们会忍不住跳舞、自编自唱，老师们不要轻易否认。

要学会和幼儿沟通交流，询问幼儿为何突然间有此想法，必要的时候给予相应的鼓励和支持，给幼儿营造一个相对自由的活动空间。例如，在进行创作音乐活动教育教学的过程中，让幼儿根据音乐创作主题“秋天”发挥想象进行音乐创作。引导幼儿思考：“秋天的声音是什么样子的呢?”有的幼儿说：“由于秋天叶子落在了地上，脚踩上去有沙沙的声音，因此秋天的声音是沙沙的。”还有的小朋友说：“秋天果实都成熟了，农民伯伯在地里乐呵呵的、开开心心地把果实拿回家，所以秋天的声音是乐呵呵的。”根据幼儿的创作思维，按照幼儿的个人喜好选择音乐材料，进行音乐创作，以自编自唱、自演的形式为大家演唱“小树叶”，有些勇敢的幼儿，通过观察秋天树枝及树叶的运动状态，为歌曲编创了舞蹈，这样以幼儿为中心的音乐活动，不仅可以加强幼儿对音乐的理解，让幼儿感受生活，还提高了幼儿独立自主的思维能力。

(二) 开展丰富多彩的小班幼儿音乐活动

对幼儿来说，唱唱、跳跳这些节奏性较强的音乐活动十分受欢迎，对吸引幼儿的注意力发挥着重要作用。幼儿阶段学习能力强，好奇心强，因此作为教师要充分利用幼儿这一学习特点，开展丰富多彩的小班音乐活动，全面提高幼儿的综合水平。

1. 组织节奏活动，培养小班幼儿的创造力

对学龄前的幼儿，有节奏的音乐可以吸引他们的注意力，可以培养小班幼儿的思维创造力。因此，教师在开展教学活动的过程中，要注重对教学乐器的选择，尽量选取一些节奏感强好控制的乐器。让幼儿在吹吹打打中，掌握音乐节奏规律，根据自己的表演曲目进行音乐创作，提高音乐的创作力和演出的表现力。在对幼儿进行节奏练习的音乐活动中，教师不仅要教会幼儿使用乐器的方法，还要引导幼儿如何掌握并控制音乐节奏。例如，在进行《工农兵联合起来》音乐节奏教学中，教师通过教育幼儿节奏变换的方法，让幼儿加以实践动手操作，反复练习，找到节奏变化的规律，在练习中获得学习音乐的乐趣。

2. 在歌唱过程中，激发小班幼儿的求异思维

学龄前的幼儿思维变化快，思想较为简单，很容易被周围的人固化思想。因此，在开展音乐教学活动中，教师在教育幼儿唱歌时，要注重创新性思维的培养，把培养幼儿思维贯彻到音乐活动中，解放幼儿的固化思想，让幼儿尽量减少模仿他人。部分幼儿教师，在幼儿遇到问题的时候，总是站在自己的角度为幼儿提供帮助，有的时候让幼儿模仿学习，长此以往，幼儿习惯模仿教师和同伴，这对提高幼儿的思维创造性是非常不利的。因此在音乐活动中，教师要尊重小班幼儿的求异思维，对幼儿的大胆创新，与众不同的歌唱方式要给予鼓励和肯定，增加幼儿的自信心，让幼儿勇敢地发挥想象力，大胆地用思维创作自己喜欢的歌曲，提高综合能力。

3. 组织歌曲仿编活动，调动幼儿的学习热情

唱歌是音乐教育的基础，简单的歌词，轻快的节奏很容易被幼儿理解掌握。为了丰富幼儿的学习音乐内容，可以有效地组织开展歌曲仿编活动，调动幼儿的学习热情。歌曲仿编活动，就是针对歌曲的节奏进行歌词的改编，例如，在教育幼儿《数鸭子》这一歌曲中，可以让幼儿根据歌曲的节奏，填充新歌词，并用原来的歌曲节奏演唱出来。这样的方式不仅可以加强音乐学习的兴趣，还可以提高幼儿的语文知识能力，充分调动起幼儿学习音乐艺术与语文知识的积极性。

4. 利用音乐游戏，丰富教学内容

爱玩游戏是学龄前儿童的天性，作为幼儿教师可以充分利用游戏，有效地开展音乐游戏活动，丰富音乐教育教学内容。例如，开展“洗手帕”音乐游戏活动，让幼儿通过生活经验进行艺术创作。引导幼儿结合生活实际观察洗手帕的过程，融入音乐元素进行表达。在活动的过程中，幼儿通过音乐的变化，来表达自己对生活的理解，进一步提高幼儿的感官能力和

创新能力，促进幼儿个人品质的发展。

（三）创新教学方法，开展多元化教学

1. 运用启发式的教学，开发幼儿创造性思维

在学龄前小班音乐教育的过程中，要注重教学方法的应用，不能机械式地教育幼儿模仿唱歌，这样是毫无意义的。用模仿的方式进行歌曲的演唱，幼儿的歌声中没有灵魂，缺少音乐的感染力。例如，在进行音乐赏析的活动中，教师在播放音乐后，让幼儿谈一谈听完这首歌曲的感受。这样既可以加强幼儿对音乐的理解，提高幼儿的语言表达能力，还可以让幼儿开动脑筋，开发创造性思维。

2. 利用情境教学法，调动幼儿的想象力

利用情境教学法，根据音乐活动设置活动情境，引导幼儿积极地参与到音乐活动中进行角色扮演，调动幼儿的想象力。例如，在进行《大鹿》音乐剧活动中，教师通过引导幼儿进行角色扮演，分别选择小朋友扮演小白兔、大鹿和猎人。通过情境的设定让幼儿融入角色中，通过音乐旋律和肢体语言表达小白兔遇见猎人的紧张心理和成功逃脱的快乐。

三、结语

作为一名幼儿教师，应从幼儿的兴趣出发，积极开展幼儿音乐教育，以促进其艺术美育、发展手足协调、培养创新思维、加强对音乐的理解。通过音乐教育，引导学生充分发挥想象力和创造性，以寓教于乐的形式引导学生在音乐中感受和发挥想象力，从而达到美育工作的目的。

参考文献

[1] 王秀萍．幼儿园音乐领域教育精要——关键经验与活动指导［M］．北京：教育科学出版社，2015：1.

[2] 方吉祥，胡连峰．体育游戏中幼儿主动性学习品质培养策略研究［J］．成都师范学院学报，2016（11）：16—22.

浅谈幼小衔接之幼儿良好学习习惯养成策略

（高安祺　广东省广州市番禺区石碁镇中心幼儿园）

摘　要：近年来，越来越多的学者认识幼儿良好学习习惯的重要性，将研究聚焦于幼小衔接阶段的培养。然而，国内目前基于幼儿视角的幼小衔接期入学适应研究还较为缺乏。因此，如何保证儿童幼小衔接期间养成良好学习习惯显得尤为重要。本文试从儿童入学适应中的良好习惯培养入手，探讨幼小衔接作为连接幼儿园和小学的纽带的重要性，浅谈本人对此的理解与思路，提出幼小衔接之幼儿良好学习习惯养成策略，助力幼儿有效学习，力图为幼儿良好学习习惯的养成提供可行的建议。

关键词：幼小衔接；学习习惯；家园校合作；学习氛围

一、研究背景

幼小衔接作为连接幼儿园和小学的纽带，它对于从幼儿跨入小学的学生学习习惯有着千丝万缕的影响。具备良好的学习习惯是幼儿进行有效的学习的重要品质之一。在幼小衔接阶段，注重培养幼儿良好的学习习惯有着积极和重要的意义，本文试图从幼小衔接的视角，通过积极地研究从幼儿园到小学衔接阶段的习惯养成，力求为幼儿良好学习习惯的养成提供可行的思路。

二、研究意义

人的良好习惯需要从小培养，学习习惯也是如此。让幼儿从小养成良好的学习习惯可以让他们更轻松、更顺利地适应将来的中小学阶段的学习，为以后一生的学习教育打好坚实的基础，有利于幼儿顺利平稳地过渡到小学的生活学习中，成长为一名优秀的小学生。

三、幼小衔接幼儿学习习惯养成中存在的问题

作为小学和幼儿园教育之间的连接纽带，幼小衔接可以让幼儿完成从幼儿园到小学的完美过渡。但目前我国禁止幼儿园“小学化”，幼儿园教师不能提前教授小学课程的相关内容，家长们反映这样会导致小孩进入小学后跟不上老师教授的课程内容。而且现代社会，家长都希望自己的孩子更具竞争力。家长们会带孩子参加各种培训班，导致孩子没有时间和空间去培养良好的学习习惯，当孩子进入小学后就会出现很多问题。

（一）时间观念欠缺

做事拖沓是孩子缺乏时间观念的表现，家长也感到无力和心累。缺乏时间观念会影响学习和工作的效率，同时给人留下不负责任，办事不靠谱的印象，是人际交往中的大忌。因此注重孩子良好时间观念的养成是非常重要的事情。孩子普遍存在时间观念缺乏，幼儿园阶段的孩子专注力比较短，导致他们不能按时完成任务，把后续任务也耽误了。例如，孩子起床穿衣时，边穿衣边玩耍，没有意识到拖延了时间，而时间观念形成的重要阶段就是3～6岁的幼儿园阶段。

（二）任务意识浅薄

在幼儿园的学习中，幼儿存在缺乏任务意识的现象，由于幼儿所处的年龄阶段对事物的专注能力较差，但是这对于小学生来说是不利于学习的开展的。因此在日常教学中，老师应加强幼儿对任务意识的认知，提高任务意识能力。任务意识匮乏会在学习中会面临各种各样的问题，无法有效地自我管理，也无法应对有效衔接的学习。在幼小衔接中，幼儿任务意识浅薄是很多幼儿要面对的现实问题，也是幼儿进入小学的拦路虎之一。

（三）自理能力较弱

在幼儿园普遍存在幼儿已经进入大班了，还是不会生活和学习自理的现象。主要是因为，在日常的教育中忽略了孩子自理能力的培养，因此其自理能力较弱。很多孩子已经到了需要掌握基本自理能力和独立能力的年龄了，但是家长还是担心孩子没办法做好从而包办孩子的所有事务，这也就导致了日常生活中孩子没有动手的机会，因此存在自理能力较弱的现象。

（四）学习兴趣欠浓厚

兴趣是人们认识某种事物或爱好某种活动的倾向和驱动力。兴趣能为孩子自主学习提供源源不断的动力。在学习过程中，学习兴趣往往和学习效果是成正比的，两者有着紧密的关系。在幼儿园中由于游戏和认知事物是主要的教学内容，因此营造了一种宽松的学习氛围，这也导致了很多幼儿的学习兴趣匮乏，不利于进入小学后的日常学习，老师和家长都应该注意到这方面的问题，做好幼小衔接工作。

（五）家庭氛围不利于儿童学习习惯的养成

幼小衔接阶段的儿童即将面临多方面的变化，家庭也应该有相应的变化，家长应该给儿童提供良好的家庭学习环境和氛围。根据研究可知，家庭条件的不同导致儿童家庭学习环境不同，家长缺乏家庭教育观念也就不重视学习氛围的重要性。此外家长的教养方式差异也会影响儿童发展，当儿童表现出不良的学习习惯或者成绩不好时，专制型家长经常严厉批评，甚至过度惩罚，使儿童心理和情绪上受到伤害，对儿童学习习惯养成造成不利影响。溺爱型教养方式的家长在面对儿童不良学习习惯时，置之不理，包庇甚至合理化，还有对儿童的快乐情绪过分在乎，让儿童自由发展，不对其进行教育，这些错误的教育观念和教养方式都对儿童发展造成不利影响。

四、幼儿良好学习习惯养成的建议

（一）遵从时间观念

把握好时间可以让学生合理规划学习和生活，因此时间观念的养成极为重要。由于时间是看不见也摸不着的概念，所以教师在教学中，要反复强调时间观念的重要性，可以通过一日生活的安排让幼儿理解时间和生活的关系，也可以通过游戏来让孩子感受时间的长短。在教学中，很多教师会发现幼儿存在时间观念差的问题，存在做事拖沓的现象。针对这些情况，教师可以开展迟到和早退的评奖活动，鼓励幼儿养成不迟到、不早退的好习惯，让幼儿合理地规划自己的时间，同时增强他们的自信心。良好的时间观念让幼儿进入小学后对时间的把控会更加合理，他们会合理分配作业、考试、娱乐、睡觉的时间，高效率完成事情。幼儿阶段的孩童可塑性极强，从小注重时间观念的培养对他们的未来发展更加有利。

（二）培养任务意识

在日常的教学中，教师们会发现很多幼儿都有忘记带书包、水壶等情况。因此在教学中，老师应该进行针对性的锻炼，让幼儿意识到书包、水壶对于他们的重要性。教师可以每天给幼儿布置特定的任务并配上任务本，让幼儿完成以后，让教师盖上印章，可以培养其任务意识。同时，在班级活动中可以设立值日生活动，通过让幼儿亲身参与到班级值日和管理的方式来增强其责任心，提高其任务意识。

（三）提高独立自信意识

遇到问题能够独自解决，能够勇敢尝试是一种良好的习惯。在新的时代背景下，很多独生子女家庭，对孩子宠爱的程度较深。一些父母或者祖辈对孩子溺爱，使得孩子没有独立自主的能力，什么事情都必须依靠大人来完成，这导致幼儿独立能力无法得到提升。在幼小衔接阶段，老师可以对幼儿的独立能力进行培养，让幼儿养成独立思考、独立动手的好习惯，让幼儿能够独自面对问题和困难，为幼儿进入小学适应小学生活做好充分的准备工作。比如说在日常的教学中，可以引导幼儿主动观察、探索、解决问题，还可以让幼儿和伙伴相互沟通一起解决问题。通过独立的探索和思考，幼儿的独立能力会越来越强，对幼儿未来的发展和学校是极为有利的。

（四）培养幼儿学习兴趣

在幼儿园以及小学两个不同的阶段中，学生所面临的任务存在差异性。在幼儿园阶段，学生的主要任务是认识事物和交际，氛围相对宽松，而到了小学他们都会面临着学习任务，因此环境相对严格。很多幼儿在进入小学后由于不适应，无法形成良好的学习习惯，这和幼儿的学习兴趣有着密切联系。家长和老师应该做好家校联系，尝试用各种方法提高幼儿参与学习的积极性，提升幼儿的学习兴趣，幼儿才可以养成良好的学习习惯，适应小学阶段的学习。

（五）营造和谐家庭氛围

家庭氛围对孩子性格养成、人格塑造有着潜移默化的作用和影响，因此父母才是孩子的第一任老师。在家庭生活中，良好的家庭氛围是沃土，有利于孩子的成长和发展，有助于孩子良好学习习惯的建立和养成。家长应该营造和谐的家庭氛围，让儿童生活在轻松、愉快的家庭氛围中，能促进儿童良好学习习惯的养成与人格的完善。家长应该在孩子学习时，创造安静、和谐的家庭学习氛围，让儿童的独立自主能力、专注力、动脑思考能力都能得到有效的锻炼。

五、结论

作为进入小学的必经之路，幼儿园的教学有着积极的意义和作用。基于幼小衔接的视角，注重对儿童的学习习惯进行培养对幼儿形成主动学习意识有着莫大的帮助，提高幼儿参与学习的积极性，这对于幼儿进入小学学习是极为有利的。好的习惯能够让幼儿尽快适应小学阶段的学习和生活，并且保持独立的心态去处理所面临的具体事务，这对于幼儿的健康发展有着积极的意义。

参考文献

[1] 蒙芸芸．幼小衔接视角下幼儿学习习惯培养的实践与研究［J］．科学咨询（教育科研），2021（4）：16—19.

[2] 郭媛媛，焦瑞钊．幼儿参加“幼升小”培训班的现状及原因分析［J］．教育观

察，2020（12）：27－31.

［3］林小萍．家园共育，做好“幼小衔接”阶段幼儿良好学习习惯培养［J］．新课程，2021（16）：6－8.

［4］张玲．幼小衔接视角下大班幼儿学习习惯的培养研究［J］．新课程，2021（42）：55－56.

［5］付瑜．以区角游戏促进幼小衔接中幼儿学习能力提高新探［J］．天津教育，2019（32）：34－36.

［6］王凤娇．家校合作共助幼小衔接——大班幼儿阅读活动初探［J］．幸福家庭，2021（12）：11－15.

［7］李春霞．幼小衔接中，大班幼儿学习品质的培养策略［J］．河南教育（基教版），2022（7）：22－26.

新时期教师专业成长的实践与探究

——全国幼儿教师获奖论文汇编

（下册）

主　编　苏　津
副主编　柴　芳　李洋洋
　　　　胡普树　董丽琼
　　　　黄仁谷

中国商业出版社

图书在版编目（CIP）数据

新时期教师专业成长的实践与探究 ：全国幼儿教师获奖论文汇编. 下 / 苏津主编. —— 北京 ：中国商业出版社，2023.12

ISBN 978—7—5208—2855—0

Ⅰ. ①新… Ⅱ. ①苏… Ⅲ. ①学前教育—教学研究—文集 Ⅳ. ①G612—53

中国国家版本馆 CIP 数据核字（2023）第 247313 号

责任编辑：李 飞

（策划编辑：蔡 凯）

中国商业出版社出版发行

（www. zgsycb. com 100053 北京广安门内报国寺 1 号）

总编室：010—63180647 编辑室：010—83114579

发行部：010—83120835/8286

新华书店经销

北京九州迅驰传媒文化有限公司印刷

*

787 毫米×1092 毫米 16 开 65.5 印张 1200 千字

2023 年 12 月第 1 版 2023 年 12 月第 1 次印刷

定价（全三册）：198.00 元

* * * *

（如有印装质量问题可更换）

编委会

前　言

学前教育是我国教育事业的重要组成部分，是基础教育的基础。为提高新时期幼儿教师队伍的专业素养，特联合举办第十届全国幼儿教师优秀论文评选活动，并从中发现一批优秀的学前教育工作者对学前教育的理性认识和实践探索，本书内容充分反映了当前学前教育发展的新思想、新方向。为助推我国学前教育事业的发展提供了宝贵的智慧及成果，对加强幼儿教师队伍建设和职业发展具有反思和借鉴意义。

目 录

幼儿园角色游戏活动的问题分析

（周燕　北京市通州区清韵北里幼儿园）

摘　要：角色游戏作为幼儿期的一种特有的典型游戏形式，对幼儿的身心发展具有特别重要的意义。根据教师有效、科学的指导，角色游戏会产生不同的游戏效果。因此，研究幼儿园游戏活动中幼儿行为的观察和分析，具有重大的意义。基于现在幼儿园角色游戏中出现的问题，可以给幼儿角色游戏行为提供支持策略，注重游戏过程，教师进行全方位指导，确保角色游戏可以按照幼儿的自主意志来发展，充分展现教育的价值和意义。

关键词：幼儿园；角色游戏；观察和分析；教师指导

游戏是儿童的天性，也是儿童认识世界和他人交往互动的重要途径，儿童通过游戏认识世界，交朋友，使其在各种游戏中促进身心发展。在幼儿园的游戏活动中，角色游戏活动是很重要的游戏内容，通过寓教于乐、情景教育、角色真实互动、老师有效指导等环节构成。在角色游戏中，由儿童的真实展现，可以观察出儿童的不同性格特征和遇到问题的不同解决方式。要使角色游戏真正充分发挥对幼儿发展的重要价值，就需迫切地对其进行实践性研究，促使教师在正确的儿童观、教育观及游戏观的指引下开展幼儿园角色游戏。鉴于此现实的触动，特将选题确定为幼儿园角色游戏活动实施问题分析。

一、幼儿角色游戏的现状分析

（一）幼儿方面

1. 幼儿参与角色游戏活动意识差

幼儿可能对角色游戏活动缺乏兴趣、无法理解规则或完成任务，认为角色游戏的难度高、不喜欢扮演角色、不喜欢与他人合作，因此不愿意参与游戏。

2. 缺乏游戏经验

幼儿缺乏角色游戏经验的问题，是指儿童在角色扮演游戏中，表现出不自然、不熟练或者不愿意参与的现象。这个问题在幼儿园或者家庭教育中经常出现，需要家长和教师注意并引导。幼儿因为自己的经验不足，不自信，不愿意扮演角色，他们会害怕自己的表现不好，怕被其他孩子嘲笑或者被老师批评。幼儿的想象力还没有完全发展，他们可能不知道如何扮演某个角色，或者没有想象力来创造一个自己的角色。角色游戏是一种社交游戏活动，需要幼儿具备一定的社交技能。如果孩子缺乏合作能力、沟通能力、分享能力等，就很难顺利参与角色游戏。在这种情况下，家长和教师可以通过模拟游戏、角色扮演、游戏训练等方式来帮助孩子提高社交技能。

（二）教师方面

1. 教师的参与度和指导经验不足

通过对不同年龄段的幼儿的角色扮演游戏活动开展情况调查发现，大部分教师在开展角色扮演游戏活动时处于不在当下的状态，他们没有准确地意识到自己在这一活动中的重要作用。很多时候，教师只负责安排游戏，让幼儿自己开展，教师既不会参与到游戏中，也不会在现场观察幼儿的行为动作，以及整个扮演游戏有没有顺利进行，这样使得角色扮演游戏只停留在表面，并没有达到实际的活动效果。

2. 教师的过度干预

在角色游戏活动中，教师等时间一到就急于干预结束，或者游戏没往老师的预期方向发展也会进行干预，更多地把角色扮演游戏当成需要完成的一项教学任务，使得这种教学方法丧失了其真正意义。同时，没有尊重幼儿的自主意志，这样的角色游戏活动就没有了教育意义。

（三）幼儿园方面

1. 角色游戏开展的时间和空间不足

由于场地限制，目前很多的幼儿园存在面积小、孩子多的问题，幼儿的活动范围受到限制，根本没有足够的空间去开展角色扮演活动。在场地受限制的情况下就要求教师对空间有非常合理的规划，不然角色扮演游戏开展的质量会受到影响，幼儿对游戏的体验感不足，会让其慢慢丧失对角色扮演游戏的兴趣，效果就会减弱。

2. 角色游戏主题陈旧和教具不足

由于幼儿教学的特殊性，所以在开展角色扮演游戏时教师会更关注游戏的安全性，忽略了游戏本身，在选定游戏主题时更多的是结合幼儿的实际经验选择安全的主题来开展，而忽略了幼儿的兴趣，有些幼儿园的游戏都比较陈旧，缺乏创新。

二、幼儿角色游戏的存在问题分析

（一）幼儿方面

对于幼儿来说，角色游戏可以促进其社会性发展，同时满足他们爱游戏的天性。但对于到底什么是真正的“角色游戏”，他们并不能完全理解，甚至出现了角色意识较为模糊的问题。幼儿对角色的理解直接影响幼儿游戏的质量，有些幼儿在进行角色游戏时习惯在各种角色中穿梭，并不能完全理解自己扮演的角色，对于培养幼儿的角色意识十分不利。

（二）教师方面

教师是幼儿游戏的重要引导者，在幼儿角色游戏中的参与度也影响游戏的质量，因此需要积极地做好游戏活动的评价工作，这样才能丰富幼儿们的游戏体验，提升幼儿的游戏质量。但是结合实际情况分析，有些教师在幼儿游戏活动结束后未将活动评价落实到位，缺乏具体且细致的评价。

大部分的教师也缺少相关的角色指导经验，没有在游戏中进行指导的意识，同时由于自身知识和技能储备不足，使其不能进行科学的指导，让角色扮演游戏在幼儿教学中发挥真正的作用。

（三）幼儿园方面

幼儿角色游戏的开展频率本身并不高，如果时间规划不科学，角色扮演游戏开展的时间减少使得幼儿还没来得及融入角色，活动就结束了，幼儿不能获得良好的游戏体验，这将直接导致活动没达到预期的效果。

活动开展的材料长时间不更新，幼儿长期使用相同的游戏材料，其参与兴趣会大打折扣，降低了游戏乐趣，在这些因素的综合作用下，角色扮演游戏在幼儿教育中达不到应有的效果，幼儿也会在游戏中失去原本的乐趣。

三、幼儿角色游戏的支持策略

（一）需要注重游戏过程

吴晓丹教授在《学前儿童游戏指导》中把角色游戏指导分为角色游戏前、角色游戏过程中、角色游戏后。教师在角色游戏中要有效地把握这三个环节的状况，及时观察和引导，也要耐心等待。角色游戏前准备好游戏材料和道具，分配角色任务，或者让儿童自己认领想扮演的角色；角色游戏过程中观察幼儿的扮演状态，当幼儿游离于角色游戏之外，或有争吵时，可以选择直接或间接介入的指导方式；角色游戏后要进行反思和分析并记录。

（二）教师需要全方位引导

霍习霞指出，游戏指导方式包括行为指导方式和语言指导方式。行为指导方式包括：①为儿童提供丰富的游戏材料；②合理布置游戏场地；③运用肢体语言给予儿童反馈；④亲自进行动作示范。语言指导方式包括：①询问式语言；②建议式语言；③澄清式语言；④鼓励式语言；⑤邀请式语言；⑥角色式语言；⑦指令式语言。

在角色游戏开始前给幼儿提供丰富的游戏材料，合理布置游戏场地，如“小吃店”游戏，准备好锅、碗、各种食物、锅铲、勺子等。教参与游戏的幼儿怎么端锅炒菜，招呼客人。如客人进店时需要说：“欢迎光临”，给客人推荐好吃的时候使用礼貌用语“请坐”“请稍等，菜马上就来”等。

（三）注重环境创设，丰富游戏情境

在对角色游戏空间环境的创设上，瑞吉欧教育学校有着独树一帜的设计。在瑞吉欧学校教室的空间既可做小的作坊供幼儿使用又可做实验室被使用。这些活动区域中幼儿可以变换小组和个人的方式对空间里的材料进行操作探索。教师和幼儿的作品都可以在校园中特意留出来的墙壁上进行展示，这种空间环境设计使幼儿得以在一个舒适的环境中得到身心全方面的发展，更在促进幼儿进行同伴交流合作方面提供了条件和便利。各角色游戏区都有自己游戏的专属特点，教师在进行区域活动的环境创设时一定要注意结合这些游戏特点。在环创过程中要注意空间的层次性和环境的发展性。教师在游戏中投放材料应注意不能一次性地全部投放，要逐步投放，随着游戏的进展程度教师应当优化材料结构，保持幼儿对游戏的参与兴趣。教师需在对幼儿游戏的观察下不断改进优化角色。因此教师在角色游戏之前形成自己班级的角色区特色，保证游戏场景符合游戏主题，并让幼儿积极参与角色游戏的场景布置。

总的来说，角色扮演游戏是非常适合幼儿的一种教学方式，能够有效地提高幼儿的学习积极性以及创造力，通过对角色游戏分析出现的问题提出解决对策，注重游戏过程，教师全方位引导，丰富游戏情境。希望教师和幼儿园互相配合，提高教师的专业水平，为幼儿创造更好的游戏开展环境，以保证角色扮演游戏在幼儿教育中的应用效果，培养儿童的规则意识和社会性，从而使幼儿能够健康快乐地成长。

参考文献

［1］邱学青．学前儿童游戏［M］．南京：江苏教育出版社，2008.
［2］丁海东．学前游戏论［M］．济南：山东人民出版社，2001.
［3］林小芬．学前儿童游戏理论与实务［M］．北京：中国时代经济出版社，2013.
［4］李艳花．幼儿园角色游戏中教师的不当行为及对策研究［J］．成才之路，2021（36）：108—110.
［5］贺晓梅，简叶红．幼儿园角色游戏开展的现状及优化策略研究——以萍乡市三所幼

儿园为例［J］．教育观察，2021，10（36）：36-38＋60.

［6］林潇．幼儿园角色游戏指导的研究［D］．福建师范大学，2016.

［7］金彩虹．幼儿园角色游戏活动开展现状及策略研究［D］．信阳师范大学，2018.

［8］吴晓丹．学前儿童游戏指导［M］．北京：北京师范大学出版社，2015.

［9］霍习霞．学前儿童游戏与指导［M］．上海：华东师范大学出版社，2014.

减缓家长压力，构建更好教育生态——“双减”背景下幼小衔接的策略

（郑子妍　北京市通州区清韵北里幼儿园）

摘　要： 学前教育是为基础教育以及终身教育奠定基础的阶段，幼儿园要为儿童做好进入小学教育的准备工作。要以《3～6岁儿童学习与发展指南》和《幼儿园教育指导纲要》为基本指导思想，尊重幼儿的年龄特点、发展规律，从幼儿的实际情况出发，帮助学前儿童做好身心准备，在“双减”背景下科学地做好幼小衔接教育。

关键词： 幼小衔接；双减；学前儿童

2021年3月，教育部发布了《关于大力推进幼儿园与小学科学衔接的指导意见》，其中指出要遵循儿童身心发展规律和教育规律，深化基础教育课程改革，建立幼儿园与小学科学衔接的长效机制，全面推进幼儿园和小学实施入学准备和入学适应教育，减缓衔接坡度，帮助儿童顺利实现从幼儿园到小学的过渡。2021年7月，中共中央办公厅、国务院办公厅印发了《关于进一步减轻义务教育阶段学生作业负担和校外培训负担的意见》，对幼小衔接提出相关的要求。

学前教育是为基础教育以及终身教育奠定基础的阶段，幼儿园要为儿童做好进入小学教育的准备工作。要以《3～6岁儿童学习与发展指南》和《幼儿园教育指导纲要》为指导思想，尊重幼儿的年龄特点、发展规律，从学前儿童的实际情况出发，帮助幼儿做好身心准备，在“双减”背景下科学地做好幼小衔接教育。

一、幼儿园与小学教育衔接的重要性

幼小衔接指的是幼儿教育与小学教育的衔接。处于幼儿园与小学阶段的儿童具有不同的身心发展特征，做好科学幼小衔接，对于促进人的未来发展，提高教育质量、效果都具有重要意义。幼儿园与小学的学习方式、学习环境、学习的内容都是不同的，因此幼小衔接就尤为重要了。教育部在2016年举办的主题为“幼小协同、科学衔接”的学前教育宣传月活动中，将学校、家庭、社会等纳入幼小衔接的实施主体。教育部于2021年3月发布了《关于大力推进幼儿园与小学科学衔接的指导意见》，推动科学的幼小衔接。

然而，在升学制度、社会培训机构的宣传下，家长们的“教育焦虑”被放大，家长从学前阶段开始让幼儿提前学习，很多幼儿需要参加繁重的培训任务。能自我辅导的家长就居家辅导，没有时间和能力的家长就寻求校外培训机构，甚至把压力给到幼儿园，希望幼儿园提供“小学化”的幼小衔接服务。

2021年7月，中共中央办公厅、国务院办公厅发布了《关于进一步减轻义务教育阶段学生作业负担和校外培训负担的意见》（以下简称“双减”政策）。在“双减”政策发布后，仍然有培训机构被曝出来，使得家长再次陷入了“教育焦虑”中。因此，科学有序地推进幼小衔接，帮助学前儿童顺利过渡到小学阶段是非常重要的。而幼小衔接是一个长期的过程，需要有计划、有目的地推进。

二、幼小衔接的相关策略

（一）抓住幼儿的关键期

我国小学阶段针对幼儿的入学要求主要包括语言沟通能力、听知觉能力、数学准备能力、视知觉能力、运动协调能力、身心素质情况、社会适应能力、自理能力、学习品质情况等，在各项指标均达到一定要求的基础上即允许进入小学就读。因此，应当抓住幼儿成长的关键期，在各个阶段进行相应教育，使幼儿能达到进入小学的水平。例如，幼儿期是情感教育的黄金期，帮助幼儿形成良好的情绪管理能力，鼓励幼儿保持积极、稳定的情绪。遇到困难和不开心的事情，不乱发脾气，不迁怒他人，能使其更好地与他人相处，更快地融入集体生活中。幼儿园阶段是幼儿语言发展的关键期，教师可以在语言活动中，多让幼儿表达自己的想法；在一日生活中，幼儿报菜名、报天气预报等活动，都可以促进幼儿语言表达、沟通交流的能力。

（二）做好入学准备

1. 幼儿的心理准备

幼儿进入小学后，要做好作息改变、独立自理、学习方式改变的心理准备。幼儿教师要为幼儿营造平等、愉悦的学习氛围，建立和睦的同伴关系、师幼关系。

2. 幼儿的能力准备

为了让幼儿更快更好地适应小学的学习生活，幼儿相关能力的培养也是必不可少的。学前儿童进入小学后，要具备一定的自主能力、自我管理能力、自理能力。例如，某幼儿园的大班幼儿教师可以在过渡环节，为幼儿规定好时间，让幼儿自主安排盥洗、穿衣服、整理柜子、玩手头玩具等活动，发挥幼儿的主动性；组织幼儿整理自己的小衣帽柜、玩具柜，参与班级中的集体劳动，培养幼儿的集体感，提升幼儿自理能力。

3. 幼儿的生活准备

从幼儿园到小学，生活习惯发生了变化。因此，在幼儿园阶段，增强幼儿的生活常规的培养，在幼儿园作息时间的基础上增设部分环节，帮助幼儿做好生活准备。例如，某幼儿园会在幼儿升入大班后，在课间操环节增加广播体操、在教学活动前增加眼睛保健操等活动；教师在幼儿园中教学活动时间，为幼儿提出相关的要求，在教学活动前后安排盥洗，尽量不在教学活动期间盥洗，为适应小学的作息、节奏进行准备；从小班开始，培养幼儿的规则意识，鼓励幼儿按时来园，养成良好的时间观念。在游戏、户外、教学活动中，教师重点关注个别规则意识较弱的儿童，及时给予指导，强化幼儿规则意识。

（三）充分利用园本课程、教学活动，注重幼儿持续发展、全面发展

每个幼儿园都有园本课程，充分挖掘课程的价值，促进幼儿的发展。例如，某幼儿园以《深度学习》作为园本课程，幼儿在区域活动中进行深度学习，提升幼儿的高阶能力。在活动的探究过程中，不断深化、不断探索，当幼儿遇到分歧时，能够大胆表达，促进同伴交流、合作；当有多重猜想时，幼儿会使用表格进行对比，发展幼儿的高层次思维；在其中培养幼儿的良好学习品种。在活动中培养的能力、品质会伴随幼儿一生，对于幼儿后续的学习生活是有益的。因此，园本课程促进幼儿全面发展、持续发展，进而帮助幼儿更好地幼小衔接。

此外，教师充分利用教学活动时间，激发幼儿学习兴趣，培养幼儿品质、品格。例如，教师要在教学活动中为幼儿构筑全面的教学体系与指导方式，从健康、语言、社会、科学、艺术五大领域出发，更好地培养幼儿认真努力探索、不怕困难、勇于探索、追求真相、乐于想

象、富于创造等美好的学习品质与成长品格，由此在教学活动中不断引导幼儿，向幼儿提供多种探索方式与学习策略，借助绘本、故事、实践活动、信息技术展示等方式，更好地激发幼儿的学习兴趣，在此基础上促进幼儿更好地完成教学目标，从而帮助幼儿做好幼小衔接的工作。

（四）加强家园共育

“双减”政策缓解了家长“教育焦虑”，但是我们仍然可以看到部分家长出现焦虑情况，不想让孩子输在起跑线上，因此，幼儿园要担负起让家长认可并接纳“双减”模式下的“去小学化”及“零起点”教学的工作。幼儿教师要加强家园共育，进而构建幼小衔接家园共育桥梁。要让家长了解“双减”政策下幼小衔接的相关政策、指导内容，真正地了解幼小衔接该做什么，从而更好地配合幼儿园开展活动。教师要通过使用家庭联系册、家长到园接送幼儿、电话微信沟通等多种形式，与家长及时沟通与互动，让家长可以及时了解与熟悉自己的幼儿在幼小衔接方面存在的问题，从而正确掌握自己幼儿当前的发展水平与情况，并对其进行专业的教学与培训，让家庭与幼儿园之间能更进一步地协调，并相互理解与支持，让每一个幼儿都能成功地从幼儿园过渡至小学的学习和生活。

“双减”背景下的幼小衔接工作，需要学校、教师、家长以及幼儿的共同努力，帮助幼儿做好全面准备，注重身心准备、生活准备、社会准备等，从多方面着手。幼小衔接是一个长期、循序渐进的过程，不是一蹴而就的，因此，我们要把握重点，实施有针对性的教育，多与家长沟通，缓解家长的焦虑，为幼儿构建良好的教育生态。

参考文献

［1］孙思雅．双减政策下，家校社协同推进科学幼小衔接［C］．广东教育学会2022年度学术讨论会暨第十八届广东省中小学校长论坛论文选．

［2］于兴荣．“双减”政策背景下，幼小衔接现状分析与应对策略［J］．天津教育，2022（36）：165—167．

浅谈幼儿园班级常规管理

（胡金瑶　北京市通州区清韵北里幼儿园）

摘　要：《幼儿园教育指导纲要（试行）》中指出："建立良好的常规，避免不必要的管理行为，逐步引导幼儿自我管理。"可见，常规教育在幼儿园教育中的重要性。常规的好与坏将直接影响到幼儿园各项活动的顺利开展及幼儿的健康成长。工作实践中，我对幼儿园班级常规管理的重要性有深刻的体会，也针对幼儿园常规管理存在的问题进行了思考，并提出自己在班级常规管理上采取的一些具体方法。

关键词：幼儿园班级；常规管理；策略含义；必要性；要素；一贯性

一、幼儿园班级常规管理的重要性

（一）班级常规管理的含义

常规，顾名思义就是指日常的规则。幼儿园班级常规管理也就是指在以班级为单位的集体环境中，老师如何帮助和指导孩子建立一定的规则，以保证幼儿在园的日常生活、教学活动、游戏活动等的顺利开展。

（二）班级基本的常规有哪些

从幼儿园常规涉及的范围来看，可以分为生活常规及培养常规。

生活常规包括按时盥洗、就餐、睡眠等方面，只有具有良好的生活常规，班集体的生活才能融洽和谐。

培养常规是保证幼儿顺利、有效完成启蒙阶段知识培养任务的要求。

（三）班级常规管理的必要性

1. 幼儿教育的需要

在幼儿教育中，"常规教育"是为了实现幼儿园的保育和教育目标，让幼儿活泼又有序是常规教育的目的之一，幼儿常规的稳定才能保证幼儿在园健康、活泼地成长。常规是保障幼儿一日生活各环节顺利进行的基础和前提。因此，常规培养是教育过程中不可忽视的一部分。

2. 幼儿发展的需要

幼儿期是形成和培养良好素质的最佳时期。幼儿园不仅对幼儿进行教育，也在为幼儿形成良好的个性品质，使之为今后的一生打好基础。良好的班级常规有利于幼儿养成良好的行为习惯。

二、抓好班级常规的具体要素

（一）对班级幼儿能有全面的了解

我觉得作为一名工作在第一线的教师，将班级常规带好的一个前提条件是对本班幼儿有全面的了解。因为幼儿之间本身就存在着年龄和生理上的差异，教师如果对每个幼儿都能熟悉，了解幼儿的个性和习惯，并结合幼儿的这些特点才能制定出符合本班幼儿发展的常规管理方法。

（二）常规教育要日常抓，抓日常

幼儿良好的常规也是要从幼儿身边的每件小事做起，即从细小处开始，从日常生活中的基本要求做起。常规它包括了生活常规、培养常规，而生活常规隐含了幼儿良好的卫生习惯、在园的生活习惯、集体规则意识的培养等，教师要根据幼儿在幼儿园的一日生活的内容，有目的、有计划地开展常规管理工作。

（三）常规教育要抓重点、反复地抓

幼儿的年龄比较小，自控能力比较弱，要让幼儿养成良好的常规意识就需要我们在教育中遵循幼儿的身心发展规律，要晓之以理，要讲究培养的形式，要不怕反复的练习，并不断地改变形式，以此帮助幼儿养成良好的常规意识。

三、班级日常常规建立的具体措施

一个班级混乱，是因为没有制定有序的班级常规，幼儿往往不知道该做什么，应该怎样做更好。建立良好的班级常规，有利于促进幼儿形成一定的秩序感，有利于各项活动的顺利开展。

（一）和孩子共同讨论，制定活动规则

讨论是孩子在培养生活过程中相互合作、相互解释、相互协调、相互交流从而确定一种最佳方案的过程。讨论能让孩子获得正确的认识，调节自己的行为，是孩子学习知识、掌握方法、体验情感必不可少的一种方法。讨论制定的规则，如果有幼儿不遵守，那么就有其他的幼儿进行提醒、监督，及时让该幼儿进行改正。这样在一定程度上，也减轻了教师的负担。

（二）利用餐前小故事促进幼儿进餐常规

如何让幼儿能安静、快速、干净地用餐也是教师常会碰到的问题，我们班的孩子在以前这几个方面都做得不是很好。现在通过餐前小故事的方法幼儿的进步很大，每次餐前我们都会根据幼儿昨天的进餐情况或者是当日的食谱，自编一个相关的小故事，当然在故事中还少不了进餐的必要要求。这样不仅能让幼儿安静地、愉快地进餐，而且能让幼儿自觉地改正了一些进餐的不良习惯，大大提高了我班幼儿的进餐质量。

（三）用音乐规范幼儿的活动

用不同的音乐来规范幼儿不同的活动，可以让幼儿减少一些不必要的吵闹。如我们在区域活动结束时，用一段优美的音乐，让幼儿听到音乐响起就自觉地整理材料，等音乐换到欢快时，幼儿的材料就要整理结束，跟着老师做不同的动作。音乐在幼儿常规建立中的作用是非常大的，但是我们要注意，所使用的音乐不要经常更换，让幼儿习惯成自然。

（四）重视家长工作，使良好的常规在家庭中能得以强化

家庭是幼儿的另一个培养园地，家长是另一位老师。很多幼儿能在幼儿园老师和同伴的提醒下保持良好的习惯，但在家中却成了另一副样子。因此我们要做好家长工作，让家长在家中也注意培养幼儿良好的常规。平时可以帮助家长掌握一些科学的家教方法，使幼儿良好的行为习惯在家中得到强化。

（五）设立“小小监督员”，促进良好班级常规的形成

例如在盥洗常规中，我要求幼儿按顺序认真地把手洗干净，使用自己的毛巾擦干，依次盥洗，不大声吵闹，不玩水，随手关水龙头。在实施过程中我发现，有老师在场监督的情况下幼儿都能遵守，老师不看他们的时候又是另一副模样，有幼儿洗手时故意捏住水龙头，水喷出来洒在小朋友身上他们还很开心……在这种情况下，我就请能力强、自控能力好的幼儿来担任小小监督员，去监督小朋友的行为，这样不仅可以不放任幼儿的违规行为，又减少了老师的工作量，同时还可以锻炼幼儿为大家服务的意识。

（六）运用榜样示范的方式

1. 同伴间的榜样

老师只要表扬某个小朋友，别的孩子就会纷纷模仿这个小朋友的行为。因此，教师应做到嘴勤，及时发现和表扬幼儿中的良好行为。同时作为家长和教师要时刻注意自己的言行，以自己的行为为幼儿树立榜样，使幼儿能在潜移默化中受到教育。

2. 运用讲故事、情景表演、游戏等形式给幼儿以榜样示范

⑴故事讲述。如通过讲述《大公鸡与漏嘴巴》的故事，可以对幼儿进行爱惜粮食的教育。

⑵情景表演。以表演形式把故事陈述出来，榜样也在此过程中得到展示。如通过让幼儿观看木偶戏《森林动物园》，来使幼儿受到文明礼貌以及与朋友友好相处的教育。

（七）用儿歌、歌曲进行渗透教育

儿歌短小精悍，而且朗朗上口，深受小朋友的喜爱。使用儿歌来引起幼儿的兴趣和帮助幼儿掌握常规的要领。

“音乐指令法”以音乐为信号，提醒孩子怎样的音乐该做什么，让教室的氛围变得更亲切，这是在音乐活动中经常使用的方法。（比如搬椅子的音乐、走到中间的音乐等）

（八）常规建立的坚持性

确定了的规则必须坚决执行，教师尽量避免以临时的指令代替规则，尤其要避免用与规则相悖的指令代替规则。在规则的执行过程中，让幼儿体验规则的公正和互惠，从而提高幼儿遵守规则的自觉性，避免幼儿总是用规则去要求别人，而很少要求自己。

四、教师在班级常规管理中要保持一贯性

（一）密切合作

班级常规工作的建立是教师之间要配合工作。教师配合密切和谐直接关系到班级常规管理的成功与否。教师相互提醒、相互帮助、相互补位是常规建立成功的关键。在对班级幼儿的教育上老师们要保持一致性，应共同讨论制定出适合本班的班级常规，并且要求大家共同去执行，千万不能一个紧一个松，以免使孩子形成两面性，从而不能将常规形成一种习惯。

（二）严格要求

严格包括两方面内容，一是指对教师严格要求，二是指对幼儿严格要求。良好的班风是促进班级良好常规形成的重要因素。一个班级，班主任应组织配班教师共同培养园内的各项规章制度，并要求每个人严格遵守。在班级常规中，班主任要把职责、任务等分解落实到每一个老师头上，要做到规则对每个幼儿都一视同仁，不能出现不公或偏颇。

（三）保持一贯性

只有做到规则的一贯性，幼儿才便于照章行事，规则才便于成为行为的准绳。这就要求我们的班级老师在常规的管理中要保持一贯性，一旦制定出规则，我们每个老师都必须按照同样的标准去引导幼儿。我们不能把常规当成一种强加在儿童身上的外部要求，而需要把常规本身看成是儿童主体意识的觉醒，把常规意识看成是儿童主体品质之一。只有将常规视为儿童主体的一种品质，把它当成儿童内在的并在儿童积极的自我活动中体现出来的东西，我们才能找到正确的教育方向，才能真正培养出儿童的常规意识。

参考文献

[1] 张斌．新课程成功班级管理实用手册［M］．哈尔滨：黑龙江文化音像出版社，2004.

[2] 叶立群．教育学原理［M］．福州：福建教育出版社，1998.

[3] 魏书生．班主任工作漫谈［M］．桂林：漓江出版社，2010.

[4] 丁榕．班级管理科学与艺术［M］．北京：人民教育出版社，2004.

[5] 陈泽铭．优秀幼儿教师教育艺术99例［M］．上海：华东师范大学出版社，2011.

[6] 中华人民共和国教育部．幼儿园教育指导纲要（试行）［S］．北京：北京师范大学出版社，2001.

建构游戏中培养幼儿解决问题能力的策略

（罗帅　北京市通州区清韵北里幼儿园）

摘　要：建构游戏中教师要关注幼儿游戏中出现的问题。面对问题时教师作为支持者和引导者，鼓励幼儿主动探索、自主发现，将解决问题的过程视为幼儿获得对周围世界感性认识和生活经验的过程，提升解决问题的能力，培养学习品质，促进全面学习与发展。

关键词：解决问题能力；建构区游戏；小班幼儿

生活中随时都会有不同的问题产生，学会解决问题至关重要。《指南》中也提到“要引导幼儿通过观察、比较、操作、实验等方法，学习发现问题、分析问题和解决问题”。支持、引导幼儿学习用适宜的方法探究和解决问题。

建构游戏是培养幼儿解决问题能力的有效途径。小班幼儿正处于学习与发展的起始阶段，培养他们解决问能力是其学习与发展的重要任务。因此，在建构区实践中进行如下探索。

一、创设支持性环境，引发解决问题的主动性

幼儿有自己思考、解决问题的愿望，但他们解决问题的过程受其操作探究能力的影响。教师要有意识地创造宽松的氛围，激发幼儿独立解决问题的主动性，产生“我想解决这个问题”的想法，增强幼儿积极解决问题意识。

（一）营造宽松自由的心理环境

解决问题的过程是在操作探究中进行的，宽松自由的探究过程有助于幼儿大胆操作，勇于尝试各种办法，从试误中获得发展。幼儿在建构区游戏时，教师可以淡化直接指导，以平等交流、积极回应、鼓励、间接引导、接纳幼儿与众不同的答案等方式对待幼儿的探究过程。另外，对待不同性格特点的幼儿，教师给予的心理支持也要“因人而异”：开朗自信的幼儿以积极回应、鼓励挑战为主，内向、胆怯的幼儿以肯定接纳、适时鼓励为主，让幼儿的成功心理得到满足，自信心也得到加强。

（二）投放丰富适用的建构材料

“儿童的智慧源于材料”，通过对材料的实际操作能发展幼儿的思维。丰富多样的材料，可引发幼儿主动建构的积极性，帮助幼儿在与材料的互动中发展解决问题的能力。在搭建“开心农场”主题活动中，教师除了提供多样的、专业的建构积木，还依据幼儿每一阶段搭建的需要，有层次地向幼儿提供了动物模型、图书、鸡蛋托、地垫、叠叠杯、花草、荷叶等各种各样的辅助材料。在幼儿遇到问题时，种类丰富的材料能引发他们解决问题的灵感，出现不同的解决策略。

如：在为小牛搭牛棚时，一爱和豆包给奶牛搭建四面围墙的家。然后，他们尝试给奶牛的房子盖顶，但是长长的积木都被做围墙了。于是，豆包向我寻求帮助：罗老师，长积木都没有了，我们怎么盖屋顶呢？我说：那你们看看建筑区其他的积木或者其他的辅助材料能不能用上呢？更换了两种积木后，豆包来到了辅助材料柜前，拿来了一个鸡蛋托，然后把它放在了奶牛头上方的位置上，没盖多会儿，鸡蛋托就用完了，豆包说：我们没有材料了？我接着说：那你想想，刚才在给奶牛盖围墙时，长积木不够了，你们是怎么解决的？在我的引导下，

豆包说：哦，我知道，我们可以找其他的材料进行替换！最终找来了过渡环节坐的小地垫。在几次尝试后，最终豆包和一爱将四块地垫拼接在一起，搭建出了牛棚。在搭建中，幼儿寻找可利用的材料，灵活调整，在材料的间接启发下，幼儿解决问题的主动性被激发，幼儿能够用已有经验采取“以物代物”的办法解决问题，创造性地使用地垫搭建出能遮风挡雨的牛棚。

（三）发挥墙饰的提示作用

建构区的墙饰应强调其功能性。教师将搭建物的实景图片、建构步骤图、解决问题的过程性照片贴在墙上，对幼儿进行各方面的信息刺激和暗示启发，让幼儿在互动学习中直接获得情感体验和知识的启迪，为解决问题打下基础。

在搭建三角形屋顶时，为了解决前一天地垫屋顶倒塌的问题，孩子们再一次来到建筑区进行尝试。由于更换了同伴，米谷不知道怎么搭建，在豆包的带领下，他们一起来到了墙饰前，豆包边指着图片边向米谷讲解昨天的搭建过程。待米谷了解搭建方法时，他们开始了游戏。小班幼儿的年龄特点就是直观感受，因此，在主题墙饰上，我们用大量活动中的照片丰富墙面，有助于孩子回忆、获取关键信息，结合生活经验再次联想与语言表述，与墙面更好地互动。

二、引导观察思考，培养发现与解决问题的能力

幼儿解决问题的能力不是天生的。小班幼儿以具体形象思维为主，在搭建过程中遇到问题时，更需要教师引导他们认真观察事物，在观察的基础上发现问题、弄清产生问题的原因。弄清楚问题的实质原因后，再鼓励他们积极思考、亲自动手实践，获得最符合实际、最有用的解决问题的方法。

如：豆包和一爱在为小牛搭建尖尖屋顶时，将两块地垫连接在一起变成三角形，放在了围墙上，变成尖尖的屋顶，但是因为不稳固总是倒，于是豆包想到将四块地垫连接在一起，然后再折出两个三角形的屋顶，放到围墙上，他们运用相同的方法搭建前面的屋顶，但是因为缺少了一面墙的支撑，三角形屋顶怎么也搭不上。幼儿经历了三次失败后，我问：为什么前面的三角形屋顶搭建不上呢？见孩子们对我的问题没有反应，于是我将问题细化，我接着问：你们看看，后边的三角形屋顶搭建在了什么上面？通过观察，豆包说：搭在了墙上。我说：对，那前边的屋顶为什么不能搭建上呢？豆包继续说：是因为前边没有墙。我说：对，这就是你们搭建不上的原因。那怎么办？豆包观察已经搭建好的屋顶说：我知道了，给它做一个支撑的东西就行了。于是，豆包拿来了正方形积木，一个一个摞在一起，变成了长长的支柱。有了支柱，尖尖的屋顶终于搭建成功啦！豆包通过观察比较发现支撑点的关键所在，调整了自己的解决方法。

三、鼓励动手探究，感受解决问题的过程和方法

幼儿解决问题的过程是一个不断收集信息的过程，也是一个不断摸索的过程。当幼儿发现问题后，他们会在脑海中思考、产生多种解决问题的想法，教师可以先鼓励幼儿大胆表达自己的想法，但不要直接评判对错，而是让幼儿调动已有的经验，实践探索，在动手操作中去验证自己方法的适宜性、可行性，或者改变自己的解决方法，从中获得解决问题的有益经验。

如：在使用积木搭建三角形屋顶时，昀桀尝试用一块积木做支柱，然后两边各放一块，一下就搭建出了三角形屋顶。而米谷则将蓝色软积木放在了两块积木的缝隙中间，通过不断尝试调整支撑点，增加支撑物，使三角形更加稳固。在活动中，教师支持幼儿的想法，鼓励幼儿将抽象的思维转化为具体行动，成为解决问题的主导者，从中发展了幼儿解决问题的能力。

四、尊重游戏的自主权，给予幼儿解决问题的时间和空间

提供不受干扰的游戏空间，给予充分探索的游戏时间，是培养幼儿解决问题能力的有力保障。小班幼儿虽然年龄小，但是在生活中他们也积累了一定的解决问题的经验。当他们在解决问题过程中积极调动感官与已有经验，认真操作、大胆思考，运用创造性思维解决问题时，教师可以从旁观察，给予他们足够的时间探索操作。当幼儿遇到阻碍、失败或解决方式不恰当时，教师要及时肯定幼儿的努力，给他们正面的支持，鼓励、启迪幼儿应对新的挑战，要让幼儿充分感受到自己是被重视的，重新树立解决问题的自信心。

五、借助回顾与反思，促进幼儿解决问题能力的发展

幼儿解决问题的过程比较短暂，对问题的认识仅限于表象。小班幼儿年龄小，思维水平较低，迁移能力弱，因此无法进一步迁移和推广解决问题的方法。实践中发现“回顾、反思、改进”是“问题解决”的重要环节，教师有意识地引导幼儿“回顾、反思、改进”，能帮助小班幼儿有效提高解决问题的能力。

区域评价环节，豆包将他们在建筑区遇到的“三角形屋顶总是倒塌”的问题进行分享，请小朋友们为他们出谋划策。我将幼儿搭建三角形屋顶的三次照片、视频出示到大屏上，向全班小朋友进行展示。琪琪提出增加支撑点作为支柱的方法；沐沐提出更换木质积木进行搭建会更加稳固；九妹提出在三面围墙里边放了一圈软积木，将地垫夹在了软积木和木质积木中间的缝隙里就不会倒塌了。孩子们想出多种能够让三角形屋顶更加牢固的方法。活动中教师可以用视频或拍照的方式记录幼儿遇到的问题或解决问题的方法。在交流评价环节，通过观看照片和视频，引导幼儿介绍自己的问题、活动情况及作品，再组织幼儿发起讨论、交流经验、思考方法、积累经验，获得系统解决问题的能力，形成稳定的问题解决学习品质。

建构游戏中蕴藏着种种有教育价值的问题，教师要抓住出现问题的契机，引发、支持、引导幼儿主动探索、主动发现，让解决问题的过程成为幼儿获得对周围世界感性认识和生活经验的过程，帮助幼儿提高运用所得经验解决问题的能力，促进其全面学习与发展。

参考文献

[1] 李季湄，冯晓霞.《3～6岁儿童学习与发展指南》解读［M］. 北京：人民教育出版社，2013.

[2] 中华人民共和国教育部.《幼儿园教育指导纲要（试行）》解读［M］. 南京：江苏教育出版社，2002.

[3] 林嘉颖. 在生活活动中培养幼儿解决问题的能力［J］. 福建教育，2018（21）.

成熟型幼儿教师开展家园沟通的策略探究

（黄明玥　湖北省黄石市湖北师范大学）

摘　要： 家园沟通作为家园共育的重要组成部分之一，其质量是促成家园双方在教育目标和行为上达成一致并得以连续的保障，通力合作帮助幼儿面对、解决遇到的问题，促进幼儿身心全面健康发展。然而，目前家园沟通面临诸多亟待解决的问题，如：幼儿教师和家长对家园沟通的重要性认识不足、信息不对等、沟通方式不恰当等。为此，本文通过厘清现阶段家园沟通开展的现状与问题，探讨了成熟型幼儿教师实施有效家园沟通的策略，不仅能提升家园沟通的有效性，还能促进幼儿教师的专业发展，最终实现优质的家园共育。

关键词： 成熟型幼儿教师；家园沟通；策略

陈鹤琴指出，“幼儿教育需要幼儿园和家庭两方共同合作，才能最大限度地促进幼儿的发展”。家园沟通通过多种方式确保教育目标和行为的一致性，解决幼儿学习和生活中的问题，促进幼儿全面成长。成熟型幼儿教师在教育活动中扮演重要角色，其职业年龄一般为10 年以上，具备稳定且个人特色的教学方式，积累了丰富的教学经验和实践性知识，对教材理解、内容确定和方法选择有成熟的见解。本文通过分析家园沟通开展的现状与常见问题，最终厘清成熟型幼儿教师有效地开展家园沟通的策略。

一、家园沟通开展的现状与问题

（一）幼儿教师和家长对家园沟通重要性的认识不足

家庭和学校是孩子成长过程中不可或缺的两个重要支持系统。在教育教学中，成熟型教师应该充分认识到家园沟通对于孩子成长的重要性，并积极开展家园沟通工作。然而，我们发现许多教师在实施家园沟通时面临诸多挑战。其中，教师和家长对于家园沟通的重要性认识不足是主要原因之一。大部分的教师以家园双方太忙作为自己无法开展家园沟通工作的首选理由，还有少数的教师认为家长不配合自己的工作，无法沟通。

（二）幼儿教师和家长地位不均等导致沟通的积极性不高

在幼儿园教育中，成熟型教师应注重家园沟通的双向性，关注家长需求和观点，并积极展开双向交流和讨论。然而，通常教师强调家长协助工作，较少考虑家长的需求和观点，使得家长在被动的服务角色中。这种情况下，通常是教师主导沟通，家长充当被动接受者，很少有教师和家长共同讨论的机会，导致双方的交流受到阻碍。同时，随着信息技术的发展，幼儿园家长群、公众号以及相关 App 崛起，但大部分只是幼儿园单方面向家长推送信息，缺乏给家长提供分享平台的机会，从而影响了家长的积极参与度。

（三）幼儿教师和家长传统的家园沟通形式易导致误解

成熟型幼儿教师应该具备适应时代发展的能力，目前幼儿园更多采用线上形式发布消息，并且注重以图文并茂的方式呈现给家长。但是这种书面文字缺乏真诚性，容易减少情感交流，教师感到无助，使用线上沟通需要斟酌文字信息，以免引起误解。传统沟通形式受到线上形式冲击，但面对面沟通是无法被取代的。同时，一些祖辈的家长难以掌握线上沟通技能，家园沟通受到阻碍。

（四）幼儿教师和家长的家园沟通缺少专业性的支持

目前在进行家园沟通的时候，往往教师会采取一致的沟通方法，忽略了个体差异，没有去判断家长不同的类型和性格，缺乏针对性的沟通技巧和策略，导致家长的接受度比较低，影响了家园沟通的效果，这使得教师需要成为成熟型教师，即具有适应不同家长类型和性格的能力，同时能够采用有效的沟通方式和策略，以提高家园沟通的效果。

（五）幼儿教师选择家园沟通的对象更多地倾向父辈家长

目前，由于祖辈家长的教育程度、年龄、对新事物的接受能力以及线上工具的掌握情况等因素的影响，教师更倾向于与父辈家长进行沟通。然而，实际上，许多家庭中，父辈家长更专注于工作，而祖辈家长则更多地照顾幼儿，因此祖辈家长与教师的沟通需求更大。尽管如今祖辈家长对幼儿教育有更全面的认知，并且与教师的沟通内容也有了更多的拓展延伸，但他们仍然不知道如何与教师沟通，同时普遍认为教师应主动与父辈家长沟通，从而影响了他们主动沟通的意愿。

二、成熟型幼儿教师开展家园沟通的策略

（一）须明确家园沟通的重要性

在幼儿园教育中，成熟型教师应充分认识到家园沟通的重要性，不将其仅视为一项形式任务，而应积极安排时间与家长进行沟通。这有助于教师更好地了解幼儿在家中的表现和遇到的问题，同时促进家长与教师之间的互信和合作，共同关注幼儿成长。教师还应与家长建立共同关注幼儿成长的理念，以提升教育效果。只有家长和教师都高度重视家园沟通，才能顺畅推动家园合作，促进幼儿全面发展。同时，幼儿园应加强宣传家园沟通教育方式，促使幼儿家长及时更新幼儿教育理念，主动查阅幼儿教育相关知识，学习最新的幼儿教育方法，提升自身幼儿教育素养，为有效的家园沟通奠定良好基础。

（二）须提高家长参与的积极性

成熟型教师应深刻认识到幼儿园教育中家园沟通的重要性，并主动采取措施提高家长的参与度。双向交流是家园沟通的核心，教师应将沟通内容拓展至学习研究、主题延伸和组织活动等方面，加强家长与教师之间的情感联系。鼓励家长在幼儿园的小程序或应用程序中分享幼儿的日常生活，促进互动，提高家长的兴趣和参与度，加强家庭与教师之间的信任，实现畅通的家园沟通。此外，邀请具有特殊技能的家长来幼儿园普及相关知识，如医生、消防员，增强家长对家园沟通的重视和参与度，实现良好的家园共育效果。总之，成熟型教师应积极规划时间，有意识地与家长沟通，采取多种措施提高家长的参与度，实现良好的家园沟通，为幼儿全面发展提供保障。

（三）须增加家园沟通的多渠道

成熟型教师应巧妙与家长有效沟通，建立良好的家园关系。在信息化手段与传统的面对面沟通方式之间，成熟型教师应该采取综合的方式。首先，教师需通过双向沟通与家长保持联系，不仅在日常消息和正式通知发布方面，还要了解家长需求和幼儿状况等，以使沟通更亲切、更贴心。其次，教师需根据不同类型的家长采用灵活的沟通方式。对于年轻、学历较高的家长，可以优先选择微信、钉钉等线上沟通方式；对于年长、生育二胎和三胎的家长，则电话和面对面交流更为高效；对于祖辈家长，则需顾及他们的观念，用通俗易懂的语言进

行沟通，并更关注幼儿的保育情况。通过以上措施，成熟型教师可以提升家长的参与度和信任感，实现良好的家园沟通。

（四）须提升幼儿教师的专业性

家长类型各异，沟通方式需因人而异，以提高家园沟通效果。成熟型幼儿教师需具备专业教育知识和情商素养，能灵活运用各种沟通技巧与不同类型和性格的家长建立良好沟通关系。面对过度保护型家长，教师需保持稳定情绪，注意神态和语速，以平静处理问题。对于善谈的家长，教师应及时采取行动，引导家长接受并逐渐改变教育理念。对于少问忽视型家长，教师应合理利用移动互联网和多元化沟通途径，主动互动以打开家长心扉。对于包办代替型家长，教师应采用肯定正面的策略，如表扬，增强家长和幼儿自信心，并提供专业解决方案。对于过度表扬型家长，教师应具体分析问题，避免过度强调表扬，鼓励多样化教育互动。成熟型幼儿教师可以给家长做示范，例如陪孩子看书回答问题时用“你观察得真仔细”来替代“你真聪明”，更具体地肯定孩子的进步。家园沟通复杂，家长类型多样，成熟型幼儿教师应灵活切换沟通策略，建立互信和共赢关系，实现更好的家园沟通效果。

（五）须了解家庭成员的差异性

成熟的幼儿教师需要了解祖辈家长的背景和需求，包括教育程度、年龄和对新事物的接受能力，以及他们在孩子教育中的参与程度。教师可以在开学前进行问卷调查，了解家长对沟通方式、频率和内容的需求和期望，以更好地满足他们。教师可通过多种渠道与祖辈家长沟通，如面对面、在线视频等，以便家长选择最适合自己的方式，并方便随时随地与教师交流。在线沟通时，教师应用简单易懂的语言，避免过于专业的术语和难懂的词汇，以便祖辈家长更好地理解。教师还可为家长提供支持和指导，如使用在线工具与教师沟通，参与孩子的教育等，以帮助他们更好地参与孩子的教育。教师应尊重家长的意见和建议，以便更好地了解他们的需求和想法，并根据反馈进行调整和改进。同时，教师应鼓励家长与自己沟通，并在沟通中给予家长充分的尊重和关注，以建立良好的沟通关系。

三、结语

综上所述，家园沟通对于幼儿教育的重要性不言而喻。尽管目前存在一些问题，但我们可以通过实施有效的沟通策略来解决这些问题，只有这样，幼儿园和家庭才能够真正地合作，共同促进幼儿的全面发展。

参考文献

［1］岳亚平．不同专业发展阶段幼儿教师知识结构的特征比较［J］．学前教育究，2011（9）：43—46.

［2］汪俊平．幼儿园家园共同体沟通的途径探究［J］．新课程研究，2022（24）：106—108.

［3］王爽．家园沟通存在的问题与改善策略研究［J］．成才之路，2022（7）：142—144.

［4］高晨昱．信息技术背景下家园沟通面临的挑战及实践建议［J］．上海托幼，2022（Z2）：66—67.

［5］王奕．幼儿园教师与祖辈、父辈家长家园沟通的现状与策略研究［D］．华东师范大学，2022.

区域游戏中培养幼儿规则的策略

（何泽鑫　广东省深圳市龙岗区园山街道荷康幼儿园）

摘　要： 区域游戏作为培养幼儿规则意识的重要媒介之一，教师合理、科学有效地开展区域游戏可以激发幼儿的探索欲望，掌握游戏规则，培养幼儿的规则意识，帮助幼儿提升各方面能力。区域常规是区域游戏能够正常进行的重要保障，如果幼儿在游戏过程中对游戏规则视而不见，那么区域游戏就失去了它应有的功效。本文以区域游戏为主要媒介，立足于幼儿现阶段的特性，采用案例分析法与实际调研法对目前区域游戏中幼儿规则意识培养方面存在的问题进行详细分析，针对剖析出来的问题从教师和幼儿两个层面进行分析，据此提出可行性的措施途径。

关键词： 区域游戏；幼儿；规则意识

随着社会的发展，幼儿是一个家庭的新生希望，对于子女的教育问题俨然已成为全社会关注的焦点问题之一，因此，对于幼儿教育的研究迎合了当前社会发展趋势，具有时代意义。如何利用区域游戏规则让幼儿在游戏的过程中认识规则、遵守规则、培养认知能力对于幼儿今后的成长具有重要意义。随着教育的发展，区域游戏已经发展成幼儿园日常必备开展活动之一，成为幼儿在幼儿园日常生活中的重要组成部分。在区域游戏中，首先要对游戏区域进行设置、对游戏材料进行摆放等。在这个过程中，科学合理地调动幼儿参与游戏的积极性，对幼儿各方面的发展具有积极作用。

一、区域常规中存在的问题

（一）对幼儿发展价值的选择性忽视

区域常规应该是教师在对幼儿进行引导教育过程中与幼儿潜移默化中形成的一种平等、良性的规则。但是在一些教师对幼儿的常规教育过程中，教师为了减轻自己对于班级幼儿的管理负担，区域常规往往由教师自己制定，要求幼儿对自己制定的区域常规强制遵守，这从另一个方面限制了幼儿的发展。我们不难发现，大多数幼儿教师在对区域游戏规则进行制定时，最主要的出发点是方便自己。对于班级内幼儿的管理，即区域常规在幼儿教师方面体现得最多的是管理的价值。教师所制定的区域常规其目的是更好地为教师的管理工作所服务，这从另一个层面也势必会限制幼儿某些方面的发展。

（二）内容和模式的固化、单一

大多数幼儿园内区域常规所针对的对象都只是单一的区域，并没有体现出区域常规的普遍性。而且大多数区域规则存在的形式都是通过在区域两旁悬挂区域规则牌，这样势必造成幼儿区域游戏模式的僵态化、单一化。

在区域游戏进行的实际过程中，幼儿教师大多只是对区域游戏中的区域常规从外在层面表现了出来，幼儿了解区域常规大部分是通过幼儿教师的讲授过程。甚至有些幼儿对区域常规存在毫不知情的情况。这样的区域常规缺乏实践性，区域游戏难以发挥应有的功效。

（三）教师的幼儿游戏观念有待提升

全程观看了某班幼儿在进行区域游戏的过程，发现部分教师并不是着力引导幼儿去解决自身问题，而是幼儿教师直接代替幼儿解决问题。在区域游戏中，幼儿教师一会儿去指导幼儿如何去晾晒衣服，一会儿给幼儿示范在医院如何挂号、看诊，在整个游戏过程中，幼儿教师忙得不亦乐乎，但是可以很明显地看到幼儿参与游戏的积极性并不高。此外，在进行区域游戏角色扮演时，幼儿只负责将老师制作的角色牌挂到胸前，而完全丧失了制作角色牌过程中的乐趣，这样就剥夺了幼儿的想象力，也失去了区域游戏应有的功效意义。

并且在对一位幼儿教师进行采访时发现，在教师组织幼儿区域游戏过程中大多数教师会对幼儿玩具的数量以及种类进行强制规定。拜访者给出的理由是如果任由幼儿不限制地拿取玩具，那么在游戏结束之后，让幼儿共同对区域进行打扫，他们很难将玩具完好归类，区域内卫生也难以打扫干净，这样无形中又会对教师的工作增加了负担。

"明明，你的角色是一个医生，如果你到处走动，患者怎么来找你看病治疗呢？""乐乐，你做的玩具又尖又长，万一不小心在游戏过程中伤害到其他同学怎么办？快去把玩具放好。"

以上是×老师在引导幼儿进行区域游戏过程当中的部分讲话。可以很明显地看出，在教师的立场上，他们认为幼儿没有形成有效的认知能力，无法预料到自己行为的后果，因此，幼儿教师有必要有责任提前纠正幼儿的行为做法，避免发生严重的后果，在多数幼儿教师看来，将幼儿在进行区域游戏过程中所可能发生的后果扼杀在摇篮中就是对幼儿负责的做法。在大多数幼儿教师看来，幼儿教师不仅仅充当着引导者、管理者的角色，还要在区域游戏中时常担负起警察、裁判员等职责。在多数幼儿教师看来，区域游戏不是幼儿的游戏而是老师的战场。儿童"危险地处于他们想要的表现与他们不想要的约束的边缘"，因此教师不应该干预太多，也不要错失宝贵的教学时机。

二、区域游戏中培养幼儿规则意识的策略

（一）创设良好有序的活动环境

在幼儿中班开展区域活动时，幼儿教师要充分根据幼儿的个性特点以及心理特征，因生制宜，给幼儿提供一个自由、平等、安全的游戏环境。将参与区域游戏的游戏类型、游戏伙伴、游戏方式的选择自主权下放给幼儿，幼儿教师所扮演的角色就是游戏观察者，充分发挥教师的辅助作用，时刻关注幼儿在游戏过程中的表现。当幼儿行为存在危险性的时候，教师首先要站在平等的角度，二者之间通过商讨的方式提出正确的建议；其次，教师在引导幼儿参与区域游戏的过程中，一定要确保过程有序避免出现混乱。此外，幼儿教师在对游戏材料进行归类放置时要充分考虑幼儿的身高与视线高度进行放置，以幼儿兴趣为导向，对幼儿感兴趣的玩具放置数量偏多。

合理投放材料，在材料投放方面更多考虑幼儿的兴趣、需要、年龄和教学目标。注重材料的趣味性，材料要适宜丰富，凸显主题。教师有意识地创设环境，让幼儿更好更自由地进行活动，增加幼儿对活动的兴趣与专注性，从而达到教学目标。

（二）引导幼儿正确认识游戏规则

区域常规是保证区域游戏正常进行的前提，幼儿教师要正确引导幼儿遵守区域常规，下意识培养幼儿的规则意识。幼儿正处于规则形成期，因此，在这一阶段教师的引导就显得更为重要。教师要切记在游戏开始之前，务必要让幼儿对游戏规则有充分了解，让幼儿明确明白哪一类禁止做，哪一类鼓励做，哪一类积极做。幼儿在区域游戏过程当中的行为只有处在

规则框架之内，才能发挥区域游戏应有的功效，激发幼儿的探索欲望。

（三）重视幼儿的主体作用

区域活动强调独立自主学习，提供给幼儿更多个体活动空间，减少干预，发挥幼儿的主观能动性。尊重幼儿的意愿与兴趣，注重个别化的自主学习。在引导幼儿参与区域游戏时，多数教师认为幼儿正处于意识形成期，因此对幼儿的主体作用进行了选择性忽视。往往由教师依据个人主观意愿制定区域常规，在这种情况下制定的区域常规，幼儿更加容易出现违规情况，而且在区域游戏中，幼儿难以放开手脚，收获真正的快乐，使区域游戏失去了原有的功效。因此，在区域常规进行制定的过程当中，要充分发挥幼儿的主体作用，培养幼儿主人翁意识，更好地促进幼儿各项能力的发展。

（四）加强对幼儿的引导

教师要成为孩子的合作者、引导者、支持者和帮助者。由于幼儿受年龄的限制，幼儿的规则意识以及各项能力正处于养成期。在区域游戏的进行过程中，难免因为个别幼儿中途打断游戏进程。因此，在游戏开始之前，幼儿教师就应该将所有影响因素考虑在内，对幼儿加强规则教导，将所要进行的区域游戏内容以及所需要注意的事项提前告知幼儿；相信大多数幼儿教师都会遇到这种情况，在区域游戏的进程中，经常有幼儿举手询问某项规则从而打断游戏的进程，这个时候就需要幼儿教师发挥引导者的角色，通过恰当的方式来解决出现的问题。

三、结论

随着教育的发展，区域游戏已经发展成幼儿园日常必备开展活动之一，成为幼儿在幼儿园日常生活中的重要组成部分。科学合理有效的区域常规，不仅可以保证游戏的顺利进行，还可以进一步潜移默化地影响幼儿行为举止，引导幼儿逐步形成规则意识，提高幼儿社会交往能力。本文结合幼儿规则意识培养的现状，进而针对区域游戏中幼儿规则培养意识现阶段存在的问题进行深入分析，通过对信阳市平桥区蓝天幼儿园实地观察和学习实践，让我在理论的基础上进行了实践学习，收获很多。发现区域游戏进行中普遍存在一些问题，并根据自己的思考从教师和幼儿园这两个方面提出可行性建议，以期为同行提供些许帮助。

参考文献

[1] 戴晨佳．浅谈区域游戏中幼儿规则意识的培养［J］．科学大众·教师版，2020（6）：111.

[2] 宋江羽．角色游戏中幼儿规则意识的形成［J］．教育观察，2019（12）：27—28.

[3] 张冲．自主性游戏对幼儿规则意识建构的思考［J］．中国新通信，2019（7）：178.

[4] 居玲玲．在区域游戏中培养幼儿的规则意识［J］．教育教学论坛，2018（26）：67—68.

[5] 周丹丹．角色游戏的规则生成研究［D］．安徽师范大学，2018.

[6] 何倩．幼儿一日生活中游戏的规则意识培养［J］．科学大众（科学教育），2018（1）：96.

浅谈幼儿歌曲编配特点

（田美娇　广东省深圳市龙岗区龙城街道中心幼儿园）

摘　要：幼儿歌曲是孩子幼儿时期音乐的启蒙，可以从小培养孩子对音乐的兴趣爱好。本文通过分析幼儿歌曲的特点及其编配的方法，更深层次地了解幼儿歌曲的编配。本文从幼儿歌曲、幼儿歌曲编配特点及基本方法、歌曲编配的综合总结三部分来撰写。首先对幼儿歌曲的定义及其特点进行分析，搞清楚所研究的主体是什么。然后重点部分在于对幼儿歌曲编配特点和基本编配方法的分析，主要从抒情类儿歌、生活情趣类儿歌、两种音乐风格着手，每种风格歌曲又从音乐题材、风格、配器、音色、节奏旋律等方面阐述自己对幼儿歌曲编配的一些见解。最后部分对幼儿歌曲编配进行综合总结，融入了自己的一些想法和建议。

关键词：幼儿歌曲；编配特点；和声织体；配器

音乐自古以来都是人类生活中最重要的一门艺术。不仅可以陶冶情操，更可以使个人的气质和素养有所提升。而音乐也是幼儿教育中最重要的内容之一。随着社会经济的发展，人们对幼儿教育有了更深层次的认识，也更加重视孩子幼儿时期的音乐教育，因此幼儿歌曲就显得非常重要。只有优秀的幼儿歌曲，才能更好地进行幼儿音乐美育。幼儿歌曲编配特点众多，但想研究好编配的特点，就必须搞清楚什么是幼儿歌曲，什么是幼儿歌曲的编配！要学会正确认识和理解幼儿歌曲，以及幼儿歌曲对幼儿音乐美育的重要性。

我们听过的每首儿歌都有自己的特点，但因为歌曲的风格主题不同，所以在歌曲编配上的配器、和声织体、音色也大有不同。但为什么在众多的儿歌当中，有些儿歌能让我们为之称赞？因为这些歌曲的配器和旋律上与歌词、主题所要表达的意境相一致，符合演唱者的心境。

我们大致可以将幼儿歌曲分为抒情类儿歌、生活情趣类儿歌两种类型，那么接下来我们一一分析它们的编配特点及基本的编配方法。

一、抒情类儿歌

抒情类的儿歌，大多是作者对客观事物的主观感受，通过这类歌曲，教导儿童建立正确的情感价值，给他们树立榜样。学会爱身边的人和事，学会感恩。

（一）抒情歌曲的分类

在抒情歌曲中，抒情又可以分为悲伤抒情、感恩抒情、愉悦抒情等。要编配好一首儿歌，就必须要明确歌曲主题，然后才可以更准确地抒发情感。

1. 悲伤抒情

比如《鲁冰花》《虫儿飞》类儿歌，是悲伤抒情的儿歌，这种类型的歌曲，曲风忧伤，在速度上比较缓慢，音域较窄，节奏上变化不是很大。

2. 感恩抒情

比如《童年的逍遥车》《世上只有妈妈好》类儿歌，是感恩的抒情儿歌。这种类型的歌曲，曲风柔美，音域大多在一个八度，节奏舒缓。

（二）抒情儿歌的分类配器要点

想要编配好一首较为动听的抒情类儿歌，乐器的渲染必不可少，乐器的音色可以更好地表达歌曲所传达的感情。而抒情类的儿歌在编配上应偏向于弦乐器。小提琴柔和细腻，中提琴热情忧伤，大提琴优美如歌，低音提琴浓厚深沉，都比较适合抒情类儿歌的编配。抒发的感情不同，所用的弦乐器也会有细微的差别。

1. 悲伤抒情歌曲配器

这类歌曲在配器上，更多地会倾向于小提琴，它柔和的音色和细腻的演奏技巧更能抒发出悲伤的情绪。

以歌曲《虫儿飞》为例，这首歌曲以小提琴为主要伴奏乐器，来体现故事主人公心里的哀伤和夜晚的凄凉，用钢琴作辅助来刻画萤火虫的流动，在歌词叠词部分，都使用同一个音。如“亮亮的”所对应的音是“mi mi mi”，这样保证了儿歌的简单上口。整首歌共六处出现切分音，每四小节出现一次，规律性很强。在前十八小节，都比较舒缓，从第十七小节开始，旋律与前几小节相比，更快一些，多处使用四分音符，情感上也有了些起伏。

2. 感恩抒情歌曲配器

这类歌曲，在配器的选择上，多倾向于中提琴或大提琴。中提琴适合演奏热情的歌曲，大提琴适合演奏如歌的歌曲，这两个弦乐器与感恩的抒情歌曲所要表达的情绪如出一辙。

以歌曲《听妈妈讲那故去的事情》为例，这首歌是一首叙事性抒情歌，歌曲旋律优美柔和，讲的是在月亮高挂的夜晚，听妈妈说过去革命时期的故事，先安静平和后转变为热情忧伤。歌曲以弓弦乐器作为主要的伴奏乐器，木管乐器作为辅助装饰，因此这首歌在乐器的编配上，选择中提琴和大提琴，来演绎整首歌曲的感情。中提琴的 A 弦音色明朗热情宽广，最具有中提琴特点，大提琴的音色和演奏效果是如歌、抒情、热情的，这与歌曲高潮部分——听妈妈讲革命时期辛酸艰苦的生活情感相一致。每句旋律之间用长笛创作歌曲的衔接，突出夜晚的安详，恰到好处。

二、生活情趣类儿歌

生活情趣类儿歌，显而易见是以儿童生活中的一些礼仪、习惯为主，小到穿衣吃饭，大到做游戏交朋友。孔子说过“不学礼，无以立”，因此从小让儿童有一个好的习惯很重要。而生活情趣类儿歌的作用在于用这些儿歌正确地引导孩子热爱生活，养成正确的生活方式，热爱游戏和运动，让孩子德智体美劳全面发展。

（一）生活类儿歌的歌曲分类

生活类的儿歌有很多，在进行歌曲编配的时候，必须要搞清楚歌曲的主题，然后再确定活动意义。生活类歌曲又可以细分为游戏类、数数类、生活习惯类等。这些歌曲在编配上也要注意一些细微的差别。

1. 游戏类歌曲

如《丢手绢》《拍手歌》……这一类型的歌曲要注意趣味性，让儿童热爱游戏。注意歌曲的互动性，突出游戏组织的作用。

2. 数数类歌曲

比如《数鸭子》《一二三》的数数歌，完全适合儿童的审美心理。无疑就是在歌曲中教育儿童对数字有明确的概念。这一类型的歌曲要突出数字，还有运算能力的表达。

（二）生活类儿歌的歌曲分类配器要点

生活情趣类儿歌大多是欢快活泼的，因此歌曲在乐器的编配上，应选择打击乐器和色彩装饰性乐器。像定音鼓、小军鼓、钹、三角铁、铃鼓等这类的打击乐器，在音色上更能突出欢快的情绪，节奏上更突出，有助于儿童把握歌曲节奏。像钢琴、竖琴、木琴、钢片琴等，都是较为常用的色彩装饰性乐器。这类乐器音色较为纯净，灵动性强，符合儿童活泼好动的天性。

1. 游戏类儿歌配器

这类歌曲主要是体现游戏的趣味性，因此在配器上，多选用钢片琴演奏主旋律，用节奏感强烈的乐器带动节奏，让小朋友听着音乐就能感受到游戏的乐趣。

以歌曲《丢手绢》为例，歌曲以钢片琴为主，弹奏主旋律，用沙锤和镲作为修饰，突出丢手绢游戏的趣味性。在歌词“快点快点抓抓他”用了锣鼓敲击，加强了游戏的急迫感。

2. 数数类歌曲配器

这类歌曲主要突出的是歌曲的数字部分，引导儿童对数字有着初步的概念，因此配器上一般使用的是打击乐器，节奏感强弱对比明显，赋予强烈的情绪。

以歌曲《数鸭子》为例，这首儿歌以架子鼓作为主要乐器，节奏感强烈，能够带动儿童学习的激情。这首歌曲偏向于说唱风格，简单上口，很有规律性，充满童趣，更符合儿童的乐感。歌词每两小节都会出现一个四分休止符，这样安排保证了给儿童一些反应和感知歌曲的时间。

三、童趣的把握与运用

童趣应该是幼儿歌曲中最需要体现的一种年龄特征和特色。因为幼儿歌曲不同于成人歌曲，它需要体现的是儿童的天真活泼与幼稚。现代的幼儿歌曲，在编配上更应当注重现在儿童的心理特征。随着网络的不断强大，儿童的心理也较为成熟。因此在歌曲的编配上更要注意他们对待同一件事情的态度，还有缺乏的精神。例如《洗手歌》，很多小朋友不爱洗手，不讲究卫生，不明白它的重要性。因此，我们在编配的时候，用欢快的旋律，将洗手这件事情，变成了一种游戏来做。这样，就合理地把握运用了儿童爱做游戏的童趣。

四、结论

幼儿歌曲，在幼儿成长过程中占有重要地位，是幼儿美育的形式之一。让幼儿在歌唱中学习，从小培养幼儿一种良好的社会观念、生活习惯。通过音乐的审美教育，突出歌词的意义来教会幼儿的基本常识和理念，从而达到音乐美育的意义，进一步让幼儿对音乐充满兴趣。优秀的歌曲编配不仅可以更好地做到对幼儿的教育，而且能激起幼儿的兴趣。因此，编配幼儿歌曲的时候，要注意题材、配器、旋律、和声织体相互之间的密切联系。

与此同时，专业知识和自身对儿童心理的掌握情况也很重要。在歌曲难度上，不宜太难，音域不能太宽。把握好每首歌曲的情感变化，做好音乐背景、氛围的烘托。儿童是祖国的花朵，活泼动听的优秀儿歌有助于儿童身心健康成长。

参考文献

［1］刘珈．提高学生编配幼儿歌曲钢琴即兴伴奏水平的有效途径［J］．大众文艺，2019（21）：221.

［2］张根健，樊虹，张毓，等．幼儿歌曲弹唱课程教学改革的探索与实践［J］．中国职业技术教育，2020（14）：41—46.

［3］侯淑兰．如何通过幼儿歌曲伴奏教学培养学生的创新能力［J］．当代音乐，2015（7）：45—46.

［4］赵沧海．学前教育专业幼儿歌曲弹唱教学的实践研究［J］．大众文艺，2015（2）：243—244.

园、校、家三位一体协同背景下幼小科学衔接对策研究

（龙明敏　广西壮族自治区南宁市广西医科大学幼儿园）

摘　要： 幼小衔接是全面推进幼儿园和小学实施入学准备和入学适应教育，减缓衔接坡度，帮助儿童顺利实现从幼儿园到小学的过渡。应充分引起幼儿园、小学、家庭的重视，不断创新协同教育，为孩子未来的发展提供更多的助力，使得幼儿能够顺利完成阶段性过渡。因此，本文就园、校、家三位一体协同背景下幼小科学衔接对策作出进一步的分析与探究。

关键词： 园、校、家；协同教育；幼小衔接

幼小衔接是教育活动可持续发展的具体形式，作好幼小衔接协同教育有助于幼儿尽快适应小学阶段的学习生活，积极作好身心、生活、社会、学习准备，养成良好的习惯，提升幼儿环境适应能力、人际交往能力等。因此，构建集幼儿园、学校、家庭为一体的协同教育体系对正在面临幼小衔接阶段的幼儿有着十分重要的意义。

一、园、校、家三位一体协同教育产生背景

园、校、家协同教育体系建设不仅仅是新形势下立德树人教育目标的具体体现，还对学前教育高质量发展起着积极的促进作用，能够极大程度提升幼儿园教育的科学性、适应性以及时效性。2021 年 12 月，教育部等九部门出台了《“十四五”学前教育发展提升行动计划》，重点强调了“深入推进幼儿园与小学科学衔接，在认真开展试点、加强实践探索的基础上，全面构建衔接机制，强化幼儿园和小学深度合作，切实提高入学准备和入学适应教育的科学性和有效性”。2022 年 1 月 1 日，我国正式实施中华人民共和国主席令第九十八号颁布的《中华人民共和国家庭教育促进法》，其中规定“中小学校、幼儿园应当将家庭教育指导服务纳入工作计划，作为教师业务培训的内容。中小学校、幼儿园可以采取建立家长学校等方式，针对不同年龄段未成年人的特点，定期组织公益性家庭教育指导服务和实践活动”。由此可见，通过幼儿园、学校、家庭的协同合作，建立积极的沟通形式，形成完善的教学以及服务体系，积极促进教育形式多元化发展，形成完善协同教育机制，才能保证幼儿在这一阶段能够平稳地过渡，促进身心健康成长。

二、建立园、校、家协同背景下幼小科学衔接的意义

幼儿时期的教育是幼儿接受教育的启蒙期，将为其后续发展及终身发展打下坚实的基础。《3～6 岁儿童学习与发展指南》指出将入学准备教育贯穿于三年的保育教育全过程，把入学准备教育的衔接方式嵌入幼儿大班的年龄段，突出针对性和全面性。由于年龄特点，幼儿园教育活动以实践活动为主要形式，在游戏以及生活的过程中来完成，这样的教学方式能够匹配学龄前儿童的身心特点。而在小学阶段，学校的教育主要是采用教师传授、教学实验、作业书写与成绩考评等方法来进行，与原来幼儿阶段教育大相径庭，不论是教学模式还是教学方法都存在着较大的差异。目前在我国教育部门的大力提倡下，产生幼小衔接阶段园、校、家协同教育的创新模式，虽然幼儿园、学校、家庭教育之间存在着较大的差异性，但是其最终的目标是一致的，即共同推动教育事业的可持续发展，助力幼儿实现由幼儿园到小学的平稳过渡，使得幼小衔接教育更具科学性与可行性。园、校、家三方资源应互为补

充，相互促进、共同研究，提升幼小衔接阶段儿童学习能力的教育策略，从而促进幼儿身心健康成长。

三、园、校、家协同背景下幼小科学衔接策略

（一）构建多维度协同教育机制

为了能够有效地开展园、校、家协同教育，首先应该建立起多维度合作机制，完善相关制度是实现教育成果的前提条件。充分发挥幼儿园与小学之间的联动机制作用，同时结合家庭教育和社会资源构建起协同教育的系统，并且建立评价机制，集合多方优势与资源，构建基础的保障以及精细管理模式。其次，幼儿教师应该熟知幼小衔接相关文件，提升自身专业技能与知识素养，这样才能够保障园、校、家协同教育有效开展。最后幼儿园、小学需要加强对社会各界重构幼小衔接的教育理念，即从“让儿童准备”向“为儿童准备”的理念转变。只有做好“为儿童准备”，才能真正做到小学与学前机构双向服务儿童，突出儿童的中心地位，尊重儿童的学习特点，从而落实科学的幼小衔接。

（二）与家长建立有效的沟通促进幼小衔接协同教育有效开展

家长是孩子的第一责任人，应该成为幼小衔接工作强有力的支持者、参与者。幼儿园教育和家庭教育的侧重点不同，在教育方面是分工明确又相互独立的，二者应保持紧密的联系，针对他们的具体表现进行详细的分析，掌握幼儿的最新资讯，起到促进其茁壮成长的重要作用。在幼小衔接教育中，家庭教育的作用是幼儿园和小学均无法替代的，很大程度上要有家长的参与才能很好地完成。家长的言行、教育观念、教育方式及实践活动都会直接影响到孩子进入小学的整体状态。《指导意见》中明确地指出：“幼儿园和小学要把家长作为重要的合作伙伴，建立有效的家、园、校协同沟通机制，引导家长与幼儿园和小学积极配合，共同做好衔接工作。”因此，家园合作需要科学且规范地开展。幼儿园应该完善家长沟通、合作、管理等制度，建立家长委员会、家长学校等，从幼儿入园起就将家长列入实施幼儿园教育的重要成员，让家长充分参与幼儿园教育活动发挥助教作用，这样能够转变家长的教育理念，进一步促进幼小衔接的有效开展。

（三）积极开展各项培训活动

幼儿园中构成幼小衔接的内部组织结构为：学前阶段研学人员、小学教学管理人员、教师、家长等，对家长开展积极的培训活动有助于更新其教育理念，提升对孩子的责任感，充分解读幼儿的行为并掌握其特点，更加关注幼儿促进其养成良好的习惯，能够科学且适度地开展幼小衔接协同教育。此外，幼儿园还要积极组织幼小衔接协同教育心得分享会，让家长与家长之间、家长与教师之间能够建立起充分的沟通，相互学习，不断提升幼小衔接协同教育水平。

（四）幼儿园与小学开展联动教研活动

幼儿园与小学要遵循“让坡度更舒适、让梯度更合理、让速度更适宜”的原则，共同建构幼小衔接课程体系，共同研究幼小衔接课程实施路径，制订计划，跟进指导。《指导意见》指出“全面推进幼儿园和小学实施入学准备和入学适应教育，减缓衔接坡度，帮助儿童顺利实现从幼儿园到小学的过渡”。提出坚持“儿童为本、双向衔接、系统推进、规范管理”四大原则。经常开展联合教研活动，双方教师可以打开不同学段教学思路的广阔空间，搭建全方位多角度交流平台，加深“幼小”之间的相互了解与沟通，有效推进幼小衔接工作的深入开展。老师们还可以更直观清晰地了解幼儿升入小学后需要具备的能力，对做好入学基本素

质准备会有更明晰的思路，理解幼儿的成长需求，深刻体会幼小衔接的科学性，切实将各项准备贯穿于幼儿教育的全过程，落实在一日生活之中，重视幼儿任务意识、时间观念、社会交往、倾听表达、学习能力的培养，帮助幼儿积极、主动、自信地面对小学生活。

（五）带领幼儿走进小学进行参观与体验

幼小衔接工作中，幼儿园要做到努力“送一程”，小学要做到努力“接一程”。幼儿园可以组织幼儿进入小学进行参观与体验，例如参观校园环境、观看课间活动、观摩课堂教学、观摩升旗活动等。与小学生展开充分的交流与互动，积极引导幼儿园小朋友通过亲身体验，对小学的学习与生活产生初步的认知，并充分意识到小学与幼儿园的教学活动存在的差异性。在活动结束之后，幼儿会对小学学习生活产生更多的期待，教师可以借此次活动机会对其进行科学的引导，让幼儿通过谈话、讨论、记录等方式对小学生活产生更美好的憧憬与期待。

四、结束语

综上所述，幼小衔接教育工作离不开幼儿园、小学、家庭的协同合作。幼儿园作为基本教育载体能够确保幼小衔接教育的有效开展，充分建立起协同教育机制不断提升教育水平；小学教育的协同作用能够让学生对未来学习与生活产生基础的认知，进而对未来产生美好的憧憬；再加上家庭教育对有效衔接教育的协助，一定能够让学生平稳安全地完成幼小衔接过渡，让教育活动更加丰富多彩。

参考文献

[1] 孙华．浅谈家长参与幼小衔接教育存在的问题与对策［J］．辽宁师专学报（社会科学版），2021（5）：124—125.

[2] 尚丽霜．幼儿教师幼小衔接教育观念的现状及对策［J］．今日教育（幼教金刊），2021（9）：9—12.

[3] 钱盼．幼小衔接阶段家庭教育的现状及指导策略研究［J］．天天爱科学（教学研究），2022（9）：170—172.

[4] 李敏，加冬梅．“三全”理念下的幼小衔接教育实践探索［J］．教育科学论坛，2022（26）：41—45.

[5] 蔡芳婷. 幼小衔接过程中家园校合作共育的困境与路径［J］．豫章师范学院学报，2022（6）：86—90.

[6] 中共中央办公厅　国务院办公厅．关于进一步减轻义务教育阶段学生作业负担和校外培训负担的意见［S］．2021.

[7] 中华人民共和国主席令第九十八号．中华人民共和国家庭教育促进法［S］．2021.

高质量教育发展背景下家园社协同育人实施路径探索与实践

（黄剑琴　广西壮族自治区南宁市广西医科大学幼儿园）

关键词：近日，教育部等 13 部门联合印发《关于健全学校家庭社会协同育人机制的意见》，学校家庭社会协同育人成为我国全面推进教育高质量发展的重要战略举措。广西医科大学幼儿园位于医大校园内，100%的就读儿童为大学及附属单位的教职工子女，为推进家园社协同育人提供了切实有效的保障。幼儿园积极思考家园社协同育人的全新内涵，把家庭教育指导、家园协同育人纳入日常工作体系，通过挖掘丰富的家庭和社区教育资源，探索家园社协同育人的有效路径。

关键词：高质量发展；家园社；协同育人；实施路径

近日，教育部等 13 部门联合印发《关于健全学校家庭社会协同育人机制的意见》，明确了学校、家庭、社会在协同育人中的各自职责定位。学校要充分发挥协同育人主导作用，家长应切实履行家庭教育主体责任，社会要有效支持服务全面育人。学校、家庭、社会协同育人成为我国全面推进教育高质量发展的重要战略举措。《幼儿园教育指导纲要》也指出："幼儿园应与家庭、社会密切配合，共同为幼儿创造一个良好的成长环境。"

广西医科大学幼儿园位于医大校园内，100%的就读儿童为大学及附属单位的教职工子女。幼儿园积极思考家园社协同育人的全新内涵，把家庭教育指导、家园协同育人作为幼儿园发展的关键要素，纳入日常工作体系，通过挖掘丰富的家庭和社区教育资源，探索家园社协同育人的有效路径，共同培养德智体美劳全面发展的幼儿。

一、总体规划，明确家园社协同育人目标

整合多方资源，以为儿童的终身发展奠基，陪伴儿童度过一个快乐而有意义的童年生活为出发点，通过园领导、教师及家长多方参与的集体讨论对家园社协同育人做整体思考与规划，探索目标一致、协同融合、开放共生的"一体三维"共育模式，"一体"是一切以幼儿为主体的基本理念，也指家园社是协同共育的共同体；"三维"是指幼儿园、家庭、社区协同共建，三个维度形成教育合力，唤醒家庭、社区中潜在的教育力量，使幼儿园从单一的教育走向多方的协同共育。完善家园社协同育人机制，建立组织架构，明确责任分工，书记与园长为第一责任人，教学副园长负责统筹安排，制订每学期协同育人计划和活动实施方案，协调推进各项工作落实落细，各部门根据计划组织开展不同的家园社活动，活动后及时反思总结，对计划进行动态调整，不断提升协同育人实效。

二、搭建平台，拓宽家园社有效沟通渠道

（一）丰富家园沟通途径

围绕"共育"，通过家长学校、园级家委会、班级家长会，以及 QQ、微信等平台，针对家长的育儿困惑和关注的教育问题与家长进行沟通交流。近两年，幼儿园家长学校先后组

织了《以爱育爱 守护成长》《幼小衔接——我们的思与行》《小班入园二三事》等专题分享与交流研讨，既有习惯养成、规则意识的培养、入园焦虑等家长关心的育儿问题，也有结合幼小衔接、课程建设等热点话题确定的活动内容，从园级层面与家长展开对话与分享；每学期组织的园级家委会，既介绍幼儿园近期各项工作推进的情况、取得的成效，更充分听取家长对幼儿园工作的意见与建议，发挥家委会桥梁与纽带的作用；从初入园时的新生家长会开始，到大班毕业典礼，班级家长会贯穿3年，老师们全程、全面向家长宣传幼儿园的教育理念和培养目标、班级课程、孩子的学习与发展，邀请家长做育儿经验的分享等，加深家园联结，建立信任关系；教师定期进行家访或家长访谈，针对幼儿在园的行为表现以及个性化成长进行深入的交流与探讨，合力帮助幼儿成长；借助QQ、微信平台和家长沟通与互动，分享幼儿在园生活、游戏、学习等各种活动的照片、幼儿作品和育儿文章，双向反馈，达成共识。在家园沟通中，家园双方以幼儿为中心，通过有效的对话、互动紧密联系在一起，家长和教师主动沟通的意识不断增强，沟通内容不断深化，共育共融成效明显。

（二）探索园社共育模式

幼儿园利用“学雷锋日”、学前教育宣传月、新生报名日等，面向社区开展教育宣传活动和家庭教育指导服务，通过张贴海报、宣传栏以及“面对面”的方式与家长交流互动。在活动现场，老师们认真解答家长的家教难题，内容涉及入园准备、幼小衔接、习惯养成、社会交往等育儿知识，解答家长的教育困惑，帮助家长提高科学育儿水平，对社区早期教育的质量提升起到一定的推动作用。

三、拓展路径，丰富家园社活动内容

（一）家长进课堂活动

幼儿园“树苗课程”的教育理念是生命与健康教育，因本园大多数家长从事的都是与医学有关的工作，家长们在“生命与健康课堂”上，结合自己的专业领域，用生动有趣的方式向孩子们普及健康知识、认识自我、珍爱生命，是非常宝贵的课程资源。如小班家长进课堂活动“我从哪里来”，医生妈妈用童趣的语言、精心制作的课件形象地展示了卵子受精到生命诞生的全过程，让孩子们对自己的出生、成长过程有一个初步的认知和了解；眼科医生家长走进课堂，通过趣味翔实的讲解，帮助孩子认识眼睛的构造，学习保护视力和预防眼病的方法。在家长课堂上，家长老师通过与孩子的沟通与交流，了解了儿童发展的差异性，对学前教育有了更深刻的认识。在家长课堂准备与组织的过程中，家长和教师双向交流教育经验，对家、园双方都有积极的促进作用。家长课堂丰富的教育内容和资源，进一步开阔了幼儿眼界，拓宽了幼儿思维，也增进了亲子情感。

（二）在活动中进行家庭育儿指导

幼儿园设计与组织了丰富的家长进校园活动，除了家长课堂，还有家长开放日、亲子活动、家长志愿者等。家长开放日原来的做法是我做你看，由教师组织活动，家长在一旁观摩。现在的设计是家长和孩子一起做游戏，如一起玩搭建、安吉游戏等。家长和孩子们组成项目学习小组，一起做计划，共同发现与解决问题。家长在活动中观察孩子、倾听孩子、理解孩子，他们的角色从一开始的“陪玩者”逐渐转变为幼儿行为的“观察者”“记录者”与“支持者”。通过亲身参与和感受体验，家长们了解了儿童通过直接感知、实际操作和亲身体验获得经验的独特性，更理解了儿童心智成长的规律和特点，逐渐觉察和调整自己的教育观念与行为，觉察—调整、反思—改变，体现了家长育儿行为的改变过程，达到在活动中进行家庭育儿指导的目的。

（三）探索家园社共建课程实施路径

幼儿园通过教师主导，家长参与，社区融入的路径实施园本课程。如在小班主题活动“春天的秘密”实施过程中，家长与孩子一起收集春天的资料，一起踏春、画春、拍春，收集春天的变化，并把这些发现带回幼儿园与同伴分享；在中班主题活动“嗨，南宁”和“美丽的广西”实施过程中，家长们带孩子打卡青秀山、南宁的桥、广西民族博物馆等景点，丰富孩子的课程经验和体验；围绕孩子丰富的假期生活，“小树苗”假期成长计划以打卡“任务单”的形式，家园共同陪伴幼儿度过快乐而有意义的假期生活。大学校园里的中心花园、操场、图书馆是孩子们的“第二课堂”，他们在这里观察、探究、游戏、学习，“参观大学图书馆”“生命馆之旅”“听爷爷奶奶讲述红色故事”等活动帮助幼儿理解生活的社区以及家长们工作的内容与意义，使他们对所居住的社区更加了解和熟悉，爱家人、爱社区的情感油然而生。

四、共享资源，构建家园校幼小衔接共同体

幼儿园与附属小学同属于大学工会附小幼儿园党总支，对推行幼小科学衔接有着极为有利的条件。在大学党委和党总支的统一领导下，幼儿园与附小建立幼小协同合作机制，通过参观小学、优质课观摩、同课异构等活动开展联合教研。如组织大班组老师观摩附属小学老师执教的优质课，课堂上老师以丰富生动的课件、有趣的任务闯关游戏等激发学生的自主学习兴趣，学生们在倾听、思考与实际操作中课堂氛围有趣有效；老师将常规习惯的培养以口令、手势等方式巧妙地融入课堂中，学生们坐得端正、听得认真，自信大方地回答问题。观摩结束后双方教师围绕“小学课堂教学与幼儿园教学活动的异同”等问题展开研讨，表达自己的思考与意见，打开了不同学段的教学思路。除此之外，幼小共同组织同课异构、集体备课等活动，搭建多角度交流的平台加深“幼小”之间的相互了解与沟通。邀请附小校长给大班组家长做幼小衔接专题讲座，围绕入学四大准备着力家园协同共育，家、园、社一起努力帮助幼儿积极、主动、自信地面对小学生活，减缓衔接坡度。

幼儿园通过探索家园社协同育人的实施路径，为幼儿的成长营造了良好的教育生态，幼儿园、家庭、社区共同发挥作用，同向而行，形成合力，顺应了教育高质量发展的需要，提高了学前教育的成效，促进了儿童的全面发展，成为让家长满意的“家门口”优质幼儿园，为大学高质量发展凝聚人才发挥了积极作用。

参考文献

[1] 李萍．家、园、社区三位一体的学前教育模式研究［J］．学园，2013（8）：11—12.

[2] 邵杰．幼儿园利用社区资源开展家园共育的对策研究［J］．中国校外教育，2019（28）：151—153.

[3] 邵晓枫，郑少飞．新形势下的家校社协同育人：特点、价值与机制［J］．现代远程教育研究，2022，34（5）：82—90.

运用海绵棒器械促进幼小衔接大体育跑步活动的实践探究

（李佳妮　广西壮族自治区南宁市广西医科大学幼儿园）

摘　要：本文在探讨如何利用海绵棒器械来促进幼小衔接大体育跑步活动的实践。通过对海绵棒器械在幼儿园体育课程中的应用以及在幼小衔接问题中的作用进行探究，发现海绵棒器械能够有效地提高幼儿跑步兴趣和技能水平，并有效地促进幼小衔接大体育跑步活动的实践。研究结果表明，海绵棒器械是一种非常适合幼儿园体育教学的器械，对幼儿的身心发展具有积极的促进作用。

关键词：海绵棒器械；幼小衔接；体育跑步；幼儿园教育

随着社会的发展和教育理念的不断更新，幼儿园体育教育的重要性越来越受到人们的重视。幼儿园体育教育不仅可以促进幼儿身体素质的提高，还能够培养幼儿的社交能力和合作精神，对幼儿全面发展起到了非常积极的作用。但是，在实际的幼儿园体育教学中，很多老师都面临着幼小衔接的问题，即幼儿园幼儿在学龄前阶段的体育教育与小学体育教育的衔接问题，如何让幼儿从幼儿园阶段的体育教育逐渐过渡到小学阶段的体育教育，一直是幼儿园老师们面临的一个难题。

一、幼儿园体育教育的现状

幼儿园体育教育作为幼儿教育的重要组成部分，不仅能够促进幼儿身体素质的提高，还能够培养幼儿的社交能力和合作精神，对幼儿全面发展起到了非常积极的作用。然而，在实际的幼儿园体育教学中，仍然存在着一些问题。首先，幼儿园体育教育的课程设置和教学方法比较单一，重复性较大，很难满足不同幼儿的需要。其次，由于幼儿园的课程时间较短，加之幼儿们的注意力容易分散，导致很多幼儿园老师在教学过程中很难达到预期效果。最后，幼儿园老师普遍缺乏专业的体育知识和教学技能，难以满足幼儿的学习需求，给幼儿体育教育带来了一定的难度。为了解决这些问题，幼儿园教育需要不断地进行改革和创新。以促进幼儿体育发展为核心，完善幼儿体育教育课程设置，提高幼儿园老师的教学水平和专业素养，推进幼儿园体育教育的可持续发展。例如，在幼儿园体育教育课程设置中，可以将体育教育与其他学科融合，开展丰富多彩的运动会、游戏等活动，引导幼儿在活动中学习、成长。此外，针对幼儿园老师教学技能不足的问题，可以加强幼儿园老师的专业培训，提高其教学能力和专业素养。综上所述，幼儿园体育教育在发展中仍面临一些挑战和问题，需要通过不断的创新和改革来完善，以促进幼儿体育的全面发展。

二、海绵棒器械在幼小衔接大体育跑步活动中的应用

海绵棒器械在幼小衔接大体育跑步活动中的应用，能够很好地促进幼儿跑步技能的发展。海绵棒器械是一种柔软、轻便的跑步辅助工具，可以帮助幼儿正确掌握跑步的姿势、步伐和呼吸，有效提高幼儿的跑步技能水平。在幼小衔接大体育跑步活动中，教师可以利用海绵棒器械来进行各种跑步技能练习，如提膝跑、快速反应跑、变向跑等。例如，教师可以让

幼儿拿着海绵棒在场地上进行提膝跑的训练，要求幼儿将海绵棒提到膝盖以上，保持高速跑步的状态，以锻炼幼儿的协调性和运动能力。同时，海绵棒的柔软材质还可以减轻跑步时的冲击力，降低幼儿的受伤风险，提高跑步的安全性。除了在跑步训练中的应用，海绵棒器械还可以被用来进行赛跑活动，如接力比赛等。在接力比赛中，幼儿可以手持海绵棒，通过快速奔跑将海绵棒交给下一个队员，锻炼幼儿的团队协作精神和快速反应能力。同时，海绵棒的轻便性质也使得幼儿们可以更加顺利地完成比赛任务。总的来说，海绵棒器械在幼小衔接大体育跑步活动中的应用十分广泛，不仅能够提高幼儿的跑步技能水平，还可以丰富幼儿的运动体验，增强幼儿对体育运动的兴趣和热爱。

三、海绵棒器械在幼小衔接问题中的作用

海绵棒器械在幼小衔接问题中发挥着重要的作用。首先，海绵棒器械可以帮助幼儿逐步适应更长的跑步距离。在幼儿园阶段，幼儿的体育课程一般都是以短跑和基础技能为主，但在小学阶段，长跑是一个重要的项目。因此，通过海绵棒器械逐步增加跑步的距离，可以让幼儿逐渐适应长跑的训练，为他们顺利衔接小学体育课程打下基础。其次，海绵棒器械可以帮助幼儿掌握正确的跑步技巧。在小学体育课程中，正确的跑步姿势和技巧是非常重要的，而这些技巧的掌握需要从幼儿园阶段开始培养。通过海绵棒器械的使用，可以帮助幼儿掌握正确的跑步姿势和技巧，为他们在小学阶段的跑步训练打下基础。最后，海绵棒器械可以促进幼儿之间的合作和互动。在使用海绵棒器械的过程中，幼儿需要进行配合和协作，例如交换海绵棒、一起跑步等。这样的活动可以培养幼儿的合作精神和团队意识，为他们日后的学习和生活打下基础。例如，在幼儿园的一堂体育课中，老师使用海绵棒器械让幼儿进行了一次长跑训练。在训练过程中，老师引导幼儿逐步增加跑步的距离，让他们逐渐适应长跑的训练。同时，老师还通过示范和指导，帮助幼儿掌握了正确的跑步姿势和技巧。在交换海绵棒的过程中，幼儿们还需要互相配合，增强了彼此之间的团队合作精神。

四、海绵棒器械促进幼小衔接大体育跑步活动的实践效果评价

在实践中，我们运用海绵棒器械促进了幼小衔接大体育跑步活动，实现了很好的效果。首先，海绵棒器械能够让幼儿在跑步时更加安全。在使用海绵棒器械的过程中，即使孩子跌倒了，也能有效地保护孩子的安全，避免了跑步中的意外伤害。其次，海绵棒器械还能够让幼儿更加专注地跑步。幼儿时期的孩子注意力不太容易集中，使用海绵棒器械能够增加孩子的兴趣和参与度，让他们更加专注地跑步，有效地提高了幼儿的身体素质和协调能力。我们对使用海绵棒器械的效果进行了评价，结果表明，使用海绵棒器械能够有效地提高幼儿的跑步速度和耐力，让他们更加积极地参与体育活动。此外，使用海绵棒器械还能够增加幼儿的团队合作意识，让他们更加乐于与同伴合作完成任务。通过对幼儿进行多次海绵棒器械促进跑步的实践，我们发现幼儿们的跑步姿势得到了改善，体能水平得到了提升，具有很好的实践效果。

五、结语

本研究对海绵棒器械在幼儿园体育教育中的应用和在幼小衔接问题中的作用进行了深入探究，并通过实践验证了海绵棒器械在促进幼小衔接大体育跑步活动方面的有效性。研究结果表明，海绵棒器械在幼儿园体育教育中具有广阔的应用前景和积极的促进作用，能够有效地提高幼儿的跑步兴趣和技能水平，促进幼儿从幼儿园到小学的顺畅衔接。然而，海绵棒器械的应用还存在一些问题和不足，需要进一步加以改进和完善。希望本研究能够为幼儿园体

育教育的改革和发展提供一定的参考和借鉴，为幼儿的全面发展和健康成长作出贡献。

参考文献

[1] 陈雅琴．海绵棒在幼儿体育活动中的应用［J］．现代教育科学，2017（3）：143—144.

[2] 王丽莉，王雅敏．幼儿体育教学中海绵棒的应用［J］．体育与科技，2019（6）：51—52.

[3] 孙翠华．海绵棒器械在学前幼儿体育教学中的应用［J］．教育教学论坛，2020（10）：195—196.

浅谈《幼儿园入学准备教育指导要点》在一日生活中的运用

（陈星颖　广西壮族自治区南宁市广西医科大学幼儿园）

摘　要： 在新时期背景下，落实“走好学习生涯的第一步”，加强幼儿园幼小衔接工作力度，提升幼小衔接教学能力，成为幼儿园工作的重中之重。幼儿园要贯彻落实《3～6 岁儿童学习与发展指南》和《幼儿园教育指导纲要》，促进幼儿身心全面和谐发展。依据《幼儿园入学准备教育指导要点》，遵循儿童身心发展规律和教育规律，以促进幼儿身心全面准备为目标，帮助幼儿做好身心、生活、社会、学习等准备工作，提升幼儿个人综合素质，为其快速适应幼小衔接生活提供助力。寓幼小衔接于幼儿一日生活中，在认真研读《幼儿园入学准备教育指导要点》后，我深刻思考如何在一日活动中挖掘蕴含的教育价值，在学习习惯、任务意识、自理能力、入学向往等方面进行探讨实践，为幼儿步入小学做好全方位的准备。

关键词： 幼小衔接；入学准备；一日生活

一、在活动中养成幼儿的学习习惯

学习习惯，是个体在学习过程中反复出现并成为个体需要的一种自觉、主动的行为倾向和行为方式。良好的学习习惯，可以提高幼儿的学习效率和学习质量，是将来幼儿学习能力的核心素养，也是幼儿未来的核心竞争力之一，是幼儿能够成功走向小学生活的重要因素之一。在幼儿园阶段，教师加强幼儿学习习惯的培养，不仅能为幼儿形成认真专注、独立思考、自主计划等良好的学习品质打下基础，而且可以支持幼儿形成适应小学学习规律的行为模式，促进其顺利实现以游戏为基本活动的幼儿园生活向以学习为主要活动的小学生活的衔接。

因此，在幼儿的一日活动中，要明确我们的培养目的，在活动中养成幼儿良好的学习习惯。首先，我们可以在每一次活动前都帮助引导幼儿明确活动目的，专注地做事。引导幼儿有意识地思考、确定自己的活动预期或目的，能帮助他们更好地集中注意力。其次，在活动中我们要运用多种形式的交流，促进幼儿表达交流想法与发现。幼儿运用多种方式进行表现、交流与分享，有助于促进他们语言和思维的相互作用，进而养成独立思考与表达的习惯。我们可以在活动计划、实施、回顾等各个阶段，支持幼儿通过图画、符号、口头等多种方式进行表达表现，鼓励其多提问、追问、质疑、建议等，让幼儿在与同伴观点的相互碰撞中逐步构建新的信息与经验，促进幼儿独立思考与表达的意识或习惯的形成。最后，我们老师要善于捕捉契机，鼓励幼儿自主在活动中做计划，例如在区域游戏活动、户外游戏活动前自主做计划，逐步提升幼儿做事情的计划性，在幼儿计划意识还不稳定的时候，我们可以适时提供支架，帮助幼儿明确计划内容并实行，我们还可通过家园合作，引导家长认同和重视孩子自主做计划，鼓励家长认真倾听、了解孩子每一次计划及想法，强化孩子对计划的坚持与执行，促进幼儿实现由“外在行为到内在意识”的转变，逐步养成自主做计划的良好习惯。

二、在游戏中培育幼儿的任务意识

幼儿园和小学是两个不同的学习阶段，相较于幼儿园以游戏为主的活动形式，小学阶段则更加关注学生的学习，而任务意识的培养作为社会准备的重要内容之一，有助于幼儿适应小学学习生活的要求，逐渐使幼儿能够独立完成小学的各项任务。冯晓霞教授在2022年学前教育研究会的圆桌会议上提到："幼儿高水平的游戏可以减缓以游戏为主的学习与以课堂教学为主的学习之间的矛盾，促进幼小课程衔接。"这也说明了我们要在不违背幼儿年龄特点和主要学习方式为游戏的情况下，去培养幼儿的任务意识。

那么，我们可以在幼儿的一日活动中开展各种游戏活动，发展幼儿完成任务的能力。比如在角色游戏中，扮演小吃店老板角色的幼儿，要学会礼貌服务客人，思考吸引客人的方法，尝试制作色、香、味俱全的美食，客人走后，还要收拾碗筷打扫卫生。建构游戏中，担任小小工程师的幼儿要学会搭建各种各样的建筑物，在建筑物不牢固、不美观、不适用的问题中积极探索解决的方法，在活动中明确任务要求并努力完成角色、游戏所赋予的任务，无形中获得完成任务所需要的各种能力的发展。同时，我们要在游戏中根据幼儿的年龄特点，设置循序渐进的任务难度，制定可行的目标，提出合理的要求，支持幼儿在游戏中完成任务，提高游戏水平和游戏质量。最后，我们要学会在活动中鼓励幼儿，激发幼儿完成任务的潜力，这样能使幼儿树立完成任务的自信心，获得积极的情感体验，还能促使幼儿创造性地执行任务。

三、在劳动中提高幼儿的自理能力

在日常的工作中，通过和家长交流我们了解到，很多家庭的状态都是一家人围绕着孩子，很多父母忙于工作，幼儿多数是由爷爷奶奶等老人照顾，老人对幼儿过度宠爱，导致幼儿的自理能力和自我管理意识较为薄弱。甚至一些家长觉得孩子动作较慢，觉得自己做事更简单省心，包办替代了幼儿自己力所能及的事情，使得幼儿逐渐失去锻炼的机会。而对于上小学的孩子来说，他们需要独自面对更多的事情，不仅是学业上的还有生活上的，这都需要幼儿具有一定的自理能力来应对小学生活。那么作为幼儿教师，我们要在幼儿园阶段循序渐进指导幼儿提高自理能力，培养幼儿独立性，形成良好的自我服务意识，提高自我管理能力，为幼小衔接作好准备。

首先，我们要有针对性地培养幼儿的自理能力，尝试学习自己的事情自己做，比如自己脱袜子、脱裤子、脱衣服等这些他们力所能及的事情，针对幼儿习得的每一项自我服务技能，再有针对性地开展"穿衣服比赛""穿鞋子比赛"，或将幼儿习得的技能通过角色游戏的方式投放到娃娃家、益智区等区域游戏中，让幼儿在游戏中不断进行练习，巩固自身的自理能力。通过班级特色活动，使得幼儿在自理能力上有显著提高，拉链、纽扣能够很快地拉好扣对，自己的被子也能叠整齐放到指定位置，书包里的东西也能好好整理。在每次开展活动之后，请幼儿自己对玩具进行分类收集整理并放回玩具柜，锻炼幼儿收纳能力的同时，培养每位幼儿的独立意识，明白自己的事情自己做。其次，培养幼儿的自我服务意识和为他人服务的能力，在小学阶段，参与集体劳动是常态，这就对幼儿参与劳动的意识和能力提出了一定的要求。但是目前部分幼儿缺少参与劳动的经验，进而存在缺乏劳动意识和能力的问题。那么在幼儿园我们就要有意识地组织一些针对性的活动，增加幼儿的劳动体验，让他们认识到劳动的光荣，激励他们主动参与劳动。比如在日常开展班级值日生活动，让幼儿参与到班级的劳动中，感受为班级做贡献得到老师和小朋友肯定的荣誉感，定期参与幼儿园组织的劳动日，让幼儿感受到劳动的快乐。利用各种节日鼓励幼儿参与劳动，如植树节种植照顾植物，"三八"妇女节组织幼儿为妈妈、奶奶、阿姨做一件力所能及的事，"五一"劳动节组织幼儿感谢食堂厨师、保安叔叔、保洁阿姨等为幼儿服务的劳动者，通过这些活动增加幼儿的劳动体验和动手能力，真实地从各方面感受到劳动的快乐和荣誉，从内驱力和外驱力中培养幼儿的独立意识，提高自我服务能力。

四、在环境中激发幼儿的入学向往

幼儿园向小学过渡的过程是十分重要的，我们老师要在学习中注重开启创新性教学引导活动，帮助幼儿感受幼小衔接教育的内涵，提升幼小衔接教育质量。因此，我们要结合幼儿园幼小衔接课程，帮助幼儿提前进行体验活动，促使幼儿的适应能力得到有效锻炼。

首先，增强幼儿环境的体验。在步入小学后，幼儿所面临的人、事、物都有所不同，新同学、新教师、新环境，使幼儿在认知上受到冲击，使得幼儿在课程学习上受到影响。为了帮助幼儿减轻心理落差，我们可以带领幼儿参观小学，提前感知了解小学的环境，通过与幼儿的沟通，将他们心目中小学的模样和环境在幼儿园的教师当中慢慢复刻出来，让幼儿在园时就逐渐熟悉小学的环境，这样当幼儿到小学后，就不会因为环境的陌生而感到紧张局促，更多的会是一种对新奇事物的体验。其次，为幼儿营造舒适的心理环境。幼儿离开熟悉的环境去适应一个新的完全不一样作息的地方，对于未知的充满挑战的事物难免都会感到紧张。这就需要我们老师为幼儿做好心理上的引导，在园时通过积极正向的情绪鼓励幼儿的每一点进步和发展，告诉幼儿你是最棒的，是可以成为一名优秀小学生的，为幼儿营造轻松和谐的环境，从心理上引导幼儿作好准备，让幼儿充满自信地去迎接新的环境。

以上是我在研读《幼儿园入学准备教育指导要点》的几点思考，如何更加深入、全面地做好幼小衔接工作，需要我们用一双善于观察发现的慧眼和以幼儿为本的教育理念，在日常工作中不断研究和探讨，及时捕捉幼儿一日活动中的教育契机，积极与孩子进行有效互动，实现教育价值的最大化，使每一个孩子都能很快适应并喜欢小学生活。

参考文献

[1] 张洪雁，陈俊赢．幼小衔接：科学做好生活准备［J］．辽宁教育，2021（18）：16—17.

[2] 王晓琳．浅谈幼儿一日生活中的幼小衔接策略［J］．名师在线，2021（23）：91—92.

[3] 唐婷．幼小衔接入学必备生活心理准备（最新版）［M］．天津：新蕾出版社，2012.

[4] 樊茜．从课程出发做好幼小衔接［J］．东方娃娃·保育与教育，2019（6）：34—35.

戏剧让游戏更有“戏”——幼儿园戏剧教育的实践研究

（姚姗希　广西壮族自治区南宁市广西医科大学幼儿园）

摘　要：幼儿园戏剧教育的开展是顺应新课程改革的需要，在新课程改革的大背景下，幼儿戏剧教育应运而生。幼儿园戏剧教育的开展可以丰富幼儿语言发展的需要，幼儿对语言的敏感度不亚于对图形和色彩，但与后者不同的是，在幼儿教育中，参与的幼儿必须去倾听对方的语言、观察对方的肢体动作、理解对方肢体所表达的意图、牢记自己角色中的目的。

关键词：戏剧；游戏；主题教育活动

戏剧教学就是把“me”变成“we”的过程，它是“一群人”的艺术。戏剧教育不是我们逼迫幼儿去做去学，而是幼儿主动想表达自己的想法以及意愿的一种教学手段。在这个过程中创设一个幼儿敢说、愿意说的环境，从而发展幼儿的语言能力。

一、幼儿园游戏化戏剧教育的提出

（一）界定概念，以寓教于玩为核心思想

有“戏”课程，即幼儿戏剧课程，以幼儿园现有的教材为基础，充分利用与“戏剧”有关联的人、事、物、景等万象，开展主题教育活动，为孩子准备有准备的环境。它就是活在当下，一场让你我不得不同时调动身体与心灵，让五感同时打开的寓教于玩、寓教于生活的游戏。

（二）明确目标，以游戏精神为基本宗旨

有“戏”课程不是以舞台表演结果如何为第一宗旨，而是通过“参与、体验、整合、创造”，让幼儿在未知的世界遇见未知的自己，让幼儿在未知可能中有一种别样的体验。是把戏剧建构过程游戏化，让幼儿在舞台上，不仅是一个演员，更重要的是一个游戏的参与者，在这个过程中体验快乐。

二、幼儿园游戏化戏剧教育的开展

有“戏”课程是以入戏、做戏、出戏为不断上升循环的成长板块，从教师、幼儿、家长三个不同层面出发，通过不同的载体、丰富的形式，从不同的维度使幼儿、教师、园所各自以不同的姿态生长着。

（一）入“戏”——开启戏剧“大门”

在瑞吉欧的儿童观中：“儿童是主动的学习者，他们有自己独特的学习方式。（他们通过感知、探索、获得经验，经验抽象转化为概念。）”可见经验的储备对于幼儿的学习起着至关重要的作用。原有童话剧、舞台剧等的教育教学模式更多的只是给予式，重在最后的舞台呈现；而戏剧教育却不同，它是自主地建构他们的成果的一个过程，更加注重孩子们已有生

活经验的储备。丰富的资源为孩子们入戏起着潜移默化的作用，孩子们通过已有的生活经验加深了对同一个角色不同的理解与演绎。例如：戏剧游戏活动"小黄鸭减肥记"中，原以为演绎肥鸭子和瘦鸭子区别不大，会出现动作一模一样的一群鸭子。可是没想到的是，当一群肥肥的鸭子进入活动室时个个都不一样，孩子们还有别样的解说。有的说"我太胖了，走不动了，所以腿也站不直了"，有的说"我太肥了，我的翅膀举不高了"，还有的说"走不动了，腿太重了！所以我的脚步特别重"……这些经验源于孩子们的生活，通过戏剧课程再次把孩子们的已有经验给激活了，孩子们再次把角色特质演绎出来，呈现出了不一样的精彩。

（二）做"戏"——步入戏剧"殿堂"

1. 教师做"戏"，转变教学观念

面对一个全新提出的"有戏课程"戏剧教育的理念和戏剧教育教学素养参差不齐的教师群体，我们的目标就是让部分教师先行动起来，本着发现问题、解决问题的实践心态，通过教师的集体实践、共享、反思、调整、转变，让"有戏课程"戏剧教育的理念得到全体教师的理解、认可并产生共鸣。让教师成为"有戏课程"课题研究"跑道"上的主力军，引领孩子、家长一起步入戏剧"殿堂"。

2. 幼儿做"戏"，回归本真童趣

表演是每个孩子的本能，有些时候他们畏惧镜头、畏惧舞台，只不过是因为这种本能被自己"封印"了。开展多种形式的活动，在教师入戏的前提下，通过支持性的问题引导幼儿入戏，从而"解除封印"，找回戏剧本能，回归本真童趣。

戏剧主题教学活动是以戏剧的形式来丰盈教学活动，让孩子们在一个虚拟的想象空间中，充分使用想象力应对各种境遇，然后用自己的语言、动作、方式表现出来，从而创造出属于自己的、独一无二的戏剧作品。如戏剧主题教学活动"漏"孩子们通过"角色扮演"进入到"教师入戏"的"戏剧情景"中：当收到求救信后，孩子们以老虎、小偷的身份在提供的已有线索中探索寻找那个叫"漏"的怪兽，在讨论、想象、扮演不断的思维碰撞，协商合作后得出了属于自己的思考结果，并用肢体模拟展示出来。戏剧教学改变了传统教学模式，要求所有参与者（师幼）打开自我，共同构建情境，一起探讨问题。不仅如此，还鼓励即兴表演，那些重复性的教案流程，也许会因为一个孩子"意外"的发言和"奇怪"的扮演而完全失去意义——而戏剧不然，它让教学活动更加真实。

（三）出"戏"——拓展戏剧"平台"

1. 舞台出"戏"，园所齐美

教师、幼儿、家长在不断的入戏过程中，我们本着"精彩每一刻，出彩每一个"的原则，以戏剧角、戏剧社、戏剧展、戏剧课、戏剧节为载体，以唱、念、画、演、创等形式，构建了"一院、三馆、五室"的园内展示平台。

幼儿园内每个角落、活动室都是戏剧角，孩子都可以随时随地借用里面的材料，对话戏剧。孩子们可以挑选最喜欢的服饰迎接新的一天，也可以选择穿着服装在多功能厅表演，也可以随意在露天表演，可以有道具，也可以假想有道具，孩子们可以选择集中销售也可以选择分散销售等，只要孩子愿意，不限定的地点、可选择的内容，让每个角落都成了孩子的乐园，时间、空间、象征、张力、隐喻都成了生长的代名词，有限的活动环境更成为幼儿无限成长的阶梯……通过海报展、汇报展、信息展等不同的形式将我们的快乐戏剧分享给更多的孩子与家长，让更多的戏剧种子落地、生根、发芽……

2. 环境出"戏"，线下到线上并举

环境是课程行进的痕迹，也是戏剧课程最显性的展示平台。而戏剧教学有别于其他活动，通过图片文字难以将它更完美地诠释。那么如何才能更好地诠释呢？现在的课程环境都大同小异，只是静态的一个表述和展示，不能将我们过程中的瞬间动态显露，这样戏剧的精髓就难以凸显。通过一次一次的探讨，我们发现利用当今最流行的二维码就可以解决这个问题。教师们通过平时的捕拍，将戏剧游戏活动进行截取，然后生成二维码，将二维码呈现在课程环境中，只要通过扫一扫输入特有的密码就可以看到孩子们动态的演绎，从而真正做到了线下和线上并举，动静相结合的戏剧课程环境。

三、幼儿园游戏化戏剧教育开展成效

“有戏课程”让孩子们在课程中体验生活、完整人格、学会协作团结。在入戏过程中进行创造，用自己的创意把很多人的想法变成新的想法，并让自己产生其他的想法，当想法有了，创作也就自然而然地来了。在这个过程中孩子们便把“me”变成了“we”，在合作与沟通中不断地成长并发现内在的自我。在这个主动表达自己想法的过程中，那个原本畏惧镜头、畏惧舞台的自我被彻底地打开。

戏剧教育是通过激发、鼓励、吸引孩子们，从而形成一种动觉模式的学习，让孩子们积极地“做”和“体验”，并参与学习过程。幼儿园戏剧教育研究内容可以概括为：探索、挖掘幼儿园现有教材及一日生活环节中的戏剧元素，展开戏剧教育教学的实践研究；关于戏剧教育的类型、特点、原则、策略、方法、载体、形式等的研究；有效利用本土环境资源，挖掘戏剧元素生活化，为幼儿提供多样的展示平台。梳理相关的幼儿园戏剧教育研究内容，以戏剧教育为研究重点，可以不断地提升幼儿的语言表达，开拓幼儿的语言发展途径。

参考文献

［1］蔡黎曼，黄佩珊．幼儿园教育戏剧教学设计的框架理路［J］．华南师范大学学报（社会科学版），2020（4）．

［2］贺海英，杨希文．依托绘本开展幼儿园戏剧活动的实践研究［J］．教育家，2020（3）：64—66.

红色教育润心田

（郝小宣　江苏省盐城市人民政府机关幼儿园）

摘　要：2022年2月，教育部印发《幼儿园保育教育质量评估指南》，旨在引导幼儿园全面贯彻党的教育方针，坚持社会主义办园方向，践行为党育人、为国育才使命，落实立德树人根本任务，尊重幼儿年龄特点和发展规律，坚持保育教育结合，以游戏为基本活动，不断提高幼儿园办园水平和保教质量。近年来，我们和孩子以及家长翻开风云激荡的红色篇章，让幼儿从小接受革命教育，学习艰苦奋斗、自强不息、敢于拼搏的革命精神，使他们在红色文化的熏陶下茁壮成长。孩子们用自己独特的方式表达自己的爱党爱国情怀。

关键词：红色文化；爱党；爱国；情感

红色文化承载着中国革命的深厚历史文化底蕴。红色文化可以激发幼儿的爱国热情以及民族自信心、自豪感，让幼儿从小树立正确的世界观、人生观、价值观。

一、创设环境，激发幼儿爱国情感

美国心理学家班杜拉认为：人的行为的变化不是由个人的内在因素单独决定的，而是由它与环境相互作用的结果决定的。幼儿园建立了升旗台，坚持每周一升国旗仪式、唱国歌，让幼儿在庄严的升旗仪式中受到教育，懂得要尊敬国旗、爱护国旗。在二楼楼梯、走廊上布置着家乡盐城的地图，介绍着盐城的名人。在三楼张贴着历史上的伟大人物、名人名言，还有我国的四大发明等。我们在班级的主题墙中，请孩子画一画中国的五星红旗、天安门。在后墙上放置操作性强的一幅中国地图，孩子们可以将书本中阅读的知识（如：新疆特产葡萄、西藏酥油茶、四川的大熊猫等）画出来，贴在上面，同时，我们还设置了一个板块“关心天下事”，把国家发生的重大新闻记录下来，如：神舟十四载人飞船，何时上天，何时返回，关注中国空间站等。和幼儿共同创设环境，提供机会鼓励幼儿播报天下事，了解时事政治，为祖国的繁荣昌盛自豪。从而激发幼儿对祖国的热爱之情，树立为国争光的信念，达到爱国主义教育的目的。

二、节日渗透红色教育，培养幼儿爱国主义情感

中国，是世界上历史悠久的文明古国之一。伟大的中华民族，在数千年的漫长跋涉中，构筑了博大精深、源远流长的中国传统文化，幼儿园要利用我国的传统节日，清明节——扫墓踏青，组织幼儿去烈士陵园开展祭扫活动，在活动中激发幼儿对革命的缅怀之情和向先烈学习的愿望。首先让幼儿欣赏电影战争片《铁道游击队》《小兵张嘎》《地雷战》《地道战》等，讲述革命烈士董存瑞、黄继光、刘胡兰等英雄人物保家卫国的故事，让幼儿对英雄人物有更深了解，产生敬佩之情，并让幼儿亲手制作小白花献给先烈们。教育幼儿学习烈士们不怕苦、不怕累、不怕牺牲的革命精神，继承先烈们的优良传统，爱自己的祖国，保卫自己的祖国。在国庆节活动中，组织幼儿举行“为祖国妈妈过生日”的活动，通过点节日小蜡烛、唱祖国妈妈生日歌、分享蛋糕等活动，使幼儿从中受到熏陶、教育。通过这些重大节日渗透红色教育，组织节日文化活动，对幼儿进行爱国主义教育。

三、体验红色游戏，培养幼儿爱国情感

根据幼儿的年龄特点，根据幼儿的兴趣点、思维 、方式、认知水平，以重走“迷你长征路、薪火代代传”的主题形式，以家庭为单位，鼓励每组家庭首先带着孩子了解什么是长征，长征的精神是什么，长征中众多的红色故事，不仅对幼儿，也对青年一代家长进行一次党史教育。其次一起规划设计路线，一起参与重走“迷你长征路”的红色游戏，寻找1～3处“我和党旗合个影”的标志，并以拍照合影的方式记录。在寻访的过程中孩子们不仅能感受到党的生日浓厚的喜庆氛围，也感受到党百年征程、百年岁月，感悟幸福生活的来之不易，从党的百年历史中汲取奋进力量，让红色基因代代相传。

现在的幼儿吃苦精神较弱，自我意识较强，在体验重走“迷你长征路”的红色游戏中不仅能让幼儿亲身体验当年红军长征的艰辛，感受红军艰苦奋斗的精神，而且重走“迷你长征路”的红色游戏活动让幼儿再一次进行深刻的红色洗礼，知道红军战士面对重重困难没有害怕、不怕牺牲，亲子寻访“我和党旗合个影”的红色游戏培养了他们对祖国的深厚感情和爱国意识，使得他们在牢记革命前辈的光荣历史的过程中，能够在长征精神引领下走好成长之路。这样促使幼儿实现德智体美劳全面发展，培养其红色气质，厚植其家国情怀，让红色基因代代相传。

四、建设园本课程，培养幼儿爱国情感

建设园本课程，每周通过升旗活动渗透红色教育，设计内容生动、形式新颖、适合儿童的各种红色教育活动。如每一个班都准备一个主题如爱惜粮食、宣讲党的故事、文明礼貌、诚实守信情景剧、小品、诗歌朗诵等，在国旗下渗透一些红色文化和红色精神，融入传统德育、美育的内容。能够帮助幼儿塑造正确的三观，在潜移默化的过程中去培养幼儿的使命感，以及帮助幼儿建立一定的价值观。家长开放日、家长助教邀请老红军、老八路和烈士后代到园里为孩子讲述革命烈士的故事，也可以邀请孩子的祖父母到园里带领孩子们回忆革命年代，使其珍惜和平的生活，尊敬长辈，懂得感恩。在这样的过程中，不断地加强幼儿渗透德育方面的教育。在班本建设过程中不断地满足幼儿的学习需求，从而不断促进幼儿的全面发展。

随着时代的变化，我们利用QQ、微信、公众号平台每期请一组家长讲红色故事，在这里我们向家长宣传红色教育的目的、意义及教育幼儿的方法和要求，或借助广播、电视、互联网和其他科技手段加强宣传，鼓励孩子学习革命精神和先进的文化。通过对比让幼儿体会今昔生活之别，让幼儿知道今天的幸福生活来之不易，从而激发幼儿珍惜今天的生活，热爱我们的祖国。

五、参观红色基地，萌发幼儿爱国情感

《幼儿园教育指导纲要》中要求幼儿园教师利用好社会资源，对幼儿进行爱家乡、爱祖国教育，增强他们爱家乡、爱祖国的情感。历史是最好的老师，现场是最好的教材。我市是全国著名的革命老区，新四军的足迹遍布全市。富有红色特色文化，首先活动开展前发放家长调查表《我知道的家乡红色资源 》，拓宽幼儿的学习空间，让幼儿园获得社区红色文化。鼓励家长选择离我们最近的红色资源，如：新四军纪念馆、抗大五分校、大铜马、烈士陵园、廉政公园，带着孩子们走进红色基地，引领幼儿直观感受，让幼儿不仅了解革命先烈的故事，了解历史，更能感受现在的美好生活来之不易。孩子的父母大都也都是90后青年一代，他们在这次红色活动中不仅是孩子的导师，更是青年一代“强国有我”的担当者，是孩子们的榜样，是一种潜移默化的教育，通过亲子实践活动，做学习的主人、讲文明、懂礼

貌、守纪律，与祖国共成长。在幼儿的心中播下“爱党、爱国、爱家乡”的红色种子，学习艰苦奋斗、自强不息、敢于拼搏、乐于奉献、不怕牺牲的革命精神，使他们在红色文化的熏陶下茁壮成长。传承好红色基因，把红色江山世世代代传下去。

六、红色汇演，升华爱国情感

孩子们合影留下美好的瞬间和珍贵的记忆。孩子们结合自己的游戏经验将“我和党旗合个影”变成了他们最喜爱的角色表演区舞台背景，鼓励幼儿宣讲红色故事《小兵张嘎》《二小放牛郎》《小英雄雨来》《鸡毛信》，演唱革命歌曲《没有共产党就没有新中国》《唱支山歌给党听》《我和我的祖国》《红星歌》等，在讲述红色故事，演唱红色歌曲前，幼儿利用绘画、制作手工等方式表现红色故事、红色歌曲中的道具和简单情节；一个个感人的故事，一首首动听的革命歌曲，感知着革命战争年代小小少年的生活，感受着战争年代生活的艰辛，体味着当下生活的幸福。孩子们在游戏中分角色扮演故事中的人物，身临其境了解一个个勇敢、不惧困难的小红军，丰富了幼儿的情感体验。从中让孩子们了解到红军在战争中的英勇顽强，不怕困难、互相帮助，让幼儿学习英雄们不怕苦、不怕累、不怕牺牲的革命精神，继承先烈们的优良传统，找到自己学习的榜样，通过榜样的力量促使学生树立正确的人生观，它既是加强幼儿进行社会主义核心价值观教育的重要途径，又进一步培养了他们的爱国爱家的优秀品质和革命情感，加深对祖国的了解。

《3～6岁儿童学习与发展指南》里提到，我们要用幼儿喜闻乐见、理解的方式了解历史，认识英雄，体会如今的生活来之不易。作为幼儿的启蒙者，开发利用红色资源教育幼儿是新时期全面落实各项法律政策的需要，我们要抓住契机挖掘红色资源、坚持不懈地教育好幼儿，培养德智体美劳全面发展的社会主义建设者和接班人。

参考文献

［1］胡玲．“红色文化”在幼儿教育中的意义［J］．文理导航·教育研究与实验，2019（12）：199.

［2］陈新．传承红色文化　浸润幸福童年——红色文化融入区域活动实施策略［J］．新课程，2021（16）：37.

中班表演区融入儿童戏剧教育价值的研究

（崔瑾洁　北京市西城区实验幼儿园）

摘　要：结合幼儿园中班幼儿的表演区的现状及幼儿和教师困惑，以及针对儿童戏剧教育概念的理解，在明确3～6岁幼儿发展指南的目标和研究方法后，进行了表演区融入儿童戏剧的实践，展现了其教育价值。

1. 通过故事情节的模仿，挖掘幼儿真善美的心灵。
2. 采用戏剧教育中的分享手段，获取更多的社会经验。
3. 多给予幼儿独立思考和表演故事的空间。
4. 用换位思考来接受同一事物的不同观点。
5. 教师参与引导儿童主动去思考，凸显儿童在戏剧活动中的主体地位。

关键词：表演区融入；儿童戏剧；价值研究

一、幼儿园表演区的现状及困惑

（一）幼儿园表演区的现状

表演区的常态是孩子们很喜欢老师准备的服装，他们会频繁地更换各种自己喜欢的服饰，老师也会给孩子编排一些可以表演的舞蹈或是小型的故事表演，如果赶上有人来参观，孩子们就一遍一遍地跳着舞蹈，或是演着故事内容，一旦演完了，孩子们就不知道干什么了，无所事事等待老师的指令。

（二）老师困惑

经常为表演区而苦恼，如何组织孩子去表演，选择哪些内容，如果一旦没有老师看着，就变成了孩子们自娱自乐、打打闹闹的场所，幼儿园区域多，教师指导不过来，有的老师不擅长艺术方面，无法组织。

（三）幼儿困惑

其实，幼儿天生就是表演家，他们最喜欢的就是模仿，可是由于表演区里老师们特定给出的这种表演形式，不能满足所有孩子的表演欲望，对于孩子们的模仿老师也是有要求和评价的，不是所有的孩子都能做到这样的标准，大部分的孩子望而却步，中班幼儿正处于自我创造及模仿的关键期，这样的状态使孩子缺失了自由和自主展示的空间。

二、针对儿童戏剧教育概念的理解

（一）儿童戏剧的概念

所谓儿童戏剧，是指儿童的思想、儿童的想象、儿童的语言、儿童的情感、儿童的经验，透过戏剧的手法，表现宇宙间动植物的生活、人和事物的关系、社会的现象、人生的意义。

（二）儿童戏剧教育的概念

儿童戏剧教育是一种体验式的教育，是用戏剧方法与戏剧元素应用在儿童教学或社会文化活动中，让儿童在戏剧实践中达到学习目标和目的。

（三）如何“用戏剧的方式来学习”

戏剧是一个普遍的教学方法，它只是一个载体，在戏剧课堂中让孩子通过身体的放松，语言的练习，自由创编的演练，将对世界的认识和感受透过戏剧来表达。教育戏剧的重点在于儿童参与，从感受中领略知识的意蕴，从相互交流中发现可能性、创造新意义。

三、明确目标和研究方法

（一）明确幼儿表演区目标（见表1）

表1 幼儿表演区目标

3～4岁	4～5岁	5～6岁
喜欢听音乐或者观看舞蹈、戏剧等表演	能够专心观看自己喜欢的文艺演出，有模仿与参与的愿望	艺术欣赏时常常用表情、语言、动作等方式表达自己的理解
经常自哼自唱或模仿有趣的动作、表情和声调	经常蹦蹦跳跳，愿意参加唱歌、律动、舞蹈、表演等活动	积极参与，有自己喜欢的艺术形式；艺术活动中能够与人相互配合，也能独立表现

从表演游戏的目标上可以看出对3～6岁的儿童在表演上的指向性非常明确，就是能积极参与，能模仿自己喜欢的人物进行表演，对于艺术活动有渴望，在活动中能使用艺术的手段进行独立的表现，并且还能够相互配合。

（二）明确采取的研究方法

1. 文献法：文献法也称历史文献法，是指通过阅读、分析、整理有关文献材料，全面、正确地研究某一问题的方法。

2. 观察法：是指研究者根据一定的研究目的、研究提纲或观察表，用自己的感官和辅助工具去直接观察被研究对象，从而获得资料的一种方法。科学的观察具有目的性和计划性、系统性和可重复性。

3. 亲身参与法：亲自参与，不由别人来代替。

4. 案例分析法：又称个案研究法，是由哈佛大学于1880年开发完成，用于培养高级经理和管理精英的教育实践，逐渐发展今天的“案例分析法”。指结合文献资料对单一对象进行分析，得出事物一般性、普遍性的规律的方法。

四、实践中的体会和研究成果

（一）通过故事情节的模仿，挖掘幼儿真善美的心灵

由于幼儿的年龄较小，基本都在4～5岁，自身的判断能力比较差，对外界环境具有很强的依赖性，并且具有较强的吸收力心理，我们所见的儿童戏剧中极少出现杀戮、仇恨的影子，大多数是以动物的形象出现，在儿童戏剧表演中，孩子们可以编排不同的故事情节和内

容，让许多本身看着是凶恶的，他们内心恐惧的动物形象，因为赋予的情节不同，而变得不一样，挖掘幼儿真善美的心灵，从而给幼儿树立一个真善美的形象，让幼儿以此为榜样，在生活中学习、模仿。

例如：许多故事中都会出现大灰狼把弱小的动物给吃了，觉得大灰狼是最坏的动物或是大灰狼很凶狠等形象，因此当孩子见到大灰狼出现时会恐惧和害怕。而在戏剧教育中，我们可以和孩子们畅想一下大灰狼为什么会这样？它遇到了什么事情？故事的结局也可以和原有的童话故事的情节不一样的结果，孩子们可以劝告大灰狼，不要伤害小动物；也可以给予大灰狼食物，让大灰狼没有伤害小动物的必要，或是出现一个有正能量的人物，孩子们可能更喜欢动画片里的人物，比如巴啦啦小魔仙。用他的出现拯救弱小的动物等，挖掘孩子们内心的真善美的形象解决问题。

（二）采用戏剧教育中的分享手段，获取更多的社会经验

每个幼儿生活环境的不同，获取的经验是不相同的，也决定幼儿社会经验的多少，在戏剧表演教学中主要的教学手段就是“分享”，在幼儿参与和表演故事中丰富多彩的人物角色时，从中可以获得丰富的社会体验。在生活当中慢慢学会分享自己的经历，分享正面积极的态度和价值观，聚沙成塔、集腋成裘，积少成多，逐步培养社会责任感。

在戏剧游戏中有一个是物品转换的游戏，如一个红桶放在游戏中，发挥幼儿想象，有的孩子把它想象成鼓，带着孩子们一起敲鼓点，有的孩子把它想象成摘果子的筐，每个孩子可以摘不同种类、不同数量的果子，甚至有的孩子能说出 N 种果子，还有的孩子想的是踢着玩，这个时候有的人就提出踢着玩会把桶踢坏，这样玩不合适，是一种破坏的行为，应该正确引导。

（三）给予幼儿独立思考和表演的空间

在儿童戏剧游戏中，可以给孩子更多的独立思考、表演故事的空间，充分发挥想象与创造力，勇敢面对和解决突发状况，培养他们独立思考的能力。在戏剧游戏中，幼儿可以根据自己的经验创作出不同的人物，或事物的形象，而且要求老师要用语言激发幼儿去思考。

如《三只小猪盖房子》中，道具很少，场景由老师描述，孩子们在头脑中想象小猪的样子，老师语言提示：“你可以想象一下，你的身体是什么颜色？你能感觉到你的肚子慢慢地变大了吗？你是猪老大，还是猪老二，它是怎样走出来的？它要到哪里找材料？”这是对小猪想象的一种语言提示，这时候，孩子们就能根据自己的经验，用肢体摆出不同的姿态，走路的形态，自己的面部表情等，因为都是自己在模仿自己头脑中的形象，你会看到不一样的小猪，有的站着走，有的爬着走，有的挺着大肚子走，还有的孩子会说“我就是瘦瘦的小猪”等，这就是孩子们独立思考的能力，他们不仅能表演出自己想象中的形象，还能讲出自己的道理。

（四）用同理心来体会不同的感受

同理心亦译为“设身处地理解”“感情移入”“神入”“共感”“共情”。泛指心理换位、将心比心。亦即设身处地地对他人的情绪和情感的认知性的觉知、把握与理解。主要体现在情绪自控、换位思考、倾听能力以及表达尊重等与情商相关的方面。在幼儿期能够用同理心的感触去理解发生的事情是非常重要的，因为幼儿学习的方式就是亲身体验，而戏剧表演中就是让幼儿亲身表演，体验人物的感受，这正是潜移默化的教育价值体现。在戏剧表演中台词、肢体、表情、舞蹈是表演的特质，通过戏剧表演培养孩子换位思考、看待世界，体验不同角色与生活、关注他人需求和感受，接受同一事物的不同观点，帮孩子建立同理心、逐渐学会包容与尊重。中班幼儿经常会出现告状的现象，往往都是只看到了结果，而不关注过程，而过程才是最重要的，如果看到了过程往往就能理解他们会出现这种现象的原因，因

此，可以用戏剧表演的形式，给幼儿一个角色，让他们分为几组，想象一个你们经常会发生的场景，进行演绎，然后大家进行讨论，说说发生的原因，你要是这个小朋友心理的感受是什么，通过孩子的这种表述去体会当事人的心理。

（五）教师参与引导儿童主动去思考，凸显儿童在戏剧活动中的主体地位

维果茨基曾经讲过假装游戏和角色扮演是儿童本能自发的活动，也是儿童认识世界的手段，更是儿童早期重要的学习经验。孩子们在投入角色演绎过程中，需要结合自己生活经验揣摩和体会角色，为了更好地表达和演绎，就会自然而然地促进孩子思维的发散性和想象力的提高。孩子在一个没有框架限制和不拘泥于形式的氛围和环境下，能够更加自由地进入新的创造环境。真正的教育戏剧，不是让孩子为了表演而去表演，而是凸显儿童在戏剧活动中的主体地位，教师在戏剧中引导儿童主动去思考，发挥想象力，学会用自己的身体去展现自己所想要表现的东西，让儿童学会感知、认识生活，并将其内心对生活的真实认识和感受通过肢体和语言表现出来，让教育戏剧活动成为培养活生生的人，发挥教育戏剧的特殊价值。

戏剧教育不等同于舞台表演。作为一种综合的教育，在观看和自己进行演绎的过程中，它不仅能够提高孩子的语言能力，还能够培养自我认知的能力，换位思考能力、想象力、创造力、领导力及一生发展最为重要的自信心。

参考文献

［1］李季湄，冯晓霞.《3～6 岁儿童学习与发展指南》解读［M］. 北京：人民教育出版社，2012.

［2］林玫君. 儿童戏剧教育活动指导——童谣及故事的创意表现［M］. 上海：复旦大学出版社，2016.

［3］［英］凯瑟琳·扎切斯特. 儿童戏剧游戏［M］. 上海：上海文化出版社，2019.

大班幼儿不良进餐行为的个案研究

（施旻彤　江苏省盐城市射阳县盘湾镇实验幼儿园）

摘　要：笔者通过个案观察，发现幼儿挑食、偏食不单是表现在对食物的种类上，也表现在对食物的质地上，且进餐时间过多的社交行为也会影响进食。进餐是一日生活的重要环节，不良进餐行为影响着幼儿的身体健康。笔者针对个案特点提出相应的改善策略，以帮助个案建立良好的进餐习惯，希望能为其他存在不良行为的幼儿的家长、教师提供借鉴和参考。

关键词：大班；进餐行为；个案分析；研究策略

《指南》指出，幼儿阶段是儿童身体发育和机能发展极为迅速的时期，良好的生活习惯是幼儿身心健康的重要标志。幼儿具备良好的进餐习惯，有利于营养吸收，从而为形成强健的体魄打下基础。但是，由于每个家庭都有自己的习惯和口味，个别幼儿也会出现偏食、挑食、边吃边玩等不良进餐行为，需要引起幼儿园、家庭、教育者的关注和重视，帮助幼儿改善。

一、个案基本情况

谦谦（化名），男，2016 年 7 月 14 日出生，是家中独生子。双职工家庭，父母工作较忙，尤其是父亲，陪伴孩子的时间比较少。奶奶主要负责谦谦的饮食、生活照料。但在幼儿园进餐时，笔者巡视发现他经常与同桌人交谈或者自言自语。到了就餐结束时间，还会发现他剩很多饭菜。

二、研究方法

本次研究主要采用了时间取样法进行观察。笔者随机选择一天进行观察，观察谦谦在进餐时的情况、社交，发现他在进餐时出现敲打食物、与他人交谈等其他与进餐无关的行为比较多。在此基础上，使用观察记录表随机进行两天观察记录，记录相应行为在某一时间段出现的次数，将收集到的数据加以整理，最后从进餐的专注程度、对食物的偏好以及进餐速度方面进行分析。同时也与其家长进行沟通交流，分析其进餐表现和原因。

三、个案进餐表现及原因分析

（一）进餐行为表现

1. 在进餐时间段中不能吃完食物

由于幼儿园一日生活都有相对固定时间，进餐时间过长和过短都不利于幼儿健康。通过记录进餐时间、是否吃完以及在收餐时是否到了用餐结束时间进行对比分析，可知，谦谦每顿餐点都不能吃完。谦谦早上入园比较晚，进餐时间短，存在被动收餐的情况，在没有吃完的情况下，也不会提出继续进餐的要求。在时间充足的中餐和晚餐，即使没有吃完也会主动收餐。

2. 愿吃的菜品种类少

幼儿园一日早中晚餐的食物都不会重复，具备营养丰富、种类多样等特点。谦谦自己能够进食的食物种类却很少。早中晚餐中，不管有多少种食物，仅选择一种进食。主要食用肉类、杂粮，基本不食用蛋类、蔬菜类、海鲜等食物，挑食情况明显。

3. 喜食流质或半流质食物

将幼儿在进餐时间进食的食物、进食的次数与进餐总时长进行数据分析，得出进食频率，作为进食快慢的依据。频率高，说明进食快，频率低，说明进食慢。

4. 与进餐无关的行为较多

谦谦在进餐时会出现聊天、敲打食物、离开位置的行为。除聊天外的行为统称为“其他行为”。谦谦每餐都会与同伴聊天，一边吃，一边聊，且聊天的频率高于进餐。聊天和进餐大致呈现相反趋势，即进餐频率高时聊天少，进餐频率低时伴随的聊天行为、其他行为较多。

综上，谦谦存在明显的挑食、偏食行为，不仅挑食物的种类，还挑食物的质地，在进餐过程中社交行为多，既是不想吃的表现，也是影响吃的原因，伴随出现的其他行为也表明他对食物的积极性不高。

(二) 不良进餐行为原因分析

结合在园观察和与其家长沟通，笔者认为，导致谦谦出现不良进餐行为的原因主要有以下几个方面。

1. 家庭照顾方式的影响

由于谦谦父母忙，平时都是奶奶负责生活照料。奶奶完全根据孩子喜恶选择菜品制作食物，孩子喜欢吃什么就做什么，谦谦品尝其他菜品的机会比较少，兴致不高。

2. 教师指导和关注不足

谦谦在园时较少参加户外运动，体内能量消耗不大，且进餐速度慢、社交行为多，教师没有及时关注并且予以指导，只是在巡班过程中发现他没有吃时，简单地使用言语督促，并没有针对其特点采取有效措施，帮助谦谦逐步养成良好的进餐习惯。

3. 同伴间的相互影响

谦谦的同桌为女孩，一位文静、进餐比较慢；一位活泼、健谈、进餐慢且存在挑食行为。谦谦一般与后者交谈既有主动发起的，也有被动回应的。因此，笔者认为，谦谦进餐时的专注度不高，容易受同伴影响。

四、调整不良进餐行为的策略

1. 调整家庭食物烹饪方式

在孩子的饮食方面蒙台梭利强调的一点是饮食要符合孩子的生理特征。

（1）谦谦的膳食宜采用蒸、煮、炖、煨等烹调方式，注意食物的质地应该多样化。有研究指出，食物的质地、大小、外形直接影响孩子下巴、舌头、嘴唇的运动，当口腔的结构随着发育而改变时，孩子开始吃更丰富的食物。

（2）家长要意识到，咀嚼能力的发展关系到幼儿面部发展、口语表达、口腔健康，应该充分利用日常饮食使其得到有效发展。

2. 适应增加孩子的活动量

从孩子需求的角度思考孩子为什么吃得少，可能是由于运动不足、消耗的能量少，没有太强烈的需求。在进餐前半个小时，应增加幼儿的运动量以消耗身体中的能量，这样幼儿在正餐时间到来时会有饥饿感和强烈的食欲，此时进餐也会吃得很香。

3. 运用操作活动提升对食物的兴趣

不管是在家还是在幼儿园，对孩子不爱吃的、兴趣不高的食物，教师和家长可以鼓励孩子参加实践活动。如洗、切、煮等，在此过程中，让孩了解食物的营养价值、特征、吃法，使其逐渐对该种食物产生兴趣，从不吃，逐渐过渡到愿意品尝再到愿意吃，喜欢吃。循序渐进地改变现状。

4. 发挥幼儿的榜样示范作用

观察中，谦谦的同桌进餐时也有不良习惯，但同伴的相互影响可以是反面的也可以是正面的。教师应当重视同伴的榜样作用。如果同伴存在挑食、聊天等情况，就需要考虑更换与之共同进餐的同伴。在吃饭的时候，教师也需要有意识地对座位予以调整，以喜爱吃饭的孩子带动挑食的孩子，进而快乐进餐。

参考文献

［1］杨月欣，等．中国学龄前儿童膳食指南（2016）［J］．中国儿童保健杂志，2017（4）：356.

［2］姜成惠．咀嚼要学习　别错过关键期［J］．父母必读，2020（8）：32.

［3］郭靖晰．4—6 岁幼儿不良饮食行为调查研究［D］．鞍山师范大学：2015.

幼小衔接中幼儿成为时间管理主人的培养策略

（樊晨阳　江苏省盐城市射阳县盘湾镇实验幼儿园）

摘　要：时间管理能力是幼儿自主成长的重要的标志，也是幼小衔接阶段幼儿必需的一项能力。调查发现，刚上一年级的孩子在学习中往往存在心理、能力、知识和习惯上的适应困难，上学迟到、做事拖拉、散漫，难以在规定时间内完成任务。表面上看，是幼儿没养成良好的学习习惯；深层次看，是幼儿缺乏时间观念，时间管理习惯和能力差的表现。为了进一步做好幼小衔接工作，幼儿园大班把“时间管理”作为重要的活动内容，尝试通过多种途径和方法帮助他们学习时间管理，建立初步的时间观念，减少“入学不适应症”，形成遵守时间、珍惜时间的好习惯，为适应小学学习生活及可持续发展奠定良好的基础。

关键词：幼儿教育；时间管理能力；规则游戏

一、感知时间，树立正确的时间观念

感知时间，是幼儿学会时间管理的前提，是衔接工作中不可或缺的一部分。5～6 岁幼儿的时间感知能力处于不稳定、不准确阶段，时间观念尚处于萌芽时期。《幼儿园教育指导纲要（试行）》指出：“幼儿园与家庭、社区密切合作，与小学互相衔接，合理利用各种教育资源，共同为幼儿的发展创造良好的条件。”在保教工作中，我们要充分利用一切资源，培养幼儿良好的时间观念，不仅能让幼儿更快更好地适应小学的学习生活，而且对他们终身发展也起着非常重要的作用。

二、认识时间，建立初步的时间观念

认识时间是培养大班幼儿时间管理能力的第一步。首先，以“环境创设、材料投放”引发幼儿认识时间的兴趣。通过观察我们发现，幼儿对阅读区里投放的玩具闹钟很感兴趣。为此，我们在班级里投放了几个闹钟。闹钟的出现引发了幼儿浓厚的兴趣，特别是家里有哥哥姐姐的幼儿马上就会高兴地说道：“我知道这是闹钟，我家里也有，我哥哥就是用闹钟来提醒自己早上该起床了！”还有幼儿会得意地强调自己已经会看闹钟，并且早上也是用闹钟来叫醒自己的。

其次，以教学活动引导幼儿认识时钟、认识时间。基于班上大部分幼儿不认识时钟的现状，我们特设计、组织了专门的教学活动，引导幼儿认识时钟、认识时间。在“认识时钟”的活动中，我们通过让幼儿观察时钟的指针，引导他们发现指针有粗细长短之分，进而认识最长的、走得最快的是秒针，而中等长度、不快不慢的是分针，最短的、走得最慢的是时针。为了巩固幼儿对指针的认识，我们让幼儿动手操作闹钟，感受各指针转动的快慢差异，秒针、分针和时针转动的关系。在此基础上，我们以“整点半点”的活动，引导幼儿认识整点、半点，在动手设置中巩固对整点、半点的认识。

再次，以“一日活动”渗透、巩固幼儿对闹钟和时间的认识，我们让全班幼儿都准备一个闹钟带回班，一有时间就玩闹钟。幼儿在拨钟练习中为班级一日活动找时间，熟悉自己一日活动的关键时间点，建立时间与自身活动的联结，如早上 7 点半进园，8 点吃早餐，9 点出门户外活动，而幼儿也开始自觉对照这些时间点来评价自己的速度。

最后，以“担任‘设定闹钟’小老师”的活动督促幼儿重视时间。观察发现，幼儿对闹钟的铃声特别感兴趣。我们引导幼儿共同讨论、计划各项活动所需的时间，由此设定闹钟时间，以闹钟铃声的响起作为提醒，验证我们的速度。幼儿在生活、学习、运动各项活动中就更认真，做事速度也更快了。

三、体验时间，深刻感受时间的意义

（一）“挑战1分钟”活动，感受时间快慢

为了引导幼儿对时间快慢与长短的感知，开展了“挑战1分钟”活动。“1分钟长吗?”有的幼儿说很长，有的幼儿说很短。于是，我设置了自选活动和指定活动两个完全不同的场景，在自选活动中，孩子们选择自己喜欢的玩具、画画、下棋等事情，玩得特别开心。当1分钟结束，我问孩子们：“你们觉得1分钟长吗?”大家不约而同回答：“不长，很短。”在指定活动中，我让他们静静地坐着，不做任何事情。1分钟后，我问：“你们现在觉得1分钟长吗?”结果，幼儿都觉得1分钟长。对比体验结束，引出一个新的问题：同样是1分钟，为什么有时觉得短，有时觉得长？最后，大家总结出在认真做一件事情时，会觉得1分钟很短；在等待和坚持做一件事的时候，会觉得1分钟很长。

体验了“1分钟”后，我试探地提问：“1分钟，到底可以做多少件事呢？谁敢挑战?”大班的孩子竞争意识特别强，于是，挑战“1分钟”正式开始，有了上一个环节的经验，个个争分夺秒。1分钟到了，战绩惊人。通过这样的活动，孩子们深刻体会到，原来时间的长短、快慢的感觉是相对的，取决于自己的认真程度和速度。只有珍惜时间才能做更多更有意义的事情。

（二）制作倒计时表，感受时间流逝

倒计时在生活中经常用到，幼儿园常用的10秒倒数的口令，孩子们很喜欢。数数结束，孩子们知道：时间到此结束或开始。我们还让每位幼儿通过制作纸环链来记录在园生活，5个纸环链，一个代表一天。每天离园时，剪开一个纸环，代表一天的幼儿园生活结束了。这种“倒计时”不仅能够让幼儿直观地感受到时间的流逝，体验到距离某个日子越来越近所产生的紧迫感，还能帮助幼儿记录时间，让他们感受时间会流逝并且一去不复返，进一步激发他们珍惜时间的情感。

（三）阅读文学作品，懂得珍惜时间

朗朗上口的儿歌、生动有趣的故事带来的道理，要比成人不停的说教更有说服力。我找来反映时间的绘本、古诗，让孩子们在故事的情境里，自然而然地懂得守时、惜时的道理。首先，我给孩子们讲了故事《1分钟》，孩子们被精彩的故事吸引了。为什么童童只在床上懒了1分钟，上学却迟到了20分钟？问题出来“童童是个小懒虫”“童童的动作太慢了”“红灯太多了”“童童没坐上公交车”。我在肯定大家的回答之后出示了一幅图，孩子们感叹：“哦，原来童童晚起1分钟，导致在十字路口和车站耽误了时间，于是，1分钟就变成了20分钟。”孩子们在故事里渐渐明白了做事不磨蹭，早上不赖床的道理。除此之外，还有《时钟的书》《等明天》《老狼，老狼，几点了》等与时间相关的小故事，让孩子们更加明白，时间是宝贵的，只有守时、惜时的人，才能把事情做得更好，才能变成一个优秀的人。

四、计划时间，学会自己做时间的主人

要发展幼儿的时间管理能力，光认识时间和体验时间远远不够，还得调动他们的积极性，让他们成为时间的主人。于是，我们决定引导幼儿当时间的主人，为自己的一日活动设

定时间，尝试主动遵守自己的时间计划。

首先，集体讨论、设计与制定一张“一日生活时间计划表”。通过商量讨论，大家认为“一日生活时间计划表”应该包括“活动内容”“计划时间”和“实际时间”三项，“活动内容”一项是完成计划表的关键。幼儿决定自己动手设计活动图标。这考验幼儿的观察能力，一般的活动他们采用了约定俗成的图标，比如“早上起床”，他们会用“一只昂首歌唱的大公鸡和低低的太阳”表示，“吃早餐”用“指着8点的时钟和盛满食物的碗”表示，“玩活动区”用“搭好的积木”表示。

其次，个体学习计划自己的活动时间。虽然幼儿有了时间观念和一定的时间管理能力，可是在制订自己的时间计划时，还是遇到了不少麻烦。第一次做时间计划时，幼儿就出现了好几种状况：没有时间观念的幼儿将自己的活动时间计划为“0分钟”。有的幼儿时间计划明显不合理，在实施计划时，也出现了好几种情况：没有时间观念的计划成了无效计划；高估自己能力的幼儿计划往往无法实现；低估自己能力的幼儿计划则轻松完成没难度。

最后，实施自己的时间计划。每天放学前，我们会专门留一段时间让幼儿对照计划分享自己时间计划的实施情况，并制订第二天的时间计划。通过活动实际所需时间和计划时间的对比，幼儿对自己的速度变得异常敏感，而这种敏感也带给了他们惊喜与自信。持续的时间计划与实施中，幼儿对时间的体验和感知更深刻了，对自己的能力和速度也有了更为客观的认识，一日生活的时间计划与实施更趋合理与可行。幼儿渐渐形成了较为稳定的做事风格——自觉、守时、不拖拉，他们成了时间的主人，也成了自己活动的主人。

五、结束语

通过开展这一系列的措施，幼儿开始感知时间、认识时间、体验时间、计划时间。在时间管理中认识自己和评价自己。而且他们在不断挑战中，发现自己的潜能，并开始树立起满满的自信心。

幼小衔接阶段要把幼儿的时间管理能力的培养作为重要的课程内容，要充分尊重幼儿个性发展，在保教活动中采用丰富的方法调动幼儿的积极性，帮助幼儿树立时间观念，养成良好的时间管理习惯，让每个幼儿做时间的小主人，为顺利适应小学生活奠定基础。

参考文献

[1] 贾娇．小学一年级新生学习适应性现状调查研究［D］．河北师范大学，2007：15—16.

[2] 张玮．小学一年级学生入学适应现状及影响因素研究［D］．陕西师范大学，2009：15—16.

[3] 任文静，谷忠玉．当代日本幼小衔接的措施及启示［J］．吉林教育学院学报·上旬刊，2012（9）.

[4] 杨文．当前幼小衔接存在的问题及其解决对策［J］．学前教育研究，2013（8）.

浅谈游戏化教学在幼儿教育中的意义

（王丹琦　江苏省盐城市射阳县盘湾镇实验幼儿园）

摘　要： 游戏符合幼儿的身心发展，是幼儿特有的一种学习方式，通过游戏的方式让幼儿学到更多的知识。以游戏为基本活动，让幼儿在学中玩，帮助幼儿以游戏的方式了解生活，获取知识。了解什么是游戏，幼儿为什么喜欢游戏，教师怎样做才能真正满足幼儿游戏的需要并使游戏成为幼儿园的基本活动。

关键词： 游戏；健康；独立性

一、幼儿游戏的特征

（一）游戏是幼儿自主自愿的活动

幼儿游戏之所以不同于其他活动，是由它自身的特点决定的。游戏是幼儿主动参加的活动。幼儿以本身为目的进行游戏，游戏不需要达到一定的任务和目标，也没有严格的程序和方式，应该玩什么，和谁玩，怎么玩，都是由幼儿自己掌握的，按照他们自己的意愿执行。因此，只有充分尊重幼儿游戏的意愿，发挥幼儿的主动性，才是真正的游戏。

（二）游戏是在假想的情景中

反映生活的游戏和社会相联系，生活、历史、习俗影响着游戏的内容。因此，幼儿的游戏受周围现实生活的反映。他们不是机械模仿，而是通过想象，将日常生活的表现形成新的形象，用新的动作方式去重演别人的生活。

（三）游戏没有强制的外在目的

游戏是幼儿自主自愿的活动，没有任何外在目的。幼儿能够放松、积极地活动，他们从材料、物品、控制环境中体会到自己的力量，因此产生自信，从行动和创造中获得愉快的体验。

（四）游戏伴随幼儿愉悦的体验

游戏是让幼儿快乐地活动。游戏具有形象的角色，丰富多样的情节，内容新颖，甚至有趣的玩具材料，对幼儿来说都是新颖有趣的。能激发他们的好心情，吸引他们积极参与，并能反复发挥。例如：幼儿之间扮演父母、老师、医生、警察等角色。

二、幼儿游戏的价值

（一）游戏能促进幼儿身体的发展

在幼儿的教学活动中，教会幼儿伸长，缩起，在变长变短的游戏中让幼儿的身体各器官处于积极的活动状态，这个游戏可以锻炼幼儿的大肌肉，并且促进幼儿小肌肉的发展，帮助幼儿适应外界环境，抵御疾病。

（二）游戏能促进幼儿智力和语言的发展

游戏能发展幼儿的智力，可以丰富并巩固儿童的知识，有利于发展幼儿的语言能力。我们让幼儿学习《蚂蚁爬山》的歌曲：一二三，一二三，小蚂蚁，小蚂蚁，去爬山。小河挡了路，蚂蚁游一游，石头拦了路，蚂蚁跳一跳，游一游，跳一跳，小小蚂蚁爬上山。让幼儿在音乐中进行语言的学习。

（三）游戏能促进幼儿良好情感的发展

游戏有利于儿童积极情绪的发展，有利于孩子对自己行为的控制，消除消极情绪体验。如：小丽是家里的独生女，父母比较宠溺，因此会经常乱发脾气，但是只要老师让幼儿进行自主游戏，她就会随着游戏的需要转移自己的情绪。

（四）游戏能促进幼儿社会性发展

游戏为幼儿社会性发展提供了一条途径，学会一些社会行为，如自觉遵守集体的规则，理解社会角色之间的关系，学习并遵守社会生活准则。促进同伴互动，克服自我中心，锻炼意志，帮助孩子培养法治意识。

三、教师对幼儿游戏的适当参与

（一）介入时机

当幼儿的游戏出现困难时，当幼儿的游戏失去专注度或不想继续进行时，当游戏的规则遭到破坏时。

（二）介入的方式

外部干预：教师并不进行游戏，而以旁观者、指导者的角色指导幼儿应该如何进行游戏。

内部干预：教师可以直接加入游戏，通过表演某个角色进入游戏，按照游戏程序告诉幼儿怎样进行游戏。

四、游戏应该注意的问题

⑴让幼儿自己选择游戏，将游戏分为更多的玩法。在创造中培养幼儿的良好个性。通过观察，确定引导儿童游戏的方法和途径。按照幼儿游戏发展规律指导游戏开发。如：幼儿选择玩易拉罐的游戏时，教师让幼儿想出多种玩法，与同伴互相合作。当幼儿玩堆积木的游戏时，教师让幼儿拼出不同的形状，并说出这样拼的目的。幼儿园里的小明是家中的独生子，父母常年在外面打工，家里只有爷爷奶奶，因此他很少与同伴一起游戏，他玩游戏经常固定用一种游戏玩法，很少说话，老师也很苦恼，小明这样的做法是不可取的，教师要与家长沟通，尽量抽出时间多陪陪孩子，一起促进幼儿的发展。

⑵教师应该了解幼儿，了解他们的能力、需要，以及研究游戏材料的功能。如：在玩易拉罐游戏的同时，教师研究多种游戏的玩法，并引导幼儿自己猜测游戏的玩法。老师让小班幼儿玩易拉罐的游戏，让他们想出不同的玩法，但是幼儿的想法有限，不能想出很多游戏玩法，老师经常按自己的想法引导幼儿游戏，很少与幼儿沟通，最后往往让幼儿按照自己的想法游戏，每个幼儿的发展水平不一样，因此有些游戏的玩法并不适合小班的游戏，教师的这种做法是不正确的。

⑶良好的游戏环境应该具有老师的教育目的，有计划地促进幼儿的发展。教师要事先想好教育目的和教育内容，促进幼儿的发展。老师在上课时，经常看书上的教案，没有提前准备好，有时讲得好好的还停顿下来，幼儿刚出现一点点兴趣又瞬间因老师事先没有准备好教

案，导致上课断断续续，从而失去兴趣，教师这样的做法是不正确的，没有负起教师应该有的责任，影响了幼儿对游戏的积极性。

⑷游戏材料的投放应该注意其适宜性。要注意材料不能乱扔乱放，防止幼儿因没有注意，出现摔伤、碰撞等，要注意它的安全性。教师组织幼儿游戏活动之后，没有嘱咐幼儿把玩具放到活动区，小明和小丽在活动区附近玩耍的时候，突然被脚下的汽车模型绊倒，导致皮肤擦伤，老师这样的做法是不对的，应该在游戏后及时收拾好玩具，以免发生碰撞，擦伤。

⑸游戏环境应该注意相互协调，相互集中，互不干扰。教师应该把幼儿圈在一起玩，防止幼儿随便跑，这样是不安全的，幼儿容易出现碰撞、摔伤等危险行为。良好的游戏环境还应具有参与性。教师自己准备的教学活动要保证幼儿的参与，避免时间的隐性浪费。教师带幼儿去操场游戏时，和其他班的游戏区域紧紧地靠在一起，幼儿和其他班幼儿打打闹闹，随便乱跑，突然，本班的小琴和隔壁班的小丽撞到了一起，导致两个人的腿都擦伤了，老师这样的做法是不正确的，应该提前和隔壁班老师商量好游戏的场地，让幼儿尽量靠在一起，避免碰撞、擦伤等危险行为。

⑹保证幼儿的时间。《指南》指出：幼儿的户外活动时间不超过 2 个小时，体育时间不超过 1 个小时。丽丽经常回家和奶奶说她可以在幼儿园玩一整天，其实学校老师这样的做法是不正确的，户外游戏虽然能让幼儿亲近阳光和空气，增强幼儿的体质，但是随着天气的变化，幼儿长时间在户外游戏，容易伤风感冒，虽然说游戏是幼儿的主要活动，但是老师应该继续培养幼儿其他的兴趣爱好，而不是单纯地只追求游戏。

综上所述，幼儿园游戏应该注意幼儿的自主性，选择有价值的教育观念指导幼儿更好地游戏，并且当幼儿的游戏出现困难时，可以选择恰当的时机指导幼儿游戏，并且要考虑到幼儿游戏的安全性和游戏的时间。游戏是幼儿的基本活动，并且符合幼儿的年龄特点，能让幼儿全身心地投入游戏当中。培养幼儿主动性、独立性的发展，对幼儿的发展具有重要的教育价值。因此，在教育的同时我们也要尊重孩子的意愿，幼儿园和家长应该相互配合，共同促进幼儿健康成长。

参考文献

［1］许嘉璐．论学前教育［J］．求是，2001（23）．

［2］袁建霞．男“阿姨”的心里话［J］．学前教育研究，2003（3）．

［3］林玉琼．我国男幼师的配置现状及分析［J］．幼儿教育导读，2003（11）．

［4］王毅．关于学生管理［J］．呼伦贝尔学院学报，2004，（4）．

［5］季卫华. 男人带孩子的四大优势［J］．幼儿教育导读，2005（3）．

［6］林漫亚．“父爱”有助于孩子的性格发展［J］．幼儿教育导读，2005（3）．

［7］王艳芝，柴莉颖．男教师进入学前教育的现实意义和可行性策略［J］．学前教育研究，2008（2）．

［8］沙莉，庞丽娟．立法保障学前教育科研：美国学前教育法的重要内容［J］．学前教育研究，2008（2）．

浅谈田园资源融入幼儿园课程的实践与研究

（夏惠华　江苏省南京市栖霞区西岗幼儿园天佐路园）

摘　要：近年来，在《指南》《纲要》的引领和课程游戏化的大背景下，老师们吸收着先进的理念，教育观也有了很大的改进，不再是为了完成一日生活而组织教育活动，而是更注重生活教育，引导幼儿走进生活、融于自然，开发适合幼儿的田园课程，正如著名教育家陶行知所倡导的——生活即教育、社会即学校，教学做合一。

关键词：课程游戏化；田园课程；融于自然

一、幼儿园田园资源的内涵

著名的教育家陈鹤琴先生说过：大自然、大社会都是活教材。由于当今社会的快速发展，人与自然的关系也被慢慢割裂，导致了当前教育下的部分缺失。“一日活动皆课程”，田园中有着十分丰富的课程资源，我们要重视幼儿的田园生活经验，发现田园中的教育价值，我园地处郊区，靠着农村，有着得天独厚的人文资源和自然资源，合理地开发和利用田园课程资源，能使幼儿参与到实践中，激发幼儿的好奇心和探究欲望，形成适合幼儿的田园特色课程，促使幼儿健康、快乐地成长！

二、挖掘田园中丰富的教育资源

（一）观察、寻找田园环境资源

1. 可以利用散步、户外探究等活动时间引导幼儿在周围的环境中进行观察，找到幼儿的兴趣点，如玩户外探究时孩子们都爱玩“压水泵”，就可以以这一个作为幼儿观察点，生成相应的主题活动。

2. 可以利用晨谈等让幼儿说说自己周末和家人在户外踏青玩耍时感兴趣的事情或者自己发现的问题，互相探究。

3. 请幼儿带一些田园玩耍的照片来，比如，和爸爸一起去捞鱼、看油菜花等，然后展开讨论，结合幼儿的兴趣点来生成主题活动。

（二）发动家长，广泛收集

1. 了解当季适宜种植的农作物

根据种植的难易程度和幼儿的年龄特点，与幼儿讨论并说说自己感兴趣的，让幼儿自己种植并观察、照顾。

2. 农作物的收集

发动家长带一些当季植物的果实、种子等放在自然角，种子用透明袋子装好展示在自然角墙面上，果实可以让幼儿装饰后变成蔬菜水果娃娃，不仅进一步让幼儿认识了不同的农作物，还发展了幼儿的动手能力，培养了幼儿的想象力和创造能力。

（三）农具的收集

我们幼儿园地处郊区，虽然现在大多数都住在小区里，但是拆迁户居多，之前孩子们的爷爷奶奶也都住乡下，有些老人有些还在家附近的荒地里开辟了一小块来种蔬菜，家里难免还会有一些农具，如：簸箕、扁担、竹筛等，可以让家长带来幼儿园，在自然角创设一块“农具展示区”。

三、基于幼儿生活经验，构建田园课程

（一）将田园资源纳入活动课程

我们可以从本土、本地区、本园的实际情况和条件出发，结合幼儿的兴趣和生活经验，将田园资源纳入活动课程，根据不同年龄段的幼儿和认知水平，设计相应的活动

1. 根据季节变化，开展相应的主题活动

教师根据本地区的季节性特点，挖掘附近的自然资源，如：带领幼儿走进附近桦墅村或者周末让家长带幼儿走进大自然，与大自然来个亲密的接触，激发幼儿的好奇心和探究欲望。如春天的时候可以在班级群发布一些亲子任务——让家长带领幼儿出去踏青，一起去挖野菜等，通过直接感知、亲身体验和实际操作，和幼儿一起去发现有趣的事物或者现象。夏天的时候，可以采摘莲蓬，去附近公园里观察荷花等感受夏天的乐趣。秋高气爽的秋天，老师抓住稻谷成熟的有利时机，带幼儿去参观田野，感受田野间金灿灿的稻子，在水稻收割的时候，通过录像的方式，让幼儿了解现代机械的先进性，通过观看收割机收割稻子的过程，感知科学家的伟大和现代科学技术的迅猛发展，从而激发幼儿爱科学、探索科学奥秘的强大欲望。冬天呢，我们可以在下雪的时候带领幼儿观察雪的特性，一起堆雪人；结冰的时候，可以带幼儿一起玩一玩冰块小实验。

2. 关注幼儿的兴趣，生成主题活动

成人要从幼儿的兴趣和需要出发，通过正确的引导，使孩子各方面获得发展，有利于保护孩子的好奇心、探究欲望。例如：一次餐后散步的时候，一个孩子发现了一条蚯蚓，这时他停下来脚步并大喊起来，吸引了很多幼儿的关注，于是我带领幼儿停下脚步，顺应孩子的发展，让孩子去观察，去发现，我只是做旁观者。第二天晨谈的时候把问题和找到的答案进行分享，在此基础上我也生成了一些活动。由于是孩子自发的、感兴趣的话题，目标达成较好，作为教师，我们要学会将问题抛给孩子，相信幼儿是积极主动的学习者。

3. 结合季节，开展结合时令的“种植节”“收获节”等活动

幼儿园里有“快乐小农场”，每年幼儿园根据季节特征栽种一些蔬菜和庄稼。每个班级都有自己的种植园地，种植园地可以结合班级孩子的兴趣和适合当季种植的农作物来种植，例如：秋天是丰收的季节，可以发动家长收集各种各样秋天的瓜果蔬菜，举办一个大型“农家园”活动，大班幼儿参与吆喝买卖，小、中班幼儿进行游园活动，通过活动不仅让幼儿认识了各种各样的蔬菜水果，还能进一步丰富幼儿的生活经验，提高人际交往能力等。

4. 巧妙利用墙面环境，呈现相关主题活动

《纲要》中强调：环境是重要的教育资源，应通过环境的创设与利用，有效地促进幼儿的发展。针对幼儿感兴趣的田园资源，我们可以在主题墙上为幼儿专门准备一块区域，让幼儿自主创设。

（二）把握课程特点展开

1. 注重生活化

生活化——主要强调教育活动的生活化，即幼儿活动内容可以追随幼儿的经验和真实的生活，凡是幼儿感兴趣的、适合幼儿年龄段的，都可以纳入教学活动中来，在这样的活动中，幼儿更愿意动脑去思考、去探究，最终达成活动的目标。

2. 注重整合性

我们注重活动内容有机联结，充分挖掘田园资源，整合教育力量，将教育活动整合性的观念渗透到幼儿教学活动中。注重各领域间的内容要相互联系、整合，从不同角度促进幼儿整体、全面、和谐地发展。例如在“好吃的胡萝卜”生成课程中目标除了认识胡萝卜的生长过程、外形特征、营养价值外，还整合了艺术领域，《胡萝卜印画》《胡萝卜娃娃》等，用自己喜欢的方式进行艺术表现。

3. 注重体验性

《指南》提出，要遵循幼儿身心发展规律和学习特点，最大限度地满足幼儿通过直接感知、实际操作、亲身体验来获取经验的需要。例如：在开展种植活动“好吃的芹菜”时，我带领幼儿参与了从播种到收获整个过程，最后在生活室进行了包芹菜饺子的活动。孩子们品尝着自己做的饺子，都说好吃，连平时不爱吃芹菜的宝宝也吃了好几个自己亲手包的饺子，这种参与式、体验式的学习，将幼儿的被动接受转化成了主动学习的过程，孩子们在快快乐乐的活动中发展了各方面能力。

四、将田园资源融入游戏活动中

（一）田园资源在体育锻炼活动中的运用

俗话说，一日之计在于晨。晨间锻炼活动是幼儿一日活动的重要环节，幼儿对于晨间锻炼活动是否感兴趣，一大半原因取决于锻炼材料投放是否具有丰富性、层次性、动态性、探索性，这时仅利用一些平常的圈、拱门、垫子等已经不足以吸引幼儿了，特别是大班的幼儿，这时如果我们将田园资源融入进来将会大大调动幼儿的兴趣，比如利用稻草编制一个龙头，3～6 人一组，舞龙；把竹筒切成一样大小，制作成高跷；用木头做成梅花桩，等等。

（二）田园资源在区域活动中的运用

田园资源最大的特点是具有田园的特色，贴近幼儿的生活，陶行知先生曾经说过：“大自然大社会都是活教材，运用大自然中的材料开展活动，可以让幼儿获得最真实的感受”，其实只要我们做个有心人，会发现生活中处处都有课程。例如：有一天中午散步的时候，乐乐小朋友突然停了下来，从路边捡起一个东西，朝我喊：老师，这是什么啊？是花还是叶子呀？你看它是鼓鼓的。听到他的声音后，我停下了脚步一看，那是栾树叶子，我发现孩子们很感兴趣，于是就让他们可以去周围找一找这种叶子，发现孩子们都不亦乐乎地找了起来，我将他们捡到的叶子带到了班级，投放在了美工区、益智区、生活区、科学区里，通过幼儿们自发的探索和讨论，我们生成了关于“栾树”的班本课程。

（三）田园资源在角色游戏中的运用

在开展活动的时候，我们要结合幼儿的兴趣和融入现有的资源，创设多样化的游戏活动，使幼儿在实践中获得多样化的发展。例如，在户外进行小小音乐舞台的游戏时，不仅仅是一些现成的服装，还可以调动家长资源，利用当季蔬菜、水果让孩子在家自制一些漂亮的有创意的衣服，孩子穿上自制的衣服 T 台秀，不仅发展了孩子的动手能力、想象能力，还增强了孩子的自信。

田园资源是能够促进幼儿发展的具有教育功能的自然资源和社会资源，平时我们教师要做个有心人，要有善于发现的眼睛，能够将适合幼儿学习的资源显露并发挥其最大价值，将田园资源融入幼儿园课程中来，调动幼儿的主观能动性，开发适合幼儿的课程活动，让教育顺应孩子的天性，从而让孩子们健康、快乐地成长！

参考文献

［1］陈铁棠．农村幼儿园田园资源的开发与利用的研究［J］．早期教育，2013（Z1).

［2］孟云霞．利用田园资源开展幼儿区域活动［J］．山西教育．2019（6）．

［3］中华人民共和国教育部. 3～6 岁儿童学习与发展指南［S］．北京：首都师范大学出版社，2012．

［4］郑黎丽．幼儿园亲自然园本课程的构建［J］．学前教育研究，2019（6).

幼儿户外建构游戏中的安全问题与应对策略

（麦羽兵　广东省广州市广东省公安厅幼儿院）

摘　要：3～6岁幼儿喜欢游戏，自主游戏是幼儿根据自己的需要和兴趣，自发开展的创作式的游戏，它能有效地促进幼儿认知、社会性、情感和身体等各方面的发展，对幼儿发展具有重要的作用。户外建构游戏作为自主游戏的一种，对幼儿的发展具有独特的教育价值。本文将通过幼儿园户外建构游戏前的材料准备，游戏过程的安全和游戏后的安全教育简述幼儿户外建构游戏中的安全问题与应对策略。

关键词：户外建构游戏；安全问题；自主性

曹中平提出建构游戏中的“建构”分别蕴含在物品建构、认知建构、社会建构这三个方面，幼儿利用建构材料有意识地建造各种物体或建筑物，实现对周围现实生活的反映，形成手脑并用的目的，获得社会性发展的机会。在开展户外建构游戏的过程中，教师将通过游戏前的材料准备，游戏过程的安全和游戏后的安全教育，确保游戏能安全、有效地进行。

一、保证游戏设施安全

在筹划户外建构游戏时，教师最担心的问题就是孩子们在游戏中磕碰、受伤怎么办？针对这个问题，我们在班级会议上进行了研讨，首先确保提供的游戏材料是安全卫生的。

（一）严抓游戏材料质量，保证材料的安全

幼儿园通过统一规划户外场地，设置了“创意拼搭”户外建构游戏区域，位置在幼儿园篮球场周边，提供了一列火车收纳箱和不锈钢收纳箱存放材料，方便幼儿自由取用各种材料进行自主游戏。在建构游戏材料投放方面，我们提供积木的式样很多，有大、中、小型积木，有空心或实心积木，有动物拼图积木等，还有不同情境的辅助材料，如各种车辆、动物、树枝、贝壳、奶粉瓶、纸箱等成品、半成品材料或废旧物品等。所有的游戏材料环保、无毒、无异味、符合安全标准且有趣味，特别是废旧材料的再利用，严选安全、卫生、无害的材料，并在使用之前，做好消毒、检查和筛选工作。另外，确保玩具柜、收纳箱没有安全隐患，对锋利的边角包边，磨平表面，避免幼儿磕碰受伤。

（二）定期消毒与清洁，做好游戏材料的卫生管理

在做好安全管理的过程中，定期对游戏材料进行消毒与清洁。特别是疫情严峻的日子，每周都安排保育教师对建构游戏材料进行彻底的消毒与清洁工作，并打扫区域环境，及时处理地面上的积水，避免幼儿游戏时滑倒；检查辅助材料，看纸箱、食品包装盒、树枝等废旧物品或自然物是否潮湿，潮湿就及时更换，以免滋生细菌，影响幼儿的健康。

（三）提供丰富多样的材料，支持幼儿自由取放

为满足不同层次幼儿的游戏需求，投放的游戏材料除了要保证丰富性和多样性，还要保证数量的充足。充足的游戏材料可以满足幼儿的游戏需求，减少因为材料不足带来的隐患及冲突；丰富的游戏材料可以让幼儿得到自己需要的材料，激发幼儿的创作能力，利于幼儿深入探究。每次游戏前检查材料是否可以正常使用，并根据幼儿的游戏进程投放相应的游戏材

料，及时更换和补充。户外建构游戏活动量较大，耗时长，为了保障幼儿安全地进行游戏，游戏材料收纳柜及游戏材料摆放位置都根据幼儿的身高及行动习惯设置，确保收纳柜的最高层也是幼儿触手可及的，方便幼儿自由地取放游戏材料。

二、保障幼儿游戏过程的安全

教师会在游戏开展前组织幼儿制订游戏计划，然后鼓励幼儿根据计划进行建构游戏，最后是进行游戏的回顾和总结。通过这些步骤，教师不仅能给予幼儿各方面的游戏支持，也能做好幼儿的安全教育。

（一）在游戏开展前预设安全问题并制定解决方法

制订游戏计划环节，教师可以根据幼儿的计划预设有可能出现的安全问题，和幼儿一起预设相关的解决办法。例如，尼尼说今天的计划是用小推车运送积木到大厨房搭建餐桌，教师就会追问："你上次搬运大积木的时候差点撞到弟弟妹妹，今天怎样才能更安全地运送积木呢?"通过讨论，尼尼最终决定和安安两个人一起推车运送长积木，这样能让小推车更平稳，不易翻车；还可以一人负责推车，另一人负责在前面作安全提示；或者两个小朋友分别站在长积木的两头，两个人一前一后合力搬过去，这样就不需要那么宽的面积，也不会撞到旁边的小朋友了。

（二）在建构游戏中根据幼儿需求给予支持并确保幼儿的身心安全

为了营造良好的游戏氛围，帮助幼儿深度游戏学习，在游戏开展前我们以班为单位分配好工作，规划好教师的站位，确保每个孩子在游戏工作时都在教师的视线内，方便教师观察每个幼儿的游戏情况，及时排除安全隐患，对有需要的幼儿进行指导和帮助。例如，小班小朋友使用 8 个圆柱体和一块长方形积木搭建了一个门，8 个圆柱体左右各 4 个，一个接一个垒高做，最后把长方形积木搭在上做门楣，当有小朋友从门下经过，门挺和门楣有时候会轻轻晃动。这时负责的教师就需要立即介入，帮助幼儿感知该建构作品的安全隐患，引导幼儿重新做计划，然后带着设计意图继续进行游戏。

（三）在回顾与总结环节引导幼儿分享经验

在回顾与总结环节，教师会倾听幼儿讲述他们在游戏中发现的趣事、遇到的问题与困难、最后的解决方法等，根据幼儿的分享和他们探讨关键的安全问题。比如，雯雯在大班主题建构"我的家"时，分享了她和丁丁如何用积木搭建了 2 张椅子，她们坐在椅子上"喝茶"，丁丁说很累往后靠的时候，她摔倒在地上了。于是，我请小朋友思考如何搭建椅子才牢固？怎样可以让游戏更安全？通过回顾、总结提升幼儿自我保护和保护他人的经验，从而发现幼儿的认知水平，抓住教育契机，及时给予反馈或开展相关的教学活动，推动幼儿进行深度学习。

三、开展安全教育

在幼儿园游戏的安全管理当中，除了教师的管理与引导外，还要采取一定的措施，让孩子形成自我安全防范意识，增强自我安全保护能力，这样才能更好地开展各项游戏活动。

（一）强化幼儿的安全意识

在游戏过程中，对于个别体能比较差的幼儿，教师在游戏开展前可以详细讲解游戏的注意事项，或者进行游戏示范。同时，让自我保护意识比较强的幼儿和自我保护意识比较弱的幼儿结伴做游戏，在游戏中潜移默化地影响幼儿的自我保护意识。

（二）设计安全标识，建立游戏制度，提高安全管理的整体水平

俗话说："没有规矩，不成方圆。"幼儿园户外建构游戏强调的是幼儿自主性，重点是鼓励幼儿自发游戏、自主游戏、创造游戏。为了让孩子在安全的条件下快乐地玩耍，教师可以和幼儿一起协商建立合理的游戏常规，从而培养良好的游戏习惯。

设置安全标识，形成隐性的活动规则。例如：制作游戏材料标识，游戏材料标识可以用照片或幼儿绘制的图画，并配上文字。确保游戏材料是幼儿可以看得到、拿得到、收得回的，避免幼儿因拿不到材料而放弃游戏，或在取放材料时发生安全事故。

通过第一次的户外建构游戏后，和幼儿一起总结经验并制定游戏规则，如：选取材料时要学会等待，不挤不抢；大于自己的积木每次拿一块，小于自己的积木每次可以拿 5 块；根据自己的需求选取材料；共同挑选一首音乐作为活动时间结束的标识，听到音乐要停止游戏并收拾整理游戏材料；收拾游戏材料前先分类，按种类收拾整理等。在游戏过程中不能过多地去限制幼儿的自主性，因为那样就丧失了自主游戏、自主活动的意义，不利于孩子发现与感知自主活动的乐趣。

四、结论

总而言之，在幼儿园户外建构游戏中要做到既"自主"又"安全"，除了材料的安全以外，还有一个重要的因素就是幼儿能不能专注地进行游戏活动，幼儿如果能够专注地做自己感兴趣的事情，就不会出现无所事事地四处闲逛、乱跑或捣乱等有安全隐患的行为。

参考文献

[1] 曹中平，龙姗. 关于建构游戏价值的分析 [J]. 幼儿教育·教师版，2012 (9)：4.
[2] 李爱萍. 幼儿园如何开展安全教育 [J]. 教育教学论坛，2011 (19).

语言教学中幼儿表达能力培养的途径

（王思佳　北京市昌平区南邵镇中心幼儿园）

摘　要：语言符号是人们进行沟通和表达情感的重要工具。利用语言交流，人们可以实现思想和文化的传播，参与各种社会实践活动，对社会的发展具有重要的促进作用。幼儿时期是人的一生中语言发展的关键期，因此教师和家长都要重视这个时期幼儿的言语发展，运用多种方式，对幼儿因材施教，致力于提升幼儿的语言表达能力。基于此，本文对语言教学中幼儿表达能力的培养途径进行了探究。

关键词：幼儿；语言表达；能力；培养

幼儿时期的语言能力的培养主要是通过幼儿在学习生活中利用肢体和运用一些简单的语言实现的。幼儿时期应该注重对幼儿语言表达能力的培养，这将对其一生产生深远影响。作为幼儿教师，要针对幼儿身心发展的规律制订有效的教育计划，同时还要面对全体幼儿，有的放矢地进行个别教育，促进幼儿语言表达能力的提升。

一、培养幼儿语言交流能力的重要性

幼儿时期是语言发展的关键期，这一阶段幼儿的大脑发展十分迅速，求知欲旺盛。有相关的研究数据表明：幼儿在四岁之前的语言学习能力处于人一生中发展的顶峰，在这个阶段如果对幼儿的语言交流能力进行培养，对幼儿的成长具有重要意义。语言是人与人进行交流的工具，同时也是幼儿学习的内容。三四岁的幼儿正处于语言能力培养的最佳时期，但是这个阶段的幼儿和他人进行交流的机会很少，主要的沟通对象是家长和幼儿园教师，特别是孩子初到幼儿园，会有胆怯、拘谨的现象出现，在幼儿阶段对其进行语言交流能力的训练，不仅可以提升幼儿的语言交流能力，同时也有利于幼儿交到更好的朋友，形成良好的人际关系。

二、幼儿语言发展面临的问题

（一）家庭方面

父母是孩子的第一任教师。随着信息技术的不断发展，网络逐渐走进了千家万户，目前很多家长还没有意识到网络带给孩子的巨大影响。越来越多的电子产品出现在了市面上，一方面，这些电子产品为幼儿提供了一个崭新的学习平台，通过电子产品，幼儿可以充分利用丰富的网络资源学习知识，还可以自由地游戏；另一方面，由于幼儿缺乏判断力和自制能力，很容易沉迷于网络世界无法自拔，进而疏远了家人，没有家长参与的幼儿成长环境对幼儿语言能力的发展是极为不利的。同时，受到社会发展的不利因素的影响，家长会告诉孩子不准和陌生人交流，在这样的暗示下，幼儿会逐渐害怕和陌生人交流，长期下来，幼儿就会产生沟通障碍和社交问题。

（二）幼儿教学内容上的缺失

在当前的传统教育环境中，人们往往忽视了对幼儿语言能力的培养，当前幼儿园的教育内容以文字知识的传授为主，书本上的知识才是幼儿园教学的核心所在，幼儿学习的都是一些古诗、故事等，忽视了幼儿生活中的情绪情感体验。幼儿园教学的内容仅仅局限于诗歌的学习，却很少锻炼幼儿的读写能力，缺乏实践环节，在长期的学习中，幼儿的语言发展能力无法得到发展，甚至还有负面影响。

（三）幼儿园的教学环境不利于幼儿的语言能力发展

从目前的形势来看，大多数的幼儿园重视的是园内设施的建设，却很少在幼儿发展的文化环境上做文章，也就是说缺少人文环境的建设。随着社会的不断发展与进步，幼儿园的整体设施与以前相比有了很大的改善，供幼儿娱乐的硬件设施越来越完善，环境越来越好。但是综观幼儿园的文化环境，却没能和物质环境同时得到改善。幼儿园的教师对幼儿进行知识传授的手段还是很传统的，并没有为他们营造有利的发展语言能力的环境。很多的幼儿教师也没有以身作则，自身就没有注意到语言交流能力的培养，这也就不能给学生起到良好的示范作用，幼儿难以养成良好的言语交流习惯。

三、语言教学中幼儿表达能力培养的途径

（一）培养幼儿表达能力的要求

正确的发音是幼儿进行语言表达的基础，如果连最基础的准确发音都做不到，那么幼儿很难将自己的想法表达出来。在幼儿时期，孩子正处于发音定型阶段，此时应该培养幼儿对字音的辨别能力，使幼儿在头脑中形成听觉语言，教师在发现幼儿发音有误时，要及时进行纠正，鼓励幼儿说普通话。词汇是幼儿进行语言表达的重要部分，因此教师不仅要锻炼幼儿的口语，还要引导幼儿积累丰富的词汇量，使他们在理解的基础上正确运用各种词汇。同时，语法的使用是幼儿进行语言训练的另一个重要部分，它是对儿童思维的集中体现，幼儿时期的孩子思维能力还处于发展阶段，经常出现语法错误，因此教师还应该注重对幼儿进行语法讲解，让他们能够正确地把句子读出来。

（二）在绘画课中发展幼儿的语言表达能力

教师不能因为害怕干扰了幼儿的绘画活动，而尽量减少与幼儿在绘画过程中的交流，因为幼儿在绘画的过程中会围绕教师的话进行创造，这有利于激发幼儿的创造灵感。同时，幼儿通过评价其他同伴的作品也能实现语言表达能力的提升，还有利于提升幼儿的创造想象力。因此，我们应该关注幼儿在绘画中的交流，鼓励每个孩子大胆地表达自己的想法，让语言表达能力在和谐、自由、愉快的环境中得到发展。小明是一个性格比较内向的孩子，他常常因表达出错而受到其他同伴的笑话，但是它的绘画作品却充满了想象力。在绘画《快乐的节日》这幅作品时，小朋友们都讨论得十分激烈，各抒己见，小明看上去也很想表达自己的看法，但总是欲言又止的样子，我见状走到小明的面前问他："你画的是什么呀?"还没等小明说话，旁边的小丽就说："他画的是一群人在跳舞，画得太小了，不好看。"我看着脸红的小明，摸摸他的小脑袋："我觉得画得很好呀，你能给我讲讲你的画吗?"在我的鼓励下，小明小声地向我介绍了他画的内容，这个时候大家都认真地听着小明的介绍，大家十分融洽，有的孩子还受到了小明的启发，创作出了新的作品。

（三）开展形式多样的交流活动

幼儿园教师要对当前的教学方法进行革新，探索出利于幼儿交流能力发展的新教学方式。在幼儿阶段，孩子的各项身体机能还处于初步发展的阶段，对于语言的学习也还在入门阶段，教师应该遵循循序渐进的原则，从身边的人和事物入手进行语言表达训练，在生活中

找到教学的素材。幼儿只有在直观的环境中才能实现语言能力的发展。

（四）及时纠正，重视强化的作用

幼儿在语言学习的初级阶段总会出现各种各样的问题，教师要发挥主导作用，对幼儿的发音问题、语病问题、乱用词语的问题进行纠正，同时要培养幼儿养成文明用语的好习惯，懂礼貌、知荣辱。要重视表扬和奖励的作用，对进步的幼儿进行及时的强化，这样不仅能够使他们树立自信，还能够对其他幼儿起到替代强化的作用。用表扬和激励引导幼儿对语言交流产生浓厚的兴趣，进而提升他们的语言表达能力。

四、结语

综上所述，孩子在幼儿时期的语言学习对于之后的发展是十分重要的。对于直接影响孩子学习的幼儿园来说，要通过不断的努力，开展多种多样的活动来培养每一名幼儿的语言学习能力，根据实际需要因材施教，创造良好的教学环境，充分发挥幼儿园的作用，培养发展每一名幼儿的语言表达能力。

参考文献

[1] 赵玲．语言教学中幼儿表达能力培养的途径 [J]．甘肃教育，2019（1）：48.

[2] 韩雨华．中班幼儿语言教学语言表达能力培养探究 [J]．汉字文化，2018（6）：107－108.

[3] 黄瑾．运用信息技术，优化幼儿语言教学 [J]．内蒙古教育，2016（9）：27.

[4] 傅月皎．探索语言教学新模式　培养幼儿语言表达能力 [J]．中国教育技术装备，2014（23）：13－14.

[5] 刘勇慧．立足成才在绘本阅读中培养幼儿语言表达能力 [J]．成才之路，2014（12）：47.

为特殊需要幼儿家园合作，建融合家园

（彭文丽　北京市昌平区南邵镇中心幼儿园）

摘要：融合教育的本质是一种态度，一种价值观念，是教育者对特殊需要幼儿一系列充满关爱的决策和行动。3～6岁幼儿的发展除需要教师的努力之外，离不开幼儿家长的配合。《幼儿园工作规程》第四十八条明确指出：“幼儿园应主动与幼儿家庭配合，帮助家长创设良好的家庭教育环境，向家长宣传科学保育、教育幼儿的知识，共同担负教育幼儿的任务。”当前，特殊需要幼儿的融合教育更离不开家长的有效配合，本文就如何有效进行家园合作为幼儿建造安全、有爱的融合家园开展研究。

关键词：特殊需要幼儿；家园合作；融合；融合家园

家庭与幼儿园处在不同的教育立场，部分家庭对融合教育的认识不充分，造成家园沟通、合作中经常出现意见分歧，难以统一教育目标，无法形成教育合力。

一、融合家园的意义

做好幼儿园融合教育需要教师、家庭成员通过多方互动解决特殊需要儿童教育中遇到的问题。幼儿成长发展不仅要看幼儿园的成长表现，也要看家庭中的各种表现。那么，家园共同努力，越早发现教育突破点对特殊需要幼儿发展越有成效，从而能够健康和谐地发育和学习。

二、特殊需要幼儿及其家长特点

（一）特殊需要幼儿特点

特殊需要幼儿是指3～6岁学龄前幼儿在语言沟通能力、社会适应能力、动作协调能力、认知能力、生活自理能力等方面出现任何一种或一种以上发展迟缓的幼儿（见表1）。

表1　特殊幼儿特点

语言沟通能力	语言理解及沟通表达能力不佳、运用语言和口语表达的能力发展比正常幼儿慢
社会适应能力	缺乏自信心、临机应变能力不足、缺乏自信、与人互动少、不知如何与人维持良好的互动、伴随负向行为（攻击行为、自我伤害行为）
动作协调能力	感官能力缺陷、粗大动作发展缓慢、精细动作发展迟缓
认知能力	概念化与抽象化能力不佳、辨认学习的能力较弱、反射机制不足、注意广度较为狭窄、注意力不集中、短期记忆功能较差、不善于组织学习内容、学习动机不足、学习速度稍慢
生活自理能力	自我照顾及生活自理能力不足

（二）特殊需要幼儿家长特点

尽管家长对融合教育持积极态度，认为特殊需要幼儿能够从融合教育中受益，但大部分特殊需要幼儿家长会对自己孩子的“特殊需要”保持沉默的态度，认为随着年龄的增长，孩子的发育不足会得到弥补，因此常在家园沟通中出现隐瞒、遮掩、拒绝沟通等行为。部分特殊需要幼儿家长会将对幼儿健康发展的期待全部寄于幼儿园教育，在家里不积极配合幼儿园开展相关的教育活动。

三、特殊需要幼儿家园沟通困境

（一）幼儿园

幼儿园融合教育资源支持的客观条件下需要得到家长的信任与支持，教师往往认为家长应做出更多的努力，帮助特殊需要幼儿成长，而忽略家长内心的感受和需求，导致家园沟通受阻。

（二）家长

在学前教育阶段，大部分特殊需要幼儿的家长不愿意承认自己的孩子“特殊”，害怕孩子被贴上标签，从而隐瞒家庭教育的真实情况，甚至害怕或拒绝与教师沟通，导致家园沟通受阻。

四、建融合家园策略

教师要了解并掌握特殊需要儿童的家庭情况及其个性化的需求，了解家庭的组成结构、家庭成员的健康状况等。了解得越细致，越能有的放矢地采取可行的家园合作方式，建立良好的家园互助合作体系。

策略1：营造宽松的沟通氛围

多报喜，巧报忧：营造良好的沟通氛围十分重要，老师对孩子的赞美不但会增强特殊需要幼儿的自信心，对家长来说也是一种动力，会起到正向的激励作用。

策略2：树立老师的专业形象

善于倾听，赢得信任：当特殊需要幼儿家长倾诉关于孩子的种种，教师要做一个忠实的听众，做一个善于倾听的人，与家长产生共鸣，寻找机会了解更真实的情况。

策略3：尊重家长，巧提建设性的建议

说到孩子的缺点时也不要过度渲染，引导家长不要着急，先接受孩子的缺点，再共同找出解决办法。寻找机会帮助家长正视孩子的一切，给予家长更有针对性的教育建议。当家长遇到问题或困难时，教师一定要从家长的角度考虑，与家长共同讨论，寻找科学的教育方法。

策略4：巧宣融合，建议科学教育方法

积极宣传园所文化，传递温情。关于园所对融合教育的教育理念和教育态度非常需要让家长了解，让家长了解园所的初衷和氛围都是爱孩子的一切，为了孩子的一切，帮家长建立对老师最大化的信任。

策略5：宣传科学育儿，开创家园互动

为家长提供充分的机会和空间与孩子共同成长，感受孩子的优点，体会科学育儿的成就感。班级开展丰富多样的家园活动并制定调查问卷和调查表，鼓励家长和孩子共同完成，并在群里交流，教师及时回馈，之后在群里发孩子在园里展示调查成果的照片、视频等，让家长看得见孩子活动中的笑脸，从而感受到活动开展的价值。

策略6：充分运用家长会

录制幼儿在园一日生活的各个环节，制作视频在班级家长会上播放，家长听到孩子的谈话、笑声，看到孩子们的探索、研究、动手操作，就如孩子们在家长眼前活动，从而让家长更加了解孩子，对孩子、对自己拥有自信。了解老师，感受老师的工作态度，感受老师们的专业，直接感受科学教育对幼儿的改变。

策略 7：教师自我反思

在家园沟通时还应从自身做起，正人先正己。除了这些还需要不断地反思自我，查找自身存在的问题：

(1) 是否经常与家长沟通？有沟通才有理解，这是做好家长工作最为关键的一环。

(2) 是否在孩子出现问题、惹出麻烦时才找家长交流？这会让家长感觉你这是在告状、埋怨。

(3) 是否会因为家长事多（爱找老师麻烦）而不愿与其沟通？如有家长向老师提意见或建议，你是否先从自身找问题，而不是只挑家长的毛病？而不愿与其沟通？

(4) 是否会因为家长不爱说话而不主动与其交流？

(5) 在与家长的交流过程中，你是否对孩子的缺点说得过多？

(6) 你是否很爱孩子，并让孩子及家长真切地感受到这一点？

(7) 在与家长交流时你是否让家长感受到班级每个老师都在爱着每一个孩子，幼儿园所有老师都在爱着每一个孩子？

五、总结

特殊需要幼儿需要有安全感，其家长更需要被理解。教师应当通过多种形式帮助家长全面了解特殊需要幼儿在园的表现及发展水平，了解家长的教育需求，引导家长正视融合教育，促进家园达成共识，采取协调一致的教育措施，满足特殊需要幼儿的个别化教育需求。在养育特殊需要幼儿的过程中，家长会遇到诸多困难与挫折，教师及时为家长提供专业支持的同时，也要关注家长的情感需要。教师引导家长不断学习融合教育的相关知识，提高对融合教育的认识，积极参与融合教育，从而共同构建融合家园，促进特殊需要幼儿取得更好发展。

参考文献

[1] 余燕．开展亲子活动对促进幼儿教育家园共育发展的探索［J］．科普童话，2019（36）．

[2] 赵准. 普特融合教育社会支持体系个案研究［D]. 河南师范大学，2019：23—36.

[3] 杜晓萍. 解读全纳学校［J]. 中国特殊教育，2008（10）：16—21.

[4] 余晓，王玲．幼儿园教师融合教育素养提升路径探索［J］．成都师范学院学报，2023，39（1）：102—107.

[5] 李春燕，李照东，叶可欣．用融合教育照亮“特殊儿童”的未来［N］．东莞日报，2022—12—20（A05).

[6] 桑婉宁．融合教育背景下幼儿园特殊需要儿童家园共育的思与行［J］．幼儿100（教师版)，2022（12）：58—60.

[7] 周洁．幼儿园开展融合教育的行与思［J］．名师在线，2022（34）：7—9.

[8] 宋金金．家校园共育视角下融合教育家长工作策略研究［J］．当代教研论丛，2022，8（9）：65—68.

[9] 翁烨．融合教育在幼儿园活动中的实施策略［J］．天津教育，2022（25）：107—109.

[10] 孙倩．幼儿园教师对学前融合教育态度的研究［D］．辽宁师范大学，2022.

浅谈幼儿数学与生活有效融合的策略

（黄彩敬　广西壮族自治区百色市田阳区那坡镇中心幼儿园）

摘　要： 数学是幼儿开展学习的基础内容，存在于生活的各个环节。将幼儿的数学学习与生活进行充分融合，鼓励幼儿开展探索，有利于激发幼儿的数学学习兴趣，培养其数学意识，使数学学习和解决生活实际问题相结合，对于促进幼儿发展具有重要意义。本文将针对幼儿的数学学习特点，简单介绍几种幼儿数学与生活有效融合的策略。

关键词： 幼儿；数学；生活；融合策略

一、引言

幼儿是学生启蒙的重要教育阶段，在数学教学中应重视对学生探索欲的有效培养，幼儿普遍存在对数学认知不足等问题，且数学知识较为抽象，难以理解。因此，教师需要结合实际生活，丰富幼儿数学学习的素材，使幼儿在多样化的探究活动中理解数学知识，并将知识与生活进行充分融合，促进数学智力的发展。生活与数学相互结合，使教育方式生活化，才能使数学教学更具趣味性与灵活性，使幼儿在探索中学习，在学习中收获，在收获中实现真正的发展。

二、幼儿数学学习与生活融合的必要性分析

幼儿的学习与生活是密不可分的，将幼儿的数学学习与生活进行充分融合，是实现教学做一体化的践行路径，在幼儿数学教学过程中，不仅要充分考虑幼儿的年龄特点与学习兴趣，还要考虑幼儿所存在的个性差异。幼儿的数学学习内容具有一定的抽象性，而幼儿处于对数学认知的起步阶段，无法有效理解数学的知识内容，为此，需要基于幼儿的生活经验，将数学的学习与生活相联系，使幼儿在生活场景下开展学习，并且在日常生活中不断去认识、巩固所学数学知识，提高数学学习的效率。目前在幼儿数学教学中，不少幼儿教师存在数学教学与生活相分离的情况，单纯采用讲授法对数学知识进行讲解，幼儿常常无法理解老师所讲内容。为了有效改变这种教学状态，需要幼儿教师积极创设相应的数学学习活动，引导幼儿进行探索，尽可能在数学学习活动中添加生活化元素，使数学知识与生活之间形成学习媒介，引导幼儿在生活中学会观察、发现数学知识，并在数学知识的学习过程中有效解决生活实际问题，真正实现数学学习能力的提升。生活中往往蕴含着大量的数学教学元素，将幼儿数学学习与生活充分融合，需要幼儿教师发掘生活中蕴含的数学知识，拓展数学教学素材，拉近数学知识与幼儿之间的距离，更好地促进幼儿发展。

三、幼儿数学学习与生活融合的有效策略

（一）引导幼儿感知生活中的数学，培养幼儿的数感

数学知识与日常生活紧密联系，生活中处处存在着数学元素。为了使幼儿更好地感知数学，有效培养数感，教师要充分挖掘生活中所蕴含的数学元素，引导幼儿感知生活中所存在的数学知识。

例如，幼儿数学教师可以关注生活中的数字信息，将日历、楼层或者电话号码、电视频道等数字化的知识运用到数学教学中，引导幼儿在实际生活中感知数字的基本概念，充分调动幼儿的观察能力，使其在日常生活中学会识别数字。同时，幼儿教师还可以将生活中常见的物体的形状、数量以及大小等数学信息引入教学过程中，引导幼儿对数学中的形状、数量、大小比较等基本知识产生基础性认知，提升幼儿的感知能力，从而在数学学习的过程中，由感性认知逐渐发展到理性认知。尤其是电话号码，幼儿教师可以引导幼儿对电话号码的数字信息和排列位置进行有效识别，利用卡片等教学用具通过对电话号码进行不同的组合，使其认识到数字排列位置不同，所产生的意义也不同，从而使幼儿能够将数学的学习过程与日常的生活现象相互结合，形成强烈的数学感知力。再如：小班《认识颜色宝宝》教学中，可以引导幼儿寻找生活中的各种颜色，如自己穿的衣服、鞋子是什么颜色；自己用的书包是什么颜色；生活中你见到的水果有哪些颜色；红绿灯有哪些颜色；观察各种动物、植物的颜色等。

（二）合理应用生活化的数学素材，激发幼儿的兴趣

在幼儿数学教学过程中，若仅采用讲授法，将会造成教学氛围单一、枯燥，无法引起幼儿的学习兴趣。为此，幼儿教师要合理应用生活化的教学素材，丰富数学教学内容，使数学知识变得更加生动、有趣。生活就是最好的教学，教师可以充分将生活化的教学素材与数学知识相融合，注重对幼儿的生活化教育，使其在生活中发现数学知识，体验生活中的数学学习乐趣。

例如，幼儿数学教师在开展时间概念的教学时，由于内容较为抽象，幼儿无法准确感知时间的概念，教师可以将上课、下课等幼儿熟悉的时间融入教学内容中，以幼儿可以感知到的生活体验，促进幼儿对时间概念的理解，降低幼儿对数学知识点的认知难度。同时，幼儿教师可以将日常生活用品等融入数学教学中，如生活中秋天的落叶、午餐的水果等，通过组织幼儿按照大小对其进行排序，使其建立对排序等数学概念的认识。同时，幼儿教师可以引导幼儿在统计出勤人数的过程中，认知数数和基本算数。中、大班幼儿在晨谈中可以设置问题“今天来幼儿园的小朋友有多少个？让幼儿学习报数，有多少个小朋友迟到？没有来的小朋友有几人？”等问题，引导幼儿对身边的小朋友进行人数的计算，数数，回答相应的数学问题，从中学到数学知识。

（三）创设操作类的数学探究活动，深化幼儿的理解

实践是幼儿探索世界、认识世界的重要途径。为了促进幼儿更好地理解和运用数学知识，教师需要创设操作类的探究活动，引导幼儿在探究过程中增进对数学知识的理解。同时，幼儿教师在创设操作类探究活动时，可以将生活中的素材元素融入活动设计中，引导幼儿操作与思考，学会在生活中享受数学的学习过程。

例如，在建构区域活动中，教师可以设置“如何搭得更高”等探究活动，引导幼儿以积木作为主要工具，鼓励幼儿尝试将积木搭高，使幼儿在不断的操作与尝试过程中，学会探索知识，并鼓励幼儿运用数学中的形状特征、大小以及数量等基本知识，尽可能将积木搭高，同时保持积木建筑的稳定性。在开展探究活动的过程中，幼儿教师不要告知幼儿正确答案，而是引导幼儿不断进行反复尝试，并针对失败的做法进行思考，不断完善积木的排列位置，在一次次改进中获得成功的体验，激发幼儿的探究热情。同时，幼儿教师可以创设数学分类等操作类研究活动，通过提供不同颜色、不同形状、不同大小的手套、袜子以及鞋子等生活物品，引导幼儿对其进行配对，使幼儿在探究过程中学会按照物品的颜色形状、大小等进行分类，促进数学知识与真实生活场景的融合，学会在生活中发现数学知识。另外，幼儿教师还可以布置一定的探究活动，由幼儿在生活场景下形成良好的数学学习体验。可以让幼儿从生活中所接触到的常见物品，例如玩具、服饰、餐具等，按照其类型的不同进行摆放与分类。通过设置操作类的探究活动，使幼儿逐步形成将数学知识与生活体验相结合的习惯，能

够在日常生活中发掘数学知识。

（四）搭建生活化的数学教学场景，增强幼儿的体验

数学的学习不应只停留于理解与掌握层面，更应该注重对数学知识的灵活迁移，学会运用数学知识解决实际生活中的各类问题。幼儿数学教学更应如此，立足幼儿阶段，有效培养幼儿对知识的运用能力。因此，幼儿教师需要在教学中积极搭建生活化的教学场景，将数学知识与生活实际问题相互融合，引导幼儿学会对数学知识点灵活运用，增强幼儿对数学知识的领悟能力。

例如，幼儿数学教师可以结合幼儿实际生活中常常接触到的具体情景，搭建与数学知识相应的教学场景。如大班在超市区，以购物计算价格的方式，引导幼儿体验数学的计算等知识，并认识元、角、分等基本数学货币的概念。教师可以给定物品单价，如一颗糖 1 角钱，以问题“买两颗糖，需要多少钱”，引导幼儿进行简单的价格计算，使其运用学到的基本数学知识，结合真实的生活体验，学会数学中的基本计算，并将相关知识运用到真实的生活中，使幼儿将数学的学习与生活体验相结合，激发幼儿的学习兴趣。

四、总结

数学知识与生活密不可分，数学来源于生活。简单的数学知识讲授往往枯燥，较为抽象，幼儿难以理解。为了帮助幼儿更好地学习数学知识，需要将数学知识与生活有机融合，使生活作为数学学习的主要场景，充分运用生活中的数学元素，从幼儿已经具备的生活经验出发，选取幼儿熟悉的生活素材，对相应的数学知识进行诠释，使幼儿在操作、体验、感悟等过程中，理解、掌握数学知识，并学会运用数学知识解决实际生活中的问题。通过数学知识与生活的充分融合，能够更好地激发幼儿的数学学习兴趣，使学习与生活相结合，实现知识的灵活应用，激发幼儿对数学学习的渴望，体验学习数学的乐趣。

参考文献

［1］王欢欢．幼儿数学学习在生活中的融合与运用［J］．小品文选刊．下，2020：0266.

［2］王晓雪．幼儿数学学习在生活中的融合与应用［J］．知识窗，2019：21.

［3］吴庆荷．例析幼儿“数学”在生活中的有效运用［J］．启迪（教育教学版），2018：72—74.

［4］钱婷婷．浅谈幼儿园数学教育在生活中的运用［J］．科教导刊—电子版（上旬），2018：175.

有关幼儿园环境建设的思考与实践

（苏晓丽　广西壮族自治区百色市田阳区那坡镇中心幼儿园）

摘　要：当幼儿脱离父母的庇佑走入幼儿园时，完全陌生的环境和人际关系会让幼儿感到无所适从，甚至会因为害怕而情绪崩溃，这样的心态下幼儿根本无法接受和融入幼儿园集体生活。如何让幼儿快速摆脱陌生感与负面情绪是许多幼儿教师教学生涯中的一大难题，其实想要解决这一难题可以尝试从幼儿园环境建设方面入手，多从幼儿的角度出发，以符合幼儿喜好以及身心特点的环境设计来给予幼儿最大限度的心理安抚，为幼儿打造适宜又充满快乐的学习和成长环境，保障幼儿在幼儿园的每一天都是充实又美好的。

关键词：幼儿园；环境建设；思考与实践

幼儿园是幼儿成长、学习以及认识世界的重要场所，其环境的创设对幼儿的身心发展有着很大的影响，尤其是幼儿接触最多的班级环境，健康、舒适的班级环境对幼儿各方面的发展都有着非常显著的促进作用。然而，目前我国幼儿园环境建设情况来看，大部分的幼儿园无论在班级环境还是其他室内外环境的建设方面都存在一定的问题，这对于幼儿的健康成长与全面发展而言是十分不利的。那么，如何为幼儿建设更为理想化的幼儿园环境便是本文思考与实践的主题。

一、幼儿园环境建设存在的一些具体问题

（一）户外环境缺乏创新性与实用性

幼儿园的户外环境是幼儿进行娱乐活动和发展人际关系的最主要场所，户外环境的造型布局、色彩搭配以及设施种类等各方面都应当以幼儿的成长需求为重，外在的观赏性与内在的实用性应当同时具备。但是，大部分的幼儿园户外环境建设都存在着一定的不足，不仅在活动形式、内容设计以及环境布置等方面缺乏创新性，而且很多户外设施只具备观赏性，完全没有应有的实用性，幼儿的探索欲与学习需求都无法满足。

（二）室内公共环境未顾及幼儿主体性

室内公共环境是培养幼儿良好公共生活品质的重要场所，其建设的完善程度会给幼儿道德品质的形成带来一定影响。目前大部分幼儿园的室内公共环境建设并未顾及幼儿的主体性与成长需求，很多室内建筑与装饰物的设计完全忽略了幼儿才是幼儿园学习与生活的主体，直接参照成人的体型特征进行建设，这样的室内公共环境并不利于幼儿认识与探索世界。

（三）班级环境过于严肃和成熟化

幼儿在幼儿园的大部分时间都会处于班级环境中，温馨舒适的班级环境可以缓解幼儿内心的紧张与胆怯。从目前大部分幼儿园情况来说，班级环境建设过于严肃和成熟化，尤其是出现了很多以教师为中心倾向，无论是班级公约制定、环境装饰设计还是功能区设定均从教师角度出发，主张幼儿遵从教师的要求，完全忘却了教师的本职工作是引导。

二、幼儿园环境建设的实践策略

（一）明确环境建设对象，多从幼儿角度考虑

很多教师对幼儿园环境建设有很大的认知误区，认为环境建设即打扫卫生和美观装饰，全然没有认清环境建设的对象是谁，一味按照自身审美将教室布置得花里胡哨。认知模糊又如何能建设出真正让幼儿感到舒适的生活环境，充满成人审美元素的环境建设根本无法与幼儿的身心特点相契合，幼儿在这样的环境下只会更加缺少安全感，情绪崩溃得更加频繁。因此，幼儿园环境建设开展前一定要明确对象是幼儿，并非家长与教师，而且任何环境设计都要从幼儿角度进行考虑，幼儿的身心特点、成长需要等各方面都不能忽略。

例如，幼儿对外界的新鲜事物有着强烈的好奇心，但由于认知存在一定的不足，探索事物的方式并不会像成人般谨慎，很多时候都是手口并用，尤其喜欢咬教具和玩具，因此，教师在进行环境建设时务必要选择无毒无害的材料。此外，幼儿都很喜欢自由活动，活动时会有很多幼儿自身不会注意到的危险行为，为了避免幼儿在活动中受到伤害，教师在装饰教室时务必要将尖锐或是可能带有危险性质的物品用软质材料包裹起来，这样可以有效地规避大部分的意外伤害。

（二）立足幼儿兴趣喜好，营造文化审美环境

相较文字学习，幼儿对色彩和图案的接触兴趣会更高一些，幼儿园的环境建设主要是针对幼儿开展，一切设计都应当以幼儿的兴趣喜好为主，为幼儿营造健康、优良的文化审美环境。因此，无论是幼儿园的外部装饰还是内部设计都要围绕幼儿所喜爱的图片与色彩进行，将幼儿园的环境特色充分凸显，让幼儿在兴趣的驱使下不再抵触幼儿园生活，而是积极主动地融入其中。环境建设除了对幼儿兴趣元素的重视以外，还要具备一定的审美性，注意所使用图案的对称、和谐以及色彩的多样化等，带给幼儿审美熏陶的同时还要能够丰富幼儿的美好情感。

例如，幼儿园的外墙栅栏上所描绘的图案可以是大部分幼儿都知道并喜欢的一些可爱动物形象或是动漫形象，也可以是带有中华民族传统美德的寓言图画，幼儿每日观赏、接触这些图画除了可以保持心情愉悦，也能够获得思想认知方面的提升与进步。

（三）尊重幼儿个性思维，共同创建班级环境

幼儿园环境的建设并不是教师单方面的努力，教师在建设过程中除了要充分考虑幼儿各方面的情况，还要对幼儿的个性思维与独特看法予以尊重和支持，有时候幼儿的意见和建议可能会带来更为理想的建设效果。为了让班级环境的建设更贴合幼儿的心理与年龄特点，教师应当鼓励和引导幼儿勇敢提出自己的想法与建议，并在创设中捕捉幼儿的兴趣来提升他们的参与意愿，让幼儿按照自己的喜好亲自动手进行装设，以此来实现班级环境的共同建设以及对幼儿创造意识与操作技能的初步培养。

例如，每学期都可以开展新班组建活动，以幼儿的年龄为依据设置时间限制，在规定时间内让教师与幼儿一起进行班级环境的美化工作。装饰物品可以是幼儿自己制作的贴画、布艺、玩具等，各类饰品的摆放、粘贴位置由教师和幼儿协商设计，班级环境的每一个角落都承载着教师与幼儿的共同努力，这样不仅会使幼儿对班集体的认同感和责任感变得更为强烈，还能培养幼儿的创造性思维与手脑协调能力，同时也可以借助手工操作来启发幼儿节约资源、保护环境的意识，这对于幼儿良好品质的形成具有非常显著的推动作用。

三、结束语

综上所述，幼儿园的环境建设一定要多从幼儿的角度出发，以符合幼儿喜好以及身心特点的环境设计来给予幼儿最大限度的心理安抚，为幼儿打造适宜又充满快乐的学习和成长环境，保障幼儿在幼儿园的每一天都是充实又美好的。

参考文献

［1］黄志斌．幼儿园环境建设浅议［J］．教育导刊．下半月，1998（6）：37—38.

［2］何雅洁．基于快乐教育理念下幼儿园环境建设分析［J］．语文课内外，2020（19）：22.

［3］何煦．儿童视角下的高品质幼儿园环境建设［J］．教育科学论坛，2019（15）：74—77.

教师缓解小班幼儿入园焦虑的“四部曲”策略

（贺秋玥　四川省成都市武侯区第三幼儿园）

摘　要：入园焦虑是幼儿进入幼儿园遇到的第一个困难，进入幼儿园后，幼儿会因为各种原因产生入园焦虑。入园焦虑的表现是多种多样的，如果幼儿能很好地适应幼儿园生活，那么幼儿会更好地适应社会集体生活，也能增强幼儿的自信心；但是，如果不能很好地适应幼儿园生活，那么对幼儿的情绪和心理都会造成影响。老师需要通过不断探索找到适合不同幼儿的策略方法，帮助幼儿适应幼儿园的集体生活。

关键词：小班幼儿；入园焦虑；策略

一、小班幼儿入园焦虑现状

《3～6岁儿童学习与发展指南》的健康领域中明确提出：教师要帮助幼儿情绪安定愉快。孙宏晶指出：不完全预计数据结果显示，到2025年全球儿童的精神障碍疾病将增长约50％，且最近几年，幼儿关于焦虑的一系列情绪问题也成了一个大问题，学龄前幼儿的焦虑患病率已经达到了10％左右。

入园焦虑这个问题不仅仅对幼儿本身造成了影响，对教师以及家长来说也是一个难题，蒋亚秋的观察以及问卷调查显示，教师在处理小班幼儿入园焦虑的问题时比较依赖家长，教师自身的作为很少，而家长对这方面的实施策略并不太了解，这就造成了不能很好地缓解幼儿焦虑问题的情况。

二、教师缓解小班幼儿入园焦虑的案例及分析

幼儿在刚刚进入幼儿园时是入园焦虑现象最严重的时候，当幼儿出现焦虑情绪时，教师根据每个幼儿的不同情况进行引导让幼儿提高对陌生环境的适应力，增加亲近感。

案例1：年年小班刚入园时，总是坐在一边不游戏也不说话，有时还会偷偷掉眼泪，老师了解了年年的情况后，对年年进行安抚，老师把年年抱在怀里轻拍年年的背：“年年不要哭啦，老师知道一个很好玩的游戏，你要和老师一起去玩吗?”年年轻轻地点了点头就和老师一起去玩游戏了。

案例2：多多的入园焦虑表现与年年相似，也是喜欢一个人坐在椅子上不说话，并且当老师试图安抚多多并且引导多多进行游戏时，多多也一直不说话，并且表示自己不想去玩游戏，老师走到一边，引导另一个小朋友邀请多多一起玩游戏，结果当那个小朋友去邀请多多时，多多却欣然答应了小朋友的游戏邀请。

分析：年年和多多的入园焦虑表现基本相同，但是年年和多多能接受的方式却不同，当老师对年年和多多实施同样的安抚策略时，效果也有所不同。老师对年年进行安抚时，年年会跟随老师的邀请进行游戏，而多多却不理会老师，直到有另一个小朋友的邀请，多多才愿意去游戏。每个幼儿的性格、经历、想法不一样，那么同样的方法对不同的幼儿可能就会产生不同的效果。

老师对幼儿进行入园焦虑的策略实施前需要了解不同幼儿的性格，不要害怕出错，多尝试不同的方法，在摸索中前进，找到最适合的方法。每个幼儿小班刚入园或多或少都会有入

园焦虑的情况，而入园焦虑的表现又有多种，黄志敏的《小班幼儿新入园分离焦虑研究》中将幼儿的焦虑表现分为：大声哭、哭泣、默坐、依恋教师、依恋自带物、不正常进餐、不正常午睡、哭闹、重复句子、独自游戏。

老师需要充分对幼儿的入园焦虑表现以及缓解策略进行了了解后，才能有效地对幼儿的入园焦虑进行缓解。

三、教师缓解小班幼儿入园焦虑的策略

（一）“一部曲”：入园前完成家访工作

学前教育中的家访，教师需要的不仅仅是和家长进行详细的交流，最为重要的是教师需要在家访过程中与幼儿沟通，与幼儿产生互动，便于以后和幼儿建立健康的师幼关系。

1. 了解幼儿情况。入园前的家访目的之一是便于老师了解幼儿的一些基本的信息。在家访过程中，如果幼儿有特殊需要，教师也可以提前做好准备，避免幼儿出现特殊需要时没有办法得到满足。

2. 作好幼儿入园准备。家访中与家长的沟通还可以帮助家长作好幼儿的入园准备，帮助家长了解幼儿入园需要哪些物质准备：学习用品、生活用品、换洗衣物等，然后帮助家长学习如何让幼儿更好地了解幼儿园，家长可以给幼儿讲述幼儿园的生活、播放视频等方式帮助幼儿作好心理准备。

3. 获取幼儿信任。家访中，是教师与幼儿的初步接触，这时，教师要尽量消除幼儿的陌生感，获得幼儿的信任，这样在幼儿入园后也能更好地完成自己的工作，帮助幼儿融入集体生活。

（二）“二部曲”：创设适合幼儿入园的环境

幼儿一天很多时间都是待在幼儿园里的，幼儿园里的环境也潜移默化地影响着幼儿的情绪。幼儿园的环境包括了室内环境、户外大型设施等。

1. 根据幼儿兴趣进行环境创设。教师在家访时应该已经大致了解了班级幼儿的兴趣以及经验，根据前期家访所获得的信息，选择大部分幼儿感兴趣的主题进行创设，比如：各种动物、热门动画片角色、各种交通工具等，这样创设出来的环境会更吸引幼儿的兴趣，从而达到缓解幼儿入园焦虑的目的。

2. 创设温馨、舒适的环境。老师应该将教师中的环境创设得符合幼儿的审美，应该让幼儿感到舒适、童趣，所有的布置应该从幼儿的视角出发，布置出温馨、舒适、童趣、明亮的环境，从成人视角出发布置出来的环境是不适合幼儿的，这会使幼儿难以融入幼儿园、难以适应幼儿园的生活。幼儿生活在一个舒适的环境中能够让幼儿感到放松，从而降低焦虑。

3. 邀请幼儿一起参与环境创设。老师可以把大致的室内板块设计好并把大的框架布置好，里面的内容由老师指导幼儿设计出来的作品或者是幼儿和家长一起制作的作品，这样的布置方式能够在一定程度上缓解幼儿的入园焦虑情况。因为幼儿在教室内会随时看到自己的作品，会产生一种自豪感，心情变得愉悦。

（三）“三部曲”：建立良好的师幼关系

幼儿在进入幼儿园后，身边可以依赖的大人就只有教师，教师对幼儿亲和的态度、温柔的语气、细心的照看等都有助于建立和幼儿的良好师幼关系，有助于与幼儿建立信任感。幼儿踏进幼儿园的开始，也意味着他们会离开朝夕相处的家人进入一个完全陌生的环境，开始适应陌生的集体生活。

1. 对幼儿要有“三心”。刚开始，幼儿难免会出现一些焦虑情绪，教师应该对幼儿多一

些关心、多一些耐心、多一些爱心，让幼儿感受到教师的爱。不能对幼儿不耐烦、不能大声训斥、不能忽视幼儿的要求。教师应该温柔对待幼儿，不要让幼儿害怕进入幼儿园，为与幼儿建立良好的师幼关系打下基础。

2. 以童心和幼儿相处。小班幼儿刚入园会出现害怕陌生环境、陌生同伴、陌生成人的情况，这时作为教师要主动与幼儿进行沟通交流，了解他们的需求、想法，理解他们的世界、走进他们的生活，与幼儿建立起平等沟通的桥梁，而不是一味居高临下地安排。

3. 正面引导幼儿。教师与幼儿相处时，对幼儿微笑、摸摸幼儿的头、对幼儿竖起大拇指等这样的行为会让幼儿更有亲近感，幼儿也更愿意和教师相处。

(四)“四部曲”：教师要加强自身专业性

教师是幼儿入园后与幼儿亲密接触的人，甚至会比幼儿和家长在一起的时间更长，教师要想对幼儿实施更好的教育和保育，教师必须要把握好幼儿的身心发展特点，才能及时地帮助到幼儿。

1. 理论与实际相结合。教师在关注班级幼儿的实际情况的同时，也不能忽略对理论知识的学习。理论知识的储备是为了给解决实际问题而打下的基础，教师要充分了解幼儿的年龄特点、入园焦虑的原因等知识，也要结合班级幼儿的实际情况进行适合的缓解策略。

2. 勇于实践，善于反思。不管一个教师的理论知识有多丰富，如果不能解决实际问题也是没有多大用处的。班级不同的幼儿会出现很多不同的情况，教师要勇于实践，实践后观察、反思实施后的效果，对此进行反思再改进，这样形成一个良性循环，能帮助教师更好地做工作。

3. 形成终身学习的意识。时代在不断变化、每一个幼儿也在不断地变化，教师要与时俱进，学习新的知识、顺应新的情况、解决新的问题。教师要有终身学习的意识才会对幼儿进行有效的引导。

四、结语

幼儿入园焦虑是幼儿开始适应集体生活的第一个难关，而在这一时期教师的重要工作就是帮助幼儿顺利渡过这一难关。

不同的幼儿入园焦虑的表现可能会不同，不同幼儿出现相同表现时适用的缓解策略也可能不同，影响幼儿焦虑情绪的原因可能来自幼儿自身、家长、幼儿园。由于幼儿的年龄太小，不能依靠自己来调节，所以在帮助缓解幼儿的焦虑情绪时，应从家长、教师两方面着手，幼儿园、家庭相互沟通、共同探讨才能最大限度上帮助幼儿缓解焦虑情绪，帮助幼儿健康成长。

参考文献

[1] 孙宏晶．小班幼儿焦虑情绪的表现特点及家园应对策略研究［D］．辽宁师范大学，2021.

[2] 蒋亚秋．幼儿入园焦虑现状及教师的缓解对策研究［D］．河北师范大学，2015.

[3] 黄志敏．小班幼儿新入园分离焦虑研究［D］．广西师范大学，2007.

浅谈课程游戏化背景下幼儿园户外运动游戏

（姜园园　江苏省南京市方圆绿茵幼儿园）

摘　要：幼儿早期教育成为社会各界普遍关心的问题。通过游戏，可以提高幼儿的集体协作意识和团结互助意识，是提高幼儿素质的有效途径。幼儿在参加多种形式、内容丰富的户外运动游戏中，可以充分发挥学习和社交能力。有利于幼儿综合素质的提高，同时也有利于幼儿运动技能、操作技能的提高。文章对课程游戏化背景下幼儿园户外运动游戏进行了初步的研究，以期为广大幼儿园的游戏教学提供有益的参考。

关键词：课程游戏化；户外运动游戏；学习

《3～6 岁儿童学习与发展指南》中提出，幼儿需要从学习生活开始，为今后的独立生活打下基础，其中所提及的“动作发展”“身心状况”需引起幼儿教师注意，而有效的户外运动游戏则是锻炼幼儿身体机能的有益手段，对改善幼儿身心状况有积极意义，同时也对幼儿体态发育、情绪表现和适应能力产生重要影响。幼儿年龄较小，思维比较活跃，对生活中的一切都很有兴趣。对于各种各样的游戏活动，他们都有着极大的热情。因此，在对幼儿进行教育的同时，各类户外运动游戏活动也是必不可少的。

一、课程游戏化的内涵和意义

在一定程度上，“课程游戏化”是幼儿园教育教学活动的重要组成部分。课程游戏化可以根据幼儿的心理活动和性格特点，充分发挥幼儿的潜能。通过营造有趣的游戏环境，不断地灌输知识，让幼儿在玩中学习。将课程游戏化运用于幼儿教学中，可以提高幼儿对时间、空间、环境、社会等因素的认识，使幼儿的思想与视野得到拓展，进而提高幼儿的综合能力。在教师的指导下，幼儿们可以有更多的机会接触自然，接触到更多的信息，获得更多的人生经验与领悟，促进幼儿们的智能发展，提高他们的语言表达能力和学习水平。

二、幼儿园户外运动游戏存在的主要问题

（一）幼儿园客观条件对户外运动游戏的影响

户外运动游戏必然需要各种设施，然而很多幼儿园无法为幼儿们提供足够的户外运动游戏所需的设施。一般来说，游戏设施由专门的组织来制作，但是很多设施材质都是既安全又有实际意义的，不过这种设施所需的花费较高，很多幼儿园负担不起这个费用。而且在目前的幼儿园制度下，游戏资源的供给往往无法得到充分的保障。因此经常会有一种情况，就是教师户外运动游戏设计很好，但是相关游戏资源缺失，很多幼儿园不能为幼儿户外运动游戏能够提供充足的资金支持。

（二）户外运动游戏中的安全问题

在户外运动游戏中，幼儿们的活动范围比较大，因此在户外运动游戏中，幼儿们的身体素质都会受到一定限制。在游戏中，幼儿们经常会遇到一些问题，而这些问题往往被忽视。

教师在开发和执行游戏的过程中，并没有融入安全性问题，在设计的游戏过程中，将安

全性问题需要放在最重要的位置。在户外运动游戏中，如何兼顾游戏性和安全性，是目前户外运动游戏中普遍需要考虑的问题。毕竟在户外活动项目和室外活动项目中，教师们都会把注意力放在游戏的形式上，有些情况下，他们忽略了安全性的作用。

（三）幼儿教师自身的综合素质问题

教师在进行户外运动游戏设计时，可能会受到一定程度的干扰，从而影响到教学活动的开展。事实上，幼儿教师自身的综合素质问题对户外运动游戏的开展也有很大影响。但是，因为幼儿园教师每天都要做大量的工作，所以在实践中，很难有人真的认真去学习户外运动游戏相关知识。

三、课程游戏化背景下开展幼儿户外运动游戏的有效方法

在幼儿早期教育中，户外运动游戏应结合幼儿年龄、心理特点，制订相应的运动活动方案，教师需要对游戏进行详细的设计，保证游戏的安全性、有趣性。要以发展的视角审视学前教育中的游戏与课程之间的联系，给予幼儿充足的发展空间，给予幼儿自主选择游戏的权利。

（一）结合幼儿园实际情况打造户外运动游戏体系

首先，教师要正确理解户外运动游戏对于促进幼儿身体和心理的发育的积极影响。此外，在幼儿园教学活动中要体现出户外运动游戏的精神。幼儿园可以利用“游戏”专题讨论会，注重推广幼儿的户外运动游戏。其次，还可以组织教师们进行游戏活动策划、编写游戏案例、使教师们能够更多地了解到游戏活动的实况。最后，要根据现实条件来构建游戏赛事。对于幼儿来说，可以通过多种形式的运动来充实他们的日常生活，使他们的学习活动更加完善，让他们有更多的自主活动机会和空间。幼儿园可以结合当地的具体条件，找到突破口，制订具体的户外运动游戏计划。

此外，要加强幼儿园的文化建设。在构建幼儿园文化的过程中，要根据幼儿园本身的特色，结合幼儿园本身的条件，打造更具魅力、更具灵魂的幼儿园。因此，营造良好的户外运动游戏环境，促使教师们意识到开展户外运动游戏的重要意义，让教师用一种更加专业的心态去对待户外运动游戏。

（二）加强安全教育保障幼儿户外运动游戏安全

幼儿在户外运动游戏中的安全问题一直是人们普遍关心的问题。在保障幼儿的人身安全的同时，幼儿园应从场地、游戏材料等多个角度来考量游戏设置。各幼儿园所应根据各自的条件来进行游戏项目的设计。在所用的器材上，要提前进行全方位的检验，尽量减少风险。此外，为了更好地保护幼儿的安全，必须培养幼儿的安全意识。因此，在进行户外运动游戏的同时，必须对幼儿进行正确的安全知识指导。协助幼儿了解各种风险，并让幼儿学会判断周边的危险状况。要幼儿时刻保持警觉，严格控制自己的言行。比如，由于幼儿们年纪较小，对户外运动游戏方面的知识掌握程度较低。这种情形下，教师在指导幼儿参加游戏的过程中，要注意做好相应的辅助性工作。首先向幼儿讲解游戏的相关知识，循序渐进地讲解游戏的种类以及参加过程。然后，在整个游戏阶段，对幼儿进行全面的教学指导。比如，游戏之前，幼儿和教师可以使用科学的方法来布置物品，也可以在游戏中自由地调节游戏的位置，和幼儿分享游戏布置的技巧。

（三）组织多样的活动形式

新课改后，幼儿早期的教学也应纳入整个教学体系，特别是家长也十分重视幼儿的学前教育，因此，幼儿教育已经从单纯的学习教学开始向游戏教学转变，家长和教师都希望幼儿

可以得到全面发展，因此幼儿园要大力推动游戏教学，将“玩”与“课”相结合，让“玩”融入幼儿园教学，让游戏变成一个不可或缺的环节。

在早期的教学中，户外运动游戏更像是一种运动，户外运动游戏并不是单纯地让幼儿学会游戏，而是一种智力开发和身体素养提升相结合的体育运动。在具体的课堂教学中，教师可以根据幼儿的年龄水平和特点进行分组。在户外运动游戏设计时要充分考虑到幼儿的思维能力，并为他们提供更多有趣的体育活动。比如在进行体育活动的时候，幼儿对运动天赋比较高，他们会喜欢这种简单又好玩的运动游戏，当他们看到运动器材的时候，会情不自禁地自主选择运动。中班和大班的幼儿的认知能力比较好，教师可以指导他们进行智力运动锻炼，既可以锻炼他们的体质，也可以让他们的身心得到充分的发展。

（四）提高幼儿教师的综合水平

要加强学前教育师资队伍建设，提高幼儿教师的综合水平。要想使幼儿园更好地开展户外运动游戏，就必须做好对幼儿教师的教育。因此，对于幼儿园来说，要加强对幼儿教师的全方位培养，提高他们的整体素质。在对教师进行培训的过程中，要加强对教师的各项教学技能培训，同时要加强与体育有关的运动活动培训。在加强体育教育基础和提高运动游戏教学能力的基础上，让教师对体育运动知识有更多了解。通过对教师进行科学的运动训练，有助于幼儿教师充分了解户外运动游戏对幼儿全面健康成长和身体健康发展的意义。

同时，教师参加运动训练，可以带领幼儿们更多地接触到户外运动，提升幼儿们的安全意识，帮助幼儿们掌握游戏方面的知识，更好地指导幼儿们参与户外运动。此外，教师和幼儿还可以参加一些具体的教学项目，比如在操场上进行一些互动游戏，使他们能够更加深入地了解运动。组织教师参加各类户外运动游戏的相关训练，可以帮助教师们设计出丰富多彩的趣味活动。同时，教师会学会一些基础的跑、跳、投、钻、爬等技巧，结合各种不同的运动项目，创造出各种新的户外运动游戏，让户外运动游戏设计充满娱乐性、运动性、教育性。通过这种方式，教师自己也可以获得一些游戏的体验，更好地指导幼儿参加各种各样的户外运动游戏。

四、结语

综上所述，课程游戏化背景下，要使幼儿在户外运动游戏过程中提高自己的游戏技能，需要教师以认真负责的心态对幼儿进行指导。教师要提升幼儿对户外运动游戏的兴趣，使幼儿的身心得到锻炼，提高幼儿的思考水平，使幼儿得到最大限度的发展。

参考文献

［1］王巧玲．开展幼儿园生态式户外自主性体育活动的支持策略［J］．名师在线，2022（19）：76—78.

［2］王彩英．浅谈课程游戏化背景下幼儿园户外运动游戏［J］．读写算，2022（18）：46—48.

［3］王妍谊．高质量户外运动游戏，助力幼儿快乐成长［J］．第二课堂（D），2021（12）：81—82.

班本课程与户外游戏的结合——标志在农趣园中的开展

（孙婷　江苏省南京市方圆绿茵幼儿园）

摘　要：户外游戏是现在最“时髦”的话题，幼儿园都在尝试着开展户外游戏的活动，然而生活中的户外游戏到底是什么样的呢？是让幼儿无限制地在自己的已有基础上游戏——学？还是以老师为主开展相应的活动——教，学与教该如何相辅相成？又该在实际的游戏中如何开展呢？自己在一次大班班本主题活动“有趣的标志”中，以幼儿为主的在农趣园探索，得到了许多意想不到的收获呢！

关键词：标志；户外；教学做；幼儿

一、活动开展的背景

在我们一日生活的环节中处处都是教育，在我们一次次的实践中发现教学做合一的学习方式更能让幼儿接受，也更能让幼儿轻松地掌握学习的本领，也能够让教师更好地引导幼儿，远高于以前以教师为主导的集体活动或者仅是单单的学与教，而忽略了最重要的实践。例如：我们以前开展关于树木的绘画活动，最开始的时候教师会以范画教学的模式进行，发现：哇，孩子们画的都是树，并且都是和老师一样的树，失去了幼儿自己的想法；再后来老师开始通过一些图片进行教学，最后发现很多幼儿画的都是他们所认为的“树”，树的结构都没有完整地表达出；到现在我们一起带着幼儿来到大树的身边，请幼儿现场观察并且绘画，最后发现每一位幼儿画的树都不一样，树的细节描绘比老师讲述的还要细致。返璞归真，户外游戏是现在每一个幼儿园都会研究的游戏之一，离开了教师的“教”，幼儿如何在户外的游戏中获得相应的本领与经验呢？如果一味地让幼儿运用自我的已有经验玩，游戏的能力进步得太慢，而且幼儿还不太会玩；但是一旦有了教师的引领就存在着教的痕迹，失去了幼儿本身的探索意义；那如何让幼儿教学做合一呢？这一直是让我困惑的地方以及想要探索的方向。于是我在学习了一些大家比较好的做法以及理论的学习后，开展了一次教学做合一理念下的大班班本活动背景中的户外游戏。

大班主题“标志的世界”——在这个主题里幼儿会认识许多的标志，也会了解标志不同的颜色代表了不同的意义，且在最后幼儿能够根据自己的需求而设计出自己需要的标志。在这一周里我们进入了这个新的主题里，在第一周中幼儿通过自己的调查与了解知道了许多的标志，对于标志有了初步的认知后，教师在班级中与幼儿第一次讨论，“你们觉得我们的户外游戏中哪一个游戏需要我们设计标志？或者是你们想给哪一个游戏设计标志？”孩子们开始七嘴八舌地说着自己的选择，最后根据幼儿投票选择后我们将实践区域定在了农趣园。

幼儿在“标志的世界”进行的第二周时，我们进行了本学期的第一次户外游戏，此时幼儿对于标志的分类以及认知有了更深层次的了解，在游戏的时候充分地调动了幼儿对于农趣园已有的规则意识，在游戏结束时请幼儿进行总结，交换了大家在游戏中的感想与问题。在幼儿熟悉了游戏规则后，教师在幼儿第二次的户外游戏中，就把“设计标志”这个活动加入了孩子们的游戏中，教师也想观察幼儿在这样的主题活动背景下游戏时的情况，以及幼儿在对于标记的使用和设计时会存在哪些困难与问题。

二、游戏的实录与分析评价

师："标志在我们的身边有很多的作用，今天农趣园的爷爷也想请你们帮个忙，帮他看一看在农趣园哪里需要用到标志。帮他找一找并且也请你们帮他设计一下吧！"

实录一：孩子们在开始游戏后，小小虎从筐子里拿了一个画夹子，坐在了木头桩上，走下来以后他把画夹子放在了自己的下巴处，重复着把画夹一下一下撞击在下巴处，教师走过去问："你在干什么啊？为什么坐在这里？"小小虎回答我说："我在思考设计一个什么样的标志？"师："那你在农趣园里走一走、看一看，哪里需要标志，比坐在这里有灵感哦。"听完后，他就拿着板子在农趣园里走了一圈后，看到木头桩子上坐了3个孩子，他就又坐了下来，腿伸直，看着旁边正在画画的孩子，看了一会儿后他在自己的纸上画出了小人儿的图标和架子。在教师询问后，他回答："我看那边有一个花架子，画一个禁止攀爬的标志，提醒小朋友们不要攀爬。"

实录二：甜甜站在兔子笼的旁边时看见小小正在用手大力地拍打兔子笼，甜甜就在旁边大声地喊道："小小不要拍，你这样兔子会害怕的。"说完之后小小就停止了拍打。甜甜在小小走了以后找了一个地方坐下来在纸上开始绘画，先在纸上画了一只兔子，给兔子涂上了蓝色，又在兔子的外面画个框框。然后，她在兔子的旁边画了一个小朋友，这个小朋友一只手举着，另外一只手放在身边，最后在小朋友和兔子的外面画了一个大圈，教师走过去询问："你画的这个是什么意思呀？"她说："我画的是禁止拍打兔子笼。""从哪里看出是禁止的意思呢？""你看，我画了一个圈，把他们都圈住了。""禁止是什么颜色的标志呢？"甜甜愣了一秒钟之后说："嗯，我需要一支红色的笔。"于是她立马跑走了，去寻找红色的笔。

"第一次孩子们的绘画设计"

图1　幼儿绘画设计（一）

在游戏结束后幼儿的讨论与教师的反思：

从教师观察幼儿这次的游戏情况来看，他们还是有一定自己的思考与设想的，但是可能一开始他们有点茫然，不知道该如何在实际的场地中去设计一个标志，从书本认识的标志到自己进行设计还是有区别的，教学做合一的"做"才是关键，在现实的环境中请幼儿运用已有的经验进行实际的操作才能让幼儿在其中获得不可言喻的经验。幼儿在实际操作后，教师也和幼儿进行了活动的讨论与反思，幼儿们总结出以下经验：

1. 自己设计的标志应该在一定的边框里，例如：设计禁止的标志可以先画出红色圆形的边框，然后在里面绘画自己设计的图标，这样才能让别人一眼看出自己设计标志的意思。

2. 要根据设计的标志的意思来决定自己采用什么颜色来绘画边框，不使用黑色的笔勾线。例如：警告的标志就采用黄色的笔绘画边框、提示的标志就采用蓝色或者绿色的笔绘画边框。

教师反思：

1. 可以多提供一些彩色的笔（红、黄、蓝标志的颜色等），供幼儿进行绘画使用，在材料上满足孩子们的需求。

2. 在集体活动中继续提升幼儿对于标志颜色分类的认知，以及一些图标的绘画。

过了一周开始了第二次的游戏，在有了第一次游戏的经验后，孩子们依然对标志产生了很大的兴趣，还没有开始游戏的时候就在讨论，今天想要设计一个什么样的标志。

实录一：玄烨在进入游戏后，拿着画夹就来到了种萝卜的框子前，他拿出笔边画边说："我要给萝卜设计出一个标志，告诉小朋友们这是种萝卜的框子。"说完，他就开始绘画，这时，对面的小朋友突然喊了起来："老师，轩轩把这个萝卜给踩坏了。"走过去一看，轩轩拿着被踩烂的萝卜叶子，低下了头。辰辰站在旁边说着："那要给萝卜设计出一个标志哦！告诉小朋友们要小心，这里有萝卜。"说完后，小朋友们都在点头呼应说："是的。"

实录二：希希正在观察植物有多高的时候，突然发现旁边的可可正在用手把刚长出的蔬菜花摘下来，希希在旁边喊道："可可，你把花摘下来后，这个蔬菜就不长了。"希希说："啊，我只是想要花做一个花茶的，下次我就不摘了。"于是希希在观察完植物之后拿到了板夹，给蔬菜小花设计了一个标志，画的是中间一朵小花，旁边是红色的圆圈，小花的身上有一条斜杠。教师询问："你画的是什么标志啊？"他说："我画的是请勿摘小花的标志，现在正是蔬菜生长的时候，摘掉了花朵蔬菜就不长了。"

"第二次的设计"

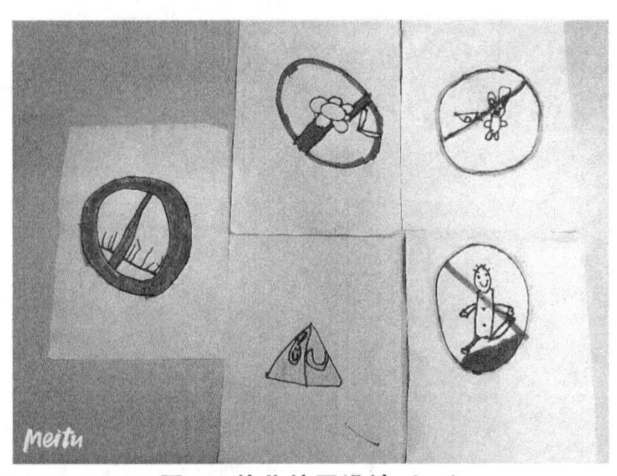

图 2　幼儿绘画设计（二）

教师从第二次的观察中发现，幼儿开始对设计标志有了一定的意识，并且能够有意识地去设计标志。与第一次相比，幼儿有了更多的自主意识，标志外形的特征也比第一次明显，能够根据幼儿绘画的图大概猜到标志的意思。

幼儿进行讨论与总结：现实的标志边框是不使用黑色的笔勾线、直接用相应颜色的笔绘画，不描线。有的幼儿还发现了禁止标志的斜杠的方向以及粗细，在图案的设计中简单能表达意思的图就可以，不用过于复杂的或涂漂亮的颜色。

教师反思：教师观察发现幼儿设计的标志多为禁止的，教师可以从侧面引导幼儿观察设计出不同的标志。在班级中多欣赏、练习一些标志简笔画的画法，并且丰富一些关于蔬菜生长的知识。

很快，幼儿在进行第 3 次游戏的时候，自主的意识变得更为强烈，都在想着为农趣园设计更多的标志。有了前两次的经验，明显幼儿在绘画时的自信心很足，都有许多不同的想法。

实录：为为在走路的过程中手一抬，放下来的时候感觉到手部被划了一下子，回头看到了农趣园的芭蕉叶被剪了，剩下来的叶心的边缘很扎手，于是，她就在纸上绘画了一只小手和叶子，小手的下面有一两滴血，教师询问："你设计了一个什么标志啊?"为为说："我设计了一个小心刺伤手的标志，我看芭蕉叶被剪掉了。"同时，不同的小朋友也设计出禁止踩踏小草、禁止对兔子大叫、小心青菜、注意积水、安全出口等标记。

"禁止对兔子大喊大叫"　"小心青菜"　"禁止踩踏小草"　"小心伤手"

图 3　幼儿绘画设计（三）

本次游戏结束后幼儿的成功感得到了提升，在看到自己设计的标志挂在农趣园里时，能感受到幼儿心里的自豪与高兴。在设计标志的过程中孩子们会主动地观察、主动地思考如何更好地设计标志，对于标志的作用也理解得更为透彻，并且在以后的设计标志活动中，孩子们的思维十分活跃，都能够根据现场的环境需求设计标志。（例如：为班级的活动区域设计标志，幼儿设计出各种教师都意想不到的标记，美工区——小心剪刀伤手、禁止在桌面乱涂乱画；科学区——设计科学区的标志、小心地滑；数学区——游戏中设计安全出口等）

教师应总结在这样的主题背景下幼儿从第一次不知道如何下笔或只画了简单的图标，到最后自己能够根据场景来设计出不同需求的标志，这个过程当中幼儿的体验感是非常愉悦的，并且在设计的过程中不仅让幼儿对于标志的意义、作用有了很好的理解，也锻炼了幼儿的图标绘画能力。同时感受到幼儿在一步一步进步的过程，比之前在班级中看图片学习、回家寻找标志绘画的活动，幼儿的兴趣以及获得的成就感都要高。这样的班本与户外游戏的结合不仅丰富了农趣园的活动，也能够让幼儿知道在主题中如何去设计运用一个标志，教师讲述的千百遍都不如幼儿自己在游戏活动中动手绘画的一遍。教学做合一的"做"是教学的灵魂与要点。

其实，这仅仅是其中的冰山一角，从一个小小活动中的探究，寻找到正确的路途，从而在一日活动中都应该考虑给予幼儿充分的时间、空间，鼓励他们操作、探究，并在发现他们的学习需要时给予支持。把理论上的知识变更为实践的操作，会发现其实幼儿在自己尝试过后的经验会伴随着他们的一生。

参考文献

[1] 中华人民共和国教育部. 3～6 岁儿童学习与发展指南 [S]. 北京：首都师范大学出版社，2012.

[2] 刘华. 幼儿园标志运用的实践与实例 [J]. 早期教育（教师版），2012（3）：47.

[3] 徐英. 小标志，大作用——谈幼儿园游戏活动中标志的作用 [J]. 快乐阅读，2013（30）.

[4] 中华人民共和国教育部. 幼儿园教育指导纲要（试行）[S]. 北京：北京师范大学出版社，2001.

在扎染活动中培养幼儿审美能力

（蒙丽娟　广西壮族自治区河池市宜州区第二幼儿园）

摘　要：幼儿的审美能力是让幼儿在感受美、享受美、创造美中逐步培养的。秉承着传承非物质文化遗产、发扬民族传统艺术的信念，以某市公立幼儿园扎染工作坊为例，通过分析现状，挖掘资源，让幼儿通过亲身操作，开展扎染活动，在真实的教育资源中实现幼儿审美能力的培养。

关键词：扎染；幼儿审美能力

艺术鉴赏力，亦称审美能力，是指人感受、鉴赏、评价和创造美的能力。学前教育阶段是幼儿艺术成长的重要时期，是审美能力奠基和成型的阶段。扎染艺术作为中华民族非物质文化遗产的瑰宝，具有独特的审美意义，通过扎染艺术能提高幼儿的审美能力。

一、幼儿审美能力培养现状分析

（一）园所情况分析

扎染是我国非物质文化的宝藏之一。习近平总书记指出，要加强非物质文化遗产保护和传承，积极培养传承人，让非物质文化遗产绽放出更加迷人的光彩。某市公立幼儿园（以下简称Y园）响应“坚定文化自信、实现中华民族伟大复兴的战略”的号召，将扎染工艺引进园内，打造了扎染工作坊。

在Y园所倡导的自然教育理念下，种植有板蓝、枫叶、黄花等植物染料，果蔬草木也是种类繁多。这一自然优势是开展美育的前提，为孩子们在扎染活动中提供了丰富的物质保障和探索素材。

（二）园所幼儿审美能力培养现状分析

1. 以主题课程为主体的艺术活动

在Y园开展的主题课程下，艺术活动主要由教师预设或师幼讨论生成。教师预设的活动侧重在该主题下幼儿需要获得的知识或经验，师幼讨论生成的活动则侧重在该主题中幼儿的兴趣指向的某一方面的知识或经验。无论是哪一种活动，幼儿无法深入浅出地了解并获得美的感受，幼儿的审美能力培养存在一定的宽泛性、单一性和浅显性。

2. 以教材进度为主体的艺术活动

除上述形式外，部分班级的艺术教育活动还会根据教材所提供的进度来开展。如出于为教师减负并完善课程下的手工活动，配备了材料包，在一定程度上，让每位幼儿与不同类型、材料的手工活动都有所接触。但统筹划一的活动缺乏对幼儿个体差异的考虑，在幼儿审美培养上并不全面，这类活动下，幼儿作品也出现较多的相同或与范例一模一样的情况，说明幼儿在作品创造时处于模仿和仿造阶段，也反映出在活动中，幼儿的想象力和创造力受到了限制，不利于幼儿审美能力的培养和提升。

3. 以室内教学为主的艺术活动

在开展审美教育活动时，教师将幼儿的审美经验获得范围限制在了教室里、教材中，随着信息技术的开展，教师们也开始利用多媒体、网络来丰富教学活动的内容，但仍是侧重于技巧的宣讲，这样不利于幼儿发现美、创造美。

二、扎染在幼儿审美能力培养中的意义

《幼儿园教育指导纲要》指出："引导幼儿接触周围环境和生活中美好的人、事、物，丰富他们的感性经验和审美情趣，激发他们表现美、创造美的情趣。"近年来，各种非遗教育在幼儿园盛行，扎染作为少数民族工艺更是在多元化教育上具有不可替代的作用。H 园地处少数民族聚居地，使用天然植物蓝靛、枫叶、黄花等染制服饰、食品已有很长的历史，与少数民族生活息息相关。尤其是在服饰上，扎染工艺是集手工、设计、装饰于一体的综合艺术活动。

在开展扎染活动前，幼儿对扎染的初步认识是从视觉上开始的，扎染作品上呈现的蓝白色彩变化，直观地让幼儿感受到了"美"。幼儿能在欣赏扎染作品中，感受扎染的魅力，加深幼儿对民族工艺的喜爱，促进幼儿对美的欣赏和感受的发展。基于 3～6 岁幼儿的年龄特点，在幼儿审美能力的培养中，利用扎染艺术的可塑性强、艺术独特、想象空间大的特点，将扎染融入幼儿活动，能让幼儿在使用各种扎染工具和材料、设计与制作过程中，逐步培养和发展幼儿专注力、观察审美能力、动手操作能力、空间思维能力和想象创造能力，特别是当幼儿通过自己的设计创造出扎染作品后，美丽又独一无二的作品进一步激发幼儿对扎染的喜爱，可见，扎染对于幼儿有着重要的意义，是一种审美教育活动。

三、在扎染活动中培养幼儿审美能力的实施策略

（一）渗透扎染文化，激活幼儿对"美"的感受

传统的扎染在智慧的先人手中绽放着光芒，在博物馆、文化馆、民俗馆甚至是本地的旅游景区都留下了精美的扎染作品，对本土资源的挖掘，是为了让幼儿在生活中将自己的情感、个性、想法表现出来。引导幼儿和家长去了解、探究本地资源，在亲子调查中发现，除了传统的古法扎染外，扎染也随着社会的发展不断变化，市面上用不同材质制造出的扎染服装、围巾、门帘等布艺在图案、花纹、设计以及染色工艺技方面术有了很大的提高。因此，在挖掘本地现有资源后，利用扎染作品、扎染工艺人、扎染材料等，打造教育环境。除了扎染工作坊的环境外，校园的环境同样具有教育价值，如在班级走廊上方悬挂着幼儿扎染的长布条，在校医室、门卫室铺有扎染的桌布，在楼道有幼儿的作品展，户外的小舞台有扎染服装、头饰供观赏与表演使用等，让幼儿园的每个角落都渗透扎染文化，让幼儿在扎染艺术的熏陶中，潜移默化地拓展创造思维，从而逐步提高幼儿创造美的意识。

（二）多途径强化审美能力，提升幼儿审美情感与想象

1. 教师方面

采用教师为先导的扎染创作，有利于幼儿审美的感受与强化。首先，教师可以与幼儿共同欣赏扎染实物作品，让幼儿直观地触摸，近距离地观察，利用感官来感受"美"。其次，可以以游戏的形式，如小班的孩子可以在大块圆形扎染布下，开展"网小雨"的游戏，中班的孩子可以用扎染簸箕开展抛球游戏，大班的孩子用自制的扎染绣球玩游戏。在轻松、愉悦的氛围中，幼儿接受更丰富的感官刺激，同时也加深幼儿对扎染的认识，不仅是欣赏，还可以运用在生活中，获得艺术与生活结合的体验乐趣，更利于激发创作欲望。

应充分考虑到幼儿的年龄因素，对幼儿而言，如果教师未能激活幼儿的兴趣，幼儿很难沉浸在扎染活动中。例如小班幼儿，手指小肌肉力量不足，如果教师强硬要求幼儿必须使用橡皮筋完成扎染，会打击幼儿的成就感，出现"老师我不会""老师你帮我"的情况，甚至

产生抗拒操作的心理。因此，教师可以降低难度，用小木夹、发夹、毛根条等材料，使用滴染的方式，鼓励幼儿完成扎染，让幼儿乐在其中。待幼儿动手能力有所提高后，教师再升级难度，鼓励幼儿用捆、扎、扭、缝等方式创作自己的扎染作品。当幼儿在作品创造中表达出了更多想法，教师还可以进一步提供材料和工具，鼓励幼儿使用自己的扎染作品，进行二次创造。以这样循序渐进的方式，既发挥了幼儿的创造力，还在无形中提升其动手操作能力和审美素养。

2. 材料方面

大自然中有着丰富的材料，《3～6岁儿童学习与发展指南》中指出："幼儿艺术领域学习的关键在于充分创造条件和机会，在大自然和社会文化生活中萌发幼儿对美的感受与体验，丰富其想象力和创造力。"由此可见，大自然所赋予的教育价值在幼儿审美能力培养上是十分可贵的。因此，走进大自然，利用自然材料和环境激活幼儿的审美认知，提升幼儿审美能力是尤为重要的。

幼儿富有好奇心，教师可以引导幼儿观察、寻找，尝试利用生活中、幼儿园里、自然环境中能找到的材料与扎染有机地结合，如使用不同的玩具来进行捆扎，会染出各种不同的花纹，又比如在"与火龙果的相遇"中，幼儿发现火龙果会赋予布料美丽的紫红色。在"有用的香蕉皮"中，煮过的香蕉皮染出的是黄棕色。把白布放在生锈的奶粉罐里，白布上会留下渐变的铁锈色。意想不到的组合，会给孩子们不同的体验，让幼儿在创作中获得快乐与成就感，在快乐中进行审美。

3. 作品展示方面

幼儿渴望得到肯定与赞赏，以满足内心的需求。因此，教师应当为幼儿提供更多展示作品的机会。如在幼儿园环境、班级内设置扎染作品展示区域，在幼儿园大环境中充分将幼儿作品融入幼儿园的各个角落，提供幼儿展示与表达自我的机会。

4. 家园共育方面

引导家长参与到扎染活动中来，同样能挖掘幼儿的审美潜能。在家长的参与和指导下，亲子之间温馨的互动更利于幼儿活跃思维，为孩子的创作提供丰富的设计灵感。如在父亲节时，幼儿与家长共同扎染亲子服装，并在服装上进行刺绣、缝制小物件等。在母亲节时，幼儿与家长利用完成的扎染布料，进行二次创作制作扎染花束。不仅使家园活动顺利展开，更增进亲子之情，使幼儿在创作时有了更多的可能性。

四、结语

把扎染艺术与审美教育结合，有助于提高幼儿的审美能力，帮助幼儿利用审美能力去体验生活、发现世界的魅力。同时也为幼儿爱民族、爱祖国、爱家乡的情感奠定基础，增强幼儿对民族的认同感和对民族文化的自豪感，从小践行社会主义核心价值观。

参考文献

[1] 顾明远．教育大辞典［M]．上海：上海教育出版社，1998.

[2] 中华人民共和国教育部．幼儿园教育指导纲要（试行）[S]．北京：北京师范大学出版社，2001.

[3] 中华人民共和国教育部．3～6岁儿童学习与发展指南［S]．北京：首都师范大学出版社，2012.

《幼儿园保育教育质量评估指南》下的关于小班年龄段户外野战区的探究与实践

（李柳莹　广西壮族自治区河池市宜州区第二幼儿园）

摘　要：《幼儿园保育教育质量评估指南》要求幼儿教师能够通过带领幼儿进行集体活动，游戏活动的过程中达到保教目标，在活动的过程中，教师要根据活动的需要，提供有质量的教具，为幼儿提供必要的操作材料的同时，让幼儿能够在活动中有所收获。本文将根据《幼儿园保育教育质量评估指南》的中心思想讨论小班年龄段幼儿户外野战区的游戏实践，让幼儿能够在与大自然接触的过程中得到身体的锻炼。

关键词：小班年龄段；户外野战区；探究；实践

为了促进我国幼儿教育的快速发展，2022 年 2 月 15 日教育部颁发了《幼儿园保育教育质量评估指南》，进一步提出了当前幼儿保教质量，应当有一定的考核指标和考察点，要让幼儿每天不少于两个小时的户外活动和体育活动，进一步推动和构建幼儿的保教质量评估体系，在这一基础上幼儿园必须坚持对每一个幼儿进行合适的教育，在进行户外教学的过程中，让幼儿都能够受益，因此开展户外野战区活动的探究与实践有非常重要的现实意义。

一、幼儿小班年龄段户外野战区活动的价值

（一）可以实现幼儿多维能力的快速发展

3～6 岁幼儿正处于前运算阶段，在这一阶段各种感知运动系统开始逐渐形成，并且成为表象，户外运动可以敦促幼儿自发活动，在幼儿自主游戏的过程中会展现出幼儿活泼的、放松的积极状态。幼儿在户外可以自由地奔跑、嬉戏和玩耍。在这一过程中，幼儿的平衡能力、灵活性和力量都能够得到有效的提升。因此，在幼儿户外游戏的过程中，不仅仅是单纯的游戏，更是促进身体运动能力提升的过程，而且幼儿在户外游戏的过程中，也能够提高他们的社会交往能力，拓展和丰富幼儿的视野和经验，帮助幼儿提高社交能力。

（二）保证了幼儿的游戏权利

《3～6 岁儿童学习与发展指南》中明确规定了在幼儿教育的过程中应当遵循幼儿的发展规律，让幼儿拥有与其年龄段相符合的生活和游戏。在充分地尊重幼儿好奇心和学习特质的前提下，为他们设置丰富多彩的教学环境，在安排常规活动的过程中，最大限度地满足幼儿亲身体验获取经验的需要，但是不能对幼儿进行超前教育。因此，幼儿教育在进行游戏设计的过程中，必须符合幼儿的年龄，让幼儿拥有最基本的权利，这也是社会发展的标志，同时幼儿能够在老师创设的环境中快乐地成长。

（三）优化幼儿园课程实施体系

传统的小班幼儿教育一般只是开设普通的常规教育和区域游戏。大多数教师会顾及小班幼儿的年龄较小，对外界事物的反应能力较慢等问题，很少对幼儿开展户外游戏。对小班年龄段开展户外游戏，其实可以帮助小班幼儿自由探索和发现周围的事物，帮助他们主动构建

自己的经验，让小班幼儿真正地从认识和情感上得到和谐和统一。尤其是在户外野战区让幼儿进行游戏，可以提升幼儿的行动和思维能力，并且让幼儿在与同伴交流互动的过程中，提升他们的经验值。在小班幼儿户外野战区游戏的过程中幼儿会遇到室内游戏之外的情境，能够让幼儿想出更多的应对办法，这也是对幼儿个体成长的特殊价值，推动幼儿的全面发展。

二、幼儿园开展小班年龄段户外野战区活动的问题

（一）活动类型发展不足

从目前幼儿园小班年龄段户外野战区开展的活动来看，许多老师对这一年龄段的幼儿开设了小型跷跷板、小型滑梯、拱形物、滚动球、弹球等小型设备，另外有一部分教师还会选择徒手玩。这说明在小班年龄段开展户外野战区活动的过程中，教师出于对幼儿年龄的考虑，并没有开放中等规模的设备，也导致许多设备虽然适合小班幼儿，但是并没有充分开发和利用。

（二）户外活动时间不足

《幼儿园保育教育质量评估指南》提出幼儿每天户外运动必须保持两个小时以上。有研究表明，充分的户外锻炼可以提升幼儿的身体综合素质。但是通过对幼儿园户外活动的现状来看，许多幼儿园在户外活动的时间并没有达到相应的要求，频次和时长也无法达到要求，这就导致小班年龄段幼儿户外活动的时间过短无法达到应有的运动量，对于幼儿的健康成长非常不利。

（三）幼儿园野战区场地布置不合理，部分功能不全

目前许多幼儿园的户外野战区，在场地设置的过程中很适合中班和大班的幼儿，但是从年龄段来说不太适合小班幼儿。例如，攀爬墙、游泳池和跑道的设置。这就导致小班年龄段幼儿在户外野战区游戏的过程中，许多游戏设备无法有效利用，因为沙池、水池等设施并没有达到规范的要求，导致功能不全而无法利用。

（四）野战区项目的内容和形式太单一

从小班年龄段户外野战区的游戏发展来看，形式的内容太过于单一，没有特点。户外野战区的游戏场地相对于室内来说空间较大，幼儿有了更多的游戏自由度，但是由于受到多种因素的影响大部分的小班幼儿运动只是以自己运动为主。许多幼儿园的野战区场地比较传统，在设计和建设的过程中，体育设备不健全，导致他们的空间和场地活动并不完整，无法完成游戏目标。

三、野战区活动教材内容应符合幼儿活动的基本需要

（一）硬性指标是安全

小班年龄段的幼儿在生理和心理上还没有发育成熟，他们在游戏的过程中虽然能表现出很高的热情，也喜欢参加游戏，但是他们并没有对游戏设备和材料作出安全判断的能力。在野战区自主游戏的过程中，教师必须能够及时地做出应对措施。幼儿园在将野战区的游戏材料投放入野战区之前，应当对材料进行全面的检查，这是从幼儿玩游戏的安全角度所考虑的。

目前许多幼儿园的野战区材料是用钉子来固定的，但是钉子是一种具有尖利的形状的物品，对于小班年龄段幼儿来说具有很大的威胁性，在开放的时候应当用柔软的东西包裹起

来，免得碰伤。

（二）确保发放活动物资的数量

小班年龄段的幼儿有很高的游戏热情，大部分幼儿在参与游戏的过程中，可能不喜欢等待，由于活动资源投入较少导致幼儿会在户外等上一段时间，对于幼儿的游戏热情来说，会是一种阻碍。从目前来看，许多幼儿园在物资投放时场地不大，物资不多，没有足够的设备无法实现户外游戏，因此幼儿园在投放户外材料时，要根据幼儿的整体数量和需求进行科学的分配，幼儿园在准备体育设备的过程中应当为幼儿开辟一个良好的空间，这样才能保证幼儿在户外野战区游戏时拥有良好的空间环境。

（三）“新”促进了游戏的发展

孩子对于新鲜的事物都有很强的好奇心。尤其是小班年龄段幼儿，他们在野战区进行户外游戏的过程中每一个人都眉开眼笑，但是经过多次游戏之后，幼儿如果多次玩同一种游戏，那么他们就无法提起对游戏的兴趣，因此教师在进行户外野战区游戏设置的过程中，应当适当地改变游戏的情节。例如，在游戏中加入很多的帐篷和野餐台，累了让幼儿休息恢复体力，一些体力较好的孩子也可以把自己设想成军医，让受伤的人过来给他们包扎。

四、勇于突破各种限制，提倡自主游戏

（一）允许自由挑选游戏材料和合作伙伴

小班年龄段户外野战区游戏设置应当采取自愿参与的形式，为幼儿设置游戏，在游戏设置的过程中要本着以游戏引导学习的思维进行。户外野战区的活动设计一定要让幼儿主动参与，在设置游戏的过程中，让幼儿自主地选择一种角色，避免让幼儿对野战区活动产生抗拒心理。

另外，在户外野战区活动的过程中，要让幼儿参与到相关的活动中去，让幼儿能够拥有自己的活动位置，充分利用他们的主动性。幼儿在参加活动的过程中，要对幼儿给予认可，并且和他们进行积极的交流。

（二）实行混龄活动的积极选择与精益经营

幼儿园野战区活动时大部分是混龄幼儿的游戏期间，在这一期间要对小班年龄段的幼儿加以关注，由于孩子年龄段差距较大，不能把他们混为一谈，所以要将小班年龄段的幼儿设立视觉标识，让他们在自己相应的年龄范围内进行游戏活动。

五、结论

《幼儿园保育教育质量评估指南》要求，幼儿园能够为幼儿创造相应的户外游戏活动，并且让幼儿拥有足够的户外游戏机会，因此教师应当不断地探索和实践，让户外活动更加全面和健康。

参考文献

［1］林晖燕．区域活动中幼儿自我指导式学习的支持策略［J］．陕西学前师范学院学报，2020，36（5）：51—56.

［2］黄巧玲．近十年我国幼儿园区域活动材料投放研究的回顾与反思［J］．辽宁教育，2020（8）：62—66.

［3］曾长英．乡土材料在幼儿园户外游戏活动中的价值及应用［J］．教育导刊（下半月），2017（4）：20—23.

儿童海报支持下幼儿的学习与探究——以中班课程故事“坡为有趣”为例

（邓晓雪　广西壮族自治区河池市宜州区第二幼儿园）

摘　要：儿童海报一般以幼儿在日常生活的问题为兴趣点，以幼儿在主题活动中获得的经验为暗线，重点呈现幼儿的不断探索与实践的过程所收获的经验，幼儿记录自己的亲身经历，也是记录幼儿在课程活动中的学习与发展。以儿童自身为叙事视角，用儿童自己的图像、绘画、符号等表征手段记录并呈现他们对主题活动的认识。儿童海报是儿童个人、小组或集体在主题活动中的学习轨迹，体现着儿童的认知特点、同伴关系、学习品质、表征风格、情感曲线，是儿童珍惜和呵护的学习成果。

关键词：儿童海报；课程故事；探索实践

一、我与山坡的故事

幼儿园绿色小山坡建成之后，幼儿对“滑坡”游戏很热爱，有一天，覃厚棠在散步的时候，带着几个好伙伴一起跑到坡上面玩耍，于是别的小朋友就过来和老师说：“老师，老师，你看他们几个小朋友去坡那边玩了。”覃厚棠的举动让我看到了，孩子们对于滑草游戏还是有所期待的。于是，我和小朋友说：“今天我们就玩滑坡游戏吧！”回到班里面以后，我就组织小朋友画出你们想在滑坡上玩什么游戏，小朋友说：“从山坡上滚下来……我想搭一个台阶爬到山上……可以在山坡上架一个木板滑下来……在山坡上野战……”孩子们想出了各种各样的玩法，孩子们不一样的山坡游戏开始了。我们开始了滑坡游戏的探秘之旅。

《3～6 岁儿童学习与发展指南》中指出幼儿的学习是以直接经验为基础，是在游戏和日常生活中进行的，我们老师要善于发现和保护孩子的好奇心，充分利用自然和实际生活机会，引导孩子通过观察、比较、操作、实验等方法，学会发现问题、分析问题和解决问题，帮助孩子不断积累经验。

二、滑坡可以怎么玩

（一）我想这样滑山坡

教师组织幼儿带着自己的疑问和设想，幼儿用绘画的方式进行“我想这样滑山坡”游戏计划。幼儿根据山坡实际情况把计划都画出来：垫子、竹梯、大龟背、滚筒、木板还有纸箱。

教师作为幼儿游戏的支持者、推动者、合作者，教师让幼儿的想法变成现实。于是，教师与幼儿梳理、甄选可行的计划，组织他们在幼儿园中开展滑坡材料大搜索。找到所需的材料后，他们就迫不及待地开始了滑山坡活动，花样百出，尽情尽兴，却也困难重重、问题多多。

活动结束以后，教师通过照片和视频的形式和幼儿一起在教室进行计划的回想，教师发给幼儿一个滑坡实验记录表，让幼儿画出自己第一次进行滑坡游戏的过程中出现的问题：为什么会失败？下次需要更换什么样的材料？想增加什么样的材料，能否替换掉原来的材料？

教师在幼儿吃完午饭以后，到餐后谈话时间就和小朋友谈谈今天的记录表：

教师：“谈谈你们的计划成功了吗？”

孙语婕：“我画的是，我和唐钰坐在垫子滑坡一动不动，滑不了。”
韦俊逸：“我画的是我坐在竹梯滑坡，只能滑下去一点点，屁股也很痛。”
吴沐夏：“木板滑坡只能滑一点点而已，滑不动了。”
蒙韦怡：“箩筐滑坡，没有轮子滑不动。”

（二）通过讨论、实验，师幼小结

更好的玩滑坡的办法：
1. 滑坡的地面要光滑。
2. 滑坡的坡度要大要长。
3. 滑坡材料要带轮子。

（三）教师思考

每次遇到困难，他们都会迸发出智慧的火花，因此当他们在滑坡遇到这么多困难、问题时，我们没有急于干预，告诉他们原因，而是通过质疑，讨论，一起看活动照片、视频，引发他们观察、分析、思索，助推游戏深入开展。

三、滑坡实验

（一）活动一：轮子滑呀滑

幼儿找了带轮子的箩筐、带轮子的木板尝试滑行。

（二）活动二：光滑滑坡上试一试

幼儿在光滑的地方坐在带有轮胎的木板上滑行，幼儿在不断验证自己的猜测是否正确。

（三）活动三：滑坡的坡度要长

当孩子们提议自己来制作一个滑行器时，马上有人想到用做操的小木棒当轮子，把木板放在上面，就像火车一样，可以坐好多人一起滑。

李科林：“木棒没有摆放整齐，导致发生偏离轨道。”
教师：“我们一起来改变一下轨道，再试试！”
曾冠凯：“我在滑的时候滑到地上，总是歪，有个扶手就好了。”
郭哲佑：“再添一块木板，把小木棒摆放整齐，让小棒在光滑的木板上滑行。”

细心的小朋友发现轨道铺设有点问题，小棒当轮子太细了。于是他们在建构区找来了粗一点的木桩当轮子，把轨道加宽增加与轮子的接触面，可是也失败了。接着他们又把轨道铺成了像铁轨一样中间分开的轨道，可是轮子又跑偏了……

黄心伊：“木桩为啥会乱跑呀？真不听话。”

孩子们埋怨起来，但是胜负欲也被彻底激发了，他们自己喊出了口号：勇敢牛牛不怕输，再来！

他们一次又一次地尝试改变坡道、改变木板的摆放位置、改变木桩的摆放方式，终于获得了小小的成功。小棒从山坡上直线滚到山坡下面，幼儿尝试着拿不同的材料从山坡上滚到山坡下，比如一些大球，还有一些小的积木，幼儿在这个实验的过程中发现不同物体的重量，滑下这个坡它们的速度不一样，越轻的滚得越快，越重的滚得越慢，并且通过这个实验他们也了解到了科学的趣味性。

（四）活动四：滑坡大改造

基于游戏的经验，孩子们知道在光滑的坡道上会让滑行更顺利，塑料筐、纸箱、垫子那些滑不动的材料在光滑的滑坡上会不会就能滑得很快呢？有想法，就有行动。孩子们把竹梯、垫子、木板当滑坡，再一次进行滑行实验，孩子们惊奇地发现，真的能滑起来！

（五）活动五：滑坡的地面要光滑

把游戏的主动权交还给孩子，当他们提出要铺一条沙子滑坡道时，我们尊重他们的意见和想法。滑坡道铺在哪里？用什么材料来铺？用什么工具来运沙？孩子们大胆表达着自己的见解，并通过表征作计划，让运沙铺路活动更加有条理、有计划，而不是盲目地去做。

幼儿齐心协力合作运沙子，然后一起铺滑坡道，最后铺好沙子滑坡以后就坐在滑坡车上从沙子轨道上滑下来，发现这个沙子轨道滑得并没有那么容易，于是也验证了他们的实验：滑坡的时候要滑在光滑的表面上，越粗糙的表面，滑行阻力越大。

四、坡在我们的生活中的作用

抓住孩子们对滑坡游戏的感性的经验，通过孩子们的细致观察，发现周末运被子下楼也可以运用滑坡的方法。我们以尊重和接纳的态度听从孩子们的想法，适时地察觉到他们的需要，给他们适时的引导，相信他们会提出解决问题的有效方法，期待孩子们的新创意。

孩子们自愿分成四组找来了木板、竹梯、垫子、纸板，开始了被子滑滑梯的尝试。经过试验，他们发现用纸板当滑坡，被子只能滑一点点，而且纸板一下子就被被子压弯了。用竹梯运被子，被子滑到一半就卡住了，用木板，被子一下就跑偏到楼梯上，还是垫子最合适。

于是从三楼到一楼铺上垫子，被子们玩起了滑滑梯，孩子们一边运被子，一边说：“被子真幸福呀，在楼梯上也能玩滑滑梯！”“我也要试一试！”

五、活动小结和反思

（一）活动的价值

1. 学会享受失败

在探索和尝试的过程中或多或少会出现失败，教师的态度很重要，给予幼儿充分的时间和空间，不要急于干预游戏。从观察者的角度去记录、拍摄幼儿在探索和尝试过程中的多种表现。

2. 学会享受成功

通过这个活动，我们的滑坡游戏“复活”了，幼儿常常问：“我们什么时候去玩滑坡游戏?”这说明幼儿对于本次活动体验到了成功的喜悦。从滑坡材料的探索到滑坡新玩法的探索，层层递进，最终享受到了成功。

3. 学会享受积累经验

在这次的活动中，教师做得最多的是观察游戏、引导梳理。在每一次活动后，都会和幼儿一起探讨问题，并且通过各种形式的思维导图帮助幼儿梳理经验。在这一过程中，幼儿能够更加清晰地认清失败与成功，能够更好地积累经验。

（二）教师的支持与行为

1. 巧用自然资源发挥地理优势

幼儿园的小山坡，是孩子们触摸大自然最真实的场所，是他们最喜欢的游乐场。在那里，他们可以尽情地奔跑，感受翻山越岭的快乐，体验登高望远的舒畅，享受大树下乘凉的惬意。

2. 将游戏还给儿童

在“趣滑小山坡”游戏的实施过程中，我将游戏还给幼儿，从幼儿的意愿、游戏需求出发，从观察者—支持者、引导者—参与者—观察者身份的转变，让幼儿在真实的环境中实践、思考、探究。在与“山坡”零距离接触中，一点点打造游戏内容、丰富游戏材料、联动游戏场景、商定游戏规则等。在潜移默化中促进幼儿探究、合作、想象等能力的发展。

3. 追随幼儿的意愿

以儿童立场为本位，在真实的环境中实践和感受“山坡”游戏，通过“观察—后思—后行”分步走，从“玩什么”“怎么玩”入手，尝试将环境还给幼儿，将游戏主动权还给幼儿，紧紧追随他们的意愿和需求探究出一条适合他们、促进他们能力和学习品质发展的活动路径。不断挖掘大自然的教育价值，有效地利用这本“活教材”来更好地促进幼儿自主全面的发展。

参考文献

[1] 王海英，等．儿童视野的幼儿园环境创设［M］．北京：人民教育出版社，2019.

[2] 中华人民共和国教育部. 3～6 岁儿童学习与发展指南［S]. 北京：首都师范大学出版社，2012.

民间染织艺术在幼儿园大班教育中的作用

（韦晓禄　广西壮族自治区河池市宜州区第二幼儿园）

摘要： 民间艺术文化是我国历史上长期发展的产物，而幼儿在学习优秀的美术文化时，将会深深地体会到艺术的魅力，因此幼儿教师要立足于实际，合理地运用民间艺术、文化内涵，并采用恰当的教学策略。将民间染织艺术文化融入幼儿教育，对继承中华优秀传统文化、提高幼儿的审美水平起到了很好的促进作用，这与新课程改革的需要是一致的。因此，在实际教学中，教师要根据幼儿实际发展状况，制定有针对性的教学策略，积极地融入民间染织艺术文化，以提高教学实践效果。

关键词： 民间染织艺术；幼儿园；学前教育

学前教育是幼儿发展的重要阶段，是幼儿的社会性、个性发展的重要阶段。幼儿园发掘各种不同的活动，以促进幼儿的发展，其中以地域活动最受欢迎，而民间染织艺术资源则可以很好地激发幼儿的学习兴趣，培养他们的动手能力、想象力和创造力。将民间染织艺术与幼儿园的地域活动结合起来，既能丰富幼儿的活动内容，又能使幼儿从小喜爱传统文化，进而推动民间染织艺术的传承与发展。幼儿教师应积极探索新的民间染织艺术教育方式，充分利用民间染织艺术的优势。在教学中运用各种不同的教学方法，促进幼儿深入学习和探索民间染织艺术的内涵，进而提升幼儿的艺术修养。

一、民间染织艺术的内容选择现状

（一）草编

草编是一种在我国民间非常盛行的手工制品。它可以选择柔软的材质如琅琊草、麦秆、玉米皮等，也可以选择比较坚硬的柳条、芦苇等，草编具有很高的技术和实用价值。草编材料容易获取，原料分布范围也很广，从儿童艺术教育的观点来看，它包含了各种手工艺，如：结、辫、捻、搓、扭、穿、盘等，有利于培养孩子的手部精细动作，并能使孩子们获得更多的乐趣。此外，草编制品也可以作为环境创设、游戏活动的素材，从某种意义上加深孩子们对生命之美的认识。

（二）纺织

纺织是一种古老的民间工艺，起源于人们的日常生活，有着数千年的悠久历史，经过一代代的工匠不断地坚持、传承、创新，使纺织技术不断地进步。在纺织的过程中，幼儿可以亲身体会到丝线织布的制作过程，用各种线材在纺织中绘制出各种不同的图案，体会到古代织布的神奇。

（三）扎染

扎染，又称绞缬、扎缬、染缬，是中国民族传统手工技艺中最具有代表性的一种。扎染的工艺并不复杂，就是用棉线、麻线等将棉布进行均匀的捆绑、缠绕、折叠、打结，产生褶皱，然后将布料与自然植物的溶液混合在一起，然后将染色的布料浸湿，因为针眼的松紧、宽度、颜色的不同，最后会在不同的地方形成不同的颜色，呈蓝白色，然后用清水漂洗晾干，这就是扎染全部工序。扎染民间艺术价值在于它具有强烈的不可复制性，因而对儿童具有很大的探求价值。

二、幼儿园大班利用民间染织艺术教育的建议

（一）从染织艺术教育的内容选择方面

1. 积极探索和挖掘生活中的民间染织艺术

开展民间染织艺术教育，首先要创造一个新奇的教学环境。情景游戏是一种很好的教学方法，它可以使孩子进入一个充满乐趣的学习环境，增强对孩子的感官刺激，激发孩子学习民间染织艺术的积极性。比如，利用传统的节庆活动，让孩子们自己动手制作民间染织艺术作品并展示出来，尽情发挥幼儿的想象力和创造力，进而提升他们的艺术创造力。通过强化师生互动，让幼儿积极主动地投入到民间染织艺术的学习中，提升幼儿民间染织艺术的创作思维与艺术综合水平，提高与增强民间染织艺术教学效果，培养幼儿良好的艺术涵养与综合能力。

以园所的现状为起点，回归本土，因地制宜，积极发掘民间资源，是解决广大城乡接合部和农村地区幼儿园教育资源紧缺的根本途径。另外，民间染织艺术资源的内涵和类型多样，并非所有的资源都适合幼儿园的教学方向，因此教师必须要树立正确的资源开发与利用观念，根据幼儿生活经验，以及本园本班幼儿的实际，因势利导，细化对民间染织艺术资源的组织、加工与改造，使民间染织艺术成为动手、动脑的艺术。

2. 构建民间染织艺术教材资源库

“民间染织艺术”课程资源库的建立，既有助于幼儿科学、系统化地认识民间染织艺术资源，又为其在幼儿园的长远发展提供有力的支持与保障。首先，建立一个资源库，必须有丰富的幼儿艺术资源，既要符合幼儿的学习和发展规律，又要培养他们的美育意识，使他们的身心得到发展；其次，要对现有的教育资源进行评价和研究，根据实际需求，合理地整理、归类，使分散的教育资源更加科学化、系统化；最后，幼儿园要从本地的民间染织艺术资源入手，寻找适合的、具有地方特色的艺术教育资源，并在此基础上，将现有的民间染织艺术资源加以归类，建立实物资源库，便于后期二次开发与深度利用。

审美是智慧的一种体现，学前教育阶段是培养这种智慧的关键阶段。染织艺术集文化、历史、美术于一体的艺术表现形式，染织以艺术形式展现在幼儿园墙面环境创设中，不仅发挥了双方的教育功能，更是培养幼儿审美的途径。要使民间染织艺术文化在教学中得到充分的渗透，必须营造一个良好的学习氛围，以达到教育融合的目的。如幼师可以组织一些民间故事，让孩子们学会、理解、参与。既能营造一个良好的学习环境，又能培养学生对民间染织艺术的学习兴趣，促进民间染织艺术文化的传承。

（二）从染织艺术教育的活动组织方面

1. 完善教师相关民间染织艺术培训工作

幼儿教师是幼儿教育的主体，其教学成效对幼儿的状况有很大的影响。要使民间染织艺术教育更好地融入幼儿教育，就必须从幼儿师资队伍建设入手。幼儿教师对传统文化、民间染织艺术文化知识相对匮乏，因此在进行民族艺术教育之前，幼儿教师必须学习相关知识，从而让教师对民间染织艺术文化有进一步的认知和了解，从根本上提高教师民间染织艺术文化素养，把课程教学与民间染织艺术文化更好地融合在一起，让幼儿深刻了解民间染织艺术文化的内涵和精髓。

教师的教学能力直接关系到如何有效地使用民间染织艺术资源，在确立正确的艺术教学观念的同时，还要不断拓展自己的专业知识储备，不断提升民间染织艺术资源在艺术教育中

的利用能力。教师应当把更多的时间放在提高自己的理论素养上，还需要进一步了解民间染织艺术，可以尝试将民间染织艺术资源从线条、构图、色彩三个方面进行分类整理。在实践中，教师要充分利用自己的优势，把自己的教学实践和已有的理论知识相结合，在实践中不断地成长。

2. 创设良好的染织民间艺术文化学习环境

幼儿年龄较小，心智发育还不够成熟，很容易受到周围环境的影响。为了在教学中更好地渗透民间艺术文化，幼儿教师要积极创设良好的染织民间艺术文化学习环境，有效吸引幼儿的注意力，培养幼儿实践能力，实现教学融合的目标。比如，幼儿教师可以在班级设置专门的染织艺术展示区，在展示区为幼儿展示优秀的草编作品、扎染作品，同时对幼儿优秀的艺术作品进行保护性的展示。幼儿教师也可以积极开展染织的民间故事编演活动，鼓励幼儿掌握和了解民间故事，并且扮演其中的角色。这样不仅有利于为幼儿创设良好的民间艺术文化学习氛围，而且可以培养其学习民间艺术文化的兴趣，更加有效地传承民间艺术文化。

三、结论

中国民间艺术作为中国文化不可分割的一部分，它历史悠久，源远流长，种类繁多，形式多样。民间艺术教育对幼儿民族意识、兴趣、动手操作能力、审美能力、创造力以及个性的发展等方面都有促进作用。因此，要重视民间艺术教育对幼儿身心各方面发展的作用。民间染织艺术文化是我国历史发展的产物，而幼儿在学习优秀的艺术文化时，能够深深地体会到艺术的魅力。在当前我国幼儿民间染织艺术教育中，应充分运用创造性的教学手段，积极推进幼儿的全面发展。因此，在教学过程中，必须充分利用民间染织艺术的积极作用，以激发学生的学习热情，不断地提高和强化其教学效果，从而丰富其自身的艺术知识和修养。

参考文献

［1］白璐．幼儿园开展民间染织艺术教育的实践［J］．家长，2022（18）：114—116.

［2］陆志红．幼儿园民间染织艺术活动的价值与创新应用［J］．基础教育论坛，2022，（8）：32—33.

［3］王成标．在幼儿园教育教学中渗透民间染织艺术文化的策略［J］．家教世界，2021（36）：46—47.

［4］杨小敏．民间染织艺术在幼儿园教育教学中的渗透［J］．家教世界，2021（33）：53—54.

［5］李红梅．民间染织艺术资源在幼儿园艺术教学中的应用［J］．喜剧世界（下半月），2021（11）：82—83.

［6］李雪萍．传承民族之精彩——幼儿园中渗透民间染织艺术文化的策略［J］．家长，2021（31）：151—152.

新时代背景下幼儿劳动教育的实践途径探析

（杨珍　广西壮族自治区河池市宜州区第二幼儿园）

摘　要：随着社会的发展，幼儿劳动教育逐渐受到重视，但是在实践中仍然存在一些问题。本文通过文献研究和实地调研，分析了幼儿劳动教育的意义和目的。探讨了新时代背景下幼儿劳动教育的实践途径，包括家庭教育、幼儿园教育和社会教育。提出了加强幼儿劳动教育的建议，包括加强家庭与幼儿园的合作、营造良好的教育环境、提高教师的专业素养等。

关键词：幼儿劳动教育；实践途径；新时代

著名的教育家陈鹤琴先生提出："凡是孩子自己能够做到的，都应该让孩子自己去做，凡是孩子能够想的，应该让他自己想。"但随着社会的发展，大家在认知上存在偏差，导致幼儿劳动教育在实施中出现诸多现实困境，如幼儿劳动活动的时间不足、教育方式单一、家园共育不一致等。因此，本文旨在通过文献研究和实地调研，探讨新时代背景下幼儿劳动教育的实践途径，以期为幼儿劳动教育的发展提供一些参考。

一、劳动教育在幼儿园教育实践中的重要性

（一）劳动教育符合幼儿发展需求

根据幼儿发展需求理论，幼儿在成长过程中需要通过劳动来满足自己的生理和心理需求。劳动能够帮助幼儿锻炼身体，增强体质，促进身体发育和健康成长。同时，劳动还能够满足幼儿的好奇心和探索欲，让幼儿在实践中探索世界，认识事物，增强认知能力和智力发展。在劳动中，幼儿能够感受到自己的价值和成就感，增强自信心和自尊心。同时，劳动还能够培养幼儿的团队合作精神，让幼儿学会与他人相处，尊重他人，理解他人，增强社交能力和人际关系能力。因此，劳动教育符合幼儿发展需求，是幼儿园教育实践中不可或缺的一部分。

（二）借助劳动教育培养幼儿品德

在幼儿园，幼儿接受的教育不仅仅是知识的传授，更重要的是品德的培养。而劳动教育正是一种能够全面培养幼儿品德的教育方式。幼儿通过参与各种劳动活动，感受到了劳动的重要性和劳动的价值。在劳动中，幼儿也能够体验到劳动的乐趣和满足感，从而形成了积极的劳动态度和习惯。在劳动中，幼儿需要与他人合作完成任务，通过互相协作和帮助，形成了良好的合作精神和团队意识。在劳动中，幼儿需要承担一定的责任，完成自己的任务。通过劳动的实践，幼儿能够感受到自己的成长和进步。

（三）劳动教育能够促进幼儿全面发展

通过劳动教育，幼儿可以学习到许多实用的技能，如剪纸、描红、涂色等，这些技能可以锻炼幼儿的手眼协调能力和动手能力。在幼儿园中，幼儿需要自己穿衣、洗脸、擦桌子等，这些活动都是劳动教育的一部分。通过这些活动，幼儿可以学会自己照顾自己，提高自理能力和自我管理能力。在劳动教育中，幼儿可以学习到团队合作、分享、互助等价值观，还可以培养幼儿的社会责任感和集体观念。

二、新时代背景下幼儿园劳动教育的不足之处

（一）劳动教育质量不高

一些幼儿园只是将劳动教育当作填鸭式的任务，缺乏科学性和系统性，导致孩子们对劳动的兴趣和积极性不高。

（二）缺乏家庭教育配合

家庭是孩子最重要的教育场所，但是很多家长对于幼儿园的劳动教育并不重视，缺乏配合和支持，使得孩子们的劳动教育难以得到有效延伸。

（三）师资力量不足

一些幼儿园的教师缺乏劳动教育的专业知识和实践经验，难以为孩子们提供全面、科学、有效的劳动教育。

三、劳动教育在幼儿园教育中的实践途径

（一）依托主题课程开展劳动教育活动，帮助幼儿树立劳动价值观

劳动教育是幼儿教育中的一项重要内容，通过劳动教育可以帮助幼儿树立正确的劳动观和价值观，培养勤劳、自立和合作精神。在实施劳动教育时，可以依托主题课程，结合幼儿的兴趣和特点，开展丰富多彩的劳动教育活动。例如，在“春天到了”主题课程中，可以引导幼儿参与植物的种植和养护工作，让幼儿亲身体验到劳动的乐趣和成果，培养他们的耐心和细心。在“健康成长”主题课程中，可以组织幼儿参与食品加工和制作活动，让他们了解食品的营养价值和制作过程，培养他们的卫生意识和安全意识。此外，还可以通过模拟劳动场景和角色扮演等形式，让幼儿感受到不同劳动的特点和价值，培养他们的劳动技能和团队合作精神，帮助幼儿树立正确的劳动观和价值观。

（二）联系生活实际开展劳动教育活动，培养幼儿形成良好劳动习惯

劳动教育是幼儿教育的重要组成部分，通过联系生活实际开展劳动教育活动，可以培养幼儿的劳动意识和劳动习惯，促进其身心健康发展。在开展劳动教育活动时，应根据幼儿的年龄、兴趣爱好和能力水平进行有针对性的设计和实施，让幼儿在愉悦的氛围中学习到动手能力和协作精神。教师设置劳动体验环节的时候，可以让幼儿参与到实际的劳动中，如种植花草、整理教室、清洗玩具等；在日常生活中，鼓励幼儿自己动手做事，如自己穿衣、洗手、盛饭等；还可以结合幼儿的天性，设置一些游戏活动，比如拼图、穿珠子、剪纸等，让幼儿体验劳动的乐趣，培养他们的动手能力和耐心。在游戏中融入劳动元素，如模拟超市购物、做饭等。幼儿的劳动教育还需要在幼儿的生活中渗透，教师可以组织家长和孩子一起参与劳动，如家庭清洁、整理房间等，让幼儿逐渐形成劳动意识和劳动习惯，提高他们的自理能力和生活技能。

（三）利用社会资源开展劳动教育活动，三方合作提供多样劳动体验

劳动教育是培养学生劳动意识、劳动技能和劳动习惯的重要途径。为了提供多样的劳动体验，可以利用社会资源，与企业、社区等三方合作，开展劳动教育活动。首先，可以和企业合作。教师可以带领幼儿实地参观企业，可以参观不同类型的企业，了解企业的生产流

程、工作环境和职业技能等，增强对劳动的认识和理解。其次，可以和社区合作，带领幼儿参与社区的服务活动，比如义务植树、环保清洁等，通过实践感受劳动的价值和意义。最后，幼儿园可以和志愿组织合作。让幼儿参与到志愿活动中，如义务教育、扶贫济困等，通过服务他人体验劳动的快乐和意义。

（四）结合家园合作开展劳动教育活动，不断提升幼儿的劳动技能

劳动教育是幼儿园教育的重要组成部分，而家园合作则是劳动教育的重要途径，家长和幼儿园共同参与劳动教育活动，可以形成良好的教育氛围，促进幼儿的全面发展。首先，家园合作可以为幼儿提供更多的劳动体验机会。幼儿园可以与家长一起组织各种劳动教育活动，如植树、种菜、打扫卫生等，让幼儿亲身参与其中，感受到劳动的乐趣和价值，培养劳动技能和劳动意识。其次，家园合作可以提高幼儿的劳动积极性。家长可以在家里与幼儿一起完成一些简单的家务活动，如整理书包、叠衣服等，让幼儿感受到自己的劳动成果，增强自信心和自尊心，激发劳动积极性。家长还可以根据幼儿的年龄和能力，适当地指导幼儿进行一些简单的手工制作和家务活动，如擦桌子、洗菜等，让幼儿逐渐掌握一些基本的劳动技能，提高自己的动手能力和创造力。

（五）积极创建劳动教育环境，提升劳动教育的开展效果

积极创建劳动教育环境，可以提升劳动教育的开展效果，培养其劳动技能和职业素养。首先，学校可以与企业、农村、社区等单位合作，建立劳动教育基地、校园农场、工作坊、开设劳动实践课程，让学生学习和掌握各种实用技能；其次，学校应该注重培养劳动教育专业师资，提高教师的劳动技能和职业素养，使其能够更好地开展劳动教育工作。最后，学校应该建立完善的劳动教育评价机制，对学生的劳动技能和职业素养进行评价和反馈，帮助学生发现自身的不足之处，不断提高自身的劳动能力和职业素养。

（六）引导幼儿为他人服务，让幼儿充分感受劳动的乐趣

引导幼儿为他人服务是培养他们劳动意识和服务意识的有效途径。幼儿在为他人服务的过程中，不仅能够感受到劳动的乐趣，还能够培养他们的责任感、合作精神和自信心。幼儿园可以开展一些服务性的活动，如为老人送上自制的贺卡、为社区清理垃圾、为家长洗衣服等，让幼儿亲身参与其中，体验到为他人服务的快乐和成就感。同时，可以通过讲故事、观察现实生活等方式，向幼儿传递劳动的意义和价值。此外，还可以通过游戏、手工制作等方式，让幼儿动手实践，感受劳动的乐趣和成果，培养他们的劳动意识、服务意识、自信心和责任感，帮助他们成为有担当、有爱心的人。

四、结束语

幼儿园教育中劳动教育的实施与开展有着十分积极的现实意义。本文对新时代背景下幼儿劳动教育的实践途径提出了几点建议，希望可以给大家带来一定的帮助。

参考文献

［1］蔡巧贤．新时代幼儿劳动教育的实施路径探究［J］．亚太教育，2022（24）：59—61.

［2］陆玉．新时代背景下幼儿园劳动教育的实践探索［J］．早期教育，2022（48）：48—49.

［3］林黎萍．新时代幼儿劳动教育的思考［C］//中国陶行知研究会．第五届生活教育学术论坛论文集，2022：91—93.

［4］张巧兰．新时代背景下幼儿园劳动教育思考［J］．知识文库，2022（21）：193—195.

陶行知乡村教育思想下开展幼儿野趣活动策略研究

（黄柳絮　广西壮族自治区河池市宜州区第二幼儿园）

摘　要： 我国拥有丰厚的自然资源，可以利用这些资源进行野外活动，不仅能让幼儿更加亲近大自然，还能培养他们的兴趣和探索精力。此外，这也为家庭教育和幼儿园的共同教育创造了条件，让父母也积极参与到教学活动中，构建良性的家庭教育和幼儿园关系。因此，幼儿教师应该充分利用“乡村大自然”的各种资源，为幼儿们提供一个充满活力的环境，让他们体验到中国的灿烂文化和美丽的山川湖泊，为他们的成长和发展创造一个更加美好的氛围。“野玩”则让幼儿通过亲身观察和体验，获得对大自然的认知，构建起与大自然的真正紧密联系。本文基于作者的教学实践，探讨了如何帮助幼儿参与大自然教学活动。

关键词： 陶行知；乡村教育；野趣活动

一、幼儿野趣活动相关内容概述

（一）野趣活动的实施目标

通过发掘乡村游玩活动资源优势，根据幼儿现实情况，开发出具有自然资源特色的课程内容，并根据当地民间游戏资源优势，进行室外游玩教学活动，以促进儿童健康成长，为提升幼儿的教育水平打下较好的根基。为此，我们应该在一日活动中充分利用乡村民间游戏资源优势，进行野趣教学活动，并与家长和学校合作，一起探讨针对乡村幼儿的亲子室外游玩教学活动。

（二）幼儿野趣活动教学现状分析

1. 在学前教育中，野趣教育活动的价值被忽视，没有得到足够的关注，从而阻碍了人的全面发展。因此，幼儿园应该注重野趣教育活动，并从中挖掘出有益的培养幼儿的方式，以促进学前教育的发展。

2. 教师们对野趣教育活动的重视程度不够，他们认为这些教育活动只是为了吸引幼儿的注意力，而不是培养他们的人格。这些观点对于野趣教育活动的开展和幼儿教育的发展都造成了负面影响。

（三）幼儿野趣活动的必要性

1. 时代发展的要求

野趣活动已经成为我们生活中不可或缺的一部分，尤其是在教学过程中。为了让幼儿更好地参与野趣活动，我们不仅要让他们掌握必要的野趣知识，还要培养他们的野趣能力。野趣活动在素质教育中扮演着重要的角色，并且将成为未来评估幼儿发展水平的重要指标。

2. 课堂进步的要求

在当今的教育环境中，野趣活动已经成为一个不可或缺的部分，因此，我们应该坚持以野趣活动为基础的教育理念，不仅要在野趣活动课程中加强，还要在其他课程中加强，以确保幼儿掌握有关野趣活动的知识。不仅是为了增长知识，更是为了促进身心健康。

二、陶行知乡村教育思想下开展幼儿野趣活动策略

(一) 运用乡土自然资源，提升野趣活动有效性

1. 构造以乡土资源为依托的园地，进行野趣挑战

大自然是一道美丽的风景线，人们应该尊重它的独特性，尽可能保护它的美丽。为了更好地体现当地的景观，我们应该打造多功能的运动区和野外挑战区，让游戏活动更加适应自然环境，比如攀岩、跑跳、拔河、捉迷藏等。老师应该将“野趣”融合到儿童的日常生活中，并建立“农家体育运动”“挑战体育运动”和“亲子体育运动”三种教育活动系统。

比如，幼儿室外体育运动应该包含迷宫、野趣挑战区、攀岩、跑步、踢毽子等大中型开放区，让幼儿在户外活动中体会到农村的趣味。“户外创意园”中有很多巨大木质积木，这些积木都是大自然赐予幼儿的宝贵礼物。能够在“活动园地”中自由创造农舍，并在种植园和小操场之间进行互动。让幼儿在这里尽情地游玩、奔跑，这里有宽阔的跑道、草地、基础设施等，让幼儿能够在自然环境中尽情探索，选用各类自然物体当作游戏道具，让幼儿在大自然中体会到更多的趣味，更加深入地感受自然的神奇魅力。

2. 围绕乡土资源进行探索自然

幼儿园可以利用当地的资源，开展各种各样的教学活动。例如，可以设置农耕教育活动系列，根据各个时节，如春种和秋收，进行各种各样的农耕教育活动。这样可以让幼儿们理解中国传统农耕文化，并在他们的心中种下劳动的种子。在开展相关教学活动时，教师可以引导学生深入理解当地的文化和农业知识，并让他们利用锄头等工具进行种植。春季来临时，他们可以进行播种、施肥、除草等一些步骤，让幼儿们更好地理解植被的生长发育特性，同时也让他们感受到了爱的温暖。透过开展有趣的农耕教育活动，不仅可以让幼儿们发挥想象力和团队协作精神，还能激发他们对大自然的热爱。

3. 搭建创意园地，在野趣中发挥想象

在大自然的美丽中，有许多元素与人类的生活息息相关。假如老师可以在野外活动中引导学生开阔眼界，享受自然之美，那么我们坚信他们的灵魂将会受到大自然的洗礼。在充分利用当地资源的同时，开展手工制作课程。“野趣”手工活动可以帮助幼儿发现自然环境的美，并通过运用当地的资源和文化来创建美。

(二) 投放适宜野趣活动的材料

1. 原生态材料，扩大空间

陶行知先生的乡村教育理论强调要让幼儿深入理解事物的本质，并学会运用它们。为了让幼儿在野外活动中更加有趣，我们应该让他们接触到原生态材料，这样可以丰富他们的活动内容，让他们在野外活动中更加有趣……让他们有一种身临其境的体验，让他们将所见所闻运用到实践中，从而实现思维的初步转化，发挥教育意义。

2. 低结构材料，挖掘潜能

针对材料的结构、材质、组成等各方面因素，幼儿的游戏材料可分为低结构材料和高结构材料。低结构材料相较于高结构材料，更加适合幼儿的活动。教师可以在野外活动中，根据活动的内容，投放圆形纸壳、圆形管子、圆形罐子等圆形低结构材料，或者投放木块、纸盒、方形纸片等方形低结构材料。老师应该根据幼儿的年龄阶段特征和兴趣爱好要求，精心挑选合适他们的低结构材料，培养他们的思维能力。

3. 辅助性材料，调动内驱

辅助性材料是幼儿活动中一些不常见的材料，这类辅助性材料的投放，能起到锦上添花的作用。利用辅助性材料，让幼儿根据材料的特点，在活动的基础上创新内容，凸显出幼儿在活动中

的主体地位，充分调动了学生的主动性，提高了他们的创新能力，培育了他们的协作能力。

（三）匠心独运，探究野趣活动策略

通过老师细心设计的活动，能够激起幼儿的浓厚兴趣，引导他们观察自然，感受自然的神奇魅力，并用自己的视角去理解和探索自然界中的生物，从而更好地理解客观事物的发展规律，培养他们的自然规律思维能力。

1. 指导观察，发展思维能力

在“不一样”的户外探索活动中，教师可以引导幼儿学习观察，让他们按照客观规律，仔细观察自然界中的事物，从中发现花、草、树、昆虫之间的不同之处，用自己的视角，找出它们的相似点和差异点，进而提高幼儿的观察能力。因此，幼儿教育被赋予了新的责任和使命，这也是陶行知老师乡村教育理论中的一项重要观点。

2. 变化重组，搭建新颖环境

由于幼儿的户外活动区域有限，在几次活动后，他们会对周围的环境产生厌倦，从而降低对活动的兴趣。因此，为了激发幼儿参与户外活动的兴趣，教师可以调整和创新活动内容和形式，设计新颖的游戏内容，灵活组合、变化重组活动材料，搭建出更新颖的活动环境。

3. 因人而异，设计挑战项目

教师应该尊重幼儿的个性差异，设计有层次结构的挑战项目，让每个幼儿都能从中受益。例如，在“捕鱼游戏”中，教师可以让幼儿在指定区域内用特定的道具开展钓鱼游戏。教师应该为幼儿提供各种钓鱼工具和小鱼，并且提供一些适合他们的挑战性材料。小鱼钓出来后，教师可提供三条路径供幼儿选择，分别是无障碍、一般障碍和流动障碍。三条路径的难度不同，挑战也不同，幼儿可根据自己喜好和自己的能力，选择挑战难度。

三、总结

在陶行知先生乡村教育思想的指引下，野外活动以其开放的空间能带给幼儿更多的想象，让幼儿的思维差异得到“包容”。“野趣”让幼儿在亲近自然教学活动中获得了解放，拓展了他们的思维，培养了他们的个性。“野想、野探、野游”让幼儿与自然建立了紧密的联系，探索了未知的世界。让他们在野外活动中更好地接触自然，更深入地了解自然，体会到野外活动的快乐。

参考文献

[1] 高山．聚焦审议点，让幼儿变“参与”为“主导”——以大班户外游戏“山坡野趣”为例［J］．好家长，2022（27）：46—47.

[2] 杨静．让幼儿在野趣体验中收获成长［J］．第二课堂（D），2022（4）：70—71.

[3] 朱红芬．“巴学园”体育野趣游戏：提升大班幼儿运动探索能力的策略研究［J］．科学咨询（教育科研），2021（12）：174—176.

[4] 陈义芳．幼儿视角下的“野趣”园本课程共建［J］．新课程研究，2021（33）：116—117.

[5] 方燕华．幼儿亲自然活动中开展“野趣”体验探析［J］．天津教育，2021（33）：128—129.

[6] 林兰芳．利用“自然野趣”构建幼儿科学探究新样态［J］．广西教育，2021（21）：144—146.

[7] 阮月．浅谈幼儿“野趣”活动［J］．好家长，2021（17）：21—22.

[8] 隆春燕．幼儿户外野趣运动实践初探［J］．教育导刊（下半月），2018（5）：84—86.

浅谈有效开展幼儿户外自主军旅游戏的指导策略

（唐洁　广西壮族自治区河池市宜州区第二幼儿园）

摘　要：户外游戏能够帮助幼儿更好地开阔眼界，而且能够教会幼儿很多在课堂上学不到的实践知识。幼儿园开展户外军旅游戏不仅能够促进幼儿的身心发展，还能够在军旅游戏的过程中为幼儿的自主游戏打下良好的基础，然而由于幼儿自我主体意识的出现，导致在游戏的过程中会出现很多问题。因此，教师在幼儿自主性军旅游戏开展的过程中，首先要实现放与导结合的指导策略，在这一过程中，应当能够对幼儿的户外自主军旅游戏有明确的指导，并且提高游戏的教育效能。

关键词：自主游戏；军旅游戏；户外

户外自主游戏必须遵循幼儿的发展规律和年龄特点，合理地为他们设置游戏活动，这也是在尊重幼儿人格和权力的前提下，开展的积极的游戏活动。在户外自主军旅游戏开展的过程中，应当坚持以保教并重的思想实现个性差异的引导，在整个户外自主军旅游戏的过程中，教师的指导应当坚持科学性和有效性的原则，促进幼儿个性的发展。幼儿园教师应当准备传统的教育理念，在改善自己指导方法的前提下，积极发挥幼儿游戏的作用，让幼儿在户外自主区域游戏发展的过程中，能够成为游戏的主人。在整个幼儿户外自主军旅游戏设置的过程中，应当让幼儿拥有自主权，在幼儿快速发展的过程中能够对幼儿进行有效的指导，并且能够让幼儿在指导的过程中真正地成长。

幼儿对户外军旅游戏都非常感兴趣，军旅游戏不仅仅能够锻炼幼儿的机警度和敏感度，而且还能培养他们坚强的品格，因此在自主户外军旅游戏开展的过程中，不仅仅对幼儿和教师来说，具有诱惑性和挑战性，还能让幼儿在尽情的玩耍中释放天性。在户外自主军旅游戏的过程中，如果教师没能理解自主的含义，就不会让幼儿尽情地玩耍，那么自主游戏就无法达到相应的效果。

一、在幼儿户外自主军旅游戏中出现的冲突问题表现

（一）幼儿之间出现的冲突问题

幼儿的年龄决定了，他们大多数都是以自我为中心的思维，因此幼儿在进行户外自主游戏的过程中，大都追求的是完成自己的游戏，其中包括在材料场地和情景的多个方面都必须按照自己的意愿完成，整个游戏过程在自主游戏的过程中，幼儿为了能够满足自我游戏的需求而忽略他人的需求，这就可能会导致在游戏的过程中因为游戏条件的不允许导致幼儿之间出现冲突。

例如：幼儿在拿水枪玩伏击游戏的过程中，以废旧的纸箱作为障碍物来袭击对方，当幼儿都拿起水枪时，有可能会因为颜色或者是形状的不同而发生两个孩子相互抢小手枪的现象。浩浩说："这个手枪是我的，我正在玩的就是这个小手枪。"妮妮说："这个手枪是我的。"妍妍说："老师这把手枪我也想玩儿。"许多孩子都看到装小手枪的筐子已经空了，周围的人都在拿着小手枪，而有的孩子没有，他们就会抢其他孩子的小手枪。这样的事情一旦发生就会让整个游戏乱作一团，所有的孩子都不会注意游戏如何往下发展，而是关注游戏材料本身而发生争吵，在这一过程中不仅仅没有达到户外自主军旅游戏的预期效果，可能还会出现更多的冲突。

（二）幼儿与材料之间的冲突

幼儿在完成户外自主军旅游戏的过程中，教师会投放与之相关的材料，在没有约束的自主游戏的过程中，由于材料数量和种类的不同，导致幼儿在同一时间内会有不同的需求，这就导致最终幼儿和材料之间产生冲突。

（三）材料与游戏之间的冲突

在幼儿户外自主军旅游戏的过程中教师是配角，而幼儿则是主体。幼儿可以根据自己所想象出来的虚拟游戏的情节和自己的爱好，进行自主游戏，然而幼儿在创造行为的过程中，可能会由于对某种游戏材料的偏好，导致他们在游戏的过程中并不仅仅满足于某一情节的发展，最终会导致游戏被迫中断。

二、开展幼儿户外自主军旅游戏的指导策略

（一）让幼儿自主选择游戏材料

让幼儿自主选择材料，就是能够让幼儿在和材料的互动的过程中玩出新的创意，也能够让幼儿在军旅游戏的过程中不断地调整自己使用游戏材料的准确性。

例如，在设置户外自主军旅游戏的过程中摆出两个双面梯子中间搭了一个单面梯子，这时有两个幼儿走在上面，单面梯子没有晃，两端正好卡在桌面梯子上面，这时君君又拿过来一个单面梯子说："我们可以用这个梯子当作索道去爬。"我们通过了这个索道，就能到达敌人的阵营，最后我们才能赢。琪琪举起手来快乐地说："我也要走索道，我也要做一个合格的士兵。"这时其他的几个幼儿听到之后放下了自己手里的水枪围过来，与其他小朋友一起爬楼梯。于是一项新的约定开始了，幼儿一定要根据这个面梯子的创意摆法来进行新的战斗情节的创设，当幼儿在爬组合梯子的过程中开始了新一轮的战斗，他们认为只要自己能够爬过梯子，那么自己就是一个合格的士兵，这时幼儿就会拥有更好的成功的体验。

在这一过程中教师不能进行细节干预，只要保证孩子们的安全就可以，幼儿在进行爬楼梯游戏的过程中，不仅锻炼了他们的平衡能力，而且还提高了他们的想象力。

（二）教师要做好因势利导

户外自主军旅游戏必须考虑到幼儿自主游戏的进行情况，当游戏无法进行时，教师应当以适当的方式进入游戏推进游戏的进程，并且能够让游戏的内容不断地升华，培养幼儿良好的行为习惯。

例如，浩浩和鹏鹏举着手枪向旁边的轩轩大喊举起手来，这时轩轩举起了手，然后鹏鹏又喊浩浩："飞机来了，飞机要来轰炸，你躲起来，我们马上去救你。"这时浩浩拉着轩轩跑向一边。可鹏鹏说："你们都走了，我会死掉的。"浩浩说："我们要去救别人了。"鹏鹏这时捂住了肚子说："我的肚子受伤了，你们要给我看病。"浩浩说："我们是战士不是医生，你要去找医生给你看病。"这时会有新的情节出现，但是原来的士兵的职责显然已经限制了幼儿的情节发展，也无法保证游戏进行下去，教师要对幼儿进行适当的指导。教师走到鹏鹏的身边说："我是军医，我来为你疗伤吧。"这时鹏鹏就会非常高兴地配合，浩浩和轩轩也走向另一边参加了其他的战斗。

（三）做出客观的评价和讨论

在户外自主区域游戏开展之后，最后的游戏评价能够让幼儿拥有良好的游戏体验和回味，而且在对幼儿的评论过程中，帮助幼儿提升游戏经验，帮助他们修正错误的经验，并且在解决问题的过程中，提高幼儿的综合能力。

在评价的过程中，首先要对幼儿自主游戏中传来的不和谐的音符进行评价，首先不能评

价是谁先动手，而是在点评的过程中引导幼儿，别人抢了我的玩具，我下一步应该怎么办？就会有许多幼儿提出自己的想法。“和其他小朋友一起分享这个玩具”“找一个其他玩具和这个小朋友交换”“我可以等一会儿，等他不玩儿了我再玩儿”。在幼儿园自主游戏的过程中抢玩具的例子数不胜数，因此在解决问题的过程中，也应当根据实际案例具体问题具体分析，让幼儿在进行游戏的过程中，养成自主性行为的提升习惯，而且在自主游戏点评的过程中，让幼儿了解学习主动性的重要性，调动幼儿的游戏积极性。

三、结束语

在开展幼儿户外自主军旅游戏的过程中，首先要注意的是幼儿开展的是自主游戏，在这一过程中，必须让幼儿在自己曾经拥有的生活经验的基础上，穿插进游戏内容，要重视幼儿的游戏认知。教师借助游戏主题和日常生活有机结合，面向全体幼儿提高幼儿的军旅经验，在让他们拥有正确认知的同时，能够让游戏有更多的作用。自主游戏是自由与规则相结合的教育方式，能够促进幼儿身心健康发展。尤其是户外自主军旅游戏，是一种自由与规则相结合的游戏模式，这种模式需要幼儿在遵守一定的规则下开展自主游戏，教师在进行游戏指导的过程中，应当以自主为主题观察幼儿在游戏过程中出现的问题，进行适当的指导，让幼儿能够在游戏的过程中收获更多。

参考文献

［1］张璐．幼儿园户外自主游戏中教师的有效指导［J］．课程教育研究，2019（4）：195.

［2］张丽萍．幼儿园户外自主游戏存在的问题及对策［J］．课程教育研究，2019（38）：16—17.

［3］戴慧群，孔德财，郭丽琴．幼儿园户外自主游戏活动开展的多角度分析［J］．教育现代化，2019，6（44）：237—241.

关注运动基本经验，支持幼儿自主运动——提高教师在运动活动中科学观察评价幼儿的能力

（顾婷婷　上海市浦东新区鹤沙之星幼儿园）

摘　要：《幼儿园教育指导纲要》明确指出："教育评价是幼儿园教育工作的重要组成部分，是了解教育的适宜性、有效性，调整和改进工作，促进每一个幼儿发展，提高教育质量的必要手段。"运动有助于幼儿发展基本动作，有助于增强体能、提高身体素质。在幼儿运动中，教育评价具有出极为重要的意义，它不仅为幼儿科学地开展运动活动反馈信息，而且对活动起着重要的导向作用，促进幼儿更好地发展。

科学有效地评价幼儿，了解幼儿身心发展的需要，是提高幼儿园教育适宜性和有效性的前提。《幼儿园教师专业标准》明确将评价幼儿作为教师必备的专业能力，指出幼儿园教师应能"客观地、全面地了解和评价幼儿"，并"有效运用评价结果，指导下一步教育活动的开展"。

关键词：运动经验；自主运动；科学评价

一、运动活动中的科学观察手段

科学观察手段多种多样，但在日常的教育教学中，照片、视频、计时器、便笺这几种观察手段的使用频率较高。如照片的及时性较强，但连续性很弱，只能记录幼儿某一时刻的行为动作；视频连续性较强，能较为全面地记录幼儿的行为动作；计时器的功能与视频有部分重合，更多用于比赛情境，记录某方幼儿的用时长短，帮助他们决出比赛的胜利者；便笺能用于及时记录与复盘记录，更多用于活动后复盘幼儿的行为动作。

小烨来到了小兔子路的起点，快速起跑，用双脚分开跳、双脚并拢跳、单脚跳三组动作快速通过。只见小烨手臂上下一挥，就从第一个跳高垫子跳到了第四个上，再从第四个跳高垫子跳到第六个上，双脚并拢跳下第七个垫子，再次从第七个跳高垫子跳到了第九个上，姿态非常轻盈与放松。在翻山越岭路段，小烨利用助跑的方式冲到第一个三角垫前，并利用冲力攀登上了顶端。但是在通过第二个三角垫子时，小烨的冲力已经没有了，是走过去的，因此没能攀爬上去。小烨也没有气馁，他向后退去，退到离三角垫子最远的地方，再次助跑并成功攀登到小三角垫子的顶端，翻身而下。

教师使用视频记录的观察手段，视频能帮助教师完整地记录幼儿在这一时间段内的所有行为动作，能让教师在运动结束后通过回看功能完整复盘，充足的信息能让教师避免观察的片面性。

在跳跃区中，我用视频全程记录，小烨通关的过程。在运动结束后我利用视频回放功能，不断观看小烨的运动过程，并用纸笔将小烨的跳跃动作进行记录。在记录中发现小烨在运动过程中出现了双脚并拢跳、双脚分开跳、单脚跳、双脚分开跨跳、原地双脚向下跳和助跑跨跳，小烨将多种不同的跳跃方法运用到实际运动过程中，娴熟的表现让我认为小烨已经具备了较好的跳跃能力。

将两种不同的观察手段有机结合，会有"1+1=3"的惊人效果，能帮助教师更好地复盘幼儿的运动能力。教师将视频的全面性与便笺的记录功能相互结合，全面地罗列了幼儿的跳跃技能，从而在此基础上可以分析出幼儿已经具备了良好的跳跃能力。

二、运动活动中的科学记录方法

科学记录方法最主要的还是教师应秉持着正面、全面的态度去观察幼儿，如实地用白描的方法去记录幼儿的行为，不是依着自己的经验“想当然”，或将自己的想法强加于幼儿的身上。

在一次跳跃运动结束后，我利用便笺复盘的方式记录小烨的运动情况。从完整的视频来看，小烨从起点到达终点所用时间为 35 秒，其中小兔子路（趾压板）用了 10 秒，跳高台（跳高垫子）用了 9 秒，翻山越岭（迷彩垫）用了 16 秒。由此可见，我认为小烨的跑动及跳跃能力是非常优秀的。小烨在小兔子路中双脚并拢跳有 8 个，双脚分开跳 4 个，单脚跳 4 个，锻炼了小烨组合跳跃的能力；在跳高台路段中双脚分开跨跳有 3 个，原地双脚向下跳 2 个；在翻山越岭路段中助跑跨跳 3 个（成功 2 个，失败 1 个）。这段视频突出了小烨喜欢挑战高难度运动动作的兴趣，遇到失败也会思考原因并作出相应的动作调整，体现了小烨具备了良好的运动品质。

若在观察记录中加入准确的数字数据，能更好地帮助教师去分析幼儿当时的运动能力。教师从视频中幼儿的运动时长、动作出现的次数、跳跃距离的具体数据进行分析，从而观察到幼儿具备较强的跳跃能力，以及从通关次数上观察到幼儿具备了良好的运动品质。

三、运动活动中的科学评价分析

教师在评价分析幼儿的过程中，要做到有据、有理。教师要做到有据有理就要学会合理运用工具书，如《3～6 岁儿童学习与发展指南》《3～6 岁幼儿运动基本经验观察指引》，合理评价幼儿的运动水平，在幼儿原有的基础上进行调整。教师在观察评价的过程中要给予幼儿正面的、全面的、积极的评价，能对幼儿的发展有持续性的作用，而不是用片面的语句来否定幼儿的行为。

跳高垫子有 10 厘米、20 厘米、40 厘米的不同高度，翻山越岭的三角垫子有 60 厘米、100 厘米高。在运动过程中，小烨出现了多种跳跃方式，综合参考了《3～6 岁幼儿运动基本经验观察指引》中动作发展领域内的跳跃部分：能以助跑的方式跨跳一定距离（40～50 厘米）或一定高度（40 厘米左右）的物体；能单脚连续向前行进跳 2 米左右；双脚连续向前跳跃（5 米左右）时身体能保持平稳；能正确地原地双脚向下跳（35～40 厘米），落地时注意身体平衡；能用跨跳、双脚连续跳的动作组合；能够进行走、跑、跳的自由转换（协同跳）。从这些指标进行科学分析，最后评价小烨的跳跃能力处于表现行为 3 至表现行为 5 之间，处于同年龄段幼儿的中上游水平。

工具书能帮助教师从幼儿动作发展的理论出发，联系幼儿实际行为表现，能给予教师较为准确的参考价值。将幼儿的行为与本园经验归纳文件《3～6 岁幼儿运动基本经验观察指引》中的内容相匹配，教师能知道后续该如何跟进及提升幼儿的运动能力。

四、运动活动中的科学支持策略

“金发姑娘原则”是在日常教学过程中较为常用的科学支持策略。在采用“金发姑娘原则”时，教师需要结合幼儿能力，制定近期、中期和长期的动作需求和目标，同时要帮助孩子建立自信，在他的能力范围内作出挑战。

在运动过半的时候，发现小烨已经能快速、稳定地通过四个固定的油桶了。于是我向小烨提议道：“你有什么办法让油桶变得更有趣，更加有挑战性?”小烨思考了一会儿，再次对油桶的摆放进行了调整：他先将两个油桶搬到另一条运动路线上，原来的路上只剩下两个油桶，跳高垫子的位置没有改变，两个油桶之间有了大约 20 厘米的空间。小烨调整油桶的举动引发了同伴们的关注和兴趣，大家再次尝试新的油桶玩法。其中，小烨的玩法与众不同：他一开始跪在第一个油桶上，然后用手去钩第二个油桶，用腰腹部的力量将油桶滚动起来，顺利到达终点。玩了几次后，小烨突然直接从油桶的一端跳到了油桶的另一端，利用过人的跳跃能力顺利通过两个油桶。

在案例的观察记录中，教师观察幼儿对油桶玩法的探索，发现幼儿在遇到问题后，积极解决问题的过程。教师在此过程中是隐形的指导者，帮助幼儿思考用怎样的办法去解决他们的困难，在幼儿原有的基础上提出合理的、更高难度的挑战。幼儿在完成挑战后，成功的喜悦能激发他们对自己的自信心，对幼儿后续的持续发展有着推动作用。

为了观察幼儿与油桶互动以及探索情况，让观察更有持续性，教师在本次运动中依然提供了四个油桶。经过前几次的尝试，幼儿对油桶的性能已经非常熟悉了，因此在本次的运动中，幼儿自主将油桶融入先前的运动路线中，进行了新的创设。在评价过程中，为了做到更科学，教师利用秒表记录了幼儿每次通过所用的时间，观察到幼儿的运动时长逐次递减。由此认为该幼儿具备了较好的平衡能力，并因此增加了难度。

调整策略：

1. 教师可以用不同的观察方式记录幼儿的运动情况，如便笺、视频、计数、秒表等辅助工具，用直观数据来帮助教师去分析幼儿对运动的兴趣、掌握运动技能的情况以及成长的足迹。

2. 根据本班幼儿腿部力量弱的特点，以点带面，利用小烨的运动经验，带动更多的孩子与油桶互动活动。通过互动增加幼儿锻炼的兴趣、熟悉油桶滚动的功能，生成并开展更丰富的体育锻炼活动，促进幼儿腿部动作的发展。

上述内容都是基于幼儿现有的情况进行阐述，基于现状教师提出了后续幼儿可以怎样发展的期望，基于期望教师制定了后续的调整措施，这也是常用的“可行性支持原则”。将幼儿的发展落于实处，而不是嘴上空谈。在原有的基础上，不断制定幼儿可以达到的目标，这才是幼儿可持续发展的根本。

在运动活动中科学性观察评价幼儿，教师要从多方面进行思考，采用的手段、使用的工具、合理的分析、客观的评价、可持续性的支持。教师有了科学观察评价幼儿的意识，在不断的观察与跟进的过程中，调整自己的支持措施，才能在幼儿运动发展的背后推一把，让幼儿的运动能力更上一层。

参考文献

[1] 中华人民共和国教育部．幼儿园教育指导纲要（试行）[S]．北京：北京师范大学出版社，2011.

大班户外表演游戏开展的优势与指导

（曹婷　上海市浦东新区绣川幼儿园）

摘　要：幼儿的户外表演游戏是一门综合了文字、美术、音乐、舞蹈等多种艺术手段的游戏形式。通过语言、动作、表情等生动形象的表达方式，可以增强幼儿对经典故事的理解和感受，体验到角色扮演的乐趣。此活动是以幼儿语言领域发展为核心，以优秀故事为载体，以表演游戏为主要途径，利用舞台、布景、道具、服饰造型、自然整合艺术、社会等多个其他领域的游游戏活动。

关键词：户外；表演游戏；教师指导

一、户外表演的优势

表演游戏是幼儿喜欢的游戏形式之一，在这个游戏形式中幼儿可以把自己喜欢的经典故事、童话故事甚至是自创的各种故事与同伴一起协商进行改编。在这一游戏过程中，孩子可以扮演自己喜欢的角色，他可以体验故事中的每一个角色，也可以根据自己的理解与需求对情节或者对话进行改编，既可以很好地通过故事中的情节去感受主人公的内心世界，大大丰富了孩子们的情感体验，也增加了孩子们的想象力与创造力，最为重要的是，故事的发展需要小组内孩子们的共同努力，从而增加了孩子们的团结合作沟通能力。

（一）自然场景与表演场景完美融合

室内表演游戏的优势已经如此明确，为何还要拓展到户外去进行这一游戏行为呢？当今孩子们缺乏与大自然亲密接触的机会，同时教室或者活动室空间较小，各组幼儿活动容易互相影响，幼儿园有宽阔的户外游戏场地，更加适宜幼儿进行户外表演游戏。郁郁葱葱的种植园成为孩子们表演拔萝卜场地的不二之选，低矮的灌木丛成为得天独厚小红帽的表演，高高的大树下铺上地垫，活灵活现的野餐场景出现在我们面前。

（二）各大运动器具与丰富的低结构材料成为孩子们的表演助力

在宽阔的场地上，晨间的表演器具也成了孩子们的表演好物，两个彩虹桥横放围圆成了池塘，低矮三角形的攀爬架又成了小动物们的家，孩子们展开丰富的想象力，一切都能成为精彩故事中的一片小景。轮胎、水车、水桶每一样都是孩子眼中不可或缺的宝贝。

户外的小木屋成了孩子们眼中神奇的任意门，一切所想都能在这里得到满足。大大的空间里储存着孩子们的奇思妙想，任何物品都能在里面找到合适的替代物。这里的物品真正让孩子成了游戏的主人，这是在室内表演游戏所不敢想象的。

（三）感受四季的轮换，沐浴阳光，在表演游戏中摆脱温室的束缚

孩子不是温室的花朵，我们鼓励孩子感受四季的轮换，要让孩子在风霜雨雪中体会时间的更替。在大自然中，孩子们的表演会更加精彩。太阳高照的时候，孩子们会自然地衍生出野餐、郊游等游戏情节，当寒冷的冬天来临时，孩子们也会想到《不怕冷的大衣》《雪孩子》等应景的故事。在寒冷的温度下，孩子们表演起怕冷的情节简直就是活灵活现，搓搓小手，跺跺小脚，捂捂耳朵等，都是大自然带给他们的演技提升。并且在开阔的空间里，孩子们呼吸着新鲜的空气，沐浴着阳光，感受着大自然美好的同时，体会着表演游戏带来的快乐。宽

阔的空间也足以让各组之间有足够的空间，不会被互相影响，提升了幼儿感受到表演游戏带来的愉悦感和满足感。

二、户外游戏组织开展的要点

户外表演游戏给幼儿带来那么多的优势，老师在带领幼儿开展组织户外表演游戏的时候有哪些要点要注意呢？

（一）户外分组要有心，强弱结合巧搭档

户外场地十分宽阔，孩子们分散进行游戏之后班级内两个老师无法时刻顾及班级内所有的活动小组。如何避免有小组在游戏中产生矛盾或者问题而无法进行游戏，这在游戏开始的分组就显得尤为重要。

孩子们的分组是自愿的，但是老师可以在平时多鼓励班内能力较强的幼儿与能力稍显薄弱的幼儿进行搭档游戏。这样一来就避免了自然分组时那些能力较为薄弱的幼儿被迫成为一组，在表演游戏的过程中由于各种问题无法开展下去，失去了宝贵的游戏机会。让每一个表演游戏小组中都有一个主心骨，带领着组内的同伴们一起展开丰富的想象力与创造力，带领着组内的同伴们能够在表演的过程中体会快乐与成长。“小老师”般的存在可以帮助组内的表演游戏顺利开展，遇到困难不至于群龙无首而无法推进，总有一股力量推动着大家认真积极参与，让每个人都能体会到表演的快乐。

（二）一日生活皆游戏，室内户外巧结合

户外表演游戏的开展是否顺利，推进是否有深度其实不仅仅局限于在户外表演的时候。任何一个故事的表演成功，离不开前期的准备工作。对故事的理解，角色的分配，计划书的编撰，道具的准备这一系列的前期工作都是一个故事成功的基础准备。这些事情难道只能在户外表演游戏的时候完成吗？

户外场地的特性导致有太多的因素干扰着孩子们的注意力，同时外面也不一定能够让孩子们很好地进行记录制作，因此我们我们应该鼓励幼儿在一天的闲暇时间里把以上的准备工作完善起来。在早上来园的时候鼓励孩子们聚集在一起把表演计划书大致地画一画，那么在户外表演的时候就有了主心骨，也可以在自由活动的时候把故事里的对话与动作再完善一下。甚至在各自回家后可以与家长一起把道具精心制作一番。珍惜这些闲暇时间，完美地做好准备，那么等到户外表演的时候一切都准备就绪，能与同伴们一起布景，精心地进行一场美轮美奂的故事表演了，这时候遇到的问题可以适时地在计划书上进行标记完善，那么每一次的户外表演都能让孩子们体会到游戏的快乐，也能让孩子们成长的印记被真实地留下痕迹。

（三）鼓励幼儿勤创新，精彩故事演不停

户外表演游戏是孩子们表演的乐土，大自然的一切都是孩子们表演的最佳馈赠。户外表演游戏一般时间都比较长，那么如何保证孩子们在表演游戏中一直沉浸其中而不产生厌倦感呢？孩子们难道可以乐此不疲地把一个故事重复演吗？当然这是违背幼儿年龄特征的，那么如何让孩子们打破这一魔咒，让他们沉浸在表演中呢？此时老师的作用尤为重要。在每一次的巡视中，在活动的分享环节中都是尤为重要的。教师可以对各小组提出更高的要求，也可以鼓励孩子们在表演计划书上不停创新，鼓励幼儿在表演活动中创编，让幼儿在熟悉故事和表演的过程中结合自身已有的生活经验，创编出新的角色和情节，教师要善于捕捉幼儿新的创编内容并及时提供材料的支持，促进游戏的进一步发展，提升幼儿的表演游戏经验。

表演游戏是连接幼儿主观世界和客观世界的一条捷径，户外表演游戏完美巧妙地将大自

然这本得天独厚的“教科书”融入其中，带给了孩子更丰富的游戏体验和更全面的成长发展。幼儿园探索户外表演游戏过程，就是让孩子的成长沐浴在蓝天下、阳光和四季轮换中，让他们的童话梦得以编织和实现。

参考文献

中华人民共和国教育部．3～6 岁儿童学习与发展指南［S］．北京：首都师范大学出版社，2012.

大班科学区材料投放的策略

[郭巧芬　福建省厦门市集美区英村（兑山）幼儿园]

摘要：科学区是幼儿开展科学实践探索活动的一个重要阵地，科学区材料的投放是否合理很大程度上影响幼儿探究性学习体验和效果。从目前来看，科学区中材料投放存在不能体现个体差异、幼儿兴趣不高、材料操作性不强、投放后未及时调整等问题。笔者在教学实践中发现：明确活动的目标、投放适宜的材料，在材料的投放上遵循幼儿兴趣、体现探索性、层次性，能够让科学区更能吸引幼儿，实现幼儿自主发展的目的。

关键词：科学区；材料投放；策略

一、目前科学区活动的现状

科学区是幼儿开展科学实践探索活动的一个重要阵地，幼儿自主选择活动内容、活动方式、活动伙伴，操作和探索的过程，对幼儿的发展起着重要作用。实践中，教师发现科学区开展存在着一些问题，比如：材料投放层次单一，不能体现个体差异；幼儿兴趣不高；材料缺乏目的性；材料投放后未及时调整。笔者认为：材料是幼儿发展的载体，幼儿的科学探索需要与材料互动，在不断的操作、摆弄、探索中寻求答案、解决问题，发展思维、创造力以及初步的探究能力。如何投放材料让幼儿对科学区感兴趣，让科学区活动“活”起来，使科学区真正成为幼儿观察、发现、探究的小天地？带着问题笔者展开了一系列的实践研究。

二、创设可探究的环境

《指南》中提到要创设丰富的教育环境，在《纲要》中也指出要为幼儿提供丰富的活动环境，满足他们多方面的需要，使他们获得有益于身心发展的经验。许多相关研究表明：环境是重要的教育资源，应通过环境的创设与利用，激发幼儿参与的兴趣，有效地促进幼儿的发展。科学区的环境创设不应仅仅停留在玩法单一的层面，应该营造一个充满挑战和积极探究的情景，提高幼儿参与探究、观察的积极性，发挥其多样性的作用，凸显趣味性、可探究性，能够引发幼儿的探究欲望、满足幼儿不同的需求和兴趣需要。

（一）空间设置合理化

科学探索需要幼儿比较集中注意力做某件事情，需要较为安静的环境氛围，因此教师在区域规划时要注意科学区的空间设置上考虑并选择比较安静的角落。但是还要注意因地制宜，对于光影的探索、自然物的观察、沙水等物质的探究可以根据其特性选择暗房、户外自然角、邻近水源的地方等合适的场地开展活动。

（二）环境布置有规划

科学区环境创设方面，教师应根据需要事先对墙面的布置进行规划，凸显墙面利用的多样性。在实践中，我们把科学区环境布置划分为互动墙、步骤图展示墙、“我发现的问题”展示墙、幼儿“收藏品展览柜”等，让科学区环境不仅能与幼儿互动起来，还能有步骤图的提示、收集幼儿问题及其探索和发现。

比如，教师可以幼儿近期感兴趣的话题“星空”“隧道”等创设了“时空隧道”神秘背景的墙面环境，幼儿在墙面拼摆机器人、房子、车子等造型；可以用纸卷、矿泉水瓶、水管等各种材料在这里设计、拼接轨道。并尝试、探索让不同的球体通过自己设计的轨道；除此之外，墙面还张贴了许多幼儿不同活动照片的缩小图，还可以选择望远镜、放大镜等观察墙体上的小图，向同伴介绍自己看到的图片内容并让其找出相应的图片再进行核对，真正实现了一墙面多玩法。

三、投放适宜的材料

（一）材料遵循幼儿兴趣

心理学家布鲁纳认为：有兴趣的材料是学习最好的刺激。想要让科学区能够吸引幼儿的参与，教师提供丰富、有趣的材料是非常关键的。材料的趣味性能激发幼儿参与活动的动力，激发幼儿的好奇心、认知兴趣和探索欲望，吸引幼儿进行操作，并保持探究的热情和积极性，在与材料互动中长时间地进行探索，使每一个幼儿都能在科学区中找到创造发挥的空间，更好地发展幼儿的探究能力。

比如，教师在一日活动中捕捉到幼儿对镜子、水、风车、小动物等特别感兴趣，教师发现这些材料中所蕴含的教育价值，将其设计为幼儿的科学探究活动，投放了“好玩的镜子”“有趣的喷泉”“风车转”“可爱的蜗牛”等材料。教师平时要注意观察、捕捉发现幼儿的兴趣点，还可以通过家园联系的方式，从家长那里获取幼儿感兴趣的事物，了解幼儿对哪些事物和现象感兴趣并进行价值判断，将其拓展成为科学探究活动，使幼儿获得相应的科学经验。

（二）材料体现探索性

动手探究是幼儿满足好奇心，找到问题答案的必由之路，是幼儿探究的真正开始。根据《指南》科学探究子领域的要求，探究既是幼儿科学学习的目标，也是幼儿学习科学的途径，幼儿要具有初步的探究能力。科学区的操作探索活动为幼儿学习寻求答案、解决问题提供了机会，为幼儿获得知识、提高能力提供了可能。教师提供富有探索性的材料时，幼儿会感到好奇、兴奋，试图通过各种动手动脑方式与材料互动，并有交流的愿望和冲动。

比如：教师发现幼儿近期对幼儿园操场上的风车非常感兴趣，在科学区一角中提供纸、剪刀、双面胶、吸管、笔等制作风车的材料，幼儿可以根据步骤图动手制作并探索制作的风车能转吗？怎样让风车转起来？怎样让风车转得更快？从中发现风车转动与风力、风向的关系等，在区域活动的分享环节，幼儿在集体面前分享自己的发现，这其实就是一个科学探究的过程。像这样制作性的材料，蕴藏着非常值得幼儿探究的小学问，教师为幼儿提供了一个充分发现问题、探索、讨论、解决问题的空间，调动了幼儿的积极性、主动性，让幼儿在制作、探索、解决问题中运用感知经验主动建构新知识，幼儿间共同学习，提升经验，发展了自身的探究能力。

（三）材料体现层次性

材料是幼儿学习和探索的刺激物中介和桥梁；是教师引发支持幼儿探究，实现教育目标和内容的载体。在投放科学区材料时，教师在依据目标投放材料时，还要考虑到材料要能够满足每一个幼儿的需要。教师设计的材料，在适合班级幼儿发展水平的基础上，还要考虑要能符合不同发展水平幼儿的需要。设计时尽可能设计难易程度不同、功能不同的操作材料。只有这样，在同样的年龄班中，相同的知识点，由于材料难度、功能的不同，让每个幼儿都能够按照自己的需求与材料互动，充分发挥每一个幼儿的自主性，体现教师的因材施教。

如：在电的游戏中，教师可提供各种电动的玩具车、船、飞机等玩具和电池，让幼儿尝试安装电池，让玩具动起来，感受电池的正负极，并懂得正确安装；再者提供灯泡、几节电池、电线、塑料线、毛线等材料，让幼儿操作、探索如何使灯泡亮起来，在操作的过程中发现，想要让灯泡亮起来除了要正确安装电池外，还要用电线将电池两极与灯泡相连才会使其发光，在这里进一步了解了电线可以导电；教师还可以提供难一点的操作材料，比如“电子积木”，让幼儿进一步探索，初步感知电路，尝试自己创造连接的方法，对电路感兴趣，体验成功的快乐。

四、教师适时的支持（适时的师幼互动）

科学区活动特别注重幼儿自主能力、探索能力的发展和培养，一旦幼儿在游戏活动中出现停滞不前、遇到困难想要放弃或出现争论时，需要教师适时地创设环境、提供材料、及时引导，或给予精神上的鼓励支持幼儿继续游戏、深入探究，促进幼儿从中获得发展。

比如磁铁迷宫游戏中，教师用磁性原理设计走迷宫游戏，幼儿通过游戏了解磁铁属性的感性认识，他们兴奋地探索、交流自己的发现，为了增加材料的趣味性，教师增加木片、铁片、铝片、纸片等材料让幼儿继续探索，由于探索存在一定的难度，幼儿开始失去耐心，这时教师以“我们一起再来试一试”“想想还有什么办法”，适时引导、鼓励幼儿，并降低操作的难度引导幼儿继续操作，在幼儿探索过程中遇到技能上或超出能力范围的难题时，需要教师适时引导。除此之外，幼儿遇到的困难在其能力范围内经过努力能够解决的，作为教师要有“静待花开”的心境，有时候等待比帮助更加可贵。

通过实践我们发现，要提高幼儿参与科学区活动的积极性，教师应从环境的创设、材料的投放、教师适时指导等方面来入手。让幼儿与其发生积极的作用，才能让幼儿喜欢上科学区，乐于探究，并大胆尝试多种方法解决问题，让幼儿从中获取有益的知识和经验，真正发挥科学区的作用。

参考文献

[1] 施燕．学前儿童科学教育［M］．上海：华东师范大学出版社，1999.

[2] 吴晶．幼儿园科学区材料的投放方式与效果的研究［J］．盐城教育协会，2014（3）.

[3] 肖蕾．大班科学区材料投放的原则［J］．现代幼教，2005（5）.

[4] 陈慕．动脑、动手，为孩子打造科学小天地［Z］. 基础教育学习心得.

[5] 潘青华．幼儿园科学区操作材料投放的策略［J］．小学科学教师版，2012（4）.

[6] 曹宇．幼儿园科学区角材料投放及使用研究［J］．幼儿教育（教育科学版），2006（11）.

[7] 温秀琴．主题活动背景下科学区材料投放的现状与对策［J］. 教育导刊（课程与教学），2014（8）.

[8] 魏丽辉．浅谈幼儿园科学区域活动材料的投放［J］．治学之法，2013（10）.

[9] 陶慧．浅议科学区角中活动材料的有效投放［J］．幼教天地，2004（17）.

[10] 周芙蓉．在科学区促进幼儿主动探究的指导策略［J］．小学科学‘教师版’2014（5）.

小班幼儿生活自理能力培养的有效策略

（马雅丽　陕西省汉中市南郑区实验幼儿园）

摘　要：幼儿自理能力首先是幼儿作为一个社会人的必备的基本能力，从短期来看可以发展幼儿的手眼协调能力、发展幼儿的手部的小肌肉及精细动作、建立幼儿的秩序感等，从长远来看，孩子自理能力的形成，有助于培养幼儿的责任感、自信心以及自己处理问题的能力，对幼儿今后的生活也会产生深远的影响。幼儿园教师可以利用集体活动教学法、生活活动游戏法、游戏活动操作法、家园携手合作法等方式来培养幼儿的自理能力。进而使幼儿在童年能够健康快乐、信心满满地成长，为孩子一生奠定坚实的基础。

关键词：自理能力；教学法；游戏法；操作法；合作法

我国现代著名教育家、儿童心理学家和儿童教育专家、幼儿教育的奠基人——陈鹤琴先生曾经说过："一切活动，凡是儿童能够自己做的，都要让他自己做。做了就与事物发生直接的接触，就能得到直接的经验，就知道做事的困难，就认识事物的性质。"他还说："孩子要自己做，自己生活，自己从中得到快乐，从做中获得各种知识，学习各种技能，是做孩子的权利。"《幼儿园教育指导纲要（试行）》也明确指出，幼儿园教育的任务，是要为幼儿的一生发展奠定基础，而幼儿独立的生活自理能力和良好习惯的培养，对其一生的发展意义重大。《幼儿园教育指导纲要（试行）》在健康领域中明确提出：幼儿要养成良好的生活、卫生习惯、有基本的生活自理能力。在《3～6 岁儿童学习与发展指南》中的健康领域也明确提出了教育建议：鼓励幼儿做力所能及的事情，对幼儿的尝试与努力给予肯定，不因做不好或做得慢而包办代替；指导幼儿学习和掌握生活自理的基本方法，如穿脱衣服和鞋袜、洗手洗脸、擦鼻涕、擦屁股等的正确方法。

一、幼儿园小班孩子自理能力的现状

现在的家庭最多只有两个孩子，从孩子出生到上幼儿园家里差不多有 2～4 人轮流照顾，真可谓过着衣来伸手饭来张口的日子。然而，孩子入园以后就会失去"众星捧月"的优越感，需要孩子有独立生存的基本能力、照顾自己的能力，也就是所谓的自理能力。然而现实的状况却是：很多小班孩子吃饭时不会自己吃，需要别人喂饭才能将饭吃到嘴里；吃完饭一张小油嘴就会嘟到老师跟前；上完厕所不知道提裤子，更不知道便后洗手，常常是半拖着裤子从卫生间出来请老师帮忙擦屁股、提裤子，更有甚者直接尿或拉在裤子里；午休时不会穿脱衣服、鞋袜，不会扣扣子，不会拉拉链的数不胜数。因此，很多时候即便是班上有三位老师也忙得满头大汗，尤其是在小班刚开学的时候。因为小班的孩子是从家庭过渡到社会的第一步，因此小班幼儿的生活自理能力的培养显得尤为重要也迫在眉睫。

二、培养小班幼儿生活自理能力的有效策略

家庭和幼儿园是培养幼儿生活自理能力的两个重要场所，这两者的教育直接影响幼儿的生活自理能力提高及习惯的养成。因此，要想真正地培养并提高幼儿的生活自理能力，幼儿园与家庭必须做到一致。

（一）家园携手合作法

1. 思想统一、要求一致

首先，在新生幼儿入园前召开新生家长会，一方面通过问卷的方式调查幼儿没有入园前的自理能力情况，另一方面以实际情况和经验以及《幼儿园教育指导纲要》和《3～6岁儿童学习与发展指南》为准绳向家长们宣传关于培养幼儿自理能力的重要性。让家长从思想上有所了解和重视。其次，向家长提出小班幼儿入园以后对自理能力的要求；最后，给出对于幼儿自理能力培养的家庭策略指导和建议。

2. 步调一致

开学以后教师根据班级情况安排对于幼儿喝水、吃饭、如厕、盥洗、午休、穿衣等做统一细化要求，并通过微信、家长群、发放通知、个别交流等方式及时告知家长这些活动的要求和目标，请家长在家也以同样的方式方法来帮助孩子、配合教师在这一时刻共同完成这一件事。

（二）集体活动教学法

1. 在集体教育活动中激发幼儿生活自理的意识

活动时运用各种图片、视频等让幼儿进行观察比较（能自理的与不能自理的），建立并巩固幼儿的生活自理意识。让幼儿在比较中提高对自理行为的认识。同时通过有趣的儿歌来感染、引导孩子、激发孩子，启发他自己去想，自己去做，给他主动的机会。例如，在教孩子洗手时，引导幼儿先学习了洗手的过程儿歌："卷起袖、淋湿手，抹上肥皂搓一搓，搓手心、搓手背，流动水里冲一冲，甩一甩、擦一擦，我的小手真干净。"在学习儿歌的同时，请幼儿跟着老师一起做，之后再请幼儿来到盥洗室一边说儿歌，老师一边逐个指导。这样，孩子就在愉快有趣又轻松的环境中学会了自己洗手。

2. 耐心的示范讲解和图示提醒帮助幼儿巩固正确的自理方式

小班孩子的思维方式和特点就是需要成人为其树立榜样，并且给予正向的语言引导和肯定才能促其在学习中有所收获和提升。如：教孩子学穿外套的步骤：（1）拎（拎衣领）；（2）甩（向后甩）；（3）拉（向前拉）；（4）伸（伸衣袖）。裤子、鞋子用看一看、找一找的游戏方法分清前后、左右，再学习穿的方法。这样孩子们就会很快掌握穿外套的方法。同时，为了时刻提醒孩子，我将穿外套、裤子、鞋子的步骤以路线图片的方式展示在娃娃家的墙面上，让孩子能用自己的已有水平再次学习。对于孩子如厕的方法也将它制成了流程图贴在卫生间的墙面上，在孩子不熟悉的时候可以有效地指导他们完成这件事，假以时日就成了一种良好的习惯。同时，当孩子把这些事情做好了教师可以及时给予肯定和赞扬，激发幼儿自我服务的信心。

（三）生活活动游戏法

有教育学家提出在幼儿园，"一日生活皆课程"，近年又提出了让课程游戏化的目标。那么就应该让幼儿的生活自理能力的培养成为幼儿游戏的一部分，使幼儿寓教于乐，达到事半功倍的效果。例如，在小班幼儿入学一段时间之后，为了检测前一段时间幼儿自理能力的达成度，我设置了这样的游戏：午休起床幼儿比赛穿衣裤及鞋子，然后如厕、盥洗，最后吃点心这样一个过程。我将它设计成了：勇士全副武装奔前线—完成任务—获奖赏的情境游戏。结果，幼儿不仅仅兴趣浓厚，而且也尽其所能展示了他们最快速度和最高的效率，也让孩子通过活动有了自我能力提升和互相学习的机会，还极大地激发了幼儿的自信心、树立了幼儿的成就感。

（四）游戏活动操作法

在幼儿园里，区域活动是对生活的再次投射，幼儿在区域可以自主地选择，在遵守规则的前提下可以自由地操作。通过开展区域活动不仅考察的是幼儿的动手能力，对于幼儿自理能力更是一大考验。所有的区都要求孩子能够收纳整理，这就考验了幼儿对于玩具的整理能力。尤其是角色游戏——娃娃家，在这里他们通过角色的扮演、任务的分工，体验在模拟的生活环境里各自应具有的生活能力和应具备基本的责任意识。例如，娃娃家的妈妈要负责给娃娃喂饭、爸爸负责给娃娃洗澡换衣服等，游戏结束后还要共同“整理家务”等，这些都是生活的一个再现，同时也是以游戏操作的方式发展了孩子多方面的自理能力。

成人为了孩子的成长应尽可能地为其提供有利的条件促其发展。在小班幼儿自理能力的培养这件事上家长和教师更应该相互支持、协作和配合，为了让孩子成为一个健康、独立、自信、有责任心的社会人而尽自己最大的努力贡献力量！

参考文献

［1］陈鹤琴．家庭教育［M］．上海：华东师范大学出版社，2006．

［2］中华人民共和国教育部．幼儿园教育指导纲要（试行）［S］．北京：北京师范大学出版社，2001．

［3］中华人民共和国教育部．3～6岁儿童学习与发展指南［S］．北京：首都师范大学出版社，2012．

提升幼儿自我服务能力的策略研究——以深圳市 Y 园中班幼儿值日生工作为例

（严河　广东省深圳市罗湖区粤海城幼儿园）

摘　要：自我服务能力是个体在社会中生存需要具备的基本能力，提高幼儿的自我服务能力，对幼儿生理的健康发育、良好品质的培养都有着重要的作用。但从日常观察中，教师发现，中班幼儿有极强的自我服务和服务他人的意识，但自我服务和服务他人的能力还需提升。因此，教师通过开展和完善幼儿值日生工作来帮助幼儿提升自我服务能力，培养责任心、坚持性等良好品质。

关键词：自我服务能力；值日生；中班

一、问题提出

陈鹤琴提出："凡是儿童自己能做的，都应当让儿童自己做。"在幼儿园一日生活流程中，我观察到幼儿喜欢提醒、帮助他人，也喜欢做老师的小帮手。于是我经常鼓励幼儿做力所能及的事情，去服务自己、帮助他人，但是在这个过程中，经常会发生"争抢"和矛盾，幼儿都抢着去做同一件事情，"我来帮你""老师明明是叫我来帮忙的""老师我也要去帮忙"等话语时常出现，这就会造成班级常规混乱。为什么会出现这样混乱的情况？如何更好地鼓励幼儿服务自我、帮助他人？

在这样的思考下，我们决定在班级开展幼儿值日生工作，鼓励幼儿做力所能及的事情，提升幼儿的自我服务能力，帮助幼儿"各司其职""各展其能"。

二、幼儿开展值日生工作的现状分析

班级开展值日生工作，幼儿自主选择自己喜欢的值日工作，如果没有特殊的情况值日工作坚持一周，每周轮换一次，如果实在是坚持不下去，可在征求找其他幼儿的同意后，更换值日工作。在班级开展幼儿值日生工作的过程中，我发现了以下三个问题。

（一）部分值日工作无人做

案例一：心心（均为化名）第一周选了搬花的工作，在第一天搬完花后，心心说："搬花好累啊，我们教室的花太多了！"第二天，心心接着进行搬花工作，在工作结束后，和我说："老师，为什么我们教室有这么多花啊？"在接下来的三天中，心心继续她的搬花工作，在工作结束后，都会"吐槽"教室的花太多了。在第二周选择值日工作的时候，心心换成了端饭的工作。在第三周选择值日工作的时候，心心依然选了端饭的工作。一直持续到现在的值日工作，心心都没有再次选择搬花的工作。在后续的观察中，我发现搬花的工作从一开始的满员，慢慢开始少人，而搬花的值日生也总是一些熟悉的面孔。

在开展值日生工作的过程中，幼儿在体验过值日工作后，如果觉得不喜欢就不再去选择这一值日工作，可能是因为太累了，也可能是因为没有从中获得成就感，比如搬花的工作，总会留有一些空位等待着它的主人。

（二）部分幼儿值日易倦怠

案例二：这一周，皓皓选择了扫地的工作，工作的第一天，吃完午饭后，皓皓兴高采烈地去拿扫把扫地，其他小朋友进行餐后散步的活动，皓皓、玮玮留在教室里面扫地和拖地。第二天吃完午饭后，皓皓开心地跟着“大部队”一起散步，教室里只有玮玮一个人在拖地，顺便承担了扫地的工作。在工作时，玮玮跟我说：“今天皓皓是扫地的值日生，可是他不见了，只有我一个人扫地拖地，天哪！”第三天，在老师的提醒下，皓皓进行了扫地的工作，但是他跟我说：“老师，我不想扫地了，我可以换别的工作吗？”我和皓皓沟通后得知是因为觉得扫地太累了，所以不想扫了。于是我安慰和鼓励了皓皓，并希望他可以坚持，最后皓皓坚持完成了扫地的工作。

（三）部分值日工作不明确

案例三：这一周，诚诚是修剪叶子的值日生，修剪叶子的工作时间是在区域活动期间，工作内容是修剪掉枯黄的叶子。诚诚一开始不知道自己的工作时间和具体工作内容，于是开始的前两天都没有进行值日工作，在老师的提醒下，诚诚了解了工作时间和工作内容，坚持完成了修剪叶子的工作。

这个问题的出现是因为在开展值日工作的初期，教师没有向幼儿提前说明和明确值日工作的工作时间和工作内容，所以幼儿对于部分值日工作的要求不明确。

三、提升幼儿自我服务能力的策略研究

（一）新手上岗，明确职责

在开展值日生工作初期，教师应和幼儿明确三问：“值日生是什么？”“值日生干什么？”“值日生怎么干？”

因此，教师首先要完善班级值日生工作的环境创设，然后要和幼儿一起明确值日生工作的规则和要求，环境创设应包括值日生标志、值日生牌等，值日生版面应内容明晰、富有童趣，并置于班级显眼的位置，便于老师和幼儿一同开展值日生工作。如我们班的值日生版面包括了值日工作的简图、每项值日工作规定的人数，以及每位幼儿的值日牌。值日工作的简图可以让幼儿简单明了地了解这项值日工作需要做什么，每项值日工作后面都粘了所需对应值日人数的挂钩，以此幼儿就能清楚明确这项值日工作需要多少人去完成，还可以邀请自己的伙伴一起完成这项值日工作，在这个过程中促进同伴交往。

图1就是我们班的值日生版面，我们挂在进门一侧的墙上，幼儿每天一进班级就可以看到，并且能够提醒幼儿记住值日工作。我们的值日工作与班级实际需求和幼儿的发展水平相契合，分别是：“搬花”——入园时把花搬进教室，离园时把花搬出教室；“端饭”——午餐、午点时帮助分饭；“整理玩具”——区域活动结束后，帮助整理区域材料；“拉窗帘”——午睡前后把窗帘拉好；“收卡”——离园前整理计划卡和心情卡；“修剪叶子”——修剪枯萎的叶子；“擦桌子”——进餐前用毛巾清洁桌面；“提醒戴口罩”——在需要戴口罩的时间，提醒同伴戴好口罩；“扫地”——餐后扫地；“拖地”——餐后拖地；“整理图书”——阅读后将图书摆放整齐；“收毛巾”——离园前把所有毛巾收进盆子里。

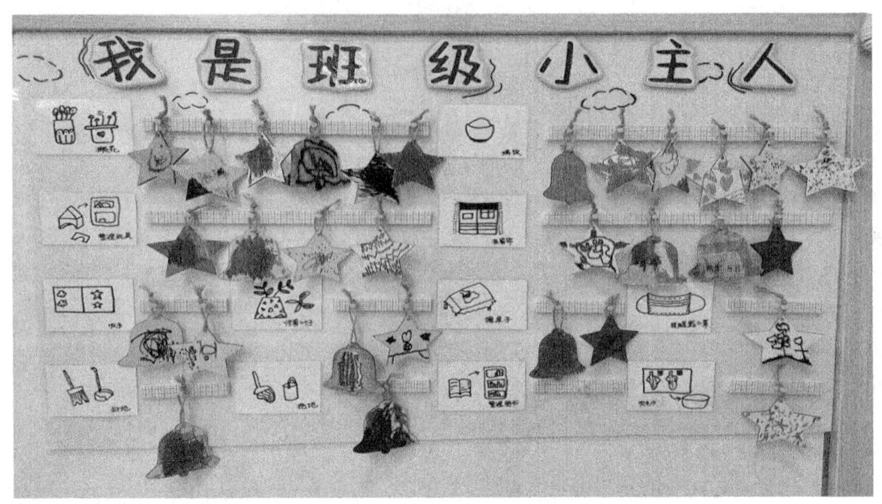

图 1　深圳市 Y 幼儿园中二班值日生版面

（二）积极鼓励，正面评价

《幼儿园教育指导纲要（试行）》《3～6 岁儿童学习与发展指南》均明确提出鼓励幼儿做力所能及的事情，对幼儿的尝试与努力给予肯定。幼儿有归属和爱的需求，他们在集体中希望得到认可、被接纳，幼儿值日生工作是幼儿为集体服务的活动，幼儿开展值日生工作时，幼儿能够做自己力所能及的事情，在生活环节中帮助其他小朋友，从而获得友情、尊重，感受到归属和爱。因此，开展幼儿值日生工作能够帮助幼儿与他人形成良好的互动，促进同伴交往。在幼儿值日工作倦怠的时候，教师应鼓励幼儿参与值日生工作和坚持。

幼儿喜欢成功的体验，有获得尊重的需要，幼儿教师和家长对儿童的值日生活动进行积极的评价，能够让幼儿有荣誉感，并且能够帮助他们增强自己的自信心、自尊心以及责任感。正面的评价起到激励、导向的作用，还能帮助幼儿提高自信，相信自己有能力坚持完成值日生的工作。因此，幼儿教师和家长在幼儿开展值日生工作时应给予幼儿积极正面的评价，帮助幼儿获得尊重，建立自信心，培养责任感，以及提高坚持性。

（三）知行合一，与时俱进

值日生工作应该包括教师的教、幼儿的学和幼儿的做，三者是同一过程，教师应加强对幼儿值日生工作的教育指导，尤其是在值日生工作开展过程中及时发现问题，帮助幼儿解决问题和拓展经验，教会幼儿“如何做”的同时还要帮助幼儿“如何做得更好”。

幼儿在做值日生时也是在学习和发展相关的能力，积累相关经验。教师和幼儿一起明确值日生工作的规则以及要求后，规则和要求并不是一成不变的，在幼儿实践的过程中也应“与时俱进”，不断根据班级实际情况和幼儿开展值日情况来完善值日生规则。

开展幼儿值日生工作应当考虑到幼儿的实际能力，从他们力所能及的事情出发；另外，这些内容大多与集体活动和一日流程密切相关，幼儿开展值日工作时，是在实现自我管理、自我服务的基础上学会如何更好地为他人服务。在这个过程中，幼儿能够学会尊重和感谢他人的劳动成果，在坚持做事的过程中，增强自己的自信心、自尊心以及责任感。因此，教师要保证幼儿值日生工作的内容既是幼儿力所能及的，又是能帮助幼儿实现全面发展的。

四、我的思考

幼儿值日生工作贯穿幼儿园一日生活流程始终，幼儿值日生工作能让幼儿充分地展开自己对周围环境的主动参与和探索。教师要以积极的、发展的眼光看待幼儿，对幼儿进行正面管教、积极引导强化幼儿的积极行为。陶行知先生曾说："吃自己的饭，滴自己的汗，自己的事自己干。"通过开展值日生工作，我们尽力为幼儿提供自我服务的机会和条件，让幼儿在整体性的生活情境中解决真实的问题。生活即教育，值日生工作为幼儿提供了直接感知、实际操作和亲身体验的机会，在帮助他人、服务自己的过程中，幼儿的自我管理能力、劳动服务意识、责任心和坚持性、合作协商能力、独立工作的能力还有语言表达能力都得到了发展和提升。因此，在一日生活流程中开展和完善值日生工作对幼儿自我服务能力的提升有一定的作用。

参考文献

[1] 教育部. 幼儿园教育指导纲要（试行）[S]. 北京：北京师范大学出版社，2001.
[2] 李丽娟. 幼儿园儿童值日生活动的研究 [D]. 华东师范大学，2019.

幼儿园新手教师职业适应的困境与对策研究

（贾月沛　四川省成都市双流区怡心第七幼儿园）

摘　要：职业适应是教师专业发展的基础，对于幼儿园新手教师而言，在这个阶段会遇到各种各样的困境，这些困境会影响他们的专业能力发展。本文主要分析和探讨了幼儿园新手教师在职业适应过程中会出现的各种困境，以及这些困境产生的主要原因，提出相应对策，希望可以帮助幼儿园新手教师更加顺利地适应幼儿教师这一职业，实现专业发展。

关键词：幼儿园；新手教师；职业适应；困境；对策

研究发现，幼儿园教师的成长历程可以分为几个阶段，而新手阶段作为其专业成长历程中的第一步，是影响幼儿园教师职业发展的重要一步。“新手教师”，在国内外研究中也称为“初任教师”，主要指走上工作岗位3年以内的教师。每一位幼儿教师初为人师时都对未来充满着向往与憧憬，但是由于对幼儿园工作内容的不熟悉，可能会感到困惑和无所适从。

一、幼儿园新手教师职业适应的困境

（一）职业角色转换受挫

一般来说，绝大多数幼儿园新手教师都是刚毕业的师范生，此时的他们刚来到幼儿园教师的岗位之上，由学生转变为教师，才发现现实中的工作要求和他们所憧憬的并不同，不仅需要组织好半日活动，还要做案头撰写的工作。对比熟手教师的“从容有余”，新手教师有时还会出现花费了大量时间但效率低下的情况，因此时常会对自己能否成为一名专业的幼儿教师而感到紧张、焦虑，甚至开始怀疑自己是否能够很好地胜任这份工作，导致入职一段时间后依然无法转变自己的角色。

（二）有序带班存在困难

幼儿园一日生活环节众多且需保教结合、兼顾幼儿的安全与能力发展，每个环节都需要教师清晰的指令与重复的提醒，特别是小班幼儿听指令能力和自理能力弱，大部分幼儿需要帮助，教师时常面临幼儿未按指令执行、幼儿打闹致伤、环节拖沓不紧凑等问题，有时还要应对各种各样的突发状况。新手教师往往在一日活动各个环节的组织上感到困难重重，在烦琐的日常生活照料中感到身心俱疲。

（三）无法开展有效的游戏观察

首先，难以选择合适的观察对象，例如，如果做定点观察，就很难关注到全体幼儿的游戏情况，如果做全面观察，又不能对个别幼儿的游戏进行深入观察；其次，对观察目标的设定存在困难，不知道该选择游戏的哪一项指标进行观察；再次，对游戏观察记录存在宽泛、主观和来不及记录的情况；最后，对幼儿游戏行为的分析比较浅显，不能通过幼儿的行为剖析幼儿的现有水平和最近发展区。因此，对新手教师来说，如何有效地进行游戏观察是很大的挑战。

（四）不能妥善处理与家长的关系

怎样妥善地处理好与家长的关系同样也是幼儿园新手教师面临的挑战之一，如果处理不当甚至会影响到新手教师工作的开展。特别是当幼儿在幼儿园发生意外时，新手教师的第一反应通常都是慌乱，不知如何去解决，只能急忙联系主班教师，再在主班教师的指导下与家长沟通，才能妥善处理。此外，有的新手教师缺乏自信，往往不愿或不敢和家长交流，只能勉强交流几句，而这样往往会导致双方关系的疏远，影响教育质量。

（五）幼儿教育理论与实际脱节

很多新手教师在进入幼儿园后，往往会发现理想与现实之间存在巨大差距。尽管他们在师范院校中接受过系统的专业学习和训练，也具备一定的幼儿教育理论知识和实践经验，但在幼儿园实际工作中，新手教师往往存在知道该怎么做，但由于受各种主客观因素的影响，做出一些违背教育原则的行为的情况，如在处理幼儿之间的矛盾时，新手教师常常会使用强硬的方式来处理问题，这对幼儿身心健康和个性发展都会产生不良的影响，还会影响师幼互动。

二、幼儿园新手教师职业适应困境的影响因素分析

（一）新手教师的年龄经验不足

新手教师大多刚刚从师范院校毕业，他们年龄较小，为人处世的方式方法有待积累和学习，缺乏教学经验，对幼儿园教师角色的多重性缺乏清晰而准确的认知。在学校的时候，虽然也会进行实训，但这往往与现实工作中的情况大相径庭，一旦出现突发情况，他们就会束手无策，更别提灵活应对了。

（二）外出学习和交流的机会少

外出交流学习，无论是听讲座还是观摩学习，都是提高自己、积累经验的好机会。有时，参加一次专家讲座可能比努力工作几个月更有收获。然而，作为新手教师，由于对班级规范和幼儿习惯还不够了解，他们还需要做好岗位学习的工作，很多时候外出学习交流的机并不会来到他们身边，从而减少了对幼儿园工作进行深入了解和解困的机会。但对于一些有经验的幼儿园教师来说，代表幼儿园去学习交流却是常有之事。

（三）入职培训内容和手段存在不足

调查研究表明，大多数新手教师都参加过园里组织的入职培训，但只有少数几次，而且培训的内容大多都是理论知识，具体的教学实践很少，培训的方式也主要是师徒制，有的指导教师不能理解新手教师刚步入教学岗位所面临的困难，从而无法有效帮助新手教师解决实际困难。而且很多幼儿园在没有了解新手教师真正需求的情况下就盲目将主班教师与新手教师结为师徒，指导内容没有针对性，新手教师表示无法从中获得有效的学习，对自己的职业适应起不到任何作用。此外，有些幼儿园甚至采取放任新手教师自由发展的态度，致使新手教师在专业发展的道路上没有获得有效的帮助。

三、解决幼儿园新手教师职业适应困境的对策

（一）新手教师自我应对策略

1. 进行积极的心理调适

新手教师首先要学会接纳自己的现状，明晰自己作为一名新手教师的身份，放平心态，不要给自己过多的压力，特别是在校期间非常优秀的新手教师，更要学会树立清零意识。

2. 主动观察模仿熟手教师

无论是带班、游戏观察还是家长工作，在已有经验不足的情况下，模仿熟手教师的工作方法和思路是新手教师最快上手并适应幼儿园工作的有效策略。相对新手教师而言，熟手教师的带班指令有趣、简洁，幼儿喜欢听、听得懂，并且通过与大量家长的沟通协调，熟手教师积累了与不同气质类型家长的沟通方式与技巧，这些都是新手教师需要认真观察学习、模仿积累的。

3. 认真反思并内化提升

当然，新手教师要想摆脱职业适应困境，不能只停留在观察模仿熟手教师，还应认真反思、内化提升。当前，反思已被广泛认为是教师成长的重要手段。因此，新手教师要学会巧妙运用“反思”，善于从每一件普通的教育事件、每一天的教育活动和组织管理中总结经验，认真反思并记录所遇到的问题，得出不足之处，及时补充基本理论知识，寻求解决办法，一步步提升自己的专业能力。

（二）幼儿园支持策略

1. 提供有针对性的入职培训

为了让新手教师尽快地适应自己的工作环境，并全身心地投入教育教学工作，幼儿园应该提供有针对性的、适合新手教师现阶段专业发展的入职培训。例如，在师徒结对中加强指导教师的遴选，选择认真负责、教育教学能力较强的教师来担任指导教师。此外，为了帮助新手教师更好地适应职业需要，幼儿园应该因材施教，进行专业技能培训，进一步提高他们的专业能力。

2. 设置轮班跟岗学习

幼儿园可以设置新教师轮班跟岗学习制度，让新教师在入职第一年分别在三个年龄班、同个年龄段不同班级轮岗，帮助新手教师在较短时间内熟悉小、中、大三个年龄段幼儿的发展特点与一日活动安排，了解同一个年龄段不同班级的区域、集教、生活、游戏、体育等各类活动的开展情况，更全面地掌握各类活动的组织要求，明晰教师的角色定位，学习熟手教师有效的教育策略。

3. 提供更多的发展机会和平台

幼儿园作为新手教师入职后专业成长的一个重要环境，应为其提供发展机会和平台，以帮助新手教师尽快度过职业适应期并获得专业成长。幼儿园可以举办各种形式的教育评比活动，如说课、教案撰写、教育教学、教师技能等，让新手教师在良性的竞争中认识自我，并提高自身的专业技能，从而增强他们的职业认同感和自信心。此外，还可以多为新手教师提供外出学习的机会，让新手教师多走出去，参观和学习优质园的办园经验，向那里的优秀教师学习教育教学经验。

综上所述，解决幼儿园新手教师的职业适应困境，既需要新手教师发挥自身的主体作用，树立积极的心态，积极主动地向有经验的熟手教师学习，在积累中不断沉淀、调整自我，又需要幼儿园提供有效的支持，提供有针对性的入职培训和学习机会，建构起一个高效的教师发展支持体系，从而不断提高新手教师的教育教学水平，提高自我效能感。

参考文献

[1] 包桂馨．幼儿园新手教师专业发展困境的现状与解决策略研究［J］．好日子，2021（21）：0288.

[2] 张园园．幼儿园新手教师入职适应状况调查研究［J］．科教导刊，电子版，2014（32）：19—1928.

[3] 林瑜．幼儿园新教师成长过程中的问题及对策［J］．小学科学，教师，2011（7）：16—17.

［4］肖英娥，徐雅娟，薛莲．幼儿园新手教师入职适应问题的个案研究与理论建构［J］．教育探究，2022，17（6）：8—1418.

［5］许佳佳．幼儿园新手教师职业适应性问题及对策分析［J］．齐齐哈尔师范高等专科学校学报，2019（6）：7—9.

［6］余丽丽．“师徒制”在新手幼儿教师培养中的问题及策略研究［J］．教育教学论坛，2018（40）：273—274.

［7］韦正秀．促进幼儿园新手教师职业适应的策略分析［J］．山海经（教育前沿），2020.

优化教研体系，创新教研模式——以 S 幼儿园园本课程教研为例

（肖静　重庆市江津区实验幼儿园）

摘　要：园本教研是幼儿园最常见、最基本、最直接有效的促进幼儿教师专业发展的一种途径。然而在实际的工作中，存在部分教师教研活动参与性不强、积极性不高、教研活动实效性有待加强等问题。究其原因，部分教师“被动参与”教研活动，对教研模式、任务接受度不够高。因此，本研究通过优化教研体系，创新园本教研模式，提高教师参与教研活动的积极性，切实提升教研活动的实效性。

关键词：园本教研；优化；创新

一、概念界定

园本教研：以幼儿园全体教师为主体，以提高保教工作质量和教师素质为目的，以保教工作中实际问题的研究为内容，以多种形式的教研活动为途径的各种园本教育研究活动的总称。

二、园本教研的必要性

园本教研是幼儿园最常见、最基本、最直接有效的促进幼儿教师专业发展的一种途径。幼儿教师通过参与园本教研于自身和学习而言都有着重要的意义。

（一）教师

1. 学习专业理论，转变教师思想观念

园本教研活动以《3～6 岁儿童学习与发展指南》《幼儿园教育指导纲要》《幼儿园工作规程》等理论为支撑，教师学习系统专业知识不断更新幼儿教育理念。如：《指南》的核心和目标是为幼儿后续学习和终身发展奠定良好素质，促进幼儿德、智、体、美、劳各方面的协调发展。现在依旧以适用于幼儿集中活动和一日生活的各个环节。

2. 强化教师专业素养，磨炼教师专业技能

常规教研活动以磨课、献课、评课形式出现，能极大地提升教师的专业技能，在一次次的磨课过程中，发现自己的不足，挖掘自己的潜能，将自己的优势放到最大。磨课是青年教师必备的一课，只有一次次的精心打磨，才能强化教师自身的专业素养，磨炼教师的专业技能，迈向新的台阶。

3. 解决教学存在困惑，提高教学质量

在教学中教师会遇到或多或少的困惑，在教研活动过程中，集思广益，收集大家的意见和建议，不断改进自身的教学方式和对班级的管理方式，为大家解决困惑，提升教学质量。

（二）学校

教科研水平是衡量教师业务能力水平的一项重要指标，幼儿园通过落实教研制度，按时开展各种形式的教研活动，激发教师参与教研的兴趣，提升教师教科研能力水平。

三、深化改革，优化教研体系

（一）从研究教材教法走向研究幼儿的学习

过去我们遵从既定的课程实施方案，幼儿的发展停留于固定的教材教法，教师是课程方案的执行者。因此，教研活动中主要讨论课程实施环节中关于知识的习得，教师的教和幼儿的学。近年来随着基础教育课程改革的不断深化，教师越发赞同，幼儿的发展取决于教师对课程活动的创造性实施，在集中教育活动中提前设计好的课程与教师执行的课程和幼儿体验到的课程之间是存在一定差异的，不一定完全吻合。基于以上情况，教师必须对课程进行加工，以适应儿童差异性的发展需要。因此，园本教研研究得更多的是应该转换为关注幼儿的学习。

（二）教研目的从完成教学计划走向教师专业发展

传统的教学模式显示，教师发展是在入职前专业院校内完成的。教研的形式主要包括集体备课、备教材、备教学方法以及对教学技能的熟练掌握和运用，教师对教学进度、教学计划的完成情况，及其统一的教学管理制度严重阻碍了教研的研究性。现行的教育形式显示，教师的专业发展需要专业院校和在教学实践中的双向结合，从新手教师到成熟型教师，再到专家型教师是入职后通过教研不断磨炼的结果。“园本教研”是促进教师专业发展的有效途径，是集工作、学习、研究于一体，即在教学过程中不断研修的过程。

（三）教研动机从任务驱动走向问题驱动

传统教研是为了完成教学计划，园本教研是为了专业发展，最大区别在于教师的主体性。前者是被动参与，后者是主动参与。教师必须对自己的专业负责，专业的发展必须通过教研得以实现。而教师的研究突出地表现为反思性实践，反思性实践是提出问题和解决问题的过程，只有通过不断反思自己的教学行为，才能不断提升教学质量。

（四）教研内容从主要研课走向研究一日生活

过去的教研主要停留于集中活动的研究，参观研讨课、观摩课、示范课，都是为了上好集中活动课。园本教研需要改变过去传统的教研思路，确立大课程观，即幼儿一日生活皆是课程实施的途径，教学的形式不仅停留于集中教育活动，而且渗透于一日生活各个环节。

综上所述，我们应该从研究方向、内容、目的深化改革，优化教研体系。

四、创新教研模式，提升教研质量

根据《加强教研组（备课组）建设，提高教育质量》和基础教育课程改革的不断深化，要求幼儿园创新教研模式，提升教研质量。本研究以江津区实验幼儿园3次园本教研为例，通过深入分析每次园本教研的优势，以促进不同年龄阶层教师共同发展，构建创新教研模式的方法，希望能为大家提供参考和借鉴意义。

（一）菜单式园本教研，顺应教师个性化发展

鉴于教师在年龄和执教科目上存在的差异，园本教研应该考虑如何利用教师间个体差异，顺应教师个性化发展。据笔者参与的园本教研而言，第一次进行园本教研选择菜单式教研方式，即组织者通过提前了解教师教龄、学科、教师专长等信息，开展菜单式教研，利用教师自身条件按需求有选择性地组织园本课程班本化的开展，如：教龄3年内的青年教师碍

于课程经验不足，但仍旧大胆尝试，选择相对容易入手的项目式课程进行推进；资历较高的经验型教师则选择相对具有挑战性的主题式班本课程进行开展。利用菜单式教研，顺应教师个性化发展。

（二）反思式园本教研，引领教师的专业化发展

孔子云："学而不思则罔，思而不学则殆。"可见，在教育教学中学会反思是教师不断提升自我的一项基本素质。反思既是发现日常教育教学中存在问题的有效途径，又是开启创新教育教学工作的重要契机。笔者就自身参与园本教研过程中发现，第二次园本课程教研以反思式教研为主，参与者通过分享本周班本课程开展的视频和图片，反思班本活动开展中的不足，如：在制作米花糖环节，部分幼儿因为等待时间过长而逐渐失去耐性，教师由于考虑到帮助制作中的幼儿存在安全隐患，而无暇顾及等待中的幼儿，造成班级常规混乱的场面。通过自身反思引发大家集体思考，利用集体智慧结晶帮助问题解决。所谓反思式教研，是幼儿园利用园本教研这一平台，为教师的教学反思营造环境，提供制度支持的一种有效方式。当然反思幼儿行为也包括挖掘幼儿身上的精彩片段，如，大班（四）：我也来做米花糖，在前期准备中，如何让所有小朋友都能积极参与？通过幼儿自身的思考发现可以采用分组的形式进行。如何分组？如何确立小组任务，小朋友们通过自行讨论决定全班分为三组，确立小组任务，并制订小组计划。从整个过程中可以看到幼儿已经具备自己发现问题和解决问题的能力，教师在幼儿活动中扮演观察者和记录者的角色，异于传统的教师集体教学，发现问题解决问题的思路，发现孩子身上更多的闪光点。通过反思幼儿好的学习品质，向大家推广自己觉得有益的经验，引领教师在个人实践的基础上，创造性地开展有关教学反思的研讨。

（三）大众论坛式园本教研，助推教师专业化成长

传统的园本教研活动以一人讲，多人听为主，教师参与教研活动的积极性和参与性不够，因此直接影响园本教研的效果。鉴于以往经验，幼儿园和教师逐渐认识到教研活动不再是组织者一个人的舞台，希望通过大众论坛式的教研形式让参与教研的老师们都有积极发言，表达自己想法的权利，只有不断提高教师沉溺于教研的积极性，教研活动的实效性才会更高，教师的专业化成长之路才会更快。笔者第三次参与本园园本课程教研，突出大众论坛式教研形式，参与教研教师通过走进班级，深入实地了解活动开展情况，分享者就本周班本课程开展过程中遇到的困惑向大家寻求帮助，教研活动以大众论坛的方式给教师们创造轻松愉悦的氛围，让老师们想说、敢说自己的想法，大家一起头脑风暴共同解决问题。如：大一班在开展"轻轨到我家"班本课程中遇到瓶颈：孩子们只对轻轨上的爱心座位感兴趣，对于其他的轻轨方面的知识兴趣不高，分享的老师抛出问题，参与教研的老师以大众论坛的形式发表自己的看法：可以让孩子们亲身体验坐轻轨；可以给他们一个具体的任务——我们要怎么轻轨；观看视频——轻轨里的秘密……以这样集思广益的方式助推教师灵感的产生，提高园本教研的积极性和参与性，以达到更好的教研效果。

总之，园本教研是幼儿园最常见、最基本、最直接有效的促进幼儿教师专业发展的一种途径。幼儿园应该从教研方法、目的、形式上进行创新，不断激发教师参与热情，优化教研体系，切实提高教师园本教研质量。

参考文献

王海荣，田照清．创新校本教研形式，促进教师专业成长［J］．山东教育，2021（29）：28—29.

农村幼儿音乐教育中存在问题与对策研究

（谭静　广西壮族自治区来宾市金秀瑶族自治县桐木镇中心幼儿园）

摘　要：幼儿园是儿童教育的第一个阶段，在幼儿园的所有教学活动中，音乐教学活动是主要的教学方法之一，通过健全的音乐教学活动可以极大地激发儿童的创造力，培养他们的实践能力。随着我国社会经济水平的不断提升以及人们生活的改善，越来越多的家长开始重视孩子们的成长问题，因此对于学前教育事业的投入力度也逐渐加大。尤其是针对农村地区来说。然而，农村幼儿园音乐教育一直是我国幼儿教育领域的薄弱环节，探索和分析农村幼儿园音乐教育的现状是发展我国幼儿教育领域的必由之路，也是提高幼儿教育质量必行之策。

关键词：农村幼儿园；音乐教育；对策研究

音乐教育是幼儿园教学中的主要部分，通过音乐教学的实施可以培育幼儿的素质，包含音乐感知力、艺术表现、创意、个性、社会化等，从而促使幼儿的发展。也可以全方位发展幼儿智慧，促使幼儿形成良好的性格特征，养成良好的行为习惯。同时对音乐教育与其他课程的教学来说，还可以训练幼儿的声音审美能力，使幼儿在感受音乐的过程中可以感受歌声的韵味，从而训练对美的鉴赏能力和乐器运用能力。音乐教学在整个幼儿园课程中的运用，可以更加丰富幼儿园课程设计。这就是为什么音乐教育如此重要，无论是对儿童本身还是对幼儿园教师。

一、农村幼儿园音乐教育现状调查

（一）幼儿园教师对音乐教育的重视程度现状

表 1　教师是否认为幼儿音乐教育对幼儿有益（n=70）

选项	人数（人）	比例（%）
有益	70	100
无益	0	0
合计	70	100

从表 1 可以看出，本次调查中所有农村幼儿园的教师对音乐教育的认知是十分统一的，都认为音乐教育对于幼儿发展来说是有益的，可以提高幼儿的注意力，发展幼儿的想象力，提升幼儿的自信心等。本次调查中的各农村幼儿园都积极开展了幼儿音乐教育。

表 2　音乐课每周时长情况（n=70）

选项	幼儿园数量（所）	比例（%）
2 小时以下	17	24.3
2～3 小时	29	41.4
3 小时及以上	24	34.3

续表

选项	幼儿园数量（所）	比例（%）
没有	0	0
合计	70	100

从表2可以看出本次调查中所有幼儿园均开展了幼儿音乐教育，说明农村幼儿园已经有了幼儿音乐教育的重视意识。其中，有75.7%的幼儿园对音乐教学是比较重视的，每周音乐课时长达到了2小时及以上；剩余24.3%的幼儿园音乐教育为2小时以下。这说明大部分农村幼儿园对幼儿音乐教学是较为重视的，安排的教育时间是较为充足的。

（二）幼儿园教学资源现状

通过对本次调查结果分析可以看出，有40%的农村幼儿园没有设置音乐教研室，20%的农村幼儿园设置1间音乐教研室，30%的农村幼儿园设置2间音乐教研室，仅有10%的农村幼儿园设置3间音乐教研室。由此可见，农村幼儿园对幼儿音乐教育的投入较少，大部分幼儿园不能满足幼儿对音乐教育的需求（见表3）。

表3　幼儿园教研室设置情况

选项	幼儿园数量（所）	比例（%）
3间	0	10
2间	2	30
1间	1	20
无	1	40
合计	4	100

农村幼儿园幼儿音乐教育设备包括音乐播放设备和打击乐器设备两方面，音乐播放设备包括录音机、电视机、音乐多媒体设备和钢琴、电子琴等音乐弹奏播放乐器；打击乐器设备包括三角铁、手敲琴等。

（三）教师组织音乐教学现状

农村幼儿园的音乐教育中幼儿教师组织的音乐教育活动种类很少，在本次调查中可以看出组织歌唱活动的教师有90%，组织韵律活动的教师有67.1%，组织打击乐演奏的教师有17.1%，组织音乐游戏的教师有11.4%，组织其他形式教育活动的教师仅有10%。可以看出，当前农村幼儿园组织的音乐教育活动形式较少，导致整个教学活动出现缺陷，从而影响幼儿的全面发展。

访谈显示，教师采取的教学方法太过单一从而影响了教学效果，为了提高学生对学习活动的参与度，很多学校和家长都会给孩子提供一个真实生活环境的机会来帮助他们参与学习，并通过这种方法提升学生的学习成绩。但是，效果究竟如何呢？例如本次访谈，我们发现老师基本上是从实际出发给孩子们创设学习情境，进行示范，以便所有的孩子都能模仿，最后孩子们展示了他们所学到的东西，老师则以鼓励的方式进行了总结。

案例：2022.3 **中班歌唱活动《捏面人娃娃》**

话题导入："小朋友在实际的生活中见过捏面人吗？有的老爷爷就可以捏面人哦！我们一起听一下他是怎样捏的吧。"

示范教学："教师示范动作，幼儿跟着学习，能够跟着歌词进行相应动作的表演。"

能力展示："接下来，教师放音乐，请幼儿对歌词内容、动作进行创新，并在小朋友面前展示。"教师进行评价。

从上述案例中可以得知：很多老师在上课时，会先根据歌词的大致内容和实际案例提出一个话题，然后进行示范和教唱的部分，再让所有孩子学唱，最后示范和鼓励一些成功学唱的孩子。这就形成了一种教与学的模式，使儿童难以在歌唱活动中展示自己的能力。

（四）家长对幼儿音乐教育态度现状

由表4可见，从家长对音乐教育的重视程度来看，51.33%的家长选择"幼儿音乐教育对幼儿有益"，这证明现阶段家长关于音乐教育的意识情况良好。

表4　家长对幼儿园音乐教育重视情况（n=150）

	是		否	
	人数（人）	比例（%）	人数（人）	比例（%）
是否听说过幼儿音乐教育	108	72	42	28
认为幼儿音乐教育对幼儿有益	77	51.33	73	48.67

通过对表4进行分析可以发现，将近一半的家长对音乐教育持无所谓态度，认为孩子最重要的是文化知识的学习；了解的家长有30%，不了解的家长有26.67%。

二、农村儿园音乐教育中存在的问题分析

（一）政府对农村幼儿园资金投入不足

农村幼儿教育的经费来源以财政拨款为主，这给农村的幼儿教育工作带来了很大困难。根据幼儿园实际情况，每生每学期缴纳100～500元的保育费，主要用于支付教师工资，不能用于扩大教学规模、改善办园条件、提高教师待遇等。由于缺乏有效的管理措施，导致了一些幼儿园出现"大班额"现象。这些问题已经严重影响了当地经济的可持续发展。

（二）教师的音乐专业水平不高

根据调查，大部分幼儿教师都是学前教育毕业，他们在演奏乐器、组织音乐活动、即兴演奏以及评价音乐方面的技能需要提高。有些教师的演奏、歌唱和舞蹈技能很差，有些教师在为歌曲伴奏时没有正确使用和弦，从歌曲的开始到结束都使用基本和弦。教师自身的弱点和对音乐质量的限制，导致他们缺乏审美能力和对音乐的兴趣。

（三）家长重视程度不足

幼儿的成长与发展离不开家庭、学校、社会等各方面的支持和帮助，因此，家庭应积极配合学校开展音乐教育工作，建立起良好的教师之间的协同关系，为幼儿园提供优质的服务，教育幼儿是一个长期的过程。农村幼儿园在开展音乐教育方面存在着许多问题。有些家长似乎认为，把孩子送进幼儿园，就是把教育的责任交给教师，自己只负责孩子的经济和物质基础，学什么、怎么学就是教师的工作。

三、完善农村幼儿园的音乐教育现状策略

（一）政府增加投资完善幼儿音乐教学资源

农村幼儿园的自身教学设备并不是很齐全，仅仅拥有了几个最基本的音乐教具，比如一架电子琴、一个电视、一套音响，虽然这些教学设备确实可以开展器乐教学，可是对于打击乐等方面的教具却非常少。幼儿园因为自身经营收入上的约束，也缺乏多余的财力购置教育器材，这就必须依靠政府力量。

（二）加强幼儿园教师培训提高教师素质

1. 全面提升音乐素养

（1）加强理论修养，扩充理论知识

音乐教学的基础知识主要分为乐理基础知识、音乐理论知识、创作技能等，可是由于很多的教师在师范学校中所接触的都是一些比较分散的基础知识，并不能把这些基础知识融合到一起，也不能建立完善的理论知识架构，再加上很多科研学者都已经进行了幼儿园音乐教育的基础理论研究，在这样理论知识迅速更新的年代，教师在课堂上掌握的基础知识已经难以适应实际教育的需要，因此教师在上课时也需要进一步掌握知识，以提高自身的理论知识水平，并训练自身的实际教学能力，这样才可以保障整个教学迅速高效地开展。

（2）提高音乐专业水平

幼儿教师要在掌握理论知识的基础上，了解不同的音乐风格和规律，分析不同作品的调性（大调、小调），节奏缓急，音高与强弱，和声变化与调性变化等。教师要能够详细地分析、处理和评价音乐作品，这将使他们能够为儿童提供适当的教学。

2. 提升培训质量

首先，可以提高教师的音乐教学技术水平；其次，挑选适当的音乐培训机构对教师进行培养；再次，必须形成完善的教师培养考评制度，对每个参与培养的教师都进行考评，了解教师培养的成效；最后，增加教师与其他幼儿园之间的沟通。教师除在本园内部进行教学之外，也可以和其他的幼儿园教师甚至是在培训机构内部进行沟通与互动，并一起研究音乐教学最有效的执行策略。

（三）提高家长重视程度

幼儿的成长离不开家长的帮助，因此教师在做好自己工作的同时，也要多与家长沟通。教师在家长的支持下，可以更多地了解孩子的性格和特点，对课堂音乐教学有所贡献。同时，教师还能够和家长交流有关音乐方面的专业知识，向家长传递幼儿音乐教育在幼儿发展中是十分重要的相关理念，从而提高家长的音乐素质和家长对幼儿音乐教育的重视程度。

四、结论

幼儿园教学是幼儿受到教育的第一站，同时也是幼教最主要的组成部分之一，在《纲要》出台以前幼教教育采用的都是分科的教学方式，而音乐课程则是幼教中可有可无的内容。从笔者在调查的过程中也可以看出，目前农村幼儿园里音乐教学的状况不容乐观。由于对其重视程度、器材书籍丰富程度、教师素质等都影响着幼儿园音乐教学的形式与效果，同时也影响着幼儿个人发展的程度。这就需要对幼儿园教师在实施音乐教学的过程中作出了合理的分配，不能把全部的教学工作都放在幼儿园教师一个人的肩上，要能够更全面地顾及教师的力量及其可负担的工作范围，并针对自身幼儿园的实际状况给出合理的处理途径。

参考文献

[1] 罗琴．有效利用民族音乐资源开展幼儿园音乐教育［J］．智力，2022（26）：187—190.

[2] 梁翠芳．幼儿园音乐教育游戏化的实施策略研究［J］．安徽教育科研，2022（22）：87—89.

[3] 孙晓萌．浅谈幼儿园音乐教育活动中存在的问题及解决对策［J］．天天爱科学（教学研究），2022（7）：107—109.

[4] 谭晓玲．农村幼儿音乐教育问题浅析［J］．小学教学研究，2021（20）：95—96.

[5] 曲益．对幼儿音乐教育游戏化问题的讨论与思考［J］．科学咨询（教育科研），2021（7）：158—159.

[6] 康晓霞．幼儿音乐教育存在的问题及对策探究［J］．戏剧之家，2021（10）：102—103.

[7] 张妮．幼儿园民族音乐教育现状问题及对策研究［J］．中国民族博览，2020（18）：86—87＋90.

[8] 徐琳．家庭中幼儿音乐教育存在的问题及对策研究思路构建［J］．当代家庭教育，2020（15）：12.

[9] 高珊．农村幼儿音乐教育若干问题的思考［J］．北方音乐，2019，39（21）：198—199.

[10] 张会艳，曲欣蕊．农村学前教育中音乐教育的现状、问题与对策［J］．基础教育论坛，2019（27）：31—33.

[11] 盖新．浅析幼儿园音乐教育存在的问题及对策［J］．新课程（综合版），2019（8）：31.

绘本在幼儿数学教育活动中的价值研究

（杨玉华　广东省深圳市宝安区燕罗翡翠阳光幼儿园）

摘　要：绘本是幼儿数学教育活动的重要载体，在幼儿数学教育活动中，绘本能激发幼儿学习数学的兴趣，为幼儿提供丰富的数学经验；绘本能促进幼儿自主学习能力的发展，培养幼儿良好的学习品质；绘本能丰富幼儿的生活经验，培养幼儿良好的生活习惯；绘本能促进教师专业素养提升，帮助教师更好地开展数学教学。

关键词：绘本；数学教育活动；价值研究

绘本是儿童早期阅读领域重要的读物之一，在阅读中增长见识、提升能力、体验情感、提升品质。在数学教育活动中，教师可借助绘本来创设丰富有趣的教学情境，激发幼儿学习兴趣；可借助绘本来丰富数学经验，促进幼儿自主学习能力发展。在幼儿的数学教育活动中，绘本是重要的学习资源，绘本故事中蕴含着丰富的数学知识，教师应当将绘本与数学教育活动相结合，充分发挥绘本在幼儿数学教育活动中的价值。首先，教师可以将绘本《小熊不会吃饭》中的"不会吃饭"这一情节与幼儿进行分享，让幼儿体会到"吃饭"这一技能对孩子成长的重要性；其次，教师可将绘本《我能自己穿衣服》中"小熊不会穿"这一情节与幼儿进行分享，让幼儿在生活中感受到"穿衣服"这一技能对孩子成长的重要性；最后，教师可将绘本《小熊不会吃饭》中"小熊不会吃饭"这一情节与幼儿进行分享，让幼儿在生活中体会到"吃饭"这一技能的重要性。

一、选择适当的绘本，挖掘数学核心经验

在幼儿数学教育活动中，绘本是重要的学习资源之一，教师可以选择与幼儿生活息息相关的绘本，激发幼儿学习数学的兴趣，为幼儿提供丰富的数学经验。如《奇妙的数》绘本中，有数与运算、测量、比较等内容，这些内容可以帮助幼儿建构起抽象的数概念和运算法则，为幼儿提供初步的数感基础。绘本《奇妙的数》主要是针对低幼儿童的数学启蒙书籍，让儿童在阅读中探索数学规律和数量关系，以达到理解和掌握数学概念与技能的目的。绘本中还提供了丰富且具有可操作性的引导方法，使幼儿通过直观感知、操作、实验等方式获得相关数学经验。绘本《小鼠波波》，将生活中的常见物体、动物与数学知识巧妙地结合起来，在故事中探索了数学中的四则运算、空间位置、实物数量关系等，为幼儿提供了丰富的数学经验，在幼儿阅读后会产生学习数学的兴趣。绘本《你看起来好像很好吃》，通过绘本中生动有趣的图片和充满童趣的文字向幼儿展示了美食制作过程。在活动中，幼儿可以用各种方法制作食物，并在制作过程中对其数量、形状、颜色等进行了初步认知和分析。绘本《小兔汤姆的成长故事》，通过简单有趣的画面和生动形象的语言向幼儿展示了一只小兔从出生到长大的成长过程，让幼儿在阅读中感知生命的成长。

二、利用绘本情节引导幼儿对数学思考

绘本是一种具有文学魅力和艺术感染力的儿童读物，绘本的语言具有形象化、通俗化的特点，语言生动形象，将数学知识用简单易懂的语言表达出来，让幼儿在愉悦的阅读中感受数学知识。在绘本中能创设生动有趣的教学情境，激发幼儿学习兴趣。如《小蓝和小黄》系

列绘本中，小蓝和小黄是好朋友，小蓝会带着小黄去海边玩耍，可是有一天小蓝不小心把小黄掉到了海里。当小蓝起来时发现自己的脚不见了，于是它开始寻找自己的脚，最后终于找到了自己的脚。《谁咬了我的耳朵》这本绘本中，小老鼠咬了小兔耳朵，小兔又咬了小鹿耳朵，这样反复地出现了多次，让幼儿在不断重复中感受“谁咬了谁”“什么叫‘谁咬’”“为什么这样做”等数学概念。《安的花》这本绘本中，小女孩想要种出一朵美丽的花，她在种花前做了很多准备工作。她先收集了很多种子种下后浇水、施肥、晒太阳等，小女孩把种子种到花盆里，还给花盆盖上薄膜。当她看到花长出来时非常兴奋。当她发现花不能自己生长时又非常沮丧。后来她把花盆倒扣在地上观察花的生长情况，最后她发现在土壤里有很多细小的东西在帮助花长高。这个绘本故事就像幼儿身边发生的事情一样，幼儿通过仔细观察、探索发现等过程获得数学经验。绘本故事情节曲折、生动有趣、表达生动形象，能引起幼儿强烈的情感体验和思维参与。如《我不是坏小孩》中讲到小老鼠吃了两只小兔之后觉得很伤心便想要给它们找新家。小老鼠开始寻找，它走过田野、穿过小溪，最后来到了一片美丽的花园，它把小兔带回家养起来。这个绘本故事情节曲折、内容丰富，幼儿可以通过观察画面、感受情节的方式体验小老鼠的情感变化。

三、绘本知识在生活中迁移，深化幼儿对数学理解

在幼儿的数学教育活动中，教师可将绘本中的数学知识应用到生活中，使幼儿在生活中体会数学知识的重要性，激发幼儿学习数学的兴趣。例如，在“我能自己穿衣服”这一活动中，教师引导幼儿阅读绘本《我能自己穿衣服》，通过引导幼儿了解“穿衣服”是自己的事情，培养幼儿对自我管理的意识。通过阅读绘本《我能自己穿衣服》，幼儿可以体会到“自己穿衣服”这一技能对孩子的重要性。教师可结合幼儿已经掌握的穿衣服技能以及绘本《我能自己穿衣服》中“小熊不会穿”这一情节，让幼儿进一步了解“自己穿衣服”的技能对于孩子日常生活中自我管理能力的重要作用。又如，在《我能自己吃》这一活动中，教师可引导幼儿通过阅读绘本《我能自己吃》了解“我能自己吃”的概念。在“我能自己吃”这一环节中，教师可引导幼儿从绘本故事《小熊不会吃饭》中感受到“吃饭”对于孩子成长的重要性。教师可引导幼儿了解“吃饭”这一技能对孩子今后学习生活方面有怎样的影响。绘本能丰富幼儿的生活经验，培养幼儿良好的生活习惯。通过阅读绘本《小熊不会吃饭》，幼儿了解到不会吃饭是一件很重要的事情，在日常生活中应当培养孩子良好的饮食习惯。绘本《小熊不会吃饭》讲述了一只小熊在家没有人照顾而产生了厌食情绪，最终通过努力恢复身体健康的故事。绘本《我能自己吃》中，绘本内容向幼儿讲述了“我能自己吃”这一技能对孩子今后学习生活方面有怎样的重要意义。

四、结语

现在，父母们对孩子的学前教育的重视程度越来越高，然而传统的幼儿园教育模式已经不能适应现代教育和父母的需要。在幼儿园的数学教育中，科学有效地利用图本，是一种行之有效的教育方式。然而，仍然有一些幼儿园和教师还没有认识到绘本对幼儿学习的影响和重要性，并对其进行了详细的分析，进而推动绘本在幼儿教育中的应用。绘本的生动性强，生活属性强，在幼儿园数学教学中运用绘本，既能激发幼儿对数学的学习兴趣，又能提高幼儿阶段数学教学的质量。从一定程度上来说，绘本是孩子生活中的第一本书，因此，把它运用到幼儿教育中，对孩子的教育来说，有着非常重要的意义，也是让孩子们能够更好地进行教育活动的一种行之有效的措施。因此，对于幼儿教师和幼儿园来说，有必要对绘本和它的价值有一个正确的理解，让绘本在幼儿的教学过程中能够更好地发挥作用。

参考文献

[1] 王晓露．关于将绘本融入幼儿园数学集体教学活动的策略分析［J］．天天爱科学（教育前沿），2021（9）：29—30.

[2] 邹敏．绘本在幼儿园数学教学活动中的运用策略研究［J］．当代家庭教育，2020（25）：57—58.

[3] 叶亚文．信息技术在幼儿园绘本教学活动中的应用策略分析［J］．考试周刊，2020（61）：163—164.

[4] 包园园．浅谈绘本在幼儿园数学教学活动中的运用［J］．新课程（综合版），2019（12）：182.

浅谈幼儿科学领域的核心经验及其价值

（刘灵华　广东省深圳市宝安区燕罗翡翠阳光幼儿园）

摘　要：科学素养，即儿童对科学的兴趣、好奇心，以及科学的精神和科学态度。《3～6岁儿童学习与发展指南》指出："幼儿的科学学习是在探究具体事物和解决实际问题中，尝试发现事物间的异同和联系的过程。"同时还强调："幼儿科学学习的核心是激发探究兴趣，体验探究过程，发展初步的探究能力。成人要善于发现和保护幼儿的好奇心，充分利用自然和实际生活机会，引导幼儿通过观察、比较、操作、实验等方法，学习发现问题、分析问题和解决问题；帮助幼儿不断积累经验，并运用于新的学习活动，形成受益终身的学习态度和能力。"也就是幼儿园的科学教育的核心是培养幼儿的科学素养。

关键词：科学；核心经验

如何在幼儿阶段激发幼儿对科学的兴趣、培养正确的科学探究精神，形成对其终身可持续发展具有促进作用的行为、习惯，是摆在每一个幼教工作者面前的重要任务。这个任务的执行对我国今后科技人才的培养有着深远的意义。但综观目前幼儿园的科学教育，在培养幼儿科学素养方面还存在很多有违《指南》精神的问题，值得我们共同探讨和研究。

一、幼儿园科学素养培育存在的问题

（一）观念陈旧

现在很多幼儿园老师在对幼儿进行科学教育活动中，总是把科学知识的传授放在第一位，而把科学素养的培养放在次要的位置，忽略了对幼儿科学兴趣、好奇心、求知欲等的激发。教师在教育的过程中，总希望让幼儿掌握更多的自认为是实在而重要的科学知识，以为只有这样才有助于幼儿将来的学习、成长。可事实是很多幼儿由于被灌输了过多的科学知识，反而丧失了对科学的兴趣，禁锢了他们的思维，致使在实际的科学活动中兴趣索然，处于被动的接受中。

（二）内容形式单调

幼儿期是人的一生中最好的兴趣萌芽阶段，很多兴趣爱好都是在这一阶段培养起来的。可见，这一阶段对于人的一生发展具有重大影响。

（三）内容布局欠合理

目前幼儿科学教育内容的框架搭建并不合理，没有充分实现综合性与广泛性的结合，内容面显得过于狭窄，很难培养幼儿对科学广泛的兴趣爱好。由于幼儿具有注意力集中时间短、兴趣容易被新异刺激的事物所吸引而转移等年龄特点，所以在对幼儿开展科学教育时，应该不断丰富课程所涉及的内容，做到涉及领域尽量广泛，涵盖的内容也更具有综合性，这样才能够让幼儿在接受知识与技能的过程中始终保持较好的注意力，从而使科学教育活动卓有成效。之所以在内容布局上显得过于局限，很大程度是由于教师太过依赖教材，教材上有什么内容，教师就讲解演示什么内容，并把幼儿局限在教室里进行科学教育，这样的成效往往不会太高。

（四）教师主导课堂

教师主导课堂，从长远来讲不利于教师开展科学教育。这是因为教师将自己置于“权威”的地位，没有充分顾及幼儿的参与和互动，从而缺少来自幼儿的反馈，以致教师无法根据幼儿的具体情况和需求设计出更具针对性的教育流程和教育内容，无法收到较好的教育成效。除此之外，在科学教育的过程中，如果教师过于强势，树立自己绝对的权威地位，也不利于对幼儿进行科学精神的培养。

因为科学的精神要求幼儿有不断探索的欲望，敢于挑战权威的勇气，老师在幼儿心目中树立起不可动摇的权威地位，打压了幼儿的探索欲望和挑战权威的勇气，所以对幼儿探索精神的培养是有害而无益的。

二、幼儿园科学素养教育的建议

从以上内容可以看出，幼儿园的科学教育活动具有一定的特殊性，如果不注意幼儿在此阶段的学习特点就强行灌输，是无法获得较好的教育效果的，也无法有效催生幼儿对科学的浓厚兴趣。具体而言，可以着重从下述五个方面入手，力争解决上述问题。

（一）明确教育目标

对于幼儿园科学教育而言，最为重要的是要明确科学教育的目标，只有目标明确了，才能保证所走的道路是正确的。要明确幼儿科学教育是教师充分利用周围环境，或为幼儿创设条件，提供物质材料和机会，引导幼儿主动地进行科学探索和学习，亲身经历探究过程，感受和体验科学精神，并通过与周围环境的相互作用来激发幼儿的好奇心和求知欲，获得有关物质世界及其关系的感性认识和经验建构的过程，也就是在这个过程中要培养他们基本的科学素养，而不是让他们掌握大量的科学知识。

（二）遵循幼儿科学探究的特点

科学活动的本质在于探究，而幼儿的探究过程一般经历三个基本环节：产生疑问—进行猜想—进行验证。在以教师为主导的科学活动中，教师总是急着把研究的方法甚至是结果告知幼儿，重结果轻过程，容不得让幼儿去亲身经历这三个环节，因此幼儿只得生吞活剥。笔者认为在科学活动过程中，教师应学会等待，等待幼儿自己去质疑、自己去猜想、自己去验证，这样获得的经验和能力、方法才真正是幼儿自己的。

（三）注重形式的丰富多样

前文的分析已经阐明，幼儿由于处于特定的年龄阶段，对于周遭事物的兴趣转移是很快的，对于同一事物很难保持长久的注意力。所以，在幼儿园科学教育形式的设计上，应该充分考虑到这一因素，通过多种多样的教育形式来保持幼儿的注意力与兴趣。

（四）丰富教学内容

在内容的布局上，教师应该从幼儿的实际接受能力与兴趣点出发，寻找到适合幼儿探索和接受的科学教育内容，而不是完全照搬教材，因为教材毕竟是印刷在纸上的东西，更新的周期较长，无法及时跟上幼儿的新变化；除此之外，由于教材是针对较大范围的幼儿制定的笼统性课程素材，所以针对性还有所欠缺。教师应紧紧跟随时代的变化，了解不同时代与成长背景中的幼儿对科学教育的需求，并且通过与幼儿的频繁接触，掌握他们需要什么，对什么感兴趣，把这些内容有目的、有计划地纳入正规的科学教育活动中来，不断生成新的课程内容，以更有效地培养幼儿对科学的求知欲望和探索精神，培养他们自主、创新的学习能力。

（五）协同多方力量

首先，教师并非幼儿园科学教育中的唯一主体，不应该被置于权威主体的地位而主导整个教育过程，因此教师应将自身置于与幼儿平等的视野之下，对幼儿反映出的兴趣与问题，应及时予以回应，并根据幼儿的自身特点设计出更为合理的教学流程。其次，向幼儿开展科学教育不仅仅是教师一个人的责任，家长也应该参与其中，实现家园合作，共同构建起幼儿科学学习与探索的良好环境。

总之，教师在对幼儿园进行科学教育的过程中，应该充分了解幼儿本身的学习特点，从幼儿出发来设计适宜的教学内容与流程，激发幼儿对科学的兴趣，树立科学态度与精神，培养幼儿最初的科学素养，使他们在日常生活中也能用探索的眼光去不断地质疑身边的事和物，并用科学的方法努力找到答案。希望我国的幼儿园科学教育能进行不断的自我剖析，争取在正确的道路上前行，为幼儿提供更为适宜的科学成长环境。

参考文献

［1］袁爱玲．学前全语言创造教育活动设计［M］．北京：教育科学出版社，2001.

［2］中华人民共和国教育部．幼儿园教育指导纲要（试行）［S］．北京：北京师范大学出版社，2001.

以数学绘本为载体的幼儿园教学活动探究

（胡娜　广东省深圳市宝安区燕罗翡翠阳光幼儿园）

摘　要：在探究教师应如何为幼儿筛选合适的数学教学绘本，并将其运用于幼儿园数学教学活动中，了解数学绘本对幼儿所产生的影响。研究结果显示，教师选择数学教学绘本时，不仅应注重绘本内容的趣味性与视觉图像效果，还要考虑幼儿的年龄特点和认知规律。教师可借助绘本情境来获得幼儿关注，以师幼共读绘本故事的形式来解决数学问题，通过转移绘本元素，进一步丰富教学脉络。绘本融入幼儿园数学活动，有助于培养儿童对数学的兴趣，激发求知欲与好奇心，提高对数学知识的理解与记忆。

关键词：幼儿；数学类绘本；教学活动

一、探究目的

数学类绘本内容丰富多样，不仅涉及不同年龄层，而且涉及各类数、量、形等。本研究利用数学绘本，由教师创设情境，激发幼儿对数学的学习兴趣，让幼儿以个人主动操作或小组讨论的形式，探索如何解决对应的数学问题，寻求答案，并获得经验。文章探究目的如下。

（一）为广大教师推荐优秀的数学绘本

《幼儿园教育指导纲要》指出：“幼儿园教育应尊重幼儿身心发展的规律和学习特点，充分关注幼儿的经验，引导幼儿在生活和活动中生动、活泼、主动地学习。”对幼儿来说，从有意义及有趣的故事当中学习数学，可以使枯燥的数学概念更容易理解。近年来，越来越多的儿童文学作品与数学联系在一起，优秀的数学类绘本故事为幼儿提供有意义的数学学习情境，故事所包含的元素（如情节、人物、场景与主题等）也能引发幼儿学习数学的兴趣。通过引导幼儿帮助故事中的人物找出解决方法，使幼儿获取学习数学的方法与思路。这就要求教师对绘本教学具备充分的认识，能够区分绘本的优劣，让幼儿使用优秀的绘本学习，促进自身更好发展。

（二）帮助教师设计数学教学活动

教师不仅仅是绘本解读的先行者，而且在用绘本设计数学教学活动时，充当了主导者的角色。在教师理解数学绘本的基础上，将绘本设计运用在幼儿园的数学教学活动中，可以保障教学效率，进一步提高教学质量，巩固幼儿的数学基础。

（三）探讨绘本对幼儿数学学习的影响

绘本教学与传统的教学模式大有不同，绘本先是通过多彩的、可爱有趣的图片来吸引幼儿的注意力，然后加上故事性的叙述来引导儿童学习，增强幼儿学习数学的兴趣。绘本作为一种特殊形式的教学材料，符合幼儿的心理特点，对幼儿的数学学习产生各个方面不同程度的影响，这是值得进行探究的。

二、数学类绘本的选择

在绘本的选择方面，要注意故事内容的趣味性。挑选的故事应是描述日常生活中会遇到的事情，能引发幼儿的兴趣，而且可以在趣味的故事当中，导入数学概念。学者张茜指出，挑选绘本时能否引起幼儿兴趣是重要的标准之一。同时，在挑选绘本时，也应注意其视觉图像效果，选择插图色彩鲜明，确保幼儿能够从图像直接了解图画信息，并能感受阅读的乐趣。台湾学者苏振民指出，图像性是优秀绘本应具有的特性之一。除此之外，绘本的选择要根据教师所要进行的教学内容，预设的教学目的与期待达到的教学效果来进行，以幼儿所处的年龄阶段来挑选适合幼儿认知与年龄的数学绘本。建议教师在进行数学课程活动时，使用以下问题来作为选择绘本的依据。

（一）此绘本中提供的信息是否正确

作为接受绘本教学的主要对象，幼儿的年纪小，对绘本教学的认识并不清晰，对其中所涉及的知识与信息缺乏判断的能力。这就要求教师肩负起认真审核绘本内容的责任，避免将错误的信息传达给幼儿，给幼儿造成误导，进而对绘本教学产生质疑与抵触的心理。

（二）此绘本是否能激发幼儿主动探索的兴趣

好奇心与求知欲，是幼儿积极探索未知事物的动力。若绘本能够引发幼儿主动探索的兴趣，那么它将成为开启智慧之门的钥匙。好奇心与求知欲为幼儿营造学习绘本知识的快乐氛围。孔子将好学、乐学作为学习活动的理想境界，由此可见，研究绘本能否激发幼儿的好奇心与求知欲，激发幼儿主动探索的兴趣，是十分有价值的。

（三）此绘本是否贴近幼儿的生活

一本优秀的绘本，对幼儿来说是具有一定的教育意义的，不仅有利于多元化智力的开发，还帮助幼儿建立健全的人格。幼儿在学习知识的同时，也学习故事中所包含的团队合作精神、积极向上的生活态度等。若绘本内容贴近日常生活，选用材料是幼儿经常会使用或遇到的东西，将有利于幼儿在生活中对所学的数学概念和知识进行不断的巩固与联系，这也印证了数学不仅来源于生活，更可以运用于生活。简而言之，选择有教育意义并且贴近生活的绘本十分关键。

（四）故事与数学的联结是否合情合理

抽象枯燥的数学对幼儿园的幼儿来说，是一个巨大的挑战。若能将有趣的故事与数学知识相结合，在故事情节中自然穿插进有关的数学知识，将要解决的数学问题巧妙地安排在故事里，那么幼儿不仅会喜欢此绘本，也会被其中的数学概念吸引。反之，若绘本中的故事与数学的联结生硬，就会造成绘本内容难以理解，数学知识难以掌握的现象。因此，选择绘本时，要关注故事与数学的联结是否合情合理。

笔者依据幼儿年龄特点和《3～6 岁儿童学习与发展指南》，以及绘本的知识点，挑选了几本能引发幼儿兴趣的数学绘本，以期通过有趣的绘本故事，激发幼儿学习数学的兴趣，感知、探索如何解决数学问题，寻求答案，并获得经验。

三、数学类绘本在幼儿园的科学开展

（一）借助绘本情境，发挥引子作用

引子，顾名思义，是引发幼儿学习兴趣、切入教师预设的主题内容的导火线，具有指引作用。含有显性与隐性的数学元素的绘本，将幼儿的日常生活与数学联系在一起，让幼儿通

过生动形象的方法，获得相关的数学知识。在教学中，笔者将绘本情节、图案、色彩、符号等教育元素穿插在教学活动中，进一步促进幼儿主动学习。教育家苏霍姆林斯基曾说过，“幼儿是用色彩、形象、声音来思考的”。以绘本的文字与生动的图片作为引子，鼓励幼儿积极参与到实际的操作与体验中来，进一步加强数学与生活的关联度。

如绘本《蜈蚣叔叔的袜子》，利用蜈蚣叔叔的袜子作为引子，结合绘本的故事情景，引出数学活动“有序排列”，让抽象并且枯燥的排序活动变得生动有趣，使幼儿对排序的概念产生更深刻的理解。在利用数学绘本进行学习的过程中，幼儿不仅仅是被动的知识接受者，更是主动参与者，讨论与解决数学问题，使幼儿在潜移默化中获得对数学意涵更深层次的理解。幼儿主动学习的欲望被大大激发，有利于幼儿更好地掌握数学知识，促进接下来的认知发展。

（二）共读绘本故事，解决数学问题

师幼共同阅读绘本故事，本生活化的故事情节为载体，创设教学情境，“以境生情”，通过故事引题、问题提出、游戏活动等，让幼儿在教师的引领、支持下，轻松自主地参与数学活动。此外，教师在问题提出时应该注意：提问的语言要适合幼儿的年龄特点，问题设计要由浅入深，牢牢遵循幼儿的认知规律，注重问题之间的逻辑性，要采用开放式问题。这样才能更好地启发幼儿，让他们自己通过观察、思考、想象、讨论等寻找答案，使幼儿在绘本阅读与学习的过程中拥有更多的参与感。与此同时，教师应主动建构数学绘本中隐含的经验，帮助幼儿解决生活中的数学问题，让幼儿体验到学习的快乐。

以绘本故事《十个甜甜圈》为例，熊哥哥与熊弟弟需要一起分熊妈妈做的十个甜甜圈。教师让幼儿回答，要是他们是熊哥哥和熊弟弟，他们会怎么分。幼儿回答后，教师又展示PPT图片，图片中熊哥哥把甜甜圈分成一样长的两排，让幼儿比较熊哥哥和熊弟弟的甜甜圈数量的多少。在幼儿思考的过程中，教师进一步引导，让幼儿通过数数的方式来判断自己的答案正确与否。从这个环节可以看出，教师如何利用绘本情境，循序渐进地引导幼儿理解《十个甜甜圈》的故事，引发关于数数、比较多少等数学行为。对于幼儿而言，从生活和游戏中感受到事物的数量关系，领悟到数学的重要性，获取到学习的趣味性，是很有益处的。

（三）转移绘本元素，丰富教学脉络

绘本中蕴藏着丰富的教学元素，需要通过多视角、多途径的延伸与转移，才能进一步挖掘绘本的教学内涵。绘本元素转移后，幼儿将更有热情地参与到教学活动中，根据不同的情境，完成相应的任务。不同的任务中穿插不同的数学知识，幼儿在积极参与中不知不觉掌握了更多的信息。学者张茜与吴念阳提出，幼儿将在情境化的学习中获得对数学意涵更深层次的理解。

以绘本《小贝挖宝》为例，教师立足幼儿园户外固有的环境特点，转移绘本小贝挖宝的情节，搭建了一个户外情境式的运动游戏“小贝挖宝”。以走、跑、跳、投、钻、爬等基本动作为主要内容，再根据领域目标，设置任务卡。按照自己选择的任务卡的提示，幼儿从地点1升旗台出发，到达地点2并跳绳20下，紧接着经过地点3高低杠，最后到达地点4，爬到树上寻找7和9是谁的相邻数。在勇敢闯关挖宝之路中，找到“宝藏”。笔者观察幼儿完成目标任务卡的行为及完成情况，发现数学绘本融入教学活动、游戏活动后，幼儿学习态度发生改变，幼儿解决问题的能力得到提高。同时，游戏活动也丰富了以绘本为依托的教学脉络。

四、绘本融入幼儿园数学活动的影响

（一）增强学习兴趣，提升学习成效

在幼儿园阶段通过有趣的数学活动，培养幼儿对数学的兴趣，让幼儿愿意动脑去寻求解决方式，感受数学贴近生活，对幼儿今后的数学学习有很大的帮助，直接影响幼儿对数学的想法、学习数学的态度。绘本将数学与日常生活相结合，让幼儿思考如何帮助故事中的人物

解决数学问题，有效促进幼儿对数学问题的思考，减少学习数学所带来的负面情绪，进一步提高学习主动性。

（二）激发求知欲与好奇心

数学绘本作为数学知识与方法的载体，为幼儿创造更直观、更形象的情境，渗透数学的思想方法，成为连接幼儿的具体形象思维与数学思维方式的纽带。绘本图文并茂的特性符合幼儿的年龄特征，有助于提升幼儿对数学的关注度。通过生动形象的文字与图像，激发幼儿的求知欲和好奇心，让幼儿更加期待参与到数学学习中，激发自身对数学进行探索的意愿。教师应共同发掘并利用绘本中的数学教育价值，有意识地将绘本融入幼儿园的教学活动，循序渐进地引导幼儿的求知欲与好奇心往正确的方向发展。

（三）提高对数学概念的理解与记忆

绘本不同于教科书内呆板的文字与结构，它为幼儿营造贴近生活经验的场景，让幼儿通过不同的故事来开启数学的钥匙。数学学习在绘本的支持下，不仅变得更加生活化，而且更加有趣。幼儿能够更好地掌握教师传达的数学知识点，在理解数学意涵的基础上进一步加深记忆。

参考文献

［1］袁方芳．绘本融入幼儿园中班数学集体教学活动的行动研究［D］．天津师范大学，2015：7—8.

［2］张茜，吴念阳．绘本对学前儿童数学学习的价值及应用模式［J］．教育导刊，2019（1）．

谈绘本对提升幼儿数学核心经验的作用

（骆飞平　广东省深圳市宝安区燕罗翡翠阳光幼儿园）

摘　要：绘本作为一种新的教育资源，日渐受到人们的重视，呈现出蓬勃发展的态势。绘本以有趣的文本内容及生动可爱的图像受到幼儿的喜爱，同时有趣的故事情节中也包含着丰富的数学概念，让幼儿在阅读的过程中潜移默化地积累数学经验、促进其数学思维的发展。

关键词：绘本；数学核心经验

一、绘本教学中缺少对数学绘本的利用

绘本起源于西方，但是近年来越来越受国人的喜爱，其具有简洁生动的语言与优美精良的图画，也被公认为是最适合幼儿阅读的读物。绘本能激发幼儿的阅读兴趣，培养幼儿的良好阅读习惯，对幼儿的思维、语言发展、想象力和创造力的发展、审美能力的提高等都有着巨大的作用。由于绘本多方面的价值，越来越多的绘本在中国被出版，其中也包括了数学绘本。数学绘本涵盖了多方面的数学概念，也适合幼儿阅读，却较少被应用在数学教学中。笔者所在的幼儿园以绘本阅读为特色，引进了大量优秀绘本，园内绘本 种类繁多，不乏数学绘本。但是教师们大都利用绘本开展语言活动、美术活动，而一些数学绘本就被搁置在阅读区，笔者想要将这些数学绘本有效利用，就萌发了开展数学绘本教学的想法。

二、数学教学形式单一且缺少趣味性

数学虽然比较抽象，却与人们的生活息息相关。人们自出生就不断感知着周围环境中的数学知识，还经常利用数学知识来解决实际问题，比如：爸爸很高、西瓜是圆圆的等，这就要求大家具备较高的数学素养，因此，对幼儿进行初步的数学教育是非常必要的。大班是幼儿抽象思维萌芽的关键期，也是幼儿学习数学的关键期。对大班幼儿进行数学教育，有利于孩子们顺利地在小学学习数学，也为日后的数学学习打下基础。然而，在这个竞争型社会，部分教师为迎合家长的需求，只看重结果，不关注数学学习的过程，使数学教育越来越小学化，尤其是大班的数学教学活动。笔者就曾看到过一个大班教师为了使孩子尽快掌握分成，采用了死记硬背的方式，让每个孩子在中午的时候都背给她听。除此之外，笔者还发现，目前一些大班数学教学活动缺少趣味性，缺少与生活的连接，形式比较单一。比如，在学习分成与组合的时候，教师都采用碰碰球的游戏导入，虽然是游戏导入，但是孩子们对碰碰球并不是很感兴趣。如何对幼儿进行有效的数学教育一直是学界关注的问题之一，也是笔者较为关注的问题。

三、绘本与数学的整合为幼儿数学学习提供新路径

数学由于其抽象性，教师在讲解抽象的数学概念时，很容易变得小学化。如何帮助幼儿获得抽象数学知识的同时又不乏兴趣呢？绘本的主要特点是内容具有情境性，画面易于幼儿理解。从维果茨基的社会建构理论出发，幼教工作者还提出让幼儿在“社会情境中学习”，教师引导幼儿在事先创设好的社会情境中解决实际问题，从而积累数学经验。20 世纪 70 年

代，美国学者艾丁纳·温格和加利福尼亚大学伯克利分校的央·莱富教授也提出了情境学习理论。学习是一个社会学的过程，知识是人们在社会化的生活中构建起来的，知识的学习必定与特定的情境融合，渗透在社会与自然环境中。让幼儿在绘本情境中、在观察绘本画面中学习抽象的数学概念，会不会更好，图画书提供一个学习数学的有意义情境，透过故事情境、插图及熟悉的语言，可以促进儿童发展并使用数学语言去沟通，也可以协助儿童学习数学概念与技巧、解决问题、推理与思考，这种有意义且有趣的方式不仅可以提高幼儿学习数学的乐趣，也符合幼儿统整的学习方式。因此，绘本可以成为儿童探索数学的跳板。除此之外，也有部分幼儿园一线教师已经开始尝试使用绘本开展幼儿园数学教育。

课程游戏化背景下开展幼儿园户外体育活动的实践研究

（曾小娴　广东省深圳市宝安区燕罗街道燕罗翡翠阳光幼儿园）

摘　要： 新形势下的教育教学强调学生的全面发展，体育教学就是其中的重要组成部分。学前教育作为幼儿发展的基础阶段，其中的体育教学成果，受到了社会各界的广泛关注，然而幼儿时期的孩童，没有完善的自我认知和世界观，传统的教学模式对其效用不大。基于此，幼儿教师可以从幼儿的心理特点出发，以幼儿更感兴趣的游戏化方式开展体育教学，让幼儿能够在玩耍游戏的过程中，学会更多的体育知识和技能，为幼儿今后的健康成长打下坚实基础。本文首先分析了开展幼儿体育教学的重要意义，然后对课程游戏化背景下幼儿体育教学存在的问题和有效开展策略，进行了详细的分析与探讨。

关键词： 课程游戏化；幼儿体育；教学策略

在幼儿阶段开展体育教学，主要目标除了加强幼儿的体育技能、提升幼儿的身体素质之外，更重要的是从基础时期就奠定好幼儿的终身体育意识，全面促进幼儿的综合健康发展。然而，传统教学模式中单一的教学方法和固定的教学内容，容易让喜欢新鲜事物的幼儿产生抵触心理，逐渐失去参与体育教学的兴趣和积极性，需要幼儿教师对幼儿体育教学进行积极的优化与创新。因此，如何通过游戏化教学开展幼儿体育教学，就成了幼儿教师的重要研究课题。

一、开展幼儿体育教育的重要性

（一）促进幼儿的身心健康发展

幼儿阶段的儿童大多处于3～6岁之间，正是生长发育的关键时期，自身的各个机能发育尚不完善，对于外界环境和疫病等的抵抗力较弱。为了有效保障幼儿的健康成长，幼儿园教师可以通过科学合理的方式，组织幼儿开展体育教学，一方面能够锻炼幼儿的身体素质，增强幼儿的抵抗力，促进幼儿的身体发育；另一方面，也可以锻炼幼儿的心理素质，以及幼儿的意志品质，全面促进幼儿的身心健康发展。

（二）促进幼儿的综合素质发展

新时期的教育教学对幼儿教育提出了更高的要求，教师需要在教学中对幼儿进行德智体美劳的全面发展，体育作为其中的重要内容，占据非常重要的教学地位，不仅能够在生理上加强幼儿的身体素质，促进幼儿的健康成长，还能够在心理上培养幼儿的情感态度，促进幼儿的社会性发展，有效地实现幼儿综合素养的培养与提高。

二、课程游戏化背景下幼儿体育教学的主要特征

在游戏化的课程背景下，幼儿园的体育教学主要有两个明显的特征。一是趣味性特征。所谓的课程游戏化，指的就是将幼儿园的体育教学课程与游戏结合在一起，使教学的内容和形式更加新颖和丰富，从而构建一个极具趣味性的特色化课程。而在教学形式方面，游戏化课程明显比传统的教学课程更加多样化，教师可以通过游戏的形式为幼儿创设生动、有趣的教学情境，全面调动幼儿在体育教学活动中的积极性，同时利用丰富多彩的教学器材增加幼

儿在体育活动中的专注力，让幼儿在轻松愉悦的教学氛围中获得成长与锻炼。二是规则性特征。为了保证游戏化体育教学课程能够顺利、有序地开展，教师需要在保证体育教学趣味性的基础上，为学生制定明确的规则制度，对幼儿的行为进行限制和引导，在提升幼儿运动能力的同时，培养幼儿的规则意识，有效地加强幼儿的自我约束力，促进幼儿的综合健康发展。

三、课程游戏化背景下幼儿体育教学存在的问题

（一）对课程游戏化存在片面认知

在当前的幼儿园游戏化体育教学中，教师对其教学的本质存在片面的认知，是阻碍幼儿园体育教学高效开展的重要因素。在部分幼儿园教师的认知里，他们惯于以自身的教学为中心，在设计游戏化体育教学活动，从成人的思维角度出发，要求幼儿严格按照其制订的教学计划进行体育教学，幼儿缺乏自主探索和自由发展的空间，还有部分教师认为课程游戏化，就是将所有的教学内容都以游戏的形式进行开展，过度注重教学的趣味性，以及幼儿活动的自由性，反而忽略了幼儿身心发展的规律，使游戏化体育教学成了心智活动，幼儿本身的运动量达不到生长要求，最终导致幼儿体育教学无法发挥出其真正的教学价值。

（二）幼儿在教学中的运动量不够

幼儿，不仅是智力发育的关键时期，也是身体发育的重要阶段。幼儿的骨骼弹性较大，且心肺功能发育并不完善，过大的运动负荷会让幼儿容易感到疲劳，甚至导致幼儿的骨骼弯曲变形。然而，在目前的幼儿游戏化体育教学中，由于教师对体育教学游戏化的过度重视，导致幼儿体育教学活动中的运动负荷安排偏低，无法满足幼儿身心发展的正常需求，反而不利于幼儿的健康成长。

（三）缺乏完善的体育教学设备

教学器材是辅助幼儿园体育教学顺利开展的重要材料，完善又适宜的体育器材，能够很好地激发幼儿的想象力和创造力，同时提高幼儿对体育教学活动的参与兴趣和积极性。但是就目前的幼儿园教学设施配备情况来看，大部分的幼儿园在体育教学设备方面都存在数量较少、种类单一等现象，从而造成游戏化体育活动的形式单一，且缺乏一定的科学性和系统性，非常不利于游戏化体育教学活动的高效开展。

（四）缺乏专业化的幼儿体育教师

教师作为教学活动的主导者，是幼儿园开展游戏化体育教学必不可少的资源。然而从目前的教学情况来看，大部分幼儿园教师都比较年轻化，且流动性非常大，幼儿教师的专业能力和综合素养水平有待提高，往往更加注重幼儿智力的发育从而忽视了幼儿身心的综合发展，游戏化体育教学活动得不到有效开展。

四、课程游戏化背景下幼儿体育教学的开展策略

（一）加强教师的专业认知

受传统教学理念的影响，部分幼儿教师在开展体育教学的时候，对课程游戏化的概念存在认知上的偏差，将游戏化教学当作了“自由活动”，虽然调动了幼儿的参与兴趣和积极性，但却降低了教学的质量与效果。因此，在课程游戏化背景下开展幼儿体育教学的时候，首先应该转变教师的认知与理念，提高教师的专业能力和素养，让教师充分了解课程游戏化的教

学意义和价值，从而能够在实际教学中，对游戏化教学进行科学、灵活的运用，进一步促进幼儿体育教学的游戏化开展。

（二）以幼儿的兴趣为切入点

幼儿阶段，正处于成长发育的关键期，还未形成完善的自我认知和正确的世界观，且拥有强烈的好奇心和求知欲，因此传统的幼儿体育教学模式，无法有效激发幼儿的参与兴趣和积极性，教学效果大打折扣。基于此，幼儿园教师在开展游戏化体育教学的时候，需要以幼儿的兴趣爱好为切入点，联系幼儿的实际生活，以更具趣味性和生活化的游戏方式和内容，来激发幼儿的参与积极性，让幼儿能够真正感受到体育游戏的乐趣。例如，在开展球类体育运动的时候，教师可以将幼儿进行合理分组，然后结合幼儿的实际生活，为幼儿创设游戏化的教学情境，让幼儿扮演传送员，通过重重障碍对物资球类进行运送，锻炼幼儿抓取技能的同时，培养幼儿的团队精神和合作意识，从而有效加强幼儿体育教学的质量与效率，全面促进幼儿的身心健康发展。

（三）尊重幼儿的个体差异

由于先天的性格特点和后天的成长环境等因素的不同，导致幼儿之间存在明显的个体差异，在传统幼儿体育教学模式中，教师惯于采用统一的教学内容和标准，缺乏一定的针对性和个性化，导致部分幼儿在体育教学中无法发挥自身的优势和价值。基于此，幼儿教师在开展游戏化体育教学的时候，应该立足于尊重幼儿个体差异之上，充分了解幼儿的个性化发展需求，选择灵活多变的游戏方式，满足不同幼儿的不同需求，在提升幼儿身体素质的同时，加强幼儿的心理素质，为幼儿在今后的综合全面发展奠定良好基础。

（四）采取多样化的游戏形式

幼儿受自身年龄、阅历等的限制，联想能力有限，为此，教师在组织幼儿进行游戏化体育教学活动的时候，应当从幼儿感兴趣的角度出发，为幼儿创设主题化的游戏情境，引导幼儿在特定的情境中加深对体育知识和技能的理解与掌握。例如，在组织幼儿开展“沙包投掷”游戏的时候，单一的游戏规则和形式，很容易就使幼儿失去参与的兴趣和积极性，为此，教师可以为幼儿创设一个生活化的游戏情境：将沙包比作小动物，游戏的最终目的是送小动物回家。通过改变游戏形式来有效增加体育教学的趣味性，从而能够更好地吸引幼儿的参与兴趣和积极性。

综上所述，幼儿阶段的体育教学，是培养幼儿终身体育意识和良好习惯的基础，对于幼儿今后的综合健康发展，具有非常重要的影响。为此，幼儿教师需要在实际教学中，联合教学内容和目标，以及幼儿的身心发展特点和规律等，以幼儿感兴趣的形式，对体育教学活动进行游戏化，在激发幼儿参与兴趣和积极性的同时，增强幼儿体育的教学效果，为幼儿的身心协同发展奠定坚实基础。

参考文献

[1] 陆维维. 给体育活动加点料——浅谈幼儿园体育活动游戏化［J］. 读与写（教育教学刊），2020，17（2）：237

[2] 周静静. 课程游戏化背景下幼儿体育教学的开展矿究［J］. 体育科技文献通报，2020，28（1）：114—115.

[3] 李玉瑛. 课程游戏化与幼儿体育教学［J］. 江西教育，2019（30）：93.

[4] 奚瑶逸. 课程游戏化背景下幼儿体育活动的开展［J］. 读与写（教育教学刊），

2019，16（10)：220.

[5] 孟娇. 关于课程游戏化精神引领下幼儿园生成性课程的实施策略分析 [J]. 科学大众（科学教育)，2018（5）.

[6] 陈晓娟. 课程游戏化精神引领下幼儿园生成性课程的实施策略 [J]. 早期教育（教师版)，2017（12）.

课程游戏化背景下开展幼儿园小班户外体育活动的实践研究

（林伟娟　广东省深圳市宝安区燕罗翡翠阳光幼儿园）

摘　要：幼儿园教育以游戏为基本活动，这一基本原则不仅彰显出游戏在幼儿园教育活动中的核心地位，而且昭示着游戏教育能力是幼儿园教师职业的核心素养。随着幼儿园游戏化课程改革进程的不断加快，幼儿园的户外游戏需求越来越强，户外游戏也逐渐突出它的重要性。户外体育游戏可以加强孩子们的动手和协作能力，增强幼儿的自信心，从而促进幼儿的全面发展。小班幼儿身体器官和系统尚未成熟，身体不够强健，此年龄段孩子的走、跑、跳、爬等基本动作开始出现并有所自然发展，但是他们的动作不正确、动作技能不熟练、动作水平不高。具体表现为身体动作不够自然、协调、轻松和熟练。因此，通过游戏化的走、跑、跳、爬、钻、投掷、平衡等基本动作的练习活动，来发展他们的动作，培养他们对体育活动的兴趣，促进他们的骨骼、肌肉、心肺等器官的生长与发育，进而达到增强体质的目的。

关键词：户外体育活动；小班幼儿；游戏

好奇模仿、乐于玩耍是幼儿的天性。“游戏”——这种天性的张扬是幼儿获得和谐、健康成长不可或缺的基本条件。婴幼儿是人生的初期，“游戏”自然地成了他们发挥天性和自我的需要。“空气、阳光是生命的根源，运动、游戏是健康的要素。”我们如能将枯燥、乏味且带“勉强”性的动作练习和技能学习融入形式多样的游戏中，就可使幼儿从游戏中得到锻炼和教育。当今幼儿教养中最重要的事情就是要提倡“学中玩、玩中学”，为幼儿提供形式多样的身体模仿、动作练习、身心锻炼的运动机会，满足幼儿好奇、好动、好玩的天性，丰富他们的身心活动，强健他们的机体，发展他们的基本动作，促进他们的生长发育，为形成良好的个性，开启智慧的心灵，打下坚实的基础。本文将重点谈谈小班户外体育游戏的实践。

一、开展户外体育游戏活动的意义

英国著名的教育家洛克曾说过：“健康之智慧寓于健康之体魄。”洛克先生的这句智慧之语向我们揭示了一个健康的真谛。体育游戏是丰富多样的幼儿游戏中，幼儿最喜闻乐见、最热衷的一类。体育游戏能让幼儿早期身体健康、智力发达，是教师不可或缺的教育内容和方法。和幼儿自发、偶然的身体活动游戏相比较，经过精心设计、有针对性且形式多样的幼儿体育游戏更具幼儿化、故事化、形象化、情境化和趣味化的特点，更富有人生的价值和意义，唯有这种充满教育要素的体育游戏才能真正地满足婴幼儿身体和情感的发育、智慧和社会性发展的需要。

二、户外体育游戏的要素

体育游戏是一种综合“运动”“游戏”和“知道”三个要素的身体练习活动。一方面这三要素缺一不可，否则就不能成为体育游戏；另一方面这三者又必须相辅相成、合理配合，要以锻炼为目的，娱乐为形式，指导为重点，否则就不能成为好的体育游戏。我们如果过分侧重身体运动，那么难免相仿于成人的训练，幼儿就会感到枯燥、压力和痛苦；如果过分侧重自由游戏，幼儿就难免疏于散漫和嬉戏；如果过分侧重于教学指导，就会压抑幼儿的自主和自发，减少体育游戏锻炼的作用和身心的愉悦。

三、小班户外体育游戏活动实践

（一）基本动作类游戏的设计与实践

基本动作是日常生活中人们最基本的行为动作，如走路、跑步、跳跃、钻爬、投掷、攀登和平衡等。小班时期正是基本动作的模仿、学习、掌握、熟练和提高的关键时期，掌握和熟练运用基本动作不仅关系到他们的正常生活，而且关系到他们身体的发育和身心的健康成长。

案例 1：游戏“铺小桥过河”，每名幼儿头戴动物头饰进场。教师用故事情境引入，请动物们搭桥过河。幼儿搬运大积木一块接着一块铺接小桥，铺接的方式可以不同，如直线型、曲线型、直角型和弧线型都可以。当计划好的几座小桥搭建好后，幼儿就可以跟随教师在几座小桥上来回穿行过河。这个游戏提高幼儿行走动作的熟练和协调性，激发了幼儿参加体育活动的兴趣，并锻炼负重行走的能力，发展空间知觉能力。

案例 2：游戏“把风抓住了”，幼儿每人手拿 1 个塑料袋，用双手将塑料袋口打开。当听到“预备——跑”的口令时，幼儿双手持塑料袋口跟随教师在场地上绕圈跑。当听到“停”的口令时，幼儿马上停止奔跑，收紧袋口，看塑料袋里充入了多少空气。也可以以听口令四散跑的方式进行游戏，但要提醒幼儿及时躲闪，学会保护自己。这个游戏锻炼了小班幼儿奔跑的动作，提高跑的能力和对跑的动作的控制与协调能力，初步培养规则意识。

（二）一物多玩类游戏的设计与实践

生活中有很多随手可得的简单器物可以被用来进行玩耍、游戏和锻炼，如球、圈、绳子、凳子、垫子、塑料瓶、纸箱、报纸、石头、竹竿等。一方面使用这些器物可以激发、提高幼儿锻炼的积极性；另一方面这些各异的器物可以变化使用，增加游戏、锻炼的内容和动作的变化性、趣味性，提高幼儿动作的综合性、熟练性和协调性，从而使幼儿在娱悦身心的同时锻炼身体。

案例 1：游戏“报纸变变变”。教师用故事情境导入，带领幼儿一起学小动物跳跳、跑跑。用报纸做成尾巴塞在每个人的裤腰后。教师舞动大尾巴去揪幼儿的短尾巴，幼儿边逃边躲闪，直到被揪住。还可以将报纸揉成球，向空中自抛自接，或是抛向指定的地方，或是互相抛接纸球，或是把纸球当足球踢。这个游戏可以发展小班幼儿跑跳、抛接和躲闪等动作技能，提高动作的敏捷性、协调性和反应能力。

案例 2：游戏“玩球”。幼儿两人一组用一个皮球，面对面相隔 3～5 米蹲下。当听到“开始手推皮球”的口令时，持球的幼儿双手将球推向对面的幼儿，对面的幼儿接住球后，再用双手将球推滚向对面的幼儿，反复互相推球。或是两人一组用脚互相轻轻地蹬球。这个游戏锻炼小班幼儿手部和脚部力量，培养合作意识，提高手、脚、眼的配合与协调性。

（三）传统游戏新玩法类游戏的设计与实践

案例 1：游戏“老鼠笼”。幼儿 5 人一组，其中 3 人面对面围成一个圆圈手拉手举起做捕鼠笼，另 2 人扮演老鼠，在圈外等待。幼儿念儿歌，扮演老鼠的幼儿在 3 人围成的圆圈内钻来钻去，儿歌念到“咔嚓”时，手拉手做捕鼠笼的幼儿马上蹲下，把钻入圈内的幼儿关住。被关入笼内的幼儿和其中做捕鼠笼的幼儿交换角色，游戏重新开始，当幼儿熟悉游戏动作和规则后，小组人数可以增加。这个游戏训练小班幼儿蹲站和钻等动作技能，增强下肢和腰腹部的力量，提高动作的协调性和敏捷性，并很大程度激发了幼儿对体育活动的兴趣。

案例 2：游戏“老鹰捉小鸡”。场地上摆放塑料圈当成小鸡的家。一名幼儿当老鹰手拿塑料圈，其他幼儿当小鸡。音乐响起时，扮演小鸡的幼儿四处活动，当听到扮演老鹰的幼儿说：注意，老鹰来了，快跑。扮演小鸡的幼儿在规定的场地四散跑，跑累了可以躲闪并跑回自己的家蹲下，这时扮演老鹰的幼儿就不能再追赶了，当老鹰走开时，扮演小鸡的幼儿可以再出来，游戏继续。这个游戏重点训练幼儿在指定范围内四散追逐跑和躲避的动作技能，提高动作的灵活性和敏捷性，并大大提高小班幼儿对体育活动的兴趣。

四、结语

综上所述，在课程游戏化背景下，教学工作者应当立足于幼儿的身心发展需求，对户外体育内容进行精心化设计，让幼儿感受到更好的活动体验。因此，可以从提升教师对体育游戏活动的认识、科学合理设计体育游戏活动内容、营造出合适的体育游戏活动环境、不断优化创新体育游戏活动形式、巧用器材提升体育游戏活动效果等方面开展户外体育活动，这样必定可以实现活动质量的有效提升。以上都是笔者的个人浅见，关于课程游戏化背景下开展幼儿园户外体育活动的实践方面还有很多更好的方法与策略，需要相关教学工作者在今后的实践中不断探索。

参考文献

[1] 陆克俭，刘凌，杨梅. 创意幼儿，体育游戏大全［M］. 南京：江苏凤凰教育出版社，2017.

[2] 杨莉君. 幼儿园游戏指导［M］. 北京：北京理工大学出版社，2018.

谈绘本在提升幼儿数学核心经验方面的运用

（曾丽思　广东省深圳市宝安区燕罗翡翠阳光幼儿园）

摘　要：绘本作为一种新的教育资源，日渐受到人们的重视，呈现出蓬勃发展的态势。绘本以有趣的文本内容及生动可爱的图像受到幼儿的喜爱，同时有趣的故事情节中也包含着丰富的数学概念，让幼儿在阅读的过程中潜移默化地积累数学经验，促进其数学思维的发展。

关键词：绘本；数学核心经验；幼儿园

一、研究缘起

（一）数学绘本较少被运用于绘本教学中

绘本起源于西方，以其具有简洁有趣的语言文字和生动形象的图画而受到人们的喜爱，被认为是最适合幼儿阅读的读物。绘本能激发幼儿的阅读兴趣，培养幼儿的良好阅读习惯，对幼儿的思维、语言发展、想象力和创造力的发展和审美能力的提高等都有着巨大的作用，因此越来越多优秀的绘本被人们发现并运用于教育教学之中。绘本类型众多，但教师们大多利用绘本开展语言活动、美术活动，而一些涵盖了多方面的数学概念的数学绘本就被搁置，较少被应用在数学教学中。

（二）数学教学形式单一且缺少趣味性

虽然对于正处幼儿园的孩子来说，数学数概念是比较抽象的，但却与他们的日常生活息息相关。幼儿从出生起就不断感知着周围环境中的数学知识，例如：飞机飞得很高、皮球是圆圆的等。大班年龄段是幼儿抽象思维萌芽发展的关键期，培养和提升大班幼儿的数学核心经验，有利于幼小衔接的进行，也为日后的数学学习打下基础。但与此同时也存在着部分教师为迎合家长的需求，不关注数学学习的过程，使数学教育越来越小学化，尤其是大班的数学教学活动，缺少趣味性，缺少与生活的连接，形式比较单一。

（三）绘本与数学的整合为幼儿数学学习提供新路径

数学由于其抽象性，教师在讲解抽象的数学概念时，很容易变得小学化。而绘本的主要特点是内容具有情境性，画面易于幼儿理解，能够更好地实现帮助幼儿获得抽象数学知识，同时又不乏兴趣。情境学习理论指出学习是一个社会学的过程，而知识是人们在社会化的生活中构建起来的，知识的学习必定与特定的情境融合，渗透在社会与自然环境中。当幼儿在绘本情境中通过观察和感受故事情境、插图及熟悉的语言学习抽象的数学概念，可以促进儿童发展并使用数学语言去沟通，也能够帮助儿童学习数学概念与技巧、解决问题、推理与思考，这种有意义且有趣的方式不仅可以提高幼儿学习数学的乐趣，也符合幼儿统整的学习方式。

二、数学绘本在幼儿数学教育中的作用

（一）激发幼儿的学习兴趣，让幼儿在快乐中学习

绘本形式更加适合幼儿教学，绘本与普通的教材不同，其主要是通过图画与文字结合的形式为幼儿展示不同的故事，这样“静态画面＋简单文字”的形式非常符合幼儿的认知水平要求，能够简化数学中很多复杂的知识，同时还能够创建一个趣味性的学习氛围，吸引幼儿的注意力。幼儿阶段的孩子学习能力与认知能力都受到一定的限制，如果采用传统的数学教学方法会引发幼儿的不满，导致其难以适应数学学习，因此教师可以采取绘本的形式利用故事情节为幼儿展示一些数学相关的实用知识，加深幼儿对数学知识的认知。图片结合文字的教学形式已经被广泛应用，取得了一定的成效，但是与绘本相比，这样单纯的表现形式缺乏故事性与趣味性，绘本不仅具有画面感，同时还具有一定的逻辑顺序，能够对幼儿产生持续性的吸引，激发幼儿对数学知识学习的兴趣，促进幼儿的成长与发展。

（二）发展幼儿数学思维，提升学习能力

在绘本中有丰富的数学内容，配有生动有趣的图片，对于幼儿来说这远比单纯的文字阅读更加具有吸引力。教师通过寓教于乐的方式，让幼儿在轻松、愉悦的氛围中学习数学知识，他们在阅读这些绘本知识的过程中，通过对这些图片进行仔细观察和分析，也能够享受观察和分析问题的乐趣，同时有助于培养幼儿的观察能力和分析能力，发展其数学思维，从而提升数学学习能力。这种借助绘本构建故事情境的幼儿园数学教学方式，一方面可以通过更加直观、鲜活的方式提高幼儿的数学学习质量和效率，并促进幼儿数学思维和自主思考意识的培养；另一方面可以潜移默化地培养幼儿的数学知识运用能力，对幼儿园数学教学成效的提升有着重要意义。

（三）推动幼儿数学创新教育发展

受到传统幼儿数学教育理念的影响，教师一般都是采取教材内容为主、趣味活动为辅的教育教学形式。尽管课堂中的趣味活动在一定程度上能够吸引幼儿的注意力和学习兴趣，但是面对教材中枯燥的数学学习内容，幼儿的注意力还是很难维持。并且数学绘本能够将理论性的数学知识融入具体的故事内容中，这样就能够为幼儿创建一个有趣的故事情境。基于幼儿的年龄特点和发展顺序，他们当前的认知水平较低，而绘本则更多地使用生动形象的卡通图像方式为幼儿呈现各种故事情节与背景，对于故事中的关键词句则使用对话框的形式进行标注和突出，这样的教学形式能够成功将抽象难懂的数学理论转换为形象易懂的故事内容，更加便于幼儿阅读理解，同时潜移默化地学习数学概念。

三、数学绘本在幼儿园教学中应用的策略

（一）绘本选择方面

当前我国的数学绘本资源较为丰富，不同的幼儿学习阶段具有不同的数学学习需求，因此教师应该根据幼儿的实际学习情况挑选合适的绘本，注重绘本的个性化选择。数学绘本首先应该符合不同阶段幼儿的身心发展特点，之后再由教师对绘本内容进行适当的筛选与拓展，配合不同的教学目标与计划，这样才能够发挥出数学绘本的教育价值。具体来说，教师在进行数学绘本内容选择的时候应该从绘本的故事性以及知识性两方面进行分析，不断挖掘其中的教育资源，同时根据不同的数学主题设计不同的实践教育活动。

（二）提升绘本趣味性

教师在利用绘本开展数学教学的时候还应该不断提升绘本的趣味性，这样才能够激发幼儿的学习兴趣。具体来说，教师在教学过程中应该充分利用信息技术优化绘本教学资源与内容，同时还能够利用多媒体设备为幼儿创建一个与故事情节相符的情境，通过情境重现的方法吸引幼儿的注意力，使其沉浸于绘本内容，逐渐加深对绘本故事中数学知识的理解。例如当教师在绘本《真正的魔法师》教学过程中，教师可以利用多媒体设备为幼儿展示魔法师的生活场景以及使用的魔法道具，之后再鼓励幼儿扮演故事中的不同角色，在课程中演绎故事情节，这样就能够有效提升绘本的趣味性，激发幼儿参与的主动性，同时提升数学教学的效果。

（三）联系实际生活内容

大多数数学绘本中的故事都来源于生活，从这个角度来看，数学绘本就是对生活事情进行丰富，强化幼儿对某一方面的认知。因此，教师在绘本数学幼儿园教学中，应该实现数学知识与经验的迁移，将绘本中的故事情节与实际生活联系起来，这样就能够为幼儿创建一个熟悉轻松的学习环境，增强幼儿的体验感。当教师进行教育教学时，教师可以将故事情节与幼儿的生活实际结合起来，帮助幼儿结合已有经验理解物与物之间数的关系。同时可以引导幼儿对其之间的联系进行联想，思考生活中还见过什么物品是具有类似的关系。通过这样的引导去引发幼儿的思考，有利于他们更好地抓住生活中普通事物之间的关系，理解整体与局部的数学理念及其内涵的逻辑关系，加深幼儿对数学知识的认知。

综上所述，数学绘本具有故事性的特征，更加符合幼儿的认知规律，教师应该合理选择绘本内容，不断体会绘本的趣味性，同时联系幼儿实际生活内容开展教学，这样就能够深化幼儿对数学知识的理解，促进其全面发展。

参考文献

［1］焦水灵．浅谈绘本在幼儿园数学教学活动中的运用［J］．速读，2019.

［2］梁晓素．数学绘本在幼儿园教学中的有效应用［J］．学园，2017.

［3］王玲．数学绘本在幼儿园教学中的有效运用策略分析［J］．考试周刊，2021（91）：66—68.

［4］董海霞．绘本在幼儿园数学教学活动中的应用［J］．甘肃教育，2020（9）：188.

以绘本为载体提升大班幼儿数学核心经验的教学案例研究

（严嘉琳　广东省深圳市宝安区燕罗翡翠阳光幼儿园）

摘　要：本文是一篇学前教育论文。本研究以同伴交往能力的四个维度为研究的主要内容，实施绘本教学，因此，研究者将结合研究过程及研究结果，围绕同伴交往能力的四个维度，提出具有针对性的教育建议：利用绘本教学增强幼儿社交主动性；利用绘本教学发展幼儿的语言和非语言能力；利用绘本教学克服幼儿的社交障碍；利用绘本教学促进幼儿养成亲社会行为。

关键词：绘本；数学核心经验；幼儿园

一、理论意义

目前，对于幼儿同伴交往的相关研究越来越丰富，但研究者更多是从幼儿同伴交往现状、影响幼儿同伴交往的因素等方面开展的。在促进幼儿同伴交往的干预策略上，较多通过角色游戏、体育游戏、团体辅导等方法对幼儿进行干预，以绘本教学为突破口，对幼儿进行绘本教学干预的研究很少。

基于此，从理论意义上，本研究试图通过探索绘本教学对幼儿同伴交往能力的影响，探究绘本教学是否能有效提高中班幼儿同伴交往能力，以期进一步丰富绘本教学与同伴交往能力的相关理论，也为幼儿社会性发展提供新的思路。

二、实践意义

本研究以绘本教学为切入点，充分挖掘绘本中丰富的教育内涵，开展多元化的教育活动，使幼儿对故事人物的行为做出正确的价值判断，学习、模仿如何进行同伴交往。

从实践角度考虑，本研究的实践意义主要有三点：第一，揭示绘本教学与幼儿同伴交往能力之间的关系，为促进幼儿同伴交往能力提供新的方法。第二，提高中班幼儿的同伴交往能力，使幼儿掌握正确的交往方式，学习更多的交往策略。第三，帮助幼儿教师规避在绘本教学中常见的问题，使教师正确认识绘本的教育价值，尤其是绘本教学对幼儿社会性发展的价值。

三、幼儿园开展活动与探索

（一）幼儿开展阅读活动的主要特点

第一，大部分幼儿已经能够通过联系前后图片的方式对故事情节进行有效阅读，却无法对故事的重要转折点进行有效探究，主要原因在于幼儿无法对各类图片有更加细致的观察和更加合理的想象，致使其在阅读理解过程中存在一定的困难，从而阻碍幼儿对故事的综合性探究与理解。第二，大部分儿童会对诸多关键性故事节点进行有效阅读，却不能有效概括各类故事的主题。第三，大班幼儿对识字较为渴望。幼儿在阅读时，遇到自己认识的汉字，会十分兴奋，并经常要求成年人读出不认识的字，表现出对汉字较高的阅读热情。第四，幼儿在阅读过程中拥有较为突出的个性化特征。经过两年的阅读训练，大部分大班幼儿已经拥有较为突出的阅读能力，但自身阅读能力的差异化特征相对明显。

（二）幼儿阅读的多元化模式

1. 有效开展个性化阅读活动

教师要对幼儿的兴趣及需求进行有效探究，在阅读区内放置各类绘本，并且运用科学生活故事及自编画册等使幼儿的阅读活动进一步丰富。幼儿可根据自身爱好，对各类知识进行自主选择，并对相应的知识内容进行探索与体验。教师需引导幼儿仔细观察相应的图片，根据图片内容所传递的信息对阅读内容作进一步探究，使幼儿提升观察能力，增强联想能力及推理能力。

2. 以小组模式对阅读内容进行有效探索

大部分幼儿在探索知识的过程中往往拥有较为积极的态度，但会出现诸多现实问题。小组合作模式能够使幼儿对相应的内容进行多元化理解，有效提升幼儿自身解决问题的能力。教师需根据幼儿的兴趣，有效设置阅读材料，鼓励幼儿选择自己感兴趣的阅读内容，并且与班级的其他幼儿组成小组，进行合作性阅读探究。教师要指导各小组分享阅读成果，进一步提升整体阅读探究活动的有效性。

3. 注重阅读过程的整体设计

教师可以播放各类 PPT 教学插件，对绘本内容进行有效展示，将幼儿带入相应的故事场景中，大幅度提升幼儿的阅读兴趣，有效聚焦阅读的观察点。教师可通过提问方式引导幼儿，对整体阅读过程进行细化，使幼儿完成从初读到精读的过程。

四、实际绘本教学中产生的诸多思考

（一）创设有效的阅读条件

教师要保证幼儿人手一本绘本，避免每位幼儿在阅读过程中的阅读进度出现差异。教师可以将每周五的第二节教学活动课设置为班级的集体读书会，让幼儿自选绘本进行有效探究与学习，激发其学习兴趣。

（二）探索更加适宜的阅读模式

在幼儿阅读教育过程中，教师要将幼儿阅读与学前教育的规律相结合，使幼儿真正快乐地阅读，从中体会成长的快乐。教师在对幼儿进行阅读方法引导的过程中，要结合班级幼儿的现实特点，有效开展各类识读方法及绘本阅读活动，进一步提高绘本阅读的有效性。

五、幼儿园要加强绘本教研

教研是幼儿园教师成长的主要路径，也是全面提升保教质量的重要手段。《“十四五”学前教育发展提升行动计划》提出，强化教研为教师专业成长和幼儿园保育教育实践服务。教研充分体现出教育者之间的合作，如集体备课、教学观摩和点评、分享教学材料和教案、共同讨论幼儿的发展、提出批判性的建议等。幼儿园需要形成一种高度信任和允许犯错的文化和氛围，使所有人都敢于将自己的表现和意见呈现在他人的面前，从而通过教研发展教师的教育专长，使之形成教学判断力。具体来讲，绘本教学方面的教研主要体现在以下方面：

第一，建立教研制度。幼儿园重视绘本教学，建立绘本教学研讨小组，成员包括园长、年级组长、优秀教师、对绘本教学有研究兴趣的教师、外聘专家等，以保证研讨小组的合理性与学术性等。幼儿园要形成浓厚的阅读氛围，教师多读经典绘本，提升对绘本及其价值的认识。教师要有丰富的阅读体验，深刻理解绘本的特征，才能引导幼儿爱上绘本、会读绘本。同时，教师要把握幼儿园阶段的绘本教学，重在让幼儿获得阅读乐趣，而不是学习知识；制定科学合理的评价标准，集体评价教师教案，围绕“绘本教学是否基于幼儿本位开展”，如教师的口语表达能力、语调、语音和表情动作等能否吸引幼儿；绘本内容是否符合幼儿的兴趣和需要；教学方式和策略是否促进幼儿深度阅读等。

第二，开展绘本教学观摩。幼儿园制订随堂观摩计划，让教师感受鲜活、真实的现场教学。在观摩中，着重观察师幼互动，判断教师为促进幼儿学习与发展所做的努力与提供的支持：着重分析幼儿在绘本教学中是否投入、受益；教学目标是否清晰、真实可行，能否兼顾全体幼儿和个别幼儿之间的差异；教师能否给予幼儿表达和讨论的机会；课堂拓展延伸是否丰富多彩而不拘泥于形式。此外，教师在课后要及时反思自己的教学活动，定期参与绘本教学总结会，在打磨和学习中不断提升绘本教学水平。

六、结论

教师要关注幼儿的生活经验和阅读兴趣，通过绘本教学让幼儿获得阅读乐趣，同时，也要立足绘本教学的目标，通过共读、讲授、游戏等方式引领幼儿获得有趣的阅读体验和有效的阅读方法。总之，基于幼儿本位的大班绘本教学需要教师、家长、幼儿园三者的相互配合。只有多方努力、协同共育，才能真正实现以“幼儿本位”的绘本教学。

幼儿良好的学习品质不是一朝一夕就能够培养起来的，可以在以绘本为支撑的系列绘画活动中培养，并需要持之以恒地努力。因此，教师要努力创设条件，通过积极有效的师幼互动，呵护幼儿的好奇心和学习兴趣，激发其主动性、坚持性，鼓励他们大胆创造，形成自主探究的学习方式，有效地培养幼儿良好的学习品质，为幼儿一生的发展奠定基础。

课程游戏化背景下开展幼儿园户外体育活动的实践探究

（肖慧雯　广东省深圳市宝安区燕罗翡翠阳光幼儿园）

摘　要：在《幼儿园工作规程中》对幼儿户外活动时间进行了明确的要求，规定在正常情况下幼儿户外体育活动时间不能少于每天两小时，而《幼儿园教育指导纲要》中也规定了幼儿园应该开展丰富多彩的课外活动。课程游戏化就是在实施课程教学的过程中运用游戏的形式，让幼儿在游戏中学习，强调了游戏在教学中的重要性。户外游戏是游戏的重要组成部分，与课程游戏相比，户外游戏的内容及形式都更加丰富，更有利于在游戏中培养幼儿的各方面能力。在课程游戏化的大背景下，教师要积极地加强思考，探究更适合幼儿的游戏内容及游戏形式，让幼儿在游戏过程中能够有所收获，间接地影响他们各方面的发展。

关键词：课程游戏化；幼儿园；幼儿；户外体育游戏

一、课题研究的背景和意义

《幼儿园教育指导纲要》提出要研究、探索和优化幼儿户外体育活动的内容、途径、方式及其注意事项。户外体育活动的有效开展对幼儿的健康发展有着积极的推动作用和意义，得到越来越多的社会重视。

（一）探索创新，激发幼儿的创新意识

在体育活动中，注重对体育游戏内容的选择、组织方法、材料等方面的创新，力争达到活动材料多元化，随着课题的深入开展，在户外体育活动中让幼儿自主选择，激发了幼儿与教师共同探究，挖掘同一器械的不同玩法和用途，发挥幼儿的想象力及幼儿的创新意识。

（二）共同合作，促进幼儿健康发展

幼儿期是生长发育旺盛时期，亦是建立良好物质基础的关键期，而运动则成为他们锻炼身体的客观需要，以实现其身体发育和运动能力发展的平衡。户外体育活动可以引发幼儿进行活动的愿望，并产生积极的活动行为，幼儿在活动中表现出来的主动性、积极性和合作性越高，得到的锻炼也就越全面。陈鹤琴教育思想中指出：要以幼儿为主体，将游戏的主动权交给幼儿。游戏的主体是幼儿，游戏的权利也在幼儿，我们要保证幼儿在游戏中有充分的自由度。在体育活动中，鼓励幼儿学会处理与自己不同的观点，协调自己与他人的关系，获得诸如轮流玩、分享和合作等社会性交往的技能与品质。

（三）助推了教师专业成长

通过课题活动的开展，可以引领教师带着实践中的问题进行理论指导下的行动研究，教师们逐步树立以幼儿发展为本的思想，营造团队研究的良好氛围，增强教师团队认同感和归属感，确立正确的教育观，增强研究兴趣和研究能力，从而推动教师专业成长。教师们在“探索—实践—反思—总结”中教科研能力得到不断提升。

二、幼儿园户外体育活动现状

受传统教学模式的影响，很多教师在幼儿户外体育活动中更关注幼儿的安全。尽管在《幼儿园工作规程》的要求下，部分教师开始将游戏应用于户外体育活动中，但对幼儿安全

的关注程度仍远高于其他方面。由此，幼儿园的一些户外体育活动无论是在组织上还是在时间分配上都存在诸多问题，不能很好地达到教育教学的基本目标。除此之外，现阶段一些幼儿园在户外体育活动开展中还存在目的性不强的问题。由于缺少开展户外体育活动的经验，部分幼儿教师在活动内容设计等方面没有充分考虑幼儿的身心发展及实际情况，更多的是盲目遵循以往的成功经验。在此情形下，幼儿户外体育活动的形式往往十分单一，尽管教师也将游戏元素掺杂其中，但并不能激发幼儿参与活动的兴趣。部分幼儿园还存在活动器材数量不足、种类不够丰富等情况，这在一定程度上限制了幼儿教师的游戏设计，导致户外体育活动形式固定，不利于幼儿活动兴趣的激发。

三、课程游戏化背景下开展幼儿园户外体育活动的策略

（一）丰富活动器材，合理安排活动场地，促进幼儿健康成长

充足的活动器材是确保户外体育活动顺利进行的基础，能为游戏活动的顺利开展与课程秩序的维持创造条件。这要求教师在户外体育活动开展前对游戏内容进行思考，并根据游戏内容及游戏形式等，提前准备器材，如跳绳、皮球等。在户外体育活动中，为使幼儿的身体平衡能力与手脚协调能力有所提升，同时降低游戏过程中安全事故发生的可能性，教师有必要在游戏正式开始前组织幼儿进行热身活动。另外，户外体育活动的开展往往需要较为开阔的运动场地。基于此，操场就成了幼儿教师开展户外体育活动的首选，这会导致游戏内容与游戏方式在一定程度上受场地限制。对此，教师应“跳出重围”，科学合理地安排活动场所，为体育活动的设计提供思路与可能。这样一来，教师既可以根据场地特点对游戏内容等进行设定，也可以根据不同幼儿的实际需求等因材施教。

（二）户外体育游戏应符合幼儿的年龄特征

幼儿在每个年龄段的典型表现不同，教师应该根据幼儿的年龄特征，选择适合幼儿的户外体育游戏内容，将幼儿的爬、跳、扔等各种活动进行有效融合。同时，教师也要注意幼儿的个体差异。在成长过程中，幼儿的发展速度和发展水平各不相同，教师要充分尊重幼儿在发展过程中的差异，让幼儿在原有水平的基础上向着更高水平的方向发展，从而达到让每名幼儿都能健康发展的基本目标。

（三）户外体育游戏的形式应多样化

幼儿户外体育游戏与其他区域活动的目的是相同的，可以以多种形式出现，共同发挥作用。因此，在户外体育游戏过程中，幼儿不仅能提升自己的游戏技能，还能发展自己的协调能力和运动能力。另外，除了组织常见的集体活动之外，教师更应该关注幼儿的自主游戏能力。幼儿园的教育目标不仅要让幼儿的身心得到健康发展，更应该让幼儿的动手能力得到提升，这就要求幼儿要力所能及地完成自己能做的事情，让幼儿有更多的机会运用自己的思维和能力解决生活和学习过程中遇到的问题。在引导幼儿自主游戏的过程中，教师要扮演好指导者、引领者的角色，在一旁认真观察。教师还可以根据四季分明的特点，组织班级运动会和户外活动，让幼儿的户外体育游戏更加丰富，提升幼儿户外活动的趣味性。

四、利用多种多样的游戏道具、培养幼儿的创新思维和开拓意识

在组织幼儿开展体育活动的过程中，教师会用到各种各样的道具。这些教学的道具不仅能够有效地激发幼儿们的探究兴趣，也能帮助他们在参与体育锻炼的过程中提高自己的动手实践能力。同时，不同的道具有着不同的用法，相同的道具也可以有多种不同的用法。因

此，在进行幼儿园体育活动组织的过程中，教师可以引导幼儿们探究道具的不同用法。引导他们进行思维的充分发散，让他们能够在锻炼动手能力的同时提升自己的创新性思维。

创新性思维的形成需要从幼儿时期抓起。因此，在进行幼儿园体育活动组织的过程中，教师要善于利用不同的教学工具，引导幼儿们进行探索和创新。比如，在体育活动开始之前，教师可以先向幼儿们明确体育活动的主题，然后，教师可以为幼儿们提供不同类型的道具。让幼儿们自由地选择相应的道具。在幼儿们选择结束之后，教师可以要求他们对道具的用法进行探索，并让他们对自己探索出的用法进行详细的描述。在这个过程中，各种不同的用法集合在一起，不仅能够开阔幼儿的视野，也能在一定程度上提高他们的创新思维能力。

五、结束语

幼儿的成长和发展中，游戏具有重要的促进作用，不管是课程游戏还是户外游戏，在某个方面上都能促进幼儿发展，能够提高他们各方面的能力，为他们后续的学习和生活奠定基础。在组织户外游戏时，教师可以在课程内容的基础上，创设一系列与之相关的游戏活动，在游戏中巩固课程内容，让幼儿对其有进一步的了解，同时，借助游戏加深他们的印象。

参考文献

［1］邵美丽．游戏化教育在幼儿园体育教育中的应用［J］．山西教育学院学报，2018（2）：54—57.

［2］张帆．游戏化教学模式在幼儿园体育游戏教育中的应用研究［J］．教育教学论坛，2019（2）：118—120.

［3］王欣欣．幼儿园户外体育教学中的游戏化教学探究［J］．黑龙江体育科技，2017（3）：17—18.

［4］李红霞，陈沈．游戏化背景下幼儿体育游戏教学反思和提升［J］．教育引导，2019（4）：88—89.

提升大班幼儿数学核心经验的教学案例研究

（刘思意　广东省深圳市宝安区燕罗翡翠阳光幼儿园）

摘　要：数学具有高度的抽象性与严密的逻辑性，而大班幼儿的思维模式以具象思维为主。对此，我认为，教师可以从幼儿感兴趣的绘本入手，选择绘本中有效的数学元素，构建生动、有趣的数学活动，以激发幼儿学习数学的兴趣，提升数学教学的效果，让幼儿在轻松、愉悦的氛围中快乐地学习数学。

关键词：绘本；数学活动；数学核心经验

一、幼儿绘本阅读核心经验内涵

绘本阅读目的主要有两个部分，一个是通过阅读来解决实际问题，另一个是阅读能力，在阅读过程中，幼儿能够体会到语言的魅力，获得人生体验，拓宽视野，并且从中得到很好的满足感和幸福感。在整个人生的发展过程中，读书是最关键的一环。因此，幼儿与成人在学习、目的上不同，例如：在阅读资料方面，幼儿更喜欢图文并茂的读物，成人则喜欢信息、书籍、报纸等；从学习的观点来看，幼儿的学习以“单词图片”为主，以形象为主，而成年人的阅读则以文字为主。其中，图画书是幼儿阅读的重要媒介，通过比喻性语言、幼儿能听懂的语言进行图像、信息和知识的传递，非常符合幼儿的身心特点和成长规律。幼儿在进入图像的世界时，能够观察、发现、获得知识，从而获得对事物的理解。

二、挖掘绘本中的数学元素，设计切实可行的教学目标

教学目标是教学活动的起点和归宿，指导和支配着整个教学活动。在以绘本为载体的数学活动中，教师应用心挖掘绘本中的数学元素，并根据幼儿的年龄特点以及幼儿已有的知识经验，合理、科学地设计教学目标。

例如，绘本《我的一天》以消防队员的一日活动为主线，形象地介绍了时针和分针，并向幼儿展示了整点、半点以及一般时间点的读法。该绘本中所蕴含的数学元素即认识钟表、了解时间顺序等。在开展数学活动时，笔者结合绘本内容，根据幼儿的年龄特点以及幼儿已有的知识经验，将数学活动分为三个课时，每个课时的教学目标，即对幼儿的具体要求如下。

第一课时：①熟悉时钟，能正确认读整点；②初步感知时间顺序，并能按时间顺序说出自己在幼儿园的一日活动安排；③体验消防员工作的辛苦。

第二课时：①能正确认读半点；②尝试记录时间；③体验数学活动的乐趣。

第三课时：①学会认读一般的时间；②尝试设计自己的一日活动；③珍惜时间，养成按时作息的习惯。

教师根据幼儿的认知特点，精准地定位教学目标，能让活动更加具体，增加数学活动的效果，有助于幼儿循序渐进地掌握时间的相关知识。

三、绘本的选择

好的数学绘本应包含以下特质：图文能吸引读者；能引起读者的回应；内容没有不当的议题；数学内容正确；数学概念符合读者心智；故事情节与数学相辅相成。

(一) 绘本的选择要切合教学内容

根据《幼儿园工作指导纲要(试行)》和《3~6 岁儿童学习与发展指南》中数学认知领域中关于 5~6 岁幼儿数学学习的目标与内容，确定了大班数学教学内容为：数概念与运算、比较与测量、图形与空间、集合与模式这四个部分，由于幼儿处于低学龄阶段，对于知识的理解和吸收能力处于起步阶段，因此在选择数学绘本时，还要注意幼儿普遍的特性和接受能力。如绘本《乱七八糟的魔女之城》，以模式排序为知识点，需要幼儿运用对规律的感知，探索身边存在的规律性，寻找隐藏在生活的角落中的数概念；绘本《15 只老鼠的礼物》涉及了分类、计数、统计；绘本《小房子》涉及了年月日、感知时间关系及四季的变化……这些绘本的内容切合大班数学教学内容，在阅读中就能让幼儿感知其中的数学知识。

(二) 可以优先考虑套系绘本

数学绘本一般分为两大类，一类是注重数学练习，培养幼儿“动手”解题能力的绘本，另一类是注重孩子数学概念培养的故事性强的、艺术呈现的绘本。在选择绘本时可以优先考虑故事性强的套系绘本，比如数学启蒙读本《数学绘本》(全 36 册)，涉及的数学概念非常广泛，有分类与顺序、数与计算、规律性与数学应用、测量等内容，特别适合大班幼儿阅读。

四、创设情境，利用教具，以生活化、游戏化形式开展活动

在教育教学活动中，数学活动是知识性较强的活动，数学知识则是抽象而概括的，而幼儿的思维是具体而形象的，如果教学方法不当，很容易使幼儿缺乏学习兴趣，对数学活动感到枯燥和乏味。

在数学教学中，需要必不可少的教师演示和幼儿操作的教学材料的配合。在我们进行的绘本数学活动中发现，教师的教具准备，凸显出了与绘本文本的美相配的特点，要真真切切地为教学目标服务。用游戏形式，带领孩子体验绘本的价值，在阅读的基础上，可以围绕绘本来设计一系列延伸性的活动，帮助幼儿巩固绘本中的数学目标。例如可以将《十五只老鼠的礼物》延展为角色表演活动，教师扮演猫，所有的幼儿扮演老鼠。猫要去吃掉老鼠了，老鼠想出了办法要送猫一个礼物来使得自己不被猫吃掉，那到底送什么礼物呢？除了绘本中提到的，幼儿还有很多的想法，那幼儿可以根据自己所想出来的礼物，进行分类、计数和统计。

在绘本教学中，教师可以试着改变思维方式，抓住故事情节，进行趣味游戏，并为不同的幼儿分配核心词汇和句式，以鼓励他们大胆地表达。对于幼儿而言，他们已有了一定的人生体验，并有了对文学创作的初步体验。

数学绘本包含了各个方面的知识，因此，要充分理解绘本，深入挖掘，并依据教学目的及幼儿的年龄特点，选择合适的绘本，进行相应的活动，使绘本充分体现出其丰富的多方面的教育意义。比如，在《吃了魔法药的哈哈阿姨》中，这个故事情节是最受小朋友喜爱的。它以神奇的“魔法药”为线索，利用魔法将图形组合成不同物品，让幼儿从枯燥的数学课中解脱出来，变成了一场场充满了趣味的数学游戏。绘本展现了点、线、面的知识，让幼儿在充满了想象力的世界里，将不同空间和几何概念与日常生活中的事物联系起来。幼儿不仅可以通过绘本领悟到各种图形的变化组合，还能扩展自己的空间感、图形的思维能力。

总之，绘本阅读是幼儿早期教育的一个重要组成部分，其重要性不言而喻。幼儿教师应

从幼儿的视角出发，选用合适的绘本，并积极地创新阅读指导方法和手段，创造良好的阅读环境，使幼儿快乐地阅读，并乐于阅读。通过绘本阅读，提升幼儿数学核心经验，形成阅读兴趣和习惯，为以后的数学学习奠定基础，促进幼儿的数学思维的激发。

参考文献

中华人民共和国教育部. 3～6 岁儿童学习与发展指南［S］. 北京：首都师范大学出版社，2012.

农村小班幼儿良好饮食行为习惯培养策略

（卢彤　陕西省西咸新区沣西新城第五幼儿园）

摘　要：近年来，学前教育受到了很大的关注，农村幼儿饮食问题也受到越来越多的人的重视。本研究以随机选取 100 名小班幼儿的家长，采用问卷调查法和个别访谈法对幼儿在家庭中的饮食行为习惯中卫生习惯、进餐行为、环境氛围和使用餐具进行调查研究，研究中发现家长们如今正在有意识地帮助幼儿的建立好卫生习惯和饮食行为习惯，但仍旧有一些问题。

因此，从家庭、幼儿自身、食物、幼儿园等四个大方面进行问题分析，发现其存在的问题与不足，进而提出一些建议，希望能够帮助幼儿培养健康饮食行为习惯。

关键词：农村小班幼儿；饮食行为习惯；现状；教育对策

健康的饮食行为习惯无论是对成人还是孩子来说都有重要作用，幼儿把从食物中得到的能量转化为营养以满足身体成长的需要，拥有好的饮食行为习惯是幼儿健康成长的保证。近年来，我国政府对学前特别是农村的学前发展十分看重。

但是就目前来看，与城市相比，农村的幼儿饮食仍有一些问题。农村幼儿家长不知道如何培养孩子的良好饮食习惯，如何去解决他们在饮食活动中出现的问题。部分幼儿存在不良的卫生习惯，幼儿没有使用专门的餐具，而是使用和成人一样的餐具。农村地区幼儿饮食方面的问题亟待解决。

本研究选取 3～4 岁幼儿研究其饮食行为习惯，从研究者所查询的文献资料来看，研究农村地区小班幼儿的饮食行为习惯的文献比较少。本研究从这一角度入手，通过从饮食卫生习惯、进餐行为习惯、环境氛围和使用餐具习惯四方面调查研究，然后去了解造成此现状的原因是什么，研究出适合该地区的策略，为培养幼儿健康饮食行为习惯增添新的内容，为研究提供更多的方法策略。

一、农村小班幼儿饮食行为习惯调查现状分析

研究者通过问卷调查法和个别访谈法，对选取的 100 名幼儿在家的饮食行为进行探究，其中 84 份为有效问卷。研究当中发现农村地区的小班幼儿的饮食行为习惯得到了一定的改善，但仍存在着不足。根据研究结果，具体现状如下。

（一）进餐的时间

幼儿的用餐时间分布情况，20 分钟以内可以吃完饭的幼儿占 46.43%，20～30 分钟吃完饭的幼儿占 46.43%，而只有 7.14%的幼儿吃饭时间在 30 分钟以上。幼儿消化系统敏感，应该是细嚼慢咽，结果当中有超过一半的幼儿用餐的时间不适宜，过快或过慢都不利于消化。

（二）进餐的专注性

从调查结果发现，幼儿进餐独立性较差，但也在逐步培养中。结果显示，有 77.38%幼儿可以独立吃饭，但偶尔需要大人喂；而 22.62%的幼儿不能，但在其中有 15.48%的幼儿在学习中，7.14%的幼儿经常需要大人的帮助。根据结果，幼儿在吃饭过程中还是需要成人的帮助来用餐，独立性较差，这背后的原因除了幼儿自身，还和成人的教养方式和观念有很大的关系，因此培养幼儿独立用餐的能力极其重要。

二、存在的问题及影响因素分析

（一）存在的问题

研究者通过对农村地区小班幼儿在家饮食行为习惯的研究发现，近年来，家长对于孩子们饮食卫生习惯及饮食习惯有了很大的改善，但是仍存在着一些问题。

1. 进餐的时间不当

在进餐的时间中，只有46.43%的幼儿可以在20～30分钟吃完饭，43.47%的幼儿吃饭速度不一，要么过快，要么过慢，这都是不好的。幼儿吃饭速度不当会造成肠胃的不适，影响消化。

2. 进餐独立性差，用餐被动

在研究中发现，幼儿能够自己独立吃饭的比例不高，或多或少幼儿需要借助成人才可以完成用餐活动，也有小部分幼儿是在上幼儿园后才开始独立用餐的。其中很大程度上是由于成人的介入，可能是导致幼儿无法独自吃饭，而这背后又是因为经济、教育水平等因素引起的，在此便不作深究。

3. 进餐专注度不高

由于现在技术发展，各种科技产品影响幼儿的生活，尤其是吃饭过程中，家长总会因为这些产生矛盾，祖辈认为只要孩子吃饭就行，哪怕孩子看着手机和平板。而父母认为看手机既影响吃饭，也对眼睛不好。

（二）影响因素分析

1. 家庭因素的影响

第一，家长的教育方法和思想观念会对幼儿的饮食产生影响。家长总是想尽一切办法让孩子吃饭，并未想过幼儿为什么不喜欢吃，如何让他主动吃饭。威逼利诱也好，惩罚或奖励也好，只是解了燃眉之急，没有解决根源。另外，家长的喂饭行为也是造成幼儿独立进餐能力差的重要原因之一。

第二，家长的言行对幼儿饮食有影响。孩子受到大人的影响是很大的，甚至会波及以后的成长。在问卷中，有一半的幼儿安静吃饭的概率比较小，父母安静吃饭的比例也比较低。3～4岁幼儿学习的方式是模仿，而家长在吃饭中表现的行为都会影响到幼儿，因此父母更应树立榜样。

2. 食物因素影响

食物的颜色、形态、味道或其烹饪方法等都会影响幼儿产生不爱吃或厌恶的行为，从而导致家长认为幼儿有挑食行为。重复的单一的食物让幼儿变得厌烦。研究数据中发现，食物本身的因素也是影响幼儿不良饮食行为的重要原因之一。在访谈过程中，A家长谈及关于食物的问题，A家长："我们家孩子不喜欢吃葱姜蒜，不喜欢青椒、茄子，每次都是剩在碗里面。我姑娘说是青椒的味道难闻，那些葱姜蒜辣嘴不能吃，茄子炒得太烂了，在嘴里感觉不好，有时候我都发愁怎么让她好好吃饭。"

3. 幼儿园相关的教育影响

幼儿园饮食的培养教育并不到位，加上又受到农村教育方式的传统模式的影响，使得幼儿园教育缺位。一是学校健康教育工作不到位，教师和生活老师缺少相关培训，没有统一的合适的教材课程。二是学校周边各种炸烤的摊位众多，孩子上下学的路上必然会经过它们，如此，孩子们接触到的无营养的食物的机会增多，但没有解决的方法。幼儿老师是孩子的第二任老师，除了家庭教育以外，学校教育也是重要并且必要的方法。

三、改善农村小班幼儿不良饮食行为习惯的教育建议

（一）家庭方面

父母作为孩子的第一任老师，应以身作则，做好榜样，帮助孩子培养良好的饮食习惯。父母应当树立正确科学的教育方法，教育方法要松严有度，改变一些固有的观念。

在面对孩子不爱吃的食物、分心等不良习惯时，溺爱或过度的严格都是不可行的，溺爱会导致幼儿营养摄入变少，饮食的种类变少；过度的严格可能会造成幼儿对吃饭的恐惧。例如，孩子有因看电子产品而哭闹暴躁的行为时，家长及时采取行动解决，当在多次说服和讲道理的情况下无法解决，采取适当的强硬手段也是有必要的，要让孩子明白你这么做的目的，因此适当的教育方法是很重要的。

（二）食物方面

食物的颜色、气味、形状等都会影响到幼儿的吃饭问题，让幼儿感到不舒服的食物味道，也会导致幼儿不喜欢吃它。因此，这个时候家长可以利用绘本故事的内容，让幼儿了解不良饮食习惯的危害，通过小问题了解幼儿的想法，问问幼儿为什么不喜欢吃它，询问幼儿的建议，和幼儿一起把食物做成自己喜欢的植物、动物或喜欢的形象，让幼儿更容易接受它。食物鲜艳的颜色会吸引幼儿注意力。家长可以和幼儿一起采购食材，种类丰富的营养的食材可以满足幼儿的生长需要。营养搭配，种类丰富，不在于多，而是营养要丰富，种类和色彩的搭配要符合幼儿的喜好。家长需要在饮食的做法和搭配上用心，更要了解幼儿的需求，才能让幼儿喜欢吃饭。

（三）幼儿园方面

如今我们身边的垃圾食品等没有营养的食物有很多，小朋友无法分辨，学校教育显得尤为重要，作为学前教育的工作者更应明白健康合理的饮食对人的生长发育多么重要。幼儿教师和生活老师都需要经过培训，去了解重视饮食教育，帮助幼儿及家长解决问题，促进幼儿健康成长。

四、结论

综上所述，研究者从饮食卫生习惯、进餐行为习惯、进餐环境氛围和餐具使用四个方面进行研究调查，发现家长们对于孩子的饮食相关的问题十分重视，但遇到的难题却无法解决，卫生习惯主动性差，进餐行为习惯仍需学习培养，进餐的环境有待改善，幼儿的餐具应使用专门的学习筷，而不是使用成人筷。因此笔者从家庭、食物和幼儿园三方面提出了解决方法。

参考文献

［1］金星明．儿童饮食行为问题［J］．中国儿童保健杂志，2021（7）．

［2］马冠生．儿童少年的饮食行为及影响因素［J］．中国健康教育，2021（5）．

［3］林志萍．城市儿童的饮食行为及其影响因素和对健康影响的研究［D］．福建医科大学，2021：32．

［4］许琳琳．幼儿家园进餐行为比较研究［D］．南京师范大学，2021．

［5］胡海芳．关于小班幼儿饮食习惯的调查报告［J］．科学教育，2021：9．

幼儿园户外自主游戏中教师的指导方法

（谢寒心　广东省广州市黄埔区玉城幼儿园）

摘　要：户外游戏是集兴趣、自由、需要等于一体，以幼儿为主体的积极的活动过程，而教师有效的引导，能让幼儿在游戏当中更加专注有效地进行学习。该研究以幼儿园户外自主活动的情况为依据展开观察，针对教师的有效指导进行探讨，得出户外自主游戏的开展需要教师为幼儿打造良好的环境以及准备丰富的材料；教师的介入时机与方法需要根据幼儿的实际需求进行调整，善于运用教师评价；还应适时地展开有关课题的教研活动。

关键词：幼儿园户外自主游戏；教师的有效指导；自主游戏；幼儿园户外

一、问题的提出

（一）户外自主游戏可以成为促进幼儿持续发展的有效形式

户外的场地能够为幼儿提供更为宽广、丰富的视野与进行活动的空间，而自主游戏更加注重幼儿的主体性以及自主性，从而获取有效经验以及知识框架。幼儿在用自己的身体接触户外游戏材料的时候能够更为直观地理解和感受材料，从而丰富自己的各种感官，在面对材料时也更加具有创造性。幼儿在自主进行户外游戏的同时将会面临一系列的挑战，需要脱离教师的帮助，独立地面对眼前的问题，这就是幼儿进行知识建构的过程。并且在这一系列的过程中，幼儿也在不断地丰富自己的经验，不断地开发自己的创造性与主观能动性，丰富幼儿经验、提升探索能力以及发现问题并且解决问题的能力。

（二）教师的适宜配合能够有效提高幼儿进行户外自主游戏水平

教师在幼儿园中充当着幼儿监护人这一角色，由于幼儿所处年龄阶段存在一定的限制，在幼儿园的游戏以及学习当中，教师的帮助与指导尤为重要。维果茨基认为幼儿最重要的活动就是游戏，幼儿的发展水平能够最早在游戏当中得到体现。根据幼儿能够更早在游戏中发展自身的理论，教师能够做到的就是支持和保护幼儿的正确发展，对幼儿的游戏理解、需求、已经积累的经验和不同幼儿的个体差异进行合理及充分的分析，探索出一系列的方式为不同的幼儿提供适宜的配合。教师这样的一系列举措就像是为幼儿搭建框架，让幼儿在其中自主探索，教师及时观察发现问题然后帮助幼儿摆脱困境，从而协助幼儿走向更高的水平。

（三）现阶段户外自主游戏所存在的相关问题

经过一段时间的观察，发现教师在幼儿进行自主游戏的整体过程当中，对于幼儿的帮助与指导方面存在以下几个问题。第一，由于幼儿园的班级数量较多而户外场地的大小具有一定的限制，幼儿不得不终止游戏的情况时有发生。第二，幼儿园的户外自主游戏材料经常出现辅料过多，但主料不充分的现象，使得幼儿在进行游戏时出现冲突的情况，导致教师也无法为幼儿搭建适宜的游戏环境。第三，为了让整个户外自主游戏能够有序且安全地进行，教师往往会使得整个过程都是由自己把控，幼儿便失去了在户外自主游戏当中的主动位置。第四，另一种相对极端的情况便是教师过于放任幼儿，存在这种思想观念的教师在组织的过程中可能会出现无所事事的情况，如教师忽略了幼儿的诉求导致错过了最佳介入时间，又或是过早地打断了幼儿的自主游戏。

二、相关理论与实践研究综述

（一）有关幼儿园户外自主游戏的研究

首先，户外自主游戏起源于安吉游戏，从 2007 年起在中国出现，并随之受到了一致的好评，幼教界称其为“真游戏”。安吉游戏充分考虑到了幼儿的主观能动性，并推出了一整套完整的以幼儿经验为中心的游戏课程，还涵盖了幼儿园的各方面。之后各大幼儿园都关注到了要用游戏引导幼儿发展，教育部也进行了推广，使幼儿园户外自主游戏真正走入大众视野。其次，幼儿园户外自主游戏的意义在于强调幼儿的主体性，让幼儿能够亲身感受游戏带来的丰富经验，自主探索未知的领域。董旭花写到幼儿的自主性与成人的存在一定的差异，表现为一种天性的部分，强烈但还处于初始阶段，需要依赖于各种探索逐步提高，且受制于成人。从自主的游戏中的欢愉程度和教育的关系出发，学者邱学青认为自主游戏不仅能够给幼儿带来欢愉的体验，更能让幼儿在自主游戏当中得到自主的发展，而教师主要是指导帮助的作用，主体还是让幼儿自主思考探索以及体会。

（二）有关在幼儿园户外自主游戏中教师指导方式的研究

首先，户外自主游戏与教师之间的关系学者认为是一种游戏支持关系，因为与其他游戏不同，户外自主游戏更为注重幼儿的自主性，而教师只是其中的“支持者”。教师需要根据幼儿的迫切程度进行一定的判断并给予适时的支持与帮助，而被教师关注的幼儿也会更多地表现出与同伴的沟通，使得游戏质量得到显著的提升。

其次，教师有效指导幼儿户外自主游戏的价值表现在多个方面，对幼儿的价值可以从相关文件中反映出来，如《幼儿园教师专业标准（试行）》中提到：“鼓励幼儿自主选择游戏内容、伙伴和材料，支持幼儿主动地、创造性地开展游戏，充分体验游戏的快乐和满足”，而教师也可以在其中获得更为丰富的经验，使教师的身心得到更为和谐的发展。

最后，教师有效指导的方式方法大致可以概括为给予幼儿一定的时间思考探索、及时发现幼儿的诉求并给予支持、鼓励以及换位思考、允许幼儿以自己的方式处理解决问题、询问等。

三、研究的方法和过程

该研究是以“提出问题—分析问题—解决问题”为基础进行探索的。首先，使用文献法增加笔者对于该方向的理论基础，通过中国知网、万方数据库等途径以“户外自主游戏”“自主游戏有效指导”等为关键词，检索收集、整理出相关的文献。其次，通过观察法对本园各个班级的户外自主游戏进行实地观察，并根据拟提出的问题进行探索研究，分析在观察中遇到的疑惑并及时反馈解决。最后，运用非正式访谈的方法对所提出的问题进行适当的补充。

四、研究的结果和结论

（一）开展户外自主游戏的前提条件是能够为幼儿创设良好的环境

培养和激发幼儿的兴趣，可以通过布置良好的活动环境以及材料投放点的合理安排，引发幼儿积极主动地加入到户外自主游戏当中。因此，我们要重视环境的设置以及合理地为幼儿规划户外场地，让环境变成教师对幼儿的隐性指导。如：我园围墙边的草地小木屋设置为外卖驿站以及在旁边设置表演区，布置“小剧院”“小卖部”等供幼儿恣意发挥。

（二）开展自主游戏的关键因素是教师的有效介入和指导

教师是幼儿开展游戏的指导者、合作者和观察者。有效观察是我们介入的前提，老师可以根据路径、伞状等方法对某一区域的幼儿进行有效的观察；根据钟摆式的形态，对该区域进行定点跟踪观测，其他区域进行远观，以便更好地理解幼儿的游戏活动；根据地毯式的搜寻，对全部区域进行观测；根据自由式，观察需要指导的区域。教师可以把自己当成孩子们的一分子，协助幼儿克服一些稍难的问题，让游戏可以持续进行。游戏后的经验分享、评价是一种间接指导，幼儿需要教师的鼓励更好地发挥自己的能力，幼儿还处于一种寻求注意的阶段，教师也务必要及时关注到幼儿的评价需求，让幼儿能够更加自信地健康发展。

（三）开展自主游戏的有力保障是定期开展教师教研活动

有了丰富的教学经历，与其他教师一起探讨是非常关键的，能有效提高全园老师的教育教学水平，也让我们每个老师之间可以互相了解到最新的教育教学资源。

可以分组进行，每一个组规定一个年龄段来设计一份完整的可操作的教案，然后在定期开展教研活动时，按顺序每组制作 PPT 分享自己的小组讨论，再由所有的老师一起为其进行修改完善，这样能打造更加符合幼儿实际情况的教案。将每一期的教案整合，那么为自主游戏提供素材的资源库就会越来越庞大，幼儿的自主游戏也会更加丰富，为我们教师开展自主游戏打下坚实的基础。

（四）结论

教师的参与到幼儿的过程当中是至关重要的，能够让幼儿的活动更为有效且积极地展开。教师的指导有效性也是我们教师应当高度重视的问题，只有正确的指导，才能发挥出户外自主游戏正面的效果。在日后的教育教学活动当中，教师一定要留意自己的方式是否符合幼儿的需求。

五、研究的不足和反思

由于自身能力以及研究时间都存在一定的局限性，所以该研究也有一些不足之处：笔者自身的专业能力、理论水平、任教经验还有待提高，可能只看到了部分而无法更加全面地剖析问题。在之后的研究当中将尽量观察到更多案例，使研究者能够更为具体全面地剖析和反映问题，为研究的题材提出更完善、操作性更强的方式方法，并为一线教师提供借鉴以及为教师的指导作出贡献。

参考文献

[1] 董旭花，韩冰川，阎莉，等．自主游戏成就幼儿快乐而有意义的童年［M］．北京：中国轻工业出版社，2021：6—12.

[2] 邱学青．关于幼儿的自主性游戏［J］．学前教育研究，2001（6）：36—37.

[3] 曹月榕．浅谈幼儿园户外自主游戏中教师的有效指导［J］．时代教育，2015（24）：280.

幼儿拍球游戏的指导策略

（孟繁钰　北京市朝阳区惠新里幼儿园）

摘　要：拍球游戏作为体育游戏的一种，能增强上肢部位肌肉的力量，有效地锻炼手指、手腕、肘、肩等部位的关节，发展动作的准确性、灵敏性以及手眼协调的能力。开展皮球系列活动，不但发展了动作能力，在活动中，还可以满足幼儿的心理需求，给幼儿带来快乐，对幼儿创造潜能的开发、良好个性品质的形成及健全人格的塑造起到一定的作用。在本文中，根据文献研究法、实证研究法、经验总结法三种方法浅谈了幼儿拍球游戏的指导策略。

关键词：幼儿；拍球；策略

一、研究意义

拍球游戏作为激发儿童的积极性和创造性的手段，它的内容和形式与儿童先天好动的行为特征是紧密联系在一起，它的社会性也与儿童积极探索社会的心理发展特征相符合的，它的娱乐性和竞争性与儿童的活泼可爱、积极向上的心理个性是一致的，因此可以说，拍球游戏是儿童生长发育、全面发展的好伙伴。拍球游戏作为幼儿园户外游戏中的一种活动，在实际开展过程中存在着许多误区。

（一）教师对游戏教育价值观念错误

目前不少幼儿教师从教育经验出发或受经典游戏理论中松弛说的影响，虽然他们认识到游戏所具有的积极效应，但却将游戏与教学对立。他们将游戏视为一种调节剂，对幼儿游戏放松不管，常用的法宝是谁表现好就让谁去玩。

（二）幼儿园对拍球游戏开展不广泛

幼儿园对拍球游戏的开展不广泛主要表现在：一日活动中不能充分利用时间让幼儿游戏，如晨间活动有的只允许幼儿看书或插塑，有的呆坐等待，有的处于“放羊”状态，被调查的幼儿园基本是在调查人员到后才安排幼儿较丰富的游戏活动。游戏材料和玩具的选择投放利用存在不足。目前，多数幼儿园能从教育性、儿童性、艺术性、卫生性、安全性、经济性等原则出发去选择和提供与游戏活动相适应的玩具和材料。拍球游戏则经常被忽视。

（三）游戏环境创设场地不符合标准

环境创设场地不符合标准，幼儿参与创设少，成人化倾向多。创设与教育相适应的环境为幼儿提供活动和表现能力的机会与条件是幼儿园开展游戏活动的重要保障。而目前由于室内面积有限，幼儿人数超额，室内游戏角和活动区的创设大都保留着以上课为主的教室特点，拍球游戏不容易开展。

二、研究方法

（一）文献研究法

通过资料查阅，大多教育学者对于游戏的属性和特点基本达成共识，认为儿童游戏的主要属性和特点为：游戏是儿童自主控制的，伴随着愉悦的情绪体验，在假想的情境中发展，无强制的外在目的。其中，自主性是儿童游戏的本质属性。本文利用文献研究法来获得有关托班幼儿拍球的资料，全面地、正确地了解有关问题的历史和现状，得到现实资料的比较资料，从而确定活动研究的方向。

（二）实证研究法

实证研究法是科学实践研究的一种特殊形式，其依据现有的科学理论和实践的需要，提出设计，在自然条件下，通过有目的有步骤的操纵，根据观察、记录、测定与此相伴随的现象的变化来确定条件与现象之间的因果关系的活动。文中结合游戏的属性和特点，通过实证研究法阐述了托班幼儿拍球游戏的指导策略。

（三）经验总结法

对实践活动中的具体情况，进行归纳与分析，使之系统化、理论化。本文通过经验总结的方法提出了托班幼儿拍球活动指导策略的有效方法。

三、指导策略

（一）注重幼儿的自主性，鼓励幼儿积极探索

游戏与发现问题、解决问题是融为一体的，它为幼儿的自由探索、大胆想象提供了良好的机遇和广阔的空间。幼儿在拍球游戏中会碰到许多与现实生活密切相关的问题，在参与游戏的过程中，面对问题，幼儿必须主动去思考、探索和尝试多种解决问题的方法，这样才能使游戏得以继续下去，同时在发现和解决问题的过程中，幼儿的创造思维能力也得到了有效启蒙和发展。因此，教师要在游戏展开的过程中，抓住时机，给予积极的诱导和热情的鼓励，促使幼儿在充分发挥其自主性的同时，独立发现和解决问题的能力得到有效的培养。例如在活动中让幼儿自由探索玩球的方法，幼儿往往会拿着球在地上滚动，或踢球，或向前扔球；当球从他们的脚下飞速滚向远处时，他们常常会大声欢呼，并尾随其后追赶小球。有些幼儿起初坐在球上不知道如何玩，坐一会后就模仿起其他小朋友玩球，也玩得津津有味。但同时，游戏过程中必须加强组织性和纪律性，这是游戏顺利进行的保证。如分组后，各自都要按指定的方法和规则进行游戏，特别是在跑动中进行的拍球游戏，更要注意有次序、有步骤，秩序井然地进行，否则易出现混乱，甚至出现伤害事故，影响教学的进行。

（二）尊重幼儿的独立性，实施激励性评价

选择贴近幼儿生活，符合幼儿心理需求的拍球，能为幼儿提供一种宽松愉悦、自由安全的心理环境，促进幼儿以高昂的热情投入游戏的全过程，并专注于活动的探索与创造，通过自主的创造性探索，体验自身的力量，从而得到极大的心理满足。在游戏展开的过程中，教师给予恰到好处的激励评价，幼儿的独立意识就将得到深化，成功的自豪感就将得到加强；否则，教师开展的游戏方式、内容设置的局限性，甚至不恰当的评价方式等，不仅会干扰游戏的进展，还会打击幼儿参与游戏的兴趣。例如幼儿在玩球的过程中，教师通过仔细的观察，发现教师没有引导的、而宝宝又非常感兴趣的，就请这个宝宝在大家面前表演，教师给予一定的鼓励，从而激发其他幼儿自主创新新游戏，然后表演给大家看，并将幼儿喜爱的小贴画作为奖励送给宝宝，以增强幼儿的自信心。

（三）合理地进行游戏后的总结评价

为了保持幼儿参与游戏的热情，推进幼儿进入新的游戏领域，巩固和发展游戏的教育成果，教师着眼游戏全程的同时，也需要合理地进行游戏后的总结评价。评价时，教师切不可主观片面，更不能以成人的好恶对游戏进行评价，而应关注每个幼儿自身能力的纵向发展，评价幼儿

在游戏中探索的投入程度、发现和解决问题的能力、思维的敏捷性、灵活性、创造性以及参与游戏的自主性和独立性等进行综合评价。对于托班幼儿，则以鼓励表扬为主，并在总结中适当提出问题，从而通过总结评价，为幼儿日后的发展奠定更为坚实的基础。

（四）游戏的组织要注重科学性

游戏的组织要考虑学前儿童原有的知识、技能、身体素质的训练水平，根据由易到难、由浅入深、循序渐进的原则，对不同年龄、不同性别的儿童，区别对待，科学组织。游戏时要密切观察儿童身体状况的变化，掌握运动密度和运动量。例如冬季时，就要适当增加像跳、跑类的，运动量较大的拍球游戏，在温暖幼儿身体的同时提升幼儿的体质，但教师还要根据孩子的个体差异，对体质较弱和生病的幼儿调整部分幼儿的运动量。同时拍球的场地一定要选择在平坦的地方，最好是水泥地面，因为这样，球的弹跳力才会高。

（五）以循序渐进的方式引导幼儿学会拍球

孩子学会拍球有两个不可缺少的因素，一是手部及整个手臂的力量，尤其是手指的力量；二是整个拍球过程中的节奏。在开始教不会拍球的孩子时，应该先从节奏开始，就是教师拿着孩子的手和他一起来拍，同时提醒孩子尽可能地去看球，开始可以是1个、2个，慢慢加多。待他能掌握基本的动作，比如说能自己把手抬高并放下后，再让他拍固定的球，这样效果会更好一点。学习拍球，首先要让孩子明白球拍到地上会弹起来，要等待一个弹的过程，当球弹起来后才能接着拍。如果站着接不住球，可以先坐在地上，把球轻轻地往地上拍，等球弹起来时接住，这样可以缩短接球的距离。坐在对面示范或和孩子一起拍，慢慢地学会拍接球，接着站起来把球往地上拍，再接住，最后学习连续拍球。根据孩子们的表现，我们根据不同幼儿的实际水平和发展需求制定了相应的指导策略。

四、具体工作措施

（一）对不会拍球的幼儿的指导策略

他们基本上没有建立拍球的概念，就是把球往地上一扔，根本没有想到要伸手拍球。还有的幼儿受到手眼协调能力的限制拍不到球。这类幼儿最容易对球产生反感，对学习拍球失去信心。针对此类幼儿，我们首先用示范的方法，让孩子懂得如何拍球。正确的姿势是：两脚左右分开，双腿站直，手指自然分开，屈肘拍球于胸前。要用力拍打球的中间，让球弹起到一定高度后，再拍打一下，将以上动作连贯进行，拍的次数越多越好。其次，教师要手把手地和他们一起拍球，告诉他们眼要看着球弹起来的方向，手也要往那儿伸去拍球。然后将拍球的动作进行分解，先让孩子们把球用力扔在地上，在球上弹的时候尝试用手接住球。经过这样的反复练习，使幼儿感受球的上弹，感知球上弹的距离。在看到幼儿能够比较熟练地接住上弹的球以后，提示幼儿不再用手接球，尝试用手掌拍球。最后，我们根据托班幼儿喜欢模仿这一特点，请大班的哥哥姐姐为小班的弟弟妹妹表演花样拍球，从而激发幼儿对学习拍球的兴趣。

（二）对不能连贯地拍一两个球的幼儿的指导策略

在拍球游戏中，当皮球弹起来后，幼儿在拍球的时候总是不知道怎样控制手的力度，不是把球拍高，球跑了，就是拍得太轻，球弹不起来，这些幼儿往往觉得练球是一件很枯燥的事情。为此，我们利用边念儿歌边拍球的形式，提高幼儿拍球的兴趣，并保持其注意力，避免孩子处于被动应付状态。拍球是很浪费上肢体力的游戏，由于幼儿年龄小，他们的耐力有限，因此，我们采取让孩子轮流拍球的形式，让幼儿有一定的休息时间，这样，不至于让幼儿觉得练球是一件很枯燥的事情，相反，还可以提高幼儿对继续练习拍球的兴趣。

（三）对能连续拍 5 个以内球的幼儿的指导策略

这些幼儿掌握了拍球的基本技能，但在操作过程中可能受到周围环境、同伴干扰，或是自身对技能掌握得还不牢固等，不能很好地把球控制在自己的手中。针对此类幼儿，我们用“请你接着拍”的游戏引导他们进行活动。老师拍几下，让幼儿再拍几下，轮流拍球。根据他们拍球的熟练程度，逐渐递增拍球数量。由于托班幼儿喜欢和老师共同游戏，这是他们的年龄特点，所以老师的加入大大调动了幼儿对拍球游戏的积极性。

（四）对能连续拍 5 个球以上的幼儿的指导策略

这部分幼儿能够熟练掌握拍球的技能，有的甚至能够连续拍三四十个。针对此类幼儿，我们更多的是安排好活动的场地，让幼儿自由自主地进行活动，教师通过观察幼儿游戏情况，发现幼儿在无意中创新的游戏，帮助幼儿进行总结提炼，然后去引导更多幼儿尝试新游戏，从而让幼儿体验拍球游戏的乐趣。

参考文献

[1] 杨保建. 试论体育游戏对儿童少年社会性发展的作用 [J]. 中国体育科技，2002（6）.

[2] 张建中，朱良. 幼儿体育游戏教学中存在的问题与建议 [J]. 教育导刊，2005（4）.

浅谈我园祖辈隔代教育问题之幼儿的体重管理

（杨密　四川省成都市武侯区第三幼儿园）

摘　要：家庭教育和学校教育作为孩子成长的重要部分缺一不可。良好的家庭教育有利于幼儿形成良好的道德品质、促进幼儿个性发展，学校教育与家庭教育相辅相成，共同促进幼儿身心健康发展。目前，祖辈隔代教育已经占据着当前家庭教育中很大的部分，学校开展有效的祖辈隔代家园共育迫在眉睫。

关键词：家园共育；交流沟通；隔代教育

一、我园家园共育中的祖辈交流与沟通

（一）祖辈家园交流沟通现状

一直以来，家园共育就是幼儿园工作中必不可少也是占据着十分重要的地位一个部分，良好的家园交流与沟通可以很好地促进幼儿园活动的开展与教育教学活动的开展，和谐的家园共育氛围也能够为孩子的教育教学发展奠定良好的发展基础。我园是一所在飞速发展的新园，自 2017 年 9 月正式开园以来，园所就一直十分重视学校的家园共育工作。良好和谐的家园共育以及家校合作能够促使园所工作的有效开展，同时，也更加利于我园朝着以幼儿全面发展为原则而打造的高品质幼儿园的目标迈进。

我园目前所在的位置是三环外，位于周边郊外接合的位置，地理位置比较偏。随着城市化发展步骤的推进，城郊部分的农村耕地面积大量减少，涌现出许多近些年新建的安置小区，我们园所目前的招生生源也主要是来自这些安置小区的本地居民出生满三岁的幼儿。因为城市化的不断推进，耕地面积逐渐减少，取而代之的是新建的高楼大厦，当地的年轻人为了生计不得不离开家去到主城区内工作，剩下在家的就是头发花白的老人和蹒跚学步的孩童，而这一批即将入园的孩子更多的就是由长辈在家里照顾和负责上下学的接送。独特的地理位置和家庭情况使得祖辈隔代教育在我园家园共育和家校合作工作中占据了十分重要的地位。

（二）个案分析之“点点的体重管理”

在一次幼儿体检中，班级幼儿点点其他身体指标一切正常，只有一条指标没有达到幼儿健康标准，点点体重指数超过正常幼儿体重范围，报告显示为中度肥胖。目前，幼儿肥胖越来越受到大家的关注，肥胖对于幼儿的成长来说是非常不利的，其可以刺激幼儿的身体发育早熟，影响幼儿正常长高，同时，也会影响幼儿的各项指标出现异常。

早操活动中，班级幼儿向老师反映点点小朋友的包包里有巧克力，就此情况我们与点点进行了聊天。

在点点的描述中，我们了解到点点平时的饮食习惯并不健康，他喜欢吃甜食、油炸食品等高热量食物。这些食物的营养价值不高，更多地只会让孩子长胖，对此，我们和家长进行了沟通，分别与经常来接点点放学的婆婆进行了交流，也以电话和微信的方式与点点妈妈取得了联系，将点点的体测情况进行了说明。妈妈和婆婆表示愿意配合一起做好点点的体重管理，调整点点的饮食习惯。

幼儿体测后，我们会对班级肥胖儿进行定期的体重跟踪，和家长交流幼儿近期在家的饮

食情况，共同做好幼儿的体重管理。婆婆作为接送孩子的主要监护人，我们通常在放学后采用三分钟快谈的方式与点点婆婆沟通，在前几次的沟通中，点点婆婆都表示配合，减少幼儿的零食摄入，不再购买高热量的食品，据点点婆婆反映，点点平时回家会吃晚饭，睡觉前因为孩子说肚子饿，便会给孩子加餐。在后期的饮食控制中，我们建议让孩子喝牛奶吃水果等方式来缓解饥饿。即便如此，我们还是发现点点有在包里揣零食的习惯，后期在与点点婆婆的沟通中我们也能明显感觉到婆婆并不愿意过多交流点点在家的饮食。

二、祖辈家园沟通遇到的困难

（一）家园交流实施程度低

为了更好地管理和控制点点的体重，针对点点的肥胖问题，我们密切与点点的家人进行交流与沟通。但在交流和沟通的过程中，也遇到了困难。点点的父母平时工作相对忙碌，由于工作性质等情况，经常不在家，即便晚上回家，点点也已经睡着了。因此平日里点点更多是由婆婆在照顾，点点是家里的小独孙，婆婆在家也是非常疼爱自己的孙儿，只要是可以满足的要求，都会尽可能地去满足，孩子喜欢吃什么就买什么，其中就包括点点平时喜欢吃的各种高糖高热量零食。受“能吃是福”观念的影响，中国大多数老年人都认为小孩子长得白白胖胖就算健康，能吃就尽量地让孩子多吃，并且还想着法儿做孩子喜欢吃的食物。

如同案例中提到的孩子，父母因为工作原因，不能够每天做到按时到学校接送孩子，因此，我们接触比较多的孩子家长就是孩子的婆婆，在交流与沟通中，我们也是和长辈们进行交流和沟通，在遇到需要家长共同配合的幼儿体重管理的问题上，起初与长辈交流时，他们还是会认真地听老师讲完，并且也会答应进行配合，共同去管理孩子的饮食。与此同时，我们也会通过电话以及网络平台的方式和孩子的父母取得联系，交流沟通关于孩子的问题。

即便能够与孩子的父母沟通关于孩子的体重问题，可是基于家园沟通采取的方式更多地是采取线上和电话的方式进行交流，没办法与孩子父母进行直接的面对面的交流与沟通。加之，每个家庭的经济情况和状况的不同，不是每位幼儿的父母都能够做到某一方辞职在家专门照顾幼儿的日常起居以及饮食。

（二）祖辈隔代教育问题

1. 长辈观念的固有化

在点点的体重管理上，我们面临的最大的问题是因隔代教育所产生的长辈与年轻人的观念不同造成的意识上的分歧。长辈们经历过比现在更苦的生活，他们深刻地明白现在的生活条件较之前的年代已经是天壤之别，他们不愿意自己的孙子孙女再经历曾经他们那辈人吃不饱饭、穿不暖衣的日子，因此，在他们的固有观念中认为孩子吃好穿好就是好事情，尤其是正在长身体的孩子更加需要多吃。

2. 长辈们接受新思想、理解新知识比较慢

经济全球化的发展和对外开放政策的影响，经济飞速发展，人们的思想也随着经济的进步而更加开放和包容，更愿意接受新观念，吸收新思想。而老一辈人因为年龄特点，在接受新思想新观念上相对来说是比较慢的。

3. 长辈们对学校的幼儿饮食健康搭配餐不了解

很多的老年人都担心自己的孩子送到幼儿园会吃不好，也会担心孩子在学校没有吃饱饭等。因此，每到放学的时候，就会给孩子买各种蛋糕点心等小零食给孩子吃，生怕孩子饿着了，这从侧面也反映出长辈们对于当前学校每天为幼儿提供的营养餐情况不了解。

（三）实施效果差

就上述幼儿出现的体重超重的问题，父母知道这样对孩子成长的不利，可是老年人并不会那么清晰地认识到体重超重对孩子今后的成长与发育造成的不利影响，并且老人受到“能吃是福”的观念的影响，外加亲身经历过节衣缩食吃不饱饭的生活，因此，在如今更好的生活条件下，长辈们就想最大可能地将所有最好的都给孩子，在实施家园共同管理幼儿体重的过程中，会出现实施管理不严格的情况，案例中的婆婆还是会心软，在家给孩子买零食等不利于幼儿体重管理的食物，导致在幼儿体重管理中实施程度低，实施效果不好。

三、祖辈隔代教育下的家园沟通策略

目前，教育发展越发重视幼儿的体育发展，针对点点这样的体重超标的幼儿，我们及时与家长进行了交流和沟通，了解清楚点点体重超标的原因。同时，制订有针对性的减脂计划，调整幼儿不健康的饮食结构和饮食习惯。但是，就点点目前的情况，父母平时比较忙，更多的是由婆婆照顾他的饮食起居，婆婆深受传统老一辈“能吃是福”的观念影响，平时难免会出现饮食管理的不严格性，因此，我们后期也会加强对婆婆的健康知识的交流，让祖辈家长了解更多关于幼儿健康饮食习惯养成的好处。

比如：园所可以定期邀请一些健康饮食的专家到园给祖辈家长们普及一些营养搭配的知识；开展相关的讲座，为他们讲解关于幼儿肥胖的健康知识等，更新老年人的固有观念，让他们知道并不是让孩子吃得越多越好，也并不是尽量地满足幼儿所有的需求就是对他们好。

另外，在帮助祖辈家长接受新思想上，可以从孩子父母、老师、学校、社区等多个方面来合力推进，不断更新老一辈的思想观念。孩子的父母在家也多和老年人进行交流沟通，让他们能够更多地了解一些当下最新的育儿观念和育儿方式；老师要在平时多丰富自己的专业知识，用恰当好处、便于长辈接受的方式和长辈们讲一些正确的育儿知识；学校也可以开展更多针对祖辈家长的知识课堂、专题培训等；社区也可以在平时组织一些育儿知识分享活动，邀请祖辈家长一起来分享一些自己的育儿心得。

最后，学校可以在每学期进行家长开放日活动时，专门邀请到祖辈家长进入学校，观看学校食堂饮食准备的情况，让他们真正放心将孩子送到学校，在学校里，孩子每天的餐食都荤素营养搭配均衡。这样做不仅能够让祖辈家长更直观地了解到孩子在学校的饮食情况，同时也能够进一步加深祖辈家长对学校的信任。

参考文献

［1］罗解文．中国式隔代教育［M］．北京：中国人民大学出版社，2012.
［2］万莹．隔代教育书［M］．合肥：安徽人民出版社，2013.

分享阅读促进幼儿“助人”亲社会行为发展的策略研究

（石悦　湖北省武汉市汉阳区机关幼儿园）

摘　要：分享阅读是指在愉快、亲密的气氛中，成年人和幼儿并非以某一具体的学习为目标的一种类似于游戏的阅读活动。它注重幼儿在阅读中进行语言交流，对儿童认知能力、社会性及情感的发展都有积极影响。如何在分享阅读中促进幼儿社会性中某一方面发展是目前比较受关注的难题，利用分享阅读促进幼儿助人亲社会发展的策略研究，将有助于拓展分享阅读的研究视角，也为教师、家长、社会对幼儿助人亲社会行为的培养策略提供了理论依据。

关键词：分享阅读；“助人”亲社会行为；策略研究

人是环境与教育的产物。3～6岁幼儿在人际交往中倾向于做出积极的行为，因此3～6岁是培养亲社会行为的最佳时期。当儿童自己成为亲社会行为的受益者时，他们通常会更仔细地观察和思考这种行为是如何实施的，以此作为自己身体力行的样板。儿童年幼时在亲社会行为方面受到的良好影响会一直持续到成年，那些具备亲社会态度与行为的儿童成年后也会表现出积极的生活态度。本文主要针对通过分享阅读的方式促进幼儿“助人”亲社会行为发展的策略进行简要分析。

一、分享阅读和幼儿“助人”亲社会行为的概念界定

（一）分享阅读概念

分享阅读最早是新西兰教育家Holdaway提出的一种用于引导幼儿从事阅读乃至写作的有效阅读方法，称作分享阅读法（shared book reading），主要是指在愉快、亲密的气氛中，成年人和幼儿并非以某一具体的学习为目标的一种类似于游戏的阅读活动。对于儿童一生阅读兴趣的养成、阅读习惯的获得和阅读能力的发展起着重要的作用，而且对儿童认知能力、社会性及情感的发展都有积极影响。

（二）幼儿“助人”亲社会行为概念

亲社会行为指一个人帮助或打算帮助他人，做有益于他人的事的行为和倾向。儿童的亲社会行为主要有同情、关心、分享、合作、谦让、帮助、抚慰、援助、捐献等，亲社会行为是人与人之间形成和维持良好关系的重要基础。

幼儿“助人”亲社会行为指幼儿出于自身利益的或不期望任何回报的以改善他人不利处境为目的的行为，是实现幼儿社会性发展和社会化的重要过程，可以帮助幼儿建立和维持融洽的人际关系，对幼儿的品德发展和社会适应具有重要的意义。

二、班级幼儿‘助人’亲社会行为发展现状

通过对问卷“小班幼儿“助人”亲社会行为发展现状”中幼儿同伴交往能力现状、幼儿“助人”亲社会行为发展现状、父母对幼儿“助人”亲社会行为与能力的指导三个板块数据分析，我发现了以下问题。

(一) 幼儿同伴交往能力较弱

幼儿与同伴的互动性不强，更多的是以自我为中心。幼儿与人交往时：16.67%相处中偶尔有矛盾；20.83%经常和朋友吵架争执；62.5%喜欢自己一个人玩。孩子在一日生活中与他人的协作：8.33%偶尔；50%几乎不；41.67%只坚持自己的想法（见图1）。

孩子在与人交往方面表现如何? [单选题]

选项	小计	比例
友好相处很愉快	0	0
相处中偶尔有矛盾	4	16.67
经常和朋友吵架争执	5	20.83
喜欢自己一个人玩	15	62.5
本题有效填写人次	24	

孩子在一日生活中能和他人协商合作吗? [单选题]

选项	小计	比例
经常	0	0
偶尔	2	8.33
几乎不	12	50
只坚持自己的想法	10	41.67
本题有效填写人次	24	

图1　幼儿同伴交往能力现状调查图

(二) 幼儿“助人”亲社会行为发展缓慢

幼儿助人亲社会行为处于萌芽阶段，遇到问题更多的是发泄情绪，指望成人帮忙，助人意识不强。孩子在生活中遇到困难时：70.83%会选择哭泣、尖叫、叹息发脾气等方式，不会解决问题；25%会放弃解决困难，做其他的事情去了；4.17%试图寻找方法自己解决困难。当幼儿面对同伴或家人在生活中遇到困难时：37.5%不关注；45.83%关注但不采取行动；12.5%对对方求助采取行动；4.17%会主动帮助别人（见图2）。

孩子在一日生活中遇到困难，会作何反应? [单选题]

选项	小计	比例
哭泣，尖叫，叹息，发脾气等，不采取任何行动	17	70.83
放弃解决困难	6	25
试图寻找方法自己解决困难	1	4.17
主动寻求他人帮助	0	0
本题有效填写人次	24	

同伴或家人在生活中遇到困难，孩子作何反应? [单选题]

选项	小计	比例
不关注	9	37.5
关注到但不采取行动	11	45.83
对对方的求助采取行动	3	12.5
主动帮助	1	4.17
本题有效填写人次	24	

在日常生活中，孩子助人亲社会行发生频率? [单选题]

选项	小计	比例
每天都有	1	4.17
每周1-2次	4	16.67
每月1-2次	1	4.17
很少或者没有	18	75
本题有效填写人次	24	

图2　幼儿“助人”亲社会行为发展现状调查图

(三) 父母对幼儿“助人”亲社会行为发展的指导能力较弱

大部分家长没有注重培养幼儿的助人亲社会行为，一些家长想引导但不知道方法。

调查显示在家长中66.67%不知道怎么培养幼儿的助人亲社会行为；16.67%偶尔会用语言引导；8.33%会经常和孩子讲要帮助别人；8.33%会有策略地进行指导（见图3）。

在日常生活中，您是否会对孩子的助人亲社会行为与能力进行特别培养? [单选题]

选项	小计	比例
不知道该怎么培养	16	66.67
偶尔会语言引导	4	16.67
经常和孩子讲要帮助别人	2	8.33
会有策略地进行指导 [详细]	2	8.33
本题有效填写人次	24	

图3　父母对幼儿“助人”亲社会行为指导现状调查图

通过对孩子助人亲社会行为发展受什么因素影响，该如何培养孩子的助人行为发展，这些问题的分析，可以发现一半家长都不知道幼儿助人行为受什么影响、该怎么培养，希望教师给予指导，他们会积极配合。另一半家长认为幼儿亲社会行为的发展与环境氛围、榜样力量、同伴关系、孩子性格、家庭教育、学校教育等因素有关系，一致认为成人要有针对性地引导幼儿。

三、分享阅读促进幼儿“助人”亲社会行为发展指导策略

（一）择取绘本，正面教育，树立榜样力量，促进幼儿助人亲社会行为发展

挖掘绘本的互动性和分享的多样性，引导幼儿乐说享说，促进幼儿社会性发展进程。在进行分享阅读前择取有针对性、正面的、阳光的绘本，幼儿身心发展尚未完全，辨别是非的能力较差，但又具有好奇好问、模仿性强的年龄特点。因此我们要格外注意对幼儿加强良好行为习惯的培养，结合幼儿教育启蒙性、潜在性的特点，选一些带有助人行为小故事的书籍，通过故事里的主角榜样力量，激发幼儿对助人行为的认同和想去助人的迫切感。

（二）培养幼儿情绪认知，教会幼儿正确判别他人情绪状态，产生同理心

情绪认知是指对自己或他人内在情绪状态的推测。“情绪认知的发展受到了众多心理理论研究者的关注，情绪认知被认为对儿童的社会行为和同伴关系的发展有着重要的影响。”ACT 心理疗法指出：情绪无论好坏都有功能，是在展现问题，表达需求。在分享阅读过程中，我们要把握教育机制，注重实时引导。有意识地引导幼儿去观察、去体会绘本中的人物情绪，发现不同情绪的区别，进而培养幼儿的情绪认知能力。

（三）制订计划引导家长参与，家园共育，及时反馈调整

孩子在父母身边时是他们最放松的时候，能够静下心来理解故事，更能说出自己的想法。因此分享阅读不仅仅是面向孩子，同时也面向家长。在分享阅读中亲子关系更融洽，家长参与到教育中来更利于家校合作互通幼儿表现，可以及时调整后期的分享阅读展开形式和内容。

四、阶段性成效

（一）幼儿社会性得到发展

1. 树立正确的价值观

班上有个叫小汤圆的孩子，别的小朋友都喜欢做值日生，为同伴服务，而小汤圆不愿意，我问为什么，他说：“我为什么要帮别人做事，我不想发筷子，拿东西，打扫卫生。我只想当管别人的组长，不累，还很威风!”经过研究，小汤圆开始学会帮助别人了，知道自己是班级的一分子，要自己的事情自己做，要对需要帮助的同伴伸出援助之手。

2. 提升社会性交往能力

通过实践研究，与他人友好相处很愉快的幼儿已经提升到 96.67%，经常与他人协商合作的幼儿已经提升到 96.67%（见图 4）。现在班上的孩子遇到问题，旁边的小朋友都会自发地过来，还有家长反馈孩子在外面会主动帮助别人，自信大方了许多。幼儿助人行为发展和幼儿社会性交往能力的提升是螺旋式上升的过程，幼儿的助人行为能促进良好的同伴关系，加强幼儿的社会交往能力。幼儿社会性交往能力又能反作用于同伴关系、亲子关系、师生关系，刺激幼儿助人行为的发生。二者相辅相成。

孩子在与人交往方面表现如何？［单选题］

选项	小计	比例
友好相处很愉快	0	0%
相处中偶尔有矛盾	4	16.67%
经常和朋友吵架争执	5	20.83%
喜欢自己一个人玩	15	62.5%
本题有效填写人次	24	

饼状 圆环 柱状 条形 隐藏零

孩子在与人交往方面表现如何？［单选题］

选项	小计	比例
友好相处很愉快	29	96.67
相处中偶尔有矛盾	1	3.33
经常和朋友吵架争执	0	0
喜欢自己一个人玩	0	0
本题有效填写人次	30	

饼状 圆环 柱状 条形 隐藏零

孩子在一日生活中能和他人协商合作吗？［单选题］

选项	小计	比例
经常	0	0%
偶尔	2	8.33%
几乎不	12	50%
只坚持自己的想法	10	41.67%
本题有效填写人次	24	

饼状 圆环 柱状 条形 隐藏零

孩子在一日生活中能和他人协商合作吗？［单选题］

选项	小计	比例
经常	29	96.67
偶尔	1	3.33
几乎不	0	0
只坚持自己的想法	0	0
本题有效填写人次	30	

饼状 圆环 柱状 条形 隐藏零

图 4

3. 提高共情能力

研究前，分享阅读时更多的是教师在引导提问，孩子回答问题；研究中期，孩子们能不用教师提问，自己看懂内容，偶尔有些问题会出现分歧，需要教师去引导；研究后期，孩子们能看懂故事，并与故事里的角色共情，能提出问题，也能自己找出问题的答案。个别能力强的幼儿在区域游戏时和别的幼儿进行分享阅读，不仅能说出自己独到的见解，还能把故事中的道理举一反三，阅读中的共情能力得到大幅度提高。

（二）家庭教育更加和谐圆满

研究前，大部分家长对幼儿教育的态度是“不知道”“老师你说怎么教育，我们一定配合。”现在家长加入幼儿“助人”亲社会行为发展的教育中，对幼儿“助人”亲社会行为的教育有了更深入的了解，知道了助人行为对于幼儿成长的重要性，也学会了一些指导方法，亲子关系更融洽，家庭氛围也更和谐了。

（三）教师专业能力得到提升

促进幼儿“助人”亲社会行为发展的分享阅读是一个集社会、语言、健康为一体的阅读活动，过程中有教师的提问、幼儿的阅读、教师的引导、幼儿的反馈。这对教师的专业能力有一定的要求，教师在研究过程中不断巩固专业知识，提升专业能力，了解幼儿年龄特点、掌握幼儿心理特征，把握教育机智，因材施教，有效进行分享阅读，达到促进幼儿“助人亲社会行为发展。”

综上所述，通过“择取绘本，正面教育，树立榜样力量，促进幼儿助人亲社会行为发展”“培养幼儿情绪认知，教会幼儿正确判别他人情绪状态，产生同理心”“制订计划引导家长参与，家园共育，及时反馈调整”这几种分享阅读促进幼儿“助人”亲社会行为发展的策略，可以帮助幼儿树立正确的价值观、提升社会性交往能力、提高共情能力，从而促进幼儿社会性发展。与此同时还可以帮助教师提升自身专业能力、促进家庭教育更加和谐圆满。

参考文献

[1] 邹燕清．创编卡通人物，培养幼儿亲社会行为［J］．广东教育（综合版），2017

(4)：48.

［2］张明红.3～6岁儿童的亲社会行为及其发展［J］. 幼儿教育，2015（10）：15－17.

［3］金薇，李小华．亲子分享阅读对幼儿情绪认知成长的促进作用［J］．江西教育幼教园地，2008（8）.

［4］孙兰周．课程游戏化背景下民间游戏的价值［J］．科普童话：新课堂，2017（19）：126.

［5］高媛，田澜．试析幼儿助人行为的培养策略［J］．教育导刊（下半月），2013（1）：26－28.

用“活教育”引领幼儿园劳动教育“活”起来

（郭西平　陕西省西安市西安工程大学幼儿园）

摘　要：“活教育”是教育和培养儿童要有服务的精神，从乐于助人中感受乐趣，实现自我价值。劳动教育也是幼儿教育的重要内容，让幼儿在自我服务的基础上，发展到为同伴、为集体、为社会服务。幼儿园劳育活动有其独特的实施价值和意义，不仅能提高幼儿自理能力、服务意识，而且还培养了幼儿的责任感、荣誉感、认同感、合作精神以及认真负责的态度，增强了幼儿的自信心，充分体现了自我价值，是孩子一生的财富。

关键词：“活教育”；幼儿园劳动教育；“活”起来

“活教育”理论是著名教育家陈鹤琴先生教育思想的核心，倡导“在做中教，做中学，做中求进步”。生活即教育，其中蕴含着丰富多彩的教育资源。而劳动教育也应贯穿于幼儿的一日生活，体现在生活与学习的点点滴滴之中，让幼儿融入其中，在感知、体验中潜移默化地得到发展，从而充分体现生活教育化，教育生活化。“活教育”理论认为只培养知识、技能而不培养服务精神，教育就失去了意义。“活教育”就是要以服务精神来培养儿童，指导他们帮助别人，体会“大我”意义所在。幼儿园为孩子们提供健康、丰富的生活和活动环境，使他们在快乐的童年中，获得有益于身心发展的经验，也为“活教育”的开展提供了阵地。

一、幼儿园开展劳育的必要性

教育部于2022年正式印发《义务教育课程方案》，将劳动从原来的综合实践活动课程中完全独立出来，并发布《义务教育劳动课程标准（2022年版）》，这充分说明劳动教育的重要意义。其实不仅仅是中小学生应重视劳动课，劳动教育也是幼儿园教育的重要组成部分。3～6岁是幼儿各种能力迅速发展时期，年龄和水平体现了其已具备参加劳动活动的能力。首先，开展劳育活动应坚持以幼儿具有基本的生活自理能力和不断发展为目标，以“活教育”理论为指导，培养幼儿正确的劳动观，尊重劳动的人，珍惜劳动的成果。其次，培养幼儿为集体为他人服务的思想，培养幼儿的责任感、荣誉感、认同感、合作精神以及认真负责的态度，增强幼儿的自信心。再次，通过自我服务加强幼儿对劳动教育的认同，培养幼儿的劳动意识和习惯，从而具备一定的劳动能力。劳育不仅培养幼儿自我服务能力和意识，养成良好的卫生生活和劳动习惯，除了自己的事情自己做以外，还必须完成集体所委托的任务，充分体现自我价值。最后，幼儿园的一日活动中有丰富的让幼儿可操作动手的内容，如餐前工作的准备，玩教具的摆放，区域活动的管理等，都可以让幼儿自己动手。教师鼓励并给予一定的指导，能使幼儿学习掌握一些简单的生活劳动知识和技能，提高幼儿的动手动脑能力，使其在活动中树立自尊心和自信心。在劳育的过程中教师用恰当的方式保留本属于幼儿的丰富思想和情感、创造性的大脑和开放建设的心态，体现“认知、能力、情感”三个维度，既注重科学知识技能的获得，又体现科学情感态度的培养，这样才能有的放矢地实施教育，促进幼儿德、智、体、美、劳全面发展。

二、幼儿园劳育活动开展中存在的问题

劳动教育是要让幼儿学会爱与责任，养成遵守规则和热爱劳动的良好习惯，提高他们劳动的能力。如果教师对劳育活动没有正确的认识和理解，使得劳育不能达到应有的效果，甚

至起到了拔苗助长的作用。

（一）目的性不强

教师在开展劳育活动时，不能只要求幼儿会做、能做，对从中培养哪些品质，遵守哪些规则，养成哪些劳动习惯，发展哪些能力等，没有做全面深入的了解，只是把劳动当作劳动，而不是劳动教育。

（二）缺乏计划性

教师在进行劳育时，由于对幼儿在一日活动中可参加哪些劳育活动，以什么样的形式开展活动，家园共育的要求，要达到什么样的教育目的等缺乏全面细致的计划和明确的规则，任意而行，必然会出现教育的偏差从而达不到应有的效果。

（三）变成奖惩的手段

有的教师把劳育作为一种奖惩手段。教师喜欢的幼儿，教师经常给予劳动任务，而老师不喜欢的幼儿，教师取消其劳动任务，从而剥夺了幼儿的权利，同时也违背了劳动教育的初衷。

三、幼儿园劳育活动开展的有效策略

（一）明确任务和要求

将劳育活动贯穿于幼儿的一日生活当中，教师可根据本园的一日生活内容，主题活动和随机教育相结合来开展劳动教育。针对本班幼儿的年龄特点和经验水平，制订出可实施的计划，做到有的放矢。在设立任务之前，让幼儿参与其中，“可以做哪些事，应该怎样做，从中学会了什么”等自主制订计划和规则，充分发挥幼儿的主动性，调动幼儿的积极性，并在幼儿讨论的基础上，明确告诉幼儿应共同完成的事情和分工，让幼儿明确任务及要求，并注意及时、适时地调整难度，让其感受经过努力获得的成就感。

（二）平等对待

每位幼儿承担工作的权利与机会是均等的，教师应为每位幼儿创设并提供展示自我的条件，初步培养幼儿乐意为他人服务的意识和责任心，让使幼儿切实感受到自己被尊重被信任，从而促进幼儿健康、快乐、自信地成长。

（三）合理安排

在生活中教育，幼儿园一日活动中的各个环节中都可以用来培养幼儿独立劳动、集体生活及合作能力。教师根据本班的具体情况和幼儿的个体差异，可把全班幼儿分成若干组，通过让幼儿集体商讨，自行分配任务，根据不同的任务佩戴不同颜色的标识等。教师使幼儿明确工作职责，帮助其实现自己的想法，为劳育活动得以落实，较好地完成任务提供条件。

（四）加强指导

幼儿的做中学和教师的做中教，是分不开的，要紧密结合，这也是“活教育”理论的基本观点。劳动教育是幼儿的一项基本学习内容。以“五心教师”（爱心、耐心、细心、责任心、进取心）培育“六会幼儿”（学会做人、学会学习、学会创造、学会交往、学会劳动、学会生活），教师要善于观察和发现问题，为幼儿创造良好的环境与条件。劳动教育重在品质培养，而不在速度与数量，教师应根据劳育的内容和要求有针对性地对幼儿给予及时、适时的指导和协助。这样既培养了幼儿的协作精神，提高了幼儿的自信心，又养成了自己的事情自己做的良好习惯。

（五）适时鼓励

劳育活动既体现"劳"，也少不了"育"。教师应做好劳育结合。注意对幼儿予以客观的评价和鼓励，目的是帮助幼儿正确理解劳动的意义、职责，尊重他人劳动及成果，提高劳动和服务的热情。

（六）持之以恒

劳育活动要有目标性、全面性、连续性，是一项长期而琐碎，并不能立竿见影的工作。幼儿从教师的态度中也能进一步感受到劳育的价值，教师要有坚持的决心、信心与恒心。同时教师要时时督促，让幼儿养成坚持不懈的劳动习惯，感受劳动带来的成就与快乐，在劳动中学习成长，从而懂得劳动的意义并热爱劳动。

（七）家园共育

劳动教育不单是幼儿园一方的事，教师应该将劳动教育延伸至家庭。其实，家务劳动也蕴含着重要的"价值"，能够为幼儿提供丰富的感知、操作机会，使幼儿在各种操作活动中获得认知发展，锻炼了思维能力、专注力以及解决问题的能力，并帮助幼儿养成良好的生活习惯，培养责任感和良好的品质，更有利于幼儿成年后健全人格的形成。成人要遵守社会行为规则，为幼儿树立榜样。结合幼儿园的劳育活动，在家让孩子做些力所能及的事，不要过多地包办。同时，请家长有针对性地提出表扬和改进，培养孩子劳动的兴趣，帮助孩子掌握劳动技能，使孩子感到在园与在家一样，保持教育的一致性和连续性，形成巨大的教育合力，真正做到家园共育。

陈鹤琴先生曾说过："活教育的目的就是做人，做中国人、做中国现代人。"劳动教育势在必行，劳育应是一种面向全体的全面发展的健康教育，根据幼儿年龄特点及发展需要，想孩子所想，做孩子所做，思孩子所思，结合教育目标进行合理有效的开展。劳育活动也要不断创新，不断总结和提高，不断把幼儿园的劳动教育做"活"，促使幼儿更加关心他人，团结协作，把情感不断转化成为集体、为他人服务的实际行动，从中体验幸福与快乐，拥有乐观向上的人生态度，促进每一个幼儿茁壮成长。

参考文献

［1］陈秀云，陈一飞．陈鹤琴文集［M］．南京：江苏教育出版社，2007.

［2］中华人民共和国教育部．3～6岁儿童学习与发展指南［S］．北京：首都师范大学出版社，2012.

［3］中华人民共和国教育部．幼儿园教育指导纲要（试行）［S］．北京：北京师范大学出版社，2012.

五维共进：提升小班幼儿投掷能力的进阶策略

（丁家敏　浙江省杭州市余杭区闲林白洋畈幼儿园）

摘　要： 五维共进的小班投掷游戏是从五种维度为投掷活动给予支持，提升小班幼儿投掷能力。融情境、运动、游戏、交往为一体。以提高幼儿身体素质为目标，让幼儿在体能空间中获得丰富的运动体验，促进身体、心理、社会适应等方面的发展。从而获得丰富的运动体验，促进身体、心理、社会适应等方面的发展。

关键词： 小班；投掷；五维共进

一、背景与现状分析

（一）背景分析

贯彻落实习近平总书记“健康第一”“要让孩子们跑起来”等关于儿童体育与健康教育的重要思想和浙江省委、省政府《关于加强青少年体育增强青少年体质的实施意见》指示精神，在《3～6岁儿童学习与发展指南》中也将健康放在首位，明确指出运动对幼儿身心发展具有重要意义。且明确指出“幼儿每天的户外活动时间不得少于2个小时，体育游戏的方式要丰富多样，适合孩子的年龄特点”。由此可见，运动对幼儿终身发展至关重要。

（二）现状分析

在幼儿园操场中间地，老师们在地上放了很多呼啦圈、小桩子，还有一些投掷类器械材料，孩子们投了几次后便拿着呼啦圈跑来跑去或放在地上跳跃。乐乐说：“这个不是这样玩的！”在游戏进行了12分钟以后有孩子说：“这个好无聊，我不要玩了！”老师则把桩子放好，教孩子如何投掷，有孩子说：“老师，这个太难了！”……

根据以上情况，进行分析：

1. 活动器械形式局限固化，未动态调整。
2. 运动内容重复雷同，未合理规划。
3. 幼儿个体差异性强，未体现支持。

综上所述，结合园所实际情况，我们尝试通过合理开发运动场地，提供适宜的运动内容和材料，为幼儿打造“体能空间”，为幼儿提供更多的运动机会，促进幼儿身心发展，提高教师指导能力以及通过“体能空间”的创设凸显我们园本课程特色。

二、研究思路

五维共进。从五种维度为投掷给予支持，融情境、运动、游戏、交往为一体的活动。以提高幼儿身体素质为目标，提供具有多样化器械，采用多元化运动方式，如以针对化体能评估赋能，以多样化运动材料赋能，以多元化运动玩法赋能，以可视化运动规则赋能，以交流化运动对象赋能。让幼儿在体能空间中获得丰富的运动体验（见图1）。

进阶策略。遵循“自主、多元、灵活、挑战”的核心理念，针对化体能评估，有效运用集体、分组和个别相结合的活动形式，让幼儿自主选择活动场地，组合运动器材，建构运动项目，自由结对运动伙伴，创造游戏玩法。从而获得丰富的运动体验，促进身体、心理、社会适应等方面的发展。

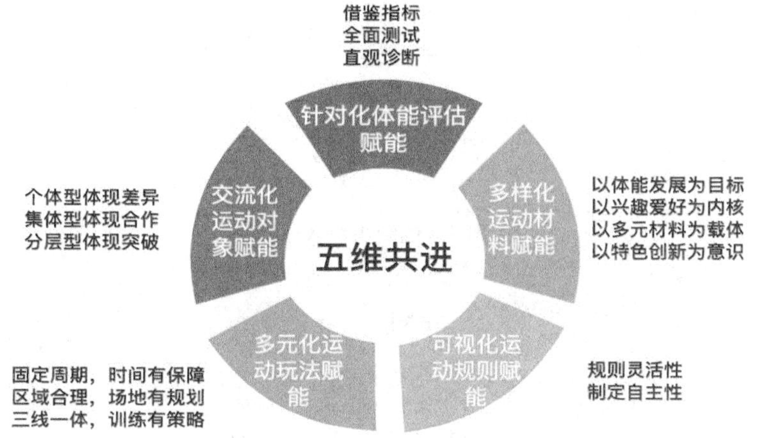

图1　五维共进

研究的指向目标。基于幼儿现有的体能水平，用五维共进的投掷运动游戏方案，通过体验、讨论、评价等策略，验证该方案对小班幼儿投掷能力的发展的积极效用。

三、小班投掷能力游戏活动的实施

（一）针对化体能评估赋能——使用体能诊断卡，找出症结，认识更清晰

1. 指标。我们借鉴了黄意蓉研制的“幼儿体育活动强度评价量表”，将幼儿活动强度分为6个等级，我们会事先为幼儿描述6个层次等级的运动表现并带着幼儿体验不同强度运动的身体状态，再展开对话式自评。

2. 测试。为让幼儿了解自己的体能状况，我们从跑、跳、钻、投掷、平衡、攀爬、钻爬等，对每一个幼儿的体能水平进行全面的测试。

3. 诊断。通过“体能小达人”以图文并茂的形式，比较直观形象地让每一位幼儿了解自己的体能状况，知道自己的优势与不足，为下一阶段有针对性的训练做铺垫。

案例1：“体能小达人”

我们为孩子制作了一张体能小达人的量化表格。在观察孩子们的一系列运动之后，发现大部分孩子的投掷能力是比较薄弱的，因此我们细化体能表格再进行观察填写（见图2至图4）。

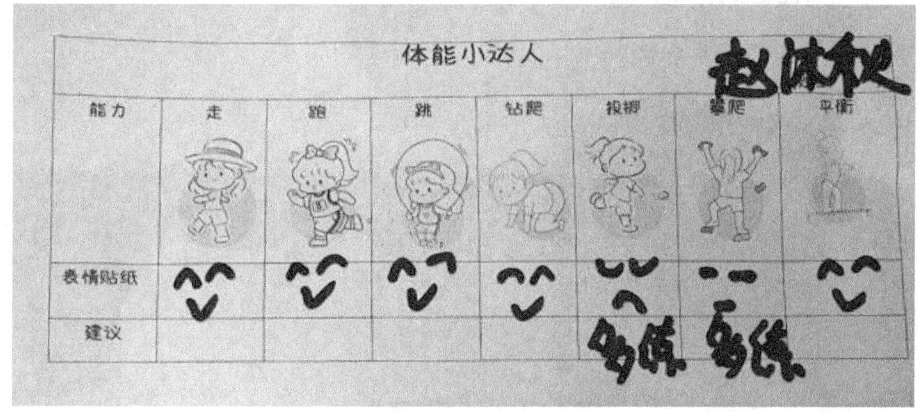

图2　体能小达人（一）

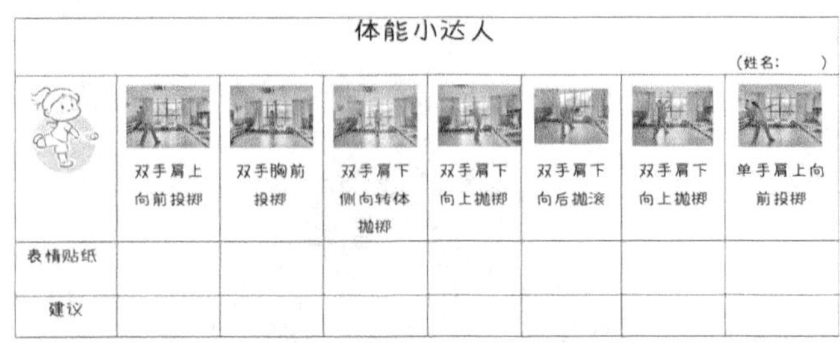

体能小达人							
（姓名：　　）							
	双手肩上向前投掷	双手胸前投掷	双手肩下侧向转体抛掷	双手肩下向上抛掷	双手肩下向后抛滚	双手肩下向上抛掷	单手肩上向前投掷
表情贴纸							
建议							

图3　体能小达人（二）

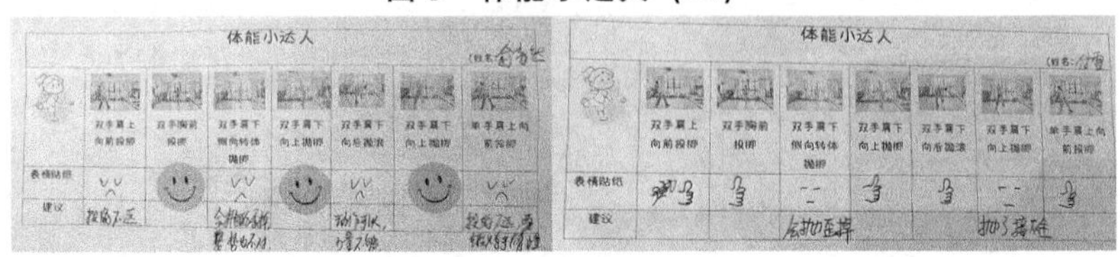

图4　体能小达人（三）

案例分析：通过“体能小达人”以图文并茂的形式，比较直观形象地了解每一位幼儿的体能状况，知道自己的优势与不足，为下阶段有针对性的训练做铺垫。

（二）多样化运动材料赋能

1. 以体能发展为目标。以体能发展为核心目标，提供适合适宜的运动器械材料，从而获得丰富的运动体验，促进身体、心理、社会适应等方面的发展。

2. 以兴趣爱好为内核。提供孩子喜欢且能玩起来的多元化的运动器械材料，激发幼儿参加体能活动的兴趣。

3. 以多元材料为载体。器械材料是认识自我，探索、体验外部环境的重要方式，直接影响着幼儿游戏兴趣与水平，多元化的器械材料既能激发幼儿参加体育活动的兴趣，又是开展活动的前提准备。

4. 以特色创新为意识。为了提升体能游戏的趣味性，游戏的设计要依据幼儿的身体和认知发展水平及年龄特点进行创新。如原有体能运动器械材料的创新组合，新材料玩法的游戏的创造等（见图5）。

图5　游戏玩法

（三）可视化运动规则赋能

制定灵活性可视化运动规则。在确保幼儿安全的同时，也要培养幼儿良好的习惯和规则意识。

案例2：“规则我来定”（见图6）

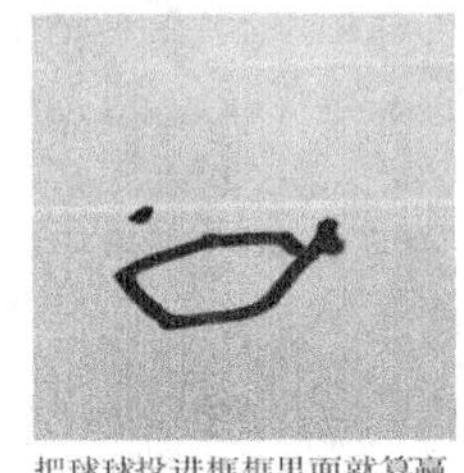

把球球投进框框里面就算赢

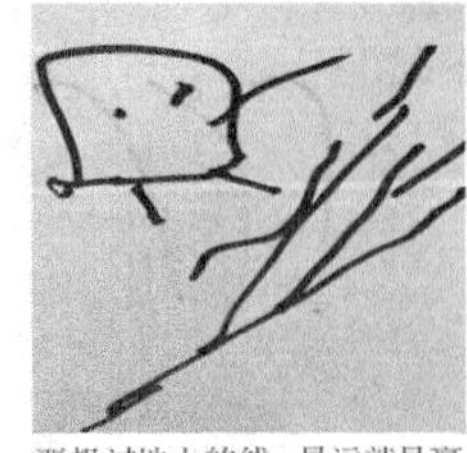

要扔过地上的线，最远就是赢

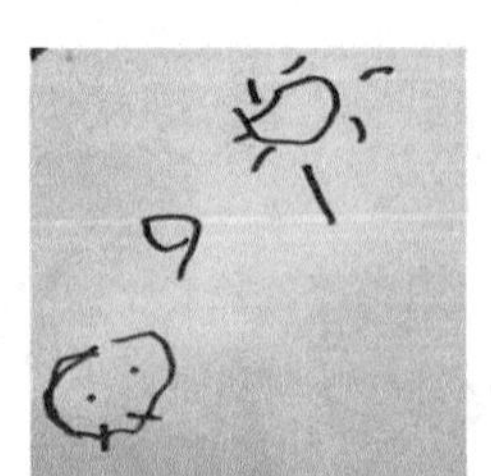

把球球抛得很高而且能接上就是赢了

图6　游戏“规则我来定”

案例分析：首先，明确规则制定的主体。幼儿在不断地发展，他们的规则意识也在不断提升，因此我们制定的规则也要及时调整。其次，满足真实活动需要。发现问题并针对性地解决问题，需要教师在日常室内运动中对幼儿有充分、细致的观察（见图7）。

投掷运动计划

游戏名称	运动场地	运动材料	设置情境	运动目标	游戏玩法规则
走跑跳+专项训练投掷 流星球飞起来	投掷墙	流星球、大型玩具、动物投掷墙面、软棍	好玩的流星球，一起试试看流星球可以怎么玩	1.积极探索流星球的多种玩法，体验游戏的乐趣。 2.愿意和同伴参加流星球游戏，学习合作协商。 3.在游戏中保护好自己。	1.自由探索流星球的多种玩法。 2.幼儿分享游戏玩法，合作游戏。 3.甩、抛、丢、接流星球，高处取物，绑好流星球后跳起来拍打。
			流星球比赛场，看谁投得远	1.通过身体带动手发力让流星球投得远。 2.在与同伴投流星球的比赛中，探索投得远的方法。	1.幼儿自主摆放投掷线，朝终点线的位置投掷流星球，比比谁投得远。 2.尝试用不同的力度来投掷流星球，感受力度与流星球投掷远近的关系。 3.请投掷较远的幼儿示范练习再进行比赛。
			小动物们怎么飞到天上去了呢？快把它砸下来吧！	1.感知投掷中出手角度和力度，初步掌握腰腹手脚协调用力的方法，提高投掷能力。 2.在游戏情境中培养参与游戏运动的兴趣，增强自信心。	1.引导幼儿先给自己找一个喜欢的小动物作为投掷目标，把注意力集中在投掷目标上。 2.学习正确的投掷方式，如站位重心的移动和大臂与腰腹的摆动。 3.数一数哪个小朋友投中的小动物最多。

图7 投掷运动计划图

（四）多元化运动玩法赋能

“三线一体”模式，训练有策略，为多元化运动玩法赋能。为了让幼儿既发展基本动作又提升动作技能，将体能运动分为“三线一体”：

三线：以三项基本动作运动技能为基础——走、跑、跳。

一体：以一项复杂组合动作技能为提升——投掷。

（运动计划表共三大类九个游戏：篮球、流星球、小皮球）

因此考虑到个性化游戏选择需求的多样化，针对幼儿选择“三线一体”的组合式运动游戏，即选择3个基础类游戏，再挑选1个提升投掷类游戏，需要根据不同时期来设定不同程度的游戏。

1.（初体验）走跑跳＋专项训练——投掷：好玩的流星球，一起试试看流星球可以怎么玩？

案例3：投掷初体验——“好玩的流星球”（见图8）

针对幼儿选择“三线一体”的组合式运动游戏，我们搭建了循环式的投掷训练场，在训练场里有走跑跳爬、平衡、跨栏等基础动作，也有关于流星球的不同玩法。

图 8　投掷体验（一）

2.（中进阶）走跑跳＋专项训练——投掷：流星球比赛场，看谁投得远！

案例 4：投掷中进阶——“看谁投得远”（见图 9）

图 9　投掷体验（二）

我请投得最远的孩子示范了他投掷的动作，我也把投掷的正确姿势边讲解边进行示范：两脚呈“丁”字步前后站立，重心后倒，投掷臂后引，眼看前方。孩子们跟着我的动作进行模仿学习。孩子们又尝试投了一次，投得比之前远了一点，他们很开心，投掷的积极性也高了。

3.（高进阶）走跑跳＋专项训练——投掷：小动物们怎么飞到天上去了呢？快把它砸下来吧！

案例 5：投掷高进阶——“看谁投得准”（见图 10）

孩子们选择了喜欢的小动物作投掷目标，在游戏中发现大部分幼儿的投掷动作为：同侧上步，迈出的脚步与扔球手臂同侧；手臂有意识地上举，呈现投掷动作，个别幼儿手臂能跨越身体，上体“组块”转体（大部分幼儿都处于儿童投掷动作发展水平的第二阶层）。

图 10　投掷体验（三）

在三线一体的体能运动中，活动设计形式灵活、根据幼儿喜好自选为主的特点，关注个体差异有针对性地指导。从而让幼儿获得丰富的运动体验，促进身体、心理、社会适应等方面的进阶性发展。

（五）交流化运动对象赋能

1. 个体型——体现差异。针对幼儿体能的差异性，进行的有针对性的单独强化训练的游戏类型（见图 11）。

2. 集体型——体现合作。幼儿体能素质的不均衡化，强弱搭配，在互相协助下促进提高的游戏类型。

图 11　体验强化训练

四、五维共进：提升小班投掷能力活动的实践成效

开展五维共进提升小班投掷能力活动已经快一个学期了，我们在实践中摸索，在摸索中前行。在这个活动的适时开展中，我也看到了孩子们的一些改变。

（一）对教师的影响：提升＋关注

在提升小班投掷能力游戏开发的推进过程中，我们对游戏过程以及活动效果进行回顾，教师需要用发展的眼光去调整与反思，在原有的预设基础上进行适当的改进、整合与优化，做到真正根据幼儿的需要与兴趣，在预设的基础上生成符合幼儿发展需要的游戏活动，使活动的开展更具有教育意义。

（二）对幼儿的影响：喜欢＋发展

幼儿的探索是他们感兴趣的，是主动的，是全面的。在投掷游戏的开展过程中，老师给幼儿提供多样化运动材料，创设多元化运动玩法，制定可视化运动规则，交流运动对象等途径去辅助幼儿，这样的探索活动，是幼儿喜欢的，能参与其中的，也是能给幼儿带来发展的。

（三）对家长的影响：认识＋理解

通过一些家园合作的活动，比如和孩子们做一做运动前调查表等活动，家长们乐于参与其中，通过与家长配合的教育，家长与教师的交流也增多了，对孩子的学习有了新的认识。对我们教师也更为信任了，更加了解教育的重要性，理解我们的工作。

参考文献

[1] 吴海云，全胜．幼儿这样运动——幼儿大肌肉动作发展游戏［M］．福州：福建人民出版社，2021.

[2] 柳倩，周念丽，张晔．学前儿童健康学习与发展核心经验［M］．南京：南京师范大学出版社，2016.

[3] 李季湄，冯晓霞．3～6 岁儿童学习与发展指南解读［M］．北京：人民教育出版社，2012.

“以人为本”思想下的幼儿园管理研究

（梁妙琼　广东省东莞市南城悦珈幼儿园有限公司）

摘　要：幼儿园教育是幼儿一生发展的基础，而幼儿园的管理对于幼儿的发展有着举足轻重的作用。幼儿教师能否将更多的信息传达给幼儿，以及他们对老师的信任和主动的交流，都是由幼儿园的管理机制所决定的。本文根据幼儿的年龄特点和个性特点，深入贯彻以人为本思想，探讨了幼儿园在管理和教学中应采取的措施，以促进幼儿和幼儿教师的共同发展。

关键词：以人为本；幼儿园；管理方式

以人为本是我国目前发展的一个重要内容，其目标是把人当作发展的基础，而这一思想同样适用于教育领域。教育经营要以人为核心。“以人为本”是指实施“以人为本”的教学与管理，既要提升幼儿教师的素质与能力，又要根据幼儿的生长发展需要，使其具有良好的管理效果；加强人的角色，使教育教学更有效。

一、幼儿园实施与管理中的问题

在教育变革迅速的今天，“以人为本”的教育思想在幼儿园和中小学都根深蒂固。尽管这个理论已经被提出并得到了广泛的认可，但关于“怎样把这个概念和幼儿园的管理模式结合起来”仍然存在着一些问题。由于目前幼儿园的管理方式仍缺乏一定的人性化，通过调研，主要表现在：一是幼儿教师的职业素养不高。“以人为本”的一项重要内容是培养和重视人才，在幼儿园日常经营中，要制定相应的实施体系和评价标准，并对其进行恰当的科学评价；只有这样，幼儿园教师们才能真正发挥自己的长处，把“以人为中心”的教学理念充分发挥出来。然而，目前许多幼儿园对于培养合格的幼儿并没有给予足够的关注，他们自身的专业素质和教学水平也没有得到相应的提升，因而不能向幼儿传达更多的不同的兴趣，从而使其在学习中表现出自己的特色。二是缺乏一个良好的幼儿园工作环境。幼儿教师与其他行业的工作，有很大的区别，由于其教育对象是儿童的特殊性，所以在整个教学工作环境中都存在着一定的局限性；这样的环境可以激发幼儿教师的创造力，使他们能够更好地与教师进行交流，使他们在学习上获得更大的发展空间。然而，许多幼儿园对工作环境的关注不够，在工作气氛等方面缺乏人性化的支持。因此，无论是幼儿园的园长或教师，都应该改变工作环境，给教师和幼儿创造一个比较轻松的环境。三是多方面的交流困难。教育是一种互动过程，教师、幼儿和家长都要积极地参与，从而促进幼儿的健康发展。然而，目前很多幼儿园还未进行比较民主的管理，很多家长对幼儿在幼儿园的日常生活情况不甚了解，无法与教师进行交流，造成多方交流的困难；不能让良好的交流成为促进儿童成长与发展的积极因素。由于上述原因，尽管“以人为本”的教育与管理理念已根深蒂固，但在幼稚园的管理模式中，"人性化"的运用仍然不足；幼儿园教师要认识到目前的管理状况，从实际出发，积极地进行教学改革，把"以人为本"的理念运用于幼儿园的教学工作中。

二、幼儿园实施人性化管理模式的对策

（一）建立一个民主交流机制

幼儿与教师、幼儿父母、幼儿父母的交流是幼儿园教学中必不可少的环节。老师要保证父母知道孩子们在学校的学习和生活情况，并以此作为他们之间的沟通与交流，同时还要了解他们的家庭情况，并根据他们的家庭情况，为他们提供相应的教育和帮助。只有如此，才能真正实现"以人为中心"的教学思想所要求的"师生交往"。然而，目前很多幼儿园对此缺乏足够的重视，未能让父母真正地参与到儿童教育中来。因此，在幼儿园和老师中，应该倡导一种民主的交流机制，让父母更多地参与到幼儿园的日常教学中来。

幼儿园可以通过信息化手段，搭建一个方便的沟通平台，让父母通过这种平台来了解孩子们在幼儿园的日常活动。例如，幼儿在幼儿园的课程、早操、餐饮等，都可以在这个平台上进行开放、透明的展示。家长也可以利用此平台，将教室内的监视器与孩子们在教室里的表现联系起来，并将其与家庭的表现联系起来，给予老师正面的回馈。同时，老师和父母也可以随时通过此软件进行沟通，以帮助孩子们解决和调节问题。每个月，幼儿园都可以设置一个家长开放日，在这一天，父母可以参观幼儿园的内部环境；与幼儿共同经历丰富的幼儿园生活，并根据自身的实际经验与老师进行沟通。在此过程中，教师可以更好地了解孩子和父母的需要，同时也可以帮助他们更好地完成教学工作。

（二）对幼师职业素质的培养

儿童的教育应该是多元化的，不能拘泥于某一专业，只有这样，才能使他们在这个年龄段得到全面的发展。随着教育的多元化，幼儿教师的专业化水平也得到提高，在幼儿园的经营中，也应加强对其职业素质的管理。"以人为本"主要表现在对幼儿教师的培养上，即要注重和合理地评价，要主动提升自身的职业素质，把更多的知识和兴趣传授给孩子；让他们能够在幼儿园的学习中获得成长与发展。比如，幼儿园为幼儿开设的各种不同的课程，教师们也要定期接受训练，不要让自己的专业知识只停留在表面；幼儿园老师要对各种不同的教学课件有深刻的理解，这样才能更好地进行教学。比如，教师们在指导孩子们进行剪纸艺术创作时，许多教师都是照着课本上的方法来做，而课本上剪纸的种类也就那么几种。幼儿教师要意识到自己的职业能力的缺陷，并定期进行职业素养教育。比如剪纸，在训练的时候，教师要了解剪纸的由来，了解剪纸的种类，比如单色剪纸、彩色剪纸，以及剪纸的基本技法，这样才能在教学中随机应变。通过提升幼儿教师的职业素质，让其在工作岗位上适应其发展的需求，既要注重自身的培养，又要注重师资队伍的建设。只有这样，才能把"以人为中心"的管理方法真正地贯彻到幼儿园里去。

（三）营造良好的师生关系

在幼儿园的日常管理中，管理者必须意识到工作的特殊性，因为幼儿教师要面对的是幼儿，与其他行业的环境和气氛有很大的不同。幼儿园的日常经营要充分认识幼儿的个性，才能根据幼儿的年龄特点进行日常管理。因此，在这个管理层面上，以人为本，既要在幼儿园内创造轻松的工作环境，让幼儿教师发挥其长处；还可以将孩子们的生活与学习融入幼儿园的氛围中，让他们能够充分发挥自己的特长，从而实现"以人为本"的经营目标。比如，在下课时间，教师们可以和孩子们一起做一些活动，这样可以增进彼此的情感沟通；但是在课堂上，教师要比较认真地讲授，让孩子们的学习和休息处在张弛有度的状态。在课间操中，

教师和孩子们玩起了“大灰狼来了”的游戏：教师是大灰狼，孩子是绵羊，教师背对着孩子，孩子们都是站着的；教师猛地一转身，所有的孩子都要蹲下，没有蹲下的孩子就会被教师像大灰狼一样抓住，循环往复，周而复始。在这样的活动中，教师们可以主动参与，让学生和教师们进入一个比较放松的环境，这样可以增进教师和孩子们的感情；可以帮助教师更好地理解孩子的心理状态，增进他们之间的互信，使他们能够更好地追随教师。

三、结论

总之，幼儿园教师要克服目前幼儿园实施管理中出现的一系列问题，转变自身的专业素养不足，并创新幼儿园的人性化交流机制，让各方面交流更民主。幼儿园管理者应采用人性化的管理方法，使幼儿和教师处于一个比较轻松、活泼的环境中，这样才能更好地体现幼儿教师的角色，同时也能突出幼儿的接受教育需要。让幼儿在幼儿园能够得到更好的稳定发展体验。

参考文献

［1］杨玲斌．探索“以人为本”管理模式下幼儿园的管理方法［J］．华夏教师，2020（10）：10－11.

［2］徐文玉．以人为本 创新管理——针对当前民办幼儿园教师的创新管理方法［J］．科学咨询（教育科研），2019（12）：116.

［3］张海琴．浅析以人为本原则在幼儿园管理中的运用［J］．科学咨询（教育科研），2018（1）：10.

［4］高雅．以人为本、文化立园的幼儿园管理研究［J］．绿色科技，2016（23）：159－160.

小班自主游戏中美工区的指导策略

（蓝丽　广东省中山市菊城幼儿园）

摘　要：美工区是幼儿在自主游戏中的热门选择之一，深受幼儿青睐。在丰富的材料中幼儿自由自主地进行艺术创作，发展创新思维，提高动手能力和审美能力，体验成功带来的乐趣。《3～6岁儿童学习与发展指南》中强调游戏是促进幼儿学习与发展的重要途径，游戏的持续和更新在于幼儿的自主性。教师在开展美工区活动中需尊重幼儿个体差异，思考如何让幼儿在美工区中根据自我需求进行自主选择、自主学习、自主创作，使幼儿最终获得自主发展。

关键词：美工区；存在问题；解决策略；自主发展

美工区是专门为幼儿提供个性创作和自由欣赏的活动区域，主要有涂鸦区、玩色区、手工区、造纸坊、编织坊、蜡染坊、陶泥坊等子区域。小班幼儿年龄在3～4岁，还处在涂鸦期，只能用简单的线条和色彩进行创作。教师需根据幼儿年龄特点、兴趣爱好和发展目标等因素，为幼儿创设宽松适宜的环境。现结合小班美工区在自主游戏中存在的问题进行分析，提出解决策略。

一、小班美工区在自主游戏中存在的问题

每次自主游戏时小班幼儿首选的区域是娃娃家，而选择进美工区的人数寥寥无几，来来去去都是那几个喜欢画画的孩子。为了寻找原因，我采访了班级里不愿意去美工区进行自主游戏的孩子。此外也蹲点观察了进入美工区的幼儿在游戏过程中的表现，存在的问题大致归类为以下几种情况。

（一）活动中幼儿缺乏参与性

小班的幼儿年龄小，手部肌肉发育还不完善，动手操作能力较弱。有的幼儿缺乏自信心，说自己不会画画；有的幼儿有较强的依赖性，不肯下笔，需要老师从旁协助指导；有的幼儿没有明确的计划，不知道进去后可以画什么；有的幼儿专注力较差，坐在位置上画一下就东张西望，被其他区域的小朋友影响，甚至直接走去玩其他的游戏。

（二）美工材料投放不合理

教师在美工区材料投放中存在一定误区，认为材料投放越多越会引起幼儿的兴趣。殊不知投放的材料种类过多，会让幼儿在选择的时候无从入手。如剪裁类的工具有剪刀、条纹花剪；粘贴类的材料有胶水、透明胶、双面胶、固体胶、白乳胶、热熔胶枪等，教师缺乏对幼儿能力的把握和安全的防范意识。需要按照幼儿年龄特点，分批进行投放。

（三）用完的物品不知如何归位

幼儿在美工区结束游戏时，教师往往会看到蜡笔没有收拾好，地上到处都是纸屑，水彩笔的盖子不见了等脏乱差的现象。小班幼儿在活动结束后收拾物品似乎是件比较困难的事情，每次活动结束后，教师需花费较多时间指导孩子收拾整理。

（四）教师的定位不明确

有的教师将美工区视为教学活动的场所，幼儿进入区域后就坐着听老师讲课。如集体绘画“下雨啦”，教师示范用虚线画雨滴，最后整组幼儿呈现的作品几乎是一模一样的，缺乏个性与自我发展。有的教师完全放任幼儿进区，不设任何主题，导致幼儿进入区域后不知道自己应该干什么，可以干什么。

二、针对存在问题，探索解决策略

（一）科学规划环境，提高幼儿参与性

1. 创设安静、独立的空间

美工区需要一个相对安静的环境，让幼儿在游戏活动中避免其他区域的干扰，可用学具柜围合成一个相对独立的空间，留有过道供幼儿进出即可。与美工区相邻的区域设置可以是图书角或其他相对安静的区域，避免互相干扰。

2. 结合幼儿实际情况，量身打造美工区

针对幼儿进区不知道画什么的问题，教师可结合主题活动引导幼儿进行与主题活动相关的创作，也可从创设美工区环境入手。在美工区里展示适合小班年龄段的艺术作品供幼儿欣赏；在桌面或柜子边呈现点、线、面的绘画技巧；粘贴蜡笔涂色的技巧，如左右涂色、上下涂色、转圈圈涂色、晕色图画；提供简单折纸的操作流程图，让孩子看着步骤尝试对角折和对边折的折纸基本技能等。幼儿可根据自己的兴趣爱好、能力水平自由选择模仿，再逐步过渡到幼儿独立自主地创作。

3. 在空间规划上要留有呈现幼儿展示自己作品的位置

呈现方式可以用网架展示，将平面作品夹在网上，方便取放；可以用层架展示幼儿的立体作品；可以用吊挂式在美工区上方展示幼儿作品，与幼儿一起营造美工区的氛围，让幼儿获得归属感，喜欢去美工区自主游戏。

4. 设立涂鸦角，让幼儿爱上涂涂画画

小班幼儿处在涂鸦期，喜欢涂涂画画，对幼儿来说绘画是一种游戏，在绘画之前幼儿往往不知道自己想画什么，等画完之后看着自己的作品又恍然大悟地表达绘画内容。设置涂鸦区可以让幼儿大胆表现，对培养幼儿喜欢艺术活动是一个很好的介体。因其目标设定低，没有对错之分，幼儿可以充分地自主进行创作。教师可提供粉笔让幼儿在地上涂鸦；可利用废旧材料，如车轮、瓶瓶罐罐、锅碗瓢盆、透明雨伞等，让孩子用水粉在上面涂鸦，结束后用水冲一下，下次还可以循环再用，减轻教师的工作量。

（二）合理投放材料，促进幼儿发展

1. 遵循循序渐进的原则，分批次投放材料

小班幼儿在使用粘贴类的工具时，最容易掌握的是固体胶和胶水的使用技巧，教师在投放此类工具时需配备与美工区人数相等的同一种材料。即美工区容纳多少人就投放多少支固体胶和胶水。等幼儿掌握了固体胶和胶水的使用技巧后可以增加投放透明胶、双面胶等。儿童热熔胶枪的使用建议在中大班时再投放，初次使用时必须有成人的监护。

2. 遵循幼儿个体差异的原则，分层次投放材料

每个幼儿的发展都存在个体差异，教师在投放美工区操作材料时需要因材施教，满足高中低水平的幼儿发展需求。如小班幼儿在运用剪刀的技能上比较薄弱，教师投放情境化的操作材料“剪头发”，提供立体的纸假发，让幼儿用剪刀随意帮娃娃剪头发，探索剪刀的使用技巧，适合低水平的幼儿操作；投放材料“剪面条”，让幼儿在画有直线的纸张上用剪刀进行

剪直线的练习，适合中等水平的幼儿操作；投放材料“吹泡泡”，用剪刀进行剪曲线的练习，该材料适合高水平的幼儿操作。幼儿根据自己的水平、兴趣爱好自由选择材料，自主发展。

3. 遵循动态调整的原则，及时调整材料

小班幼儿在美工区自主游戏时，教师需有目的地提高幼儿剪、撕、贴、搓的技能，锻炼手部肌肉的精细发展，为日后自主创作提供支持。因此教师可根据幼儿的实际发展水平有针对性地投放相应的操作材料，并对幼儿的操作兴趣、操作频率、发展需求等进行分析评估，对材料适当进行动态调整或更换。不断提供更适合幼儿年龄特征和发展需求的材料，激发幼儿好奇心和探索欲，促进幼儿向更高水平发展。

（三）共商区域规则，培养收拾习惯

与幼儿一起商量美工区的区域规则，让幼儿清楚美工区中材料的摆放位置。培养自我服务的意识，养成良好的收拾习惯。

1. 集体示范收拾美工区材料。教师示范讲解后可以请平时收拾较好的幼儿再进行操作，巩固收拾常规，并及时针对幼儿收拾情况进行总结。

2. 利用实物标记卡帮助幼儿将材料归位。小班幼儿年龄小，教师在设计物品摆放标记时最好将材料拍照后制作成实物图用做摆放标记，让幼儿简单地进行一一对应的摆放。此外，实物图还能起到范例的作用，为指导幼儿正确地摆放做出指引，是环境的小老师。

3. 物品的摆放要做到易取易放。如：教师通常会在美工区的桌面摆放一个小矮架，在架上摆放常用工具：剪刀、胶水、水彩笔等，让幼儿在创作时坐在位置上就能随手取放，减少来回走动影响同伴。但亦要考虑美工区的座位是两排对立而坐的，因此常用工具在层架上的摆放应两边都有同样的材料，避免一边的幼儿拿工具时需绕过去对面才能拿到材料的现象发生。

4. 在桌面上准备 4 个专门装纸屑的塑料小桶，每张桌子一个，引导幼儿将手工废纸放在桶里，活动结束后由值日生协助老师清理。帮助幼儿养成良好的操作常规，活动结束后将大大减少收拾整理的工作量。

（四）教师自由切换角色，引导幼儿自主学习

幼儿在自主游戏中，教师要营造宽松自由的氛围，给予幼儿充足的时间和空间使其用自己的方式和材料互动、探索体验。教师首先要做一名观察者，认真观察幼儿的游戏过程，采用定点观察法，大致观察进入美工区中幼儿的操作能力、人际交往等综合情况；其次，做一名引导者，当幼儿在游戏过程中遇到困难，需要寻求帮助时教师充当引导者给予幼儿参考意见，引导每个幼儿在自己原有的基础上得到发展。最后，做一名支持者，当活动结束后教师可提供语言支架帮助幼儿在分享交流活动中完成介绍作品的任务。

三、结束语

在自主游戏中美术区给幼儿提供感受美、欣赏美、创作美的艺术空间。幼儿在区域游戏过程中难免会存在这样或那样的问题，需要老师不断发现问题，调整材料，耐心引导，最终找出适合的解决策略。让幼儿在美工活动中真正做到以游戏为载体进行自由创作，自我发展，是从教者共同追求的愿景。

参考文献

［1］马昀钰．幼儿园自主游戏的开展策略思考［J］．科学咨询/教育科研，2019（14）：29—30.

［2］陈立萍．“轻、简、自、乐”——浅谈指南背景下美工区活动的开展［J］．课程教育研究，2016（24）：15—16.

［3］毕天缘．浅谈幼儿园美术区角设计的指导策略［J］．佳木斯职业学院学报，2016（3），89.

“一优化四增加”五线并行开展幼儿体验式美术活动的实践与探索

（卢苗　广西壮族自治区梧州市实验幼儿园）

摘　要：美术活动是幼儿喜欢的一种艺术活动，通过多元性优化环境、增加活动游戏性、增加材料丰富性、增加内在储存量、增加自信心成功感“一优化四增加”五线并行的方式开展幼儿体验式美术活动，以亲切和蔼、支持性的态度和行为与幼儿互动，关注幼儿在活动中的心理情绪及创作需求，在体验的过程中梳理积累生活经验、游戏经验、活动经验，支持幼儿在宽松的心理环境和丰富的物质环境中进行自主的艺术表现与创造，通过美育促进德智体美劳和谐发展。

关键词：体验式；美术活动；优化；增加

美术活动是幼儿喜欢的一种艺术活动，在美术活动中，幼儿可以用五彩的画笔和多种形式尽情地涂鸦、表达、宣泄，把现实与想象中的世界一一展现。可是，也有一些幼儿，不敢、不想、不愿、不会，究其原因是多方面的，因人因事而异，我们既要重视，更要加以引导，怎样让不敢、不想、不愿、不会的幼儿也喜欢美术活动，从中体验到乐趣呢？我们经过实践，探索通过多元性优化环境、增加活动游戏性、增加材料丰富性、增加内在储存量、增加自信心成功感“一优化四增加”五线并行的方式开展幼儿体验式美术活动，以亲切和蔼、支持性的态度和行为与幼儿互动，关注幼儿在活动中的心理情绪及创作需求，可以帮助幼儿在体验的过程中梳理积累生活经验、游戏经验、活动经验，让幼儿在宽松的心理环境和丰富的物质环境中进行自主大胆的艺术表现与创造，从而促进德智体美劳身心健康和谐发展。

一、“一优化四增加”五线并行“之一”——多元性优化环境

《幼儿园教育指导纲要（试行）》规定：“幼儿园应为幼儿提供健康、丰富的生活和活动环境，满足他们多方面发展的需要，使他们在快乐的童年生活中获得有益于身心发展的经验。”

环境作为教育的“隐性课程”，是一本立体的、多彩的、富有吸引力的无声教科书，幼儿在“有准备的环境”中，去观察、探索、创造，寻找快乐，从而得到情感的体验、智慧的启迪，促进幼儿身心和谐发展。陈鹤琴先生指出：“大自然、大社会都是活教材。”原生态、低结构的自然材料在生活中触手可得，既贴近儿童的生活，也是儿童多元感官探索的基础。幼儿园立足于幼儿的兴趣爱好和生活经验多元性积极优化环境，根据不同季节变化，有计划地和儿童一起种植植物、观察各种昆虫和自然现象，充分利用特有的自然资源体验式美术活动，使他们获得丰富的生活体验，为参与美术活动做好前期经验的铺垫。

二、“一优化四增加”五线并行“之二”——增加活动的游戏性

游戏是幼儿最喜欢的活动，特别是年龄越小的幼儿越离不开游戏。因此，创设一个良好的游戏环境对幼儿的成长是非常重要的。心理学家皮亚杰强调：“儿童是在周围环境的影响下，通过主体与环境的交互作用而获得心理上的发展。”而凡是新奇的事物，奇特的东西都会使幼儿产生好奇心。幼儿受好奇心的驱使，就会通过游戏活动来学习、成长。

（一）以游戏的口吻引入激发活动兴趣

幼儿好动、好模仿，行为受情绪的支配。因此在活动中可以从激发幼儿的兴趣入手，赋予幼儿适当的角色，即运用游戏、故事等形式导题，以激发幼儿参与活动的兴趣。比如在小班涂色活动“小蝌蚪”中，我以着急的心情请求幼儿帮忙，“有一天，青蛙妈妈在池塘边弄丢了它的孩子，找不到孩子，青蛙妈妈可难过了，你们可以帮助它找到孩子吗?”故事一下子就吸引了幼儿，并激起了要帮助青蛙妈妈的强烈愿望，纷纷表示要为青蛙妈妈找孩子。平时，我们还可以选择幼儿熟悉的人、玩具、食物、环境、事件等题材，以游戏的形式切入，让美术活动变得更有趣，激发幼儿在愉快的状态中积极参与。

（二）在边做边玩中发展幼儿的美术技能

设置有趣的游戏让幼儿在边做边玩中不知不觉地掌握绘画技能也是较好的方法之一。例如幼儿进行了剪纸“毛巾”后，在毛巾上装饰花纹；还可以进行玩色游戏：让幼儿在纸上拓印橘子后添加上眼睛、嘴巴、手、脚就变成了一个个小朋友。又如用报纸搓成迷你小纸球蘸上颜色，放在纸盒里进行滚画，不一会儿便会变出一块块漂亮的花手帕。还有和幼儿一起玩吹泡泡，让幼儿在开心之余再进行泡泡画：用吸管蘸了加入洗洁精的颜料后，对着白纸吹泡泡，泡泡破了但却在纸上留下了美丽的痕迹。在这些有趣的游戏中，幼儿不但愉快地掌握了剪、贴、捏、画、撕等基本技能，而且对美术活动也产生了浓厚的兴趣。

（三）教师指导时应注意语言的游戏性

幼儿在活动过程中，不会边观察边进行，有时急于求成，创作出的作品往往粗糙、散乱，有的孩子则表现得无从下手，有畏难情绪。这就要求教师尽可能地运用游戏性的语言概括出事物的主要特征，帮助幼儿掌握要领，使其大胆地进行，比如画“小老鼠”这样说：“一条小路，变座小桥，小小眼睛，短短胡须，长长尾巴。”通过游戏形式，孩子们很快地画出了多种姿态小老鼠。游戏性的语言使课堂气氛变得轻松愉快，使孩子们在无拘无束的情况下绘画，效果更好。

三、“一优化四增加”五线并行“之三”——增加丰富的美术材料

好奇好动是幼儿的天性，教师为幼儿提供丰富有趣的可操作美术材料，引导幼儿在与材料的互动中主动去探索学习，激活幼儿想象的空间。如：油水分离画“可爱的小鸟”这一活动，我为幼儿提供了油画棒、毛笔、水粉颜料和水粉纸等材料，幼儿一看到这些材料就被吸引了，当看到油水分离产生的画面效果时，就更加欢呼雀跃。幼儿的兴趣因此就高涨起来，他们的大脑当然就会与手灵活地结合起来创作与创新。

幼儿思维的直觉行动性、对自己活动的控制性以及小肌肉的动作发展还不完善，动手操作、支配的能力较差。因此，如能为幼儿提供丰富有趣且能使画面产生较好效果的材料，能使幼儿既对美术活动产生兴趣，又能让幼儿轻松获得成功。

根据每次美术活动主题的不同，教师还可以提供一些绘画的辅助工具。如可以用青菜实物结合绿色颜料，拓印出“夏天的森林”，用橡皮筋结合蓝色颜料弹出“雷雨”的情境等。丰富有趣的美术材料会让幼儿觉得美术活动的过程就是在玩游戏，参与美术活动是件快乐的事情。

四、“一优化四增加”五线并行“之四”——增加内在储存量

美术心理学的研究表明，对幼儿来说，来自现实生活并且经过创作者亲身经验的知觉材料远比间接的知觉刺激有效。因此，我们通过组织各种活动，不断积累幼儿的内在储存，提

高他们观察、发现、表现的能力，在日常生活中逐渐丰富幼儿的内在储存。因为储存得越多，幼儿创作表现的内容越丰富。

如在开展美术创作活动“幼儿园美丽的花儿”时，我们带幼儿到户外花圃，让孩子们全过程参与选择花种→埋种花种→浇水护理→等待观察→记录表达等环节，和孩子们一起实地讲解不同花儿的生长全过程，鼓励孩子大胆地用自己的语言描绘、用自己喜欢的形式创作出自己喜爱的美术作品。

孩子们喜欢音乐、喜欢游戏、喜欢故事，那就创造条件，想办法让音乐与绘画结合起来。如画“秋天的大树”时，幼儿观察秋天后学习“秋风多么美”这首歌，幼儿通过唱歌、表演，不再认为是干巴巴的树叶被风刮到了地上，而是认为小树叶像蝴蝶一样飞舞、一样轻轻地投入大地的怀抱，幼儿的创作画面因此而生动起来。

让美术活动与故事结合、绘画与诗歌结合等，都能使画面丰富。幼儿在看过“建筑艺术”图片展后画出了各种“我想住的房子”；看了动画片《三只小猪》后创作出了不同的小猪、不同的房子等。在创作“拔萝卜”时，组织幼儿玩小兔拔萝卜的角色游戏，通过实践体验到快乐与成功，画面就会丰富起来，真正成了美术活动的主人，体会到了其中的愉悦，兴趣也随之增加。

五、“一优化四增加”五线并行“之五”——增加自信心成功感

在幼儿进行美术活动过程中，教师应注意观察幼儿的活动及情绪变化，对大胆参与的幼儿应以积极的情绪给予赞扬鼓励，使幼儿更有信心；对胆怯彷徨的幼儿更应观察了解、予以引导，给幼儿创造一个宽松的创作环境，逐步培养幼儿的兴趣，帮助幼儿树立参与美术活动的自信心，肯定幼儿的作品成果，让幼儿产生成功感、自豪感。

在评价中，教师应当正面评价每一个幼儿，哪怕是细微的进步都要予以表扬，肯定幼儿的创作，鼓励幼儿把作品编故事讲给大家听，进一步丰富、完善想象，提高表达能力，让幼儿从成功中增加信心，提高对美术活动的兴趣。

通过“一优化四增加”五线并行做法，给幼儿创造宽松的美术创作心境，使他们逐渐地敢、想、愿、会、爱参与美术活动，从而增强体验参与的信心，享受美术活动所带来的乐趣，带动身心健康全面积极正向发展。

参考文献

[1] 教育部基础教育司．《幼儿园教育指导纲要（试行）》解读［M］．南京：江苏教育出版社，2002.

[2] 李季湄，冯晓霞．《3—6岁儿童学习与发展指南》解读［M］．北京：人民教育出版社，2013.

[3] 边霞．幼儿园美术教育与活动设计［M］．北京：高等教育出版社，2009.

注：课题项目：广西教育科学规划2021年度“幼儿园课程改革与保教质量提升”专项课题《儿童视角下体验式美术活动的实践研究》（2021ZJY543）

基于美术元素开展的幼儿体验式美术活动的实践与探究——以梧州市实验幼儿园为例

（李诗婷　广西壮族自治区梧州市实验幼儿园）

摘　要：形体（点、线、面等）和色彩（色相、明度、纯度等）是美术构成的基本元素，也是美术作品中最为重要的基本构成元素。形体和色彩的概念相对于幼儿来说过于抽象，如何把抽象的元素具体化、生活化，让幼儿体验和感受美的构成，内化成为自身的艺术感受，并表达出来，是开展本次幼儿体验式美术活动的重难点。

关键词：美术元素；体验式美术活动

近年，国家就加强和改进新时代学校美育工作进行了系统设计和全面部署，明确提出“学前教育阶段开展适合儿童身心特点的艺术游戏活动，培养儿童拥有美好、善良心灵和懂得珍惜美好事物”。自 2021 年起，我园就开展了儿童视角下体验式美术活动的实践研究。其中，幼儿体验式的美术活动开展是以幼儿为兴趣爱好和生活经验为前提的，引导幼儿探索和感受生活中的美，充分调动幼儿感官，主动参与到发现美与创造美中来。针对如何将抽象的美术元素与幼儿美术活动融合起来，我们根据制约儿童体验式美术活动开展的三大主要因素（儿童兴趣、知识经验的积累、艺术表征方式）进行了探索。

一、美术元素的提取

什么是美术元素？美术元素包含了以下几个基本元素：

1. 形体（点、线、面、体的构成）
2. 明暗（黑、白、灰构成的光影关系）
3. 色彩（作品展现的色相、冷暖关系，明度、纯度、灰度关系）
4. 空间（因长、宽、高等关系产生的视觉感受）
5. 材质（作品使用不同材料创作，展现不同的形体、触感等）
6. 肌理（表面展现的纹理或质感，如：粗糙、光滑、斑驳等）

这些美术元素是抽象的，为了更好地实施和开展活动。根据幼儿年龄特点和认知特点，我们分成小、中、大班三个年龄段，各抽取一种美术元素，以此为主线开展体验式美术活动。

1. 小班幼儿的年龄特点。观察力刚刚萌发，注意力容易转移，能掌握生活中的具体概念，如实物等，能分清基本的颜色，如：红、黄、蓝、绿等。因此，小班选取了“色彩”这一生活中最基本的美术元素为主题，开展了“颜色变变变”体验式美术活动，让幼儿从生活中具体的事物、实际操作去感受颜色的魅力。

2. 中班幼儿的年龄特点。喜欢新奇的东西，会用感官积极地探索，具有丰富的想象力，动手创作的能力有所提高，认识简单的几何形状。以此为出发点，中班选取了“形体”这一美术元素为主题，开展了“形的创想”体验式美术活动。

3. 大班幼儿的年龄特点。创作欲望较强烈，能将自己熟悉的事物用不同的材料或工具表达出来，合作意识逐渐增强。大班选择了“线”这一美术元素作为主题，开展了“有趣的运动会”体验式美术活动。

每一个年龄段的美术元素提取，都以幼儿的年龄特点、认知结构和表现能力作为选择标准，结合幼儿生活和能力水平，进行了深入的解构和再创造。

二、美术元素的优化利用

（一）色彩的奇妙世界

孩子们每天能在生活中接触到各种各样的颜色，因为颜色能给他们带来最直接的感官体验。因此，小班组从孩子兴趣出发，根据孩子们的身心年龄特点、生活经验，结合幼儿主题活动，开展了“颜色变变变”体验式美术活动。分别通过颜色感受—颜色大发现—颜色创作三个循序渐进的活动开展过程，带领孩子走进奇妙的彩色世界。活动开展中，教师设置了三个不同颜色的感受区，分别是：红、黄、蓝三原色（见图1）。在三原色感受区中，摆放了与幼儿一起收集回来的，红、黄、蓝三种颜色为主的生活物品，孩子可以在此充分感受三种不同颜色带来的视觉冲击和审美体验，让他们感受到生活中的颜色之美。在颜色大发现的环节中，孩子们拿上使用不同的颜色的透明卡片制作的单色“放大镜”走进大自然，通过透视、叠色、滤色，感受和寻找生活和自然中颜色的混合之美。

图1　三原色色彩感受区——黄色

（二）形的奇思妙想

中班的幼儿已经能逐渐感知不同物体的形状，是他们生活中接触到的最多的艺术元素之一。在生活中，不同的物体或者物体不同的面都有着不同的形状，大大小小、千奇百怪。孩子们在活动中感受着不同形状的特点，根据不同形状的创想，引发了他们想象力的碰撞和艺术创作。进入秋天后，幼儿园落叶变多，孩子们在观察落叶时，对不同叶子的形状产生了兴趣，根据他们的已有经验，对不同树叶的形状联想到各种有趣的动物、植物或物品。于是，一场树叶形状的创意添画活动就应运而生了。从孩子兴趣出发，老师将美术活动创作的场所从室内搬到室外，让他们自由地获取所需的创作素材。孩子们根据自己的想法，直接将在花园里收集到的自然素材添加到作品创作中（见图2）。

图2　幼儿创作的叶子添画作品

（三）线的结合运用

线是孩子们在生活中最常见的东西，到处都能见到线。结合主题活动“有趣的运动会”，让孩子们使用多种不同材料的线条及手法表现人运动时的动态，将所感知的事物用线条的形式表现出来。

三、美术元素的表达创作

1. 小班的色彩体验式美术活动中，分别通过不同形式的美术创作活动（如：颜色蹦蹦跳、水拓画等）激发孩子们的创造力和想象力。打破了小班孩子年龄和创作技能的限制，让年龄小的孩子们也能在游戏中感受颜色的魅力，感知颜色变化的奇妙，享受颜色创作的乐趣。

2. 中班孩子经过树叶添画后，孩子们对生活中的其他物体形状产生了兴趣，根据他们的已有经验，中班组结合主题课程继续开展“玩具大变身”体验式美术活动，让孩子继续根据物体的不同形状展开创想，让孩子们充分发挥自己的想象力，大胆创作。

3. 大班孩子对线条的把控能力已经有所提升，他们开始喜欢将自己熟知的事物用线条的形式描绘下来。在主题活动运动会中，要把人的运动之美表现出来，运用到的美术元素非线条不可。把具体的事物抽象化，用想象创造接入我们的生活，体现了孩子们思维的变化。只有千变万化的线条，才能把他们天马行空的想象表现出来（见图 3）。

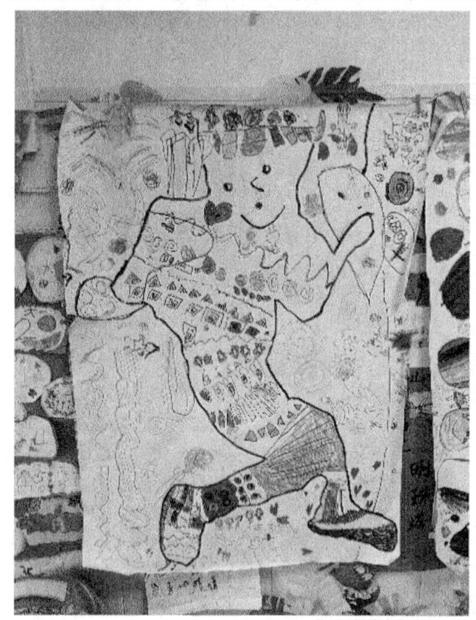

图 3　幼儿合创作品《运动中的我》

四、基于美术元素开展的体验式美术活动组织原则

美术元素不仅是艺术创作中最基本的元素，也是艺术作品最重要的组成部分。孩子们作为天生的艺术家，他们能将自己在生活中的所感所悟、所思所想与美术元素结合起来。虽然美术元素是抽象的艺术概念，但是它们来源于生活，与我们的生活密不可分。根据研究和探索，在美术活动的开展和孩子的美术创作中，遵循以下几点，孩子会有更好的情感体验和创作主动性。

（一）遵循孩子年龄特点

不同年龄段的孩子的能力水平有所不同，在开展美术活动中，要遵循孩子的年龄特点，了解他们的能力水平。开展适宜他们年龄特点和能力水平的美术创作活动，才能让孩子主动积极地参与到活动中。

（二）从孩子兴趣出发

艺术来源于生活，从孩子生活中的兴趣出发，把美术活动的主动性交还给他们。能更大地调动孩子在活动中的积极性和参与性。在快乐愉悦的氛围中，孩子们才能根据自己的已有经验，将自己的所感所悟所思表达出来。

（三）重视孩子的艺术感受和审美体验

在美术活动中，孩子的情绪是创作表达最好的催化剂。在活动中的愉悦的艺术感受和审美的体验，能让孩子们最大化地感受不同形式的艺术之美。只有进行充分的感受和体验，孩子们才能更深入地将他们的感受和想象表达出来。

孩子们通过体验式活动去感受、了解美术元素，有助于他们将美术元素这些抽象概念内化，进而进行变化或组合，探索出属于自己的艺术表达方法。美术作品作不仅仅是技能技法的表现，还是人思维的再现和创造。美术活动中，当孩子的感受和体验是“活”起来的，他们创作的作品才会充满“生命”。

参考文献

[1] 中共中央办公厅·国务院办公厅．关于全面加强和改进新时代学校美育工作的意见[Z]．2020（10）．

[2] 曾圳．美术基本元素在绘画中的基本运用[J]．艺术评鉴，2019（14），69.

注：课题项目：广西教育科学规划2021年度“幼儿园课程改革与保教质量提升”专项课题《儿童视角下体验式美术活动的实践研究》（2021ZJY543）

熟记数学核心概念，在一日活动中渗透数学教育

（邓表燕　广西壮族自治区梧州市实验幼儿园）

摘　要：幼儿有很多机会思考和比较物体的数量，获得有关空间关系的知识，并尝试解决一些简单的问题，幼儿在这个自然的过程中开始建构数学知识。数学知识的建构除了幼儿自发自导的行为，老师提供有效的信息对幼儿数学学习有推进作用。教师熟记数学核心概念内容并在一日生活中指导实践，可以帮助幼儿理解数学，提升数学能力。具体方法如下：①明确活动内容所属核心概念，帮助幼儿构建知识；②发现身边的数学，有效渗透数学教育；③敏锐捕捉细节，做个数学教育的有心人；④与《3～6岁儿童学习与发展指南》（以下简称《指南》）有机结合，把握好学习的度。

关键词：数学；数学教育；核心概念

一、数学是学前教育一门重要的学科

数学教育是学前教育的重要组成部分，也是幼儿期重要的学习内容。在《3～6岁儿童学习与发展指南》中也将数学认知的学习与发展目标作为一个方面单独列举出来：①初步感知生活中数学的有用和有趣；②感知和理解数、量及数量关系；③感知形状与空间关系。由此可见幼儿数学学习的重要性。

二、在实施数学教育活动中存在的困惑

我们都知道幼儿的思维特点是以具体形象思维为主，也有很多专家告诉我们数学是抽象的，幼儿要借助实物、操作，通过亲身体验来感知和学习数学。《指南》也在数学认知目标的子目标下分别阐述了3～4岁、4～5岁、5～6岁年龄段幼儿大致可以达到什么发展水平，并提出了合理期望，但老师在数学活动中依旧存在困惑：教师教什么？怎么教？幼儿学什么？怎么学？如何在活动中观察幼儿的数学发展水平？它的标准是什么……教师对数学核心概念知识的缺失，致使教师在开展数学活动时不自信，产生数学焦虑。

在一次小班数学活动“5以内的数”中，我根据已有的经验将活动目标设为以下三点：

1. 能手口一致点数5以内的数量物，并说出总数。
2. 感知数的实际意义。
3. 体验数学活动的快乐。

根据经验我知道我们班的大部分孩子数数能够数到10甚至更大的数，会数数就一定会点数吗？我并不了解这对于本次活动有哪些具体方面的帮助或阻碍。确切地说我并不清楚达到了知识目标（即学会手口一致点数5以内的数，能够说出总数）背后的深层教育意义是什么，到底在本次活动中我要传达给幼儿什么知识技能。相信很多教师也会有与我一样的困惑。在很多集中数学教学活动中教师凭已有的知识和经验能够很快确定活动的目标，在活动中也设计游戏和操作，但仅仅这样孩子们就会对数学感兴趣，他们就能获得生活所需的数学技能，能够运用数学解决生活中的实际问题了吗？现在很多数学活动都是为了教数学而设计，为了游戏而游戏，为了操作而操作，教师对数学核心概念认知的模糊性，使教师实施数学教育感到困难重重，倍感吃力。

三、什么是数学核心概念

什么是数学核心概念？在《学前儿童数学学习与发展核心经验》一书中明确指出：数学学习领域的核心经验就是儿童在这一年龄发展阶段中可以获得的最基础、最关键的数学概念和能力。在此我们可以看到幼儿数学学习是以获得数学概念和能力为最终目标的，教师的数学能力会直接影响数学活动的开展，教师只有明晰数学的核心概念，才能为幼儿数学学习提供更有效的帮助。

四、数学核心概念在实际活动中的应用

在《幼儿数学核心概念》一书中将26条核心概念分为9个主题，帮我们更好地归纳总结了这些核心概念，学习了这些核心概念，对于我日常开展数学活动提供了很大的帮助。那么学习了数学核心概念，如何在实践中帮助幼儿理解数学，提升数学能力呢？下面我简单总结一下我的经验。

（一）明确活动内容所属概念，帮助幼儿构建知识

在传统的数学活动中，我们会更侧重于幼儿知识的获得，更关注幼儿是否掌握了所教的知识，而常常忽略了幼儿数学能力的发展。如在数学活动“5以内的数”中，为了达到知识目标（能手口一致点数5以内的数量物，并说出总数），在活动中我反复出示5以内数量的物体，幼儿反复点数，集体数完小组数，小组数完个人数……在不断的练习和强化中，形成的机械复述并不能说明幼儿掌握了5以内的点数，我在一段时间后发现还是有数物不对应的情况。在学习了数数核心概念后，我知道了数数可以用来确定一个集合中数量的“多少”。数数还分为机械数数和理解数数。只有当幼儿能够将每个数字和集合中的物体对应起来，幼儿才理解数数。当幼儿理解数数的能力发展起来之后，他们才掌握了理解数量概念的有效工具。由此反思上述活动，数数是为了让幼儿知道物体有“多少”，数数是手段，知道有“多少”才是我们的目的，但我们却容易本末倒置，为了数数而数数。弄清了点数的核心概念后，我们才能更有效帮助幼儿建构数学知识，为以后的学习打下良好的基础。

（二）发现身边的数学，有效渗透数学教育

数学存在于我们生活的每个角落，玩玩具时我们会经常听到这样的声音“我喜欢红色的”“我的玩具都是蓝色的”，没有学习数学核心经验前，我从来没意识到这是数学问题，但这却是孩子们对集合的理解。意识到这个问题后，我会有意识地和幼儿谈论玩具的形状、颜色或其他的属性，并尝试将它们放在一起，当看到我们班的孩子会将不同形状的红色玩具归为一类，我就知道他们理解了分类。有时在实际情境中使用数学知识解决问题比教师的集中活动中教怎样分类有效得多。

（三）敏锐捕捉细节，做个数学教育的有心人

我们很少留意幼儿对数学的思考和体验，例如：我们发现一个孩子用红蓝红蓝红蓝……的珠子穿了一条项链，我们往往没有意识到这是一个模式的问题。要穿出这条项链，孩子首先要分别找出红色、蓝色的珠子，这涉及分类问题，将珠子一红一蓝间隔排列，就产生了AB的模式，遗憾的是，我们常常会忽略这样的细节。当我有意识地捕捉这样的数学镜头时，我发现我们的孩子还会用AAB、ABB模式，这一发现让我惊喜，当我和幼儿一起用动作表示这些珠子的颜色，如拍手表示红色，叉腰表示蓝色，他们能够轻松地做到！当没有珠子的时候他们也能用拍手、叉腰的动作表示AAABBB模式，这正是数学的趣味性所在。

（四）与《指南》有机结合，把握好学习的度

《指南》提出了3～6岁各年龄段儿童学习与发展目标和相应的教育建议，教师要遵循幼儿学习与发展的基本规律和特点，让幼儿以直接经验为基础，在游戏和日常生活中发现数学，学习数学，切勿让幼儿为了学数学而学数学，打击幼儿学习数学的积极性。教师也要努力学习教育前沿的理论知识，提高自己的教育教学水平，真正做到寓教于乐，让孩子在玩中学、学中玩，体验到数学的有用及有趣。

参考文献

[1] 美国埃里克森儿童发展研究院早期数学教育项目组．幼儿数学核心概念［M］．张银娜，侯宇岚，田芳，译．南京：南京师范大学出版社，2023.

[2] 李季湄，冯晓霞．《3～6岁儿童学习与发展指南》解读［M］．北京：人民教育出版，2013.

积极暗示影响幼儿入园适应的实践研究

（叶柳霞　广西壮族自治区梧州市实验幼儿园）

摘　要：近年来，我国推行素质教育和新课程改革，这不仅意味着教育观念、教育内容的改革，也意味着教学方法、教学过程的革新，给予暗示教育法一个良好的契机。暗示教学法是保加利亚的心理学博士洛扎诺夫创立的一种先进、新颖、备受人们喜爱的教学方法。暗示教育法对促进学生发展、开发学生潜能都有很大的意义，在幼儿园入园适应方面也有巨大的作用。本文结合某幼儿园进行实践调查，并分析现状。运用观察法和调查研究法，对幼儿园教师及工作人员进行调查与访谈，从中得出教师运用积极暗示存在的主要问题。然后结合实践调查和针对主要问题进行原因分析。最后根据教师运用积极暗示存在问题的原因提出有效建议。本文尝试从暗示教育在入园适应方面起到的作用出发，结合这两者的理论基础，在此基础上进行实践，分析暗示教育法的合理因素，研究积极暗示在入园适应中的运用问题和解决措施。

关键词：幼儿园；积极暗示；入园适应；实践研究

一、教师在幼儿入园适应中运用积极暗示的现状

（一）教师没有掌握入园适应中积极暗示手段，教育内容及方式单一

通过对研究中的幼儿园一些教师的行为观察得知，许多教师很少运用暗示教育，更别说积极暗示了。幼儿教师在幼儿一日活动中，对幼儿发展关注较少，相应的教学活动开展少，对积极暗示的运用机会少，基本没有掌握积极暗示的手段。因此，教师在幼儿入园适应方面也只是运用一些基本方法，虽然对幼儿入园适应方面很是重视，但没有寻求更好的途径，经常是事倍功半。教师在面对入园问题时，通常只是哄哄幼儿，或者采用冷却法，来解决问题，教育方式与内容十分单一。

（二）幼儿入园焦虑大，入园适应暗示的效果不佳

在实践中研究者得知某些教师尝试在入园适应方面运用积极暗示的方法，但是运用时往往没什么效果。幼儿入园时，各种各样的情绪呈现出来，教师对哭闹的幼儿进行暗示，幼儿只是停歇了一下，又继续哭闹，在这个过程中，幼儿的哭闹行为都属于不确定因素，教师无法得知幼儿接下来会呈现怎样的情绪，幼儿受暗示的不确定性大，使用积极暗示呈现的效果不明显或是没有，教师会认为积极暗示没什么作用而放弃使用。

（三）教师的暗示带有表面性，在入园适应中往往只有简单的鼓励

在对幼儿教师中，研究者发现幼儿教师对积极暗示的掌握不够成熟，使用时往往具有表面性。教师对幼儿只是一些简单的鼓励，就像行为暗示，只是简单地摸摸孩子的头，或是用眼神示意，而没有往更深层次暗示，这就忽视了暗示教育的潜在作用，无法通过暗示去发展幼儿。

二、教师在入园适应中运用积极暗示存在问题的原因分析

（一）教师的师德有待提升，导致关爱幼儿的动力不足

心理暗示中受暗示者只会接受自己喜欢、崇敬之人的暗示，一个幼儿，如果他不太喜欢这个教师，自然也不会愿意接受这个教师的暗示。教师忽视了师爱是教师的灵魂这一点。在这次实践研究中，我们发现积极暗示在运用时存在诸多问题，而导致这些问题的根本原因就是，教师缺乏对幼儿足够的爱。教师在开展积极暗示时对幼儿的耐心、爱心不足，幼儿感受不到教师的爱，他们心里对教师的积极暗示有所抗拒，导致教师开展积极暗示的原动力不足。此外，幼儿教师使用积极暗示缺乏坚持性。教师在面对积极暗示使用失败的情况时，选择逃避，另寻他法，没有坚持运用或是寻找暗示失败的原因，归根结底是对积极暗示的运用缺乏坚持性，对幼儿的发展漠不关心，没有耐心与动力去对积极暗示进行实践研究，缺乏持之以恒的决心，积极暗示开展缺少了保障。

（二）教师开展积极暗示的专业能力不足，幼儿园缺少相关园本活动

幼儿园对暗示教育不够重视，没有关注当今教育界的潮流以及发展趋势，导致积极暗示的发展缺乏了一个重要的传播媒介。幼儿园缺乏积极暗示相关理念的树立，基本没有开展相关的园本教育活动或者组织教师进行暗示教育的培训，导致幼儿教师缺少途径学习培养积极暗示的能力，教师开积极暗示的能力难以得到提升。因此研究中很多教师对暗示教育这个教学方法的认识只停留在表面，对它的定义存在片面性。某些教师认为暗示教育理论性较强，平时教学活动中很少用到，因此教师对这个教学方法不够重视，在专业知识学习上不够认真，没有认识到暗示教育的强大功能，导致自身的专业能力不足。

（三）影响幼儿心理发展因素多，教师的暗示效果具有不确定性

入园适应问题的本质就是因为幼儿的基本需要出现暂时性缺失，尤其是离开家人后安全感的缺失。幼儿受身心特点影响，入园适应表现出明显的差异性。初入园时，性格外向的孩子容易接受新事物，并很快适应幼儿园环境，此时教师只需要简单的暗示。性格内向的孩子活动水平较低，他们对新事物、新环境具有恐惧心理，因此表现出更为强烈的入园焦虑。这些的恐惧心理会影响幼儿接受暗示，教师往往忽视幼儿年龄特点。同时幼儿容易受周围环境的影响，新入园幼儿在新环境里会产生许多消极情绪，导致教师在运用积极暗示时困难重重。

三、教师在入园适应中充分运用积极暗示的有效策略

（一）教师要不断提升自身职业道德，关爱班级中的每一个幼儿

教师要完善自身职业道德，积极主动发现幼儿的美好，将他们看作一个具有独立意义的人，在运用积极暗示时才能给予幼儿足够的耐心和无私的爱。马斯洛的人本主义强调爱和责任心等心理道德素质，它的核心理念是“以学生为中心”。其中爱是首位，因此教师要注重师爱，关爱班级中的每个幼儿，教师只有满怀对幼儿的爱和对自身职业的热爱，才能给积极暗示的开展提供源源不绝的动力，才能为解决幼儿入园适应问题打下坚实的基础。

（二）开展有关积极暗示的园本研究，教师要多渠道提升开展积极暗示能力

第一，幼儿园必须制定并完善与暗示教育有关的政策，发挥政策作用，树立幼儿教师开

展积极暗示的意识；组织教师进行积极暗示相关知识培训，经常开展有关积极暗示的园本活动，并鼓励教师参与到活动中，提高教师积极暗示的专业知识能力和开展暗示的实践能力。

第二，教师要主动进修并钻研与积极暗示有关的知识，扩大知识掌握的范围；把握机会，积极参加幼儿园开展的有关知识的培训和园本活动，通过幼儿园培训、网上学习等多种渠道提升自身开展积极暗示的能力；教师要巩固暗示教育相关知识，在理论知识的基础上不断对积极暗示进行实践研究，积累开展积极暗示的实践经验，主动对幼儿开展积极暗示。

（三）教师要结合幼儿年龄特点开展暗示，进一步加强暗示的针对性

第一，入园适应中，教师面对的是3岁初入园的幼儿，应从幼儿身心发展特点出发，结合自身专业知识，制定一系列相关措施，对幼儿进行积极暗示。在这个过程中，要发挥教师的引导作用，适时适当介入，将语言暗示、行为暗示、榜样暗示等结合起来，必要时运用环境暗示等更深层次的暗示方法，提高他们的暗示接受能力。

第二，开展要有针对性。面对一些入园适应症严重的幼儿，教师也应当因材施教，有针对性地提出方案，再对他进行暗示，不能采用“冷暴力”的方式解决。比如幼儿哭闹，用一些行为暗示之后，他暂时不闹了，之后又继续闹，这时教师应该试着换一种方法暗示他，而不是放在一边让他继续哭闹。对于幼儿的这些不良情绪，教师通过开展积极暗示来帮助他们改正，不仅很好地保护幼儿的自尊心，还能在不知不觉中完善幼儿的行为。

四、结束语

本论文是比较新颖的，是积极暗示影响幼儿入园适应的实践研究。众所周知，暗示教育作为一种国际教育方法，在我国起步较晚，但是它的实践意义非凡，而入园适应问题是一个所有幼儿教师都很重视的问题，也是必须解决好的问题，因为它影响着幼儿今后的发展。笔者认为将暗示教育中的积极暗示运用到入园适应问题中，是一个很好的措施，有必要对它的运用进行一系列的实践研究。

参考文献

[1] 顾淑云．心理暗示让学生更有自信［J］．教书育人，2018（10）：32—33.

[2] 魏媛玲．浅谈小班幼儿新入园的适应性问题［J］．中国校外教育，2016（25）：136—137.

[3] 王延玲，席东．论人本主义教育心理学对课堂教学的启示［J］．文教资料，2009（16）：123—124.

[4] 付冬梅．浅析幼儿教育中幼儿自信心的培养策略［J］．课程教育研究，2017（9）：228—229.

传统文化——培养幼儿良好品德

（黄晓娇　湖北省宜昌高新区保利时代幼儿园）

摘　要：中国有着悠久的历史文化，为我们炎黄子孙留下了珍贵的文化遗产。博大精深、无比绚烂的传统文学，渗透了我们中华民族的精神，无数的风流人物，正是由它们孕育而出，使中国文化在世界文化的舞台上占据了一席之地。

关键词：传统文化；培养；幼儿品行

五千年的文明史在一定程度上创造了中华民族的伟大祖国，其传统文化也在炎黄子孙的传承下。为了使我国传统文化得到更好的传承，并对幼儿的塑造起到一定的影响，幼儿园展开了传统文化的教育活动，采用多渠道、多途径的形式使儿童更好地了解传统文明文化。活动首先考虑了幼儿的年龄特点和幼儿是否能在活动中更好地去感受、体验，因此在活动中采用玩游戏等方式让幼儿去体验传统文化的风采，力求让优良传统以最好的方式住进幼儿的心里。

幼儿时期是人格形成发展的一个重要阶段，是人格塑造和发育的重要阶段，是道德形成和良好的基础。但是，从目前的情况看，现在的孩子大多是独生子女，父母把孩子当成自己努力的对象，倾注过多的爱，纵容护短，明星的地位使幼儿养成了一些不好的道德意识和行为，比如“以自我为中心，任性、傲漫、无理取闹”等。

中国教育家叶圣陶先生说过：“人们六岁以前的行为习惯和态度是决定人们是否能够养成好习惯的关键。”好习惯包括的方面非常广：例如爱国、讲礼貌、爱卫生、勤洗手、遵守公民道德法、端正的学习态度、热爱生活等。老师要有效地引导孩子培养他们的生活习惯，根据不同孩子的特点对他们进行相应的培养，而不是任其随意地发展。拓展对幼儿的道德品质的认识，培养其丰富健康的道德情感，形成良好的道德行为。那么要怎样对幼童进行品德教育呢?

一、体验传统节日

我国的传统节日犹如盛开的繁花，我们在体验其多彩的同时，也能感受到其中蕴含的优质文化内涵和给教育带来的巨大价值。基于此，将文化的精髓挖掘出来，并从儿童自身特点出发，采取幼儿更容易消化的方式，让幼儿理解和学习，借此来完成幼儿美好心灵的塑造。

如临近清明时，适当地开展与节日相关的活动。让幼儿在扫墓等节日活动当中去了解清明节各种各样的习俗，让幼儿参与其中。这样，儿童在此过程中，除了感受到清明时节所弥漫的思念和忧愁之外，也能被春天的美好景象打动。

（一）经典诵读

关于文学经典的体验，我们依旧从幼童自身的发展特点出发，明确幼儿对于经典诵读的目标后，对儿童经典诵读的内容进行了细心认真的挑选，例如《百家姓》《三字经》等。在此基础上，让儿童每周都有计划、有规律地进行经典的儿童诵读体验。让孩子们在这次活动中对中国传统文化有更全面、更细致的了解，同时通过它培养孩子们良好的品行。做到内容与心融为一体，在一天的生活中，得到不自觉的觉醒，从而达到对道德情感和习惯的教育。孔融四岁就能做到让梨，这种好的中华文化传统需人们继续传承，让幼儿从小便能懂得人际交往的礼仪，去顺应社会的发展。可对于一个年龄只有 3～6 岁的孩子，他们天生活泼好动，朗诵经典书籍难免会显得比较呆板，气氛也比较压抑，对孩子而言无疑是不太好的，幼儿没有我们想象中那么好的自制力，因此教师在教育手段上应多下些功夫，让幼儿更容易接受。

（二）兴趣体验

以幼儿的兴趣爱好为基础，设计了一些具有文化特色的手工课，“窗花剪贴”“京剧脸谱”等，让幼儿在按照自己的兴趣去动手时也能感受到中国文化的博大、深厚。

（三）环境创设

目前有很多幼儿园都把具有中国的特色作为园中环境创造的主题。例如墙面的装饰、教室以及园内的吊饰以及楼梯间的贴图等，其内容都包含了经典的文化艺术、饮食以及经典的典故，教育孩子们的文明、礼貌等内容。像小班幼儿的门口可以创建学做能干宝宝的实践区域，激发他们的动手能力，也无形地教育了孩子自己的事情自己做的道理：幼儿的图书区域可贴有趣的儿歌和标语提醒孩子，让幼儿在自由的空间里文明阅读并且爱惜图书。又比如像大班的幼儿们可以建设文明用语、行为礼貌等活动环境，让孩子们在活动中学会共同合作、互相帮助、谦让等，在玩的过程中就能养成好的行为习惯，他们的道德品质得到很大提高。

二、传统文学经典活动对培养幼儿的意义

《幼儿园教育指导纲要（试行）》中提出了基础教育的重要作用，结合幼儿园举办的弘扬传统文化活动，可以看出基于传统文化而发展的教育，在教学目标中起着非常重要的作用。根据已逐步开展的《幼儿园教育指导纲要（试行）》，幼儿在学习传统文化时的重要性不可避免。它不仅对幼儿爱国的情感激发起到了一定的作用，对中国传统文化丰富的传播，也起着重要作用。

（一）对于中国传统文学的兴趣的激发

传统文学活动的开展，不仅将中华民族的文化在儿童面前展现得淋漓尽致，也使儿童对传统文化的认识不止停留在表面，从而借助其优秀内核来增强自身的修养和对国家的自豪情感。如通过“不可思议的汉字”等活动，使儿童以一种他们易于接受的方式去了解文字的来源，明白我们的生活和汉字是息息相关的。由此儿童对传统文学的了解也会增加。

另外，让儿童合理地接触和了解中国传统节日和经典故事等一系列活动，达到增强幼儿更愿意去接触传统文学的效果。在日常生活中，幼儿忘记了传统文学中比较晦涩难懂的部分，千字文、三字经、唐诗等古典文学对于它们来说成了爱读物，而动画片中如果加入了中国的元素，也得到了儿童的青睐。

五言绝句王维《画》、贺知章的《回乡偶书》、李白的《静夜思》等，具有自然朴实、寓意的特征；表现了智慧和能力的《女娲补天》《盘古开天》弘扬爱国主义、坚定自身理想的《精忠报国》《爱国如家》等经典作品。对这些作品的理解，不仅实现了传统文化的灿烂多彩，也增强了祖国的自信和自豪感。

（二）提高幼儿审美能力

优秀文学的渗透能有效提高儿童的审美能力和辨别能力。对其今后潜能的激发起到了重要作用。古人对于字句的优良非常讲究，从古至今更是以“语不惊人，死不休”著称。如“山重水复疑无路，柳暗花明又一村”将山村的风景、桃红柳绿、山花烂漫表现得淋漓尽致，而对于幼儿来说，如此美丽的乡村意境，更需要能有效促进他们对乡村艺术的深入了解和艺术欣赏。

（三）幼儿成功感及增强记忆力的培养

早读使孩子在获得更多知识和能力的同时，在同龄人面前会更加自信。有一个孩子在笔者的班上学习过三字经后，常在家人朋友前背诵，获得成就感之后，自信也自然而然地散发出来。人类记忆的最佳时期是在6岁至13岁，儿童的记忆力增强可通过学习传统文化来完成。这些有价值的东西如果在儿童时期就熟记，会最大化地影响儿童之后的学习和发展。

（四）利于幼儿良好品行的培养

传统文化教育会影响儿童良好品行的塑造，形成优秀的传统美德，而对于培养儿童对于国家的热爱和培养坚定的理想也打下了良好的基础。目前，大多数孩子都是独生子女，在这样的环境中成长，没有爱，不为他人着想，无理取闹，是很多孩子都会有的情况。面对这样的情形，传统文学在儿童时期的教育作用更为突出了。“司马光砸缸”“孔融让梨”“吕岱哭徐厚”让孩子们懂得了谦让和智慧，《三字经》让孩子们明白何为人世间的是非，美丑，也懂得关爱他人，满怀仁慈。中国传统思想的精粹与传统美德都应该集中于中国传统教化文学中，儿童少年时代的思想熏陶，应该开始于我们自身的传统文化精神魅力。

培养儿童，教育孩子，家长和老师都需要耐心、用心地对待，一个良好的习惯不是一蹴而就，它是漫长、逐步积累和有序的，还有非常多的教育工作急需我们投入更多的精力，去发现创造更有用的方法，从而让孩子养成良好的生活习惯。老师们应以古为今用的教育准则去不断挖掘中国传统文化的精髓，运用传统的具有民族特色的文化从德智体美劳方面教育幼儿，让幼儿的身心可以得到很好的滋养，去培养出新一代爱祖国、讲文明、追求高尚的传统美德的接班人。

浅谈家园合作的几种方式

（周丽　湖北省宜昌高新区保利时代幼儿园）

摘　要：当前家园合作是学前教育改革的必然趋势，也是学前教育改革重要组成部分，为此园里把指导家庭教育，强化“家园合作”纳入重要工作日程。为了充分发挥家庭教育的作用，促进儿童全面发展，增强家庭与幼儿园的联系，本文根据家园合作的意义，家园合作的目的，家园合作的具体方式和家园合作的新思路进行展开论述。通过以上几种方式进行家园合作，能有效地促进家园之间的联系，增强家园之间的沟通与配合，保证幼教工作质量不断提高。使幼儿的学习经验和良好的行为习惯得到巩固和强化。做到家庭教育与幼儿教育的有机结合。

关键词：意义；合作方式；新思路

家园合作是当今教育的趋势，倒退十年，幼儿教育就是吃得饱穿得暖，家长们也不太重视孩子的智力、体能、艺术等方面的发展，造成很多孩子的天赋没有被开发，也让很多孩子失去了与自己的爱好相互交流的机会。而现在家长们都害怕孩子输在起跑线上，各式各样的培训班、补习班，可以说是层出不穷。家长们不管孩子们是喜欢或不喜欢，只要别的孩子会的自己的孩子就一定要会，这样攀比的心理让孩子的压力很大，那么怎么样帮助家长们树立正确的幼儿教育观念呢？实行家园共育，老师要和家长共同了解幼儿、发现幼儿的闪光点。家长要帮助老师了解幼儿在家的情况，老师要利用自己的知识帮助家长树立正确的幼儿教育理念，只有这样孩子才能更愉快地发展。

一、家园合作的意义

新颁布的《幼儿园教育指导纲要（试行）》以下简称《纲要》，在总则里提出：“幼儿园应与家庭、社区密切合作，与小学衔接，综合利用各种资源，共同为幼儿的发展创造良好的条件。”在组织与实施中《纲要》指出：“家庭是幼儿园重要的合作伙伴。就本着尊重、平等、合作的原则，争取家长的理解、支持和主动参与，并积极支持、帮助家长提高教育能力。”

家园合作是指幼儿园和家庭（含社区）都把自己当作促进儿童发展的主体，双方积极主动地相互了解、相互配合、相互支持，通过幼儿园与家庭的双向互动共同促进儿童的身心发展。在家园合作中，幼儿园应处于主导地位。正如苏联教育家马卡连柯在论述学校教育和家庭教育的关系时所说：“学校应当领导家庭。”这是因为幼儿园是专业的教育机构，幼儿教师是专职的教育工作者，懂得儿童身心发展的特点和规律，掌握科学的幼儿教育方法，幼儿园理应比家庭更能认识到家园合作的重要性和目的性。

通过实践，教师认识到要使家园配合一致，就必须使家长及时了解幼儿园目标，并充分挖掘家长的教育资源，使家长参与幼儿园的教育活动，有效地促进幼儿发展。

二、家园合作几种常用方式

在长期的幼儿园教育活动中，我们深切体会到家园合作应把握以下几点。

1. 家园合作是一种双向互动活动，是家庭教育与幼儿园教育的相互配合。一方面幼儿园视家长为促进其孩子学习过程中的积极合作者，保证使家长了解孩子在幼儿园生活的方方面面，认真考虑家长提出的意见和建议，邀请家长参与幼儿园的教育活动，发动家长为幼儿园教育提供教育资源，并对家长的教养方式和与幼儿园合作的方法进行指导；另一方面，家长要向幼儿园提出自己对教育孩子的看法，对幼儿园为孩子提供的一切作反应。

2. 家园合作要考虑幼儿园和家庭双方的需求，但家园合作围绕的核心是儿童，他们是幼儿园和家庭服务的共同对象，促进儿童的全面发展是家园合作追求的最终目标。

3. 家园合作需要合作双方有积极主动的态度，它包括家长对孩子的爱心与责任感、对幼儿园乃至整个教育的信任与支持。

为了更好地发挥家园合作的实效性，在具体的教学活动中，我们总结出以下几种方式。

⑴设立“家长开放日”。我园根据幼儿园的工作进程或阶段性成果展示，不定期地举办家长开放日活动。活动的主要内容有：进入班级听课，检查幼儿饮食卫生情况，观看幼儿的文艺表演，参加幼儿家庭趣味运动会等。通过这一系列活动使家长了解幼儿园的工作。

⑵设立“家长接待日”。我园每月设立一次“家长接待日”，家长接待日活动每月举行一次，时间定为25日。由园长和教师代表组成接待小组负责对家长的接待工作。接待组成员主要听取家长对幼儿园各项工作的反映，征求意见或建议，与家长及时沟通，以达到相互配合，改进工作的目的。

⑶开展家长咨询活动。我园根据家长在教育幼儿过程中经常遇到这样或那样的问题，却不知如何解决这一情况，由园长、保健医生、有经验的教师联合聘请来的幼儿教育专家组成解答小组。定期为家长解答教育幼儿过程中的各种难题。咨询活动使幼儿家长掌握了正确、科学的教育幼儿的方法，深受家长的欢迎。

⑷开展面向全园家长的宣传教育活动。为进一步提高家长的教育质量，我园不定期地开展一些面向家长的宣传教育活动。如举办家庭教育知识竞赛，或将家庭教育中经常遇到的一些问题编成小品，表演给家长看，然后让家长进行座谈讨论，引导家长树立正确、科学的育儿观。此外，我园还开展了经验交流、专项展览、家园联系等活动，为提高家教质量，促进家园配合起到了良好的作用。

⑸活化多种联系方式。一般设立“家长信箱”，常年挂在幼儿园的门旁，家长可随时将意见、要求、建议等投入箱内。

⑹适时进行家访。家访主要是有针对性，有重点地进行。主要是探望生病的儿童或需要特别关爱、教育的儿童。对其家庭情况、家庭环境进行了解，协助家长解决儿童保健或家庭教育中遇到的问题，促进幼儿健康成长。

三、家园合作的新思路探索

现在越来越多的家长意识到家园合作的必要性，但教师和家长对如何更好地开展家园合作，还存在很多疑惑，现在就家园合作的新思路提出以下几点建议。

1. 树立主体意识，更新教育观念。家园合作的出发点是获得家长的配合，充分调动家长资源，实现双方共育，更好地培养幼儿的综合素质。在一切实践开展之前，双方必须转变教育观念。家长要摒弃“教育孩子仅是幼儿园的事”的观念，充分意识到自己在幼儿教育中的主体性，应该经常补充育儿知识，经常与教师沟通，了解孩子在园的情况，并向教师反映孩子在家的情况。作为教师，也不应主要依靠自己完成保教的任务，应该充分和家长合作，更全面地了解每一个孩子，使幼儿教育由封闭性走向开放性。

2. 家长要督促幼儿巩固在幼儿园所学。幼儿在幼儿园所受的教育，家长要注意帮助其巩固下来。一方面，孩子在幼儿园学到的各种好的行为和习惯，家长要注意帮助其保持，在家里也要不断得到练习和巩固。如幼儿园要求孩子养成讲卫生的好习惯，要尊敬老师、团结小朋友、待人要有礼貌等，家长要注意配合、严格要求，只有这样，幼儿园教育才有成效，也有助于孩子健康地成长。另一方面，家长要经常与幼儿沟通交流，多了解孩子在园的情况，如问问孩子认识了哪些新朋友、教师今天讲了什么、玩了什么游戏、学了哪些新知识等，也培养了孩子的表达能力，同时还要注意对于孩子的进步要及时予以肯定，增强孩子的自信心。

3. 幼儿园多开展活动，家长积极参与。组织家长多参与幼儿园的教育，是家园合作的重要方式之一，如开展一些亲子活动、家长表扬栏、家长志愿者活动等。这样一来，家长可以更深入地了解幼儿园的工作，可以学到很多科学的育儿知识，也可以了解幼儿园的发展规划、近期工作计划、教学目标等。同时，也可以向教师提出自己的疑惑和建议，共同做好家园共育。而对于教师而言，这样的活动可以让他们不断反思自身不足，从而改进教学内容和方法。

家园合作是双向的，双方都要树立主体意识，经常沟通和交流，共同分享教育成果。通过家园共育，家长真切看到了自己的付出促进了幼儿素质的提高，参与热情必然增加，而且也学习了很多科学育儿知识，有助于巩固幼儿在园所学。对于教师而言，正是有了家长的配合和支持，他们的工作才有了源源不竭的动力和良好资源。双方要互相适应，只有实现幼儿园教育与家庭教育和谐统一，才真正为幼儿创造了健康的成长环境。家园沟通、目标一致、协同对幼儿进行教育，营造了一个家园共同关心幼儿成长的良好氛围，促进了幼儿全面、健康地发展。正如有位家长所说："一个好孩子身后一定站着一个尽职尽责的好老师和一个尽心尽力的好家长。"加强家园之间的沟通与配合，保证幼教工作质量不断提高。

参考文献

[1] 陈逸慧．家长学校——家园教育同步的桥梁 [J]．幼儿教育，2012，7（11）：42.

[2] 胡灵．BBS与家园互动 [J]．幼儿教育，2011（7）：40—41.

[3] 邹艳娜，唐慧，梁淑贞，等．关于"家园沟通"的调查与思考 [J]．学前教育研究，2014（6）.

[4] 王娟．家园合作新视角 [J]．幼儿教育，2012（10）：109.

[5] 许舒敏．换个角度看家园合作——浅谈家长的主动参与 [J]．福建论坛（人文社会科学版），2012（7）：154—155.

[6] 周若冰．家园合作共育新模式的探索 [J]．学前教育研究，2012，9（12）：60—62.

"完整儿童"理念下新时代幼儿劳动教育的思与行

（陈小英　浙江省绍兴市新昌县机关幼儿园）

摘　要：新时代背景下，幼儿劳动教育成为"五育并举"的关键，是培养"完整儿童"的重要途径。然而在实践中，存在"主体错位，失去儿童性""目标偏离，缺乏顶层设计""完整性缺失，缺乏融合性"等"不完整"现象。因此，践行完整儿童理念，通过"以儿童为中心，打造劳动教育'幼'环境""重构幼儿劳动教育'四新'样态""赋能家、园、社区协同联动，拓展劳动教育'心'支持"三大实践路径，推进幼儿劳动教育中"完整儿童"的培养和发展。

关键词：幼儿劳动教育；完整儿童；实践路径

幼儿园劳动教育是指支持幼儿在亲历实践和动手操作的过程中，有目的、有意识地运用体力和智力改造外部世界，从而获得劳动知识、劳动技能、劳动习惯、劳动意识和劳动情感方面发展的一种教育活动。2020 年 3 月，《中共中央 国务院关于全面加强新时代大中小学劳动教育的意见》发布，劳动教育被认为具有树德、增智、强体、育美的综合育人价值，成为"五育并举"的关键。劳动教育在新时代背景下被赋予了新的教育内涵和价值，同时也面临着新的实施挑战。

"完整儿童"指向儿童身心、社会、情感、认知、道德的整体性发展，是儿童发展的价值导向，更是幼儿园教育的儿童发展目标。从完整儿童理念及劳动教育内涵可见，幼儿劳动教育是"完整儿童"培养的有效途径，"完整儿童"是新时代幼儿劳动教育的价值导向和培养目标。然而在幼儿劳动教育实践实践中，往往存在诸多偏离的"不完整"现象。

一、幼儿劳动教育实施中的"不完整"现象

（一）主体错位 失去儿童性

在幼儿劳动教育实践中，时常出现忽视儿童的"教师本位"现象，如缺乏适宜工具、劳动场景，缺乏核心经验发展导向的"技能为重""知识学习""重形式而轻体验，重结果而过程"等。

（二）目标偏离 缺乏顶层设计

教育部关于幼儿园的劳动教育细则尚未出台，不同层面对于幼儿劳动都有不同的理解和实施策略，导致劳动教育目标不统一，实施及评价缺乏指引。

（三）完整性缺失 缺乏融合性

在劳动教育实施中，目标和内容缺乏整体规划，或简单地将幼儿劳动等同于劳动教育，以培养劳动技能涵盖劳动教育的整合性，割裂劳动教育的完整性价值。

二、“完整儿童”理念下幼儿劳动教育的实践路径

（一）以儿童为中心，打造劳动教育“幼”环境

1. 儿童视角下，创设贴近儿童的生活环境

（1）“公约型”生活环境

以儿童会议为主要形式，让幼儿参与创设班级值日生公约、垃圾分类、光盘行动、材料小标记等“公约型”生活化环境，形式为夹订、插卡等，可随时根据幼儿的发展和班本情况调整。

（2）“工具型”生活环境

“工具型”生活环境是指日常生活的工具支架，要综合考虑幼儿精细动作发展、是否就近、高度是否适宜、是否环保卫生等因素。如雨衣架的放置，小班以金字塔 PVC 管平叠，幼儿将自己的雨衣折叠塞入即可；中班以竹竿上挂架子的形式，幼儿将雨衣脱下夹在自己学号的夹子上；大班以木架子和衣架的形式，幼儿将雨衣挂在衣架上再挂到木架子上。

（3）“游戏型”生活环境

将劳动教育融入区域游戏中，在轻松、自主的氛围下，促进幼儿的劳动意识、技能、情感等全面发展。如小班生活区叠衣裤，娃娃家照顾小娃娃、整理小房间等；中班以烧烤吧、理发屋等角色体验游戏；大班以小超市、小吃吧等融入计算、买卖的生活型体验游戏。

2. 赏识教育下，创设适宜儿童的过程性劳动评价环境

赏识教育指引下，创设适宜、满足、激励儿童劳动意识和行为的过程性评价环境，以劳动之星、劳动点赞、劳动故事为主。如小班以照片展示、幼儿自主奖贴评价的形式开展“送你一朵小红花”的劳动评价墙；中班以幼儿自主绘画劳动瞬间组成“劳动朋友圈”，分享并利用爱心印章为同伴点赞；大班以绘画和文字表征相结合的形式，绘画自己的劳动故事，合成劳动故事集，开展表演和语言区的“我的劳动故事”拓展活动。

（二）践行“完整儿童”教育价值，重构幼儿劳动教育“四新”样态

1. 挖掘自然资源，架构四季特色的幼儿劳动教育“新”样态

以“春耕夏耘 秋收冬藏”的节气时令为转移，展开相应的四季劳动体验活动，培养幼儿爱生活、会创造的良好品质。

（1）春耕——用劳动播种希望的种子

①“开学第一课”：幸福的种子

春季开学第一天，准备“幸福的种子”盲盒，开启新学期和春天里的第一份希望。

②儿童会议：制订种植计划

和幼儿一起讨论种植公约、种植区的划分、动植物的选择等，制订种植计划。和幼儿一起搜集种植工具和装饰材料，并助力儿童布置种植园和植物角。

③植树节：开启“春耕时刻”

以植树节为契机开启“春耕时刻”。种植园里，种植茎菜类、果实类、根茎类等不同种类蔬菜；自然角里种植中草药、水培类等多种植物，饲养乌龟、蝌蚪、金鱼等动物朋友。

（2）夏耘——用劳动寄托成长的喜悦

①自然笔记记录劳动中的发现

跟随植物的生长，用多样表征的自然笔记记录自己的发现，如小班幼儿拍照和色彩涂鸦相结合的记录形式，中班幼儿的植物轨迹，大班幼儿的种植日记。

②“植物医院”推动劳动中的智慧

基于“植物医院”话题大讨论，开展除虫、搭大棚、施肥等农事劳动体验活动，收获作

为“植物医生”的责任感和成就感，体会劳动中蕴含的大智慧。

③缤纷夏日寄托劳动中的成长

植物的成长也伴随着幼儿的成长，炎热的夏季也是收获的序曲，在缤纷夏日中开启成长典礼，“我是小学生”自理技能大赛、“勇敢者之夜”等，在幼儿自主、自理、自信的体验中收获成长时刻。

（3）秋收——用劳动享受甜蜜的收获

①丰收运动会——甜蜜收获

以丰收运动会的游戏形式，为采摘活动增添了竞技和分享的趣味，将果实摘下运回，并成为丰收运动会的奖品，和家人分享一季劳动的收获。

②种子博物馆——蓄力幸福

挖下瓜果的种子晒干，采摘蚕豆、大豆晒干等……组建种植园的种子博物馆，做好储存和种子小标记，在劳动中蓄力幸福和希望。

（4）冬藏——用劳动承载美好的希望

冬季伴随着动物冬眠、食物储存的话题，展开“小乌龟过冬”“温暖的鸡窝”“番薯储存”“冬至咸鸭蛋”等劳动主题和实践活动，在冬日劳动中收获温暖的瞬间。

2. 依托食育文化，架构“舌尖上”的幼儿劳动教育“新”样态

⑴提升劳动技能，培养良好饮食习惯

提供点心餐盘、小毛巾等供幼儿自主拿取并整理，提供公勺、公盘分组自主拿取饭菜，提升幼儿的自我服务意识和技能。同时，食育墙、光盘墙等隐性环境渗透，引导幼儿养成不挑食、爱惜粮食的好习惯。

⑵融合节日节气传统，弘扬民族情怀

制定班级食育主题，利用每周食育工坊，开展美食制作和播报、厨师叔叔进课堂等体验活动。如春分日挖野草、卷春饼，清明节青团制作，制作立夏蛋，传统冬至果制作等。

3. 立足问题情境，架构项目化的幼儿劳动教育“新”样态

在真实情境中，幼儿发起的有趣的问题，是激发幼儿劳动教育实践中学习的内驱力，推动幼儿通过探索、反思、再探索的实践来调整自己的行动方式，从而展开深入思考，在“做中学”的过程中提升劳动实践能力。如大班幼儿窗户上的“不速之客”的项目活动中，从发现马蜂窝→寻找工具观察马蜂窝→制作捅马蜂窝工具→捅马蜂窝→了解马蜂窝→制作马蜂窝的实践中，经历了多次失败和调整，最终在确保自身安全的情况下靠自己的智慧解决了窗户边的“安全隐患”。

4. 注重游戏体验，架构职业体验式幼儿劳动教育“新”样态

以职业体验为导向设置角色体验游戏坊（专用活动室），如妙妙美食坊、幸福小超市、幸福小列车等，通过“职前培训”了解游戏体验坊的规则和材料使用；以“幸福币”作为使用媒介，实现“买卖流通”；以幸福小超市为纽带，实现某个游戏坊作品的买卖体验游戏。

（三）赋能家、园、社区协同联动，拓展劳动教育“心”支持

1. 以幼儿园为纽带转变传统观念，家、园、社区携手劳动教育

幼儿园是连接家庭和社区的纽带，帮助家长、社区认识到新时代幼儿劳动教育的新内涵和“五育并举”“全面发展”“立德树人”新举措的重要性，改变传统劳动教育观念。

2. 三方协同合作，共创幼儿劳动机会

在联合共促中，以家庭教育为基础，幼儿园教育为主体，社区教育为补充，虽发挥着不同的作用，但三者是具有平等地位和权利的实体。

3. 完善幼儿劳动课程，重视开发和利用

幼儿园不断完善劳动课程体系，并将家长纳入课程中，实现家园共育的体系化和课程化。同时，与社会联动，利用研学基地、社会公共设施等资源，开发集劳动体验、文化传

承、社会体验于一体的研学劳动课程体系，将幼儿劳动教育纳入研学实践体验中。

参考文献

[1] 霍力岩．幼儿劳动教育：内涵、原则与路径［J］．福建教育，2018（47）：14—19.

[2] 刘良华．劳动教育何以成为“五育”融合的突破口［J］．人民教育，2021（1）：33—36.

[3] 李晓巍，刘倩倩，郭媛芳．改革开放 40 年我国幼儿园、家庭、社区协同共育的发展与展望［J］．学前教育研究，2019（2）：12—20.

从个案中分析 在分析中反思——幼儿园自然生成课程有效开展的个案研究

（陈宇航　浙江省绍兴市新昌县机关幼儿园）

摘　要：如何有效地开展自然生成课程？笔者以2个案例引入展开分析，得出有效开展的关键所在是：以幼儿的爱好为出发点，将幼儿的内在需要作为开展活动的依据。幼儿教师可利用环境资源激发幼儿创造力，引导其探究世界和表达其观点。幼儿能在沟通互动中表现其最近发展。

关键词：自然生成课程；有效开展；关键点

自然生成课程以幼儿的爱好为出发点，将幼儿的内在需要作为开展活动的依据。幼儿教师可利用环境资源激发幼儿创造力，引导其探究世界奥秘的兴趣及表达观点的能力，让幼儿在沟通互动中表现出其最近发展状况。

一、自然生成课程生成有效开展的途径

（一）从幼儿自身的兴趣和需要出发

一个孩子的好奇心变成一群孩子的好奇心，一个孩子对一个问题的敏感，会变成一群孩子对这个问题的关注，而我们教师则要不断让孩子的好奇心发酵，支持孩子的创造活动。

案例1孩子在看到新幼儿园的外墙后已经激发了兴趣和好奇：里面是怎么样的？教师就适当留白，告诉孩子还没造好，可以由他们设计。当孩子们有了初步的兴趣后，教师采取了两步走。第一步：唤起已有经验，思维发散；第二步：鼓励表达分享。

孩子们的想法五花八门，但都和他们的日常紧密联系。凯凯说："要有大操场，操场上有滑梯、摩天轮、过山车。"苏晨说："菜地一定要有的，再造个更好的。"容容说："菜地最好玩了，可是现在去菜地太热了。"右右有想法："那给菜地造个屋子，还要会自动喷水。"

我鼓励孩子们将自己的所思所想用画笔画下来，再分享给老师和其他小朋友。

看到右右的设计图，我还问了一下，

我："哎，右右，你为什么要给菜地搭个小房子？"（见图1）

右右："因为天气热了，经常要浇水，有个小房子可以装自动喷水的装置，就可以经常自己浇水了。"

图1　设计图

（二）从身边的环境中生成

我们利用幼儿园丰富的资源，同时开发家长资源和社会资源，为孩子们提供广阔的探究空间；教师可在这一过程中，遵从孩子的自然天性，发现孩子的兴趣，理解孩子的需求，与孩子一起探究，重建孩子与自然、社会的联系。案例 1 中的课程生成也正是在新幼儿园的建造中，带领孩子参观了外墙。抓住了身边正在发生的事。

案例 2#是发生在学校的菜地里，很偶然的机会，孩子们在菜地玩耍时看到了叶片上的洞洞，由此形成了自然生成课程："小侦探——菜叶上的洞洞是谁干的"，课程也从身边的环境中生成。

发现"洞洞"

"老师，萝卜叶子上有小洞洞！"文文等几个女孩子大声地呼出自己的发现。"青菜叶子上也有！"有小朋友附和。

老师说："真的！叶子上有洞洞呢，看来菜地里还住着其他'小邻居'呢。"

小宝好奇地问："谁是'小邻居'呢？"

淘淘在一旁抢答："是刚刚爬得很快的小蜘蛛。""是蜗牛，我刚才发现了！"……

（三）从幼儿自主游戏中生成

游戏调动了幼儿自主学习、自主成长的内在主动性和积极性，而伴随游戏的游戏故事、游戏分享活动推动了孩子的经验获得和问题探究。自然生成课程完全可以在孩子的游戏中形成，如在案例 1 中孩子们的兴趣正在发酵。

自主游戏时间，凯凯兴奋地拉我的衣服："老师，你过来看看，我们搭了个什么？"我过去一看，小家伙们竟然搭了个平躺的过山车道。

其他孩子也循声而来，看到凯凯他们的作品后，纷纷表示自己也要搭，我鼓励孩子们把自己对新幼儿园的奇思妙想试着搭建出来（见图 2）。

图 2　游戏活动

我请各合作小组上来分享自己的作品，每个作品的分享都很精彩，其中右右、可钒、苏晨、奇奇小组的水循环系统菜地更是吸引了大家的眼球，引得掌声不断，"环保""循环利用"等词语让小朋友听起来觉得很厉害。不过，也有小朋友有不同想法。

可可有点不服气："可是菜地里没有自来水呀。"

讨论分享了很长时间，上上灵光一闪："我用厚点的塑料袋，用牙签扎几个洞，挂在树上接。"……我们的接雨水灌溉器就开始了。教师鼓励孩子交流、争辩、反思。并做些儿童海报梳理记录他们的思考关联点。

（四）与主题活动融合

案例 2"小侦探——菜叶上的洞洞是谁干的"中生成课程与中班有趣的昆虫融合，孩子们经过收集资料、比对、实地勘查，经过推理和分析，最终解决自己的疑问，也在这个过程中了解了常见菜地里昆虫、动物的习性。

“小侦探”大推理

淘淘：“蚂蚁喜欢吃甜食。”

浩浩等几个男孩子认为蜗牛吃了青菜。

右右：“蚜虫会吃菜叶子，青虫也会，但是青虫的罐子里有黑黑的东西（便便），如果菜叶上也有黑黑的一粒一粒的，那就是青虫干的。”

寻虫记

终究是谁吃出了小洞洞，在叶子上留下一个个小洞洞呢？我们去菜地里找找吧。

“蜘蛛！蜘蛛！”“老师！虾壳虫！快来看！”“蚜虫啦！跟叶子的颜色一样！”小朋友在菜叶的背面、中心、地里，找到了蚜虫、虾壳虫、小蜘蛛、小蚂蚁、蚯蚓、甲虫，每一次发现，小朋友都兴高采烈。

好奇的“小侦探们”终于找到了答案：菜叶上的洞洞是蚜虫、虾壳虫吃的，菜地里的蜘蛛是吃害虫的，蚂蚁是吃蚜虫分泌物的。

案例1“新幼儿园的畅想——嗨皮菜地”中接雨水灌溉器已经成为孩子们的焦点，许多孩子画下了设计图，跃跃欲试，我们索性开展了类似STEAM课程的主题活动。

老师先将孩子们的讨论做简单的梳理。

1. 设计（见图3）

图3 幼儿设计图

2. 制作

到了把想法变成现实的时候，星辰说，家里有个很厉害的老爸，在爸爸的帮助下，他可以把接雨水灌溉器变出来，其他孩子觉得也可以，老师就鼓励孩子和家长进行头脑风暴，实现自己设想的同时也接受家长的经验。

孩子参与其中后，分享交流了在制作中遇到的问题，关注慢慢集中到三点：①接雨水灌溉器的摆放问题，②固定问题，③开关的设计。孩子们尝试用多种途径解决。

3. 再合作，调整改进

俊熙说："老师，如果有水龙头，我也会做出来的，就是那个固定螺丝有点难。"老师支持孩子们自己动手，小组制作接雨水灌溉器（见图4）。

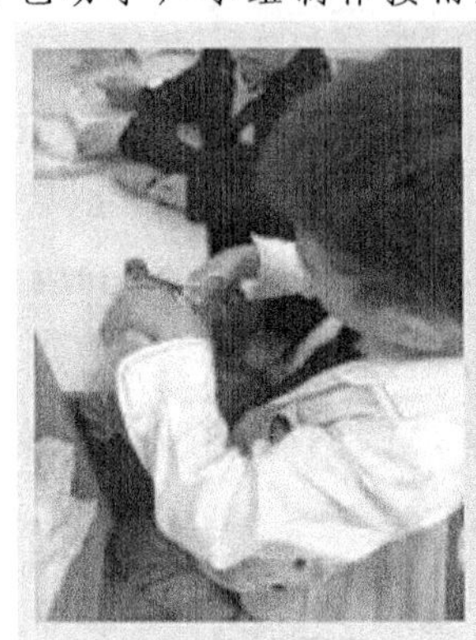

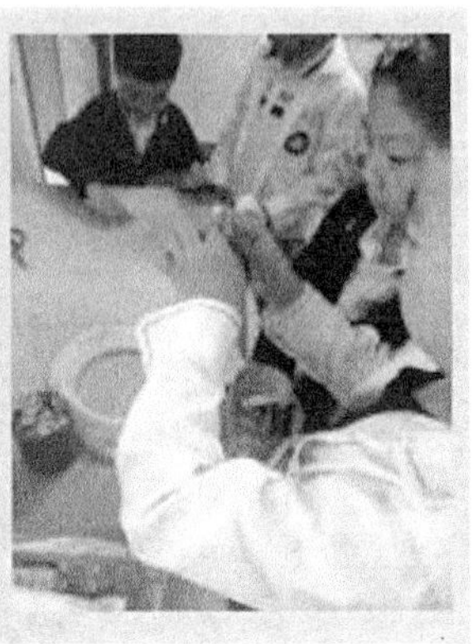

图4　实践活动

孩子们是美工剪刀，头不够尖，就请老师帮忙先钻个洞，然后孩子们再剪开，老师提供了帮助。在装水龙头时，右右发现两个圆片，商量讨论后他们决定一个放外，一个放里，夹住水龙头固定用。俊熙说："这个小圆片材料，让水龙头固定更方便。"

4. 宣传水资源保护

放置接雨水灌溉器，全园分享，宣传水资源保护。

二、自然课程有效开展的关键要素

（一）低结构

一是指活动组织的低结构，给予幼儿足够的时间和空间，使他们充分体验和感受自然。二是指活动材料的低结构，让幼儿更多地使用自然材料，辅助适量工具来进行活动。一片菜地，一次参观在建造的学校外墙，教师牢牢抓住了孩子们的"哇时刻"，跟着孩子们的最近发展和兴趣点形成自然生成课程。而在菜地中孩子们直面自然，直接和自然对话，研究的对象也是常见的自然物。

（二）多重复

喜欢重复做同一件事情是学龄前儿童特有的行为。在案例2中去菜地是孩子们喜欢的活动，孩子们在重复的场景中，进行了一次又一次深入的探索。文文到菜地时有了自己的发现："菜叶上有洞洞"，这个问题引发了"谁会是蔬菜的邻居？菜叶上的洞洞是谁干的"猜想，有了初步的推断后，孩子们又通过饲养、查资料、实地比对，再到实地观察等重复的活动来确认自己的发现。

（三）多交融

自然探究活动中，校内外资源交融，家庭、博物馆工作人员、社会人士都被卷入，彼此开展对话，不仅承载着教育观念、思想和方法上的融合，更是情感的融合，相互影响形成教育的最大合力。

案例 2 的信息“大碰撞”

和爸爸妈妈一起收集资料，看看菜地里哪些是“小园丁”，哪些是“小捣蛋”。

星辰：“七星瓢虫吃蚜虫，它是好的。”

丹丹：“蝴蝶可以传播花粉。”

瑶瑶：“但是蝴蝶小时候是青虫要吃菜的。”

可言：“蚯蚓会保护土壤，所以它是‘好邻居’。”

“蚜虫喜欢吃菜叶。”

“蜗牛也喜欢吃菜叶的。”

“菜青虫也喜欢吃的。”小朋友们踊跃发言。

(四) 重表达

活动后的交流表达是对儿童情感的升华和再体验，我们鼓励儿童应用多种形式进行表达，如口头语言、肢体语言，还有一贯的绘画日记、图符记录等。除了幼儿园里的交流表达，回家后的亲子交流也必不可少。教师通过微型课程小故事，以照片和文字的方式告知家长当日的活动内容，包括一些有助于亲子互动的小问题，请家长和孩子交流，并把对话内容记录下来，再反馈给老师。我们用这样的方式共同创设课程墙面，记录课程的发生发展过程(见图 5)。

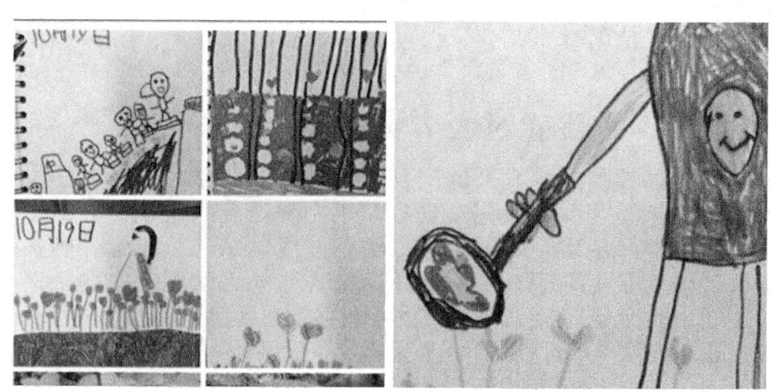

图 5 创设课程墙

(五) 教师“玩伴”角色

在自然探究活动中，孩子的游戏是自发、自主的，孩子的状态是轻松、愉悦的，这里有自然环境带来的身心放松，同时良好的师幼关系也起到非常重要的作用。我们发现：教师以“玩伴”的角色与幼儿共享自然，能够让彼此更加放松、愉悦地体验自然探究活动的乐趣。

参考文献

[1] 苏媛．国外幼儿园生成课程的实践模式对比及启示［D］．华南师范大学教育科学学院，2021.

[2] 王小英，刘思源．幼儿深度学习的基本特指和逻辑架构［J］．学前论文导读，2020 (1)：15—16.

[3] 王莉，陈知君．玩在自然中［M］．西安：西北工业大学出版社，2020.

追随·支持·总结：儿童海报立场下主题墙三段式创设实践研究

（申屠晓君　浙江省绍兴市新昌县机关幼儿园）

摘　要： 幼儿园主题墙是环境的重要组成部分，具有隐性教育的价值，充当着幼儿的“第三位老师”。“儿童海报”环境创设理念提出，从追随幼儿、支持幼儿、总结经验三方面创设出前、中、后三大板块主题墙。在创设中要注重过程，平衡环境创设的比例以及知、意、行均衡发展。

关键词： 儿童海报；主题墙；幼儿园

《幼儿园教育指导纲要（试行）》中明确指出：环境是重要的教育资源，应通过环境的创设与利用，有效地促进幼儿的发展。幼儿园环境要充满“儿童性”，彰显“儿童感”。具有科学儿童观、教育观的主题墙能激发儿童的表达欲望，通过与主题墙的互动，自主表达活动中的感受与想法。儿童海报是主题墙的新立场的创设方式之一，在减轻教师所谓环创工作压力的同时强调基于儿童视角创设出儿童本位的主题墙。

一、儿童海报，主题墙蜕变方向

儿童海报摆脱了“以教师为中心”的问题，旨在站在儿童的立场，述说儿童的故事，通常采用图像、绘画、符号等表征手段记录自身对于主题活动的认识。儿童海报体现着儿童的认知特点、同伴关系、学习品质、表征风格、情感曲线，是儿童珍惜和呵护的学习成果。同时儿童海报的出现让幼儿在主题活动中的问题探究为明线，幼儿在主题活动中的直接或间接经验为暗线，在主题墙中重点呈现出幼儿的学习探究的过程（见图1和图2），这既是幼儿自我记录的过程，也是解决问题方法的直观呈现。主题墙的内容与形式充满童本视角，充满“童趣”。

图1　探究“月亮会发亮吗”

图2　探究豆子臭掉的原因

二、儿童海报，儿童立场的探索路径

（一）追随幼儿，形成主题“前板块”

主题墙是课程的显性表现，课程来源于幼儿，随之主题墙的内容也源于幼儿。教师通过“调查表”“儿童会议”“表征”等样态来追随幼儿的脚步，生成主题，通过幼儿的表征记录完成主题初期的儿童海报。

1．“引入”调查表——寻找幼儿“经验链”

主题活动开展前、中、后，教师可以随着主题的进程发放调查表，从幼儿的视角推动主题活动的进程。教师请幼儿将自己的调查与同伴分享，将幼儿的调查表进行初期分析，从中获取幼儿的前期经验，为后期的主题活动开展做铺垫，与此同时教师可将调查表装订成册，形成幼儿自己的可以互动、交流、分享的环境。例如在“中秋的味道”（见图 3）“职业调查”（见图 4）主题活动中，教师进行以下环境创设。

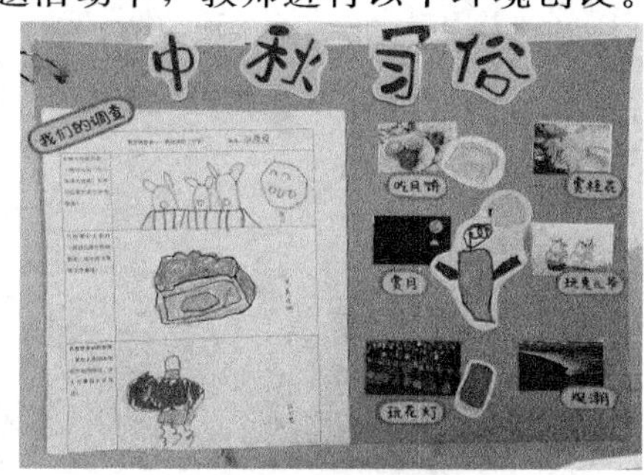

图 3　中秋的味道

图 4　职业调查

2．“植入”儿童会议——倾听幼儿“兴趣链”

“儿童会议”是马赛克方法下的重要倾听形式。在主题墙创设初期，教师通过开展“儿童会议”，依托幼儿的言语表达，倾听幼儿内心的声音，走进幼儿的世界寻找幼儿的“兴趣链”。例如在“石头记”主题活动中，师幼之间进行平等对话，利用“儿童会议”的形式，幼儿自信大胆地表达，教师倾听幼儿对于石头的各种兴趣。

3．“融入”表征——呈现幼儿“学习链”

表征是孩子们将大脑里的想法进行内化表达的一个过程，教师利用幼儿的表征，了解幼儿心路历程，探寻幼儿的“学习链”。教师可借助相应的工具，助推幼儿在活动前期的及时表征。例如：在季节性主题活动中，教师邀请幼儿对季节经验的表征，从中呈现幼儿的学习链条（见图 5）。

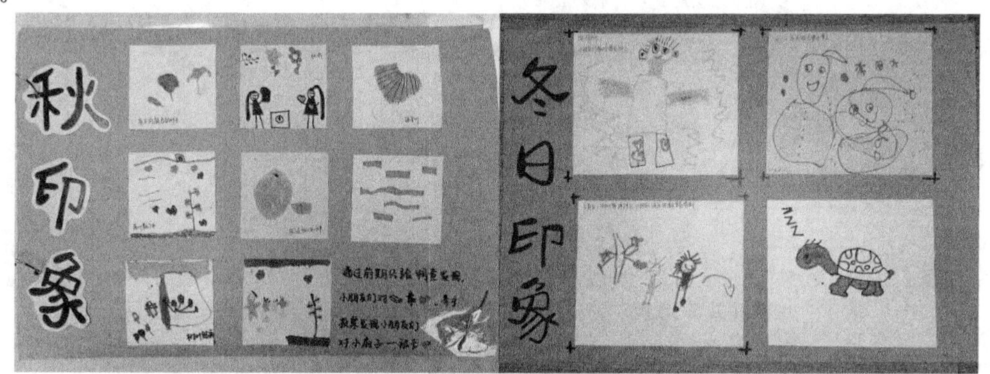

图 5　主题活动墙

（二）支持幼儿，助推主题“中板块”

主题墙的创设是一个持续性的过程，随着幼儿兴趣的深入，不断生发出“新问题”“新兴趣”。教师通过对幼儿学习探究的支持，幼儿形成学习的过程性材料，形成主题儿童海报。

1．内容上——科学选择，凸显重点

在主题墙面创设过程中，幼儿是站在主题墙中央的核心人物。在内容上，教师需要考虑以下几点：首先，教师要根据幼儿的最新发展去对内容进行科学有效的选择，一股脑儿将内容全都上墙不仅没有突出重点信息，同时因为墙面信息量过大无法引领幼儿展开进一步探索；其次，主题墙的内容不是一成不变的，而是以幼儿的探究为依据，将幼儿实际的问题点串联，形成驱动性的“儿童海报”，以此达到促进幼儿进一步深度学习的目的。例如，在中班“板凳龙”子主题活动中（见图 6 和图 7），形成关于此话题的儿童海报，推动幼儿的深度学习。

图 6　“板凳龙”儿童海报

图 7　中班幼儿制作“板凳龙”的个人海报

2. 形式上——多元表达，丰富样式

《儿童的一百种语言》一书中提及：孩子有一百种语言，一百双手，一百个想法，一百种思考、游戏、说话的方式，一百种倾听、惊奇、爱的方式，一百种歌唱与了解的喜悦。因此儿童海报呈现的形式也是多元的，我们应该打破原有的固化思维，由平面转向立体，给予幼儿更多展示的可能。例如在“有‘杏’与你相遇”主题活动中，幼儿提出要将画画在银杏叶上，由此形成特色的儿童海报（见图 8）。此外，教师还可以根据现实需要，从单一的一张张儿童海报，扩宽至折页式、屏风式、连环画式等丰富儿童海报的形式。例如，在小班“谁的游泳圈”集体活动中，教师将幼儿的儿童海报装订成连环画式，幼儿根据儿童海报可以进行场景在线探索（见图 9）。

图 8　银杏叶儿童海报

图 9　连环画式儿童海报

（三）总结经验，完结主题“后板块”

1. 装订成册，幼儿回顾本主题经验

主题完结后，教师梳理相关经验，将主题儿童海报装订成册，形成班本故事展示册，为幼儿提供一个回顾前主题完整经验的机会；抑或是进行儿童海报・个人海报作品展（见图 10），为本学年段提供一个分享交流的平台。例如：幼儿在翻阅主题墙中《沙沙・做・想》故事册时，通过回忆、调动已有经验，用言语表述出主题过程中的“哇时刻”（见图 11）。

图 10 “6·1 畅想”儿童海报展示

图 11 幼儿回顾主题海报

2. 评价总结，教师积蓄后主题力量

儿童海报的装订形成不仅为幼儿提供了学习探索的全过程经验，还为教师提供了反思的机会，通过过主题海报的创设，将主题墙与主题教学相联结，各组段交流、研讨，总结在主题教育教学与主题墙创设过程中的闪光点与提升点）。同时，邀请家长一同参与主题完结评价，促进家园合作。教师在这一过程中提高专业素养，为后续的主题活动积蓄发展的力量。

三、儿童海报，基于儿童立场的思考

（一）注重创设过程

“追随·支持·梳理”三段式儿童海报立场下的班级主题墙创设，让幼儿在主题墙创设中有存在感，真正做到环境是幼儿的环境，幼儿是环境的主人。它站在幼儿的立场，倾听幼儿真实的想法，注重幼儿自己的探索、发现和约定。以幼儿为中心的环境创设更注重幼儿创设的过程，而不是幼儿创设的结果美观与否，它更加指向幼儿的兴趣以及深度学习，帮助幼儿发现学习，进行新旧经验的整合，让幼儿在兴趣、问题中探索未知的世界并收获成长。

（二）平衡责任配比

“追随·支持·梳理”三段式儿童海报创设并不是简单形式上的转变，更是立场上的转变。从幼儿的问题出发，支持幼儿的探索，在探索过程中蕴含着幼儿无穷无尽的探索策略。从传统的教师一个人制作设计的、体现教育教学逻辑的主题墙，到以儿童和教师责任比为 1∶9 的儿童海报，主题墙充满着幼儿味道。教师放手做“减法”，支持幼儿做“加法”，幼儿从旁观者真正转变成参与者。

“包办替代”成为过去式，幼儿自主创设是现在式，更是未来式。

（三）均衡知、意、行

环境具有不可估量的隐性价值，对幼儿的认知方式、行为规范、情感态度等方面有着重要的影响。主题墙的呈现是动态的探究学习的过程，记录的是幼儿经验的前后变化，反思的是幼儿学习策略的有效性。在创设过程中，幼儿经历了新旧经验的整合，由浅入深实践的体验，让幼儿有了归属感、掌控感和存在感，实现了主题墙最大的教育价值。

综上所述，“追随·支持·总结”三段式儿童海报立场下的主题墙创设，摆脱了教师立场，所走的每一步都以幼儿为中心，始终以幼儿是环境的主人为立场展开，通过前、中、后三大板块的推进，幼儿与主题墙“对话”，在一次又一次的创设中受益、成长。教师也在这一场主题墙变革中成为幼儿的“追随者”“支持者”，让幼儿站立于环境中央，真正成为环境主人的儿童海报定会历久弥新。

参考文献

［1］王海英．环境的“儿童性”与“儿童感”［J］．幼儿教育，2018（31）：8—10.

［2］王海英，等．儿童视野的幼儿园环境创设［M］．北京：人民教育出版社，2019.

［3］［美］卡洛琳·爱德华兹，莱拉·甘弟尼，乔治·福尔曼．儿童的一百种语言［M］．罗雅芬，等，译．南京：南京师范大学出版社，2006.

［4］曾文平，任甜甜．聚焦·追随·支持：幼儿园班级主题墙三段式创设实践——以中班“镜子探秘”主题为例［J］．亚太教育，2022（3）：169—171.

“夸”苗助长，爱亦有道——以攀爬区为例，有效表扬对提升幼儿自信心的实践研究

（俞彩玲　浙江省绍兴市新昌县机关幼儿园）

摘　要： 表扬作为赏识教育的重要组成部分，是教师在日常教育教学过程中常用的方式。然而，在对攀爬区教师表扬语的观察记录中发现，教师表扬语存在随意应付、缺乏指向性、忽视过程等现象。那么，怎样进行表扬才是有效的？通过案例分析，将现有表扬滥用和错用的状况作出梳理分析，结合自己已有的实践经验，主张表扬要从“茫然”到“适从”，从“发散”到“聚焦”，从“个人”到“集体”，并且做到“有声”表扬和“无声”表扬相结合。

关键词： 有效表扬；攀爬区；自信心

一、问题提出

在今天的攀爬区，豪豪很顺溜地从最底下爬到了最上面。我惊叹道：“哇！豪豪，你好厉害啊！”豪豪露出了得意的笑。一旁的小翟不服气，“豪豪！快下来！我来跟你比赛。”比赛开始了，小翟拼命地往上爬，终于爬到了最上面。这时，我听到他颤巍巍的叫声：“老师，我下不来了……”

教师随口的一句“你好厉害”，却引发孩子盲目追从，而忽视了自身能力。这让我意识到教师的“表扬”在孩子心中的重要性。但随意的表扬，不仅没有带来积极向上的效果，反而差点造成不堪设想的“后果”。因此，表扬必须具有指向性和艺术性！

表扬，就是对幼儿良好的思想品德和现实表现给予肯定的评价和发言。能够加强孩子的自信心，是促使孩子求知、探索的重要动力。有心理学家指出，表扬对儿童的发展具有积极的意义，但表扬运用不当的话会适得其反。那么，在幼儿园的教育中，教师是怎么运用“表扬”这一门艺术的呢？以晨间混龄活动中的攀爬区为例，走进教师表扬的艺术。

二、现状及分析

（一）应付式的“你真棒”“做得好”

案例一： 在户外游戏中，乐乐终于克服了恐高的心理障碍，趴在楼梯组合架上对老师说：“老师，你看我敢爬上来啦！”“嗯，你真厉害！”乐乐默默地自己爬了下来，嘴里嘀咕着：“你都没看我。”

教师应付式表扬通常发生在教师比较忙或无暇顾及时，但长此以往，也会影响孩子战胜困难的积极性。

（二）表扬依赖于物质

案例二： 璐璐和佳佳正在攀爬架边上挖草，老师想让她们参加到锻炼活动中来。就对他们说：“璐璐、佳佳，你们俩比赛摘果子吧，谁赢了我就奖励她一个五角星。”“就只有一个五角星啊？”璐璐有点不甘心地问。

老师在看到孩子缺乏活动兴趣的时候，没有从组织形式、材料投放等方面去思考原因，而是依靠于物质奖励，经常使用物质奖励，会让孩子产生依赖，致使行为具有很强的目的性。

（三）强调结果，忽视过程

案例三： 针对早上的活动情况，老师对孩子们总结："今天早上的攀爬区活动中，豪豪战胜了五个小朋友，很厉害哦！墨墨也能扛着那么大一桶水走独木桥啦，力气真大！"

老师缺乏对孩子活动过程的评价，有研究表明，与接受其他形式的表扬相比，接受过程取向表扬的儿童在随后的任务中表现出更高的兴趣，会更热衷于具有挑战性的任务，提升孩子的自信心。

三、原因分析

传统的教育观念，教师通常处于主导地位，让教师觉得"表扬"是自己的权力，是班级管理或者游戏开展过程中的"诱饵"，表扬语生硬、缺乏情感，为表扬而表扬，并不是对孩子衷心的赞美。教师缺乏具体表扬的意识，觉得笼统还是具体都是对幼儿进行表扬，没有太大差别。此外，教师的理论素养不够，对幼儿的心理发展没有很好的把握，在表扬言语该具体还是笼统的问题上缺乏深思。

四、策略调整

（一）有声的表扬，让心态更积极

1. 发现式的表扬——从"发散"到"聚焦"

孩子每天都在进步，教师不要吝啬自己的赞美。主动去发现孩子身上的优点，让适时的表扬成为"催化剂"，加速孩子前进的步伐。

案例四： 墨墨个子矮矮的、胖胖的，班里的孩子也经常会因为这个取笑他，特别是在攀爬区钻"毛毛虫"的时候。这天，墨墨背着他的"小龟壳"正努力地从"毛毛虫"里爬出来，小宝看见了："哇！墨墨你爬的时候真像一条毛毛虫。"墨墨脸色一变，我赶紧表扬他："墨墨，你今天爬得可比昨天快多了！而且变成毛毛虫，好可爱哦！"墨墨的注意力马上被吸引过来，"我是这样这样用力爬的！"墨墨兴奋地说。

根据认知评价理论，表扬促进幼儿自信的同时，还促使幼儿对任务结果进行内部归因，使幼儿意识到要对自己的行为和成绩负责，满足儿童独立的需要，进而增强他们的内在动机，并提高他们在后继任务上的成绩。听到老师的表扬后，墨墨马上向大家展示自己的"绝活"，并且在之后的游戏中表现出极大的参与积极性。把表扬聚焦到孩子的身上，去发现他各方面的进步，也让我们的表扬不再那么乏味。

2. 启发式的表扬——从"茫然"到"适从"

国外有研究者把表扬分为三个类型，一是个人取向，针对孩子自身的，比如说"你真聪明"。二是针对结果的，是对具体行为的一个总结，比如说"你成功完成了今天的任务"。三是过程性取向，产生于对孩子在完成任务时所运用的策略或努力程度的一种评价，比如说"这种方法很好，你还能想出其他的方法吗?"通过对孩子行为的肯定，启发他去探寻新的方法。

案例五： 在今天的攀爬区活动中，哲哲发现攀爬架的上面零零散散地贴着一些水果图片。他把背包摘下来后向我炫耀："老师，我把上面的水果摘下来啦！你看！"看到孩子兴奋的神情，我笑着问他："你这个玩法不错！那摘下来的水果可以干吗呢?""我把它们送到乐乐他们那边的小山洞去。"得到肯定后，哲哲欢快地爬过"小山坡"去送水果了。

心理学家斯金纳认为，如果儿童做某件事情得到强化，儿童就会从该行为中获得条件性效应。基于这种条件性学习，儿童有可能在未来做出相似的行为。启发式的表扬，让孩子带着问题去游戏。在一定程度上可以加深孩子对此次“表扬”的认识，在获得成就感的同时，进行更多的发散思维。对自主游戏的有效开展也起到了“推波助澜”的作用。

3. 博爱式的表扬——从“个人”到“集体”

频繁地表扬一个孩子可能会使这个孩子“扬扬得意”，而使其他孩子产生不自信的心理。同时为了争当老师眼中的“好孩子”“第一名”，也会加剧同伴之间的非良性竞争。因此，我们要关注每一个幼儿。

案例六：早上的攀爬区，孩子们玩起了“接力赛”——护送“小乌龟”。大家齐心协力运送“小乌龟”。老师在看到后用视频记录了这一游戏行为。在晨间谈话时，老师在集体面前播放了这个有趣的视频，并表扬了这群充满想象力的孩子。

有学者研究表明：团体表扬组儿童的坚持性和自我评价水平均优于个体表扬组与控制组。以此，我们也可以看出，表扬从“个人”到“集体”的必要性。此外，团体性的表扬在促进孩子自信心发展的同时，也有利于幼儿社会交往能力的发展。

（二）无声的表扬，让心灵更温暖

非言语的表扬也经常被大家所运用。一个眼神、一个善意的微笑，都能够拉近彼此的距离，这些对于幼儿而言，同样是必不可少的。

1. 润物细无声：肢体表扬，让表扬有温度

案例七：小颜是个沉默寡言的男孩子，总是习惯一个人游戏。这天，他左右手各举着一瓶水正在平衡木上练习负重走。没走两步，因为左右两边的力量没有控制好，从平衡木上摔了下来，眼眶瞬时红红的。这时候，我走上去把他扶起来，给了他一个轻轻的拥抱，拍拍他的肩膀。他拍拍腿上的泥，又拎起两瓶水重新开始了。

肢体表扬指的是通过肢体接触以及一些动作来表达对幼儿的赞美与肯定，这种表扬比语言更温暖，肢体的接触可以让他们强烈地感受到来自老师的温暖，尤其是那些害羞、不自信的幼儿。

2. 无声胜有声：微笑表扬，让表扬有情感

在微笑中，直接透露出老师的情绪。大部分孩子看到老师的微笑也会微笑以对，传达着一种积极向上的情绪。

案例八：豪豪是班里的体能大王。早上晨间混龄的时候，我正扶着中班的小姑娘爬扶梯。就见他以迅雷不及掩耳之势爬上了“蜘蛛架”的最上面，喊着对我说：“老师！我爬得超级快的!”忙碌的我没来得及和他说什么，送了他一个赞赏的眼神和微笑。他很快接收到我的信息，又小心地从上面爬了下来。

表扬最主要的目的就是让幼儿在幼儿园中度过愉快、轻松、有意义的童年生活。一个眼神，一个微笑也能够安抚孩子急需被肯定的心灵。

五、收获与分享

通过此次对攀爬区教师表扬语的观察记录，以及对实践的指导，我们意识到教师随口的表扬，非但不能提升幼儿自信心，还有可能会误导幼儿。在认识到如何有效地表扬幼儿行为的同时，还意识到表扬还要和批评、榜样示范等进行有机的结合，让表扬的功效能够更持久耐用。通过此次观察研究，让我们更加明确了表扬的类型，以及如何更加有效地表扬。针对表扬的时机以及如何在班级管理中有效运用表扬，还值得我们不断去探讨。

参考文献

[1] 吴维屏．如何对儿童进行有效的表扬——国外有效表扬对实践的启示［J］．外国中小学教育，2008（11）：24—27.

[2] 席作宏．表扬：从虚假无效走向真实有效［J］．太原大学教育学院学报，2011（1）：1—19

探索幼儿安全教育的基本途径

（刘依蒙　北京市怀柔区第六幼儿园）

摘　要：《幼儿园教育指导纲要（试行）》中明确指出：幼儿园必须把保护幼儿的生命和促进幼儿的健康放在工作的首位。作为一名幼儿园教师，今年重点培养幼儿的自我保护能力，提高自我防护的安全意识，切实让幼儿在安全上不出现丁点问题。因此，幼儿园教师肩上的责任非常重大，通过日常的安全教育、创设良好的安全环境、组织以安全为主题的游戏活动、家园共育的形式，来为幼儿的安全提供更有力的保障。

关键词：幼儿；安全教育；途径

一、贯穿日常，树牢安全根基

无论在何时何地，特别是在幼儿园中，我们的幼儿难免会出现一些不该出现的安全问题。如在组织游戏的时候出现摔倒擦伤的情况，在吃饭的时候出现拥挤碰撞的情况等。因此，在日常生活中，教师应该随时随地提醒和督促幼儿要注意安全，有目的地进行安全教育。如在做游戏的时候，要充分活动身体，呼喊安全口号，讲清游戏规则和注意事项，坚决防止过激的行为。在打饭的时候要排好队，不能相互拥挤和奔跑，避免出现滑倒摔伤的情况。切实让幼儿从心里认识到安全的重要性，具备自我安全防护的能力。同时，幼儿本身就天性活泼，难以控制自己的行为。我们老师要经常唠叨和提醒，反复为幼儿去讲解安全内容，以及安全问题背后的危害性。让幼儿加深安全意识，树牢安全观念，形成良好的习惯，提升幼儿自我保护的能力，坚决将任何安全问题扼杀在萌芽之中。

二、创设环境，唤醒安全意识

环境是重要的课程资源，幼儿安全意识的培养应当源于良好环境的塑造。通过安全教育环境来唤醒幼儿的安全意识包含两个不同的层面：第一，我们必须结合实际情况，群策群力，共同研究制定具体的措施，明确责任人，大力营造浓厚的安全氛围。这就需要幼儿园要建立一个完善的安全制度体系，让每个人都能够清楚地认识到安全的重要意义。当然，班级也需要建立一个适合自己的安全制度体系，让幼儿在班级内也能够感受到安全教育就在我们的身边。同时，我们教师要真正地把幼儿的安全摆在第一位，落实到语言和行为举止上。通过教师一言一行和一举一动的行动示范，来亲身引导和帮助幼儿正确认识安全问题和正确辨别危险问题。

第二，我们必须在幼儿园的环境创设中加入安全教育的各种元素，切实让幼儿生动形象地知道什么是安全，什么是危险。这就需要我们大力地宣传，以图片、视频、绘画、音乐等多种形式，对安全常识相关内容进行宣传和安全教育，特别是一些常见病，多发病、我们幼儿容易出现的安全问题和容易忽视的安全问题我们更要高度重视，对其进行重点宣传和安全教育。与此同时，教师还可以结合班级内的实际情况，在环创中或者墙上体现有关安全方面的内容和知识，让幼儿近距离接触安全教育信息，切实让幼儿在潜意识下随时能够感受到浓厚的安全氛围。

不管是哪种形式的安全教育环境，除了向幼儿全方位展示有关安全教育信息之外，还必须让幼儿参与到环境的创设过程中来，这样可以让他们在动手操作的同时进行深度的思维加工，将外在的要求内化为自身意识和信念的一部分。此外，幼儿园还可以广泛开展一些安全教育活动，通过小评比、小竞赛等形式，激发幼儿的安全意识，努力营造浓厚的人人讲安全，事事为安全，时时想安全，处处要安全的氛围。

三、组织游戏，构建安全体系

由于幼儿接受能力的不同，我们不能照本宣科式地进行安全教育，否则将引起适得其反的效果。所以，我们要探索新的教育形式，以达到预期的教学目的和效果，其中组织游戏小活动是个不错的选择。我们可以在一个适当的游戏场地，将安全知识融入小游戏中，让幼儿们边玩边学，将安全意识不知不觉刻印在脑子之中，落实到行动当中。例如，在组织开展独自一人在家的小游戏时，由小朋友们扮演独自在家的小朋友，由老师扮演坏人。然后老师通过各种手段，想方设法骗取幼儿来开门。这个时候也可以由一名老师扮演小朋友的爸爸，通过对暗号的形式，来阻止小朋友开门。让小朋友在脑子里树牢不能随意给陌生人开门的思想。除非正确说出暗号，否则不会轻易开门。培养高度的警惕意识，防止自身发生危险。如果老师以某种形式把门打开了，就要将小朋友抓走，至此游戏结束，小朋友就输了，让其尝一下失败的滋味，以后就更不会轻易地为陌生人开门。还比如在开展角色游戏“交通警察”时，由幼儿扮演交通警察，由老师扮演路人。路人通过闯红灯，不走斑马线，造成交通堵塞等情况，让小朋友们身临其境发挥角色作用，对这些不文明和危险的行为立即给予制止。让幼儿在玩中发现安全隐患，在玩中解决安全问题，构建成熟的安全体系。除此之外，我们还要积极开展各种安全演练的小游戏，通过模拟灾害，让幼儿在安全演练中感受到危险和紧张，提高幼儿的危机感，及时将正确的逃生方法做以讲解，让幼儿们能够顺利拿到锦囊妙计，以此掌握更多的自救自护的方法，来躲避突如其来的灾害，从而保证自己的生命安全。不管我们在组织什么游戏的时候，都要根据幼儿的年龄，选择不同的趣味安全小游戏。真正帮助幼儿增强安全意识，了解安全知识，掌握安全技能，能够冷静、正确地保护自己。

四、家园共育，共建安全屏障

教师是对幼儿实施安全教育的主力军，父母也是孩子的第一任老师，是孩子成长中学习的榜样。双方都应该共同为幼儿的安全着想，加强配合，齐抓共管，提升幼儿的安全意识，建立安全屏障。这就要求我们教师和幼儿家长要不断更新安全教育理念，学习安全知识，掌握安全防护技能以及自救互救的方法，成为家园共育的主力军。例如，在进行家校互动的幼儿园主题活动之中，教师可开展“致家长的一封信”专题活动，帮助激发教师对幼儿园安全教育的重视程度，并且也能够通过该渠道向家长传播一定的安全教育知识。如组织开展“交通安全训练营”“安全小卫士”等丰富多彩的家园亲子活动。学习地震发生之时正确的逃脱方法，组织幼儿与家长一同观看、学习安全教育动画片等，全面调动幼儿与家长之间的联动与交流，为后续进一步切实提升安全教育的成效，奠定殷实的基础。同时，在安全教育的过程中，可以“引进来”或者“走出去”。例如聘请相关专家来幼儿园进行授课辅导，或者让老师带着幼儿们去警察局、消防队等场所请相关人员进行安全教育。此外，随着科技的发展进步，教师和幼儿家长要加强互联互通。通过微信群、钉钉群等形式，分享安全教育相关知识，积极相互沟通交流，提出宝贵的意见建议，共同提升幼儿安全教育的成效。这样一来，幼儿园和家庭形成教育合力，才能使幼儿远离危险，远离意外，远离伤害。教师要携手家长，共同努力，共建安全教育屏障，为幼儿的健康成长更好地保驾护航。

五、结束语

总之，我们要从实际出发，积极探索安全教育的基本途径，制订科学合理的教学计划，实施简单有效的教学形式，一定要多管齐下，多措并举，努力提高幼儿的安全意识和自我防护能力，为幼儿撑起一片安全的蓝天。

试论奥尔夫教学法对幼儿音乐学习及创造力培养的重要性

（曾晓君　广东省广州市番禺区石碁镇中心幼儿园）

摘　要：奥尔夫教学法是幼儿音乐教学中比较经典的创新法之一。该教学方法的主要重点在于对幼儿学习音乐的兴趣进行挖掘，使得幼儿以积极主动的态度进音乐的学习，同时培养幼儿在音乐学习过程中的创造力。可以说奥尔夫教学法对幼儿音乐学习以及创造力培养具有重要的作用。

关键词：奥尔夫教学法；幼儿音乐学习；创造力

一、奥尔夫教学法简介

奥尔夫教学法根据先进的教学理念，在音乐教学中能够利用幼儿喜闻乐见的方法提高幼儿学习音乐的兴趣，如引导幼儿以唱儿歌、拍手、做游戏、讲故事等方式对幼儿的乐感进行潜移默化的培养，尤其是侧重幼儿节奏感以及听感的培育，使幼儿在快乐学习中增加对音乐的热爱。

（一）奥尔夫教学法与传统教学法比较

奥尔夫教学法和传统教学法在许多方面都有所不同。首先，奥尔夫教学法注重学习者的参与度，而传统教学法则是老师给学习者传授知识的方式。

奥尔夫教学法注重学习者的参与度，关注学习者的学习体验。它强调学习者通过实践、互动和探究的学习方式，可以让学习者更加自主地掌握知识。

传统教学法则是以老师为主导，由老师给学习者传授知识的方式。老师会通过讲解，让学习者熟悉某一知识点，然后提问，让学习者解答。学习者的参与度较低，只能从老师的讲解中获取知识，而不能发表自己的见解。

奥尔夫教学法的核心理念是通过小组讨论，共同探讨问题，来培养学习者的思考能力，发展他们的智力。这种教学方法将更多地关注学生的思考和分析，而不是简单的知识灌输。在奥尔夫教学法中，教师的角色主要是提出问题，引导学生思考，引导学生解决问题。

传统教学法强调传授知识，关注效率，教师主导教学，教学内容比较固定，侧重于知识的记忆和掌握。教师和学生之间的互动比较少，学生更多是在教师讲解的情况下接受知识。

总的来说，奥尔夫教学法更侧重于学习者的思考能力，而传统教学法则更注重传授知识的效率。奥尔夫教学法的目的是培养学习者的分析能力，提高学习者的自主学习能力，而传统教学法则注重知识的传授和熟练掌握。

奥尔夫教学法对幼儿音乐学习及创造力培养有重要作用。首先，奥尔夫教学法能够激发学习者的兴趣，让他们更愿意学习，并培养他们的创造性思维。其次，奥尔夫教学法能够帮助学习者更好地理解音乐的概念，并让他们更有效地掌握音乐的技巧。最后，奥尔夫教学法能够培养学习者的合作能力，从而让他们更容易掌握音乐技巧。

总之，奥尔夫教学法和传统教学法有各自的优势，但是奥尔夫教学法对于幼儿音乐学习及创造力培养更有帮助。

（二）奥尔夫教学法挑战及应对之道

奥尔夫教学法的实施需要考虑到教师的技能和知识水平，以及课堂环境的舒适度。教师应具备深厚的音乐理论知识，以便能够准确指导学生掌握乐理，并有效地指导学生在实践中运用自身知识。同时，应该搭建一个轻松、自由、宽松的学习环境，让学生能够在玩乐的氛围中更好地学习，从而培养学生的创造力。

此外，在实施奥尔夫教学法时，还要考虑到学生的年龄、认知水平和认知能力等因素。一方面，教师要根据学生的年龄特点来安排适宜的音乐活动，比如小学生可以通过小游戏、抢读等形式来学习，而中学生则可以通过解读、讨论等方式来探讨音乐理论；另一方面，应提供多样化的学习资源，以满足学生不同认知水平的需求，让学生能够更轻松地掌握音乐知识。

二、奥尔夫教学法对幼儿音乐学习的重要性

（一）幼儿音乐学习的必要性

早期音乐学习对幼儿来说是非常重要的，它有助于培养幼儿的艺术修养、丰富孩子的语言能力、增强孩子的情感表达能力以及提高孩子的记忆力。奥尔夫教学法是一种广泛应用于幼儿音乐学习的有效方法，它可以帮助幼儿培养正确的音乐感知能力，并且增强他们的音乐技能。

奥尔夫教学法的重要性在于，它能够有效地帮助幼儿学习音乐。它能够帮助孩子们掌握正确的音乐理论知识，比如节奏、和声、音阶等，以及培养他们的音乐欣赏能力，让他们能够更加深刻地感受音乐。此外，它还可以帮助幼儿建立良好的乐器技能，比如弹钢琴、吹小号等，使他们能够更加熟练地演奏音乐。

（二）奥尔夫教学法对幼儿音乐学习的作用

奥尔夫教学法是一种有效的音乐学习方法，可以激发孩子们的音乐兴趣。它能够帮助孩子们认识不同的乐器，学习不同的乐曲，并增加孩子们的音乐技能和能力。同时，它还可以增加孩子们的自信心和创造力。

奥尔夫教学法能够帮助幼儿建立良好的音乐素养，让他们学会更多关于音乐的知识。它还可以帮助他们培养正确的技巧，并能够更好地理解音乐的内涵。孩子们可以通过不同的乐器演奏，练习演奏技巧，并学习不同的音乐理论知识。

（三）如何有效地运用奥尔夫教学法

首先，要有效地运用奥尔夫教学法，教师应该尽可能地充分理解学生的特点，并结合教学内容制订合适的教学方案。其次，教师应该有足够的耐心和热情，在教学过程中，可以主动让学生参与，及时纠正学生的错误，指导学生正确理解和掌握教学内容，促使学生在音乐学习中取得预期的效果。最后，教师应该通过不断的观察和评价来及时调整教学方案，以更好地满足学生的需求。教师应该给予学生足够的支持和鼓励，使学生在音乐学习中得到更多的成功。

三、奥尔夫教学法对幼儿创造力培养的重要性

在音乐教学中，奥尔夫教学法对幼儿创造力的培养具有重要作用，主要体现在节奏练习、语言练习、动作练习以及乐器练习四个方面。

（一）节奏教学对幼儿创造力培养的重要性

在奥尔夫教学法中着重强调节奏教学的重要性。奥尔夫指出，任何音乐的创造与产生都要来自于生活实践，而音乐的创作过程过程要以节奏为基础，因此在幼儿音乐教学中节奏具有至关重要的作用，对节奏进行掌握后，幼儿可以提高对音乐节奏的感知，从而能够利用多元化的方法进行音乐的主动创造，因此从这个角度出发，节奏教学对幼儿创造力的培育具有十分重要的价值。

（二）动作练习对幼儿创造力培养的重要性

奥尔夫教学法所提倡的身体节奏包括用身体动作来回应音乐伴奏，从而发展幼儿的音乐节奏感和创造力。身体运动练习要求孩子能够对声音进行即兴的身体反应，可以支持幼儿的表达和创造的动力。身体动作练习的使用使幼儿能够用动作来表现他们对声音的感受，如旋律的方向、音高和强度的变化，使幼儿能够尝试从不同的角度进行模仿适应、空间运动、即兴创作和对歌曲结构的感知，这需要强大的想象力和创造力，这对幼儿的创造性思维很重要。

（三）语言练习对幼儿创造力培养的重要性

奥尔夫在音乐教育中的思想和实践研究中指出，将语言练习引入音乐教育是培育幼儿创造性的重要途径之一。这里所指的语言不仅包括幼儿所读或所写的内容，包括"呼唤、诗歌、童谣、儿童歌曲和赞美诗"，能够最大限度地帮助幼儿打开音乐世界的大门。经过多年的研究，奥尔夫在音乐教学中的语言方法不仅是对节奏的介绍，而且还可以广泛用于其他元素的教学，如音调和音色。

（四）乐器练习对幼儿创造力培养的重要性

奥尔夫一直强调让儿童自由设计自己的音乐活动的重要性，这是发展儿童创造力的最重要途径之一。这是人类发展的一个重要部分，即使儿童自己设计的音乐和手势伴奏相对简单，但在此过程中形成的即兴艺术对孩子们的音乐创造力和主动性至关重要，在这个过程中形成的即兴创作对孩子们的音乐创造力和学习音乐的主动性起到了重要的作用。

四、结语

综上所述，奥尔夫教学法对幼儿音乐学习及创造力培养非常重要。它不仅能够激发学习者的学习兴趣，而且能够有效地提高学习效率，提升学习效果。虽然它的实施也存在一定的挑战，但我们可以通过引导、设计适当的教学活动以及不断研究和完善教学方法，来解决这些问题。只有这样，我们才能充分发挥奥尔夫教学法在幼儿音乐学习及创造力培养方面的重要性，才能让更多的孩子获得更好的音乐学习体验。

参考文献

[1] 巩云．奥尔夫音乐教学法在幼儿音乐教学中的应用［J］．中国民族博览，2022（4）：69—71.

[2] 邓玉珊．奥尔夫音乐教学法在幼儿音乐教育中的价值应用［J］．吉林省教育学院学报，2021，37（2）：94—97.

[3] 任可欣．奥尔夫教学法在学前音乐教育中的有效运用［J］．职业技术，2020，19（3）：105—108.

[4] 唐敏娜．奥尔夫教学法在幼儿音乐教育中的优化运用［J］．北方音乐，2020（5）：191—192.

[5] 张慧．奥尔夫音乐教学法在幼儿音乐教学中的应用分析［J］．北方音乐，2018，38（22）：190—191.

[6] 王晨．探索幼儿音乐教育中奥尔夫教学法的有效应用［J］．艺术评鉴，2018（18）：104—105.

[7] 李媛媛．奥尔夫教学法应用于小学传统音乐欣赏课的研究［J］．安徽教育科研，2022（4）：79—80.

[8] 任捷，徐利鸿，张家琼．奥尔夫音乐教育思想及其对我国早期儿童音乐教育的启示［J］．重庆第二师范学院学报，2022，35（3）：6.

[9] 车丽珠．奥尔夫音乐对学前音乐教育的启发与思考［J］．中国民族博览，2022（1）：75—77.

幼儿园国学教育中传统体育游戏的探究

（王玲玲　天津市河西区第十一幼儿园）

摘　要：少年强则国强，少年是整个国家的希望，我们中华民族是有着五千年悠久历史的优秀民族，有着丰富的文化资源、博大精深、底蕴浓厚，作为拥有几千年文化教育的国家，传统文化源远流长，在这几千年中古代先哲经过大量的摸索和实践，形成了具有鲜明的民俗特色游戏，经过时间沉淀易学易玩的传统体育游戏被人们传承下来。幼儿传统体育游戏不仅能继承民族优秀文化，还能弘扬民族精神、强健幼儿的体魄、发展幼儿的语言能力和社会情感，有助于幼儿养成良好意志品质和道德情感。

关键词：幼儿园国学教育；国学教育；体育游戏；传统体育游戏；幼儿园传统体育游戏

一、问题的提出

现代社会很多幼儿园购买了大量的大型器械和成品器械玩具，如：滑梯、万能工匠、大型平衡木等。虽然它给幼儿带来了很多的快乐，但是一些民族的传统体育游戏逐渐被人们遗忘。当提起传统体育游戏时，人们知道得少之又少。它来源于生活，是广大劳动人民智慧的结晶，在民间广为流传。它易学易玩、娱乐性强、种类众多，形式多样，贴近幼儿的生活，被很多幼儿喜爱。它能激起幼儿的兴趣、节奏鲜明、符合幼儿的年龄特点、能更有效地引导教学，传统体育游戏的特殊性，决定了它有很多教育价值，对幼儿身心发展具有很多的启蒙作用。因此本文我从传统体育游戏对幼儿健康、语言、社会三个方面的教育价值进行阐述，希望引起教育者重视幼儿传统体育游戏的教育价值。

二、相关概念界定

（一）幼儿园国学教育

在国学环境中，通过传统体育游戏的学习树立正确的人生观和道德观，促进幼儿健全人格的全面发展。

（二）传统游戏

传统游戏是以娱乐为目的、自愿进行的社会活动。由劳动人民自发创编，是普遍流行于广大人民群众中，并且代代相传的游戏。

（三）幼儿传统体育游戏

幼儿传统体育游戏指来源于中国民间传统游戏或体育项目，主要是能够提高幼儿体质，培养幼儿对于同伴合作能力的发展。

三、幼儿传统体育游戏相关研究

尚苗（2016）认为：“传统游戏对传承我国文化有着十分重要的意义，但它更大的作用体现在促进儿童的发展上。”文展（2009）认为，传统体育游戏作为传统文化的一部分，具有不可磨灭的民族认同感和传承的价值，在对幼儿的道德教育和体育人文精神上更是具有重要的影响作用。白茹（2007）认为，民间体育游戏的教育价值主要是能够提高幼儿体质，培养幼儿对于同伴合作能力及促进幼儿的智力水平发展，并有利于幼儿形成优良的品格，稳定幼儿的情绪。

四、研究的意义

传统体育游戏使传统文化得以传承下来，还可以使幼儿在健康、社会性、语言等方面得到发展，锻炼幼儿身体，增强幼儿的社会性，对于学龄前幼儿具有极大的意义。

五、幼儿传统体育游戏的教育价值研究

（一）传统体育游戏在幼儿健康领域的教育价值

《3～6岁儿童学习与发展指南》指出健康是指人在心理和身体等方面的良好状态。幼儿健康发展包括愉快的情绪、强健的体质、协调的动作和良好的生活习惯力。传统体育游戏在促进身心健康方面具有很大的教育价值。

1. 传统体育游戏促进幼儿心理健康方面的发展

传统体育游戏形式灵活多变、易学易玩，没有性别、族群、年龄的限制，纯属娱乐。在游戏中，幼儿能缓解内心压抑的情绪，忘却分离焦虑。新生入园，很多的孩子会产生分离焦虑，到了幼儿园以后注意力也都会集中在“想回家”“爸爸妈妈什么时候来接我”“我不想上幼儿园”这件事情上，不停哭闹，这时教师就可以和孩子一起进行户外活动，学习一些简单的传统体育游戏，比如小班游戏“老狼老狼几点了”。在新小班开始时，我们就玩这个游戏，每次玩这个游戏孩子们都特别兴奋，每个人都争当老狼，完全沉浸在游戏中，缓解了很多的分离焦虑。孩子们都能够勇敢地面对老狼这个可怕地动物，克服了恐惧心理，锻炼幼儿的心理承受力和适应能力。在传统游戏“跳皮筋”中，当幼儿获得胜利时能感受成功的喜悦和成就感。当幼儿失败时会产生挫折感，幼儿勇敢地面对挫折，克服自身弱点，对于幼儿心理健康的发展特别重要。在游戏的过程中，锻炼了幼儿的抗挫能力，增强了幼儿的自信心和自豪感，有利于幼儿良好品质的形成。

2. 传统体育游戏促进幼儿身体健康方面的发展

传统体育游戏贴近幼儿的生活，自然就被大多数幼儿喜爱，锻炼价值极高。它种类多、玩法多，还能根据需要自编自玩，幼儿在游戏中能促进走、跑、跳、钻、爬等基本动作的发展，促进血液循环、新陈代谢和身体机能的发展，为幼儿强健的体魄打下基础。比如：在“跳房子”的游戏过程中，连续单脚跳和单双脚交替跳，可以促进其跳动作的发展，锻炼幼儿下肢大肌肉的力量。在投掷的过程中需要一定的距离，不仅锻炼其手眼协调，还能锻炼幼儿上肢力量的发展。在“滚铁环”游戏中，孩子们用铁钩推着圆环向前快速跑，有助于提高人体的平衡性、手眼协调以及四肢的力量。

（二）传统体育游戏在幼儿语言领域的教育价值

3～6岁是幼儿语言迅速发展的关键期，教师有着对幼儿语言发展的启蒙和培养的责任。传统体育游戏中幼儿边运动边说诗文，诗歌中语言的押韵，节奏欢快鲜明，孩子沉浸在游戏的意境中，不需要死板的说教，通过游戏动作以及不自觉的跟唱就能把诗歌熟记于心。这种主动的学习过程，增加幼儿在语言表达方面的词汇量、流畅性、积极性。比如《丢手绢》诗歌：丢、丢、丢手绢，轻轻地放在小朋友的后面，大家不要告诉他，快点、快点，抓住他，快点、快点，抓住他。幼儿期处于具体形象思维和抽象逻辑思维过渡的阶段，幼儿通过学习游戏里面的诗歌，可以把一些零散的语言和形象串联起来，体会到语言世界的奇妙，把这些词汇运用到生活中，使幼儿的语言表达能力、想象力和理解力得到发展。

（三）传统体育游戏在幼儿社会领域的教育价值

幼儿期是性格养成的关键时期，在与同伴和成人的交往中，不仅学习如何与人相处，也

在学习如何看待自己，对待他人不断发展其社会适应性。传统体育游戏内容丰富，趣味性强，动作简单容易掌握，器材简单容易寻找，幼儿在原有基础上还能进行创编，形式灵活多变，在很大程度上促进幼儿德、智、体、美、劳等全面发展。

1. 传统体育游戏有利于增强幼儿的规则意识，形成基本的认同感

《指南》指出，幼儿的社会性主要是在日常生活和游戏中通过观察和模仿潜移默化地发展起来的，在良好的社会环境和优秀的传统文化熏陶中学会遵守规则，形成社会认同感。任何游戏都需要遵守一定的规则，传统体育游戏能吸引幼儿主动地学习，这就利于幼儿学习遵守规则。比如：传统体育游戏"捉迷藏"，在指定的区域里面，一个幼儿用毛巾把眼睛蒙起来，数到指定数字，把毛巾拿下来，其他的幼儿在最短的时间内藏起来。这里的规则是蒙眼睛的幼儿必须数到指定的数字才可以把毛巾拿下来去捉小朋友。如果不遵守这个游戏规则，游戏无法玩下去，因此这就要求幼儿要有规则意识。

2. 传统体育游戏有利于增强幼儿的集体合作意识

现代孩子和同伴一起游戏的时间比较少，独自游戏时间却比较长，与小伙伴的关系比较生疏，不利于孩子形成群体意识。传统体育游戏是一种群体性的游戏，利于幼儿合作交往意识的形成。不管幼儿在哪里，你想玩游戏必须要学习与人交往、与人接触，同时要发现同伴的优点，接纳和弥补同伴的缺点，这样才能提高合作能力。比如在玩"贴人"游戏时，不仅需要动作上的肢体接触，还需要很多人去进行游戏。如果你玩这个游戏，得先找到几个同伴，与同伴沟通游戏规则，同时需要找到一个好朋友，当贴到你时你的好朋友要赶紧跑，充分发挥幼儿自主性。在进行"舞龙"游戏时，对幼儿之间默契和配合度要求比较高，需要几个人合作才可以把龙舞起来。在舞龙游戏前，孩子们要找到好朋友，一起沟通想办法，怎么才能把它舞起来，这就提高了幼儿的合作和交往能力。

我觉得我们需要用大量的时间去不断地研究和挖掘幼儿传统体育游戏的教育价值，这有利于中国优秀文化的传承，增强民族凝聚力，有利于提高幼儿人际交往能力、社会品德、语言表达、身心健康发展。本文从三个领域阐述，希望通过本文引起教育者对幼儿传统体育游戏的价值的重视，使幼儿德、智、体、美、劳全面健康和谐发展。

参考文献

[1] 孙小小．幼儿园传统体育游戏的开发与应用［D］．沈阳师范大学，2016.

[2] 刘金卓．传统体育游戏在幼儿园教育活动中应用的行动研究［D］．长春师范大学，2019.

[3] 尚苗．传统游戏在教育视野中的价值分析［J］．佳木斯职业学院学报，2016(7)：164.

[4] 中华人民共和国教育部．3～6岁儿童学习与发展指南［S］．北京：首都师范大学出版社，2012.

捕捉、追随、推进：班本课程助推幼儿自主学习的探究——以小班“门的畅想”为例

（韩笑　北京市怀柔区第六幼儿园）

摘　要：班本课程是以班级为基点，以班级幼儿的兴趣为出发点，整合利用班级教师、幼儿、家长等班级资源，由幼儿和老师共同开发的课程，其目的在于深化幼儿的学习，促进幼儿更好地发展。我园尝试课程班本化探究，形成班本课程案例。“门的畅想”起源于幼儿的自发游戏，教师一路追随幼儿游戏的脚步，及时捕捉游戏生长点加以拓展，从而推进游戏将一个孩子自发的模仿游戏延伸到更多的领域，践行了“课程在儿童的生活和行动里”理念。

关键词：班本课程；捕捉；追随；推进

在幼儿园课程改革的浪潮中，我们幼儿园进行了一系列的课程建设研讨，结合实际开展课程班本化尝试。班本课程以班级为基点，这样的课程更适应本班幼儿发展的需要，更能让教师关注班上幼儿的原有水平，促进幼儿在原有水平上得到发展，能有效地发挥教师的才智并促进教师的学习和生长。

一、正文

小班班本课程“门的畅想”来源于孩子们的一个模仿游戏。教师观察实录：午饭后，几个孩子在寝室和活动室之间跑来跑去，他们经过寝室门口时总是用手按着门框，嘴里发出嘀嘀的声音，而陶成伸开手挡着门口，不时把手放下举起让小朋友过去（见图1），我觉得很奇怪，就想看看孩子们在干什么，我叫住奔跑的吴浩然问：“你在干什么?”他说：“老师，我在刷卡呢!”再看看孩子们的样子，我一下子明白了：这模仿的是小区门口的刷卡机呀。（见图2）

图1　幼儿模拟开门（一）

图2　幼儿模拟开门（二）

二、探究游戏价值意义，确立班本课程目标

《3～6岁儿童学习与发展指南》艺术领域表现与创造目标指出：“3～4岁幼儿能用声音、动作、姿态模拟自然界的事物和生活情景。”“园门口的刷卡机”这个模仿游戏是小班幼儿基于每天重复的一个生活情景——进出园门口刷卡这一生活经验自然而然出现的模仿游戏，用身体动作将刷卡机模仿得惟妙惟肖，足见小班幼儿模仿能力之强，体现了小班幼儿的表现力

和创造力。这时，教师就要支持幼儿这种自发的表现和创造，引导幼儿进一步展开想象。

三、追随游戏生长点，推进班本课程实施

随着时间的推移，游戏玩法在变化，各种元素渐渐加入，一路追随着幼儿游戏的脚步，看到孩子们有自发的游戏创意，这些创意又启发了教师产生新的支持策略，这些我们称之为游戏的生长点，生长点的不断产生和拓展推进了课程实施。

生长点一：安全"开门关门"

刷卡机的游戏越来越受欢迎，先是寝室的门、教室甚至盥洗室的门，孩子们利用了班级里所有的门设了多个刷卡机，孩子们进进出出，嘀嘀声不绝于耳，就在这时，传来了一阵哭声，老师赶紧前去查看情况，原来是沐辰在门框上刷卡时，新新不小心碰了一下门，门夹住了正在刷卡的这个孩子的手。老师意识到游戏存在着安全隐患，进行了一个安全课的集体教学活动，通过重现沐辰被门夹手的那次意外事故，和幼儿讨论怎样正确地开门关门。

游戏生长点二：我们来当门

1. 同伴合作模拟门

因为在安全课"开门关门"中孩子们见到了旋转门和弹簧门等各种门的视频，在后期的游戏中刷卡机演变成各种门，有旋转门和卷帘门，游戏中出现了合作行为，有几个人一起的旋转门，有两个人一起的卷帘门、自动门，有全班一起模仿校门口的伸缩门等。

2. 亲子合作来当门

回到家孩子们继续和爸爸妈妈交流模仿门的游戏，有心的爸爸妈妈还带孩子去体验了进出旋转门和感应门等各种门，和孩子一起收集了解各种特殊的门。在家长的帮助下，孩子们认识了各种各样的门：电梯门、感应门、防火门等，简直是五花八门，孩子们大开眼界，老师把家长和孩子们一起收集的门的照片布置成主题墙，孩子们在主题墙前互相介绍自己认识的门，既拓展了门的知识也锻炼了口语表达能力。

3. 材料创意巧利用

户外活动时孩子们用各种体育器械玩起了卷帘门和伸缩门的游戏，他们四个人用担架当卷帘门，蹲下站起，其他的孩子则从卷帘门下爬过去，而阳光隧道在孩子们看来就是伸缩门，他们一会儿拉开隧道，一会儿合拢隧道，对于材料的代替利用，小班孩子也是有许多奇思妙想的。

4. 成果展示促灵感

老师把孩子们用各种形式模拟门的动作照片集合装订成一本《我们来当门》的大书，当孩子们翻看这本书时，发现了自己的照片，开心地说："瞧，老师拍到我了。"对孩子们的游戏也是一种表扬和鼓励。为了让自己的照片出现在书中，激发了孩子更多的游戏创意，激励他们进一步发挥想象，创造出更多的新的模仿门的游戏。

四、班本课程实施反思

（一）课程是独特的——从本班幼儿出发量身打造

班本课程为班级幼儿量身打造，每个班本课程都是独特的。它来源于本班幼儿，同时这些幼儿也是这个课程的推动者。以“门的畅想”为例，它来源于本班幼儿最近流行的热点事件，只有这班的孩子可能最近流行园门口的刷卡机的模仿游戏，其他班不一定有这样的热点事件也就无从引发后续活动，即使其他班孩子也有这样的模仿游戏，但引发的后续活动不一定就是这样的，所以说班本课程是为本班幼儿量身打造只属于本班的独特的课程。

（二）课程是多元的——从周边资源出发充分利用

班本课程由教师幼儿共同开发，同时也要利用各方资源共同参与，让课程更丰实、更深入。“门的畅想”课程实施过程中，教师发动联合了家长这一课程资源，发动爸爸妈妈带孩子们去体验了生活中的各种门。因爸爸妈妈的参与，孩子们不仅仅局限于视频观看而是亲身接触了生活中的各种门，认识了很多特殊少见的门，真实地体验了旋转门、感应门等各种门，获得了新的经验。教师鼓励孩子们回到家继续和爸爸妈妈玩模仿门的游戏，增进了亲子感情。

（三）课程是全面的——从幼儿到教师全面提升

幼儿在课程实施中有充分的时间和空间做着自己感兴趣的工作，有了更多亲身体验自主游戏的机会，丰富了幼儿的认知，提高了幼儿的表现力和创造力，学习了交往合作，获得了身心和谐发展。“门的畅想”中幼儿亲身体验了生活中的各种门，拓展了对门的认知。教师鼓励和支持幼儿的模仿游戏，并给予材料上的支持，在这样宽松的氛围中幼儿乐于表达表现，促进了幼儿身心和谐发展。

1. 促进教师观察能力的提升

观察是了解儿童的起点，了解儿童是课程的起点。“门的畅想”就是教师在生活活动环节观察到幼儿在游戏，进一步了解幼儿游戏内容而引发的课程，课程实施中教师想要捕捉课程生长点，就必须追随幼儿游戏的脚步，及时关注幼儿，认真观察他们的活动。教师对幼儿活动的观察能力在这个过程中得到了提升。

2. 促进教师理论水平的提升

了解班级幼儿的发展特点，是开展课程建设的基本前提，教师要寻求幼儿的一般发展特点，同时要了解本班幼儿的发展实际，关注不同幼儿发展上的个别差异，因为要对生长点的价值意义进行研究取舍，教师还要寻求核心经验方面的理论支持，基于这些课程实施中的需求使教师花更多的时间和精力去吸收理论知识，提升了理论水平。

3. 促进教师回应能力的提升

在班本课程实施过程中，教师总是在思考如何推进课程。要解决这个问题，首先要了解幼儿在干什么，于是教师必须介入幼儿的游戏，教师观察实录：游戏中孩子们学会了合作、协商，学习着交往的技能。分享两张老师抓拍的孩子们抢占位置当刷卡机的照片，女孩宝姐在门口当刷卡机，一成过来又推又挤想赶走宝姐，宝姐誓不相让，最后一成只好放弃转而去寻找另一个门口的位置当刷卡机，而鑫垚则好言相商，而刚从宝姐那里占位失败的一成很快找到了一个新的门口当刷卡机又遇到了俊熙这个对手，两人也是推推挤挤纠缠了半天，最后俊熙败下阵来放弃走了。也许不久的将来，他们会君子动口不动手，会协商出双方都认可的轮流当刷卡机的规则。“课程就在儿童的行动里，就在发现和解决问题的过程中”，教师学会静观其变，让幼儿在自行解决纠纷的过程中获得经验得到提升。

4. 促进教师反思能力的提升

在“门的畅想”实施过程中，教师会有很多的问题问自己：“孩子们这样玩有什么意义？有何价值可以挖掘？”“提供给孩子这些，孩子们会玩出什么？”“还可以怎么玩？怎样玩更好玩，更能让孩子发展？”“还有什么资源可加以利用？”自问自答中教师不断反思，得到问题答案的过程就是提升自我的过程。

幼儿园会要求教师对班本课程作一个总结汇报，促使教师注意在平时对照片、活动片段的观察记录等资料的积累，这些积累也是推进课程的灵感来源。对整个课程进行反思、梳理，在此回望过程中总结亮点及失败原因，又推动了教师提升实施班本课程的能力。班本课程探索路上，教师、幼儿、家长一路同行，相辅相成，各自收获。

参考文献

［1］虞永平．以班级为基点的幼儿园课程建设［J］．早期教育，2005（5）：30－32.

［2］中华人民共和国教育部．3～6岁儿童学习与发展指南［S］．北京：首都师范大学出版社，2012.

在“双减”背景下，幼儿园做好减负创新工作的研究策略

（孙冠男　北京市怀柔区第六幼儿园）

摘　要： 近年来，经过教育部对义务教育展开调研分析，发现高等教育的短视和功利化问题造成学生作业和校外训练负担过重，家长的经济和精力负担过重，轻微抵消了教育改革和转型的成果。从 2021 年 3 月开始，教育部办公厅陆续公布关于进一步强化中小学生管理的相关措施，2021 年 7 月，中共中央、国务院办公厅又下发了《关于进一步缓解义务教育阶段学生作业负担和校外培训负担的意见》，对“双减”工作做出了关键决策部署。一系列的行动显示了国家实施立德树人根本任务，增进学生彻底转型和健康成长的决心。实行“双减”工作，是发展教育改革的必然要求。这项政策也和学前教育息息相关，作为一线教育工作者，必须实行准确的措施，妥善缓解幼儿的负担，提升幼儿的学习兴趣，使幼儿德、智、体、美、劳全面发展，完成幼小衔接的完美过渡。

关键词： 双减政策；减负；创新；幼小衔接

近年来，经过教育部对义务教育展开调研分析，发现高等教育的短视和功利化问题造成学生作业和校外训练负担过重，家长的经济和精力负担过重，轻微抵消了教育改革和转型的成果。2021 年 3 月开始，教育部办公厅陆续公布关于进一步强化中小学生管理的相关措施，2021 年 7 月，中共中央、国务院办公厅又下发了《关于进一步缓解义务教育阶段学生作业负担和校外培训负担的意见》，对“双减”工作做出了关键决策部署。一系列的行动显示了国家实施立德树人根本任务，增进学生彻底转型和健康成长的决心。实行“双减”工作，是发展教育改革的必然要求。这项政策也和学前教育息息相关，作为一线教育工作者，必须实行准确的措施，妥善缓解幼儿的负担，提升幼儿的学习兴趣，使幼儿德、智、体、美、劳全面发展，完成幼小衔接的完美过渡。

一、找准问题，厘清学前教育“双减”概念及任务

要想真正做好学前教育领域中的“双减”工作，我们必须了解“双减”背景下幼儿园需要减什么，才能有指导、有目标地完成学前教育阶段所承担的任务。“双减”政策是要减轻义务教育阶段学生的课业负担。另外，坚决减少学科类校外培训。通过这两项措施减少学生过重作业负担和校外培训负担以及家庭教育支出和家长相应精力负担。

二、明确目标，架设“双减”与“幼小衔接”的双向桥梁

在“双减”政策下，迎合家长需求的各类教育培训逐渐地退出了孩子们的生活。但是对于幼儿园教育来讲，“双减”政策能为我们更新哪些新观念？怎样帮助家长缓解焦虑？怎样坚定方向？都成为我们迫切需要的新问题。在这里，我想先向大家分享一个名词——“剧场效应”，这是指因个人追求自身最大化利益，引发他人效仿而导致集体的秩序失衡，集体利益受损的现象。我给大家举个例子就不难理解了。当我们在电影院观影时，坐在第一排的人站起来了，后面的观众为了不被第一批的人挡住，也逐渐站了起来，最后所有人都站起来看，全部回到了起点。但看的还是原来的电影，花的也是原来的钱，但是每位观影者的感受是，全部付出了更多的努力，浪费了自己买的座位。那么，我们该怎样改变教育的“剧场效应”呢？

（一）缓解家长焦虑，洞察家长心理

“双减”政策的实施是有意义的，现在我国的教育发展，不光是资本的介入，更多的人在“剧场效应”里内卷。很多家长都在“双减”政策的影响下变得迷茫、犹豫，不知道怎么做才能给孩子带来更好的教育。一部分人说，培训班、学前班本质上解决的并不是孩子学习的问题，而是家长们的焦虑问题。学前班的消失，让一些家长的焦虑变得无处安放。因此，我们首先要做的就是缓解家长的焦虑，尽快转变他们的思想。

1. 发挥引领作用，转变家长教育观念

2012 年，为抑制超前教育，教育部正式印发了《3～6 岁儿童学习与发展指南》（（以下简称《指南》）），以提高幼儿教师的专业素养和家长科学的育儿能力，预防和克服“小学化”倾向。《指南》中分别对 3～4 岁、4～5 岁、5～6 岁三个年龄段末期儿童该知道什么、会做什么，能达到什么发展水平提出了合理期望。很多家长的观念是“集体上课”才算学习，认识汉字，会算加减法，会背古诗词才是学习。因此，我们要改变家长这些不科学的教育观，宣传学习专业知识，从根本源头上遏制家长们的焦虑。

2. 增设家园云课堂，共同育儿促成长

通过以云课堂、线上讲座的形式，构建起家园共育的桥梁。以此为纽带，关注了解家长的心理和需求，帮助我们有针对性地进行指导和帮助，共同促进幼儿能力的提升和习惯的养成，为幼儿共同营造轻松、愉悦、适宜年龄特点的成长和学习环境。

（二）优化教育内容，提升素质教育

学习不仅是学习书本知识，学习的结果也不能只参考成绩。幼儿园的教育渗透在一日生活中的每个环节之中，以及五大领域的方方面面。《幼儿园教育指导纲要（试行）》有关教育内容与要求为：幼儿园的教育内容是全面性的、启蒙性的，可以相对划分为健康、语言、社会、科学、艺术等五个领域，也可作其他不同的划分。各领域中的内容相互渗透，从不同角度发展幼儿情感、态度、能力、知识、技能等方面。由此可见，我们的孩子不仅要学习知识，还要学会各项技能、树立正确的价值以及培养良好的习惯和品质，这就是我们常说的“生活即教育”，学习也是为了让幼儿更好地生活。

通过以上论述，我们更应该重视素质教育，落实立德树人的根本任务。首先我们要做的就是调整教育结构，优化教育内容，促进幼儿德智体美劳全面发展，也要打破重文化课重成绩的思想模式。其实在学前期，能力和习惯的培养更为重要，学校和家长更应该着重培养孩子掌握以下几个方面的能力。

1. 社会适应能力。孩子在幼儿园和家里的生活是不同的，刚步入幼儿园的孩子面对环境的变化会不知所措，情绪低落，老师会通过孩子喜欢的游戏活动，帮助孩子在游戏中做喜欢的事、学习技能、与人交往、释放和调控情感。教育部印发的《中小学心理健康教育指导纲要（2012 年修订）》的文件中提到，心理健康教育的重点是认识自我、学会学习、人际交往、情绪调适、升学择业以及生活和社会适应等方面的内容。

2. 生活自理能力。学习自己穿衣、吃饭、上厕所、睡觉、整理床铺等生活技能，是孩子建立自尊自信的有效方法。只有自己动手、“自给自足”，孩子才能感到自己的能力，产生独立生活的信心，这有利于在儿童人格内部形成优秀的意志品质和良好的行为习惯。我国教育家陶行知曾说过“凡人生所需之重要习惯、性格、态度，多半可在六岁以前培养成功”。好的行为习惯决定了一个人的学习、工作效率以及生活质量，进而影响人生的成功与幸福的指数。同时具有良好的道德规范，自觉遵守社会行为，也是体现高度社会责任感的一方面。

3. 人际交往的能力。人类是社会性动物，每个人每天都需要从别人那里获取信息，通过沟通协调，合作完成工作。人际交往能力是个人社会化的重要体现。主要体现在合作、沟通、协作、协商、分享、共识、友谊等方面。良好的社会关系不仅对儿童现在和成年后的生活具有重要意义，对青少年的身心发展也具有特殊意义。

4. 解决问题的能力。解决问题的能力比解决问题本身更重要。有解决问题能力的孩子会更有自信心和更高的自我效能感，在面对问题和困难时能够不断尝试，克服障碍，实现目标。这是一个人成功的重要能力。

5. 学会学习，养成良好的学习习惯，如阅读习惯、听力习惯、探究习惯。“习惯成自然”，良好的学习习惯让学习像呼吸一样自然，这是一个非常重要的非智力因素。保持对学习的兴趣并保持好奇心。皮亚杰曾指出：“一切智力工作都取决于兴趣。”兴趣是一切学习的起点。不断提高学习能力，掌握科学的学习方法。识别问题、提出假设、检验假设和得出结论的能力；能够投入注意力，制订计划，管理时间，自我调节，不断建构知识和经验。

（三）创新教育模式及课程，实现科学衔接

高质量的教育不仅需要幼儿园和家长等外部力量的支持，还需要高质量的教学内容做支持，通过幼儿生活中遇到的问题及兴趣点进行活动设计和任务布置，坚持以问题为导向，进行一系列活动的探究。

开展有特色的劳动教育。劳动是最好的教育，首先，我们可以以幼儿生活中遇到的问题为导向，开展一系列探究和任务作业的布置，从中提升幼儿的探究能力及生活经验，在劳动中培养幼儿吃苦耐劳、坚持坚韧的学习精神和品质。其次，时事热点的合理利用。为幼儿创造交流讨论的氛围，扩大孩子们的视野，锻炼幼儿的逻辑思维能力，以及培养学习习惯和意志品质都大有益处。最后，大多数孩子面临的压力还是集中于幼小衔接时期，幼儿园也应根据实际情况，提前了解调查入学前的准备和幼儿面临的问题，有针对性地进行解决和指导，同时，通过创新课程的形式，通过幼儿实际操作、游戏的形式，学习数学、书写等知识。大班下学期可以模拟小学课堂随机创新活动，小学也可给幼儿园送教、开设互动课堂，使教学内容互通互补，实现幼小双向协同、双向靠拢，科学深度的衔接。

因此，幼儿园教什么，是根据孩子的身心发展、现在和未来的生活需要决定的。任何超越儿童认知发展规律的超前教育、灌输式教育、机械式重复训练、片面地追求数量和分数的教育，不仅不能促进学习的发生，反而可能阻碍知识和经验的产生。“双减”工作不能一蹴而就，学校、家长和社会三方应从幼儿发展的角度看问题，增强多方的交流合作，为幼儿搭建平缓的过渡，平台形成完整的成长教学阶梯，引导幼儿顺利、自然地完成每个时期的发展和过渡，彻底缓解家长的焦虑，实现增效减负的目标。

多媒体技术在幼儿园教学中的应用

（万妮娅　贵州省贵阳市六一幼儿园）

摘　要：在近几年中，随着教学政策的更新，幼儿园教学工作迎来了全新的发展机遇，为了确保幼儿园教学工作能够在新政策的加持下得到进步，幼儿园教师就要积极寻找教学工作的创新机会。基于此，笔者将对“多媒体”这一新型技术在幼儿园教学中的作用展开分析，为幼儿园阶段的教学工作开展提供相应参考。

关键词：多媒体技术；幼儿园教学；应用方法

当前我国幼儿园阶段中开展的教学内容与方式普遍都存在着较为枯燥与单一的现象。这种教学现状会使得幼儿阶段的学生在进行学习时容易产生较为强烈的抵触情绪。为了解决这一问题，许多幼儿园已经采取相关措施来丰富教学内容，增强教学工作的趣味性，而多媒体技术的应用就成为了一种十分有效的方法。各个幼儿园可以根据自身园区的资源来制定出适合本园开展的教学方式。

一、多媒体技术在幼儿园教学中的重要意义

（一）通过多媒体资源能够有效丰富课堂教学模式

通过多媒体技术的运用，幼儿的课堂学习内容可以变得更加丰富多彩，幼儿们也会更加愿意投入课堂学习之中。这样，传统课堂上那种以教师为主体开展的灌输式教学现状就可以得到有效改进，幼儿们不会再因为单一课堂内容而产生排斥心理。通过有效地利用课堂多媒体技术，幼儿的好奇心与学习兴趣也能被最大地激发出来，幼儿们能够产生对于事物或者问题的探究心理，之后教师再对幼儿进行教导与互动时就可以产生更好的课堂教学效果。

（二）通过多媒体技术来丰富课堂教学素材

传统幼儿园课堂由于受到教材的束缚，导致学生在课堂上能够学习到的东西十分有限。并且由于幼儿年龄较小，还没能形成完整的行为意识能力，这就导致许多能够帮助学生拓展知识面的室外教学活动不好开展。而通过多媒体技术，教师可以搜集到更多的幼儿学习内容，让每一位学生都能在课堂上找到自己感兴趣的东西，有效地激发了学生的学习兴趣。

（三）通过多媒体技术来营造出良好的学习氛围

传统的黑板粉笔式教学由于所能够给幼儿展示到的东西较少，同时对于教师的板书要求较高，已经逐渐被教师们所抛弃。取而代之的多媒体式教学模式可以帮助教师将收集到的音视频资料通过多媒体软件进行播放，学生们能够感受到更加生动形象的课堂学习内容。学生们在这种真实的学习环境之下能够产生更加真切的情感，为幼儿的学习效果带来了十分关键的帮助。

（四）多媒体技术是教学领域的必然趋势

当前多媒体技术在我国的教育、企业、衣食住行等多个领域中有着十分重要的地位。而作为幼儿学习生涯中的第一站，幼儿园教学工作的开展一定要确保学生能够对多媒体技术更好地适应。只有这样才能确保幼儿在未来的小学、初中、高中的学习不会由于较大的学习模式差异而产生不适应的情况。

二、幼儿园教学中多媒体技术的应用途径

（一）营造出更好的学习氛围

幼儿园教学纲要中对于提高幼儿积极性的方法进行了明确：教师必须要为幼儿创造出一个轻松的学习与交流的环境。在当前幼儿园教师开展的教学工作中，教师就可以利用多媒体技术来突破传统教学方法的局限性，通过生动形象的教学内容展示来帮助学生营造出良好的学习氛围，学生在这个氛围中可以进行更加高效与主动的学习。

（二）将多媒体技术与科学教学相结合

幼儿阶段中，学生对于事物的理解较为模糊，相应的科学教学是帮助幼儿快速提高认知能力、促进幼儿身心发展的一项关键途径。在科学教学中结合多媒体技术，可以极大地提高科学教学工作的开展质量。例如，在学习毛毛虫是如何变成蝴蝶的时候，如果教师单纯地依靠口头讲解吐丝化茧成蝶这个过程的话，学生就会感到难以理解，因为幼儿阶段的学生对于茧与丝的概念都较为模糊。而此时教师如果可以采用多媒体教学，将毛毛虫变成蝴蝶的完整过程向学生们进行展示，幼儿们就会对这一进化过程有更加直观的了解。

（三）突破传统教育模式中时间与空间的限制

在对幼儿开展教育时，幼儿园与家庭都有着不可忽视的责任。随着时代的进步，对幼儿开展的教学方式与内容也进行了不断的创新，在教育的开展中，幼儿园与家庭之间的联系也越来越多。由于许多幼儿家长正处于事业的上升期，平时工作较为繁忙，没有过多的时间对幼儿学习进行关注，想要让这一类家长与教师进行配合更是难上加难。因此，教师就可以通过多媒体技术，将幼儿园内孩子的表现上传到互联网上，让家长能够在有限的时间内随时关注自己孩子的园内表现，有效提高了家长对于幼儿学习的关注度，也更好地满足了家长的需求。

三、结语：

总而言之，通过多媒体技术可以很好地保障幼儿园教学工作的开展，能够符合学生的学习需求，通过多媒体设备中丰富的教学内容来牢牢抓住幼儿的注意力。另外，教师也要在此过程中不断学习与提升，掌握更多多媒体技术，来确保课堂教学工作的不断创新。

参考文献

[1] 赵玉红．试论多媒体技术在幼儿园教学中的应用［J］．学周刊，2017（6）：2.

[2] 郭玉娇．多媒体技术在幼儿园教学应用中存在的问题及解决对策［J］．中国校外教育：上旬，2017（5）：2.

班本化视角下的中班班本课程建构——以“你好！蝴蝶”为例

（王岚　贵州省贵阳市六一幼儿园）

摘　要： 班级课程的开展和实施过程，其实就是课程班本化的过程。这个过程既能呈现出师幼共同的探索和互动，又能描绘出幼儿“阶梯式”发展的过程，是课程游戏化精神的体现。本文基于课程游戏化背景下的幼儿园课程探索与实践，立足于班本化视角下的幼儿园中班主题课程构建与实施，以中班班本课程“你好！蝴蝶”为例。通过梳理、分析班本课程开发生成的脉络，立足于促进幼儿在原有发展水平上的提升，尝试探索班本课程建构的框架和路径。

关键词： 课程游戏化；班本课程；中班主题课程

《3～6 岁儿童学习与发展指南》（以下简称为《指南》）中指出，尊重幼儿发展的个体差异。既要准确把握幼儿发展的阶段性特征，又要充分尊重幼儿发展连续性进程上的个别差异，支持和引导每个幼儿从原有水平向更高水平发展。班本课程的开发与实施，以儿童为本，以幼儿生发兴趣、发现问题为立足点，以解决问题为课程生长点。

一、课程来源

在小班的一次户外活动时间，几个小朋友在二楼的角落里，发现了一只白色的蝴蝶，小朋友们围绕着蝴蝶展开了讨论。“它死了吗?”“它是蝴蝶妈妈吗?”“它在走！它还会走耶!”“它没死，它要飞走了!”“蝴蝶是有毒的，我外婆说的，碰到它鼻子会变成灰。”最后这只蝴蝶还是死了，我们把它带回了教室。就这样，围绕着这只意外飞进孩子们世界里的蝴蝶，我们的班本课程“你好！蝴蝶”开始了（见图 1)。

图 1 班本课程“你好！蝴蝶”

二、课程实施策略

（一）预设目标关注幼儿最近发展区

幼儿的学习与发展有其独特的规律，班本课程的建构是对班级幼儿个性化需求的回应和支持。因此班级教师在建构班本课程前，应聚焦幼儿感兴趣的话题或问题，通过课程审议的专业分析，确定课程主题是否符合幼儿身心发展规律，是否有生成为课程的潜力，是否能促进幼儿在原有经验水平上的提升和发展，从而判断是否适合进行班本课程建构。

（二）活动生成关注幼儿生发兴趣和问题

陈鹤琴说“大社会大自然就是活教材”，班本课程开发不能局限于某一类活动，而应囊括晨间活动、自主游戏、区角活动等所有一日生活环节。幼儿园活动形式是丰富多样的，这也就意味着生成的班本课程活动形式是多种多样的。生成性活动是对教师课程开发能力、教学组织能力、儿童观、教育观的综合考验，只有真正看得见一日生活各环节活动价值，才能生成好的班本课程活动。

（三）环境创设关注幼儿发展适宜性及开放性

幼儿园的环境就是幼儿园的课程资源，班级环境创设同样是班本课程资源的一部分，因此班级环境创设在尊重和遵循幼儿年龄特点、兴趣生长点、发展规律的同时，应当与班本课程教育目标相一致。同时，班级环境创设要立足于“以儿童为本”的教育理念。重视班级环境教育意义，通过师幼合作、师幼共同参与，达到培养幼儿的主体精神，发展幼儿的主体意识，培养幼儿的责任感与合作精神的目的。

（四）课程开发关注幼儿身心全面和谐发展

《指南》《幼儿园教育指导纲要（试行）》中指出，要注重学习与发展各领域之间的相互渗透和整合，从不同角度促进幼儿全面协调发展，而不要片面追求某一方面或几方面的发展。各领域的内容要相互渗透，从不同的角度促进幼儿情感态度、学习品质、知识技能等多方面发展。课程的开发建构不能凭空想象，而应建立在党的教育方针和国内现行纲领性文件精神之上。班本课程的构建，能从五大领域不同维度促进幼儿的学习与发展，打破了领域间界限，为幼儿的全面和谐发展提供了途径和渠道。

表 1　中班班本化生成性活动一览表

领域	活动名称	解决问题	实施过程
语言	系列活动“蝴蝶推荐官”	分享蝴蝶知识，促进幼儿相互学习	
	“透明的翅膀”	认识稀有蝴蝶——玻璃翼蝶，了解蝴蝶的品种是多种多样的	
	“蝴蝶日记”	了解蝴蝶因为有鳞粉组成的翅膀，所以不怕小雨	

续表

领域	活动名称	解决问题	实施过程
美术	“蝴蝶展览馆”	欣赏各种各样的蝴蝶标本，了解蝴蝶的外形特征	
	“银杏叶变蝴蝶”	把户外活动时收集的银杏叶制作成蝴蝶，巩固对蝴蝶的认识	
科学	“蝴蝶的蜕变”	知道蝴蝶生长经过卵—毛毛虫—蛹—蝴蝶四个阶段	
	“蝴蝶、飞蛾大不同”	通过观察、比较，分析蝴蝶和飞蛾的异同之处	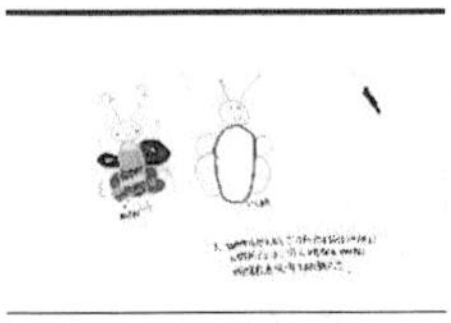
	“帝王蝶”	了解帝王蝶的迁徙过程，知道帝王蝶是唯一一种会迁徙的蝴蝶	
社会	“三只蝴蝶”	通过故事，感受三只蝴蝶之间的友谊	
	“蝴蝶与我们的生活”	了解蝴蝶与我们日常生活的关系，生活中能主动爱护蝴蝶	

续表

领域	活动名称	解决问题	实施过程
健康	“蝴蝶操”	模仿蝴蝶的姿态	
	“找蝴蝶”	围绕幼儿园徒步，尝试寻找蝴蝶	

（五）课程审议关注多方参与度

班本课程须以儿童为本，但并不意味着，只追随儿童。班本课程是儿童的，也是老师的，是幼儿园的，更是家长的。好的班本课程开展，需要儿童、教师、园方（专家）、家长的四方参与。从园所发展角度、家园共育角度共同促进班本课程的生长，只有这样班本课程才具有旺盛的生命力。

三、课程开展实践（课程故事）

（一）关于蝴蝶的小问号

在发现了白色小蝴蝶后，班级教师收集了孩子们提出的具有课程生长点的问题，在班级环境中创设了“关于蝴蝶的小问号”主题墙面（见图2）。记录问题的同时，围绕着解决问题开展相关活动，在解决一个个问题的同时，我们班本课程建构也开始啦！

图2 “关于蝴蝶的小问号”主题墙

（二）美丽的蝴蝶

问题一：蝴蝶的宝宝也是蝴蝶吗？

围绕着这个问题，我们一起观看了蝴蝶生长的科普视频，了解了蝴蝶的生长一共有四个阶段，卵—毛毛虫—蛹—蝴蝶。

熙熙：哇！原来蝴蝶的宝宝不是蝴蝶，是一颗卵。

锴锴：毛毛虫从“壳”里出来就变成蝴蝶了，好神奇啊！

孩子们了解了蝴蝶生长的四个阶段，那他们真的清楚蝶变的顺序了吗？为了了解孩子们的学习情况，我们决定来一次一对一的绘画记录，画一画“我心中的蝴蝶成长记”（见图3）。

图 3　幼儿绘画（一）

问题二：它在走！蝴蝶还会走啊？

在发现白色小蝴蝶时，其实它已经走到了生命的尽头，再没有足够的力气展翅高飞。而是在原地用力地扑棱着翅膀，抑或是缓慢地行走移动。这也引来了孩子们的阵阵惊呼，原来蝴蝶不只会飞，还会走呢！以发现蝴蝶会走为契机，我们围绕蝴蝶外形特征展开学习。通过近距离的标本观察，科普视频的解说，孩子们了解到蝴蝶有一对触角、两对翅膀、三对足，是大自然中完全变态昆虫的一种。

子熙：我知道（完全变态），就和青蛙一样！

佑佑：对，青蛙小时候是蝌蚪，和它的妈妈长得也不一样。

淇淇：这些蝴蝶的翅膀真漂亮啊！

问题三：蝴蝶的对称美

随着课程的推进，孩子们对蝴蝶的关注和了解也更加深入，小朋友们渐渐窥探到了蝴蝶翅膀的秘密，但是却无法准确描述和界定。

科学活动“左右对称图形”，找一找教室里有哪些左右对称的物品。

轩轩：门是左右对称图形。

菡菡：椅子靠背也是左右对称的。

小诗：蝴蝶也是左右对称的！

找了一圈，小朋友们终于在老师的引导下，发现了蝴蝶也是左右对称图形。那就一起用左右对称的方法，做一只美丽的蝴蝶吧！（见图 4）

图 4　幼儿绘画（二）

（三）蝴蝶的好朋友

问题四：它也是蝴蝶吗？

相信不仅孩童分不清蝴蝶和飞蛾，很多成年人也无法准确界定蝴蝶和飞蛾的异同。一只飞到幼儿园的飞蛾，给我们带来了区分蝴蝶和飞蛾的契机。我们开展了科普视频共享、标本观察、绘本故事分享等一系列活动，小朋友们真的能区分蝴蝶和飞蛾了吗？一起来看看孩子们的作品吧（见图 5）！

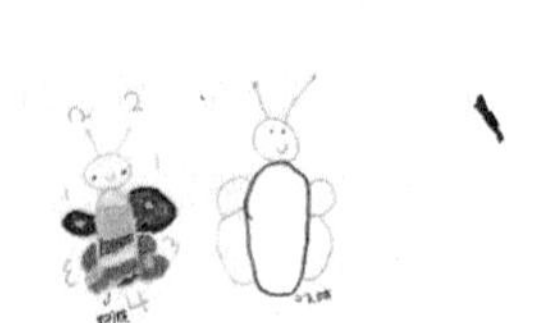

图 5　幼儿绘画（三）

（四）蝴蝶推荐官

《指南》中提出，要鼓励幼儿用多种方式表达自己的想法和情感，应在生活情境和阅读活动中培养幼儿对文字的兴趣。班本课程的一大特点就是，能打破领域界限，设置丰富的综合性活动。本班也推出了《蝴蝶推荐官》活动，幼儿自由选择自己想了解的蝴蝶，通过亲子互动，在家长的引领下，了解该蝴蝶的名称和特点，制成简易海报。并将海报带到幼儿园，在集体面前分享展示自己的蝴蝶海报（见图 6）。

图 6　幼儿海报设计

四、幼儿的学习与发展

1. 学习动机

（1）学习兴趣。“你好！蝴蝶”来源于幼儿的兴趣，围绕幼儿提出的关于蝴蝶的问题展开。因此，幼儿表现出了浓厚的学习兴趣，并享受认识、了解蝴蝶，走进蝴蝶世界的过程。

（2）享受知识带来的快乐。为了更好地支持幼儿将对蝴蝶的认知表现出来，我们在区角中投放了许多低结构材料，如树叶、半面珍珠、马赛克瓷片、塑料亮片等。幼儿也在美工区中，通过画蝴蝶、捏蝴蝶，真正将蝴蝶的外形特征、左右对称等知识内化（见图 7）。

图 7　幼儿美工设计

2. 学习行为

（1）专注力的提升。通过课程的建构和实施，幼儿为了更好地了解蝴蝶，会长时间安静地用放大镜观察蝴蝶标本。为了制作出更美丽的蝴蝶作品，会耐心地对比各种材料，细心地完成造型工作。

（2）坚持性。班本课程的建构并不是一帆风顺的，因为新冠疫情等特殊客观原因，我们错过了 9 月和 10 月的最佳观察期，11 月后已经几乎看不到蝴蝶。因此我们只能通过视频、标本等途径观察蝴蝶，但是孩子们并没有因此就放弃对蝴蝶的兴趣，而是在老师的不断引领中，将对蝴蝶的认知深化、内化。

3. 五大领域发展

健康。在一次又一次的寻找蝴蝶徒步旅行中，孩子们长距离行走的能力得到提升，也提升了适应较冷的天气的能力。

语言。通过蝴蝶主题绘本分享、“蝴蝶推荐官”活动，幼儿能流畅、清晰地表达自己想说的话。

社会。通过“蝴蝶推荐官”增强了幼儿在集体面前大胆表现自己的能力，通过一系列活动，了解了动物和人类生活的关系，形成了初步的生态环保意识。

科学。了解了蝴蝶的外形特征、对称关系，提升了科学探究的能力和兴趣，增加了分类、比较的经验。

艺术。手工制作、造型能力提升较大，在欣赏、感受蝴蝶自然色彩美的同时，提升了自己的审美能力。

五、课程实施反思

此次班本课程建构活动，有以下优点：

1. 活动来源于幼儿真实的生活和兴趣，围绕幼儿的提问实施课程，做到了追随幼儿兴趣，支持幼儿需要，提升幼儿经验，助力幼儿发展。

2. 充分借助了家长力量，通过亲子制作“蝴蝶推荐官”海报，让家长有途径了解、参与班本课程建构。

也有以下不足：

1. 由于客观原因，班本课程开展时长不足。

2. 虽然结合了幼儿园良好的自然环境实际，但蝴蝶出现在生活中主要集中在春夏，因此班本课程开展的时间选择不够理想。

参考文献

[1] 曹能秀．课程实施过程中幼儿教师应处理好的四种关系［J］．学前教育研究，1998（1）：34—36.

[2] 陈娴．让孩子做自己的主人——幼儿园生成性主题活动的实践与研究［J］．中国教师，2013（4）：23—24.

[3] 中华人民共和国教育部．3～6岁儿童学习与发展指南［S］．北京：首都师范大学出版社，2012.

浅谈大班幼儿水墨画教学的有效策略——幼儿园中传统美术活动的组织与开展

（翁雯、张田　贵州省贵阳市六一幼儿园）

摘　要：当今社会正处于高速发展的时代，社会文化变得更加多元化，对我国的学前教育教行业产生了非常大的影响。幼儿园教师需要尝试着使用现代化的教学方法与模式，对传统教学进行改革创新。在对幼儿进行水墨画教学过程中，能够对幼儿的想象力以及创造力进行培养，教师需要关注幼儿的身心发展状况，调动幼儿的学习热情，让幼儿积极地参与到水墨画学习之中。因此，本文对幼儿水墨画教学的有效策略进行了探究，不断地提高水墨画教学质量和效果。

关键词：幼儿；水墨画；教学策略；水墨画教学；创意创新

一、研究设计

（一）构建情境，引发参与

传统的水墨画教学，以单一临摹范画为主，幼儿缺少生活体验，就很难唤起情感上的回应，更不会有惊喜的作品产生。那么，要让幼儿积极参与进来，教师就要根据幼儿年龄特点，创设生动的情境，引发幼儿欣赏。情境的创设给予了幼儿生动的感受，让幼儿以积极的情绪投入水墨画的欣赏之中。

（二）抓住难点，细化分析

在美术活动中，培养幼儿敏锐的观察能力尤为重要。但欣赏并非表面看看，而是深入地寻找美、观察美。因此，在水墨画欣赏过程中，教师要注重以交流讨论的形式支持幼儿观察、分析画面表现的内容，抓住难点。让幼儿在看看、说说、学学中感受变化，并在游戏中掌握该主题水墨画的难点。

（三）多种素材，引导欣赏

在水墨画活动中，除了实物图片的欣赏，教师还可以借助画家的水墨画、动画水墨作品或是幼儿水墨作品引导幼儿进行递进欣赏，以借助不同素材的特质来解决难题：用实物图片解决水墨创作中的动态问题，用大师水墨作品解决绘画技能技巧问题，用幼儿作品解决背景处理问题。如欣赏大师的水墨熊猫时，可引导幼儿对水墨表现技能“勾画”和“抹墨”进行观察和发现，并充分借助看、找、画的形式展开。在欣赏幼儿水墨作品时，让幼儿感受作品中动物遮挡的表现、色彩的点缀等注意的点。

二、实践执教

（一）启发思考，突破重点

水墨画的笔墨情趣优美和谐、妙趣横生，意境深远而独到。对于幼儿来说，无论是对水墨的欣赏力还是表现力，都需要一点一滴地积累。因此，教师要把握住每一个机会，将一些水墨绘画的技能潜移默化地渗透在活动中。在幼儿创作前，通过师幼互动，给予幼儿技能的示范、思维的启发，在提问、质疑、操作中拓宽幼儿创作的思路，为作品的创作丰富经验。启发幼儿观察、了解水墨作画的基本方法如勾线、抹墨等。在重点突破上，改变传统枯燥无趣的讲解和示范，授之以“鱼”不如授之以“渔”，让幼儿在欣赏讲述中感悟水墨表现的不同用笔方法，当幼儿发现勾线处时，顺势引导他们伸出小手和“指挥棒”一起来勾画，在找出勾画的部位同时也学会了勾画的方法。当幼儿观察到浓浓的黑墨绘画处时，及时提升：这是用抹墨的方法画的，接着就马上引导他们看看、找找抹墨的地方。这一教学环节可谓一举多得，在一问一说一做中，把技能技巧融入了幼儿的眼中和心里，重点就这样突破了。

（二）凸显细节，细腻深入

在示范环节中，教师与幼儿以平等的身份共同参与，抓住水墨创作的细节，通过师幼合作完成，既凸显教师的引领作用，又调动了幼儿的积极性。教师成功把握范例的要点，以平等的身份参与到幼儿的操作中，引导幼儿对出现的瑕疵进行弥补，使幼儿带着好奇的心情去观察，将水墨绘画的基本技能在潜移默化中渗透给孩子。创作表现阶段是幼儿独立创作或是幼儿间合作操作的过程。在这一过程中，幼儿很容易出现一系列的问题或是具有发展价值的地方，教师应根据不同能力的幼儿运用相应的支持策略，以此提升幼儿创作的勇气和信心，并提高幼儿的水墨绘画技能。

（三）分层指导，破解构图

分层指导是指教师在了解幼儿个别差异和美术技能的最近发展区基础上，运用相应的互动策略对幼儿实施针对性、个别化的指导。分层指导既给予了幼儿提醒，又能让幼儿有自主思考和判断的空间，使互动变得更加有效。虽然每个幼儿创作的层次不同，但教师的指导让他们都能大胆地表现，并且树立了参与水墨活动的自信。

（四）寻找亮点，鼓励表扬

在水墨活动中，幼儿经常会遇到不同的问题和难题，这时教师不需要直接将答案告诉幼儿，而是通过语言、动作、神态等来启发、鼓励幼儿。

三、经验成果

在传统美术活动的实施方面，我梳理总结了关于水墨画、拓画、线描画三个传统美术活动开展的教育教学经验。

（一）水墨画层面

水墨画是我国的一种传统文化艺术，具有非常悠久的发展历史，并且相对于其他的艺术作品而言，具有自身独特的风格。在进行幼儿美术教育过程中，通过带领幼儿学习并且了解水墨画，能够加深幼儿对我国传统民族艺术文化的了解与认识，对我国民族艺术产生探究的兴趣。不仅如此，通过进行水墨画教学，可以带领幼儿感受到我国传统艺术中的美，培养幼儿创造美的能力。相对于水彩笔等绘画工具，水墨画需要使用到墨以及毛笔来进行绘制，对于幼儿而言，是具有较大学习难度的。

1. 把握心理特点，激发学习兴趣

为了更好地开展水墨画教学，首先需要把握住幼儿心理特点以及年龄认知状况，选择恰当的方式对幼儿进行教学，让幼儿对水墨画产生学习与探究的热情。

2. 从欣赏入手，激发兴趣

老师可以搜集一些简单的水墨画图片给幼儿进行欣赏，并且使用简单明了，且生动有趣的语言，对水墨画中的内容进行描述。能够激发出幼儿对水墨画进行学习和探究的积极性，为后期的水墨画教学奠定良好的基础。

3. 从工具入手，体验感受

在实践过程中，为了降低幼儿水墨画教学的难度，我们先从幼儿对水墨画的兴趣入手，带着他们认识工具。

4. 从简单入手，激发想象

让幼儿涂鸦的时候，教师前期可以规定让幼儿画线条或者画小圆点，当幼儿熟悉了毛笔的基本使用之后就可以鼓励幼儿选择一些生活中自己较为喜爱的物质进行绘画。可以画小樱桃或者小蝌蚪等较为简单的一些形象，幼儿通过这样的自由绘画能够发挥出自身的想象力进行操作，并且还能够在这样的涂鸦练习过程中感受到成功的乐趣。

（二）结合幼儿的学习方式，简化水墨画教学内容

水墨画教学内容是非常复杂的，涉及各个方面，但是在对幼儿进行水墨画教学的时候，教师需要结合幼儿的认知状况，选择一些适合幼儿学习的基本水墨画绘画方法或者技巧，引导幼儿进行学习和了解。

1. 简化内容，突出童趣

在进行课前准备的时候，就需要对教学的内容进行分析，把握住各部分内容教学的核心要点，结合幼儿的心理发展状况以及认知特点，分析在教学中的难点问题。然后再结合幼儿的认知状况，以及水墨画学习状况，对水墨画教学内容进行简化，让幼儿在学习的时候可以有效地理解，并且掌握每一次课程的教学内容。

2. 重视感受，理解结构

为了让幼儿初步掌握水墨画的构图，教师可以使用形象生动的语言进行引导。如："装在盘子里面的小辣椒有好几个，有的小辣椒是同一个家庭的，它们就喜欢凑在一起，有的小辣椒是相互不认识的，所以就需要分开一点。"通过这样的方式，让幼儿感受到在辣椒绘制的时候需要进行疏密调节。通过这样的方式，能够逐步让幼儿感受到在水墨画中存在的布局对整个画面的影响。

但是教师也需要认识到，在幼儿阶段的水墨画教育并不是为了提高幼儿的绘画能力，掌握更多的绘画技巧，而是需要让幼儿对我国的水墨画进行了解和认识，培养幼儿对水墨画的学习兴趣和积极性，因此就需要简化课堂教学内容，降低水墨画学习的难度。

（三）拓画层面

湿拓画起源于中国，是一种历史悠久的绘画形式，经过时间的流逝它险些被大家遗忘在时间的长河中。它以独特的画法和较高的艺术价值成为中国传统绘画中浓墨重彩的一笔，且拓画作为丝绸之路向外传播的文化形式，一直具有较高的艺术地位。为了让孩子能在幼儿园中感受、尝试这种古老的绘画形式，且利于孩子操作，可选择拓画中技法较为简单的水拓画活动。水拓画就是在水上作画，再以纸拓印，被称为大理石花纹纸艺术。它充分利用水的流动性，挖掘色彩间的交汇与融合，带来无限的创作可能和审美体验。孩子在活动中可以观察颜色的渗透与融合，理解水油不溶的绘画原理。感受绮丽多姿的色彩美和灵动多变的纹理美。激发孩子的探索欲望，大胆创作个性化作品。水拓画的独特之处在于，每一幅作品都是独一无二不可复制的，幼儿的兴趣、成就感都能得到极大的满足。

参考文献

［1］杨玉红．水墨画在幼儿美术教学活动中的趣味探析［J］．黑龙江教师发展学院学报，2019，39（10）：82—84.

［2］谢雪琪．水墨童真——幼儿水墨画教学指导策略刍议［J］．当代家庭教育，2020（15）：59.

［3］张永贞．诗画结合开展大班水墨画教学活动的行动研究［D］．上海师范大学，2019.

［4］徐蕾．课程游戏化理念下幼儿水墨画创新教学探索［J］．山西青年，2019（6）：282.

［5］龚艳蕾．浅谈水墨活动中尊重幼儿天性，促进幼儿发展［J］．科学大众（科学教育），2018（3）：81.

利用体能测试数据比较研究法验证体智能教学的可行性

（吴文武　贵州省贵阳市六一幼儿园）

摘　要：体智能活动，不仅是一种技能的训练，也是增强体质的手段，体能活动不仅能促进幼儿的生长发育，增强体质（耐力、速度、协调、灵敏、柔韧、力量），而且对幼儿的心理健康发展也产生一定的影响，如：专注力、意志力、团结合作、勇敢自信、不怕困难、理性、果断等。通过合理的体能训练提高幼儿身体素质，增强环境适应能力、自我保护能力、心理自我调节能力，并为未来的生活、学习、工作打下良好基础。在体智能课中开展丰富多样体能训练对幼儿产生了很多益处。例如，可以增强身体素质。(1) 促进肌肉发育。儿童体智能课程可以给儿童带来一定的运动量。课程进行时，全身的血液循环加快，新陈代谢更加旺盛，全身肌肉因运动变得更加结实。(2) 促进骨骼的发育。课程活动会刺激骨膜的反作用，使骨骼的发育更加旺盛，从而更加坚固。(3) 促进器官发育。课程活动调动起全身的主要器官，代谢更加旺盛，器官功能成长更加迅速。

关键词：体智能活动；体质监测；体质；比较

一、体智能教学的重要性

幼儿在园的体能训练为 3～6 岁期间，正是幼儿身体发育的关键期，因此进行科学合理的体育活动相当必要。体育活动是对幼儿实施全面发展教育的基础组成部分，也是关键。作为教师，要有计划、有目的地组织适合幼儿年龄特点的体育活动，不断研究、实践、总结、创新幼儿园体育活动，以促进幼儿体能发展。

二、研究过程

（一）研究方法

1. 纵向比较研究。在研究中采用比较的方法，在小班第一个学期进行体能测试，然后利用体智能教学对幼儿进行系统训练制度教学方案及指导策略。在小班、中班、大班末期体能测试来进行数据对比，从优秀率、良好率、合格率、不合格率等维度进行比较。

2. 横向比较研究。对近三年的同年龄班的测试结果进行横向对比，从优秀率、良好率、合格率、不合格率等维度进行比较。

3. 样本。样本取 2019 届大班 165 名幼儿和 2021 届大班 171 名幼儿连续 2 年体能测试数据。2021 届为应用体智能训练 2 年，2019 届未用此教学训练。

（二）体智能教学课程设计

随着教育改革的不断深入，人们开始重视幼儿教育。幼儿教育阶段也是培养幼儿学习兴趣、体智能力的重要时期。在幼儿身体发育阶段，体智能课程有着非常重要的作用。在课程中要针对幼儿的年龄特点去提高幼儿速度、力量、耐力、灵敏、协调和柔韧等身体素质，在教学设计中还要注意方法创新。我们运用了以下设计技巧。

1. 通过趣味性教学，提高幼儿各项身体素质

幼儿参与体育活动主要来源于兴趣，只有对活动本身感兴趣，才会够积极参与到活动中来。因此我在体育教学时，引用多方面趣味游戏教学来培养幼儿各种身体素质。

（1）为了让幼儿能够积极地参与锻炼，在教学中设计了速度游戏。例如：红绿灯，小兔子快跑，老鹰抓小鸡等，在游戏中锻炼幼儿的反应能力，提高身体素质，增强耐力，速度是儿童从小就需要训练的一项基本能力，通过速度练习，可以更有效地提高幼儿园应急能力，反应等基本能力。

（2）在活动中设计了协调性趣味游戏锻炼，通过以下协调游戏：小小高尔夫等，促进了幼儿的协调能力，提高全身各个部位相互配合完成特定动作的能力。

（3）在教学中引用了灵敏游戏：呼啦圈、球来了、击剑等，在锻炼中提高了幼儿综合素质，使得幼儿速度、柔韧、力量等素质增强，使得幼儿后天可塑性变强。

（4）在柔韧的教学中引用了趣味游戏：小脚、拔萝卜、拉钓鱼等游戏。通过柔韧性锻炼使肢体、躯干“得以缓慢地拉长”，扩大关节韧带的活动范围，有利于提高身体的灵活性和协调性，在发生意外事故时能避免和减轻损伤；还可以使僵硬的肌肉得到松弛，减少肌肉疲劳。

（5）在力量教学中我采用的趣味游戏：拔河、推小车等。力量训练不仅仅利用重量，它还包括非力量组合、机械、抗阻等练习。适当的力量训练实际上是让孩子参与运动的好方法。很多孩子很容易气馁，往往跑一公里就会喘不上气。通过力量练习可以帮助他们建立良好的健身习惯，让孩子更有信心参与众多体育活动。

（6）在耐力教学设计中引用的游戏：踩蘑菇、趣味寻宝等。发展耐力素质主要是提高幼儿两个方面，一是增强肌肉力量、提高肌肉耐力的训练；二是提高心肺的功能。同时应注意量力而行，循序渐进，避免过度疲劳。

2. 运用情境教学法激发幼儿参与体育活动兴趣

为了让幼儿在体育活动中能够积极参与，教师采用情境式的教学方法激发幼儿兴趣，即情境游戏生活化；动作、技能发展情境游戏化；活动材料情境游戏化。不仅幼儿在体育活动中获得快乐，也同时促进幼儿身体动作协调发展和身体素质的提高，更重要的是在情境游戏中激发幼儿运动的激情，增强幼儿速度、耐力、柔韧、力量、协调、灵敏等身体素质，为幼儿适应未来社会打下基础。

（1）情境游戏生活化

生活决定教育，教育改变生活，生活与教育密不可分。幼儿教育的内容必须源于幼儿的生活实践。只有来源于幼儿生活、贴近生活的教育内容才是有价值的内容，才是活的教育。例如，在发展幼儿触跳能力时，结合日常生活中的打苍蝇，为幼儿悬挂高低不同的苍蝇图片，并投放苍蝇拍，幼儿根据自己的能力跳起来拍打苍蝇，以此促进幼儿触跳能力的发展。

（2）动作、技能发展情境游戏化

在幼儿园的体育活动中，存在着一部分教师把体育课上成纯粹的游戏课的现象。只要体育课就上游戏，无论是新授课还是复习课，都通过设置情境来组织教学，从而造成动作的学习如同蜻蜓点水。那么，如何利用情境游戏来让幼儿真正地掌握体育活动中的技能、掌握动作要领呢？我们可以通过语言、实物、演示、音乐渲染等手段创设课堂教学情境，诱发幼儿学习体育技能的主动性与积极性。例如，在教幼儿跳远时，教师创设了“和青蛙妈妈一起学习本领”的游戏情境，教师当青蛙妈妈，幼儿当小青蛙，教师边讲解边示范，“小青蛙长大了，要和妈妈一起学习捉害虫了”，双脚自然分开，然后摆动胳膊，双脚蹲地用力跳到小苗上捉害虫。教师将单调的、有一定难度的技能内容进行情境设置，对动作技术进行有机整合，通过情境设置让幼儿边学习边巩固，大大激发了幼儿锻炼的兴趣。

（3）活动材料情境游戏化

组织体育游戏时，通常以情境游戏引出活动主题。自然活动材料也在情境中引发幼儿进行体育活动的愿望和构想，并产生相应的行为和活动。在练习双脚连续跳时，我们将小红包

设计成小草，小草的长、宽、高设计成10厘米×5厘米×5厘米，每棵小草的间距为0.5米，共摆放10棵小草，小兔子要双脚并在一起跳过草地去拔萝卜。我们将游戏材料情境化、游戏化，大大激发了幼儿参加体育活动的兴趣。

三、数据分析

（一）纵向比较研究

对三年来的测试结果进行统计后，得出以下柱状图。2020年为体育活动进行训练的第三个学年，末期合格率都达到90%以上，分析合格的构成不难看出：2020届参加体育教学的优秀率比未参加体育教学的上升了23%，优秀人数比重加大。良好率及优秀率在逐年递增，通过训练后不合格率在逐年明显下降（见图1）。

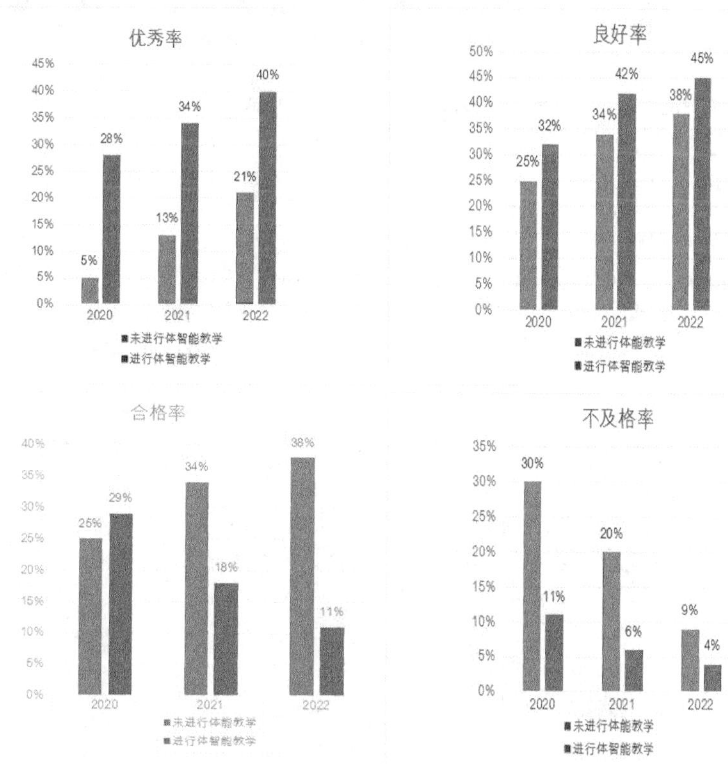

图1 活动训练对比图

（二）横向比较研究

对三年幼儿体育教学活动成果测试结果进行统计，得出以下柱状图。优秀率和良好率在逐年上升，合格率和不合格率在逐年下降，三年下来合格率以上达到了95%，优秀率上升了12%，良好率上升了13%，合格率下降了18%，不合格率下降了7%（见图2）。

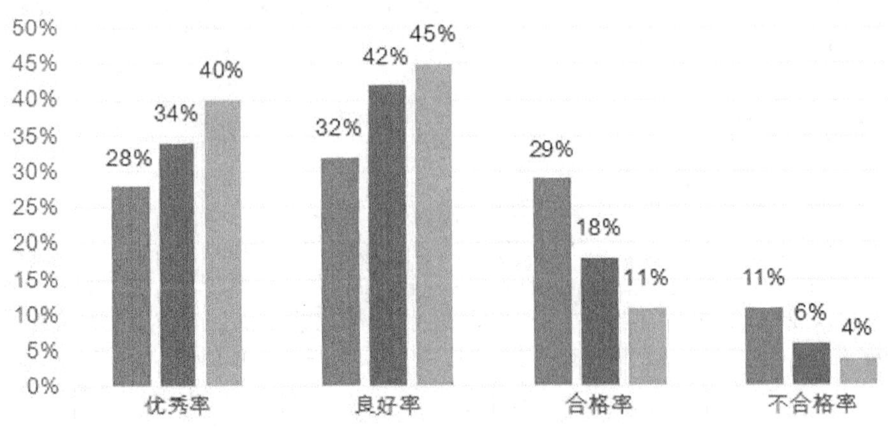

图 2　参加体育教学班级体能测算表

四、结论

经过对体育教学的实践研究，通过数据对比，体育教学对幼儿全面发展是行之有效的。纵向对比发现，经过训练后优秀良好幼儿数得到提高，经过横向对比发现，优秀良好人数所占比重加大。经过分析幼儿综合体测记录发现，不合格的多为身体消瘦、运动发育比同年幼儿迟缓的幼儿。反映出集体教学的策略存在不足，下一步要提高个别教学策略的实效研究。

参考文献

[1] 魏兴菊．幼儿户外体育活动的组织与实施原则［J］．现代教育教学探索杂志，2014（9）．

[2] 汪超．幼儿体育活动设计与指导［M］．上海：复旦大学出版社，2011.

[3] 刘馨．学前儿童体育［M］．北京：北京师范大学出版社，1997.

[4] 张钦梅．幼儿户外体育活动的开展与研究［J］．成才之路，2015（26）：18—19.

如何引导幼儿正确宣泄自己的情绪

（吴雪丰　贵州省贵阳市六一幼儿园）

摘　要：幼儿在日常生活中，不愉快的事情、不顺心的事情和烦恼，往往会引发他们不良的情绪。对于幼儿来说，他们不懂得如何正确地宣泄自己的不良情绪，有的发泄方式可能会对他们造成一定程度的伤害，同时也会对他们日常生活中的人际交往造成影响。

关键词：不良情绪；宣泄；发泄；不良行为；社会交往

幼儿在日常生活中，不愉快的事情、不顺心的事情和烦恼，往往会引发他们不良的情绪，也就是我们所说的“不良情绪”。对于幼儿来说，他们不懂得如何正确地宣泄自己的不良情绪，他们会将不良情绪以各种方式发泄出来。而这样的发泄方式可能会对他们造成一定程度的伤害，同时也会对他们日常生活中的人际交往造成影响。

每个人都会有自己的情绪，这种情绪会受很多客观因素的影响，幼儿受年龄、环境等影响，很多时候不会正确地宣泄自己的情绪，会表现出撒泼、哭闹不休、摔东西、打人甚至自残的行为，很多家长对此采取的态度或是指责，或是冷处理，或是以暴制暴，或是顺从孩子心意等，这样做的结果是治标不治本，制止了幼儿一时的行为，却让幼儿更加不知道怎样正确宣泄自己的情绪，从而变本加厉或压抑情感，影响幼儿心理健康发展。

《3～6 岁儿童学习与发展指南》中指出：“用恰当的方式表达情绪，为幼儿做出榜样。和幼儿一起谈论自己高兴或生气的事，鼓励幼儿与人分享自己的情绪。允许幼儿表达自己情绪，并给予适当的引导。”因此，作为幼儿园教师，要特别重视幼儿不良情绪的疏导和教育工作。那么，如何才能让幼儿正确地宣泄自己的不良情绪呢？

一、尊重孩子，用爱感化孩子

“尊重”是“理解”和“宽容”的前提。在我们的日常教育教学中，幼儿出现不良情绪，从而表现为不良行为时，我们往往会去批评、指责他们，这并不是尊重幼儿，而是一种不负责任的行为。我们应当尊重孩子，从关心和爱护他们的角度出发，关注他们的需要、体验他们的情感，理解他们，给他们以精神上的安慰和支持。只有这样才能真正实现尊重孩子、宽容孩子，只有在充满爱的氛围中，孩子才能有足够的安全感。

1. 当孩子伤心难过时可以抱着他，让他感受到你在理解他，并告诉他“我知道你很伤心”。
2. 当孩子哭泣时，可给他一个拥抱来表示安慰并告诉他“想哭就哭一会儿吧”。
3. 当孩子不愿做某事时，可告诉他“等你想好了再做吧”。
4. 当孩子闹脾气时，可以询问“需要我的帮助吗？”

二、多与孩子进行沟通和交流，让孩子愿意倾诉自己的心声

在幼儿园里教师可以有意识地引导幼儿在日常生活中学会诉说自己的情绪。当幼儿出现不良情绪时，不要急于批评、指责他们，应及时与他们沟通，了解事情发生的原委并设法帮助他们解决问题。让幼儿明白，情绪不好是每个人都会遇到的，觉得自己不高兴或难过的时候是可以说出来的，如果不说出来，别人不知道你到底想要什么。

1. 教师要与幼儿建立相互信任的关系，并给予幼儿足够的关爱，让幼儿有什么情绪都

愿意诉说。

2. 教师要时刻关注幼儿的情绪变化，一旦发现幼儿出现不良情绪，就要及时引导幼儿把不良情绪说出来，并进行正确的心理疏导。

3. 教师可多与幼儿进行交流、谈话，发现幼儿有潜在压抑的情绪时，要引导幼儿说出来。

4. 幼儿在园时，教师要给幼儿创设一个关心、爱护的环境，让幼儿能感受到自己被重视，从而与老师和同伴建立良好的社会交往关系。

三、让孩子知道情绪变化是正常现象

要让幼儿明白情绪不好不是什么坏事，每个人都会有情绪不好的时候。这时候就会表现出难过、想哭的心情。如果有这些情绪，不要压抑，要学会说出来。

1. 通过集体活动，让幼儿知道心情变化的表现。

2. 培养幼儿的社会交往能力，在社会交往中找到自己的朋友，鼓励幼儿有心里话可以和好朋友、喜欢的老师说。

3. 培养幼儿的语言表达能力，能够准确地表达自己的心情。

四、懂得自我宣泄的方法

首先，要让幼儿知道，不良的情绪是可以发泄的，不需要压抑自己的不良情绪。其次，要让幼儿知道什么事情不应该做的理由。例如难过时，可以通过哭泣、呐喊等方式来发泄，但不能乱打人、乱踢东西等，这样不仅不能让他人明白你的意思，而且还会影响他人或自己的身体健康。

1. 引导幼儿积极地在集体中参与活动，或通过角色扮演等活动来进行自我宣泄。

2. 可以用自己觉得舒服又不会对别人造成伤害的方法来发泄自己的不良情绪。

3. 引导他们将自己所发生的不愉快的事情用各种方式记录下来，这样有利于幼儿分析、找出不良情绪产生的原因及正确解决问题。

4. 多参加体育活动，通过身体的运动来进行宣泄，以达到健康成长和愉快生活的目的。

5. 如果幼儿出现了不良情绪而难以自我宣泄时，教师也可以指导他们寻找合适的对象倾诉。

五、给予孩子鼓励，不给他施加压力

幼儿是处于身心发展的时期，在这个时期的幼儿，很容易出现自我评价偏低、自卑心理、缺乏信心等现象，作为幼儿园教师，要注意观察并了解孩子们的心理状态，及时地给予幼儿鼓励，并且让他看到自己的进步与成功。幼儿在成长过程中难免会遇到挫折和失败，这时要让孩子分析自己失败的原因并从中找到成功的方法，不要让幼儿因挫折而对自己失去信心。另外，对于有不良情绪的幼儿，不要给他施加压力，否则会使孩子产生逆反心理和更加不良的情绪。可以带着孩子到户外散步、进行体育锻炼，让他们忘记那些不愉快的事情。越是自信的孩子越会正确表达自己的情绪，相反，越是自卑的孩子越容易压抑自己的情感。因此教师要把“帮助幼儿建立足够的自信心”放在首位。《3～6 岁儿童学习与发展指南》中也提出，“家庭、幼儿园和社会应共同努力，让幼儿在积极健康的人际关系中建立安全感和信任感，发展自信和自尊”。在幼儿园中，教师要教育孩子与人相处要宽容、大度，在活动中引导幼儿积极参与、正确表达，面对失败，不气馁、不放弃。教师还应该做好家长工作，共同给予孩子鼓励。

1. 当幼儿遇到挫折或失败时，不要大惊小怪或指责他们，而是应给予鼓励和帮助，让他们自己从挫折中找到成功的方法。

2. 对幼儿提出的要求要尽量满足，如果孩子的要求不合理时，要及时引导他们说出原因并帮助其解决问题。

3. 当幼儿出现不良情绪时尽量不要制止或转移注意力，要引导幼儿说出原因，教师要耐心倾听，并站在幼儿的角度帮助幼儿分析及找到解决方法。

4. 激发幼儿在活动中积极参与性、勇敢的行为等；并鼓励他们用合理、正确的方式表达自己的不满情绪。

幼儿期是一个人一生中最重要的阶段，教师和家长应该重视对幼儿不良情绪的引导与教育。让幼儿学会正确地宣泄自己的不良情绪是一个重要而有效的措施，也是幼儿身心健康发展的前提。

参考文献

中华人民共和国教育部. 3～6 岁儿童学习与发展指南［S］. 北京：首都师范大学出版社，2012.

从“园本”到“班本”，教师课程意识的转变——课程班本化实施初探

（向红梅　贵州省贵阳市六一幼儿园）

摘　要：班本课程指的是教师以班级为本进行课程实施与开发，根据班级幼儿的已有经验和共同兴趣，充分运用班级的各种课程资源，在教师与幼儿及各种资源的互动中，运用自己的教育理念、知识储备以及教学智慧，和幼儿共同建构课程、探索学习的动态过程。班本课程强调以幼儿生活为基础，以幼儿为主体，以实际问题为线索。班本课程最初应该是基于班级幼儿生活自下而上生发出来的，是动态创生的过程，但这对大多数幼儿园教师来说并不现实。因此，预设与创生共存、由弹性预设走向动态创生就成为班本课程建设行之有效的策略。在新的课程理念的引导下，班本课程已经成为教师与幼儿共同经历的成长道路，能结合幼儿一日活动中的兴趣、问题所在与课程实施中自然、自发、自主共生课程，将适合本班幼儿全面发展的课程与教师的预设课程相结合，孩子才能获得更加全面的发展，教师也能在过程中真正受益，提升专业素养。从园本到班本，为我园课程建设提供了新的思路，课程班本化也成为当前幼儿园课程建设的必然选择。

关键词：园本课程；班本课程；课程意识

我园在2014年9月至2021年12月期间，结合特有的省级文物园舍资源积极挖掘传统文化教育资源，将它与班级活动深度融合，探索传统文化教育在幼儿园活动中的应用策略，形成了具有推广价值和园本传承价值的课程资源包——“祠中‘多彩’课程”，其中包括了“我爱我的幼儿园”“我们爱家乡”“我是中国娃”“春暖花开”“走进纸王国”“甜甜的小学梦”“六宝话节气——24节气园本课程”“六宝话节日——传统节日园本课程”等。这些课程资源包在省、市级教学成果评比中，获得了很好的成绩。多年来，成熟的课程资源包在很大程度上保证了教师课程实践的规范性和幼儿园课程质量，但同时也造成教师习惯了模仿，缺乏创新意识，导致课程缺乏生长力。教师的课程领导意识逐渐减弱，缺乏课程创新的动力和激情，对教师的专业成长造成了一定的影响。

2022年《3～6岁儿童学习与发展指南》（以下简称《指南》）出台10周年，教育部颁发《幼儿园保育教育质量评估指南》，两个指南背景下，给了幼儿园更多的教育教学上的指导和标准，以往依赖教材的时代似乎也在成为过去，而园本课程是不是未来幼儿园课程的方向？是不是每个幼儿园都要有“自己的”课程？这个“自己的”课程是不是我们一直以来所说的“园本课程”呢？带着这些问题，我园根据《指南》精神和教育部关于印发《幼儿园保育教育质量评估指南》通知中“理解尊重幼儿并支持其有意义地学习，不断提高保育教育质量”的要求，为深入提升教师课程建设的能力，贯彻落实好我园课程实施方案，自2022年3月起，尝试以班级为单位推广适宜幼儿年龄特点的班本课程建设，拟通过班本化课程建设，构建保教团队的“课程意识决策力”“课程生成设计力”“课程实施执行力”“课程反思评价力”。

班本课程指的是教师以班级为本进行课程实施与开发，根据班级幼儿的已有经验和共同兴趣，充分运用班级的各种课程资源，在教师与幼儿及各种资源的互动中，运用自己的教育理念、知识储备以及教学智慧，和幼儿共同建构课程、探索学习的动态过程。虞永平教授曾经说过：“班级是课程实施的现实基地，班级是幼儿一日生活的真实所在，没有班级，课程

将空无所依。”我园将课程建设的视角聚焦到了每一位教师的课程实践的主阵地——班级，从而让教师课程领导力真正与课程实践融合，让幼儿园课程方案焕发新的生机。经过第一轮的尝试，我们惊喜地发现，教师们开始对课程意识决策力有了初步的理解，从而确定了以幼儿意愿为主体、以幼儿在园一日生活为基础、以幼儿感兴趣的主题为线索确定班本课程内容的课程理念。

一、师幼共建，以生活素材确定课程来源

陶行知先生在生活即教育理念中提出：“全部的课程包括全部的生活，一切课程都是生活，一切生活都是课程。”班本课程的来源一定是立足于幼儿在园一日生活中的发现和兴趣点，立足幼儿已有经验，在课程实施的过程中满足幼儿的成长的兴趣与需要。如中一班的“变化的天气”中，幼儿在参与区角活动时，发现外面下雨了，小朋友们非常兴奋，关于雨是什么样子的，小朋友们有自己不同的想法（见图 1）。幼儿对于雨天有着十足的好奇心，对不同的天气现象以及天气与我们日常生活的关系也有着强烈的探究欲。老师对幼儿的兴趣点进行了敏感捕捉，通过认真倾听和思考，对“变化的天气”这一主题，为后续课程的开展提供帮助和支持。师幼之间围绕天气标识、影响天气的要素等展开讨论并实施探索，将课程元素融入孩子的一日生活，在日常生活中激发幼儿的兴趣、巩固已有经验。教师还支持幼儿根据自己的需求将学习成果以儿童的视角和儿童的喜好在班级中进行展示，形成幼儿有自主权、喜欢的环境，保持幼儿的兴趣，让幼儿在熟悉且喜欢的环境中持续探究。

图 1　中一班小朋友观察图

二、兴趣为本，构建个性化班本课程体系

班本课程构建与实践的主体是班级，是教师与幼儿。课程是幼儿发展的载体，幼儿的现实生活则是课程的生长基点。中四班本学期“与虫相遇”的主题从上学期“泥土里的秘密”延伸而来。一日活动中围绕主题课程的开展，经常能看到孩子们呼朋引伴、围成一团甚至趴在地上看小虫子们的秘密行动，不停交换着自己的发现，并经常向老师发问。教师依据幼儿的兴趣和经验，支持和帮助幼儿进行深入研究，实现了从发现知识至建构认知的转变。教师对幼儿原有经验进行梳理并对课程的开展进行初步规划，预设主题网络图，划分板块与领域，依据幼儿的兴趣及需要引导幼儿主动探索、亲身体验，从而改造原有经验获得新认知。以昆虫你好—了解昆虫的基本特征—了解昆虫的本领—了解昆虫的生活习性—了解益虫和害虫—了解昆虫和人类的关系为路径来推进课程的实施（见图 2）。班本主题活动采用集体教学、区角活动、实践活动、亲子活动、环境陶冶与头脑风暴的形式融入五大领域来开展。

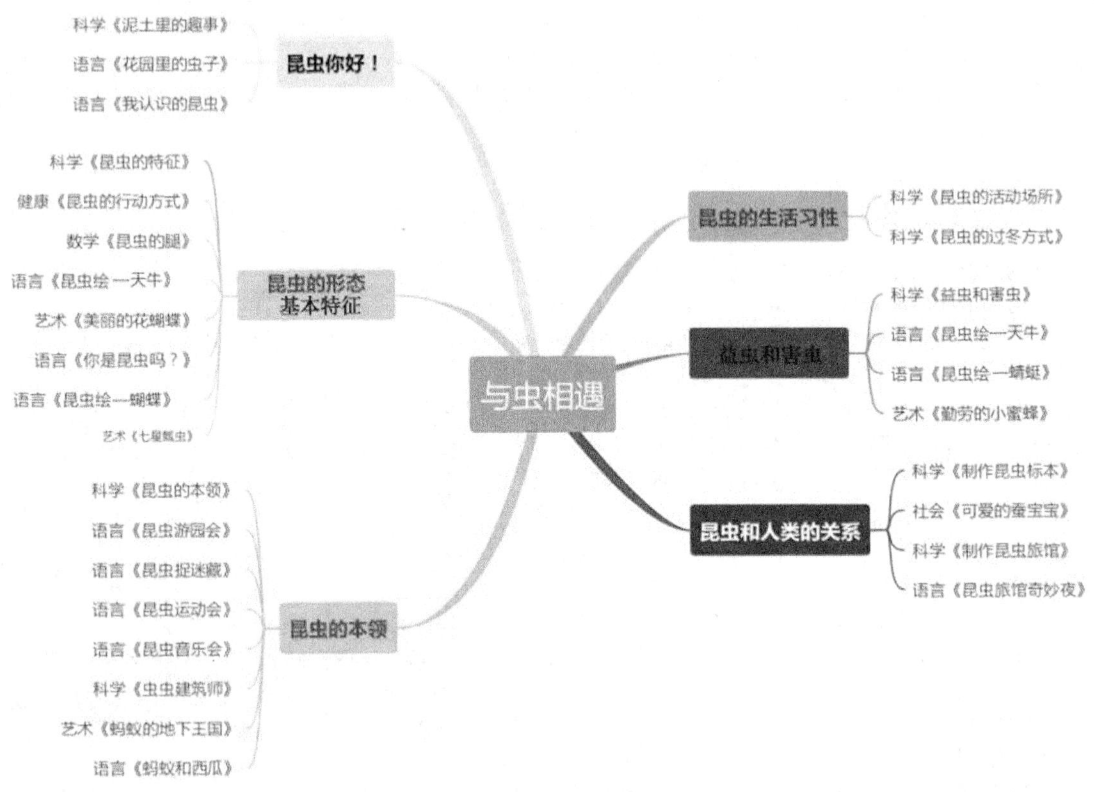

图2　主题分析网状图

这些案例充分体现出教师在尊重幼儿兴趣与经验的基础上，主动追随幼儿需求，在师幼积极互动中创生课程，也充分显示了幼儿在班本课程实践中的主体地位。

三、动态生成，以班级环境支持课程发展

课程开展与班级的环境创设紧密相连、相辅相成，课程的开展有助于营造良好的班级环境，良好的班级环境也能够帮助幼儿更好地释放天性，让幼儿在和课程主题相关联的环境中不断获得发展。如中三班“耶，蔬菜”班本主题活动来自自主游戏中，教师发现幼儿总是会自发地组织起“做菜”的游戏，幼儿园随处可见的材料、花草，都变成了他们的“食材”和工具。确定主题后，教师将空间布局的主动权交给幼儿，让幼儿参与到环境布置中，主题墙、区域环境、走廊环境都留白，期待幼儿根据主题活动的开展逐步进行丰富。为了让班级的环境能够与课程的开展有效互动，教师设置了以蔬菜为主题的进区标识、光盘请翻牌等墙面主题，还以蔬菜为主题预设了自然角，让幼儿通过种植、观察、记录等方式了解蔬菜的分类和生长习性，图书区也投放了大量和蔬菜关联的绘本。

四、课程创生，师幼互动搭建课程建设新思路

班本课程强调以幼儿生活为基础，以幼儿为主体，以实际问题为线索。班本课程最初应该是基于班级幼儿生活自下而上生发出来的，是动态创生的过程。因此，预设与创生共存、由弹性预设走向动态创生就成为班木课程建设行之有效的策略。在小班的一次户外活动时

间，几个小朋友在二楼的角落里，发现了一只白色的蝴蝶，小朋友们围绕着蝴蝶展开了讨论。“它死了吗?”“它是蝴蝶妈妈吗?”“它在走！它还会走耶!”“它没死，它要飞走了!”“蝴蝶是有毒的，我外婆说的，碰到它鼻子会变成灰。”最后这只蝴蝶还是死了，我们也把它带回了教室。就这样，围绕着这只意外飞进孩子们世界里的蝴蝶，班本课程“你好！蝴蝶”开始啦（见图 3)!

图 3 幼儿实践

班本课程是园本课程实践的新探索，也是在时下学前教育必须高质量发展，促进每一个孩子健康成长以便贯彻落实党的十九大“办好学前教育”、实现“幼有所育”的实际行动的园本课程实施的新趋势。现我园各班教师均能在每学期幼儿园设定的大主题下，结合本班幼儿的兴趣和经验反馈开展各具特色的班本课程，管理层定期根据各班课程开展情况进行课程审议，和教师们一起回顾、反思、互相鼓励、互相评价，并给予恰当而适时的建议，只有在预设计划与幼儿兴趣的融合中找到平衡点，才能真正推动班本课程的构建并最终实现课程动态创生。在新的课程理念的引导下，班本课程已经成为教师与幼儿共同经历的成长道路，能结合幼儿一日活动中的兴趣、问题所在与课程实施中自然、自发、自主共生课程，将适合本班幼儿全面发展的课程与教师的预设课程相结合，孩子才能获得更加全面的发展，教师也能在过程中真正受益，提升专业素养。从园本到班本，为我园课程建设提供了新的思路，课程班本化也成为当前幼儿园课程建设的必然选择。

一对一游戏故事记录与分享中教师积极关注对幼儿叙事能力影响的思考

（易嘉琪　贵州省贵阳市六一幼儿园）

摘　要：在一对一游戏故事记录与分享活动中，幼儿作为叙事主体，从全新角度展示自主游戏的过程与感受，获得语言领域发展的相关关键经验。根据皮格马列翁效应，为了更好地促进幼儿叙事能力的发展，教师应当提高在师幼互动中的敏感性，重视对幼儿游戏故事记录与分享的个性化回应，因此培养教师对幼儿在一对一游戏故事记录中的积极关注有着深远意义。

关键词：积极关注；叙事能力；一对一游戏故事记录

一、前言

以安吉游戏为代表的自主游戏在我国越来越多的幼儿园落地生根，一对一游戏故事记录与分享也随之成为幼儿园的特色活动。在教师、家长等多方的重视下，幼儿在真游戏中获得真经验，得到真发展。幼儿在游戏故事记录与分享中逐渐养成学习内驱力，五大领域发展所需关键经验都得到显著提升，特别是语言领域中的语言表达能力。

二、积极关注一对一游戏故事记录与分享的意义

《3～6岁儿童学习与发展指南》中提到："幼儿的语言能力是在交流和运用的过程中发展起来的。应为幼儿创设自由、宽松的语言交往环境，鼓励和支持幼儿与成人、同伴交流，让幼儿想说、敢说、喜欢说并能得到积极回应。"每个幼儿都是独特的，要理解他们的特点，我们需要对幼儿的一言一行感兴趣，特别是倾听幼儿在说什么。如果我们的教育目标是培养幼儿的倾听与表达，那么成人首先要去倾听幼儿的心声，尊重、关怀幼儿，承认并接受幼儿。一对一游戏故事记录活动正是一个专属于幼儿表达的机会，鼓励引导幼儿学会正确运用符号和语言进行表征和表达，而不是简单的尖叫和其他反社会行为，如打人、砸东西等。

绘画游戏故事是从儿童视角出发，幼儿自己通过绘画表征讲述自己的游戏故事，用适合幼儿的故事讲述方式叙述自己的故事，不仅有助于幼儿发出真实的声音，也有助于研究话语的丰富和多元，更是改变了站在教师视角记录的传统，避免了教师所记录的幼儿游戏故事的主观性与臆想性，促进理论与实践的对话。幼儿从自主游戏到表述游戏故事，经历了"选择、设计、确定游戏—自由游戏—绘画＋符号描述游戏过程—游戏故事作品分享、交流—游戏故事本—游戏故事墙"。游戏故事不仅是儿童的绘画作品，而且是分享游戏故事的"剧本"，也是儿童游戏活动的延伸，以及教师解读儿童游戏的重要依据和来源。

在一对一游戏故事记录和分享活动中，教师的积极关注体现在：（1）认真倾听；（2）如实记录；（3）正向反馈；（4）长期坚持。通过一对一游戏故事记录和分享，教师对幼儿的积极反馈强化了幼儿思考、记录和分享的行为，幼儿与教师互动的时长增加、距离缩短、频率稳定，幼儿在此过程中，感受到教师耐心倾听自己所思所想，得到艺术表达和语言表达发展的高度关注，更能获得对幼儿园、对班级的归属感，对教师产生依恋与分享欲，从而获得语言领域倾听与表达的关键经验，最终促进叙事能力的发展。

三、教师积极关注一对一游戏故事记录与分享的思路

教师的专业成长受其对儿童的认识、对儿童学习的认识、对儿童游戏的认识、对课程环境的认识、对自我身份的认识等多重观念的影响。在众多观念中，儿童观决定了教育观，而教育观又制约着课程观。儿童观、教育观、课程观的转变，意味着交互式专业思想的成长与转变，也意味着教师在实践现场课程与教学行为的渐进转变。游戏故事通过幼儿真游戏的描述，让教师放手游戏，发现“了不起的儿童”，由衷地热爱儿童，改变儿童观；看懂游戏，发现游戏背后的学习，分析游戏背后的儿童发展，重新思考师幼关系，理解儿童，改变教育观；回应游戏，追随儿童，重建教与学的关系，改变课程观。如果教师认同游戏就是学习，那么，教师的学习观也会转变。同时，教师会把游戏作为基本活动落实于课程之中，教师的课程观和教学行为也会相应转型。

（一）客观、耐心倾听幼儿表达

在课程游戏化的大背景下，幼儿是课程的主体。游戏故事的叙述主体是幼儿，叙述的内容是幼儿自身真实的游戏过程，幼儿对游戏故事的表征，整合一日生活所获得的经验。开展一对一游戏故事记录与分享活动能推动幼儿从“做”到“思”。

教师在倾听和复述时应客观真实，若幼儿绘画的内容与游戏活动无关，教师如实记录即可，尽量避免浮夸和过度加工引起幼儿反感。一对一游戏故事的出发点是促进幼儿的创意表征和大胆表达，如果发现个别幼儿在绘画游戏故事时长期偏离主题，且画面内容单一，教师可以多留心、多询问幼儿的游戏过程，带领幼儿找寻游戏中的兴趣点并记下来，鼓励幼儿在绘画游戏故事时记录，幼儿开始记录游戏相关信息后及时表扬强化，促进幼儿游戏前有计划，游戏时有印象，对于长期玩的玩具和场地有独特的感受。

（二）实施连贯、长期的积极关注

一方面对幼儿在进行游戏、绘画和讲述游戏故事的完整过程进行连贯的积极关注。第一，在绘画游戏故事前带领幼儿回顾游戏过程。教师可以在幼儿游戏时多观察，留下幼儿照片或视频方式，看见幼儿三五聚集时及时捕捉和记录，以保留幼儿游戏的“高光时刻”。长期记录后，幼儿会热心游戏活动中的新发现，并且在有任何新发现或心情愉快时都会非常热情地呼唤教师记录。第二，在幼儿一对一讲述游戏故事时，帮助幼儿梳理叙述思路。如“你玩了什么?”“和谁一起玩的?”“是怎么玩的?”“你们有什么新发现?”等，在不扭曲游戏事实的前提下，充分挖掘幼儿游戏细节，整合幼儿碎片游戏信息后规范幼儿语言表达，让幼儿有话可说，言之合理。第三，在全体幼儿面前请语言表达清晰、不怯场的幼儿进行分享，对画面到游戏故事内容进行点评，树立榜样，鼓励其他幼儿积极参与。

另一方面是长期的关注，幼儿的语言表达不是一次就能到位的，逻辑思维也不是一次就能形成的。幼儿在长期规律地回应教师抛出的问题时，逐步养成记录游戏故事的习惯，学会记忆游戏故事里的细节和新发现，构建出叙事的逻辑思维结构。教师投入积极情感关怀所有参与游戏故事记录和分享的幼儿，让幼儿感受到成人对于稚嫩表达的尊重和期待，教师可以组织有仪式感的活动进行记录和分享，帮助幼儿逐步从具体形象性思维过渡到初步具有抽象逻辑性思维。

（三）巧妙运用幼儿游戏故事作品

幼儿的游戏故事绘画作品通常以粘贴或悬挂在游戏故事墙的形式展示，幼儿对于自己的作品被展示在公共区域，总能感到自信与自豪。在家长会等家长入园活动时，家长除了关注幼儿的游戏和生活环境条件，更关注以幼儿为主体的游戏故事墙，惊叹于幼儿的创作。教师

若在平时对一对一游戏故事进行积极关注，与家长沟通的内容会更加丰富和具体，显示出教师的专业性，促进家园合作。

幼儿游戏故事墙既是班级环境创设的一个重要部分，更是可反复利用的教学材料。幼儿喜欢聚精会神观察每一个小朋友的作品，喜欢与同伴讨论分享自己的作品，在此过程中也从同伴处获得语言表达的机会，在与同伴非正式分享作品的过程中，幼儿能了解同伴作品关于同一个玩具或同一个场地的不同表达，有“互通有无”的作用。教师可以利用幼儿的游戏故事作品进行教学。如班级有新玩具，或者有新场地可供游玩，此时可以邀请绘画能力较强的幼儿以幼儿能看懂的笔触，描绘玩具玩法或游戏规则，做成班级规则小贴士等，帮助幼儿直观了解玩法和规则。

四、结语

教师对幼儿的一对一游戏故事记录与分享表达的积极关注，充分尊重幼儿的自由表达，对引导幼儿逐渐习得叙事技巧有着巨大作用。同时，一对一幼儿故事记录和分享活动能够帮助教师学会更好地倾听、理解、回应幼儿的游戏行为，充分、客观了解幼儿游戏水平与兴趣点，及时捕捉幼儿在游戏中遇到的问题生成教学，在不断的实践与反思中提升敏感性和积极关注质量与水平，追踪幼儿的水平，促进幼儿成长，形成良性互动，互促进步。幼儿园开展一对一游戏故事记录与分享活动，能有效促进落实“游戏是幼儿园的基本活动”，真正实现“课程游戏化”或“游戏课程化”，为丰富游戏课程提供强有力的证据。

参考文献

[1] 高艳．成熟型幼儿教师语言学科教学知识的个案研究［D］．西北师范大学，2015.

[2] 胡予安．基于绘本在晨谈中提升幼儿语言能力的实践［J］．基础教育论坛，2022(28)：82—83.

在探索学习活动中促幼儿主动性发展的研究

（刘霞　北京市西城区广安幼儿园）

摘　要：幼儿常常表现出对周围世界探索的愿望，作为教师，我们要利用幼儿感兴趣的事物或问题，引导幼儿进行科学探索的学习活动，在整个活动中，教师和幼儿都是学习者，两者相互支持、相互引导、相互沟通、相互交流，最终在探索学习的活动中促进幼儿主动发展。

关键词：探索学习活动；主动性

一、问题提出

（一）研究价值

在幼儿的一日生活中，常常表现出积极主动地探索和认识周围世界的愿望，对许多新奇的事物感兴趣，总爱提出一些这样那样的问提。作为教师，我们应该在日常抓住幼儿感兴趣的事物或问题进行分析，利用幼儿感兴趣的事物或问题引导幼儿进行科学探索的学习活动，在整个探索的活动中，教师和幼儿都是学习者，两者相互支持、相互引导、相互沟通、相互交流，最终在探索学习活动中促进幼儿主动发展。

（二）研究现状

过去，教师总是将成人的各种想法强加于幼儿，造成幼儿对活动内容不感兴趣，有的活动无法进行到底等。原因是教师在组织幼儿探索活动中，往往不考虑幼儿科学教育的发展目标，认为幼儿的观点及发现是没有教育和发展价值的，这对幼儿的发展很不利。教师应该在探索活动中，将关注点从书本转向幼儿，注重在日常活动中多观察幼儿，多发现幼儿的表现，在探索学习活动中，教师和幼儿共同去体验科学的真谛，启发幼儿主动的愿望。

二、概念解释

探索学习活动。探索学习活动是幼儿主动学习、主动探索的过程。教师应该支持幼儿的亲身经历、亲眼所见，以及自己的真实想法，在探索发现的过程中，去体验、去发现、去获得各种技能和各种知识经验，锻炼提高自身解决问题的能力。

主动性。儿童的主动性是儿童自身发展的一种内在积极特性，是儿童主动探索外界世界的支撑，是通过儿童自身和外界环境相互作用而产生的相对稳定的心理特点，其他品质在此基础上发展起来。可以看出，儿童的主动性是与生俱来的，但其发展受到后天教育的影响。当教育者提供足够可以调动儿童主动性发展的外在刺激时，这种主动性就会充分发展。

三、幼儿主动性发展的实施策略

（一）探索活动内容源于幼儿的日常生活和兴趣

1. 活动内容源于幼儿的日常生活

探索活动的内容来源于幼儿的日常生活和游戏，它们能使孩子们体验和感受活动内容与自己和其他同伴的相互关系，发现和感受周围世界的神奇，体验和领悟到科学探索就在身边。挑食是幼儿成长中普遍的问题，尤其是在吃萝卜菜的时候，经常可以见到孩子不爱吃而被扔掉的萝卜，教师发现了日常生活中的这一现象，针对幼儿出现的问题与幼儿一起讨论分析。“我爱吃萝卜”的主题活动就这样产生了。在整个活动中，让幼儿在直接获得经验基础上认识了萝卜以及知道了萝卜的营养价值，从而获得真正的内在探索动机，保持永久的好奇心和探索欲望。

在日常生活中，教师要做一位有心人，经常去观察、去发现、去捕捉幼儿这样那样的问题，然后与幼儿一起探索活动，共同成长。

2. 活动内容源于幼儿的兴趣

兴趣是幼儿自觉学习和发展的动机力量，幼儿天生爱探索，对许多事物感兴趣，教师要善于发现幼儿感兴趣的事物，将这些感兴趣的事物或问题扩展成为幼儿探索学习的内容，从而生成探索教育活动。

（二）在探索活动中材料的重要性

材料是引发幼儿对活动进行探索的桥梁，他们可以借助材料直接进行操作，从而获得真实的体验和对事物的正确认识。

1. 为幼儿参与活动提供材料

当探索活动内容确立后，教师可与幼儿一起准备活动所需要的材料，这样，幼儿在活动中，会主动地观察所带来的材料，很精心地照顾它们。这对幼儿主动参与探索活动提供了必要条件。通过让幼儿亲自参与提供材料，孩子们多了一份爱心，而且参与活动的主动性增强了，发现问题的机会增多了，在活动中促进了幼儿与材料的相互作用。

2. 材料具有观察性和操作性

在探索活动中，材料不是摆着看的，而是让幼儿通过材料进行观察和动手操作活动。这样，孩子们可以获得信息的渠道逐渐丰富起来，有关活动内容的知识经验逐渐扩展起来，孩子们会获得更多的发现，从而达到探索活动的目的。孩子们在与活动材料相互作用的过程中，充分体验到了动手操作的乐趣，发展了幼儿的观察力，提高了幼儿解决问题的能力。这些都是旁人无法给予的能力及体验，作为教师也是在活动中与幼儿共同探索、共同学习、共同成长的。

3. 材料具有新奇性和发展变化性

提供的材料对幼儿来说应该是他们感到新奇的，具有变化性的。反之，时间长了孩子们就会对那些材料不感兴趣、淡忘了，甚至会很少去关注它们，更谈不上通过这些材料进行探索活动。

（1）材料的新奇性

在活动“黑药丸的故事”中，幼儿带来的是青蛙的卵，这对幼儿来说是一个很新奇的事物，他们之中可能大部分幼儿从来没见过它，从而会对青蛙的卵产生好奇，幼儿带着这种好奇心，会主动地去关注那些卵的变化，这在探索学习活动中是非常重要的因素。

（2）材料的发展变化性

资料上说青蛙卵在室温 15℃～30℃就可以孵化成小蝌蚪了，当时天气正好是冬天，和孩子们一起讨论后将装有青蛙卵的鱼缸放到了暖气架上，这样，在每日的观察中，孩子们发现了青蛙卵的变化。我和孩子们在整个观察过程中都处于主动、兴奋的状态。

（三）在探索学习活动中，教师与幼儿相互支持、相互引导、相互沟通、相互学习和交流的关系

1. 教师为幼儿创设一个良好的探索环境

探索环境分两种：

（1）物质环境：材料的丰富性、新奇性、发展性、可操作性，为幼儿提供便于观察、操作、探索的区域。

（2）精神环境：教师应该用积极、鼓励的态度去引发幼儿探索的愿望。

①用积极、鼓励的态度去营造探索氛围。

幼儿在探索活动中出现积极主动的态度时，教师应该及时鼓励和支持。我们按照幼儿猜想的问题进行探索活动，孩子们在活动中情绪十分高涨，有的幼儿在进餐前用自己碗里的米饭、面条喂蝌蚪。孩子们在自己动手的操作过程中，既培养了幼儿的任务意识，又提高了幼儿的责任感。

②探索活动中教师为幼儿创设成功的体验。

在探索活动中，教师不要直接给予幼儿任何意见，应该通过观察、操作、发现，让幼儿自己在探索活动中去体会、去感受，教师应给予每一位幼儿以激励性的评价，使每个幼儿在每次的探索活动中都有所发现，有所收获，为幼儿创设一个健康、宽松的探索环境是十分必要的。

2. 幼儿提出的问题和要求，是活动深入进行的前提

在活动中，幼儿会提出这样那样的问题，这也正是活动延伸的最好桥梁，孩子提出了问题，我们应该想办法去解决、去实践、去发现，最终得以解决。在“我爱吃萝卜”的活动中思思的一句话将活动引向深入：“萝卜有什么营养呢?”带着这个问题，我们请来了幼儿园的保健大夫给小朋友讲解萝卜的营养价值，家长在网上也帮我们查找了许多关于萝卜的营养资料，我们运用了一只卡通兔子，结合生动有趣的故事向幼儿介绍了有关萝卜的营养。

3. 将孩子在探究活动中的发现真实地记录下来

记录下孩子们的发现，这对于培养幼儿尊重事实，实事求是的科学态度与精神，促进幼儿自我建构知识与经验等具有独特的作用。幼儿学习记录收集信息，对于他们终身的学习和发展都具有重要意义。另外，还有助于同伴间的交流，有助于理解科学的实际意义。

（1）幼儿口述观察结果，教师文字记录。

（2）可以让幼儿运用绘画进行记录。

小班幼儿善于运用绘画表现自己的想法。在活动中，我们尝试着让幼儿将自己的观察发现运用绘画形式记录下来，这样将抽象的事物变成具体的图表，有助于幼儿在尊重客观事物的基础上得出结论。

（四）活动中，支持、鼓励幼儿进行猜想活动

身为教师，我们不应该怕幼儿有问题，幼儿真正的主动探索和学习是从问题开始的，幼儿有了问题，他们才能够积极、主动想办法去寻求答案，才能真正地走进探索的世界中。

当猜想与真实部分不一致时，需要孩子们不断丰富自己的知识经验，当猜想与事实不一致时，孩子们需要调整自己的知识和经验。只有猜想与事实不断地进行比较和碰撞，才能使新的知识经验的主体建构得以发展。

四、研究结论

自然界中充满着神奇有趣的科学现象，引导幼儿以亲身经历、亲身实践、亲身探索为基

础的探索过程，有助于幼儿主体建构知识经验，有助于提高解决问题的能力，教师要创设能够引起幼儿兴趣和探索思考的情境，投放能够支持幼儿发现、探索的材料，采用恰当的指导与幼儿共同学习和发展，为幼儿主动探索学习活动铺路搭桥。

参考文献

刘占兰．让幼儿在主动探索中学习科学［M］．北京：首都师范大学出版社，2007.

优化支持性环境，促大班幼儿主动学习

（曹义浓　北京市西城区广安幼儿园）

摘　要： 作为教师我们要不断地观察幼儿的游戏状态和游戏过程，在过程中注意倾听、记录、观察和思考。游戏才是促进幼儿学习与发展的主要途径，我们必须立足于幼儿本身，从幼儿出发，去思考他们各项发展，及时反思教师提供环境的适宜性，及时反思环境是否基于幼儿的活动需求，既不要限制幼儿的想法，也不要打破幼儿的创意。只有在不断反思中，突破以往的惯性模式思维，才可以在教育中捕捉幼儿的成长、促进幼儿在游戏中主动学习。

关键词： 支持性环境；主动学习

一、研究价值

《幼儿园教育指导纲要（试行）》《3～6 岁儿童学习与发展指南》提出优化支持性环境，促进大班幼儿主动学习的要求。

在大班上学期的活动中我们总是听到孩子们向同伴和老师讲述《西游记》里的人物、故事情节。因此基于孩子们的兴趣、经验和班里的玩具材料，与我们班级中的孩子们共同开展了《西游记》的主题活动，在主题活动中，我们发现孩子对《西游记》故事情节感兴趣，愿意尝试去表演其中的角色。表演角色就需要制作各种道具，在美工区孩子们的制作过程也引起了我的观察和思考，那么如何让幼儿在环境中主动学习并且给予幼儿自主探索的过程呢？

二、实施策略

（一）立足儿童视角深入了解幼儿兴趣点

在班级开展《西游记》主题活动中，我们带领幼儿一起讲述《西游记》故事，过程中，发现他们对《西游记》中几个重要角色拥有的法宝都产生了浓厚的兴趣，比如猪八戒的九齿钉耙、孙悟空的金箍棒、唐僧的九环锡杖……

我们善于捕捉倾听幼儿之间谈话，记录他们的兴趣点，比如在拿来图书区的《西游记》作为参考尝试制作。基于对幼儿前期经验的了解，我们为幼儿提供法宝的各式图片。对于在美工区要制作道具的幼儿有了启发作用，给予幼儿自主选择的机会和空间，启发他们制作立体道具甚至创造属于自己法宝。

搭建有关《西游记》中出现的建筑对大班初期幼儿水平来说，其实是一个挑战。利用不同的形状大小的积木材料，还需要几何空间上的尝试设计。

刚开始游戏中我们发现孩子的想法比较单一，几个人都是自己在搭自己的作品，缺少合作意识，也没有准确的搭建目标。但是在日常我们捕捉到幼儿经常提到的一些“《西游记》”里出现的建筑名称。于是我们和幼儿共同寻找收集故事中出现的建筑图片，也请带来建筑照片的幼儿为大家进行介绍和讲解。当有了这些照片后我们发现，在游戏过程中从幼儿视角上能更加清晰地了解幼儿对《西游记》中建筑的兴趣。

（二）倾听幼儿想法，提供适宜的材料和支持

在美工区中，我经常会听到孩子们说“老师我要做这个”，可是用别的材料可以吗？另

外，发现他们对老师日常中制作环境创设的材料很感兴趣，比如及时贴、硬卡纸，各种胶类辅助材料、立体、盘子、塑料盒等都产生了浓厚的兴趣。幼儿探究和学习的主要方式是亲身经历和获得直接经验，因此适宜的材料和工具对他们来说必不可少，并给予他们自主选择机会来创造。在儿童那里，“差不多每一个孩子到了4～7岁时，在有合适环境的鼓励下，都是极富于创造性的。对于有所有的孩子来说，这个阶段正是最自由的阶段”。因此在游戏过程中，我们要注意倾听每个幼儿的想法，打开思维局限性，给予幼儿材料上的支持，支持幼儿花样探索制做道具的机会，给予幼儿个性化创造的机会，使得在游戏中能够投入且专注。

在幼儿建筑区搭建过程中，我们关注到幼儿的想法很独特，比如搭建东海龙宫时，他们会发挥想象，大胆地表达：我们可以在这个东海龙宫里，准备一些其他材料……“我家里好像有贝壳，明天我带来吧!”抓住孩子独特有创意的想法，我们教师的思路也更加打开，鼓励幼儿收集各种各样的材料，不局限于仅仅是积木，可以是贝壳、人体模型、树叶、硬纸板，甚至孩子们吃剩的羊棒骨也留下来作为三打白骨精情境中的搭建材料。在激发孩子们收集各种材料的过程中，体现出环境中有幼儿的想法，并且环境能够支持幼儿的需求和体现他们的主动学习过程。小小的硬纸板，看似没有大的作用，但是在孩子们搭建金光寺宝塔时利用硬纸板材料，对金光寺宝塔进行改造，从大到小从低到高，孩子们利用对几何图形认识的理解对宝塔加以改造。可以看到大班幼儿是“能用常见的几何形体有创意地拼搭和画出物体的造型”。可见环境中的资源承载着游戏，体现了孩子学习的多种可能。

（三）关注幼儿游戏水平，提供支持幼儿的互动墙饰

在班上美工区幼儿制作过程中，我们发现他们有时候也会寻求帮助，比如找老师帮忙系扣，找小朋友帮忙用纸卷成细棒。但是有些技能孩子们是可以自己去尝试完成的。教师需要注意的是不能主导幼儿，而是让幼儿根据墙饰的提示，主动尝试解决问题，和墙饰产生互动，通过主动问思考从而提升游戏水平。

在幼儿搭建的过程中，我们发现孩子的游戏水平各有不同，因此在提供墙饰内容上也有难和易。比如我们发现幼儿在搭建寺庙或者宝塔过程中建筑越高，越会出现不稳固的现象；在材料使用上，如何使自己搭建的建筑和图片中更加相似。为幼儿提供了更多自主思考的墙饰。比如更换材料或者选择辅助材料，去美工区寻找材料或者寻求同伴帮忙。为幼儿提供多种多样的方法，供幼儿自主去选择，让他们在游戏中更加体现自主性，并且使游戏更加有意义，也体现个性化的发展。给予幼儿不断创新、不断尝试、发现探索的机会。

三、研究结论

如摘要所述，作为教师我们要不断地观察幼儿的游戏状态和游戏过程，在过程中注意倾听、记录、观察和思考。游戏才是促进幼儿学习与发展的主要途径，我们必须立足于幼儿本身，从幼儿出发，去思考他们各项发展，及时反思教师提供环境的适宜性，及时反思环境是否基于幼儿的活动需求，既不要限制幼儿的想法，也不要打破幼儿的创意。只有在不断反思中，突破以往的惯性模式思维，才可以在教育中捕捉幼儿的成长、促进幼儿在游戏中主动学习。

参考文献

［美］H. 加登纳．艺术与人的发展［M］．兰金仁，译．北京：光明日报出版社，1988.

在分享行为中提升小班幼儿同伴交往能力的研究

（王艾萌　北京市西城区广安幼儿园）

摘　要：幼儿的人际交往能力是幼儿在园期间所培养的重要社交能力，其中平等的同伴交往是教育者需要更加关注的。《幼儿园教育指导纲要（试行）》中指出：教师应引导幼儿参加各种集体活动，体验与教师、同伴等共同生活的乐趣，帮助他们正确认识自己和他人，养成对他人、社会亲近、合作的态度，学习初步的人际交往技能。本文通过研究影响小班幼儿分享行为的原因，针对小班幼儿的身心特点来提升幼儿同伴交往能力，让小班幼儿学会与他人分享，从而使幼儿更快地融入群体生活、学习。在研究如何在分享行为中提升小班幼儿的同伴交往能力策略中，通过榜样学习、故事教学、情景教学等策略对幼儿进行分享行为的培养，在提升幼儿的同伴交往能力的同时也为日后的学习、生活奠定基础。

关键词：分享行为；同伴交往

一、研究背景

小班幼儿处于自我意识形成初期，随着小班幼儿入园，他们的交往范围从较为熟悉的家人，逐步扩大到更多的成人、同龄人，因此幼儿需要将依恋对象扩大化，是帮助他们更好地适应幼儿园的第一步——建立安全的、温暖的人际交往环境。

笔者发现，小班幼儿在同伴相处中常常出现一些纠纷，例如：我们班的一位小朋友正想拿玩具柜上的小汽车，另一位小朋友走到他跟前一把夺过小汽车，第一位小朋友又毫不示弱地夺回来。两人开始争抢玩具，边抢还边说：我的，我要玩。这样的事情在小班幼儿中屡见不鲜，在他们的意识中以为我喜欢的东西就是我的，因此，帮助幼儿培养分享意识和分享行为，是当下迫切需要解决的问题。

二、研究目的

《幼儿园教育指导纲要（试行）》中提出："教师应为幼儿提供人际相互交往和共同活动的机会和条件，培养乐意与人交往、分享的情感。"另外，分享行为的培养，对幼儿社会性发展、心理健康发展起着重要的作用。具有分享意识的幼儿容易受到同伴的欢迎和喜爱，从而形成良好的同伴关系，增进同伴间的交往，为一生的品德素质形成打下良好的基础。

三、核心概念的界定

（一）分享行为

分享是幼儿品德教育中的重要内容，是亲社会行为的表现方式之一，指将自己喜欢的物品、美好的情感体验及劳动成果等与他人分享，它是幼儿个体亲近群体，克服以自我为中心的一种较高层次的行为。

（二）同伴交往

同伴交往是人际交往的一种类型，3 岁前幼儿以亲子交往为主，步入幼儿园后，幼儿开始与同伴有大量且频繁的交往行为，正因如此，同伴交往是学龄前幼儿社会性发展的重要组成部分，在其成长和发展的过程中起着至关重要的作用。

良好的同伴关系，有利于幼儿获得社交技巧，有利于他们形成安全感和归属感，更有利于他们发展自我概念和优秀人格。因此，同伴交往在学前儿童社会领域当中是一项不可或缺的核心经验、能力。从最初的互相不熟悉，到长久以往地交流、碰撞，他们会遇到自己喜欢的人、与自己有相同爱好的人等。大多数幼儿都会交到好朋友，这些陪伴着他们的好朋友就像是他们成长中的小老师，可以促进他们相互学习与发展。

四、在分享行为中提升小班幼儿的同伴交往能力策略

（一）明确影响小班幼儿分享行为的因素

1. 自我意识处于形成初期，缺乏分享意识

小班幼儿处于自我意识形成初期，尤其在交往过程中，小班幼儿往往以自我为中心，认为什么都是“我”的，没有分享的意识，帮助幼儿形成正确的自我意识才能提升幼儿的同伴交往能力。

2. 缺乏交往技能

小班幼儿喜欢和熟悉的人交往，交往较被动，不会主动与人打招呼，分享行为更是少之又少。这很大部分原因是幼儿缺乏交往技能，他们在上幼儿园之前，往往通过哭和笑来表达自己的需要，在家享受着母亲的喂养、父亲的抚慰和祖辈的精心照料，这是他们在入园前最早也是最常接触的亲子交往，进入幼儿园后新的人际交往方式，常常困惑着小班的幼儿。

3. 肢体语言占优

小班幼儿在交往过程中肢体语言占据了很大比重，由于3～4岁幼儿的语言处在发展中，往往会出现行动快于语言的现象，在与同伴交往中，很多时候他们会用哭闹，甚至是动手的方式来解决问题，容易产生类似攻击性行为的动作。

由于小班幼儿处于自我中心阶段，比较不能从他人的角度去看问题、想问题，不能用换位思考的方式去理解他人的想法，所以“分享行为”是小班幼儿与同伴建立良好关系的有效途径，也是为之后学会理解他人、帮助他人奠定基础。

（二）帮助幼儿树立分享意识

幼儿的认知水平直接决定着幼儿的分享行为，对于小班幼儿来说有情境、有画面的故事情节很能吸引他们的注意力，因此采用故事教学的方法，通过声情并茂的讲述更容易帮助幼儿树立分享意识，他们也能专注地听，从而激发幼儿的学习兴趣，让幼儿在潜移默化中得到学习与发展。幼儿有了分享的意识，自然会产生分享行为，从而增加一种交往技能。

（三）运用榜样培养幼儿分享行为

对于幼儿来说他们渴望得到教师、同伴的认可和表扬，教师经常鼓励幼儿的分享行为，以此来培养更多的幼儿树立榜样的作用。有的孩子帮助别人穿衣服，在游戏时将玩具或头饰主动让给别人，孩子偶尔说出有礼貌的话语时，教师要善于抓住这些事例进行随机表扬，鼓励好的行为，在“好行为”不断强化下，幼儿间的交往也会朝着正向的、积极的方向发展，从而建立起良好同伴关系的桥梁。

（四）建立分享规则，让幼儿愿意分享

1. 文明分享

引导幼儿和别人分享事物时，要用礼貌的语言，如：“我能和你一起玩吗？”“谢谢你的

分享”等，并且在分享过程中要学会爱护被分享的物品、玩具。

2. 轮流分享

当多个幼儿都想玩同一玩具时，幼儿要学会轮着玩，保证每一个小朋友都可以得到“分享”。

（五）引导幼儿在友好的同伴关系中获得自我肯定

引导幼儿在友好的同伴关系中获得自我肯定，对发展幼儿良好自我意识的发展是十分重要的。小班幼儿可以通过举办一场“玩具分享日”来感受分享的魅力，鼓励幼儿自愿分享自己家中的玩具，在相互分享中，幼儿可以先向大家展示自己的“好玩具”，对于自己感兴趣的玩具他们也更愿意用简单的语言进行介绍，在此过程中增加与同伴之间的联系，让幼儿从中获得满足感，感受到分享的乐趣，从而获得自我的肯定。

（六）家园合作，共同促进幼儿分享品质的养成

影响幼儿分享品质养成的不仅仅是幼儿园的教育，家庭的教养方式也会影响幼儿的分享品质，引导家长共同关注幼儿的分享品质，目标一致，共同协作，才能更好地促进幼儿分享品质的形成。

五、研究结论

我们在小班经常会看到一种现象：班级中的幼儿为了同一个玩具而争抢，经常听到“老师，他抢我玩具”，“他的玩具不和我一起玩”等，幼儿的这些表现都是以自我为中心的表现，教师要及时提醒幼儿想想故事中的谁谁是怎么做的，再鼓励先分享的幼儿，使幼儿在分享后能收获分享的喜悦。

总之，分享行为是建立小班幼儿同伴关系的一种有效途径，通过故事教学、榜样学习、积极鼓励等策略，使幼儿树立分享意识，进行分享行为，在分享中获得快乐，为今后的学习、发展、人际交往奠定基础。另外，培养幼儿分享行为是一个长期的过程，要以符合幼儿身心特点的教学方法对幼儿进行分享行为的培养，才能有效地促使幼儿内在的主动分享和主动交往。

参考文献

[1] 张明红．学前儿童社会学习与发展核心经验［M］．南京：南京师范大学出版社，2018.

[2] 洪静．小班幼儿玩具分享行为及其引导策略［J］．福建教育，2022（35）：60—61.

[3] 卞秋艳．有一种快乐叫“分享”——浅谈小班幼儿分享行为的培养［J］．青苹果·教研版，2017（4）：30—31.

在建构游戏中激发大班幼儿的创造力

（李斯璇　北京市西城区广安幼儿园）

摘　要： 建构游戏是具有创造性的游戏，大班幼儿的游戏目标明确，游戏过程体现较强的自主性和合作性，游戏材料丰富且种类不同，幼儿可操作性强。在建构游戏中，幼儿可根据自己的想法摆放、搭建，创造出不同造型、不同风格的物体或建筑。《3～6岁儿童学习与发展指南》中提出：5～6岁幼儿能用常见的几何形体有创意地拼搭和画出物体的造型。教师要鼓励和支持幼儿在建构游戏前有计划地设计、创造建筑的造型，并用积木等各种形状材料进行建构游戏。本班幼儿处于大班下学期，与中班时期相比更加有自己的思考，具备较强的自主学习与探究能力。因此，教师在观察幼儿游戏过程，捕捉幼儿兴趣中激发幼儿创造的欲望，引导幼儿尝试大胆搭建。本文意在寻找在建构游戏中影响幼儿创造力水平的因素，并就如何提高大班幼儿的创造力提出自己的一些看法。

关键词： 建构游戏；创造力

一、问题的提出

（一）研究的目的

1. 了解本班幼儿在建构游戏中创造力的发展情况，并寻找影响创造力的因素。
2. 找到在建构游戏中激发大班幼儿创造力的培养策略及措施。

（二）研究现状

本班幼儿的建构游戏水平不同，具有一定的差异性，而每名幼儿的创造力发展水平也是不同的。因此，我根据本班幼儿搭建的作品，大致将他们的创造力水平分为三类。第一类：材料相对丰富、建构方式有所变化、能够自己向同伴和老师介绍搭建的物体，形象较为鲜明；第二类：材料运用灵活且丰富多样、能够用符合年龄特点的搭建方法搭建物体，形象清晰有美感；第三类：能够在大胆的想象下设计图纸，利用不同种类的材料和多种搭建方法尝试搭建出具有创造性的建筑物体。

（三）研究的意义

众所周知，具备创造力是幼儿生活、学习和游戏的基础，对幼儿的终身发展具有相当重要的意义。

幼儿园开展的区域建构游戏是幼儿非常喜欢的一种游戏形式，而建筑区的各种不同形状、不同大小的积木可以充分激发幼儿积极参与游戏的兴趣，使幼儿获得多种游戏体验，对激发幼儿创造力有极大的益处。由于每名幼儿的游戏水平、搭建兴趣点都是有差异的，往往图片上固定的搭建方法及搭建造型是不能满足不同幼儿游戏需要的，而积木材料的低结构性、可操作性、可创造性恰恰弥补了固定造型的不足。在保证幼儿能够搭建出造型的同时，也为幼儿提供更多的自主发挥的机会，使幼儿的创造力得到激发。这也正符合《幼儿教育园指导纲要（试行）》中提出的“能运用各种感官，动手动脑、探究问题”的教育理念。

因此，我认为，开展建构游戏是激发幼儿创造力发展的一种非常重要的游戏形式，对幼儿的智力发展也有着积极的影响。

二、概念界定

1. 建构游戏。指幼儿利用各种建筑和结构材料（积木、废旧材料、自然物等）进行各种建筑和构造活动，以及反映现实生活的游戏。

2. 创造力。指产生新思想，发现和创造新事物的能力。儿童在独特地、新颖地解决各种实际问题中体现的创造性的形成、发展过程。

三、研究内容

广安幼儿园 5～6 岁幼儿在建构游戏中创造力的发展。

四、研究方法及研究对象

1. 主要采用观察法在游戏中观察幼儿的游戏过程及对幼儿的游戏搭建成果进行研究。

2. 研究对象为大一班 31 名幼儿，男孩 17 名，女孩 14 名。

五、影响幼儿在建构游戏中创造力水平的主要因素

（一）幼儿在日常中的观察力和原有搭建经验的积累

建构游戏充分反映了现实生活，幼儿可用不同的搭建材料和搭建技能来展现心中对周围事物的理解与认知。因此，幼儿的搭建作品都是对周围事物的一种反映。但是，每名幼儿搭建的水平参差不齐，这就源于幼儿在日常生活中的观察是否细致、准确。由此可得出，没有细致的观察力就无法积累新经验，因此创造力也很难得到发展的基础。

（二）建构游戏中的材料

建构游戏区里的游戏材料应该是丰富的、多样的、幼儿感兴趣的、符合幼儿年龄特点并能充分支持幼儿进行游戏的。教师提供多种不同类型的搭建材料，不仅可以激发幼儿搭建的欲望，而且对幼儿创造力的发展有着极大的推动作用。相反，若是教师在建构区提供的材料更新周期长、材料刻板单一、不是幼儿此阶段需要或感兴趣的，则会在某种程度上制约幼儿在建构游戏中的创造力发展。

（三）教师在建构游戏过程中对幼儿的支持与引导

教师是幼儿游戏中的支持者与引导者。在搭建过程中，教师要充分尊重幼儿搭建物体的想法，首先要支持幼儿的游戏，不要限制幼儿或者引导幼儿按照教师自己理想中的建筑去搭建，这些行为都可能会抑制幼儿创造力的发展。另外，教师对幼儿的引导也是至关重要的。例如，当幼儿遇到了搭建中的困难，教师作为引导者需要引导幼儿自己探索、解决问题，可以通过提问的方式："请你想一想我们可以有哪些解决方法呢?"在幼儿自己尝试的过程中进行适当的帮助及鼓励。例如，对于某一名幼儿在搭建过程中发现了材料的另一用法后对幼儿进行表扬或鼓励，那么其他幼儿则会立刻开始进行模仿，这样也是不利于幼儿创造力发展的。教师可通过提问"哪位小朋友想到了其他的搭建方法?"来引导幼儿不进行单纯的模仿，而是经过认真思考加以改变并去努力尝试，这样可能会更大限度地激发幼儿的建构创造力。

六、幼儿在建构游戏中创造力发展的策略

（一）建筑材料的选择与投放

1. 材料安全、环保。

2. 材料符合大班幼儿年龄特点，选择幼儿感兴趣的或与目前搭建主题相关的材料。

3. 材料形状、大小、作用不相同，保障材料的丰富性。

4. 提供幼儿可自行设计的纸张，以及与其他游戏区域联动的材料和布景辅助材料等，从而激发幼儿参与游戏兴趣并提高创造力。

（二）教师引导幼儿对周围事物进行细致观察，获得经验的积累

幼儿的想象力对于发展创造力有着至关重要的作用，但想象力是建立在对现实有着正确认识和细致观察的基础上的。因此，幼儿对周围事物观察的细致程度对其建构能力有着很大的影响。教师应通过各种活动，为幼儿创造用身体各个感官接触外界事物的机会，包括眼睛看、手触摸、耳朵听、大脑想等。幼儿积累的现实经验越多，想象力也就越丰富。经过一段时间的培养，幼儿已经可以在头脑中储存大量的现实表象，慢慢地可以将实物转换成大脑里的表象进行思考，促进大脑思维活跃，逐渐在建构游戏中激发自己的创造力。

（三）教师要作为幼儿游戏中的积极参与者、支持者与引导者

在建构游戏中，教师在观察幼儿的搭建过程及创造力表现时，要树立正确的创造教育观。首先，教师要做到充分尊重幼儿，要及时肯定幼儿的创造表现，表扬幼儿的创造想法，并在幼儿的搭建基础上进行适当的引导，充分发掘其创造潜能。鼓励他们大胆想象、大胆尝试操作，在轻松的环境中、在愉悦的状态下，展示自己的创造能力。另外，教师要给予建构游戏充足的时间、给予幼儿均等的机会展示自己。

（四）教师要对幼儿的作品进行客观、积极的评价

教师在建构游戏中，最重要的不是注重搭建结果而是要注重幼儿参与游戏的搭建过程。对于幼儿的创造点，教师应面向全班幼儿进行分享，给予幼儿时间进行思考、感受，鼓励幼儿表达出对此创新点的想法。当教师看到幼儿的创新点，应及时给予正面鼓励，促进幼儿在下一次搭建时有更大的勇气尝试创新，从建构游戏中获得自信和成就感。另外，教师评价搭建作品时不能用“好”或“不好”、“像”或“不像”这类固定词汇。而是要用具有可挖掘性的，可引导幼儿思考、想象的词语进行评价，这样在评价时幼儿看到的不仅仅是一个搭建完成的作品，而是在脑海中恢复了搭建的过程，并在此过程中加以想象，从而提升自己的创造力。

图1　设计图纸，并按照图纸搭建、联动其他区域材料并进行布景

图 2　通过日常细致地观察建筑，获得经验积累，同伴间合作创意搭建

图 3　通过丰富的材料创造建筑间的联系，增加建构游戏趣味性

图 4　通过不同形状、不同大小的积木进行创意组合，创造建筑造型

七、研究结论

在通过建构游戏促进大班幼儿创造力发展研究中，教师查阅了相关的书籍和资料，提高了自己的理论水平和在建构游戏中指导幼儿游戏的能力，班级幼儿的建构游戏水平和创造力发展均有所提升。

我认为，发展幼儿创造力是顺应时代发展、教育改革需要的必然选择。在日常工作中，我们应该根据幼儿的年龄特点和身心发展，结合幼儿的具体情况，科学、合理、有针对性地设置建构游戏内容，培养幼儿对建构游戏的兴趣，将建构游戏贯穿于幼儿的一日生活中，通过多种形式吸引幼儿兴趣，寻找不同游戏材料激发幼儿的探索欲望，勤于思考、培养幼儿在建构游戏中的探索能力，从而提高幼儿的创造力，促进幼儿思维的全面发展。

在今后的工作实践中，我将不断探索新的建构游戏指导方法，为提升幼儿的创造力不懈努力。

参考文献

［1］崔晓杰．浅谈如何培养幼儿的创造力［J］．科学大众．2012（6）：29—30.

［2］王小英．幼儿创造力发展的特点及其教育教学对策［J］．东北师大学报，2005（2）：26—27.

新时代背景下，如何进行家园社协同育人

（王思美　北京市西城区广安幼儿园）

摘　要：党的二十大报告指出要：“健全学校家庭社会育人机制”。2023 年 1 月，教育部等 13 个部门联合印发《关于健全学校家庭社会协同育人机制的意见》，其中提出到 2035 年，形成定位清晰、机制健全、联动紧密、科学高效的学校家庭社会协同育人机制。家园社协作育人是指幼儿园、家庭和社区三方发挥各自的资源优势，协同合作、相互支持，形成教育合力促进幼儿健康成长，同时促进自身教育水平的提高。为此，新形势下的家园社协同育人在机制建设上应当以三方协同的育人理念为内在动力，进一步明晰三者间的职责和关系，建立起相应的教育制度作为根本保障，并在管理机构建设、分类分层育人、专业性提升等方面加强探索。

关键词：家园社协同育人；家庭教育；学校教育；社会教育

一、家园社区协同共育的含义

教育本身是一个整体，其中家庭教育是基础，是在家庭生活中完成的；学校教育是关键，作为正规教育，可以引导家庭教育，并为社会教育奠定基础；社会教育是延伸，深刻影响家庭教育、学校教育的方向、内容及效果。“家园社”的提法正好自然地体现了这三种教育形式的内在逻辑关系。近几年受疫情影响，幼儿园多数通过线上的方式与家庭合作，并没有充分的机会挖掘三者的教育功能。如今，我们可以通过行动协同、资源共享等三方联动机制，使社区成为一个稳定的教育实践基地，这样不仅可以为幼儿提供丰富的材料和信息，还可以为家庭育儿提供更广阔的教育空间。

家庭教育、学校教育和社会教育共同承担育人责任，但又各有边界、相互独立、分工不同。它们各有优势，同时各有短板，在具体的教育实践中，根本没有办法用一个完全替代另一个。只有三者各施所长、协同合作，才能充分发挥出整体效应，产生巨大的教育合力，达到最佳的教育效果，即家园社协同育人。

家园社协同育人重点解决的问题是协同，要解决的是在什么情况下能够充分发挥家园社不同教育因素的互补作用和多渠道影响的叠加效应，建立起多向互动、共同促进的协作关系，实现“1＋1＋1 ＞ 3”。

二、家庭、幼儿园、社协同育人模式的建构路径

（一）树立正确家、园、社区协同育人理念

思想是行动的先导，理念是行为的先声。没有正确的理念，就没有科学的行动。毫无疑问，家庭、幼儿园、社区协同育人的有效实施离不开正确的协同育人教育理念的支撑。家、园和社区协同育人理念包含着多方面的内容，具有多方面的要求。择其中最有代表性的方面看，根据人类发展生态理论，环境对个体的行为以及心理发展存在重要影响。家庭、幼儿园、社区作为幼儿生活成长的重要环境，其蕴含的不同教育优势对幼儿的健康成长有不同影响，只有当三者的教育方向和教育价值趋于一致时，幼儿才能够得到最大的发展。与此同时，从教育主体的地位上看，在育人方面，家庭、幼儿园和社区的主体地位是逐渐趋于平等、均衡的，它们之间并没有孰高孰低的显著差别，也没有孰优孰劣的极端化的差异。

因此，家庭一方、幼儿教育方或社区方应充分认识到协同育人的必要性和重要性，认真分清各自在育儿系统中的角色和地位，明确各自的育人责任，积极倡导并切实增强家、园、社协同育人的教育理念，以此促进幼儿园、家庭、社区有效协同育人，保障幼儿健康全面自由地成长成才。

（二）积极拓宽家、园、社区的有效沟通渠道

学前教育实施主体之间的良好沟通是家、园、社区协同育人的基础，家庭、幼儿园和社区三方应主动、积极拓宽相互沟通的渠道，努力打破信息不对称局面，消除沟通方面的障碍，拆除交流上的壁垒和屏蔽，共同搭建良性互动、有效交流的平台，探索最佳沟通方式和交流途径，提升沟通交流的效果。

近些年来，我园开始根据幼儿的年龄特点，设计不同的家园联系册活动。小班：教师协助幼儿每天收集幼儿的一些作品及趣事，每周帮幼儿带回；中大班：引导幼儿养成记日记的习惯，每天离园前会给幼儿时间，引导他们用画笔记录几件今日印象深刻的事情，每周带回家与家人分享，这样就大大便捷了家庭与幼儿园间的有效沟通，为提升教育效果提供了保障。

伴随着信息网络科技的普及化和适时应用，有些幼儿园也开通了与家长、社区有效沟通的网络平台和网上媒介系统，这也成为家长们讨论幼儿教育问题的重要平台，家长间可以在此类平台上交流借鉴优秀育儿经验，并在交流中提升自身的教育能力和素质。尽管不少幼儿园近年开始主动拓宽交流渠道、创新沟通形式，但值得注意的是，在拓宽沟通渠道的同时还应当关注并提升家园间沟通频率与交流深度，切忌把搭建的平台作为摆设，出现利用率不高、使用效果不强的现象。

就当前情况看，部分社区的教育宣传部门应在充分发挥科学教育宣传职能的基础上，收集社区管辖范围内幼儿园的教育现状信息，宣传与时俱进的科学教育指导思想，与所管辖的幼儿园进行多方面的信息互通，同时保证与社区内儿童家长的信息互通，主动承担起一部分理应由社区承担起的教育职能，使社区在三方协同育人模式中的作用充分彰显和发挥出来，不断增强家庭、幼儿园和社区三方的沟通程度与合作效果。

（三）充分利用社区资源，有机实施“请进来”和“走出去”策略

社区是联系家庭和园所的重要桥梁，是支撑家庭和园所发展的重要平台。根据已有调查，目前我国城乡社区在协同育人系统中的作用并未能充分发挥出来，社区与家庭和幼儿园在育人职责、角色分工上的定位尚未廓清。有鉴于此，在构建家、园、社区协同育人模式时，应高度重视利用好社区资源，打破家园与社区间封闭与隔离的状态，通过“请进来”和“走出去”策略激活社区对家庭、幼儿园育儿系统的支撑力度。

首先，应充分发掘和利用社区丰富的环境、物力和人力资源。社区中一般都配有相应的基础设施，如超市、医院、书店、饭店等，幼儿园可以充分利用这些社区资源弥补幼儿园自身教育资源的不足。具体来说，幼儿园教师可以主动分析社区教育资源的价值，由此考虑如何运用与发挥社区教育资源的价值。比如，幼儿园在开展区域和游戏活动之前，教师可以带领幼儿走进社区仔细观察社区中的超市、医院、书店、饭店等场所，了解场所中的医生、售货员、厨师等从业者的表现及其特征，以直观的形式让幼儿充分感知社区、体验社区生活样态，以此丰富幼儿们相关的社会认知与生活知识，从而为幼儿接下来的游戏、活动做好相应准备。当然，这样的教育活动也会对幼儿后续自然而轻松地融入社区生活和更大范围的社会生活打下基础。

其次，加强社区学前教育相关管理机构建设，强化社区的教育主体地位。在这方面，可以考虑建立专门的社区学前教育管理机构或学前教育咨询委员会，为幼儿园和家长、社区提供交流和建设平台，促使社区转换角色，不再是被动的参与者而是主动的建设者。这样的设计思路同时也可以减轻园所与社区间单线沟通中存在的压力，借以强化社区在家、园、社协

同共育中的作用。此外，社区也可以考虑配备专门的学前教育人员，或者具备学前教育知识的兼职人员，组成专门的社区学前教育管理机构，制定专门的规章管理制度，与幼儿园共同制订合作共育的计划，保证合作共育有效进行。

最后，大力实施“请进来”和“走出去”策略。在幼儿园教育过程中，将家长、社区工作人员、专家等其他相关人员“请进来”，可以开展家长讲堂、社区志愿者经历分享等活动，将社区资源带入幼儿园教育中，让幼儿在观察、学习和沟通中扩展丰富对社会的认知。

幼儿园教师也可以安排家长做轮流志愿者和值日服务生，安排他们了解并参与到幼儿教育的园区活动中，借以提高家长在育儿方面的参与度和配合度。同时，还可以组织幼儿走出园所，走进社区或其他相关教育、活动场所，为幼儿提供更大的探索空间和活动范围，增强幼儿教育的广度，提高幼儿教育的效度。比如，可以带领幼儿进入社区图书馆感受阅读的环境，学习和了解书籍借阅的流程，回园后就可以在阅读区制作属于本班的区域规则，组织图书漂流活动，让幼儿把观察和学习到的方法转化到他们自己的活动中来。如此等等，都是很好的“走出去”策略，运用好这个策略无疑将会开阔儿童的视野，拓展他们的认知空间和互动空间。

综上所论，构建家、园、社区协同育人模式并实施该模式是当前学前教育体系中一项至关重要的工作，需要家庭、幼儿园和社区乃至全社会的共同努力和有效协同。虽然目前协同育人模式已经有了一定程度的发展，但从实效性上看，仍然存在众多需要完善的地方。

只有树立正确家、园、社协同育人理念，积极探索家庭、幼儿园和社区三方共育的最佳途径和模式，主动拓宽家、园、社区间的有效沟通渠道，充分利用各方资源，有机结合“请进来”和“走出去”策略，使协同育人向着规范化、全方位、深层次的方向发展，才能最大限度地促进幼儿身心健康发展，也才能最大限度地促进我国学前教育事业的进步。

中班幼儿室内体育游戏活动的实践与研究

（王妍　北京市西城区广安幼儿园）

摘　要：《幼儿园教育指导纲要》（试行）和《5～6 岁儿童学习指南》指出：近几年，疫情闭环、恶劣天气影响了户外体育活动的正常开展。为了保证幼儿运动量，增强身体机能，达到锻炼的目的，教师从优化体育活动材料，充分利用室内空间等，以更安全、更科学的形式引导幼儿在愉快的体育游戏中获得身体与动作的发展，并学会自我保护。

关键词：室内空间；室内体育游戏

一、研究背景

《5～6 岁儿童学习与发展指南》（以下简称《指南》）中提出："幼儿每天户外活动时间一般不少于 2 个小时，其中体育活动时间不少于 1 个小时。"体育游戏是幼儿喜爱的游戏，在大力倡导幼儿园积极开展体育游戏，落实《纲要》《指南》健康第一理念，促进幼儿身心健康发展同时，我们也发现因疫情闭环、气候异常等因素，制约了户外体育游戏的正常开展，幼儿对运动的需求无法得到满足。因此幼儿园要充分挖掘、合理利用室内资源开展体育游戏。另外室内活动场地有限、受外界干扰小，每位幼儿都可以在教师视线范围内，更好关注指导。同时室内材料大小有限，便于开展一物多玩的游戏，发挥幼儿想象创造力。因此巧用空间、精心组织，开展室内体育游戏，使幼儿在外界异常情况下，也能玩得开心，体能得到发展。

二、研究目的

1. 充分挖掘室内环境中可以开展体育游戏的地方，使室内空间发挥其最大作用，使幼儿最大限度达到锻炼身体的目的。

2. 选择适宜的、多样化、数量充足的玩具、材料，使其满足不同兴趣幼儿的需求，既锻炼身体又使幼儿喜欢参加室内体育运动，发展协调性、灵活性、提高自我保护能力。

3. 在室内体育游戏过程中，观察幼儿如何参与，在游戏中锻炼身体哪些部位，发展哪些能力，同时关注个体差异，进行适时指导。

三、研究现状

（一）教师室内运动意识薄弱

当遇到特殊情况时，教师会延长其他活动时间代替体育游戏，或者是进行简单安静的室内游戏。教师对于保障幼儿足够运动时间和运动量意识不够，认为无法进行户外游戏，可以组织简单、不费力的活动。从而造成幼儿身体没有得到充分锻炼，违背幼儿健康发展的基本要求。

（二）投放材料单一，活动内容不够丰富

室内场地空间有限，无法将很多户外玩具、器材搬到室内。教师在设计和组织室内体育游戏时，存在材料投放单一、活动内容不够丰富的问题。如：为幼儿提供呼啦圈，让幼儿单

脚双脚、开合跳圈，时间久了，幼儿不仅不感兴趣，同时持续的跳跃也会对幼儿膝盖造成伤害。材料、活动内容的单一无法真正满足幼儿的运动需求。

（三）准备运动和放松运动不够充分

当遇到特殊情况无法进行户外活动时，没有集体操舞的准备活动音乐，教师会简单做几节准备活动后，便引导幼儿进行游戏。不充分的准备活动往往会使幼儿在运动中受伤。运动中间歇时间及运动后放松运动不充足，一到时间，教师会组织幼儿收整材料，盥洗，导致游戏没有更好做到动静结合，身体没有拉伸做到真正的放松。

四、概念界定

室内体育游戏：幼儿在活动室、楼道等场所进行的多种体育活动。内容可以是钻、爬、投掷等大肌肉活动，也可以是手指、手腕等小肌肉活动。形式可以是集体活动、小组活动或者分散创造性活动。

五、中班室内体育游戏开展的实践研究策略

（一）选择适宜场地是开展室内体育游戏的基本保证

室内空间虽然有限，但是教师只要不断思考尝试，就可以使室内狭小的空间最大化开展游戏，促使幼儿在有限的空间满足运动量需求、提升基本动作技能以及增强体质。

为有效地开展室内体育游戏，教师对室内环境进行统一规划，根据活动内容不同选择不同场地。

1. 巧妙利用走廊空间

走廊的空间较狭小，幼儿无法开展四散跑、奔跑跳的游戏。适合开展较为舒缓的游戏，如“走平衡”，幼儿在麻绳上保持平衡向前行走，沿着麻绳的方向蹲着走。如“爬爬乐”，幼儿可以手膝着地爬、螃蟹爬、匍匐爬等依次通过地垫拼的道路。利用悬挂物为幼儿提供上肢练习机会，如“小沙包穿小圈”，提升手眼协调能力，提升投掷能力。走廊空间的利用，丰富室内体育游戏的开展（见图 1）。

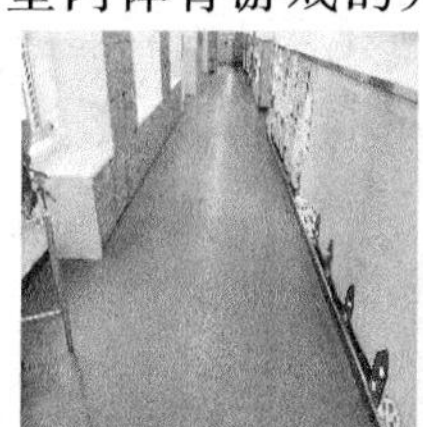

图 1　室内体育游戏

2. 巧妙利用教室空间

除了相对宽敞的睡眠室，有一定空间的活动室，班级的过道以及一些小空间、墙壁都可以挖掘作为开展室内体育游戏的区域。将活动室的桌椅收整到墙壁两侧，留出两条较为宽敞的道路开展游戏；班级的白板、暖气网格也可以充分利用，开展拉伸游戏（见图 2）。

图 2　拉伸游戏

教师要挖掘室内空间的价值，巧妙运用，使其发挥最大的作用，同样可以达到户外运动的效果。

（二）选择适宜的、多样化、数量充足的玩具、材料满足幼儿需要

由于室内空间有限，相对狭小，所以提供的材料要多样化，数量充足，来满足不同兴趣幼儿的需求。另外，运动材料需要难易结合、动静结合，以及具有可变性和可探索性，以满足不同发展水平幼儿的需求。

1. 户外材料创新玩法

本班幼儿平衡能力较弱，于是我们对户外的大麻绳进行变身。将麻绳拉直，引导幼儿保持平衡踩着麻绳走、蹲着前进，当幼儿能轻松通过直直的麻绳时，将麻绳改成弯曲的样子，鼓励幼儿踩在上面平稳通过弯曲的麻绳。麻绳的变形也可以作为跳跃的材料，幼儿开合跳、单脚跳依次通过（见图 3）。

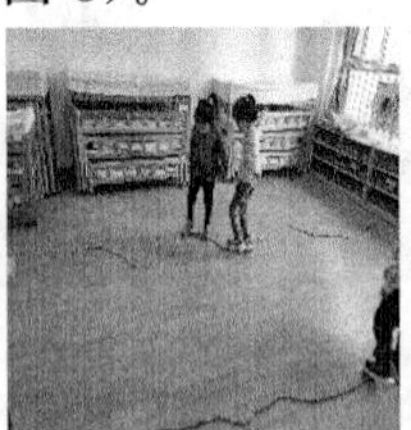

图 3　户外踩绳游戏

2. 因地制宜投放材料

在教室开展运动时，可充分利用桌椅、积木块等，根据幼儿年龄特点、发展水平、需要提升的技能等开展不同类型的室内游戏活动。

（1）桌子

2～3 张桌子短边并到一起，或者分开一定距离当作障碍，两名幼儿面对面双手相互抵住，或双手共同抵住一个物品，保持平衡通过障碍。2 张桌子长边平行摆放，中间分开一定

距离，幼儿双手撑住桌子向前移动，锻炼手臂力量。桌子下面放上垫子，幼儿可像钻山洞一样爬行通过障碍，提升钻爬能力。

（2）椅子

幼儿坐的椅子也可以当作室内体育游戏的辅助材料。我们将皮筋绕到椅子上做成“穿越火线”的游戏。游戏中，幼儿发现问题，若没有越过皮筋，容易被绊倒，椅子也会翻倒。于是我们进行了讨论，最后将皮筋变成了呼啦圈，更加稳固。椅子也可以作为障碍物，将椅子摆放成一列，椅子之间留出适当距离，幼儿双腿夹住纸张、沙包以“S”线绕过椅子，锻炼幼儿动作的协调性和灵敏性。几个小白椅摞高，有了一定的高度，可以当作助跑跨跳的材料，提升幼儿跨跳能力，增强腿部肌肉力量。

（3）积木

建筑区的积木块也可以成为玩具材料，前后错综摆放作为梅花桩，短边连接短边成一座积木桥，幼儿保持平衡通过，锻炼平衡能力。也可以隔一段距离摆放一块，变成“小白兔跳跳跳”的游戏，巩固幼儿双脚连续跳的基本动作。另外，我们将积木变作“推推乐”的游戏材料，前面一位幼儿俯身将积木碰倒，后面一位幼儿俯身将积木扶正，锻炼反应能力，提升对身体控制技能（见图4）。

图4　积木游戏

3. 一物多玩

“一物多玩”能为幼儿提供自由、自主学习的空间和机会，满足幼儿探索兴趣。地垫是一种常见的材料，熟悉的地垫不仅能充当幼儿匍匐前进、手膝着地爬、螃蟹爬等多种形式爬的游戏材料，也可以引导幼儿创新地垫的多种玩法。在“过障碍”游戏中，幼儿创新了地垫的多种玩法，头对头顶着地垫通过，手对手抵着地垫通过，头顶地垫过障碍，单臂托举地垫过障碍。双腿夹住地垫“S”线走过或跳过。两块地垫拼成一个三角形“小山”，助跑跨跳。两块地垫从起点出发，一块垫子在地上双脚踩着，将另一块垫子放在前面，以此类推前进，直到终点。一物多玩的游戏使幼儿玩出不同花样，让材料充分发挥多种价值，游戏中不仅可以提升幼儿身体协调能力、应变能力，也能开拓幼儿思维、激发幼儿参与主动积极性，增强幼幼间合作、相互学习的能力（见图5）。

图5　多样化游戏

4. 室内体育游戏时间、材料器械等遵循幼儿年龄特点和基本发展规律

在开展室内体育游戏时，教师根据《幼儿园教育指导纲要》（试行）和《5～6岁儿童学习指南》的要求，把握好运动时间，做好充分的准备活动及拉伸放松活动。同时，材料器械选择注重幼儿年龄特点和基本动作发展规律，摆放位置方便幼儿运动、强度适宜、做到动静结合。这样既能达到锻炼身体的目的，又能使幼儿愿意参加体育游戏，发展协调能力、灵活性，增强自我保护意识。

六、研究结论

室内体育游戏从一定程度上弥补了天气原因、疫情原因无法在户外参与体育游戏的遗憾。在设计室内体育游戏时，教师需要从安全性、空间性、科学性、趣味性、循环性多方面考虑，选用轻巧方便的材料，关注幼儿个体差异，充分发挥利用有限的室内空间，有针对性地帮助幼儿提高参与游戏的自主性，使幼儿既发展了基本动作，锻炼了身体，提升创造力、想象力，合作能力、身心得到和谐发展。与此同时，教师在立足幼儿兴趣点的基础上创设活动，也进一步巩固了自身专业技能，提升了充分挖掘教育资源的能力，为幼儿进行室内体育游戏创造更好的条件。

参考文献

［1］中华人民共和国教育部．3～6岁儿童学习与发展指南［S］．北京：首都师范大学出版社，2012.

［2］中华人民共和国教育部．幼儿园教育指导纲要（试行）［S］．北京．北京师范大学出版社．2001

［3］欧洲文化解析．幼儿园室内运动游戏的难点分析与策略［Z］．2023.

在户外活动中培养小班幼儿创造力人格的实践研究

（张震霞　北京市西城区广安幼儿园小班 3—4 岁幼儿）

摘　要：创造力是技术进步，社会发展，增强活力的资源，当今对创造力的研究已经取得长足的进展，人们不再认为创造是天赋奇才，或是聪明绝顶的人的专利，创造力是儿童能力的最高表现，而能力作为人格结构的一个重要组成部分。想象力因素是促进儿童创造力发展的特殊的、必要的和充分的条件，幼儿园的户外活动充分体现幼儿的创造性想象，为此，我们怎样于户外活动中培养幼儿的创造人格显得尤为重要。要从小培养创造性人格，先要从小培养创造素质，包括好奇心、挑战自我、自信心等人格品质。

关键词：户外活动；小班幼儿；创造力人格

一、问题提出

（一）研究意义

21 世纪，为适应社会对人才的需求，我们必须高度重视对幼儿创造能力的培养。近年来对创造人格的研究成为研究的热点，因为正处在人格形成与发展段的幼儿，其创造人格的形成正处在极为关键期，想象力为创造性人格的形成奠定了基础，并且在整体创造力发展与培养中具有深远的长效价值。同时，它不仅是幼儿个体完善发展的基础，更是现代社会发展的迫切需要。在新的教育理念和时代对人才的要求下，从小培养幼儿坚持不懈、百折不挠、独立自强、自信、勤奋、一丝不苟、勇敢等创造性人格品质同样具有极其重要的价值。

（二）研究现状综述

关于人格与幼儿创造力发展的有关研究，心理学研究者对其关系已进行了大量的研究，并取得了不少有意义的成果。美国心理学赫斯顿通过远隔联想测验研究幼儿创造力的发展与其探索精神的相关性，证明创造力强的幼儿具有较强的探索新奇事物的渴望。近两年来我国学界一直在作幼儿创造性人格的培养研究，通过研究我们发现：幼儿创造性人格方面的研究中，就人格与创造力发展的关系研究及创造型人格研究比较多，而对创造性人格的形成与发展的关系研究很少。为此，我们从最简单的观察、寻找幼儿一日生活中创造力人格的具体表现入手，发展到户外游戏中创造性人格的培养。本文所论述的是“在户外活动中培养小班幼儿创造性人格的实践研究”，阐述了在创造性人格培养中教师应注意的问题，以及怎样开发幼儿的创造力潜能，在户外活动中使幼儿的创造性人格得到主体性发展。

（三）研究目的

在户外活动中，小班幼儿的创造性人格是如何培养的？

二、概念界定

户外活动是指室外器械活动、教师组织的体育活动和幼儿的自选活动。创造性人格也称创造性个体，是指与个体创造性活动有关的个性倾向性（需要、动机、兴趣、信念、理想等）、自我意识和个性心理特征（气质、性格、能力等）的总和。所谓创造力人格，即非智力因素。我们则将创造性人才的非智力因素或创造力人格概括为五个方面的特征及其表现：（1）健康的感情，包括情感的程度、性质及其理智感；（2）坚强的意志，即意志的目的性、坚持性（毅力）、果断性和自制力；（3）积极的个性意识倾向，特别是兴趣、动机和理想；（4）刚毅的性格，特别是性格的态度特征，例如勤奋，以及动力特征；（5）良好的习惯。关于幼儿创造力人格的一般特征，国内外也有不少研究，在国外，有位美国心理学者认为完成任务的坚毅精神、自信、有进取心、谨慎、好奇心强很重要。美国学者尼克罗认为智力、觉察力、流畅性、变通性、独创性、怀疑、坚韧性、游戏心、幽默感、非依从、自信心等是重要人格特征。较有影响的是吉尔福特等人的研究，他们认为：有高度的自觉性和独立性，不肯雷同；有旺盛的求知欲；有强烈的好奇心；知识面广，善于观察；工作中讲条理性、准确性与严格性；有丰富的想象力、兴趣广泛；富有幽默感，意志品质出众是创造力人格具有的重要特征。我国学者董奇的《儿童创造力发展心理》指出：具有浓厚的认知兴趣；情感丰富、富有幽默感；勇敢、甘愿冒险；坚持不懈、百折不挠；独立性强；自信、勤奋、进取心强；自我意识发展迅速；一丝不苟等八条是创造性儿童的人格特征。

三、研究方法与研究对象

（一）研究方法

以实践研究展开，主要采取的是行动研究法，用观察法、测查法来收集相关的资料。

1. 观察法、测查法。在户外活动中观察幼儿创造人格的表现并记录。

2. 行动研究法。在户外活动中抓住随机教育契机培养幼儿的创造力人格。

（二）研究对象

本次研究的对象为北京市西城区广安幼儿园小班3—4岁幼儿，按年龄、性别分类，以1岁为一个年龄组。

（三）研究时间

2017年9月至2019年6月。

四、采取的措施

（一）好奇心是想象创造的萌芽（培养创造人格的起点）

人们常说好奇心、想象力是创造的翅膀，而富于好奇心与想象力，正是幼儿的天然心理特征，在创造性思维中具有触发催化的作用。从而成为幼儿行动的内在动力。因此，它是培养创造性人格的起点，是创造的萌芽。在户外活动中抓住随机教育的同时培养幼儿创造性人格。幼儿在户外活动中会发现自然界的变化，而且十分好奇、好问，有浓厚的求知兴趣，教师要给予幼儿充足的时间和机会。一天上午的户外活动，孩子们在小院高兴地玩着，刘若林高兴地来到我身边，神秘地说："张老师，你看！"说完猛地从身后伸出手，只见手中一粒蒲公英的种子。"我见到一个毛毛儿！"我问："你从哪儿发现它的？"刘若林抬头看了看，我也抬头看了看，我看见头顶上有几粒蒲公英的种子在飘，在阳光的照射下闪着光，那么漂亮，我心想：孩子们多可爱，他们能发现那么多美好的东西，而我却没发现，我说："你捡到的毛毛儿是蒲公英的种子！它离开了自己的妈妈去寻找自己的家了！"孩子们好奇地问："那它的家在哪儿？"我说："飘到哪儿就在哪儿安家，它就是这样靠风来传播种子的！"听了我的话，孩子们去寻找蒲公英了。他们真是坚持不懈！蒲公英捉住了，又飞走了；飞走了，又捉住了，他们都累了，但是兴趣还很浓。有的幼儿捉到后仔细地观察蒲公英种子的外形，有的幼儿用嘴吹跑它，看它怎样用风传播种子，我被他们好奇、好问以及浓厚的求知兴趣所深深感染。没有好奇心，自然也就阻塞了通向真理的道路，事实上，许多创造发明就是从一些不起眼、有时为平常人所不屑一顾的好奇心起步的。

（二）自信心是创造性人格的保证

日本发明学会会长丰泽氏曾经说过："搞出发明创造的首要'秘诀'就是认为创造发明并不难。"一个人如果在心理和精神上输了，就不可能在行动上取胜，相反，行动上虽然失败了，跌倒了，但精神上仍不垮，就能站起来，重新前进。要培养幼儿的创造性人格就必须先培养自信心。它是保证创造性人格的精神武器。在户外活动中鼓励幼儿，增强自信心，迎接挑战，战胜自我。

（三）探索是创造人格的动力

探索对于"安分守已""墨守成规"的人来讲是一个不乐意接受的概念，没有它就难以成功，因为它是一种强劲的必不可少的动力。古往今来，纵观历史，所有的成才者都有可贵的探险与冒险精神，有的则不满足于现有的知识界限，大胆地实践，进行科学探索。幼儿园里的幼儿们的探索体现了新方法、新途径，并敢于尝试。在户外活动中的幼儿不墨守成规，愿意探索新方法、新途径，幼儿以物代物的想象充分发挥。所有的创造活动都缺少不了创造性想象和创造性思维，它们被称为创造力的两大支柱，而在儿童的创造力中，创造性想象的作用和地位更加突出。孩子们在玩抓坏人的游戏时，他们都喜欢当警察，没有人愿意当坏人，当一个小朋友得知自己被别人当成坏人捉时非常不高兴，这样出现了问题，没有人当坏人怎么办呢？孩子们没有被困难吓倒，他们自己搜索，想办法，今天他们打破了以往用小朋友当坏人的方法，通过游戏中探索游戏不墨守成规了，他们想出以物代物的好办法来，创造和想象使游戏得以继续。

通过实践研究，我们不仅树立了创造性人格培养的大教育观，还就其在幼儿的一日户外活动中取得了一些相关的认识：

1. 把更多的时间还给孩子，让其在主动中发展。

2. 创造力是一个过程，而不是一个结果。

3. 建立新型的师生关系。积极的、良好的师生关系不仅对幼儿学习能力有提高，而且对其个性的发展也有相当大的促进作用。

五、研究结论

创造性人格培养的价值取向是回归和发展主体。在幼儿户外活动中注重培养创造性人格，具有促进其人生发展的长效价值。所有的创造活动都缺少不了创造性想象和创造性思维，它们被称为创造力的两大支柱，而在儿童的创造力中，创造性想象的作用和地位更加突出。

参考文献

［1］董奇．儿童创造力发展心理［M］．杭州：浙江教育出版社，1999.

［2］俞国良．创造心理学［M］．杭州：浙江人民出版社，1996.

［3］任之．孩子智慧潜能的开发与培养［M］．赤峰：内蒙古科学技术出版社，2002.

幼儿园园本课程中种植活动开展——以神奇的米为例

（林雪惠　广东省深圳市罗湖区清秀幼教集团雅乐幼儿园）

摘　要：幼儿园教育事业的根本目的在于有效地促进幼儿的身心全面发展，为今后接受更高的教育及其幼小衔接奠定基础。对于园本课程的定义即是幼儿园以国家的课程政策为指导，以实际为出发点，切实考虑本园的综合条件、当前情况等因素，联系社会各方力量共同参与，以支持、满足和促进幼儿发展为根本目的的课程体系。

关键词：幼儿园；园本课程；来源；开发策略；思考

一、幼儿园园本课程来源

先对“校本课程”的含义有所理解，是理解“园本课程”的内涵的基础。“校本课程”是由菲吕克等人在1973年一次讨论课程的国际会议上提出来的。理解“园本”也应当从理解“校本”开始。“校本”，顾名思义，指的是以学校这个特定地点为基础区域进行的课程开发。校本课程实质上就是一个以学校为基础区域进行课程开发利用的集思广益做出决定策略的过程。同样，“园本”即是以幼儿园为基础区域进行幼儿园课程开发利用的集思广益作出决定的过程。

二、幼儿园园本课程开发策略

幼儿园课程是为了帮助幼儿获得有利的成长体验、学习方法、学习能力，最终促进其身体心理等方面健康发展的各种活动的总括。《幼儿园教育指导纲要（试行）》中提出“教育活动是老师创造性地开展工作的过程，教师要从本地、本园的条件出发，结合本班幼儿的实际情况，制订切实可行的计划并灵活地执行”。而有成效的幼儿园园本课程的创设、利用，其策略重心应该在以下几个方面。

（一）积极借助专业引领，努力进行课程园本化探索

好的园本课程，还要有好的实施方法，其中最被认可的就是最终要借助教师的教育活动来实现课程的园本化，而一般情况下，普通教师很难独立完成，这时就需要向外界“借力”。可以通过请进相关优秀专家实行专门指点，采用以点带面的辐射效应共同探究开展课程的园本化探索；还可以在既定的科学的课程材料的基础上，在实际操作中根据孩子发展需要，对课程材料进行二次深度挖掘、利用，最终使课程园本化。

（二）开展规范科学的课程研讨，最大限度调动教师的能动性

一般采用先组内共同研讨，然后教师自我反思的研讨方式，对原有基础教材进行深度探究。园领导还应该给教师充分的时间保障，促使园本课程研讨工作得以顺利进行，如确保能定期进行在组内的集体交流中的课程研讨、定期进行跨年级组的更大范围的课程研讨。幼儿园还应当努力协调安排好各方面关系，确保年级组内外课程研讨顺利进行。

（三）着眼园所实际，结合生活日常

幼儿园里具有丰富的对幼儿发展有利的生活教育资源，如园所里的草坪绿化、种植角、

观察区、手工坊、绘本、小伙伴及老师，都可成为幼儿能量的源泉，除了这些，我们还可以带着孩子走进大自然，切身感受花香鸟语，充分利用当地区域优势做好主题实践活动。比如在“我的家乡”这一主题活动中，组织孩子游览家乡的名胜古迹、旅游胜地，让孩子们感受到家乡的美丽和发展，激发孩子们热爱家乡的自豪感。

下面是以“神奇的米”为例的活动过程。

以米为主题，从认识超级水稻、米的生命之旅、致敬袁隆平爷爷、有趣的稻草人、水稻丰收、品尝成果、总结反思等七个方面开展。

首先，带领幼儿认识区域内投放的大米，引发幼儿的思考，联系生活中的大米有什么不同，从而让孩子们对米的特征、来源产生浓厚的探究欲望。

其次，通过视频资源讲述大米的成长过程，孩子们观察未脱壳的大米是什么样子的，并从中挑选适合培育的大米，让孩子们切身地感受浸种的过程，在这一过程中幼儿们观察、讨论水稻的成长变化，量一量小禾苗的“身高”。30 天后开始移栽，准备好容器、土、肥料水等，在带着幼儿栽种时，强调注意事项。在等待水稻长大过程中，幼儿们想象稻子长大的样子，画一画、量一量、比一比的方式都代表着幼儿们对水稻快点长大的期望。

再次，用实际行动去买米，知道一斤米、两斤米的重量，并亲自尝试煮饭，幼儿们经历了水稻成长过程，体验了亲自买米、做饭的过程，懂得了珍惜劳动成果。等稻子到了丰收的时期，孩子们也体验了割水稻：将水稻脱壳变成大米的过程，最后品尝大米。孩子们在这一整个过程中知道了不浪费粮食的重要性。

最后，在 2021 年 5 月袁隆平爷爷去世时，幼儿们用绘画的方式表达了对袁隆平爷爷的敬意。

小结：在这个过程中，幼儿体验到了生命从播种到成熟的经历，在观察、比较、探索中，幼儿感知到水稻生长与环境的关系，体会到生命的成长与变化。

三、园本课程开发的问题

（一）课程评价体系不完善

在幼儿园教育活动体系中，园本课程的评价效果必然会直接影响到园本课程创设开发的质量，更能直接决定未来课程的发展趋势。缺失的评价体系必然会使幼儿园园本课程缺乏必要的系统性与科学性，这都必然不利于幼儿的身心发展、限制教师的专业提升，导致园本课程实施的有效性较差，从而不利于幼儿的成长，也阻碍了幼儿园的综合发展。

（二）园本课程的选择过于强调幼儿的兴趣

幼儿园的教师们在选择园本课程时几乎都一味地强调幼儿们的兴趣，似乎只有这样才能显示出园本课程开发的专业性，兴趣是可以后天培养的，况且随着幼儿认知能力的提高、知识结构的变化，兴趣往往也会随着变化发展，因此课程的选择导向不能完全由幼儿兴趣主导。

（三）幼儿园教师开发利用课程的能力较低

目前，很多幼儿园都在开展幼稚园课程开发和使用的研究，但大部分幼儿园教师仍然过分依赖现有的课程教材，缺乏相应的幼稚园课程开发和使用能力。

很多教师不了解孩子的实际成长需要，因此在教学中往往忽视核心素养的培养，强调理论知识的强化。此外，教师在选择幼儿园教科书时，往往缺乏实践适应性，在不知不觉中套用传统教科书内容，没有表现出具体的教育特色。这样的教育理念和模式显然不能满足实际的教育需求，也没有促进孩子未来的发展。

四、关于幼儿园园本课程的思考及建议

（一）教师应当是园本课程开发与利用的领头羊

发展幼儿园课程，首先要提高幼儿园教师的个人能力。目前，幼儿园教师多为青年教师，缺乏实践经验。强大的师资力量是开展幼儿园课程的重要前提。因此，幼儿园需要积极地为教师创造各种提高的机会。提高教师专业水平，派教师到其他优秀幼儿园学习经验，定期进行实务培训，教师之间交流经验，分享问题，能够持续推动幼儿园课程开发能力的成长。作为幼儿园级领导，必须不断提高自己的专业素质，指导和帮助教师开展幼儿园课程。

（二）园本课程要注重孩子发展特点

在园本课程内容的选择上，不能只注意孩子们的爱好，而是更要重视幼儿发展特点、趋势，这样才能更好地确立教学目标，凸显课程设置的适宜性，促进孩子和谐发展。但幼儿园教师们在选取课程的时候，也不可以忽略孩子们的兴趣点，只强调幼儿发展规律，这同样不利于幼儿的身心健康。

（三）评价体系应恰当适宜

恰当适宜的园本课程评价体系要能调节好各评价主体在所执行的园本课程评价中的地位，能充分注意到各个评价主体的现实情况和客观差异，并在此基础上归结出园本课程评价所要解决和面对的问题，从而制订出能解决所出现问题的科学评价方案。方案施行以后，又能够汇总相关的评价材料，然后进行梳理、反思并作出总结。最后做总结下定论时，应坚守审慎的态度、集思广益的原则，尊重每个评价主体，慎重看待他们提出的观点和见解，依从幼儿身心成长的特征，按照园本课程创设与利用的宗旨，对这些观点和见解进行恰当的选择，然后内化到园本课程开发利用的实施过程中。

（四）观念要科学，形式应多样

幼儿园园本课程的开发利用，每一个环节、步骤都要注意其中所蕴含的价值。对于幼儿园教育来说，应当重点关注的是幼儿的身体健康和心理健康发展状况，教会幼儿热爱生活、懂得感恩，同时也能够公正地对待他人，培养良好的生活、学习习惯。园本课程的创设必须要科学，要能够充分考虑到幼儿的学习特点，使他们的身心发展水平能够和他们的学习特点相结合，实现园本课程良好教育效果的最大化。

五、总结

幼儿园课程需要合理、适当地选择，才能充分整合各种资源。首先是理论的整合，不同流派的课程理念的细致融合，不同课程之间的良好衔接，和谐统一，进而探索更适合自己的幼儿园教育的课程理论。其次，在幼儿园课程的教育培训中，积极采用多种形式的课程，构建完善的课程培训体系，为促进儿童身心健康和全面发展提供有力保障。

参考文献

[1] 胡宁．生态学视角下的园本课程开发策略［J］．教育观察，2020，9（4）：77—80.

[2] 张响珍．幼儿园园本课程开发的管理策略［J］．科教导刊（上旬刊），2013（10）：93—94.

[3] 饶玲．园本课程建设面临的问题与应对策略［J］．当代教育论坛（学科教育研

究)，2007（2）：70—71.

［4］郭晓艳．园本课程开发的质量保障策略［J］．科教文汇（中旬刊），2015（8）：79—80.

［5］王琼，陈洁霞．让民间游戏走进幼儿园——民间游戏与园本课程的开发策略初探［J］．教育教学论坛，2010（3）：153—154.

调动青年教师积极参与教研活动的策略研究

（刘玉颖　北京市门头沟区第五幼儿园）

摘　要：在教研活动中，关注青年教师的参与，更注重在教研活动中引领青年教师；通过多种形式的活动调动青年教师参与教研的积极性，带领青年教师共同解决科研活动中的疑难杂症，让青年教师在活动中、活动后有所得，促进青年教师专业发展。

关键词：教研活动；青年教师；参与积极性

一、问题分析

近年来，教研活动在幼儿园内开展得十分火热，在一周几次的教研会上，大部分占用教师的休息时间，在以往开展教研活动时，不难发现存在一些交头接耳、精神萎靡的现象，而青年教师因为入职时间较短，在这样大会小会的“攻势”之下，本就对教研工作一头雾水的他们就更失去了积极性，这也让组织教研的管理层感到无助。

为什么老师不喜欢参加教研呢，尤其是如何才能激发青年教师的参与积极性呢？细究原因，我们首先得知道教研是研究什么。正如朱家雄教授说：“教师不是课程专家，但是，每一位都被要求去编制课程目标，选择和组织课程内容。教师不是学者，但是，他们被要求去做科学研究……”这种期待对于教学经验甚少的青年教师而言无异于一道难题，他们还没有将学校中学习的教育理论知识充分与幼儿的身心发展规律良好结合起来就被要求去自主研发教学，那么青年教师只能保持沉默，并退到边缘，表面上看似和谐，其实如一潭死水，失去了教研应有的活力。

但是我们必须看到的是，青年教师年轻、富有朝气和活力，他们选择成为一名新时代幼儿教师就说明他们热爱教育事业，他们身上有着一往无前的勇气和毅力，如果大教研活动是基于青年教师的真实问题与兴趣，顺应他们的学习心理，那么便能有效地激发青年教师参与教研的积极性，从而更好更快地成长为一名合格的幼儿教师，为教育事业贡献自己的一份力量。

基于以上教研现状和思考，本文旨在从困境出发，探讨在大教研活动中的三个环节中如何通过改善教研策略来促进青年教师转换思维、积极参与。在教研活动中，我们要学会将一潭死水变成一渠活水，不断地为青年教师的专业发展注入源源不断的活力与养分。

二、实施过程

（一）开始环节

在教研会上，为了更好地打破教师之间的界限感，调动青年教师参与教研的积极性，我们开展了有趣的“破冰活动”。

例如在“如何设计中秋节主题计划”的教研活动中，我们为了帮助教师准确分析出主题活动的内容和脉络，从而让教师根据主题的特点和幼儿发展目标来自主绘制出主题网络图。最开始面对较为笼统的教研目标，青年教师难免会有些无所适从，于是我们根据此主题开展击鼓传花游戏，当音乐停止，拿到球的老师要进行活动分享，在一位位青年教师的“脑洞大开”下，我们中秋主题网络图也得到了相应补充和完善。

除了击鼓传花活动，我们还上演了一出“我演你猜”的好戏。选出四名教师，大家站成一排，最前面的教师看与教研主题相关的成语，然后想好动作表演给后面教师，以此类推，直到最后一位教师猜出成语，并在黑板上指出相应成语，从而引出教研活动的主题与内容。

在教研活动伊始环节中，通过以上动静结合的小游戏，不仅可以有效打破领导发言，青年教师倾听的被动局面，更可以让老师们对即将开始的教研活动充满兴趣，从而为接下来的活动过程作好准备。

（二）讨论环节

当教研主题被引出后，就到了教研活动中最为关键的主体部分——讨论环节。教研的本质其实就是一场高效的对话活动，更是一项需要情感交流才能完成的对话往来。当我们遇上一个好的倾听者，经常滔滔不绝沟通一两个小时都毫无察觉，因此，在教研活动中创设这种氛围时，我们会发现高质量问题会不断涌现，参会教师的认知和经验都在不断刷新，青年教师更是会尽情吸收养分，积极主动参与的同时更会期待下一次教研活动的到来。

在大教研中，我们会组织教师进行分组讨论，在其中会尤其注重以骨干教师带领青年教师的形式，以这种“老带新”模式来帮助青年教师开拓教研思路，青年教师常困于不知如何将教学目标与充满个性的幼儿更好地融合起来，此时骨干教师就可以向青年教师分享自己多年来的教学经验以及对幼儿发展的感悟，并不断鼓励青年教师积极回答教研问题。

在接下来的教研研讨环节中，我们主要按以上规则分组，并赋予每个组基础分为10分，针对教研主题进行分组讨论和小组发言，第一个发言的小组和教师个人加2分，后续发言小组和教师各加1分。同时每个组发言以后，由其他组给出切实可行的实施建议，在能够说服对方的前提下，给提出建议的小组和教师再加2分。在研讨环节结束后统计每组总得分以及最高分教师，对该小组和该名教师进行鼓励和适当的奖励，在教研活动后可以开展一次扭蛋活动，每个蛋中有1分或0.5分，抽到几分就加几分。

（三）结束环节

教研活动接近尾声时，每位教师都收获颇丰，因此给予老师一定的时间在教研本上针对教研中的问题进行自己观点的阐述，同时以小组形式进行讨论、梳理和总结，最后每个小组推选出一名青年教师来进行教研分享。通过对教研活动的全程有效参与和骨干教师的指导，此时的青年教师已经完全融入教研氛围中，并且能够思路清晰地进行总结陈词。由此，我们调动青年教师教研积极性的目的也顺利达到了。

三、实施策略

通过以上有效环节的实施，不难发现想要在教研活动中充分调动青年教师的参与积极性，需要从以下几个方面进行策略支持。

（一）创设宽松、民主的教研氛围

环境不仅是幼儿的第三位教师，也是教师更好开展活动的有效支持者。《幼儿园教育指导纲要（试行）》提出，信任和尊重教职员工，是充分调动其主体能动性的重要前提。在教研活动中如果只有领导和资深教师表达自己的观点和指出青年教师的不足之处，那么青年教师更是会低头不语，害怕自己说得多也错得多，从而导致积极性不高，讨论的气氛自然不浓。因此在教研活动中需要营造一个宽松又民主的氛围，不把普通的理念强加给富有创造性的青年教师，而是尊重他们的教育理念和想法，用欣赏的眼光去看待他们的成长和进步。只有在这样的环境下，青年教师才能变得更加主动，勇于发表自己的意见，提出与众不同的看法，在教研中争着说，抢着说，打破以往沉寂的局面，在热火朝天中不仅提升了青年教师的教研信心，更是调动了教研的积极性。

（二）提供自我展示才能的平台

在日常工作中要充分发挥新老教师的特长，尤其是让青年教师在教研活动中唱主角。当在大教研方式中以“老带新”模式中为青年教师举办专题讲座，鼓励青年教师展示教学基本功，由此生发出符合青年教师教育工作现状的教研主题，并以他们为中心开展系列研究。满足了青年教师想要被接纳、快速融入园内的心理需求，从而有效地提升他们教研的积极性。

（三）感受自我成长的具体需要

教研活动并不只存在于教研大会上，在日常的保教工作中更容易寻觅到教研的主题和契机。在工作中要深入了解青年教师的保教情况，掌握教研动态以及发现他们的成长需要，以便能够及时调整教研计划，促进青年教师更好地开展工作。例如，青年教师较为常见的问题是如何有效组织幼儿感兴趣的教学活动，才能更好地达到教学目标，那么便可根据青年教师此类的具体困境来展开一系列关于设计教学活动的专题教研活动，并将一个宏观的议题分割成小视角论点，如“创设怎样的环境可以吸引幼儿、活动如何有效地导入、每个环节如何顺利过渡”等。这些非常具有针对性的教研活动契合了青年教师在工作中的实际发展需要，让青年教师直接成为教研活动的受益者和进步者，从而让青年教师深刻地感受到教研活动并不是一项繁重的“任务”，而是自我成长的需要，从而在潜移默化中改变自己的教研心态，从最开始的“要我教研”转变为“我要教研”。

四、总结与反思

提高青年教师的教研积极性在本质上与提高幼儿的活动参与度是一致的，人类在本质上都是主动的，这种主动性体现在任何一种活动都是出于某种促进或目的，外在环境的创设与内心需求的渴望都是极为重要且宝贵的资源。想要更好地在大教研活动中调动青年教师的积极性就需要我们在选择教研内容时，还要考虑教师在前，内容与形式在后，争取让教研内容与青年教师的发展需求相吻合。

同时，我们也应该认识到同样是青年教师，由于工作年限和专业能力的不同，每位教师需要参与的培训方式也会有所不同，因此我们需要在教师之间建立起有效的提升模式，例如，教龄在五年以上的青年教师可以学习前人的教研思路，通过借鉴和模仿来完成一份自己的教研计划。而针对教龄在五年以下的青年教师，最好是采用一对一的提升模式。只有在了解不同青年教师的教研能力后，才能找到适合他们的科研提升计划，才能带领青年教师共同去解决科研活动中的疑难杂症，从而全方位地调动起他们的积极性。

参考文献

［1］刘旭东．校本教研的策略与方法［M］．重庆：重庆出版社，2008.

［2］王正才．新教师培养的几项措施［J］．教学与管理，2002（30）：25.

［3］何芸．“互联网＋”发挥青年教师参与教研的主动性策略探究［J］．启迪·教育教学，2016（7）：2.

浅谈区域活动评价的现状及改进策略

（辛明雪　山东省青岛市实验幼儿园）

摘　要：区域活动评价是使教师了解幼儿已有水平并帮助幼儿进行关键技能和经验提升的重要手段，进行高质量的区域活动评价对幼儿的身心健康发展和教师专业发展有着至关重要的作用。教师的评价次数、评价工具、评价方式及幼儿教师对区域活动价值的看法等都对幼儿发展及区域活动质量起到了至关重要的作用。

关键词：区域活动；教育评价

一、问题的提出

区域活动是幼儿一日活动中的重要内容，丰富多彩的区域活动深受幼儿喜爱，随着时代的不断发展，各幼儿园的专业水平不断提升，区域活动的地位也愈加提高。作为开展区域活动的重要环节之一，区域活动评价的重要性可见一斑。通过教师的合理引导，区域活动评价能够促使幼儿的区域活动内容向合理的方向推进；也能提升幼儿区域活动的游戏经验，帮助幼儿总结在区域活动中形成的操作技巧经验等；在同伴互评时，还能够提高幼儿主动表达的能力和欣赏同伴的情感。

教师能否在区域活动中积极地投放充分、大量的活动材料，在区域活动开展时能否对幼儿进行有针对性的观察，在区域活动后是否持续关注幼儿的表现等都会影响区域活动评价的质量。

二、存在的问题

区域评价是区域游戏后必不可缺的环节，但因教师时间管理、教育理念、评价方式等因素的影响，在教学实践中，区域评价也存在着一些问题。

（一）部分教师的评价内容重“安全”轻“教育”，重“热区”轻“冷区”

部分教师在指导幼儿活动时，仅关注安全问题，未对幼儿的活动内容进行具体的评价与反馈，长此以往，幼儿仅仅在游戏时关注自身的行为是否规范，不利于其探究水平、同伴交往能力、逻辑思维能力等品质的发展，区域活动的价值被大大被贬低，不利于幼儿在活动的难点、关键点进行提高。

在评价时，老师更喜欢作品性评价，即重点评价搭建区、美工区、拼摆区等有显性作品的区域，尤其在作品本身、技能技巧等方面评价占多数。但对于音乐区、图书区等没有显性作品的区域，教师评价频率较低，且形式单一。这在一定程度上不利于激发幼儿对“非作品”区域的探索兴趣，也未对幼儿全面选择活动区起到积极的导向作用。

（二）幼儿参与评价的主体性地位不足

在部分班级，区域评价的主体依然以教师为主，幼儿更多为聆听者和回答者，主动介绍、表达、提出疑问的机会较少。同伴间的评价能够激发幼儿的参与性，调动幼儿积极思考的热情，同伴也是教育评价的重要对象，因此，幼幼互评应是评价中不可缺失的方式，缺少了幼幼互评的过程，会使幼儿简化对活动经验总结和提升的内化过程，幼儿缺乏主动学习的机会，也让幼儿缺失了锻炼语言表达能力的机会。

（三）区域评价手段较为单一

随着时代的发展和科技的进步，信息技术手段在教学中的应用越来越广泛。在区域评价中，最常见的评价方式为照片呈现法，教师将幼儿的作品或活动照片呈现在电视上，让幼儿欣赏同伴作品，或借助照片瞬间引导幼儿回顾活动过程。这一方式较为直观、便捷，但采用的频率过高，成了区域评价的主要方式，较为单一。统一的评价手段不适用于每个区域，同时，单一的评价模式也会使幼儿失去兴趣，专注力极大降低。

（四）区域评价的时效较短

从整体上看，大部分教师都能够关注幼儿在得到评价后的即时反应，并适当进行追问和提升。但是，在一次评价之后，很少有教师能够持续关注幼儿在这一方面的发展变化，持续性的评价更是少之又少。无论采用即时性评价还是终结性评价，教师在某些持续性活动的评价中，应当延长评价的时效性，激发幼儿的持续活动欲望。

三、区域评价提升策略

（一）提升教师理念，拓展评价内容

幼儿园可以开展跟踪班级区域活动、组织优秀教师区域评价开放活动等，跟进教师讲评活动，对于教师在讲评时问题捕捉的价值性、师幼互动有效性等情况及时进行研讨，提高教师对于区域评价这一教育环节的重视。同时，鼓励教师采取多种方式对幼儿活动进行观察，如：定点观察、定对象观察、全班巡回式观察等方式，在多样的观察方式下，教师更易注重幼儿社会性交往、规则意识、探索能力等方面的发展，也更能兼顾“冷区”的观察与指导。

（二）将评价主体向幼儿转移

在活动区评价前，教师可以鼓励幼儿间进行自由表达，开展同伴间自我评价分享。在教师主导的讲评中，多为幼儿提供展现、表达的机会，教师在提问和引导下使幼儿主动思考，提高幼儿直接参与区域活动评价的次数，提高幼儿的活动评价主体性地位，从自身角度分析问题，评价同伴的活动内容，成为区域活动和评价的主人。同时，可以适当地提高幼儿参与区域活动评价的次数，让幼儿发现自己或同伴活动过程中的亮点与不足，更有利于幼儿言语发展，提高幼儿活动积极性，利于幼儿情感态度的培养，最后教师在此基础上给予指导性的引导和评价，激发幼儿的活动兴趣，做到师幼心理同步，启发幼儿的思维，让幼儿积极主动地参与到区域活动评价中，更利于幼儿身心的全面发展。

（三）提高评价后幼儿后续行为的关注，让区域活动评价真正作用于幼儿

从教师角度，以对某一活动区或某一幼儿开展有针对性、有计划性的持续观察，了解游戏内容和幼儿发展的动态变化，可以在讲评时再次分享幼儿活动，凸显幼儿能力发展变化，进一步提高区域讲评价值。幼儿园方面，可以定期组织会议或开展相应的培训活动，加强幼儿教师在区域评价方面的评价意识和评价后关注；不定时抽查教师对幼儿评价后行为的关注情况；或者定期组织经验交流会议或评比活动，请区域讲评质量高的教师进行经验分享，促进全体教师共同进步。

（四）运用多元方式进行评价

教师能够采取各种不同的类型对幼儿区域活动作出评价，在形成性评价中，教师可以及

时对幼儿的即时性行为进行矫正，从而提高教学活动质量，同时也可以完善教师的教育过程。终结性评价在幼儿的生活学习中无处不在，地位举足轻重，但是过度的终结性评价也会导致负面的后果，也有教师在进行终结性评价时仅仅注重幼儿的作品或结果，而忽视了过程。所以说，最有效的评价是这三种评价能够相互结合，互相贯穿于幼儿的区域活动中，这样才会对幼儿的区域活动作出有效及时的评价和反馈，更有利于幼儿身心的全面发展。

《幼儿园教育指导纲要（试行）》中指出："教育评价是幼儿园教育工作的重要组成部分，是了解教育的适宜性、有效性，调整和改进工作，促进每一个幼儿发展，提高教育质量的必要手段。"教育评价分为诊断性评价、形成性评价和终结性评价，在幼儿园中多采用后两种评价方式，但过于倾向于任何一种评价方式都是不合理的，只有将两种评价方式有机地结合在一起，在区域活动的过程中和区域活动结束后都对幼儿进行适当、适时的评价，才能更充分地发挥区域活动的价值，才更有利于帮助幼儿将区域活动中的游戏体验内化为自身的活动经验。合理、科学的区域活动评价也能提高教师自己的教育教学水平，有利于教师发现、改进自身对于教学活动的设计，不断完善区域活动的材料投放、环境设置等。

参考文献

［1］李慧敏．幼儿园区域活动中教师指导行为的研究［D］．广西师范大学，2006.

［2］王现军．小议幼儿园教育活动中的非正式评价［J］．教育导刊（下半月），2005（5）：35—36.

［3］王旭. 专家型教师评价行为特征研究［J］．幼儿教育·教育科学，2007（3）：42—45.

［4］中华人民共和国教育部．幼儿园教育指导纲要（试行）［S］．北京：北京师范大学出版社，2001.

［5］中华人民共和国教育部．3～6岁儿童学习与发展指南［S］．北京：首都师范大学出版社，2012.

幼儿园循环式体能活动开发“三部曲”

（蒋沁怡、皮小韫　四川省成都市第二十八幼儿园）

摘　要：幼儿的身心健康、体魄强健、意志坚强、充满活力，是一个民族旺盛生命力的体现，是社会文明进步的标志，是衡量国家综合实力的重要指标。为进一步保障幼儿的体质健康，我园总结出“理论导向明方向”“分析现状找路径”“梳理经验凝策略”的循环式体能活动开发“三部曲”。

关键词：循环式；体能活动；“三部曲”

一部曲：理论导向，开启循环式体能活动的新篇章

一、厘清循环式体能活动的含义

循环式体能活动是以促进幼儿体质健康为目的，根据幼儿身体素质、运动能力以及心理素质发展水平，创设不同功能的体能锻炼区域，幼儿按照循环的线路连续进行的体能游戏。有别于以往的体育锻炼，该活动以游戏为主，拥有全面性、趣味性、挑战性、科学性四个特点。我园的循环式体能活动，主要分为“外循环”和“内循环”，日常以“外循环”为主，即在户外，打破班级界限，幼儿按照一定线路自由进行循环式户外体能活动。“内循环”是在应对特殊天气的情况下，利用教室和楼道，打破班级界限，幼儿按照一定线路自由进行循环式室内体能活动。

二、明晰循环式体能活动的价值

学前期的幼儿正处于生命发展初期，是人生中的第一个关键时期，各个组织器官的发育尚处于基本阶段，身体成长发育非常迅速，因此这个阶段是发展幼儿身体各项素质的关键时期。在这一时期，幼儿活泼好动，具有极强的模仿能力，可以帮助其快速地掌握基本动作技巧，通过肢体运动感知世界，是幼儿塑造良好身体素质的关键时期。这一阶段的锻炼不仅能使幼儿拥有强健的体魄，实现其身体发育和运动能力发展的平衡，还能养成健康的生活习惯，增强其社会适应能力。因此，设计一套符合幼儿身心发展特点的体能活动，对于身心发展敏感期的幼儿是非常必要的。

二部曲：明析现状，探寻循环式体能活动实施路径

一、析现状，明问题

（一）教师的专业理论欠缺

教师对循环式体能活动中核心价值以及价值取向不清晰。由于理论基础欠缺，教师对不同年龄段幼儿特点认识不够，对八大基本动作，每一个动作的核心价值认识不够。

（二）活动评价的形式单一

通过教师问卷和日常教学活动观察，我们发现，教师活动评价的形式主要停留在单一的教师主观感受层面。教师未使用工具细致观察幼儿活动情况，以便了解幼儿各项体能活动的具体现状。

（三）循环活动开展欠科学

由于循环式体能活动开展模式不规范、欠科学。在循环式体能活动中，经常出现以下两种情况，一是运动器械过少，幼儿会产生等待的时间，练习的时间较少，无法支持更多的幼儿对器械进行充分探索；二是如果器械过多，幼儿会产生眼花缭乱，注意力容易分散的现象，不利于体能活动的正常开展。

二、探路径，找对策

（一）海量学习，巩固理论

我园以课题研究“提升幼儿体质的循环式体能活动设计与实施研究”为推手，组织教师海量阅读《学前儿童体育》《学前儿童体育与健康教育》《幼儿园区域活动设计与指导》等专业书籍，快速补给专业知识。

（二）利用工具，完善评价

在活动中幼儿的体质健康发展发展如何？需要教师细致了解幼儿现阶段的运动发展情况才能做出准确的判断。基于此，我园教研梳理适宜的“循环式体能活动观察记录表”（见表1），教师能在填写此表的过程中明确每次活动时的观察重点和方向，教师也更能从一次次的表格记录中发现幼儿对活动本身（例如材料投放等）的兴趣度，进而成为教师调整活动的重要依据，也是改变教师评价、指导不到位的有力方式。

表1（内/外）循环式体能活动观察记录表

观察教师		观察时间	
观察项目		观察重点	
坚持完成人数			
中途放弃人数			
不想选择人数			
原因分析			

（三）内外循环，规范开展

根据我园的室内外场地特点，因地制宜、因时制宜，创设内循环和外循环两套循环式体能活动模式。

户外循环式体能活动，即根据幼儿园户外环境环形特点，因地制宜地利用大型玩具、攀爬架、投掷墙、组合器材等器械规划了环形的循环路线（见图1）。循环式体能活动致力于促进幼儿身体素质和运动能力的发展，即速度、力量、弹跳、灵敏、协调、柔韧、耐力等身体素质，以及走、跑、跳、投掷、平衡、钻、爬、攀登等运动能力。目前，我园已形成12个固定点位、21个体能项目的循环式体能活动（见表2）。

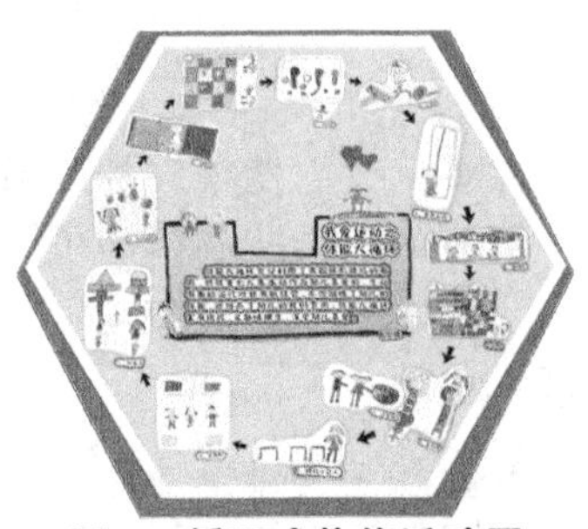

图 1　循环式体能活动图

表 2　幼儿户外循环式体能活动能力发展表

位置	项目名称	运动能力	身体素质
★1. 小花园	稳稳当当（4 条路线） 走轮胎＋走竹梯＋走小花台＋滑梯→吊桥	平衡	平衡能力
2. 前操场	穿越火线（3 条路线）	（正面/侧身）钻	协调性
3. 种植园地	烤香肠	翻滚	协调性
4. 爱吧大道	跨越小达人（2 条路线）	跳	协调性、敏捷性
5. 爱吧大道	一举击中	跳	协调性、敏捷性
6. 新草坪	四平八稳	平衡	平衡能力
★7. 攀爬架	别有洞天（3 条路线） 手脚着地爬＋钻爬通＋手膝着地爬	爬	协调性、敏捷性
8. 滑滑梯	人猿小泰山（3 条路线）	攀登	耐力、上肢力量
9. 大型玩具旁	跳跳糖	跳	耐力、协调性
10. 小一班门口	全能小超人	综合	协调、敏捷、平衡、爆发力
★11. 小一班门口	百投百中	投掷	平衡能力、协调性、爆发力
12. 小三班门口	勇攀高峰	攀登	协调性、敏捷性、耐力
休息区	起点区设有休息区		
备注：★为三个起点			

室内循环式体能活动，在应对特殊天气的情况下应运而生。我园根据教学楼建筑的特点，迁移户外循环式体能活动的目标追求，即促进幼儿身体素质和运动能力的体质健康发展，最终形成“3＋2”模式的室内循环式体能活动。“3”即根据幼儿具体情况（人数、状态等），将循环式体能活动分为小班组循环、中班组循环、大班组循环三种循环路线；“2”即根据幼儿年龄特点，小班组为一个循环路线，中大班为一个循环路线（见表 3）。

表 3　室内循环式体能活动幼儿能力发展表

位置	项目名称	运动能力	身体素质
1. 大一班	勇攀高峰	攀爬	平衡能力、协调性
2. 大二班	投投乐（3 个不同高度和适度投掷）	投掷	投掷、协调性
3. 大三班	滑滑乐（板凳＋平衡木）	爬	协调性
4. 三楼过道	钻爬乐（3 条路线）（1：钻图：2：钻矮柜：3：走沙发）	钻爬、平衡	协调性、敏捷性、平衡能力
5. 二、三楼楼梯（靠舞蹈教室）	超级滑梯（垫子）	平衡	协调性
6. 中一班	穿越火线（桌子＋绳子）	钻爬	耐力、协调性
7. 中二班	翻山越岭（桌子叠高）	爬、平衡	协调性、敏捷性
9. 中三班	勇闯独木桥（2 条路线：桌子＋椅子）	平衡	协调性
10. 二楼过道	飞越丛林（2 条路线）	助跑跨越	协调性、敏捷性、平衡性、爆发力
11. 二、三楼楼梯（靠舞蹈教室）	躲避炸弹（水瓶＋手镯）	走	协调性、敏捷性、平衡能力
12. 舞蹈教室	抱轮胎（轮胎＋绳子）	上肢力量	耐力、爆发力、敏捷性
13. 小一班	圈圈乐	跳跃	耐力、协调性
14. 小二班	爬爬乐（3 条路线：桌子搭建）	钻爬	协调性
15. 小三班	独木桥（板凳＋平衡木）	平衡	协调性
16. 一楼大厅	快乐投投乐（爬行通过垫子＋走过宽窄不一样的平衡木＋进行投掷）	综合	协调性、敏捷性、平衡能力、爆发力

备注：“3＋2”模式（各班为起点）
循环模式“3”：1. 大班组路线：大三班→大二班→大一班→三楼过道→大三班
2. 中班组路线：中三班→中二班→中一班→二楼过道→舞蹈室→三楼平台→中三班
3. 小班组路线：小三班→小二班→小一班→一楼大厅→小三班
循环模式“2”：1. 中大班组路线：中一班→中二班→中三班→二楼过道→上二三楼楼梯（靠近舞蹈教室一侧）→三楼过道→大三班→大二班→大一班→下二三楼楼梯（靠近教室一侧）→中一班
2. 小班组路线：小三班→小二班→小一班→一楼大厅→小三班

三部曲：梳理经验，凝练循环式体能活动策略

一、三级教研＋循环策略

（一）园级教研：保方向促发展

循环式体能活动作为我园促进幼儿体质健康的体育运动之一，每学期都将其作为园级教研的主题之一。通过园级教研，年轻教师在教学管理、骨干教师、专家型教师的带领下，专业能力快速提升，在头脑风暴中成长、在分享中发展，最终能够很好地解决我园“教师的专业基础与组织能力不足”的问题，保证了循环式体能活动全面性、趣味性、挑战性、科学性的方向，促进了幼儿体质健康发展（见图 2 和图 3）。

图 2　户外循环式体能活动体验式教研图

图 3　室内循环式活动园本教研图

（二）年级教研：明思路重调整

年级组教研主要是根据园级教研中研讨出的“成果”进行再次梳理并落实。例如在园级教研中研讨出“攀登项目：人猿小泰山”的体能游戏，由中级组进行落实，而在落实的过程中发现，幼儿并不喜欢并且此项目还存在很大的安全隐患，就此中级组进行调整将游戏一分为三，满足不同能力水平幼儿的攀登，同时规划更加安全的行走路线，使项目更加适宜幼儿的发展和游戏。

（三）班级教研：抠细节观效果

班级教研在“继承”园级、年级教研的主题思路基础上，针对班级所负责的体能运动项目进行抠细节观效果，既要注重负责项目的可操作性，又要注意观察活动中幼儿的表现、活动的安全性、场地布置的适宜性等。做到小问题班级解决、大问题年级组解决、共性问题园级解决。

二、活动整合＋迁移策略

（一）内外循环互补充

我园内外循环式体能活动是一个互为补充的关系。外循环相比内循环具有天然优势，具有空间大、障碍物少、环形线路明确等优势。室内场地受到安全、距离等的限制，很多项目是不适宜开展的，如助跑跨跳、快速跑等。因此，我们总结出外循环体能活动项目多结合中大型体育器械进行活动，幼儿大动作的发展相对较多。而内循环室内场地面积较小，也没有现成的体育器械，因此，我们的室内运动项目更多地锻炼幼儿的小动作、精准动作发展。

（二）点位调整保全面

为保证循环式体能活动能够真正做到促进幼儿体质健康的全面发展，对点位进行调整，适当增加平衡、钻爬、攀登、翻滚、投掷等薄弱项目，减少爆发力跑、跳等优势项目，更加保证循环式体能活动的全面性特点。

另外，在室内循环式体能活动预设中，在兼顾活动材料易取易收的原则下（点位之间使用材料可重复），迁移外循环经验八大运动技能均衡分布且尽量保证不重复。如：大一班将原有的用桌椅做平衡练习改为攀爬练习，既满足了就地取材原则又满足了不同的技能练习（见图4）。

图4　大一班体能项目调整前后对比图

三、因地制宜+“三用”策略

（一）会用户外大型玩具

在户外循环式体能活动中，为避免活动时耗费大量人力去布置环境，我们就地取材，直接利用户外的环境优势，如两个大型组合玩具（人猿小泰山和勇攀高峰项目）自然的融合在循环路线中，训练幼儿的攀登、平衡等运动能力，促进其耐力、协调性、灵敏性、上肢力量等身体素质的发展。

（二）善用班级环境创设

在室内循环式体能活动中，班级的环境创设就成了活动的有效支撑。例如大二班，利用班级不同大小、高度的花环吊饰作为幼儿投掷练习的目标，因此，结合纸球、纸飞机等不同的投掷材料的投掷项目应运而生。

图5　班级项目设计图

（三）巧用公共区玩具架

在室内循环式体能活动中，巧用公共区域。如，作为室内循环式体能活动中重要通道之一的三楼过道（公共活动区域爱吧欢乐场），区域内有玩具架、组合架等家具，来回搬运不仅费时费力，对玩具架的磨损也相对较大，于是我们对玩具架进行测量，发现特别适合作为幼儿爬、钻的练习，因此在保证幼儿安全的前提下，师幼合力下能够快速地将此区域变更为运动游戏场地，有效地解决了来回搬动带来的麻烦。

图6　室内公共区域环境创设前后对比图

综上，通过循环式体能活动的开发“三部曲”，我园教学质量“有发展”，教师专业能力“真发展”，幼儿体质健康“在发展”，相信在课题研究的助推下，幼儿园循环式体能活动将会不断完善。

参考文献

［苏］克涅曼，等．学前儿童体育的理论和教学法［M］．北京：人民教育出版社，1984.

教育戏剧背景下的幼小衔接实施策略

（李丹卉　四川省成都市实验小学附属幼儿园）

摘　要：教育戏剧作为一门集音乐、美术、文学、舞蹈等多种艺术手段于一身的综合教育形式，具有“课程”的综合和“游戏”的表演、玩耍等特性，给幼儿提供了大量的视觉、听觉、触觉的感知机会，符合幼儿亲身体验、直接感知、实际操作的学习方式。在幼儿园实施幼小衔接活动的过程中，对教育戏剧法进行合理、巧妙的利用，对儿童身心发展和幼小衔接的顺利实现具有不可估量的作用。本文结合《幼儿园入学准备教育指导要点》的教育建议，以大班幼小衔接戏剧主题活动“倒计时100天”为例，挖掘教育戏剧与幼小衔接的连接点，让孩子在戏剧主题中，用各种方式表达和表现、汇报和展示自己对于上小学的感受和认识，从而帮助他们建立面对小学生活的满满的自信与掌控感，以积极的态度面对入学这件事，从而顺利地融入小学生活。

关键词：教育戏剧；幼小衔接；主题活动

一、注入向往与期待，缓解入学焦虑，做好衔接中的身心准备

在戏剧情境中用多种方式感受变化，在角色感知、情境体验中不断成长，逐步获得对自我的掌控感。在宽松的环境中主动畅想、大胆表达，那么许多衔接中的焦虑和不确定就能被捕捉、被支持。

场景一：上小学的担忧

在戏剧活动发展中，幼儿围绕“即将进入小学的担忧”进行小组讨论。原来，对于上小学这件事，孩子最害怕的可能不是陌生的老师和同学以及复杂的学习任务，而是找不到厕所、不会系鞋带、要和幼儿园的好朋友分别等。随后，通过开展“入戏会议”。大家进入“小学生”这个角色并以放松的心情来讨论每个人的担忧，讨论每一种解决办法。在平等、尊重的交流氛围中，孩子们逐渐明白面对上小学会感到担忧是正常的，并且通过讨论，商量出了面对每一种担心的解决办法。

场景二：小学是什么样子的

小学是什么样子的？和幼儿园有区别吗？为了帮助孩子们提前了解小学的学习环境。通过戏剧策略“记忆相簿”的应用，小学的主要环境和教室以照片或录像的形式呈现在孩子眼前。在音乐的氛围中，孩子们畅想并讲述小学生们在小学的各个场所中是如何学习、如何开怀游戏、如何锻炼的。在孩子们对小学的场景有了一定认知后，幼儿分组讨论决定要去小学的哪个场景、要做什么，并将讨论的场景画出来，最后采用“建构空间”的戏剧策略，分组逐一扮演场景，先是静态，再到动态，最后加入小朋友的角色。活动中，孩子们表现了和小伙伴们在实验室做实验的场景、在教室里认真学习回答问题的场景、在操场上做游戏的场景……这些都是孩子心中小学的样子，是孩子积极向往的，在孩子心中小学是多么的美好！

二、深度理解和体验，内化良好习惯，做好衔接中的生活准备

有质量的衔接不仅仅是单纯性的生活技能练习，而是不断支持、引导儿童在日常生活和

游戏中合理安排时间；巧妙收纳物品；建立良好的秩序感。这些生活准备是幼儿入学后做好自我管理和服务的基础。

场景三：系鞋带的担忧

班级多数幼儿还不会自己系鞋带，针对实际问题，生发戏剧活动“小贝的烦恼”，教师创编了小贝上小学后依然不会系鞋带，因此受到了小朋友的笑话的情节。并在其中渗透了歌谣：“鞋带手中拿，一左一右先交叉。一根弯腰钻过门，两手拉住系紧它。折成两只小耳朵，再一交叉钻下门，开出一朵蝴蝶花。”引导幼儿在演绎的过程中，通过歌谣的形式逐步熟练掌握系鞋带的方法，一步步消除幼儿对不会系鞋带的担忧。

场景四：小书包里有什么

“贝儿的书包里有些什么物品?”“红领巾”“铅笔”“橡皮”“卷笔刀”“水杯”……“除了这些物品，书包里还需要准备些什么东西呢?”教师出示“线索材料”，引导幼儿利用这些线索和不全面的信息，联想到小学生需要用到的工具和物品，在思考和分析中，孩子们知道了上小学要带的物品有哪些，也更加理解了要带好这些物品的原因与重要性。

三、自觉代入和感知，学会正确交往，做好衔接中的社会准备

幼儿是如何理解“合作”“谦让”“协商”的？在实际的感知体会中，相互交流、耐心倾听、接纳建议、解决问题，在困难面前互帮互助、在失败面前坚持不气馁，这是培养幼儿良好交往能力，适应新的小学生活的关键所在。

场景五：怎样交朋友

“小朋友不和他做朋友的原因是什么呢?”“因为他总是喜欢吓唬别人”，在“良心巷”的戏剧范式中，孩子们在角色体验中感知和体会贝儿和小朋友们的情绪情感。一位幼儿扮演贝儿，其他小朋友排成“巷子”，扮演贝儿的孩子穿过“巷子”。大家以“小朋友们”的身份或自己的身份说出想对贝儿说的话。孩子们一个一个说道“我不喜欢你和你玩”“你经常欺负我们”“哼，你快走开”……“贝儿”在大家的指责下，说出了他的心里话：“我只是在和大家开玩笑，我以后再也不吓唬大家了。”在角色体验中，孩子们辨别情绪、厘清情绪，在角色思考中培养同理心，学会了正确表达情绪和需要、考虑他人的感受和适宜的交往方法。

场景六：“小话筒”契约

“体育课的风波”的回顾环节，大家争先恐后地表达自己的感受和想法，结果是大家都没有听清楚别人的分享。教师：“大家都在说，我听不清楚，怎么办?”予兮说：“我们应该举手回答问题”“但是我举手了老师没请我。”瞿瑶说。“如果他说得不对！但是我就知道！怎么办”……在热烈的讨论后，大家想出了一个好办法——“小话筒”约定：当话筒出现在某一位小朋友手中时，其他人应该遵守相关规定。关于幼儿眼中的“约定”，他们说：“约定就是约了一定要做”“约定是一件高兴的事情，是大家一起定的”“约定要大家都同意了才能定，一个人说的不算”……从幼儿的谈话中，可以看出幼儿已经意识到“约定”涉及了集体的共同意志、共同利益，一旦“约定”建立后就要履行义务、承担责任。

四、启迪思考和探究，拓展思维方式，做好衔接中的学习准备

有质量的衔接不是刻意去“教”专注力、学习力、创造力，而是通过游戏及幼儿感兴趣的活动来支持儿童的获得与发展。只要给儿童足够的时间与材料，支持儿童与材料充分互动，就能助力儿童具备自主学习的能力。

场景七：高度集中的注意力是制胜法宝

戏剧“走走停停”能让孩子在愉快的游戏中学会专注并迅速做出身体反应。刚开始游戏时，部分孩子并不随老师拍手的速度前进，而是兴奋地一边笑闹一边小跑，面对这样的情

况，老师加大了喊“停”的频率，没有遵守规则的孩子便无法晋级，游戏结束后，老师组织大家分享胜出的经验。孩子们说道：“要看着老师拍手，才能最快停下来。”“要仔细听拍手的声音，声音大就加速，声音变小速度就要马上慢下来”。原来，眼睛和耳朵都要用起来，全部的注意力集中后，才有可能根据老师拍手的情况最快地做出身体的反应，从而获得胜利。随后的游戏中，大家为了成为最后的获胜者，全都集中注意力，高度关注教师拍手的频率，竖起了耳朵听拍手的强弱，以便调整自己的动作反应。在这样的戏剧游戏中，孩子的倾听能力、专注力和反应力也悄然增长。

场景八：通往小学的“智慧钥匙”

“有一把帮助孩子们获取通往小学的智慧钥匙被失明的巫师盗走，钥匙就在巫师的宝座下面，需要勇士们想办法拿出钥匙。巫师虽然眼睛看不见，但是他有一把宝剑，并会不时挥舞，在解救钥匙的过程中被宝剑击中便视为任务失败。”游戏初期，围观的小朋友比“勇士”还要激动，都在积极地帮助勇士想办法，不断提示他“趴下!”“左边”“后面”……听到小朋友对勇士的提醒，巫师手里的宝剑总能准确无误地击中勇士。在无数次的失败后，教师采访巫师为什么总能准确击中勇士，原来巫师特别机灵，不仅能听到勇士移动时发出的声响，也能通过旁观者说出的信息快速分析出勇士的位置，并准确击中。小朋友们听了恍然大悟，汲取经验、总结反思，知道了要静悄悄出动才能躲过巫师的防守。后来游戏升级为双人合作，孩子们还想出了“声东击西”的办法，让挑战难度不断增加。注意力、控制力以及积极思考的品质都在自然发展，孩子们最终获得了通往小学的“智慧钥匙”。

场景九：自制剧本

在经历一系列小学生活的故事创作后，情节愈加丰富，为了帮助幼儿梳理情节，教师引导幼儿尝试用绘画、符号、贴纸或简单的文字，来记录故事情节，将脑中已有的形象表现出来，达到从图画符号过渡到文字符号，从口头语言过渡到书面语言的目的。在说说画画的剧本绘制的过程中，幼儿自然而然地回顾梳理故事、内化情节发展脉络，也习得了一些简单的记录方法，培养了学前书写的技能。

五、结语

“身心准备”“生活准备”“社会准备”和“学习准备”就这样在教育戏剧这种形式中有机融合了。在幼小衔接中应用教育戏剧，给予幼儿更多发挥空间，让幼儿利用戏剧情境，完成脑中想象与实际生活的完美对接，重新认识与反思，帮助幼儿验证生活中的经验。在主动参与、主动学习中，在具身的体验和丰富的感知中，幼儿发展所需具备的经验自然渗透、逐步累加，发挥了教育戏剧的真正价值，达到了科学做好幼小衔接的目的。

园本课程深度管理新样态的实践与研究

（杨红霞　浙江省海宁市长安镇中心幼儿园）

摘　要： 幼儿园园长领导力的发挥主要体现在对幼儿园课程的规划、架构，将目标化为工作措施，开展评价和监控。本文从引领——理念速递，锚定课程发展方向；视导——问题聚焦，推进课程提质实施；聚力——评价同行，保障课程实施成效三方面阐述了“仰慧”课程建设中园长的领导力，从“管理者”到“领导者”，从“个力”走向“合力”，从“结果”走向“过程”，深度管理助力课程建设推进。

关键词： 引领；视导；聚力；课程建设；深度管理

一、引领——理念速递，锚定课程发展方向

在课程建设中，园长首先要从管理者转变为“领导者”，建立课程领导小组，从“零敲碎打”到“整体布局”，寻找系统思维的支点，整体架构幼儿园课程。

（一）孵化——自上而下提出课程

在幼儿园课程建设中，园长的课程理念直接反映教育思想和价值取向，折射着课程发展的方向。考虑幼儿发展与资源运用，由园长为组长的课程领导小组展开研讨，提出“仰慧”课程的理念与目标。

1. 课程理念

幼儿园“仰慧”课程以“仰敬童心，智慧成长”为理念，尊重敬畏儿童最本真的内心，最大限度地支持、追随幼儿以其自己的发展速度，自主探究、习得方法、快乐成长、生长经验。

2. 课程目标

坚持“自主自在，慧创慧玩”的课程理念建设“仰慧”课程，以培养“亲社会·乐交往、爱探究·能创想、善表达·慧表现、显活力·展个性”的有爱、有根的儿童。

（二）优化——自下而上完善课程

园长面向全体、面向问题，通过发放课程方案调查表和组织引导讨论的方式，让大家都参与到课程建设中，从自发自愿的互动讨论中交流思想，在自下而上中找到共识，提升参与感和认同感。

1. 完善框架

伴随着“仰慧”课程的实施，我们会发现由于资源特点、经验冲突等影响，在实施课程中时常会出现幼儿对资源不能深度理解、参与厚度不够等问题，这就需要我们不断调整、优化和完善架构体系（见图 1）。

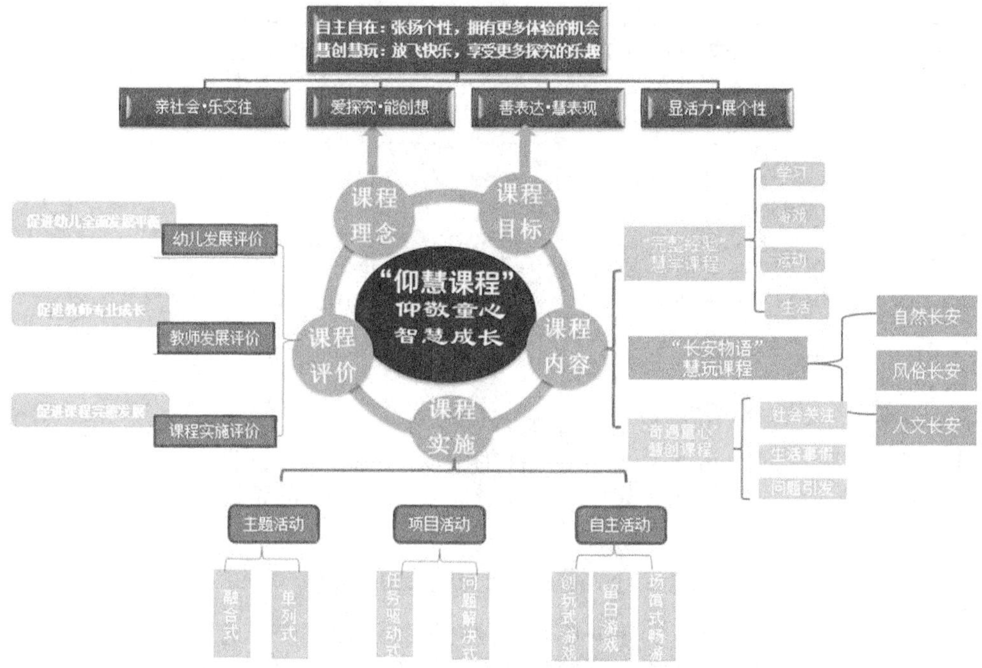

图 1 "仰慧"课程方案架构图

2. 广纳资源

从调查问卷分析入手，对幼儿园课程资源进行延化，即扩充为"运河"资源范围，是指以幼儿园所在地为圆心，半径约 3 千米的范围，圆形所覆盖的区域中，是乡土资源挖掘和利用的主阵地。

（三）细化——上下打通盘活课程

在园长的引领下集思广益，根据幼儿身心发展的规律和需要，充分利用和广纳资源，构建"仰慧"课程雏形，在课程组讨论、专家组点拨的基础上细化课程。

1. 拆解目标

基于课程总目标，由教研组长牵头对本年龄段的目标进行拆解细化，分年龄段目标梳理出来以后，园长带领课程领导小组的老师们，一起检验目标设置的合理性并及时修正目标。

以小班拆解目标为例，如表 1 所示。

表 1 小班拆解目标

<table>
<tr><td rowspan="2">小班</td><td>亲社会乐交往</td><td>1. 愿意与熟悉的成人、同伴一起活动，并能友好地提出请求加入游戏。
2. 能自主地选择游戏或其他活动，并在成人的提醒下遵守规则。
3. 爱父母、爱老师，并愿意表达自己的爱。</td></tr>
<tr><td>爱探索能创想</td><td>1. 喜欢接触与亲近大自然，能运用多种感观感知周围事物及现象。
2. 初步感知环境对自己生活和活动的影响，初步了解和体会动植物和人们的生活的关系。
3. 感知和发现生活中有量、形、空间等数学现象，并进行简单的对应、比较、描述。</td></tr>
</table>

续表

小 班	善表达慧表现	1. 初步理解周围环境中的语言、事件、图像等传递的意思。 2. 愿意用动作、语言、涂画等方式表达自己的需求及对自然或现象的认识和理解。
	显活力展个性	1. 适应幼儿园集体生活，情绪稳定、愉快。能在成人指导下学习生活自理的基本方法。 2. 喜欢参加体育活动，具有初步的身体协调性。 3. 在成人的鼓舞下能集中注意力进行游戏、学习活动。 4. 喜欢参加集体活动，对周围世界和人具有初步的好奇和兴趣。

2. 变通主题

由园长带领课程领导小组依据幼儿年龄特点和生活经验，通过融合、创生、拓展的方式，甄选、整合、架构起幼儿与生活环境之间的情感链接，通过预设主题、生发班本、延展游戏、实践体验等途径让幼儿感受家乡，萌发爱家乡、亲社会的情感。

二、视导——问题聚焦，推进课程提质实施

课程愿景的实现取决于课程实施的成效，因此园长的课程领导力尤为重要。园长所扮演的角色是参与者、支持者、指导者、评价者，在不同阶段、场合、时期、情境中发挥着引领作用，能唤起教师的课程意识，在交互作用中开展课程建设。

（一）先导，凝聚课程建设共识

园长作为幼儿园的研修者和引领者，不仅要先于教师掌握科学合理的教育思想和观念，而且要将其传给教师，指导教师在工作中自觉地开展自己的工作。

1. 引发共性关注的“真问题”

园长应先思先行，从行政指令走向专业引领，了解现状，改变教研，找到并解决“真”问题，形成自下而上的园本教研和园本研修形式。如“课程资源如何挖掘”“预设和生成如何合理安排”等当前课程实施中存在的问题，组织教师深入开展讨论进行梳理研究，形成相应策略。

2. 满足多方主体的“真需求”

园长要敢于放手支持挑战，让教师有足够的空间，开展园本化的处理，定期进行质量分析，梳理出在实施课程中反思的一些做法、总结的一些经验，帮助她们初步理解教师行为背后的课程理念，找到自身新的增长点。

（二）引导，唤醒课程内驱力量

教师是课程建设和实施的主体，推动教师在课程建设基本问题上达成共识。凝聚共识不能靠简单的解释说教，更不能靠开会布置等行政手段硬性推动，而是在管理者与教师有效互动中形成，在具体保教实践中巩固，而园长起到引领、示范、榜样的作用。

1. 联动全员共学的“真基点”

园长首先需要带领教职工学习“仰慧”课程方案，明确课程目标，让每一位教职工了解幼儿园的课程方案内容；其次通过自主阅读、专题培训，带领教师团队学习课程构建的相关理论知识，共同提升课程建设理论水平。

2. 开放对话管理的“真手法”

园长首先应关注、追随每一位教师的课程实践，使教师课程实践的行为与认同的理念对应起来。如在日常工作中园长通过检查指导、案例分析、半日听评、蹲点指导等方式直接对

话，让老师知其然，并知其所以然，架起理念和实践的桥梁。

（三）指导，加速课程行为转变

园长要倡导每位教师在课程实施中居于主体地位，并根据园内教师的个体发展水平，开展有针对性的指导，从而确保课程实施的有效性。

1. 重点分层培养的“真落地”

课程领导力研修团队中由不同层级的教师组成，成为研究共体。不同层级，指导重点不一：骨干教师重点放在一个“引”字上；成熟型教师重点放在“点”字上；新教师重点落在一个“把”字上，基于真需求开展讨论，达成共识与突破，从而确保课程实施的有效性。

2. 围绕问题导向的“真思辨”

在教研活动中不断引导教师思考“是什么”“为什么”和“怎么做”的问题，借助多种手段对问题展开思辨，鼓励教师对质疑、思辨的过程进行梳理，让更多的教师在“疑”中发现问题、解决问题，逐步做到知行统一。

三、聚力——评价同行，保障课程实施成效

评价是课程构建的重要环节。园长要关注、要追随课程实施每个阶段的实践样态，但课程评价不是园长一个人的事情，需要幼儿、教师、家长全部参与，真正使课程实践的行为与认同的理念对应起来，推动课程发展。

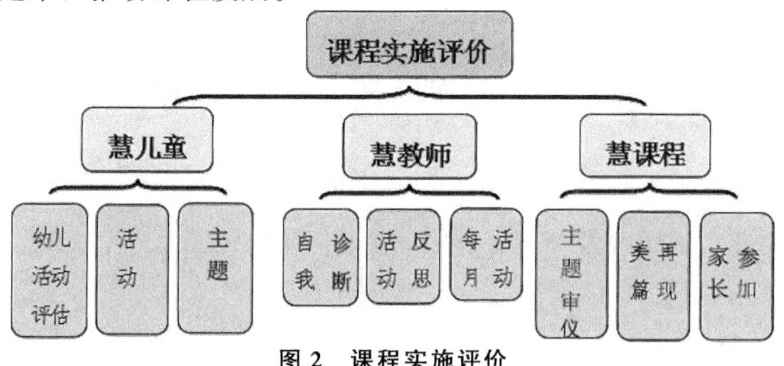

图 2 课程实施评价

（一）多员评价 评价主体的赋权增能

1. 慧儿童“图式”评

在课程实施中引导儿童使用记录图、调查图、流程图等表达表现方式来体现学习的过程和成果，也鼓励儿童和同伴对这些表达表现图进行评价，将其内隐的思维可视化。他们用自己独特的表征方式，将经验、想法、感兴趣的事情进行计划、记录并与同伴分享等，从而更好地使课程走向深入。

2. 慧教师“表式”评

慧教师“表式”评价能帮助教师准确地找到自己在课程实施中的薄弱点，对课程实施过程与结果进行常态化、结构化的反思，作为园长要为教师创设多样式的反思形式，如备课中要求撰写活动反思；每月撰写一篇案例分析；每学期填好个人发展评价手册等，通过教师的自我诊断、自我反思、自我改进，使教师的课程意识和能力从认识到行为进行慢慢的转变。

3. 慧课程“花式”评

课程评价中也要树立“以幼儿发展为本”理念，让园长、教师、家长、幼儿都参与到课程评价中。园长要直接参与课程评价，引导教师通过主题审议、美篇再现、现场互动等形式评价课程；通过家委会、家长讲座让家长参与到课程评价中，发挥家长的作用；园长还需主动与专家接触，获得课程建设最权威的信息，并通过调研指导等不断完善幼儿园课程，促进

课程的发展。

(二) 阶段评价 评价时段的全程镶嵌

1. 追随进展，评价在前

在课程架构之前，邀请孩子参与评价，可以听到孩子关于课程某一话题更多的声音，也便于教师清晰地捕捉到幼儿的课程兴趣点，看到各个班级更加多元的课程切入点，以孩子喜欢的课程形式，聚焦我们的课程大目标，实施课程。

2. 顺应发展，评价在中

在课程的实施过程中，教师可以基于此展开一系列的符合儿童兴趣，可供他们深入探究的是课程内容，以“虹桥”为例，我们可以发现两条路径中，教师和孩子的预设并不是一成不变的，而是在课程的实施中追随孩子的发展进程，评价推进。

3. 支持延展，评价在后

结束阶段的评价对于课程回顾尤为重要，也便于教师更好地了解儿童的需求以完善课程。比如在儿童会议中针对孩子自主创设的留白游戏内容——古镇餐厅，让孩子聊一聊自己在设计游戏内容、创设游戏环境，游戏材料，以及开展的情节中印象最深，最喜欢，最不喜欢，还可以更好的地方等。

在“仰慧”课程实施过程中，园长从“管理者”到“领导者”完成角色转换，从“个力”走向“合力”，从“结果”走向“过程”，园长在深度管理中，其课程领导力也在生长。

参考文献

［1］上海市教育委员会教学研究所．幼儿园，课程领导力在生长［M］．上海：上海科技教育出版社，2019.

［2］上海市教育委员会教学研究所．基于问题解决 ：提升课程领导力的行动［M］．上海：华东师范大学出版社，2014.

［3］姚健．幼儿教师课程领导力提升实践：班本化课程［M］．上海：华东师范大学出版社，2019.

早期阅读活动中家长资源的开发与利用

（赵侠　广西柳州市柳东新区第一幼儿园）

摘　要：《幼儿园教育指导纲要（试行）》中指出："幼儿园应与家庭、社区密切合作，与小学相互衔接，综合利用各种教育资源，共同为幼儿的发展创造良好的条件。"可见，幼儿园把家长资源利用好是非常有必要的。如今的年轻家长已认识到早期阅读的重要性，也重视对幼儿进行早期阅读培养，幼儿园充分利用这些家长资源，让他们参与到幼儿早期阅读的培养中来，使更多的孩子受益。

关键词：早期阅读；家长资源；开发与利用

幼儿园对幼儿进行早期阅读培养的好坏，有个重要的因素就是是否获得家长的支持与认可。多元化的教育观念，促使家长对幼儿教育更加重视，对幼儿早期阅读也有了更高的期望值，很多家长也愿意并主动加入加强幼儿早期阅读活动中来。那么，在开展幼儿早期阅读活动中，如何有效地开发和利用家长资源，进一步提升教育质量，是我们必须思考的问题。

一、早期阅读中家长资源开发与利用的现状及成因分析

通过查阅参考文献发现：当前有部分家长重视开展早期阅读活动，经常给孩子买书并陪着孩子一起看书，他们对幼儿早期阅读能力的培养是非常重视的。他们在阅读过程中尊重幼儿的主动性，并且为亲子阅读创设条件，有自己培养幼儿的一套心得体会。但在实际中，家长这一有利资源却不能很好地利用，主要表现在以下几个方面。

（一）"教""园"本位，对家长资源重视不够

目前，大多数幼儿园都还只是把家长当成幼儿的监护人，而没有真正把家长作为幼儿园的有效资源加以利用。通过日常的随机调查发现：在开展幼儿早期阅读活动中，部分教师认为家长对幼儿早期阅读的关注程度的高低与自身教育无关，因此，对家长资源没有充分利用，更谈不上有效开发。加上家长文化程度不一，思想认识不同，对早期阅读教育存在一些误区，使得有些教师本位主义作怪，不重视家长资源。

（二）缺乏引导，家长资源"束之高阁"

有的幼儿园虽然也开始重视和开发利用了家长资源，但却疏于对家长资源的管理和缺乏科学的引导，更没有对家长资源进行合理运用与有机整合。家园互动方式，除了传统的家长会、家长学校、家访，就是网上沟通等，对家长缺少必要的培训和指导，也使得家长资源无法与教育教学活动保持"同频共振"。

（三）缺少沟通，家长资源无谓流失

不少家长认为，在教学活动中，幼儿园是绝对的主导地位，家长只能充当被动的合作者。老师与家长之间的关系就是：老师只管根据自身需要提要求，家长只管照单全收，盲目配合。长此以往，一定会引发家长怨言，削减家长对教学活动的积极性与主动性，使得家长资源无谓流失。

二、早期阅读中家长资源开发与利用的有效方法

（一）家园携手激发幼儿早期阅读兴趣

1. 强化引导提升家长资源含金量。在与家长的交流沟通过程中，我们了解到许多家长对与孩子一起阅读产生了许多的困惑，针对家长的这些困惑和问题，我们通过专题讲座，请有经验的老师宣传现代的阅读教育理念和传授现代阅读指导的方法和技巧，帮助家长掌握和提高阅读指导的方法。家长在老师的指导和自己的不断实践中，进一步了解并掌握指导孩子进行阅读的方法和策略，对早期阅读的内涵理解有新的认识。

2. 家园共同创设良好的阅读氛围。陈鹤琴先生说过："幼稚教育是一种很复杂的事情，不是家庭一方面可以单独胜任的，也不是幼稚园一方面能单独胜任的，必定要两方面共同合作方能得到充分的功效。"教师、家长、幼儿是"三位一体"的合作关系和团体，通过建立良好的家园合作环境，共同探讨与分享先进的育儿观念、教育技能和教育经验，提高早期阅读活动的水平。如：创设阅读环境、亲子共读、早期阅读指导十法……帮助家长提升早期阅读的教育理念，指导孩子阅读时能更加游刃有余。

（二）资源共享丰富幼儿阅读资料

1. 家庭文化共享。通过调查问卷的方式，我对本班 30 名幼儿的家庭文化水平及职业情况进行了调查，结果如表 1 和表 2 所示。

表 1　幼儿家长职业情况调查表

职业	企事业单位	个体	其他
人数（个）	45	12	3
所占比例（%）	75	20	5

表 2　幼儿家长文化水平调查表

文化程度	大专及以上	高中	初中
人数（个）	30	25	5
所占比例（%）	50	42	8

调查结果表明，有大专及以上文化的家长 30 人，占 50%，说明我班的幼儿普遍条件较好，家长学历层次较高，家长的"文化资源"是丰厚的。在这样的家庭环境中，幼儿教育得到重视，家长也愿意投入更多的精力去陪伴和指导孩子，配合幼儿园进行有效的教育指导。因此，在开展早期阅读活动中，可以通过家长之间的交流，提高文化辐射力度，共享文化资源。从表 1 看出，家长来自不同单位，从事不同职业，自然有着不同的行业知识，幼儿接受的知识也来自不同的方面。

2. 幼儿教材共享。因为家长对幼儿的要求不同，他们选择的读本就不一样，心得就不一样，我对本班 30 名幼儿的阅读材料进行了调查，情况如表 3 所示.

表 3　幼儿早期阅读材料调查表

材教类别	图画故事类	益智类	启蒙类	科普百科类	卡通动漫类	其他
数量	156	80	90	103	85	

如表3所示，我班30名幼儿中，每个人都有着不同类型的阅读书籍，种类丰富，可以通过开展“图书漂流”活动，交流各自的阅读书籍，丰富幼儿的阅读教材；通过由幼儿带上各自的图书建立班级小小阅览室，提高他们的阅读兴趣。同时，还通过开发幼儿的特长，如讲故事比赛、歌咏比赛等形式，活跃阅读氛围，共享早期阅读带来的无限乐趣。

（三）家长助教丰富教育资源

充分挖掘、利用家长这个丰富的教育资源，把家长助教作为常规教学的一种补充形式，拓展幼儿园的教育内容和幼儿的学习经验。家长通过活动了解孩子在幼儿园里学习和生活的基本情况，与教师交流育儿心得；教师也通过活动加强与家长的沟通，增进对孩子的了解，有针对性地改进教学方式，丰富教学手段。让家长走进课堂，教师和家长可以共同设计、分析、讨论、修改教学内容，添加趣味性、游戏性强的活动，使助教活动生动起来，既拉近了孩子、老师、家长的距离，又充分运用家长资源，提高早期阅读质量。

三、早期阅读中家长资源开发与利用的实践体会

（一）“家长经验交流会”——分享成长快乐

在进行早期阅读的培养中，我改变了原来的家长会形式，不再是老师的“一言堂”，而是充分发挥班级家长委员会的作用。由家委会成员策划、组织“家长经验交流会”，让家长们把实践过程中好的方式方法及策略等互相交流推广。如韦宇轩小朋友非常乖巧、懂事，良好个性的形成离不开家长的教育与培养，爸爸在给她选择读物时，都是很有针对性地选择一些蕴含丰富哲理及教育意义的，因此，我们请他在家长会上向家长们介绍了自己给女儿选择读物的一些心得体会，让家长们很有感触。

（二）“班级出版社”——在快乐中收获成果

为了让孩子们能看到一些更贴近他们生活的书，我发动家长们和孩子一起制作故事书，当家长们把和孩子一同制作的书交上来的时候，我惊喜地发现，有的家庭将幼儿的成长照片制作成册，并配以爸爸、妈妈的寄语；有的家庭将幼儿感兴趣的事物装订成册，以幼儿的口吻配上解说词；还有的家长与幼儿一起编故事，并与幼儿一起将故事制成手绘本。看着这些自制的图书我感受到了家长资源的可贵，当看到孩子们在快乐地分享、阅读时，我想他们收获的不仅仅是这些书本上的知识，更多的是在其他书籍中得不到的乐趣。

（三）“小小书店管理员”——在实践中提升阅读兴趣

在“小小书店管理员”的活动中，我主动与在新华书店工作的曦曦的妈妈联系，在她的热心帮助下，家长和幼儿一起参加了此次活动。在活动中，幼儿安静地听着工作人员的讲解，对书籍轻拿轻放，认真挑选翻阅着自己喜爱的书籍。家长们被幼儿对书籍和阅读活动的热爱深深感染，无论是年长的还是年轻的家长都积极投入活动中来。在丰富多彩的家园活动中，家长们进一步认识和感受到了幼儿“早期阅读”的重要性，从而意识到自己应成为幼儿阅读的启蒙老师，因此更积极主动有效地参与到阅读教育活动中来。

幼儿园教育和家庭教育就如同一车两轮，缺一不可。我们应有效地挖掘家长教育资源，紧紧把握这一块强大的阵地，家园同步互动，共同促进，无论是教师、家长，还是幼儿都从其中受益颇多。让我们家园共同努力，让幼儿爱上“早期阅读”，体会“早期阅读”的无穷乐趣吧！

参考文献

[1] 祝士媛．我国早期阅读的现状与对策［J］．幼教天地，2007（6）．

[2] 周兢．论早期阅读教育的几个基本理论问题——兼谈当前国际早期阅读教育的走向［J］早期阅读，2005（1）：20—23.

［3］唐风玲．儿童早期阅读能力培养的家庭调查分析［J］．山东教育，2003（Z3）：16—19.

［4］么娜．浅谈对早期阅读的理解［J］．科技信息，2008（20）：530.

［5］张晓怡．不同亲子阅读策略对3～6岁儿童图画书阅读能力的影响［D］．陕西师范大学，2008.

艺术领域核心经验视域下的幼儿园艺术课程审议实践——艺术课程教学方法审议

（蒋伟群　上海市闵行区闵行第四幼儿园）

摘　要：我园的艺术课程审议主要是针对艺术课程实践中的问题加以展开。我们对接《幼儿园教育指导纲要（试行）》《3～6岁儿童学习与发展指南》，学与思同行，思与辨共进。我们关注课程，关注课堂，关注教师的专业发展，更关注幼儿怎么学。

我们剖析幼儿园艺术课程核心经验，审议教学方法，尝试艺术课程多种教学方法，通过艺术课程教学方法，促进教师专业能力发展，提高幼儿对课程核心经验的领悟。

关键词：艺术课程；课程审议

我园的艺术课程专指幼儿园艺术领域中的音乐和美术课程，审议主要是针对艺术课程实践中的问题加以展开的，也是以解决实践中遇到的问题为目的的。我们对接《幼儿园教育指导纲要（试行）》《3～6岁儿童学习与发展指南》，学与思同行，思与辨共进。我们关注课程，关注课堂，关注教师的专业发展，更关注幼儿怎么学。尤其是在“幼儿艺术核心经验”的培养方面，我们如何借助课程审议来推进实施，引发了我们在实践操作过程中的不断思考。

一、剖析幼儿园艺术课程核心经验

《3～6岁儿童学习与发展指南》指出：“幼儿园艺术课程的核心经验为感受与欣赏、表现与创造。”

（一）感受与欣赏

1. 喜欢自然界与生活中美的事物。
2. 欣赏多种多样的艺术形式与作品。

（二）表现与创造

1. 进行艺术活动，并大胆表现。
2. 具有初步的艺术表现与创造能力。

问题：

1. 如何喜欢？
2. 为何是“进行”而非“参加”？
3. 表现什么？

分析：

1. 引导发现自然界和社会文化生活中的美，有敏锐的感受力。
2. 提供机会接触多种多样的艺术形式和作品，见多识广。
3. 强调儿童自发自主。
4. 表现的不仅仅是情感和体验。
5. 兴趣和能力相辅相成。

6. 教儿童艺术，用艺术来发展儿童。

7. 艺术学习的基本规律：先是感受欣赏，再是表现创造。

二、审议艺术课程教学方法

幼儿期是人格健全的关键期，是智力发展的最佳期，也是培养习惯的重要时期。因此，儿童艺术教育活动具有具体性、游戏性和趣味性特点，为了提高幼儿艺术感知欣赏与表达表现能力，我们借助游戏法、情境法、操作法、暗示法、发现法、启发探索法、归纳演绎法、讲解演示法、观察指导法等教学方法完成教学任务、达成教学目标。

为了培养幼儿感受美、发现美和创造美的能力，幼儿园教师应不断创新教学方法，借助艺术教育，培养孩子创新意识和创新能力。

（一）绘本链接法

案例：小黑鱼历险记

活动背景：

《3～6岁儿童学习与发展指南》中指出："音乐欣赏是幼儿园艺术教育的重要组成部分，是通过音乐认识世界的一种思维活动。"本次活动，根据幼儿的年龄特点、最近发展区，选择绘本《小黑鱼历险记》为载体，设计了集体教学活动"小黑鱼历险记"，将绘本画面内容与音乐欣赏相融合，两者呼应，激发幼儿欣赏音乐的兴趣，获得美妙的音乐享受，并逐步积累幼儿鉴赏音乐的经验，提高幼儿音乐素养。

活动前的思考：

(1)绘本中的故事，链接了幼儿什么经验？

(2)适合什么年龄段的孩子进行集体教学活动？

(3)绘本中的哪些情节让你留下了深刻的印象？

(4)如何将音乐与画面相结合，提升幼儿的音乐表现力？

在解决这些问题的过程中，教师与教师之间，教师与幼儿之间不断产生思维的碰撞，根据故事的情节，教师选择了三段不同旋律的音乐，欢快轻松—低音沉闷—激情澎湃，开始了第一次的尝试（见图1）。

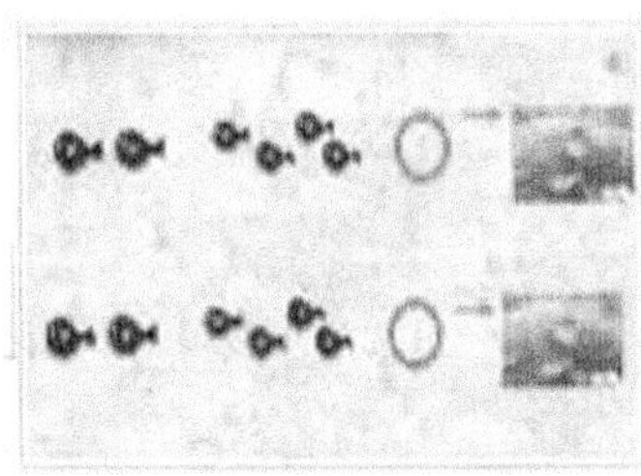
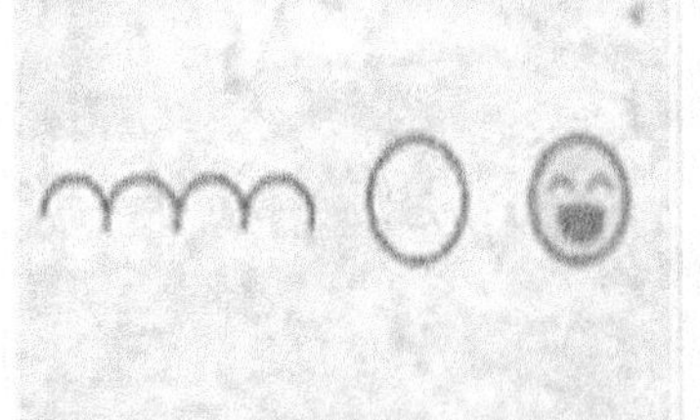
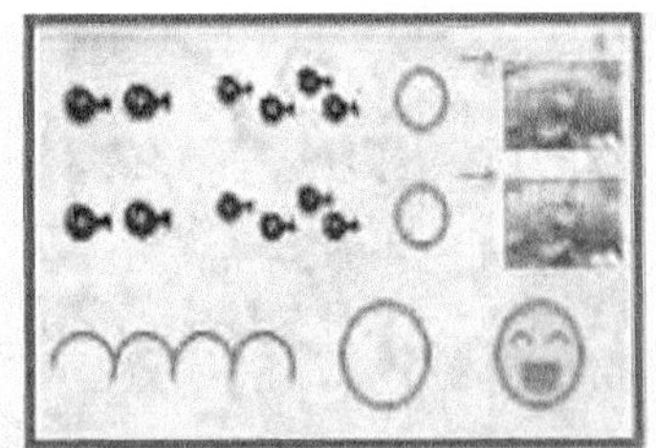

图1　一次旋律音乐图

（第一次试教课件部分）

幼儿表现：

由于教师想让幼儿提升过多的音乐欣赏、律动表演、表现表达等。第一次试教过程中，幼儿并不能完成活动的目标，显得整个音乐活动较分散。

于是我们重新出发，重新思考，一遍又一遍，围绕幼儿核心经验，以幼儿发展优先为理念，着重提升幼儿音乐欣赏能力（见图2）。

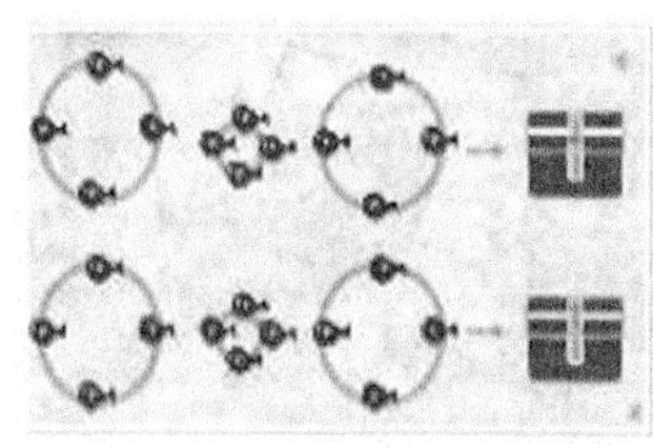
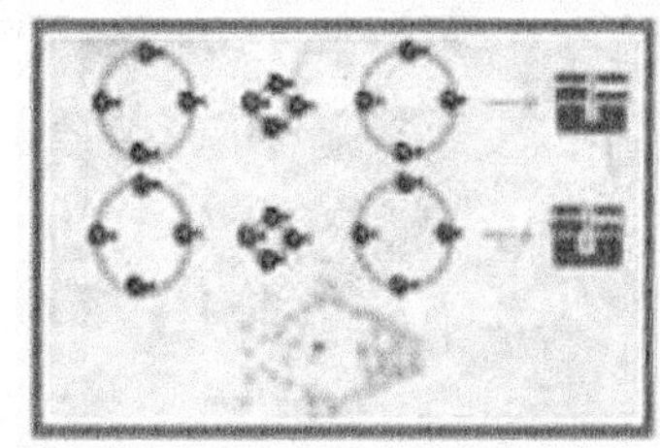

图2　二次旋律音乐图

我们的感悟：对活动中的幼儿进行观察，从图谱与幼儿对音乐的感受表现中发现问题，分析问题存在的原因，继而研究出改变绘本故事情节及故事链接活动关键点的这一解决问题的方法，进而使幼儿欣赏音乐的兴趣更高，表现音乐的方式更具个性，艺术表现能力更强。

（二）角色引导法

"拯救小白兔"

实录：小班美术活动"拯救小动物"幼儿操作环节，老师以小白兔的口吻说："大灰狼"来啦，快把"笼子"的栏杆竖密实点。如果"栏杆"歪了，大灰狼会挤进来的。如果"栏杆"太矮或者没接好，大灰狼会跳进来的。绘画作品上栏杆稀疏或有断开的幼儿马上补插"栏杆"。

分析：借用小白兔的身份提出绘画的要求，既有趣，又有说服力，幼儿保护欲激增，绘画积极性明显提升。

我们的感悟：幼儿的绘画讲究技巧，教师的引导极其重要。对于小班的孩子，我们从单纯的语言提示到儿歌提示，效果逐步提高，最后的角色引导法，更符合低年龄孩子的理解与接受特点。

（三）情境展现法

借助多媒体信息技术等手段，生动直观地展现情境，是培养幼儿艺术活动兴趣的有效方法。

主题活动"苹果和橘子"中有一节"树上的果子熟了"的美术集体活动，如果一味地用说的方式或图片的方式虽然也能让幼儿感受到秋天树上果子成熟的情景，但总是没有多媒体来得更直接和形象。当幼儿看到PPT中果子成熟的情景，聆听"秋日私语"的美妙音乐后，不由得说："哇，那么多的果实。"……

我们的感悟：借助多媒体模拟真实情境，不仅吸引了幼儿，也让幼儿沉浸在了秋天丰收的美妙情境中。有了一个好的开始，幼儿在后面的创造就自然而然地把果实画得满满的，避免了老师不断的提醒。情境展现，解决了很多图片、言语等不能解决的问题，是很好的方法之一。

（四）图谱暗示法

图形是一种视觉符号，将抽象的、不可见的音乐转化为具象的、可见的符号，这种转变，有利于帮助孩子们的理解和记忆。孩子们用他们的耳朵听的同时，还可以用他们的眼睛看、并借助手势，表达他们的想法，从而实现对音乐之美的多感官感知，并激励幼儿从多个角度获得丰富的歌曲或音乐美的体验。不同类型的音乐活动，图谱的设计方式也不同。

我们的感悟：音乐游戏，不仅仅是听觉的感知活动，也是多种感官的合作活动。插入式图谱的运用，对支持、强化和促进幼儿音乐游戏的开展起到了作用。以插入式图谱为手段吸引幼儿投入音乐游戏中，让幼儿感受音乐游戏快乐情绪的同时，独特的思维力、无穷的创造力和个性化的表现力也得以激发。

（五）联系生活法

许多儿童歌曲源于他们的生活，反映他们的生活并让他们了解歌曲的内容。这不仅有助于扩大孩子的知识面，也有助于孩子理解歌曲的内容和情感，提高歌曲表演的质量。

在学习《菜场》这曲歌曲之前，老师引导幼儿先收集歌词中出现的蔬菜水果，在活动过程中，和幼儿一起搭建一个“小区里的菜场”场景，引导幼儿将带来的蔬菜水果摆放到货架上。

我们的感悟：在教室中再现菜场场景，孩子们就仿佛置身在真实的菜场中，对歌词内容理解更透彻、对歌曲情绪情感体验更真实。

（六）线上互动法

疫情时期，经常会遇到被封控等境况。幼儿被封控，无法进入幼儿园参与学校现场活动；老师被封控，无法面对面组织幼儿开展活动；学校被封控，一切活动都按下暂停键。在此情况下，线上教育成为学校教育的补充和替代（见图3）。

案例：春天

DAY1：寻找身边的春天

导语：春姑娘携着春风带着春雨如约而来，虽然我们暂时不能出去踏青赏春，但是我们的身边也处处是春姑娘的影子。看，小草长绿叶了，小花儿开放了……

图3 幼儿实践

家长朋友们，您可以这样做：

(1)与孩子共同寻找身边的春天，观察春天带给植物们的变化。

(2)引导孩子说说自己看到的景物。

(3)帮助孩子增强对春天的认识和经验提升。

(4)和孩子捡一些花花草草和树叶回家，一起来做“花手帕”。

小贴士：下楼记得佩戴口罩并与他人保持安全的社交距离；居家的孩子可以在家中找一找春天的影子。

DAY2：手势舞《春天来了》

导语：春姑娘踩着轻盈的脚步向我们走来啦！虽然现在因为疫情不能和伙伴们一起去春天里玩耍，但是，我们可以用美妙的歌声和有趣的手势舞来迎接春姑娘的到来！

（附手势舞的视频）

小贴士：建议将视频投放到较大的电子屏，和孩子一起舞动起来吧。

DAY3：制作花手帕

导语：小朋友们，昨天和爸爸妈妈一起寻找了身边的春天，今天让我们一起用捡回来的花花草草做一块花手帕吧（见图4）！

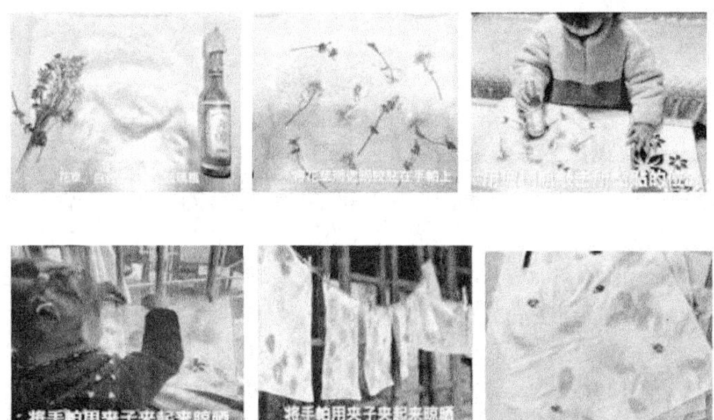

图 4 幼儿制作

小贴士：如果家里没有白色手帕，也可以用较厚实的纸巾或洗脸巾代替！

课程审议，引发教师对已有理念的转变与再构，提高教师对课程的执行能力，教师们更关注孩子的经验和需求，不断拓展孩子的学习和生活，有效提高了活动的互动与实效，促进了教师专业能力发展。同时，幼儿观察力更敏锐，更具创造力，提高了对课程核心经验的领悟。

参考文献

[1] 宗颖．再议幼儿园课程审议——优化课程审议过程 促进教师专业成长［J］．教育导刊（下半月），2007（7）：29－31.

[2] 张晗．幼儿园课程质量的保证——基于经验本质的幼儿园课程审议［J］．基础教育课程，2020（20）．

教师介入幼儿同伴冲突策略

（徐静文　广东省深圳市南山区深圳大学附属南山幼儿园）

摘　要：在幼儿园生活中，由于各种活动的开展，幼儿与同伴之间存在着各种摩擦。同伴冲突是一把双刃剑，如果处理得当，幼儿可以学会与同龄人沟通与协作，摆脱自我中心，并促进幼儿的身心发展；如果解决不好，幼儿之间的同伴冲突会给幼儿的身心发展带来难以想象的负面影响和伤害。因此，合理解决同伴冲突有助于幼儿性格和社会性的发展，教师在幼儿成长中起着重要作用，在解决幼儿同伴冲突中也起着重要作用。本文拟从教师介入了解原因制定对策，提出针对性的建议，以促进幼儿健康成长。

关键词：教师介入；幼儿；同伴冲突；策略

一、幼儿同伴冲突的成因分析

（一）幼儿社会认知水平低缺乏生活经验和合作意识

幼儿年龄较小，不同的幼儿常常表现出不同的认知特点和方式，有的幼儿习惯于单向思考，在认知过程中易受别人暗示，幼儿对周围环境的认识需要靠自己的行动感知，因此在认识的这一过程中就比较容易发生冲突。当发生冲突时又由于幼儿的社会交往经验不足，不知道要如何处理同伴之间相互的冲突，导致正常的交往变成冲突的导火线。对于小中班的幼儿来说还不具备合作意识，他们的游戏活动还处于平行游戏和联合游戏阶段。对于平行游戏的幼儿来说他们只会自己玩自己的，不会参与到同伴的游戏当中去，当其他幼儿介入他们自己的游戏当中时便会产生冲突。对于联合游戏来说，部分幼儿身上已经有共同联系的影子了，但是还比较松散，这种游戏的目的会随时变化，当没有按照他们的意愿进行游戏时他们便会终止游戏，如果同伴没有终止的意思便会产生冲突。

（二）家庭教养方式不当

家庭教养是在家庭生活中发生的，以亲子关系为中心，以培养社会需要的人为目的的教育活动。专制型的父母把孩子作为附庸，对孩子的行为过多地干预，要求孩子绝对遵循父母所订的规则；放任型父母眼里的幼儿无足轻重，父母与幼儿各有自己的活动范围及方向，不为孩子立任何规矩，无明确的要求、奖惩不明；权威型父母以合理、温和的态度对待幼儿，他们站在引导和帮助的立场，设下合理的标准并解释道理，既高度操控幼儿又积极鼓励孩子独立完成；忽视型父母与幼儿之间的交往较少，父母对幼儿缺乏基本的关注，对幼儿的行为缺乏反馈，总是表现出不想搭理的态度。在不同的家庭教养方式下长大的幼儿，当他们面对同伴冲突的时候就会产生不同的方法。家庭的亲子关系对幼儿今后的同伴关系也有一定的辅助作用，如果父母对幼儿使用赞赏的话语，幼儿的攻击性行为就会相对减少，父母正确的交往建议，对幼儿如何正确解决同龄交往中的问题更是起到了举足轻重的作用。另外，父母依恋关系高的幼儿与同伴交往比较容易，极少产生冲突，反之亦然。

二、幼儿自身的个体差异因素

（一）性格

性格是幼儿之间差异的因素之一。受欢迎幼儿喜欢与别人交往，人际关系极佳，通常情况下也会被其他幼儿所接受；被忽视型幼儿不喜欢与同伴交往，他们常常喜欢自己独处，对其他幼儿也不会表现出不友好的行为；一般型幼儿不喜欢主动与人交往也不会主动向同伴示好，在同伴中的关系一般；被拒绝型幼儿喜欢与同伴交往，但常常采取不友好的交往方式，通常情况下被拒绝型幼儿与同伴发生冲突的概率较大，这类幼儿易冲动，管不住自己的行为，即使是与同伴友好交往也会因为自己过激的行为导致冲突的发生。

（二）气质

个人的气质类型也是幼儿与同龄人之间差异的一个因素。多血质的幼儿性格外向、活泼、善于交流、思维敏捷。黏液质的人很镇定，善于克制和宽恕，很难被无关紧要的事物分散注意力，但不够灵活，注意力不集中。胆汁质的人充满热情、精力充沛、急躁、喜怒无常。抑郁质的人做事小心谨慎，缓慢但稳定。

三、教师介入幼儿同伴冲突的策略

（一）教师树立正确的冲突观，引导幼儿正确地解决冲突

教师要明白幼儿只有在不断的同伴冲突中才能除去以自我为中心的意识，发现别人的存在，学会站在别人的角度考虑问题。当冲突产生时教师不能一味以为是幼儿调皮捣蛋或一味地指责幼儿，强迫发生争抢行为的幼儿归还物品，而是要了解事情的来龙去脉，并对发生争抢行为的幼儿进行温柔的言语说服，让幼儿过激的消极情绪缓解下来，并认识到自己的争抢行为是不正确的，向同伴道歉，化解冲突。正确冲突观的建立需要教师有较强的职业道德，幼儿发生同伴冲突时不对幼儿进行人身攻击，也不体罚幼儿，而是以积极发展的态度看待幼儿的冲突行为，不能忽视任其发展，导致幼儿的同伴冲突愈演愈烈，造成幼儿心理和身体的伤害。教师介入幼儿同伴冲突时要沉着冷静，当幼儿提出解决冲突的方法时教师要给予客观分析方法，如果幼儿提出的方法成功地解决了同伴冲突，教师要进一步奖励幼儿，这样有利于幼儿积累经验最终成为独立的问题解决者。

（二）主动倾听幼儿心声，制定解决策略

当冲突发生时，教师应少采取对幼儿高度干预的解决策略，以此来培养幼儿独自面对冲突的能力，当他们认清自己的责任时，就间接地培养了幼儿自己解决冲突的能力。除此以外，教师需要经常聆听幼儿的想法，了解整件事情的前因后果，然后引导幼儿发表解决冲突的方法和策略。教师还要教育幼儿要正确认识与同伴之间的关系，让幼儿学会用宽容的态度对待同伴，当幼儿发生同伴冲突的时候教师要温柔地态度与幼儿沟通，了解幼儿之间发生同伴冲突的厚因，根据事情的前后因果制定积极的解决策略。

（三）教给幼儿解决冲突的策略和方法

教师在发生同伴冲突后不应立即介入，为幼儿平息风波，因为其做法难以培养幼儿的交往技能，还会阻碍幼儿良好人际关系的出现。因此教师要教会幼儿解决冲突的策略和方法，当幼儿再一次出现冲突时就可以自己解决。首先让幼儿学会道歉，当幼儿之间发生冲突时，

老师要让幼儿学会说对不起，并告诉幼儿道歉背后的含义与意义；其次，在日常教学活动中教师训练幼儿的移情能力，幼儿能够恰当正确地表达自己的情绪，理解他人的情绪，将自己的情绪调整到合适的程度，便会有利于完成自己的目标。教师要告诉幼儿当同伴讲话时，要保持安静，不随意打断；同伴讲话时要耐心倾听，听出同伴要表达的意思，减少冲突的发生。

（四）完善幼儿园教育资源，减少同伴冲突现象

幼儿园要创造有利于实施干预的良好环境。《幼儿园教育指导纲要（试行）》指出："环境是非常重要的教育资源，应加强幼儿园环境的创设和利用，更加有效地促进幼儿的发展。"在课堂教学的过程中，教师为幼儿提供健康有序的学习环境，整个教室都是根据幼儿的兴趣和学习材料的特点进行布置，再将这些材料按照顺序布置在各个活动区里供幼儿选择。当幼儿选择材料时，便会根据自己的兴趣进行选择，但是当多个幼儿同时选择相同的材料时，教师要积极引导幼儿向其他方面选择以免同伴之间因为争抢材料而发生冲突。

（五）家园合作形成教育合力

教师作为一名专业的幼儿园教育工作者，应该积极主动地与家长沟通，培养家长快速融入到幼儿同伴冲突的教育之中来，培养家长的幼儿同伴冲突观，当幼儿产生同伴冲突时，首先争取家长的信任，与家长展开充分的交流。根据自己的专业理念，运用科学的方法给家长和幼儿灌输积极的幼儿同伴冲突观，引导家长积极地参与到幼儿同伴冲突的问题上来，改变家长的传统观念，让家长了解如何科学地解决幼儿同伴冲突。首先可以通过开展家长会等常规活动，让每个家长认识到同伴冲突在幼儿成长过程中的重要性，让家长和幼儿园达成亲密的合作。其次，家长也要发挥自身优势，积极主动地参与到幼儿园教师开设的教育活动中，与教师分享幼儿在家的成长过程及家教经验，积极地与幼儿教师反馈幼儿的情况，让教师了解幼儿的身心健康状况，当幼儿发生同伴冲突时教师可以根据幼儿的自身情况建立积极的应对方法，顺利地解决幼儿的同伴冲突，对提升家庭与幼儿园有效解决幼儿同伴冲突保驾护航。

四、结语

同伴冲突是幼儿交往活动过程中常见且无法避免的现象，合理地解决同伴冲突有利于幼儿个性及社会性的发展。此论文针对幼儿的同伴冲突分析了幼儿同伴冲突的表现及成因，并对此提出解决的策略，为更好地解决幼儿同伴冲突服务。幼儿同伴冲突的发生表明幼儿社会交往在进一步发展，教师作为幼儿发展的重要他人，在幼儿同伴冲突的解决中起着重要作用。教师的有效介入提高了幼儿解决问题的能力和社会交往的能力。

参考文献

[1] 王悦悦．教师介入幼儿同伴冲突行为研究［D］．青海师范大学，2022.

[2] 汪红．新手型教师与专家型教师介入幼儿同伴冲突的比较研究［D］．沈阳师范大学，2019.

[3] 彭国艳．中班幼儿同伴冲突的特点及策略研究［D］．哈尔滨师范大学，2016.

[4] 秦洪蕾．教师介入幼儿同伴冲突策略及其影响因素的研究进展［J］．成都师范学院学报，2013，29（10）：122－124.

[5] 秦洪蕾．教师介入幼儿同伴冲突策略的二维模型［J］．基础教育研究，2013（5）：53－54.

利用乡土资源开展幼儿美术活动的指导策略

（邓永芝　云南省昆明市石林彝族自治县民族幼儿园）

摘　要：本文以《幼儿园教育指导纲要（试行）》提出的“农村有着丰富的教育资源”“教师要充分利用农村的各种资源以促进幼儿的发展”这一核心理念为实践指引，整理出了利用乡土资源开展幼儿美术活动的指导策略，提高了教师的专业化水平，为幼儿全面、自主、和谐的发展奠定了基础。

关键词：乡土资源；幼儿美术活动

《幼儿园教育指导纲要（试行）》指出：“农村有着丰富的教育资源，教师要充分利用农村的各种资源以促进幼儿的发展；要提供自由表现的机会，鼓励幼儿用不同的艺术形式大胆表现自己的情感、理解和想象，尊重每个幼儿的想法和创造，肯定和接纳他们独特的审美感受和表现方式。”我园是一所城周边幼儿园，周围有丰富而独特的农村幼儿教育资源，从花草树木到新鲜的瓜果蔬菜；从沙、石、泥土到四季的农作物等，都为幼儿认识自然、认识社会提供了良好的教育资源。因此，可以因地制宜利用农村乡土物产、人物风情，让幼儿开展美术活动尤为重要。然而，美术活动中教师的指导策略直接关系到幼儿的探索过程，教师的指导是否到位、准确，直接影响幼儿能力的发展。我根据多年的实践经验，总结提炼了如下关于利用乡土资源开展幼儿美术活动的指导策略。

一、就地取材，让自然物成为幼儿发挥创意的最好学具

农村得天独厚的地理环境与丰富的物产资源是大自然赋予人类的最好自然资源。大自然毫不吝啬，它比一般性的手工制作选材更广，制作方法更为简捷，艺术效果也独具特色，能够更加有效地激发幼儿的创造表现欲望，丰富他们的想象力，提高幼儿审美、选材的能力和手工制作技巧。例如：在秋天的时候带幼儿去收集树叶、稻穗、稻秆、稻草、狗尾草、种子、果皮；冬天时，收集麦秆、枯枝等乡土材料；泥土、石头、木头、沙子、干草、干花等非季节性的自然物都是能让幼儿发挥创意的最好学具。

二、经验链接，让经验成为幼儿获得生活感受的基础

教师应引导幼儿从多种渠道获得经验，进而将获得的经验进行重组、提升，在各种经验信息多向交流中，使幼儿的正确思维得到肯定与强化，错误认识得到否定与摒弃，认知结构逐步走向有序，正确结论得到巩固深化。例如：我们在刚开始进入“春天来了”这一主题的时候，孩子们的身边悄然地发生着许多变化。公园里，黄绿色的草地里冒出了几根绿芽；光秃秃的柳树上长出了新芽……大自然这一切细微的变化，都没有逃过孩子们的眼睛，“是春天来了吗？“春天在哪啊？”孩子们的提问围绕着我，随着主题的不断丰富与开展，孩子们的兴趣主要集中在柳树的身上。随着“春天来了”这一主题的不断深入和拓展，孩子们在自主的美术活动中被我所自设的环境中的“柳条”所吸引，也正是由于孩子们前期经验的不断积累，孩子们表现出了较专注的神情，持续探索和操作的时间也比较长，他们之间的互动也比较多。经过仔细观察和前期经验的积累，孩子们的创作有模有样，完成了一幅幅漂亮、有创意的作品。

此次美术活动内容和材料均取自幼儿日常生活中。在活动前，我让每个孩子积累经验。当美术活动开展时，幼儿就能运用多种感官了解周围的一切，获得深刻细致的生活感受，既能增长知识，又能激发创作的主动性和灵活性。

三、情境转化，让幼儿在材料和环境的推动下自主学习和发展

环境、材料是幼儿学习的无形教师，对于幼儿而言，知识的获得、能力的形成不只是从客体本身直接得到的，而更多的是在与环境、材料的相互作用过程中构建的。因此，区域空间的配置、材料的丰富多样性，都要经过精心的挑选和摆放，使得幼儿在材料、环境的刺激下发现问题、探索问题，在材料、环境的推动下自主学习、自主发展。例如：在“绳线大世界”中，我为幼儿创造了一个有利于幼儿主动求知的学习环境。孩子们和绳、线积极互动，创作出了一幅幅作品。又如，情境“妈妈的生日”，为幼儿布置了一个“家”的场景，以“妈妈的生日到了，小朋友要送礼物给妈妈”为由，借此引出穿项链、包装礼物、挂门帘等一系列生活中孩子们熟悉的活动。孩子们在愉快的情境中亲自摆弄、操作材料，玩中学，学中玩，观察、模仿、交往、合作等学习方式在此得到了体现。幼儿在游戏中轻松愉快地完成了任务，展现了自主性与合作性。

四、留疑放大，让幼儿达成多种学习方式的自然整合

在美术活动的组织中，教师要敏锐地捕捉幼儿在活动中遇到的有价值的认知冲突，并将这些有价值的认知冲突作为情境问题给幼儿留下疑问，将部分幼儿的问题放大为全班幼儿共同关注的问题，引导幼儿主动迁移已有的生活经验和技能经验去尝试解决，在这样的一个过程中帮助幼儿达成多种学习方式的自然整合。例如：在“稻草花”活动中，教师发现幼儿无法徒手扎捆稻草花的枝条，便将这个问题抛给了全班的幼儿，要求大家讨论如何解决这个问题，可以使用什么工具来帮助。孩子们积极讨论出要像编辫子那样扎捆稻草花的枝条，而且都觉得需要两两合作才能完成。在之后的美术活动中，孩子们尝试互相合作，共同商量，一起完成了一幅幅作品。在这个过程中就产生了迁移学习、模仿学习、操作学习、表达表述学习、探究学习等多种学习方式的多元整合。

五、问题诱发，让幼儿循着自己感兴趣的方向进行探索实践

努力营造一种“问题情境”，让幼儿循着自己感兴趣的方向进行探索实践。只有问题真正成为孩子的问题时，他们才能真正成为问题的主人；只有在“问题情境”中，他们才能有所发现，有所发明，有所创造。例如：在一次剪贴活动后，一个调皮的孩子把废彩纸屑倒进了水槽里，许多孩子都围了过去，他们惊奇地发现水变了色，还有不少孩子忍不住伸手去捞着湿纸屑玩。于是，我就抛出了一个关于“用过的废纸可以怎么利用”的问题，经过孩子们的讨论，制作纸浆和纸浆画的活动也由此生成。

我在美工区中提供了三块板，有蓝色、黄色和绿色，还有许多红盘子和不同颜色的纸浆，请孩子们选择自己喜欢的彩色纸浆装在红盘子里，然后站在报纸的后面，像投沙包一样把纸浆对准摔在板上。边摔边动脑筋，想想自己摔出的图案像什么，再摔出的图案又像什么，看看谁能摔出最好看的图形，面对自己摔出的作品，孩子们凭借着自己的本能与直觉，纷纷畅言——“我觉得那里像……”“那边像……”“这边像……”。在这里，摔纸浆作品的那种朦胧感和不确定性，给了幼儿发挥想象的空间。孩子们都有自己的想法，对其他人的表述更是雀跃、欢笑，快乐溢于言表……我们不得不为他们的丰富想象力而赞叹。

总之，教师要拓展个别化活动空间，使幼儿体验自主活动的乐趣；以有趣的形式激励，

使幼儿感受成功与进步的快乐；利用多种表达表现方式，使幼儿乐于掌握各项美术技能；优化环境，引发和支持幼儿的美术活动。

参考文献

[1] 徐寅飞．自然材料在幼儿园美术活动中的巧利用［J］．教育界，2021（34）：83—84.

[2] 陈清花．幼儿园利用自然资源开展创意美术活动的行动研究［J］．当代家庭教育，2020（34）：68—69.

[3] 宋金英．如何利用生活资源开展幼儿园创意美术活动的实践探索［J］．幼儿 100（教师版），2020（9）：25—29.

[4] 沈盛吉．农村幼儿园利用本土资源开展创意美术活动［J］．启迪与智慧（中），2020（1）：59—60.

优秀传统文化融入幼儿园课程的实践策略

（邵镜睿　重庆市沙坪坝区学府悦园第三幼儿园）

摘　要：中华优秀传统文化是中华民族的文化“基因”和精神命脉，也是中国人的核心身份和独特标识。幼儿阶段是传承传统文化、奠基文化认同的最佳时期，幼儿园优秀传统文化课程建设受到前所未有的关注。为进一步支持幼儿成为热情的、有力量的传统文化传承人，以文化传承为抓手，以课程建构为阵地，在不断探索反思中，利用“三体”策略优化幼儿园传统文化课程，使幼儿园传统文化课程更加行之有效，以期在幼儿园阶段播种下爱传统、爱民族、爱祖国的种子，扬传统风采、传文化之根。

关键词：优秀传统文化；幼儿园课程；实施路径

习近平总书记指出：“中华优秀传统文化是中华文明的智慧结晶和精华所在，是中华民族的根和魂，是我们世界文明激荡中站稳脚跟的根基。”。随着社会生活水平的不断提高、现代科技的快速发展、电子产品的迅速增多，我们发现越来越多的孩子根本不了解中国优秀传统文化的历史起源、发展历程及文化价值，基于此，秉承“立德树人”宗旨，坚持以德育为引领，构建以“优秀传统文化”为核心的园本课程，将中华优秀传统文化与幼儿园教育教学有机融合，加强对祖国下一代中国传统文化的传承已经是迫在眉睫。

一、体知传统文化——项目探究，感文化之真

（一）立点梳线

“立”的方向是在遵循幼儿前期经验、学习兴趣和特点的基础上，以班级为单位，选择一项传统文化项目，开展为期一学期的项目式活动，每个项目的内容以项目主题网络的形式出现，教师整理相关信息并梳理项目脉络，同时考虑活动实施的途径与方式，每个项目的内容以项目主题网络的形式出现。例如：传统造纸项目“纸想遇见你”，教师根据“纸的调查—纸的制作—纸的艺术”的项目线索，围绕“纸是怎样制作的”“纸是什么材料”“纸可以用来做什么”等幼儿感兴趣的核心问题，通过集体探究、小组小实验、亲子大调查等途径开展，整个项目探究活动以幼儿的体验、感受、探究及直接经验的获得为主，使幼儿有一个完整的探究过程，从而建立起对传统造纸的敬畏和尊重。

（二）多元探究

基于项目，提供多元探究的机会，培养幼儿探索精神是传统文化教育的重要内容，不同幼儿有自身的兴趣与能力突出的方面，教师提供多元探究的机会，让幼儿通过多种方式来探究主题，让每一个幼儿积极思考与表现。以“春分”为例，教师组织孩子们到郊外赏花、立鸡蛋、开展养蚕、播种等实践活动，与孩子们一起做春卷；在学习“清明”的主题时，教师利用绘本、音乐、手工制作等多种资源，让幼儿了解清明的文化内涵和活动方式。在此过程中，教师及时观察捕捉幼儿的行为表现，跟随孩子的兴趣点转移探究视角，不断调整活动内容、教学形式，对已有方案进行再设计，引发幼儿根据自己的兴趣和疑惑扩展出更深层次的学习活动，以促进幼儿的动态发展。

（三）整理故事

每一次探究都是一个珍贵的故事，教师在和孩子亲历探究后会将孩子在项目活动中各种图文并茂的探究痕迹进行加工整理，形成属于孩子们自己独一无二的课程故事，使孩子们的经验可视、共享。其一，从幼儿角度出发，回顾故事是展示与分享的过程。幼儿通过语言、图画、动作等方式展示与分享所学的内容、制作的作品，交流自己的想法，在互动中提高自己的思考与表达能力，理解和应用所学的传统文化知识。其二，从教师角度来说，回顾主题是叙述与提高的过程。教师通过照片、视频、实物等重述课程活动的过程中，对幼儿探究过程进行客观的观察、记录、评价与支持，审视与分析自己与幼儿在教学中的表现行为、由此产生的结果以及出现的问题，总结经验，调整与改进教学策略，提高专业能力，为幼儿提供更好的教育。

二、体味传统文化——活动补给，固文化之本

（一）嵌入式，以生活融学——一日生活补给

《3～6 岁儿童学习与发展指南》中明确指出：要结合日常教学内容，重视以游戏形式进行呈现，从而增加幼儿学习的主动性，让幼儿积极地跟进相关活动。幼儿园的课程并不是单列的，每个课程和一日生活流程都是环环相扣的，因此，需充分利用一日生活活动中的过渡时间、碎片时间开展传统文化渗透，例如，在晨间阅读可以开展民间故事阅读；在区域活动中创设“小小京剧谜”区域，投放了“生、旦、净、末、丑”的各种形象、京剧的表演服装、道具、脸谱，并搭建了小戏台供小戏谜们表演；在户外游戏时，进行“投壶”“飞币”“蹴鞠”“木射”等传统幼儿游戏项目，并为每个游戏配上图片，让幼儿一目了然地知道游戏的玩法，让小朋友在一日生活中增进对中华优秀传统文化的了解，萌发小朋友对中华传统文化的热爱。

（二）专题式，以民俗悟本——主题活动补给

每个传统节日、节气的由来，都有一个寓意深刻、耐人寻味的故事，同时也是我们进行传统文化教育的重要契机。其一，结合每一年的端午节、中秋节、春节和元宵节等中华民间传统节日，在了解民间节日的来历、习俗的基础上，让小朋友在参与模仿传统节日活动，如端午节包粽子、做香囊；中秋节做月饼，话团圆；元宵节做汤圆、制作花灯等，让小朋友在喜闻乐见的活动中从小建立文化自信。其二，结合传统节气所蕴藏的饮食、气候、物候等教育元素，走进生活，体验节气习俗，如春分节气开展翘蛋、赏桃花、吃春菜等习俗活动，夏至节气了解夏至节气时影子最短的现象特征并探索影子长短、大小变化的规律，通过传统节气主题活动的开展使幼儿发现美、感受美、体验美、创造美，在潜移默化中让幼儿感受中华文化的魅力。

（三）体验式，以传承循迹——传统活动补给

基于优秀传统文化传承需求，开展形式多样的传统文化体验式课程活动，以园所传统文化体验活动为主，围绕传统民俗、传统游戏、传统美食等优秀传统文化，开展“全园传统文化体验日”活动，当日孩子们身着传统服装，自主选择玩伴、区域、玩法，体验投壶、木射、扎染、剪纸、舞龙、武术等 20 余项传统文化项目；开展“大班幼儿开笔礼”，进行朱砂开智、击鼓明志、行拜师礼、启蒙描红；开展“新春游园会”，深入家乡特色文化“我和我的重庆”主题，以山城重庆的美食、美景及人文特色为出发点，设计特色打卡点“三峡之巅、十八梯、李子坝轻轨站”等，创设特色游戏“山城棒棒军、勇敢的纤夫”等，将传统节

日文化与地域文化相融合，萌发幼儿爱祖国、爱家乡的情感。

三、体悟传统文化——资源融显，铸文化之魂

（一）与自然联结

幼儿园传统文化教育不是“另起炉灶”，应坚持“自然渗透”的原则，大自然永远是幼儿的教科书，我们以大自然的气候、物候、太阳、月亮作为载体，让幼儿在大自然中了解万物生长，古人的智慧。我们重视利用幼儿身边的乡土文化，通过“走出去、请进来”的形式，充分调动和发挥其中的教育价值。例如，周边古镇体验榨油、扎染、剪纸、捏面人、川戏等传统表演项目和各种传统小吃、茶馆，通过开展丰富多样的传统文化体验活动及研学活动，通过认识家乡或者祖国的名胜古迹、自然风景、风俗习惯等这些周边资源来进行传统文化教育，既满足幼儿的现实需要，也开阔了幼儿的视野。

（二）与环境联结

为进一步彰显传统文化课程特色，更好地发挥环境育人的功能。首先，注重科学合理空间布局，充分利用幼儿园户外、楼道、教室、区角等区域，打造古色浓韵的“传统文化功能室”，在廊道创设“传统节气”“传统节日”“传统文艺”展板，在过道打造“传统剪纸”“传统扎染”作品展示区，同时也会适时、适宜地对传统文化环境进行创设、调整、优化；其次，注重以幼儿为主体，通过创设结构合理、卫生安全、美化、儿童化、教育化的环境，例如，选取“青花”“古墨”“蓝染”等传统工艺中的艺术元素进行班级环境创设与打造，使幼儿在与环境的自然接触中感受传统文化、了解传统文化、浸润传统文化，让幼儿真正走进传统文化。

（三）与家园联结

家园合作是现代社会对学前教育提出的客观要求。家庭是幼儿成长最自然的生态环境，也是传统文化课程的重要教育资源。其一，通过召开家长讲座、家长开放周、家长体验日等方式，邀请家长见证幼儿传统文化课程的精彩瞬间，与家长协同进行传统文化教育；其二，以“亲子手拉手”的形式，举办趣味亲子体验、亲子游学、亲子沙龙等活动形式，开展“家长传统文化课程培训会”“家长传统文化体验日”“亲子出游打卡传统文化”等活动，把传统文化融入亲子互动中，提高家长对传统文化教育的认识；其三，邀请有琵琶、古筝、书法等特长的家长入园展示与教学，通过家长的言传身教拓展幼儿传统文化经验，形成良好家园关系。

参考文献

［1］杨宁．中华优秀传统文化融入学前教育的基本主张［J］．学前教育研究，2021（9）：1—4.

［2］中华人民共和国教育部．3～6岁儿童学习与发展指南［S］．北京：首都师范大学出版社，2012.